中国教育年鉴

(2003)

《中国教育年鉴》编辑部

人民教育出版社
·北京·

图书在版编目(CIP)数据

中国教育年鉴．2003/《中国教育年鉴》编辑部编．

北京：人民教育出版社，2003

ISBN 7-107-17041-4

Ⅰ．中...

Ⅱ．中...

Ⅲ．教育事业－中国－2003－年鉴

Ⅳ．G52-54

中国版本图书馆 CIP 数据核字(2003)第 071160 号

广告经营许可证：

京工商广临字 20030057 号

广告代理：

北京华讯达广告有限公司

人民教育出版社 出版发行

(北京沙滩后街 55 号　邮编：100009)

网址： http://www.pep.com.cn

山东新华印刷厂德州厂印装　全国新华书店经销

2003 年 11 月第 1 版　2003 年 11 月第 1 次印刷

开本：890 毫米×1 240 毫米　1/16　印张：59.75　插页：68

字数：1 500 千字　印数：0 001～3 000 册

定价：130.00 元

编 辑 说 明

一、《中国教育年鉴》是中华人民共和国教育部组织编纂的逐年反映全国教育改革和发展情况的资料性工具书。它是各级教育行政部门、各级各类学校执行党和国家的教育法律法规与方针政策、做好教育工作的经验总结，是中国教育事业发展进程的真实记录。编纂本书是为教育管理决策、教育科研提供参考；为教育战线沟通信息、交流经验开辟园地；为宣传中国教育改革与发展成就设立窗口；并为热心关注和研究中国教育的读者提供信息资料。

二、年鉴的基本栏目有：党和国家有关教育工作的重要文献，党和国家领导人有关教育工作的重要讲话，国家教育行政部门负责人的讲话或专文，全国教育工作会议和年度工作要点，教育发展统计，教育综合管理，基础教育，职业教育与成人教育，高等教育，师范教育，民族教育，学校体育、卫生、艺术与国防教育，教育信息化建设与远程教育，教育考试，教育人事管理，教育财务与审计，国际及与港、澳、台教育合作交流，语言文字工作，教材建设、出版管理与教学仪器研究，教育科研、学术活动，教育报刊、电视台，各省、自治区、直辖市教育（按行政区划顺序排列），香港、澳门特别行政区教育情况简介，文件选编，资料汇编，教育大事记。

三、按目前国际国内通例，当年的年鉴反映上一年教育工作的基本情况，某些多年才能完成的工作任务，主要记述当年此项工作的进展情况。

四、年鉴的全国性统计数据，由教育统计部门提供，引用应以此为准。某些条目中的数据，因统计口径不一，可能有不尽一致之处，望读者使用时注意。

五、年鉴的全国性统计数据均不包括香港、澳门特别行政区和台湾地区。

六、在年鉴编纂过程中，虽力求做到内容全面系统，资料准确无误，文字简明精炼，但由于我们水平所限，仍有需要改进之处，欢迎读者批评指正。

《中国教育年鉴》编辑部

2003 年 6 月

目　录

Contents

全面建设小康社会 开创中国特色社会主义事业新局面

——在中国共产党第十六次全国代表大会上的报告（节选）

（2002年11月8日）

江泽民

……………………

三、全面建设小康社会的奋斗目标

经过全党和全国各族人民的共同努力，我们胜利实现了现代化建设"三步走"战略的第一步、第二步目标，人民生活总体上达到小康水平。这是社会主义制度的伟大胜利，是中华民族发展史上一个新的里程碑。

必须看到，我国正处于并将长期处于社会主义初级阶段，现在达到的小康还是低水平的、不全面的、发展很不平衡的小康，人民日益增长的物质文化需要同落后的社会生产之间的矛盾仍然是我国社会的主要矛盾。我国生产力和科技、教育还比较落后，实现工业化和现代化还有很长的路要走；城乡二元经济结构还没有改变，地区差距扩大的趋势尚未扭转，贫困人口还为数不少；人口总量继续增加，老龄人口比重上升，就业和社会保障压力增大；生态环境、自然资源和经济社会发展的矛盾日益突出；我们仍然面临发达国家在经济科技等方面占优势的压力；经济体制和其他方面的管理体制还不完善；民主法制建设和思想道德建设等方面还存在一些不容忽视的问题。巩固和提高目前达到的小康水平，还需要进行长时期的艰苦奋斗。

综观全局，二十一世纪头二十年，对我国来说，是一个必须紧紧抓住并且可以大有作为的重要战略机遇期。根据十五大提出的到2010年、建党一百年和新中国成立一百年的发展目标，我们要在本世纪头二十年，集中力量，全面建设惠及十几亿人口的更高水平的小康社会，使经济更加发展、民主更加健全、科教更加进步、文化更加繁荣、社会更加和谐、人民生活更加殷实。这是实现现代化建设第三步战略目标必经的承上启下的发展阶段，也是完善社会主义市场经济体制和扩大对外开放的关键阶段。经过这个阶段的建设，再继续奋斗几十年，到本世纪中叶基本实现现代化，把我国建成富强民主文明的社会主义国家。

全面建设小康社会的目标是：

——在优化结构和提高效益的基础上，国内生产总值到2020年力争比2000年翻两番，综合国力和国际竞争力明显增强。基本实现工业化，建成完善的社会主义市场经济体制和更具活力、更加开放的经济体系。城镇人口的比重较大幅度提高，工农差别、城乡差别和地区差别扩大的趋势逐步扭转。社会保障体系比较健全，社会就业比较充分，家庭财产普遍增加，人民过上更加富足的生活。

——社会主义民主更加完善，社会主义法制更加完备，依法治国基本方略得到全面落实，人民的政治、经济和文化权益得到切实尊重和保障。基层民主更加健全，社会秩序良好，人民安居乐业。

——全民族的思想道德素质、科学文化素质和健康素质明显提高，形成比较完善的现代国民教育体系、科技和文化创新体系、全民健身和医疗卫生体系。人民享有接受良好教育的机会，基本普及高中阶段教育，消除文盲。形成全民学习、终身学习的学习型社会，促进人的全面发展。

——可持续发展能力不断增强，生态环境得到改善，资源利用效率显著提高，促进人与自然的和谐，推动整个社会走上生产发展、生活富裕、生态良好的文明发展道路。

这次大会确立的全面建设小康社会的目标，是中国特色社会主义经济、政治、文化全面发展的目标，是与加快推进现代化相统一的目标，符合我国国情和现代化建设的实际，符合人民的愿望，意义十分重大。为完成党在新世纪新阶段的这个奋斗目标，发展要有新思路，改革要有新突破，开放要有新局面，各项工作要有新举措。各地各部门都要从实际出发，采取切实有效的措施，努力实现这个目标。有条件的地方可以发展得更快一些，在全面建设小康社会的基础上，率先基本实现现代化。可以肯定，实现了全面建设小康社会的目标，我们的祖国必将更加繁荣富强，人民的生活必将更加幸福美好，中国特色社会主义必将进一步显示出巨大的优越性。

……………………

六、文化建设和文化体制改革

全面建设小康社会，必须大力发展社会主义文化，建设社会主义精神文明。当今世界，文化与经济和政治相互交融，在综合国力竞争中的地位和作用越来越突出。文化的力量，深深熔铸在民族的生命力、创造力和凝聚力之中。全党同志要深刻认识文化建设的战略意义，推动社会主义文化的发展繁荣。

（一）牢牢把握先进文化的前进方向。在当代中国，发展先进文化，就是发展面向现代化、面向世界、面向未来的，民族的科学的大众的社会主义文化，以不断丰富人们的精神世界，增强人们的精神力量。必须坚持马克思列宁主义、毛泽东思想和邓小平理论在意识形态领域的指导地位，用"三个代表"重要思想统领社会主义文化建设。坚持为人民服务、为社会主义服务的方向和百花齐放、百家争鸣的方针，弘扬主旋律，提倡多样化。坚持以科学的理论武装人，以正确的舆论引导人，以高尚的精神塑造人，以优秀的作品鼓舞人。大力发展先进文化，支持健康有益文化，努力改造落后文化，坚决抵制腐朽文化。文艺工作者要深入群众、深入生活，为人民奉献更多无愧于时代的作品。新闻出版和广播影视必须坚持正确导向，互联网站要成为传播先进文化的重要阵地。立足于改革开放和现代化建设的实践，着眼于世界文化发展的前沿，发扬民族文化的优秀传统，汲取世界各民族的长处，在内容和形式上积极创新，不断增强中国特色社会主义文化的吸引力和感召力。

（二）坚持弘扬和培育民族精神。民族精神是一个民族赖以生存和发展的精神支撑。一个民族，没有振奋的精神和高尚的品格，不可能自立于世界民族之林。在五千多年的发展中，中华民族形成了以爱国主义为核心的团结统一、爱好和平、勤劳勇敢、自强不息的伟大民族精神。我们党领导人民在长期实践中不断结合时代和社会的发展要求，丰富着这个民族精神。面对世界范围各种思想文化的相互激荡，必须把弘扬和培育民族精神作为文化建设极为重要的任务，纳入国民教育全过程，纳入精神文明建设全过程，使全体人民始终保持昂扬向上的精神状态。

（三）切实加强思想道德建设。依法治国和以德治国相辅相成。要建立与社会主义市场经济相适应、与社会主义法律规范相协调、与中华民族传统美德相承接的社会主义思想道德体系。深入进行党的基本理论、基本路线、基本纲领和"三个代表"重要思想的宣传教育，引导人们树立中国特色社会主义共同理想，树立正确的世界观、人生观和价值观。认真贯彻公民道德建设实施纲要，弘扬爱国主义精神，以为人民服务为核心、以集体主义为原则、以诚实守信为重点，加强社会公德、职业道德和家庭美德教育，特别要加强青少年的思想道德建设，引导人们在遵守基本行为准则的基础上，追求更高的思想道德目标。加强和改进思想政治工作，广泛开展群众性精神文明创建活动。

（四）大力发展教育和科学事业。教育是发展科学技术和培养人才的基础，在现代化建设中具有先导性全局性作用，必须摆在优先发展的战略地位。全面贯彻党的教育方针，坚持教育为社会主义现代化建设服务，为人民服务，与生产劳动和社会实践相结合，培养德智体美全面发展的社会主义建设者和接班人。坚持教育创新，深化教育改革，优化教育结构，合理配置教育资源，提高教育质量和管理水平，全面推进素质教育，造就数以亿计的高素质劳动者、数以千万计的专门人才和一大批拔尖创新人才。加强教师队伍建设，提高教师的师德和业务水平。继续普及九年义务教育。加强职业教育和培训，发展继续教育，构建终身教育体系。加大对教育的投入和对农村教育的支持，鼓励社会力量办学。完善国家资助贫困学生的政策和制度。制定科学和技术长远发展规划。加强科学基础设施建设。普及科学知识，弘扬科学精神。坚持社会科学和自然科学并重，充分发挥哲学社会科学在经济和社会发展中的重要作用。在全社会形成崇尚科学、鼓励创新、反对迷信和伪科学的良好氛围。

（五）积极发展文化事业和文化产业。发展各类文化事业和文化产业都要贯彻发展先进文化的要求，始终把社会效益放在首位。国家支持和保障文化公益事业，并鼓励它们增强自身发展活力。坚持和完善支持文化公益事业发展的政策措施，扶持党和国家重要的新闻媒体和社会科学研究机构，扶持体现民族特色和国家水准的重大文化项目和艺术院团，扶持对重要文化遗产和优秀民间艺术的保护工作，扶持老少边穷地区和中西部地区的文化发展。加强文化基础设施建设，发展各类群众文化。积极推进卫生体育事业的改革和发展，开展全民健身运动，提高全民健康水平。努力办好2008年奥运会。发展文化产业是市场经济条件下繁荣社会主义文化、满足人民群众精神文化需求的重要途径。完善文化产业政策，支持文化产业发展，增强我国文化产业的整体实力和竞争力。

（六）继续深化文化体制改革。根据社会主义精神文明建设的特点和规律，适应社会主义市场经济发展的要求，推进文化体制改革。抓紧制定文化体制改革的总体方案。把深化改革同调整结构和促进发展结合起来，理顺政府和文化企事业单位的关系，加强文化法制建设，加强宏观管理，深化文化企事业单位内部改革，逐步建立有利于调动文化工作者积极性，推动文化创新，多出精品、多出人才的文化管理体制和运行机制。按照一手抓繁荣、一手抓管理的方针，健全文化市场体系，完善文化市场管理机制，为繁荣社会主义文化创造良好的社会环境。

中华文明博大精深、源远流长，为人类文明进步作出了巨大贡献。在当代中国人民的伟大奋斗中，必将迎来社会主义文化建设的新高潮，创造出更加灿烂的先进文化。

在庆祝北京师范大学建校100周年大会上的讲话

（2002年9月8日）

江泽民

老师们，同学们，同志们，朋友们：

在美好的金秋时节，在又一个教师节到来之际，我们来参加北京师范大学百年校庆的隆重集会，感到十分高兴。党中央、国务院对我国教育事业的改革和发展是高度重视的，对全国广大教师和教育工作者是十分关心的。

在这里，我代表党中央、国务院，向北师大的全体师生员工和海内外校友，表示热烈的祝贺！向全国一千多万教师和广大教育工作者，致以诚挚的问候！

一百年前，北京师范大学的前身——京师大学堂师范馆开始招生，开启了中国现代高等师范教育的先河。这个历史事件，从一个重要方面，反映了当时备受帝国主义和封建主义压迫的中国人民对新文化、新知识的追求，体现了在苦难中觉醒的中华民族振兴教育、变革图强的愿望。

一百年来，伴随着中国人民为争取民族独立、国家富强和人民幸福而奋斗的历程，北京师范大学不断成长和发展。北师大的师生们曾积极投身于“五四”、“一二九”等反帝反封建的革命运动，表现了崇高的爱国主义精神。在新文化运动中，北师大成为传播新思想和提倡新文化的重要阵地，李大钊、梁启超、鲁迅、钱玄同等曾在这里弘文励教。北师大培养了一大批道德高尚、学业精深的人民教师和国家需要的优秀人才，涌现出了许多杰出的革命家、教育家、科学家和社会活动家，为党和人民的事业作出了重要的贡献。

一百年来，北师大的广大师生，以对祖国和人民的高度责任感，努力实践“学为人师，行为世范”的校训，形成了爱国进步、诚信质朴、求真创新、为人师表的优良传统。北师大已经发展成为师资力量雄厚、学术声誉远播的著名学府，并正在向以教师教育为主要特色的世界知名的高水平大学迈进。

当今时代，科技进步日新月异，国际竞争日趋激烈。各国之间的竞争，说到底，是人才的竞争，是民族创新能力的竞争。教育是培养人才和增强民族创新能力的基础，必须放在现代化建设的全局性战略性重要位置。近年来，各级党委、政府和教育战线的同志们，积极贯彻落实科教兴国战略，做了大量工作，取得了突出的成绩。我们要继续坚定不移地实施科教兴国战略，不断培养大批合格的有中国特色社会主义的建设者，不断造就大批具有丰富创新能力的高素质人才，不断提高全民族的思想道德素质和科学文化素质。这是实现中华民族伟大复兴的必然要求，也是我国社会主义教育事业的历史任务。

要完成这一历史任务，必须不断推进教育创新。教育创新，与理论创新、制度创新和科技创新一样，是非常重要的，而且教育还要为各方面的创新工作提供知识和人才基础。只有按照“三个代表”要求，大力推进教育创新，不断发展有中国特色社会主义教育事业，才能不断为我国经济和社会发展培养高素质的劳动者、建设者、管理者和领导者。

进行教育创新，首先要坚持和发展适应国家和社会发展要求的教育思想。要坚持党的教育方针，坚持教育为社会主义事业服务，坚持教育与社会实践相结合，同时要十分注意研究和解决教育面临的新情况新问题，深入探索新形势下教育发展的规律，更新教育观念，确立与二十一世纪我国经济和社会发展需要相适应的教育观和人才观。

进行教育创新，关键是通过深化改革不断健全和完善与社会主义现代化建设要求相适应的教育体制。要扫除制约教育发展的体制性障碍，努力提高教育资源的利用效益，优化教育结构，扩大教育资源。进一步转变政府管理教育的职能和模式，增强学校依法自主办学的能力。推动教育体系的创新，逐步形成适应终身学习需要的学习型社会，满足人民群众多样化的学习需求。推动学校教育、社会教育和家庭教育紧密结合、相互促进，加强各级各类教育的衔接和沟通。

进行教育创新，根本的目的是要推进素质教育，全面提高教育质量。要改革教学的内容、方法和手段，完善人才培养模式，充分吸纳当代自然科学和人文社会科学的最新成果，建立符合受教育者全面发展规律、激发受教育者创造性的新型教育教学模式，形成相互激励、教学相长的师生关系，努力创造有利于创新人才成长的良好教育环境和社会环境，使每一个受教育者都能充分发挥自身潜能，激发学习成长的主动性，实现全面发展。

进行教育创新，必须充分利用现代科学技术手段，大力提高教育的现代化水平。要通过积极利用现代信息和传播技术，大力推动教育信息化，促进教育现代化。进一步完善学校的计算机网络，加快数字图书馆等教育公共服务体系建设。加强中小学校的信息技术教育，推动信息技术课程和教材建设。采用音像录放等设施，尽快把优质教育资源传输到广大农村，提高农村中小学教学质量。

进行教育创新，必须面向现代化、面向世界、面向未来，加大教育对外开放的力度。要密切关注世界教育发展的大趋势，在继承中华民族优秀教育传统的基础上，积极吸收人类文明的一切优秀成果，借鉴世界上先进的办学经验和管理经验，提高我国教育的国际竞争力。

贯彻党的教育方针，推进教育创新，培养大批高素质人才，离不开教师的辛勤工作。我国广大教师，要率先垂范，做先进生产力和先进文化发展的弘扬者和推动者，做青少年学生健康成长的指导者和引路人，努力成为无愧于党和人民的人类灵魂的工程师。要进一步建立和完善适应我国教育发展需要的、开放灵活的教师教育体系，努力造就一支献身教育事业的高水平的教师队伍。全国各级各类师范院校，都要适应新形势新任务的要求，深化改革，锐意进取，为建设有中国特色教师教育体系作出新的贡献。这里，我对全国广大教师提几点希望。

希望我们的教师志存高远、爱国敬业。

人民教师的神圣职责，就是传授知识，传承民族精神，弘扬爱国主义，为祖国和人民培养合格人才。教师要忠诚于人民教育事业，以培育人才、繁荣学术、发展先进文化和推进社会进步为己任，积极引导和帮助青少年学生树立正确的世界观、人生观、价值观，教育他们立志成为有中国特色社会主义建设的栋梁之材。教师要始终牢记自己的神圣职责，并在深刻的社会变革和丰富的教育实践中履行自己的职责，百折不挠，奋勇直前。

希望我们的教师为人师表、教书育人。

教书者必先强己，育人者必先律己。教师的道德、品质和人格，对学生具有重要的影响。教师要注重言教，更要注重身教。教师的日常工作虽然是平凡的，但教育工作的意义却是很不平凡的。教师应该自觉加强道德修养，率先垂范，既要有脚踏实地、乐于奉献的工作态度，又要有淡泊明志、甘为人梯的精神境界，以自己的高尚人格教育和影响学生，努力成为青少年学生的良师益友，成为受到全社会尊敬的人。

希望我们的教师严谨笃学、与时俱进。

教师在教育创新中承担着重要的使命。教师富有创新精神，才能培养出创新人才。教师应该具备求真务实、勇于创新、严谨自律的治学态度和学术精神，努力发扬优良的学术风气和学术道德。当今时代，新知识层出不穷，知识更新周期不断缩短，每个人都需要加强学习、终身学习。教师是知识的重要传播者和创造者，连接着文明进步的历史、现在和未来，更应该与时俱进，不断以新的知识充实自己，成为热爱学习、学会学习和终身学习的楷模。

百年大计，教育为本。教育大计，教师为本。中华民族素有尊师重教的优良传统。在老师面前，做学生的不论走到哪里，做出了什么业绩，对老师的感激和爱戴之情永远不会改变。我至今仍清晰地记得我的小学、中学和大学老师们给予我的有益教诲和影响，始终对他们充满着感激之情。长期以来，我国广大教师，特别是广大农村和边远贫困地区的教师，在艰苦清贫的条件下恪尽职守，默默耕耘，为祖国的教育事业无私奉献，涌现出了许多可歌可泣的先进人物，充分体现了陶行知先生当年倡导的“捧着一颗心来，不带半根草去”的崇高精神。这种平凡而又伟大的精神，永远值得我们学习和发扬！

全党、全社会都要满腔热情地关心和支持教育工作。各级党委和政府要关心教师的工作和生活，千方百计地为广大教师办实事、办好事，尊重教师的劳动，进一步提高教师的社会地位，使中华民族尊师重教的优良传统不断发扬光大。

老师们、同学们：

我国已经进入了全面建设小康社会、加快推进社会主义现代化的新的发展阶段，正在向现代化建设第三步战略目标迈进。在亿万人民为把我国建设成为富强民主文明的社会主义现代化国家而进行的伟大奋斗中，我国广大青年一定可以大有作为。

全国广大青年们，勇敢承担起建设祖国的历史重任，为祖国和中华民族的美好未来而不懈奋斗！

职业教育要在新形势下取得更大发展

——在全国职业教育工作会议上的讲话

（2002年7月30日）

朱镕基

这次全国职业教育工作会议，是在新形势下召开的一次重要会议。下面，我再讲几点意见。

一、进一步提高对职业教育改革与发展重要性的认识

党中央、国务院历来高度重视职业教育工作。改革开放20多年来，在各方面的共同努力下，我国职业教育取得了长足的发展，劳动者的职业技能和素质有了明显提高，为现代化建设事业作出了重要贡献。但是，我国职业教育还不适应经济和社会发展新形势的要求。对于加快职业教育的改革和发展，我们必须进一步提高认识。

（一）职业教育的特殊性决定着必须把它摆在更加重要的位置

职业教育与一般教育不同，是教育事业中与经济社会发展联系最直接、最密切的部分，担负着培养高素质劳动者和各类具有专门技能的人才，为城乡新增劳动力、下岗失业人员、在职人员、农村劳动力和其他社会成员提供多种形式、多种层次的职业培训的繁重任务。加快职业教育的改革和发展，最有利于促进教育与经济社会发展的密切结合，这对于全面实施科教兴国战略，实现经济和社会可持续发展，提高劳动者素质，拓宽就业渠道，促进劳动就业和再就业都具有极为重要的意义。

（二）当前经济社会发展新形势对提高劳动者素质提出了更新更高的要求

2002年以来经济形势总体上是良好的，超过了我们的预期，有些方面的工作成绩是显著的。完成全年的任务，我们是有信心的。现在的主要问题是，财政收支形势比较严峻，就业再就业矛盾依然十分突出，安全生产问题仍很严重，市场秩序混乱的状况还没有得到根本改变。要从根本上解决这些问题，几乎都与提高劳动者素质，发展职业教育和培训直接相关。在新的形势下，劳动者素质不提高，就会影响产业结构调整和企业效益，也不利于就业和再就业。推进职业教育的改革与发展，是适应产业结构调整的需要，是适应企业提高产品质量、增加品种、提高效益的需要，是适应扩大就业和再就业的需要。推进职业教育的改革与发展，提高劳动者素质，使我国经济发展的良好势头长期保持下去，这是摆在我们面前的一项十分重要而紧迫的任务。

（三）加快推进工业化和现代化的伟大任务要求职业教育加快改革和发展

我国已进入全面建设小康社会加快推进社会主义现代化的新的发展阶段。现代化建设面临着双重的任务，既要继续推进工业化，又要加快国民经济和社会信息化。我们要走有中国特色的工业化、现代化道路，必须充分考虑我国劳动力资源丰富的特殊国情。我们不仅需要发展资金、技术密集型产业，也仍然需要发展有市场的劳动密集型产业；不仅需要数以千万计的专门人才，也需要数以亿计的高素质劳动者。加快发展职业教育，是开发人力资源，提高生产、经营、管理、服务第一线劳动者素质的最有效途径。只有提高劳动者科学文化知识水平和生产技能，才能降低生产成本、改进产品质量、增进经济效益、提高市场竞争力。同时，提高劳动者素质和职业技能，也才能适应市场变化和岗位转换的要求，增加就业和再就业的机会。在我国加入世贸组织和经济全球化深入发展的新形势下，加快职业教育的改革和发展，加快人力资源开发，不仅势在必行，而且非常紧迫。我国要真正成为“世界工厂”，职工素质必须提高。这既是教育工作的一项重要任务，也是我国现代化建设中一项重要的基础性工作。

（四）国际经验和世界发展趋势要求我们必须切实加强职业教育

世界上许多国家特别是发达国家都非常重视职业教育，制定了明确具体的目标和措施。德国长期实行现代学徒制度，重视职工培训，政府规定每个工厂都有培训任务，不仅培训自己的职工，还对社会开放。全民培训，这是德国的特色。我认为德国职工的素质至今还是全世界最好的，一丝不苟。人们把德国的职业教育称为经济发展的“秘密武器”。许多发达国家都积极引进和推广德国的做法，通过各种政策手段促进企业积极参与职业教育。韩国也正在建立“终身职业教育体系”。1999 年第二届国际职业教育大会提出：培养合格技术员和熟练劳动者的职业技术教育与培训，应该是所有国家发展战略的重要组成部分。进入 21 世纪，世界各国普遍认识到，没有强有力的、适应需要的职业教育和培训，就没有经济的快速增长，也难以增强国际竞争力。目前许多国家都把建立全面、灵活的终身职业教育体系作为重要任务。我们要完成新形势下的新任务，职工的素质必须提高。现在一些人不讲诚信，搞假冒伪劣，是没有前途的。只有显著地提高劳动者素质和技能，生产出高质量、低成本的产品，才是根本之计。

总之，推进职业教育的改革与发展，提高劳动者素质，是经济发展和现代化建设新阶段的迫切要求，必须高度重视，切实抓好。

二、推进职业教育改革与发展需要把握好的几个问题

做好新形势下的职业教育工作，要全面贯彻即将下发的《国务院关于大力推进职业教育改革与发展的决定》，认真落实岚清同志、邦国同志讲话中提出的要求。这里，我特别强调以下几点：

（一）坚持面向社会、面向市场

要适应社会主义市场经济发展的要求，建立结构合理、灵活开放、特色鲜明、自主发展的现代职业教育体系，办学方向、专业设置和教材必须为经济结构调整和技术进步服务，为促进就业和再就业服务，为农村、农业和农民服务，为推进西部大开发服务。要十分重视技术工人尤其是高级技术工人和技师的培养，尽快改变高级技工严重短缺的局面。职业学校和职业培训机构要特别注意为下岗失业人员提供再就业培训，引导他们转变就业观念，提高就业能力，帮助他们尽快实现再就业。要拓宽职业培训的知识和技能，不能只培训炒菜、理发、缝纫等传统技术，还要适应新形势，培训能操作设备、会用电脑和懂经营管理的人员。这样也才能增加就业机会。

（二）着力提高职业教育质量

职业教育的层次结构、类型结构和人才培养结构必须与人力资源需求的结构相适应，这样才会有真正的质量和效益。要用终身教育的思想深化对职业教育本质特征的认识，丰富职业教育的内涵，初等、中等、高等职业教育阶段的教学内容和要求要各有侧重。职业教育要切实办出特色，注重培养专业技能、创业能力和创新精神，特别要把培养职业能力与培养职业道德紧密结合起来。提高职业教育质量的关键在教师。要针对目前存在的问题，加强教师业务培训，提高教师自身的教学和实践能力，加强学校与企业间的人员和技术交流。

（三）加强职业教育与劳动就业的联系

要严格执行就业准入制度和职业资格证书制度。从事属于就业准入控制的职业，必须取得学历证书、培训证书并获得相应职业资格证书。加强职业学校学历教育与职业标准的衔接，充分发挥职业学校和培训机构在推进职业资格证书制度中的作用。重视职业学校毕业生的操作技能考核。要提高工程师和技师在企业中的地位和待遇，充分发挥工程师、技师和熟练技术工人的作用。

（四）深化职业教育体制改革

要逐步建立和完善与社会主义市场经济体制相适应的职业教育管理体制、办学体制和运行机制。坚持“政府统筹、面向社会、地方为主、依靠企业”。各级政府要统筹安排初等、中等、高等职业教育，以中等职业教育为重点，形成合理的职业教育结构，并与其他各类教育协调发展。职业教育的发展必须根据社会需要，合理确定发展规模和结构，社会需要什么就培养什么。发展职业教育的主要责任在地方，要强化市地级政府的责任，同时，要充分发挥企业办职业教育的积极性。企业是举办职业教育的重要力量。企业具有提高劳动者素质的迫切需要，才能强化企业自主进行职工培训的内在动力。今后，大中型企业都要根据实际需要强化自主培训功能，形成职工轮流在岗与离岗培训的制度。这样，既可以不断提高职工的素质和技能，又可以缓解就业压力。企业要与职业学校实行多种形式的联合办学，加强校企合作。有条件的企业也可以根据实际需要举办职业学校或职业培训机构，在教育和培训本企业职工的同时，积极向社会开放。每个有远见的企业家，都会高度重视企业的职业教育和培训。

三、积极为职业教育改革与发展创造有利条件

职业教育涉及面广，社会需求迫切，任务繁重。要切实加强领导，发挥各方面的积极性，创造有利条件，努力推进职业教育的改革与发展。

第一，进一步加强对职业教育工作的组织领导。各级政府要高度重视职业教育工作，要像重视普通教育那样重视职业教育，把职业教育纳入当地经济和社会发展的总体规划，作为实施科教兴国的大事来抓。要改进工作作风，增强服务意识，帮助职业学校和培训机构解决实际困难和问题。国务院将建立职业教育工作联席会议制度，及时研究解决重大问题。职业教育的改革与发展是一项综合性很强的事业，各有关部门要齐心协力，各司其职，共同促进职业教育的健康发展。

第二，完善法制，依法管理。在推进职业教育改革与发展中，必须抓紧制定和完善有关法规，加强教育执法，做到依法办学。要加强督导检查，整顿和规范办学秩序，坚决纠正各种违法违规现象，努力提高职业教育的管理水平。

第三，加大对职业教育的投入。首先要强调整合和充分利用各种现有教育资源，在此基础上，加大对职业教育的投入。与普通教育相比，职业教育和培训需要更多的资金支持。因为要搞实验和实习需要设备，要外聘教师，学生还要出去实习等等，这些都是要花钱的。今后中央和地方财政都要增加职业教育专项经费。中央增加的专项经费，重点扶持农村和中西部地区加强职业教育师资培训、课程教材开发和多媒体教育资源建设，支持示范性和骨干职业学校建设。各类企业也要按规定提足、用好教育培训经费，专款专用，保证用于职工特别是一线职工的教育和培训。同时，要充分发挥社会各方面投资职业教育的积极性，形成多渠道筹措职业教育经费的机制。

在建设我国社会主义现代化事业的宏伟进程中，职业教育肩负提高广大劳动者素质的光荣使命，具有广阔的发展前景。希望大家认真实践“三个代表”的要求，全面落实这次会议精神，积极进取，扎实工作，努力开创职业教育改革与发展的新局面。

加快民族教育事业发展
促进各民族团结进步与共同繁荣

——在第五次全国民族教育工作会议上的讲话

（2002 年 7 月 26 日）

李 岚 清

经国务院批准，教育部和国家民委联合召开第五次全国民族教育工作会议，这是新世纪初我国教育工作和民族工作的一次重要会议。会议以邓小平理论和江泽民同志“三个代表”重要思想为指导，研究贯彻《国务院关于深化改革加快发展民族教育的决定》，并对我国当前和今后一个时期民族教育的改革与发展进行规划和部署。会议开始时，教育部、国家民委等有关部门负责同志就我国民族教育发展情况、面临的问题及今后改革与发展的思路讲了意见。刚才，六个省（自治区）的同志介绍了各自民族教育的情况，并提出了一些建议。大家讲得都很好。下面，我代表国务院，就如何做好当前和今后一个时期的民族教育工作讲几点意见。

一、着眼于大局，充分认识加快我国民族教育事业发展的重大意义

新中国成立以来特别是改革开放以来，在党中央、国务院的领导下，经过各级党委、政府和广大教育工作者、民族工作者以及社会各界的共同努力，我国民族教育事业取得了历史性的伟大成就。截至 2001 年，全国民族自治地方有小学 10 万余所，中学 1.2 万余所。在各级各类学校就学的少数民族学生近 2 000 万人。少数民族人口比较集中的内蒙古、宁夏、新疆、广西、贵州、云南等省（自治区），适龄儿童入学率达 98%，与全国基本持平。民族自治地方有 358 个县级行政区划单位基本普及了九年义务教育。在历史上教育基础曾经最为薄弱、现代教育几乎从零开始的西藏自治区，小学适龄儿童入学率也已达到 83%。各种形式的职业教育在少数民族地区有了一定程度的发展。高等教育发展迅速，目前已有普通高校近百所，各类民族高等学校 150 所，在校学生约 56 万人。师资队伍建设有了很大发展，各类学校专任教师达 95 万人。与此同时，少数民族学校的双语教学工作有了积极进展，民族文字教材的编辑、审定、出版和发行工作取得了显著成绩。民族地区的办学条件逐步得到改善，内地西藏班、高校民族班和民族预科班、新疆高中班办学收到了很好效果。经过几十年的努力，我国已初步建立起包括幼儿教育、基础教育、职业教育、成人教育和高等教育在内的比较完整的民族教育体系，为促进民族地区的经济和社会发展，为维护民族团结和国家统一，作出了重要贡献。在此，我代表党中央、国务院，向长期在民族教育战线辛勤耕耘、默默奉献的各民族教育工作者表示亲切的慰问，向所有关心和支持民族教育发展的各行各业各部门的同志们表示衷心的感谢！

在肯定成绩的同时，我们也要看到，由于社会历史、经济、自然条件等多方面的原因，当前我国民族教育的整体发展水平还不高，与民族地区经济和社会发展的需求相比，还有较大差距，民族教育发展还面临一些困难和问题。主要表现在：教育思想、教育观念不能适应全面推进素质教育的要求，解放思想、开拓创新仍是一项紧迫的任务；教育投入严重不足，办学条件急需改善；师资队伍仍比较薄弱，学生就学困难问题较为突出；德育和民族团结教育需要进一步加强和改进，教育质量和双语教学水平亟待提高；实现普及九年义务教育（以下简称“普九”）目标难度很大等等。到2000年底，全国已实现基本普及九年义务教育和基本扫除青壮年文盲（以下简称“两基”）目标，而少数民族比较集中的八个省（自治区）的“普九”率只有50%左右。在人口10万以下的22个少数民族中，有12个民族达到小学文化程度的人口比例不到全国平均水平的一半，有13个民族达到大专以上文化程度的人口比例不到全国平均水平的一半。民族教育发展的滞后，已经严重影响到民族地区的经济发展和社会进步，必须引起我们的高度重视。

江泽民同志曾经深刻地指出：“大力发展科技、文化、教育事业，努力提高少数民族的科学文化素质，是一个具有非常重要的现实意义和长远意义的大问题，关系到国家的长治久安和繁荣富强。”当前，我国已经进入全面建设小康社会、加快推进社会主义现代化的新的发展阶段。随着科教兴国战略和西部大开发战略的实施，我国民族教育事业面临着新的发展机遇。我们一定要按照江泽民同志的要求，从加快经济发展、巩固民族团结和维护国家统一的战略高度，充分认识加快民族教育事业发展的重大意义。

第一，加快民族教育发展是实践“三个代表”重要思想的必然要求。江泽民同志“三个代表”重要思想，是新时期党的建设的基本纲领，是建设有中国特色社会主义各项事业的根本指南。实践“三个代表”重要思想是当前全党的根本任务。加快民族教育事业发展，对实践“三个代表”重要思想具有特殊的意义和作用。从发展先进生产力要求来看，没有少数民族地区的经济发展，就没有国家经济实力的增强，而要发展民族经济、提高民族地区生产力发展水平，就必须提高民族地区劳动者的总体素质，培养和造就民族地区经济和社会发展所需的各类人才，加快民族地区科学技术的进步和运用，这些都离不开教育事业的发展。从发展中国先进文化来看，我国是一个多民族的国家，各民族在长期的历史发展中创造和形成的丰富多彩、各具特色的优秀民族文化，是中国先进文化发展的重要基础。加快民族教育事业的发展，大力提高少数民族群众的文化水平，可以更好地继承和弘扬各民族优秀传统文化，推动中国先进文化的发展。从实现最广大人民群众的根本利益来看，在改革开放的今天，民族地区广大人民群众的根本利益是与求知识、求富裕、求文明、求进步的强烈愿望紧密联系在一起的，加快民族教育发展，推动民族地区的两个文明建设，不断满足各民族群众日益增长的物质文化需求，是代表最广大人民利益的根本体现。因此，发展教育对于少数民族地区的经济和社会发展具有基础性、先导性、全局性的重要作用，我们要实践“三个代表”重要思想，就必须高度重视和大力发展民族教育事业。

第二，加快民族教育发展是实施科教兴国战略的重要举措。在当今日趋激烈的国际竞争中，科技是核心，人才是关键，教育是基础。1995年，以江泽民同志为核心的党中央，根据邓小平科技教育思想，深刻分析世界科技革命发展进程和我国社会主义现代化建设实际，作出了实施科教兴国战略的重大决策，并决定把教育放在优先发展的战略地位。实施科教兴国战略以来，全社会高度重视科技、教育对经济发展和社会进步的重大推动作用，实施科教兴国战略已经成为全社会的广泛共识和自觉行动。民族教育是我国整个教育事业的重要组成部分，也是当前我国教育事业发展的一个难点。加快民族教育发展，有利于提高我国教育、科技的整体水平，对于实施科教兴国战略，促进民族地区的经济和社会发展，推进社会主义现代化建设，实现中华民族的伟大复兴，都具有特殊重要的意义。

第三，加快民族教育发展是促进民族地区繁荣稳定的客观需要。我国是一个统一的多民族的社会主义国家。社会主义国家的性质和平等、团结、互助的民族关系，决定了我们必须把促进各民族的团结进步与共同繁荣作为一项重大战略任务。各民族的团结统一和繁荣进步，包括各民族平等权利的保障、民族地区经济和社会事业的全面发展以及各民族自身素质的提高，都离不开教育事业的发展。少数民族地区大都处在我国边疆地区，位于维护国家统一、反对民族分裂和保障国家安全的前沿，战略地位十分重要。当前，国际反华势力把民族和宗教问题作为“西化”和“分化”我国的突破口，国内民族分裂分子也蓄意挑起民族宗教事端，企图破坏民族团结和国家统一。我们一定要从讲政治的高度，从维护民族团结和国家统一的大局出发，充分认识加快民族教育发展的重要性、艰巨性和紧迫性，通过加快发展民族教育，努力改变民族地区的落后面貌，缩小与发达地区的差距，促进各民族的繁荣进步和生活水平的提高，维护民族地区的团结与稳定。

第四，加快民族教育发展是实施西部大开发战略的基础工程。西部地区是我国少数民族居住最集中的地区，有5个自治区、3个少数民族聚居省、30个自治州、83个自治县（旗），全国80％的少数民族居住在这些地区；又是我国经济欠发达的地区，目前全国尚未脱贫的4 000万群众，大部分集中在这里。为加快西部地区的发展，党中央作出了实施西部大开发战略的重大决策，这为西部地区的经济和社会发展提供了难得的历史机遇。西部大开发，科教要先行。没有科技、教育的发展做支撑，西部大开发的战略就难以实现，更说不上可持续健康发展。积极发展民族教育，提高西部地区各族群众的科学文化素质，培养西部大开发所需的各类人才，做到以发展民族教育为西部大开发服务，在西部大开发中促进民族教育发展，这是实施西部大开发战略的一项重要任务，也是西部大开发最终取得成功的重要保证。

二、明确任务，切实加快民族教育事业的改革与发展

发展民族教育、促进各民族共同繁荣，是一项长期而艰巨的历史任务。我们必须坚持以发展为主题，以改革开放为动力，突出重点，循序渐进，努力开创民族教育事业发展的新局面。

第一，以实现“两基”为重点，促进民族地区各级各类教育协调发展。根据民族地区的经济和社会发展实际，民族教育发展的目标是：“十五”期间，要在巩固提高“两基”成果的基础上，使实现“两基”的地区达到70％以上，确保散杂居地区民族教育优先或与当地教育同步发展，促进各级各类教育协调发展；到2010年，要使少数民族地区实现“两基”，办学条件得到进一步改善，形成具有中国特色、适应21世纪现代化建设需要、充满生机活力的社会主义民族教育体系。为实现这一目标，我们要毫不动摇地坚持和落实“两基”“重中之重”的地位，调动各方面的积极性，坚持统筹兼顾、突出重点、分区规划、分步实施、积极推进的方针，加快“两基”进程。要把国家支持的重点放在民族工作的重点地区、高寒山区、边远农牧区和边疆、边境地区，积极改善这些地区寄宿制学校和其他普通学校的办学条件，大力扶持人口较少民族教育的发展。在大力推进“两基”、不断巩固提高“两基”成果的前提下，要积极发展高中阶段教育，办好一批起示范作用的普通高中和职业学校。要进一步办好少数民族地区的各类高等学校，包括民族高等学校，在人才培养和技术开发等方面发挥积极作用。要大力实施“校校通”工程，优先加快高寒地区、山区、农牧区和边疆边境地区电化教学、远程教育的发展，积极推进民族教育手段现代化进程，特别是要把优质教育资源通过光盘、录像等手段运用于民族教育，大力提高教育质量，实现民族教育的跨越式发展。

第二，深化教学改革，努力提高民族教育发展水平。加快民族教育事业发展，必须解放思想、实事求是，以观念创新为先导，大力推进体制创新、机制创新，使民族教育走上健康发展的快车道。由于历史原因，各民族在经济发展水平、生存环境、文化传统、语言文字、宗教信仰、风俗习惯等方面形成的差别和特点，应该得到充分的理解和尊重。民族教育改革要坚持从实际出发，发展规划、目标要求、实施步骤、办学形式、学制安排、课程设置、教学用语等，都要符合不同少数民族和地区的特点，因地制宜地予以推进。要深化农村义务教育管理体制改革，实行在国务院领导下，由地方政府负责、分级管理、以县为主的新的管理体制。这是农村义务教育管理体制和政策的重大调整，是促进少数民族和西部地区农村义务教育持续健康发展的根本保证，各地要不折不扣地贯彻落实。要合理调整中小学校布局，以利于教育资源的优化配置和教学质量的提高。要改革办学体制，不断增强办学活力，保证民族教育持续健康发展。改变民族教育办学主体单一、办学机制不活的状况。大力支持少数民族地区和西部地区的社会力量在当地兴办各类教育；鼓励沿海和内地发达地区的社会力量在少数民族地区和西部地区以多种形式兴办教育，同时支持社会力量面向少数民族地区和西部地区在沿海和内地办学；支持少数民族地区和西部地区群众自费送符合条件的子女到沿海地区求学就读，以多种形式为少数民族地区和西部地区培养急需人才。努力形成以政府投入为主体、社会多方投资办学、全面推进民族教育发展的新格局。与此同时，要不断扩大民族教育的对外开放和交流，积极吸收和借鉴不同民族、地区、国家的优秀教育成果，使我国的民族教育既有鲜明的中国特色，又符合世界现代教育的发展趋势。

第三，加强民族团结教育，切实改进民族地区学校的德育工作。增强民族团结、维护祖国统一，是我国各民族人民的共同责任，也是民族教育工作的历史使命。不论在少数民族地区还是非少数民族地区，不论在少数民族聚居地区还是在各民族散杂居地区，不论在沿海、内地还是边疆地区，都要高举民族团结进步的旗帜，大力加强民族团结教育。在民族教育工作中，要认真贯彻党的教育方针，把民族团结教育作为学校德育工作的重点，对广大师生加强马克思主义民族观、宗教观和党的民族、宗教政策的教育，加强我国各民族团结奋斗光荣传统和优秀文化传统的教育，使各民族广大群众进一步增强“汉族离不开少数民族、少数民族离不开汉族、各少数民族之间也互相离不开”的“三个离不开”观念，牢固树立自觉维护国家统一、反对民族分裂的思想意识，不断巩固和发展平等、团结、互助的社会主义民族关系。要严格遵守宪法和有关法律规定，坚持宗教与国民教育相分离的原则，严禁任何组织和个人利用宗教干预和妨碍国民教育。要在信教群众中大力宣传科教兴国战略，支持政府办好国民教育。要加强对各民族师生进行唯物主义和无神论的教育，引导各民族师生弘扬科学精神，树立科学世界观，增强自觉抵御封建迷信和邪教侵蚀的能力。

第四，搞好双语教学，使民族教育更加适应经济与社会发展的需要。语言教学是民族教育中一个具有特殊意义的重要问题。我们要加快少数民族地区的发展，缩小地区和民族间发展水平的差距，实现各民族的共同繁荣，就必须努力提高各民族知识和信息交流的能力，这就涉及到语言教学问题。各级党委和政府要根据法律规定和少数民族群众的意愿，认真做好学校教育中民族语文授课的有关工作，保障师资的配备和教材供给。同时，少数民族学生要学好全国通用语文即汉语，提高汉语的运用能力。当前，民族中小学汉语教学是一个比较突出的薄弱环节，要抓紧研究并采取有效措施，包括运用光盘、录像等电化教育措施，加强和改进汉语教学，提高汉语教学质量，力争到 2010 年在少数民族地区基本形成本民族语文和汉语的双语教学体系，努力实现少数民族学生民族语文和汉族语文双语兼通的基本目标。同时，要搞好少数民族学生的外语教学。

三、加强领导，确保民族教育事业的健康发展

做好新形势下的民族教育工作，是我们党和政府实践“三个代表”重要思想的具体体现，各级领导、有关部门特别是民族地区的党政领导，一定要把思想统一到党中央、国务院的部署和要求上来，采取有力措施，把各项工作落到实处。

第一，各级党委和政府要切实加强对民族教育工作的领导。要把民族教育工作列入各级党委和政府的重要议事日程，从当地实际出发，认真研究制定民族教育发展规划，有计划、有步骤地大力推进。中央和地方各有关部门要明确职责，密切配合，共同关心和支持民族教育的发展。各级领导干部要深入实际，调查研究，加强对民族教育工作的指导和检查，及时研究解决民族教育工作中存在的困难和问题。要实行民族教育工作干部任期目标责任制，把民族教育工作的实绩作为地方党政干部考评的重要内容。要认真研究在改革开放和社会主义市场经济条件下加快民族教育事业发展，并实施有效管理的办法和措施，加快民族教育立法进程。教育部和国家民委要尽快组织力量，抓紧研究和起草《民族教育条例》，经过一定时期的试行，再着手起草《民族教育法》，为民族教育的持续和健康发展提供法律保障。

第二，要切实加大对民族教育的投入。要充分运用行政手段和市场机制，整合各种资源，调动各方面的积极性，发展民族教育事业。中央政府将通过转移支付进一步加大对民族教育的扶持力度，确保民族教育经费随着国家财政收入的增加而相应增长；国家用于支持义务教育、职业教育、电化教育、远程教育等建设项目的专项资金，要重点投向少数民族和西部地区，支持少数民族地区学校进行电化教育、远程教育，开展“双语”教学，充分利用优质教育资源，提高教学水平。少数民族和西部有关省、自治区、直辖市的各级财政教育经费支出要切实做到“三个增长”；地方各级财政对寄宿制民族中小学学生要给予一定的生活补助，组织开展帮困济贫活动；少数民族散杂居地区各级财政要设立民族教育专项资金，扶持这些地区民族教育的发展。国际组织的教育贷款、海外和港澳台的教育捐款等资金，也要重点投向少数民族地区和西部地区。要认真组织实施东西部地区学校对口支援工作，东部地区要在资金、设备、师资等方面给少数民族地区和西部地区以实际帮助。

从2003年起，中央和地方要安排专项经费，采取定向招生等特殊措施，实施少数民族高层次人才培养计划，为少数民族地区和西部地区培养经济和社会发展重点领域的骨干人才。要进一步扩大内地高校民族班和民族预科班招生人数，办好内地西藏班和内地新疆高中班，力争把这些学校办成高质量的示范学校，为少数民族地区培养更多的人才。

第三，要发扬自力更生、艰苦奋斗的精神。民族地区教育事业的发展，离不开国家的支持和发达地区的帮助，但更重要的要靠少数民族地区广大干部群众的自力更生、艰苦奋斗。民族地区的各级领导干部，一定要克服“等、靠、要”的思想，宁可少盖几座楼、少买几辆车，也要挤出钱来办教育，以奋发有为的精神状态和强烈的事业心、责任感，团结带领各族群众认真实施科教兴国战略和西部大开发战略，开拓进取，扎实工作，依靠自身努力发展民族教育事业，彻底改变少数民族地区教育落后的面貌。

同志们，实施科教兴国战略，实现中华民族的伟大复兴，民族教育事业任重而道远。让我们紧密团结在以江泽民同志为核心的党中央周围，高举邓小平理论伟大旗帜，全面贯彻“三个代表”重要思想，抓住机遇，开拓进取，努力开创民族教育工作的新局面，为促进各民族的团结进步和共同繁荣作出更大的贡献！

学习贯彻十六大精神　开创教育改革发展新局面

中共教育部党组

江泽民同志在党的十六大上的报告是进入新世纪新阶段中国共产党的政治宣言和行动纲领。十六大报告从全面建设小康社会，实现中华民族伟大复兴的全局出发，深刻阐述了新时期教育发展的目标和任务，战略地位和作用，党的教育方针以及工作要求，是新世纪教育改革发展的行动纲领和新的动员令，对新世纪教育工作具有长期而深远的重要指导意义。

新世纪教育改革发展的行动纲领和新的动员令

十六大报告指出，我们要在本世纪头二十年，集中力量，全面建设惠及十几亿人口的更高水平的小康社会，使经济更加发展、民主更加健全、科教更加进步、文化更加繁荣、社会更加和谐、人民生活更加殷实。全面建设小康社会目标顺应时代潮流，符合党心民心，是一个科学全面、令人振奋、具有强大凝聚力的目标。

（一）教育水平是全面建设小康社会的重要标志和基础

十六大报告对全面建设小康社会作了深刻的阐述并强调“四个全面”：一是强调全面建设惠及十几亿人口的更高水平的小康社会，涵盖经济、民主、科教、文化、社会、人民生活等“六个更加”；二是强调中国特色社会主义经济、政治、文化全面发展；三是强调推动社会全面进步；四是强调促进人的全面发展。“四个全面”体现了马克思主义科学的发展观。

十六大报告在论述全面建设小康社会目标中明确指出：“全民族的思想道德素质、科学文化素质和健康素质明显提高，形成比较完善的现代国民教育体系、科技和文化创新体系、全民健身和医疗卫生体系。人民享有接受良好教育的机会，基本普及高中阶段教育，消除文盲。形成全民学习、终身学习的学习型社会，促进人的全面发展。”强调全民族的科学文化素质和人民受教育水平既是全面建设小康社会的重要目标和标志，也是全面建设小康社会的基础和必然要求。

（二）十六大提出的教育发展目标科学合理

党的十三届四中全会以来十三年，我国教育事业持续健康发展，教育改革全面推进。我们如期实现了基本普及九年义务教育，基本扫除青壮年文盲的宏伟目标，人口平均受教育年限从1990年的6年左右提高到2001年的8年左右。高等教育毛入学率已达到14％。2000年与1990年相比，我国每10万人中具有大学程度的由1 422人上升为3 611人。国民受教育程度和科学文化素质有了较大提高，为社会主义现代化建设第二步战略目标的实现提供了有力的人才支撑和知识贡献，为新世纪我国教育的进一步发展奠定了坚实基础。

但是，正如十六大报告所深刻指出的那样，当前我国生产力和科技、教育还比较落后，我国人力资源面临严峻挑战。一是国民科学文化素质偏低。我国人均受教育年限约为8年，而世界一些国家人均受教育年限则约为：美国13.4年、爱尔兰11.7年、韩国12.3年、菲律宾9.4年。我国高等教育毛入学率为14％左右，而1997年发达国家高等教育毛入学率的平均水平已达61.1%，世界平均水平为17.8%。二是我国劳动力知识结构重心偏低。2000年我国从业人口中，具有高中及以上学历的比例为18%，具有大专及以上学历的比例仅为5%，而1998年OECD国家对应指标的平均值分别为80%和26%。1998年，我国从事科研的人数，每万名劳动力中仅为8.4人，而同期日本为80人，美国为74人。三是我国人才状况不适应国际竞争和产业结构调整的要求。根据我国产业结构调整以及人力资源水平提升的要求，新增劳动力受教育程度应达到高中以上水平。但目前我国高中阶段毛入学率仅为42%。随着产业结构调整和加入WTO，高新技术及懂得世界贸易规则的金融、管理、贸易、信息、法律、会计等高级经营管理人才供不应求。高素质的技术工人也远不能满足要求。

根据十六大提出的要求，我国的国内生产总值到2020年要力争比2000年翻两番。为了实现这个目标，需要强有力的人才和智力支持。十六大报告明确提出要“形成比较完善的现代国民教育体系”，“人民享有接受良好教育的机会，基本普及高中阶段教育，消除文盲。形成全民学习、终身学习的学习型社会，促进人的全面发展。”这样的目标既适应经济社会发展的要求，又充分考虑了现有的基础；既符合中国国情，又顺应知识经济时代世界教育发展的大趋势，是经过努力可以和必须达到的科学、合理的目标。

（三）全面把握十六大关于教育改革发展的重要论述

十六大报告在论述全面建设小康社会的奋斗目标部分及文化建设和文化体制改革部分都专门用大段篇幅阐述了我们党实施科教兴国战略的坚强决心和大力发展教育、科学事业的基本方针、任务和要求。学习十六大关于教育改革发展的重要论述，要注意把握以下几个方面的要点。

第一，报告进一步明确了新时期党的教育方针。根据十六大报告的论述，新时期党的教育方针是“坚持教育为社会主义现代化建设服务，为人民服务，与生产劳动和社会实践相结合，培养德智体美全面发展的社会主义建设者和接班人”。这样的描述既和我们党一贯坚持的基本方针一脉相承，又注入了新的内涵；既坚持了基本方针的连续性，又反映了时代的新要求，贯彻了“三个代表”重要思想，体现了与时俱进的精神。

第二，报告提出了新时期教育工作的目标任务。报告提出要“形成比较完善的现代国民教育体系”，“人民享有接受良好教育的机会”，“基本普及高中阶段教育，消除文盲。形成全民学习、终身学习的学习型社会，促进人的全面发展”。明确新时期教育的任务是“造就数以亿计的高素质劳动者、数以千万计的专门人才和一大批拔尖创新人才”。要求“继续普及九年义务教育。加强职业教育和培训，发展继续教育，构建终身教育体系”。我们要深刻理解新时期教育工作的目标任务提出的时代背景和丰富内涵。

第三，报告指出了我国教育改革创新的方向。报告指出要“坚持教育创新，深化教育改革，优化教育结构，合理配置教育资源，提高教育质量和管理水平，全面推进素质教育”；要求“深化科技和教育体制改革，加强科技教育同经济的结合”，进一步明确了教育改革的方向和重点。

第四，报告突出强调了搞好教育工作的几个关键问题。报告要求“加强教师队伍建设，提高教师的师德和业务水平”。“加大对教育的投入和对农村教育的支持，鼓励社会力量办学。完善国家资助贫困学生的政策和制度”。对搞好教育工作必须解决的几个关键问题提出了明确的要求，具有很强的针对性和可操作性。

全面贯彻“三个代表”重要思想，为实现新时期教育改革发展目标任务而奋斗

我们要从实践“三个代表”重要思想，实施科教兴国战略，增强我国综合国力和国际竞争力以及促进人的全面发展的高度，认识教育的光荣历史使命，坚持教育创新，开创新世纪我国教育工作的新局面，为实现新时期教育改革发展的目标任务而奋斗。

（一）国民受教育程度显著提高

——提高普及九年义务教育水平。2010年，普及九年义务教育地区的人口覆盖率达到95%；

学前教育入园率达到80%左右。2020年，高质量、高水平地普及九年义务教育，初中阶段学龄人口入学率超过95%，学前教育入园率达到90%左右。

——基本普及高中阶段教育。2010年，普及高中阶段教育地区的人口覆盖率为70%左右。2020年，普及高中阶段教育地区的人口覆盖率达到85%左右，基本普及高中阶段教育。

——积极稳步发展高等教育。2010年，高等教育各类在学人数达到2 500万左右，高等教育毛入学率达到23%左右。到2020年，高等教育在学人数和毛入学率比2010年又有较大提高。

——2010年，全国每十万人口中，专科及以上学历者达到7 000人以上（2000年3 611人），高中阶段学历者达到2万人以上（2000年为1.12万人）。在从业人员中，专科以上学历者占8%左右（2000年约为5%）。人口平均受教育年限达到9.5年（2000年为8年左右）。2020年，全国每十万人口中，专科及以上学历者达到13 500人左右，高中阶段学历者达到3.1万人左右。文盲半文盲比例降到3%以下。人口平均受教育年限接近11年。

（二）坚持教育创新，建成完善的中国特色社会主义现代化教育体系

——充满生机活力的教育体系基本形成。教育具有主动适应现代化建设要求的能力。学校和其他人才培养机构依法享有充分的自主权，并形成自我发展、自我约束、自我管理、自我完善的机制。多样化筹措经费，社会力量办学蓬勃发展。

——实现教育的公平和公正性，全体人民享有接受良好教育的机会。不同地区之间、不同人群之间的受教育差距明显缩小。加快贫困地区、西部地区、少数民族地区教育发展。加大各级政府的投入，建立完善的农村教育投入和管理体制，缩小城乡教育差距。

——素质教育成效显著。更新教育观念，树立以人为本的教育思想，注重培养学生的创新精神、实践能力和科学态度。有利于人才健康成长和人的全面发展的良好社会环境形成。全面实施新的课程体系和教材，探索符合时代要求的教学模式和教育教学方法，建立有利于素质教育实施的评价体系。

——基本建立符合中国国情特点的终身学习系统，学习型社会形成。各级各类教育与培训相互衔接与沟通。调动、整合各种社会教育资源，形成覆盖全国城乡的开放教育系统和人力资源开发系统，为人民群众创造多层次、多样化的学习机会。

——教育法制建设完善。建立完善的教育法律法规体系。实现政府依法行政、学校依法办学的新局面。建立现代学校管理制度与运行机制。加强完善教育督导制度。

（三）教育为经济发展和社会进步服务的能力显著增强

——大力发展各种形式的职业教育和培训。建立适应社会主义市场经济体制，与市场需求和劳动就业紧密结合，结构合理、灵活开放、特色鲜明、自主发展的现代职业教育体系。大力发展各种形式的职业培训，为促进就业和再就业服务，为农业、农村和农民服务，为推进西部大开发服务。确立符合时代发展要求的职业教育基本制度。

——发展高等教育，培养大批急需专业人才和高层次人才。优先发展急需专业和新兴学科。新增教育资源主要向新兴学科建设倾斜。加大研究生培养规模，培养和造就一大批拔尖创新人才和一流学者。

——若干所大学和一批重点学科进入世界先进水平行列。高校承担国家建设重大课题研究和高水平原创性研究能力大大增强，成为国家知识创新体系的主体。高校科研成果转化和高新技术产业化加快，为培育国家经济新的增长点作出重大贡献。

——哲学社会科学研究在解决现代化建设重大理论和实践问题、促进国家决策科学化与民主化方面作出重要贡献。高等学校成为知识创新、文化传承和重大政策制定的重要“思想库”和“人才库”，在社会主义民主法制与精神文明建设中发挥重要作用。

（四）加强和改进学校德育工作，进一步增强民族凝聚力

——以马列主义、毛泽东思想、邓小平理论和“三个代表”重要思想教育青年学生。解放思想，与时俱进，以改革的精神在新的实践中加强思想理论建设、党建工作和德育工作。

——唱响中华民族伟大复兴的主旋律，大力弘扬民族精神，把弘扬和培育民族精神作为文化建设极为重要的任务，纳入国民教育全过程，切实加强爱国主义教育，培养为振兴中华、促进人类文明进步的理想追求和奉献精神。

——坚持以为人民服务为核心，以集体主义为原则，以诚实守信为重点，以爱祖国、爱人民、爱劳动、爱科学、爱社会主义为基本要求，全面贯彻《公民道德建设实施纲要》，大力倡导“爱国守法、明礼诚信、团结友善、勤俭自强、敬业奉献”的基本道德规范和行业准则。

（五）造就一支献身教育事业、勇于创新的高水平教师队伍

——加强师德建设。教师要志存高远、爱国敬业、为人师表、教书育人、严谨笃实、与时俱进；忠于人民的教育事业，以培育人才、繁荣学术、发展先进文化和推进社会进步为己任。

——形成加强教师队伍建设的激励机制、评估机制和保障机制，以提高教师队伍整体素质为中心，创造有利于教师队伍建设的制度环境。

——完善适应我国教育发展需要的、开放灵活的教师教育体系。提高教师学历水平，实施教师资格制度，提高队伍质量。完善教师继续教育的终身学习体系，不断提高教师的业务水平。

（六）以教育信息化为龙头，带动教育现代化

——将教育信息化建设纳入国家信息化建设总体规划。发挥各级各类学校在国家信息化进程中的支撑作用。

——建立学校信息化系统。在全国初中以上学校开设信息技术必修课，在每所中小学设立计算机教室，全部高等学校、高中阶段学校和部分初中、小学与计算机网络连接。

——加强教育信息化基础设施建设和教育软件开发。继续建设CERNET宽带网，建立国家公共网络教育平台和国家现代远程教育中心，提高教育信息化的水平，促进教育资源共享，形成多层次、多功能、交互式的具有中国特色的现代远程教育体系。

（七）扩大教育对外开放，我国教育的国际竞争力增强

——扩大教育开放，加强国际合作，积极引进国外高等教育和职业教育优质资源。依法规范中外合作办学行为，促进中外合作办学健康发展，增强我国教育与人才培养的国际竞争力。

——坚持“支持留学，鼓励回国，来去自由”的方针，提高国家公派出国留学工作的针对性和效益。发展和规范教育服务市场和自费留学中介机构。

——鼓励和推动我国高等学校及其他教育机构赴境外办学。扩大来华留学生规模，加强对外汉语教学，扩大我国教育的国际影响。

切实落实教育优先发展战略地位

江泽民同志在党的十六大报告中深刻指出，教育是发展科学技术和培养人才的基础，在现代化建设中具有先导性、全局性作用，必须摆在优先发展的战略地位，从现代化建设全局的高度，深刻阐明了教育的特殊作用和地位

（一）深刻认识教育在现代化建设中的基础性、先导性、全局性作用和战略地位

——教育是实现我国现代化事业的关键所在。在实现全国建设小康社会这一宏伟蓝图过程中，把沉重的人口负担转变为人力资源优势，全面提高国民素质，将直接关系我国现代化建设和民族复兴的顺利实现。当今世界，科学技术突飞猛进，人类进入知识经济时代，我们比任何时候都更加清醒地认识到教育与人才在实现中华民族伟大复兴中的特殊重要地位和作用，认识到教育与人才培养是通向实现中华民族伟大复兴的必由之路和关键所在。

——教育与人才是增强我国综合国力和国际竞争力的决定性因素。当前，激烈的国际竞争实质上是综合国力的竞争。而综合国力的竞争，科技是关键，教育是基础，人才是核心。新世纪以经济实力、科技实力、国防实力和民族凝聚力为基础的综合国力将越来越集中体现为高新技术和创新性人才拥有的数量和质量。教育越来越成为一个国家创新能力的基础，成为提高现实生产力和国际竞争力的重要力量。因此，实施教育优先发展战略，加快人才培养是增强我国综合国力、应对国际竞争的决定性因素。

——教育与人才培养是实现人的全面发展目标

的根本途径。江泽民同志指出，人的全面发展是马克思主义关于建设社会主义新社会的本质要求。实现人的全面发展是建设小康社会的重要目标和任务之一。教育的根本任务是培养人，因而必然也必须成为促进人的全面发展的根本途径。新世纪的教育将在推进人的全面发展目标的旗帜下，倡导新的文明生活方式，提高人民群众的科学文化水平，鼓励创新，充分发挥每个人的聪明才智，为促进人的全面发展和社会全面进步作出重要贡献。

——教育与人才培养是实践“三个代表”思想的重要体现。在生产力要素中，人是最能动、最积极的因素。教育在培养创造先进生产力的知识分子群体和核心竞争人才，在培养数以亿计的素质优良的劳动者与数以千万计的高级专门人才方面具有不可替代的地位，是开拓、创造先进生产力的重要动力。因此，振兴教育，培养人才，是我们党代表中国先进生产力发展要求必须履行的第一要务。坚持先进文化的前进方向，建设有中国特色社会主义文化，是我们党思想上、精神上的一面旗帜。今天的青少年学生将历史地成为我国现代化建设第三步战略目标的圆梦人。他们具备什么样的共同理想和精神风貌，具备什么样的素质，直接关系到科教兴国战略的实施和社会主义现代化建设的成败。发展先进文化的根本任务之一，是培养一代又一代有理想、有道德、有文化、有纪律的公民。因此，教育在传播、发展、创造先进文化方面肩负着重大使命。实现人民大众受教育的权利是社会主义制度的重要特征，享受教育权利和接受良好教育是现代社会人民群众最基本的需求和最根本的利益。面对日益激烈的市场竞争和知识经济时代的挑战，接受良好教育不仅已经成为人们生存发展的第一需要和终身受益的财富，甚至决定其一生的命运。因此，加快教育发展，最大限度地满足人民群众日益增长的接受高质量教育和终身学习的要求，为处境不利人群和经济欠发达地区人民提供平等的教育机会，使人民群众受教育的权利与义务得到切实维护和保障，确保社会主义教育的公平、公正，既是加快现代化建设的本质要求，也是实践“三个代表”思想的具体体现。

（二）切实落实教育优先发展战略地位

邓小平同志多次强调，“一个地区，一个部门，如果只抓经济，不抓教育，那里的工作重点就是没有转移好，或者说转移得不完全。”“忽视教育的领导者，是缺乏远见的、不成熟的领导者，就领导不了现代化建设。”“我们要千方百计，在别的方面忍耐一些，甚至于牺牲一点速度，把教育问题解决好。”小平同志的这些教导应该真正成为我们制定新世纪我国发展战略的重要指导思想及全党的一致共识和行动，切实落实教育优先发展的战略地位。

——提高各级党政主要领导对教育基础性、先导性、全局性战略地位的认识，切实把各地经济增长和社会发展的轨道转移到依靠科技进步和提高劳动者素质上来。

——把实施科教兴国、开发人才资源作为发展先进生产力的第一要务，由各级主要领导亲自抓。各级主要领导要直接领导并抓好教育和人才工作，把教育工作作为考核各级领导干部的重要指标。实行教育、人才工作责任制，把教育发展和人力资源开发的各项工作分解到政府各个部门，明确各自职责。

——加大政府投入，进一步动员社会资源，加快教育发展。力争2005年财政性教育经费占国民生产总值超过4%，2010年达到5%。各级政府要切实担负起包括教育在内的公共财政责任。

——鼓励全社会进行智力投资，建立和完善各级政府对民间资本投入教育的奖励机制。建立教育发展基金，吸纳各种社会教育捐赠。

——对农村贫困地区的小学和初中学生逐步实行免费提供教科书制度。进一步完善并全面落实以“奖、贷、助、补、减免”为主要内容的资助家庭经济困难学生的政策与制度，形成完善的国家助学贷款制度。

学习贯彻十六大精神　全面开创教育工作新局面

——在2003年度教育工作会议上的讲话

（2002年12月26日）

陈 至 立

同志们：

在全国上下认真学习贯彻党的十六大精神的热潮中，今天，我们在这里召开年度教育工作会议。这次会议的主要任务是，认真学习全面贯彻十六大精神，以邓小平理论和“三个代表”重要思想为指导，回顾总结2002年和五年来的工作，深入分析教育工作面临的新形势和新情况，明确明年教育工作的指导思想、主要任务和工作要求，统一思想，振奋精神，扎实工作，开创教育工作新局面。下面，我谈三个方面的问题。

一、2002年的工作与五年回顾

即将过去的2002年，教育系统广大干部和师生员工认真学习贯彻江泽民同志“5·31”重要讲话和党的十六大精神，以“三个代表”重要思想为指导，积极进取，开拓创新，各项工作取得了新的进展。一年来，农村义务教育管理体制调整全面推进，高中教育发展步伐加快；基础教育课程改革实验逐步扩展；贯彻落实全国职业教育工作会议精神，职业教育改革与发展取得新进展；普通高等教育继续稳步发展，加强了高校教学质量管理，加大了学科专业结构调整力度；高校后勤社会化改革继续深化；高等教育各项改革成果得到巩固和发展；成功举办中外大学校长论坛，对一批高校校长进行了强化培训；教师队伍素质得到提高；召开全国民族教育工作会议，进一步明确了加快民族教育改革与发展的政策措施，东西部学校对口支援工作继续推进；教育信息化进程加快；语言文字工作取得新进展；深入研究加入世贸组织后教育的扩大开放，教育国际交流与合作的层次和质量水平进一步提高；教育行政审批项目清理工作取得阶段性成果；高校党建和思想政治工作继续加强，教育战线继续保持稳定；各项教育事业继续蓬勃发展。

本届政府即将届满，回顾五年历程，教育事业发展步伐加快，改革取得突破性进展，充满生机活力的中国特色社会主义教育体系正在形成。

（一）大力实施科教兴国战略，教育优先发展战略地位进一步落实

党中央、国务院召开了改革开放以来第三次全国教育工作会议，颁布了《中共中央国务院关于深化教育改革全面推进素质教育的决定》，国务院成立科教领导小组，把实施科教兴国战略作为本届政府的最大任务，批转了《面向21世纪教育振兴行动计划》，发布了《关于基础教育改革与发展的决定》和《关于大力推进职业教育改革与发展的决定》，教育投入显著增加。2001年，全国教育经费总投入4 638亿元，其中国家财政性教育经费3 051亿元，占国内生产总值的3.19%，是进行此项指标测算以来的历史最高值。中央政府对教育的投入力度加大，从1998年连续五年中央本级财政支出中教育经费所占的比例每年增加一个百分点，加上解决教师工资拖欠、危房改造等其他专项转移支付，五年间中央共增加约700亿元的教育投入。初步建立了以“奖、贷、助、补、减免”为主要内容的家庭经济困难学生资助体系。教师待遇和社会地位显著提高，正在成为越来越具有吸引力的职业。教育法制建设不断推进，颁布实施《高等教育法》，丰富和完善了教育法律法规体系，教育普法、执法监督和教育督导工作取得积极进展，教育行政部门依法行政水平得到明显提高。

（二）教育事业蓬勃发展，实现了历史性的跨越

到2000年，“两基”目标如期实现，目前，“普九”人口覆盖率已经超过90%，青壮年文盲率下降到5%以下。高中阶段教育发展迅速，优质高中资源不断扩大。中等职业教育在调整改革中不断发展，高等职业教育发展步伐加快，五年新增设高等职业学校459所。按照党中央、国务院的决策，从1999年开始，高等学校扩大招生规模，到2002年，全国各类高等学校在校生规模超过1 600万人，高等教育毛入学率超过14%。高等教育自学考试继续发展。“211工程”建设取得丰硕成果，“十五”期间工程项目已经启动。“985工程”顺利推进，一流大学和高水平大学建设取得明显成效。高等学校重点学科建设力度加大，办学水平进一步提高。西部和少数民族地区教育发展加快。教育质量不断提高。各项教育事业持续健康协调发展。《国家通用语言文字法》颁布实施，语言文字应用和信息管理进一步加强。

（三）教育改革不断深化，教育开放出现崭新局面

基础教育管理体制改革进一步深化，农村义务教育“实行在国务院领导下，由地方政府负责、分级管理、以县为主的体制”。按照“共建、调整、合作、合并”的方针，高等教育管理体制改革取得重大进展，基本形成了中央和省级人民政府两级管理、以省级政府管理为主的新体制。高校后勤社会化改革取得突破，三年来，全国新建、改建的学生公寓和食堂，分别超过和接近建国50年累计建设的总和，保证了高校扩招的顺利进行。高考改革顺利推进，高校招生收费和毕业生就业制度改革取得新的进展。以人事分配制度改革为重点的学校内部管理体制改革不断深入。民办教育加速发展，成为我国教育体系中的一个重要组成部分。教育的国际交流与合作不断扩大，双边和多边交流与合作向高层次拓展，出国留学工作健康发展，加大了吸引海外优秀留学人员回国工作和为国服务的工作力度，建立了21个“国家留学人员创业示范基地”，来华留学规模迅速增长，对外汉语教学进一步加强，积极开展加入世界贸易组织后教育应对工作，中外合作办学发展迅速。

（四）全面实施素质教育，教育教学改革不断深化

全面实施素质教育，核心是提高学生思想道德水准，培养学生的创新精神和实践能力，关键在于改革课程、教材和考试评价制度。围绕开展素质教育，改革了中小学德育课程，拓宽了德育的途径，中小学德育工作实效性和针对性得到加强。制定并颁布了《基础教育课程改革纲要》（试行）和义务教育阶段学校18科课程标准（实验稿），新教材已经在部分地区试验推广。在高等教育阶段，以提高质量为核心全面开展教育教学改革，取得良好效果。优化了高等学校学科和专业结构，扩大了专业覆盖面，加强了大学生全面素质教育。教师队伍建设成果丰硕，教师学历水平和业务素质不断提高，进一步增强了实施素质教育的能力。

（五）教育为社会主义现代化建设服务的能力不断提高

高等学校科研实力显著增强，已经成为我国科技创新特别是基础研究领域的生力军。高校产学研合作跨上新台阶，科技成果转化速度加快，涌现出一批高新科技企业和重大科技创新产品，为国民经济培育了新的增长点。22家国家大学科技园，已经成为高新技术产业转化的重要基地。高校哲学社会科学研究工作者发扬理论联系实际的学风，深入研究改革开放和社会主义现代化建设中的重大问题，在发展先进文化、服务“两个文明”建设、为政府企业提供决策咨询等方面，取得了一系列重大成果。职业和成人教育面向经济主战场，服务于当地经济社会发展整体布局。“三教统筹”和农科教结合不断深化，推动了农村教育更好地为农业、农

村和农民服务。

（六）教育信息化水平提高，推动了教育现代化进程

中国教育科研网（CERNET）已经建成两万公里的高速传输网，成为我国第二大互联网络。建成开通了远程教育的卫星宽带多媒体传输平台。CERNET网和教育卫星网的高速连接，已经初步形成了天地合一的现代远程教育“天罗地网”。高等学校校园网建设进展顺利，全国高校70%左右建立了校园网，西部大学校园计算机网络建设工程已经启动。67所高校开展了现代远程教育的试点工作。高校毕业证书电子化管理全面实现。中小学教育信息化进程加快，信息技术课开课率显著提高。全国中小学拥有的计算机，从1999年底的平均121人一台提高到2001年的51人一台。

（七）高校党建和思想政治工作得到加强，为社会稳定作出贡献

五年来每年召开一次高校党建工作会议，高校党建和思想政治工作得到加强。坚持用马克思主义占领学校思想阵地和高校理论阵地，武装广大师生员工思想，不断推进邓小平理论和“三个代表”重要思想“三进”工作。加强了形势教育，根据形势的发展，不断推进思想政治工作进网络，加强了学生公寓中的思想政治工作。高校领导班子建设和思想政治工作队伍建设不断加强。广大师生精神面貌发生深刻变化，对在中国共产党领导下建设中国特色社会主义事业充满信心。教育战线特别是高等学校保持了稳定，为全国的稳定作出了重大贡献。

总之，过去的五年是教育事业蓬勃发展，教育改革取得重大突破，教育思想空前活跃，教育的生机活力显著增强的五年。五年来，教育改革和发展取得的巨大成就，是在党中央、国务院的正确领导下取得的，是在改革开放特别是党的十三届四中全会以来教育事业成就的基础上取得的，是在各级党委、人大、政协和政府各部门以及人民群众关心支持下取得的，凝聚着教育界老同志、老专家的心血，是各级教育行政部门和广大教育工作者辛勤工作的结果。在此，我代表教育部党组向所有为教育改革与发展作出贡献的同志们表示崇高的敬意和衷心的感谢。

回顾十三年来教育改革和发展的实践特别是五年来走过的历程，我们深深体会到：

第一，邓小平理论和“三个代表”重要思想是我国教育改革与发展的根本指针。

第二，党中央全面实施科教兴国战略，确立教育优先发展战略地位，强调教育在现代化建设中的基础性、全局性、先导性作用，切实加大教育投入，把教育纳入经济社会发展整体规划，是加快教育改革与发展的根本保证。

第三，坚持发展是硬道理，坚持全面、科学的发展观，抓住机遇，加快发展，是推动我国教育事业不断跃上新台阶的关键。

第四，解放思想，实事求是，与时俱进，改革创新，大胆实践，尊重群众的首创精神，摆脱不合时宜的观念和体制性障碍，不断增强教育的生机和活力，是教育发展的不竭动力。

第五，坚持一切从实际出发，以积极进取的精神状态，深入调查研究，不断研究新情况，解决新问题，坚韧不拔，求真务实，是做好新时期教育工作的根本要求。

第六，正确处理改革、发展、稳定的关系，加强思想政治工作和党建工作，是顺利推进教育改革与发展的重要保障。

我们要十分珍惜这些在教育改革和发展中积累的经验，在今后的实践中继续坚持并不断加以丰富和完善。与此同时，也要清醒地看到，当前教育改革与发展面临的挑战依然十分严峻，离实现全面建设小康社会的总体目标对教育的要求，还有很大的差距。我国教育整体水平仍偏低，教育投入不足，区域间教育发展不平衡，人才培养结构还不能适应国际竞争和产业结构调整的要求，教育的质量水平和国际竞争力需要进一步提升，教育体制和机制的不适应、不完善仍然制约着教育事业的发展，构建全民学习、终身学习的终身教育体系的任务十分艰巨。这都要求我们认真学习贯彻十六大精神，与时俱进、奋发有为，努力开拓新世纪教育工作的新局面。

二、认真学习贯彻十六大精神，明确目标任务，增强做好新世纪教育工作的使命感和责任感

党的十六大，是我们党在新世纪召开的第一次

代表大会，也是我们党在开始实施社会主义现代化建设第三步战略部署的新形势下召开的一次十分重要的代表大会。江泽民同志的报告，从历史和时代的高度，全面分析了我们党面临的国际国内形势，科学总结了改革开放以来特别是党的十三届四中全会以来党领导人民建设中国特色社会主义的基本经验，进一步阐述了贯彻“三个代表”重要思想的根本要求，明确提出了全面建设小康社会的奋斗目标，深刻回答了关系党和国家未来发展的一系列重大理论和实际问题，对建设中国特色社会主义经济、政治、文化和加强党的建设等各项工作作出了全面部署，是一篇马克思主义的纲领性文件，是我们党在新世纪新阶段的政治宣言，是全面建设小康社会、加快推进社会主义现代化的行动纲领。

十六大报告进一步强调了实施科教兴国战略在现代化建设中的重要作用，提出了新时期教育工作的目标、任务、方针和要求，为开创教育事业的新局面指明了方向。

教育系统全体干部和师生员工，要认真学习贯彻十六大精神，围绕主题、把握灵魂、抓住精髓，进行系统深入地学习。要发扬理论联系实际的优良学风，紧密结合教育工作的实际，以“三个代表”重要思想统一我们的认识，以全面建设小康社会的宏伟目标激励我们的精神，以教育事业的新目标、新任务凝聚我们的力量，为加快现代化建设和实现中华民族的伟大复兴作出新贡献。

（一）以“三个代表”重要思想为指导，把对教育重要战略地位的认识提高到一个新的高度

党的十六大将“三个代表”重要思想和马克思列宁主义、毛泽东思想、邓小平理论一道确立为我们党的指导思想。“三个代表”重要思想是对马克思列宁主义、毛泽东思想、邓小平理论的继承和发展，反映了当代世界和中国的发展变化对党和国家工作的新要求，是加强和改进党的建设、推进我国社会主义自我完善和发展的强大理论武器，是我们党的立党之本、执政之基、力量之源，也是新世纪教育工作的根本指导思想。

“三个代表”重要思想为进一步认识实施科教兴国战略和教育优先发展战略的重大意义提供了有力的思想武器。十六大报告以前所未有的篇幅和力度系统阐述了教育在实现全面建设小康社会宏伟目标中的战略地位和世纪初教育的目标、任务及要求，明确指出：“教育是发展科学技术和培养人才的基础，在现代化建设中具有先导性全局性作用，必须摆在优先发展的战略地位”；要“培养数以亿计的高素质劳动者、数以千万计的专门人才和一大批拔尖创新人才”；“必须尊重劳动、尊重知识、尊重人才、尊重创造，这要作为党和国家的一项重大方针在全社会认真贯彻”；“走新型工业化道路，必须发挥科学技术作为第一生产力的重要作用，注重依靠科技进步和提高劳动者素质，改善经济增长的质量和效益”。在谈到西部大开发时，强调指出，“发展科技教育，培养和用好各类人才”。

我们要以“三个代表”重要思想为指导，以十六大精神为强大思想武器，努力推动全社会（包括教育工作者）充分认识教育在现代化建设中的基础性、先导性、全局性的作用。深刻认识教育是实现我国现代化建设目标的关键所在，深刻认识教育与人才培养是增强我国综合国力和国际竞争力的决定性因素，深刻认识教育与人才培养是实现人的全面发展目标的根本途径，深刻认识教育与人才培养是实践“三个代表”重要思想的重要体现。要促进各级党政主要领导按十六大的要求提高对教育重要战略地位的认识，在部署本地区、本部门新世纪新阶段改革和发展规划的过程中，把实施科教兴国战略作为发展先进生产力的第一要务，切实落实教育优先发展战略地位，加大对教育的投入，努力实现教育的适度超前发展。

要切实把“三个代表”重要思想落实到各项教育工作中，使教育事业始终沿着正确的方向前进。要把服务于发展先进生产力作为加快教育改革与发展的根本要求，努力提高民族素质，培育创新人才，增强科技创新能力；要把培育、弘扬和传播先进文化作为各级各类学校的重要使命，坚持以邓小平理论和“三个代表”重要思想武装广大师生员工；要把满足现代化建设和广大人民群众对教育的需求作为教育工作的出发点和归宿，对人民负责，对事业负责。

（二）科学认识全面建设小康社会的奋斗目标，增强加快教育事业发展的紧迫感

党的十六大提出了全面建设小康社会的奋斗目标。全面建设小康社会，需要强有力的人才和知识支撑。全民族的科学文化素质和人民受教育水平的提高，是全面建设小康社会的重要目标，也是全面建设小康社会的重要基础和必然要求。十六大报告把教育发展水平作为全面建设小康社会奋斗目标的关键性指标之一，明确提出："全民族的思想道德素质、科学文化素质和健康素质明显提高，形成比较完善的现代国民教育体系、科技和文化创新体系、全民健身和医疗卫生体系。人民享有接受良好教育的机会，基本普及高中阶段教育，消除文盲。形成全民学习、终身学习的学习型社会，促进人的全面发展。"这是一个既适应经济社会发展要求，又充分考虑了现有的基础，既符合国情，又顺应知识经济时代教育发展的趋势，经过努力可以又必须达到的目标。广大教育工作者任重而道远，任务光荣而艰巨。我们要全面把握、准确理解十六大报告提出的三个重要目标：

一是要形成比较完善的现代国民教育体系。经过建国以来五十多年的努力，我们已经形成了一个相对比较完整的国民教育体系。但与新时期全面建设小康社会的要求相比，还有许多不适应的方面和需要完善的地方。建立现代国民教育体系关键是要在"现代"上下功夫，要充分体现时代精神，不断增强开放性、灵活性和多样性，从而更好地适应经济发展和人民群众不断增长的更加广泛和多样化的教育需求。

二是要使人民享有接受良好教育的机会，基本普及高中阶段教育，消除文盲。实现这一目标，要分三步走。从现在起到2005年，要巩固"两基"的成果，打好"普九"攻坚战，使高中阶段毛入学率达到60%，高等教育毛入学率超过15%。到2010年，普及九年义务教育，职业教育和成人教育有更大发展，人口中接受高等教育的比重接近中等发达国家水平。到2020年，在高质量普及九年义务教育的基础上，基本普及高中阶段教育，形成规模适当、结构合理的高等教育和职业教育体系。

三是要形成全民学习、终身学习的学习型社会，促进人的全面发展。终身学习、全民学习，是时代发展的潮流。把建设学习型社会第一次写入党的代表大会报告，具有重大而深远的意义。建设学习型社会是一个复杂的系统工程，要加强职业教育和培训，发展继续教育，构建终身教育体系；要增强教育为经济社会发展服务的能力，使学校成为为终身学习服务的重要载体，使企业、社会团体和社区成为学习型组织，形成覆盖全国城乡的开放教育系统和人力资源开发系统；要通过广泛宣传和有效的政策措施，最大限度地激发人民群众学习和创造的积极性，使中华民族成为"人人皆学之邦"，促进人的全面发展。

21世纪的头二十年，是我国现代化建设必须紧紧抓住并且可以大有作为的重要战略机遇期，更是教育发展的重要战略机遇期。我们要增强机遇意识，增强加快教育发展的责任感、紧迫感。当前，要根据全面建设小康社会的宏伟目标和战略步骤，认真研究制定今后一个时期全国及各地的教育改革与发展的规划和政策措施。

（三）全面贯彻党的教育方针，把弘扬、培育民族精神和加强思想道德建设摆在重要位置

教育要更好地适应培养社会主义"四有"新人的要求，必须坚持全面贯彻教育方针，全面推进素质教育，促进人的全面发展。十六大报告在"培养什么人"和"如何培养人"这两个教育的根本问题上，进一步作了科学的回答，把马克思主义教育理论推进到一个新境界，对教育工作具有重大的指导意义。

十六大报告根据时代发展要求，进一步丰富和发展了党的教育方针，提出要"全面贯彻党的教育方针，坚持教育为社会主义现代化建设服务，为人民服务，与生产劳动和社会实践相结合，培养德智体美全面发展的社会主义建设者和接班人"。这既和我们党一贯坚持的基本方针一脉相承，又注入了新的内涵；既坚持了基本方针的连续性，又贯彻了"三个代表"重要思想，体现了与时俱进的精神。特别是把教育为人民服务，教育与社会实践相结合作为教育方针的重要内容，有利于更加充分地发挥教育促进社会全面进步和人的全面发展的积极作用。广大教育工作者必须坚定不移地把"两为"、"两结合"贯穿于各级各类教育之中，继续全面推进素质教育，使教育始终坚持正确的政治方向，适

应时代发展的要求。

十六大报告把弘扬和培育民族精神放在极其重要位置，提出“必须把弘扬和培育民族精神作为文化建设极为重要的任务，纳入国民教育全过程，纳入精神文明建设全过程，使全体人民始终保持昂扬向上的精神状况”。以爱国主义为核心的团结统一、爱好和平、勤劳勇敢、自强不息的伟大民族精神是实现中华民族伟大复兴的强大动力。弘扬和培育民族精神是各级各类教育的重要任务，是教育工作必须高扬的一面精神旗帜。

十六大报告对加强思想道德教育提出了全新的要求，强调“特别要加强青少年的思想道德建设”。广大教育工作者要极大地增强加强和改进德育工作的紧迫性。当前，世界范围内各种文化的相互激荡不断对德育提出新挑战，社会主义市场经济的发展不断对德育提出新要求，社会主义文化的进步不断赋予德育新内涵，我们要切实按照党的十六大提出的要求，不断探索新时期德育的有效方法和途径，切实加强德育工作。

（四）坚持解放思想、实事求是、与时俱进，把大力推进教育创新作为教育发展的重要动力

坚持解放思想、实事求是、与时俱进的思想路线，是我们党坚持先进性和增强创造力的决定性因素，也是将各项工作不断推向前进的法宝。十六大报告全面、系统地阐述了创新的思想，并强调，“通过理论创新推动制度创新、科技创新、文化创新以及其他各方面的创新，不断在实践中探索前进，永不自满，永不懈怠，这是我们要长期坚持的治党治国之道。”十六大报告还再一次强调，要“坚持教育创新，深化教育改革，优化教育结构，合理配置教育资源，提高教育质量和管理水平，全面推进素质教育”。

大力推进教育创新，深化教育改革，是落实十六大精神、推动新时期教育改革和发展的动力。要加快教育理论创新，使教育思想、观念适应21世纪培养一代新人的要求。要加快体制创新，形成适应时代要求的充满生机活力的新体制。全面推进素质教育、深化教育教学改革是教育创新的重点，要加快建立新的课程、教材体系、考试评价制度，形成有利于培养学生创新精神和实践能力的人才培养模式。教育技术、方法创新是教育创新的重要途径，要加快教育信息化，以信息化带动教育现代化。建设一支具有创新精神的教师队伍是教育创新的基础，要按照十六大提出的“加强教师队伍建设，提高教师的师德和业务水平”的要求，加强教师队伍建设，改革和完善教师教育体系。

大力推进教育创新，必须切实落实十六大提出的“发展要有新思路，改革要有新突破，开放要有新局面，各项工作要有新举措”的要求。要大胆探索教育发展的新途径，开辟教育发展新的增长点，扫除制约教育发展的体制障碍；要在巩固已有改革成果的基础上，不断推进办学体制、管理体制和学校制度的创新；要抓住我国扩大对外开放的机遇，促进教育国际合作与交流，努力汲取国外教育发展的先进经验，提高我国教育的竞争力；要加快转变政府管理教育的方式，创造性地解决在发展、改革和开放中不断涌现的新情况、新问题。

（五）按照十六大的要求，全面加强教育系统党的建设

党的十六大提出要全面推进党的建设的新的伟大工程。前不久召开的中央组织工作会议和胡锦涛总书记的重要讲话对贯彻党的十六大精神、加强党的建设提出了明确的具体要求。加强教育系统党的建设，对全面推进党的建设的新的伟大工程具有非常重要的意义，也是加快教育改革与发展的重要保证。教育系统知识分子集中，广大的青年知识分子和青年学生是未来现代化建设的生力军，加强教育系统党的建设有利于坚持党的先进性，有利于巩固党的阶级基础和扩大党的群众基础，有利于不断增强党的创造力、凝聚力和战斗力。

要加强教育系统党的思想建设，坚持以邓小平理论、“三个代表”重要思想和十六大精神武装师生员工，把力量凝聚到实现中华民族伟大复兴的事业中去。要特别重视提高教育系统各级领导干部的马克思主义理论水平，真正做到“牢记使命，勤奋工作；坚持宗旨，执政为民；改进作风，求真务实；加强学习，与时俱进。”

要切实加强学校党组织的建设，使学校党组织成为“三个代表”重要思想落实到教育工作中的组织者、推动者和实践者。重视做好优秀青年知识分

子和青年学生的入党工作，不断地向党输送新鲜血液。把那些拥护十六大精神、在教育改革和发展中作出突出贡献的青年教师，包括优秀回国人员，及时吸收到党内来。

要以提高素质、优化结构、改进作风和增强团结为重点，把各级教育行政部门、各级各类学校的领导班子建设成为贯彻"三个代表"重要思想的坚强领导集体。根据领导干部选拔任用条例的要求，大力推进领导干部选拔任用制度改革，加大培养优秀年轻干部的力度，不断提高教育系统干部队伍的素质。切实贯彻党风廉政工作责任制，对各级领导干部从严要求，维护教育系统的良好形象。

三、关于明年工作和需要强调的几个问题

同志们，2003是全面贯彻落实十六大精神的第一年，我们要坚定信心，积极进取，扎实工作，使教育改革与发展有一个良好的开局。明年教育工作的总体要求是：高举邓小平理论伟大旗帜，以"三个代表"重要思想为指导，深入学习贯彻党的十六大精神，坚持解放思想，实事求是，与时俱进，大力推进教育创新；继续深化改革，加快发展，提高质量，保持稳定，加快建立中国特色社会主义现代化教育体系，开创教育工作新局面。按照党的十六大和中央经济工作会议精神，教育部已经制定了《2003年的工作要点》（已作为征求意见稿发给大家），要点确定的六个方面重点工作是：

——认真学习贯彻十六大精神，把思想认识统一到十六大精神上来，是教育系统当前和今后一个时期的首要任务。要精心组织，周密安排，不断掀起学习贯彻十六大精神的高潮。密切联系教育工作的实际，把十六大精神贯彻到教育的各项工作中。研究制定《2003～2007年教育振兴行动计划》。

——坚持全面、科学的教育发展观，促进各级各类教育协调发展。巩固"两基"成果，打好普九攻坚战，加快发展高中教育，大力发展职业教育，保持高等教育持续健康发展。加强语言文字管理，推进语言文字信息化。大力发展现代远程教育，推进教育信息化。努力增加教育投入，加强教育经费管理。

——全面推进教育创新，深化教育改革，扩大教育对外开放。继续落实和完善农村义务教育管理新体制，进一步加快职业教育管理体制改革，按照"巩固、深化、提高、发展"的方针，推进高等教育体制改革。大力促进民办教育发展。认真做好高校毕业生的就业工作。优化学科、专业结构，创新人才培养模式。推进教育国际合作和交流向更广领域、更高层次发展，加大吸引人才回国工作和为国服务的工作力度。

——全面贯彻教育方针，扎实推进素质教育，建设高素质的教师队伍。加强青少年思想道德教育，提高德育工作的针对性和实效性。进一步加快基础教育课程、教材改革步伐，推进基础教育课程改革实验区工作。实施"高等学校教学质量与教学改革工程"。加强学校体育、艺术教育和卫生工作。启动教师专项计划，加快建立开放、灵活的教师教育体系，深化学校人事制度改革，进一步提高教师素质。

——加强高校科技创新工作，大力推进哲学社会科学研究。启动中国大学科技创新工程，提高高校科技创新特别是原始性创新的能力。进一步促进产学研结合，完善科技成果转化和高新技术产业化机制，推动高校科技企业的现代制度建设。切实加强高校哲学社会科学研究，发挥哲学社会科学在经济和社会发展中的重要作用。大力开展教育宏观政策研究和理论研究。

——加强党风廉政和行风建设，推进依法治教，不断提高教育管理水平。全面贯彻党风廉政建设责任制，坚决纠正行业不正之风。加强依法治教，加快起草和修订适应新形势要求的教育法规。加强调查研究，进一步转变工作作风。加强教育督导，加大对实施素质教育的督导检查力度。

为切实做好明年的工作，保持和发展教育事业的大好形势，我在这里想强调几个问题。

（一）以发展为主题，坚持全面、科学的发展观，努力实现教育的可持续发展

党的十六大提出，必须把发展作为执政兴国的第一要务。五年来教育事业发展最重要的一条经验，就是要始终坚持发展这个主题不动摇。要实现教育的可持续的快速发展，必须坚持全面、科学的教育发展观。

一是促进各级各类教育的协调发展。当前，农

村义务教育仍然是教育工作的重点和难点，要一手抓巩固提高，一手抓未“普九”地区的普及工作。实现“十五”计划提出的高中阶段教育发展目标，明后两年是关键。要采取切实措施加快高中教育发展的步伐。坚持大力发展职业教育的方针不动摇，使职业教育和普通教育协调发展。根据社会需求和现实条件，继续稳步发展高等教育。

二是要坚持教育的公平公正，促进教育的均衡发展。坚持教育的公平公正是社会主义教育的本质要求，是实现人的全面发展的必要条件。要采取有力措施，缩短东西部之间、城乡之间的教育差距。加大中央和省两级财政转移支付的力度，加大城市支援农村教育的力度，加快西部和少数民族地区教育的发展。切实落实好支持西部大开发的有关教育的各项政策措施，继续实施好对口支援的各项工程。要把维护公民平等受教育权利作为各级教育行政部门的一项重要职责，完善面向低收入家庭子女教育的救助制度，加强对下岗再就业以及失业人员的职业教育和培训，充分发挥教育促进社会公平、促进就业的积极作用。

三是要坚持教育发展的规模、结构、质量、效益的内在统一。当前，全社会都很关注高等学校规模和质量问题。质量是高等教育的生命线，规模的快速增长对提高教育质量提出了新挑战。各级教育行政部门要高度重视改善高校办学条件，调整专业结构，提高教育质量，遵循教育规律，为教育的可持续发展提供必要的保障。

四是要坚持教育发展与经济社会的发展相适应，并在为现代化建设服务中不断促进自身的发展。教育尤其是高等教育和职业教育，必须始终把为经济和社会发展服务摆在重要位置，根据全面建设小康社会的总体要求，不断适应经济结构战略性调整和走新型工业化道路的新形势以及我国加入世界贸易组织后不断扩大对外开放的新挑战，努力提高人才培养的质量和效益。要通过实施高校科技创新工程，为国家重大科技计划以及重大科技专项的实施作出更大贡献。高校哲学社会科学研究要落实江泽民同志在视察中国人民大学、社会科学院和在北戴河会见国防科技和社会科学专家时的三次重要讲话精神，加强对全局性、前瞻性、战略性重大理论和实践问题的研究，努力解决经济和社会发展中的实际问题，促进哲学社会科学的繁荣发展。总之，只有切实提高教育对现代化建设的贡献力度，才能使教育获得更大的发展空间。

五是坚持一切从实际出发，因地制宜、因校制宜，加强分类指导。经济发达、市场经济体制较为完善的东部和城市地区，要加快普及高中阶段教育。广大的农村地区，要着力巩固九年义务教育的成果。边远贫困地区要打好“普九”攻坚战，加大扫盲工作的力度。城市和县镇都要大力发展职业教育和成人教育，促进各级各类教育的协调发展。各类学校要找准自己的定位，办出特色，办出水平，提高各自竞争力。明年，教育部将研究制定今后五年的教育振兴行动计划，各地也要从实际出发规划本地区的教育发展战略和政策措施。

（二）坚持教育改革创新，全面推进素质教育

教育的改革创新始终是推动教育发展的根本动力。当前教育改革创新和全面推进素质教育的重点：

一是要适应社会主义市场经济的发展，加快构建以政府投入为主、多渠道筹措教育经费和以公办教育为主、公办教育与民办教育共同发展的办学新体制。要进一步完善教育投资体制，加大各级财政对教育的投入，改革教育拨款体制，形成更加完善的鼓励社会和个人投资办学、捐资助学的激励机制，大力发展民办教育。

二是要适应建立现代国民教育体系的要求，进一步改革和完善教育基本制度和学制体系。要加快建立社会化、开放性的教育网络，大力发展现代远程教育、职业资格证书教育、继续教育等新型教育形式，促进不同类型、不同层次教育的相互沟通和衔接，为发展终身教育和建设学习型社会奠定基础。

三是要推动教育体制改革向更宽领域和更深层次拓展。通过深化教育管理体制改革，建立有利于各类教育发展的宏观管理模式；落实学校办学自主权，继续深化学校内部管理体制改革；进一步探索高校招生和毕业生就业制度的改革，改革研究生培养制度；继续推进教育人事制度的改革，加大培养、吸引高层次创造性人才的步伐；完善教育督导

制度，培育新型教育中介机构等等，使教育各方面的体制不断趋于完善。

四是要加快转变人才培养模式，建立新的课程、教材体系和适应全面推进素质教育要求的评价体系。改革教师教育体系，提高教师队伍质量；积极引导全社会改变教育观念，扎实推进基础教育课程改革试验和新教材的编写工作；深化高等教育和职业教育教学改革，加强大中专学生文化素质教育；加快利用信息技术改造、提升传统学科，加快优秀教学成果的推广；继续推进高考和基础教育考试评价制度的改革，使素质教育不断取得新的进展。

坚持教育改革创新，全面推进素质教育，要在实践中把握好以下几个方面。

一是要切实落实已有改革措施并不断深化。近年来，党中央、国务院出台了一系列关于教育体制改革的重要举措，必须坚定不移地加以落实。要进一步落实全国基础教育工作会议和全国职业教育工作会议精神，使农村义务教育管理体制尽快调整到位，加快职业教育体制改革。随着农村税费改革试点的深化和扩大，要进一步研究保障农村义务教育经费的政策措施。要按照“巩固、深化、提高、发展”的方针，巩固高等教育管理体制改革和布局结构调整的成果，继续推进高等教育改革的深化，促进高等教育健康发展。

二是要促进教育更好地适应社会主义市场经济的不断完善和对外开放的新阶段。党的十六大对经济体制改革提出的新要求，必将进一步对教育改革与发展产生深刻影响。要结合新世纪经济建设和经济体制改革的新形势，规划教育体制改革的目标、步骤和政策措施。同时，人才培养的结构和质量将更多地取决于人才市场的需求。教育行政部门和学校要努力适应和运用这种需求，及时调整人才培养结构，提高质量，促进发展。两天前，刚刚召开了第四次高校后勤社会化工作会议，李岚清副总理作了重要讲话。我们要认真贯彻这次会议精神，更好地运用市场机制，推进高校后勤社会化，为高校发展提供坚实的保障。要继续深入研究经济全球化和我国加入世贸组织对教育带来的机遇和挑战，扩大教育对外开放，增进我们与世界各国的教育合作与交流，抓住有利时机引进优质教育资源和吸引优秀海外留学人员，积极借鉴国外的先进经验促进教育改革创新。同时，在扩大教育对外开放的过程中，要特别注意维护国家主权和利益，切实做到趋利避害。

三是要转变政府职能，推进依法治教，增强教育的生机活力。要研究进一步下放权力。在2002年行政审批制度改革中，教育部拟取消审批项目26项（已公布10项），下放及改变管理方式9项，共占行政审批项目总数的42.1%，改革的力度很大。2003年要进一步做好这项工作。各级教育行政部门也要转变职能，加快建立与社会主义市场经济和教育发展规律相适应的宏观调控和监管机制，坚持依法治教、依法行政，通过完善教育法律法规体系和执法监督机制，进一步转变管理方式，建立一个更加有利于增强生机活力的教育秩序。

（三）进一步改进德育和思想政治工作

当今世界，文化与经济和政治相互交融，在综合国力竞争中的地位和作用越来越突出。德育是发展先进文化的重要组成部分，党的十六大报告对发展社会主义先进文化特别是加强思想道德建设提出了新的任务。我们要充分认识新时期德育工作对于增强民族凝聚力和实现中华民族伟大复兴的历史作用，努力担负起弘扬和培育民族精神的神圣使命，不断开创德育和思想政治工作的新局面。

一是要以党的十六大精神为指导，适应新世纪新阶段对德育工作的新要求。要用马列主义、毛泽东思想、邓小平理论和“三个代表”重要思想教育青少年学生；在学校中唱响中华民族伟大复兴的主旋律，大力弘扬民族精神，切实加强爱国主义教育；坚持以为人民服务为核心，以集体主义为原则，以诚实守信为重点，全面贯彻《公民道德建设纲要》，大力倡导“爱国守法、明礼诚信、团结友善、勤俭自强、敬业奉献”的基本道德规范和行为准则。

二是要从学生的思想实际出发，不断增强德育工作的新活力。德育工作要反映时代的新发展、科学的新突破、生产实践和社会实践的新进步、学生生活环境的新变化；要尊重学生的成长规律，研究新时期学生思想变化的特点，注重学生的心理健康，创造形式多样、丰富多彩的德育形式；要着眼于促进学生的全面发展和满足学生不断增长的精神需求，为青少年学生提供更多先进文化产品；要强化德育的实践环节，加强德育基地建设，帮助学生在实践中发展，在体验中成长。

三是要从德育工作实际出发，不断探索新形势下德育工作的新思路。要认真研究和分析当前德育工作各个方面存在的薄弱环节，逐一加以改进和解决。加紧做好十六大精神“进课堂、进教材、进学生头脑”的工作，进一步提高“两课”教材的编写质量，并利用信息技术大力开发“两课”课件。提高全体教师的德育工作自觉性和“两课”教师的素质。充分发挥网络及时、互动的优势，使思想政治工作的内容和形式更加鲜活。

（四）采取切实措施，关心困难学生和群体的学习生活

中共中央政治局日前召开会议，专门对进一步做好解决困难群众的生产生活问题的工作进行了部署。我们要认真贯彻会议精神，结合教育系统的实际，把关心困难学生学习和生活的工作落到实处。

第一，做好高等学校家庭经济困难学生的资助工作。党的十六大报告特别强调指出：“完善国家资助贫困学生的政策和制度”，这充分反映了党对群众切身利益的高度关注。要大力推动国家助学贷款的法制化建设，完善国家奖学金的发放办法，推动设立地方各级政府奖学金，确保高校学生不因家庭经济困难而失学。

第二，继续做好对贫困的农村学生提供免费教科书的工作，加快教材出版制度的改革，减轻农村家庭子女教育的经济负担，切实控制农村初中辍学率。地方各级政府要尽快建立起完善的中小学助学金制度，有条件的地区，可以采取免收杂费、实行专项补助的方式，保障适龄儿童接受义务教育的权利。

第三，认真解决有关城市贫困家庭和农村进城务工人员子女教育权利的实际问题。采取措施，确保城市贫困家庭的子女接受教育，对家庭收入未达到城市居民最低生活保障线的义务教育阶段的学生，应减免杂费；要按照“以流入地政府为主”的原则，使农村进城务工人员的子女都接受义务教育，得到健康成长。

我要特别强调的是，明年高校扩招后的第一批本科生毕业，人数有较大增长。据统计，2003 年，全国普通高校毕业生将达到 212 万，其中研究生 12 万，本科生 92 万，专科生 108 万，毕业生总数比今年增加 67 万。有关部门和高等学校要认真落实有关政策，研究促进毕业生就业的新举措。从长远看，解决高校毕业生的就业问题，一是要进一步调整学科、专业结构，避免结构性的就业困难；二是要加强对学生的就业指导，鼓励学生到基层和艰苦地区工作；三是学校要千方百计想办法，拓宽就业渠道，加强就业指导与服务；四是社会要给予大力支持，树立正确的用人观，为毕业生就业和自主创业营造有利的舆论环境和政策环境。

（五）坚持从严治教、加强管理，坚决纠正行业不正之风

坚持从严治教是确保教育事业健康发展的必然要求。要切实加强对教育行政干部、校长、教师的教育和管理，搞好教育系统的党风廉政建设，坚持“一靠教育，二靠制度，三靠监督”，建设一支素质优良的教育工作者队伍。教育工作者务必要增强大局意识、忧患意识和责任意识，继续保持谦虚谨慎、不骄不躁的作风，继续保持艰苦奋斗、勤俭节约的作风，深入调查研究，密切联系群众，倾听群众的声音，以求真务实、真抓实干、坚韧不拔、奋发有为的精神状态，做好各项教育工作。加强教师职业道德建设，严格执行教师资格制度，进一步推行教师职务制度。

要大力提高学校管理水平。完善学校重大决策的规则和程序，进一步扩大基层民主，推行校务公开，进一步改革学校领导干部选拔任用制度，加强学校的规范化管理，严格财务纪律和审计监督制度，推动学校管理的科学化、制度化。

要坚决纠正行业不正之风。近年来，人民群众对有些地方和学校高收费、乱收费、办学不规范和少数人违法违纪行为反映强烈。对这些问题，党中央、国务院十分重视，去年召开的全国基础教育工作会议，明确提出了“一保、二控、三监管”的措施，要求坚决制止一些地方出现的乱收费。教育部等有关部门已连续下发了多个关于治理乱收费和规

范办学行为的文件，出台了一系列具体规定，切实加强了对学校考试、招生、收费等工作的管理和监督。但是，在有些地方仍然存在着许多这样和那样的问题。明年，我们要一手抓加大教育投入的政策措施，一手抓教育系统的行风建设，坚决制止乱收费，坚决纠正行业不正之风。

最后，我还要特别强调一下稳定工作。做好学校稳定工作对保持教育改革与发展的良好局面和全社会的稳定具有重要意义。大家要始终保持清醒的头脑，要把正确处理改革、发展、稳定的关系，保持教育系统尤其是高等学校的稳定放在维护全社会稳定大局的高度加以重视。元旦、春节即将临近，各级领导干部要按照中央的要求，把关心师生生活，切实解决师生关心的实际问题作为一项重要任务，切实加强学校安全、食品安全和学校周边环境治理，创造有利于教育改革与发展的良好环境。

同志们，21 世纪的前二十年，是我国现代化建设必须紧紧抓住并且可以大有可为的重要战略机遇期，也必将是我国教育事业要紧紧抓住并且可以大有可为的重要战略机遇期。让我们高举邓小平理论的伟大旗帜，以“三个代表”重要思想为指导，紧密团结在以胡锦涛同志为总书记的党中央周围，与时俱进、开拓创新、扎实工作、艰苦奋斗，努力开创新时期中国特色社会主义教育的新局面。

历史性的跨越　新征途的重任

——中国高等教育改革与发展近期回顾和展望

周　济

党的十五大以来，作为实施科教兴国战略重要战线的高等教育事业，取得了举世瞩目的辉煌成就，实现了改革和发展的历史性跨越。面对新世纪新征程，党和人民对高等教育的期望更高，高教工作者的使命更加光荣，责任更加重大。

以江泽民同志为核心的党中央，高度重视和十分关心高等教育的改革与发展。特别是近年来，江泽民同志先后视察了北京大学、清华大学和中国人民大学，发表了一系列重要讲话。本届政府把实施科教兴国战略作为最大任务，形成了世纪之交教育改革和发展的战略指导思想、方针政策和一系列重大决策。科教兴国的战略日益深入人心，教育是推动经济发展和社会进步的重要力量，高等学校是宝贵资源和财富，已经逐步地成为了全社会共识。党和政府从政策和资金等各个方面都加大了对教育的支持力度，2001 年，我国财政性教育经费支出占国民生产总值的 3.19%，达到了历史上的最高水平，为教育的改革与发展提供了强有力的支撑。

一、高等教育事业蓬勃发展

加快高等教育改革，扩大高校招生规模，迅速造就规模宏大的专门人才队伍，不断满足人民群众日益增长的对于高等教育的强烈需求，是党中央、国务院根据经济和社会发展形势的变化而作出的一项重大决策，顺应先进生产力的发展要求，符合先进文化的前进方向，体现和维护了最广大人民群众的根本利益，对增强综合国力，促进经济发展和社会进步有深远的意义。

第三次全国教育工作会议后，高等教育规模持续扩大，高等教育的发展充满了生机和活力。到 2001 年，全国普通高校招生人数已从 1998 年的 108 万人增加到 268 万人，三年增加 1 倍半。全国各类高校在校生已由 1998 年的 643 万人提高到 1 300余万人，高等教育毛入学率提高到 13.2%；硕士研究生从 15 万人增长到了 29 万人；博士研究生从 4.5 万人增长到了 7.7 万人；普通高校校均规模由 3 335 人提高到了 5 870 人，办学效益明显提高。高等职业教育在育人模式、人才培养结构等方面更体现出区域经济发展的需要和特色；继续教育的规模和水平都有了很大的发展；民办高等教育也取得了较大的发展。这几年是改革开放以来高等教育规模增长最快的阶段，呈现出蓬勃发展的好势头。

二、高等教育的质量和水平不断提高

质量是高等教育的生命线，在规模迅速扩大的同时，必须始终把提高教育质量摆到重要位置，这是实现高等教育持续健康发展的基础条件，也是代表广大人民群众根本利益的必然要求。在各级政府的大力支持下，经过高教战线全体人员的共同努力，近几年来高等教育的质量和水平有了显著的提高。

一是高校育人的质量和水平有了较大提高。近年来，高教战线始终把“育人”作为学校的根本任务，大力推进素质教育，不断深化“两课”改革，进一步加强党的建设和思想政治工作，深入推进邓

小平理论和“三个代表”重要思想“三进”工作，使青年学生的思想道德素质和文化科学素养有了明显提高，有效促进了学生的创新精神和实践能力的培养。“面向21世纪教学改革工程”取得了丰硕成果。教育部2001年发布了《关于加强高等学校本科教学工作提高教学质量的若干意见》（4号文件），各高校普遍加强了教学工作，不断深化教学改革，使教育质量明显提高。据调查，教育部直属院校中88%以上的教授都承担了本科生的讲课任务，许多知名教授和院士还承担了本科生的基础课和主干课。学校对教学的经费投入也有了较大幅度增加，教学设施和装备得到了很大改善，多媒体教学等现代手段被广泛运用，相当一批高校开始使用原版英语专业教材和双语授课。

二是高校的学术水平和实力显著提高。高校的科研经费已从1996年的47亿元增长到2001年的173亿元。高校的科学研究和应用技术取得了一批高水平的成果，截至2001年底，全国高校共获得国家自然科学奖250项，占全国授奖总数的50%；获得国家技术发明奖1 022项，占授奖总数的34%；获得国家科技进步奖2 100多项，占全国授奖总数的26%。高校每年发表的国内外科技论文占我国发表论文总数的60%以上。“九五”期间国家实施的“211工程”，中央和地方、有关高校共投入资金达180多亿元，重点建设了101所高校602个重点学科，建成了教育科研网和图书文献保障系统、现代化仪器设备共享系统等公共服务体系和一批基础设施。1998年以来，国家实施了“985工程”，重点支持北京大学、清华大学等校创建世界一流大学；同时，还对一批高水平大学进行省部重点共建，加大支持力度，使这些学校的学科建设和队伍建设显示出良好的发展态势。“211工程”和“985工程”的成功推进，带动了全国高校办学水平和学术质量的全面提高。

三是师资质量和水平有了较大提高。近年来，高校普遍加强了吸引和培养优秀拔尖人才的工作，大力加强高水平的师资队伍建设，强化师德师风的建设，使教师队伍的面貌发生了根本的变化。高学历教师的比例有了较大的增加，一批国内外知名学者脱颖而出，教师爱岗敬业，教书育人，思想和业务水平达到新的高度。教育部于1998年启动实施的“长江奖励计划”，到现在为止已有428个学科共聘任了413位特聘教授、33名讲座教授，对吸引、遴选、培养、造就高层次创造性人才，带动高校重点学科建设，赶超先进水平起到了积极的作用。大学教师，已经或正在成为大家比较向往的岗位或职业。

四是高校的基地建设和校园环境建设上了一个台阶。“九五”以来，在全国高校陆续建立了近200个理科、工科、文科和经济学等基础学科人才培养基地，建成了一批国家重点实验室、国家工程研究中心和国家技术转移中心，形成了近千个重点学科。各省市也分别建立起了大批的重点学科、重点实验室、工程中心和人才培养基地。在国家和地方政府以及社会各界的大力支持下，高校校园建设力度普遍加大，学校面貌为之一新。

三、高等学校对经济建设和社会进步的贡献日益突出

高等学校以服务求支持，以贡献求发展，充分发挥人才和知识高地的优势，为国家经济建设和社会进步作出了重要的贡献。“九五”期间，高校承担国家自然科学基金面上项目70%以上，重点项目50%以上；承担的国家“863计划”项目占30%以上；承担的研究重大项目占1/3以上；组织参与科技攻关项目占全国的1/4左右。高校积极参与企业的技术进步和地方的经济建设，努力促进大批科技成果转化为生产力，发挥了国家科技创新重要方面军的作用。

高校哲学社会科学工作者积极对改革开放建设中重大理论和实践课题进行研究，为各级政府部门提供决策咨询，成为重要的智囊库。据统计，高校在国家哲学社会科学研究规划项目中的立项数、经费数、获奖数均达到2/3左右。

顺应国家高新技术产业发展的要求，高校致力于“发展高科技，实现产业化”，高校科技产业不断发展壮大。据统计，2001年全国高校校办科技企业1993个，年销售收入452.6亿元，实现利润总额近32亿元，为社会创造的净利润和缴纳的各种税费总计为61亿元。在全国各地设立了22个国家级大学科技园，成为高新技术产业的重要孵化器和辐射源，产生了重大的经济和社会效益。

四、高等教育改革取得突破性进展

保证了高等教育事业的快速发展，有力地促进了我国高等教育办学模式向着适应社会主义市场经济体制的方向转变。

一是高等教育管理体制实现了深刻变革，教育资源得到优化配置。按照“共建、调整、合作、合并”的方针，经过8年多的持续努力，高等教育管理体制取得了重大进展。这项改革覆盖面广，涉及到900多所高校。有597所高等学校合并组建为267所高等学校，有利于学科的交叉综合和资源的优化配置；原来国务院有关部门直接管理的367所普通高校，改革后有近250所高校实行了省级政府管理、地方与中央共建的体制，克服了部门和地方条块分割、重复办学、资源浪费的弊病。中央和省级政府两级管理，以省级政府管理为主的我国高等教育管理的新体制已经形成。新的体制理顺了关系，调动了地方政府和社会各方面发展高等教育的积极性，密切了高校与区域经济社会发展的联系，对于我国高等教育事业的发展有深刻的战略意义。

二是高等学校内部管理体制和机制改革不断深化。近年来，高等学校按照“转换机制、优化结构、增强活力、提高效益”的原则，在改革学校内部管理模式的基础上，精简调整了学校管理机构和人员，转变了职能，提高了效益。着力改革和调整了教学科研管理的组织方式，继续深化人事制度改革，积极推行教师聘任制和全员聘用合同制，逐步建立起适合教师特点的分配制度和逐渐建立了激励机制和约束机制。高校教师的待遇显著提高，工作和生活条件得到了明显改善。改革激发了广大教职工中蕴藏的积极性，广大教职工对于改革和发展的热情空前高涨。

三是高等教育成本分担机制改革、高校毕业生就业制度改革平稳推进。首先，顺利实施了适当缴费上大学的制度，同时，连同国家奖学金、教育储蓄、学生困难补助、勤工助学等措施，以学生助学贷款为主体的国家助学体系正在逐步完善，初步形成了社会主义市场经济条件下的教育成本分担机制。另外，毕业生就业制度改革经过多年的探索，目前已经建立起市场导向、政府调控、学校推荐、学生和用人单位双向选择的机制。

四是高考改革正在朝着有利于全面推进素质教育的方向逐步深化。1998年以来，高等学校统一招生考试制度的改革不断推进，“3＋X”考试科目改革在试点的基础上，已在18个省（自治区、直辖市）推开；考试内容更加注重对考生能力、素质考核。2001年顺利实现了全面网上录取。

五是高校后勤社会化改革取得重大突破。1999年，国务院决定在全国高校进行后勤社会化的改革。三年来，改革进展迅猛，全国大部分地区基本实现高校后勤社会化。三年中，全国新建和改造学生公寓4 300万平方米，超过建国五十年累计建设3 200万平方米的总和。高校后勤社会化改革取得了很大成功，使高校后勤保障条件大为改善，同时有力地推动着我国高等教育办学模式与办学观念的深刻转变，对我国高等教育在新世纪更好更快地可持续发展产生了深远影响。

回顾过去，高等教育改革与发展所取得的成就，是高等教育战线不断学习和实践“三个代表”重要思想，与时俱进，开拓进取，艰苦奋斗，团结拼搏的结果。展望未来，面对新的机遇和挑战，高等教育肩负着更加光荣而艰巨的使命。社会越重视，越支持，高等教育的压力就越大，责任就越大。我们一定按照“三个代表”的要求，进一步明确目标，勇于创新，扎实工作，为中华民族的伟大复兴作出新的更大贡献，不辜负时代的重托、党和人民的重托。

今后一个时期，要按照“巩固、深化、提高、发展”的方针，巩固成果，深化改革，提高质量，争取高等教育新的跨越式发展。“巩固”，就是要做好高校布局结构调整的后续工作，使高校在新的体制和机制下正常、有序、科学、高效地运转；“深化”，就是要在已经取得成绩的基础上，使教育资源优化组合的效应充分发挥出来，把高校改革的重点由宏观整体布局调整转向学校内部管理体制的完善，使高校内部管理体制更加适应社会市场经济体制和高等教育发展的需要；“提高”就是搞好学科建设，提高教学质量，提高学术水平，为国家培养更多、更好的合格人才；“发展”就是要加快高等教育事业的发展步伐，最大限度地满足广大青年日益增长的接受高等教育的迫切需要。近期高等教育战线将着重抓好三个方面的工作。

（一）贯彻“三个代表”重要思想，振奋精神，规划未来

当前，全国高教战线要认真学习江总书记“5·31”重要讲话和《江泽民论有中国特色社会主义》；在2002年下半年和2003年上半年，要在全战线形成学习的热潮，认真学习和贯彻十六大精神，努力学习和实践“三个代表”重要思想。在学习中，要联系并结合各校实际，按照“发展要有新思路，改革要有新突破，开放要有新局面”的要求，加大宏观思考和战略研究的力度，讨论“两个问题”，制定“三个规划”。即，思考“建设一个什么样的大学和怎样建设这样的大学”两个问题，进而制定学校的“发展战略规划、学科建设和队伍建设规划、校园建设规划”。

凡事预则立，不预则废。只有站得高，看得远，高瞻远瞩，深思熟虑，规划得好，落实得好，我们的工作才能快速健康可持续地发展；反之，如果我们把规划作为摆设，“脚踩西瓜皮，滑到哪里算哪里”，工作是做不好的。有时候，表面上看起来或局部上看起来是一个成功的项目，可能整体来说或长期来说是一个败笔，甚至是一个破坏，可能蕴藏着很大的隐患，留下很大的遗憾。所以，宏观的思考，战略的研究，往往是决定性的，决定着发展的快慢或成败。在制定学校发展战略规划时，要坚决贯彻“三个代表”的要求，解放思想，实事求是，与时俱进，开拓创新。“发展是硬道理，是解决中国所有问题的关键。”江总书记在“5·31”重要讲话中强调，发展是我们党执政兴国的第一要务。发展也是我国高等教育的第一要务，是解决我们高校所有问题的关键。新世纪的前二十年，是我们国家发展的重要战略机遇期，当然也是我们各个学校发展的重要战略机遇期，我们要紧紧抓住这个极好的机遇，实现新的跨越式发展。

在制定发展战略的过程中，要认真解决好学校的定位问题。对于整个国家来说，各级各类教育要准确定位，各级各类学校要准确定位，才能构建一个适应于我们国家可持续发展的高等教育体系。现在很多地方有这样一种倾向，中职学校要升高职，高职院校要升本科，本科院校要上硕士点，有硕士点的院校要上博士点，等等。如何看待这个问题，克服这种倾向，首先必须搞清楚什么叫“一流”。我们所说的一流，不是办学层次越高越好，而是指在自身所处的这种类型的学校中办学最好，可称一流。各级各类学校一定要准确定位，才能把学校办得更好。

我国高等教育体系应当包括两个系列、三个层次。第一个层次是研究生教育；第二个层次是本科生教育；第三个层次是高等职业教育。两个系列是全日制教育和继续教育，两个系列都由三个层次的教育所组成。以上各级各类教育都是我国高等教育体系的重要组成部分。

最近召开的全国职业教育会议上，强调要进一步加强高等职业教育。高等职业教育既是我国职业教育体系的重要组成部分，又是我国高等教育体系的重要组成部分；既有强烈的社会需求，又有巨大的发展空间。为了努力为国家经济建设和社会进步服好务，我们必须快速发展并努力办好高等职业教育。高等职业学院要特别注意定位，要坚持面向经济建设和社会进步的主战场，培养大批量的实用型专门职业人才。当前，有些高等职业技术学院经过多年的努力，已经办出了自己的特色，在社会上享有很高的信用度，学校发展的势头非常好。但是有的学校办着办着就想办成本科。在他们看来，学校如果不办本科教育，就无法进一步发展，将学校的发展寄托在“升本”上。结果，全校工作的重点、学校领导的兴奋点都转到办本科上面去了，高等职业教育也不再成为学校的主要努力方向了。高等职业学校应该在高等职业教育中争创先进学校、一流学校，而不是想方设法去当本科院校中的末流学校。这是高等职业学院制定发展规划的一个基本出发点。

研究型大学和教学型大学也要准确定位。研究型大学和研究教学型大学只会是少数的，大量的普通本科院校应该是以本科教学为主要方向，研究型大学和研究教学型大学也要以本科教育作为基石，但是这两类学校的定位是有很大区别的。特色就是竞争力，我们常说“异军突起，出奇制胜”，“异”在哪里？“奇”在哪里？那就是特色。有的学校提

出来，“强化发展特色，协调发展综合，以特色带动综合，以综合强化特色”，很有创意。在学校规划中，要坚持“有所为，有所不为”，要强调“集中优势兵力打歼灭战”，突出重点，努力形成各校的办学特色，总体规划，分步实施，重点突破，全面推进。

在我国，继续教育有着广阔的发展空间，必须采取“积极发展，规范管理”的方针规模发展，快速发展，高质量发展。高职、本科、研究生教育有一条线是在全日制学校内接受教育，另外一条线就是对在职人员进行继续教育。两者之间不能混同起来。在继续教育中同样有高职、本科、研究生层次，成人教育、网络教育、电大教育、自学考试等都应该是以在职人员的继续教育为主。随着我们普通高等教育的完善，它们应该各自归位，回到继续教育中办好它。

学科是学校建设的核心，教师队伍建设是学校建设当中最关键的部分。高校必须制定切实可行的学科建设和队伍建设规划，使学科建设和队伍建设取得比较好的发展。

当前，校园建设正面临着一个重要的历史性机遇，各地政府都将各学校的发展作为本地经济、文化发展的宝贵资源和重要财富，对高校的建设发展采取了很多很好的优惠政策和有力措施。高校要充分把握好这个历史机遇，一方面积极争取更大的办学空间，另一方面认真制定校园的建设规划。高校必须认真考虑学校发展的整体布局、建设风格、建筑设计、建筑质量，努力做到百年之后回顾这次规划，都能被认为是成功之作，成为无愧于这个伟大历史机遇期的经典之作。

学校的发展规划，是全校师生员工的大事，一定要充分发动群众，动员群众，组织群众。坚持“从群众中来，到群众中去”的正确路线，制定出高水平的规划；同时也在群众性的大讨论中，进一步用“三个代表”的重要思想统一意志，凝聚人心，振奋精神，团结奋进。

（二）开创发展新局面的几项工作

育人为本，学校的一切工作都是为了培养高素质的创造性人才，培养德智体美全面发展的人才。高校育人的渠道主要有两个方面：一是专业教学，二是课余素质教育。当前要高度重视提高教学质量，提高育人水平，考虑将逐步推进几项工作：一是本科与高职教学质量与教学改革工程；二是研究生科技创新与培养质量工程；三是大学生全面素质教育工程。近期要分期分批启动“本科与高职教学质量与教学改革工程”，全面贯彻落实 4 号文件精神。“质量工程”主要包括：（1）教学名师与师资队伍建设工作；（2）新世纪教学改革工作；（3）大学英语教学改革工作；（4）教学实验室与教学实践基地建设工作；（5）高校教学评估工作。要把教学质量和教学改革搞上去，必须加大教学改革的力度。最近从学校反映的情况看，许多学校提出扩招之后，学校的教师资源缺乏，特别是基础课老师资源更缺乏。事实上当前高校的师生比还是大有潜力的，从整体上看，高校教师并不少，而是优秀的合格的教师少了。要提高办学效率，必须进一步深化人事制度和分配制度改革，更充分地调动广大教师的教学积极性，同时，要推进教学改革，特别要更多地运用现代教育技术，特别是应用多媒体教学手段。现在许多高校的外语教师，特别是小班课外语老师缺乏。实际上，小班外语教师可以用多媒体手段帮助解决。利用现代化技术改革教学给高校带来思想观念的变革，促进教学质量的提高，将大有可为。

高校必须紧紧抓住以党的建设为核心的学生思想政治素质教育，其中，一定要把理想信念教育作为思想政治工作的重点问题来抓。在青年学生当中积极发展共产党员，这关系到加强党的阶级基础和扩大党的群众基础的问题。党的建设是学生思想政治工作最有效的一个手段，要尽早地建立学生党支部，把支部建在班上。要进一步改进思想政治理论课，与时俱进，巩固学生思想政治工作的主阵地。要采取强有力措施，全面推进人文素质教育和身体心理素质教育。

积极争取和努力推进中国高校科技创新工程。高校是国家科技创新的重要方面军和主要生力军。当前科技创新主要体现为一要加快加强基础和应用研究，二要把研究成果尽快转化为生产力，“发展高科技，实现产业化”。不管是研究型的大学，还是以本科教学为主的大学，还是高等职业学校，都应该通过科技创新坚持为社会经济发展作贡献。我们提出“以服务求支持，以贡献求发展”，就是为地方为社会作更多的服务，作出更大贡献，以求社会更多的支持，使自己得到更大的发展。

科学研究、科技创新对于高校发展来说，是一项根本性重要任务。讲学科建设、师资队伍建设、做好培养人的工作等，在很大程度上决定于科技创新的水平。科技创新、科技产业化、社会服务也是育人的有效渠道，而且会起到越来越重要的作用。学科建设是高校发展的核心问题，然而，学科建设与科技创新是密不可分的。科技创新在高校发展中的重要地位，说得再重也不会过。科技创新搞好了，学术水平也就上去了，整个学校的建设也就上去了，对国家的贡献也上去了。所以，一定要集中力量抓好科技创新和社会服务。近期将全面启动“211 二期工程”并逐步推进“985 二期工程”，这项工作将极大地加强建设若干所世界一流大学和一批重点学科建设的力度，并将带动全国高教战线学科水平和师资队伍质量的快速提高，是我国高等教育新的跨越式发展的“重中之重”的工程任务。

（三）以人为本，深化改革，强化管理

当前高等学校正处于发展的关键时刻，必须有新的思路和新的突破。必须树立以改革求发展，以创新求发展的观念。改革要以人为本，学校以学生为本，办学以教师为本。近几年来，高校教师的积极性空前高涨，但是还有很大的潜力，必须靠改革，靠创新去充分挖掘，靠建立起激励机制和约束机制，把人的积极性最充分地调动起来。老师要教书，老师也会教书；学生要学习，学生也会学习，关键是要将教师和学生自身的积极性调动起来。这需要政策上、体制上、机制上的深化改革。今后我国研究生教育规模还会出现一个比较大的增长。在规模扩大的过程当中，只有进一步进行改革，制定一系列配套的政策，才能适应快速发展的要求。改革的工作还很多，包括国家助学贷款制度、后勤社会化改革等等，都有待进一步深化。

一流学校必须有一流的管理，管理也是生产力。当前，高校必须加强管理，校长书记们要在管理上下更多的功夫。管理和发展，管理和改革是相辅相成的。今后一段时间，高校要争取并还会快速发展，规模发展，高水平发展。但是一定要加强管理，规范管理。发展需要规范，规范是为了发展。这个关系必须搞清楚。学校要快速发展，必须有大量资金的投入。现在高校对这个问题研究不足，学校要发展，必须解决好经费来源问题。作为学校党委书记和校长要考虑财政的问题，没有经费是不行的，有经费用不好也是不行的，对此，一定要有清醒的头脑，要建设世界一流大学，要建设高水平大学，靠国家给的钱远远不能满足。我们必须进一步解放思想，转变观念，建立新的思路，改变“捧着金饭碗要饭吃”的状况，等靠要是不对的，要千方百计去创造条件，不等不靠，积极创造。在创造条件过程当中，就有一个规范管理的问题。君子爱财，取之有道。各级各类学校一定要在规范办学、规范管理方面做更多的文章。

树立科学的发展观 确保高等教育持续健康发展

张保庆

1999年5月，立足于我国现代化建设的全局，结合21世纪初期国家经济与社会发展的需求实际，为进一步拉动内需，缓解就业压力，并参照国际上的一些成功经验，党中央、国务院做出了进一步扩大高等教育阶段招生规模（以下简称高校扩招）的重大决策。

四年来，在党中央、国务院的领导下，经过各地、各部门、各高校的共同努力，整个扩招工作进展平稳、健康，受到了社会各界一致好评，在国际上也产生了积极影响。取得了举世公认的伟大成就。

四年来全国高等教育的规模发展实现了重大突破

高等教育的宏观规模发生了历史性变化。全国各类高等学校（包括普通、成人、电大，远程教育等）共招生620万人，比1998年增加了350万人；各类高等学校在学生达1 600万人，比1998年增加约820万人。其中：普通高校招生由1998年的108万人增加到320万人，在校生由1998年的341万人增加到900多万人。同期研究生招生规模和在学人数也分别由1998年的7万人和20万人，增加到2002年的20万人和50万人。

高等教育升学录取率和毛入学率大幅度提高。2002年全国普通高考录取率超过59%，比1998年的36%提高了23个百分点。高等教育毛入学率每年增加一个百分点，到2002年已由1998年的9.8%上升到15%。我国的高等教育首次初步跨入了国际公认的所谓大众化发展阶段，我国宏观教育结构中高等教育规模偏小的局面开始得到历史性的扭转。

有力地推动了高教领域各项改革的不断深化。高等教育的快速发展，促进了高等学校教育思想、教育观念的进一步转变。高校管理体制、高校后勤社会化、校内人事与分配制度、招生考试制度、毕业生就业制度、高校收费制度等各项重大改革均加快了步伐并不断深化，有的已实现了重大突破。

高校的办学潜力得到充分发挥，办学效益大幅度提高。20世纪90年代以前我国普通高校的校均规模仅2 000人左右，后来逐步上升到3 000多人，经过连续几年的扩招，到2002年，全国普通高校在校生校均规模已达6 700人，比1998年的3 335人翻了一番。随着在校生规模的扩大，高校的教室、图书馆、实验室等教学、科研设施得到了充分利用。教师的工作量也得到大幅度提高，现在生师比已经提高到19∶1，比1998年的11∶1提高了60%以上。

促进了民族整体素质的提高。高等教育规模的迅速扩大，大大提高了我国总人口中接受高等教育人员的比例，提高了全民族的整体科学文化素质和思想道德素质，为落实科教兴国战略，全面建设小康社会，加快实现现代化建设第三步战略部署提供了必要的人才和智力准备。同时，扩招还有效地缓解了高等教育对社会长期形成的“供求”矛盾，大大加宽了通向高等教育的“独木桥”，有利于大学以下各类学校素质教育的落实。

拉动了社会消费，促进了经济的增长。据了解，储钱供子女上大学，已成为我国现在社会上的三大消费之一。目前，一位普通高校在校学生平均年消费在万元左右，其他各类高等教育在学学生的平均年消费约为 5 000 元。据此测算，2002 年 1 600万各类在校学生年消费总额可达 1 250 亿元左右，这在一定程度上引导、拉动了社会消费。高校扩招对学生食堂、公寓以及教室、图书馆、实验室等各类设施所形成的旺盛需求，带动并吸引了大量社会资金的投入。以学生公寓建设为例，3 年来拉动社会资金投入 330 亿元。高校扩招还推动了建筑业、餐饮业、金融业、文化用品制造、印刷业等相关产业的发展，为各地经济发展作出了积极贡献。

当前和今后一个时期高等教育规模发展面临的形势及存在的主要问题

在高等教育快速发展的同时也积累了不少问题和矛盾，有些问题还比较突出和严峻。今后一个时期在发展方面仍然面临着巨大的压力，主要表现在：

一、办学指导思想需进一步端正。一些地方存在着盲目追求发展目标的现象。有些地方，不尊重教育规律，忽视客观条件，发展目标定位过高。过分追求数量的发展，或只讲发展，不讲投入，轻视改革，忽略管理。少数高校，不能因校而宜，规模膨胀过快，办学条件跟不上，在一定程度上影响了教育质量。

二、经费投入严重滞后，与规模发展很不适应。1999 年以来，尽管各地、各高校想了很多办法，千方百计多渠道筹措经费，在高等教育的投入总量上有所增加，但还远远跟不上在校生人数的增长。到 2002 年年底，全国普通高校在校生规模比 1998 年要净增约 560 万人，按国家规定的生均占地、校舍、图书、仪器设备等基本办学条件的标准测算，每增一生需投入 4.5 万元左右。这样仅基本建设就需投入 2 500 多亿元。而同期中央和地方政府在此方面的投入（含社会投入），仅占所需投入的一半。由于条件改善速度滞后，加上历史欠帐积累，2002 年全国普通高校仅教学、行政用房缺口就达 6 000 多万平方米。实事求是地讲，这几年的扩招，在很大程度上主要是一靠高校后勤社会化改革，二靠收费，三靠学校挖潜完成的。

三、办学条件全面紧张，师资总量不足，结构性短缺较为突出。我国高等学校的办学条件，虽然这些年得到了明显改善，但从总体上看仍然比较落后。几年高校规模的快速发展，使办学条件全面趋紧。对多数学校而言，教学、试验、研究及其他配套设施全面紧张，不敷需要。教师队伍除了整体素质不能完全适应、亟待提高外，教师的数量也急需增加。2002 年全国普通高校生师比达到 19∶1，如果按照国家规定的 14∶1 的标准测算，专任教师缺口达 22 万。同时，教师结构性短缺现象也十分突出。公共基础课如外语、计算机等专业的教师普遍短缺。一些新设置专业的授课教师更为缺乏。2002 年全国普通高校专任教师中具有研究生以上学历的比例仅为 31%左右，其中本科院校约为 40%。一些新设置或升格的院校，在此方面的问题则更为突出。

四、有些地方、有些高校的改革进展缓慢，影响了发展。这些年来，我们高等教育之所以能实现历史性突破，其主要功劳之一，应归功于各项相关改革的推进与深化。但目前各地、各高校之间改革进展的深度与广度是不平衡的，认识上也有差异。一些地方和高校对相关重大改革推动不力，进展缓慢。在办学模式、机制的改革、创新方面，大胆探索、实践不够，影响了今后的长远发展。

五、管理工作薄弱，违规办学现象有所抬头。乱办学、乱发文凭、乱收费的问题不断发生，必须认真纠正解决。

六、由于各种原因，高校毕业生就业工作，压力加大，困难增多。此外，不同地区、高校之间发展不平衡的现象，也应当引起高度重视。

七、今后高等教育的发展仍面临着巨大的压力。首先，我们党开始实施社会主义现代化建设第三步战略部署的新形势，要求造就数以亿计的高素质劳动者、数以千万计的专门人才和大批拔尖创新人才。不少地区，还希望超前实现第三步发展战略。我们还要赶上和超过别人，实现中华民族的伟大复兴。这一切对高等教育在质和量的两个方面均提出了历史性的要求。第二，社会对接受高等教育的心理预期正在发生变化。随着独生子女大学学习时期的到来，社会各方面对高等教育的发展提出了新的要求。家长不仅想要孩子上大学，而且还希望他们能上更好、更高水平的大学。第三，由于今后一个时期高中阶段学生规模、特别是普通高中规模的快速增加，必然会进一步加大对高等教育规模发展的压力。预计从现在起到2008年前后，每年普通高中毕业生将增加80～120万人，普通高考报名人数将增加100～160万人左右。在这种情况下，不但要保持目前全国平均59%的高考录取率极为困难，即使要避免大起大落、尽量少降一些，也需付出艰苦的努力。第四，根据我国人口增长的趋势和我国各级各类教育的现实情况，我国高等教育要步入良性循环轨道，大约还需要10年左右的时间。换句话说，在今后的5至10年内，高等教育尚须“超负荷”运行，还得“爬坡”。第五，我国当前和今后一个时期的经济发展状况，决定了经费投人、条件保障与实际需求的矛盾会长期存在。

树立科学的发展观，认真解决各种困难和问题，确保高等教育持续健康发展

今后几年我国高等教育的发展，在全局上必须坚持“巩固、深化、提高、发展”的原则。一方面要继续解放思想，开拓创新，深化改革，坚持积极发展；另一方面则要把握发展节奏，不断加大投入，抓紧解决、消化现存的问题与矛盾，确保高等教育沿着持续、健康的良性轨道前进。

为实现上述设想，在指导思想和工作思路上，必须进一步树立科学的发展观，认真处理好以下几种关系。

一、在教育外部，要正确处理高等教育发展与经济发展的关系

高等教育发展同经济发展的关系，主要表现在三个方面：一是经济发展是教育存在、发展的基础；二是高等教育发展要为经济发展服务；三是经济发展必须依靠教育和科技。

高等教育对经济发展的服务手段和贡献，主要是提供高级专门人才、提供高水平科研成果、提供与时俱进的先进智力。高等教育与经济发展贴得最紧。要想成为经济强国，必须首先成为高教强国，促进我国从人口大国向人力资源强国的转变。科教必然是经济发展的“基础”和“依靠”因素。正因为如此，小平同志才讲，“忽视教育的领导者，是缺乏远见的，不成熟的领导者，就领导不了现代化建设。”不过这仅仅是问题的一个方面。另一方面，经济发展又是高教发展的基础。这种基础性作用主要体现在经济发展要为高教发展提供足够的物质条件，经济发展决定了高等教育发展的速度与规模，决定了对高教的需求和容量。换句话说，有什么样的经济基础，就有什么样的高等教育，这是不以人的意志为转移的。现在大家反映较多的高教发展不均衡现象，说到底也主要是源于经济发展的不平衡。一个地方，如果连饭都吃不上，工资也发不出，又如何能侈谈大力发展高等教育呢！我碰到一些地方的领导，他们确实非常重视高等教育，也诚心诚意地想支持高等教育，但因经济发展水平所限，苦于囊中羞涩，巧媳妇难做无米之炊啊！为此，国家确定了一个重要的方针：一保吃饭，二搞建设。何况高等教育对经济发展、社会进步的巨大作用，在不少情况下，是逐步释放的，需要一个过程。这些不争的事实，决定了我们必须从三个层面来思考、处理高教与经济的关系问题：作为一个成熟的、有远见的领导者，应当辩证地看待、处理高教发展与经济发展的关系，统筹规划本地区经济与高教的发展问题，努力促使二者之间协调发展。与此同时，还要站得高、看得远一些，尽可能创造条件推动高教适当超前发展，千方百计把高教搞上去。作为省级教育行政部门的负责同志，要认真分析本地区经济发展与高教发展的实际情况，坚持“有所为”、“有所不为”的原则。制订的高教发展目标、部署的各项高教改革，要立足于我国当前的基本国情，在总体把握上不能超越经济的发展阶段。要向省级领导提供符合本地区情况的好建议，不能出“馊主意”。作为高校的领导，则要努力使

学校的各项工作既适应社会主义市场经济的要求，又符合高教自身的办学规律，牢固树立艰苦奋斗、“少花钱、多办事”的精神。有钱未必就能把学校搞好，条件差未必就不会做出好的成果。这里有一个正确处理好精神与物质的关系问题。高校自身改革与发展目标应定得切合实际，对政府投入与条件保障，固然要努力争取，但也不能期望值过高。到手的钱，一定要千方百计用好、花好。

二、在教育战线内部要正确处理高等教育发展与基础教育、成人教育、职业教育发展的关系

高等教育的重要性现在已是人人皆知。但高等教育毕竟也只是我国教育体系中四大类教育的一个组成部分。对国家、对民族、对社会、对人民群众来讲，这四大类教育是相辅相承、缺一不可的。基础教育，是一切教育的基础，也可以说是我国一切工作的基础。没有好的基础教育，就不可能有好的高等教育。我国教育的一个重点是基础教育。基础教育的难点在农村。职业技术教育是支撑我国现代化建设的一个重要支柱，成人教育在构建终身学习体系、提高国民素质中扮演着越来越重要的角色。协调发展是最好的发展。地方的领导，各高校的领导，对此必须要有正确的认识。在处理、思考问题时，在研究经费投入与政策时，对四大类教育应当统筹兼顾；在谋划发展方面，各类教育都要找准自己的位置。高等教育当然是我国教育事业的另一个重点。但从事高等教育工作的同志们，必须先讲全局，后讲本职，不能把高教强调过头。

三、在高等教育内部要正确处理不同类别、层次之间的关系

我国的高等教育，从横向类别来讲，有普通高等教育和各种形式的成人高等教育；在办学机制上，则有公办高等教育和民办高等教育；以纵向层次来分，则有高职（大专）、本科和研究生教育。如果从办学模式上区分，种类就更多了。不同类别、层次的高等教育都是我国高等教育体系的组成部分，这是中国高等教育的一大特色。为此，在指导思想和工作实践方面，要始终注意处理好它们之间的关系。

必须坚持各类高等教育协调发展。这是由我们的国情和高教资源状况决定的。在今后的一个相当长期间内，绝不能把发展的任务全部压向普通高校。这是一个大的原则，必须坚定不移。从实际的情况看，这几年全国高校招生规模有近一半，是由普通高校以外其他各类高等教育结构承担的。根据预测，到 2010 年全国高等教育在学人数要达到 2 700万人左右，届时普通高等教育也只能承担 1 700万人左右。从长远看，坚持并支持非普通高等教育机构的发展，符合我国今后高教改革的方向。成人高等教育、民办高等教育、现代远程教育和自学考试等所具备的许多独有的办学特色，决定了它们在未来高教发展方面的自身优势。同时，构建现代国民教育体系和终身学习体系的最终目标，要求我国今后高等教育必须走各类高校协调发展的道路，必须走多形式、多元化的道路。

必须坚持本科、高职（专科）、研究生教育协调发展。社会对人才的需求，是讲层次的；高校对人才的培养也是分层次的；我国目前的综合实力和高等教育的现状，决定了满足人民群众对高教的需求，在很长的一个时期内，只能是逐步提高的，也是分层次的，不可能也无必要都去上本科，更谈不上都去读研究生。因此，我们在高校规模发展方面，必须坚持高职（大专）、本科、研究生教育的协调发展，坚决反对不顾条件全部瞄准本科的倾向。研究生教育的规模可以发展得快一些，但也要适当，且须因校因地制宜。

现在有一种现象，就是高职（大专）毕业生不大受欢迎，就业困难。如何看待这一问题？我看，主要是源自以下几个因素：不少高职办得不好，没有办出特色，没有办出质量，自然声誉就发生了问题；用人机制不成熟，不看岗位只看文凭。一些本来完全可以由高职（大专）毕业生担任的岗位，却由本科毕业、甚至由毕业研究生占用了。加上就业岗位紧缺，形成了用人的扭曲和浪费；轻视职业教育的旧习，没有彻底清除。我坚信，这种现象是暂时的，很快就会扭转。因为从我们国家经济与社会发展的程度看，今后大量需要的肯定是高职（大专）培养出来的人才。现在在我国的许多地方，已经很难找到高级技工和熟练工人了。在中国办企业的外国老板，也有同样感觉。广东省的同志们已看清了这一点，东莞和顺德，就非常重视高职的发展。高职（大专）是大有可为的。从事高职（大专）教育的同志们一方面要充满信心，另一方面则要下大力气，把高职切实办好。

必须坚持以多种机制、多种模式发展高等教育。根据我国的总体经济实力、财力和其他方面的实际情况，今后在巩固、提高公办高等教育的同时，必须大胆进行办学模式的创新，特别要依据《民办教育促进法》，大力支持、鼓励民办高等教育的发展，这是更好更快发展我国高等教育的必由之路。多种经济所有制形式，必然会要求高等教育办学机制的多元化。同时，还应坚持学校教育与非学校教育并举，学历教育与非学历教育并举。只有这样，才能不断增强高等教育的开放性、灵活性和适应性，更好地满足经济发展、社会进步和人民群众对高等教育不断增长的广泛性、多样化的需求。

四、正确处理平衡与不平衡的关系

由于历史、经济、环境等方面的原因，我国各地区之间高等教育发展是不平衡的，各高校之间也存在不少差距，且这种不平衡和差距一下子还消除不了，将会长期存在。对此，各地、各高校都必须保持清醒的认识。正确的态度是承认差距，经过努力，逐步缩小乃至消灭差距。不承认差距，不能客观分析、对待差距是错误的；在差距面前，无所做为，自甘落后，同样也是错误的。消灭差距，需要一个过程，需要付出艰辛的劳动。教育部的态度是，在今后的工作中，要坚持分类指导，加强宏观调控，努力促进高等教育区域间的均衡发展。在年度招生计划安排、经费支持、学位点评审、新增高校资源等方面，注意向高教不太发达的省份倾斜，并以各种形式组织好对高教相对落后的省份的对口支援工作。高等教育暂时相对落后的地区，也要采取各种有效措施加快发展。而高等教育已比较发达、升学率已经较高的地区，对数量的发展要适当减慢，重在巩固成果，保证持续发展。在我国，高考还必须保持一定的竞争性。没有竞争，就不会有好的质量。把升学率搞得过高，不见得就是好事。一些有差距的高校，则要找准自己的发展坐标和位置，抓紧消化矛盾与问题，把质量、水平搞上去。总之，当前一个比较突出的问题，就是有些地方和高校，不能正确对待不平衡问题，脱离需要，脱离实际，不顾质量与条件，盲目追求数量的发展。对此，必须引起足够重视和警惕。

还要注意兼顾眼前与长远的关系。高等教育是国家的长久事业，需要一代又一代的人坚持不懈地奋斗下去。高等教育的最好发展，是持续、健康地发展。因此，各地对高等教育的发展，必须要有长远考虑，牢固树立持续、健康发展的思想，不能急功近利，急于求成。各高等学校，在学科建设、规模发展、校园建设、奋斗目标等方面，必须有科学规划，既顾眼前，又顾其后，远近结合，统筹兼顾。

五、正确处理内涵发展与外延发展的关系问题

内涵发展的实质，是讲求数量、质量、规模、结构、效益的统一，是以充分挖潜为基础的。这符合我国的国情，是一种良性机制，也符合高等教育自身的发展规律。今后所有的高校，还必须坚定不移地贯彻这种发展思想。但随着我国高等教育的发展，随着国家和地区对高等教育需求的增长与变化，可能还得需要加上适当外延。也就是说，今后高等教育的发展要走内涵与外延相结合的道路。其主要原因，是因为在全局上我国高等教育资源还相当缺乏，且这种资源由于种种原因在地理分布上又是很不均衡的。为此，今后客观上需要有步骤、审慎地增加一些高等教育资源，进一步满足经济与社会发展的需求，逐步缩小地区间在高等教育资源方面的差距。这几年我国高等教育的发展主要是靠挖潜完成的。当潜力基本挖尽之后，必须设法另增新的高等教育资源；同时，随着社会主义市场经济的建立，高等教育的布局方向，也必须由大城市向有条件的地（市）适当下伸，这势必需要增加一批新的高等学校。另外，具体到一所高校来讲，其规模也有一个合理、科学的上限，当达到这个上限时，这所高校在量的发展方面就应该稳定下来。如果全局上规模仍需扩张，那么扩张的任务则应由其他高校或由新建的高教资源去完成。外延的途径，一是通过对现有教育资源（包括社会闲置资源）的优化组合；二是利用各种形式实现现有优质资源的适当外延；三是采用新机制，积极支持民办高等教育的发展。在这种思路指导下，近几年我们新增设了

94所本科院校，29所高等专科学校，440所高等职业技术学院，批准设立了一批民办高等学校。与此同时，不少地方政府也积极为高校扩大校园，通过政府引导、加大投入、银行贷款和社会融资、土地置换、校企合作等多种方式，建设了一批新校区和大学园区，增加了高校办学规模的容量。这些举措既有力地支撑了前几年的扩招工作，也为以后我们更好地处理内涵与外延的发展关系积累了经验，创造了条件。

六、正确处理质量与数量的关系

质和量是一个问题的两个方面。质量以一定的数量为前提，数量也总是以一定的质量为基础。质量和数量都有自身的规定性。量少未必质量就高，质高未必就一定量少。量与质的内涵标准，是相对的，是不断变化的，是有时代特征的。在高等教育发展的全过程中，需要科学把握的，其实就是质与量的关系问题；需要始终注意的，其实就是如何辩证地处理好质与量这一对矛盾。就数量来看，我个人认为，目前各类高校在学生人数已达到1 600万，其中普通高校已达到900万。这个量，已大致能够满足国家的现实需求。在满足国家需求方面，当前的主要矛盾则是质，即我们高校培养出来的人才质量，还不能很好适应国家现代化建设的需要。但同时，现在这个量却还不能很好满足社会上家长希望自己孩子上大学、上更好更高水平大学的愿望。从这个意义上讲，我国高等教育目前在量的方面的矛盾，主要体现在社会需求方面。如果我们的国力能够同时满足国家和人民群众的两个需求，甚至保持一定的超前度，何乐而不为？问题是，我们无法同时做到这一点。在此情况下，就必须在量与质的方面，找到一个准确的切入点：即在首先满足国家需要的情况下，尽量争取能够较好地满足人民群众的需要。我看这恐怕是我们搞发展规划的同志们的一个最大难题。上述这种观点，我是从宏观角度讲的，是就一般规律而言的。从实际情况看，当前各地、各高校一定要格外注意质量。这是因为，近几年的扩招，大家都比较重视数量，数量上也实现了突破。但对质量，一些地方和少数高校却有所忽视，导致这些地方和高校的办学质量在某种程度上有所下降。按照长远发展的观点，办学质量是每所高校生存的生命线。随着人们对上大学心理预期的变化，随着国家和社会对大学需求的变化，质量无疑成为每所高校的“立身之本”。今后办得差的高校是不会有出路的，是会遭到无情淘汰的。另外，我们是穷国办高等教育。因此我们必须走质量数量兼顾、质量优先的路子。何况，质量本身就是一种发展，而且是一种更为重要的发展。

现在，有一种说法，就是认为我们现在培养的大学生太多了。我的看法是，无论从哪个方面讲，都不能说是“太多了”。大学生究竟是多还是少，要辩证地看，长远地看，要结合我国具体国情看，要站在历史和时代的高度看。21世纪我们要开始实施社会主义现代化建设第三步战略部署。在前20年内，要全面建设小康社会。之后，要再奋斗上几十年，赶上或超过别人，实现中华民族的伟大复兴。要实现这样的宏伟目标，必须进一步落实科教兴国战略，必须加快人才培养。为此，江泽民同志在“十六大”报告中指出，要“全面推进素质教育，造就数以亿计的高素质劳动者、数以千万计的专门人才和一大批拔尖创新人才”。目前我国各级各类高校的在学生规模，既没有达到“十六大”提出的指标，更不能说已经很好满足了实现新世纪我国现代化建设的需要。怎么能说大学生太多了呢？就高等教育与经济发展的关系来看，在一般情况下，高等教育至少应做到与经济同步发展。根据十六大提出的奋斗目标，国内生产总值到2020年要力争比2000年再翻两番。与此相适应，我国的高等教育总规模到2020年也应该至少比2000年翻两番。照此推算我们的高等教育的发展规模还有相当大的差距。人口整体素质，越来越成为衡量一个国家综合国力的一个重要因素。21世纪的竞争，实质上就是人才的竞争。从这个角度看，大学生更不算多。目前我国13亿人口中只有1 600万在学的各类高校生，仅占人口的1%略多一些；我国高等教育的毛入学率2002年为15%，只是进入了国际公认的高等教育大众化的初级阶段；2001年我国每十万人口中，高等学校的在校生为931人；15岁以上就业人口中平均接受教育的年限为8年。上述这些比例和数字，不仅与发达国家相差甚远，甚至还低于一些发展中国家。这能说我国的大学生人数太多了吗？何况，从促进社会进步和满足社会的需求来讲，高等教育过去长期形成的“供不应求”的矛盾，虽然经过这几年的努力，有了很大的缓解，但并未彻底解决，还远远谈不上进入“良性循环”轨道。从这个意义上讲，高等教育在今后一个时期内还必须保持一定的发展速度。另外，教育工作的一个重要规律，就是人才培养的长周期性，高级人才的培养周期则更长。高级人才培养的长周期性，要求高等教育的一些领域必须适应超前发展，对一部分高级人才必须保有一定的储备。否则一旦国家急用人才就难以应对。正因为如此，对高级人才的培养应当允许有一定的余量，不可能做到可钉可铆，一个不多一个也不少，形成一个规模适当的人才蓄水池是必要的。当然，我上面所讲的观点，都是从宏观角度出发的。在实际工作中，我们必须充分考虑中国的国情和国力，要走自己的路，不能机械地去追求一些发展指标，更不能生搬硬套一些国外的做法。

七、正确处理发展与改革的关系

改革是发展的动力。改革可以促发展，发展也会推动改革。这些年高等教育的丰富实践，已雄辩地证明了这一点。

四年多来，我们配合扩招，突出抓了三项改革：一是高校后勤社会化改革。二是高校收费改革。三是高职（大专）管理体制改革，将这类高校设立的审批权和招生计划权下放到省级人民政府。这三项改革有力地保证了高校扩招工作。完全可以这样说，没有这三项改革，就根本谈不上高校扩招。今后各地高等教育能否持续、健康发展，各高等学校能否发展得更好、更快一些，在一定程度上，还是要看能否处理好改革与发展的关系。衷心希望各地和各高校，要坚决贯彻十六大精神，抓住“十五”后三年的有利时机，全面深化高教领域的各项重大改革，再创高教发展的新局面。

改进并加强管理，也属于改革的范畴。因此在这里，我还想强调一下管理问题。管理是科学，而且是一门重要的科学。我记得小平同志讲过，我们搞改革开放有两个目的，一是学习别人的先进技术，二是学习人家的管理经验。现在不少地方和高校，这两条都没有学到。平时高校发生的许多问题，诸如，一些高校发生的火灾、中毒及其他安全事故，各地出现的违规办学行为及各种乱收费现象，包括少数高校办学质量下降、校风学风不好等等，细究起来，也多是缘于管理工作。有许多事情，只要管理工作上去了，问题也就解决了。同样的投入，能不能发挥更大的效益，主要看管理；同样的条件，能不能办得比别人更好，主要看管理。我看中国高校与外国一些大学的主要差距之一，就是管理。当前高教领域在管理方面存在的主要问题，一是不敢严格要求，上级不敢严格要求下级，老师不敢严格要求学生；二是事业心、责任心不强。一些教育行政部门和高校领导，精力上、时间上对管理工作投入不够，没有完全负起责任；三是管理思想、管理手段、管理方法落后，适应不了不断变化的形势。应当看到，高等教育事业快速发展的本身，就增加了管理工作的难度；学校师生工作、学习、生活和思想状况的深刻变化，教育外部大环境的巨大变化，加大了管理工作的复杂性。过去，全国也没有几所万人以上的大学。现在到处都可以看到万人乃至几万人的高校。对规模这样大的高校，不下点苦功夫，不具备点真本事，能管好吗！何况高校无小事。小事如果处理不好也会酿成大的事端，影响学校乃至社会的稳定。凡此种种，希望各地教育行政部门和高校的领导，一定要充分认识到加强管理的重要性，一定要把加强并改进管理看成是当前和今后一个时期高教领域的一项紧迫任务，一定要牢牢树立从严治教、从严管校的观念，一定要敢于管理，严格管理，善于管理。严师出高徒嘛！育人是需要一个好的氛围的。而好的校风、好的学风是管出来的，是严出来的。只有这样，才能出更多的科研成果和优秀人才，才能从根本上体现国家和人民的利益。各级教育行政部门和各高校的领导，务必要不断克服官僚主义和好人主义，处于公心，切实负起责任，该管的一定要管，决不能手软；要舍得花时间、下功夫，不能三心二意；要减少不必要的应酬，少参加一些不必要的会议，少搞一些意义不大的考察或出访活动，沉下心来，替党和政府把学校管好。同时，还要积极转变管理思想，健全完善管理制度，改进管理方法，尽快实现管理手段的现代化。要切实注意管理工作的针对性、时效性，努力创造出有中国特色的高等教育管理体系。

八、正确处理发展与就业的关系

在党中央、国务院的高度重视和关心下，这些年来我国高校毕业生的就业状况，从总体上讲一直是比较好的。但由于种种原因，其中也包括1999年以来高校扩招的学生开始陆续毕业的因素，使当前和今后一个时期高校毕业生的就业情况发生了一些变化。据了解，去年和今年，都有少量高校毕业生不能实现就业。而高校毕业生数量在今后的3～4年内还将呈持续攀升之势。毕业生就业的压力加大，困难增多。整体形势不容乐观。

在这种情况下，如何看待、分析就业问题？今后高校的规模还要不要发展？这既是一个现实问题，也是一个指导思想问题。我看，必须要坚持两手抓。第一，要坚持发展。发展是硬道理。过去几年，我国高校的办学规模，虽然有了较快的发展，但还不能适应全面建设小康社会的需要，还不能很好地满足人民群众日益增长的需求。在今后一个相当长时期内，高等教育的规模还得、也必须不断发展。不发展不但无法解决现存的各种办学困难与矛盾，也不能很好解决毕业生的就业问题。前些年的扩招，固然增加了高校毕业生就业困难，但决不是主要原因，二者之间也没有必然的联系，更不能把发展与就业对立起来。就业困难，在我国将长期存在。决不能因就业困难而不发展高等教育。那是因噎废食！高校毕业生有就业问题，文盲、初中毕业生、高中毕业生难道就没有就业问题？与其如此，我看在全局上还是高校毕业生多一些好，有利于国民素质的提高，有利于为国家建设做必要的人才储备，更何况延长学习年限，还会延缓就业，也是解决就业问题的一条途径。

第二，要高度重视并进一步做好高校毕业生的就业工作。要清醒地认识到，普通高校毕业生的就业问题是一个社会问题，也是一个系统工程。做好高校毕业生的就业工作，主要取决于国家经济和社会发展的程度。同时，也取决于毕业生就业观念的转变，就业与用人机制的改革、相关政策的落实和具体工作的力度。各有关方面要高度重视，未雨绸缪，从现在起，即从上述三个方面入手，抓紧研究对策并早做部署。其中最主要的，是各级党委和政府，要进一步加大对高校毕业生就业工作的领导和指导。根据这些年的经验，只要各级党委和政府、特别是党政主要领导，对解决好高校毕业生就业问题的重要性认识到位，采取的措施到位，切实加强了领导和筹划，高校毕业生的就业问题就一定会得到妥善解决。与此同时，要进一步加强对高校毕业生就业工作的正面宣传和教育，引导并促使社会、学生、家长就业观念的进一步转变，不断调整高校毕业生的就业期望值，树立“行行出状元”和大胆自主创业、多元就业的意识，鼓励、支持高校毕业生到基层、到农村、到中西部、到艰苦的地方去就业。要抓紧完善各项相关政策，进一步消除在就业方面的一些政策性障碍；要采取各种措施，加强政府的调控和服务职能，改进并加强高校毕业生的就业指导工作。从事业发展的角度，今后几年要切实把握高等教育规模发展的节奏，坚决克服盲目发展的现象。同时，要加快高校学科专业结构和人才培养结构的调整工作。凡社会需求不旺的专业要限制招生或停止招生。在每年高职（大专）和本科的招生安排上，要逐步加大本科生比例。作为一项调控措施，自2003年起，每年招生计划的安排，要同各地的高校毕业生就业状况挂钩。凡毕业生就业工作不力的，要减少招生计划。

在正确处理上述八种关系的同时，在实际工作中，还要采取切实、有效的措施，抓紧研究、解决高等教育在发展过程中出现的困难与矛盾。一是必须千方百计加大对高等教育的投入。投入不足仍然是制约高等教育发展的一个关键因素。今后高等教育的发展，一方面要从改革入手，另一方面则要从投入入手，千方百计加大对高等教育的经费支持力度。我国的高等教育，只能是以公办高校为主体。而公办高校的经费，必须主要由政府来投入。因此，高校的建设，应当是国家的一项最重要的基本建设；不断改善高等教育的整体办学条件，也应是今后各级政府的一个长期任务。此外，还应认真考虑三个因素：一是经过这几年的扩招之后，高校的潜力已经基本挖净。今后高校要增加新的发展潜力和能力，就必须主要依靠加大投入。二是高校的收费标准目前已经接近极限，今后不可能也不应该再大幅度提高。三是这几年在扩招过程中积累的问题与矛盾，必须抓紧消化、解决。否则，不但扩招的成果难以巩固，且会诱发其他问题，影响稳定。为此，建议：今后各地、各部门预算内事业费拨款和基建投入，应随着招生规模的扩大按比例不断有所增加，生均所拨经费应逐年有所提高；希望中央和地方各级政府能继续保留“一个百分点”政策；在今后几年国家发行的国债中，要适当加大对高等教育的支持；各地各高校要积极多渠道筹措经费，努力增加投入；鼓励高校适当、审慎地使用银行贷款。二是抓紧深化各项相关重大改革，不断巩固、扩大改革成果。在宏观方面，要抓好高校学科专业结构和人才培养结构的调整，要逐步调整高等教育的发展层次，稳步加大本科生的招生比例，适当加快研究生发展。对高职（大专）的办学要加强分类指导，推动其不断提高质量，切实办出特色；要尽快建立起普通高等教育、职业技术教育与成人教育协调发展的立交桥，要抓紧构建终生学习体系，解决好未就业的高职（大专）毕业生继续学习深造的问题；要继续推动、深化高校后勤社会化改革，稳妥审慎地做好高校收费工作。三是积极推动办学机构创新。在此方面，要大力支持民办高校的发展，要积极支持、规范管理普通本科院校试办民办二级学院的工作。四是进一步做好资助家庭困难学生的工作。五是抓紧解决教师队伍建设问题。六是把握好发展节奏，严肃招生计划，加强计划管理。综合各方面的实际情况，今后高等教育的规模发展，总体上要与经济、社会发展的程度相适应，与高校的办学条件相适应，与经费的投入水平相适应。据此，今后一个时期全国普通高校年招生规模的增幅，基本上要与经济增长速度同步，一般应以7%～8%左右为宜。对高校招生计划的管理，今后继续执行一头从严、一头从宽的原则。即对研究生和本科招生计划管理仍旧从严，继续执行指令性计划；对高职（大专）招生计划管理适当从宽，高职（大专）招生计划的管理责任主要在地方，继续执行指导性计划。这种格局，短期内不会改变。同时要坚决维护高校招生计划的严肃性，对当前存在的一些问题要抓紧进行治理。

我坚信，只要能坚持正确的发展观，及时解决好各种问题和矛盾，我国的高等教育就一定能够健康、持续发展，就一定能够迎来更加辉煌的明天。

抓住机遇　扎实工作
打好西部地区“两基”攻坚战

王　湛

2000年底，全国实现了基本普及九年义务教育和基本扫除青壮年文盲的目标，谱写了我国教育史上辉煌的篇章。2001年国务院召开的全国基础教育工作会议明确提出，在新世纪初，占全国人口15%左右的未实现“两基”的地区（主要在西部地区）要打好“两基”攻坚战。一年多来，西部地区积极开展“两基”攻坚工作，取得了可喜进展，积累了宝贵经验。但是我们必须清醒地看到，西部“两基”攻坚工作还存在着许多困难，任务相当艰巨。

目前西部地区只有75%的人口地区普及了九年义务教育，大大落后于全国特别是东部地区。全国尚未实现“两基”的450个县级单位中，有391个在西部12个省区，占86.7%。这391个县中，有224个国家扶贫开发工作重点县。这些县财力薄弱，教育投入严重不足，办学条件差，危房比例高，农村初中校舍不足。2001年全国小学、初中危房比例分别为6.69%和4.07%，而西部12个省区分别为10.52%和6.96%，分别高出全国3.83和2.89个百分点。农村税费改革试点省的义务教育投入将面临新的困难。西部地区农村中小学师资数量不足，结构不够合理，素质亟待提高。

“十五”期间西部地区的“两基”攻坚工作，一定要认真贯彻全国基础教育工作会议和全国民族教育工作会议精神，抓住关键，打好“两基”攻坚战。要贯彻落实好各项重要政策，推进各项重点工作，在坚持积极进取的同时，切实提高“两基”攻坚的实施水平。

一、调整和完善农村义务教育管理体制，落实“两基”攻坚的管理责任

调整和完善农村义务教育管理体制，实行“以县为主”，是解决农村义务教育问题的“治本之策”，也是西部地区推进“两基”攻坚工作的重要保证。实行“以县为主”的农村义务教育管理体制，是党中央、国务院经过深入调查研究、深思熟虑、审时度势作出的重大决策。最近中央领导同志在国家教育督导团的一份督导报告上批示：“调整农村义务教育管理体制，确保教师工资发放和危房改造，这三件事情必须紧紧抓住不放，不达目的，誓不罢休。”西部地区“两基”攻坚工作首先要调整好农村义务教育管理体制，其核心是将义务教育的责任由农民负担转为政府负担，政府对义务教育的管理责任由乡镇政府为主转向县级政府为主。

调整农村义务教育管理体制，最重要的是落实县级政府的责任。《国务院办公厅关于完善农村义务教育管理体制的通知》明确规定了县级人民政府实施义务教育的十项责任，其中最重要的是三个方面：一是统筹教育经费，确保教师工资的发放，保证中小学公用经费，统筹调整学校布局，做好危房改造和校舍建设工作；二是统一管理中小学校长和教师队伍；三是指导好教育教学工作。县级政府必须对这三大类共十项工作认真地负起责任来。县级人民政府要从实施科教兴国战略首先落实到义务教育上来的高度，调整支出结构，义不容辞地承担起实施义务教育的主要责任。在县级政府领导下，还

要发动乡镇人民政府和村民自治组织承担相应的义务教育的责任。西部地区实行“以县为主”体制，与全国相比，有些进展是比较快的，有些则进展不快。真正实行“以县为主”，还有很多细致的工作要做。今后一个时期，必须尽快在所有的县完成农村义务教育管理体制的调整工作，并促进其健康运行，不断完善。

二、建立义务教育的经费保障机制，保证“两基”攻坚的必要投入

投入问题是“两基”攻坚的最大难题。建立农村义务教育经费保障机制是西部地区“两基”攻坚的根本保证。建立义务教育经费保障机制必须落实中央提出的关于“三个确保”的措施和要求。

第一，确保教师工资按时足额发放。一是县级人民政府在核定教职工编制的基础上，本着“一要吃饭二要建设”的原则，调整县级财政支出结构，结合本级财力和上级给予转移支付的资金，将中小学教职工工资定额纳入本级财政预算，由县统一发放。二是省级人民政府要统筹安排解决财力困难县农村中小学教职工工资发放问题，逐县核实财力，根据各县财力状况和保障力度，增加工资性转移支付资金。三是安排使用中央下达的一般性转移支付和工资性转移支付资金，省、地两级不得留用，全部补助到县；对所属各县也不能平均分配，主要补助财力困难而自身保障力度大的县用于工资发放，并在年初将转移支付资金指标下达到县。四是财力较好的地级人民政府也要安排相应的工资性转移支付资金。通过上述资金统筹安排，确保国家统一规定的农村中小学教职工工资按时足额发放，不再发生新的拖欠。贵州省采取“以奖代补”办法，收到良好的效果。即省、地两级对各县财力严格算帐，凡经测算人均财力达不到基本支出要求的，其基本工资缺口部分，由省、地两级财政借款补助。年终决算时，对当年做到收支平衡、不拖欠基本工资的县，借款作为奖励补助给该县，否则仍作为借款处理。这项政策成为省对县财力的有力的调控杠杆，增强了县财政的能力和积极性。这一做法值得各地借鉴。为确保中小学教师工资发放，应实行省长（主席、市长）负责制。

第二，保证中小学公用经费。在基本解决教师工资发放以后，学校公用经费不足的问题逐渐突出起来。解决这个问题，首先要从思想上引起重视。保工资是必要的、重要的，公用经费、危房改造和学校必要的建设也同样是必须保证的。国办《通知》对保证中小学公用经费的措施也已经提得很明确，要抓好落实。一是要确定标准和定额。二是要保证按规定收取的杂费全部作为学校公用经费。三是与标准和定额有缺口的部分，县、乡两级政府预算安排。四是“一费制”在国家扶贫开发工作重点县的农村学校实行，实行“一费制”后形成的农村中小学公用经费缺口，应按省级人民政府核定的农村中小学公用经费标准和定额，在上级人民政府的转移支付资金中安排。现在，一些地方收取的杂费还没有能全部返还学校，学校也没能全部用于保证学校运转；“一费制”实行的面有所扩大，而实行“一费制”的贫困县本来财力不足，缺额部分财政又没有安排补足，如果没有上级转移支付，学校运转的困难将更为突出。这些问题应一一加以解决。

第三，保障农村中小学危房改造和学校建设的必要投入。近两年在全国实施中小学危房改造工程，取得了明显成效。但是，全国中小学危房改造工作面临的任务仍然十分艰巨。危房主要集中在广大农村，特别是偏远地区农村。危房总量大，危险程度高，分布相对集中。农村中小学危房改造是当前农村教育的一项重要工作，也是西部地区“两基”攻坚的一项重点工作、难点工作。农村中小学危房改造，一方面缺乏长远的、科学的改造规划，低水平重复建设、改造的现象比较普遍；另一方面缺乏资金。各地要建立农村中小学危房改造的机制。要有定期勘查、鉴定危房的工作制度。县级人民政府要将新增危房的改造和学校进一步发展所需的校舍建设项目列入本级事业发展和基础设施建设统一规划，多渠道筹措经费，确保工程项目及时完成。省、地两级要设立农村中小学危房改造专项资金，中央和省级人民政府设立的专项资金继续支持贫困地区和少数民族地区的农村中小学危房改造和学校建设。

2002年西部12个省区市中，有8个实行农村税费改革。农村税费改革对减轻农民负担、促进农村稳定意义重大，从长远看，对农村教育的发展有积极意义。但从近期看，对农村义务教育的投入会带来一定的影响。要认真贯彻落实中央的指示精神，在税费改革中确保对农村义务教育必要的经费投入。各地一定要高度重视，深入调查研究，做到情况清楚、对策明确并得到落实。安排使用上级转移支付资金，要明确保障农村义务教育正常经费和危房改造资金投入，并纳入财政预算，使改革后农村义务教育有稳定的经费来源，确保改革后的农村义务教育投入不低于改革前水平并有所增长。

各地对历年欠发的农村中小学教师工资要抓紧清还，由财政安排，制定计划，限期补发。还要清理核实“普九”欠债，尽力偿还。安徽省将核定后的“普九”欠债，由乡镇政府接过来，解脱学校，这种做法值得借鉴。

三、整合农村义务教育的各项工程，形成“两基”攻坚的合力

目前国家扶持贫困地区的工程有“二期义教工程”、“中小学危房改造工程”、“校校通工程”、“校外活动场所建设工程”等，各省（自治区、直辖市）还有自己的“攻坚工程”、“边境工程”、“寄宿制工程”等，东部和大中城市有对西部的“学校对口支援工程”，工青妇等群众团体还有“希望工程”、“春蕾计划”等。这些工程体现了党和国家以及全国人民对西部的关心和支持。认真组织实施好这些工程是西部各级政府特别是教育部门的责任。

“二期义教工程”和“危房改造工程”对于西部地区农村中小学校建设至关重要。各地要严格按照有关规定使用各项经费，加强管理和监督，要与学校布局调整、发展寄宿制学校统筹考虑，综合利用，提高资金使用效率。学校布局调整一定要从当地实际出发，既要提高规模效益，也要有利于学生就学，绝不能因减少学校或调整后距离太远造成学生入学难而辍学。危房改造的重点在寄宿制的中心小学，新建校舍重点是扩建初中。尚未安排配套资金和虽然做了计划但经费不到位的省、自治区、直辖市，要抓紧经费落实工作。据调查，一些地区危房统计数据不够准确，给决策带来一定困难。有的地方工程专款使用和管理存在一定问题，不是“雪中送炭”，而是“锦上添花”。一些地方工程进度和工程质量不够平衡，有的进展缓慢，有的建设标准偏低，质量难以保证。这些问题都要引起高度重视。各地要注意加强有关这项工作的管理队伍的培训，以提高规划、管理的水平。

“东部地区学校对口支援西部贫困地区学校工程”和“西部大中城市学校对口支援本省贫困地区学校工程”，是实施西部大开发战略、推动西部地区义务教育发展的一项重要措施。要继续动员全社会的力量，做好教育对口支援工作，优先援助义务教育阶段的相对薄弱地区和学校。除东西部对口支援外，西部各省（自治区、直辖市）也要切实搞好省内的对口支援工作，充分发挥本省内大中城市和较发达地区的教育资源优势，为贫困地区普及义务教育作出更大贡献。

四、加强教育教学管理，提高“两基”攻坚的质量和水平

1．加强教师队伍建设。教师队伍建设是西部“两基”攻坚的关键环节。目前，西部地区教师数量普遍不足，结构不够合理，部分学科教师缺口较大。西部地区小学、初中教师学历达标率分别为94.40％、86.02％，均低于全国平均水平。西部地区小学代课教师占岗位教师的比例，有些省达20％左右，有的省甚至高达近30％。

加强教师队伍建设，首先要做好中小学校定编工作。各省区要从实际出发，按照国家确定的中小学教职工编制标准，制定具体实施办法并组织实施。编制管理要按照标准，既不要超编进人，也不能长期缺编。现在的编制标准是一个保证教学需要而又体现精简原则的标准。一些地区教职工编制长期空缺，或者为减少工资支出，低薪聘用临时代课人员，这都不利于教师队伍建设和教育水平的提高。要推进和深化中小学人事制度改革，按照“公开、平等、竞争、择优”的原则积极推行教师聘任制，全面实施教师资格制度，并做好教师队伍人才流动和调整优化工作。改革校长选拔任用制度，积极推行校长聘任制，努力提高校长素质。其次，进一步加强中小学教师继续教育工作，更新教师教育观念，提高教师素质。当前基础教育课程改革正在积极推进，新课程在教育观念、教学内容、教学模式等方面均有深刻变化。要加快教师培训步伐，使广大教师了解课程改革的目标、任务和要求，积极参与课程改革。要使教师掌握现代教育教学手段，提高教师的教育教学水平。第三，关心教师生活。在保证教师工资按时足额发放的前提下，努力提高他们住房、医疗、退休养老等待遇，要结合城镇建设统筹安排教职工安居工程，使教师安于、乐于在西部作贡献。

2. 重视现代信息技术在西部地区学校的运用。西部山区、牧区、边境地区山高路远，地广人稀。实施远程教育和信息技术教育，对于这些地区的学校获得优质教育资源，提高教育质量，具有特别重要的意义。教育部提出，用5～10年时间，在全国普及信息技术教育。一是在全国90%以上的中小学校开设信息技术必修课；二是全面实施“校校通”工程，使90%左右独立建制的中小学校能够上网。“校校通”工程的实施要因地制宜，采取多种形式。可以利用电视机、DVD机播放教学光盘；还可以建设农村计算机网络信息站，不但可以为学校信息教育服务，还可以为农民、乡镇政府提供服务。西部地区对中小学开展信息技术教育、远程教育、电化教育一定要有紧迫感。在这项工作上，西部地区抓紧一步，有可能较快地缩小同其他地区的差距，实现跨越式发展；慢一步，则鸿沟扩大，差距拉大。要认真做好规划，把发展信息技术教育、远程教育、电化教育纳入攻坚工作的规划，纳入改善办学条件的规划，纳入攻坚资金安排的计划。在信息技术教育、远程教育及电化教育的设施配备方面花一点钱，将会取得难以估计的效益。要按照“科学规划、全面推进、因地制宜、注重实效”的原则，积极推进。要采取多种措施，加强教师培训，逐步满足开展信息技术教育等工作的需要。

3. 加强教育教学常规管理。“两基”不仅是年限教育，还必须要求保证基本的教育质量。教育教学常规管理薄弱，是一些地区“两基”工作的一个薄弱环节。在“两基”攻坚工作中，要重视教育教学常规管理，“向管理要质量，向管理要效益”。教育行政部门和学校要加强学籍管理，保证适龄儿童少年按时入学；流出地和流入地都要加强对流动儿童、少年的学籍管理。要加强校长、教师管理，加强师德建设。要加强教学管理，按照教学大纲和教学计划的要求，完成教学任务，提高教学质量。要加强校园管理，为学生营造文明、整洁、舒适的学习环境。要加强中小学生安全管理，杜绝各种事故发生。要与有关部门配合加强学校周边环境整治，打击滋扰学校的行为，为学校提供良好的外部环境。

4. 切实控制农村初中生辍学。西部地区农村初中辍学率偏高是一个值得高度重视的问题。各级政府和教育行政部门要采取多种措施，加大组织入学和控辍力度，切实提高普及程度。中小学布局调整要以确保适龄儿童少年就近入学为原则。新建和改扩建中小学校，办学规模要适应服务区范围内儿童少年接受义务教育的需要。对于人口极为分散的山区、牧区，要规划建设寄宿制中小学校，提供学生寄读的条件。要认真落实去年教育部召开的控制农村初中学生辍学工作电视电话会议精神，把控辍任务落实到县、乡、村，责任到人。县长是控辍的主要责任人。要从行政、经济、法律上保障适龄儿童少年接受义务教育的权利。要加大扶贫助学力度，减免贫困生杂费和其他费用。要改革教育教学，实行普职结合，在初中阶段渗入一定的职业教育的内容，开展“绿色证书”教育。农村初中要端正办学思想，把办学从单纯追求升学率转变到主要为当地经济建设服务；把教学由面向少数学生升学转变到提高全体学生素质，让学生能掌握一定的生产技能，“有一双能挣饭吃的手”。

5. 认真推进扫盲工作。党中央、国务院对扫盲工作十分重视，最近，中共中央办公厅、国务院办公厅转发了教育部等12部委《关于“十五”期间扫除文盲工作的意见》，教育部在今年年初专门召开了扫盲工作会议。各地要抓紧贯彻。从第五次人口普查和最近的调查情况看，西部地区的扫盲任务仍然很重，有7个省（自治区）未完成基本扫除青壮年文盲任务，部分已经验收的地区仍有复盲现象。要重点推进贫困地区、少数民族和妇女的扫盲工作。尚未实现基本扫除青壮年文盲的省（自治区）要设立贫困地区扫盲项目；在22个人口较少的民族中，要设立民族扫盲项目；已经实现基本扫除青壮年文盲目标的省（自治区、直辖市）要设立妇女扫盲项目，重点扫除妇女文盲。各地要根据实际情况，切实加以落实。设立项目就要有工作目标，有工作部署，有专人抓，有必要的经费支持，并有检查督促。这样，才能抓出实际成效来。扫盲工作也要推进课程与教学改革，改变以单纯识字为主的扫盲方式，从扫盲对象的实际学习需求出发，来确定扫盲的内容、形式，努力建设以文盲学习需求为导向、以解决实际问题为中心的扫盲课程与教学机制，把扫盲工作同农村精神文明建设结合起来，和农村产业结构、科技开发、劳务输出及农民日常生活结合起来，使农民学有所获，学以致用。最近教育部印发了《扫盲教育课程与教学改革指导意见》，希望各地积极探索在当前形势下如何增强扫盲工作的针对性和实效性，提高扫盲教育的质量。

五、进一步加强教育督导工作，保障“两基”攻坚健康开展

十几年来，教育督导在推动“两基”的实施和巩固提高工作中发挥了重要作用。西部地区在“两基”攻坚中，要进一步加强教育督导工作。《国务院办公厅关于完善农村义务教育管理体制的通知》共四个部分，其中第四部分专门讲建立健全监督机制，很有力度。当前教育督导部门要做的工作，一是进一步加强对各地实行“以县为主”农村义务教育管理体制和建立“一保二控三监管”机制的督查，全面推动国务院《决定》和国办《通知》的贯彻落实。这是今年教育督导部门的一项中心任务，必须抓得很紧，抓出成效来。二是继续对西部地区“两基”攻坚工作进行督导检查和评估指导，重点仍然是义务教育的普及程度、教师队伍情况和基本办学条件，评估验收仍执行原国家教委制定的标准和程序，坚持“软件从严，硬件从实”。国家教育督导团继续对省评估验收材料进行审查，每年公布通过“两基”和“普初”验收县（市、区）名单。省（自治区、直辖市）所辖县（市、区）全部通过验收的，经国家教育督导团抽查认定，由教育部继续颁发奖牌。这项工作一直要做到全国所有县（市、区）实现“两基”目标为止。三是建立和完善“两基”巩固提高和复查工作制度，推进已实现“两基”地区“两基”工作再上新台阶。西部地区教育基础薄弱，“两基”验收后，巩固提高工作仍须坚持许多年。四是建立义务教育监测制度，及时掌握全国义务教育实施状况，为教育决策提供科学依据。五是建立和完善适应西部地区的中小学实施素质教育督导评估制度，推进学校教育教学质量的全面提高。

六、加强领导，动员社会广泛参与，全面扎实地打好“两基”攻坚战

“两基”是一项事关全局、需要动员组织全社会广泛参与、形成合力共同推动的工作。各级党委、政府高度重视，加强领导，是推进“两基”工作的一条最基本的经验，也是打好“两基”攻坚战的最重要的保证。“两基”攻坚要真正列入党委、政府的工作议程，并成为重点工作。党委、政府的主要领导要亲自抓，下大力气抓，用“不达目的，誓不罢休”的决心和气概抓，层层建立领导责任制和考核制度。人民群众的广泛参与和社会的大力支持，是实现“两基”的又一重要经验。西部地区“两基”攻坚工作同样需要各民族群众的积极参与和支持。西部地区要充分激发和调动广大人民群众的积极性、主动性和创造性，广泛动员群众支持和参与“两基”攻坚工作。要进一步宣传《义务教育法》，努力提高人民群众送子女接受义务教育的自觉性。要根据国家政策规定，发动群众，通过自愿提供劳务等方式，支持农村中小学尤其是村小校舍的维护和修缮。对尚未进行税费改革的地方，继续做好征收农村教育费附加工作，积极鼓励和组织各种形式的社会集资办学和捐资助学活动。要继续支持开展“希望工程”、“春蕾计划”等活动。形成全社会关心“两基”、支持“两基”、参与“两基”的良好氛围，使“两基”攻坚工作健康发展。

西部地区是在我国的现代化建设中充满希望和前景灿烂的地区，西部地区已经站在一个新的发展起点上。我们要认真实践江泽民同志“三个代表”重要思想，统一认识、坚定信心，与时俱进、开拓创新，抓住机遇、奋力拼搏。西部地区条件艰苦，工作难度大，各级干部和广大教育工作者要发扬艰苦创业的精神，讲奉献、讲奋斗，始终以良好的精神状态，打好“两基”攻坚战，巩固和提高“两基”工作水平，为实施西部大开发战略作出更大的贡献。

（本文系教育部副部长王湛 2002 年 8 月 20 日在西部地区“两基”攻坚工作汇报会上的讲话摘要）

我国教师教育迫切需要研究的若干问题

袁贵仁

一、中国教师教育正处于发展的关键时期

这是首先要讲的一个问题。否则的话，我们为什么要把2001年教育政策分析高级研讨会的主题确定为教师教育，为什么2001年要召开全国高师工作会议？都是因为我国教师教育现在面临的形势发生了变化，任务发生了变化，新形势、新任务、新问题都需要我们进行深入的研讨。

大家知道，教师教育在社会的地位不完全是由它自身所决定的，教师教育的重要性根本上取决于教师的重要性。教师地位提高了，教师教育及其研究就会受到重视，反之，在教师地位低下，教师工作不被重视的时候，教师教育及其研究都不可能有很高的地位。而教师的地位也不仅仅是由它自身决定的，教师的地位是由教育的地位决定的。只有全社会都高度重视教育的时候，教师才会受到尊重。因为要提高教育质量，就必须提高教师的质量。

现在，我国的教育地位如何呢？可以说全社会从来没有像现在这样重视教育，科教兴国战略深入人心。邓小平同志说，教育是一个民族的根本事业；现代化建设，科技是关键，教育是基础。江泽民同志指出，国运兴衰，系于教育；教育对于提高国家的综合实力和竞争力，具有基础性、全局性和先导性。朱镕基同志提出，本届政府的最根本任务，是科教兴国，把教育的地位提高到前所未有的高度。由于教育重要了，所以教师就重要了。这里有几句话，大家都很熟悉。一句话，振兴民族的希望在教育，振兴教育的希望在教师。这句话说得非常精辟，也非常准确。还有两句话，也表达了教师在教育以及现代化中的地位和作用。我们有两个“根本大计”在中央文件里面有明确的表述。一个“根本大计”是，把教育放在优先发展的战略地位，努力提高全民族的思想政治和科学文化素质，这是我们国家实现现代化的根本大计。另外一个“根本大计”是，建设一支具有良好政治业务素质、结构合理、相对稳定的教师队伍，这是教育改革与发展的根本大计。这两个“根本大计”也决定了“两个优先”。一个是现代化建设中教育发展要优先；另一个是教育发展中教师教育要优先。这个意思用李岚清同志的话说就是：科教兴国，教育为本；振兴教育，师资先行；优先办好师范教育，为落实科教兴国战略打好基础。

在这种情况下，教师教育就被提高到一个非常重要的位置。教师是一个高尚的也是艰苦的、复杂的工作，从事教育需要经过长期的培养和培训。培养和培训教师的工作，就是我们所说的教师教育工作。可以这样说，凡是成熟的、清醒的、有远见的人都会同意这样的逻辑：办好教师教育是办好教育的根本，办好教育是实现现代化和民族振兴的根本。如果这个逻辑没有错的话，接下来我们就可以这样说：办好教师教育，是实现现代化和民族振兴的根本。

教师教育的重要性对师范院校来说，既是鼓舞，也是挑战。说是鼓舞，是因为教育重要了，教师地位提高了，因此师范院校的生源质量提高了，毕业分配率提高了。有这么多好学生报考师范，有这么多毕业生愿意从事教育工作，这对师范院校来说当然是好事喜事。但是我们也应当同时看到还有挑战，如果都是好事喜事，我们就不必要下这么大功夫来研究教师教育工作了。

由于教师教育工作的重要性，现在社会上自觉不自觉地对师范教育产生两种想法。一种是保护的想法，认为教师工作那么重要，师范院校是培养教师的，因此应当加以保护，一般高校可以做的事情，师范院校不一定要做，否则会给师范院校带来冲击，从而影响教师队伍建设。另一种是开放的想法，认为既然教师工作是那么重要，因此要调动全社会的教育资源来培养培训教师。不管是师范院校或是综合大学，只要愿意当教师就行，综合大学毕业生比师范大学毕业生可能更好。

保护师范院校和开放师范院校，原则上都是对的。但这里有个政策上的度的问题。超过了度，在改革开放的时代，保护师范院校，把它当做高等学校中的另类，错过改革开放的机遇，保护就可能成为保守。超过了度，忽视师范院校的特殊性和它在中国高等教育系统中的不可替代性，甚至把师范性等同于落后性，开放就可能变成放弃。保护师范院校，这是现实需要；开放师范教育，这是发展的要求。如何结合起来，把握好度，形成一个完整的政策，这是教育政策分析需要研讨的。在我们进入21世纪，开始全面建设小康社会，实施“十五”计划，以及即将加入世贸组织的时候，我国的师范教育怎样才能快速、健康、持续地发展，需要有更明确的指导思想和思路，更切实可行的政策和更加具体的可操作的工作方案。

我们必须从我国的现实国情出发，不照搬西方，不照搬我们的过去，也不能按照50年后的理想来办今天的教师教育。同时，我们又要善于总结我们自己的过去和借鉴国外教师教育的有益经验。社会主义市场经济需要求真务实的态度、改革开放的精神和积极进取的意识。教师教育也是这样。我们要通过努力，研究和构建积极稳妥、有序开放，分层次、多渠道，高质量、有活力的中国教师教育体系，为新世纪高素质教师队伍建设，全面推进素质教育，作出应有的贡献。

二、全社会都要关心和支持教师教育

关心、支持从而加强教师教育，这是我们教师教育研究和工作的出发点和落脚点。不管动机怎么好，愿望怎么好，如果客观上削弱了教师教育，那都将是一个历史性的错误。教师教育每一项政策的制定，都要有利于加强教师教育这个根本。

我国的教师教育已有100多年的历史，经过新中国50多年的奋斗，特别是改革开放20多年的发展，已经进入到一个新的阶段。第一，我国社会发展已经从温饱型进入到全面建设小康社会阶段。这是我们面临形势的一个重要特点，它对教师教育工作发生巨大的影响。道理很简单，在人尚不能完全吃饱饭的时候，吃饭是第一位的；而在解决了温饱之后，精神需求则是最重要的。江泽民同志在“七一”重要讲话中，专门有一段讲了“两个历史过程”，一个是社会生产力和经济文化发展过程，一个是人的全面发展过程，也就是在着眼于人民现实的物质文化生活需要的同时，着眼于促进人民素质的提高，也就是努力促进人的全面发展。现在生活水平提高了，对于广大的人民群众来说，接受更多更高更好的教育，追求自身的全面发展，在某种意义上成了第一个追求的目标。能不能提供更多、更高、更好的教育，成为我们能不能代表人民群众根本利益的一个重要方面。扩大教育规模，提高教育质量，也就成为教育战线落实“三个代表”重要思想的具体要求。第二，我国基本上普及了九年义务教育，对全国大多数地区来说，人民群众希望的主要不是子女上学的问题，而是上学的质量问题，学得好坏的问题。现在入学竞争的压力主要表现为要进好学校，要有好教师。我国的基础教育从基本普及进入到巩固提高阶段，也就是通过高素质教师带来高质量的教育的阶段。第三，我国高等教育的毛入学率开始从11%向15%过渡，经过“十五”计划，将基本实现高等教育的大众化。这给教师教育带来了一个新的发展契机，将有更多更好的大学毕业生进入到基础教育教师队伍中来。第四，教师的社会地位明显提高，有可能吸引更多的优秀人才充实教师队伍。

这就是我国教师教育目前所面临的基本形势。如果前两点讲的是提高教师质量的必要性，那么后两点则讲的是提高教师质量的可能性，把这四点结合起来，就是我国的教师教育开始从规模数量的发展为主转变为以提高质量为主。总体来说，我们的教师规模与需求是差不太多的，如果从质量来说，则差得很远。为什么有的家长省吃俭用拿出很大一笔钱去择校，说到底就因为那个学校教师质量好，教育教学水平高。全面加强教师教育，全面提高教师质量和水平，已经成为全社会关注的重点和热点，以及教师教育工作的首要任务。如何加强教师教育，提高教育教学质量，需要研究和思考如下几个方面的问题。

1. 教师培养由三级师范向二级师范过渡。这个过渡首先是学历达标，其次是质量达标。学历达标和质量达标不完全等同，我们要解决学历达标问题，更要解决质量达标问题。

由三级师范向二级师范过渡的方向是正确的，这个趋势不可更改，因为事情总是要发展的，少数发达地区将来还可能由二级师范向一级师范过渡。这里需要指出的是，由于中国的情况比较复杂，过渡是方向、趋势，但具体怎么过渡、怎样操作，应当分区规划，分类指导，分步实施。我们需要研究过渡的条件，什么样的地区可以过渡，比如说没有普及义务教育的就暂时不要过渡，因为教师的数量还没有解决。总之，要先提出几条标准来，再根据这个标准具体分析一下某个省、某个地区整个中小学教师学历的具体情况，普及九年制义务教育质量的具体情况，中等师范学校的具体情况，等等，然后再确定是过渡还是不过渡。一个地区，一个省市，以及全国，三级向二级过渡的标准、条件，过渡的程序、步骤，这是我们需要研究的课题。但是过渡，从三级到二级，甚至从二级到一级，这是必然的。再过 5 年、10 年、15 年，也许一般的本科毕业生到某些中小学，人家可能还不要，特别是在发达地区。从目前实际情况看，在有些省市可能还要求保留一些中等师范学校，有些省市不是想要不想要的问题，它客观上已经不需要了。

与这个问题相关的，师范院校要不要、能不能变成综合大学，这也是一个迫切需要研究的课题。我们能不能研究一下，从世界范围来看，一个国家取消独立师范院校体系的时候，它的人均国民生产总值达到多少，高等教育毛入学率达到多少，中小学教师的待遇在全国各行业中的排行是多少，中小学教师的学历结构又是怎样的。别的国家已经走过来了，有了经验和教训，为什么不去研究呢？要研究不同的国家从中等师范学校到高等师范大学，再到综合大学的教育学院、师范学院的演变过程和发展阶段，研究有的国家为什么还一直保留师范院校的名称。然后，再看看我们的人均国民生产总值、高等教育入学率、教师的学历、教师的工资收入状况。现在来看，完全撤销现有的师范学校，肯定是不合适的。我国公民的受教育程度总体还比较低，教师地位虽有很大提高，但还没有真正成为最受人们羡慕的职业。

我们还需要研究一下什么叫综合大学，综合大学和非综合大学区分的标准是什么，师范大学和综合大学之间是并列的关系还是交叉的关系，什么样的师范大学可以是综合性师范大学，或可以按综合大学的模式来办，转变成综合大学。这就要看现在的师范大学和综合大学相比，学科覆盖面怎样，专业设置怎样，学科、专业结构怎样，本科生和研究生的比例怎样，教师队伍状况怎样，教学水平和科研水平与同层次的综合大学相比怎样。如果说我们有了比较明确的综合性大学的概念，哪个师范大学达到了综合大学的标准和水平，可否允许在保留教师教育的优势和特色的前提下，按照现在综合大学的模式办学。也就是说，不因为是师范大学，某些方面就受到一定的约束。现在，把全国的师范大学全都转变成综合大学肯定不行，但所有师范院校一个模式，也不符合国际教育潮流，不利于师范大学的发展。关键是我们要研究，要具体问题具体分析，不能靠行政命令或自己的愿望说哪个省从三级到二级转变，不能靠行政命令或学校的愿望说哪个师范大学可以转变成综合大学。要制定标准、规范，经过专门设置的专家委员会的考察、评估，谁达到标准谁就可以转变；谁达不到标准，谁就暂时不能转变。这样可能更有利于增强地方、学校的办学自主权，发挥地方、学校的办学主动性，也有利于全国师范院校从全局和长远的角度进行规划和思考。根本的问题是趋势要明确，方向要正确，态度要积极，步骤要稳妥，经过调查研究，不断地把我国的教师教育事业推向前进。

2. 重视和支持现有的师范院校。我们强调要重视教师教育，而现在的中小学教师绝大多数来自现有的师范院校。目前，综合大学办教育学院、师范学院的还不多；即使办了教育学院、师范学院的，培养的中小学教师还不多；综合大学毕生到基础教育战线的也还不多。据统计，我们现在90％的初中和小学教师来自师范院校，80％的高中教师来自师范院校。因此，目前重视教师教育，就必须高度重视现有的师范院校；支持了现有的师范院校发展，也就从总体上支持了基础教育的教师队伍建设，支持了基础教育。

3．鼓励综合性大学和非师范类学校，通过举办教育学院或师范学院，开设教育课程，或成立教育网络学院等形式，参与教师的培养和培训。集中全社会的教育资源来培养培训教师，这个原则是完全正确的，这是发展的方向。也就是说，现在中小学教师的来源，主体还是师范院校，但同时要鼓励其他院校发挥自身优势培养培训教师。鼓励这些大学的学生在本校的教育学院、师范学院，或者在现有的教育学院、师范学校，经过教师的培养培训取得教师资格，进入教师队伍。这里也有一个问题需要研究：综合大学办教育学院、师范学院要不要条件，需要具备什么样的条件；非师范院校的学生进入教师行列要有什么样的资格，经过什么样的程序。这也是一个需要研究的问题。我们要研究制定鼓励综合大学、非师范学校举办教育学院、师范学院的政策，以及吸引综合大学和非师范大学毕业生从事基础教育的政策和措施。

4．大力提高教师专业化水平。现在，我们应当适时提出教师专业化问题。教师是人类灵魂的工程师，它在培养德智体美等全面发展的社会主义事业的建设者和接班人的工作中，居于主导地位。培养高素质的学生，没有高素质的教师绝对不行；提高教师素质，不讲教师专业化绝对不行。

教师专业化是世界教师教育发展的潮流，也是我国提高教育质量，提高教师地位，提高教师职业性必须采取的重要举措。当前，由于教师地位的提高，我国高等教育规模的扩大，提出教师专业化已经有了可能。在新世纪刚开始的时候，应当把教师专业化这面旗帜高高地举起来，彻底改变人们的一些陈旧观念：只要认得字，就能教小学；只要有学问，就能教好学。事实上，每个行业都有自己的特殊要求，每个行业都有优秀的、一般的和较差的区别。大家都会走路，都会跑步，但不一定是优秀的运动员。谁都会唱歌，但不一定是优秀的歌唱家。按照有些同志的逻辑，运动员让他跑就是了，歌唱家让他唱就是了，不用进行专门的训练。然而，要跑得好、唱得好谈何容易。同样，要做一名好教师，要真正教得好谈何容易。这里，我们讨论的不是能不能教的问题，而是教得好不好的问题。优秀的教师，不仅懂得所传授的知识，而且要科学地、生动活泼地让学生掌握知识，并能举一反三，学会掌握更多的知识，还要学会在实践中运用这些知识。这就需要很大的学问了。教育教学既是科学，也是艺术。教师要懂得教育教学规律，懂得学生身心发展规律，懂得学科的背景和学科发展前沿。而且，还要把这些规律娴熟地运用于教育教学活动之中，如春风化雨，润土无声；如庖丁解牛，游刃有余。这绝不是只有专业知识就行了的。没有专业知识当然不行，但这只是做一个好教师的必要条件之一，绝不是充分条件，特别是对中小学教师来说，更是如此。就幼儿园、中小学生的知识传授来说，也许每个有文化的家长基本都能做到。如果中小学教师不需要专业化，什么人都可以，那为什么许多家长还要花很大的代价把孩子送到比较好的幼儿园、中小学校去呢？可见，在人们的潜意识中还是承认教师是一个特殊的专业，教师专业化是必不可少的而不是可有可无的。

5．率先实行教师教育终身化。终身教育是当代教育的主要思潮和基本理念。国家“十五”计划着重强调了全民的终身教育问题。终身学习是对所有人的要求，任何人都要活到老、学到老，但对教师则更重要，必须走在全社会的前面。可以说，其他人受不受教育主要还是（当然不全是）他个人的修养问题，而教师作为教育者，则会直接影响他人，影响一批人、一代人。教育者必须先受教育，这是任何时候都适用的真理。

我们的教学内容，要随着科学技术的发展不断更新，现代社会，知识陈旧率加快，如同商品一样，也有一个保质期、有效期，仅仅靠原来在学校学到的书本知识，绝不可能当个好教师。教学手段和方法，也需要随着科学技术的进步而发展。有了多媒体之后，我们教的方式、学的方式、考的方式、研究的方式等，都发生了根本的变化。在现代多媒体的条件下，原来那套以教师为中心，以教室为中心，以教材为中心的教学模式和方式，已很难适应了。现在学生从网络媒体上获得的信息有时可能比教师还要多，教师仅仅传授知识，已经很难吸引学生，很难得到学生的尊重。发挥教师的引导作用，启发学生的主动性、自觉性、创造性，成了教师的主要职能。在现代社会，教师的第一职能是教学生怎样做人，第二是教学生如何思考，第三才是传授知识。此外，教育教学的对象是学生，他们是活生生的学习活动主体，与工人活动的对象不一样，学生会随着社会的不断发展而变化。现在学生存在的思想困惑和学习困难与5年前、10年前不一样，而且不同的学生之间存在的困惑和困难也不一样。要因材施教，一把钥匙开一把锁，就必须深入了解学生，全面了解社会。任何一个教师，不学习就可能落伍，就不能走在时代前列，代表先进文化，也就不能正确地引导学生不断地向前发展。

教师的终身学习涉及到教师职后进修培训问题，要建立健全教师进修培训制度，进一步加强教师进修培训工作，使教师进修培训既有压力，也有动力，调动每个人进修的积极性。教师进修培训的内容和方式也需要研讨，怎么才能更有效，更方便，更加切合实际。教师进修培训要加强针对性、现实性和有效性。我们已经做了很多工作，特别是在《面向21世纪教育振兴行动计划》出台后，取得了很大进展。但从更高标准看，还需要研讨在新世纪里，教师进修培训应该怎样做得更好。政府应当提供教师进修培训的政策支持和条件保证，师范院校应当为教师进修培训提供必要的人才支持和智力保证，每个中小学校应当给教师进修培训提供舆论支持和时间保证。教师进修培训还应当是开放的、多层次的、多方面的。其中包括加强和改进教育硕士培养工作，不断扩大教育硕士的规模，进一步完善培养机制和提高培养质量。

三、师范院校必须加大改革力度，加快改革步伐

教师教育和师范院校不完全等同，但现在讲教师教育避不开师范院校，我们现在百分之八九十的中小学教师还是来自师范院校，师范院校需要得到社会的支持和重视。但同时我们也要看到，师范院校要加强改革。师范院校有一批专门从事教育教学研究的和教育教学试验的专家，理应走在全国各级各类学校教育教学改革的前面。然而现实的情况并不完全是这样。所以，我们一方面呼吁全社会重视教师教育，另一方面也要看到，师范院校的工作还不能完全适应现在新的形势、新的任务，需要全面研究师范院校的改革和发展问题。

1. 办学体制改革。近几年，高等学校办学体制发生了重大变化。通过“共建、调整、合作、合并”，理顺了管理体制，优化了教育资源配置，提高了学校规模效益，使有的学校的学科优势和综合实力得到明显加强。要研究如何将李岚清同志提出的这“八字方针”运用于师范院校的改革中，从实际出发，因地制宜，因校制宜，积极稳妥地推进师范院校的办学体制改革。比如说，少数师范大学，它的教学实力、科研实力，它的学科结构、学生结构等，在全国高等学校中名列前茅，可否鼓励他们吸收别的学校进来，在保持教师教育的优势和特色的前提下，增强学校的综合实力。另外一些学校，层次比较低，规模比较小，没有特别明显的优势和特色，这样的师范院校可否合并到别的大学之中去，成为综合大学里面一个相对独立的教育学院或师范学院，从表面看少了一个独立设置的师范学校，但实际上教育质量提高了，教师教育工作加强了。

2. 增强综合实力。把别的学校合并到师范大学，或把师范院校合并到综合大学，都还是少数。多数的还是中间层次的，学术地位还可以，办学困难也不少。这种情况下，主要是走内涵发展道路，扩大专业设置，提高办学水平，增强学校的综合实力和竞争力。在现代，不管是师范大学还是非师范大学，有一点应当是一致的，那就是为了全面提高学生的素质，必须增强学校的综合性。综合性已经成为现代大学的基本特性之一。

现在科学技术的综合化趋势越来越明显，不少学科已很难具体划归到哪一门传统学科之中去。不仅各门科学在综合，而且科学和技术也在融合，科学技术和社会也在进一步结合。这就要求我们培养的学生必须有较高的综合素质，以适应当前科学技术发展的趋势。另外，经济全球化，要求学生参与国际竞争与合作，在德智体美等方面都有较高素养，除专业外，还应懂点经贸，懂点外语，懂点历史，懂点文艺等，否则很难在国际上与人打交道。

还有，发展的整体化也对学生的综合素质提出新的要求。我们以前讲自然的发展，讲社会的发展，讲人的发展，现在要综合考虑人、自然、社会之间的协调发展，要讲人的全面发展。例如一个医生，他不仅是个生理学家，还要是心理学家或社会学家，因为现在很多疾病并不是由细菌引起的，而是社会生活方式、思维方式和价值观念引起的。

总之，现代科技、经济、社会发展的综合化要求培养的学生必须是综合性的，不管将来是当教师、医生还是工程师等，都要有综合的学术背景和修养。所以，师范大学也要加强综合性，提高竞争力。市场经济不保护落后，没有相当的综合实力和竞争力，光靠政府保护是不可能的，短期可以，长期不行。从长远看，从国际看，学科比较单一的学校，很难有较强的竞争力和持续的生长力，也很难有对学生的高度吸引力和对教师的必要凝聚力。

3．实现教师教育一体化。师范院校往往只管自己，只管学生在校的几年，现在推行终身教育，应该瞻前顾后，既往前看，又往后看。往后看就是要更多地关心毕业生从事教育教学之后的继续教育问题。这实际上可以看做师范院校对自己“产品”的终身保修，使之始终合格，始终处于前列。关心中小学教师的进修，是师范院校义不容辞的职责，要作为份内的工作，纳入工作的范围。今后师范院校在校的学生中，职前培养和职后培训的人数比例将会发生很大变化。

我们还需要往前看。往前看就是师范院校要关心基础教育，与中小学校紧密合作。要研究中小学的改革，引导中小学的发展，要衔接小学、中学和大学之间教育教学的内容和方法。师范院校应该走在中小学改革的前面，而不是跟在后面。

师范院校应当有一批教师在中小学搞实验，中小学校应当有一批教师到师范院校承担教学研究工作。这样才能把基础教育、高等教育和职后继续教育联成一体，从对国家教师教育事业高度负责任的角度，提出和制定比较完整的、宏观的、长远的思路和规划。关心中小学，实际上是关心师范院校的“原料”，没有好原料，好的生源，师范院校也难以加工出好的“产品”，培养出好的学生。

4．教学内容和方法的改革。应当充分吸收现代科技发展的新成果，充分吸取教育改革的新经验，充分吸引学生参加教学和科研活动，真正把学生变成学习的主体，而不是被动的接受者。师范院校的学生将来要当教师，必须从一开始就注意发挥其学习的主动性、积极性和创造性。我们还要改革教育实习，突出理论和实践的结合，教学和科研的结合，在实践中培养学生的实践能力和创新精神。这样，在他从事教师工作之前，已基本具备了一个教师所应有的基本素质，从容执教，给基础教育带来生机和活力。如果去了之后还要培训很长一段时间才能胜任，那师范院校的工作就还没有完全做到位。

5．在学科专业水平和教师专业质量两个方面下功夫。教师工作是一个特殊的行业，教师教育是一个特殊的学科，它应当有别于别的专业和学科。既要不断提高学生的教育教学能力，又要不断提高学生的学科专业水平。换句话说，师范大学是“大学＋师范”，而不是“大学－师范”，业务水平与综合大学不应该有太大区别，而师范大学的学生除专业水平外，还懂得教育教学的规律、原则和方法。否则，专业水平比别人差一截，教育教学能力又没有明显比别人高一块，其结果，跟综合大学一比，就缺乏竞争力。所以，要研究师范院校的课程设置，研究中小学教师进修的课程设置，研究应该学什么，怎么学，应该怎样在有限的时间里，既保证学生学科专业水平，又保证教师专业质量。学校教育四年时间，大有改革的余地，不能说我们已经把学生在校四年都考虑、设计得非常科学和完美了。要根据社会全面发展的需要和国际教育发展的趋势，认真研究师范大学的课程设置，包括内容的安排，方法的改进，包括学分、课时的分配，选修课和必修课的比例，也包括教学和科研，理论和实践的关系。教师要为人师表，教书育人，要有良好的思想品德修养，较强的口头表达、文字表达能力和实际操作能力，这些都需要进一步深入研究、统筹规划和精心设计。

21世纪初，我国教师教育面临着难得的机遇和严峻的挑战，它给我们提供了全面反思、深入研究教师教育的机会。现在我把这些问题提出来，请大家思考和探讨，我们共同努力，按照“三个代表”的要求，为我国教师教育的振兴、教育事业的振兴、中华民族的振兴作出我们应有的贡献。

构筑新世纪中国与世界的教育之桥

——在第三届中国教育国际论坛上的演讲

(2002年10月23日)

章新胜

尊敬的许智宏主席，各位来宾，女士们，先生们：

早上好。今天我非常高兴能有机会出席由中国教育国际交流协会主办的第三届中国教育国际论坛。在这里，我谨代表教育部向论坛的成功召开表示诚挚的祝贺，向远道而来的各位来宾以及在座的中外教育同行和新闻界等各有关方面表示热烈的欢迎，同时，也感谢中国教育国际交流协会以及北京大学等协办单位为举办这次论坛所付出的辛勤努力。

从今天起，来自不同国家的大学领导、教育专家、高级管理人员和行政官员将会聚一堂，围绕经济全球化背景下的教育问题展开讨论，我认为这对于增进各方面相互了解，加强教育交流与合作，很有意义，也是非常及时的。下面，我想借此机会，谈三点看法。

第一，加强教育国际交流与合作是经济全球化的现实需要

教育是人类文明进步与繁荣的重要标志，是经济社会发展的重要动力源泉。在人类不懈奋斗、竭力前行的历史进程中，教育承担了不可替代的使命和职能，发挥了越来越重要的作用。历史的脚步已经跨入了21世纪，科学技术迅猛发展，知识经济扑面而来，人类社会面临着深刻的变革。时代赋予教育新的使命和丰富的内涵，也提出了前所未有的挑战和变革的要求。

本次会议举办的主题就是经济全球化与教育发展。这个主题，我觉得是各国政府、学校和社会各界许多人士都非常关心的内容。全球化是一个很现实而又有争议的问题，一些人认为经济全球化是发展的机遇和动力，而另一些人则认为经济全球化是一种风险和危机。国外有些学者甚至提出全球化的整个过程是一个不公平、不对称的过程。少数国家全球化，多数国家被全球化。还有一些著名学者提出全球化是所谓社会达尔文主义，全球化将自动造成了80：20的社会，即80%的输家和20%的赢家。因此，有些人呼吁国际社会要有人情味地全球化。

我们感到，知识经济、信息化和新的技术革命，特别是以信息技术和生物技术为内涵的新的技术革命推动了世界经济的全球化，为知识社会和知识经济带来了不可逆转的全球化进程，也使各国经济共处于一个以知识为基础、以开放竞争为特征的全球市场平台。同时，全球化进程又在反哺着知识经济，不断加速其发展。今天，国家、区域、行业和企业之间的竞争，其核心不单纯是对自然资源、资本和廉价劳动力的争夺，而越来越表现出对知识资源、智力资源，最终为人才资源的竞争。教育作为人力资源开发的主要途径，是一个国家创新体系的重要组成部分，越来越成为提高现实生产力和国际竞争力的重要力量，以及应对经济全球化并分享其利益的重要手段。

同发达国家相比，发展中国家对全球经济的贡献份额较小，获益更少，而且差距还非常遗憾地在不断扩大。如果忽视人力资源能力建设，将会越来越处于知识经济边缘化的不利境地。加强人力资源能力建设，将成为新世纪发展中国家的一项战略性任务。围绕经济全球化下的教育发展问题，联合国教科文组织和世界银行等国际组织的专家组专门写了一份报告《发展中国家的高等教育》，相信大家都看过，报告建议发展中国家不仅要重视以减少初等教育和成人文盲率为核心的全民教育，而且也要重视扩大高等教育数量和改进质量，这对于国际组织来说是一个重大转折。因为多年来他们一直是强调“Education for All”，就是“全民教育”，我们叫“两基”（基本普及九年义务教育和基本扫除青壮年文盲），基本的目标和体系都大体相同，但是，现在也越来越认识到在经济全球化和知识经济到来的时候，发展中国家尽管财源和其他各项资源都非常有限，但是发展高等教育还是异常重要，否则就会在新的数字鸿沟中越来越扩大其原有的经济和社会鸿沟。

在经济全球化和知识经济浪潮的推动下，中国于2001年底加入了世贸组织，标志着中国对外开放进入了一个新阶段。中国将在更大范围和更深程度上参与经济全球化的进程。

在20世纪后20年，我们已经胜利地实现了现代化战略的第一步和第二步目标，即第一步目标已解决温饱，第二步目标已初步进入小康社会，目前正在全面建设小康社会阶段。新世纪的头20年，是实现现代化建设第三步战略目标的重要战略时期。即用20年时间，在建党100周年的时候，实现全面建设小康社会的目标；到本世纪中叶，建国100周年的时候，成为中等发达国家。

“十五”计划期间，中国经济工作的主线，是进行经济结构战略性调整，不是适应性的调整。实现生产力和国民经济跨越式的发展，而不是亦步亦趋的传统式发展道路。随着向社会主义市场经济的转轨和产业结构的战略调整，中国的法律法规、经济体制和管理方式等，都在努力适应经济社会发展的实际需求，并十分注意在经济全球化的大背景下，考虑制定有关的发展战略和政策，同时按中国加入世界贸易组织所做出的有关承诺、相关规则和要求来办事。

中国加入世贸组织以后，人力资源开发面临的严峻考验主要有两点，一是经济全球化刺激了跨地域对教育、培训的社会需求，加速了跨国界的人才流动；二是经济全球化推动了政府与非政府机构、企事业单位、学校以及与市场关系的深刻转变。在政府更多地承担起公共教育投入责任、增强服务意识的同时，还要调动各级学校和非政府机构参与人力资源开发和教育服务的积极性，充分发挥市场机制的调节作用，运用社会、民间资源支持教育事业的发展。

经济全球化的特征之一，应当是促使国际交流合作朝着更广更深的方向扩展。前不久，联合国倡议在南非召开的“可持续发展问题世界首脑会议”，在通过的《执行计划》中指出：“经济发展、社会发展和环境保护融为一体”，是可持续发展的三个重要支柱。第一次环发会议只是提环境保护问题，现在提出了三个支柱。而“教育对促进可持续发展极为重要”，是可持续发展能力建设的关键领域和基础。同时指出，“全球化应具有充分的包容性和平等”。当前，不同国家和地区之间的经济贸易活动不断加强，人们之间相互依赖和影响的程度越来越大，人类面临的发展问题和种种困难危机，如贫困、环境、爱滋病、人口、教育问题等也日益全球化，这需要各国人民更加关注这种交流、合作与联系，以促进共同发展。

这里，我还想指出的是，经济全球化是一把双刃剑，我们既要看到其带来推进发展的巨大动力，同时也要注意到经济全球化将要带来的各种负面影响。在本世纪到来之前，世界上对全球化的看法还是“仁者见仁、智者见智”。而今天，进入新世纪才刚刚过了两年，世界上发生的种种严酷的事实，使得越来越多的国家和地区认识到，要特别关注社会发展的差异，关注各国不同的文化背景。在以经济全球化和知识经济为特征的今天，怎样的世界格局才能可持续发展呢？要发展，首先基本的前提还是世界的和平和稳定。怎样的世界架构才能有利于世界的稳定，有利于世界各国的可持续发展？

从根本上讲，在经济全球化进程日益加快的21世纪，首先，越是经济全球化，越要重视和推进政治的多极化。中国政府主张国家不分大小，都是国际社会平等的一员，各国要以共同发展为目标，建立相互尊重、平等互惠的新型伙伴关系；其次，越是经济全球化，越要重视和促进文化的多元化。世界是丰富多彩的，每个民族都有自己的特色，各民族间应相互尊重，加强相互了解、学习借鉴，学会容忍和共处，这也是中国古代哲学所提倡的“同则不济，和能生物”，说的就是这个道理。再次，越是经济全球化，越是要采取得力措施，促进发展的相对平衡，缩小鸿沟。应该让贫困国家也享受到全球化带来的好处，努力缩小贫富国家之间和地区之间的差距。

实践和人类社会的进程将会越来越证明，经济全球化与政治多极化、文化多元化、南北的平衡发展是21世纪取得和平与稳定的四大支柱。好比一张桌子有了四条腿才更稳定。有了和平与稳定的前提，才有可持续发展。而在实现这一切目标的过程中，教育发挥着基础性和先导性、甚至是综合性的作用，也可以说，越是经济全球化，越会凸显教育的重要性。在这个复杂多变和富有挑战性的时代，加强教育的国际交流与合作，促进共同发展，是大势所趋，是时代赋予我们的使命。今天的会议就是不断开辟对话交流与合作机会的一个恰当例证。

第二，经济全球化背景下中国教育面临的机遇和挑战

在经济全球化背景下，高层次人才的跨国服务更为频繁，不同文化和价值观念进一步交汇和相互冲击，生源的国际流动不断加速，教育领域的国际竞争日趋激烈，尤其是加入世贸组织以后，中国教育发展的机遇与挑战并存，需要我们冷静地、认真地加以分析，深入研究给中国教育发展和变革所带来的影响。

加入世贸组织，中国将在更大范围内和更深程度上参与经济全球化进程，这有利于进一步推进中国社会主义市场经济体制的完善。因为我们对世贸组织各个领域的市场准入和可以享受国民待遇的各项承诺都是有时间限定的，这就不同于过去的改革是根据自己的发展进程、自己的需要和自己的承受能力逐步地推动。有人说，加入世贸组织从某种意义上说，给中国社会主义市场经济体制的改革带来了一张时间表，将促进经济结构调整和经济持续快速健康发展，推动综合国力的提升，从而在更为深厚的基础上和更为长远的意义上，为教育发展提供新的历史机遇。

现在，做好加入世贸组织的各项应对准备，关键是人才，抓紧实施人才战略。对高层次人才，特别是对科技、经济、法律、管理以及具有全球视野和国际交往能力和熟悉世贸组织规则的人才的需求极为迫切，这很显然有利于推动教育结构和学科专业结构的调整。

同时，教育本身作为对外开放的重要组成部分，在加入世贸组织时也做出了相应的承诺，这既有利于我们更好地利用国外优质教育资源、借鉴先进的办学和管理经验，又将对我们原有的教育体系、办学格局和管理方式带来冲击，对这些冲击处理得当，有利于深化教育体制改革和制度创新，进一步推进依法行政和依法治教水平的提高。这些我们都是从积极的方面来看待这一冲击的。

但是，事情都有两个方面。加入世贸组织后，中国人才培养和教育发展还面临着严峻的挑战。中国教育能否为在国际竞争中的中国各项事业，经济和各行各业培养出高素质的人才，提供知识和智力、人才的支持，为高新技术的创新和产业发展做出贡献，可以说是中国教育所面临的最大和最紧迫的挑战。目前，中国国民素质的整体水平尚不够高，从人口平均受教育水平看，发达国家如美国为14年、法国为13年，日本为12年，中国仅为8年左右，与发达国家相比存在明显差距。而且，加入世贸组织以后，人才培养将在一个更加开放的文化环境中进行，维护教育主权和中国本土优秀文化传统的任务也相当繁重。

随着人才流动的国际化，跨国公司的人才本土化，中国就业的结构性矛盾和专业人才的争夺将更加激烈。中国教育服务方面的进一步开放，将会在更大的程度上吸引跨国公司和外国教育机构，涉外教育服务市场的监管亟需加强。中国教育的国际竞争力尚不够强，教育服务贸易（注：本文引用的“教育服务市场”和“教育服务贸易”的提法，仅限于我国签定的世贸组织教育服务减让表的范围）逆差的格局短期内难以改变，而且看来还有进一步扩大的趋势。区域发展还不平衡，在缩短东部沿海和西部地区教育差距方面，面临艰巨的挑战。

中国教育的发展、改革和开放，必须致力于将沉重的人口负担转化为具有优势的人力资源，培养出数以千万计的各类领导人才和科技人才，提高全体国民的素质，中国现代化目标才能真正实现。现在，世界上有报道说中国正在或将要成为世界最大的加工和制造业基地，这说明，近年来中国政府制定科教兴国战略，提高了国民素质，发挥了人才优势，才使中国具有更强的吸引力。因此，中国的教育既要满足本国需求，也要瞄准国际范围内的长期激烈竞争，利用全球知识和教育资源，提高教育的国际竞争力，实现教育的适度超前和跨越式发展。

第三，关于进一步扩大中国教育对外开放的若干思考

当前，中国教育正处于一个可以大有作为的重要战略机遇期，这就需要我们以更加广阔的视角，对教育的现实需求和未来发展做出前瞻性规划和相应的制度创新。在一二百年前工业文明开始勃兴的时代，中国曾经闭关锁国，与工业化机遇擦肩而过，至今经济发展实力和现代教育水平与工业化国家尚有不少差距。今天，我们的基础、实力、思想准备与当时完全不同了。知识经济和全球化的浪潮袭来，中国必须紧紧抓住难逢机遇，积极应对，加速发展。

1. 进一步解放思想，实事求是，与时俱进，抓住机遇，加快发展。江泽民主席指出，在新世纪新阶段，发展要有新思路，改革要有新突破，开放要有新局面。今年9月8日，他在庆祝北京师范大学建校100周年大会的重要讲话中，倡导大力推进教育创新，强调要“面向现代化、面向世界、面向未来，加大教育对外开放的力度”。这对于我们正确分析新世纪的形势任务，进一步明确教育发展与改革的方向与思路，加强教育对外开放，都具有重要的指导意义。我们要按照教育“三个面向”的要求，立足于中国教育改革、发展和对外开放的全局，善于利用世贸组织的有关规则，努力构建和维护一个健康有序的涉外教育环境。要适应实施人才强国战略的迫切需要，以更加开放的姿态推进教育的国际合作和交流以及中外合作办学，积极主动地服务于经济和社会的新发展对新知识、新技术和新型专业人才的需求，满足人民群众不断增长的对高质量、多样化教育的需求，促进与世界各国的文化交流。

2. 进一步加强教育法制建设，转变各级教育行政部门的职能，坚持依法行政，依法治教。首先要加快相关教育法律法规建设。为了鼓励各种社会力量和民间资源参与投资办学，教育部正在积极配合全国人大制定《民办教育促进法》。同时，为了适应今后中外合作办学的发展和管理需要以及中国政府对世贸组织有关教育方面和其他相关的承诺，教育部已草拟了《中外合作办学条例》（草案），上报国务院审批。依法行政，不仅要按国内法办事，还要学会遵循和利用国际法和世贸组织的规则为教育事业服务。要进一步转变政府职能，清理和减少行政审批程序，简政放权，由直接微观管理转为更多的间接宏观管理和监控。要培育和发展中介机构，创造条件和环境，将一些职能逐步委托中介机构承担，注意发挥其在教育质量评估、质量认证及教育服务其他领域的重要作用。进一步采取有效措施，促使学校尤其是高等学校成为面向社会依法自主办学、具有自我发展和自我约束能力，并且能够参与教育竞争、具有法人资格的实体。教育行政部门则要创设有利于学校健康发展和公平竞争的法制环境，强化对涉外教育服务秩序的监管。最近，教育部决定在国际交流与合作司设立涉外教育市场专门监管机构，地方教育行政部门也要逐步建立涉外教育的监管机制。

3. 充分发挥各级政府和学校的积极性，多形式、多层次构建教育国际合作与交流的平台。2001年，中国与德国签署学历学位互认协议，是我们与发达国家政府之间的第一个学历学位互认协议。在这之前，中国已与13个国家建立了学历学位互认的协议。中国政府将继续推动与国外政府的合作与交流，提高合作层面，并力争在学历学位互认方面取得新的突破。这里可以告诉大家，我们与法国、英国等其他一些国家的学历学位互认条约的谈判进展非常顺利，而且速度比预计的还要快。各地要利用友好省州、友好城市，以及其他经济技术合作关系，根据自己的特点和需要寻找合作对象，建立多层次的政府间合作与交流关系，建立必要的工作磋商机制。要鼓励有关高等学校、职业技术学校，推动与外国学校的学分互认工作，与具有比较优势的同类型学校开展多种形式的合作。此外，像中国教育国际交流协会等组织在教育的国际合作与交流中也发挥着越来越重要的作用。

为了有利于在座各位，特别是海外来宾了解中国和加强与中国教育界的交流与合作，我想简单介绍一下中国教育改革与发展情况。经过十几年的努力，中国已经基本实现了“两基”目标即全民教育目标，现在正向深度和广度推进。1999 年，中国政府召开第三次全国教育会议，强调推动素质教育，培养全面发展、强调素质的人才。在科教兴国战略的推动下，政府进一步加大了教育投入，加快了教育改革与发展步伐。2001 年以来，国务院、教育部以及有关部门相继召开了基础教育、职业教育和民族教育方面的全国性工作会议，今年教育部也召开了教育国际交流与合作外事工作会议，这些会议对教育事业的发展都起着积极的促进作用。

这里，我要重点谈谈中国高等教育，它也和基础教育及其他教育一样，近年来经历着深刻的变革，发展是前所未有的，概括地说，有以下五个方面特点。

一是高等教育规模有了很大扩展，进一步适应了中国经济与社会发展的需要。2001 年，全国普通高校在校生由 1998 年的 643 万人提高到1 214万人，增长了 89％。高等教育毛入学率由 1998 年的 9.8％提高到今年的 15％，已经拥有世界上仅次于美国的第二大规模的高等教育在学人数。

二是体制改革不断深化。通过“共建、调整、合作、合并”等措施，我们大规模地进行了教育资源的整合，打破了原来条块分割的局面，高等教育体系和布局发生了历史性变化，为发展扫清了体制性障碍；改变了一些学校学科单一的状况，形成了一批学科齐全的高等学校以及综合性研究型大学，加强了多学科的融合和跨学科人才的培养；大力改善了办学条件，促进办学观念的更新，提高了大学的整体实力。同时，高等教育办学体制改革也在积极推进。各类民办教育以及中外合作办学都在加快发展的步伐。

三是高校正在进行人才结构和学科专业结构的调整，以保障中国经济结构战略调整和产业升级以及各项社会事业的发展对人才的需求。我们始终把提高质量作为高等教育发展的主题，十分注意推动教师更新教育观念，重视学生全面素质的培养，促进自然科学和人文社会学科的交叉渗透，尤其重视增强他们的社会责任感，提高他们的道德水平，注意用最新的知识成果和手段来教育学生。

四是计算机网络和多媒体技术对大学教育产生着深刻影响。顺应这种潮流，全国已有67 所大学举办了网上大学课程。中国将抓住新技术革命带来的机遇，大力发展网络教育和现代远程教育，向公众提供各种学习途径和培训机会。

五是注意发挥高校在发展高新技术产业方面的重要作用，积极探索高校高新技术转化为生产力的有效途径。近些年，中国出现了“北大方正”、“清华紫光”、“东大阿尔派”等为代表的一批高校高新技术企业，在高校集中的地区已经建立了 22 个国家大学科技园，由大学衍生的高新技术企业成为中国经济新的增长点之一。

由此可以看出，中国高校的组织形式、规模、发展战略等都在发生深刻的变革，这将更加有利于我们顺应 21 世纪经济全球化发展的潮流，更加有利于我们加入世贸组织后各项承诺的实施，同时也更加需要我们的大学、职业技术学校以及各级各类学校学习和借鉴各国在办学管理、课程设置、教学内容、教学方法等方面的先进经验。

4. 积极引进国外优质教育资源，有重点、有区别地推动实质性的教育国际交流和合作。教育要为国家的人才战略服务，加大吸引优秀人才留学回国工作和引进国外智力工作的力度。教育部根据《2002～2005 年全国人才建设规划纲要》，制定了落实规划的建议方案上报国务院，并把这项工作摆上突出位置，采取切实有效的措施大力加以推进。今年 6 月，教育部启动了“聘请世界著名学者项目”，主要资助信息科学技术、生命科学、生物技术与生物工程、材料科学与技术、新能源与洁净能源、交通、资源与环境工程等七大重点领域聘请知名学者来华讲学或进行合作研究。同时，坚持“扩大开放、依法办学、规范管理、促进发展”的方针，支持中外合作办学，重点引进国外的优质教育资源，特别是对高等教育、研究生阶段教育和职业技术教育加大了工作力度。无论是研究型大学，还是社区学院，对我们来说只要是优质教育资源都可以引进，以增强中国教育的整体实力和国际竞争力。

5. 改进和规范留学工作。近 20 多年来，中国公民出国留学累计为 46 万人，分布在 100 多个国家和地区，已有 14 万人学成回国，绝大多数成为各行各业的业务骨干，许多成了领导人才。针对加入世贸组织后出国留学工作的新特点，如出国培训高层次紧缺人才任务紧迫，我们将继续深化国家公费出国留学改革，在巩固回归率的前提下，加快对高层次人才和急缺人才的培养培训，进一步完善有利于中国公民自费留学的措施，加强宏观管理和指导，维护中国留学人员的合法权益。同时，加入世贸组织也为中国教育实施“走出去”战略开辟了道路，我们将采取措施吸引更多的各国留学生来华留学，促进对外汉语教学向国外的发展。

女士们，先生们：

各国人民在历史长河中形成了各自的民族文化、生活方式和思维方式，在经济全球化的今天更需要相互了解、学习、交流和合作，以促进共同的可持续发展。在千年之前的中国古代，就有“海内存知己，天涯若比邻”的著名诗句，表达了人们相互交往交流的良好愿望。今天，中国教育界更加重视与世界各国同行的交流与合作。我讲以上的看法，也是希望通过此次论坛这一舞台能够进一步地推动教育的国际交流合作事业的健康发展。

最后，预祝本届论坛圆满成功！预祝远道而来的各位来宾在京期间以及回程一切顺利！祝会议取得圆满成功！

谢谢诸位！谢谢主席！

加强高校科技工作 推动高校科技创新

赵 沁 平

近年来，在全球经济增速放缓的情况下，我国社会稳定，经济持续增长，高等教育继续稳步、健康发展，高校科技事业也保持了快速发展的良好势头。我们必须深入学习、努力实践江泽民同志“三个代表”的重要思想，团结全国高校的科技人员，与时俱进，开拓创新，扎实工作，不断加强高校的科技实力，提高高校的科技创新能力。

一、高校科技事业的发展趋势

我国高校科技事业和我国高等教育发展是密切相关的。经过改革开放二十多年，“七五”、“八五”重点建设，特别是“九五”以来，国家“211工程”和“教育振兴行动计划”的实施，我国高等教育事业有了巨大的发展；与此同时，我国高校的科技实力和竞争力水平也有了较大幅度的提高，并呈现出几个明显的发展趋势：

1. 高校科技正在迅速成为我国科技创新、特别是基础研究的主力军。二十多年来，高校科研经费每年均有较高增长，尤其是近几年增长有加快的趋势。高校的科研经费从1996年的47亿元增长到2000年的142亿元，每年平均增长近24%，其中2000年比1999年增长30%。高校科研经费中纵向经费约占一半。在国家自然科学基金资助的研究课题中，面上项目高校占70%以上，重点项目约占60%。“973”项目首席科学家高校占50%以上。这说明我国高校科研正在从游击队向正规军，从方面军向主力军发展。随着我国科技管理体制和科技支持机制的改革，我国的科技创新工作将越来越向高校集中，特别是基础研究的重担将更多地落到高校的肩上。这反映出我国科技资源的配置和队伍的建设正在接近国际上的通行格局和模式，这方面的管理体制和运行机制正在趋向成熟。

2. 逐步形成一批有较强科技实力和较高科技水平的高校。我国实现国家目标的科研项目和科研机构明显地向有较高水平的60所左右大学集中。2000年科研经费超2亿元的高校有16所，超1亿元的39所。这些高校占我国普通本科高校的十分之一，但获得全国高校科技经费的60%，培养了我国80%的博士生（这一比例与美国研究型大学培养的博士比例相当）。这些学校研究生与本科生的比例均在1：4以上。在美国，除社区大学外，有本科大学1 600多所，其中可授博士学位的大体上有400所左右，可授硕士学位的800多所，研究型大学120多所。在我国600所普通本科高校中，有博士学位授予权的260多所，有硕士学位授予权的近500所。我国大学与美国的大学在规模和学科综合性上虽然没有直接的可比性，但也形成了类似的层次结构，这是一种客观趋势。有人认为这一结构是在计划经济体制下由政府投入形成的，不完全是公平竞争的产物。这也许不无道理，但毕竟是在我国具体国情下，经过几十年、近百年发展形成的，有其合理性和必然性。相信随着社会的发展和教育改革的深入会逐步形成良性竞争的机制。

3. 高校的科研和社会结合更加紧密，更直接地为国家经济建设和社会发展作出贡献。地方所属高校，在地方经济建设和社会发展中的作用愈来愈大。中央部委所属的高校，现在也首先为所在地方发展作出贡献。这一点可从横向经费的增长幅度和科技成果转化及产业化的数据看出发展趋势。

4. 高校人才培养的方式趋向于“二元化”，通过教学活动和科技活动两种不同的方式共同达到培养创新人才的目的。高等教育早期主要是通过单纯的课堂教学培养人才，经过多次教育改革，发展为课堂教学和实践相结合，培养学生分析问题和解决实际问题的能力。现在则是教学活动加科技活动，科技活动逐渐成为高水平大学人才培养的重要方式之一。这个趋势反映了社会对人才的规格提出了新的要求，要求高校培养的人才能尽快进行创新活动。同时，高校增加了博士生和硕士生两个人才培养层次，他们的培养更加离不开科研活动。高校教学与科研关系的处理一直是一个讨论中的问题。对某一位教师来说，科技活动多了确实会影响他的教学工作，但从学校人才培养的整体上看，科技活动和教学活动是统一的，都要对人才培养起作用。

在这里也还要强调，本科教育是一个学校的基础，高校扩招后，各高校的办学条件，包括人均图书、占地面积、办公用房、设备和住宿条件等，均有所下降。现在正加紧建设，要尽快改变这种较低办学条件的状况。办学要有预见性，现在不少省市感到人才不足，都很着急，作为教育部门应有至少超前五年的预测，应有超前考虑。关于生师比，扩招前是13～14∶1，扩招后地方院校平均达16.1∶1，中央部委属高校为15.9∶1，说明两者的教学工作量相当，但中央部委属高校的科研工作量大体是地方高校的5倍左右，有的甚至是10倍。科研工作量重，这必然影响到本科教学。所以科研工作量比较大的高校，生师比不宜太高。

二、科技工作中存在的一些问题

与科研院所相比，高校具有学科综合、人才集中、新生力量不断、学术环境比较自由宽松等特有的优势，但也存在一些值得重视的问题，归纳起来有“四难”：一是队伍整合难。要把同一个系不同的教研室或不同的系的研究力量整合在一起共同完成一项较大科研项目，在组织管理上往往要花很大力气，而且很容易分裂。二是资源共享难。重复投资，设备利用率低。三是筹集自由研究经费难。国家有关部门现在主要推行项目竞争方式来支持科学研究，这是改革的方向。但是所有项目都通过竞争方式，也可能会影响一些原创性的工作。应该有一部分经费给一些研究力量较强的单位，使其能自主地支持一些个人。资助人而不是资助项目，也就是说不是事前看他干什么，而是事后看他干出了什么。四是重大成果产生难，科研成果产业化难。

此外，我们还必须看到一个不容忽视的危险苗头，这就是学术浮躁，急功近利，有少数人甚至铤而走险，剽窃抄袭他人成果。我们必须认真对待这些问题，加强学术道德教育，并坚决打击不良行为，否则这些问题会腐蚀我们的学术环境，影响高校的声誉，甚至影响到我国的科技实力。我们的师资队伍从年龄结构上说，断层问题已基本上不存在了，但深层次的断层如“学术断层”、“教书育人经验断层”依然存在，我们必须下大力气，采取切实有效的措施解决师资队伍的这种深层次断层问题。

三、若干重点工作和重点考虑的几个问题

教育部今后几年指导高校科技工作的基本思路可以概括为：重视基础研究，加强技术开发，推动成果转化，规范产业管理；完善竞争激励机制，改革组织管理体制；注重特色，促进交叉，整顿学风，分类指导；点（重点实验室等）、线（跨校的合作中心等）、面（学校、地区）统筹考虑，充分发挥高校的巨大人才优势和学科综合优势，着力提高高校的原始创新能力和整体科技实力，逐步推动形成一批有较强科技实力和国际竞争力的高水平大学，为我国科技进步、经济建设、社会发展和国家安全做出应有的贡献。

针对高校科技面临的形势、任务以及存在的问题，今后几年要重点抓好如下几项工作：

1. 深化科技管理体制的改革。目前高校的科研管理部门是科技处，研究队伍分属各院、系。一般说来科技管理部门整合队伍的调控手段都比较弱，难以组织整合队伍，完成综合性的大型项目。要勇于探索，进行体制创新，建立起既有利于发挥高校学术环境宽松自由的优势，又有利于队伍整合和学科交叉的科技管理体制和运行激励机制。

2. 继续实施青年科技人才计划，激励优秀人才脱颖而出。根据新世纪对学科带头人、创新人才和年轻骨干教师的需要，继续实施培养和吸引优秀人才的计划。统筹考虑，合理设计教育部奖励和资助年轻人才的各种计划（包括长江学者奖励计划、高校优秀青年教师奖、跨世纪优秀人才培养计划、全国优秀博士学位论文获得者研究资助计划和春晖计划等），进一步加大资助力度，构成针对不同层次、相互衔接、卓有成效的资助和奖励体系。

在加强培养人才的同时，我们还要吸引留学人员回国服务，特别是近年来主要发达国家经济形势低迷，是我们吸引留学人员回国服务的大好时机。绝大多数留学人员回国的目的是发展事业，报效祖国，因此各高校要积极采取措施，提供必要的条件，给予一定的名分，使他们感到现在的祖国大有用武之地。引进人才也需要综合考虑，特别是一些边远地区的高校，一定要根据自己的具体情况制定人才引进计划，比如，与其花500万元引进一个院士，不如引进10个博士；花50万元引进一个博士，不如用这些钱引进5个硕士。总之，一定要实事求是，脚踏实地。

3. 加强研究基地的建设。高校的国家重点实验室、部门重点实验室和工程研究中心等在我国的科技创新活动中取得了丰硕成果，发挥了重要的作用。但是随着时间的推移，少数重点实验室也有课题组化（实验室实际上只成为一、二个教授的课题组的实验室）、封闭化等退化现象。要针对这些问题，结合国家重点实验室、教育部重点实验室、高校重点学科评审等工作，整合、优化高校中的国家重点实验室、部门重点实验室、网上合作研究中心和工程研究中心等，拓宽实验室的研究领域，优化资源配置，鼓励与科研院所的联合与合作，构成学科方向齐全、布局合理、创新力量强大的高校研究基地系统。

4. 推动形成一批有较强科技实力和国际竞争力的高水平大学。形成一批有较强科技实力和国际竞争力的高水平大学，并建设若干世界一流大学，是我国社会发展的需要，也是国家的战略决策。我国如不在一定时期形成一批高水平大学，国家的发展就会受到制约。各地区也是这样，如果一个省市有一两所国际性高水平大学，对地区的发展将会有巨大的带动作用。

在建设一流大学的过程中，一些高校将自己办学的目标之一规划为研究型大学。研究型大学和一流大学密切相关，又有所不同，是从不同角度对大学的一种评价。一般来说，一流大学概念强调的是水平、声誉，研究型大学强调的是类型。一流大学具有相对性，是相对评价指标体系下的概念，研究型大学具有一定的绝对性，是达标性评价指标体系下的概念，是更加具有客观性的概念。世界一流大学一般都是高水平的研究型大学。一批高水平的研究型大学，是提升我国高等教育国际竞争能力的主体，也是我国产生世界一流大学的土壤和环境。建设世界一流大学需要国家的支持，如国家在经费投入等方面的倾斜，但更重要的是在竞争中产生，需要营造一种一流大学的成长环境。我们应当放虎归山，给它获取食物的环境，而不是只给它食物，把它养起来。当然还要看把虎放到什么山，对于我们要建成为世界一流大学的学校，应当把他们放到国际高等教育之山、世界一流大学之林。

既然研究型大学是一种类型，就有客观的评价标准。结合国际上的一般情况，研究型大学的评价指标大体上有这样几个：一是可以得到足够的科技经费，而且其中纵向研究经费不能低于横向科技开发经费。同时科技活动经费对学校运行的贡献，能与国家对学校的教育拨款相当。这里科技经费对学校运行作出贡献的是转化为学校固定资产和人员费用的部分，一般来说约占科技经费总量的30%左右。二是教师的科研工作量与教学工作量相当，或者学校折合教学工作和科研工作的教师人数相当。三是研究生和本科生的比大致在1∶2左右。四是要能够不断产出足够数量的有国际竞争力的创新科技成果。这些还只能说是一些外延指标，对于研究型大学来说更重要的是办学观念和思路，要有真正的高水平研究型大学的办学观念，要有办出自身优势和特色的办学思路，要建立起名副其实的研究型大学的管理运行机制。

5. 大力推动教育信息化工作。国家对信息化非常重视，成立了信息化领导小组，朱镕基总理亲任组长。教育部也成立了以陈至立部长为组长的教育信息化领导小组，要大力推动我国的教育信息化。我们要动员社会各界，多方筹措和吸引资金，综合利用现代信息技术和设施，推动资源共享，形成高水平的教育和科技平台。要充分利用现代信息技术培养高素质的人才并建立终生教育体系。

6. 研究建立客观、全面、公正、科学的科技水平和大学科技实力的评价指标体系。合理的评价指标可以促进科技事业的发展，不合理的评价指标则会导向混乱。一般来说，每种具体的评价指标都是强调某一方面，不可避免地带有一定的方面性，比如SCI的论文数量，它主要体现的是自然科学研究成果，因此我们要研究科学、合理的科技水平评价办法和客观、全面、公正的大学科技实力的评价指标体系。

高校是培养高层次专门人才的基地，是产生新知识的源头，我国的经济建设和社会发展将越来越依赖于高校的创新人才培养和科技创新。我们要努力工作，开拓进取，使高校尽快成为我国的一支有强大国际竞争力的科技创新主力军。

全国职业教育工作会议

2002年7月28日～30日，国务院在北京召开全国职业教育工作会议。会议以邓小平理论和江泽民同志“三个代表”重要思想为指导，总结近年来职业教育的成就和经验，分析职业教育的形势，进一步确立职业教育的战略地位，明确“十五”期间职业教育改革发展的指导思想、目标和思路，研究制定推动职业教育改革发展的政策措施，努力开创职业教育工作的新局面。朱镕基总理和李岚清、吴邦国副总理出席会议并发表重要讲话，国务委员王忠禹同志主持会议。

朱镕基在讲话中指出，推进职业教育改革与发展是贯彻江泽民总书记“三个代表”重要思想的具体体现，是实施科教兴国战略的重大任务，是当前经济发展和现代化建设新阶段的迫切要求，必须高度重视，切实抓好。要加快体制创新和制度创新，充分发挥地方、企业和各个方面的积极性，面向社会需求，合理配置结构，着力提高职业教育质量，培养和造就亿万高素质的劳动大军，为新世纪我国经济和社会可持续发展服务。

李岚清在讲话中强调，各级党委、政府要以“三个代表”重要思想为指导，高度重视职业教育在我国经济和社会发展中的重要地位和作用，采取切实有效措施，大力推进职业教育的改革与发展，培养大批高素质劳动者和实用技术人才，努力开创职业教育工作的新局面。

教育部、国家计委、财政部、国家经贸委、劳动保障部五部委的部长（主任）到会讲话，天津市人民政府、江苏省人民政府、广西壮族自治区人民政府、宁波市人民政府、中国葛洲坝集团有限公司、北京海淀走读大学、重庆市石柱土家族自治县第一职业中学、山东省烟台第一技工学校等8个单位代表在大会上做了汇报发言。参加会议的有各省、自治区、直辖市以及计划单列市的政府领导、教育、经贸、劳动保障等部门的主要负责同志，国务院有关部门、单位的负责同志，职业教育先进单位和个人代表等。

8月24日，国务院印发了《关于大力推进职业教育改革与发展的决定》（以下简称《决定》）。全国职教会和《决定》进一步确立职业教育在我国社会主义现代化建设中的重要地位；明确提出坚持大力发展职业教育的方针和改革与发展职业教育的目标、任务；明确要继续深化职业教育管理体制改革，建立并逐步完善在国务院领导下，分级管理、地方为主、政府统筹、社会参与的职业教育管理体制，建立职业教育部际联席会议制度，研究解决职业教育工作中的重大问题。国务院教育行政部门负责职业教育工作的统筹规划、综合协调、宏观管理，劳动保障部门和其他有关部门在各自职责范围内，负责职业教育的有关工作。强化市（地）级人民政府在统筹职业教育发展方面的责任；深化职业教育办学体制改革，形成政府主导，依靠企业，充分发挥行业作用，社会力量积极参与的多元办学格局；深化职业教育的教育教学改革，提高质量，适应经济和社会发展需要；深化职业学校人事制度改革，建立高素质的教师队伍；深化劳动就业制度改革，实施严格的就业准入制度和职业资格证书制度；深化职业教育经费投入体制改革，努力增加对职业教育的经费投入。

为了推进全国职教会和《决定》的贯彻落实，教育部在青岛召开学习贯彻全国职教会精神座谈会，并印发《关于学习贯彻〈国务院关于大力推进职业教育改革与发展的决定〉和全国职业教育工作会议精神的通知》。各地迅速掀起学习宣传、贯彻落实会议和《决定》精神的热潮，通过不同形式传达学习全国职教会精神，并深入开展调查研究，紧密结合当地实际，提出职成教事业新的发展思路和目标任务，制定切实可行的政策措施。在全国职教会和《决定》的推动下，我国职业教育事业的发展出现良好势头。

撰稿　杨　进

审稿　黄　尧

第五次全国民族教育工作会议

2002年7月26日～27日，教育部、国家民委在北京召开第五次全国民族教育工作会议。全国人大、全国政协、国务院有关部门的领导，全国各省、自治区、直辖市、新疆生产建设兵团主管教育的负责同志，教育厅、民（宗）委负责同志，30个自治州州长，全国13所民族院校校长等200人出席了会议。

会议的主要任务是以邓小平理论和江泽民同志“三个代表”重要思想为指导，在党的十五届五中、六中全会精神指引下，全面贯彻中央民族工作会议、第三次全国教育工作会议和全国基础教育工作会议精神，贯彻落实《国务院关于深化改革加快民族教育发展的决定》精神。在认真总结第四次全国民族教育工作会议以来实践经验的基础上，根据我国社会主义市场经济改革进一步深化、对外开放进一步扩大、科教兴国和西部大开发战略的实施向纵深发展的新形势，进一步明确民族教育改革发展的方针任务、政策措施和努力方向。

中共中央政治局常委、国务院副总理李岚清、国务委员司马义·艾买提出席了会议并与会议代表座谈，李岚清副总理作了重要讲话。要求与会代表从加快经济发展、巩固民族团结和维护国家统一的战略高度，充分认识加快民族教育事业发展的重大意义。明确指出要坚持以发展为主题，以改革开放为动力，突出重点，循序渐进，努力开创民族教育事业发展的新局面。

教育部部长陈至立代表教育部和国家民委作了题为《高举邓小平理论伟大旗帜，认真实践“三个代表”重要思想，努力开创民族教育工作新局面》的工作报告。全面回顾和总结了我国民族教育事业的发展成就和基本经验，提出了新时期民族教育工作的方针和任务。国家民委主任李德洙代表国家民委、教育部作了大会总结。教育部和国家民委领导张保庆、赵沁平、江家福、牟本理、图道多吉、郝文明等同志出席了会议。

第五次全国民族教育工作会议前，国务院印发了《关于深化改革加快民族教育发展的决定》。《决定》全面总结了改革开放以来民族教育工作的经验，分析了在新形势下民族教育工作面临的困难和问题，深刻阐述了民族教育在提高少数民族科学文化素质、推进民族地区经济、社会全面进步、增强民族团结、维护国家统一中的重要作用，明确了“十五”期间及至2010年民族教育改革与发展的指导思想、目标任务、方针原则和政策措施，对于进一步深化改革加快发展民族教育事业，具有重大的现实意义。10月15日，教育部和国家民委联合印发了关于学习贯彻《国务院关于深化改革加快民族教育发展的决定》和第五次全国民族教育工作会议精神的通知。各地积极贯彻会议和《决定》精神，切实采取措施，加大民族教育工作力度，有力地推动了民族教育的发展。

北京、天津、重庆、云南、四川、河南、湖北、福建省等省、市都召开了民族教育工作会议，认真组织学习《国务院关于深化改革加快发展民族教育的决定》，总结近年来本省、市民族教育事业发展的主要成绩和基本经验，全面落实第五次全国民族教育工作会议精神，并对新世纪初本省、市民族教育的改革与发展作出了部署。部分省、自治区转发了《国务院关于深化改革加快发展民族教育的决定》，制定了一系列加快发展民族教育的政策措施。如云南省制订了《云南省基础教育振兴行动计划》，把民族基础教育作为重点和难点抓紧抓好。青海省起草了《青海省教育厅贯彻国务院〈关于深化改革加快发展民族教育的决定〉的意见》，对今后十年青海民族教育的改革和发展提出了一系列切实可行的意见。四川省出台了《关于进一步加快四川省少数民族散杂居地区教育发展的意见》。宁夏回族自治区坚持大力发展民族教育，在投资民族教育事业方面舍得下力气，投巨资。广西壮族自治区开展了全区民族基础教育、民族高等教育、各民族人口教育状况等基础性调研工作，为制定发展广西民族教育的新政策和措施奠定了基础。

撰稿 沙玛加甲 马少云

审稿 夏 铸

中外大学校长论坛

为适应我国社会经济发展对高等教育提出的新要求，拓展中国大学校长的国际视野，提升战略思考能力，增强创新意识，充分交流、分享和借鉴国外大学领导和管理的成熟经验，2002 年 7 月 22 日～31 日，教育部在北京举办了主题为“如何领导、管理好大学”的首届“中外大学校长论坛”。参加“论坛”的中方大学校长共 81 位，其中教育部直属高校 76 位，国防科工委所属高校 4 位，中国科学院所属高校 1 位。来自美国斯坦福大学、哈佛大学、加州大学、卡耐基－梅隆大学、英国剑桥大学、牛津大学、德国亚琛工业大学、法国巴黎高等师范学院和日本东京大学等 17 所世界著名大学校长和专家作了高水平的学术报告，北京大学、清华大学、中国科技大学等 6 位中方大学校长也作了精彩演讲。论坛期间，国务院副总理李岚清接见了部分中外大学校长，并作了讲话；教育部党组书记、部长陈至立在开幕式上致词，教育部副部长周济、章新胜、袁贵仁、赵沁平等参加了论坛活动。为进一步提高“论坛”质量，在有限的时间内进行更充分的交流和研讨，除正式的论坛交流外，中方大学校长还就“大学发展目标的定位、特色的形成、变革中的发展战略”、“高素质人才培养模式与教育质量保障机制”、“大学管理架构、运行机制的改革与调整”、“高质量师资队伍的建设与相关制度的调整与创新”、“大学的专业调整、学科建设、科研与开发工作”5 个专题，以小组为单位与外方大学校长进行演讲前探讨和演讲后座谈，并取得初步成果。

论坛取得的主要成果有以下几方面：

一、更加广泛深入地了解了国际高等教育改革发展的基本趋势和成功经验。通过大会学术报告和多种形式的研讨交流，中方校长更广泛深入地了解了世界著名大学办学的基本理念、治学方面的成熟做法和基本经验，进一步明确了高水平大学领导和管理成功的原则要求及其普遍特征，从广阔的国际视野，对现代大学的管理体制、运行机制和组织构架，对现代大学的人才培养模式、学科专业调整、师资队伍建设、教学质量保证以及资源的开发配置等办学中的实质性问题有了进一步了解和把握。

二、深入研讨了我国高等教育发展和高校管理面临的重要问题。在论坛上，中方校长以“三个代表”重要思想为指导，以解放思想、实事求是和与时俱进的精神，通过学习借鉴国外高等教育改革发展的先进思想与成功做法，结合自己的探索和经验，认真研究了我国高等教育面临的新形势、新任务和新问题。论坛期间，大家就有关问题进行了研讨，明确了研究的基本思路、主体内容和主要方法，制订了具体的研究计划。特别是对一些重点问题进行了深入思考，达成了基本共识。(1) 高等学校必须加强宏观思考和战略研究，重视学校建设发展的总体规划。校长们一致认为，中国高等教育已进入新的历史发展时期，她所承担的历史任务和生存发展的外部环境都发生了巨大变化。面对复杂多变的国际竞争以及社会不断增长的对高等教育的需求，大学校长要加强宏观思考和战略研究，重视学校建设发展的总体规划。新战略和新规划的制定必须要有长远眼光和国际视野，要考虑到社会的长远需求和高等教育事业的可持续发展，注重学习借鉴国外的成功经验；新战略和新规划的制定必须立足于中国的基本国情和学校的客观实际，要从全局考虑优化国民高等教育体系，注意开发利用自己学校所特有的资源优势；新战略和新规划的制定必须对学校的建设发展起到积极的促进作用，既要有鼓舞人心的发展目标，还要有实现目标的具体行动措施。(2) 高等学校要进一步解放思想、加快发展、提高质量。校长们普遍认为，高等教育也必须坚持发展这个硬道理，进一步解放思想，加快发展步伐，在适当扩大办学规模的同时重视提高质量，规范和强化管理工作。在思想方法和工作措施上要注重抓好以下工作：一是对学校的发展目标进行准确定位。大学校长应认真摸清自己的家底，审时度势，充分认识自我发展的有利环境和潜在优势，确立适合自身的发展定位，寻求有特色的发展模式。二是明确学校的建设发展重点。必须实现重点突破，真正做到有所为，有所不为。三是学校的建设发展应该注重形成特色。特色是形成优势的必经之路，异军突起、出奇制胜是为很多学校的实践所验证的成功经验。应从各校实际出发，根据自己的资源形成特色，通过特色去创一流。四是大学的建设发展必须注意创新。时代的发展变革要求大学领导要与时俱进，富有创新精神，不断反思与改进学校各方面的工作，推进学校的改革与发展。在新的形势下，大学的发展规划、学科建设都应有新的战略性的思考。五是学校的建设发展必须重视资源的整合。现代高等教育的成本十分昂贵，办学经费不足是世界所有大学面临的共同课题。大学应善于集成各方面资源，通过科技成果开发、社会服务、争取社会捐助等多种方式解决资金来源问题，并且注意集中有限的资源保证重点建设。(3) 高等学校的改革工作必须坚持以人为本，加强规范管理。面对新的形势，大学必须深化改革，以改革促发展。改革的根本目的是要更充分的调动人的积极性。大学改革涉及的具体内容很多，但最根本的问题就是人的问题，所有工作、所有改革都必须坚持“以人为本”。实际工作中要把握三个要点：一是管理改革必须坚持以教师为本。师资队伍建设是学校发展的关键，是今后一个时期学校工作的重中之重。学校应加强人事制度改革，完善用人机制，充分调动广大教师的积极性、主动性和创造性。要进一步深化内部管理体制改革和激励机制，彻底消除各种约束大学教师队伍建设发展的不利因素，为教师队伍建设营造和谐的氛围，创造良好的环境。要积极而又规范地“招贤纳士”，在引进人才方面必须进行严格的考核，要关注教师的综合素质。二是教学改革必须坚持以学生为本。学生是学校的主体之一，高校教学改革必须关注和致力于学生的主动学习和终身发展。高等教育最主要的任务是帮助学生学会学习，使他们获得终身学习的能力。学校要以学生为中心组织教学和设置课程，为学生提供更加宽松的学习环境，为社会提供更为灵活的受教育的选择权和各种形式的终身教育机会。三是高等学校的改革必须有利于加强和规范管理。要进一步发展高等教育事业，把教育质量和效益提高到一个新的水平，就必须进一步加强管理，进一步规范管理，采取有效措施促进学风建设。

三、搭建了高等教育国际交流与合作的新平台。论坛以一种新的方式，为中外大学校长之间的交流合作搭建了新的平台。中外大学校长通过论坛建立了更广泛的联系，加深了了解，发展了友谊。许多中国大学校长与国外著名大学校长利用论坛的有利时机，通过多种方式开展交流，共商合作，为进一步加强校际之间的联系打下了基础。本次论坛，也使国外大学校长加深了对我国高等教育改革发展巨大成就的认识，扩大了我国高等教育的国际影响，这是中国高等教育走向世界的重要一步，必将带来我国高等教育对外开放的新局面。

四、促进了全社会对高等教育改革发展的关注与了解。本次论坛主题集中，目的明确，富有强烈的时代感；与会的大学校长层次高、社会影响大、办学经验丰富，在国际、国内都具有广泛的代表性，因而受到社会各界和海内外舆论的广泛关注。新华社、中央电视台、《人民日报》、《光明日报》、《中国青年报》、《中国教育报》、《文汇报》、中国教育电视台以及其他有关媒体进行了连续追踪报道，使社会各界对高等教育事业改革发展的关注和了解都达到了一个新的高度。

五、形成了一批高水平的研究成果。为宣传和扩大论坛的成果与影响，并使有关问题的研讨持续深入地进行下去，论坛结束后，由高等教育出版社出版发行了《中外大学校长论坛报告论文集》和 23 集《中外大学校长论坛讲演录》光盘。5 个专题小组继续对各自承担的专题进行了研究，并在 2002 年教育部直属高校工作咨询会议上，提交了研究报告。

撰稿　吕　杰　魏士强

审稿　张兰春

教育部2002年度教育工作会议

教育部2002年年度教育工作会议于2001年12月26日在北京召开。会议的主要任务是：以邓小平理论和“三个代表”重要思想为指导，认真贯彻落实党的十五届五中、六中全会精神，回顾总结过去一年的工作，交流经验体会，深入分析2002年教育工作面临的形势与挑战，研究确定2002年度教育工作的指导思想和主要任务，进一步提高认识，统一思想，推动教育工作上一个新台阶。各省、自治区、直辖市，各计划单列市及新疆生产建设兵团教育行政部门的主要负责同志，教育部机关各司局和有关直属单位的主要负责同志参加了这次会议。

教育部党组书记、部长陈至立作了工作报告，报告分为两个部分，对2001年教育工作做了简要回顾，提出了2002年教育工作的任务与要求。为了做好2002年的工作，陈至立重点强调五个问题：（一）狠抓落实，切实把党中央、国务院的重大决策落在实处。（二）树立正确的发展观，继续推动教育事业持续健康发展。（三）进一步解放思想，与时俱进，不断开拓创新。（四）深入学习和努力实践“三个代表”重要思想，进一步加强教育系统党建和思想政治工作。（五）认真贯彻党的十五届六中全会精神，切实加强教育系统的作风建设。

会议期间，教育部领导吕福源、韦钰、张天保、张保庆、王湛、袁贵仁、章新胜、赵沁平分别就各自分管工作介绍了情况。安徽、山东、广东、湖南、陕西等省作了大会经验交流。与会代表还对《教育部2002年工作要点》进行了讨论。

撰稿　周　为

审稿　吴德刚

教育部2002年工作要点

2002年是我国全面实施“十五”计划、加快推进社会主义现代化进程的重要一年，是我国经济社会发展面临新的机遇和挑战的一年，也是教育系统继续开拓前进的一年。

2002年教育工作总的要求是：高举邓小平理论伟大旗帜，以“三个代表”重要思想为指导，认真贯彻党的十五届五中、六中全会精神，落实第三次全国教育工作会议和全国基础教育工作会议提出的各项任务，全面实施教育“十五”计划。进一步解放思想，深化改革，加快发展，提高质量，保持稳定，以优异的成绩迎接党的十六大召开。

一、调整完善农村义务教育管理体制，加快课程教材改革，进一步推进素质教育

1. 贯彻落实《国务院关于基础教育改革与发展的决定》，坚持并逐步完善“在国务院领导下，由地方政府负责、分级管理、以县为主”的农村义务教育管理新体制，推动各地在2002年内基本实现体制调整的目标。进一步落实中央和省级财政对困难地区加大转移支付的措施，强化县级政府的管理责任，按照新制定的国家标准核定教师编制和工资总额，实现以县为主并通过银行发放教师工资的新机制，确保教师工资足额按时发放。继续落实乡镇政府的相应办学责任，发挥好村民自治组织的作用。

2. 继续把普及九年义务教育和扫除青壮年文盲作为教育工作的“重中之重”。积极推进大中城市和经济发达地区高水平、高质量普及九年义务教育；继续巩固广大农村地区的“两基”成果；打好贫困地区和少数民族地区的“普九”攻坚战，重点推进贫困地区、少数民族和妇女扫盲工作。努力保证初中学龄人口高峰的平稳过渡。切实控制农村初中生辍学。积极发展学前教育和特殊教育。探索国有企业分离所属中小学、流动人口子女就学等问题的解决途径。继续实施“校校通”工程，推进现代信息技术在教学中的应用。

3. 加快推进基础教育课程改革，推动素质教育。实施《基础教育课程改革纲要（试行）》，继续做好课程改革国家实验区工作，2002年各省、自治区、直辖市都要在每个地市确定一个省级课程改革实验区。根据新的课程体系，积极推动中小学考试评价制度的改革。颁布《学校艺术教育规程》，制定《学生体质健康标准》试行方案，努力提高体育和美育水平。

二、加快发展高中阶段教育，大力加强各种形式的职业教育和培训，促进学习化社区建设

4. 加快发展普通高中。扩大现有教育资源，鼓励有条件的地区和学校实行完全中学的初、高中分离，并通过布局调整、资源重组，扩大优质高中的覆盖面。完善相关政策，鼓励发展民办高中。

5. 召开职业教育工作会议，研究和制定积极发展职业教育的政策措施。加大《职业教育法》的执法力度，进一步强化行业、企业的责任，鼓励民间力量参与办学。转变人才观念，完善政策导向，充实办学条件，进一步深化改革，加强师资队伍建设，提高职业教育的质量和适应经济社会发展的能力。推进就业准入制度和国家职业资格制度，进一步完善初、中、高等职业教育间的衔接。

6. 积极开展各种形式的职业培训和成人教育。继续深化农村和城市教育综合改革。大力推广农村实用技术。重点做好面向新兴产业和现代服务业的职业培训、农民进城务工人员的培训和下岗工人的转岗培训。积极推进社区教育实验。

三、提高教育质量，调整学科结构，推动高等教育持续健康发展

7. 积极发展高等教育，稳步扩大各类高等教育规模，并将招生计划安排与各地、各高等学校的投入力度、改革进展、办学条件、办学秩序结合起来。增加研究生招生数量。继续大力发展高等职业教育。

8. 实施《关于加强高等学校本科教学工作提高教学质量的若干意见》。建立和完善高等学校办学水平和教育质量的监控与评估机制。鼓励高等学校编写、使用、引进反映学科发展前沿的高质量教材。充分利用现代教育技术，推动教学手段的创新。切实加强实践环节和文化素质教育，注重培养学生的科学精神和科学态度，提高学生的创新、实践和创业能力。

9. 依法落实高等学校在专业设置方面的自主权，加快学科专业结构调整。鼓励高等学校发展信息技术、生物技术以及与加入世贸组织相关的涉外经济、法律、财会等适应新形势的急需专业。研究生招生要进一步向高新技术类学科专业倾斜，改进和加强专业学位教育工作，提高学位授予质量。

10. 进一步完善高等教育管理新体制，巩固和发展高等学校“共建、调整、合作、合并”改革成果。全面推进高等学校后勤社会化改革，进一步加强政府统筹力度，积极落实各项优惠政策，力争在年内实现阶段性目标。继续推进高考内容、方法改革。完善高等学校毕业生在政府宏观调控和政策指导下，双向选择、自主择业和自主创业的制度。

11. 继续推进“211工程”的实施，加强高水平大学和重点学科建设。做好建设项目规划及有关学校“九五”建设项目验收工作，进一步落实相关经费。加强评估、指导和跟踪调研，促进这些学校和学科尽早进入国际先进行列。

四、加强科学研究和知识创新，积极推进成果应用和转化，加大对科教兴国的贡献力度

12. 大力加强高等学校科学研究，增强科技创新能力。加强高等学校国家重点实验室建设，完善教育部重点实验室的布局，继续推动网上合作研究中心的建设。加强高等学校科研的组织工作，形成合力，承担国家“863”、“973”、科技攻关及国防重大科技项目。进一步推进产学研结合，继续推动国家大学科技园、工程研究（技术）中心的建设，在部分大学建立国家技术转移中心，加大高等学校科研成果转化工作力度，推动高新技术产业化。探索在高等学校科技企业中建立和完善现代企业制度，落实知识、技术、管理等生产要素参与分配的政策，落实对有突出贡献的人员进行奖励的规定，鼓励优秀人才脱颖而出，人尽其才。

13. 加强高等学校哲学社会科学队伍和重点研究基地建设，积极开展全局性、前瞻性、战略性的课题研究，为国家和地方经济社会发展提供咨询和服务。做好“十五”全国教育科学研究规划落实工作，坚持教育科研为教育决策和教改实践服务，推进教育决策的科学化和民主化。

五、大力推进高层次人才队伍建设，加强教师的培养和培训，深化学校人事制度改革

14. 加强高等学校高层次人才队伍建设，继续实施“长江学者奖励计划”、“高等学校青年教师奖”、“跨世纪优秀人才培养计划”、“高等学校骨干教师资助计划”等重要措施，培养和造就一大批优秀青年学术带头人和骨干教师。

15. 完善以师范院校为主体的教师教育体系，继续推进师范院校教育教学改革和布局结构调整，鼓励综合性大学参与教师培养培训工作，努力提高中小学教师培养质量和层次。继续实施以新课程培训为重点的“中小学教师继续教育工程”，启动“新课程骨干培训者国家级培训”项目。加大校长培训的力度。

16. 深化学校人事制度改革，全面实施教师资格制度。实施中小学编制新标准，推进校长选拔任用制度和中小学用人制度改革，调整优化中小学教师队伍结构。研究制定普通高等学校编制标准和教师聘任办法，积极推进高等学校教师职务聘任制改革，深化高等学校职员制度试点工作。

六、努力增加教育投入，稳定教育收费标准，提高经费使用效益

17. 继续贯彻落实中央本级财政支出中教育经费所占比例增加一个百分点的措施，努力推动地方政府落实教育经费的“三个增长”，保证学校正常运转所需公用经费。实施好“中小学危房改造工程”，切实把农村学校建设列入当地统一规划。在进行农村税费改革的地区，要按照中央的要求确保农村义务教育投入不低于改革前的水平并力争有所增长。其他地区要继续做好教育费附加征收和管理工作。

18. 进一步吸引社会资金发展教育，大力提倡和鼓励社会各界、机关、企业和个人捐资助学，设立教育发展基金，接受国内外各界对教育的捐赠和赞助。落实国家对民办学校的减免税、奖励等扶持政策。争取金融信贷等方面加大支持教育发展的力度。

19. 继续稳定高等学校和中小学收费标准。完善农村贫困地区实行的"一费制"政策，因地制宜地确定调整学校收费项目、标准的办法和程序。继续做好免费提供教科书试点工作。积极配合各经办银行落实国家助学贷款。进一步完善并落实资助家庭经济困难学生的各项政策措施，建立面向高等学校中家庭经济困难、品学兼优学生的奖学金制度，积极开展面向家庭经济困难特别是农村家庭经济困难中小学生的经常性社会助学活动。

20. 进一步加强教育财务审计工作，强化各级各类学校财务管理，防范风险。加强教育经费监测和管理，切实保证教育经费专款专用。研究建立科学的教育经费拨款机制，提高使用效益。

七、抓住加入世贸组织的机遇，促进中外合作办学健康发展，进一步扩大教育对外开放

21. 研究制定教育应对加入世贸组织的政策和措施，正确处理好维护国家教育主权与提高我国教育竞争力、坚持教育公益性原则与引进国外优质教育资源、坚持社会主义办学方向与防止国外敌对势力利用教育进行意识形态渗透、保护与促进我国教育事业发展与适应世贸组织规则等方面的关系，做好急需人才培养、教育结构调整、学校思想政治工作等方面的应对工作，开展多种形式的世贸组织规则及其相关知识的学习培训。

22. 积极推动《中外合作办学条例》的颁布和实施。按照"以我为主，因势利导，趋利避害，为我所用，分类指导，加强监管，依法办学"的工作方针，积极引进高等教育和职业教育为主的国外优质教育资源，依法规范中外合作办学行为，提高监管能力和水平，促进中外合作办学健康发展。

23. 以加入世贸组织为契机，进一步扩大教育国际交流与合作。加强和改进国家公费出国留学工作，采取更加灵活有效的措施，吸引更多的海外优秀人才回国工作和创业，或多种形式地为国服务。进一步整顿、规范教育服务市场和自费留学中介服务行为，完善自费出国留学政策。积极促进双边和多边教育交流与合作，努力为西部教育发展争取更多的境外资源。研究和推动与国外互认学历、学位的工作。加强对外汉语教学。积极稳妥地推动有条件的学校赴境外办学。扩大接受外国留学生。进一步加强与港澳台地区的合作。

八、坚持依法行政，加强教育督导，不断提高管理水平

24. 全面启动教育系统的"四五"普法工作。积极配合《民办教育促进法》、《学位法》等法律草案的调研、起草工作，认真做好《教师职务条例》、《教育督导条例》等法规出台准备工作，制定有关学生安全、权益保护和伤害事故处理等规章。清理本部门规章，减少行政审批项目，建立公开、公正、透明的行政管理机制，制定有关规章的起草办法。及时修改、废止与加入世贸组织的承诺及依法行政要求不符的规定。切实加强教育行政执法工作，重视学生、教师申诉和行政复议工作，维护教育工作者和受教育者的合法权益。

25. 继续做好对普及九年义务教育和扫除青壮年文盲工作的督导检查和评估验收工作。集中力量对农村义务教育实行专项督导检查。加强对实施素质教育各项政策措施落实情况的监督。建立义务教育实施状况监测系统。坚持督政和督学相结合，对县（市、区）政府教育工作进行督导评估。

26. 完善管理手段，加强宏观监测。建立新的规划监测指标体系及监测软件系统，做好"十五"计划的实施监测工作。研究全国各类高等学校数量发展、结构调整目标，制定分步实施计划。修订、完善高等学校的设置条例和规章制度，规范高等学校办学秩序，促进高等学校形成自我约束、健康发展的机制。

九、落实教育支持西部大开发的各项措施，进一步推动民族教育发展

27. 完成《西部教育发展战略研究报告》起草工作。继续实施第二期"国家贫困地区义务教育工程"。组织好教育对口支援。大力推进西部地区教育信息化。落实支持西部职业教育发展和在西部省区各重点建设一所较高水平大学的政策措施。在高等学校招生、学位授予点增列、高等学校设置等方面向西部地区倾斜，鼓励东部高水平大学采取多种方式帮助西部大学，加强和扩大对西部教育行政干部、校长和教师培训。

28. 召开第五次民族教育工作会议，研究制定进一步促进民族教育改革与发展的目标和措施，加快民族地区普及九年义务教育和扫除青壮年文盲的进程。有针对性地开展维护国家统一、增进民族团结、反对民族分裂的教育，防止极端宗教势力的渗透。重点加强汉语教学和双语师资队伍建设，帮助少数民族学生提高运用国家通用语言文字的能力。继续办好民族地区寄宿学校和内地西藏班、新疆高中班，扩大内地高等学校少数民族预科班、本科班招生规模，做好内地重点高等学校培养少数民族高层次骨干人才的工作。

十、加强规范，完善标准，认真做好语言文字工作

29. 大力宣传贯彻《国家通用语言文字法》，落实学校语言文字工作会议精神，促进普通话水平测试工作科学、规范、有序发展，逐步开展城市语言文字工作评估，加强语言的规范和引导，精心组织好第五届全国推广普通话周活动。

30. 推进语言文字规范和标准的建设，逐步实现“基本够用、基本管用”的目标。做好关系国家信息化进程的语言文字方面的基础工作，推动语料库的深度加工开发。进一步完善少数民族语言文字规范标准。

十一、深入学习和实践“三个代表”重要思想，认真贯彻《公民道德建设实施纲要》，切实做好学校党建和思想政治工作

31. 紧密结合工作实际，认真学习和实践“三个代表”重要思想。积极推动邓小平理论和“三个代表”重要思想进课堂、进教材、进学生头脑，用马克思主义最新成果教育青年学生。高等学校要发挥哲学社会科学理论研究的优势，努力成为学习、宣传、研究、实践“三个代表”重要思想的坚强阵地。

32. 学校工作要坚持把德育放在首位，切实增强针对性和实效性。在各级各类学校认真贯彻《公民道德建设实施纲要》，制定师生道德建设的具体实施措施。进一步加强和改进中小学德育工作，加强青少年学生校外教育活动场所基地建设，开展多种形式的劳动教育和社会实践。加强高等学校思想政治工作队伍建设，推动思想政治工作进网络，促进网络道德教育和心理健康教育。深化教育系统新闻出版改革，加强对报刊、电视、互联网站等多种媒体的统筹领导，正确引导教育新闻舆论。进一步做好高等学校稳定工作，深入开展与“法轮功”邪教组织的斗争。

33. 按照“三个代表”的要求，切实推进教育系统党的建设。进一步加强高等学校领导班子和干部队伍建设，认真组织实施《全国教育干部培训“十五”规划》，加大对年轻干部的选拔和培养力度。大力加强学校党的基层组织建设。认真做好在优秀知识分子中发展党员的工作。

十二、认真贯彻党的十五届六中全会精神，加强和改进教育系统作风建设，以实际行动迎接党的十六大召开

34. 把思想作风建设放在教育系统作风建设的首位。着重提高运用马克思主义理论解决实际问题的能力，实践“三个代表”要求，认真研究和解决工作中的热点难点问题，以勇于改革、锐意进取、求真务实、奋发有为的精神状态，不断开创教育工作的新局面。

35. 深入开展调查研究，切实转变工作作风。各级教育行政部门要建立健全调查研究制度，深入基层，研究解决实际问题。切实转变机关职能，加强机关建设，增强服务意识和提高管理水平，大力推进政务信息化、公开化，坚决精简不必要的会议和文件。加强学校管理，强化学校安全和周边环境治理，确保学校稳定。

36. 以好的党风带动学风、校风的建设。加强师德建设，倡导科学严谨的治学态度，反对学术上的急功近利和浮躁虚假，树立优良的学术风气。坚持学术质量的高标准，规范学术成果鉴定，严格评审程序。

37. 加强党风廉政建设，坚决纠正教育系统的行业不正之风。配合有关部门，开展对高等学校招生收费和农村中小学收费等方面的专项检查，坚决制止各种形式的乱收费，规范教育收费行为。进一步加强招生考试管理，严肃考风考纪。继续抓好领导干部廉洁自律工作，强化党风廉政建设责任制，继续抓好从源头上遏制腐败的工作，坚决查处违法违纪案件。

教育发展统计

2002年全国教育事业发展统计公报

教 育 部

（2003年5月13日）

2002年召开的党的第十六次全国代表大会，进一步强调了实施科教兴国战略在现代化建设中的重要作用，提出了新时期教育工作的目标、任务、方针和要求，为开创教育事业的新局面指明了方向。一年来，教育系统在党中央、国务院的正确领导下，高举邓小平理论伟大旗帜，认真实践“三个代表”要求，奋发有为，扎实工作，教育事业的改革和发展取得了新的成就与进展。

义务教育

全国实现“两基”的地区人口覆盖率进一步提高，达到90%以上。到2002年年底，实现“两基”验收的县（市、区）总数达到2 598个（含其他县级行政区划单位169个），比上年增加24个县（市、区）；12个省（直辖市）已按要求实现“两基”。

由于学校布局调整和学龄人口的逐渐减少，小学校数和在校生数继续减少。2002年全国共有小学45.69万所，比上年减少3.44万所。招生1 952.80万人，比上年增加8.59万人。在校生12 156.71万人，比上年减少386.76万人。小学学龄儿童入学率达到98.58%，其中男女童入学率分别为98.62%和98.53%，男女入学性别差为0.09%。小学五年巩固率为98.80%，比上年提高3.5个百分点。小学毕业生升学率为97.02%，比上年提高1.57个百分点。

小学教职工和专任教师略有减少，专任教师学历合格率继续提高。全国小学教职工634.02万人，比上年减少3.95万人，其中专任教师577.89万人，比上年减少1.88万人。小学专任教师学历合格率97.39%，比上年提高0.58个百分点，小学生师比21.04∶1，比上年的21.64∶1略有降低。

初中学校布局结构调整已见成效，校数趋于稳定，但随着“普九”目标的实现和学龄人口高峰段上移，初中在校生数有所增加。全国共有初中学校6.56万所，比上年减少0.1万所。招生2 281.82万人，与上年基本持平。在校生6 687.43万人，比上年增加173.05万人。毕业生1 903.69万人，比上年增加172.19万人。初中阶段毛入学率90.0%，比上年提高1.3个百分点。初中毕业生升学率58.3%，比上年提高5.4个百分点。

全国初中专任教师346.77万人，比上年增加8.2万人。初中专任教师学历合格率90.28%，比上年增长1.56个百分点。生师比19.29∶1，比上年的19.24∶1略有提高。

普通中小学校办学条件进一步改善。全国普通中小学校舍建筑面积113 298.86万平方米，比上年增加4 498.12万平方米。小学体育运动场（馆）面积达标率48.79％，音乐器械配备达标率37.7％，美术器械配备达标率35.69％，数学自然实验仪器达标率49.37％。普通初中体育运动场（馆）面积达标率64.43％，音乐器械配备达标率52.46％，美术器械配备达标率50.86％，理科实验仪器达标率69.45％。

学前教育与特殊教育

幼儿园及在园幼儿数均比上年略有增加。2002年全国共有幼儿园11.18万所，比上年增加0.01万所，在园幼儿（包括学前班）2 036.02万人，比上年增加14.18万人。幼儿园园长和教师共65.93万人，比上年增加2.92万人。

特殊教育继续稳步发展。2002年全国共有特殊教育学校1 540所，比上年增加9所。招收残疾儿童5.29万人，比上年减少0.31万人。在校残疾儿童37.45万人，比上年减少1.19万人。其中在盲人学校就读的学生3.74万人，在聋人学校就读的学生10.86万人，在弱智学校及辅读班就读的学生22.85万人。在普通学校随班就读和附设特教班就读的残疾儿童招生数和在校生数，分别占特殊教育招生总数和在校生总数的65.10％和68.29％。残疾儿童毕业人数4.42万人，比上年减少0.21万人。

高中阶段教育

全国高中阶段教育（包括普通高中、职业高中、普通中等专业学校、技工学校、成人高中、成人中等专业学校）共有学校3.28万所，比上年减少0.15万所。招生1 180.74万人，比上年增加192.75万人。在校学生2 908.14万人，比上年增加307.21万人。高中阶段毛入学率42.8％。

全国普通高中1.54万所，比上年增加0.05万所。招生676.70万人，比上年增加118.72万人，增长21.28％。在校生1 683.81万人，比上年增加278.84万人，增长19.85％。毕业生383.76万人，比上年增加43.3万人，增长12.72％。

普通高中专任教师94.6万人，比上年增加10.6万人。生师比17.80：1，比上年的16.73：1有所提高。专任教师学历合格率72.87％，比上年增长2.16个百分点。普通高中体育运动场（馆）面积达标率为71.67％，体育器材配备达标率72.12％，音乐器材配备达标率63.54％，美术器材配备达标率63.12％，理科实验仪器达标率76.97％。建立校园网的学校占普通高中学校总数的比例为34.60％。

全国职业高中0.64万所，比上年减少0.03万所。招生187.36万人，比上年增加32.31万人。在校生428.13万人，比上年增加45.03万人。毕业生121.61万人，比上年减少20.37万人。

职业高中专任教师27.27万人，比上年增加0.41万人。职业高中专任教师学历合格率53.5％，比上年增长4.35个百分点。职业高中体育运动场（馆）面积达标率为55.2％，体育器材配备达标率53.04％，音乐器材配备达标率44.44％，美术器材配备达标率42.13％，教学实验仪器达标率54.46％。建立校园网的学校占职业高中学校总数的比例为23.96％。

全国普通中等专业学校2 953所，比上年减少307所。招生155.31万人，比上年增加27.63万人。在校生456.35万人，比上年减少1.63万人。毕业生144.15万人，比上年减少6.14万人。教职工38.15万人，比上年减少4.75万人。专任教师20.78万人，比上年减少2.22万人。专任教师中具有本科以上学历的教师比例达到75.3％，比上年增长1.44个百分点。生师比由上年的19.91：1提高到21.96：1。

全国技工学校3 075所，比上年减少395所。招生数73.33万人，比上年增加18.23万人。在校生152.99万人，比上年增加18.29万人。毕业生45.43万人，比上年减少2.27万人。技工学校教职工20.34万人，比上年减少1.62万人，其中专任教师12.6万人，比上年减少0.8万人。

全国成人高中1 463所，比上年减少260所。招生30.49万人，比上年增加0.42万人。在校生33.52万人，比上年增加2.5万人。毕业生23.81万人，比上年增加1.81万人。

全国成人中等专业学校3 473所，比上年减少

640所。招生57.55万人，比上年减少4.56万人。在校生153.34万人，比上年减少35.82万人。毕业生68.86万人，比上年减少21.77万人。

全国中等教育自学考试报名0.3万人次，取得中专毕业证书0.1万人。

高等教育

2002年全国共有高等学校2 003所，比上年增加92所。普通高等学校1 396所，比上年增加171所，其中中央各部委所属学校111所。成人高等学校607所，比上年减少79所，其中中央各部委所属学校20所，比上年减少2所。全国共有培养研究生单位728个，其中高等学校408个，科研机构320个。

高等教育的招生和在校生规模继续快速增加。全国招收研究生20.26万人，比上年增加3.74万人，其中博士生3.83万人，硕士生16.43万人。在学研究生50.10万人，比上年增加10.77万人，其中博士生10.87万人，硕士生39.23万人。毕业研究生8.08万人，比上年增加1.3万人，其中，博士生1.46万人，硕士生6.62万人。高等教育共招本科、高职（专科）学生542.82万人，比上年增加78.61万人，增长16.93%。其中，普通高等教育招生320.50万人，比上年增加52.22万人，增长19.46%；成人高等教育招生222.32万人，比上年增加26.39万人，增长13.47%。高等教育本科、高职（专科）在校生1 462.52万人，比上年增加287.47万人，增长24.46%。其中，普通高等教育在校生903.36万人，比上年增加184.29万人，增长25.63%。成人高等教育在校生559.16万人，比上年增加103.18万人，增长22.63%。毕业生251.23万人，比上年增加54.54万人，其中普通高等教育毕业生133.73万人，成人高等教育毕业生117.50万人。全国高等教育自学考试报考1 267.7万人次，取得毕业证书129.5万人。

普通高等学校校均规模和生师比有较大提高。普通高等学校全日制本、高职（专科）在校生平均规模由上年的5 870人提高到6 471人。对研究生、留学生、进修生和夜大生、函授生、成人脱产班等各类学生，按国家规定折合为本、高职（专科）学生计算，生师比由上年的18.22：1提高到19：1。

全国高等学校教职工147.17万人，比上年增加8.35万人。其中，普通高等学校130.36万人，比上年增加8.92万人；成人高等学校16.81万人，比上年减少0.57万人。专任教师70.73万人，比上年增加8.74万人。其中，普通高校61.84万人，比上年增加8.65万人；成人高校8.89万人，比上年增加0.09万人。

成人培训与扫盲教育

成人各类培训教育蓬勃发展。2002年全国高等学校举办的各类成人非学历教育结业人数（证书教育、岗位培训和进修培训）达427.39万人次，比上年增加169.7万人次。全国成人技术培训学校38.95万所，比上年减少11.84万所。其中，职工技术培训学校1.04万所，比上年减少0.11万所；农民技术培训学校37.91万所，比上年减少11.73万所。成人技术培训学校共培训结业8 118.81万人次，其中培训结业职工437万人次，培训结业农民7 681.81万人次。在校学习6 041.44万人，其中职工288.87万人，农民5 752.57万人。成人技术培训学校教职工39.74万人，比上年减少8.76万人，其中职工技术培训学校教职工5.47万人，农民技术培训学校教职工34.27万人。成人技术培训学校专任教师14.01万人，比上年减少3.46万人，其中职工技术培训学校3.12万人，农民技术培训学校10.89万人。目前各类成人技术培训规模较大，但其质量和水平还需进一步提高。

成人初等学校3.61万所，比上年减少1.35万所。招生286.15万人，比上年增加42.75万人。毕业生314.88万人，比上年增加87.02万人。在校生290.44万人，比上年增加69.23万人。教职工3.61万人，比上年减少1.51万人，其中专任教师1.36万人，比上年减少0.45万人。

2002年全国共扫除文盲174.45万人，仍有177.39万人正在参加扫盲学习。扫盲教育教职工8.07万人，比上年减少0.91万人。其中专任教师2.28万人，比上年减少0.04万人。

2002 年各类教育发展基本统计

全国各级普通学校基本情况

单位：万人

	学校数（所）	毕业生数	招生数	在校学生数	教职工数	
					合计	其中：专任教师
总　计	**665 559**	**6 252.15**	**7 043.67**	**24 598.85**	**1 495.62**	**1 202.80**
一、研究生	728	8.08	20.26	50.10		
1. 高等学校	408	7.65	19.14	47.35		
2. 科研机构	320	0.44	1.12	2.75		
二、普通高等学校本专科	1 396	133.73	320.50	903.36	130.36	61.84
本科院校	629	94.95	209.12	657.54	100.11	45.49
高职（专科）院校	767	27.73	89.05	193.41	28.71	15.59
其他机构		11.05	22.33	52.42	1.54	0.77
三、普通中等学校	93 968	2 601.33	3 371.22	9 415.21	636.87	502.97
1. 中等专业学校	2 953	144.15	155.31	456.35	38.15	20.78
中等技术学校	2 523	121.89	135.88	396.24	32.02	17.02
中等师范学校	430	22.26	19.42	60.11	6.13	3.76
2. 技工学校	3 470	47.70	69.51	158.70	21.96	13.40
3. 普通中学	80 067	2 263.63	2 929.00	8 287.87	533.48	437.63
高中	15 406	383.76	676.70	1 683.81		94.60
初中	64 661	1 879.87	2 252.30	6 604.06		343.03
4. 职业中学	7 402	145.43	216.88	511.50	43.03	31.01
高中	6 418	121.61	187.36	428.13		27.27
初中	984	23.82	29.52	83.37		3.74
5. 工读学校	76	0.42	0.52	0.79	0.25	0.15
四、小学	456 903	2 351.92	1 952.80	12 156.71	634.02	577.89
五、特殊教育学校	1 540	4.42	5.29	37.45	4.04	2.98
六、幼儿园	111 752	1 152.66	1 373.61	2 036.02	90.33	57.12

注：技工学校招生数及在校学生数为 2002 年数据，其他为 2001 年数据。

全国各级成人学校基本情况

单位：万人

	学校数（所）	毕业生数	招生数	在校学生数	教职工数	
					合计	其中：专任教师
总　计	**503 247**	**8 833.90**	**7 708.06**	**7 279.86**	**85.16**	**36.45**
一、成人高等学校	607	117.50	222.32	559.16	16.81	8.89
1. 广播电视大学	45	13.97	14.36	38.51	6.46	3.43
2. 职工高等学校	357	8.89	15.89	36.73	5.18	2.74
3. 农民高等学校	3	0.03	0.05	0.10	0.03	0.02
4. 管理干部学院	97	5.53	6.63	15.55	2.44	1.17
5. 教育学院	103	7.65	12.38	32.64	2.33	1.33
6. 独立函授学院	2	0.43	0.52	1.00	0.05	0.04
7. 其他机构		0.65	0.75	1.64	0.32	0.16
8. 普通高等学校举办：		80.35	171.75	432.98		
函授		42.27	91.97	247.21		
业余		14.34	33.40	86.10		
脱产		23.73	46.38	99.67		
二、成人中等学校	396 242	8 227.07	7 052.78	6 252.87	56.67	23.92
1. 成人中等专业学校	3 473	68.86	57.55	152.90	14.51	8.41
广播电视中等专业学校	123	12.50	8.49	24.38	1.33	0.67
职工中等专业学校	1 177	16.20	16.60	44.26	4.98	2.79
干部中等专业学校	192	2.32	2.03	4.94	0.85	0.44
农民中等专业学校	221	2.98	4.30	9.21	0.84	0.54
函授中等专业学校	57	3.36	2.56	6.59	0.63	0.31
教师进修学校	1 703	6.99	8.02	18.20	5.88	3.66
其他类学校举办		24.51	15.55	45.32		
2. 成人中学	3 265	39.41	48.26	58.53	2.42	1.50
成人高中	1 463	23.81	30.49	33.52	1.62	1.01
成人初中	1 802	15.60	17.77	25.01	0.80	0.49
3. 成人技术培训学校	389 504	8 118.80	6 946.97	6 041.44	39.74	14.01
职工技术培训学校	10 435	437.00	438.56	288.87	5.46	3.12
农民技术培训学校	379 069	7 681.81	6 508.41	5 752.57	34.27	10.89
三、成人初等学校	106 398	489.33	432.96	467.83	11.68	3.64
1. 职工初等学校	1 002	8.14	7.39	8.16	0.19	0.11
2. 农民初等学校	105 396	481.19	425.58	459.66	11.49	3.52
其中：扫盲班	70 346	174.45	146.81	177.39	8.07	2.28

注：成人中等专业学校中“其他类学校举办”是指：在成人高等学校和普通中等专业学校中招收的成人中专学生数，其中成人高等学校招收的成人中专学生数为 2001 年数据。

高级中等学校学生数构成

年 份	合 计	普通高中	中等职业技术学校			
			小计	中等专业学校	技工学校	职业高中
学生数(万人)						
1965	271.1	130.8	140.3	52.7	10.1	77.5
1980	1 196.0	969.8	226.2	124.3	70.0	31.9
1985	1 156.7	741.1	415.6	157.1	74.2	184.3
1990	1 322.0	717.3	604.7	224.4	133.2	247.1
2000	2 261.5	1 201.3	1 060.2	489.5	156.1	414.6
2001	2 386.1	1 405.0	981.1	457.9	140.1	383.1
2002	2 703.0	1 683.8	1 019.2	456.4	134.7	428.1
比重(%)						
1965	100	48.2	51.8	19.5	3.7	28.6
1980	100	81.1	18.9	10.4	5.8	2.7
1985	100	64.1	35.9	13.6	6.4	15.9
1990	100	54.3	45.7	17.0	10.0	18.7
2000	100	53.1	46.9	21.6	6.9	18.3
2001	100	58.9	41.1	19.1	5.9	16.1
2002	100	62.3	37.7	16.9	5.0	15.8

小学学生和初中学生保留率

单位：人

年 份	小学学生保留率			初中学生保留率		
	五年前小学一年级在校生	当年小学五年级在校生	保留率（%）	三年前初中一年级在校生	当年初中三年级在校生	保留率（%）
1990	28 247 300	20 175 069	71.4	14 227 455	11 781 554	82.8
2000	26 733 307	25 274 594	94.5	19 679 636	17 723 599	90.1
2001	25 741 978	24 532 075	95.3	21 556 031	19 174 832	89.0
2002	22 861 686	22 586 256	98.8	22 681 131	20 317 301	89.6

各级普通学校毕业生升学率

年份	小学升初中（%）	初中升高级中学（%）	高中升高等教育（%）
1990	74.6	40.6	27.3
1991	77.7	42.6	28.7
1992	79.7	43.6	34.9
1993	81.8	44.1	43.3
1994	86.6	47.8	46.7
1995	90.8	50.3	49.9
1996	92.6	49.8	51.0
1997	93.7	51.5	48.6
1998	94.3	50.7	46.1
1999	94.4	50.0	63.8
2000	94.9	51.2	73.2
2001	95.5	52.9	78.8
2002	97.0	58.3	83.5

注：1. 计算初中毕业生升学率所用分子数为高级中学招生数，包括：普通高中招生数、职业高中招生数、技工学校招生数、普通中专招收初中毕业生数、普通中专举办的成人中专招收应届初中毕业生数及成人中专招收应届初中毕业生数。

2. 高中升学率为普通高校招生数（含电大普通班）与普通高中毕业生数之比。

小学学龄儿童入学率

年份	全国学龄儿童数（万人）	已入学学龄儿童数（万人）	入学率（%）
1965	11 603.2	9 829.1	84.7
1980	12 219.6	11 478.2	93.0
1985	10 362.3	9 942.8	95.9
1990	9 740.7	9 529.7	97.8
1999	12 991.4	12 872.8	99.1
2000	12 445.3	12 333.9	99.1
2001	11 766.4	11 561.2	99.1
2002	11 310.4	11 150.0	98.6

注：1991 年以前的入学率是按 7～11 周岁统一计算的。从 1991 年起入学率是按各地不同入学年龄和学制分别计算的。

各级普通学校女学生和女教职工数

单位：万人

	女学生		女教职工		女专任教师	
	人　数	占学生总数的比重(%)	人　数	占教职工总数的比重(%)	人　数	占专任教师总数的比重(%)
普通高等学校	397.04	43.95	54.58	41.87	25.14	40.66
中等技术学校	215.65	54.42	14.44	45.11	8.10	47.58
中等师范学校	42.77	71.16	2.60	42.39	1.67	44.51
普通中学	3 870.20	46.70	220.16	41.27	189.56	43.31
职业中学	243.27	47.56	17.99	41.80	13.71	44.20
工读学校	0.09	11.67	0.07	30.32	0.04	29.12
小学	5 738.13	47.20	324.01	51.10	305.76	52.91
特殊教育学校	12.72	34.29	2.68	66.47	2.16	72.37
幼儿园	922.66	45.32	84.84	93.92	56.19	98.37

各级普通学校少数民族学生和少数民族教职工数

单位：万人

	少数民族学生		少数民族教职工		少数民族专任教师	
	人　数	占学生总数的比重(%)	人　数	占教职工总数的比重(%)	人　数	占专任教师总数的比重(%)
普通高等学校	54.10	5.99	6.23	4.78	3.35	5.42
中等技术学校	27.17	6.86	1.83	5.72	1.05	6.20
中等师范学校	7.82	13.01	0.69	11.25	0.46	12.18
普通中学	613.16	7.40	38.33	7.18	31.70	7.24
职业中学	26.55	5.19	2.24	5.21	1.65	5.33
小学	1 149.73	9.46	62.74	9.90	57.23	9.90
特殊教育	2.67	7.21	0.20	4.83	0.15	4.94
幼儿园	109.37	5.37	3.62	4.01	2.42	4.24

高等教育学校（机构）数

单位：所

	计	中央部委			地方部门			民办
		计	教育部	其他部委	计	教育部门	非教育部门	
1. 研究生培养机构	728	377	72	305	351	296	55	
普通高校	408	94	72	22	314	290	24	
科研机构	320	283		283	37	6	31	
2. 普通高等学校	1 396	111	72	39	1 154	776	378	131
本科院校	629	103	72	31	522	464	58	4
高职（专科）院校	767	8		8	632	312	320	127
其中：高职院校	548	2		2	433	181	252	113
3. 成人高等学校	607	20	1	19	585	334	251	2
4. 民办的其他高等教育机构								
其中：学历文凭考试机构								

分学科研究生数

单位：人

	毕业生数				招生数				在校学生数				预计毕业生数			
	计	博士	硕士	研究生班	计	博士	硕士	研究生班	计	博士	硕士	研究生班	计	博士	硕士	研究生班
总计	80 841	14 638	66 203		202 611	38 342	164 162	107	500 980	108 737	392 136	107	131 394	35 163	96 231	
其中：女	29 464	3 813	25 651		78 423	11 637	66 711	75	187 001	30 503	156 423	75	46 076	8 955	37 121	
哲学	1 223	281	942		2 356	545	1 811		6 229	1 645	4 584		1 826	584	1 242	
经济学	4 433	837	3 596		11 016	2 108	8 908		27 061	6 040	21 021		7 345	1 977	5 368	
法学	5 139	663	4 476		13 782	1 613	12 169		32 754	4 157	28 597		8 000	1 228	6 772	
教育学	1 946	229	1 717		5 123	560	4 563		12 364	1 504	10 860		2 977	459	2 518	
文学	5 157	643	4 514		13 468	1 521	11 840	107	32 109	4 064	27 938	107	8 017	1 218	6 799	
历史学	1 395	315	1 080		2 835	681	2 154		7 602	2 040	5 562		2 237	715	1 522	
理学	9 866	2 808	7 058		26 240	6 990	19 250		63 940	18 692	45 248		16 233	5 772	10 461	
工学	30 078	5 252	24 826		79 486	15 145	64 341		197 278	46 496	150 782		52 533	16 300	36 233	
农学	2 790	626	2 164		6 521	1 379	5 142		16 475	3 726	12 749		4 405	1 143	3 262	
医学	8 677	2 166	6 511		19 815	4 497	15 318		50 000	11 687	38 313		13 025	3 217	9 808	
军事学	33	5	28		118	30	88		229	66	163		49	22	27	
管理学	10 104	813	9 291		21 851	3 273	18 578		54 939	8 620	46 319		14 747	2 528	12 219	

在职人员攻读博士、硕士学位分学科学生数

单位：人

	授予学位数			招生数			在校学生数		
	计	博士	硕士	计	博士	硕士	计	博士	硕士
总计	**17 487**	**700**	**16 787**	**53 619**	**1 635**	**51 984**	**113 497**	**4 731**	**108 766**
其中：女	5 325	165	5 160	15 620	503	15 117	31 659	1 246	30 413
哲学	132	14	118	237	11	226	463	22	441
经济学	614	16	598	720	17	703	1 827	67	1 760
法学	1 837	4	1 833	3 721	39	3 682	9 238	78	9 160
教育学	1 620	43	1 577	4 175	32	4 143	7 760	114	7 646
文学	791	51	740	1 321	81	1 240	3 369	205	3 164
历史学	89	9	80	156	7	149	383	29	354
理学	984	147	837	1 946	161	1 785	4 297	776	3 521
工学	4 957	154	4 803	24 130	621	23 509	50 259	2 115	48 144
农学	308	33	275	3 447	88	3 359	6 168	194	5 974
医学	2 408	204	2 204	5 094	485	4 609	10 908	865	10 043
军事学									
管理学	3 747	25	3 722	8 672	93	8 579	18 825	266	18 559

普通本、专科分学科学生数

单位:人

	毕业生数			招生数			在校学生数			预计毕业生数		
	计	本科	专科	计	本科	专科	计	本科	专科	计	本科	专科
总计	**1 337 309**	**655 763**	**681 546**	**3 204 976**	**1 587 939**	**1 617 037**	**9 033 631**	**5 270 845**	**3 762 786**	**1 943 621**	**957 430**	**986 191**
其中:女	570 499	263 757	306 742	1 418 997	669 576	749 421	3 970 355	2 203 702	1 766 653	813 797	375 031	438 766
哲学	1 012	858	154	2 175	1 700	475	6 637	5 624	1 013	1 404	1 112	292
经济学	65 942	37 517	28 425	182 416	94 337	88 079	466 433	284 348	182 085	91 417	49 780	41 637
法学	79 966	36 332	43 634	160 618	78 519	82 099	474 846	264 039	210 807	114 340	53 548	60 792
教育学	79 812	22 885	56 927	178 223	59 317	118 906	470 293	183 528	286 765	118 666	31 938	86 728
文学	198 535	77 710	120 825	509 315	243 324	265 991	1 368 278	746 090	622 188	296 111	128 759	167 352
历史学	11 683	7 022	4 661	15 351	10 474	4 877	55 565	40 333	15 232	14 675	9 241	5 434
理学	131 494	72 526	58 968	294 867	191 997	102 870	852 238	600 480	251 758	180 206	106 890	73 316
工学	459 842	252 024	207 818	1 057 241	543 447	513 794	3 084 999	1 886 996	1 198 003	672 715	366 804	305 911
农学	36 284	22 462	13 822	69 247	37 513	31 734	216 040	140 868	75 172	50 200	30 072	20 128
医学	79 500	47 320	32 180	207 909	105 815	102 094	656 560	424 401	232 159	114 015	56 981	57 034
管理学	193 239	79 107	114 132	527 614	221 496	306 118	1 381 742	694 138	687 604	289 872	122 305	167 567
总计中:师范生	256 961	107 661	149 300	455 698	220 763	234 935	1 402 240	790 497	611 743	354 210	161 936	192 274

成人本、专科分学科学生数

单位:人

	毕业生数			招生数			在校学生数			预计毕业生数		
	计	本科	专科	计	本科	专科	计	本科	专科	计	本科	专科
总计	**1 174 979**	**229 072**	**945 907**	**2 223 211**	**610 181**	**1 613 030**	**5 591 573**	**1 542 743**	**4 048 830**	**1 630 196**	**384 045**	**1 246 151**
其中:女	585 245			1 115 980			2 818 909			780 751		
哲学	491	49	442	1 844	293	1 551	4 537	718	3 819	869	140	729
经济学	93 149	11 600	81 549	141 480	29 192	112 288	347 403	78 158	269 245	112 312	20 568	91 744
法学	101 002	21 783	79 219	151 890	61 238	90 652	362 041	143 513	218 528	119 468	35 603	83 865
教育学	82 950	15 696	67 254	159 330	31 698	127 632	436 835	84 786	352 049	142 783	23 470	119 313
文学	239 178	54 102	185 076	417 245	149 592	267 653	1 071 857	356 377	715 480	341 820	81 938	259 882
历史学	6 908	3 737	3 171	7 470	5 371	2 099	25 004	17 133	7 871	9 150	5 576	3 574
理学	48 487	25 254	23 233	90 661	58 473	32 188	243 528	157 330	86 198	69 830	39 500	30 330
工学	198 375	35 564	162 811	384 477	104 736	279 741	1 064 108	288 507	775 601	284 897	68 428	216 469
农学	12 577	697	11 880	35 400	5 849	29 551	70 122	12 716	57 406	14 371	1 694	12 677
医学	95 606	17 905	77 701	285 721	58 802	226 919	698 758	138 768	559 990	143 810	32 934	110 876
管理学	296 256	42 685	253 571	547 693	104 937	442 756	1 267 380	264 737	1 002 643	390 886	74 194	316 692
总计中:师范生	270 659	101 678	168 981	486 080	211 212	274 868	1 343 833	559 595	784 238	426 711	150 975	275 736

高等教育学校（机构）教职工情况（普通高校）

单位：人

	教职工数													
	计	校本部教职工										科研机构人员	校办企业职工	其他附设机构人员
		计	专任教师						行政人员	教辅人员	工勤人员			
			计	正高级	副高级	中级	初级	无职称						
总　计	**1 303 575**	**1 127 345**	**618 419**	**60 210**	**186 293**	**210 992**	**120 229**	**40 695**	**204 845**	**149 483**	**154 598**	**44 807**	**55 886**	**75 537**
其中：女	545 812	473 226	251 422	9 987	65 778	93 815	60 459	21 383	86 639	78 242	56 923	16 320	18 553	37 713
分类型：本科院校	1 001 053	842 317	454 882	55 180	143 952	148 184	80 166	27 400	153 178	119 542	114 715	42 983	46 567	69 186
高职（专科）院校	287 137	270 495	155 872	4 741	40 299	59 811	38 321	12 700	48 630	28 452	37 541	1 727	8 939	5 976
其他	15 385	14 533	7 665	289	2 042	2 997	1 742	595	3 037	1 489	2 342	97	380	375
分举办者：1. 中央部委所属	332 871	254 118	127 110	24 338	43 834	38 620	15 569	4 749	45 968	43 114	37 926	31 306	18 126	29 321
教育部	262 698	202 572	102 726	20 395	35 239	31 097	12 287	3 708	35 841	33 759	30 246	20 593	16 209	23 324
其他部委	70 173	51 546	24 384	3 943	8 595	7 523	3 282	1 041	10 127	9 355	7 680	10 713	1 917	5 997
2. 地方所属	926 348	830 389	467 388	32 992	136 347	165 865	98 904	33 280	150 037	102 092	110 872	13 196	36 841	45 922
教育部门	754 734	671 827	377 752	30 206	111 462	130 755	78 157	27 172	120 524	84 560	88 991	11 593	30 614	40 700
其他部门	171 614	158 562	89 636	2 786	24 885	35 110	20 747	6 108	29 513	17 532	21 881	1 603	6 227	5 222
3. 民办	44 356	42 838	23 921	2 880	6 112	6 507	5 756	2 666	8 840	4 277	5 800	305	919	294

中等专业学校分类别情况

单位：人

	学校数（所）	毕业生数	招生数			在校学生数	教职工数												兼任教师
			合计	招高中毕业生数	招初中毕业生数		合计	校本部教职工									校办厂、场职工	附设机构人员	
								小计	专任教师					教辅人员	行政人员	工勤人员			
									计	高级讲师及以上	讲师	助理讲师	教员						
总　计	**2 953**	**1 441 539**	**1 553 062**	**34 541**	**1 518 521**	**4 563 511**	**381 480**	**364 050**	**207 791**	**46 371**	**90 449**	**64 184**	**6 787**	**33 336**	**66 346**	**56 577**	**9 103**	**8 327**	**9 644**
中等技术学校	2 523	1 218 931	1 358 840	33 021	1 325 819	3 962 433	320 179	303 852	170 230	38 346	75 102	51 561	5 221	28 775	57 218	47 629	8 546	7 781	9 400
工业学校	819	498 968	554 779	9 472	545 307	1 620 776	119 096	113 127	63 393	13 993	28 394	19 072	1 934	10 849	21 001	17 884	4 135	1 834	3 398
农业学校	243	127 362	118 310	6 324	111 986	328 035	34 275	32 579	17 720	3 772	7 921	5 721	306	3 552	4 908	6 399	1 354	342	663
林业学校	35	19 369	16 897	926	15 971	54 332	5 384	5 179	2 632	735	1 086	782	29	548	854	1 145	113	92	33
医药学校	418	144 593	232 525	5 345	227 180	678 833	56 201	50 289	27 139	7 620	11 927	6 933	659	6 115	9 388	7 647	1 742	4 170	1 698
财经学校	450	205 537	228 356	4 055	224 301	636 783	51 381	50 008	28 048	6 273	12 775	8 195	805	4 010	10 646	7 304	840	533	1 447
政法学校	94	34 510	29 143	3 328	25 815	94 227	8 719	8 631	4 061	806	1 733	1 345	177	747	2 614	1 209	2	86	133
体育学校	169	25 391	25 989	582	25 407	81 686	14 615	14 102	7 903	1 562	3 669	2 473	199	829	2 856	2 514	19	494	158
艺术学校	155	30 770	36 954	840	36 114	126 014	15 088	14 977	9 869	1 926	3 754	3 540	649	975	2 412	1 721	44	67	904
其他学校	140	132 431	115 887	2 149	113 738	341 747	15 420	14 960	9 465	1 659	3 843	3 500	463	1 150	2 539	1 806	297	163	966
中等师范学校	430	222 608	194 222	1 520	192 702	601 078	61 301	60 198	37 561	8 025	15 347	12 623	1 566	4 561	9 128	8 948	557	546	244
其中：幼儿师范学校	47	18 975	22 070	150	21 920	63 600	7 252	6 921	4 194	999	1 657	1 324	214	435	1 323	969	52	279	9

中等专业学校分科学生数

单位：人

	毕业生数	招生数			在校学生数	毕业班学生数
		合计	招高中毕业生数	招初中毕业生数		
总计	**1 441 539**	**1 553 062**	**34 541**	**1 518 521**	**4 563 511**	**1 410 207**
农林类	91 048	57 555	3 768	53 787	195 232	74 524
资源与环境类	23 641	11 826	430	11 396	47 120	21 435
能源类	14 925	11 626	398	11 228	36 820	14 026
土木水利工程类	71 746	54 986	1 619	53 367	193 659	72 422
加工制造类	180 280	179 390	2 156	177 234	501 134	162 475
交通运输类	23 148	32 081	291	31 790	88 373	25 326
信息技术类	197 310	319 782	6 846	312 936	880 452	254 677
医药卫生类	161 151	252 455	5 391	247 064	738 070	190 158
商贸与旅游类	95 867	157 335	1 433	155 902	390 941	101 102
财经类	165 236	109 908	2 724	107 184	346 995	131 694
文化艺术与体育类	107 731	106 264	1 795	104 469	348 240	106 511
社会公共事物类	84 828	58 181	5 601	52 580	194 815	76 423
其他	224 628	201 673	2 089	199 584	601 660	179 434

中等专业学校专任教师学历情况

单位：人

	合计	高等学校本科毕业及以上	高等学校专科校毕业及本专科校肄业两年以上	高等学校本专科肄业未满两年	中专、高中毕业及以下
总计	**207 791**	**156 461**	**41 441**	**1 890**	**7 999**
中等技术学校	170 230	125 120	35 870	1 730	7 510
中等师范学校	37 561	31 341	5 571	160	489

普通中学校数、班数

	学校数（所）					班数（个）	
	合计	初级中学	高级中学	完全中学	九年一贯制学校	初中	高中
总计	**80 067**	**56 961**	**5 485**	**9 921**	**7 700**	**1 165 081**	**292 005**
教育部门和集体办	69 815	53 064	4 450	7 227	5 074	1 073 607	253 682
社会力量办	5 362	2 051	796	1 477	1 038	43 003	21 735
其他部门办	4 890	1 846	239	1 217	1 588	48 471	16 588
城市	14 798	6 884	1 940	4 056	1 918	216 890	110 120
教育部门和集体办	9 671	5 313	1 303	2 453	602	167 941	86 244
社会力量办	2 427	648	483	843	453	19 556	12 254
其他部门办	2 700	923	154	760	863	29 393	11 622
县镇	25 534	16 922	2 853	4 245	1 514	409 810	149 599
教育部门和集体办	22 695	15 777	2 541	3 481	896	384 980	138 583
社会力量办	1 907	789	265	510	343	16 703	8 151
其他部门办	932	356	47	254	275	8 127	2 865
农村	39 735	33 155	692	1 620	4 268	538 381	32 286
教育部门和集体办	37 449	31 974	606	1 293	3 576	520 686	28 855
社会力量办	1 028	614	48	124	242	6 744	1 330
其他部门办	1 258	567	38	203	450	10 951	2 101
总计中：四年制初中						85 257	
其他学校附设初中班						22 764	4 619
独立设置少数民族学校	2 328					27 520	6 507

普通中学学生数

单位：人

	毕业生数		招生数		在校学生数								
	初中	高中	初中	高中	初中					高中			
					合计	一年级	二年级	三年级	四年级	合计	一年级	二年级	三年级
总计	**18 798 695**	**3 837 605**	**22 522 972**	**6 767 049**	**66 040 609**	**22 590 691**	**21 979 959**	**20 317 301**	**1 152 658**	**16 838 105**	**6 774 853**	**5 399 611**	**4 663 641**
其中：女	8 896 221	1 623 898	10 657 680	3 032 213	31 278 971	10 681 951	10 402 208	9 632 586	562 226	7 423 059	3 034 331	2 384 896	2 003 832
教育部门和集体办	17 821 389	3 453 213	21 043 829	5 975 289	61 810 272	21 105 927	20 577 175	19 126 651	1 000 519	14 988 505	5 981 796	4 829 562	4 177 147
社会力量办	386 035	174 417	780 453	468 904	2 024 687	782 768	692 836	536 568	12 515	1 034 445	469 932	311 556	252 957
其他部门办	591 271	209 975	698 690	322 856	2 205 650	701 996	709 948	654 082	139 624	815 155	323 125	258 493	233 537
城市	3 159 163	1 449 707	3 636 555	2 345 345	11 180 335	3 641 259	3 698 143	3 524 189	316 744	5 946 777	2 347 473	1 913 260	1 686 044
教育部门和集体办	2 631 709	1 194 805	2 886 439	1 885 293	8 964 190	2 889 028	2 965 119	2 886 193	223 850	4 834 362	1 886 729	1 565 235	1 382 398
社会力量办	161 549	107 599	325 154	232 198	861 239	325 547	296 816	228 639	10 237	537 299	232 739	165 693	138 867
其他部门办	365 905	147 303	424 962	227 854	1 354 906	426 684	436 208	409 357	82 657	575 116	228 005	182 332	164 779
县镇	6 862 333	1 989 907	8 077 791	3 645 291	23 772 008	8 105 593	7 898 439	7 409 225	358 751	9 025 532	3 650 006	2 885 310	2 490 216
教育部门和集体办	6 612 098	1 893 239	7 641 646	3 385 189	22 591 670	7 667 610	7 507 766	7 083 013	333 281	8 449 087	3 389 361	2 711 153	2 348 573
社会力量办	148 911	59 922	320 485	203 529	811 477	321 930	272 603	215 673	1 271	432 027	203 966	128 691	99 370
其他部门办	101 324	36 746	115 660	56 573	368 861	116 053	118 070	110 539	24 199	144 418	56 679	45 466	42 273
农村	8 777 199	397 991	10 808 626	776 413	31 088 266	10 843 839	10 383 377	9 383 887	477 163	1 865 796	777 374	601 041	487 381
教育部门和集体办	8 577 582	365 169	10 515 744	704 807	30 254 412	10 549 289	10 104 290	9 157 445	443 388	1 705 056	705 706	553 174	446 176
社会力量办	75 575	6 896	134 814	33 177	351 971	135 291	123 417	92 256	1 007	65 119	33 227	17 172	14 720
其他部门办	124 042	25 926	158 068	38 429	481 883	159 259	155 670	134 186	32 768	95 621	38 441	30 695	26 485
总计中：四年制					4 636 976	1 021 074	1 238 178	1 225 832	1 151 892				
九年一贯制学校	689 106		972 131		2 704 185	974 996	901 215	776 529	51 445				
其他学校附设初中班	313 283	30 912	458 101	115 707	1 218 793	459 120	408 650	346 326	4 697	239 047	116 258	73 869	48 920
重读生					120 555	67 319	22 142	30 441	653	126 532	7 804	5 510	113 218
重读中：女					44 838	24 131	8 121	12 327	259	47 034	2 118	1 912	43 004
少数民族学生	1 365 027	230 257	1 825 872	442 468	5 054 521	1 834 233	1 674 465	1 482 623	63 200	1 077 075	443 334	345 750	287 991
独立设置少数民族学校	376 462	69 820	468 408	134 321	1 310 996	469 227	431 044	396 642	14 083	326 172	134 371	105 636	86 165

普通中学教职工数

单位:人

	教职工数								代课教师	兼任教师
	合计	专任教师			行政人员	教辅人员	工勤人员	校办工厂、农场职工		
		计	初中	高中						
总计	**5 334 841**	**4 376 302**	**3 430 307**	**945 995**	**370 827**	**213 354**	**356 642**	**17 716**	**119 543**	**34 622**
其中:女	2 201 639	1 895 582	1 529 702	365 880	79 869	97 052	122 746	6 390	56 817	11 540
少数民族	383 289	316 956	259 653	57 303	26 518	11 669	27 651	495	9 386	1 223
教育部门和集体办	4 833 545	4 015 578			322 281	188 561	291 829	15 296	102 479	17 704
社会力量办	231 819	156 980			21 632	12 881	39 447	879	12 393	14 673
其他部门办	269 477	203 744			26 914	11 912	25 366	1 541	4 671	2 245
城市	1 332 492	1 019 637	666 478	353 159	131 430	73 608	98 627	9 190	26 942	18 518
教育部门和集体办	1 045 650	812 788			100 700	58 064	66 129	7 969	17 768	7 242
社会力量办	119 529	78 590			12 875	7 748	20 014	302	6 223	9 650
其他部门办	167 313	128 259			17 855	7 796	12 484	919	2 951	1 626
县镇	2 098 518	1 710 083	1 222 236	487 847	131 380	94 302	156 546	6 207	37 332	9 307
教育部门和集体办	1 966 500	1 615 019			120 343	88 360	137 161	5 617	32 443	5 334
社会力量办	84 098	58 793			6 626	3 931	14 393	355	4 118	3 567
其他部门办	47 920	36 271			4 411	2 011	4 992	235	771	406
农村	1 903 831	1 646 582	1 541 593	104 989	108 017	45 444	101 469	2 319	55 269	6 797
教育部门和集体办	1 821 395	1 587 771			101 238	42 137	88 539	1 710	52 268	5 128
社会力量办	28 192	19 597			2 131	1 202	5 040	222	2 052	1 456
其他部门办	54 244	39 214			4 648	2 105	7 890	387	949	213

职业中学校数、班数、毕业生数和招生数

单位：人

	学校数（所）				班数（个）		毕业生数		招生数	
	合计	初中	高中	初、高中合设	初中	高中	初中	高中	初中	高中
总　计	**7 402**	**984**	**5 942**	**476**	**14 724**	**101 240**	**238 184**	**1 216 133**	**295 243**	**1 873 637**
其中：女							106 250	591 832	137 874	886 561
教育部门和集体办	5 536	934	4 207	395	14 051	82 457	233 101	972 047	284 200	1 526 241
社会力量办	1 085	44	973	68	560	10 592	4 758	118 258	10 211	217 336
其他部门办	781	6	762	13	113	8 191	325	125 828	832	130 060
城市	2 831	31	2 690	110	779	49 586	7 936	606 804	12 033	829 573
教育部门和集体办	1 485	22	1 402	61	527	35 428	6 714	420 780	9 650	580 067
社会力量办	806	6	762	38	159	8 329	914	93 047	1 679	158 060
其他部门办	540	3	526	11	93	5 829	308	92 977	704	91 446
县镇	2 869	170	2 429	270	4 291	41 457	79 556	483 471	83 551	834 112
教育部门和集体办	2 451	157	2 047	247	4 068	37 628	77 342	432 932	79 281	749 636
社会力量办	212	10	181	21	203	1 967	2 197	22 680	4 142	52 308
其他部门办	206	3	201	2	20	1 862	17	27 859	128	32 168
农村	1 702	783	823	96	9 654	10 197	150 692	125 858	199 659	209 952
教育部门和集体办	1 600	755	758	87	9 456	9 401	149 045	118 335	195 269	196 538
社会力量办	67	28	30	9	198	296	1 647	2 531	4 390	6 968
其他部门办	35		35			500	0	4 992	0	6 446
总计中：普通中学附设班					1 539	3 853	40 802	61 393	17 977	74 680
其他单位（学校）办班					153	5 035	1 932	75 662	1 871	80 412
少数民族							29 496	45 405	33 716	73 140
独立设置少数民族	117				426	639	4 588	6 804	6 248	10 883

职业中学在校学生数和毕业班学生数

单位：人

	在校学生数														毕业班学生数	
	总计	初中						高中								
		合计	其中:女	一年级	二年级	三年级	四年级	合计	其中:女	一年级	二年级	三年级	四年级		初中	高中
总计	**5 114 998**	**833 717**	**386 751**	**295 536**	**274 095**	**246 119**	**17 967**	**4 281 281**	**2 045 916**	**1 874 366**	**1 374 510**	**1 011 892**	**20 513**		**246 258**	**1 164 370**
其中:女	2 432 667	386 751		137 985	127 306	112 647	8 813	2 045 916		886 668	654 483	493 455	11 310		112 298	555 220
教育部门和集体办	4 318 216	804 709	376 657	284 493	264 128	238 429	17 659	3 513 507	1 669 840	1 526 892	1 127 864	841 403	17 348		238 609	951 210
社会力量办	470 463	26 486	8 869	10 211	9 013	6 954	308	443 977	217 855	217 391	141 498	83 310	1 778		6 920	112 866
其他部门办	326 319	2 522	1 225	832	954	736		323 797	158 221	130 083	105 148	87 179	1 387		729	100 294
城市	2 022 468	31 352	14 160	12 053	10 018	9 095	186	1 991 116	996 701	830 179	639 742	504 742	16 453		9 029	560 154
教育部门和集体办	1 445 313	24 362	11 161	9 670	7 595	7 050	47	1 420 951	714 666	580 609	455 468	371 209	13 665		6 974	394 240
社会力量办	340 789	4 727	1 887	1 679	1 542	1 367	139	336 062	168 848	158 115	107 148	69 119	1 680		1 384	91 454
其他部门办	236 366	2 263	1 112	704	881	678		234 103	113 187	91 455	77 126	64 414	1 108		671	74 460
县镇	2 074 149	240 921	111 559	83 578	78 286	74 818	4 239	1 833 228	848 232	834 224	588 808	406 642	3 554		74 268	485 176
教育部门和集体办	1 894 871	229 619	108 295	79 308	74 383	71 734	4 194	1 665 252	766 994	749 734	535 648	376 665	3 205		71 192	445 013
社会力量办	105 466	11 043	3 151	4 142	3 830	3 026	45	94 423	43 977	52 308	30 614	11 403	98		3 018	18 568
其他部门办	73 812	259	113	128	73	58		73 553	37 261	32 182	22 546	18 574	251		58	21 595
农村	1 018 381	561 444	261 032	199 905	185 791	162 206	13 542	456 937	200 983	209 963	145 960	100 508	506		162 961	119 040
教育部门和集体办	978 032	550 728	257 201	195 515	182 150	159 645	13 418	427 304	188 180	196 549	136 748	93 529	478		160 443	111 957
社会力量办	24 208	10 716	3 831	4 390	3 641	2 561	124	13 492	5 030	6 968	3 736	2 788			2 518	2 844
其他部门办	16 141							16 141	7 773	6 446	5 476	4 191	28			4 239
总计中:普通中学附设班	236 825	70 197	32 937	17 982	19 222	32 976	17	166 628	74 931	74 686	51 856	39 460	626		32 993	47 669
其他单位(学校)办班	210 621	6 246	3 163	1 908	2 625	1 647	66	204 375	103 131	80 439	65 232	57 157	1 547		1 686	63 105
重读生	2 574	1 134	387	293	88	743	10	1 440	372	729	412	299				
重读中女	759	387		111	35	237	4	372	0	107	167	98				
少数民族	265 509	103 359	45 415	33 837	34 791	33 089	1 642	162 150	64 261	73 453	52 248	35 565	884		32 501	43 318
独立设置少数民族	41 528	19 139	9 053	6 248	6 602	5 920	369	22 389	10 094	10 883	7 137	4 369			5 797	5 605

职业中学教职工数

单位：人

	教职工数								代课教师	兼任教师
	合计	专任教师			行政人员	教辅人员	工勤人员	校办工厂、农场职工		
		计	初中	高中						
总　计	**430 325**	**310 060**	**37 390**	**272 670**	**48 260**	**22 911**	**42 976**	**6 118**	**11 581**	**16 304**
其中：女	179 897	137 053	13 328	123 725	14 154	11 119	15 367	2 204	4 259	5 666
少数民族	22 410	16 529	3 651	12 878	2 283	990	2 425	183	399	445
教育部门和集体办	362 943	269 863			37 034	18 560	33 486	4 000	8 226	7 064
社会力量办	33 415	20 451			5 606	2 175	5 005	178	1 958	6 096
其他部门办	33 967	19 746			5 620	2 176	4 485	1 940	1 397	3 144
城市	186 746	126 529	2 065	124 464	26 890	11 508	18 682	3 137	5 558	10 746
教育部门和集体办	137 205	97 025			17 770	8 185	12 191	2 034	2 796	3 038
社会力量办	24 816	14 765			4 650	1 774	3 508	119	1 697	5 283
其他部门办	24 725	14 739			4 470	1 549	2 983	984	1 065	2 425
县镇	178 136	130 679	11 593	119 086	16 717	8 979	19 101	2 660	3 481	4 308
教育部门和集体办	163 452	121 912			15 014	8 148	16 670	1 708	3 092	3 128
社会力量办	6 834	4 578			765	284	1 170	37	109	587
其他部门办	7 850	4 189			938	547	1 261	915	280	593
农村	65 443	52 852	23 732	29 120	4 653	2 424	5 193	321	2 542	1 250
教育部门和集体办	62 286	50 926			4 250	2 227	4 625	258	2 338	898
社会力量办	1 765	1 108			191	117	327	22	152	226
其他部门办	1 392	818			212	80	241	41	52	126

职业中学专任教师学历情况

单位：人

	总计	其中女	文化课	专业课												实习指导	当年不任课
				农林类	资源与环境类	能源类	土木水利工程类	加工制造类	交通运输类	信息技术类	医药卫生类	商贸与旅游类	财经类	文化艺术与体育类	社会公共事业类	其他		
合　计	**310 060**	**137 053**	**167 910**	**10 150**	**561**	**774**	**2 488**	**12 098**	**3 190**	**29 135**	**6 832**	**8 695**	**12 869**	**21 931**	**4 051**	**17 397**	**5 656**	**6 323**
研究生毕业	1 792	796	959	19	3	5	19	35	28	162	144	71	111	87	51	72	13	13
本科毕业	149 352	70 198	82 323	4 572	279	363	1 221	6 349	1 482	15 319	2 747	4 466	6 823	9 339	1 843	8 264	1 629	2 333
专科毕业	140 889	60 045	75 941	4 943	264	370	1 150	5 197	1 399	13 013	3 138	3 846	5 560	10 602	1 915	7 784	2 797	2 970
高中阶段毕业	17 358	5 841	8 504	587	12	33	92	506	250	629	782	301	371	1 815	230	1 187	1 127	932
高中阶段毕业以下	669	173	183	29	3	3	6	11	31	12	21	11	4	88	12	90	90	75
合计中：女	137 053	0	77 549	3 262	229	247	856	3 986	882	11 727	3 280	5 207	6 689	9 476	1 674	7 780	1 690	2 519
少数民族	16 529	7 072	9 823	762	19	54	93	275	194	1 074	306	381	379	1 172	213	1 039	232	513
初中	37 390	13 328	33 083	1 077	106	65	49	75	43	297	118	38	79	1 445	71	303	67	474
研究生毕业	39	13	37	0	0	0	0	0	0	0	0	0	0	0	0	0	0	2
本科毕业	5 231	1 974	4 686	134	14	32	3	8	5	21	11	14	11	178	9	32	4	69
专科毕业	25 722	9 439	22 967	723	84	32	42	55	33	222	95	21	54	855	45	151	45	298
高中阶段毕业	6 223	1 877	5 281	213	7	1	4	12	5	53	12	3	14	397	15	94	18	94
高中阶段毕业以下	175	25	112	7	1					1	0	0	0	15	2	26	0	11
合计中：女	13 328		12 095	268	42	13	13	23	12	103	54	22	18	425	18	92	12	118
少数民族	3 651	1 467	3 145	96	5		3	6	6	31	9	4	8	157	16	97	14	54
高中	272 670	123 725	134 827	9 073	455	709	2 439	12 023	3 147	28 838	6 714	8 657	12 790	20 486	3 980	17 094	5 589	5 849
研究生毕业	1 753	783	922	19	3	5	19	35	28	162	144	71	111	87	51	72	13	11
本科毕业	144 121	68 224	77 637	4 438	265	331	1 218	6 341	1 477	15 298	2 736	4 452	6 812	9 161	1 834	8 232	1 625	2 264
专科毕业	115 167	50 606	52 974	4 220	180	338	1 108	5 142	1 366	12 791	3 043	3 825	5 506	9 747	1 870	7 633	2 752	2 672
高中阶段毕业	11 135	3 964	3 223	374	5	32	88	494	245	576	770	298	357	1 418	215	1 093	1 109	838
高中阶段毕业以下	494	148	71	22	2	3	6	11	31	11	21	11	4	73	10	64	90	64
合计中：女	123 725		65 454	2 994	187	234	843	3 963	870	11 624	3 226	5 185	6 671	9 051	1 656	7 688	1 678	2 401
少数民族	12 878	5 605	6 678	666	14	54	90	269	188	1 043	297	377	371	1 015	197	942	218	459

小学校数、班数和学生数

单位：人

	学校数（所）	班数（个）	毕业生数	招生数	在校学生数								毕业班学生数
					合计	其中：女	一年级	二年级	三年级	四年级	五年级	六年级	
总　计	**456 903**	**3 526 147**	**23 519 240**	**19 527 981**	**121 567 086**	**57 381 345**	**19 815 252**	**19 741 719**	**20 276 756**	**21 235 842**	**22 586 256**	**17 911 261**	**22 759 167**
其中：女			11 185 479	9 176 275	57 381 345		9 295 734	9 304 040	9 576 220	10 030 893	10 694 927	8 479 531	10 701 495
教育部门和集体办	445 243	3 362 056	22 493 233	18 482 958	115 527 052	54 625 191	18 766 873	18 701 232	19 228 979	20 194 827	21 534 211	17 100 930	21 704 497
社会力量办	5 122	61 382	300 627	401 557	2 221 370	943 048	403 106	385 618	377 725	375 830	378 883	300 208	367 673
其他部门办	6 538	102 709	725 380	643 466	3 818 664	1 813 106	645 273	654 869	670 052	665 185	673 162	510 123	686 997
城市	25 950	394 519	3 250 742	2 868 086	17 212 547	8 101 129	2 870 829	2 891 430	2 953 312	2 947 609	2 969 071	2 580 296	3 086 768
教育部门和集体办	21 713	312 579	2 685 951	2 297 155	13 966 799	6 604 550	2 299 417	2 328 114	2 387 883	2 394 913	2 420 294	2 136 178	2 524 103
社会力量办	1 430	25 943	130 147	189 340	984 899	420 989	189 562	174 429	167 336	160 080	155 295	138 197	156 053
其他部门办	2 807	55 997	434 644	381 591	2 260 849	1 075 590	381 850	388 887	398 093	392 616	393 482	305 921	406 612
县镇	46 949	531 629	4 501 415	3 713 389	22 937 748	10 761 251	3 746 113	3 706 114	3 786 130	3 961 694	4 274 501	3 463 196	4 420 432
教育部门和集体办	44 882	502 377	4 328 424	3 537 749	21 900 590	10 302 801	3 570 069	3 532 772	3 607 415	3 780 506	4 085 374	3 324 454	4 230 121
社会力量办	989	13 909	64 254	79 946	477 140	190 067	80 048	77 135	79 934	83 561	89 258	67 204	87 590
其他部门办	1 078	15 343	108 737	95 694	560 018	268 383	95 996	96 207	98 781	97 627	99 869	71 538	102 721
农村	384 004	2 599 999	15 767 083	12 946 506	81 416 791	38 518 965	13 198 310	13 144 175	13 537 314	14 326 539	15 342 684	11 867 769	15 251 967
教育部门和集体办	378 648	2 547 100	15 479 101	12 648 054	79 659 663	37 717 840	12 897 387	12 840 346	13 233 681	14 019 408	15 028 543	11 640 298	14 950 273
社会力量办	2 703	21 530	105 983	132 271	759 331	331 992	133 496	134 054	130 455	132 189	134 330	94 807	124 030
其他部门办	2 653	31 369	181 999	166 181	997 797	469 133	167 427	169 775	173 178	174 942	179 811	132 664	177 664
总计中：六年制		3 137 643	20 771 489	17 146 180	108 801 890	51 305 256	17 374 014	17 360 317	17 839 787	18 572 286	19 766 883	17 888 603	19 999 331
一贯制学校小学部		86 837	715 659	530 874	3 446 102	1 590 366	535 518	525 250	544 323	576 267	655 489	609 255	721 032
其他学校附设		10 215	184 965	45 798	397 495	177 564	45 930	46 367	49 295	54 883	65 806	135 214	154 257
少数民族	14 797	91 587	1 972 889	1 935 234	11 497 250	5 175 826	2 018 177	1 911 277	1 890 065	1 919 868	1 979 855	1 778 008	1 934 507
重读生					395 053	160 023	287 271	35 955	29 516	22 256	16 427	3 628	
重读中：女					160 023		119 459	13 746	11 125	8 252	6 187	1 254	
小学教学点	112 359		509 246	1 255 232	5 091 565	2 401 266	1 291 192	1 220 900	972 108	745 957	514 919	346 489	394 739
复式班			72	439 818	2 016 127	924 919	546 580	589 978	427 674	299 608	110 087	42 200	60 569

小学教职工数

单位：人

	教职工数						代课教师	兼任教师
	合计	专任教师	行政人员	教辅人员	工勤人员	校办工厂、农场职工		
总计	**6 340 243**	**5 778 853**	**339 508**	**70 786**	**145 290**	**5 806**	**477 010**	**22 136**
其中：女	3 240 148	3 057 582	83 392	32 880	64 275	2 019	279 283	11 408
少数民族	627 386	572 265	32 433	4 030	18 341	317	72 751	1 417
教育部门和集体办	5 945 081	5 461 313	311 930	59 442	107 522	4 874	458 750	17 905
社会力量办	132 869	95 084	9 131	6 243	22 090	321	11 624	3 125
其他部门办	262 293	222 456	18 447	5 101	15 678	611	6 636	1 106
城市	1 047 051	905 160	78 212	20 200	41 022	2 457	26 707	4 434
教育部门和集体办	830 044	730 612	61 973	13 559	22 079	1 821	20 096	2 202
社会力量办	70 642	48 878	5 296	3 714	12 526	228	2 860	1 505
其他部门办	146 365	125 670	10 943	2 927	6 417	408	3 751	727
县镇	1 298 172	1 155 547	75 969	23 067	41 799	1 790	35 139	3 794
教育部门和集体办	1 223 052	1 097 398	70 618	20 577	32 818	1 641	31 971	2 933
社会力量办	32 971	22 991	2 283	1 669	5 972	56	2 374	727
其他部门办	42 149	35 158	3 068	821	3 009	93	794	134
农村	3 995 020	3 718 146	185 327	27 519	62 469	1 559	415 164	13 908
教育部门和集体办	3 891 985	3 633 303	179 339	25 306	52 625	1 412	406 683	12 770
社会力量办	29 256	23 215	1 552	860	3 592	37	6 390	893
其他部门办	73 779	61 628	4 436	1 353	6 252	110	2 091	245

小学专任教师学历情况

单位：人

	总　计	其中女	思想品德	语　文	数学	外语	自然	社会	信息技术	体育	音乐	美术	劳动	其他	当年不任课
合　计	**5 778 853**	**3 057 582**	**120 919**	**2 636 435**	**1 882 964**	**140 160**	**155 325**	**88 119**	**52 365**	**178 308**	**129 749**	**107 579**	**40 707**	**111 734**	**134 489**
研究生毕业	762	389	71	281	196	46	23	20	28	18	15	16	4	20	24
本科毕业	124 678	79 703	3 865	52 069	29 524	9 134	3 651	1 992	3 447	6 876	4 262	4 012	727	2 685	2 434
专科毕业	1 786 756	1 132 907	35 829	820 250	535 655	78 123	43 894	24 416	28 630	61 892	50 729	41 884	10 198	29 630	25 626
高中阶段毕业	3 716 062	1 807 151	76 519	1 699 212	1 269 417	52 222	103 060	58 827	20 049	105 575	72 725	59 360	27 870	74 303	96 923
高中阶段毕业以下	150 595	37 432	4 635	64 623	48 172	635	4 697	2 864	211	3 947	2 018	2 307	1 908	5 096	9 482
合计中：女	3 057 582		50 302	1 537 578	893 375	108 903	60 068	35 232	23 395	37 762	96 362	57 832	19 762	72 903	64 108
少数民族	572 265	254 901	14 565	261 669	177 753	9 524	15 944	8 959	3 104	17 424	12 288	9 131	3 829	21 994	16 081

特殊教育基本情况

单位：人

	学校数（所）	班数（个）	毕业生数	招生数	在校学生数											教职工数	
					合计	一年级	二年级	三年级	四年级	五年级	六年级	七年级	八年级	九年级	十年级及以上	合计	其中：专任教师
总计	**1 540**	**12 576**	**44 237**	**52 861**	**374 457**	**47 268**	**51 203**	**51 422**	**52 506**	**51 577**	**44 290**	**25 866**	**24 903**	**21 915**	**3 507**	**40 378**	**29 805**
其中：女			15 648	18 581	128 534	16 195	17 243	17 088	17 574	17 203	15 269	9 425	9 201	7 964	1 372	26 839	21 569
盲人学校	37	783			37 426	3 816	3 974	4 072	4 087	4 024	3 079	4 622	4 660	4 464	628		
聋人学校	654	7 880			108 566	15 918	15 626	14 373	13 833	12 975	11 621	8 801	7 381	5 961	2 077		
弱智学校	371	3 913			228 465	27 534	31 603	32 977	34 586	34 578	29 590	12 443	12 862	11 490	802		
特殊教育学校		11 798	9 680	18 450	118 747	19 287	16 999	14 906	13 785	12 851	11 959	10 319	8 294	7 040	3 307		
盲人学校		776			6 562	1 219	790	760	661	636	422	499	496	488	591		
聋人学校		7 789			80 585	12 290	11 439	10 098	9 736	9 157	8 782	7 127	5 539	4 378	2 039		
弱智学校		3 233			31 600	5 778	4 770	4 048	3 388	3 058	2 755	2 693	2 259	2 174	677		
小学附设特教班		761	587	916	5 487	979	951	1 027	984	793	753						
盲人学校		7			60	7	15	7	14	7	10						
聋人学校		85			536	158	112	115	65	45	41						
弱智学校		669			4 891	814	824	905	905	741	702						
小学随班就读			22 457	19 463	202 992	27 002	33 253	35 489	37 737	37 933	31 578						
盲人学校					18 504	2 590	3 169	3 305	3 412	3 381	2 647						
聋人学校					22 308	3 470	4 075	4 160	4 032	3 773	2 798						
弱智学校					162 180	20 942	26 009	28 024	30 293	30 779	26 133						
普通（职业）初中附设特教		17	14	5	150							38	41	66	5		
盲人学校					2								1	1			
聋人学校		6			37							7	13	12	5		
弱智学校		11			111							31	27	53			
普通（职业）初中随班就读			11 499	14 027	47 081							15 509	16 568	14 809	195		
盲人学校					12 298							4 123	4 163	3 975	37		
聋人学校					5 100							1 667	1 829	1 571	33		
弱智学校					29 683							9 719	10 576	9 263	125		

幼儿教育基本情况

单位：人

	园数（所）	班数（个）	在园（班）幼儿数	教职工数 合计	其中 园长	其中 专任教师	其中 保健员
总计	**111 752**	**742 088**	**20 360 245**	**903 319**	**88 041**	**571 227**	**56 644**
其中：女			9 226 574	848 379	82 642	561 941	53 479
少数民族	618			36 241	3 335	24 232	2 292
教育部门和集体办	53 838	521 140	14 463 552	398 278	34 227	281 859	17 121
社会力量办	48 365	157 923	4 005 204	311 723	40 290	186 657	26 800
其他部门办	9 549	63 025	1 891 489	193 318	13 524	102 711	12 723
城市	29 305	166 888	4 886 690	446 149	37 111	253 489	29 863
教育部门和集体办	8 693	65 120	2 126 369	149 903	10 810	93 830	7 534
社会力量办	13 925	55 969	1 377 789	140 718	15 740	78 654	12 454
其他部门办	6 687	45 799	1 382 532	155 528	10 561	81 005	9 875
县镇	33 314	175 542	5 424 509	289 212	29 034	197 114	19 227
教育部门和集体办	12 777	103 659	3 550 757	150 876	11 082	112 964	6 975
社会力量办	18 926	62 360	1 574 289	112 314	15 912	69 228	10 265
其他部门办	1 611	9 523	299 463	26 022	2 040	14 922	1 987
农村	49 133	399 658	10 049 046	167 958	21 896	120 624	7 554
教育部门和集体办	32 368	352 361	8 786 426	97 499	12 335	75 065	2 612
社会力量办	15 514	39 594	1 053 126	58 691	8 638	38 775	4 081
其他部门办	1 251	7 703	209 494	11 768	923	6 784	861

幼儿园园长、专任教师学历、职称情况

单位：人

	合计	按学历分					按职称分					
		研究生毕业	本科毕业	专科毕业	高中阶段毕业	高中阶段以下毕业	中学高级	小学高级	小学一级	小学二级	小学三级	未评职称
合计	**659 268**	**552**	**19 305**	**224 776**	**373 893**	**40 742**	**3 465**	**96 664**	**158 891**	**71 002**	**11 630**	**317 616**
园长	88 041	339	6 038	34 430	42 710	4 524	1 950	25 057	15 136	4 112	882	40 904
专任教师	571 227	213	13 267	190 346	331 183	36 218	1 515	71 607	143 755	66 890	10 748	276 712
城市	290 600	446	13 271	126 403	140 168	10 312	2 294	54 391	79 857	34 103	6 281	113 674
园长	37 111	283	4 081	17 819	13 606	1 322	1 359	13 363	6 953	1 684	390	13 362
专任教师	253 489	163	9 190	108 584	126 562	8 990	935	41 028	72 904	32 419	5 891	100 312
县镇	226 148	93	4 711	69 671	137 726	13 947	813	33 395	57 413	23 985	3 152	107 390
园长	29 034	47	1 441	10 595	15 426	1 525	427	8 101	4 484	1 222	222	14 578
专任教师	197 114	46	3 270	59 076	122 300	12 422	386	25 294	52 929	22 763	2 930	92 812
农村	142 520	13	1 323	28 702	95 999	16 483	358	8 878	21 621	12 914	2 197	96 552
园长	21 896	9	516	6 016	13 678	1 677	164	3 593	3 699	1 206	270	12 964
专任教师	120 624	4	807	22 686	82 321	14 806	194	5 285	17 922	11 708	1 927	83 588

成人中等专业学校分类别情况（独立设置）

单位：人

	学校数（所）	分校（所）	工作站（个）	毕业生数	招生数			在校学生数	毕业班学生数	教职工数					兼任教师数
					合计	招高中毕业生数起点	招初中毕业生数起点			合计	专任教师	教辅人员	行政人员	工勤人员	
总计	**3 473**	**1 126**	**1 702**	**443 446**	**420 036**	**139 866**	**280 170**	**1 075 692**	**397 133**	**145 150**	**84 141**	**15 451**	**25 334**	**20 224**	**33 362**
其中：女				209 004	197 642	64 548	133 094	517 663	181 635	58 049	34 781	7 441	8 148	7 679	9 796
一、按部门分															
中央部门学校	108	41	279	9 582	10 462	1 401	9 061	29 676	12 116	4 857	2 501	518	1 147	691	1 498
地方学校															
二、按类别分	3 365	1 085	1 423	433 864	409 574	138 465	271 109	1 046 016	385 017	140 293	81 640	14 933	24 187	19 533	31 864
广播电视中专学校	123	730	720	125 038	84 878	31 970	52 908	243 759	106 447	13 273	6 726	2 498	2 612	1 437	14 011
职工中等专业学校	1 177	54	136	162 003	166 047	15 849	150 198	442 578	147 019	49 814	27 857	4 522	9 879	7 556	10 299
干部中等专业学校	192	95	7	23 174	20 320	2 225	18 095	49 374	17 731	8 517	4 366	877	1 925	1 349	1 168
农民中等专业学校	221	54	7	29 764	43 025	7 627	35 398	92 056	30 007	8 422	5 420	674	1 046	1 282	1 001
函授中等专业学校	57	151	702	33 608	25 591	18 995	6 596	65 906	29 644	6 318	3 142	1 285	1 566	325	4 863
教师进修学校	1 703	42	129	69 859	80 175	63 200	16 975	182 019	66 285	58 806	36 630	5 595	8 306	8 275	2 020

成人技术培训学校基本情况

单位：人

	学校数（所）	教学班（点）（个）	毕业生数			招生数			在校学生数			教职工数		兼任教师
			合计	其中		合计	其中		合计	其中		合计	其中：专任教师	
				长班	短班		长班	短班		长班	短班			
成人技术培训学校	389 504	843 099	81 188 034	5 037 579	76 150 455	69 469 697	5 026 447	64 443 250	60 414 405	4 219 200	56 195 205	397 353	140 077	788 058
其中：教育部门办	333 277	685 420	69 046 137	4 333 351	64 712 786	59 456 198	4 284 550	55 171 648	51 217 082	3 478 410	47 738 672	315 202	107 382	658 237
其他部门办	56 227	157 679	12 141 897	704 228	11 437 669	10 013 499	741 897	9 271 602	9 197 323	740 790	8 456 533	82 151	32 695	129 821
一、职工技术培训学校	10 435	67 806	4 369 958	687 120	3 682 838	4 385 591	732 507	3 653 084	2 888 667	647 463	2 241 204	54 630	31 207	48 192
其中：教育部门办	5 368	33 865	1 896 486	320 252	1 576 234	1 863 774	338 754	1 525 020	1 335 176	308 679	1 026 497	20 317	12 857	18 054
其他部门办	5 067	33 941	2 473 472	366 868	2 106 604	2 521 817	393 753	2 128 064	1 553 491	338 784	1 214 707	34 313	18 350	30 138
二、农民技术培训学校	379 069	775 293	76 818 076	4 350 459	72 467 617	65 084 106	4 293 940	60 790 166	57 525 738	3 571 737	53 954 001	342 723	108 870	739 866
其中：教育部门办	327 909	651 555	67 149 651	4 013 099	63 136 552	57 592 424	3 945 796	53 646 628	49 881 906	3 169 731	46 712 175	294 885	94 525	640 183
其他部门办	51 160	123 738	9 668 425	337 360	9 331 065	7 491 682	348 144	7 143 538	7 643 832	402 006	7 241 826	47 838	14 345	99 683
其中：1. 县办农技培训学校	3 382	14 387	1 037 852	160 452	877 400	1 025 870	217 380	808 490	1 115 433	163 334	952 099	12 326	6 988	11 197
2. 乡办农技培训学校	37 543	185 599	25 943 400	2 577 272	23 366 128	22 282 871	2 574 859	19 708 012	18 633 737	2 092 540	16 541 197	95 486	46 221	175 268
3. 村办农技培训学校	338 144	575 307	49 836 824	1 612 735	48 224 089	41 775 365	1 501 701	40 273 664	37 776 568	1 315 863	36 460 705	234 911	55 661	553 401

成人中、小学基本情况

单位：人

	学校数（所）	教学班（个）	毕业生数		招生数		在校学生数		教职工数		兼任教师
			合计	其中：女生	合计	其中：女生	合计	其中：女生	合计	其中：专任教师	
一、成人中学	3 265	13 848	394 067	196 592	482 602	233 987	585 338	262 153	24 215	15 043	18 084
1. 职工中学	961	6 319	162 947	82 571	230 310	115 984	219 944	103 815	13 170	8 060	9 080
高中	815	5 378	146 480	73 842	205 340	103 869	178 086	85 732	10 865	6 288	7 575
初中	146	941	16 467	8 729	24 970	12 115	41 858	18 083	2 305	1 772	1 505
2. 农民中学	2 304	7 529	231 120	114 021	252 292	118 003	365 394	158 338	11 045	6 983	9 004
高中	648	4 234	91 582	42 570	99 587	45 485	157 131	60 307	5 336	3 835	3 909
初中	1 656	3 295	139 538	71 451	152 705	72 518	208 263	98 031	5 709	3 148	5 095
二、成人初等学校	106 398	216 331	4 893 340	2 448 298	4 329 647	2 132 120	4 678 256	2 309 366	116 779	36 382	297 137
1. 职工初等学校	1 002	2 595	81 412	42 834	73 868	36 749	81 624	37 799	1 863	1 135	2 698
2. 农民初等学校	105 396	213 736	4 811 928	2 405 464	4 255 779	2 095 371	4 596 632	2 271 567	114 916	35 247	294 439
小学班	35 050	70 511	3 067 457	1 375 791	2 787 652	1 227 740	2 822 752	1 247 690	34 190	12 475	72 782
扫盲班	70 346	143 225	1 744 471	1 029 673	1 468 127	867 631	1 773 880	1 023 877	80 726	22 772	221 657

2001 年教育经费基本统计

2001 年各类学校教育经费情况

单位：万元

学校类别	合计	国家财政性教育经费	其中：预算内教育经费	社会团体和公民个人办学经费	社会捐资和集资办学经费	学费和杂费	其他教育经费
全国总计	**46 376 626.2**	**30 570 099.5**	**25 823 761.9**	**1 280 895.2**	**1 128 851.8**	**7 456 013.5**	**5 940 766.2**
中央	5 554 191.8	3 334 199.3	2 665 568.0		114 976.4	706 181.0	1 398 835.1
地方	40 822 434.4	27 235 900.2	23 158 193.9	1 280 895.2	1 013 875.4	6 749 832.5	4 541 931.1
按学校类别分组							
高等学校	12 475 481.3	6 659 987.1	6 322 876.8	253 801.9	174 307.6	3 124 295.9	2 263 088.8
普通高等学校	11 665 761.8	6 328 003.5	6 060 683.1	181 992.7	172 774.7	2 824 417.1	2 158 573.8
成人高等学校	809 719.5	331 983.6	262 193.7	71 809.2	1 532.9	299 878.8	104 515.0
中等专业学校	2 526 961.3	1 399 673.0	1 291 489.0	27 009.2	9 630.1	840 766.5	249 882.5
中等技术学校	1 746 873.4	957 819.4	894 169.9	13 757.6	4 098.9	623 865.6	147 331.9
中等师范学校	395 824.1	216 470.9	204 244.3		3 587.1	133 690.4	42 075.7
成人中专学校	384 263.8	225 382.7	193 074.8	13 251.6	1 944.1	83 210.5	60 474.9
技工学校	334 232.9	252 763.1	109 458.1		1 146.7	57 042.4	23 280.7
中学	13 895 667.0	9 139 116.4	7 205 864.8	685 018.2	534 870.6	1 967 943.7	1 568 718.1
普通中学	13 863 722.1	9 127 804.8	7 197 907.4	673 146.6	534 790.5	1 963 435.9	1 564 544.3
高级中学	2 711 952.1	1 335 336.2	1 052 966.2	128 136.7	150 975.5	645 199.2	452 304.5
完全中学	3 779 582.5	2 224 350.6	1 699 049.3	302 143.3	182 810.1	566 826.8	503 451.7
初级中学	7 372 187.5	5 568 118.0	4 445 891.9	242 866.6	201 004.9	751 409.9	608 788.1
其中：农村	3 688 747.8	2 909 644.5	2 490 349.4		98 803.2	429 732.9	250 567.2
成人中学	31 944.9	11 311.6	7 957.4	11 871.6	80.1	4 507.8	4 173.8
职业中学	1 303 159.5	812 526.5	668 502.7	59 903.0	12 872.3	291 157.5	126 700.2
小学	12 746 891.5	10 239 873.6	8 560 870.4	255 162.9	356 733.5	1 072 032.8	823 088.7
普通小学	12 740 074.1	10 233 536.8	8 555 383.1	255 120.3	356 726.4	1 071 932.4	822 758.2
其中：农村	7 333 944.4	6 100 089.2	5 371 368.1		206 455.9	699 629.9	327 769.4
成人小学	6 817.4	6 336.8	5 487.3	42.6	7.1	100.4	330.5
特殊教育学校	132 456.5	116 097.8	99 882.1		3 081.6	3 031.4	10 245.7
幼儿园	602 844.1	363 854.5	346 799.8		14 156.1	99 743.3	125 090.2
其他	2 358 932.1	1 586 207.5	1 218 018.2		22 053.3		750 671.3

各地区教育经费情况

单位：万元

年份 地区	合计	国家财政性教育经费	其中：预算内教育经费	社会团体和公民个人办学经费	社会捐资和集资办学经费	学费和杂费	其他教育经费
1991	7 315 028.2	6 178 286.0	4 597 308.1		628 209.7	323 475.6	185 056.9
1992	8 670 490.5	7 287 505.8	5 387 381.1		696 285.2	439 319.3	247 380.2
1993	10 599 374.4	8 677 618.3	6 443 914.0	33 322.7	701 856.1	871 476.9	315 100.4
1994	14 887 812.6	11 747 395.6	8 839 794.7	107 795.2	974 487.1	1 469 228.1	588 906.6
1995	18 779 501.1	14 115 233.3	10 283 930.0	203 671.5	1 628 414.0	2 012 422.5	819 759.8
1996	22 623 393.5	16 717 045.5	12 119 133.6	261 998.9	1 884 189.5	2 610 391.2	1 149 798.4
1997	25 317 325.7	18 625 416.3	13 577 262.1	301 746.4	1 706 587.6	3 260 792.0	1 422 783.4
1998	29 490 592.0	20 324 526.0	15 655 917.0	480 314.0	1 418 537.0	3 697 474.0	3 569 741.0
1999	33 490 416.4	22 871 756.1	18 157 597.3	628 957.1	1 258 694.2	4 636 107.9	4 094 901.1
2000	38 490 805.8	25 626 055.7	20 856 792.0	858 537.2	1 139 556.9	5 948 304.3	4 918 351.7
2001	46 376 626.2	30 570 099.5	25 823 761.9	1 280 895.2	1 128 851.8	7 456 013.5	5 940 766.2
北　京	3 192 212.0	2 160 968.1	1 973 772.7	30 074.6	76 185.5	319 944.9	605 038.9
天　津	859 240.6	534 954.6	458 512.4	41 856.9	5 936.6	113 425.2	163 067.3
河　北	1 779 336.2	1 212 157.6	1 013 142.2	58 635.4	34 901.5	344 971.8	128 669.9
山　西	978 974.8	689 074.0	574 416.5	28 309.1	28 848.9	153 759.1	78 983.7
内蒙古	719 313.3	558 750.4	466 137.2	6 661.6	3 994.0	100 693.3	49 214.0
辽　宁	1 703 898.7	1 131 081.6	967 952.8	47 361.2	5 252.9	294 026.2	226 176.8
吉　林	1 051 755.8	748 477.2	625 730.5	13 238.4	27 941.4	168 592.4	93 506.4
黑龙江	1 426 565.1	1 003 535.6	764 916.1	25 531.5	5 629.4	209 099.7	182 768.9
上　海	2 320 452.2	1 533 925.9	1 306 651.7	79 303.2	39 468.2	328 207.2	339 547.7
江　苏	3 370 588.2	1 988 589.9	1 730 964.5	108 214.5	189 364.9	523 547.8	560 871.1
浙　江	2 829 570.4	1 714 621.8	1 276 846.5	193 331.2	133 237.1	360 262.7	428 117.6
安　徽	1 342 105.4	874 985.3	805 656.7	16 496.4	18 280.0	284 845.8	147 497.9
福　建	1 451 135.5	984 196.0	889 224.7	44 969.2	47 157.2	205 212.3	169 600.8
江　西	987 384.8	613 926.4	527 729.9	39 593.7	12 163.3	187 332.1	134 369.3
山　东	2 880 702.1	1 908 783.2	1 523 456.0	83 810.1	76 917.3	514 686.6	296 504.9
河　南	1 959 174.3	1 346 540.0	1 113 695.0	41 144.2	45 413.0	338 009.6	188 067.5
湖　北	1 990 721.0	1 140 396.9	906 239.7	16 813.4	59 464.5	399 774.1	374 272.1
湖　南	1 771 611.8	997 202.3	797 038.7	35 993.6	39 885.2	451 554.2	246 976.5
广　东	4 213 486.9	2 566 792.4	2 218 268.6	201 897.3	114 834.8	843 063.0	486 899.4
广　西	1 123 494.1	782 554.7	663 989.1	15 553.7	11 575.5	183 424.1	130 386.1
海　南	256 623.1	172 822.5	135 157.4	9 320.1	8 133.4	40 883.3	25 463.8
重　庆	867 751.6	540 814.5	479 263.7	13 814.9	33 956.5	113 281.4	165 884.3
四　川	2 028 689.8	1 337 988.7	1 131 403.4	26 634.4	40 987.2	286 006.5	337 073.0
贵　州	672 764.1	506 803.7	443 419.3	7 416.4	6 586.7	98 826.4	53 130.9
云　南	1 157 531.5	976 141.7	885 747.5	13 811.6	20 838.0	81 618.0	65 122.2
西　藏	103 044.9	95 944.1	95 738.4		1 303.2	3 265.0	2 532.6
陕　西	1 354 170.5	864 832.2	758 456.1	61 683.7	27 552.1	269 315.0	130 787.5
甘　肃	686 750.1	520 918.3	442 921.7	4 401.3	7 427.9	104 027.1	49 975.5
青　海	164 561.8	139 900.1	128 853.6	621.9	907.5	14 995.6	8 136.7
宁　夏	195 102.0	152 583.3	137 895.7	623.6	1 280.7	21 650.7	18 963.7
新　疆	937 913.6	769 836.5	580 563.6	13 778.1	3 427.4	97 712.4	53 159.2

2002 年教育基本建设投资完成情况

2002 年教育基本建设投资完成情况

学校类别	投资合计（万元）	其中：住宅（万元）	本年完成投资按资金来源分（万元）							本年竣工建筑面积（平方米）	
			国家预算内			自筹资金			其他		
			计	中央	省级	计	其中：学校自筹	其中：个人集资		合计	其中:教工住宅
总计	**10 917 587**	**892 281**	**2 140 185**	**926 926**	**1 213 259**	**7 571 498**	**4 470 383**	**693 416**	**1 205 904**	**95 746 106**	**11 679 127**
普通高等学校	4 745 428	330 815	802 970	528 456	274 514	3 325 616	2 448 865	130 628	616 842	22 064 870	2 790 203
中等师范学校	40 404	7 184	3 580	266	3 314	32 512	23 258	6 559	4 312	454 531	91 679
普通中学	3 381 314	305 810	536 500	239 922	296 578	2 480 674	1 379 238	298 665	364 140	39 097 837	5 201 333
职业中学	208 106	17 092	20 963	6 437	14 526	172 809	98 438	17 608	14 334	2 469 359	315 418
小学	2 170 631	134 366	746 114	145 763	600 351	1 253 847	392 163	145 786	170 670	28 015 952	2 091 656
特殊教育学校	21 849	1 816	3 478	1 141	2 337	17 143	3 833	2 475	1 228	232 466	34 263
幼儿园	52 765	3 051	2 349	440	1 909	30 427	14 143	5 298	19 989	580 379	42 217
其他	297 090	92 147	24 231	4 501	19 730	258 470	110 445	86 397	14 389	2 830 712	1 112 358

2002年地方所属各级学校基本建设投资分省完成情况

地区	投资合计（万元）	其中：住宅（万元）	本年完成投资按资金来源分（万元）国家预算内 计	国家预算内 中央	国家预算内 省级	自筹资金 计	自筹资金 其中 学校自筹	自筹资金 其中 个人集资	其他	本年新增固定资产	本年竣工建筑面积（平方米）合计	其中：教工住宅
合计	**9 900 069**	**808 758**	**1 801 484**	**588 225**	**1 213 259**	**6 892 681**	**4 470 383**	**693 416**	**1 205 904**	**7 584 265**	**93 450 406**	**11 277 794**
北京	150 375	8 311	29 606	6 414	23 192	120 769	75 392	4 873		120 043	641 887	65 927
天津	184 051	2 122	12 977	3 700	9 277	140 935	102 943	64	30 139	203 383	937 425	75 766
河北	490 046	75 391	40 072	19 044	21 028	420 242	298 570	80 730	29 732	399 499	5 240 614	1 030 765
山西	178 551	29 364	18 443	11 963	6 480	153 207	92 133	37 797	6 901	138 318	2 162 041	271 935
内蒙古	122 209	19 501	35 058	24 395	10 663	74 400	32 879	18 312	12 751	112 543	1 979 664	265 199
辽宁	374 170	21 331	31 012	16 017	14 995	278 699	223 543	12 417	64 459	290 906	2 583 339	75 789
大连	33 526		18 052	1 000	17 052	13 487	4 910	405	1 987	25 905	287 640	
吉林	215 469	28 723	22 451	15 610	6 841	157 737	85 586	31 337	35 281	162 603	2 248 988	308 765
黑龙江	261 791	25 892	34 075	18 100	15 975	201 598	133 207	25 076	26 118	194 882	2 084 551	239 974
上海	464 471	2 319	39 149	13 112	26 037	351 554	223 438		73 768	348 797	1 534 262	23 580
江苏	986 187	55 224	31 399	2 610	28 789	743 535	513 702	52 771	211 253	753 781	8 389 381	685 164
浙江	938 305	21 775	76 807	22 286	54 521	652 904	468 554	24 835	208 594	590 034	6 196 453	185 991
宁波	73 536		4 863		4 863	68 460	21 028		213	70 307	547 455	
安徽	282 507	23 998	64 023	18 189	45 834	192 658	141 432	22 753	25 826	223 471	4 017 429	431 202
福建	143 327	8 886	30 125	9 666	20 459	96 094	40 309	6 719	17 108	121 490	1 721 873	187 634
厦门	25 628		5 062	30	5 032	20 566	650			26 186	156 625	
江西	236 654	13 068	39 832	24 670	15 162	143 937	114 802	5 647	52 885	154 941	3 026 334	279 278
山东	628 089	100 496	28 296	3 501	24 795	560 248	422 174	80 370	39 545	423 389	5 802 756	1 207 760
青岛	44 626	2 739	20	20		44 606	22 386	3 846		41 115	480 864	30 205
河南	410 005	46 839	49 029	22 009	27 020	339 300	233 792	50 393	21 676	288 577	5 989 891	877 502
湖北	320 758	37 745	32 570	18 747	13 823	259 132	213 570	20 734	29 056	249 060	3 295 096	665 061
湖南	319 011	37 813	45 159	24 888	20 271	249 494	182 930	25 457	24 358	270 837	4 031 641	716 050
广东	898 336	31 305	444 629	3 573	441 056	391 217	110 066	20 494	62 490	640 549	6 106 790	397 338
深圳	211 347	543	196 074		196 074	15 273	3 200			120 108	529 250	3 878
广西	176 781	19 660	68 550	33 167	35 383	99 250	50 686	14 893	8 981	129 577	2 387 220	381 620
海南	59 290	8 659	13 865	9 474	4 391	38 143	22 874	3 994	7 282	42 883	579 045	113 286
重庆	221 618	42 605	27 519	18 291	9 228	140 472	81 747	27 241	53 627	163 490	2 848 095	498 803
四川	371 462	35 308	53 630	34 716	18 914	302 366	212 349	24 740	15 466	297 476	4 533 590	692 967
贵州	127 491	8 010	39 238	27 072	12 166	77 855	30 284	6 609	10 398	103 236	2 021 786	183 076
云南	181 221	22 270	61 976	28 434	33 542	109 872	35 845	15 460	9 373	146 860	2 394 189	288 863
西藏	15 252	806	11 718	6 076	5 642	3 534	1 760			15 252	114 710	8 497
陕西	339 724	32 387	41 307	20 859	20 448	213 834	159 492	31 668	84 583	339 101	4 000 545	446 199
甘肃	170 713	15 930	65 994	54 335	11 659	81 611	46 156	16 825	23 108	147 920	2 199 281	261 008
青海	47 471	9 779	25 284	24 106	1 178	19 590	5 518	8 742	2 597	44 181	458 760	110 659
宁夏	39 794	2 823	17 182	12 747	4 435	13 887	3 826	2 779	8 725	26 001	335 032	38 364
新疆	125 064	15 592	30 544	24 964	5 580	88 916	51 806	14 550	5 604	127 235	1 260 771	208 794
新疆生产建设兵团	31 213	1 544	15 894	14 440	1 454	13 299	6 844	885	2 020	30 329	325 133	20 895

2002 年科研活动基本情况

2002 年全国普通高等学校科技经费情况

单位：千元

	拨入				支出				
	合计	政府资金	企事业单位委托	其他	合计	劳务费	业务费	转拨外单位经费	其他
合计	**21 963 499**	**11 444 878**	**8 697 189**	**1 821 432**	**18 843 939**	**3 355 010**	**12 354 680**	**1 029 034**	**2 105 215**
按学校规格分									
重点院校	14 677 834	7 570 434	5 993 531	1 113 869	12 527 570	1 742 048	8 438 652	782 108	1 564 762
一般院校	7 121 602	3 780 459	2 653 745	687 398	6 173 348	1 552 842	3 845 626	244 764	530 116
高等专科学校	164 063	93 985	49 913	20 165	143 021	60 120	70 402	2 162	10 337
按学校隶属分									
部委院校	3 149 254	2 029 842	958 512	160 900	2 648 157	194 025	1 715 488	161 682	576 962
教育部直属院校	11 500 510	5 502 168	5 065 113	933 229	9 851 699	1 571 803	6 700 935	606 922	972 039
地方院校	7 313 735	3 912 868	2 673 564	727 303	6 344 083	1 589 182	3 938 257	260 430	556 214
按学校类型分									
综合大学	5 356 468	2 970 634	1 986 695	399 139	4 609 845	794 043	3 028 516	219 494	567 792
工科院校	13 216 664	5 928 199	6 232 462	1 056 003	11 355 935	1 707 600	7 639 707	627 199	1 381 429
农林院校	1 147 184	941 006	130 381	75 797	936 953	185 612	575 884	107 856	67 601
医药院校	1 153 831	880 035	122 987	150 809	1 000 624	422 519	513 600	23 313	41 192
师范院校	913 175	624 730	178 687	109 758	786 908	201 729	496 820	48 580	39 779
其他院校	176 177	100 274	45 977	29 926	153 674	43 507	100 153	2 592	7 422

2002 年全国普通高等学校科技人力情况

单位：人

	教学与科研人员		研究与发展人员		研究与发展全时人员		R&D 成果应用及科技服务人员		R&D 成果应用及科技服务全时人员	
	计	其中：科学家和工程师	计	其中：科学家和工程师	计	其中：科学家和工程师	计	其中：科学家和工程师	计	其中：科学家和工程师
合计	**630 337**	**603 221**	**248 486**	**243 862**	**143 597**	**140 717**	**47 793**	**46 383**	**27 774**	**26 817**
按学校规格分										
重点院校	202 235	191 523	93 576	90 941	63 087	61 238	18 960	18 129	12 640	11 983
一般院校	386 311	372 240	145 693	143 840	76 745	75 747	27 632	27 098	14 622	14 342
高等专科学校	41 791	39 458	9 217	9 081	3 765	3 732	1 201	1 156	512	492
按学校隶属分										
部委院校	28 187	26 472	12 877	12 373	8 556	8 240	3 390	3 294	2 034	1 977
教育部直属院校	178 682	169 181	79 695	77 616	52 891	51 392	15 594	14 821	10 600	9 970
地方院校	423 468	407 568	155 914	153 873	82 150	81 085	28 809	28 268	15 140	14 870
按学校类型分										
综合大学	149 740	143 474	61 378	60 095	37 694	36 847	10 141	9 889	6 278	6 128
工科院校	203 951	194 608	89 941	88 057	55 813	54 598	26 328	25 513	15 525	14 928
农林院校	35 269	32 857	17 248	16 755	10 625	10 256	3 666	3 517	2 131	2 026
医药院校	164 371	159 369	51 968	51 361	26 178	25 880	4 325	4 235	2 039	1 995
师范院校	59 015	55 911	22 906	22 657	11 224	11 106	2 612	2 541	1 451	1 406
其他院校	17 991	17 002	5 045	4 937	2 063	2 030	721	688	350	334

2002年全国普通高等学校研究与发展课题、成果情况

单位：千元

	科技课题			出版科技专著（部）	发表学术论文（篇）	成果获奖		技术转让		专利授权数	专利出售	
	课题数（项）	投入人数	实际支出			合计	其中：国家奖	合同数	收入		项数	实现金额
合计	**141 484**	**153 944**	**12 528 422**	**6 325**	**345 842**	**3 855**	**847**	**5 683**	**1 098 166**	**2 251**	**532**	**219 999**
按学校规格分												
重点院校	68 956	69 689	8 936 565	2 934	145 572	1 814	647	3 490	758 642	1 438	431	185 540
一般院校	69 439	80 678	3 517 798	3 267	181 881	1 992	197	2 163	338 323	778	99	34 359
高等专科学校	3 089	3 577	74 059	124	18 389	49	3	30	1 201	35	2	100
按学校隶属分												
部委院校	9 555	9 724	1 489 171	300	21 379	293	192	684	186 911	179	40	34 055
教育部直属院校	58 806	58 180	7 420 102	2 589	123 130	1 503	494	2 797	588 326	1 207	389	161 585
地方院校	73 123	86 041	3 619 149	3 436	201 333	2 059	161	2 202	322 929	865	103	24 359
按学校类型分												
综合大学	35 965	40 452	2 883 643	1 784	84 171	959	194	1 048	154 635	588	144	41 856
工科院校	64 834	63 931	8 313 312	2 189	145 472	1 537	544	3 689	785 447	1 323	327	161 323
农林院校	11 024	11 635	585 633	568	17 677	311	34	430	49 025	122	49	11 060
医药院校	16 430	24 672	309 850	1 380	54 453	833	33	218	42 436	87	7	2 570
师范院校	11 041	11 262	360 641	329	36 995	160	17	227	62 896	102	5	3 190
其他院校	2 190	1 992	75 343	75	7 074	55	25	71	3 727	29		

2002 年全国普通高等学校人文、社会科学研究与发展经费情况

单位：百元

		学校数（所）	拨入											支出									转拨给外单位经费
			合计	科研事业费	科研基金费	国家社科规划、基金项目经费	中央其他部门社科专项经费	省市自治区社科专项经费	企事业单位委托项目经费	金融机构贷款	自筹经费	国外资金	其他收入	合计	内部支出								
															小计	科研人员费	业务费	科研基建费	仪器设备费	图书资料费	管理费	其他	
	合计	**728**	**15 327 594**	**7 615 047**	**59 820**	**466 287**	**862 359**	**1 113 155**	**2 608 150**	**20 500**	**1 411 902**	**358 943**	**818 429**	**13 005 137**	**12 869 043**	**4 664 933**	**4 320 660**	**78 188**	**1 338 186**	**1 323 241**	**314 095**	**829 740**	**136 094**
按学校规格分	重点院校	85	6 566 107	2 404 959		219 681	528 674	370 270	1 783 942		411 658	268 578	578 343	5 216 384	5 136 254	1 372 272	2 226 781	20 815	392 337	607 464	176 101	340 484	80 130
	一般院校	487	8 339 894	4 892 757	59 400	244 756	328 683	720 644	812 291	20 000	945 586	89 723	233 054	7 393 990	7 338 131	3 067 430	2 011 084	55 773	912 773	690 559	133 120	466 392	55 859
	高等专科学校	156	421 593	317 331	420	1 850	5 002	22 241	11 917	500	54 658	642	7 032	394 763	394 658	225 231	82 795	600	33 076	25 218	4 874	22 864	105
按学校隶属关系分	教育部直属院校	71	6 640 978	2 502 679	2 200	214 235	446 025	352 028	1 730 373		476 105	291 038	626 293	5 316 085	5 244 953	1 404 121	2 359 921	14 765	321 996	627 669	166 743	349 738	71 132
	其他部委院校	69	1 328 977	771 678	100	47 666	157 764	96 943	108 342		108 257	6 900	31 327	1 136 559	1 133 256	431 285	240 607	5 482	306 089	71 830	16 923	61 040	3 303
	地方院校	588	7 357 639	4 340 690	57 520	204 386	258 570	664 184	769 435	20 500	827 540	61 005	160 809	6 552 493	6 490 834	2 829 527	1 720 132	57 941	710 101	623 742	130 429	418 962	61 659
按学校类型分	综合大学	72	5 198 630	2 575 196	10 020	203 789	192 359	346 293	1 202 008		310 968	181 267	183 730	4 222 853	4 163 037	1 217 455	1 620 684	6 907	328 528	521 997	112 074	355 392	59 816
	全国重点理工农医院校	301	3 471 945	1 232 924	5 100	78 679	247 430	356 987	793 090		220 343	75 752	461 640	2 916 580	2 885 125	1 095 008	1 155 793	16 113	202 927	181 000	98 524	135 760	31 455
	师范院校	204	3 454 929	1 974 200	30 700	100 266	193 545	205 548	400 256	20 500	381 135	68 776	79 901	3 070 272	3 033 328	1 204 509	811 173	33 600	310 563	411 139	61 735	200 609	36 944
	语言院校	15	355 781	187 869		4 591	18 019	5 244	7 064		99 862		33 132	337 587	336 037	173 743	79 844	74	21 776	28 554	4 558	27 488	1 550
	财经院校	58	1 673 377	992 013	14 000	45 856	80 650	129 137	162 435		218 245	7 835	23 206	1 516 153	1 512 163	536 725	378 495	14 280	356 746	127 429	25 032	73 456	3 990
	政法院校	23	310 101	197 339		4 585	26 103	10 099	8 630		18 039	24 213	21 093	268 789	268 789	148 028	84 255		7 822	13 152	1 998	13 534	
	艺术院校	29	279 374	150 419		4 810	5 960	17 755	25 070		62 460	600	12 300	228 839	228 839	96 888	76 818	1 917	30 488	15 004	3 980	3 744	
	民族院校	12	288 901	173 754		9 640	18 335	6 231	3 500		75 341	500	1 600	241 366	241 266	89 836	72 345	547	54 235	13 549	1 621	9 133	100
	体育院校	14	294 556	131 333		14 071	79 858	35 861	6 097		25 509		1 827	202 698	200 459	102 741	41 253	4 750	25 101	11 417	4 573	10 624	2 239

2002年全国普通高等学校人文、社会科学研究与发展课题、成果情况

		课题数（项）	当年投入人数（人/年）		当年拨入经费（百元）	当年支出经费（百元）	出版专著（部）	发表论文（篇）				应用成果（项）	
				其中:研究生				合计	国内学术刊物		国外学术刊物	提交有关部门数	鉴定成果数
									国内外公开发行	国内公开发行			
	合计：	**51 892**	**37 901**	**6 817**	**7 648 891**	**5 272 680**	**9 688**	**195 548**	**125 926**	**67 284**	**2 338**	**10 430**	**3 521**
按学校规格分	重点院校	17 112	10 806	3 158	4 415 006	2 960 945	3 722	49 382	33 831	14 392	1 159	5 172	676
	一般院校	32 146	24 727	3 462	3 114 710	2 215 784	5 573	127 329	80 371	45 875	1 083	4 978	2 759
	高等专科学校	2 634	2 368	197	119 175	95 951	393	18 837	11 724	7 017	96	280	86
按学校隶属关系分	教育部直属院校	17 655	10 074	2 689	4 337 291	2 930 169	3 868	49 076	34 260	13 819	997	5 557	783
	其他部委院校	2 753	3 190	811	542 126	368 707	554	14 961	7 821	6 850	290	677	73
	地方院校	31 484	24 637	3 317	2 769 474	1 973 804	5 266	131 511	83 845	46 615	1 051	4 196	2 665
按学校类型分	综合大学	15 975	11 142	2 587	3 046 176	1 994 407	3 370	49 211	33 447	14 952	812	4 434	545
	全国重点理工农医院校	11 390	9 255	1 825	1 929 671	1 382 119	1 665	46 890	26 217	20 073	600	2 639	538
	师范院校	14 960	10 739	1 343	1 491 855	1 077 078	2 557	57 546	37 788	19 351	407	1 415	215
	语言院校	1 007	522	56	146 168	113 265	240	3 630	2 418	1 125	87	140	59
	财经院校	5 645	3 318	505	522 233	403 765	857	24 319	18 556	5 570	193	1 008	2 036
	政法院校	987	759	82	135 762	69 403	336	4 909	2 817	1 986	106	527	34
	艺术院校	636	729	62	129 877	90 256	312	2 464	715	1 730	19	39	19
	民族院校	755	728	183	88 664	74 943	249	4 216	3 277	918	21	61	37
	体育院校	537	709	174	158 485	67 444	102	2 363	691	1 579	93	167	38

2002年全国普通高等学校人文、社会科学人力情况

		学校数（所）	社科活动人员（人）					研究与发展人员（人）					研究与发展全时人员（人/年）				
			合计	高级	中级	初级	辅助人员	合计	高级	中级	初级	辅助人员	合计	高级	中级	初级	辅助人员
	合计：	**728**	**277 256**	**93 340**	**103 744**	**71 518**	**8 654**	**86 725**	**45 120**	**30 793**	**10 278**	**534**	**37 068**	**21 359**	**12 083**	**3 439**	**187**
按学校规格分	重点院校	85	52 047	22 960	18 571	9 049	1 467	18 773	11 798	5 545	1 352	78	9 264	6 099	2 493	634	39
	一般院校	487	188 887	61 795	70 867	50 296	5 929	60 837	30 384	22 098	7 921	434	25 267	14 063	8 501	2 559	144
	高等专科学校	156	36 322	8 585	14 306	12 173	1 258	7 115	2 938	3 150	1 005	22	2 536	1 197	1 089	247	3
按学校隶属关系分	教育部直属院校	71	51 259	23 148	18 247	8 542	1 322	19 114	12 270	5 471	1 277	96	9 135	6 227	2 322	539	47
	其他部委院校	69	22 902	7 420	8 809	5 844	829	7 239	3 433	2 716	997	93	3 045	1 629	1 026	370	21
	地方院校	588	203 095	62 772	76 688	57 132	6 503	60 372	29 417	22 606	8 004	345	24 888	13 503	8 735	2 531	119
按学校类型分	综合大学	72	56 015	22 612	20 380	11 349	1 674	21 432	12 743	6 795	1 803	91	9 894	6 308	2 856	683	48
	全国重点理工农医院校	301	77 357	23 591	29 135	21 993	2 638	20 363	9 529	7 770	2 941	123	9 007	4 580	3 265	1 119	44
	师范院校	204	79 839	25 400	29 875	22 319	2 245	25 799	13 166	9 433	3 087	113	10 576	6 148	3 498	901	31
	语言院校	15	7 468	2 407	2 908	1 961	192	2 358	1 105	851	389	13	714	450	194	64	6
	财经院校	58	29 507	10 318	11 546	6 915	728	9 248	5 035	3 258	923	32	3 599	2 127	1 208	249	15
	政法院校	23	8 357	2 705	3 150	2 071	431	2 252	1 001	877	318	56	908	485	302	108	12
	艺术院校	29	8 434	2 942	2 798	2 245	449	1 838	970	555	255	58	901	552	247	89	12
	民族院校	12	5 755	1 917	2 216	1 439	183	1 962	890	736	296	40	791	363	295	116	17
	体育院校	14	4 524	1 448	1 736	1 226	114	1 473	681	518	266	8	678	347	217	110	3

2002 年全国民办教育情况

2002 年，全国各级各类民办学校（教育机构）共 6.13 万所，在校生 1 147.95 万人。其中，民办幼儿园 4.84 万所，在园儿童 400.52 万人；民办小学 5 122 所，在校生 222. 14 万人；民办普通中学 5 362所，在校生 305.91 万人；民办职业中学 1 085所，在校生 47.05 万人；民办高等学校 133 所，在校生 31.98 万人；民办高等教育机构 1 202 所，注册学生 140.35 万人。

2002 年 12 月 28 日，中华人民共和国第九届全国人民代表大会常务委员会第三十一次会议通过了《中华人民共和国民办教育促进法》。江泽民主席签署第 80 号主席令发布，自 2003 年 9 月 1 日起施行。《民办教育促进法》明确："民办教育事业属于公益性事业，是社会主义教育事业的组成部分"，以法律的形式确定了民办教育与公办教育同等的法律地位，为形成公办教育与民办教育共同发展的办学体制奠定了法律基础。国家对民办教育实行积极鼓励、大力支持、正确引导、依法管理的方针。《民办教育促进法》的颁布，标志着我国民办教育进入了新的发展阶段。

为促进民办学校健康发展，依法治教，维护广大教职工的合法权益，调动广大教职工的积极性，全国总工会、教育部联合印发了《关于在社会力量举办的学校建立工会组织的意见》。《意见》明确要求：各级教育主管部门和教育工会要加强对民办学校组建工会工作的领导。凡是经相应行政部门批准、依法登记的民办学校，不论其规模大小，职工多少，都应允许依法建立工会组织。在民办学校连续工作半年以上的专职教职工，承认《中国工会章程》，本人有入会要求，都可以加入工会组织。民办学校的工会组织要依照《工会法》、《教师法》等法律法规，切实履行维护教职工合法权益的基本职责和各项职能，在教育改革发展稳定的大局中发挥应有的作用。

针对一段时间以来，一些民办高等教育机构在招生过程中，乱发广告（简章）、滥抢生源、虚假许诺等违规违纪行为，和一些民办教育机构缺乏必要的办学条件，办学行为不规范等问题，教育部印发了《关于进一步做好民办高等教育机构招生工作的通知》和《关于进一步规范民办教育机构办学秩序的通知》。两个《通知》从确保民办教育健康、稳定、持续发展出发，分别对民办教育机构的设置审批、招生管理、收费管理和监督、证书发放管理和落实年检评估等方面作出了明确规定。

全国教育科学"十五"规划重点课题"民办教育发展研究"，于 2002 年 4 月在浙江省宁波市开题。课题力图从我国民办教育的实际出发，分析研究民办教育发展中的重要问题，并从政策、法规、管理、制度等方面，提出民办教育发展的新思路。坚持科研部门和教育行政部门相结合，理论研究和实践工作相结合，重点和全面相结合，国内研究和国外研究相结合的方法，为民办教育发展提供理论基础，构建民办教育发展的保障体系。2002 年 12 月课题组在陕西省西安市召开了阶段性研究成果交流会。

撰稿　金平一　何京华

审稿　牟阳春

教育综合管理

教育法制建设

〔《学生伤害事故处理办法》有关问题〕

一、《学生伤害事故处理办法》所要解决的主要问题

近年来，学生的人身安全和有关人身伤害事故处理等问题，已经成为教育领域的热点问题之一，在教育领域和社会各界引起了广泛的关注和讨论。许多人大代表、政协委员在两会上多次提出有关的立法建议，同时，各地教育行政部门、学校、教师也强烈呼吁尽快制定处理学生伤害事故的具体规范，广大学生及其家长也迫切希望有关学生伤害的处理办法出台。

我国大中小学有2亿多在校学生，这个庞大的社会群体中的大多数人是未成年人。尽最大可能保障广大学生、特别是中小学学生的人身安全，保护广大学生的合法权益，是各级教育行政部门和各级各类学校的重要职责，也是全面推进素质教育的基础和保证。此次以教育部规章形式出台的《学生伤害事故处理办法》（以下简称《办法》），是教育部加强学校安全工作，保护学生合法权益，依法构建有关学校安全制度的重要措施。《办法》分为：总则、事故与责任、事故处理程序、事故损害的赔偿、事故责任者的处理以及附则共6章40条，对涉及学生伤害事故处理的各个方面内容作了规定。

第一，制定这一规章是为了提高学校的责任观念和预防意识，加强对学生人身安全的保护。每年发生的在校学生伤害事故中，有相当部分是由于学校预防意识不足，管理措施不到位而造成的责任事故，明确学校保护学生安全的责任范围，促进学校强化责任观念，加强预防措施，督促学校消除安全隐患，可以有效地减少这类事故的发生，最大限度做好学生的安全工作。

其次，是为了妥善、正确地处理学生人身伤害事故，保护学校和学生合法权益。由于现有法律法规和有关规定缺乏处理学生伤害事故的具体规则和程序，使学校缺乏有针对性的预防措施，而一旦发生学生伤害事故，也容易出现学校在救助、赔偿和处理等方面无所遵循的情形，这不仅使学生的合法权益得不到有效的保护和帮助，还往往造成学生家长与学校在责任、赔偿范围等问题上难以达成一致意见，使事故难以得到及时、妥善的解决，从而严重影响了学校的教育教学活动。因此，有必要通过制度建设，解决目前学校学生伤害事故处理的难点问题，一旦发生事故，能够明确界定各方责任，及时、妥善地处理，解决事故赔偿资金的筹措渠道，维护学生的合法权益和学校正常的教育教学秩序。

第三，有利于素质教育的实施。目前，由于学生伤害事故的预防与处理缺乏具体的依据，使学校在组织教育教学活动时，难以明确自身职责。有些中小学因担心发生学生伤害事故取消了课外活动和社会实践活动，甚至取消了体育课的一些项目。这种状况，影响了正常教育教学活动的开展，不利于素质教育的实施。因此，建立完善的预防和处理学生伤害事故的制度和良好的法制环境，明确学校的安全责任，强化安全意识，为学校开展丰富多彩的教育教学活动、全面实施素质教育建立切实的保障机制，已成为当务之急。

二、《办法》所涉及的内容和适用的范围、对象非常广泛，其内容要能够既符合实际情况又符合法律的要求

《办法》的起草工作始于1998年。2001年初形成规章草案后，起草小组多次进行实地调研、召开研讨会、座谈会，充分征求了各级教育行政部门、高等学校有关部门、中小学校长、教师、学生及学生家长的意见。鉴于规章内容涉及到《教育法》、《未成年人保护法》及民法的有关规定，需要处理的法律关系比较复杂，在充分听取利益相关人意见的同时，还邀请了国内民法学界、教育法学界的知名专家、学者，对《办法》内容的合法性、可行性进行了较充分的研讨、论证。

为使规章内容较好体现各个相关方面的合法权益，在起草过程中，遵循了以下指导原则：

第一，合法性原则。由于处理学生伤害事故涉及到许多法律问题，因此，在起草中首先做到《办法》的规定要有充分的法律依据。《办法》的主要法律依据是《教育法》、《未成年人保护法》及其他有关的教育法律法规。根据这些法律法规，《办法》具体明确了学校在教育、管理、保护学生方面的责任。其次，由于伤害事故属于民事侵权行为，《办法》依据有关的民事法律法规（包括最高人民法院的有关司法解释）中有关侵权行为的规定，确定了学生伤害事故责任的认定原则和事故赔偿的范围，使有关规定与上位法的原则衔接一致。

第二，公平、合理原则。《办法》遵循公平、合理地保护学生、学校双方合法权益的宗旨，在整体框架、制度设计和具体规定中，在依法保护学生合法权益的前提下，为了使学校更好地完成教育教学工作，在维护全体受教育者权利的基础上，体现维护学校的合法权利。

第三，预防与处理相结合的原则。《办法》着重强调学校对自身责任的认识，提高学校预防事故的意识与能力。为此，在分析、研究大量案例的基础上，《办法》总结了实践中学生伤害事故常见的原因，概括出学校应当负有责任的具体情形，以增强学校对这些不安全因素的注意和防范，预防和减少学生伤害事故。

第四，可操作性的原则。为有利于在实际工作中贯彻实施，《办法》尽量对事故类型作了归纳，在制度设计与具体规定中充分考虑了实际需要和可能，制定了较为明确具体的规范，具有较强的可操作性，有利于化解事故处理中的争议和矛盾。

三、《办法》对学生伤害事故及其适用范围的界定

正确界定学生伤害事故的概念是《办法》制定的基础。在广泛征求各方面意见的基础上，《办法》对学生伤害事故作了如下界定，即：学生伤害事故是在学校实施的教育教学活动或者学校组织的校外活动中，以及在学校负有管理责任的校舍、场地、其他教育教学设施、生活设施内发生的，造成了在校学生人身损害后果的事故。这一界定明确了学校管理职责内的事故属于学生伤害事故，与学校管理职责无关的学生伤害事故，如在学生自行上学放学途中发生的事故，不属于学生伤害事故。同时，也将伤害事故的概念限定在造成人身损害的范围内，将没有造成人身损害后果的其他校园事故或者教师个人的侵权行为，排除在学生伤害事故的范畴之外。有关问题将通过其他的相关法律法规，予以规范和解决。

关于适用范围，《办法》确定为各级各类学校，即大中小学都适用。这样规定，主要考虑是：一是有利于在更广泛的范围内对学生伤害事故的预防、救治和处理做出明确的规范；二是有利于提高立法的效率。另外，将高等学校纳入《办法》的适用范围，有利于高等学校预防和处理学生伤害事故，增强高等学校安全意识，促进高等学校的稳定。

四、《办法》对学校责任性质的界定

学校对在校未成年学生是负有监护职责，还是负有教育、管理和保护的职责，是当前处理学生伤害事故中争议较多的问题。在一些司法实践和部分群众的观念中，认为中小学应当对学生承担监护责任，发生的学生伤害事故，无论什么原因造成的，学校都应当承担责任。这种观点缺乏明确的法律依据，也不能正确说明学校对学生伤害事故所负责任的性质，实际上不利于学校明确自身责任，加强对学生安全的有效保护。为此，在起草过程中，听取了广大教师、学生及其家长和有关专家的意见，确定：中小学与学生之间的关系本质上是教育关系，

不是基于民法和血缘关系形成的父母（包括其他监护人）与子女之间的监护关系。因此，《办法》根据《教育法》及《未成年人保护法》的有关规定，明确学校的责任是对学生进行教育、管理和保护的责任。同时，依照《民法通则》及《最高人民法院关于贯彻执行〈民法通则〉若干问题的意见（试行）》中的有关规定，确定学校按照过错责任原则承担事故的责任，即如果学校未履行规定的义务与职责，有过错的，造成了学生的伤害，则需要承担相应责任；如果学校已尽到相应义务，无过错的，则无责任。

五、根据《办法》的规定，在学校发生的学生伤害事故分为以下类型，学校在下列情况下对学生伤害事故所负的责任

由于造成学生伤害事故的原因非常复杂，为使学校和教育行政部门在处理事故时有所遵循，《办法》根据学校发生伤害事故的不同情形，将造成学生伤害事故分为不同的类型：一是学校责任事故，即由于学校过错而造成的事故。《办法》具体列举了学校、教师在履行职责过程中容易出现的忽视学生安全的各种过错，基本涵盖了学校管理的各个方面。这既是划分事故责任的标准，也是促进学校完善安全管理制度的依据。二是学生责任事故，即由于学生本人或未成年学生的监护人的过错造成的事故。三是其他相关人员的责任事故，即因与学校或学生个人活动有关的，其他个人或组织的过错造成的事故；四是混合型责任事故，即由多方当事人的共同过错而造成的事故。在上述事故的处理中，责任者根据自身过错程度的比例，承担与过错相应的责任。另外，实践中也有一些学生伤害事故是由于不可抗力或意外因素造成的，或者在学校的管理职责范围之外发生的。对这样的事故，《办法》也根据民事法律的有关规定作了相应的规定。

六、按照《办法》的规定，发生学生伤害事故后的处理程序

《办法》从实际出发，明确了事故处理程序，规定学生伤害事故主要由学校进行处理，教育部门予以指导、协助和调解。从目前实际情况看，这种方式有助于事故的及时、妥善处理，有利于化解矛盾，维护学校和社会的稳定，也为学校、学生及其家长普遍接受。《办法》在具体规范教育部门的调解程序时，明确规定，调解需由学校及学生家长双方共同提出申请。在处理过程中教育部门起居中调解的作用，主要根据有关规定提出意见供双方协商；双方协商一致，签订调解协议，双方达不成一致，可以终止调解。同时，规定双方可有多条渠道进入诉讼程序。

七、《办法》关于学生伤害事故的赔偿原则与经费的来源

《办法》主要依据民事法律的有关规定，明确学校应根据其在事故中所负的责任，承担相应的赔偿义务；对事故赔偿的范围和标准，学校、教育行政部门在处理时，可依照《民法通则》、有关司法解释和相关法规及有关规定确定。

赔偿经费的来源及筹措是处理学生伤害事故的又一难点。针对这一情况，《办法》设计了三条途径：一是学校筹措。学校无力筹措的，由主管的教育行政部门或者举办者协助筹措；二是县级以上有条件的教育行政部门可以通过设立学生伤害赔偿准备金等多种形式筹措。三是鼓励学校、学生参加相应的保险，包括学校责任保险和学生个人的人身意外伤害保险等。由于学生伤害事故是学校在办学中难以避免的风险，因此，通过保险方式，由学生家长、学校及社会共同负担学校的办学风险应当是比较有效和可行的解决途径。

八、为推动《办法》的实施，下一阶段应做的工作

学生安全问题是教育行政部门、学校、家长和社会普遍关心的问题。制定《学生伤害事故处理办法》的根本目的在于强化教育行政部门和学校的安全意识，积极预防学生伤害事故的发生，为学生的健康成长提供良好环境，为实施素质教育创造有利氛围。《办法》的颁布实施，会对保护学生的合法权益，规范事故的处理起到积极作用。教育部要求，各级教育行政部门积极组织好《办法》的学习、宣传工作，结合《办法》的学习贯彻，对学校进行全面的安全工作检查，指导学校建立安全责任制，完善学校安全制度，落实安全措施，消除学校安全隐患，最大限度减少学生伤害事故的发生。学校一旦发生伤害事故应首先做好受伤害学生的救治

工作，根据需要和实际情况最大限度减轻伤害的不良后果。在事故处理中，学校应依据《办法》的规定承担相应的责任。学校负有责任的，应及时筹措、兑现赔偿资金，维护受伤害学生的合法权益。

《办法》已于2002年9月1日起实施。

撰稿　王大泉

〔**加强青少年学生法制教育**〕　为贯彻落实全国“四五”普法规划，实施教育部、司法部、中央综治办、团中央《关于加强青少年学生法制教育工作的若干意见》，认真总结各地青少年学生法制教育的情况和经验，推动新形势下全国青少年学生法制教育工作的深入发展，10月25日，教育部、司法部、中央综治办、团中央在北京召开了全国青少年学生法制教育电视电话会议。教育部部长陈至立、司法部部长张福森在会上作了讲话。

陈至立作了题为“全面提高青少年学生的法律素质，为建设社会主义法治国家奠定基础”的讲话。指出，要从实施依法治国基本方略，建设社会主义法治国家的高度出发，充分认识加强青少年学生法制教育的重要意义。青少年法律素质的提高是全民族素质提高的关键，必须把对青少年学生的法律素质的教育与培养，放在事关实现我国社会主义现代化建设战略目标的基础性地位，放到我们教育工作的重要位置，使之成为当前教育工作的紧迫任务。她要求，充分利用学校教育的特点和课堂教学的优势，发挥学校在青少年学生法制教育中的主渠道作用，使学校成为青少年学生法制教育的重要阵地。要把提高青少年学生的法律素质作为素质教育的重要内容和人才培养的基本目标，纳入教育的整体规划和学校工作的重要议事日程，切实抓紧抓好。要加强领导，采取切实措施，全面推进学校法制教育的深入开展。各级教育行政部门和学校要认真贯彻中共中央、国务院转发的“四五”普法规划中提出的“各级各类学校要开设法制课，并且做到计划、课时、教材、师资‘四落实’”的要求，切实抓好学校法制教育教学活动的组织、课时安排、教材建设和师资的培养培训。在中小学思想品德教育中加大法制教育的比重，保证有专门的课时用于法制教育；职业技术学校、高等学校要将法律常识作为学生必修的内容列入教学计划。要提高教师队伍的整体法律素质，在教师的继续教育和岗位培训中增加法制教育的内容，采取多种方式，培养学校法制课教学的专任或兼职教师。各级教育行政部门要积极会同有关部门开展校园及其周边环境的综合治理工作，为学校法制教育创造良好的外部环境。要进一步加强对学校法制教育工作的组织领导。教育行政部门要把青少年学生的法制教育列入工作规划和具体日程，做好组织、领导工作；要统筹兼顾各类学校的特点与要求，使学生法制教育工作形成系统化、制度化的体系；要有专门的法制教育工作机构和相应的专项经费，保证各项措施的落实；要加强与司法行政、综合治理、共青团组织和普法主管部门的合作，共同做好对学校法制教育的检查、指导和监督；要把学校的法制教育工作纳入学校质量评估、督导检查等工作内容，建立相应的评价机制和奖励制度，鼓励学校在法制教育方面创造新的经验，调动学校和广大教育工作者开展青少年学生法制教育的积极性和主动性。

张福森在讲话中充分肯定了近几年来青少年学生法制教育工作取得的成绩。一是青少年学生法制教育网络已经初步形成。经过多年的努力，全社会现已初步形成了由党委政府领导，人大监督，职能部门组织实施，学校、家庭、社会积极参与的法制教育网络。二是加强青少年学生法制教育和法律保护工作逐步成为社会各界的广泛共识和共同行动，法制教育已在各级各类学校广泛展开，课堂教育和社会法制实践活动形式丰富多样。三是青少年学生的法律意识明显提高。广大青少年学生增强了遵纪守法、预防犯罪的能力，提高了意识并逐步培养了权利义务对等的现代法治观念。同时，青少年学生法制教育工作已逐步制度化、规范化。他指出，要充分认识青少年学生法制教育工作的重要性和长期性，要与时俱进，开拓进取，扎实工作。要加强领导，认真贯彻落实教育部、司法部、中央综治办、共青团中央印发的《关于加强青少年学生法制教育工作的若干意见》，促进计划、课时、教材、师资“四落实”。要增强法制教育的针对性，根据不同年龄段学生的生理、心理、兴趣和接受能力等特点，设定相应的学习内容、目标要求和方式方法。要进一步加强制度化、规范化建设。各地要按照“四五”普法规划和近日四部委下发的《若干意见》的要求，结合实际，抓紧制定或完善本地区、本单位加强青少年学生法制教育工作的规范性文件。进一步建立健全师资培训、法制副校长、法制辅导员制度，探索建立有关青少年学生法律素质测评、法制课质量评价、学校责任制、依法治校，以及各种基地建设等制度。要加强信息交流，不断提高建章立制的科学性、可行性。要研究青少年学生法制教育对提高全民法律素质、推进依法治国的作用，研究法制教育与道德、文化课互相促进的关系，探索青少年学生法制教育工作的特点、规律及其发展要求，为不断提高青少年学生法制教育的科学性，增强时效性，提供有力的理论支持。

会议由中央综治办主任陈冀平主持。出席会议的还有司法部副部长刘飏、教育部部长助理李连宁、团中央书记处书记杨岳，教育部、司法部、中央综治办、团中央等主办单位有关司局的负责人。

撰稿　王家勤

审稿　孙宵兵

全国人大代表、全国政协委员建议、提案承办工作

2002 年“两会”期间，教育部共收到全国人大代表建议 320 件，占人大建议总数的 7.4%；全国政协委员提案 414 件，占政协提案总数的 11.9%。建议、提案涉及的主要问题有：健全符合我国国情的高等教育评价体系，优化教学计划，提高教学质量；发展少数民族地区现代远程教育；高考制度改革；高校管理体制改革；发展民办教育；加大西部教育开发经费投入；加强西部高校重点学科建设，为西部开发培养人才；加强青少年文化素质道德修养；中小学教材改革；尽快出台符合素质教育内涵的评价体系和考试制度；发展职业教育；修改《义务教育法》、《社会力量办学条例》、《中外合作办学暂行规定》等。

“两会”结束后，教育部部长陈至立要求教育部办公厅认真组织各有关司局对建议、提案进行研究，改进工作，并对建议、提案给予明确答复。2002 年 6 月 4 日，建议、提案办理期间，陈至立部长召开部党组会，专门听取各司局办理工作情况的汇报，并要求 2002 年办理工作结束后，将有关教育问题建议、提案的答复材料编纂成册，分送有关代表、委员。

根据教育部党组的部署，教育部各司局和直属单位按照《教育部关于建议、提案工作暂行规定》的要求，结合本单位工作的实际，认真研究建议、提案，并选择有丰富经验的同志具体办理，司局长把关。教育部办公厅根据领导要求，在办理过程中严把质量关，办复质量明显提高。

2002 年，教育部比较圆满地完成了“两会”建议、提案的承办工作。并组织评选出 40 件优秀建议、提案，14 个优秀组织单位。2002 年 10 月，全国政协在京召开政协第九届全国委员会优秀提案和先进承办单位表彰大会，教育部被评为政协提案先进承办单位。从全国人大代表、全国政协委员的反馈意见看，代表、委员对教育部高度重视建议、提案办理工作和较高质量的复文表示满意，满意率达 95%以上。

撰稿　王进保

审稿　高聚慧

教育纪检监察

〔**全国教育纪检监察工作会议**〕　2002年2月27日～28日，中纪委驻教育部纪检组、监察局在北京召开全国教育纪检监察工作会议，各省、自治区、直辖市教育行政部门和教育部直属高校的纪检监察负责同志130余人出席会议。会议传达贯彻了中央纪委第七次全会精神，深入学习江泽民总书记在中纪委七次全会上的重要讲话和尉健行同志所作的工作报告。

会上，教育部党组书记、部长陈至立代表部党组就贯彻落实中纪委第七次全会和国务院第四次廉政工作会议精神，围绕教育改革发展大局，进一步做好党风廉政建设和反腐败工作提出重要意见。陈至立指出，教育战线各级领导干部要认真学习江泽民同志在中纪委第七次全会上的重要讲话，把牢固树立正确的权力观、进一步搞好党风廉政建设和反腐败工作的重要性认识提高到一个新高度。对教育战线的反腐败斗争要在统一思想的前提下，联系教育战线的实际，突出重点，狠抓落实；要继续加大办案力度，集中力量突破一批大案要案；要继续加大纠风工作力度，认真解决好群众反映强烈的热点问题，搞好专项治理，不断加大标本兼治的力度；要加大对领导干部廉洁自律监督的力度，坚持教育在先。同时，加大选拔、管理、监督干部的力度，进一步深化领导干部选拔任用制度改革，推进干部人事工作上的制度化、民主化、科学化，坚决反对用人上的不正之风和腐败行为。教育战线各级党政“一把手”要切实加强对党风廉政建设和反腐败工作的领导，认真落实党风廉政建设责任制，在严于律己的同时，抓好自己职责范围内的党风廉政建设。

教育部党组成员、中纪委驻教育部纪检组组长张天保作了题为《与时俱进，开拓进取，把教育战线反腐败斗争引向深入》的工作报告，总结了2001年全国教育纪检监察工作，强调2002年教育战线党风廉政建设和反腐败斗争要抓好四个方面的工作：

一是要继续落实领导干部廉洁从政的各项规定，重点是：(1) 继续落实领导干部不准收受与自己行使职权有关系的单位、个人和外商、私营企业主的现金、有价证券、支付凭证的规定。(2) 禁止各级教育行政部门工作人员到企业和单位报销应由本人及其配偶、子女支付的个人费用。(3) 继续落实领导干部配偶、子女从业的有关规定。(4) 狠刹奢侈享乐、铺张浪费歪风。(5) 教育系统的国有企业和校办产业领导人员要继续执行中纪委第四次全会关于国有企业领导人员廉洁自律的五项规定。国有企业和校办产业人员不准挪用公款以个人名义或伙同他人买卖股票。(6) 教育系统各级党政领导干部不准擅自扩大招生计划，不准特批未达到录取条件的学生入学，不准利用职务和工作的便利向招生考试机构和高等学校递条子、打招呼；禁止招生考试机构及其工作人员参与社会中介组织及其人员介绍、拉拢生源以牟取利益的任何活动；各级招生考试机构和学校必须坚持“德智体全面考核，综合评价，择优录取”和“公平竞争、公正选拔”的原则，对利用职务和工作的便利严重影响招生考试工作的行为，以及在招生考试工作中徇私舞弊的行为要严肃查处，视情节轻重给予党纪政纪处分，直至追究法律责任。

二是要继续重点查办教育行政部门、直属企事业单位和高等学校县（处）级以上领导干部的违纪违法案件。在继续查办贪污、贿赂、挪用公款等经济案件的同时，要注意查办领导干部严重失职渎职的案件，违反组织人事纪律和社会主义道德的案件，领导干部配偶、子女和亲属利用该领导干部职权和职务上的影响谋取非法利益的案件，国有企业和校办产业重组、改制中出现的国有资产严重流失的案件。特别要严肃查处违反党的政治纪律的案件，招生考试中弄虚作假、徇私舞弊的案件，不听招呼、顶风上的乱收费案件。要坚持党委对查办案件工作的统一领导，教育系统各级党政领导都要高度重视查处和支持纪检监察机关依纪依法办案。纪检监察机关的主要领导要亲自办案，亲自协调，督促有关部门和单位制定从源头上预防和解决腐败的有效措施。要严格执行纪律，切实纠正一些基层和学校存在的瞒案不报、压案不查，执纪偏宽、偏软和处分决定不落实的问题。

三是继续抓好纠正不正之风和执法监察工作，做到"一个巩固，两个确保，五项工作"。一个巩固：即，巩固治理义务教育阶段乱收费和解决大中城市公办学校招收"择校生"问题所取得的成果。两个确保：一是推动地方政府加大对教育经费的投入，确保学校正常运转所需的公用经费；二是要对基层政府使用中央和地方政府财政转移支付的经费进行监督检查，确保教师工资足额按时发放。五项工作：一是坚决纠正中小学乱收费行为，协同有关部门进一步加大宣传教育和监督检查的力度，把治理中小学乱收费工作切实抓紧抓好；二是严格执行"三限"政策，制止非义务教育阶段高中的择校高收费行为；三是认真查处招生考试中的徇私舞弊行为，克服"说情风"的干扰，加大监督检查力度，使招生录取工作更加公平、公正、透明；四是纠正和制止假学历、假学位和学术不正之风现象。要加强对学历、文凭发放工作的监督，严格把关。五是进一步规范和加强财务管理，加强各类资金管理制度的建设，落实资金管理的责任和追究，完善监督制约机制，确保学校各项资金安全。

四是进一步加大从源头上治理和预防腐败的力度。(1) 各级教育行政部门要加快推进行政审批制度改革，在彻底清理的基础上，对行政审批事项逐一作出处理。对保留的行政审批事项，要制定严密的内部监督制约措施，规范审批行为，提高审批的透明度。各地教育部门和高等学校必须对重大教育基建工程项目公开进行招标投标、购买大宗物资和设备仪器实行政府采购，防止个人干预、暗箱操作、徇私舞弊和玩忽职守等问题。要加强监督检查，严肃查处领导干部干预和插手招标投标等违纪行为。进一步落实"收支两条线"管理的各项规定，对设立"小金库"、帐外帐，违规开设银行帐户的，要坚决予以查处。(2) 教育纪检监察部门要积极配合有关部门推进人事工作的改革，加强监督检查，对干部工作中的违纪违法行为，要坚决查处。(3) 进一步全面推行校务公开制度，建立党委领导下的校务公开领导小组，有组织、有领导、有计划、积极稳妥地深入推进校务公开工作。(4) 进一步加大对党风廉政建设工作的宣传教育力度。教育系统各级党组织要组织广大党员和领导干部继续深入学习贯彻江泽民同志"三个代表"重要思想和十五届六中全会、中纪委七次全会精神，大力开展理想信念和廉洁从政教育，引导党员干部牢固树立正确的世界观、人生观、价值观，正确对待权力、地位和自身利益。要积极宣传清正廉洁、克己奉公、敢于同腐败现象作斗争的党员干部的模范事迹。要深刻剖析典型腐败案件，增强广大党员干部拒腐防变的能力。

〔**教育系统党风廉政建设**〕 2002年，教育部党组继续深入贯彻"三个代表"重要思想，紧密结合教育系统实际，认真贯彻执行党中央、国务院和中纪委关于加强党风廉政建设和反腐败斗争的一系列重大部署，突出重点，狠抓落实，加大了从源头上预防和治理腐败的力度，保证了教育发展、改革的深入进行。

一、廉洁自律工作不断深化，领导干部廉洁从政自觉性进一步增强。2002年，教育战线党员干部认真执行《中国共产党党员领导干部廉洁从政若干准则（试行）》、《关于党政机关厉行节约制止奢侈浪费行为的若干规定》以及一系列廉洁自律的具体规定，各级教育行政部门和高等学校党委（党组）和纪委（纪检组）加强对廉洁自律落实情况的监督检查，对重点问题进行了专项清理。一是认真执行和落实中央关于对党员领导干部配偶、子女从业规定延伸至县（处）级干部中实施的要求，各级教育行政部门、各高等学校和直属事业单位进行调查清理；二是对教育行政部门工作人员和事业单位中层以上的领导干部不准接受现金、有价证券和支付凭证情况进行了调查登记和清理；三是督促检查了教育系统各级党政领导干部不准擅自扩大招生计划，不准特批未达到录取条件的新生入学，不准利用职务和工作的便利向招生考试机构和高等学校递条子、打招呼。禁止招生考试机构及其工作人员参与社会中介组织及其人员介绍、拉拢生源以牟取利益的任何活动。此外，还纠正了一些公款吃喝玩乐活动，取消、压缩了一些会议、庆典和评比活动，压缩一些出国团组等，为国家节约了大量资金，营造了好的风气。通过开展廉洁自律工作，领导干部普遍受到了党风廉政和纪律教育，增强了政治上的坚定性和思想道德上的纯洁性。

二、查办违纪违法案件工作力度加大。2002年全国教育纪检监察机关共立案7 748件，结案7 027件。其中违反政治纪律类案件149件；违反社会主义道德类案件672件；违反招生考试规定类案件387件；违反教师权益类案件168件；失职渎职类案件361件；教育乱收费类案件2 203件；经济类案件1 189件；其他类案件1 898件。给予党纪政纪处分的2 135人次，其中地厅级干部8人，县（处）级干部118人。移送司法机关288人。在查办案件中，为国家挽回经济损失1.55亿元。

在查办案件中，坚持实事求是的原则，通过调查核实，既依法惩处一批违法违纪者，又为一批受到失实举报的党员、干部澄清了是非，给予了保护。

三、纠风工作持续发展，解决群众反映强烈的一些问题。(1) 抓行风建设。2002年，教育部党组把治理招生考试和收费中不正之风继续作为纠风重点，坚持纠建并举，促进行风建设和教育职业道德建设。(2) 抓制度建设。2002年，国务院及教育部等有关部委连续印发了《国务院关于完善农村义务教育管理体制的通知》、《国务院纠风办、教育部关于进一步做好治理中小学乱收费工作的紧急通知》、《关于切实做好2002年农村贫困地区义务教育阶段“一费制”试点工作的通知》、《关于印发〈教育收费公示制度〉的通知》和《关于加强基础教育办学管理若干问题的通知》等文件，就加大政府对教育投入、在贫困地区农村中小学实行“一费制”收费办法、各类学校实行教育收费公示制度，以及中小学招生、收费和办学体制的管理与改革等问题明确地作出部署和要求。(3) 开展经验交流。2002年6月，教育部在云南召开了教育系统校务公开工作经验交流会议。要求在教育系统规范学校的招生、收费管理，树立依法治教、依法收费的意识，自觉地接受社会各方面的监督。(4) 加强监督检查。2002年，教育部和各地教育行政部门共组成17 661个检查组，分别对145 693所小学和41 323所初中的收费情况进行了检查。查出各种违规收费42 593万元，清退35 873万元，清理违规“补课”和“复习资料”收费而减轻学生家庭负担11 428万元。年内，全国教育系统共查处乱收费案件6 934件，处理责任者3 363人，其中通报批评2 230人，受党政纪处分1 133人。

与此同时，针对人民群众关注的热点问题，教育部和各省（自治区、直辖市）和高等学校纪检监察机关认真贯彻《教育部关于普通高等学校招生监察工作的暂行规定》，针对普通高等学校实现网上录取后的新形势、新情况，积极探索进一步加强招生监察工作的途径、办法，进一步加大招生执法监察工作的力度，在考试和招生录取期间，多层次组织各种形式的检查组，对北京、内蒙古、陕西、湖北、湖南、辽宁、吉林、黑龙江等省（自治区、直辖市）的考试和录取现场进行了巡视检查，严肃查处了部分非法设立的招生中介机构及各地在招生录取过程中发生的违法乱纪行为，维护了教育的良好形象。

撰稿 王新民
审稿 周冬成

信 访 工 作

〔**信访活动的特点及反映的主要问题**〕 2002年教育部信访办公室共受理群众信访问题2.9万件，其中来信来电2.4万件，与上年基本持平；来访总数为4 861人，比上年增长18%；处理集体访120批、1 700余人，批数、人数分别比上年增长58%和188%。群众信访活动有以下特点：(1) 人数多，上访活动频繁。据统计，2002年来教育部上访的群众中，规模超过50人的集体访有9批，其中两批达到200人。这种人数多、上访活动频繁的状况是十多年来未有过的。(2) 信访反映的热点、难点问题相对集中，如拖欠工资问题、民办教师转正遗留问题、乱收费问题、企业退休教师待遇问题等。(3) 异常信访、突发事件多，疏导、劝阻工作难度大。(4) 信访方式有所变化，电话反映问题大幅度增加。

群众信访反映的主要问题有：(1) 民办教师转正遗留问题，全年共受理1 876件次。群众反映较突出的问题为：民办教师虽符合转正条件但没有得到转正；有的地方将所有民办教师“一刀切”全部辞退；有的地方在民办教师转正过程中有严重违纪行为；有的地方没有妥善解决好民办教师老有所养问题。(2) 教育乱收费问题，全年共受理1 521件次。反映的主要问题有：一些农村中小学收费项目多而杂，如集资费、补课费、事业费、服装费、考试费、尊师费、体检费、住宿费、搭伙费等。有的地方通过学校向学生收取教育附加费；有的地方向学生收取义务教育保证金；有的地方强迫学生入保险等。高考结束后，高校学生及家长反映收费问题的来信来访逐渐增多，特别是一些大学的二级学院和一些艺术类院校，通过录取通知书向学生收取高额费用，否则扣发学生的录取通知书，学生家长对此反映十分强烈。(3) 拖欠教师工资问题，全年共受理844件次。反映的主要问题有：少数地方教师工资仍然由乡镇管理，没有落实国务院有关将教师工资收归县管的规定；有的地方弄虚作假，统计和上报与事实不符，仍然长期拖欠教师工资；有的贫困地区财政收支状况差，即使把教师工资收归县管，经费仍有很大缺口，难以确保教师工资按时足额发放；有的地方领导任意克扣和挪用教师工资。(4) 企业学校退休教师待遇问题，全年共受理1 006件次。主要反映企业学校划转地方后，在职教师划归地方管理，而退休教师却留在企业。企业严重违反教育法和教师法，不按地方退休教师政策对待他们，使企业教师待遇很低，要求有关部门高度重视并解决这个问题。(5) 新划归教育部管理的高校遗留问题。此类信访问题虽然不多，但由于时间长、跨度大、情况复杂、人员变动频繁，处理起来十分棘手。主要反映工作安置、工资、职称、住房、医疗事故、职业病等问题。此外，检举揭发招生考纪、高校体制改革、成人自学自考中存在的问题及学生伤亡事故等也是群众反映较多的问题。

〔**信访工作情况**〕 (1) 下气力做好集体上访、异常上访和上访老户工作。集体上访问题涉及到20多个省市。部信访办对每一起集体访都做到及时接待，认真处理，有时请地方来人共同协助处理。虽然异常上访较多，但由于措施到位，接待及时，全年没有出现一起矛盾激化的问题，维护了教育系统的稳定。(2) 采取多种措施，加大对重要信访问题的查办、督办力度。2002年，部信访办对重要信访问题向地方及部属高校共发公函92件，由于督办、催办措施得力，收到回函78件，回函率为82.6%。信访办将上述情况以信访简报的形式，及时向地方及部属高校通报。群众信访反映的许多热点、难点问题，均得到及时妥善处理。(3) 加强了与地方及部属高校的联系、沟通和指导。2002年2月、10月，先后在京召开部属高校信访工作座谈会，并对有关工作进行了部署。2002

年8月，在黑龙江省召开了北方地区十三省市教育信访工作协作会，进一步加强了对教育战线信访工作的指导，并加强了与地方及部属高校的联系和沟通，使许多信访问题在基层得到了妥善处理，避免了矛盾上交。为落实国家信访局工作要求，教育部作为部委协作组组长，于2002年7月在青岛海洋大学召开了18部委信访工作协作会，交流经验，沟通情况，促进了信访工作的开展。

撰稿　王进保

审稿　高聚慧

关心下一代工作

〔**加强高校关工委工作**〕　认真学习贯彻十六大精神，总结研讨推动高等学校关心下一代工作的深入开展，是2002年全国教育系统关工委的工作重点。为进一步了解情况、掌握规律、指导工作，教育部关心下一代工作委员会在年初组成高校关工委工作调研小组，从3月下旬至7月上旬先后到江苏、广东、上海、重庆、四川、吉林等省市，对50余所高校关工委工作情况进行调研。调研采取走访学校、考察典型、参观现场和召开小型座谈会的方式进行。

2002年12月19日～23日，在华南理工大学召开了“全国高校关心下一代工作会议”。会议主题是：深入学习贯彻党的十六大精神，全面总结全国高等学校关工委工作经验，研究如何在全面建设小康社会、加快推进社会主义现代化建设新阶段开创工作的新局面。各省、自治区、直辖市，计划单列市和新疆生产建设兵团，部属高等学校的主管领导、关工委负责同志以及部分地方高校的代表共170余人参加会议。中国关心下一代工作委员会执行主任王照华出席会议并讲话。教育部关工委主任邹时炎致开幕词，常务副主任朱新均作了题为《以党的十六大精神为指针，开创高等学校关心下一代工作委员会工作的新局面》的工作报告。副主任李蒙恩做了会议总结。教育部社政司副司长徐维凡应邀向与会代表介绍了当前高校学生思想状况和高校思想政治工作的形势和任务。合肥工业大学、上海市教育系统关工委、天津大学等12所高校和直辖市的代表在会上介绍了经验。代表们实地考察了华南理工大学和仲恺农业技术学院关工委的工作情况，听取经验介绍。会议印发了《关于进一步加强全国教育系统关心下一代工作委员会工作的意见(草稿)》提交代表讨论，大家提出了许多合理化建议。

朱新均在报告中对10多年来高校关工委的工作情况进行了回顾和总结。指出关工委主要做了九方面工作：一是开展思想政治教育；二是参与党建工作；三是参与培养青年教师工作；四是开展培养先进和帮助后进的工作；五是承担辅助性的教学和行政管理工作；六是参加学生社团的指导工作；七是为经济困难生排忧解难；八是开展专题调查研究活动；九是参与社区教育和家庭教育工作。提出当前高校关工委六项主要工作是：(1) 提高在新形势下做好关心下一代工作重要意义的认识；(2) 进一步加强关工委组织的自身建设；(3) 努力配合学校全面推进素质教育；(4) 配合学校着力抓好先进骨干分子的培养和做好后进生的工作；(5) 积极参与学校巩固和加强马克思主义指导地位的工作；(6) 协助学校搞好调查研究工作。

会议在认真总结经验，广泛听取意见，深入讨论研究的基础上，进一步完善了工作方针。具体内容是“围绕中心、配合补充，因地制宜、量力而为，立足基层、注重实效”。会议结束后，教育部办公厅转发了《教育部关心下一代工作委员会关于进一步加强全国教育系统关心下一代工作委员会工作的意见》。各地、各高校分别召开会议，传达贯彻会议精神，结合本地和学校实际研究制定工作规划和措施。

〔**举办关心下一代工作培训班**〕 为贯彻落实全国教育系统关工委社区教育、家庭教育工作会议精神，学习、宣传、贯彻《公民道德建设实施纲要》，深入研究新形势下的关心下一代工作，更紧密地配合教育工作部门全面推进素质教育，教育部关工委于4月20日～26日在北京举办了第十三期关心下一代工作培训班。黑龙江、天津、宁夏、上海、广东、云南等25个省（自治区、直辖市）的有关人员共320余人参加了培训。培训班采取专题讲座和交流研讨的方式，聘请有关专家分别就“面向21世纪的关心下一代工作”、“国际形势”、“家庭教育”、“青少年心理健康教育”、“基础教育的改革与发展”、“当代青少年道德教育”等专题举办了讲座。大连市教委关工委、陕西省合阳县城关镇教育关工委、山东省青岛市莱西市教体局关工委的代表和山西省太原市二十九中退休教师王其顺分别介绍了经验。吉林、河北、安徽、江苏、湖北、四川等省教育厅关工委也分别举办了不同专题的研讨或培训班。通过办班，建立、培养了骨干队伍，提高了整体工作水平，推动了基层工作深入开展。

〔**增强省际、校际交流协作**〕 自7月上旬至11月上旬，东北、西北、华北、西南、华东、中南六大行政区教育系统关工委工作协作会相继召开。协作会分别由长春、宁夏、山西、贵州、江苏、湖南6省（自治区）教育厅（局）关工委承办。各协作会分别就校外教育工作、进一步做好关工委工作的思路和途径、如何抓好青少年思想道德教育、如何在家庭教育和社区教育中发挥关工委的作用等主题进行了交流与研讨。2002年，协作会一是紧密联系关工委实际学习贯彻“三个代表”重要思想，以此指导工作；二是与各地实际紧密结合，收到实效。许多省和高校专门组织考察组（团）到兄弟省、校学习先进经验。通过实践形成共识：不断增强地区省、校际间的协作，及时沟通信息，加强交流研讨，相互学习借鉴，对进一步做好关工委工作十分必要。今后要继续做好这项工作，力争在内容和形式上都有所创新。区域内省际间交流协作的开展，带动、促进了省内各市（地区）之间协作交流工作的开展。河南、湖北、湖南、安徽、福建、四川、云南、重庆等省直辖市均按照地域划分成片，开展协作交流活动。

〔**继续开展支教、助学、帮困活动**〕 全国教育系统各级关工委根据教育改革发展的实际需要，充分发挥离退休老同志这一教育资源的优势，坚持开展支教、助学、帮困活动，为加强师资队伍建设、提高教学质量、改善办学条件、巩固提高“普九”成果做了大量工作，办了许多好事和实事。（1）开展教学督导、教学评估、培训活动，对青年教师进行传帮带。各地、各高校发挥老教授、老教师的专长，普遍组成了教学督导组，开展教学督导和教学评估活动。华东师范大学、武汉理工大学、华南理工大学、西南财经大学、西南科技大学等校关工委在这方面作出了突出成绩。如华东师范大学37人组成的教学督导专家组中90％以上是关工委的老同志。他们深入教学第一线听课，抽查教师教案、教学资料、学生作业、试卷等，加强对教学全过程的督导，把35岁以下的青年教师纳入“督导”的重点，每次听课之后对督导对象的教学内容、方法和效果讨论研究后进行全方位的点评。西南科技大学关工委根据组织老同志参与教学督导的情况，向学校提出了“举办教学人员在职业余进修学校的建议”，被学校采纳，创办了校内教师岗位培训学校。针对不同对象，确定不同内容，采取不同方式组织教学活动。其中有针对新教师上岗前的培训；有已开始教学工作的青年教师的继续教育；有各院系管理人员的培训；还有各院主管教学院长的研讨等。到年底已办班6期，共培训青年教师和管理人员272人。河北省玉田县教育局关工委主动配合局有关职能部门，挑选100位富有经验的退休教师与新分配的200名青年教师结成对子，对青年教师传帮带。（2）开展劝学、控辍活动。各地关工委积极贯彻落实全国基础教育工作会议精神，主动配合中小学校（主要指农村和老少边穷地区）深入乡村街道和学生家庭，宣传义务教育法，动员、说服辍学、失学学生和家长，并千方百计帮助有困难的学生解决实际问题，让辍学、失学的少年、儿童重返校园。如陕西省渭南市教育局关工委为配合市教育局做好提高中小学入学率和在校生巩固率的工作，向全市发出《关于动员老同志做好中小学‘控辍’劝学助学工作的通知》。仅2002年秋季，全市就发动1 000余名老同志，采取多种办法和形式，动员566名流失学生返校学习。河北省玉田县教育局关工委通过调查，了解到全县有1 009名初中生辍学后，立即动员520位老同志开展劝学活动，经过努力，使721名学生返校学习。各级关工委开展的劝学、“控辍”活动取得了较好效果，为巩固、提高“普九”成果作出了贡献。（3）多方呼吁、筹措资金，开展帮困助学活动。教育系统各级关工委为了帮助贫困学生顺利完成学业，充分发动老同志们多方奔走、呼吁，千方百计筹集资金。据不完全统计，贵州省教育系统关工委2002年通过各种方式筹集32万元人民币用于帮助特困大中小学生。除此，还向农村贫困地区中小学捐赠图书77 000余册、电脑7台、课桌椅260多套。湖南省教育系统关工委近十年来共筹措基金4 295万元，救助贫困生73 025人。教育部关工委分别向宁夏回族自治区和贵州省贫困地区中小学校和贫困学生各捐赠150套图书和15 000元人民币；向河北省白洋淀的安新县中小学捐赠价值13万元人民币的图书；还向湖北省宜昌市和山西省临汾市的小学捐款4 000元；向山西运城市的两所小学各捐赠了一批图书。为使扶贫帮困工作经常化、规范化，许多地方和高校建立了专项基金，制订了管理办法和相关制度，如重庆大学设立的“关工委特困优秀学生奖励基金”、长春工程学院关工委设立的“校友助困基金”等。

撰稿　郭春开
审稿　原永堂

基础教育

管理工作

〔**调整完善农村义务教育管理体制**〕 为进一步贯彻落实《国务院关于基础教育改革与发展的决定》，部署完善农村义务教育管理体制工作，国务院办公厅于2002年4月26日召开了完善农村义务教育管理体制电视电话会议。国务院副总理李岚清在会上讲话。

李岚清在讲话中指出，农村义务教育实行在国务院领导下，由地方政府负责、分级管理、以县为主的管理体制，是党中央、国务院在认真总结农村义务教育发展实践，科学分析当前农村经济和社会发展形势，特别是针对当前农村义务教育存在的困难和问题，以及农村税费改革后的新情况而作出的一项重大决策。调整完善农村义务教育管理体制，要实现两个重大转变：一是要把农村义务教育的责任从主要由农民承担转到主要由政府来承担；二是把农村义务教育的责任从以乡镇为主转到以县为主。李岚清在讲话中强调了省、县两级人民政府在发展农村义务教育中的责任。指出落实县级人民政府对发展农村义务教育承担主要责任，是调整和完善农村义务教育管理体制的核心。县级政府要把发展农村义务教育作为一项重要任务和检验工作实绩的主要标准。县级政府的主要职责，一是统筹规划农村义务教育的发展，因地制宜地逐步调整农村中小学布局，整合优质教育资源，保证义务教育阶段适龄儿童少年按时入学。二是建立规范、稳定的经费投入保障机制，通过调整本级财政支出结构，增加教育经费预算，合理安排使用上级转移支付资金，做到“三个确保”：即确保中小学教职工工资、确保中小学正常运转经费、确保农村中小学危房改造等所需资金。这“三个确保”是县级政府发展农村义务教育的主要责任。三是加强教职工队伍建设，提高教师整体素质。要根据省级人民政府批准的中小学教职工编制，核定学校的教职工编制，负责农村中小学校长、教职工的选拔、任用、调配、培训和管理，把好吸纳教职工的编制关、质量关，特别要配好学校校长和领导班子。四是加强学校管理，提高教育质量。规划和指导农村中小学教育教学改革，全面实施素质教育。积极推进农科教三结合，统筹普通教育、职业教育和成人教育的发展。省级人民政府在发展农村义务教育中要发挥关键性作用。要采取切实措施，重点支持财政困难县发展农村义务教育。通过调整财政支出结构，加大省级转移支付力度，合理使用中央财政的转移支付资金等措施，支持困难县确保农村中小学教职工工资、危房改造和正常运转的资金，努力缩小困难县与其他地区的差距。对省内各县（市）经济和财力差距较大的，省级政府可采取特殊措施，通过集中经济发达县（市）部分财力，专项支援困难县发展农村义务教育。各级人民政府要加强领导，狠抓落实，大力推进完善农村义务教育管理体制工作。一要建立有效的农村义务教育经费投入保障机制；二要加大监管力度，保障农村义务教育经费落实到位和有效使用；三要采取有力措施，确保税费改革地区农村义务教育的投入；四要积极发展现代远程教育，实现农村义务教育的跨越式发展；五要加强教育对口支援，开展经常性助学活动。

会上，教育部、财政部主要负责人对完善农村义务教育管理体制、保障农村义务教育投入等作了工作部署。河北省、贵州省政府主要负责人就完善农村义务教育管理体制，加大省级转移支付力度，增加经费投入，保证中小学教职工资发放，推进农村义务教育持续健康发展等问题发言。

2002年4月14日，国务院办公厅印发了《关于完善农村义务教育管理体制的通知》，对调整完善农村义务教育管理体制提出了明确要求。《通知》共分三个部分，一是明确各级政府责任，加强农村义务教育的领导和管理；二是建立农村义务教育经费保障机制，保证农村义务教育投入；三是完善人事编制管理制度，加强农村中小学教师队伍建设。

会议的召开和《通知》的印发，对各地完善农村义务教育管理体制工作产生了巨大的推动作用。在各级党委、政府和教育行政部门的共同努力下，完善农村义务教育管理体制工作取得明显成效。截至2002年底，全国已有95%以上的县将农村中小学教职工工资管理和人事管理上收到县，广大农村普遍建立了由县（区）统一发放教师工资的制度，农村大面积拖欠中小学教职工工资的现象得到遏制，以政府为主，确保农村中小学教职工工资按时足额发放、确保农村中小学正常运转经费、确保农村中小学建设和危房改造等所需资金的经费筹措机制正在逐步建立，近年来影响农村义务教育健康发展的一些突出问题正在逐步得到解决。

〔**加强基础教育办学管理**〕　为加强基础教育办学管理，保障基础教育改革和发展的健康进行，教育部于2002年2月26日印发《关于加强基础教育办学管理若干问题的通知》。

近几年来，各地在进行公办学校办学体制改革试点、鼓励社会力量办学、改造薄弱学校、扩大优质教育资源、推进义务教育阶段招生考试制度改革等方面取得了明显成效。但是，有的地方也出现了一些不规范的办学行为，引起社会和广大人民群众的关注。《通知》要求地方各级教育行政部门要以江泽民同志“三个代表”重要思想为指导，在当地政府领导下，从维护最广大人民群众的根本利益出发，依据《教育法》、《义务教育法》和《国务院关于基础教育改革与发展的决定》等有关法律法规和政策，加强基础教育办学管理，保障基础教育改革和发展的健康进行。

《通知》明确规定，各地不得将公办中小学校和幼儿园以出售、拍卖等方式进行转让，已经转让并造成公有资产流失、减损的，应当及时予以纠正；办学水平和教育质量较高、社会声誉较好的公办中小学和幼儿园是长期积累形成的公共教育资源，不得以改制为名实行高收费；经批准进行中小学办学体制改革试验的学校、幼儿园可以依托优质公办中小学、幼儿园办学，这类学校必须具有独立的法人，必须实行独立的经费核算和人事管理，有独立的校园、校舍，独立进行教育教学；坚持义务教育阶段公办学校就近免试入学，任何民办和各类进行办学体制改革的小学、初中也不得以考试的方式择优选拔新生；坚持义务教育阶段公办学校不招“择校生”，高中招收“择校生”，应按照国务院纠正行业不正之风办公室、教育部《关于进一步做好治理教育乱收费工作的意见》的要求，遵守“三限”政策，即：限分数（不准违反规定录取低于最低录取分数线的新生）、限人数（不准超过国家规定的班额，不得挤压招生计划指标，变相扩大择校人数。即“择校生”数量不得超过省级政府规定的比例）、限钱数（“择校生”交费标准，由教育部门提出，经省级人民政府批准后向社会公布）。学校不准超过规定标准收费，不得向“择校生”收取赞助费或建校费等。

《通知》还对规范基础教育办学行为的其他问题作出了具体规定。

撰稿　王民养
审稿　王建国

〔**保障进城务工就业农民子女接受义务教育**〕近几年来，针对进城务工就业农民子女接受义务教育的现状和存在的问题，教育部门积极采取措施，推动进城务工就业农民子女接受义务教育的工作。

1996年原国家教委制定印发了《城镇流动人口中适龄儿童少年就学办法（试行）》，在部分省、市进行试点。1998年，原国家教委、公安部联合制定了《流动儿童少年就学暂行办法》。2001年，国务院作出《关于基础教育改革与发展的决定》，提出："要重视解决流动儿童少年接受义务教育问题，以流入地区政府管理为主，以全日制公办中小学为主，采取多种形式，依法保障流动儿童少年接受义务教育的权利。"不少省市从当地实际出发，制定措施和实施细则，为进城务工就业农民子女就学提供了政策保证。如2002年4月，北京市政府转发了市教委《北京市对流动人口中适龄儿童少年实施义务教育的暂行办法》，规定了进城务工就业农民子女就学条件，明确了各级政府和有关部门的职责，规范了办学者的法律责任和办学行为，提出了管理工作要求。上海、浙江、广东、江苏、武汉、深圳等省市也分别制定了有关规定、办法及意见。

为了解进城务工就业农民子女就学情况，分析进城务工就业农民子女入学存在的困难和问题，提出解决办法和措施，全国基础教育工作会议以后，教育部要求各地进一步深入调查研究，认真总结经验，并组织人员对北京、天津、上海、浙江、湖北、广东、深圳、成都等地进行了调研，写出了专题报告。2002年，教育部又组织了对北京、上海、浙江、湖北等省市的重点调研，听取工作建议，与流入地政府及教育等有关部门、学校共同总结经验，研究政策和措施。从调查情况看，各地进城务工就业农民子女就学工作进展较快，取得了一定成效。但各地工作进展还很不平衡，存在不少问题和困难：一是流动人口增长较快，进城务工就业农民及其子女不断增加，就学压力较大。二是部分流入地政府认识不够充分，职责不明确，管理不到位，没有将进城务工就业农民子女就学纳入到本区域教育事业发展规划中。三是不少流出地职责不明确，不能配合流入地工作。四是户籍管理政策与学籍管理政策相互脱节，进城务工就业农民子女底数不清，情况不明。五是办学经费措施不落实，流入地尤其是进城农民聚集地政府和教育部门经费支出压力较大。六是部分地方简易学校管理不力，不少学校办学条件差，师资力量薄弱，办学行为不规范，教育教学质量低。

在调查研究和总结各地经验的基础上，为解决进城务工就业农民子女接受义务教育存在的问题，2002年8月，教育部在杭州市召开了全国进城务工就业农民子女接受义务教育工作经验交流会，交流了各地的经验，对今后的工作提出了要求，提出了今后一段时期的工作思路：以江泽民同志"三个代表"重要思想为指导，认真贯彻落实《国务院关于基础教育改革与发展的决定》，坚持"两个为主"的方针，依法保障进城务工就业农民子女接受义务教育的权利。力争经过几年的努力，逐步建立起政府加强领导、有关部门齐抓共管、流入地流出地相互配合，以流入地政府管理为主、以全日制公办中小学为主，因地制宜、多种形式接收进城务工就业农民子女接受义务教育的工作机制，使绝大多数进城务工就业农民子女就学能够"进得来、读得起、学得好"。

撰稿　王志伟
审稿　王建国

〔学校对口支援工作〕　自2000年启动实施学校对口支援工作的"两个工程"，即"东部地区学校对口支援西部贫困地区学校工程"和"大中城市学校对口支援本省（自治区、直辖市）贫困地区学校工程"以来，到2002年已取得显著成效，促进了受援地区教育教学水平的提高，改善了受援学校的办学条件，对于缩小东西地区、城市和农村地区的教育差距，促进教育事业的均衡发展发挥了重要作用。2003年2月，教育部等九部委在北京联合召开学校对口支援工作经验交流暨表彰电视电话会议，对在这项工作中涌现出来的先进单位和先进个人进行了表彰。

近三年来，东部地区共向西部受援地区选派支教教师和管理人员1 800多人次；西部受援地区派往东部地区对口学校培训的教师和挂职的管理人员1 400多人次。支援地区向受援地区学校无偿提供资金超过2亿元，并捐赠了大量计算机、图书、教学设备等物品。支援地区还资助了西部13 000多名家庭经济困难学生。各地大中城市向当地贫困地区学校共派出支教教师和管理人员10 200多人次，接收受援地区培训的教师和挂职的管理人员5 100

多人次，捐款4 800多万元，捐赠计算机13 000多台、图书360万册、教学仪器5万多套、衣物67万件。学校对口支援工作成效明显，创造了很多有益的经验。

撰稿 高学贵
审稿 王建国

〔**印发全国青少年学生校外活动场所《建设与发展规划》**〕 2002年5月，全国青少年校外教育工作联席会议印发了《2000年～2005年全国青少年学生校外活动场所建设与发展规划》（以下简称《规划》）。《规划》确定的总体目标为："十五"期间，通过国家筹集资金扶持和地方各级政府投入，大力推动青少年学生校外活动场所的建设和维护，至国家扶持建设的所有项目完成时，实现全国将近90%的县（自治区、直辖市）至少有一所综合性的青少年学生活动场所。同时，结合城市住宅建设以及小城镇建设的发展，把场所向社区辐射，形成各具功能的校外教育网络。建立健全全国青少年学生校外教育和校外活动场所建设和维护的管理机制、制度。到2005年，形成在各级政府领导下，以青少年校外教育工作联席会议（或协调机构）为主导、社会各界共同参与建设和管理青少年学生校外活动场所的工作格局；命名一批国家级的具有先进水平、具有示范导向功能的青少年学生校外活动场所。

为了确保《规划》的实施，"十五"期间国家每年将继续筹集彩票公益金专项用于青少年学生校外活动场所建设和维护，加上2000年资金，6年总计40亿元。2000年～2005年中央集中用于扶持中、西部地区青少年学生校外活动场所建设经费累计20亿元；返还地方专项用于青少年学生校外活动场所建设和维护资金累计20亿元。此外，《规划》还提出要逐步建立健全青少年学生校外活动场所建设及管理制度。如：建立规范、科学的青少年学生校外活动场所建设项目申报、审批和管理制度；建立和完善国家筹集专项用于青少年学生校外活动场所建设和维护的彩票公益金的管理和使用制度；制订《全国青少年学生校外活动场所管理规程》；建立对青少年学生校外活动场所管理人员和师资的培训制度等。

《规划》印发以来，得到各省、自治区、直辖市青少年校外教育工作联席会议的响应，各地围绕《规划》的有关要求，积极采取措施，制定当地的建设与发展目标。《规划》的各项目标正在逐步实施。

〔**颁发第五届宋庆龄奖学金**〕 2002年7月1日，教育部和中国福利会联合印发了《关于颁发第五届宋庆龄奖学金的决定》，《决定》指出：经各省、自治区、直辖市教育行政部门评选推荐，教育部和中国福利会决定向依金生等767名学生颁发第五届宋庆龄奖学金。此次获奖学生中有388名初中学生、379名小学生。

本届宋庆龄奖学金奖励人数从原来的每省10名扩大至全国每个地级单位2名（初中、小学各1名），获奖人数达767人，比历届最多的312人增加了1倍多。奖金金额也有所提高，由历届一次性奖励500元，改为小学每人每学年200元，中学每人每学年400元，直至完成本学段学业。在评选范围上新增了新疆生产建设兵团。本届奖励活动采取奖励与助学相结合，在名额分配上适当向西部地区倾斜，增加的名额充分考虑了对品学兼优、家庭有困难的学生的奖励，使奖学金的评选工作与全国助学活动紧密结合，在各地产生强烈反响。

教育部要求各地教育行政部门要大力宣传宋庆龄奖学金获奖者的先进事迹。同时，要进一步总结和完善宋庆龄奖学金的评选工作，使其在深化教育教学改革，全面推进素质教育中发挥更大的作用。

撰稿 王新立
审稿 王建国

〔**高中教育发展迅速**〕 "九五"期间，在党中央、国务院的高度重视和亲切关怀下，在社会各界的大力支持下，经过教育战线广大师生员工的不懈努力，我国高中阶段教育事业快速发展。2002年普通高中招生数和在校生数分别达到676.7万人和1 683.8万人，比1995年分别增长403.1万人和970.6万人。这一时期，高中教育注重走内涵发展的道路，在扩大办学规模的同时，不断提高办学效益，校均规模由1995年的510人提高到2002年的1 093人。各地坚持以改革促发展，不断探索在加大政府投入的同时，吸引社会广泛参与、积极扩大高中优质教育资源，办学规模迅速扩大，办学条件明显改善。近年来，各地积极推进以课程改革为核心的教育教学改革，教育质量稳步提高。

但是随着时代的发展，对高中阶段教育进一步发展提出了新的要求。普通高中教育发展与广大人民群众的教育需求之间的矛盾，大中城市人民群众对高质量教育的需求与大中城市优质教育资源的短缺的矛盾，农村初中毕业生急剧增加与高中教育的发展不能满足其升学的矛盾日益突出。高中阶段教育已经成为整个教育发展中的瓶颈。

2002年10月12日～13日，教育部在天津召开了“全国高中发展与建设经验交流会”，国务院副总理李岚清到会并发表讲话，各省（自治区、直辖市）、计划单列市、省会城市分管教育的领导同志、教育厅厅长（教委主任）出席了会议。教育部部长陈至立作了题为《实践“三个代表”重要思想，努力开创高中教育发展与建设的新局面》的讲话，北京、天津等7个地区在会上介绍了发展高中教育的经验。与会代表还参观了天津市的高中，全面了解高中建设的情况。

陈至立在讲话中全面总结了“九五”计划以来我国高中阶段教育发展的经验、取得的成绩以及存在的问题；分析了形势，提出了今后一个时期高中阶段教育发展的政策思路和措施。指出要坚持“九五”期间高中教育发展取得的基本经验，以“三个代表”重要思想为指导，努力开创高中教育发展与建设的新局面。坚持公办学校为主导，积极鼓励民办教育发展，逐步形成适应社会发展需要的、灵活多样的办学格局；形成政府投入为主，动员社会多方参与，受教育者合理分担的机制；分区规划、分类指导，大力推进高中教育事业的发展，深化教育教学改革，提高办学水平和教育质量，积极扩大优质教育资源，最大限度地满足社会发展的需要和人民群众的愿望。

会后，许多省（自治区、直辖市）纷纷召开高中教育工作会议，总结经验，创新思路，从实践“三个代表”重要思想的高度，认识发展高中阶段教育的重要意义，进一步明确本省（自治区、直辖市）今后高中阶段教育发展的目标、规划、思路和措施。高中阶段教育呈现出积极发展的良好态势。

撰稿　曹志祥

审稿　朱慕菊

〔研究制定幼儿教育改革和发展政策〕 2001年～2002年，教育部在对北京、天津、内蒙古、河南、安徽、湖北、浙江、甘肃、四川、宁夏、贵州、广西12个省（自治区、直辖市）和广州、青岛、沈阳等城市，就幼儿教育事业的发展状况、幼儿教育管理、幼儿教育机构的教育和服务质量、家庭对早期教育的需求以及社区早期教育资源等方面进行了抽样调研和专题调研。调研结果显示：(1)幼儿接受早期教育的比例逐步有所提高，但地域和城乡差异较大；(2)一些地方幼儿教育的管理机构不健全，管理力量薄弱；(3)幼教经费在整个教育经费中所占比例过小，政府投入不足；(4)家长急需科学育儿的指导，但缺乏有效的组织和服务形式；(5)社区内的文化、教育、医疗保健资源等还没有得到很好的利用，难以资源共享。

为进一步推动新世纪幼儿教育事业的健康发展，制定有效的对策和措施，有针对性地解决当前幼儿教育改革和发展过程中出现的问题，在广泛调研的基础上，教育部协调中央编办、国家计委、民政部、财政部、劳动和社会保障部、建设部、卫生部、国务院妇女儿童工作委员会、全国妇联等部门和单位，拟定了《关于幼儿教育改革和发展的若干意见》，提出了今后五年我国幼教事业的发展和改革目标，进一步明确了各级政府对发展幼儿教育事业的责任、管理体制和发展机制等问题，并多次召开座谈会，广泛征求了地方教育行政部门的意见，拟以国务院办公厅的名义转发。

撰稿　姜　瑾

审稿　朱慕菊

〔**全面部署“十五”期间扫盲工作**〕 2002年，全国共计扫除青壮年文盲170多万，青壮年文盲率下降到4%以下。1月，教育部召开全国扫盲工作会议，研究和探讨了新时期扫盲工作的新情况、新问题和新思路。教育部还印发了《扫盲教育课程与教学改革指导意见》。8月，中共中央办公厅、国务院办公厅转发了教育部等12个部门《关于“十五”期间扫除文盲工作的意见》（以下简称《意见》），全面部署了“十五”期间扫盲工作。《意见》明确了“十五”期间我国扫除文盲工作的指导思想、工作目标和主要任务，并制定了相关的保障措施。

《意见》明确了新时期扫除文盲的指导思想：深入贯彻落实《国务院关于基础教育改革与发展的决定》和《扫除文盲工作条例》，把普及九年义务教育和扫除青壮年文盲作为教育工作的“重中之重”，坚持杜绝新生文盲、扫除现有文盲与使脱盲人员接受继续教育相结合的方针，巩固和扩大扫盲工作的成果，提高扫盲工作的质量和效益。

《意见》明确了“十五”期间扫除文盲的工作目标：（1）扫盲工作的主要对象为15周岁～50周岁的青壮年文盲。鼓励50周岁以上的文盲接受扫盲教育。（2）西部地区尚未实现基本扫除青壮年文盲目标的县（市、区），特别是已经普及初等义务教育的县（市、区），要在普及初等义务教育后的5年内，基本扫除青壮年文盲，将青壮年非文盲率提高到95%以上。内蒙古、贵州、云南、甘肃、宁夏、青海等省（自治区）要将青壮年非文盲率提高到90%以上。西藏自治区要大力普及义务教育工作，减少新生文盲，积极扫除青壮年文盲。（3）已经实现基本扫除青壮年文盲的县（市、区），要以乡（镇）为单位，全面扫除有学习能力的青年（15周岁～24周岁）文盲，使青壮年脱盲人员普遍接受继续教育。控制复盲现象，在巩固扫除文盲成果的基础上将青壮年非文盲率保持或提高到95%以上。

《意见》明确了“十五”期间的主要任务是：核清底数，健全档案；广泛开展杜绝新生文盲和扫盲后的巩固提高工作；重点推进贫困地区、少数民族和妇女的扫盲教育；大力开展扫盲课程与教学改革；农村中小学校和成人学校要积极承担扫盲工作。

《意见》还规定了有关加强领导、建立扫盲领导协调机构、多渠道解决扫盲工作经费、重视和加强扫盲教育理论与实践的研究工作、坚持对扫盲工作的督导评估制度、建立扫盲工作的报告和通报制度6条保障措施。

撰稿　孙凤岐

审稿　王建国

教学与课程改革

〔**中小学评价与考试制度改革**〕 为进一步贯彻落实《中共中央国务院关于深化教育改革全面推进素质教育的决定》和《国务院关于基础教育改革与发展的决定》精神，坚持教育创新，全面推进素质教育，教育部于2002年底印发了《关于积极推进中小学评价与考试制度改革的通知》。《通知》提出中小学评价与考试制度改革的根本目的是为了更好地提高学生的综合素质和教师的教学水平，为学校实施素质教育提供保障。要求对学生、教师与学校评价的内容要多元，既要重视学生的学习成绩，也要重视学生的思想品德以及多方面潜能的发展，注重学生的创新能力和实践能力；既要重视教师业务水平的提高，也要重视教师的职业道德修养；既要重视学校整体教学质量，也要重视在学校的课程管理、教学实施等管理环节中落实素质教育思想，形成生动、活泼、开放的教育氛围。评价标准既应注意对学生、教师和学校的统一要求，也要关注个体差异以及对发展的不同需求，为学生、教师和学校有个性、有特色的发展提供一定的空间。评价方法要多样，除考试或测验外，还要研究制定便于评价者普遍使用的科学、简便易行的评价办法，探索有利于引导学生、教师和学校进行积极的自评与他评的评价方法。《通知》提出建立以促进学生发展为目标的学生评价体系，有利于促进教师职业道德和专业水平提高的教师评价体系和有利于提高学校教育质量的学校评价体系，确定了评价内容、标准、方法等。

《通知》对小学升初中考试、初中毕业升学考试、高中会考和高考提出要求。已普及九年义务教育的地区，公办学校实行义务教育阶段就近免试入学，民办和各类进行办学体制改革的小学、初中也不得以考试的方式选拔新生。初中升高中的考试与招生中，要综合考虑学生的整体素质和个体差异，改变以升学考试科目分数简单相加作为惟一录取标准的做法。高中录取标准除考试成绩以外，可试行参考学生成长记录、社会实践和社会公益活动记录、体育与文艺活动记录、综合实践活动记录等其他资料，综合评价进行录取。各省、自治区、直辖市对普通高中会考具有统筹决策权，不再进行普通高中会考的地方要建立和完善普通高中毕业考试制度。逐步形成允许高中阶段其他学校的学生和社会人员参加会考的机制，要为学生提供多次考试机会和补考机会。高考内容改革将更加注重对考生素质和能力的考查，积极引导中学加强对学生全面素质的培养。高考科目设置改革要将统一性与选择性相结合，在满足高等学校选拔人才的同时，促进学生全面发展与个性发展。高等学校选拔方式的改革要进一步探索建立在文化考试基础上综合评价、择优录取的办法。高中应探索建立综合性的评价体系，增加反映学生在校期间参加研究性学习、社会公益活动及日常表现等真实、典型的内容，为高等学校招生工作提供更多的学生成长信息。

《通知》要求教育督导部门将中小学评价与考试制度改革作为对地方教育行政部门和学校督导评估的一项重要内容，并根据《通知》精神对现行督导评估标准进行必要的调整。教研部门应认真研究评价内容和评价方式，提高为学校和教师服务的能力，促进教师的发展和学校课程实施水平的提高。各级教育行政部门要加强对本地区中小学校长、教师的培训，使中小学广大教育工作者了解评价与考试制度的改革方向和要求，掌握评价的基本方法。

〔**加强中小学写字教学**〕 为落实《基础教育课程改革纲要（试行）》提出的“在义务教育阶段的语文、美术课中要加强写字教学”的要求，教育部于2002年5月印发了《关于在中小学加强写字教学的若干意见》（以下简称《意见》）。《意见》提出规范、端正、整洁地书写汉字是有效进行书面交流的基本保证，是学生学习语文和其他课程、形成终身学习能力的基础。当前，在重视学生掌握计算机汉字输入技术的同时，必须继续强调中小学生写好汉字。《意见》提出中小学写字教学要使学生具备正确书写汉字的基本能力。会写铅笔字和钢笔字，学习写毛笔字，使学生养成良好的写字习惯，正确的写字姿势，并有一定的书写速度。小学低年级特别要注重良好写字习惯的培养。

《意见》要求各门课程都应重视写字教学。加强写字教学，培养良好的写字习惯是所有老师的共同任务，应在教学中明确对学生写字的要求，要特别重视学生日常写字，各科作业都应要求书写规范、认真、端正，真正做到“提笔就是练字时”。全体教师都应以正确、认真的书写作为学生的表率，使学生在潜移默化中养成良好书写的习惯。语文教学、编写语文教材都应根据不同年龄段学生特点，有计划地加强写字教学，确保课程目标的实现。应通过美术、艺术课程，提高学生的书法欣赏能力和艺术创造能力，并创造条件，鼓励有书法爱好的学生开展个性化艺术活动。

《意见》要求学校应组织学生开展写字、书法的课余活动，提高书写能力，加深对汉字实用功能与审美功能的理解。要改进写字教学评价，要有利于引导绝大多数学生对写字、书法的兴趣，有利于形成正确的写字姿势和具有基本规范的写字技能。对小学低年级的写字评价，特别要关注认真书写态度和良好写字习惯的培养，注意学生对基本笔画、汉字基本结构的把握，重视书写的正确、端正、整洁；对高年级学生的书写评价，既要关注其书写规范和流利程度，也要尊重他们的个性化审美趣味。通过发展性评价来提高学生的写字兴趣和自信心，要特别防止用大量、重复抄字的惩罚性做法对待学生。一般情况下，不应要求学生背记文字、书法的知识。全体学生的写字习惯，基本的写字技能，应成为教师教学水平、学校办学水平评价的一个方面。

〔**义务教育课程改革实验进展情况**〕 2001年秋季，教育部在全国27个省、自治区、直辖市确立了38个国家级新课程实验区，正式开始了义务教育新课程的实验工作。2002年春季又有北京市的1个区和浙江省的3个县（市）被确定为国家级实验区。2002年秋季，按照“每个地级市可确定一个省级基础教育课程改革实验区”的原则，全国又有530个县（区、市）确定为基础教育课程改革省级实验区。2002年9月，省级实验区的新课程改革实验全面启动，参加实验的学生数达870余万人，约占同年级学生总数的18%～20%。新课程实验推广进入到由点到面过渡的新的关键阶段。

2002年4月28日，教育部召开了全国推进基础教育新课程实验电视电话工作会议。陈至立部长在会上作了题为《提高认识，加强领导，扎实做好基础教育课程改革实验推广工作》的讲话，提出要提高认识，统一思想，加快基础教育课程改革步伐；抓住教师培训、新课程的科学研究和业务指导、加强管理规范教材选用的程序和行为等工作重点，扎实做好新课程实验推广工作；对加强领导、成立课程改革实验领导小组、做好新课程实验推广规划、明确分工和落实责任、提供必要保障、研究制定有关政策、做好宣传工作等提出了明确要求，以确保基础教育新课程实验推广工作顺利进行。

在新课程的培训工作方面，教育部组织了国家级实验区培训和地市级教育行政和教研部门负责人的一级培训，累计培训人数近4000人；各省教育行政部门和实验区也组织了二、三级培训，提出实施新课程要求教师“不培训，不上岗”的原则，培训人数达50余万。

基础教育课程改革是一项全面系统的改革工程，随着改革的深入推进，面临许多需要认真解决的问题，要跟踪实验区的进展，分析问题，通过实践探索、研究对策，推动课程改革工作。2002年，教育部就课程改革的组织与领导、教师专业水平提高、教学改革、评价与考试改革等方面的工作组织了近千名高校教师、教育行政干部、教育科研人员及实验区领导小组成员，多次深入实验区开展培训、指导、调研和评估，同时，实验区也开展了各种形式的问题研讨、经验交流。2002年8月25日～9月8日，教育部组织了对成都市温江区、贵阳市白云区、西安市未央区和新城区、阳泉市郊区、娄底市娄星区、洛阳市孟津县等2002年开展课程改革实验的省级实验区的调研，调研围绕实验区组织领导机构建设、专家支持系统建设、实验方案的制定和落实、实验保障条件、培训的组织和落实、教材选用、社会宣传和动员七个方面展开。通过省级实验区的典型调查，了解情况，发现问题，总结经验，为2003年进一步推广新课程提出了工作建议。

2002年3月和9月，教育部分别在深圳、哈尔滨召开“国家课程改革实验区经验交流会”，会议主要围绕如何转变教学方式，实现师生互动、平等参与和学生开展合作学习，如何实现对教师和学生的发展性评价，科学、艺术、历史与社会等综合课程的实施等议题进行研讨，及时总结实验区工作情况，发现问题和寻找对策，为推动省级课程改革实验区工作提供支持。

会议交流的经验和情况反映出，新课程经过一年的实验，在国家课程改革实验区已取得一定成效，主要体现在：实验区教育行政部门认识到课程改革是实施素质教育的核心环节，必须抓紧抓实，在课程改革实践中涌现出了一批学术型、专家型的领导；实验区教师的改革热情高涨，教育观念正在发生深刻变化，在教学中开始关注每个学生的发展，注重联系学生的生活经验，注重培养学生的学习兴趣；学生学习方式和教师教学方式呈现出多样化、个性化的特点，课堂上出现了师生互动、平等参与的生动局面；各实验区按照评价与考试制度改革的要求，积极开展学生成长纪录、学生学业成绩纪录及日常测验、考试、考核的探索，山东潍坊、贵州贵阳、山西曲沃、宁夏灵武等市结合本地的实际情况开始了初中考试招生制度的探索实验；各地及实验区的教研部门积极转变工作方式，要求教研员以平等对话、积极互动的方式与参加课程改革实验的中小学教师共同研究学校教学实践中遇到的问题；各实验区在推进新课程过程中作了大量的宣传、动员工作，课程改革工作得到了社会的积极关注，得到了家长的理解和支持，促进课程改革的社会氛围开始形成。

通过对省级课程改革实验区工作的调研和国家课程改革实验区经验交流，也反映出在课程改革实验推进过程中必须认真解决的一些问题，主要有：不少实验地区政府将课程改革看作是教育系统内部的事情，在协调相关职能部门及时解决新课程实施中遇到的政策、经费、人事、宣传等问题做得不够，迫切需要形成实施素质教育的制度保障；在教育部门内部也存在认识不到位现象，缺乏责任感和紧迫感；实验教师有改革热情但得不到及时的专业指导和支持；实验区教师、家长担心高考改革与基础教育课程改革是否能衔接。根据调研反馈的情况，教育部全面研究部署了下一步的实验工作的进度和要求。

积极推动评价考试制度改革。2002 年 11 月中下旬和 12 月上旬，教育部组织“促进教师发展与学生成长的评价研究”项目组（以下简称“评价项目组”）对 9 个实验区（浙江省杭州市余杭区、湖北省武汉市武昌区、黑龙江省大庆市萨尔图区、宁夏回族自治区灵武市、广西壮族自治区玉林市、四川省成都市温江区和武侯区、山东省青岛市、河南省郑州市金水区两个国家级实验区等）教育评价改革工作进展状况进行了实地调研，调研内容包括实验区评价改革的整体推进、学生日常评价改革、期末评价与考试改革、成长记录袋评价在实践中的应用、教师评价改革、课堂教学评价改革六个方面的工作进展情况，还通过多种途径和方式，从其他国家级实验区中广泛地了解和收集了评价改革的工作情况。调研结果形成七个专题调研报告，分别就每一方面的工作提出了进一步改进建议和整体推动评价考试改革工作发展的建议。

积极推进初中毕业、升学考试制度改革。教育部连续第四年对全国中考命题、管理工作进行评价，组织了国家课程标准组的核心成员，华东师范大学、北京师范大学、广西师范大学部分学科教学论研究人员、评价研究人员，安徽、山西等省级教研室负责人和学科教研员，对 2002 年全国组织初中毕业、升学考试的 105 个省地级考试组织单位交来的 105 套试卷及相应评分标准、考试工作总结、学科评价报告等进行了评价，并形成学科命题与评价、考试管理及改进建议的专题评价报告。组织山东潍坊、山东青岛、辽宁大连、贵州贵阳、山西曲沃、宁夏灵武等市结合本地区参与国家课程改革的实际情况开展初中毕业生高中考试招生制度的探索研究。

提出建立以校为本的教研机制。2002 年，教育部组织专题项目组，就“以校为本”教研制度建设及基本运作模式、学校和各级教研部门如何开展以校为本的教学研究、怎样建立开放性的教学专业支持网络、如何有效提高教师专业水平等，在理论和实践上开展专题调研。在研究和实验区先期探索的基础上，教育部提出建立以校为本的教学研究制度，把学校建设成为学习化组织的要求。教育部要求 42 个国家实验区积极开展建立以校为本的教学研究制度的实验，各省级教研室和 14 所大学的基础教育课程研究中心要建立固定的实验点。

撰稿　杨秀梅
审稿　朱慕菊

〔印发《品德与生活课程标准》、《品德与社会课程标准》〕　根据《基础教育课程改革纲要（试行）》精神，教育部于 2002 年 5 月 28 日印发了九年义务教育小学《品德与生活课程标准（实验稿）》（1～2 年级使用）和《品德与社会课程标准（实验稿）》（3～6 年级使用）。同时从 2002 年秋季开学起，在全国部分国家级基础教育课程改革实验区开展实验工作。

新制定的九年义务教育小学《品德与生活课程标准（实验稿）》和《品德与社会课程标准（实验稿）》以《中共中央国务院关于深化教育改革全面推进素质教育的决定》和《国务院关于基础教育改

革与发展的决定》精神为指导，认真落实中共中央关于《公民道德建设实施纲要》的要求，根据时代的发展和小学生思想品德成长的规律，以儿童的生活为基础，有机整合原来小学思想品德课、社会课和其他相关的教育内容，有针对性地对广大小学生开展思想品德和文明行为习惯的教育。《品德与生活》课是一门以培养品德良好、乐于探究、热爱生活的儿童为目标的活动型综合课程。《品德与社会》课是一门以儿童生活为基础，促进学生良好品德形成和社会性发展的综合课程。

〔**印发《中小学心理健康教育指导纲要》**〕　为进一步加强中小学心理健康教育工作，2002 年 8 月 1 日，教育部印发《中小学心理健康教育指导纲要》。《纲要》在总结中小学心理健康教育实验区实验工作和各地开展中小学心理健康教育的基础上，对全国中小学心理健康教育工作提出了明确的指导意见。

《纲要》共分心理健康教育的指导思想和基本原则、心理健康教育的目标和任务、心理健康教育的主要内容、心理健康教育的途径和方法、心理健康教育的组织实施五个部分。

《纲要》明确提出了“积极推进、实事求是、分区规划、分类指导”的工作原则，要求大中城市和经济发达地区，要普遍开展心理健康教育工作。教师要在具有较全面的心理学理论知识和进行心理辅导的专门技能以及提高自身良好的个性心理品质上有显著提高。有条件的城镇中小学和农村中小学，要从实际出发，有计划、有步骤地开展心理健康教育工作。要抓好心理健康教育骨干教师队伍建设，同时在总结经验的基础上加强区域性心理健康教育的整体推进工作。暂不具备条件的农村和边远地区，要从实际出发，制定出中小学地区性的心理健康教育的发展规划，重点抓好一批心理健康教育的试点学校，积极开展心理健康教育教师的培训工作，逐步推进心理健康教育工作。

《纲要》的颁布将进一步推动全国中小学心理健康教育科学、健康发展。

撰稿　吕同舟
审稿　王建国

教材建设

〔**免费提供教科书情况**〕　2002 年春季免费提供教科书的 1 亿元经费和 2002 年秋季的 1 亿元经费均及时下拨，为内蒙古、四川、重庆、贵州、云南、广西、新疆、西藏、青海、甘肃、陕西、宁夏、山西、黑龙江、江西、安徽、湖南、湖北和河南 19 个省（自治区、直辖市）273 个县级单位的部分农村中小学生和特殊教育学生免费提供教科书。提供免费教科书的范围是上述地区国家扶贫开发工作重点县中，2000 年底未普及初等教育县的全部小学生，未通过国家普及九年义务教育和基本扫除青壮年文盲验收县农村的部分（约占全部农村学生的 1/3）家庭经济困难学生，以及全部特殊教育学校（特教班）学生。111 万小学生、127 万初中生和 5 万特教学生，总计 243 万学生领取了免费提供的教科书。得到免费提供教科书的中小学生约占全国农村义务教育阶段在校学生总数的 2.07%，占全国义务教育阶段在校学生总数的 1.28%。

19 个省（自治区、直辖市）都相应制定了免费提供教科书的管理办法，采取有力措施，使绝大多数学生都及时领到了免费发放的教科书，仅个别地区实行学生先交教科书费用，在免费提供教科书经费到达这些地区后，再返还学生的办法，保证国家下拨的免费提供教科书经费切实减轻这些学生家庭的经济负担，促进这些地区九年义务教育的普及和巩固工作。一些地方还采取有力措施，增加此专项经费的使用效率。内蒙古自治区经内部协调，出版和发行部门提供8折优惠，大大提高了专项经费的实际利用率；贵州省还试点进行免费教科书的循环使用，以扩大此专项经费的使用效率。同时，有些地方还试行了向本地贫困地区学生免费提供教科书。如：黑龙江、山东省从2002年起，每年分别提供550万元和500万元向本地贫困地区学生免费提供教科书；广东省从2001年起，省财政安排3亿元资金用于免收农村困难家庭子女义务教育书杂费；北京市从2002年秋季起向10个远郊区县提供6000万元经费，免除这些地区九年义务教育全部学生的学杂费。

〔**基础教育课程改革实验区教材选用工作**〕为促进省级课程改革实验区教材品种的多样化，逐步建立规范有序、公正透明、民主科学的教材选用机制，教育部于3月22日印发了《关于2002年秋季基础教育新课程实验区教材选用的紧急通知》，就2002年秋季基础教育新课程省级实验区选用教材的有关工作提出了要求。

《通知》要求：省级和地市级教育部门要加强对实验区教材选用的监督、检查和指导，保障实验区教材选用工作规范有序地进行。省级教育行政部门要全部印发教育部的《义务教育课程标准实验教学用书目录》。《通知》明确了以县级实验区为单位自主选用基础教育课程标准实验教材的新办法，要求实验区教材选用工作应遵循一定程序：首先，县级实验区领导小组负责组织成立教材选用委员会。其次，实验区应建立实验教材展示场所。要求教材选用委员会在认真阅读教材的基础上，经集体审议，投票决定各学科选用的教材，由当地教育行政部门报省级教育行政主管部门。同时指出省级实验区实验、验证各科课程标准以及审查通过的实验教材是重要的实验任务之一，各省应为各个品种的教材实验提供一定的使用范围，要求每种实验教材都应有10%的选用比例。同一学科如有两种教材，任何一种教材的选用比例均不得超过70%。一个学科如有三种或三种以上教材，任何一种教材的选用比例均不得超过60%。省级教育行政部门应在各实验区（国家级实验区除外）选用的基础上，经过调整，使选用教材基本符合上述比率。要求地方教育部门应促进教材多样化的改革，不断改进教学管理和研究工作，不得以考试、评优、晋级、教研等为由，影响教材选用的多样性和公正性。要求实验教材的出版、发行部门须按省级教育行政部门核定的实验教材品种、数量保证课前到书，不得以任何不正当手段影响教材选用。各地教育行政部门都要加强对实验教材选用的管理、监督和检查工作，设立投诉和举报电话、信箱，建立社会监督机制，对任何违规行为都要及时纠正和处理。

为了解各地落实《通知》精神和建立规范有序、公正透明、民主科学的教材选用机制的情况，教育部基础教育司于10月中旬在贵阳市召开了部分省（自治区、直辖市）义务教育课程标准实验教材选用工作研讨会议，13省（自治区、直辖市）代表与会。

会上各地义务教育课程改革实验区就贯彻落实《通知》的情况进行了交流，对义务教育课程改革实验区教材使用情况和涉及教材选用的有关问题、配套措施等进行了讨论，会议还组织代表到实验区的两所学校进行实际考察、调研，较全面掌握了省、地市、实验区和学校落实《通知》的情况。《通知》发出后，各地积极、认真地贯彻落实《通知》精神，县级实验区纷纷成立了义务教育课程标准实验教材选用委员会，确定了各自选用教材的程序和办法，较为公正、科学、规范地进行教材的选用工作，并创造了适合于本地情况又符合《通知》精神的教材选用经验。例如：由省级教育部门相对集中地组织教材展示，统筹各实验区教材培训工作，效率高、效果好，有利于实验区对教材的选用和保障出版单位对教材培训工作的落实，有利于基础教育课程实验推广工作。同时在教育行政、出版、发行等部门共同努力下，实现了全部实验区课前到书，人手一册。又如：实验区教材选用委员会按照教材选用程序、办法、要求，认真阅研各种教材，以教材选用委员投票的形式决定教材选用种类，教材选用结果予以公示，并将教材选用委员的选票和有关教材选用资料封存留档，以备核查等，使教材选用更加规范有序、公开和透明，有利于监督和检查工作的开展。

会议还提出了教材工作中存在的问题：一些地

方反映义务教育课程实验教材相对现行教材价格偏高；对农村贫困地区的黑白版教材供应不足；与教科书配套的教师用书、挂图等教学辅助材料品种不多；仍有一些实验区未按照教材选用程序和要求规范地开展教材选用工作；也有一些教材出版、发行单位为追求经济利益违规操作，出现了不正当竞争的现象。针对这些问题会议代表进行了认真研究，并提出了有针对性的措施。要进一步规范、改进教材选用程序，要加强管理、监督和检查工作的力度，不断完善教材选用机制。

撰稿 王安华
审稿 朱慕菊

技术装备

〔**中小学信息化建设**〕 中小学“校校通”工程进展顺利，大中城市和经济发达地区进一步推进城域网、校园网建设，农村以多种方式推进优质教育资源共享，中小学信息技术教育进一步普及。中小学计算机拥有量从1999年底的165万台增加到2002年9月的584万台（每35名学生拥有1台计算机），校园网从1999年底的3 000个增加到2002年9月的2.6万个。（1）国家基础教育资源建设项目取得重大进展。教育部于2002年11月正式批准并颁布《基础教育教学资源元数据规范》，标志着中国基础教育信息资源建设进入一个科学、规范、有序的发展阶段。国家基础教育资源网的建设，依据教育部颁布的义务教育各学科国家课程标准、普通高中各学科国家课程标准和《基础教育教学资源元数据规范》（CELTS－42），结合我国广大中小学教育教学资源的实际及中小学信息技术教育现状，参考国外先进国家网络资源建设的经验和国内教育软件企业的成果，开发和建设一个以提供网络化教育教学资源服务为主体、以资源应用为重点、以促进教学资源可持续发展为方向，充分实现基于网络环境下资源共享的新型网络平台，满足新课程改革对教学资源的需求，满足广大中小学师生在网络环境中的“教与学”的需求，特别是满足中西部地区中小学对教育教学资源的迫切需求。（2）为提高农村教育质量，2002年教育部办公厅印发了《关于实施〈农村中小学运用多媒体资源，提高教育教学质量项目〉的通知》。（3）采用不同模式，逐步推进中西部中小学现代远程教育工程。在农村初中和完小建立卫星教学收视点；依托乡镇中心学校，逐步建立乡镇农村计算机网络信息站；在大中城市建立以地区为中心的城域网。2002年9月，教育部为西部农村5000个小学配备了教学光盘播放系统，为5000个农村初中配发了成套教学光盘。教育部——李嘉诚基金会“西部中小学现代远程教育扶贫项目”计划在西部“国家扶贫开发工作重点县”乡镇以下中小学校建设1万个卫星教学收视点。到2002年底，已经建设的收视点有5000个，二期5000个收视点正在建设中。中国教育电视台建成卫星宽带多媒体传输平台，具有播出8套电视、8套语音和20套以上IP广播（基于因特网协议的数字广播）节目的能力。已播出34套数据节目，其中有关中小学的节目有：扶贫信息；面向中小学的外语、科技类课程；小学英语同步课堂；初中二年级同步课堂（数学、英语、物理）。在西部建设92个计算机网络信息站试点，已于2002年9月完成。为支持西部地区的信息技术教育，2002年3月1日在全国各地集中组织了向中西部贫困地区中小学校捐赠活动。仅北京地区就收集捐赠计算机4700余台，全国共捐赠2万余台。

〔**中小学实验室工作**〕 据统计，截至2002年底，全国已实现中小学实验教学普及的县2 217个，占全国总县数的72.83%。开展中考加试实验操作考核的县1 378个，占全国总县数的45.26%。全国有84.45%的中学开展实验教学，其中物理演示实验开出率为87.36%，分组实验开出率83.21%，化学演示实验开出率87.92%，分组实验开出率85.54%，生物演示实验开出率77.27%，分组实验开出率68.30%，计算机上机课时完成率87.15%，语言上机课时完成率73.73%。

中学教学仪器配备总达标率为85.59%，其中达Ⅰ类配备标准占28.80%，达Ⅱ类配备标准的占40.91%，达Ⅲ类配备标准的占15.88%。

中学实验及功能教室441 930个，其中物理86 963个，化学76 768个，生物46 242个，劳技22 934个，体艺47 729个，计算机66 661个，语言26 906个，其他67 727个。装备用房使用面积合计62 778万平方米。中学实验仪器总额438.13亿元。

全国55 946所中学建有图书馆（室），使用面积总计1 287.78万平方米，共有76 179个阅览室，8 727 225个藏书室，60 198个资料室，馆藏书量12.15亿册，电子图书1 105万片，生均图书16.49册。

全国有66.84%的小学开展实验教学，其中自然演示实验开出率为85.05%，分组实验开出率为82.06%，10.99%的小学开展理科实验操作考核。

小学教学仪器配备总达标率为64.84%，其中达Ⅰ类配备标准占7.21%，达Ⅱ类配备标准的占22.44%，达Ⅲ类配备标准的占35.19%。

小学实验室及功能教室471 091个，其中自然198 639个，劳技39 682个，体艺80 358个，计算机62 330个，语言14 295个，其他75 787个。装备用房使用面积110 614万平方米。小学实验仪器总额332.53亿元。

全国185 264所小学建有图书馆（室），使用面积总计8 909万平方米，共有1 520 963个阅览室，馆藏图书12.20亿册，电子图书766.64万片，生均图书10.71册。

〔**教学仪器设备行业管理**〕 2002年，全国共有435家工厂承担教学仪器设备生产任务。全部职工年平均人数为33 575人，其中工程技术人员6 040人。固定资产原价为145 069.5万元。全行业共完成工业总产值（当年价）575 073.6万元，其中教学仪器设备总产值465 213.6万元。利润总额完成28 969.3万元，税金总额完成44 556.8万元。

2002年，工业全员劳动生产率71 976元/人，工业增加值率42.02%，工业产品销售率95.28%，工业成本费用利润率5.91%，工业资金利税率17.53%，流动资产周转率1.59次，工业经济效益综合指标2.23。

在行业管理方面：（1）教学仪器设备标准化工作。召开2002年全国教学仪器标准化技术委员会工作会议，审议通过了《教学仪器设备产品一般质量要求》和《教学仪器设备产品检验规则》两个教育行业的基础标准及《2003年教学仪器设备标准制、修订项目》。根据国家标准化管理委员会《关于整顿全国专业标准化技术委员会的通知》的要求，对标委会和6个分委会进行了重新登记。全国教学仪器标准化技术委员会已作为第二批确认的全国专业标准化技术委员会通过了清理整顿。发布了《视频展示台》教育行业标准，组织了《学生课桌椅标准》和《视频展示台标准》两项标准的培训。（2）教学仪器设备新产品新技术鉴定工作。2002年列入部级教学仪器设备新产品新技术试制计划的项目共9项，2001年延期到2002年的项目15项。上述项目通过部级新产品鉴定12项。（3）中小学实验室标准化建设。为适应新课程标准实施的需要，进一步加强中小学实验室标准化建设，组织力量重新编制《中小学教学仪器配备目录》，着手制定《中小学实验室建设规范》。（4）《2002年中小学图书馆（室）推荐书目》评审工作。为了加强对中小学校选购图书的指导，鼓励各出版机构为广大中小学生、学校管理者和教师出版优质图书，2002年继续组织中小学图书馆（室）推荐书目的评审工作。共受理45家出版机构参评图书243种，经组织专家评审有186种图书被列入《2002年中小学图书馆（室）推荐书目》，其中人文社会科学类37种，文学艺术类33种，科学技术类47种，学校管理人员及教师学习读物38种，综合类31种。（5）监督指导中国教学仪器设备行业协会举办第44、45届全国教学仪器设备展示会。

2002年全行业产品销售收入为517 392万元，

出口交货值为11 928万美元，其中教学仪器7 671万美元。按出口大类分有生物标本、模型、语言学习系统、玻璃仪器、教学专用仪器设备等。产品主要出口到沙特、泰国、新加坡、日本、韩国、香港等10多个国家和地区。

撰稿 蔡 耘
审稿 李天顺

教育督导

〔**“两基”新进展**〕 2002年，西部各省（自治区、直辖市、新疆生产建设兵团）采取积极措施，制定本地基础教育发展计划，认真组织实施第二期贫困地区义务教育工程、中小学危房改造工程、两个对口支援工程等，加大工作力度和投入力度，努力打好“两基”攻坚战。

2002年底，全国共有10个省（自治区、直辖市、新疆生产建设兵团）报送了经省级评估验收达到“两基”和“普初”标准的县（市、区）材料。经国家教育督导团审查，有24个县（市、区、含其他县级行政区划单位5个）基本达到现阶段“两基”工作的各项指标要求，被列入第九批实现“两基”县（市、区）名单予以公布。有3个县基本达到现阶段“普初”工作的各项指标要求，被列入第六批实现“普初”县（市、区）名单予以公布。

根据对以往公布“两基”县（市、区）名单在行政区划调整后的重新整理，在全国2 860个县（市、区）中，截至2002年，有2 429个实现“两基”，占县（市、区）总数的84.9%，人口覆盖率达到91%。全国尚有431个县（市、区）未实现“两基”。在民政部县（市、区）行政区划统计外，新疆生产建设兵团所辖团（场）及有关省辖其他县级行政区划单位共有169个实现“两基”。

2002年申报“两基”和“普初”的30个县（市、区、团场）全部属西部地区，其中，国家扶贫开发工作重点县有15个，占50%。这些地方虽然已经达到现阶段“两基”验收的基本要求，但由于自然条件及教育基础比较差，义务教育的总体水平还比较低，专任教师数量不足，代课教师比例高，办学条件较差，危房率较高，今后巩固提高的任务仍很艰巨。

2002年12月，国家教育督导团组织了对海南全省实现“两基”的督导检查，认定海南省成为全国第十二个全省实现“两基”的省。

2002年，各省（自治区、直辖市、新疆生产建设兵团）还对所辖已经实现“两基”的县（市、区、其他县级行政区划单位）进行了“两基”巩固提高的复查，共复查984个县级单位，对这些地方的“两基”巩固提高工作起到了推进作用。

撰稿 陈卫军

附一

全国第九批基本普及九年义务教育、基本扫除青壮年文盲县（市）名单

内蒙古自治区 2

阿尔山市 卓资县

重庆市 1

石柱土家族自治县

四川省 2

九龙县 宁南县

贵州省 8

凤冈县 大方县 普定县 印江土家族苗族自治县 岑巩县 三穗县 兴义市 安龙县

云南省 1

邱北县

西藏自治区 3

堆龙德庆县 扎囊县 错那县

陕西省 1

黄龙县

甘肃省 1

通渭县

新疆生产建设兵团 5

伽师总场 76团 77团 六运湖农场 182团

附二

全国第六批基本普及初等义务教育县名单

甘肃省 1

碌曲县

宁夏回族自治区 2

西吉县、彭阳县

〔**2002年度全国教育督导工作会议**〕 2002年度全国教育督导工作会议于3月3日至4日在江苏省义乌市召开。各省、自治区、直辖市及计划单列市、新疆生产建设兵团教育督导室主任出席会议，部分省（自治区、直辖市）教育厅（教委）主管督导工作的副厅长（副主任）应邀参加会议。教育部副部长、总督学王湛出席会议，并作了题为《与时俱进，求真务实，推动教育督导工作取得新的发展》的工作报告。副总督学郭振有作会议总结。

王湛在回顾总结2001年教育督导工作后，要求2002年教育督导要紧紧围绕全面贯彻落实全国基础教育工作会议精神和《国务院关于基础教育改革与发展的决定》开展工作：（1）要认真做好贯彻农村义务教育“治本之策”的督导工作，落实“一保二控三监管”，保障农村义务教育持续健康发展。（2）各级督导部门要根据国务院《决定》对“十五”期间基础教育发展划分的新三类地区规划和教育部对不同地区基础教育发展的不同要求，做好督导工作，全面推进各类地区基础教育事业的持续发展。国家教育督导团将建立义务教育监测制度，各省（自治区、直辖市）也要开展此项工作。（3）认真解决影响基础教育健康发展、群众反映强烈的热点问题，有针对性地继续搞好专项督导检查活动，督出成效。（4）教育督导部门在抓好“督政”的同时，必须认真开展并切实做好对中小学的督导评估工作，努力建立科学的、全面的、有效的中小学督导评估制度，全面扎实地推进素质教育。上海、河北、内蒙古、辽宁、湖北、广东、湖南等省（自治区、直辖市）和义乌市代表在会上介绍了开展教育督导与评估工作的经验，与会代表还参观考察了义乌市的部分学校。

撰稿 程锦慧

〔**纪念邓小平同志提出“恢复教育督导制度”25周年**〕 1977年9月19日，邓小平同志在关于《教育战线的拨乱反正问题》的谈话中，提出恢复教育督导制度的构想。在这个思想的指引下，中国重建了教育督导制度，使之成为《教育法》所规定的基本教育制度之一。2002年9月19日是邓小平同志提出恢复教育督导制度的构想25周年纪念日，教育部副部长、总督学王湛以《加强教育督导制度建设，认真落实“科教兴国”战略》为题在《中国教育报》发表了署名文章。

文章认为，恢复教育督导制度的构想是邓小平理论的有机组成部分。党中央、国务院召开的历次教育工作会议和印发的有关文件，都强调了要重视教育督导工作，发挥督导的监督、保障作用。25年来，特别是近10多年来，中国教育督导工作取得了巨大的成绩。一是坚持开展了以《义务教育法》为主的教育法律、法规执法检查和基础教育热点难点问题的督导检查，推动了教育法律法规和方针政策的贯彻落实。二是建立了“两基”督导检查验收和复查制度，为我国在20世纪末实现“两基”目标作出了重要贡献。三是逐步建立了对中小学校督导评估制度，推动实施素质教育。四是督导制度和机构建设不断完善，督导队伍素质不断提高。五是教育督导理论和政策研究工作取得了喜人的成果。文章提出，新时期教育督导工作要以邓小平理论和“三个代表”重要思想为指导，坚持督政和督学相结合，不断完善我国教育督导制度，紧紧围绕当前教育战线的中心任务，开展督导工作，保障中等及中等以下教育的健康发展。

为了纪念邓小平这次谈话，国家教育督导团与华东师范大学在上海联合主办了第四届教育政策分析高级研讨会。

撰稿 刘 征 马书义

〔**召开西部地区“两基”攻坚工作汇报会**〕 教育部于2002年8月19日～20日在贵州安顺市召开了西部地区“两基”攻坚工作汇报会。西部12个省、自治区、直辖市和新疆生产建设兵团以及中部地区“两基”攻坚任务较重的山西、湖南、江西3省教育部门的负责同志参加会议，国务院扶贫办、西部办的同志也参加了会议。教育部副部长、总督学王湛，总督学顾问张天保出席会议并讲话。

王湛充分肯定了西部地区“两基”工作取得的成绩和经验，对存在的问题和困难进行了分析，并对今后西部“两基”攻坚工作提出要求：(1)要进一步调整和完善“以县为主”的农村义务教育管理体制，落实“两基”攻坚的领导责任。《国务院办公厅关于完善农村义务教育管理体制的通知》明确规定了县级人民政府实施义务教育的责任，其中最重要的，一是统筹教育经费，确保教师工资的发放，保证中小学公用经费，做好危房改造和校舍建设工作；二是统一管理中小学校长和教师队伍；三是指导好教育教学工作。(2)要建立义务教育的经费保障机制，保证“两基”攻坚的必要投入，做到“三个确保”。第一，确保教师工资按时足额发放。为此必须尽快做好以下几项基础性工作：一是各县必须调整县乡财政体制，真正实行县统筹，由县按照国家统一规定的工资标准，统一发放教师工资；二是根据中央和省中小学编制标准核定教师编制；三是根据财政供养人口工资总额，本着“一保工资二保建设”的原则，调整财政支出结构；四是省级要逐县核实财力水平，统筹安排财力，中央或省确定县财力中发放工资的比例，并确定转移支付资金标准。第二，保证中小学公用经费。第三，保障农村中小学危房改造和学校建设的必要投入。对税费改革试点地区，要加大财政投入和上级转移支付力度，使农村义务教育经费有稳定的来源。(3)整合“两基”攻坚的各项工程，统筹协调，形成合力。同时要继续做好“东部地区学校对口支援西部贫困地区学校工程”和“西部大中城市学校对口支援本省贫困地区学校工程”工作。(4)针对西部地区“两基”工作的薄弱环节，要进一步加强教师队伍建设，提高教师素质。进一步重视现代信息技术在西部地区学校的运用，推进西部地区农村教育的跨越式发展。加强教育教学管理。进一步采取措施控制学生辍学，依法保障适龄儿童少年接受义务教育。(5)依法治教，进一步加强教育督导工作。一是进一步加强对各地实行“以县为主”农村义务教育管理体制和建立“一保二控三监管”机制的督查；二是继续对西部地区“两基”攻坚工作进行督导检查和评估指导；三是建立和完善“两基”巩固提高和复查工作制度，推进已实现“两基”地区“两基”工作再上新台阶；四是建立义务教育监测制度，为教育决策者提供科学依据。五是建立和完善适应西部地区的中小学实施素质教育督导评估制度，推进学校教育教学质量的全面提高。

会上，西部12个省、自治区、直辖市和新疆生产建设兵团汇报了本地“两基”工作情况，交流经验，分析形势，统一认识，坚定了打好“两基”攻坚战的信心。

撰稿　崔立双

〔**义务教育监测**〕　为贯彻落实《国务院关于基础教育改革与发展的决定》，督促地方各级政府在“十五”期间继续将普及九年义务教育和扫除青壮年文盲作为教育工作的“重中之重”，推动占全国人口15%左右、未实现“两基”的贫困地区打好“两基”攻坚战；占全国人口50%左右、已实现“两基”的农村地区抓好“两基”巩固提高工作；占全国人口35%左右的大中城市和经济发达地区高水平、高质量普及九年义务教育。在财政部的支持下，教育部于2002年启动全国义务教育监测项目工作。

2000年，全国虽已在85%的人口地区实现了“两基”，但普及的标准较低，巩固提高“两基”水平的任务相当艰巨。对义务教育实施水平进行监测，可以及时提供义务教育实施情况、特别是对一些热点、难点问题进行跟踪监测，使各级政府及时掌握义务教育的动态信息，及时发现潜在的问题，预测发展的趋势，为领导科学决策服务。

根据义务教育监测任务要求，教育部在全国首批确定60个义务教育监测系统项目县（市、区），其中占全国人口15%左右未实现“两基”的贫困地区15个，占全国人口50%左右、已实现“两基”的农村地区35个，占全国人口35%左右的大中城市和经济发达地区10个。内容包括：义务教育的普及程度、师资水平、教育经费、办学条件等。拟在“十五”期间每年集中进行两次监测，一次为9月秋季开学后的全面监测，另一次为3月春季开学后小学、初中在校生情况的监测。

为加强对项目工作的组织领导，教育部成立了监测项目工作领导小组，负责统筹协调项目管理工作。领导小组下设办公室和专家组。办公室负责监测项目工作的日常事务，专家组负责对项目工作的开展进行指导和咨询。各项目县也成立了项目领导小组，由分管教育的副县长、教育局长任正、副组长，领导监测工作；确定专人担任监测管理员，负责项目的具体工作。

2002年本项目主要开展了以下工作：召开专家研讨会，开展调查，研究设计监测工作的思路与方案；设计监测指标体系；研制开发监测软件。12月初在青岛市召开了由60个项目县政府领导、教育局长、监测管理员，以及相关省（自治区、直辖市、新疆生产建设兵团）督导部门负责人参加的培训班。培训班上讲解了义务教育监测的目的、任务、原则；监测的目标、方法、手段；监测系统的指标体系及软件；监测工作保障体系的建立等，同时对项目省和项目县的职责与今后工作提出了要求。

撰稿　陈卫军

〔**督导检查和调研**〕　为推动各地贯彻落实《国务院关于基础教育改革与发展的决定》和《国务院办公厅关于完善农村义务教育管理体制的通知》，2002年，国家教育督导团对辽宁等7个省（自治区）进行了督导检查，对河南等11个省进行了督导调研。督导检查和调研的结果表明：新的农村义务教育管理体制正在逐步建立过程中，有些地区创造了一些好的经验。但落实农村义务教育管理体制还存在不少问题：

一、农村中小学教职工工资发放问题还没有完全解决。从所到的36个县情况来看，2002年，国标工资全部发放的有31个县，占86.11%，有些县教职工的国标工资只发放到9月。教职工工资不能足额发放的现象主要集中在农村和山区。主要原因，一是县财力紧张，二是县级财政部门迟迟不把教师工资足额纳入县级财政。此外，在一些地区存在着动用学校公用经费或变相筹资发放教职工省标工资和地方补贴的现象。

二、税费改革后，农村义务教育办学经费受到较大影响。督导检查和调研所到县中，实行税费改革试点的县有 24 个，其中有 8 个县税费改革后农村义务教育投入低于税费改革前，占 33.33％。

三、教职工编制制度本身存在的问题。国家新的编制标准下发后，督导检查和调研的 18 个省中，有 13 个省已确定了中小学教职工编制标准。各地普遍认为，国家新的教师编制标准的标准偏紧。特别是农村学校更觉紧张。牧区和边远山区，人口居住分散，教学点较多，各年级要开齐各科课程，需要多一些教师。鉴于这种情况，广西和内蒙古等对牧区和边远山区适当增加了教师编制。

四、农村中小学校公用经费，难以维持日常办学开支。无论是实行“以县为主”的地方，还是没有实行“以县为主”的地方，学校公用经费不足都是一个普遍问题。而且，学校公用经费主要来源是杂费收入，财政拨款的公用经费几乎为零。学校普遍反映，公用经费不足，学校正常运转困难。

五、中小学危房问题。虽然危改工作有了一定进展，但一些贫困地区仍然存在大量危房。吉林省农村中小学危房比例 6.65％。内蒙古现有危房 315.6 万平方米，占校舍总面积的 16.17％；其中 D 级危房 298.9 万平方米，占校舍总面积的 15.32％。如按校舍使用年限 30 年计算，每年新增危房大约在 3％以上，因此，对于贫困地区来说，如何改造旧危房，及时消除新危房，将面临资金上的巨大困难。

为了切实落实国务院《决定》和国办《通知》精神，必须进一步做好以下几方面工作：

一、做好完善农村义务教育管理体制的基础性工作。各省要尽快制定中小学教师编制标准和公用经费标准及定额，并逐县核实财力。县级政府要按新的教师编制和公用经费标准，在财政预算中作出教育经费安排。县级政府必须调整财政支出结构，保证教师工资发放和学校必要的公用经费。

二、中央政府和省级政府要进一步加大财政转移支付力度。中央要继续加大对中西部贫困地区中小学危房改造的专项资助及中小学教师工资转移支付的力度。中央要逐省核定省级政府转移支付的额度，形成中央、省两级对贫困县规范的转移支付制度，以确保农村义务教育的健康发展。

三、要采取措施确保税费改革地区农村义务教育投入不低于改革前的水平。中央和省应确定农村税费改革转移支付中用于教育的比例，以确保农村义务教育在税费改革后有较稳定的经费来源。

四、全面清查“普九”债务，保证农村中小学校正常的教育教学秩序。90 年代在推进“普九”进程中，各地举债建校的现象较为普遍。当时计划用以后的教育费附加和教育集资偿还。但税费改革的推行使得“普九”债务的问题突显出来，并成为困扰当前农村义务教育的一个难题。因此，要在全面调查、摸清情况的基础上，把债务从农村中小学校转移到乡镇及县级政府。省、市、县政府设立“普九还贷”专项资金，彻底解决“普九”债务对农村基础教育的冲击。

五、理顺中小学人事管理体制。由于历史原因，一些省仍实行由宣传部门管理校长的体制。还有许多地方教师的调配权仍在人事部门。要逐步把校长、教师的管理权由宣传部门和人事部门转到教育行政部门，以切实做到农村中小学教师的资格认定、招聘录用、职务评聘，农村中小学校长的选拔、任用、培训等由县级教育行政部门归口管理。

撰稿　崔立双

〔**中小学教师继续教育督导检查**〕 2002 年 10 月，国家教育督导团组织国家督学和有关专家，分别对北京、吉林、山东、浙江、海南、福建、江西、四川、安徽、陕西、甘肃 11 个省（直辖市）实施“中小学教师继续教育工程”的情况进行了专项督导检查。

督导检查组认为，11 个省（直辖市）政府和教育行政部门按照教育部统一部署，从本地实际出发，有计划、有步骤地实施“工程”。坚持以全员培训为目标，以骨干培训为重点，以计算机培训为突破口，加强师德教育，全面规划，分类指导，分阶段推进，“工程”总体进展顺利。截至 2002 年 10 月，11 个省（直辖市）中小学教师全员培训已完成80％以上。省级骨干教师培训已完成95％以上，地（市）级骨干教师培训已完成90％以上。计算机培训已完成90％以上。培训者培训已完成95％左右。截至2002年底，上述11个省（直辖市）中小学教师学历状况与1999年比较，小学教师学历合格率平均提高1.55％，小学高学历教师比例平均提高18.24％。初中教师学历合格率平均提高4.67％，初中高学历教师比例平均提高8.48％。高中教师学历合格率平均提高6.59％。

各地的主要做法和经验是：（1）加强“工程”领导和管理，积极探索建立有效的管理机制。各省都建立了“工程”领导小组和省继续教育中心，实施严格的学分制管理和“继续教育登记制度”等。（2）努力增加投入。北京市从1997年到2002年共投入1.6亿元，使中小学教师人均年继续教育经费从50元增加到200元；浙江省落实了“三个一点”的经费保障机制，省、地、县骨干教师培训经费累计达到1.2亿元，省级财政还每年补助欠发达县继续教育专款1 000万元；陕西省自1999年以来省政府和教育厅共划拨1 200万元用于中小学教师继续教育；福建省规定：中小学教师继续教育经费按教职工年工资总额的1.5％予以保证，有条件的地方培训经费应提高到2.5％，培训经费在教育事业费中专项列支，2000～2002年省财政拨款7 727万元；山东省投入骨干教师省级培训专项经费2 100万元，并每年划拨300余万元，用于省级新课程培训者培训。（3）重视地方性继续教育法规建设，注意理顺政府职能部门的关系。11省（直辖市）先后由省级部门颁发有关教师继续教育的文件100多个，基本确定了中小学教师继续教育的制度。（4）加强培训基地建设，努力构建开放性的教师继续教育体系。（5）积极创新培训模式，提高培训实效。浙江省突出以学员发展为本，实行菜单式培训内容设计；北京市融汇首都的大教育资源，给教师充分的选课权，把原来的“套餐”变为“自助餐”，实行“挂牌授课”等；四川省实施“校本模式＋多元模式”和“规范性培训＋灵活性培训”的模式；吉林省不断发展研培一体的培训模式；甘肃省实施以校本为主，辅以远程教育和送教下乡，依托乡教师学习资源中心开展培训。（6）基础教育新课程培训有序展开，进展较为顺利。各省（直辖市）从新课程培训者培训入手，切实抓好新课程的通识性培训、学科课程标准培训和新教材适应性培训。坚持“整体规划，分年实施，先骨干，后全员，先实验区教师，后全体教师，分级培训，统一管理”的思路，新课程培训进展比较顺利。

存在的主要问题是：（1）经费投入不足，培训基地建设相对薄弱。（2）教师培训管理体制有待进一步理顺，学历提高培训需要加强管理。（3）培训资源不足，利用现代远程手段开展教师继续教育较薄弱。（4）校本培训需要加强指导和研究，培训质量需进一步提高。

检查督导后，对各地的工作提出建议：（1）进一步加强领导，完善配套法规建设，理顺管理体制，增加投入，促进教师继续教育可持续发展。（2）进一步加强各级培训基地和培训者队伍建设，积极研究和规范校本培训模式，不断增强教师继续教育的针对性和实效性。（3）扎实做好基础教育新课程师资培训，积极探索利用现代远程教育手段开展教师继续教育，注重对广大农村及少数民族和贫困地区教师的继续教育。

撰稿　唐京伟

审稿　于　芳

热点关注

均衡发展：基础教育可持续发展的基石

教育的均衡发展在教育的某些层面上表现为教育公平、教育机会均等，在政治方面则表现为教育的权利、教育的基本人权等。《宪法》、《教育法》、《义务教育法》等都对此作出了具体的规定。从社会学的角度看，教育还是社会发展的平衡器、稳定器，是社会进行再分配的一个调节手段。如给下岗职工或贫困人群的子弟以教育保障，也就是给了弱势群体以未来的希望。而处于弱势状态的人群，其子女通过接受教育向上层流动，也从一定程序上增进了社会的公平度，进而促进社会的稳定。在教育改革处于攻坚阶段、教育发展处于关键时期的时候，在普及了义务教育，基础教育跃上新的发展平台之后，笔者认为，均衡发展应成为基础教育工作中一个带根本性的重要指导思想和价值追求，成为基础教育持续发展的战略选择，需要从政策的层面上来进行全面思考和推进。这也是基础教育工作者新的历史使命。

一、均衡发展的内涵

首先，均衡发展不是搞平均主义，而是要缩小区域之间、学校之间的发展差距，让所有受教育者在基础教育阶段都能接受所应享受到的社会给予他的公平教育。基础教育的均衡发展应该有这样几个含义：

一是区域内的均衡发展。如在江苏省内，既要考虑江苏省内均衡发展，也要考虑苏南、苏中、苏北地域内的均衡发展，还要考虑在一个市、一个县区域内基础教育的均衡发展。

二是经济发达地区与经济欠发达地区，城市、中心城镇、农村之间的均衡发展。由于经济发展的不平衡，城市化战略的实施，农村中心镇的规划发展，优质教育资源不断向经济发达地区、城市聚集，造成一些地区优秀教师流失。这些优秀教师的流失将会使经济欠发达地区、农村的一些学校显得更为薄弱。而即使是在城市、经济发达的地区，由于存在流动人口子女的入学问题等因素也会造成不均衡。

三是学校之间的均衡发展。在同一地域内，由于历史、制度的原因，学校与学校之间的不平衡性很大，有些学校成为大家追逐的热门学校，有些学校则是“门前冷落车马稀”。

四是群体之间的均衡发展。要更多地采取有力措施关心、关注工人、农民等弱势群体子女的教育问题，满足人民群众的需要，真正代表广大人民群众的根本利益。

第二，均衡发展的目标追求是要促使所有的学校都提高教育教学质量，提高办学水平。均衡发展不是限制经济发达地区、城市、中心镇等地区教育的发展，也不是限制有条件的学校、好学校的发展，而是要鼓励教育发达的地区，办学条件好、办学质量好的学校逐步提高质量和水平，更重要的是要在均衡发展思想的指导下，采取有效措施促进发展速度慢、办学条件差、办学水平不高的地区和学校加快发展，进一步扩大优质教育资源。

第三、均衡发展不是要千校一面，而是要在办学条件、师资水平相对平衡的情况下，积极鼓励学校办出特色。均衡发展与办出特色是不矛盾的，每一个学校都要为孩子的终身发展奠基，为孩子的成长留出空间，为孩子的个性发展提供条件。要建立特色学校机制，学校通过形成特色来形成相对稳定的育人模式。

第四，均衡发展着眼点应主要放在县（市）一级，使县域内各类教育实行均衡发展。学校是教育教学的基本实施单位，基础教育均衡发展的基础是学校的均衡发展。促进学校的均衡发展是基础教育均衡发展工作的最基本的内容。同时基础教育均衡发展应成为教育现代化的基石，只有一个地区内基础教育均衡发展了，才有可能实现教育现代化。

二、均衡发展需要做的工作

基础教育实行均衡化，是一个长期过程，也是一个系统工作，不是一蹴而就的。

要切实推进基础教育的均衡发展，笔者认为要做好以下几项工作：

1. 政府要切实承担起基础教育均衡发展的责任，实现均衡发展的关键在政府。国外教育发展的经验告诉我们，在不少国家，教育均衡发展有赖于政府支持，政府要为每一个学生提供一种公平的教育机会，特别是在现阶段社会向市场经济转型过程中，政府更应从政策上、制度上采取措施，努力促进教育公平。要明确基础教育办学的主体是政府，学校的校舍等一些硬件设施投入是政府的责任，政府要为人民群众提供相对均衡的办学条件。而且要逐步做到对学校的投资，无论是农村或者是城市，占地面积、基础设施都必须是一样的。在教育的投入上要坚持向经济欠发达地区、向弱势群体倾斜，加大对贫困地区的扶持力度，保障弱势群体受教育的权利。在办学条件的规范上，制定出统一的合格标准，让学校办学条件基础均衡。在办学评估上，逐步淡化和取消国标、省标、市标等这样的要求，主要评估办学水平的高低、示范作用的发挥。充分运用评估的机制，扩大优质教育资源。在政策取向上，弱化或不实行重点学校教育资源优先配置政策，不使有限的资金、教学设施和素质高的教师流向重点学校。在学校布局结构调整上，要鼓励重点学校兼并薄弱学校，强校带弱校，弱校作为强校的分校，优化教育资源。

2. 实施区域的资源共享，促进教育资源在区域内流动。构建基础教育均衡发展的平台，还要在教育资源的开发利用、管理上多下功夫。如图书、体育场所、劳动技能培训、局域网的建设等等，无论在农村还是在城市，均没有必要一个学校建一个塑胶跑道的运动场，建一个劳动技术中心，搞一套劳技设备，一个军训基地，建一个中心网站，搞一个局域网，建一个图书馆。对这些设施，应该实施区域内的一定程度上的共享，最大限度地发挥资源的作用，使有限的投入发挥更大的效用。

在人力资源上也要实现合理配置。校长和教师的智力资源要打破校际壁垒，合理流动。对有些学科的教师可以实行联聘，对名教师、特级教师、优秀教师可实行区域共享，让他们在更大范围内发挥作用。还要利用现代教育网络建设庞大丰富的教育资源信息库，借助现代化的信息教育平台，实现省域、市域、县域内优秀教育资源共享，让所有孩子都能通过网络来接受现代化社会相应的同质、同步的高水平教育，也就是要借助信息化来缩短城乡之间、强校与弱校之间的办学差距，实现真正意义上的均衡发展。

3. 规范办学体制改革，严禁优质教育资源流失。由于多种复杂因素的影响，在有些地区，卖学校、卖幼儿园成风，而卖掉的学校都是一些在当地有悠久办学历史，有较高的教学质量，在老百姓中有良好口碑的学校。卖学校实际上是公有优质教育资源的流失，对此，要从行政上、政策上、制度上采取措施，不允许借办学体制改革之名，行卖学校之实。要限制优质学校的转让，限制优质学校的“改制”。依托公办重点学校举办的学校，同时实行独立法人，独立校园校舍、独立经费核算、独立教学和人事管理。对已经“改制”的学校的收费要进行限制。教育部门还可以制定规章，从重点学校和改制学校的收费中提取一定的比例，拿来用于促进区域教育的均衡发展，帮助薄弱学校的发展。

（《中国教育报》2002年7月26日　尹伟民）

实现基础教育均衡发展的现状分析及对策选择

通过基础教育的均衡发展，逐步解决区域内教育资源配置的失衡现象，尽可能均衡地分配义务教育资源，是政府制定公共教育政策的基本原则。长期以来，在基础教育资源配置上，无论区域间，还是区域内部都存在着明显的失衡现象。因此，在当前基础教育改革与发展的进程中，我们必须立足于不同地区的实际，采取积极进取、实事求是、因地制宜、分区规划、分类指导、分步实施的方针，建立起合理的教育资源配置机制，逐步解决教育资源配置的失衡现象，以推进基础教育的均衡发展，大面积提升我国基础教育的总体水平。

一、我国基础教育非均衡发展的表现与成因

从教育资源供给角度看，我国大中城市和经济发达地区中小学校发展不均衡的现象带有明显的历史痕迹。改革开放初期，为了尽快扭转“文革”造成的专门人才青黄不接的局面，多出人才和快出人才，在当时恢复高考制度不久和教育投资有限的条件下，形成了一批“重点中小学”，在一定时期起到了积极作用。“重点学校”的政策，在一定程度上迎合了传统文化与现实社会对“精英型教育”的需要。但是，在市场机制配置人力资源、就业竞争激烈的形势下，高等教育的竞争压力势必传递到基础教育，以至于义务教育阶段的竞争性、选拔性的考试，尽管与法定宗旨不相符合，也能为社会和家长所认同。反映到政府部门和学校工作中，必然加剧了基础教育领域内部资源配置的失衡，拉大了中小学校之间的差距。

从社会教育需求角度看，高质量的基础教育总是供不应求，主要原因是：(1) 当前公认的高质量教育，往往是多年计划经济和城乡二元体制下，政府以十分有限的财政经费支持少数重点学校的结果，使得其基础条件呈现“滚雪球”的增值效应。特别是在尚未“普九”前的相当一段时期，受教育者占总人口比重不高，且不分担什么成本，带有明显的“精英型教育”特点。一旦义务教育进入全面普及阶段，政府在短期内再也无力全面支撑“精英型教育”体系。但是，独生子女比例逐步增大的社会与家庭，并未做好承受大众化的“普及型教育”的足够准备。(2) 由于高质量教育资源的拥挤福利性，受教育者之间的竞争必然是排他性的，相对个人经济支付能力、家庭背景的权力而言，依据选拔性考试判断个人学习能力往往成为一般公平的选择方式。但是，义务教育的属性又要求必须淡化竞争和选拔的功能，强调公平性和非排他性原则。这样，社会对高质量教育的预期与教育实际供给能力及方式之间，存在着明显分歧。(3) 高质量教育的判断和需求，只有在教育体系内部具有相对的意义，并非一定达到发达国家的平均水平，主要是社会需求“水涨船高”，按在当地人口中普及教育的层次与程度逐步递进，当原有高质量资源供求平衡了，人们就开始追逐更高层次的高质量教育资源。因此，高质量教育资源不可能不处于稀缺状态。

上述因素引发了基础教育领域长期难以解决的若干问题，主要表现为：

1.“招生方式”与“择校生”问题。在高质量教育资源有限的前提下，小学升初中究竟采取何种招生方式，是一个比较有分歧的问题。当优质初中无法满足学区内小学毕业生就近入学的需求时，如果采取通过考试选拔的做法，等于将“应试教育”的压力下移至小学阶段。近年来。根据义务教育的基本原则，国家要求在已经“普九”的地区实行小学升初中取消考试、实行就近入学的政策，其初衷十分明确，就是要打破学校和学生的身份界限，减轻学生过重的学习负担，以及更好地实施素质教育。但是，在初中学校质量差距大的地区执行就近入学比较困难，并不能使社会满意，于是许多地区实行了“电脑派位”的做法。但是，越是薄弱初中比例较大的地区，这种做法就越不一定公平，实际上有些类似于“电脑抽奖”。由于校际之间的差距，加之各地执行政策的差异，即使在各地实施免试就近入学或“电脑派位”等政策之后，义务教育阶段以缴费为主要手段的“择校生”现象反而大量出现，而且在大中城市、直辖市和省会城市，问题尤为突出。

2.“薄弱学校”问题。长期以来，由于城乡中小学资源分布很不均衡，基础教育阶段存在一大批薄弱学校。特别是90年代以来，在经济体制转轨和社会转型时期，教育系统深受市场经济的影响，不同地区的经济实力及同一地区校际资源的差距，直接决定学校建设水平和办学质量上的差距。一些地方开始实行教师结构工资之后，校际教师待遇差距迅速扩大，学校之间教师队伍建设的基础条件出现失衡，生源状况随之分化，在应试制度的压力之下，择校范围逐步加大。加上与生源相联系的财政性教育经费持续短缺、校办产业普遍不景气和逐渐衰退等因素，择校收入就成为学校主要的经济创收手段，这进一步拉大了学校创收水平的差距，薄弱学校的生存发展空间受到很大制约。近年来，各地政府在改造薄弱学校、缩小学校差距方面做了不少工作，但由于过分强调学校硬件设施层面，注重学校外部条件和环境的改造，而对学校“软件”建设重视不够，因而成效不十分明显，在很多地方，改造薄弱学校的任务依然十分艰巨。

二、推进基础教育均衡发展的对策选择

导致我国基础教育非均衡发展的状况，原因是多方面的，有的是历史形成的，需要通过经济发展和社会进步逐步加以解决；有的是制度性原因，由于政府公共政策的不同取向或偏差，往往会加剧现实中的教育不公。相对于缩小历史形成的发展差距而言，通过政策调整来实现均衡发展，增进教育公平，是更为容易实现的。在调研的基础上，我们初步归纳提出以下几方面的对策建议：

（一）在基础教育阶段，应当处理好义务教育与非义务教育的关系、公办教育与民办教育的关系，区别不同情况采取不同的措施

按照教育法律，义务教育的本质属性是社会公益性的，在已经“普九”的地区，必须强化政府在义务教育阶段的行为，确保公办教育的主体地位，这是在基础教育领域努力推进均衡发展战略的重要环节，政府有责任在确定教育现代化目标时，承诺减少（至少是不再人为扩大）公立学校之间不应有的巨大差距，逐步扩大和体现义务教育阶段的公平性。至于基础教育领域中的幼儿教育、普通高中教育等非义务教育，按照国际通行标准和我国的具体实践，兼有社会公益性和成本分担服务性（依据WTO中服务贸易总协议的条款，某些基础教育领域的服务“市场准入”还可分为“跨境交付”、“境外消费”和“商业存在”等类别），应当积极形成公办学校与民办学校共同、平等发展的新格局。

今后，义务教育可供选择的学校基本分为两大类：一类是公办学校，完全实行学区就近入学。从长远看，按学区免试就近入学是方向，其有效操作的前提是尽可能削减薄弱初中的比例，只有学区内的初中办学条件和教育质量逐渐均衡了，才能减少学生和家长对“电脑派位”的后顾之忧；另一类是少量民办学校，允许通过比照成本的教育收费（甚至较高收费，但不得以营利为目的）和良好的教育质量，满足某一部分人群的择校需要。在非义务教育和部分允许民办教育介入的义务教育领域，无论是公办学校还是民办学校，尽可能百花齐放，办出特色，形成个性与品牌，使学生家长或学生根据自己的兴趣、特长、智力和经济承受能力等，选择自己真正所需要的学校。

（二）推进中小学标准化建设，深化体制改革，合理配置资源，实现基础教育尤其是义务教育的规范化办学

推进中小学的标准化建设，是提高我国基础教育整体水平的一项十分重要的基础性工作。建议各地都应大力推进中小学标准化建设工作，通过学校建设标准的法律规定，约束政府合理分配教育资源，使每所中小学校都能按照法定标准，拥有大体均等的物质条件和师资队伍条件，从而在义务教育领域形成一个公平竞争的环境。在帮助和支持薄弱学校达到法定标准的同时，对原来基础很强的学校硬件建设也应有个上限，限制类似于“正反馈”的过量投资，以遏制在少数学校办学条件高投资的攀比现象，制止追求“奢华”的不良风气。

政府要切实负起责任，保证教育的公正、公平性，学校要严格执行有关方针政策，杜绝各种不正之风，均须依靠制度创新。建议继续通过法律、行政和经济等宏观调控手段，深化学校内部管理体制改革，尽快在学校建立健全收支两条线、财政拨款和专项公开、学校财务公开、精确预算管理等制度，加强对学校收费的全面审计和统筹管理，形成社区和家长有效监督与参与学校运作的机制，发挥舆论监督和社会监督的作用。

（三）推进学制改革，实行完全中学初、高中脱钩，建设一批“九年一贯制学校”

从根本上解决择校矛盾，必须建立与义务教育性质相适应的学校制度和学校结构。实行完全中学的初、高中脱钩，建立“九年一贯制学校”，至少可以在制度上保障义务教育阶段的完整性，能够在一定程度上缓解义务教育阶段的择校矛盾。目前占全国人口35％左右的大中城市和经济发达地区基础教育阶段的入学高峰已经由初中移向高中，高中入学矛盾比较尖锐，这实际为“脱钩”提供了良好的基础；一批重点中学的初中部搬出，高中部扩

大，一方面解决了普通高中入学难问题，另一方面缓解了初中段“择校”激烈的矛盾。但应当看到，目前部分“脱钩”初中改制成为民办学校后实行高收费，有些公办学校在改制过程中造成国有资产流失，产生了不良的社会影响，需要及时制定应对的措施。

建议通过联办一批小学和初中，建设“九年一贯制学校”，这在一定程度上可以减轻小学升初中的“择校”矛盾。小学与初中的“强强联办”应当不是方向，否则，又形成新的“重点九年一贯制学校”，“弱弱联办”的情况自不必考虑，这两种方式无疑均会扩大义务教育阶段的办学差距。今后，主要是初、高中分离后的薄弱初中与“基础好”的小学联办，“基础好”的初中与薄弱小学联办，有可能建立一批“九年一贯制学校”。如果这类学校能够占有较大比重，将为义务教育免试就近入学和大面积推行素质教育提供有力的制度保障。例如，某地“九年一贯制学校”大多是联办了一强一弱两所学校，对于改造薄弱学校、缩小校际差距发挥了明显的作用，间接地促进了“择校收费”问题的解决。

但是，由于“九年一贯制学校”发展之初存在的班级建制不规范问题，特别是小学六年级和初中一年级之间的班额缺口很大，因此初中招生问题依然存在。另外，“九年一贯制学校”中也出现新的“择校”问题，一旦薄弱初中与“基础好”的小学联结，小学生四、五年级纷纷转学；“基础好”的初中与薄弱小学联结，学生从四、五年级竞相转入；“择初中”演变为“择小学”。这些问题仍有待进一步研究解决。而且，随着特大都市逐步普及高中阶段教育，未来“十二年一贯制学校”的试验与目前初、高中脱钩改革可能产生一定的冲突，也需要引起重视。

（四）积极以多种方式推进小学升初中、初中升高中的招生方式改革

当前，为体现基础教育的公平、公正原则和缓解“择校收费”问题压力，部分地区设计将办得较好的初中的全部招生指标或部分招生指标，根据小学在校生人数，按比例分配给附近的各个小学，德智体择优选送（不得举行统考），完善选送程序，增加透明度，实行社会监督。同时，将重点高中的招生指标按一定比例分配给各个初中学校，淡化学校之间的竞争，效果明显。某省90年代初在某区进行了高中招生指标与乡镇初中办学水平综合评估挂钩，将指标分配到初中学校的改革试验，有关县（市、区）进行了中考特长测试加分。近年来，又进行了部分优秀初中毕业生保送进入优质高中（省级示范高中）学习及部分初中毕业生直升中等职业学校学习的改革，取得了较好效果。某市招生方式改革的核心是，贯彻“多次机会、双向选择、综合评价、多元录取”的指导思想，建立和健全初中学生素质综合评价体系，改进考试内容、评价方式和分流方式。把重点高中招生指标的10%～15%分到各个初中学校，由初中学校根据民主程序推荐优秀毕业生，推荐生参加统一升学考试，可在降一个分数段（8分）以内录取。某市以取消“百分制”，实行“等级制”为突破口，对初中招生政策进行了重要调整：一是按照“基础教育地方负责，分级管理，以县为主”的原则，初中招生工作在市教委宏观指导下，各区县具体组织实施；二是取消“百分制”，实行“等级制”，推行“小学毕业生素质发展水平报告单”制度；三是坚持“公办不择校，择校找民办”的原则。在保证公办学校有一个“位子”的前提下，允许小学毕业生选择民办学校就读。

（五）以推动本地高中教育的整体发展为目标，进一步规范示范高中建设，扩大优质高中资源的供给能力

“示范高中”的建设，不应当造成新的教育发展不平衡，而应当使处于各层次的学校在动态发展过程中谋求更高水平的平衡和循环。发挥辐射、牵动作用是示范性高中的主要标志，示范性高中要牵动一个区域、一定范围内高中教育的发展，办好示范高中的最终目标是办好每一所高中，坚决克服以“示范学校”、“窗口学校”及“教育现代化试验学校”为名，行“重点学校”之实的现象，防止继续拉大学校之间的差距，产生一批新的薄弱学校。

例如，某市从1998年开始启动了示范高中建设工程，计划分期建设60所左右规模大、条件好、质量高的示范高中，进一步扩大普通高中特别是优质高中的教育供给，并通过示范高中建设带动高中

教育整体发展，使优质高中招生规模占到年度高中招生总额的70%以上。有的区通过改建、扩建、撤并高中和初中分离等方式，扩大和盘活高中优质教育资源，消灭办学规模较小的高中校，力争在5年内建设8～10所占地50亩（3.3公顷）以上，办学条件较好、办学质量较高的普通高中，到2005年，使70%的高中学生能在优质高中学习。通过发挥高中的示范、基地、辐射作用，实现全区对优质高中的资源共享。

（六）加强教师队伍建设，建立起人才培养与流动的优化机制，在“重点学校”和其他学校之间，实行校长和骨干教师的定期相互轮岗制度。

很多地方对学校教师队伍建设问题非常重视，通过派遣优秀的师范院校毕业生和选调优秀教师到薄弱学校任教，或采取优秀的骨干教师定期、轮流到薄弱学校示教、挂职等方式，帮助薄弱学校尽快提高师资队伍的整体水平。例如，某省对中小学教师培训工作予以高度重视，从2002年起，实施高等师范院校“专升本”计划，鼓励应届高等专科学校毕业生直接进入本科阶段定向培养，毕业后到受援县任教；根据受援县的需要，编制高等师范院校定向招生计划，为受援县重点培养本科学历层次的高中各学科教师；各级各类院校尤其是师范院校每年有计划地举办受援县骨干校长和教师培训班，培训费予以减免；为稳定受援县中小学骨干教师队伍，省内任何教育部门和中小学不得聘用未经当地教育行政部门批准擅自离岗的受援县中小学教师。

今后，要按照《中共中央国务院关于深化教育改革全面推进素质教育的决定》和《国务院关于基础教育改革与发展的决定》的要求，借鉴国外高质量普及义务教育的经验（一些发达国家的经验是：义务教育阶段的教师采取经常性的轮换，既有城乡间的轮换、又有不同学校间的轮换。通过教师轮换制度，实施政府对义务教育均衡发展的有效调控），通过体制改革试点，在历史上形成的重点学校和同一区域内其他学校之间，对各校的校长和骨干教师进行统筹调配，执行按照一定的比例和年限相互轮岗的制度。例如，某市从2000年起，首先在部分重点学校、实验学校试行教师轮岗制度，凡1970年1月1日以后出生的城镇中小学在职教师，原则上都要安排到本区（县）的农村学校、薄弱学校轮岗，城区符合条件的教师也可以跨行政区到郊县农村学校轮岗，轮岗期间，行政关系、工资关系等仍保留在原单位，工资、奖金、福利、医疗等待遇不变。该市职称办和教育行政部门也专门作出规定：从城镇到农村学校轮岗的教师，在同等条件下优先评聘教师职务；轮岗时间在两年以上并在教育教学工作中表现优秀的，可以破格评聘高一级教师职务；凡评聘高级教师职务的，原则上都要有一年以上在薄弱学校或农村学校任教的经历。

（七）推进薄弱学校改造工程，进一步扩大优质教育资源，不断增强教育实力

薄弱学校改造是一项整体工程，除了硬件建设需要有较大的投入之外，软件建设必须引起高度重视。因此，当前薄弱学校改造的基本任务是：在重点建设方面给于倾斜政策的同时，大力提高教育管理水平、提高教师的基本素质，最终实现深化教育改革、更新教育观念、改善学校管理、树立良好师德、改进教育方法、培养优良学风的目标。例如，某省从2001年开始启动了“加强大中城市薄弱学校建设”工程，明确要求：财政投入的教育经费要向薄弱学校倾斜；教育主管部门可从有创收能力学校预算外收入中统筹20%，用于薄弱学校建设；积极培养薄弱学校的学科带头人，形成一支较为稳定的教育教学骨干队伍；薄弱学校教师福利待遇由教育行政部门统筹解决；骨干学校教师评聘职称职务都必须有在薄弱学校任教的经历。再如，某市以公办初中为重点，大力加强初中建设。在城市地区抓住城市危房改造的历史机遇采取调整、兼并、重组、置换等方式，最大限度地扩大公办初中校占地面积和建筑面积，把公办初中校办大办强。

从上述地方教育部门采取的政策效果看，只要能树立推进基础教育均衡发展的战略思想，就能找到良好的政策措施。关键是要政府部门痛下决心，进一步准确定位政府在改革与发展教育过程中的功能，以最广大人民群众利益为基本出发点，明确基础教育均衡发展的方向，制止一切“标志性”、“政绩性”重点学校建设的行为，加大宣传力度，促进社会参与，就能真正找到符合本地实际的“高水平、高质量普及九年义务教育”和提高基础教育整

体质量的有效途径。

(《人民教育》2002年第5期 汪 明 叶之红 周满生 张 力)

全面建设小康社会需要优质基础教育

十六大提出了“全面建设小康社会，开创中国特色社会主义事业新局面”的目标。对于基础教育而言，就是要使“人民享有接受良好教育的机会，基本普及高中阶段教育”。相比于20世纪90年代“普及九年义务教育”的目标，这是一个更高的要求。

首先，是对基础教育的标准提高了。“良好的教育机会”而不是“一般的教育机会”。社会呼吁优质教育，父母都希望孩子上一所好学校。学校的教学条件要好，教学设施现代化；学校的校风、学风要好，教师队伍要强。从“硬件”到“软件”，都已不再满足有个学上就行了。一所好学校，加上好老师，就是孩子的前途，就是家庭的幸福，就是老百姓的“小康”，就是老百姓小康生活的重要内容。使基础教育达到提供“良好的教育机会”，也是全面建设小康社会目标中的重要组成部分。

其次，对基础教育的年限要求延伸了。不再是“普及九年义务教育”，而是“基本普及高中阶段教育”。这将带来“质”的飞跃。它必将提高全民族的文化素质，改变整个社会劳动力资源的结构。这既是开创中国社会主义事业新局面的需要，也是全面建设小康社会的条件，成为“造就数以亿计高素质劳动者、数以千万计的专门人才和一大批拔尖创新人才”的新基础和新平台。

“全面建设小康社会”的目标为基础教育提出了新的要求，在“质”和“量”上都有了比过去更高的要求。简约的表达，就是“质优”与“延伸”。“质优”：良好的教育机会；“延伸”，基本普及高中阶段教育。实现这样一个目标，与社会对“小康”的期盼，与人们“望子成龙”的需求是一致的，是深得人心的；实现这样一个目标，是社会走向现代化的一个重要标志，是教育发展的一个飞跃。对于基础教育奔小康的这样一个目标，只要经过艰苦奋斗和坚持不懈的努力，就完全有可能和有希望实现。

在以经济建设为中心的“全面建设小康社会”背景下，国民经济持续快速健康发展，为教育发展提供了经济基础和物质保证，使加大教育投入有了可能。而人民生活总体上达到小康水平和继续提高，也使家庭对教育的投入有了继续改善的可能。而可持续发展能力不断增强带来的社会秩序良好，人民安居乐业，整个社会生产发展、生活富裕，生态良好的文明发展状况，也为教育特别是基础教育发展提供了良好的外部环境。

就教育发展的内部条件而言，我们也赶上了一些多年难逢的历史机遇。首先，在一些发达城市，近几年来，由于计划生育基本国策的实施，也由于总体达到小康生活水平引起人们理念上的变化，出生率下降，学龄人口锐减。这一变化，对基础教育的发展，无疑会产生深刻的影响。

以北京市为例。1982年，出生人口创下了18.2万的历史最高点，致使7年后的1989年京城数百所小学迎来了二十年来第一个入学高峰。此后，从1983年到1985年，出生人口由14万、13万一直降到12万。1987年出现反弹，当年出生了17万小宝宝，使7年后的1994年出现了第二次小学入学高峰。1988年以后，人口出生率持续下降，直到1990年的8.7万历史最低点，而此后再也难见到出生率大的反弹曲线。出生率的这一走势使自1995年起至今，先是小学学龄儿童锐减，继而在1997年后，初中学龄人数下降。这种传递的合理逻辑是：2003年将是高中入学学生最“辉煌”的一刻，将有大约18万初中毕业生，而此后则持续下降，大约在3～4年时间，下降到高中生源不足10万人。

也就是说，北京市到2010年普及12年义务教育时，在2006年前后，高中生源已大幅度下降了，比2003年下降了近一半多！这种情况，将导致教师供应在数量上矛盾的缓解甚至出现师资超编，而教师质量的提高逐渐成为主要矛盾。按市教委对中小幼教师“十五”期间继续教育的意见，截至

2005年，城近郊区60%的小学教师学历须达到大专以上，80%的初中教师须达到大学本科以上，而高中教师的大学本科比例将达到100%。这说明北京市中小学任教的门槛提高了。与此同时，教师超编情况将日趋明显。以一个城区（宣武区）为例，到2005年，该区小学教师将超编1500多人，初中教师将超编670人。这种情况说明，优化教师队伍不仅可行而且是必须的了。在学龄人口减少的背景下，使得一些条件较差的小学和初中濒于消亡，校舍走向闲置，这使得中小学布局调整有了可能，并成为必要。而市区危房改造又为中小学布局调整提供了操作机会，可以统筹规划，又可以土地置换，在一些学校消亡的同时，为另一些学校扩大办学规模，为学生提供更广大教育教学活动空间创造了条件。

布局调整和资源重组就是教育资源优化配置的过程。这一过程将产生意义深远的社会效益和产出颇丰的经济效益。以现有的优质教育资源为基础，采取强弱联合、撤并、置换等措施，使有影响的学校利用周边闲置资源进行中小学运行机制的改革实验，最大化地扩充优质资源，是满足社会呼吁多年的对优质教育需求的历史机遇。

十六大指出，21世纪头20年，是一个必须紧紧抓住并且可以大有作为的重要战略机遇期。就基础教育的发展而言，就是要坚持教育创新，深化教育改革，优化教育结构，合理配置教育资源，提高教育质量和管理水平，全面推进素质教育。

（《光明日报》2002年12月29日　王晋堂）

职业教育与成人教育

〔**概况**〕 据统计，2002 年，全国中等职业学校招生 469.43 万人，在校生1 196.52万人，招生数比上年增加 71.8 万人，增幅 18.57%。全国有 28 个省（自治区、直辖市）招生出现增长。独立设置的高等职业技术学院招生 76.3 万人，在校生 161 万人，招生数和在校生数分别占高职高专（包括成人高校）的 25%和 21%。

2002 年职业教育与成人教育质量和效益进一步提高。中等职业学校校均规模达到 733.43 人，比上年增加 78 人；已建成省级以上骨干示范职业学校3 000多所，2 000人以上规模的职业学校达 2 000多所，骨干示范学校在校生占中等职业学校在校生数的 40%左右；据 14 个省市统计，职业学校毕业生的就业率在 80%以上，骨干示范学校、特色学校毕业生就业率达到 90%。

各地认真贯彻落实《国务院关于推进职业教育改革与发展的决定》精神，管理体制改革不断深化，广西、安徽、河南等十几个省（自治区、直辖市）先后建立省级职业教育联席会议制度，办学自主权进一步扩大，涌现出了一大批办学成绩显著的典型。

在办学体制改革方面，国家经贸委、铁道部等部门和行业召开职业教育工作会议，研究行业企业发展职业教育和培训的新思路、新举措。国家经贸委建立 16 个直属行业协会的联席会议制度，另有 36 个行业部门联合成立“行业职工教育协作会”，进一步推动了行业职业教育和职工培训的发展。民办职业教育发展出现新的局面，浙江、江西等地的民办职业教育都有了长足的发展。

撰稿　陈　光

〔**职业教育成果展示会**〕 2002 年 7 月 23 日～28 日，由教育部职业教育与成人教育司、吉林省教育厅、长春市政府主办，长春市教育局承办的“中国职业教育成果展示会、第二届中国职业教育装备展示会暨第四届中国长春国际教育展览会”在长春市举行。本次展会是建国以来第一次全面展示职业教育辉煌成就，集职业教育成果展、职业教育装备展、长春国际教育展“三展合一”的大型综合性教育展会。

全国政协副主席周铁农，外经贸部副部长吕福源，教育部副部长王湛、国家总督学顾问张天保等出席展会。

展会期间，举办了全国中等职业学校学生美容美发、计算机、服装设计、烹饪等四项职业技能大赛和新世纪职业教育发展论坛、学校与企业之间的人才洽谈、职业教育与成人教育网站开通仪式等活动。

全国共有 31 个省、自治区、直辖市和计划单列市组团参加了职教成果展；有 120 多家教学仪器设备生产厂家参加了装备展；国际上有 14 个国家的 44 所院校、教育机构参展。参展单位总计 840 个，总展位达1 059个；参展、参赛人数约 2.5 万人，展会观摩总人数约 20 万人次。参加四项技能大赛的有 21 个省、自治区、直辖市，参赛选手1 015名，指导教师 700 名，参赛总人数达1 715名。

撰稿　许　建

〔**公布职业教育首批示范专业（点）**〕 2002 年 11 月，教育部印发《教育部关于公布全国中等职业教育首批示范专业（点）和加强示范专业建设的通知》，公布了中等职业学校数控技术应用等20个示范专业的176个专业点，并对职业学校专业建设提出原则要求。教育部要求各地教育行政部门把示范专业建设与当地中等职业学校专业结构调整结合起来，实现职业教育专业教育资源的合理配置，淡化部门界限和学校类型界限，提高专业教育资源的整体效益。

撰稿　杨　进

附

全国中等职业教育首批示范专业(点)名单

序　号	院　校　名　称	专　业　名　称
	北京市（7个）	
1	北京市计算机工业学校	计算机及应用
2	北京市信息管理学校	计算机及应用
3	北京市机械工业学校	数控技术应用
4	北京市仪器仪表工业学校	机电技术应用
5	北京市交通学校	汽车运用与维修
6	北京市劲松职业学校	烹饪
7	北京市外事服务职业高中	饭店服务与管理
	天津市（5个）	
8	天津市计算机职业中专学校	计算机及应用
9	天津市工业学校	机电技术应用
10	天津市建筑工程学校	工业与民用建筑
11	天津市城市经济与管理学校	建筑装饰
12	天津市园林学校	园林
	河北省（6个）	
13	张家口市职教中心	计算机及应用
14	石家庄市职教中心	数控技术应用
15	丰宁职教中心	工业与民用建筑
16	秦皇岛市职教中心	饭店服务与管理
17	石家庄旅游外事学校	饭店服务与管理
18	迁安职教中心	种植
	山西省（6个）	
19	山西晋城市第一职业中专学校	汽车运用与维修
20	山西侯马市职业中专学校	电子电器应用与维修

续表

序　号	院　校　名　称	专　业　名　称
21	太原市卫生学校	护理
22	大同市第一高级职业中学校	旅游服务与管理
23	太原旅游学校	饭店服务与管理
24	朔州市朔城区神头高级职业中学	种植
内蒙古自治区（4个）		
25	内蒙古工业学校	机械加工技术
26	内蒙古农业学校	种植
27	鄂尔多斯市农牧学校	畜牧兽医
28	内蒙古轻工业学校	食品生物工艺
辽宁省（7个）		
29	沈阳市计算机学校	计算机及应用
30	沈阳市机电工业学校	数控技术应用
31	中国汽车工业丰田金杯技工培训中心	机械加工技术
32	本溪市化学工业学校	工业分析与检验
33	沈阳市汽车工程学校	汽车运用与维修
34	沈阳市外事服务学校	饭店服务与管理
35	辽宁省林业学校	园林
吉林省（5个）		
36	吉林机电工程学校	机电技术应用
37	长春市机械工业学校	机械加工技术
38	长春市第二中等专业学校	护理
39	长春市物业管理学校	物业服务与管理
40	双辽市职业中专	种植
黑龙江省（4个）		
41	哈尔滨市汽车职业高中	汽车运用与维修
42	黑龙江省卫生学校	护理
43	黑龙江省北安农业学校	种植
44	黑龙江农垦林业学校	园林
上海市（8个）		
45	上海市二轻机械学校	数控技术应用
46	上海市交通学校	汽车运用与维修
47	上海石化工业学校	机电技术应用
48	宝钢工业技术学校	机电技术应用
49	上海市建筑工程学校	工业与民用建筑

续表

序　号	院　校　名　称	专　业　名　称
50	上海信息技术学校	工业分析与检验
51	第二医科大学附属卫生学校	护理
52	上海市现代职业技术学校	饭店服务与管理
江苏省（7个）		
53	无锡职业教育中心校	数控技术应用
54	常州刘国钧职教中心校	机电技术应用
55	苏州高级工业学校	电子技术应用
56	南京职业教育中心校	工业与民用建筑
57	江苏省丝绸学校	服装制作与营销
58	南京旅游学校	饭店服务与管理
59	铜山张集职业高中	种植
浙江省（7个）		
60	杭州市电子信息职业学校	计算机及应用
61	缙云县职业中等专业学校	电子技术应用
62	台州市椒江区职业中等专业学校	机械加工技术
63	临海市中等职业技术学校	机械加工技术
64	杭州市交通职业高级中学	汽车运用与维修
65	嘉兴市建筑工业学校	工业与民用建筑
66	杭州市中策职业学校	烹饪
安徽省（6个）		
67	合肥市职业教育中心	机电技术应用
68	安徽省汽车工业学校	汽车运用与维修
69	蚌埠工艺美术学校	服装制作与营销
70	霍邱县陈埠职业高级中学	畜牧兽医
71	阜阳农业学校	畜牧兽医
72	合肥市旅游学校	饭店服务与管理
福建省（6个）		
73	福建工业学校	数控技术应用
74	福州电子职业中专学校	电子技术应用
75	福州建筑工程职业中专学校	工业与民用建筑
76	福建化工学校	工业分析与检验
77	福州旅游职业中专学校	饭店服务与管理
78	漳州农业学校	园林
江西省（4个）		
79	江西省南康市职业中专	电子技术应用

续表

序　号	院　校　名　称	专　业　名　称
80	江西省新余市职教中心	机械加工技术
81	江西省宜春卫生学校	护理
82	江西省奉新县冶城职业中专	园林
	山东省（7个）	
83	山东省电子工业学校	计算机及应用
84	潍坊第一职业中等专业学校	电子技术应用
85	嘉祥县职业中等专业学校	机电技术应用
86	烟台市汽车工业学校	机械加工技术
87	山东省城市建设学校	工业与民用建筑
88	临沂市职业中等专业学校	服装制作与营销
89	山东省卫生学校	护理
	河南省（6个）	
90	郑州市机电学校	机电技术应用
91	河南信息工程学校	电子技术应用
92	河南省交通学校	汽车运用与维修
93	平顶山市卫生学校	护理
94	郑州旅游学校	饭店服务与管理
95	河南省农业学校	种植
	湖北省（6个）	
96	黄冈工业学校	数控技术应用
97	宜昌市机电工程学校	机电技术应用
98	武汉市二轻工业学校	机械加工技术
99	武汉铁路桥梁学校	工业与民用建筑
100	武汉市东西湖职业技术学校	食品生物工艺
101	湖北省工业学校	建筑装饰
	湖南省（6个）	
102	长沙市电子工业学校	电子技术应用
103	临湘市职业中专学校	汽车运用与维修
104	衡阳铁路工程学校	工业与民用建筑
105	长沙县职业中专学校	种植
106	娄底农业农机学校	园林
107	张家界旅游职业学校	旅游服务与管理
	广东省（6个）	
108	广东省江门市第一职业中学	计算机及应用

续表

序号	院校名称	专业名称
109	顺德市梁球琚中学	数控技术应用
110	广东省肇庆市工业学校	机电技术应用
111	广东省电子技术学校	电子技术应用
112	广州市交通运输中专学校	汽车运用与维修
113	广州市卫生学校	护理
广西壮族自治区（6个）		
114	金秀县中等职业技术学校	电子技术应用
115	柳州市交通学校	汽车运用与维修
116	北海市第一职业高级中学	电子电器应用与维修
117	桂林市卫生学校	护理
118	柳州畜牧兽医学校	畜牧兽医
119	广西烹饪学校	烹饪
海南省（3个）		
120	海南省机电工程学校	汽车运用与维修
121	海南省农业学校	畜牧兽医
122	海南省旅游学校	饭店服务与管理
四川省（7个）		
123	四川省信息工程学校	计算机及应用
124	成都市新华职业中学	电子技术应用
125	成都铁路卫生学校	护理
126	攀枝花市建筑工程学校	工业与民用建筑
127	四川省旅游学校	饭店服务与管理
128	四川省商业服务学校	烹饪
129	南江县小河职业中学	畜牧兽医
重庆市（6个）		
130	重庆工业学校	数控技术应用
131	江津工商职业高级中学	工业与民用建筑
132	万州卫生学校	护理
133	重庆市旅游学校	饭店服务与管理
134	渝北职教中心	电子电器运用与维修
135	石柱土家族自治县第一职业中学	种植
贵州省（3个）		
136	贵阳市卫生学校	护理
137	道真仡佬族苗族自治县职业高级中学	种植

续表

序　号	院　校　名　称	专　业　名　称
138	贵州省林业学校	园林
	云南省（4个）	
139	云南省机械工业学校	机械加工技术
140	昆明市第二职业中专	园林
141	云南省保山卫生学校	护理
142	云南旅游学校	旅游服务与管理
	西藏自治区（1个）	
143	西藏自治区农牧学校	畜牧兽医
	陕西省（5个）	
144	渭南职业中专	机电技术应用
145	韩城职业中专	工业与民用建筑
146	合阳县职教中心	电子电器运用与维修
147	西安旅游职业中专	饭店服务与管理
148	平利县职教中心	种植
	甘肃省（5个）	
149	兰州气象学校	计算机及应用
150	培黎石油学校	汽车运用与维修
151	静宁县职业中专	工业与民用建筑
152	兰州农业学校	种植
153	甘肃省畜牧学校	畜牧兽医
	青海省（3个）	
154	青海省工业学校	机械加工技术
155	青海重工业职工中专	机电技术应用
156	西宁市新世纪职业学校	烹饪
	宁夏回族自治区（3个）	
157	宁夏建筑工程学校	工业与民用建筑
158	银川市第一职业学校	烹饪
159	固原农业学校	畜牧兽医
	新疆维吾尔自治区（2个）	
160	新疆交通学校	汽车运用与维修
161	新疆化学工业学校	工业分析与检验
	新疆生产建设兵团（1个）	
162	新疆石河子卫生学校	护理
	青岛市（3个）	
163	青岛电子学校	计算机及应用

续表

序　号	院　校　名　称	专　业　名　称
164	青岛港湾学校	机电技术应用
165	青岛旅游学校	饭店服务与管理
	大连市（3个）	
166	大连市计算机职业中专	计算机及应用
167	大连电子学校	电子技术应用
168	大连市轻工业学校	服装制作与营销
	深圳市（2个）	
169	深圳电子技术学校	计算机及应用
170	深圳市华强职业技术学校	电子技术应用
	宁波市（3个）	
171	宁波市职教中心学校	计算机及应用
172	慈溪职业高级中学	机电技术应用
173	鄞州区职业高级中学	汽车运用与维修
	厦门市（3个）	
174	厦门电子职业中专学校	计算机及应用
175	厦门卫生学校	护理
176	厦门旅游职业中专学校	烹饪

〔**表彰全国职业教育先进单位和个人**〕 在全国职业教育工作会议上，教育部、劳动和社会保障部、国家经济贸易委员会联合表彰全国职业教育先进单位和先进个人，授予北京市交通学校等238个单位"全国职业教育先进单位"荣誉称号，授予车志刚等285名同志"全国职业教育先进个人"荣誉称号，并分别颁发奖牌和荣誉证书。

撰稿　黄　辉

附一

全国职业教育先进单位名单

北京市（8个）

北京市交通学校

北京商贸学校

北京市外事服务职业高中

北京市劲松职业高中

北京海淀走读大学

北京市职业技能鉴定中心

北京市工贸高级技工学校

北京市丰台区劳动和社会保障局就业培训科

天津市（5个）

天津中德职业技术学院

天津铁路工程学校

天津市南开职业中等专业学校

天津市电子信息高级技术学校

天津市连邦计算机职业技能培训中心

河北省（10个）

承德市人民政府

唐山市教育局

河北省农业广播电视学校
涿州市职业技术教育中心
南宫市职业技术教育中心
鹿泉市职业教育中心
邢台职业技术学院
河北省冶金高级技术学校
秦皇岛市高级技工学校
廊坊市劳动和社会保障局

山西省（6个）

太原市教育局
晋中市教育局
山西省建筑材料工业学校
太原市人民警察学校
太原钢铁集团公司技工学校
山西省万荣县技工学校

内蒙古自治区（5个）

内蒙古电子学校
呼和浩特市第二职业中等专业学校
巴彦淖尔盟行政公署教育局
内蒙古农业大学职业技术学院
内蒙古冶金高级技工学校

辽宁省（7个）

桓仁满族自治县人民政府
辽宁省铁岭农业学校
沈阳市计算机学校
大连电子学校
沈阳电力高等专科学校
大连市劳动和社会保障局
鞍山市职业技能训练中心

吉林省（4个）

长春市人民政府
吉林省双辽市农职业技术教育中心
吉林市女子职业高级中学
吉林省电子信息高级技术学校

黑龙江省（5个）

佳木斯市教育局
集贤县职业技术教育中心学校
黑龙江林业职业技术学院
黑龙江东亚学团技工学校
哈尔滨市劳动和社会保障局职业技术培训中心

上海市（8个）

上海市虹口区教育局
上海市东辉职业技术学校
上海第二医科大学附属卫生学校
上海电机技术高等专科学校
上海第二工业大学
上海市职业培训指导中心
上海市职业技能鉴定中心
上海石化工业学校

江苏省（14个）

江苏省人民政府办公厅科教文卫处
江苏省财政厅科教文处
江苏省发展计划委员会社会发展处
南京市江宁职业技术教育中心
江苏省无锡职业教育中心校
铜山县教育局
常州市教育局
苏州市教育局
盐城市教育局
江苏省宿迁职业高级中学
苏州市劳动和社会保障局
南京高级技工学校
盐城市高级技工学校
扬州市高级技工学校

浙江省（11个）

杭州市教育局
宁波市教育局
浙江科技工程学校
浙江信息工程学校
浙江省临海市中等职业技术学校
浙江省义乌市城镇职业技术学校
舟山职业技术学校
浙江交通职业技术学院
平湖市就业培训中心
宁波高级技工学校
温州市职业技能鉴定中心

安徽省（8个）

安庆市桐城望溪高级职业技术学校
芜湖市工业学校
灵璧县教育局
霍邱县陈埠职业高级中学
合肥市职业教育中心
芜湖机械学校
芜湖市劳动和社会保障局
安徽马钢高级技工学校

福建省（8个）

福建交通职业技术学院
福清龙华职业中专学校
福建对外贸易学校
厦门市工业学校
永安职业中专学校
厦门市高级技工学校
龙岩市高级技工学校
福建省闽东中等技术学校

江西省（6个）

江西省南康市职业中等专业学校
芦溪县教育委员会
蓝天职业技术学院
江西省九江市职业中等专业学校
江西省劳动和社会保障厅职业培训处
江西电力高级技工学校

山东省（16个）

济南市教育局
青岛市教育局
烟台市教育局
潍坊市教育局
曲阜市职业中等专业学校
泰安机械电子工程学校
山东省淄博商业学校
威海市水产学校
山东省费县职业中专
山东省特殊教育中等专业学校
山东南山职业技术学院
山东劳动职业技术学院
山东省第二高级技工学校
山东省烟台高级技工学校
山东省威海市高级技工学校
山东省新泰市劳动就业训练中心

河南省（15个）

郑州市教育局
河南省商业学校
郑州铁路职业技术学院
开封县教育委员会
河南省平顶山市经济管理学校
濮阳县职业技术学校
河南省新县职业高级中学
河南省灵宝市职业中等专业学校
新乡市信息工程学校
河南电器化中等专业学校
河南省博爱县农业中学
林州市教育体育局
郑州市技工学校
郑州煤炭高级技工学校
郑州市劳动就业训练中心

湖北省（9个）

武汉市教育局
宜昌市教育局
黄冈市教育局
湖北省钟祥市职业高级中学
武汉职业技术学院
襄樊市襄城区职业高级中学
湖北省咸宁应用科技学校
东风汽车公司高级技工学校
湖北省黄冈高级技工学校

湖南省（11个）

长沙民政职业技术学院
永州职业技术学院
湖南涉外经济职业学院
岳阳市教育局
株洲市第一职业中等专业学校
株洲铁路机械学校
长沙县职业中专学校
安化县人民政府
衡阳市劳动和社会保障局
湖南省湘潭电机高级技工学校
常德市就业培训中心

广东省（11个）

广东白云职业技术学院
广州市国土资源和房屋管理局
佛山市华材职业高级中学
顺德市教育局
广东交通职业技术学院
广东省水产学校
广东省劳动和社会保障厅
广东省肇庆市高级技工学校
深圳市职业技能训练中心
广州市海珠区劳动训练中心
广东工业大学职业技能鉴定所

广西壮族自治区（7个）

广西来宾县职业中等专业学校
广西农业学校
南宁市教育局
柳州市教育局
柳州钢铁（集团）公司高级技工学校
广西石化高级技工学校
广西桂林烹饪旅游高级技术学校

海南省（3个）

海南省海口旅游职业学校
白沙黎族自治县教育与科学技术局
海南省高级技工学校

四川省（9个）

绵阳市教育局
成都市教育局
四川工程职业技术学院
内江铁路机械学校
四川机电技术学校
四川省射洪县职业中专学校
成都劳动职业培训学院（技工学校）
德阳市电子科技学校
绵阳市交通技工学校

重庆市（5个）

重庆市石柱土家族自治县第一职业中学校
重庆社会工作职业学院
重庆市渝北职业教育中心
重庆市劳动和社会保障局
重庆市行知技工学校

贵州省（3个）

贵州电子信息职业技术学院
贵州电力学校
贵州省电子信息高级技工学校

云南省（4个）

曲靖市教育局
昆明市第二职业中等专业学校
云南省财贸学校
云南省化工高级技工学校

西藏自治区（2个）

西藏山南地区中等专业学校
日喀则地区中等职业技术学校

陕西省（8个）

渭南市教育局
彬县人民政府
神木县职业技术教育中心
汉中市第一职业中等专业学校
西安航空职业技术学院
陕西省工商高级技工学校
陕西省渭南扶贫职业技术学校
安康市劳动就业训练中心

甘肃省（4个）

甘肃省静宁县职业技术教育中心
兰州职业技术学院
甘肃省张掖市职业技术教育中心
甘肃省平凉地区技工学校

青海省（3个）

青海省互助土族自治县职业中学
青海省交通学校
青海省芒芒技术学校

宁夏回族自治区（4个）

宁夏隆德县职业中学
宁夏商业学校
宁夏石嘴山职业技术学院
宁夏水利技工学校

新疆维吾尔自治区（6个）

巴音郭楞蒙古自治州教育局

阿克苏市教育委员会
新疆农业职业技术学院
新疆机械电子高级技术学校
新疆昌吉回族自治州高级技工学校
乌鲁木齐银兔职业技能培训学校

新疆生产建设兵团（1个）

新疆生产建设兵团高级技工学校

企业（12个）

上海宝钢集团公司
沈阳飞机工业（集团）有限公司
中国石化集团齐鲁石油化工公司
郑州铁路局
中国葛洲坝水利水电工程集团有限公司
中国第二重型机械集团公司
中国第一汽车集团公司
金川集团有限公司
北京铁路局北京铁路分局
天津港务局
广东格兰仕企业（集团）公司人力资源部培训中心
联想集团有限公司

附二

全国职业教育先进个人名单

北京市（8人）

车志刚　陈　昊　武马群　耿华年
商建东　童华强　董群朴　蒋乃平

天津市（6人）

王玉涛　王建华　叶家静（女）　吕和平
陆丽珍（女）　戴学咸

河北省（16人）

王渝江　白志刚　冷明珠　吴建华
宋云峰（女）　张向党　张昆明　李义林
李月波　杨艳华（女）　汪秀丽（女）　林瑞振
常　选　程桂花（女）　舒希贵　韩振东

山西省（9人）

刘同良　段翠梅（女）　赵其斌　徐仲安
高跃利　常晓宝　阎图强　樊杰林
戴晋明

内蒙古自治区（8人）

王辉中　刘思超　张吉国　苏　洁（女）
陈中汉　林滋民　赵丹军　爱民布和

辽宁省（11人）

于长柏　王　敏（女）　张　健　张凤义
李　兴　柏长金　赵玉江（女）　徐平田
崔景懿　温景文　程万恩

吉林省（7人）

王树彬　王立国　牟敏华　金贞今（女）
高雨吉　曾宪政　靳化清

黑龙江省（9人）

关宸忠　张志强　张国忠　张桂霞（女）
李洁民（女）　杨爱军　范利仁　夏元泰
解平华

上海市（9人）

王锡萍　冯亚莲（女）　冯伟国　张建平
徐伟敏（女）　黄　虎　董大奎　薛喜民
瞿楙昌

江苏省（17人）

王　蕴（女）　王明敏　王晓麟　吴如专
张志松　张荣红　杨德钊　周亚瑜
周达子　周稽裘　武心录　胡春晨
贾　涛　顾定红　黄金善　程福伦
潘德胜

浙江省（10人）

王建华（女）　王松林　张荣才　李一飞
苏志刚　侯靖方　赵才兴　赵兴旺
徐定军　徐禄新

安徽省（8人）

王永生　吕敬沛　陈　达　赵　轶（女）
赵大美　赵建平　袁仲毅　黄庭曙

福建省（8人）

刘金桂　朱小春　李新光　陈明非

林国庆　郑元桂　侯秀钦　魏重春

江西省(7人)

刘承发　吴远海　吴肇元　邱小林
单人慧(女)　单津辉　傅淑清(女)

山东省(21人)

马好岗　马有君　方香花(女)　王玉振
王洪立　史三城　刘凤岳　刘贵珠(女)
孙海平　邢乐信　李海涛　李维山
杨文法　郑　健　徐法英(女)　徐继祥
柴孝荣　郭尚宏　崔秋立　傅砚修
蒋振海

河南省(18人)

王　岩　王　荔(女)　卢保胜　田景林
白振勇　宋国华(女)　张志林　张宪堂
范建华　姚业隆　胡焕河　赵富文
郝新强　骈齐忠　徐永清　焦金矿
韩小爱(女)　潘新超

湖北省(13人)

冉崇高　史天贵　皮广洲　刘启智
张继年　杨明荣　肖学松　闵建杰
郑承胜　徐正权　黄　梅(女)　韩瑛梅(女)
熊德明

湖南省(14人)

龙根深　刘太刚　何广文　何兆述
张天晓　陈江明　陈范勋　周腊梅(女)
欧阳河　唐亚唯　黄　旭　彭可仕
谢端锭　戴力斌

广东省(13人)

叶　萍　汤化胜　李霭康　陈其楼
陈瑞和　季昌寿　易秀湘(女)　林　辉
罗文新　俞仲文　赵士滨　唐淑蓉(女)
袁　革

广西壮族自治区(7人)

韦　文　米卓运　张尔利(女)　沈　阳
唐钟吉　唐新福　莫锡勤

海南省(3人)

陈卫东　陈亚武　曹仲平

四川省(13人)

何小婉(女)　吴　蕊(女)　宋远彬　陈显文
周兴儒　周尊登　季晓静(女)　凌　红(女)
唐开平　高　惠(女)　曾光清　潘宇清
魏自荣

重庆市(6人)

刘小秋(女)　何光海　余恢毅　段凤文
黄建明　曾维模

贵州省(4人)

罗永华　江丛林　赵宗能　原　理

云南省(7人)

刘树森　朱正中　张念蒙　胡大伟
徐　谦　强卫东　廖凤鸣(女)

西藏自治区(2人)

邓光兴　达　娃

陕西省(10人)

王　勇　史　亮　田和平　李明艳(女)
李振生　杨雪峰　苟金锁　侯忠义
胡文林　贺百苗

甘肃省(5人)

张世贵　张鸿德　李生宁　郭立鹏
焦寿山

青海省(3人)

吉格勒　易俊仁　郭占清

宁夏回族自治区(3人)

吕军昌　陈海兰(女)　胡春元

新疆维吾尔自治区(5人)

马万新　王少明　庄文举　严兴松
哈斯木·牙生

新疆生产建设兵团(1人)

李焕章

企业(4人)

何能金　张汉增　孟若志　金玉辉

〔**深化职业教育教学改革**〕 2002年，教育部审定并颁布中等职业学校82个重点建设专业教学指导方案，“方案”包括专业课程设置（教学计划）、主干专业课程教学基本要求（教学大纲）和专业设置参考标准。《面向21世纪教育振兴行动计划》的“职业教育课程改革和教材建设规划”首批研究与开发项目工作全部结束，经评审的获奖成果已辑册出版，包括《职业教育综合改革研究分卷》、《职业教育教学与课程改革研究分卷》、《职业教育实施素质教育与教学方法研究分卷》和《职业学校学生职业能力形成与教学模式研究》。

按照教育部党组提出的适度发展五年制高等职业技术教育的意见，指导和规范五年制高职的专业设置，组织五年制高职专业设置指南制定工作，总结和探讨五年制高职教育的特点，确定首批举办五年制高职的专业的名称，并初步制订了这些专业的指南。

通过多种形式积极推广课程改革和教材建设成果。2002年，分别依托在重庆和哈尔滨的两个师资基地举办大型“全国中等职业教育课程改革培训班”，宣传、推广职业教育课程改革成果。同时，积极推进职业学校学分制工作，创新教学管理制度，在各地继续进行职业学校实行学分制的试点。

撰稿 杨 进

〔**中等职业教育教材建设**〕 根据《面向21世纪教育振兴行动计划》提出的实施“职业教育课程改革与教材建设规划”要求，2002年4月，对17个中等职业学校重点建设专业共153种教材选题进行了立项，有10余家出版社参与了竞争，合计申报教材选题263项。经专家评审，立项227项。

2002年4月和9月，组织专家对57个中等职业学校重点建设专业的518种共755本教材书稿进行了审定。审定通过的书稿已分别于7月和12月正式出版发行，供各类中等职业学校选用。

为了帮助广大教师全面了解和把握新教材的编写思想、内容特点及结构体系，教育部主管部门委托教材出版基地会同各师资培训基地组织全国性的国家规划教材使用培训班48期，直接培训各类专业教师和教研人员2 500多名。委托教材出版基地会同地方教育行政管理部门举办地区性教材使用培训班近百期，培训教师5 000多人。

撰稿 葛维威

〔**实施职业资格证书制度**〕 2002年，经国务院同意，劳动和社会保障部、教育部、人事部联合印发《关于进一步推动职业学校实施职业资格证书制度的意见》。

《意见》印发后，各地教育和劳动保障行政部门、职业学校积极贯彻《意见》精神，按照市场需求设置和调整专业，努力改进实践教学环节，毕业生就业能力得到增强。各地劳动保障行政部门积极做好职业学校毕业生职业技能鉴定工作。经劳动保障和教育行政部门认定，职业学校所设专业的教学内容与国家职业标准要求相符合的，其毕业生申请参加中级以下（含中级）职业技能鉴定时，理论课考试成绩合格者可视为鉴定理论考试合格，按照职业技能鉴定有关规定只进行操作技能考核。对于培养学生符合技能的专业，除考核所需的基本职业理论和技能外，增加应用能力等综合能力的考核。国家级重点职业学校以及少数教学质量高、社会声誉好的省级重点中等职业学校和高等职业学校的主体专业，经劳动保障和教育部门认定，其毕业生参加理论和技能考核合格并取得职业学校学历证书者，视为职业技能鉴定合格，发给相应的中级职业资格证书。同时，各地劳动保障、人事和教育行政部门统筹规划、合理布局、择优建站，充分发挥和利用职业学校的优势，选择具备条件的职业学校建立职业技能鉴定所，促进职业学校学生职业技能鉴定工作的开展。

撰稿 刘建同

〔**师资培养培训工作**〕 到2002年，确定了全国重点建设52个职教师资培养培训基地、6个职教师资技能培训示范单位之后，各基地学校普遍加强了重点专业和培养培训项目建设，建立了组织领导机构和相关规章制度，在此基础上，广泛开展了各种不同层次的专业师资培养和培训工作，取得了较好成效。一是圆满完成了“跨世纪园丁工程”中等职业学校骨干教师和校长国家级培训任务，共培训教师799名、骨干校长75名。二是继续开展中等职业学校教师在职攻读硕士学位工作，2002年共有800多人参加学习。三是广泛开展了各种不同层次的中等职业学校教师和管理干部培养培训工作。据不完全统计，全国重点建设职教师资培养培训基地2002年共培养培训专业课教师和实习指导教师4万多人，其中研究生1 000多人，本科生1.5万多人，专升本6 000多人，专业课教师短期培训1.5万多人，实习指导教师3 000人；完成校长和管理干部培训任务3 000人，对全面提高中等职业学校教育教学水平起到了促进作用。

撰稿　王兰英

〔**信息化建设**〕　据2002年统计，全国中等职业技术学校总计配备64.7万台计算机，学生人均拥有计算机0.06台（18人1台）；60%以上的学校建成了计算机教室、多媒体电化教室、电子阅览室或教学资源开发实验室等专业教学和实习场所。全国已有5 625所中等职业学校初步建成不同技术方案的校园网，约占全国中等职业学校总数的31.6%。建成并开通了“中国职业教育与成人教育网站”。2002年，“现代远程职业教育与成人教育资源建设项目”进入收尾阶段。截至11月，已经确定130多个职业教育与成人教育计算机网络课程和素材库开发项目，涉及农林、建筑、机械、化工、铁路、信息技术、商贸与旅游、财政、管理、师资培训、文化艺术等18个专业门类，部分项目成果已经开始在职业学校和成人教育机构推广应用。

中等职业学校的计算机信息技术教育进一步得到加强，各地普遍将计算机应用基础列为中等职业学校的必修课程，并注重信息技术与基础学科和专业课程的整合力度，努力推进教育教学与管理过程的信息化，培养学生利用信息技术获取、加工、使用信息的基本能力。同时，加大培养初、中级信息化专业技术人才培养力度。截至2002年，全国共有计算机信息技术类中等职业学校1 400所，占中等职业技术学校总数的8%；近5 000所中等职业技术学校开设了信息技术类专业，占中等职业学校总数的近30%。全国在中等职业学校学习信息技术类专业的学生达到150万人。一些地方和学校加快了利用信息技术对电工、电子、电气等专业课程的信息化改造，注重信息技术与专业课程的整合，在相应的专业领域增加信息技术含量，努力提高相应生产经营和服务领域新增劳动力应用信息技术的能力。

2002年，现代远程职业教育与成人教育工作进程加快。建成5个“现代远程职业教育与成人教育资源开发和教学试点基地”；建成国家级试点学校4所，它们所属学校（教学站点）共计6 000余所。这些学校配备了必要的计算机管理系统，正在开发计算机教学平台和教育资源。同时，根据《教育部关于印发〈教育网站和网校暂行管理办法〉的通知》，审核批准了数家企业开展远程职业培训，提供计算机互联网的非学历职业教育与成人教育信息服务。

撰稿　陈　光

〔**中澳（重庆）职业教育合作项目**〕　2002年3月5日，“中华人民共和国政府和澳大利亚政府关于‘中澳（重庆）职业教育与培训项目’的谅解备忘录”项目正式启动。中澳（重庆）职业教育合作项目，执行期限为五年半，从2002年3月至2007年10月。澳方将为项目投入约1 940万澳元，中方投入也将达到540万澳元以上。

本项目的总目标是，开发和实施以需求为导向的职业教育活动，提高项目学校的能力，并通过项目学校和重庆市教委开展创新性项目活动，改善该市的职业教育和培训，进而利用实施项目所取得的经验，推动全国职业教育的改革和创新。本项目采用纵向分层的设计方法。项目活动和技术支持将在职业教育领域的三个纵向层面（即项目学习层面、重庆市层面和国家层面）进行，其中大部分投入和活动放在项目学校和重庆市两个层面。但项目活动和职业教育与培训活动的创意（无论从范围上还是从成果上来说）则不限于重庆市地域内，而是从我国经济和职业教育改革的大局出发支持创意与革新。

撰稿　刘建同

〔**下岗失业人员再就业培训**〕　教育部于2002年10月发出《关于动员各类学校积极开展下岗失业人员再就业培训工作的通知》，要求各级教育行政部门会同劳动保障部门，在省级以上重点中等职业学校或具有一定办学特色、条件的普通高等学校和各级成人学校中选择一批学校确定为"再就业培训定点学校"，使其成为各级政府认定的再就业培训基地。要根据当地再就业工作的总体规划，结合下岗失业人员的特点，按照"实际、实用、实效"的工作要求，加强再就业培训的针对性、实用性和有效性。2002年，各类职工培训学校开展各类职业技术培训达到437万人次。

撰稿　窦现金

〔**农村成人教育**〕　根据《国务院关于大力推进职业教育改革与发展的决定》提出的"'十五'期间每年培训农村劳动力1.5亿人次"的要求，2002年11月，教育部印发《关于进一步加强农村成人教育的若干意见》。各地积极行动，普遍加大农村成人教育工作的力度。上海、北京、浙江、山西、贵州、河南、云南等省市制定了加强农村成人教育工作的有关文件，明确工作思路和目标要求。到年底，已初步形成以县级职业学校和成人学校为龙头，以乡镇成人文化技术学校为骨干，以村成人文化技术学校为基础的县、乡、村三级实用型、开放型农民文化科技教育培训体系。据统计，2002年全国农民技术培训学校有37.91万所，开展农民技术培训、农村劳动力转移培训，共培训7 681.81万人次。

撰稿　马建斌

〔**社区教育实验工作**〕　2002年，全国社区教育实验工作继续深入发展。全国20多个省（自治区、直辖市）和计划单列市的教育部门、28个全国社区教育实验区，贯彻全国社区教育实验工作经验交流会精神，制定了社区教育的发展规划和相关工作文件。北京、上海、宁波、青岛、苏州、无锡等城市社区教育实验活动正在向农村乡镇延伸。各地充实现有教育资源，扩展功能，正在建设一批县、乡（镇）农村社区教育实验区，社区农村教育实验区约占新增实验区的40%。全国各社区教育实验区普遍建立了由实验区区委、区政府主要领导挂帅的"社区教育实验工作领导小组"、"社区教育指导委员会"领导机构，形成了"政府统筹领导、教育部门主管、有关部门配合、社会积极支持、社区自主活动，群众广泛参与"的社区教育管理模式。不少地方还建立了社区教育学会、社区教育专业委员会、社区教育研究中心等群众组织和研究机构。据统计，28个全国社区教育实验区已有专职人员3 800多人，兼职人员17 000多人，志愿人员23万多人。据初步统计，2002年全国社区教育实验区投入达1.1亿元（含基建投入），各实验区普遍利用现有各类教育资源，建立起2 400多个社区教育培训学校（中心），开展了形式多样的社区教育培训，累计培训570多万人次。

2002年，教育部进一步加强了对全国社区教育实验工作的指导。主要抓了以下工作：一是调查了解各地推进社区教育实验工作的进展情况，对出现的问题及时协同地方解决。编印《推动社区教育工作的新发展》的文件汇编，加强对社区教育实验工作的宣传。二是召开社区教育实验工作座谈会，提出建设社区教育示范区的工作目标。成立了28个社区教育实验区的协作会。三是组织成立社区教育专家组，研究起草了《社区教育实验评估指标体系》和《学习型组织基本要求》征求意见稿。四是承担了教育科学"十五"规划教育部重点课题"推进我国社区教育发展的实验研究"课题，加强推进社区教育的理论研究。五是开展社区教育工作者的培训。2002年10月、11月分别在北京、江阴举办两次全国社区教育工作者培训活动，取得较好的培训效果。六是组织社区教育考察团，赴美国和加拿大考察社区教育发展等问题。

撰稿　张志坤

〔**城市教育综合改革**〕 2002年，城市教育综合改革实验城市高中阶段教育继续迅速发展。36个实验城市均已率先普及了高中阶段教育，其中12个经济发达城市实现了城乡高中阶段教育的普及，31个城市做到了普教职教比大体相当。实验城市充分发挥行业、企业作用，大力推动社会力量办学，普遍出现了政府、社会共同推动教育增长的新模式，初步形成了公办与民办教育共同发展的新格局。

进一步发挥教育为城市建设服务的功能。教育综合改革实验城市政府把教育为支柱产业服务、为新兴产业服务、为重大项目服务放在突出位置，进一步加强对教育的统筹，突出市区教育发展与郊县教育发展的紧密结合，教育改革与劳动就业市场需求的紧密结合，教育与城市经济社会发展规划的紧密结合。在教育投入上，实行财政拨款与面向市场紧密结合，除财政拨款、建立教育费附加、税费减免、专项经费、政府贴息等传统措施外，各实验城市着眼于市场，更加广泛地运用银行信贷、实施资产置换、实行股份制办学、多方引进中外资金等，取得积极成效。北京、上海、天津、大连、宁波、青岛、南京、杭州、长春、吉林、苏州、无锡、常州、烟台、芜湖、天水、滨州等一批实验城市提出了建立学习型城市的综合改革目标。

全国教育科学“十五”规划教育部重点课题“新时期城市教育综合改革研究”和“新时期企业教育的改革与发展”开题会已分别召开，研究并落实了子课题及参加研究单位，提出课题研究计划和工作要求。

撰稿　李一扬

审稿　黄　尧　刘占山　王继平　张昭文

热点关注

发展职教该做什么

——近阶段职业教育发展思路

根据国家经济社会发展目标和战略部署的要求，今后一个时期，必须采取切实有力措施，大力推进职业教育的改革与发展。

一、提高认识、确立地位

职业教育是有中国特色社会主义教育事业、构建终身教育体系的重要组成部分，发展职业教育是实施科教兴国战略、推动经济和社会可持续发展、提高我国国际竞争力的重要途径，是进行人力资源开发、全面提高劳动者素质、发展先进生产力的必然要求，也是拓宽就业渠道、促进劳动就业的重要举措。必须从改革开放和现代化建设的全局出发，进一步提高认识，坚持大力发展的方针，努力开创职业教育工作的新局面。

二、目标和任务

在“十五”期间，初步建立起适应社会主义市场经济体制，与市场需求和劳动就业紧密结合，结构合理、灵活开放、特色鲜明、自主发展的现代职业教育体系。

1. 为全面提高劳动者素质服务。职业教育办学规模将继续扩大，争取为社会输送2 200多万中等职业教育毕业生，800万高等职业教育（含高专、成人高校）毕业生。

2. 为促进就业和再就业服务。职业学校和培训机构要更加积极地参与国家再就业培训计划的实施，每年为300万下岗和失业人员提供再就业培训，使职业学校成为下岗和失业人员再就业培训的主要基地。职工培训每年达5 000万人次，使终身教育和培训成为我国就业和再就业的长远支持政策。

3. 为农村、农业和农民服务。中等职业学校面向农村地区的招生规模要从现在的每年 254 万人提高到 350～400 万人。农村劳动力的培训规模从每年8 700万人次扩大到 1.5 亿人次。每年 800 万需要转移的农村劳动力能够接受多种形式的转移前培训。努力把职业学校和成人学校办成进行教育培训、科技示范推广、农民扶贫开发服务和农村劳动力转移培训的重要基地。

4. 为推进西部大开发服务。要进一步扩大西部地区中等职业教育办学规模，使西部地区中等职业学校的招生数量从现在每年的 79 万人提高到每年 120 万人以上，使西部地区每万人口中中等职业学校在校生数由目前的平均 72 人提高到 92 人，达到全国现在的平均水平。同时，要扩大西部地区高等职业院校的学校数量和办学规模，为西部培养留得住、用得上的实用人才。

三、主要措施

1. 推进职业教育管理体制改革。逐步建立国务院领导下，分级管理、地方为主、政府统筹、社会参与的职业教育管理体制。进一步明确发展职业教育的主要责任在地方，强化市（地）级政府对职业教育的统筹管理作用。通过管理体制改革，促进职业教育与区域经济和社会发展紧密结合，与其他各类教育协调发展；进一步组织动员企业、行业和各种社会力量参与发展职业教育；打破部门界限和学校类型界限，优化职业学校布局结构；创造有利于职业教育健康发展的政策环境。

2. 深化教育教学改革，提高职业教育教学质量和办学效益。认真贯彻党的教育方针，全面实施素质教育，注重培养受教育者的创新精神、专业技能和创业能力，培养生产、服务一线的高素质劳动者和实用人才；瞄准市场，突出特色，灵活设置专业和培训项目，根据产业结构调整和劳动力市场变化，积极发展面向新兴产业和现代服务业的专业，拓宽专业服务面向，增强适应性；职业学校要把教学活动与生产实践、社会服务、技术推广及技术开发紧密结合起来，把职业能力教育和职业道德教育紧密结合起来，加强学生实践能力、专业技能和敬业精神、严谨求实作风的培养；积极开展以骨干教师为重点的全员培训，提高教师的教育教学能力和学历层次，逐步提高具有教师资格和其他专业技术职务资格或职业资格的教师比例；坚持培养与培训并举，实行灵活的办学模式和学习制度。加强中等职业教育与高等职业教育、职业教育与普通教育、成人教育的衔接与沟通，增加中等职业学校毕业生进入高等学校特别是高等职业学校继续学习的比例。

3. 加快农村和西部地区职业教育的发展。要根据现代农业发展和农业产业结构调整的需要，继续推进农科教结合和“三教统筹”，实行学校、公司、农户相结合，推动农业产业化发展；加强农村地区、西部地区和贫困地区职业学校建设，建设一批骨干职业学校；加强东部和西部、城市和农村的对口支援工作。东部和大中城市要为西部和农村的职业学校培养培训骨干教师，帮助改善办学条件；积极推动现代远程教育和培训以及自学考试等多种教育形式向广大农村和西部地区延伸。

4. 进一步发挥企业行业在发展职业教育中的作用。各行业主管部门和企业都要高度重视人力资源开发，加强全员培训，提高员工素质；受政府主管部门委托，全国性行业组织制定行业职业教育和培训规划，以及行业职业标准，也可举办职业学校；企业应当成为举办职业教育的重要力量，企业要积极举办职业学校、职业培训机构，强化自主培训，切实加强对职工特别是一线职工的教育和培训。

5. 严格实施就业准入制度，加强职业教育与劳动就业的联系。严格执行劳动者在就业前或上岗前接受必要的职业教育的制度。用人单位招收录用职工，从事国家规定实行就业准入控制的职业，必须从取得相应学历证书并获得相应职业资格证书的人员中录用；从事一般职业（工种）的，必须从取得相应的职业学校学历证书、职业培训证书的人员中优先录用；加强职业学校学历教育与职业标准的衔接，充分发挥职业学校在推进职业资格证书制度和就业准入制度工作中的作用；切实加强职业指导和就业服务，拓宽毕业生就业渠道。

6. 多渠道筹集资金，努力增加对职业教育的投入。各级政府都要加大对职业教育的经费投入，各省、自治区、直辖市人民政府要制定本地区职业学校生均经费标准，并依法督促各类职业学校举办者足额拨付职业教育经费，县级以上各级地方人民政府要确保用于职业教育的财政性经费和生均事业费逐年增长；在地方调整学校布局结构、整合教育资源和增加投入的基础上，中央将增加职业教育专项补助经费，重点用于扶持农村和中西部地区职业教育的发展，为家庭经济困难学生提供奖、助学金，加强职业教育师资培训、课程教材开发和多媒体教育资源建设；各类企业要承担本单位职工和准备录用人员的职业教育和培训费用；积极利用金融、税收等手段支持职业教育的发展；切实加强职业教育经费管理，严格执行财务管理和审计制度，努力提高经费使用效益。

7. 切实加强领导，推动职业教育持续健康发展。各级政府要切实加强对职业教育工作的领导，把职业教育工作纳入当地经济和社会发展的总体规划，列入政府重要议事日程，把职业教育作为实施科教兴国战略、促进经济和社会发展的大事抓紧抓好；要进一步推动《中华人民共和国职业教育法》、《中华人民共和国劳动法》等法律法规的贯彻落实，完善执法监督机制，加大执法力度，提高依法治教水平；大力宣传职业教育和高素质劳动者在社会主义现代化建设中的重要作用，在全社会弘扬“三百六十行，行行出状元”的风尚，树立正确的教育观、职业观、人才观，提高生产、服务一线的高素质劳动者特别是高级技工和技师的经济收入和社会地位，努力营造有利于职业教育改革与发展的社会氛围。

（《中国教育报》2002 年 7 月 30 日）

职业教育资源急需整合

随着市场化改革的深入进行，我国的经济体制和企业制度发生了巨大的变化，“企业办社会”、“工厂办学校”的现象逐渐消失。在教育体制改革的基础上，教育资源由原有的分散多头管理，向集中的统一管理过渡。进一步改革职业教育，重组和整合职业教育资源，不仅必要而且必需。

近几年，普通高中不断扩大招生，高等院校招生规模迅速扩张，民办或合办的大专、本科院校的数量增加显著，所有这些，都使职业学校的生源数量和生源质量受到了相当程度的限制。许多城市的职业高中处于萎缩状态，行业主管部门所属的职业学校同样面临着生源难以为继的局面。但是，另一方面，社会对“职业”教育的要求却越来越高。在就业和再就业领域，职业教育和职业经验几乎成了用工单位对人员录用标准的必备要件。

一方面是职业学校生源的日益减少，以及职业教育资源的闲置，一方面是大量的待就业人员和下岗失业人员因没有职业教育“学历”而被拒于就业大门之外，这种现象突出地反映出职业教育与经济社会发展不相适应的一面。在现阶段，职业教育是九年义务教育之后的学历教育。从生源来看，职业学校——无论是职业高中还是行业主管部门所属职业学校的招生范围都限制在初中毕业生内。这就意味着，一个与职业学校同等学力的普通高中毕业生在高中毕业时，只能步入高考一条路。如果普通高中毕业生没有被高等院校录取，那么，从入学限制上来说，他们是不可以进入到与他已取得的学历具有同等学历资格的职业学校“重新”进行学习的，尽管实际上他们并没有接受过任何职业教育，而没有接受过职业教育，又限制甚或堵塞了他们的就业之途。于是，待业或复读（高中）成了他们必选其一的出路。这也是为什么各种形式的高中复读班越来越多，而职业学校的学生却越来越少的原因之一。

因此，在现阶段，有必要在教育发展规划和教育实践中，探索出一条把职业教育从基础学历教育体系的一部分转变成职业资格教育体系的途径，使职业教育更加名副其实。

应该说，我国经济体制和教育体制的改革和创新，从客观上为职业教育的这种转变准备了条件。从前年开始，高等院校的升学考试取消了考生的年龄限制，许多专业在考生条件和资格上的限制也大大放宽或逐步取消。这说明，随着教育资源日趋丰富和经济社会飞速发展，许多原有的各级各类教育体系的界限及其相应的限制已经失去了继续存在的必要和根据。具体到职业教育，则应该把接受教育的对象范围从普通初中毕业生，扩大到所有没有接受过（或接受过彼种而未接受过此种）职业教育的人，而不论其具有何种学历。这就是说，职业学校可招生范围，不仅包括那些具有低于职业学校学历（普通初中毕业）的人，也包括那些与职业学校具有同等学历（普通高中或其他职业学校毕业）的人，甚至包括那些具有更高学历、但要补充或更新职业知识的人。

这种转变，说到底，就是职业教育由学历教育向职业技能和就业资格教育的转变。这种转变，需要教育行政管理部门和兴办职业教育的行业主管部门对职业教育资源进行统筹规划，并根据经济社会发展的需要，对教学硬件、师资配备、教材编写、考试和实习等资源进行重组和整合。

完成职业教育资源整合，使更多的社会成员“有资格”可以根据自己的意愿和就业需要进入职业学校接受职业教育，既可以从整体上提高社会成员的职业素质，直接或间接促进各项产业的进步，为各行各业提供和储备更多合格的就业人才，又可以解决职业教育资源闲置、浪费等问题，促进教育事业的发展，丰富教育的层次、手段和方法。

（《光明日报》2003 年 5 月 15 日　周　冬）

高等教育

高等学校发展改革

2002年普通高校变动情况

序号	学校名称	建校基础名称	主管部门	备注
一、各地审批新设高等职业学校（**193**所）				
1	天津交通职业学院	天津市交通局职工大学 天津市交通学校 天津市交通技工学校 天津市交通职工中专学校	天津市	
2	天津文化艺术职业学院	中国北方曲艺学校 天津市艺术学校 天津职工工艺美术学院 （天津工艺美术学校）	天津市	
3	天津开发区职业技术学院	天津联合业余大学 天津开发区涉外职业中等专业学校 天津开发区中等专业学校 泰达研修中心（资源）	天津市	
4	承德旅游职业学院	承德旅游中专 承德财经学校	河北省	
5	河北省艺术职业学院	河北省艺术学校	河北省	
6	河北远东职业技术学院	华北石油职工大学	河北省	
7	石家庄信息工程职业学院	石家庄市财经学校	河北省	
8	秦皇岛外国语职业学院	南戴河外国语师范学校	河北省	
9	河北化工医药职业技术学院	河北化工学校	河北省	
10	河北交通职业技术学院	河北交通学校	河北省	
11	石家庄东方美术职业学院	石家庄市燕赵美术中专学校	河北省教育厅	民办
12	河北京都高尔夫职业学院	新设	河北省教育厅	民办
13	石家庄外经贸职业学院	石家庄北方专修学院（资源）	河北省教育厅	民办
14	山西水利职业技术学院	山西省水利职工大学 山西省水利学校	山西省	

续表

序号	学 校 名 称	建 校 基 础 名 称	主 管 部 门	备注
15	山西工业职业技术学院	山西矿业职业技术学院	山西省	
16	山西机电职业技术学院	山西省机械工业学校	山西省	
17	山西戏剧职业学院	山西省戏曲学校 山西省戏剧研究所	山西省	
18	山西林业职业技术学院	山西林业学校	山西省	
19	阳泉职业技术学院	阳泉职业技术学院（筹）	山西省	
20	山西财贸职业技术学院	山西省财贸学校	山西省	
21	内蒙古体育职业学院	内蒙古体育运动学校	内蒙古自治区	
22	内蒙古建筑职业技术学院	呼和浩特职业技术学院	内蒙古自治区	
23	辽宁信息职业技术学院	辽宁省电子工业学校 辽宁省供销学校	辽宁省	
24	辽宁机电职业技术学院	辽宁仪器仪表工业学校	辽宁省	
25	辽宁经济职业技术学院	辽宁经济管理干部学院	辽宁省	
26	辽宁石化职业技术学院	锦州石油化工职工大学 辽宁省石油化工学校	辽宁省	
27	辽宁金融职业学院	辽宁金融职工大学 辽宁银行学校	辽宁省	
28	辽宁广告职业学院	辽宁北方广告专修学院（资源）	辽宁省教育厅	民办
29	吉林电子信息职业技术学院	吉林冶金工业学校	吉林省	
30	吉林工业职业技术学院	吉林化工学校	吉林省	
31	吉林司法警官职业学院	吉林省司法警官学校	吉林省	
32	吉林农业工程职业技术学院	吉林省农业机械化学校	吉林省	
33	长春职业技术学院	长春高级职业技术学校	吉林省	
34	哈尔滨电力职业技术学院	哈尔滨电力学校	黑龙江省	
35	哈尔滨铁道职业技术学院	哈尔滨铁路工程学校	黑龙江省	
36	黑龙江畜牧兽医职业学院	黑龙江省畜牧兽医学校	黑龙江省	
37	黑龙江农业经济职业学院	黑龙江省农业经济学校	黑龙江省	
38	大兴安岭职业学院	原大兴安岭教育学院（资源） 大兴安岭师范学校 大兴安岭林业学校 大兴安岭林业管理局卫生学校 大兴安岭林业师范学校	黑龙江省	
39	哈尔滨职业技术学院	哈尔滨市经济管理干部学院 哈尔滨市建设职工大学 哈尔滨财贸职工大学 哈尔滨市职工轻工学院 哈尔滨市科技职工大学 哈尔滨市机电职工大学 （含哈尔滨机电工程学校）	黑龙江省	
40	黑龙江艺术职业学院	黑龙江省艺术学校 黑龙江省文艺干部学校	黑龙江省	

续表

序号	学 校 名 称	建 校 基 础 名 称	主 管 部 门	备注
41	哈尔滨华夏计算机职业技术学院	黑龙江华夏计算机专修学院（资源）	黑龙江省教育厅	民办
42	上海建峰职业技术学院	新设	上海市	
43	上海农林职业技术学院	新设	上海市	
44	民办上海中侨职业技术学院	新设	上海市教委	民办
45	民办上海邦德职业技术学院	新设	上海市教委	民办
46	上海托普信息技术职业学院	新设	上海市教委	民办
47	南京化工职业技术学院	南京化工学校	江苏省	
48	常州轻工职业技术学院	常州轻工业学校	江苏省	
49	常州机电职业技术学院	常州机械学校	江苏省	
50	徐州工业职业技术学院	徐州化工学校	江苏省	
51	江苏食品职业技术学院	江苏食品学校 淮安经贸学校	江苏省	
52	江苏农林职业技术学院	江苏省农林学校	江苏省	
53	南京特殊教育职业技术学院	南京特殊教育师范学校	江苏省	
54	常州工程职业技术学院	常州化工学校 江苏建筑材料工业学校	江苏省	
55	江苏信息职业技术学院	无锡无线电工业学校 锡山区职教中心	江苏省	
56	南京信息职业技术学院	南京无线电学校	江苏省	
57	宿迁职业技术学院	新设	江苏省	
58	江阴职业技术学院	江阴市职工大学	江苏省	
59	正德职业技术学院	新设	江苏省教育厅	民办
60	无锡南洋职业技术学院	新设	江苏省教育厅	民办
61	钟山职业技术学院	新设	江苏省教育厅	民办
62	培尔职业技术学院	新设	江苏省教育厅	民办
63	炎黄职业技术学院	新设	江苏省教育厅	民办
64	紫琅职业技术学院	新设	江苏省教育厅	民办
65	金肯职业技术学院	新设	江苏省教育厅	民办
66	九州职业技术学院	新设	江苏省教育厅	民办
67	硅湖职业技术学院	新设	江苏省教育厅	民办
68	浙江艺术职业学院	浙江艺术学校 浙江省电影学校 浙江省艺术研究所	浙江省	
69	浙江工业职业技术学院	浙江工业高级技术学校	浙江省	
70	丽水职业技术学院	丽水工业学校 丽水农业学校	浙江省	
71	浙江旅游职业学院	浙江旅游学校	浙江省	

续表

序号	学 校 名 称	建校基础名称	主管部门	备注
72	浙江机电职业技术学院	浙江机电职工大学 浙江机械工业学校	浙江省	
73	浙江警官职业学院	浙江第三人民警察学校	浙江省	
74	浙江商业职业技术学院	浙江商业学校	浙江省	
75	浙江经济职业技术学院	浙江物资学校	浙江省	
76	浙江经贸职业技术学院	浙江供销社职工学院 浙江供销学校	浙江省	
77	杭州职业技术学院	杭州职工大学	浙江省	
78	宁波服装职业技术学院	新建	浙江省	
79	嘉兴职业技术学院	嘉兴农业学校 嘉兴丝绸工业学校	浙江省	
80	湖州职业技术学院	湖州贸易经济学校	浙江省	
81	衢州职业技术学院	衢州师范学校 衢州卫生学校 浙师大衢州教师进修部（资源）	浙江省	
82	浙江金融职业学院	浙江银行学校	浙江省	
83	浙江建设职业技术学院	浙江育才职工大学 浙江建筑工业学校	浙江省	
84	义乌工商职业技术学院	杭州大学义乌分校（资源） 义乌商贸专修学院（资源）	浙江省	
85	浙江育英职业技术学院	新建	浙江省教育厅	民办
86	绍兴托普信息职业技术学院	新建	浙江省教育厅	民办
87	宁波大红鹰职业技术学院	宁波大红职业专修学院（资源）	浙江省教育厅	民办
88	浙江东方职业技术学院	浙江东方专修学院（资源）	浙江省教育厅	民办
89	安徽广播影视职业技术学院	安徽广播电视学校	安徽省	
90	池州职业技术学院	池州市职教中心 池州师范学校 池州农业学校 池州旅游学校	安徽省	
91	滁州职业技术学院	滁州建校 滁州技校 滁州财贸中专学校（筹） 滁州财税干部学校 滁州供销干部学校 滁州商业干部学校 滁州市粮食成人中专学校	安徽省	
92	宣城职业技术学院	宣州教育学院 宣城师范学校 安徽广播电大宣城分校（资源）	安徽省	
93	民办安徽明星科技职业学院	新设	安徽省教育厅	民办
94	民办安徽外国语职业技术学院	新建	安徽省教育厅	民办

续表

序号	学 校 名 称	建校基础名称	主管部门	备注
95	福州职业技术学院	福州业余大学 福州市工人业余大学 福建广播电视大学福州分校（资源）	福建省	
96	漳州职业技术学院	漳州职业大学 漳州农业机械学校	福建省	
97	泉州华光摄影艺术职业学院	福建省华光摄影中等职业学校	福建省教育厅	民办
98	泉州中营职业学院	福建省摩托汽车中等职业学校	福建省教育厅	民办
99	福建华南女子职业学院	民办福建华南女子职业学院	福建省教育厅	民办
100	江西机电职业技术学院	江西省机械工业学校	江西省	
101	江西司法警官职业学院	江西省司法警官学校	江西省	
102	江西旅游商贸职业学院	江西省商业学校 江西省旅游学校	江西省	
103	江西陶瓷工艺美术职业技术学院	江西省工艺美术学校 景德镇陶瓷学校	江西省	
104	江西环境工程职业学院	江西省赣州林业学校	江西省	
105	江西信息应用职业技术学院	南昌气象学校	江西省	
106	江西工业工程职业技术学院	江西省第一工业学校	江西省	
107	江西艺术职业学院	江西省文艺学校	江西省	
108	江西财经职业学院	江西财院九江分院（资源）	江西省	
109	江西应用技术职业学院	南方工业学校	江西省	
110	井冈山职业技术学院	吉安地区职工大学 吉安工业学校	江西省	
111	鹰潭职业技术学院	鹰潭师范学校 江西铜业公司技校	江西省	
112	江西现代职业技术学院	江西省建材工业学校	江西省	
113	江西交通职业技术学院	江西省交通学校	江西省	
114	江西电力职业技术学院	华中电力职工大学（资源） 江西电力学校 江西电力职工中专	江西省	
115	蓝天职业技术学院	民办蓝天职业技术学院	江西省教育厅	民办
116	江西新亚职业技术学院	民办江西财经理工专修学院（资源）	江西省教育厅	民办
117	山东畜牧兽医职业学院	山东省畜牧兽医学校	山东省	
118	青岛职业技术学院	青岛职业技术学院 青岛教育学院	山东省	
119	山东水利职业学院	山东省水利学校	山东省	
120	山东外贸职业学院	山东省对外经济贸易职工大学 山东省对外经济贸易学校	山东省	
121	青岛酒店管理职业技术学院	山东省青岛商业学校	山东省	
122	山东信息职业技术学院	山东省信息工程学校	山东省	
123	山东交通职业学院	山东省交通工程学校	山东省	

续表

序号	学校名称	建校基础名称	主管部门	备注
124	淄博职业学院	淄博商业学校 淄博城市建设职业中专学校 淄博化工学校 淄博工贸职工中专学校	山东省	
125	山东圣翰财贸职业学院	中外合作山东联合大学	山东省教育厅	民办
126	山东英才职业技术学院	山东英才专修学院（资源）	山东省教育厅	民办
127	青岛飞洋职业技术学院	青岛飞洋经贸进修学院（资源）	山东省教育厅	民办
128	山东大王职业学院	山东大王专修学院（资源）	山东省教育厅	民办
129	武汉航海职业技术学院	中国长江航运集团职工大学	湖北省	
130	宜昌职业技术学院	宜昌市农业学校 宜昌市电子工业学校 宜昌市工业学校 宜昌市财经学校	湖北省	
131	武汉工交职业学院	武汉市纺织工业学校 武汉市化工学校 武汉市交通学校	湖北省	
132	武汉电力职业技术学院	武汉电力学校	湖北省	
133	湖北城市建设职业技术学院	湖北省城乡建设职工大学 湖北省城市建设学校	湖北省	
134	湖北水利水电职业技术学院	湖北省水利水电学校	湖北省	
135	湖北生物生态职业技术学院	湖北省农业干部学校 湖北省科技生物学校 湖北省林业学校	湖北省	
136	武汉警官职业学院	湖北省警官学校	湖北省	
137	长江职业学院	民办长江职业学院	湖北省教育厅	民办
138	武汉信息传播职业技术学院		湖北省教育厅	民办
139	湖北开放职业学院	湖北函授大学	湖北省教育厅	民办
140	武汉科技职业学院	武汉科技工程学校 东湖大学（资源）	湖北省教育厅	民办
141	武汉光华信息技术职业学院	新设	湖北省教育厅	民办
142	武汉商贸职业学院	湖北省总工会电大分校（资源）	湖北省教育厅	民办
143	武汉外语外事职业学院	中南商务培训学院（资源）	湖北省教育厅	民办
144	湖南冶金职业技术学院	株洲职业技术学院	湖南省	
145	长沙环境保护职业技术学院	长沙环境保护学校	湖南省	
146	湖南体育职业学院	湖南职工体育运动技术学院 湖南省体育运动学校	湖南省	
147	湖南机电职业技术学院	湖南机电学校	湖南省	
148	湖南工程职业技术学院	湖南工程职工大学 长沙工程学校	湖南省	
149	湖南艺术职业学院	湖南省艺术学校 湖南省电影学校	湖南省	

续表

序号	学校名称	建校基础名称	主管部门	备注
150	汕头职业技术学院	汕头教育学院 汕头商业学校 汕头机电学校	广东省	
151	清远职业技术学院	清远市师范学校 清远市卫生学校	广东省	
152	揭阳职业技术学院	新设	广东省	
153	广东邮电职业技术学院	广东省邮电学校	广东省	
154	广东省外语艺术职业学院	广东外语职业学院	广东省	
155	深圳信息职业技术学院	深圳市工业学校 深圳市财经学校 深圳教育学院（资源）	广东省	
156	广东司法警官职业学院	广东司法警察学校 广东司法学校	广东省	
157	广东工贸职业技术学院	南华工商学院西院（资源）	广东省	
158	广东亚视演艺职业学院	新建	广东省教育厅	民办
159	广东建华职业学院		广东省教育厅	民办
160	广西国际商务职业技术学院	广西外贸学校	广西壮族自治区	
161	广西生态工程职业技术学院	广西林业学校	广西壮族自治区	
162	广西农业职业技术学院	广西农业学校	广西壮族自治区	
163	广西交通职业技术学院	广西交通学校	广西壮族自治区	
164	广西建设职业技术学院	广西建筑职工大学 广西建筑工程学校	广西壮族自治区	
165	广西水利电力职业技术学院	广西水电学校	广西壮族自治区	
166	眉山职业技术学院	四川省眉山农业学校 四川省眉山师范学校	四川省	
167	成都农业科技职业学院	四川省温江农业学校	四川省	
168	宜宾职业技术学院	四川省宜宾农业学校 四川省宜宾工业学校 （四川省宜宾农业机械化学校） 四川省宜宾成人中等专业学校	四川省	
169	四川职业技术学院	川北教育学院 四川省机电工程学校 （四川省农业机械化学校）	四川省	
170	泸州职业技术学院	泸州教育学院 四川省水利机电学校 四川省泸州师范学校	四川省	
171	成都艺术职业学院	四川开元艺术学院（资源）	四川省教育厅	民办
172	四川托普信息技术职业学院	四川托普信息技术学院（资源）	四川省教育厅	民办
173	四川国际标榜职业学院	四川国际标榜发型美容专修学院（资源）	四川省教育厅	民办
174	贵州理工职业技术学院	贵州冶金职业技术学院	贵州省	
175	贵州科技工程职业学院	贵州省化工学校	贵州省	

续表

序号	学校名称	建校基础名称	主管部门	备注
176	贵州电力职业技术学院	贵州电力学校	贵州省	
177	玉溪农业职业技术学院	玉溪农业学校	云南省	
178	昆明工业职业技术学院	昆明钢铁公司职工大学	云南省	
179	云南能源职业技术学院	云南省工程技术学校 云南广播电大煤炭分校（资源） 云南省煤炭基本建设公司技工学校	云南省	
180	陕西服装艺术职业学院	陕西服装进修学院（资源）	陕西省教育厅	民办
181	陕西国际商贸职业学院	陕西国际商贸专修学院（资源）	陕西省教育厅	民办
182	西安思源职业学院	西安思源科技培训学院（资源）	陕西省教育厅	民办
183	西安三资职业学院	陕西三资企业专修学院（资源）	陕西省教育厅	民办
184	西安高新科技职业学院	西安高新科技培训学院（资源）	陕西省教育厅	民办
185	青海畜牧兽医职业技术学院	青海省湟源畜牧学校 青海省畜牧职工中专学校 青海省畜牧成人中专学校	青海省	
186	青海交通职业技术学院	青海省交通学校 青海交通技工学校 青海省市交通职工中专学校 青海广播电视大学交通工作站（资源） 青海联合职工大学交通分校	青海省	
187	青海建筑职业技术学院	青海省建筑工程学校 青海省建筑职工中专学校 青海省建筑工程技工学校 青海联合职工大学建筑分校（资源）	青海省	
188	宁夏建设职业技术学院	宁夏建筑工程学校 宁夏建筑成人中专学校 宁夏建筑技工学校	宁夏回族自治区	
189	宁夏司法警官职业学院	宁夏司法警官学校	宁夏回族自治区	
190	宁夏财经职业技术学院	宁夏财经学校 宁夏银行学校	宁夏回族自治区	
191	宁夏经贸职业技术学院	宁夏商业学校 宁夏供销学校 宁夏经贸学校	宁夏回族自治区	
192	宁夏职业技术学院	宁夏广播电视大学 宁夏重工业职工大学 （宁夏机械技工学校） 宁夏职工科技学院	宁夏回族自治区	
193	伊犁职业技术学院	伊犁畜牧兽医学校 伊犁州农业学校 伊犁农牧机械化学校	新疆维吾尔自治区	
二、教育部批准新设高等专科学校（12所）				
194	天津医学高等专科学校	天津市职工医学院	天津市	
195	邢台医学高等专科学校	邢台卫生学校	河北省	

续表

序号	学校名称	建校基础名称	主管部门	备注
196	鹤岗师范高等专科学校	鹤岗师范学校	黑龙江省	
197	泰州师范高等专科学校	泰州师范学校 泰兴师范学校	江苏省	
198	浙江医药高等专科学校	浙江省医药学校	浙江省	
199	安徽医学高等专科学校	安徽省合肥卫生学校	安徽省	
200	亳州师范高等专科学校	蒙城师范学校	安徽省	
201	安徽中医药高等专科学校	安徽省中医药学校	安徽省	
202	郑州师范高等专科学校	郑州教育学院 郑州师范学校	河南省	
203	焦作师范高等专科学校	焦作教育学院 焦作师范学校	河南省	
204	郑州澍青医学高等专科学校	郑州澍青医学专修学院（资源）	河南省教育厅	民办
205	湖北中医药高等专科学校	湖北中医药学校	湖北省	
三、教育部批准新设本科院校（33 所）				
206	中华女子学院	中华女子学院（成人高校）	中华全国妇女联合会	
207	中央司法警官学院	中央司法警官教育学院	司法部	
208	白城师范学院	白城师范高等专科学校	吉林省	
209	绵阳师范学院	绵阳师范高等专科学校	四川省	
210	周口师范学院	周口师范高等专科学校 周口教育学院	河南省	
211	华北科技学院	华北矿业高等专科学校	国家煤矿安全监察局	
212	巢湖学院	巢湖师范专科学校	安徽省	
213	唐山学院	唐山高等专科学校 西南交通大学唐山分校 唐山市职工大学	河北省	
214	邢台学院	邢台师范高等专科学校	河北省	
215	运城学院	运城高等专科学校	山西省	
216	上海杉达学院	民办杉达学院	上海市	
217	三江学院	民办三江学院	江苏省	
218	江苏警官学院	江苏公安专科学校	江苏省	
219	浙江万里学院	浙江万里职业技术学院	浙江省	
220	台州学院	台州师范高等专科学校	浙江省	
221	铜陵学院	铜陵财经专科学校 安徽省冶金工业学校 铜陵师范学校	安徽省	
222	黄山学院	黄山高等专科学校	安徽省	

续表

序号	学校名称	建校基础名称	主管部门	备注
223	合肥学院	合肥联合大学 合肥教育学院 合肥师范学校	安徽省	
224	福建工程学院	福建建筑高等专科学校 福建职业技术学院	福建省	
225	闽江学院	福州师范高等专科学校 闽江职业大学	福建省	
226	莆田学院	莆田高等专科学校 福建医大莆田分校（专科） 莆田华侨体育师范学校	福建省	
227	九江学院	九江财经高等专科学校 九江师范专科学校 九江医学专科学校 九江教育学院	江西省	
228	泰山学院	泰安师范专科学校 泰安教育学院 泰山乡镇企业职工大学 泰安市广播电视大学（资源） 泰安师范学校	山东省	
229	山东交通学院	济南交通高等专科学校 中国重型汽车集团公司职工大学	山东省	
230	平顶山工学院	河南城建高等专科学校	河南省	
231	许昌学院	许昌师范高等专科学校	河南省	
232	湖北经济学院	湖北商业高等专科学校 武汉金融高等专科学校 湖北省计划管理干部学院	湖北省	
233	湖北警官学院	湖北公安高等专科学校	湖北省	
234	怀化学院	怀化师范高等专科学校	湖南省	
235	邵阳学院	邵阳师范高等专科学校 邵阳高等专科学校	湖南省	
236	零陵学院	零陵师范高等专科学校	湖南省	
237	湖南城市学院	湖南城建高等专科学校 益阳师范高等专科学校	湖南省	
238	东莞理工学院	东莞理工学院（专科）	广东省	
四、教育部批准本科院校改“大学”（14所）				
239	中南民族大学	中南民族学院	国家民委	
240	天津科技大学	天津轻工业学院	天津市	
241	辽宁石油化工大学	抚顺石油学院	辽宁省	
242	鞍山科技大学	鞍山钢铁学院	辽宁省	
243	沈阳师范大学	沈阳师范学院 辽宁教育学院	辽宁省	
244	吉林师范大学	四平师范学院	吉林省	

续表

序号	学 校 名 称	建校基础名称	主管部门	备注
245	长春工业大学	吉林工学院	吉林省	
246	长春理工大学	长春光学精密机械学院	吉林省	
247	安徽理工大学	淮南工业学院	安徽省	
248	聊城大学	聊城师范学院	山东省	
249	青岛科技大学	青岛化工学院	山东省	
250	山东理工大学	山东工程学院 淄博学院	山东省	
251	河南科技大学	洛阳工学院 洛阳医学高等专科学校 洛阳工业高等专科学校	河南省	
252	陕西科技大学	西北轻工业学院	陕西省	
五、教育部批准更名的高等学校（9所）				
253	安徽工程科技学院	安徽机电学院	安徽省	
254	吉林工程技术师范学院	吉林职业师范学院	吉林省	
255	东华理工学院	华东地质学院	江西省	
256	江西科技师范学院	南昌职业技术师范学院	江西省	
257	北京语言大学	北京语言文化大学	教育部	
258	吉林华侨外语职业学院	民办吉林华侨外语职业学院	吉林省教育厅	民办
259	广东技术师范学院	广东职业技术师范学院	广东省	
260	中国海洋大学	青岛海洋大学	教育部	
261	江苏工业学院	江苏石油化工学院	江苏省	
六、教育部批准本专科合并调整学校（18所）				
262	淮海工学院	淮海工学院 连云港化工高等专科学校	江苏省	
263	南京审计学院	南京审计学院 南京金融高等专科学校	江苏省	
264	咸宁学院	咸宁医学院 咸宁师范高等专科学校	湖北省	
265	湖南师范大学	湖南师范大学 湖南医学高等专科学校	湖南省	
266	长沙电力学院	长沙电力学院 湖南轻工业高等专科学校	湖南省	
267	哈尔滨医科大学	哈尔滨医科大学 鸡西煤炭医学高等专科学校	黑龙江省	
268	沈阳工业大学	沈阳工业大学 辽阳石油化工高等专科学校	辽宁省	
269	本溪冶金高等专科学校	本溪冶金高等专科学校 本溪师范高等专科学校 本溪高等职业专科学校	辽宁省	
270	辽宁大学	辽宁大学 辽宁外国语师范高等专科学校	辽宁省	

续表

序号	学校名称	建校基础名称	主管部门	备注
271	锦州师范学院	锦州师范学院 辽宁商业高等专科学校	辽宁省	
272	湖南大学	湖南大学 湖南计算机高等专科学校	教育部 湖南省	
273	杭州商学院	杭州商学院 浙江政法管理干部学院	浙江省	
274	哈尔滨师范大学	哈尔滨师范大学 呼兰师范专科学校 黑龙江农垦师范专科学校	黑龙江省	
275	哈尔滨师范大学	哈尔滨师范大学 黑龙江省物资职工大学 黑龙江省物资学校	黑龙江省	
276	吉首大学	吉首大学 武陵高等专科学校	湖南省	
277	保定师范专科学校	保定师范专科学校 保定地区教育学院	河北省	
278	衡水师范专科学校	衡水师范专科学校 衡水地区教育学院	河北省	
279	邯郸师范专科学校	邯郸师范专科学校 邯郸市教育学院 邯郸地区教育学院	河北省	
七、2002 年中央所属院校划转地方管理的学校（2 所）				
280	九江财经高等专科学校	总后装备部	江西省	
281	邢台职业技术学院	总后装备部	江西省	

全国民办普通高校名单

（截至 2002 年 12 月 31 日）

（计：131 所）

序号	学校名称	主管部门	办学层次	所在地
1	北京吉利大学	北京市教委	专科	北京市
2	北京科技经营管理学院	北京市教委	专科	北京市
3	海淀走读大学	北京市教委	专科	北京市
4	民办天狮职业技术学院	天津市教委	专科	天津市
5	石家庄法商职业学院	河北省教育厅	专科	石家庄市
6	邯郸中原外国语职业学院	河北省教育厅	专科	邯郸市
7	石家庄计算机职业学院	河北省教育厅	专科	石家庄市
8	河北京都高尔夫职业学院	河北省教育厅	专科	
9	石家庄东方美术职业学院	河北省教育厅	专科	
10	石家庄外经贸职业学院	河北省教育厅	专科	

续表

序号	学校名称	主管部门	办学层次	所在地
11	石家庄影视艺术职业学院	河北省教育厅	专科	石家庄市
12	山西兴华职业学院	山西省教育厅	专科	太原市
13	民办内蒙古丰州学院	内蒙古教育厅	专科	呼和浩特
14	辽宁对外经贸职业学院	辽宁省教育厅	专科	大连市
15	辽宁广告职业学院	辽宁省教育厅	专科	
16	大连艺术职业学院	辽宁省教育厅	专科	大连市
17	大连东软信息技术职业学院	辽宁省教育厅	专科	大连市
18	大连商务职业学院	辽宁省教育厅	专科	大连市
19	吉林华桥外语职业学院	吉林省教育厅	专科	长春市
20	吉林对外经贸职业学院	吉林省教育厅	专科	长春市
21	长春东方职业学院	吉林省教育厅	专科	长春市
22	哈尔滨华夏计算机职业技术学院	黑龙江省教育厅	专科	哈尔滨市
23	齐齐哈尔职业学院	黑龙江省教育厅	专科	齐齐哈尔市
24	民办黑龙江东方学院	黑龙江省教育厅	专科	哈尔滨市
25	民办上海工商外国语职业学院	上海市教委	专科	上海市
26	民办上海中侨职业技术学院	上海市教委	专科	上海市
27	民办新侨职业技术学院	上海市教委	专科	上海市
28	民办东海职业技术学院	上海市教委	专科	上海市
29	民办上海建桥职业技术学院	上海市教委	专科	上海市
30	民办上海邦德职业技术学院	上海市教委	专科	上海市
31	民办上海托普信息技术职业学院	上海市教委	专科	上海市
32	上海杉达学院	上海市教委	本科	上海市
33	民办上海济光职业技术学院	上海市教委	专科	上海市
34	九州职业技术学院	江苏省教育厅	专科	
35	紫琅职业技术学院	江苏省教育厅	专科	南通市
36	炎黄职业技术学院	江苏省教育厅	专科	盐城市
37	正德职业技术学院	江苏省教育厅	专科	南京市
38	钟山职业技术学院	江苏省教育厅	专科	南京市
39	无锡南洋职业技术学院	江苏省教育厅	专科	无锡市
40	培尔职业技术学院	江苏省教育厅	专科	无锡市
41	民办明达职业技术学院	江苏省教育厅	专科	盐城市
42	三江学院	江苏省教育厅	本科	南京市
43	金肯职业技术学院	江苏省教育厅	专科	南京市
44	硅湖职业技术学院	江苏省教育厅	专科	
45	宁波大红鹰职业技术学院	浙江省教育厅	专科	宁波市

续表

序号	学 校 名 称	主管部门	办学层次	所在地
46	浙江东方职业技术学院	浙江省教育厅	专科	杭州市
47	绍兴托普信息职业技术学院	浙江省教育厅	专科	绍兴市
48	民办浙江树人学院	浙江省教育厅	专科	杭州市
49	民办金华职业技术学院	浙江省教育厅	专科	金华市
50	浙江育英职业技术学院	浙江省教育厅	专科	杭州市
51	民办安徽文达信息技术职业学院	安徽省教育厅	专科	合肥市
52	民办合肥经济技术职业学院	安徽省教育厅	专科	合肥市
53	民办安徽外国语职业技术学院	安徽省教育厅	专科	
54	民办三联职业技术学院	安徽省教育厅	专科	合肥市
55	民办万博科技职业学院	安徽省教育厅	专科	合肥市
56	民办安徽新华职业学院	安徽省教育厅	专科	合肥市
57	民办安徽明星科技职业学院	安徽省教育厅	专科	
58	泉州育青职业技术学院	福建省教育厅	专科	泉州市
59	泉州光电信息职业学院	福建省教育厅	专科	泉州市
60	福州英华职业学院	福建省教育厅	专科	福州市
61	福建华南女子职业学院	福建省教育厅	专科	福州市
62	仰恩大学	福建省教育厅	本科	泉州市
63	泉州华光摄影艺术职业学院	福建省教育厅	专科	泉州市
64	泉州中营职业学院	福建省教育厅	专科	泉州市
65	厦门华夏职业学院	福建省教育厅	专科	厦门市
66	蓝天职业技术学院	江西省教育厅	专科	南昌市
67	江西航天科技职业学院	江西省教育厅	专科	南昌市
68	江西新亚职业技术学院	江西省教育厅	专科	南昌市
69	江西渝州科技职业学院	江西省教育厅	专科	新余市
70	潍坊科技职业学院	山东省教育厅	专科	潍坊市
71	民办山东万杰医学高等专科学校	山东省教育厅	专科	淄博市
72	山东南山职业技术学院	山东省教育厅	专科	烟台市
73	曲阜远东职业技术学院	山东省教育厅	专科	曲阜市
74	山东大王职业学院	山东省教育厅	专科	
75	山东力明科技职业学院	山东省教育厅	专科	济南市
76	德州科技职业学院	山东省教育厅	专科	德州市
77	山东英才职业技术学院	山东省教育厅	专科	
78	山东圣翰财贸职业学院	山东省教育厅	专科	济南市
79	青岛飞洋职业技术学院	山东省教育厅	专科	
80	民办青岛滨海职业学院	山东省教育厅	专科	青岛市

续表

序号	学校名称	主管部门	办学层次	所在地
81	郑州华信职业技术学院	河南省教育厅	专科	郑州市
82	郑州澍青医学高等专科学校	河南省教育厅	专科	郑州市
83	黄河科技学院	河南省教育厅	本科	郑州市
84	郑州科技职业学院	河南省教育厅	专科	郑州市
85	民办中原职业技术学院	河南省教育厅	专科	驻马店市
86	武汉外语外事职业学院	湖北省教育厅	专科	武汉市
87	武汉商贸职业学院	湖北省教育厅	专科	武汉市
88	武汉光华信息技术职业学院	湖北省教育厅	专科	武汉市
89	武汉科技职业学院	湖北省教育厅	专科	武汉市
90	武汉信息传播职业技术学院	湖北省教育厅	专科	武汉市
91	湖北开放职业学院	湖北省教育厅	专科	武汉市
92	武汉时代职业学院	湖北省教育厅	专科	武汉市
93	长江职业学院	湖北省教育厅	专科	武汉市
94	武汉生物工程职业技术学院	湖北省教育厅	专科	武汉市
95	湘南医学高等专科学校	湖南省教育厅	专科	衡阳市
96	湖南涉外经济职业学院	湖南省教育厅	专科	长沙市
97	广东亚视演艺职业学院	广东省教育厅	专科	东莞市
98	广东新安职业技术学院	广东省教育厅	专科	深圳市
99	广东建华职业学院	广东省教育厅	专科	深圳市
100	潮汕职业技术学院	广东省教育厅	专科	揭阳市
101	广东白云职业技术学院	广东省教育厅	专科	广州市
102	私立华联学院	广东省教育厅	专科	广州市
103	民办培正商学院	广东省教育厅	专科	广州市
104	民办南华工商学院	广东省教育厅	专科	广州市
105	广东岭南职业技术学院	广东省教育厅	专科	广州市
106	邕江大学	广西教育厅	专科	南宁市
107	三亚卓达旅游职业学院	海南省教育厅	专科	三亚市
108	海南国科园职业技术学院	海南省教育厅	专科	海口市
109	重庆光彩职业技术学院	重庆市教委	专科	重庆市
110	重庆信息技术职业学院	重庆市教委	专科	重庆市
111	重庆巴渝职业技术学院	重庆市教委	专科	重庆市
112	重庆海联职业技术学院	重庆市教委	专科	重庆市
113	民办四川天一学院	四川省教育厅	专科	成都市
114	成都艺术职业学院	四川省教育厅	专科	
115	四川托普信息技术职业学院	四川省教育厅	专科	

续表

序号	学校名称	主管部门	办学层次	所在地
116	四川国际标榜职业学院	四川省教育厅	专科	
117	贵州鸿源管理工程职业学院	贵州省教育厅	专科	凯里市
118	云南科技信息职业技术学院	云南教育厅	专科	昆明市
119	昆明艺术职业学院	云南教育厅	专科	昆明市
120	西安翻译职业学院	陕西省教育厅	专科	西安市
121	西安外事职业学院	陕西省教育厅	专科	西安市
122	西安欧亚职业学院	陕西省教育厅	专科	西安市
123	西京职业学院	陕西省教育厅	专科	西安市
124	陕西国际商贸职业学院	陕西省教育厅	专科	西安市
125	陕西服装艺术职业学院	陕西省教育厅	专科	西安市
126	西安思源职业学院	陕西省教育厅	专科	西安市
127	西安高新科技职业学院	陕西省教育厅	专科	西安市
128	西安三资职业学院	陕西省教育厅	专科	西安市
129	西安培华女子大学	陕西省教育厅	专科	西安市
130	兰州外语职业学院	甘肃省教育厅	专科	兰州市
131	宁夏石嘴山职业技术学院	宁夏教育厅	专科	石嘴山

2002年批准撤销成人高校名单

序号	撤销学校名称
1	巴彦淖尔盟教育学院
2	广州市联合职工大学
3	东北电业职工大学
4	海南教育学院
5	海南铁矿职工大学
6	临汾地区教育学院
7	晋中地区职工大学
8	新疆石油教育学院
9	吉林电力职工大学
10	吉林省行政管理干部学院
11	乌鲁木齐石油化工总厂职工大学
12	新疆有色金属工业公司职工大学
13	广东成人财经学院
14	黑龙江金融职工学院
15	鸡西市职工大学
16	吉林省直属机关业余大学
17	对外经济贸易管理干部学院
18	北京船舶工业管理干部学院
19	南京航天管理干部学院
20	北京农垦管理干部学院
21	中央农业管理干部学院
22	中国工商银行长春金融管理干部学院
23	中国工商银行杭州金融管理干部学院
24	中国农业银行长春管理干部学院
25	中国农业银行天津金融管理干部学院
26	中国农业银行武汉管理干部学院
27	北京燕山石油化工公司职工大学
28	河南石油职工大学
29	上海石油化工总厂职工大学
30	荆门炼油厂职工大学
31	胜利油田职工大学
32	天津石油化工公司职工大学

〔**创建世界一流大学和重点共建高水平大学进展情况**〕　1998年5月4日，江泽民同志在北京大学百年校庆大会上的讲话中指出："为了实现现代化，我国要有若干所具有世界先进水平的一流大学。"为贯彻落实党中央科教兴国的战略和江泽民同志的讲话精神，教育部在《面向21世纪教育振兴行动计划》中决定，重点支持部分高等学校创建若干所具有世界先进水平的一流大学和一批一流学科。

该项目启动以来，北京大学、清华大学首先获得国家大力度的支持，目标是建设世界一流大学。随后，教育部分别与上海市、江苏省、浙江省、陕西省、中国科学院、安徽省、国防科工委、黑龙江省重点共建复旦大学、上海交通大学、南京大学、浙江大学、西安交通大学、中国科技大学和哈尔滨工业大学等高水平大学。国家重点建设的这9所高校是我国高等教育大军的精锐部队，在全国高校中，它们的数量仅占1%，而重点实验室却占近50%，年科研经费约占1/3，在校硕士生占20%，博士生占30%。此后教育部又与有关主管部门及有关省市签署了重点共建有关学校的协议，其中2000年共建2校，2001年共建18校，2002年共建4校。

一流大学建设中，各校推出了快速凝聚海内外高层次人才和提高师资队伍素质的举措。从2001年起，清华大学先后聘请了美国工程院院士何毓琦、Salvendy、黄熙涛等一批著名学者出任"讲席教授"，Salvendy教授还成为该校新成立的工业工程系主任。南京大学"学科特区"建立后，美国著名研究机构研究员高翔教授到分子医学研究所落户。复旦大学专门设立人才引进专项经费，通过"成组引进"、"柔性流动"等模式，3年中引进各类优秀人才111人。西安交通大学通过政策推动，事业凝聚，在吸引留学回国人才方面开创了可喜局面。

高层次人才的凝聚形成一股冲刺一流的能动力量。北京大学固体地球物理学专业由于该项目的支持，引进了两位"长江学者计划"特聘教授，学科面貌焕然一新，2002年被新评为全国重点学科。著名分析化学家方肇伦院士加盟浙江大学后，组建了我国首家微分析系统研究所，联合清华大学、南京大学等9所院校，拿下"十五"期间第一个国家自然科学基金重大项目，确立了浙江大学在微流控分析系统这一学科领域的前沿地位。

该项目实施以来，由于学科的交叉和对优势学科的重点扶持，各校承担国家重大科研项目的竞争能力大大加强，一批具有标志性、突破性的重大科研成果应运而生。北京大学3年中理科共承担国家各类重大课题248项，文科承担国家教育人文社科基金100项。有2项研究成果入选"2001年全国基础研究成果十大新闻"，3项成果列入"中国高等学校十大科技进展"。清华大学坚持将国家战略需求放在首位，取得了一批有重要影响的应用研究成果。被世界公认为目前安全性最好、发电效率最高的第四代先进型反应堆已于2000年建成并投入临界运行。哈尔滨工业大学在载人航天、微小卫星等技术领域也取得一系列重要成果。南京大学物理类学科的研究论文近年在《科学》等高水平刊物上发表数大幅增加。中国科技大学试行将两名优秀的年轻学术带头人主持的实验室合并，在化学、材料科学、理论物理学的交叉融合中，每年都取得国际一流的成果。上海交通大学"973"项目首席科学家贺林主持的科研成果被列入2001年"中国医药科技十大新闻"、"中国基础研究"、"中国高校十大科技进展"，贺林成为国际脑研究领域杰出研究者奖的首位华人获得者。在人文社科研究方面，复旦大学2002年获国家社科基金31项。北京大学"劳动价值学说新探"、"股份制改造理论"、南京大学200部"中国思想家评传"工程等都产生了重大社会影响。

各校在项目建设中，注重科技成果转化及高新技术产业化，努力以一流科研成果为基础，以多种形式促进产学研结合。以北京大学科技园、清华大学科技园为代表的国家级大学科技园，为各校产学研结合和功能延伸提供了新平台。哈尔滨工业大学立足航天、国防，面向国民经济主战场，加速科技成果转化。学校已形成了以工大集团、八达集团为基础，以兴办哈尔滨工业大学科技园和深圳国际技术创新研究院为拓展目标的科技产业开发新格局。工大集团已发展成为航天三大企业集团之一。西安交通大学科技园利用西部大开发的契机，与香港理工大学合作成立“国际企业家深造学院”等机构，积极为西部地区提供智力和人才服务。其产业集团已成为西部地区规模最大的校办科技企业集团，净资产由成立时的2000余万元达到11亿元，成为西北地区高校第一家上市公司。

一流的生源应当有一流的培养。3年来，各校都推出了一系列加强全面素质教育、培养学生创新意识和创造能力的举措，人才培养质量不断提高。北大设立学生创新研究基金，不少同学在本科阶段就崭露头角。清华大学在本科生中推广“大学生研究训练计划”，鼓励早日进入专业领域。中国科技大学自1999年实行大学生研究计划，有60多名本科生在国内外刊物上发表了论文。

各校在稳定本科生培养的同时，研究生所占比例大幅增加，北京大学本科生和研究生的比例为1∶0.83，清华大学为1∶0.8，复旦大学为1∶0.62。高质量的研究生培养也为学校科研壮大了力量。2001年清华大学发表SCI论文1 399篇，其中研究生为第一作者的超过42%；北京大学每年发表SCI论文中作者有50%为在读学生。中国科技大学有60名本科生的论文在国内外刊物上发表。

〔**“211工程”建设**〕 2002年，“九五”“211工程”建设圆满完成。“九五”期间，国家计委共批复99所“211工程”学校和2个公共服务体系正式立项建设，安排602个重点学科建设项目。建设资金总量为108.94亿元，其中中央专项资金27.55亿元，部门配套资金31.72亿元，地方政府配套资金24.89亿元，学校自筹资金23.63亿元，其他渠道资金1.15亿元。此外，另由部门和地方政府安排相关基础设施配套资金74.72亿元。在建设资金使用上，用于重点学科建设为62.11亿元，用于公共服务体系建设为36.77亿元，用于基础设施建设为10.06亿元。据统计，“211工程”建设资金总完成率达到103%。

“九五”期间“211工程”建设成效显著：

实现了重点建设、推动整体发展的战略构想，为高等教育的改革和发展奠定了新的方位。“211工程”的实施，以集中力量、重点突破、带动整体的发展战略，重点建设起了一批重点院校和重点学科，有效带动了高等教育整体水平的提高，成为有力落实科教兴国战略的基础性工程和创建世界一流大学的启动工程。

较大程度改善了高等学校的办学条件，提高了高等学校办学的整体实力和培养高层次创造性人才的能力。“211工程”学校新建300多万平方米的教学、科研用房，用于仪器设备的经费投入，已接近建国以来这些高校仪器设备值的总和，其仪器设备值、图书总藏量、科研总经费分别占全国高校的54%、31%和72%，较大幅度地提高了科学研究的装备水平，为高层次人才培养奠定了坚实的基础。“211工程”学校的在校博士生、硕士生分别占全国高校的84%和69%。

一批重点学科已成为国家知识创新、技术创新和高层次人才培养的主要基地。通过“211工程”的建设，确立了学科建设在学校发展中的核心地位，推进了学科布局的调整，优化了重点学科结构，学科综合实力得到了前所未有的提高，由于学科相互间的交叉、联合，促进了新的学科生长点的不断涌现，大大增强了自主创新能力和承接国家重大项目的能力，取得了一大批标志性成果，改善了高层次人才培养的环境，为实现国家目标奠定了较好的工作基础。

“211工程”建设提高了中国高等教育信息化程度。建成了中国教育和科研计算机网八大地区主干网，使全国所有高等学校快速接入CERNET成为可能。十大重点学科镜像系统的建设，为国内高校了解和掌握最新科技发展前沿提供了便利条件。中国高等教育文献保障体系（CALIS）的建设改变了以往图书馆建设小而不全的模式，共建、共知、共享的观念得到普遍认同。引进的国外联机和光盘数据库几乎涵盖了所有的学科。公共服务体系的建设，实现了较大程度上的资源共享，同时对全国高等学校起到了较大的辐射作用。

建立了规范、协调、科学的管理运行机制，提高了管理水平和效率，保证了工程建设的有效实施。国家计委、教育部、财政部先后制定了《“211工程”建设实施管理暂行办法》、《“211工程”专项资金管理暂行办法》、《“211工程”中期检查办法》、《"211 工程"验收办法》和"211 工程"信息年报制度等，建立和完善了部际协调小组办公室、部委（地方）和项目学校三级管理体制；在部分高校实行中央、部门、地方联合共建"211 工程"，实施多渠道投资支持高等教育的机制，推动了高等教育管理体制的改革。国家计委、教育部、财政部于 2002 年 9 月 16 日在北京召开"十五""211 工程"建设部署会议。按照"211 工程"部际协调小组办公室《关于做好"十五""211 工程"建设项目可行性研究报告编制和立项审核工作的通知》要求，到年底，已有 91 所学校完成了"十五""211 工程"建设项目可行性研究报告编制和专家审核论证工作。有 44 所学校的可行性研究报告已经上报待审批。

撰稿　赵玉霞
审稿　周其凤　王亚杰　李　军
郭新立

〔**高校后勤社会化改革**〕　2002 年，各级政府继续下大力气，推动高校后勤社会化改革。国务院和国家科教办领导深入高校对后勤改革工作进行调查研究，多次作出重要批示。针对在京高校学生公寓建设成本高，建设进度慢，学生宿舍条件恶劣的问题，李岚清副总理亲自召集会议研究解决方案，调整建设思路，并作出了中央财政补贴投入的决定，有效促进了北京地区学生公寓建设工作。教育部领导和有关人员深入各地和高校调研、检查、督促工作，在有关部门的积极配合下，重点研究解决改革中的难点问题。为解决学生公寓等高校后勤服务设施建设中存在的贷款难问题，教育部与中国人民银行联合印发了《关于进一步解决学生公寓等高等学校后勤服务设施建设资金问题的若干意见》；针对开发商在经营学生公寓过程中不能享受税收优惠政策，难以运行的问题，商请财政部、国家税务总局印发了《关于经营高校学生公寓有关税收政策的通知》；根据学生公寓建设、管理方面存在的诸多问题，印发了《关于进一步加强高等学校学生公寓管理的若干意见》，并结合安全检查，对学生公寓管理工作进行了专项整治。同时，对高校提出了开展文明寝室活动的要求；根据高校学生食堂管理工作中出现的问题，及时进行通报，并印发了《关于加强高等学校学生食堂价格管理工作的通知》和《关于进一步加强高等学校学生食堂价格管理工作的通知》，对高校学生食堂有关价格管理工作提出了明确要求。其后，又印发了《关于切实加强高等学校食堂管理工作的通知》，对学生食堂的管理工作提出了全面要求。各地、各高校积极贯彻落实高校后勤社会化改革的一系列文件和会议精神，进一步加大改革力度，精心组织实施。经过各方面的共同努力，在 2001 年的基础上，改革工作又取得了新的进展。

高校后勤管理体制和运行机制改革，打破了旧的高校后勤模式形成的对高等教育发展的体制性障碍，促进了高校后勤资源的优化配置，调动了高校后勤实体的积极性。各高校后勤服务实体坚持为高校服务的方向，在用人办法、资金筹措、日常运营与管理、内部分配与激励制度等方面，按照现代企业制度要求，不断深化改革，加强自身建设，努力适应市场经济规律，服务质量和管理水平大幅度提高，保障能力迅速增强，高校后勤展现出前所未有的生机和活力。如今的高校后勤不但为学校提供了优于以往的服务，而且由过去仅为学校提供简单的基本服务，发展到全面开发校内市场，为学校和师生员工提供日益全面的服务，并迈向产业经营、资本运营等现代企业发展道路。越来越多的高校后勤实体跨出校门，开始为其他学校和单位提供服务。跨校联合经营也有新的发展。北京高校联合伙食采购中心，仅 2002 年 11 月的联合采购成交金额就达 700 万元左右。北京高校后勤社会化改革信息网还开办了网上后勤系列用品常年展会；2001 年，陕西省政府和教育厅注入资金和资产 6 500 万元组建的省高校后勤产业集团，在短短一年多时间内，经营的产业已经涉及到饮食服务、物业管理、房地产、建筑材料、交通运输与职业技术培训等多个领域，从业人员达 500 多人，2002 年总资产增加到近 2 亿元，实现纯利润 500 万元。陕西高校后勤物资配送中心，开展了对所有公办普通高校和部分民办高校学生食堂和公寓大宗物资的配送工作，配送用品和食品已达 1 000 多个品种；上海的连锁教育超市目前已发展到80多家，连锁餐厅已发展到50多家。三年多来，上海市高校跨校际联合采购生活后勤物资达到4亿多元，与同期、同类、同质商品价格比较，节约资金10%～15%，共计4 000万元～6 000万元。实行跨校联合，专业化、集约化经营，有效地降低了经营成本，规范了采购行为，保证了供应质量。

学生公寓等高校后勤服务设施的建设继续以高速度发展。据初步统计，2002年全国新建大学生公寓1 268万平方米，改造550万平方米。新建学生食堂120万平方米，改造44万平方米。自1999年至2002年，4年内全国新建大学生公寓3 800多万平方米，改造1 000万平方米；新建学生食堂约500万平方米，改造130万平方米。四年新建的学生公寓和食堂超过1999年前50年建设的总量。河北省和浙江省最近三年的建设量，分别超过了各自前50年建设总量的3倍和5倍。全国新建的学生公寓和食堂，约可解决400多万大学生的食宿问题，有力地支撑了这几年我国高等教育的快速发展。

高校后勤社会化改革的不断深化，有效地促进了教育思想、教育观念和办学模式的转变，提高了高校的办学活力，为高等教育的可持续发展提供了有力保证。同时，由于高校后勤服务产业的快速发展和大规模的基础设施建设，也为社会创造了大量的就业岗位，带动了相关产业的发展，对拉动地方经济，促进我国经济结构调整发挥着日益明显的作用。

各地在改革的实践中，创造、积累了不少成功的经验和做法。主要是：努力实践"三个代表"重要思想，发扬开拓创新、实事求是、奋发有为的精神；准确把握改革方向，及时研究、处理改革过程中出现的各种矛盾与问题；坚持政府统筹、领导、规划，省与省会城市协同配合，教育行政部门与各有关职能部门精心组织，高校主动参加，社会力量积极参与的实施机制；推动并落实政府必要投入与制订各项优惠政策并举的措施；全面规划，突出重点，千方百计加快学生公寓、食堂及其他后勤服务设施的建设；加强指导、管理与监督，着力建立保证新型高校后勤服务实体持续、健康运行的体制。

高校后勤社会化改革是一个十分复杂的系统工程，虽然三年来取得了巨大成绩，但是改革的任务还很艰巨，各地的进展也不平衡，最终完成这场改革，还需要一段相当长的时间。根据我国高等教育事业发展的情况，到2005年，学生公寓缺口约4 800万平方米，学生食堂缺口约760万平方米，高校后勤还面临着很大的压力。同时，目前高校后勤社会化改革所取得的成果还是初步的，新型高校后勤保障体系尚未巩固地建立起来，在建立高效率的高校后勤管理体制和运行机制等方面，还存在着许多难点问题。

为了总结三年来全国高校后勤社会化改革的成绩和经验，部署推进今后一个时期的改革工作，国务院办公厅于2002年12月24日，召开了全国高等学校后勤社会化改革工作电视电话会议。李岚清副总理在会上发表了重要讲话，陈至立部长作了工作报告。李岚清副总理在讲话中强调："各级党委和政府、各有关部门和高等学校，要充分认识高校后勤社会化改革的重要性、长期性和艰巨性，加强领导，统筹规划，密切配合，积极参与，狠抓落实，坚定不移地把高校后勤社会化改革引向深入，决不能松劲"。"要继续加大资金投入。同时，要继续积极调动社会力量参与高校后勤设施建设"。"要坚持学生公寓和食堂建设的科学标准。坚决贯彻'坚固、实用、安全、方便'的原则，决不能盲目追求高标准，讲排场，比阔气，提高工程造价，增加学生不必要的负担"。陈至立部长在报告中，总结了三年来全国高校后勤社会化改革所取得的成绩，分析了改革面临的形势，并结合形势与任务，针对当前改革中存在的问题与矛盾，重点强调了如下几方面问题：一是要全面理解改革的方针政策，牢牢把握改革的正确方向；二是要突出重点，进一步加快学生公寓和食堂等后勤服务设施建设；三是要因地、因校制宜，努力加快改革的进度；四是要进一步加强和改进对学生公寓、食堂的管理和监督；五是要振奋精神，扎实工作，坚定不移地全面深化改革。

撰稿　朱宝铜

审稿　韩　进

教育教学管理

〔**开展下放部分高校专业设置审批权试点工作**〕根据《教育部关于印发〈关于做好普通高等学校本科学科专业结构调整工作的若干原则意见〉的通知》精神，教育部于2002年3月开始进行下放部分高校专业设置审批权的试点工作，先后批准北京大学、清华大学、上海交通大学、浙江大学、北京师范大学、武汉大学、中国政法大学7所高校拥有本科专业设置审批权。这些高校除新设涉及国家安全和政治意识形态等领域的本科专业须事先征得教育部同意外，可依据学校的办学条件和办学需要，自主设置新的本科专业，报教育部备案。

开展下放部分高校专业设置审批权的试点工作是高等教育改革和教育创新的一个重要内容，有利于高校本科教学改革，优化学科、专业结构，创新人才培养模式；有利于促进高校建立并完善科学的、规范的专业设置的自律机制；有利于增强学校的办学活力，提高质量和办出特色。

教育部希望各校主动适应中国经济结构战略性调整、人才市场需求和提高国际竞争能力的需要，抓住机遇，深化改革，加强建设，提高质量，努力形成学科专业设置和管理的自我约束和自我发展的良性运行机制。

这一举措，促进并推动了这7所高校教学和管理机制的改革，取得良好效果。一年来，这些高校从专业整合入手，打通基础，实行按系、按学院、按专业大类招生和培养，进一步拓宽了专业口径。加强对传统专业的改造，保持传统专业的优势并赋予新的生命力。加强学科专业的交叉和融合，积极发展国家未来发展急需的新兴、交叉学科专业。同时，学校内部专业设置管理制度也逐步健全，使专业设置工作更加科学、民主和规范。

〔**组织开展教授讲授本科基础课程情况检查**〕为推动高校深入贯彻落实《关于加强高等学校本科教学工作，提高教学质量的若干意见》（以下简称《意见》）精神，教育部于2002年4月初向全国各省、自治区、直辖市教育行政部门和部属高等学校发出“关于开展教授讲授本科基础课情况调查工作的紧急通知”，要求全国所有普通高校就教授上本科基础课情况进行全面调查并填报教育部拟定的专题调查表格，同时教育部高等教育司组成了12个调查小组，于4月中旬深入北京、上海、天津、重庆、辽宁、吉林、山东、江苏、浙江、四川、广东11个省、直辖市，通过召开座谈会、听课、查阅教学文件等形式重点调查了解40余所高校教授讲授本科生基础课的情况。

调查表明，《意见》得到了各地教育行政部门和高等学校的广泛认同，普遍认为《意见》对高等学校的教学工作具有很强的针对性和现实指导性。各地教育行政部门和高等学校结合本地区社会经济发展和高等学校的实际情况，相继出台了一系列加强高等学校本科教学工作的实施办法和措施，高等学校对本科教学工作，特别是基础课教学重要性的认识有了进一步提高。大部分高等学校的校长都开始承担教学质量第一责任人的任务，增加日常教学经费，出台鼓励教授上本科生课的各种措施，积极推进教学改革，以及建设和完善各种质量监控系统等。据统计，教育部直属高校的日常教学经费（指教学业务、教学仪器设备修理、教学差旅、体育维持等基本教学经费），由2000年的相当于学生学费收入的22%上升到2001年的29%；许多高等学校通过提高教授授课的课时津贴，设立讲座教授、首席教授等办法，使教授讲授本科生课程的比例有所提高。据不完全统计，17个省市高等学校教授讲授本科生课程的人数由19 220人增加19 996人，提高4%。使用英语授课的“双语教学”工作在部分教育部直属高校中启动。清华大学开设了100门“双语教学”课程，上海交通大学、浙江大学、武汉大学、南京大学、中山大学等都开设了70门左右的“双语教学”课程。

从调查情况看，本科教学工作也还存在着一些问题。主要是：教授（尤其是名教授）从事本科教学，特别是基础课教学的比率偏低；各高等学校领导和教授对教授讲授本科生课程，甚至对本科教学工作重视不够；高等学校的体制和机制存在不利于教授讲授本科生课程的因素；实验室等条件不能满足本科教学需要；教学方法和教学手段还需要进一步改革。

针对存在的问题，为了进一步巩固高等教育改革的成果，深化本科教学改革，提高本科教学质量和水平，使我国高等教育持续健康发展，教育部将采取如下主要措施加强本科教学工作：

1. 要求各高等学校进一步认真贯彻落实《意见》精神，特别要严格执行其中关于“55岁以下的教授、副教授不讲授本科课程的，不再聘任其教授、副教授职务”的规定。

2. 进一步加强对本科教学的投入。各高等学校要在本科教学投入上狠下功夫，为提高本科教学质量，把我国本科教学办成国际一流水平提供经费保证。教育部将要求各高等学校拿出一定比例的教育事业费财政拨款和一定比例的学费收入用于本科教学，并以此作为高校教学评估的重要指标之一。

3. 研究拟订《高等学校教学质量与教学改革工程》，从教育创新的战略高度，全面推进高等教育信息化。鼓励名师讲授大学基础课程。建设精品课程，实现教案上网，提倡个性化学习。大力改革大学英语教学，提高大学生英语综合实用能力。改革教学评估工作。继续加强教学基地和基础课程实验中心建设。改革医学高等教育。深化本科教学改革，确保本科教学质量的提高。

组织开展教授讲授本科基础课程情况检查工作，对全面推进教学改革，制订并实施《高等学校教学质量与教学改革工程》打下了坚实的基础，必将对我国高等教育教学质量的提高和高等教育持续健康发展产生积极而深远的影响。

撰稿　张庆国　宋　毅
审稿　田勇泉

〔高等理工科教学改革取得阶段性成果〕 “世行贷款21世纪初高等理工科教育教学改革项目”是教育部“新世纪教改工程”的重要组成部分，2000年8月正式批准立项，其266个项目广泛分布于全国31个省、自治区、直辖市的170余所高等学校。立项目的是在“高等教育面向21世纪教学内容和课程体系改革计划”的实施基础上，用三年左右时间实现一批能体现整体优化的专业教学体系综合改革方案，建设一批富有时代特色的系列课程、教材和教学软件，形成若干有利于教育创新和创新教育实施的教学管理办法和运行机制，为全国高校的教学改革提供借鉴和示范。

两年来，该项目取得了一批阶段性成果，主要表现在六个方面：

一、进一步推动了人才培养模式的多样化，184个专业类人才培养改革试点方案成效显著。许多项目在理工融合、文理渗透、宽口径、跨学科、复合型、综合性基础学科、高新技术、服务地方经济发展等方面，开展了人才培养模式的改革试验，课程与实践训练的系统集成、整合优化、整体改革迈出了较大的步伐。

二、创新教育和教育创新受到极大关注。理工科学生创新意识与能力培养体系、创新人才培养模式改革、国际合作创新人才教育教学体系、“创新教育中心”建设、校内外创新教育实践基地建设等体现创新思路的40余个改革试验项目正在积极推进。

三、推进系列课程的整合与改革，更新教学内容，更好地适应高等教育国际化发展趋势。产生了一批新兴的综合性课程，原有课程内容大幅度更新，实施重点改革立项的系列课程350余门，编写和出版了295本新教材和讲义，使本科生在本科学习阶段就能接触到当今世界相关领域研究和应用的前沿。

四、实践训练环节大大加强，产学研结合有新的突破。校内外实践基地建设呈现新局面，改革项目中，出现了学校企业共建实验室、企业实验室建到学校、学校实验室建到工厂等新型的实验基地运作模式。富有成效的校内外实践基地改革与建设项目达145个。

五、利用现代教育技术力度加大，水平提高。通过项目改革实践，开发 CAI 多媒体课件和教学管理软件 230 余套。

六、教育理念更新和教学管理现代化进程进一步加快。在项目研究与实践的基础上，撰写和发表教育教学理论研究论文 572 篇和一批专题调研报告，形成新的教学管理改革方案、制度和办法 59 个。

世行贷款教改项目的推进，有效地带动了项目所在学校和所在地区其他院校教学改革的立项和开展。以国家级立项为核心，各省市均围绕自己关心的教育教学改革问题，开展了省级立项工作，形成了以国家级项目为中心的项目群，促进了所在地区其他高校整体教学改革的进行。不少项目学校围绕世行贷款教学改革项目设立了校级教学改革子项目，在校内形成了“项目群”，从整体上推动了所在学校的教学改革工作，起到了“以点带面”的作用。不少项目的成果，不仅在校内有推广意义，而且在校际亦有推广借鉴价值。

撰稿　孙丽为
审稿　葛道凯

〔**2002 年全国普通高等学校优秀教材评奖**〕为促进高等学校教材建设，提高教材质量，教育部进行了 2002 年全国普通高等学校优秀教材评奖工作。2002 年 3 月，教育部高等教育司向各普通高等学校、有关出版社发出了《关于进行 2002 年全国普通高等学校优秀教材评奖工作的通知》，部署评奖工作。并对申报教材的有关问题提出明确要求。此次优秀教材评奖范围为各中央、地方、大学出版社正式出版的供高等学校本科、专科及研究生（只限于学位课程的教学用书）使用的各学科专业教材（包括文字教材 、电子教材及 CAI 课件），不包括科学专著。

教育部高等教育司要求各高等学校和出版社要严格按照评奖的有关原则，组织好申报工作。高等教育司将对申报教材进行认真的资格审查，凡不符合申报要求或过期申报的，一律不能参加评审。

2002 年 8 月，教育部召开了 2002 年全国普通高等学校优秀教材评审会议。专家们对 354 所高等学校、117 个出版社申报的 2 000 余种教材，进行认真评审，评出优秀教材一等奖 138 种，二等奖 371 种。2002 年 10 月印发《教育部关于公布 2002 年全国普通高等学校优秀教材评奖结果的通知》，将审核后的获奖书目予以公布。获奖教材由教育部颁发获奖证书。

教育部强调：各有关高等学校要对优秀教材的作者，有关出版社对优秀教材的责任编辑给予奖励，并在职称评定等方面，充分考虑作者和责任编辑在教材建设中所作的贡献。要求各高等学校在教学中优先选用获奖的优秀教材。

撰稿　董锦岐
审稿　刘凤泰

附

2002 年全国高等学校优秀教材一等奖获奖书目

教材名称	编著者姓名	编著者单位	出版社	责任编辑
文艺学系列教材：文学文本解读、文学理论、文学批评原理	王先霈等	华中师范大学等	华中师范大学出版社	马元龙　陈昌恒　王文戈
汉语语义学	贾彦德	北京大学	北京大学出版社	胡双宝
中国当代文学史教程	陈思和等	复旦大学等	复旦大学出版社	杜荣根　孙　晶
中国文学史（四卷本）	袁行霈等	北京大学等	高等教育出版社	赵　三　马　纯　苏雨恒　袁　舫

续表

教材名称	编著者姓名	编著者单位	出版社	责任编辑
交际英语教程(一)(二)(修订版)	李筱菊 萧惠云 王 虹	广东外语外贸大学等	上海外语教育出版社	江雷红
研究生英语系列教程	刘鸿章 张振中 秦寿生 胡庚申 王同顺	上海交通大学等	高等教育出版社	邓中杰 黄丽雯 艾 斌 于 冰
英语专业系列教材(37本)	编委会	编委会	高等教育出版社	刘 援 李青等
俄语与俄罗斯文化	吴国华	解放军洛阳外国语学院	军事谊文出版社	张 丽
现代西方音乐哲学导论	于润洋	中央音乐学院	湖南教育出版社	崔裕康
中国历史文选	刘乃和 汝企和	北京师范大学	北京图书馆出版社	刘卓英
西方史学史	张广智 陈 新	复旦大学	复旦大学出版社	吴仁杰
书目情报需求与服务组织	彭斐章 陈传夫	武汉大学	武汉大学出版社	严 红
大学生心理健康与咨询	黄希庭 郑 涌	西南师范大学	高等教育出版社	田 军
马克思主义哲学原理	袁贵仁	国家教育部	北京出版社	岳民英
马克思主义哲学原理	叶敦平	上海交通大学	高等教育出版社	马俊华
政治学原理	王惠岩 韩冬雪	吉林大学	高等教育出版社	胡卫红
21世纪素质教育系列教材——高等学校美育教材系列(6本)	薛永年 李砚祖 邵大箴 于 平 修海林 李吉提	中国人民大学等	中国人民大学出版社	陈泽春 秦桂英
21世纪新闻传播学系列教材(5本)	方汉奇等	中国人民大学等	中国人民大学出版社	陈 萍 司马兰 刘仰东
西方政治制度史	马啸原	云南大学	高等教育出版社	胡卫红
新编现代西方哲学	刘放桐等	复旦大学	人民出版社	陈亚明
国外邓小平理论研究评析	马启民	陕西师范大学	山东人民出版社	李运才
运动生理学	邓树勋 洪泰田 曹志发	华南师范大学	高等教育出版社	尤超英
教育经济学	范先佐	华中师范大学	人民教育出版社	胡寅生
当代教育学(修订版)	袁振国	华东师范大学	教育科学出版社	王 兰
篮球运动高级教程	孙民治	首都体育学院	人民体育出版社	丛明礼
比较教育(第三版)	王承绪 顾明远	浙江大学等	人民教育出版社	诸惠芳
外国教育史教程	吴式颖 李明德 单中惠	北京师范大学	人民教育出版社	诸惠芳
应用心理学书系	林崇德	北京师范大学	人民教育出版社	魏运华
国际私法	韩德培	武汉大学	高等教育出版社 北京大学出版社	张 杰 王烈琦
宪法基础理论	李龙	浙江大学	武汉大学出版社	郭园园
刑法学	高铭暄 马克昌 赵秉志	中国人民大学等	北京大学出版社 高等教育出版社	冯益娜
民法学	江 平 李永军 李开国	中国政法大学	中国政法大学出版社	刘 军

续表

教材名称	编著者姓名	编著者单位	出版社	责任编辑
法理学	张文显　李　龙 周旺生　郑成良 徐显明	吉林大学等	高等教育出版社 北京大学出版社	王卫权
经济法	杨紫烜　肖乾刚 盛杰民	北京大学等	北京大学出版社 高等教育出版社	邹记东
21世纪法学系列教材(14门核心课)	曾宪义	中国人民大学	中国人民大学出版社	郭燕红　张玉梅 李东晓　刘　志 李　星　李文彬 鞠　虹　沈小农
发展经济学	谭崇台	武汉大学	山西经济出版社	张惠君
国际经济学(修订版)	佟家栋　高乐咏	南开大学	南开大学出版社	童　颖
西方经济学	厉以宁	北京大学	高等教育出版社	李　捷
西方经济学(第二版)	高鸿业	中国人民大学	中国人民大学出版社	马学亮
货币银行学	黄　达	中国人民大学	中国人民大学出版社	张冬梅
国际金融学	姜波克	复旦大学	高等教育出版社	刘清田
中央银行学	王广谦	中央财经大学	高等教育出版社	孙乃彬
会计史教程(历史·现时·未来)第一卷	郭道扬	中南财经政法大学	中国财政经济出版社	郭兆旭
财务管理学	王庆成　郭复初	中国人民大学　西南财经大学	高等教育出版社	张海宁
市场营销学(及学习指南与练习)	吴健安　郭国庆 钟育赣　王　旭	西南财经大学等	高等教育出版社	陈　薇
中级财务会计	葛家澍　黄世忠 陈少华	厦门大学	辽宁人民出版社	谭　燕
市场调研与预测	陈启杰	上海财经大学	上海财经大学出版社	黄　勇
技术创新管理	吴贵生	清华大学	清华大学出版社	魏荣桥
管理运筹学	韩伯棠	北京理工大学	高等教育出版社	陈　薇
中国企业管理教学案例	厉以宁　曹凤岐	北京大学	北京大学出版社	梁鸿飞
会计学	阎达五　于玉林	中国人民大学	中国人民大学出版社	张冬梅
21世纪工商管理系列教材(6本)	徐二明　郭国庆 宋远方　王利平	中国人民大学	中国人民大学出版社	张冬梅等
旅游学概论(修订版)	李天元	南开大学	南开大学出版社	孙淑兰
概率论与数理统计(第二版)及习题与解答	茆诗松　周纪芗	华东师范大学	中国统计出版社	徐　颖　吕　军
几何学引论(上、下)	郑崇友　王汇淳 侯忠义　王智秋	首都师范大学	高等教育出版社	郭思旭
高等数学简明教程(一、二、三)	李　忠　周建莹	北京大学	北京大学出版社	刘　勇
数值逼近	王仁宏	大连理工大学	高等教育出版社	郭思旭
工科数学分析基础(上、下)	马知恩　王绵森	西安交通大学	高等教育出版社	文小西　杨芝馨
线性代数及应用	谢国瑞	华东理工大学	高等教育出版社	高尚华

续表

教 材 名 称	编著者姓名	编著者单位	出 版 社	责 任 编 辑
概率极限理论基础	林正炎 陆传荣 苏中根	浙江大学	高等教育出版社	高尚华
数学分析(上、下)	陈纪修 於崇华 金 路	复旦大学	高等教育出版社	徐 刚 郭思旭
改变世界的物理学(第二版)	倪光炯 王炎森 钱景华 方小敏	复旦大学	复旦大学出版社	丁荣源
高等量子力学	喀兴林	北京师范大学	高等教育出版社	陈小平
University Physics	卢德馨	南京大学	高等教育出版社 施普林格出版社	赵天夫
新编物理化学	赵成大	东北师范大学	东北师范大学出版社	关广庆
大学化学(上、下)	傅献彩	南京大学	高等教育出版社	朱 仁
反应工程(第二版)	李绍芬	天津大学	化学工业出版社	骆文敏 赵玉清
食品化学	王 璋 许时婴 汤 坚	江南大学	中国轻工业出版社	李亦兵
物理化学(上、中、下)	胡 英 吕瑞东 刘国杰 叶汝强等	华东理工大学	高等教育出版社	秦凤英 刘啸天 殷继祖
工业设计史(修订版)	何人可	湖南大学	北京理工大学出版社	郭海涛
机械设计 CAI 系列软件	项目组	西南交通大学等	高等教育出版社	马盛明 田 雨
机械原理教程及辅导与习题	申永胜	清华大学	清华大学出版社	金文织
图学基础教程	谭建荣 张树有 陆国栋 施岳定	浙江大学	高等教育出版社	肖银玲
计算传热学的近代进展	陶文铨	西安交通大学	科学出版社	陈文芳
钢结构基本原理	沈祖炎 陈扬骥 陈以一	同济大学	中国建筑工业出版社	朱首明
结构力学教程	龙驭球 包世华 匡文起 袁 驷	清华大学	高等教育出版社	余美茵
材料分析方法	周 玉	哈尔滨工业大学	机械工业出版社	常燕宾
材料能量学——能量的关系、计算和应用	肖纪美 朱逢吾	北京科技大学	上海科学技术出版社	陈晏平
金属凝固原理(第二版)	胡汉起	北京科技大学	机械工业出版社	王霄飞 常燕宾
激光技术	蓝信钜等	华中科技大学	科学出版社	马长芳
电子线路(第四版)线性部分、非线性部分	谢嘉奎 宣月清 冯 军	东南大学	高等教育出版社	张培东
电子技术基础(第四版)模拟部分、数字部分	康华光 陈大钦 邹寿彬	华中科技大学	高等教育出版社	任庆陵
雷达成像技术	刘永坦等	哈尔滨工业大学	哈尔滨工业大学出版社	王超龙
机器人学	蔡自兴	中南大学	清华大学出版社	薛 慧
图象工程(上册)图象处理和分析(下册)图象理解与计算机视觉	章毓晋	清华大学	清华大学出版社	王仁康
通信网的安全——理论与技术	王育民 刘建伟	西安电子科技大学	西安电子科技大学出版社	李经澄 马乐惠

续表

教 材 名 称	编著者姓名	编著者单位	出 版 社	责 任 编 辑
电力电子技术(第四版)	王兆安 黄 俊	西安交通大学	机械工业出版社	韩雪青 刘 辉 王小东
过程控制工程	蒋慰孙 俞金寿	华东理工大学	中国石化出版社	丁纵宇 廖林林
海洋科学导论	冯士筰 李凤岐 李少菁	青岛海洋大学 厦门大学	高等教育出版社	黎勇奇
煤矿开采学(修订本)	徐永圻	中国矿业大学	中国矿业大学出版社	陈玉和 刘社育
现代天气学原理	伍荣生	南京大学	高等教育出版社	崔凤文
经济地理学	李小建	河南大学	高等教育出版社	徐丽萍
人文地理学	王恩涌 赵 荣 张小林 刘继生 李贵才 韩茂莉	北京大学等	高等教育出版社	徐丽萍
环境保护与可持续发展	钱 易 唐孝炎	清华大学 北京大学	高等教育出版社	陈 文
程序设计语言编译原理(第三版)	陈火旺 刘春林 谭庆平 赵克佳 刘 越	国防科技大学	国防工业出版社	杨其眉
计算机操作系统教程(第二版)	张尧学 史美林	清华大学	清华大学出版社	马瑛珺
人工神经网络与模拟进化计算	阎平凡 张长水	清华大学	清华大学出版社	刘 颖
软件语言及其实现	徐家福 吕 建	南京大学	科学出版社	鞠丽娜
计算机组成原理(第三版)	白中英	北京邮电大学	科学出版社	张建荣 陆新民
数据库系统概论(第三版)	萨师煊 王 珊	中国人民大学	高等教育出版社	柳秀丽
计算机网络	冯博琴 吕 军 陈文革 程向前	西安交通大学等	高等教育出版社	刘建元
数据通信与计算机网络	高传善 钱松荣 毛迪林	复旦大学	高等教育出版社	肖子东
生物物理学	赵南明 周海梦	清华大学	高等教育出版社 施普林格出版社	林金安
细胞生物学	翟中和 王喜忠 丁明孝	北京大学 四川大学	高等教育出版社	孙素青 田 军
高等学校生物学国家级试题库	研制组	四川大学等	高等教育出版社	吴雪梅 谭丽霞 林金安 孙 华
航空燃气轮机原理(上)	彭泽琰 刘 刚	北京航空航天大学	国防工业出版社	王坡麟
系统可靠性设计与分析	宋保维 王晓娟	西北工业大学	西北工业大学出版社	王 璐
铁路货运技术	吴育俭 郭维鸿 刘东岭	北方交通大学	中国铁道出版社	金 锋
微生物学(第五版)	李阜棣 胡正嘉	华中农业大学	中国农业出版社	贺志清
流域管理学	王礼先	北京林业大学	中国林业出版社	李 敏
土壤学	黄昌勇	浙江大学	中国农业出版社	贺志清
动物保护概论	陆承平 贾竞波 包 军	南京农业大学 东北林业大学 东北农业大学	高等教育出版社	孟 方
生药学	李 萍 王熙俊 刘惠娟	中国药科大学	高等教育出版社	丁燕娣

续表

教材名称	编著者姓名	编著者单位	出版社	责任编辑
医学遗传学	李　璞	哈尔滨医科大学	北京医科大学中国协和医科大学联合出版社	陈永生
新编护理学基础	姜安丽　石　琴 陈玉屏　王志红 母泽林	第二军医大学	高等教育出版社	孙素青　邓　捷
卫生化学(第四版)	胡曼玲	中南大学	人民卫生出版社	杨　晋
流行病学(第四版)	李立明　施侣元	北京大学等	人民卫生出版社	杨　晋
医学神经生物学	吕国蔚　徐群渊 张英才	首都医科大学	高等教育出版社	孙素青
生理学(第五版)	姚　泰　乔健天	复旦大学等	人民卫生出版社	张之生
内科学(第五版)	叶任高　陆再英	中山大学 华中科技大学	人民卫生出版社	赵　莳
口腔颌面外科学(第四版)	邱蔚六　张震康	上海第二医科大学 北京大学	人民卫生出版社	张之生
妇产科学(第五版)	乐　杰	吉林大学	人民卫生出版社	惠天灵
儿科学(第五版)	王慕逖	华中科技大学	人民卫生出版社	赵永昌
外科学(第五版)	吴在德	华中科技大学	人民卫生出版社	祁　军
会计电算化实用教程	李尊卿　谢红兵 张广福	哈尔滨理工大学	高等教育出版社	陈　瑜
教育部高职高专法律类规划教材(9本)	曾宪义　黄京平 韩大元　叶秋华	中国人民大学	中国人民大学出版社	柯美成　张玉梅 刘春潮　徐　莉 王茁芝　田　耕 玲　子
实用业务英语(第二版)系列教材(15本)	编写组		高等教育出版社	周龙等
高等学校英语应用能力考试国家级试题库(高职高专用)	研制组		高等教育出版社	周龙等
微观经济学与宏观经济学	缪代文	中国人民大学	高等教育出版社	陈　瑜
语文教学论系列教材	王松泉　王相文 韩雪屏	绍兴文理学院等	高等教育出版社	马　纯　袁　舫
电路及磁路(第二版)	蔡元宇　陈永祥 杨其允	沈阳电力高等专科学校	高等教育出版社	刘激扬
高等数学(上、下)	宣立新	南京师范大学	高等教育出版社	马志鹏
高等数学	侯风波	承德石油高等专科学校	高等教育出版社	李艳馥
机械设计基础	陈立德　牛玉丽	金陵职业大学 天津职业大学	高等教育出版社	龙琳琳
Visual Foxpro 及其应用系统开发	史济民　汤观全	四川大学	清华大学出版社	焦　虹
运动训练学	田麦久	北京体育大学	人民体育出版社	史　勇
应用力学	范钦珊	清华大学	中央广播电视大学出版社	旷天鉴
无机化学(理论部分、元素部分)	乌云其木格	内蒙古师范大学	内蒙古文化出版社 内蒙古大学出版社	占　柱　朝　克 阿拉坦

〔**普通高等教育“十五”国家级教材规划**〕 按照教育部2001年3月印发的《关于“十五”期间普通高等教育教材建设与改革的意见》精神，教育部高等教育司组织了普通高等教育“十五”国家级教材规划选题的申报工作。2001年8月发出了《关于申报普通高等教育“十五”国家级教材规划选题的通知》，对申报“十五”国家级规划教材的有关问题作出了明确规定：（1）规划教材的学科范围：普通高等学校专业目录的11个学科门类，供普通高等教育专科、本科使用的各种形式（文字、CAI、多媒体）的教材。（2）规划教材的申报：“十五”国家级规划教材包括修订教材和新编教材；“十五”国家级规划教材分为指定选题与非指定选题，指定选题是根据各学科（专业）教学改革对教材的需求确定的引导性选题，称为《普通高等教育“十五”国家级教材规划申报指南》，非指定选题指的是《申报指南》以外的选题，是对指定选题的补充；教育部委托有关部委或相关单位管理的专业（如新闻出版署：印刷工程专业；中国包装总公司：包装工程专业；全国纺织教育学会：纺织服装类专业等。以下简称“委托专业”）的教材，向有关部委或相关单位申报，其他专业的教材向教育部高等教育司申报。（3）规划教材的评审：教育部高教司对申报的教材选题进行核查和分类后聘请各学科专家进行评审，委托专业的教材由受委托的部委（单位）择优向高教司推荐，统一参加评审。（4）凡是经教育部批准正式列入“十五”国家级规划的教材，应在2005年6月以前将书稿交有关出版社。

2002年，教育部高等教育司共受理了500余所高等学校申报的6 000余种教材。另外，由教育部委托水利部、交通部等12个部门（单位）管理的12个专业类的教材，也由上述部门（单位）择优向高等教育司申报了388种教材。

2002年1月15日～18日召开了普通高等教育“十五”国家级规划教材评审会议。教育部聘请了138位专家参加了评审会议。经专家评审，教育部研究决定2 021种教材列入“十五”国家级教材规划。并于2002年5月印发了《普通高等教育“十五”国家级教材规划选题的通知》，要求：

一、凡承担普通高等教育“十五”国家级规划教材的作者，要根据《普通高等教育“十五”国家级规划教材申请书》中的申报依据、目标、工作安排及进度，按时编写出高质量的教材。

二、普通高等教育“十五”国家级规划教材的作者所在学校，要认真落实《普通高等教育“十五”国家级规划教材申请书》中的学校保证计划实施的主要条件，支持作者按计划完成书稿编写工作。各有关高等学校要在每年年底将教材的编写进度及开展这项工作的经验和问题报教育部。

三、委托国务院有关部委的教育主管部门和有关行业学会负责本部门有关作者承担的“十五”国家级规划教材的审定工作，并尽快落实出版单位。由教育部负责的教材，由教育部根据作者意见，经与有关出版社进行协商后，已确定出版单位。

四、承担“十五”国家级规划教材出版的单位，要尽快与作者取得联系，配备得力的编辑人员，并尽早安排出版，保证教材的编校和印刷质量。教育部将检查并公布有关学校和出版社完成“十五”国家级规划教材的情况。

《通知》发出后，各有关单位高度重视高等学校的教材建设工作，认真抓好“十五”国家级规划教材的编写、出版、发行工作，使高质量的教材尽快在人才培养中发挥作用，为提高高等教育教学质量作出新贡献。

撰稿　董锦岐
审稿　刘凤泰

〔**现代远程教育试点工作**〕 截止到2002年底，已有67所普通高等学校开展现代远程教育试点工作，开展现代远程教育试点的66所普通高校和中央广播电视大学累计注册学生约130多万人，其中普通高校约30多万人，中央电大90多万人。2002年12月，教育部办公厅印发了《关于对现代远程教育试点学校网络教育学院开展年报年检工作的通知》，要求各试点高校认真做好自我检查和年报的上报工作，特别要加强对校外学习中心的检查评估工作，对违规的校外学习中心要给予相应的处理，教育部将组织专家对试点学校进行随机抽查，以确保网络教育的质量。

2002 年 7 月，教育部印发《关于加强高校网络教育学院管理提高教学质量的若干意见》。文件要求各级教育行政部门和试点高校要充分认识发展网络教育的重要意义，进一步明确高校网络教育学院的主要任务，积极发展、规范管理，实现现代远程教育的快速、健康和可持续发展；试点高校网络教育学院要以在职人员的继续教育为主，要减少并停止招收全日制高中起点普通本专科网络教育学生，要充分发挥网络教育的优势，为在职人员更新知识、增强技能、不断学习、不断提高提供良好服务；各试点高校要根据实际情况，采取切实有效措施，规范招生工作管理、加强教学过程管理、严格考试管理和加强教学管理制度建设，尽快建立本校的网络教育质量标准，保证网络教育的教学质量；加强远程教育公共服务体系建设，促进资源共享，提高校外支持服务水平；健全网络教育年报年检制度，加强质量管理；推动优秀教学资源向西部输送，促进西部教育质量的提高；加强网络教育学院管理，促进网络教育健康发展。

2002 年根据教育部办公厅《关于开展“中央广播电视大学人才培养模式改革和开放教育试点”项目中期评估工作的意见》，教育部专家组按照“以评促改，以评促建，评建结合，重在建设”的原则对中央广播电视大学和 44 所省级广播电视大学进行了评估的实地考察，截止到 2002 年 12 月评估进校考察工作已全部结束，教育部审定 41 所省级电大的试点项目中期评估结论为合格，3 所省级电大暂缓通过。通过试点中期评估，全国广播电视大学系统吸纳各种社会资金 30 亿元，电大系统在教育思想观念的转变、现代化基础设施的建设、多种媒体教学资源的建设、现代远程教育条件下新的教学模式的探索、师资、管理、技术、研究四支队伍建设等方面取得了明显的进展。

撰稿　刘　英
审稿　葛道凯

〔**高校试办示范性软件学院情况**〕　2001 年 12 月 3 日，教育部和国家发展计划委员会联合发布了《教育部　国家计委关于批准有关高等学校试办示范性软件学院的通知》，批准北京大学、清华大学等 35 所高校试办示范性软件学院。建设示范性软件学院是新时期推进高等教育改革与发展的一项重要举措，是我国软件产业人才培养方面实现跨越式发展的一次重大改革尝试，旨在为我国软件产业的发展带来新的推动力。示范性软件学院主要以工程开发教育为主，招生层次有本科、软件方向第二学士学位和工程硕士，招生方式和规模由所在学校自主确定。在办学模式上强调国内合作办学与中外合作办学，加强产学研合作教育，按照国际通行规则组织实施教学活动，使用双语授课，采用国外原版高水平教材，以培养具有国际竞争能力的多类型、实用型、高水平软件人才。

经过近一年的建设，示范性软件学院建设工作已经取得了明显进展，各层次招生的总体规模已经突破 2 万人。部分高校已经建好全新的教学大楼、先进的实验室和教室，开设了一些企业认证和国际软件课程，吸引了一批国外高水平学者为学生授课。各高校在管理体制和运行机制创新、校企交流与合作、特殊人才引进和师资培训、教学内容和课程体系改革、人事分配制度改革等方面都进行了一些积极探索，取得了阶段性建设成果。软件学院的建设得到有关省、市的高度重视，相继将支持软件学院的建设同推动本地区信息产业的发展结合起来。微软、IBM、甲骨文、CISCO、卡纳基梅隆等一批软件领域国际著名企业和教育机构都表现出强烈的合作意向，部分企业已经签订合作协议，捐赠了一批先进的实验仪器设备和课件、教材等，累计价值近 2.4 亿美元。示范性软件学院建设工作呈现出良好的发展态势。

撰稿　王启明
审稿　葛道凯

〔**成立 2002 年～2006 年教育部高校外语专业等科类教学指导委员会**〕　为进一步深化教育改革，全面推进素质教育，加强教育行政部门对高等学校教学工作的宏观管理和指导，提高教育质量，充分发挥各科类专家学者对教育教学改革与建设的研究和指导作用，促进高等教育更好地为经济建设和社会发展培养高质量的人才，教育部于2002年5月成立了2002年～2006年教育部高等学校外语专业、艺术类、图书馆、文科计算机基础4个科类教学指导委员会（以下简称教学指导委员会）。

一、教学指导委员会是在教育部领导下，对高等学校本科教学工作进行研究、咨询、指导和服务的专家组织。

二、教学指导委员会人选是根据坚持四项基本原则、学术地位比较高、教学工作经验比较丰富、作风正派和老中青三结合的原则，经学校和有关单位申报，在比较广泛地征求多方意见的基础上研究确定的。各教学指导委员会成员由教育部聘任，任期从2002年起至2006年止。

三、教学指导委员会设主任委员一人、副主任委员若干人。教学指导委员会的工作由主任委员主持、副主任委员协助。外语专业教学指导委员会设秘书长一人，其余教学指导委员会设秘书一人，协助主任委员处理日常工作。为了促进信息沟通，教学指导委员会设联络员。

四、教学指导委员会的主要任务是：(1) 就高等教育教学改革与发展的重要问题进行理论与实践研究，为国家教育行政部门和高等学校提供咨询意见和建议；(2) 指导高等学校的专业、课程、教材、实验室、师资队伍等教学基本建设，推动教学改革不断深化；(3) 受国家教育行政部门委托制订专业教学的质量标准，协助国家教育行政部门进行专业教育质量的监督和评估；(4) 沟通信息，交流教学改革经验，推广研究成果，为高等学校的教学建设和教学改革做好服务工作；(5) 完成国家教育行政部门交办的其他任务。

撰稿　刘向虹
审稿　刘凤泰

〔**建立“国家生命科学与技术人才培养基地”**〕2002年，教育部、国家发展计划委员会共同研究决定，批准在北京大学、清华大学等36所高校建立“国家生命科学与技术人才培养基地”（以下简称“基地”）。

“基地”的建立是高校为国家经济建设服务的一个快速反应，是在产业化人才培养上采取的重要战略举措。一方面适应我国经济结构战略性调整的要求和生物技术产业发展对人才的迫切需求，为实现我国生物技术产业化高层次人才培养的跨越式发展，发挥高等教育基础性和先导性作用；一方面促进高校学科专业结构调整，是面向市场、面向产业办学思想的重要实践。

“基地”建设是教育创新的一次大胆实践。针对生物技术产业化人才缺乏、国际竞争能力不足、人才培养不适应市场需求的实际，“基地”建设采取“四个结合、四个创新、两个配套”的总体思路，即上下游结合、学研产结合、国内外结合、不同学科交叉结合；体制创新、机制创新、制度创新、模式创新；政策配套、投入配套。支持“基地”在招生对象、人才类型以及人才培养体制、机制等方面进行大胆创新；鼓励“基地”进行跨学科、跨校、跨行业、跨国合作办学模式探索；鼓励“基地”与生命科学领域国家理科基础科学研究和教学人才培养基地、重点建设学科、重点实验室、工程（技术）研究中心、科研院所、生物技术企业等机构进行上下游、学研产联合建设；鼓励企业及社会各界广泛参与和支持“基地”建设，使之相关教学条件尽快达到或接近国际先进水平。“基地”在完成国家建设目标，进行高层次生命科学领域专业人才培养工作的基础上，从2002年秋季学期开始，率先为全校非生命科学类专业学生开设生命科学基础普及课程。

为推动“基地”建设与人才培养工作的顺利开展，9月，教育部和国家发展计划委员会共同在北京召开了“国家生命科学与技术人才培养基地”工作会议。成立了由学术、教学管理专家和生物高新技术企业家等人员组成的“国家生命科学与技术人才培养基地”建设指导委员会。

撰稿　范　唯
审稿　田勇泉

附

批准设立“国家生命科学与技术人才培养基地”学校名单

北京大学	清华大学	浙江大学	中国科技大学
北京师范大学	中国农业大学	厦门大学	山东大学
北京中医药大学	首都医科大学	青岛海洋大学	武汉大学
南开大学	内蒙古大学	华中科技大学	华中农业大学
吉林大学—沈阳药科大学	东北林业大学	中南大学	湖南师范大学
复旦大学	上海交通大学	中山大学	四川大学
第二军医大学	同济大学	云南大学	西安交通大学
南京大学	南京农业大学	西北大学	西北农林科技大学
中国药科大学	江南大学	第四军医大学	兰州大学

〔高职高专精品专业建设项目〕 近年来，我国高职高专教育发展迅速，在校生人数已经占整个高等教育的一半以上。随着加入世界贸易组织，我国的经济结构、就业市场变化都呈现出新的趋势，行业企业对人才质量也提出了新的、更高的要求。培养适应社会经济发展需要的高质量、有特色高职高专人才，专业建设是关键。建设一批国家高职高专精品专业，可以树立高职高专专业建设与专业改革的品牌，并且在全国发挥辐射作用；同时，以专业建设作为人才培养工作的切入点，可以带动高职高专教育师资、教材、实验室/实训基地等方面的改革与建设。

2002 年以来，教育部在“国家级高职高专教育专业教学改革试点”工作基础上，正式启动了高职高专精品专业项目，各地教育主管部门和有关学校根据国家级专业教学改革试点进展情况，遴选、申报了 114 个专业，经专家论证，确定北京工业职业技术学院机电技术应用等 62 个专业为第一批国家高职高专精品专业建设项目。这些专业由国家和学校主管部门共同支持，期望经过几年的努力，建成一批国内同类专业中教学条件好、管理模式先进、教学质量一流的精品专业，在各类专业的人才培养工作中起到示范作用，以带动全国相关专业的改革与建设，同时也成为高职高专教育对外交流的窗口。作为全国优质高职高专教育建设项目中的重要内容，今后几年，教育部将陆续建设一大批国家级高职高专精品专业。

撰稿　李津石
审稿　葛道凯

〔确定高职高专国家级专业教学改革试点〕 2002 年启动了第四批高职高专教育专业教学改革试点工作。山西等 11 个省市于 8 月底前向教育部高教司申报了 100 个国家级高职高专专业教学改革试点单位。9 月至 11 月，教育部组织专家组对申报试点单位进行了材料审查和实地考察，最终确定山西财政税务专科学校会计学等 69 个专业为高职高专国家级专业教学改革试点（附名单）。截止 2003 年 1 月，通过评估，已确定四批 415 个国家级专业教学改革试点。各省也相应确定了省级专业教学改革试点专业 800 余个，部分学校还确定若干校级专业改革试点，这项工作极大地推动了高职高专教育教学改革工作，在高职高专教育战线引起了广泛反响。

撰稿　王　伟
审稿　葛道凯

附

第四批国家级专业教学改革试点专业名单

省市	序号	申报学校	申报专业
山西	1	山西财政税务专科学校	会计学
	2		市场营销
	3	广播电影电视管理干部学院（广播影视职业学院）	动画
	4		电视摄像
	5	太原大学	秘书
	6		汽车维修与营销
	7	山西工程职业技术学院	钢铁冶金
	8	山西建筑工程职业技术学院	建筑工程
	9		建筑装饰
	10	山西矿业职业技术学院	综合采煤
	11	山西经济管理干部学院	人力资源管理
	12	山西生物应用职业技术学院	现代中药技术
	13	山西大学商务学院	电子商务
	14	太原理工大学阳泉学院	机电一体化
	15	运城高等专科学校	应用电子技术
	16	大同医学专科学校	美容医学
	17	山西交通职业技术学院	公路与桥梁
	18	山西医科大学汾阳学院	护理学
湖北	1	湖北轻工职业技术学院	啤酒酿造
	2	孝感职业技术学院	高级护理
上海	1	上海旅游高等专科学校	烹饪与餐饮管理
	2	上海财经大学	商务管理
	3	上海交通职业技术学院	汽车运用工程
	4	上海大学	市场营销（汽车商务）
	5	上海医疗器械高等专科学校	医学影像设备
	6	上海商业职业技术学院	电子商务
海南	1	海南大学	种植养殖
	2		旅游信息管理
	3	华南热带农业大学	观赏园艺
	4		热带果蔬病虫害防治技术
	5	海南职业技术学院	动物生产
	6	海口经济职业技术学院	空中乘务与旅游
广西	1	广西机电职业技术学院	数控技术应用
	2	柳州职业技术学院	汽车运用与维护
	3	广西教育学院	现代教育技术
	4	桂林旅游高等专科学校	酒店管理
	5	广西财政高等专科学校	会计
	6	桂林电子工业学院	电子与信息技术
北京	1	北京工业职业技术学院	测量工程
	2	北京轻工职业技术学院	生物技术应用
	3	北京信息职业技术学院	软件技术
	4	北京农业职业学院	畜牧兽医
	5	北京计划劳动管理干部学院	劳动和社会保障
	6	北京理工大学	汽车运用工程
河北	1	河北工程技术高等专科学校	供用电技术
	2	保定金融高等专科学校	金融
	3	华北航天工业学院	数控技术应用
	4	邯郸职业技术学院	美术装潢设计
	5	河北职业技术学院	环境艺术设计
	6	唐山工业职业技术学院	艺术设计
	7	石家庄铁路工程职业技术学院	智能建筑控制工程
	8	河北工业职业技术学院	金属材料工程
	9	河北工程技术职业学院	计算机软件开发与设计
安徽	1	安徽交通职业技术学院	公路与桥梁工程
	2		高等级公路管理
江西	1	南昌职业技术师范学院	影像工程
	2	九江职业技术学院	检测技术与应用
	3	九江学院	计算机应用
	4	江西工业职业技术学院	电子元件与材料
	5		应用电子技术

（续表）

省市	序号	申报学校	申报专业
江西	6	新余高等专科学校	涉外秘书
	7	东华理工学院	市场营销
	8	江西金融职工大学	金融
黑龙江	1	黑龙江畜牧兽医职业学院	动物防疫检疫
	2	鸡西大学	经贸俄语
	3	黑龙江农垦职业技术学院	经济法律事务
	4	哈尔滨铁道职业技术学院	城市轻轨与地下铁道工程
	5	黑龙江农业经济职业学院	农业经济管理
江苏	1	中国药科大学	药物制剂

〔印发《关于举办高等医学教育的若干意见》〕 根据高等医学教育规律和中国卫生事业发展对卫生人力的需要以及行业人才准入的有关规定，2002年8月，教育部与卫生部联合印发了《关于举办高等医学教育的若干意见》，进一步规范了我国高等医学学历教育的专业设置及招生标准：增设医学类本、专科专业，由教育部会同卫生部审批；增设相关医学类、药学类专业，由主管部门会同省级卫生行政部门批准；职业技术学院和非医药卫生类高等专科学校原则上不得举办医学类专业。自2002年10月31日起，各级各类非普通高等医学学历教育停止招收非在职人员，且自考、电大、函授、网络、学历文凭考试试点校停止举办医学类专业学历教育。

撰稿　范　唯

审稿　田勇泉

〔高等学校实验室工作〕

一、实验室建设与管理

2002年7月3日～4日，在北京大学召开了教育部部分直属高校21世纪高校实验室工作咨询座谈会。北京大学、清华大学、复旦大学、南京大学、浙江大学、上海交通大学、华中科技大学、武汉大学、吉林大学、西安交通大学等学校在会上分别就学校实验室机构、实验室体制、实验室规划与管理、实验室队伍、实验室开放、实验教学改革、仪器设备采购和发挥效益等问题进行了汇报，并提出了新形势下进一步加强高校实验室工作，推动实验教学改革、提高教学质量的措施和办法。教育部副部长周济就实验室工作的重要性以及今后实验室建设与发展急需解决的几个问题发表了讲话。要求各高校在准确定位的前提下，从教学、科研的角度做好规划，加强实验室的建设和发展，加强仪器设备的管理。在实验人员队伍的建设上，强调要改革旧有的人事制度，大力提倡实行聘任制，聘请研究生做助教带实验课，向社会广泛招聘技术人才。在实验室开放和提高仪器设备使用效率方面，大力提倡教学实验室的开放和仪器设备的网络化管理。在仪器设备的配置上，希望学校设备处同教师共同协商，搞好仪器设备的采购工作。

至2002年底，全国共有839所高等学校的5 393个基础课教学实验室进行了自评估，各省级教育行政部门对773所高等学校的4 551个实验室进行了检查验收，合格实验室4 392个（比上年同期增长19.1%）；各级政府对高等学校基础课教学实验室评估的经费投入已达24.7亿元，学校自筹经费为56.1亿元，总计80.8亿元（比上年同期增加21.4亿元）。实验室评估对加强基础课教学实验室建设、促进实验教学改革、提高教学质量发挥了很好的作用。

在认真总结基础课教学实验室评估工作经验的基础上，开始筹备专业实验室评估的试点工作。自2002年3月，教育部高教司同北京市教委和有关专家一起对北京理工大学、北京工业大学、北京邮电大学、首都师范大学、首都医科大学、北京中医药大学、中国地质大学进行了专业实验室调查，并多次召开讨论会，研究专业实验室评估问题，完成了《高等学校专业实验室评估办法和标准表》（试行）的制定工作。

二、仪器设备管理

截止到2001年底，全国高等学校共有实验室27 183个，实验室工作人员10.6万人，实验室面积928.5万平方米；高校拥有教学科研仪器设备476.4万台件，原值412亿元，比上年增长80多亿元。尽管教学科研仪器设备总值增长较多，但生均拥有教学科研仪器设备值仍呈下降趋势，由上年度的6 572元降到6 411元，表明要保证高等学校的办学水平，提高教学质量，各级政府还必须要加大对高等学校的投入力度。

在北京大学建立的唯一一个依托在高等学校的教育部、科技部、中国科学院、解放军总后卫生部联合共建的大型仪器中心—“北京核磁中心”正式成立，中心配备了800兆核磁，填补了国内空白。

由教育部、科技部、中国科学院、北京市科委共同组建的科学仪器共用网效益显著。据不完全统计，2002年北京地区科研仪器设备共用网共接受科研项目2 877个，测试样品47 166个，提供对外机时64 725个，其中北京7所高校的25台仪器设备接受课题707个，测试样品15 557个，提供对外服务机时20 776个，学校得到测试费198.9万元，获得补贴费46.9万元，总计245.8万元。

撰稿　陈小平

审稿　刘凤泰

教育部直属高校工作

〔**北京师范大学建校100周年**〕　2002年9月8日，在第18个教师节来临前夕，北京师范大学迎来了百年诞辰。

1902年，京师大学堂师范馆设立，这是今天北京师范大学的开端，也是中国现代高等师范教育的源头。1908年改称京师优级师范学堂、1912年更名为北京高等师范学堂、1923年定名北京师范大学，成为中国历史上第一所师范大学。1931年和1952年，北京女子师范大学、辅仁大学先后并入北京师范大学。

在100年的发展中，北师大逐渐形成了以对祖国未来和民族命运的高度责任感为核心的爱国进步、诚信质朴、求真创新、为人师表的优良传统。新中国成立后，特别是改革开放以来，北师大师生秉承优良传统与校风，热爱祖国，追求进步，诚信待人，质朴立身。100年来，北京师范大学始终是中国师范教育的旗帜。为国家培养了近20万人才，其中有数以万计的人民教师，对国家师资队伍建设作出了突出贡献。“学为人师，行为世范”被师生员工公认为校训。今天，北京师范大学已经成为一所师资力量雄厚、学术声誉远播的学府，并正在向以教师教育为主要特色的世界知名的高水平大学迈进。

9月8日，国家主席江泽民出席了在北京人民大会堂举行的北京师范大学100周年庆祝大会，并发表重要讲话。朱镕基、李瑞环、胡锦涛、尉健行、李岚清出席大会。江泽民代表党中央、国务院向全国广大教师祝贺教师节，并强调要继续实施科教兴国战略，大力推进教育创新。江泽民同志指出，只有按照“三个代表”要求，大力推进教育创新，不断发展有中国特色社会主义教育事业，才能不断为我国经济和社会发展培养高素质的劳动者、建设者、管理者和领导者。江泽民同志强调，当今时代，科技进步日新月异，国际竞争日趋激烈。各国之间的竞争，说到底，是人才的竞争，是民族创新能力的竞争。教育是培养人才和增强民族创新能力的基础，必须放在现代化建设的全局性战略性重要位置。我们要继续坚定不移地实施科教兴国战略，不断培养大批合格的有中国特色社会主义的建设者，不断造就大批具有丰富创新能力的高素质人才，不断提高全民族的思想道德素质和科学文化素质。这是实现中华民族伟大复兴的必然要求，也是我国社会主义教育事业的历史任务。

会上，教育部部长陈至立代表教育部致贺辞，北京市市长刘淇代表北京市委和市政府致辞，北京大学校长许智宏院士、法国巴黎高等师范学校校长加伯利埃尔·于杰也对北京师范大学百年校庆表示祝贺。北京师范大学校长钟秉林、党委书记陈文博和教授何大澄、学生代表蔡晓芳在大会上发言。

在北师大百年诞辰前夕，教育部与北京市政府签署了合作重点共建北京师范大学的协议。根据协议，在“十五”期间，除对北师大正常的经费安排外，教育部和北京市将向北师大各投入6亿元人民币的建设经费，以加快学校各项事业的改革和发展，积极适应21世纪国家经济建设和社会发展的需要，不断提高教育质量和科研水平，努力成为我国高水平创新人才培养、高新技术研究和成果转化、高层次决策咨询的重要基地，逐步建设成以教师教育为主要特色的世界知名的高水平大学。北师大在面向全国服务的同时，将进一步增强为首都发展服务的意识和力度，积极参与北京市的经济建设和社会发展并带动北京市高教事业的发展，为把北京建设成为具有高度物质文明和精神文明的现代化国际大都市作出自己的贡献。

撰稿　蔺海波

〔**教育部与有关省市、部门重点共建高校情况**〕为贯彻落实党中央科教兴国的战略和江泽民同志在1998年5月4日关于“为了实现现代化，我国要有若干所具有世界先进水平的一流大学”的号召，教育部在制定并实施“面向21世纪教育振兴行动计划”中，将重点支持部分高等学校创建具有世界先进水平的一流大学和一流学科作为重要内容。这一重点建设被高等教育界称为“985”工程。1998年以来，重点支持了北京大学、清华大学等校创建具有世界先进水平的一流大学。同时，陆续对一批具备基础和条件的学校进行教育部、省（直辖市）和有关部门重点共建，以充分调动各方面的积极性，相对集中有限财力，加速这批学校改革发展的步伐，经过建设和努力，成为国内外知名的高水平大学。通过“985工程”的建设，一批高校的学科建设取得了扎实的进展，师资队伍水平得到提高，学校基础设施全面改善，仪器设备水平得到提升，教育教学改革、校内管理体制改革在不断深化，国际影响不断扩大。

2002年教育部与有关省（直辖市）、部门签署重点共建协议的学校有：

1. 2002年1月22日，教育部、国防科工委和陕西省、西安市签署协议，分别出资3亿元，共计9亿元重点共建西北工业大学；

2. 2002年1月23日，教育部和辽宁省、沈阳市签署协议，分别出资2亿元、1亿元、1亿元重点共建东北大学；

3. 2002年6月21日，教育部、国家民委、北京市签署协议，重点共建中央民族大学；

4. 2002年6月26日，教育部、上海市签署协议，分别出资3亿元重点共建同济大学；

5. 2002年8月24日，教育部、北京市签署协议，分别出资6亿元，重点共建北京师范大学。

至此，进入“985工程”的高校共有34所，其中教育部直属高校有28所。资金总投入为255.7亿元，其中，教育部共出资140.05亿元，共建方投入总额为115.65亿元。中央与共建方的投入资金比例为1.2∶1。

撰稿　林晓青
审稿　高文兵

学位工作与研究生教育

〔**国务院学位委员会第十九次会议**〕2002年3月26日～27日，国务院学位委员会在北京召开第十九次会议。会议由国务院学位委员会副主任委员陈至立、王洛林、路甬祥主持，国务院副总理、国务院学位委员会主任委员李岚清出席开幕式。会议听取了陈至立关于学位与研究生教育的工作情况及今后改革与发展的一些设想的汇报，部分学位委员会委员就加强学科建设、调整学科结构、发展高新技术学科、培养高层次创造性人才、加强学术道德建设等问题发了言。

李岚清在会上讲话，指出国务院学位委员会是国家学位工作的最高决策机构，也是整个高等教育的最高咨询机构，要关注高等教育的改革与发展。面对中国加入WTO之后的挑战，高等教育一定要抓住机遇，一靠结构调整，二靠体制改革，三靠高科技，加快改革和发展。第一，加快高等学校内部体制改革和学科建设的步伐，适应理工并举，文理交叉，体现多学科的优势，融合、形成多学科协同作战的体制，才能在创新方面更有基础。第二，每所高等学校都要办出自己的特点，要有所为有所不为，把自己的优势做强、做大。第三，支持和鼓励中外合作办学，选择名校，在中国弱势学科的层面上开展合作，保证质量。第四，发挥远程教育的作用，优质教学资源共享，把教育办到贫困地区去，尽快提高当地教育的标准和教学水平。第五，规范民办高等学校的办学活动，要鼓励支持发展，也要加强管理，尽快走上依法办学、规范办学的轨道。第六，继续推进高等学校后勤社会化改革。李岚清强调，研究生教育要认真搞好科学的规划，适度超前发展，要立足国内努力培养高素质人才，同时继续支持和鼓励出国留学；要加强研究生的道德修养、综合素质培养，首先要注意培养人的品格，在学术道德上严格要求；要继续解决好拓展基础、扩大知识面的问题，要注意吸收国际最新的内容。专业学位工作要加强。要支持西部开发和国防建设。李岚清在讲话中还强调，要深化学位工作的改革，继续完善学位制度，建立有中国特色的学位管理体制，推动学科建设，提高教学质量，为国家培养更多的高素质人才。

国务院学位委员会副秘书长、教育部副部长赵沁平就一年来的工作和下一阶段工作的安排等情况，向会议作了报告。国务院学位委员会2002年工作重点是：(1)坚持改革、发展、稳定相统一的方针，根据中国入世后经济结构调整、管理体制改革和就业市场变化的趋势，有序、有效、加快调整和优化我国学位与研究生教育的学科结构、类型结构和地区布局结构。(2)牢牢抓住研究生教育质量不放，坚持数量、质量、结构、效益的统一，努力实现研究生教育规模、质量的同步发展。(3)继续加快学位与研究生教育法制化建设进程。真正做到依法行政、依法治教，使行政管理更加科学、有效、透明、公开，充分保障有关各方的合法权益。(4)继续深入研究博士、硕士学位授权审核办法的改革，逐步形成以国家宏观管理与高等学校自主办学有机结合，与社会主义市场经济体制相适应的学位授权审核制度。做好2002年下半年启动的包括新增博士、硕士学位授予单位在内的第九次学位授权审核工作。

会议还审议了关于开展第九批学位授权审核工作、调整《授予博士、硕士学位和培养研究生的学科、专业目录》、国务院学位委员会学科评议组组成及工作方式、国务院学位委员会2002年工作要点、军事硕士专业学位设置方案等议题，讨论了《中国学位与研究生教育发展战略报告》。

撰稿　卢晓斌

〔**专业学位教育工作**〕　2002年，专业学位教育贯彻落实全国专业学位教育工作会议精神，主要开展了以下工作：

一、改革在职人员攻读硕士专业学位招收工作。2002年对在职人员攻读硕士专业学位工作的招考、录取等环节进行改革，使之逐渐规范化、制度化，以不断适应社会发展的需要和保证生源质量，扩大学校办学自主权：(1)在职人员攻读硕士专业学位的录取分数线由各培养单位自行划定。培养单位根据考生全国入学考试成绩和录取限额，择优录取。北京大学、清华大学、哈尔滨工业大学、复旦大学、上海交通大学、南京大学、浙江大学、中国科学技术大学、西安交通大学9所大学，以及部分办学质量较高、声誉较好的培养单位，在部分专业学位类别，可根据自身办学条件和社会需求，自行确定录取分数和人数。并将逐步实行由招生院校自行确定录取限额和录取政策。(2)各招生院校成立在职攻读专业学位招收录取工作领导小组，对本校在职攻读专业学位的招生办法、录取政策进行研究，制定切实可行的实施方案，保证录取工作的严肃性、公正性，保证生源质量。(3) 招生院校每年的报考录取比例、平均录取分数线、最低录取分数线将向社会公布，并作为专业学位教育评估的指标之一。(4) 对于报考录取比例、平均录取分数线、最低录取分数线排名靠后的院校进行质量跟踪，如连续几年处于靠后位置，国家将对其采取限期整顿、减少招生录取限额直至停止招生等措施。

二、开展高级管理人员工商管理硕士（EMBA）专业学位试点工作。批准了北京大学等30所高等院校为EMBA教育培养院校。EMBA英文全称为Executive Master of Business Administration，直译为高级管理人员工商管理硕士，是一种主要面向企业和政府经济管理部门高级管理人员的硕士层次的管理教育。EMBA教育的目标是培养具有良好的商业道德，具有较强开拓创新能力和领导能力，掌握系统的现代管理知识和国际经济、技术发展的最新动态，具有国际经营战略头脑和总揽全局的决策能力，适应国际竞争需要的企业家和高级职业经理人。招生对象为具有大学本科或本科以上学历（一般应有学士学位），大学本科毕业，有8年或8年以上工作经历（其中应有4年或4年以上管理工作经历），较大规模企业的现职高层管理人员。

三、完成工商管理硕士(MBA)教学合格评估工作。全国学位与研究生教育发展中心对54所MBA试点高校进行了教学合格评估工作。印发了《关于公布通过工商管理硕士(MBA)学位教学合格评估单位名单的通知》,53所院校通过了教学合格评估。

四、启动军事硕士专业学位试点工作。国务院学位委员会第十九次会议审议通过了《军事硕士专业学位设置方案》；批准国防大学等14所院校为首批军事硕士专业学位试点院校；制订并印发了《军事硕士专业学位研究生指导性培养方案》；成立了全国军事硕士专业学位教育指导委员会。14所院校于2002年10月开始正式招生，培养目标是军队中（高）级指挥岗位高层次、应用型专门人才。

五、启动会计硕士、艺术硕士专业学位论证工作。经与财政部等有关部门协商，开展了会计硕士专业学位论证工作，并成立了专家论证小组；艺术硕士专业学位论证工作正在进行。

六、调整医学专业学位工作。启动公共卫生硕士（MPH）专业学位教育试点工作，完成了考试大纲的编写、培养方案的制定，并开始招生。调整了医学专业学位教育指导委员会，制定了肿瘤学等5个专业临床能力考核内容和要求。

七、工程硕士专业学位工作。截至2002年底，全国共有工程硕士培养单位140个、工程领域36个、在校生规模3万人，2002年有5万余人报名参加工程硕士研究生的入学考试。

八、兽医专业学位工作。2002年新增8个硕士单位，至此，全国共有培养兽医博士单位2个、硕士单位17个。在学兽医博士研究生86名、兽医硕士研究生560名。成立了兽医博士、硕士专业学位研究生教育质量分析与跟踪调研小组，并召开了第一次会议暨培养工作会议，形成了《全国兽医硕士专业学位研究生培养质量评估方案》。

九、农业推广硕士专业学位培养工作。全国有39所高等农业院校、2个科研单位共41个农业推广硕士专业学位研究生培养机构；共有4 170名学生在职攻读农业推广硕士专业学位。组织编写了《农业推广硕士研究生系列教材》，公共课《推广理论与实践》《农业传播与沟通》的教材编写已基本完成。成立了农业推广硕士研究生质量分析与跟踪调研小组，并召开了第一次全国农业推广硕士培养与管理工作研讨会。组织申报了“十五”重点课题“农业推广硕士专业学位研究生教育与培养研究”。

撰稿　雍翠菊　黄宝印　欧百刚　陆　敏

〔**全国优秀博士学位论文评选**〕　经学位授予单位推荐、省级初选、同行专家通讯评议、专家会复审并对外公布征询异议后，2002年10月19日教育部和国务院学位委员会批准2002年97篇全国优秀博士学位论文名单。根据《全国优秀博士学位论文评选办法》和《高等学校全国优秀博士学位论文作者专项资金资助办法》，教育部对优秀论文作者给予了奖励。

撰稿　任增林

审稿　周其凤　王亚杰　李　军

附

2002年全国优秀博士学位论文名单

论文题目	作者	指导教师	学位授予单位
自由群外自同构群中的子群的阶	包志强	姜伯驹	北京大学
介观体系瞬态量子输运的理论研究	孙庆丰	林宗涵	北京大学
重夸克偶素产生和双胶子交换模型下高能硬衍射物理	袁烽	赵光达	北京大学
4f－3d配合物的结构和磁性研究：基于氮氧联吡啶的超分子组装	马宝清	高松	北京大学
“活性”/控制自由基聚合新引发体系的研究	陈小平	丘坤元	北京大学
植物细胞凋亡的研究	孙英丽	翟中和	北京大学
新的CC家族趋化因子UCK－1及其变异体的克隆、表达和功能研究	韩文玲	马大龙	北京大学
美国世俗化的宗教与威廉·詹姆斯的彻底经验主义	尚新建	赵敦华	北京大学
中国资本外逃的经济分析：1982～1999	田晓霞	李庆云	北京大学
中国孝文化研究	肖群忠	罗国杰	中国人民大学
中国刑法现代化研究	田宏杰	赵秉志	中国人民大学
新闻传播的策划与组织——宏观新闻编辑研究	蔡雯	郑兴东	中国人民大学
单畴磁性颗粒的宏观量子现象及拓扑相位干涉效应	吕嵘	朱嘉麟	清华大学
多相材料有效性质的理论研究	杜丹旭	郑泉水	清华大学
多传感器分布式恒虚警率(CFAR)检测算法研究	关键	彭应宁	清华大学
探索北京旧城居住区有机更新的适宜途径	方可	吴良镛	清华大学
新型厚薄板、层合板元与四边形面积坐标法	岑松	龙驭球	清华大学
深水截流的堤头坍塌机理与稳定性研究及工程应用	周厚贵	刘光廷	清华大学
气固两相流动数值模拟及其非线性动力学分析	程易	金涌	清华大学
高置信度中值疲劳载荷谱编制原理与专家系统	阎楚良	高镇同	北京航空航天大学
不确定非完整动力学系统控制研究	董文杰	霍伟	北京航空航天大学
SAT和CSP的相变现象研究	许可	李未	北京航空航天大学
多孔板波涡相互作用的理论和实验研究	景晓东	孙晓峰	北京航空航天大学
单克隆抗体导向药物分子小型化及抗肿瘤作用	刘小云	甄永苏	中国协和医科大学
邓小平理论与中共党史学	王炳林	张静如	北京师范大学
清代江南的瘟疫与社会	余新忠	冯尔康	南开大学
Maslov型指标理论和 R^{2n} 中紧凸超曲面上的闭特征	朱朝锋	龙以明	南开大学
酰肼类昆虫生长调节剂的合成及生物活性研究	汪清民	黄润秋	南开大学
中药神经保护作用的离体实验研究——“中药脑脊液药理学”实验方法的提出	梅建勋	张伯礼	天津中医学院
长跨桥梁三维风振分析	孙东科	林家浩	大连理工大学
数字水印处理算法及测试研究	牛夏牧	孙圣和	哈尔滨工业大学
变分不等式的间接障碍最优控制问题	陈启宏	李训经	复旦大学
G蛋白偶联受体激酶介导的δ阿片受体磷酸化及脱敏研究	郭骏	马兰	复旦大学
α干扰素及其他制剂干预肝癌转移复发和肿瘤生长的实验研究	王鲁	汤钊猷	复旦大学
高层建筑静力等效风荷载和响应的理论与试验研究	周印	顾明	同济大学
机械模糊可靠性理论与方法研究	黄洪钟	胡宗武	上海交通大学
超流氦膜沸腾物理机制的研究	张鹏	王如竹	上海交通大学
高速芯片内互连系统的电特性分析	袁正宇	李征帆	上海交通大学
舰船结构损伤剩余强度计算与安全评估	魏东	张圣坤	上海交通大学
20世纪戏曲文物的发现与曲学研究	车文明	齐森华	华东师范大学
电磁力场作用下液态金属中非金属颗粒迁移规律及其应用研究	钟云波	徐匡迪	上海大学
通货紧缩时期货币政策研究	范从来	洪银兴	南京大学

论文题目	作者	导师	单位
太阳耀斑中磁重联的数值研究	陈鹏飞	方　成	南京大学
固体表面功能化抗体层的制备和表征	钱卫平	韦　钰	东南大学
广义不确定系统的鲁棒控制	徐胜元	杨成梧	南京理工大学
煤层顶板沉积岩体结构及其对顶板稳定性的影响	孟召平	彭苏萍	中国矿业大学
CYP2D6 遗传多态性对普罗帕酮药动学与药效学影响的研究	蔡卫民	张银娣	南京医科大学
南京石笋记录的末次冰期气候事件与全球对比	汪永进	刘泽纯	南京师范大学
禽白血病病毒J亚群囊膜糖蛋白基因微生物学和生物化学特征	秦爱建	崔治中	扬州大学
中国教育财政近代化研究	商丽浩	田正平	浙江大学
酰胺类除草剂环境行为的研究	王琪全	刘维屏	浙江大学
钙钛矿结构氧化物中的超大磁电阻效应及相关物性	孙　阳	张裕恒	中国科学技术大学
沉积环境中的硼、氯同位素地球化学	刘卫国	彭子成	中国科学技术大学
“中立音”音律现象的研究	李　玫	王耀华	福建师范大学
多通道化学反应的机理和动力学研究	王宝山	顾月姝	山东大学
新型梯度功能陶瓷刀具材料的设计制造及其切削性能研究	赵　军	艾　兴	山东大学
极化聚合物薄膜线性电光、二阶非线性以及电光聚合物波导开关的研究	史　伟	房昌水	山东大学
拟三角网数据结构及其算法研究	吴华意	李德仁	武汉大学
东昆仑造山带混杂岩区非史密斯地层研究——理论、方法与实践	张克信	殷鸿福	中国地质大学
复合零部件异种金属焊接接头显微结构特征及其转变机理研究	潘春旭	孙国正	武汉理工大学
雌二醇对人成骨样细胞基质金属蛋白酶及其抑制因子的作用	罗湘杭	廖二元	中南大学
晚清学部研究	关晓红	桑　兵	中山大学
完备非紧黎曼流形上的曲率流	陈兵龙	朱熹平	中山大学
篇章阅读理解中背景信息通达过程的实验研究	王穗苹	莫　雷	华南师范大学
白细胞介素 5 在支气管哮喘发病机理中的作用	施焕中	刘　义	广西医科大学
抗人血管内皮生长因子单链抗体的构建、表达及活性鉴定	杨西川	王大章	四川大学
低周疲劳短裂纹行为和可靠性分析	赵永翔	高　庆	西南交通大学
轮轨蠕滑理论及其试验研究	金学松	沈志云	西南交通大学
核桃体细胞胚胎发生与转基因研究	汤浩茹	任正隆	四川农业大学
瞬态相干相位共轭四波混频和六波混频光谱术	张彦鹏	唐天同	西安交通大学
快速凝固 Ti－Al 包晶合金的相选择与控制	刘永长	杨根仓	西北工业大学
谐振软开关 PWM 功率变换器及其非线性特性分析	贺昱曜	徐德民	西北工业大学
主分量和次分量神经网络学习算法及应用	欧阳缮	保　铮	西安电子科技大学
干旱半干旱地区根瘤菌的多项分类及其分子系统学研究	韦革宏	朱铭莪	西北农林科技大学
路径空间和环空间上的随机分析和几何	李向东	马志明	中国科学院研究生院
投资组合优化与无套利分析	李仲飞	汪寿阳	中国科学院研究生院
脱氧核糖核酸高分子的弹性力学与统计力学性质	周海军	欧阳钟灿	中国科学院研究生院
囊泡体系中单重态氧的跨膜迁移的烯烃的光敏氧化	李红茹	佟振合	中国科学院研究生院
有机分子组装体系的扫描隧道显微镜研究	裘晓辉	白春礼	中国科学院研究生院
新型高效多肽缩合剂的研究	李　鹏	徐杰诚	中国科学院研究生院
高效毛细管电泳安培检测的研究与应用	由天艳	汪尔康	中国科学院研究生院
活性炭担载金属氧化物催化剂上 NO 的低温还原	朱珍平	刘振宇	中国科学院研究生院
万有引力常数 G 的精确测量	罗　俊	许厚泽	中国科学院研究生院
粘弹负荷形变理论的应用	汪汉胜	李国营	中国科学院研究生院
寒区隧道温度场、渗流场和应力场耦合问题的非线性分析	赖远明	吴紫汪	中国科学院研究生院
调节蛋白 β-arrestin 在 G 蛋白偶联受体信号转导通路中的地位和作用	程智洁	裴　钢	中国科学院研究生院
大肠杆菌亮氨酰-tRNA 合成酶与 tRNAleu 的相互作用/头孢菌素酰化酶的表达、翻译后加工和亚基重组	李　勇	王恩多	中国科学院研究生院
东亚马氏钳蝎几个类 α 毒素的晶体结构研究	何小林	王大成	中国科学院研究生院
联想启动效应及其脑机制研究	杨炯炯	管林初	中国科学院研究生院

软件分布式共享存储系统的性能优化	施巍松	夏培肃	中国科学院研究生院
电解沉积纳米晶 Cu 的热稳定性及机械性能研究	卢　磊	王隆保	中国科学院研究生院
单壁纳米碳管的氢电弧法大量制备及其性能研究	刘　畅	成会明	中国科学院研究生院
中国法制改革论纲：从西方现实主义法律运动谈起	周汉华	李步云	中国社会科学院研究生院
重组人 GDNF 及其生物学功能研究	陈哲宇	路长林	第二军医大学
含ITIM的新型膜蛋白分子DC－LLIR及其跨膜缺失突变体的克隆与功能研究	黄　欣	曹雪涛	第二军医大学
肝癌细胞中 p53 基因结构和转录功能的研究＆E1B55kDa 缺陷型腺病毒对肝癌细胞的杀伤研究	赵　健	郭亚军	第二军医大学
肝细胞生成素受体及作用机理的初步研究	王　阁	房殿春	第三军医大学

〔新批准授予国外和香港特别行政区学位合作办学项目〕　2002 年，国务院学位委员会办公室共批准了 61 个授予国外和香港特别行政区学位的合作办学项目，名单如下：

1. 北京大学与香港理工大学合作培养社会工作（中国社会工作）文学硕士（第一期项目）；

2. 北京大学与香港中文大学合作培养临床心理学（心理咨询与治疗）硕士（第一期项目）；

3. 清华大学与美国天普大学合作培养法律硕士（第一期项目）；

4. 清华大学与香港中文大学合作培养工商管理（金融与财务）硕士（第三期项目）；

5. 北京工业大学与美国城市大学合作培养工商管理硕士（第四、五期项目）；

6. 北京工业大学与美国陶森大学合作培养应用信息技术理学硕士（第一期项目）；

7. 北京航空航天大学与美国佛罗里达国际大学、威盛电子股份有限公司合作培养计算机科学硕士（集成电路设计方向）（第一期项目）；

8. 北京航空航天大学与澳大利亚昆士兰大学合作培养工商管理硕士（第三、四、五期项目）；

9. 北京航空航天大学与澳大利亚新南威尔士大学合作培养商学（国际会计、金融）硕士（第四期项目）；

10. 北京理工大学与德国德累斯顿工业大学合作培养“职业技术教育”理学硕士（第一期项目）；

11. 北京理工大学与美国史蒂文斯理工学院合作培养微电子学与光子学、电信管理、信息系统与电子商务硕士（第一期项目）；

12. 北京理工大学与美国乔治·华盛顿大学合作培养软件工程、通信与计算机硕士（第一期项目）；

13. 北京理工大学与美国犹他州立大学合作培养信息技术、国际经济专业理学士（第一期项目）；

14. 北京科技大学与比利时鲁汶工程技术学院合作培养多媒体与虚拟现实硕士（第二期项目）；

15. 北京科技大学与美国得克萨斯大学阿灵顿分校合作培养高级管理人员工商管理硕士（EMBA）（第一期项目）；

16. 对外经济贸易大学与法国国家企业管理教育基金会合作开设企业管理研究生课程（2002、2003、2004 年招生项目）；

17. 首都经济贸易大学与澳大利亚迪肯大学合作培养会计学硕士（第三、四、五期项目）；

18. 首都经济贸易大学与美国印第安纳威斯林大学合作实施英语等专业学士学位教育（四期项目）；

19. 北京联合大学与英国佩斯利大学合作实施国际商务学士学位教育（四期项目）；

20. 南开大学与澳大利亚弗林德斯大学合作培养医院管理硕士（第一期项目）；

21. 南开大学与香港理工大学合作培养现代物流硕士（2003、2004 年招生项目）；

22. 天津师范大学与韩国大佛大学合作培养情报学硕士、教育行政学硕士（第一期项目）；

23. 天津商学院与澳大利亚查理·斯窦大学合作实施人力资源管理学士学位教育（2003、2004 年招生项目）；

24. 大连海事大学与澳大利亚新英格兰大学合作实施电子商务等专业学士学位教育（2003、2004、2005 年招生项目）；

25. 哈尔滨医科大学与澳大利亚拉筹伯大学合

作培养社会医学与卫生事业管理硕士（2003、2004、2005年招生项目）；

26. 复旦大学与美国华盛顿大学合作培养工商管理硕士（EMBA）（第一期项目）；

27. 复旦大学与挪威管理学院合作培养变化管理（含：信息通信管理）硕士（第五、六期项目）；

28. 复旦大学与澳大利亚悉尼大学合作培养语言（英语）教学硕士（第一期项目）；

29. 复旦大学与香港大学合作培养社会工作硕士、社会行政管理硕士（2003、2004、2005年招生项目）；

30. 同济大学与美国得克萨斯大学阿灵顿分校合作培养工商管理硕士（EMBA）（第一期项目）；

31. 上海交通大学与香港科技大学合作培养技术管理硕士（MTM）（第一期项目）；

32. 上海交通大学与南洋理工大学合作培养高级管理人员工商管理硕士（EMBA）（第一期项目）；

33. 上海海运学院与荷兰马斯特里赫特管理学院合作培养工商管理硕士（第六、七期项目）；

34. 东华大学与加拿大卡尔顿大学合作培养工商管理硕士（第一期项目）；

35. 上海财经大学与中国银行、英国伦敦城市大学合作培养金融方向工商管理硕士（EMBA）（第一期项目）；

36. 上海财经大学与澳大利亚迪肯大学合作培养会计学硕士的批复（第一期项目）；

37. 上海对外贸易学院与澳大利亚皇家墨尔本理工大学合作培养“运输及物流管理”学士（第三、四、五期项目）；

38. 上海对外贸易学院与澳大利亚皇家墨尔本理工大学合作培养物流管理硕士（第一期项目）；

39. 上海对外贸易学院与澳大利亚堪培拉大学合作培养国际经济法法学硕士（第一期项目）；

40. 上海对外贸易学院与澳大利亚皇家墨尔本理工大学合作培养经济学（国际商务）学士（四期项目）；

41. 上海大学与澳大利亚悉尼科技大学合作实施国际经济与贸易等专业学士学位教育；

42. 南京大学与荷兰马斯特里赫特管理学院合作培养国际工商管理硕士（第三、四期项目）；

43. 南京师范大学与美国马里兰大学合作培养刑事司法学硕士（第一期项目）；

44. 浙江大学与香港理工大学合作培养高级管理人员工商管理硕士（EMBA）（第一期项目）；

45. 浙江大学与香港理工大学合作培养护理学学士（2003、2004、2005年招生项目）；

46. 扬州大学与澳大利亚查理·斯窦大学合作实施“国际商务”商学士学位教育（第一期项目）；

47. 浙江工业大学与澳大利亚塔斯马尼亚大学合作实施计算机科学与技术等专业学士学位教育（第一期项目）；

48. 浙江师范大学与澳大利亚伊迪斯·科文大学合作培养教育管理硕士（第一期项目）；

49. 杭州师范学院与澳大利亚堪培拉大学合作培养教育领导硕士（2003、2004年招生项目）；

50. 南昌大学与英国阿伯泰·邓迪大学合作培养信息技术、软件工程科学硕士（2003、2004年招生项目）；

51. 江西财经大学与美国纽约理工学院合作培养工商管理硕士（第三、四期项目）；

52. 中山大学与美国明尼苏达大学卡尔森管理学院合作培养工商管理硕士（第二、三期项目）；

53. 中山大学与法国国家企业管理教育基金会暨里昂第三大学、里昂高等管理学院合作举办国际贸易高级专业文凭课程（第四、五、六期项目）；

54. 华南师范大学与澳大利亚南昆士兰大学合作实施国际会计商学士学位教育（第一期项目）；

55. 广东外语外贸大学与英国利兹大学合作培养英语教学硕士的批复（第一期项目）；

56. 电子科技大学与美国韦伯斯特大学合作培养工商管理硕士（MBA）（第一期项目）；

57. 贵州工业大学与加拿大魁北克大学合作培养项目管理硕士的批复（第一期项目）；

58. 云南师范大学与澳大利亚拉筹伯大学合作培养英语语言文学硕士（2003、2004年招生项目）；

59. 云南财贸学院与澳大利亚查理·斯窦大学合作培养国际会计商学士（四期项目）；

60. 云南财贸学院与美国库克大学合作培养国

际商务商学士（四期项目）；

61. 西安交通大学与香港理工大学合作培养工商管理硕士、信息管理硕士（MIS）（第一期项目）。

撰稿 卢晓斌

〔**2001～2002 学年度授予博士、硕士学位人员情况**〕 2001～2002 学年度授予博士、硕士学位人员情况如下表：

单位：人

	博 士	硕 士
合计	14 706(326)	88 799(21 668)
哲学	263(3)	979(124)
经济学	855(6)	6 067(2 675)
法学	615(9)	5 065(1 680)
教育学	197	1 851(503)
文学	648(11)	5 636(1 360)
历史学	311(2)	1 097(71)
理学	2 813(27)	7 037(818)
工学	4 968(61)	27 845(3 189)
农学	648(33)	2 289(358)
医学	2 444(145)	9 571(3 486)
军事学	91	1 151(142)
管理学	765(28)	6 473(2 193)
专业学位	88(1)	13 738(5 069)

注：括号中数字为总数中授予同等学力人员博士、硕士学位的人数。

〔**授予名誉博士学位情况**〕 2002 年，国务院学位委员会审核批准北京大学授予吉尔吉斯总统阿斯卡尔·阿卡耶夫、英国牛津大学校长科林·卢卡斯、哈萨克斯坦总统努尔苏丹·纳扎尔巴耶夫、日本早稻田大学总长奥岛孝康名誉博士学位；中国人民大学授予厄瓜多尔总统古斯塔沃·诺沃亚·贝哈拉名誉博士学位；中国林业科学院授予芬兰总统塔里娅·哈洛宁名誉博士学位；浙江大学授予联合国秘书长安南名誉博士学位；同济大学授予德国总理格哈德·施罗德名誉博士学位；天津大学授予英国化学家吉尔伯特·斯托克名誉博士学位；湖南大学授予美国化学家理查德·N·扎尔名誉博士学位；吉林大学授予乌克兰国家院士维克多·斯科彭科名誉博士学位；中南财经政法大学授予德国法学教授马丁内克名誉博士学位；郑州大学授予日本医学专家濑在幸安名誉博士学位；华侨大学授予香港企业家许东亮、日本华侨陈焜旺名誉博士学位；山东大学授予美国学者杜维明名誉博士学位；山西大学授予德国数学家贝尔特·尤根名誉博士学位。

撰稿 王立生 龚华芳

〔**中国研究生院院长联席会**〕 2002 年 10 月 12 日～13 日，“中国研究生院院长联席会 2002 年年会”在湖南长沙召开。教育部副部长周济出席会议，并就研究生教育的跨越式发展、研究生培养质量以及研究生教育的改革创新等问题作了报告。会议通过了联席会秘书长韩启德院士作的“关于院长联席会 2001 年度工作的报告”。与会代表围绕“研究生教育创新工程”等议题进行了讨论。

撰稿 赵玉霞

〔**中德两国签署互相承认学位证书协议**〕 2002 年 4 月 9 日，中国教育部部长陈至立和德国外交部国务部长弗尔马在德国柏林分别代表各自政府签署了《中华人民共和国政府与德意志联邦共和国政府关于相互承认高等教育等值的协定》。根据协定，两国的学士、硕士和博士学位等值，这将在很大程度上方便两国在校大学生和已大学毕业人员进入对方国家高等教育机构进行学习和深造，以取得更高学位。

撰稿 王立生 龚华芳

审稿 周其凤 王亚杰 李 军

高校思想政治工作与社会科学研究

〔第十一次全国高校党的建设工作会议〕2002年8月29日～30日，中共中央组织部、中共中央宣传部和中共教育部党组联合在北京召开了第十一次全国高等学校党的建设工作会议。会议的主要任务是：认真学习、深刻领会江泽民同志"5·31"重要讲话精神，全面贯彻"三个代表"重要思想，加强和改进高校学生思想政治工作，切实维护高校稳定，为十六大的召开营造昂扬向上、团结奋进、开拓创新的良好氛围。李岚清、丁关根、曾庆红等中央领导同志出席了会议。

李岚清在会上讲话。他在讲话中指出，《江泽民论有中国特色社会主义》一书近日出版，这是我党、我国政治生活中的一件大事。高校各级党组织要组织全体党团员和师生员工认真学习、深刻领会，特别要进一步认识"三个代表"的重大意义、深刻而丰富的内涵，并以此来指导我们的思想和行动。这也是我们这次高校党建工作会议的首要任务。近几年来，党中央提出的科教兴国战略方针深入人心，教育改革不断推进，教育事业得到了前所未有的发展，科技实力和创新能力不断增强，初步解决了长期存在的科技经济"两张皮"问题，科技教育为社会主义现代化建设提供了强有力的支持。国家对科技教育的投入大幅度增加，科研教学条件明显改善。按照"共建、调整、合作、合并"的方针，对高校管理体制进行了重大改革，形成了中央和省两级政府管理，以省为主，部省共建的新体制，高等教育规模明显扩大，高校教育资源得到优化配置和充分利用，基本扭转了长期形成的部门和地方条块分割、低水平重复办学的局面，调动了中央、地方政府共同关心支持高校的积极性，促进了高校更好地为经济和社会发展服务。逐步建立起由奖学金、助学贷款、勤工助学、困难补助和学费减免等措施构成的助学制度，基本保证了高校学生不因经济困难而辍学。高校后勤社会化改革取得明显成效，改善了学生的学习和生活条件。科技体制改革取得重大进展，应用型科研机构基本完成了企业化转制的改革。同时，采用改制为企业和按非营利机构运行两种方式，分批启动了社会公益型科研机构的改革。高新技术产业化步伐加快，科技创新能力得到增强，成为我国经济发展新的有力增长点。李岚清强调，做好新世纪的科技教育工作，关系到中华民族振兴的前途和命运。要坚定不移地继续落实科教兴国战略，大力推进科技教育的改革和发展。要进一步调整和完善农村义务教育管理体制，进一步实现普及九年制义务教育和扫除青壮年文盲的目标。继续深化高等教育改革，推动高等教育发展。因地制宜地积极推进教育方法的现代化。促进民办教育、职业教育、幼儿教育、特殊教育等各类教育的健康发展。要继续深化科技体制改革，加强原始性创新，加速科技成果产业化进程，努力实现技术的跨越式发展。李岚清提出，各高校要以"三个代表"重要思想为指导，认真贯彻党的路线、方针和政策，适应形势发展的要求，坚持不懈地加强和改进高校党建工作，加强教师队伍建设和基层党组织建设，进一步做好新时期的思想政治工作，继续维护高校的稳定，积极推动高等教育的改革发展。高校广大师生要讲政治、讲大局，积极关心和参与国家的改革开放和现代化建设，以新的优异成绩和实际行动迎接党的十六大的召开。

中共教育部党组书记、部长陈至立代表中组部、中宣部和中共教育部党组作了题为《全面贯彻"三个代表"重要思想，加强和改进高校学生思想政治工作，以奋发有为昂扬向上的精神状态迎接党的十六大召开》的工作报告。报告认为，党的十三届四中全会以来，在党中央、国务院的正确领导和关心支持下，高等教育战线以改革为动力，以发展为主题，以结构调整为主线，以质量为核心，以党建和思想政治工作为保证，正确处理改革发展稳定的关系，各项工作取得了巨大成绩，呈现出健康、稳定、蓬勃发展的良好局面。高等教育事业的发展，是与高校党建和思想政治工作分不开的。高等学校坚持用马克思主义理论武装广大师生员工头脑，积极推进邓小平理论和江泽民同志“三个代表”重要思想“三进”工作；加强理想信念教育，帮助青年学生树立正确的世界观、人生观、价值观；实行党委领导下的校长负责制，切实保证党对高校的领导和社会主义办学方向；普遍开展以“讲学习、讲政治、讲正气”为主要内容的党性党风教育活动，进一步促进了高校领导班子建设和干部队伍建设；高校党风廉政建设深入开展，党风廉政责任制进一步贯彻落实，反腐败三项任务取得新进展；加强基层组织建设，注重在优秀学生和青年教师中发展党员，高校党组织的凝聚力和战斗力不断增强；积极探索新形势下高校思想政治工作的途径和方法，思想政治工作的覆盖面不断拓展；建立健全党委负责、协调各方的维护高校稳定的领导体制和工作机制，保持了高校连续十三年平稳向上的局面，为高等教育的改革和发展提供了有力保证，也为社会稳定做出了重要贡献。报告认为，在新世纪新阶段，开创高等教育工作的新局面，必须全面贯彻“三个代表”要求，进一步加强和改进高校学生思想政治工作。要紧紧围绕学校改革发展的中心工作和育人的根本任务，提高教育质量和办学效益，培养更多的全面发展的高素质人才；要以思想道德建设为重要内容，引导学生树立正确的世界观、人生观和价值观，倡导爱国主义、集体主义、社会主义思想；要在为广大学生的成长成才、全面发展服务上下工夫，把解决思想问题和解决实际问题结合起来，增强学生思想政治工作的实效性和说服力；高校学生思想政治工作要与时俱进、开拓创新。报告认为，当前，高校大学生思想政治状况总体呈现稳定、健康、向上的良好态势，人生观、价值观主流取向积极、进取、务实。同时，由于社会生活的多样性，大学生生活环境的复杂性，造成了青年学生价值观念和行为方式的多样性和复杂性。一是大学生政治上趋于成熟、理性，关心国内外大事，但在一些深层次问题上仍存在着一些模糊、错误认识；二是大学生思想活跃，求新意识较强，善于通过多种方式特别是网络获取新信息，但自身鉴别力和控制力还较弱；三是大学生人生观、价值观主流积极健康，求知成才愿望强烈，但面对竞争日益激烈的社会环境，容易产生急躁情绪，甚至过激行动；四是大学生积极支持和拥护高校扩招和教育教学改革，也对高校的办学质量、教学条件、生活环境提出了更高的要求。我们要以创新的精神，进一步加强和改进高校学生思想政治工作。报告指出，做好高校学生思想政治工作，维护高校稳定，为十六大召开营造良好的氛围，是各级党组织和高校当前最重要的政治任务。要深入学习“三个代表”重要思想，把高校广大师生员工的思想和行动统一到“三个代表”思想上来；加强形势政策教育，进一步坚定广大师生员工走有中国特色社会主义道路的信念；增强政治意识和责任意识，坚持社会主义办学方向，为学生健康成长创造良好环境；改进作风，密切联系群众，把教育学生与服务学生紧密结合起来；适应新形势、新任务的要求，进一步加强党的基层组织建设和学生思想政治工作队伍建设；把制度建设放在重要位置，形成高校学生思想政治工作和稳定工作常抓不懈、常抓常新的工作机制。

会议期间，中宣部副部长雒树刚、外交部副部长李肇星分别作了深入学习“三个代表”重要思想和国际形势报告；上海市委教育工委、北京航天航空大学党委、天津市委教卫工委、江苏省委教育工委作了大会发言。各省、自治区、直辖市党委和新疆生产建设兵团党委有关负责同志，党委教育工作部门的负责同志；中央、国务院有关部门负责同志；解放军总政治部有关部门负责同志；部分普通高等学校的党委书记和部分高校校长，以及军队院校、高等职业技术学院和民办高校的代表出席了会议。

撰稿　邓传淮

〔组织师生学习贯彻党的十六大精神〕　党的十六大胜利闭幕后，教育部党组对高等学校深入学习贯彻十六大精神进行了认真研究，对“三个代表”重要思想“三进”工作迅速作了安排和部署。各地教育行政部门和各高校，根据中央的统一部署和部党组的要求，在各级党委的领导下，扎实有效地开展了各项工作。

兴起学习贯彻十六大精神和“三个代表”重要思想的热潮。教育部党组召开了学习传达十六大精神的会议，有重点、分层次地组织召开学习贯彻十六大精神座谈会，与北京市委联合举办首都高校大学生学习十六大精神报告会，组织编写了学习十六大报告的辅导材料《贯彻十六大精神，努力开创教育改革发展新局面》、《新世纪新阶段的政治宣言和行动纲领》。各地教育行政部门和各高校也根据本地、本校实际，制订学习计划，及时召开党委理论学习中心组会议、中层干部会议、教职工和学生大会等，传达和学习贯彻十六大精神。还充分利用广播、电视、网络等宣传媒体和舆论阵地，营造良好的学习氛围。同时积极采用学习报告会、十六大精神宣讲团等多种形式，把师生的学习活动向广度和深度推进。把学习贯彻十六大精神和“三个代表”重要思想的热潮不断引向深入。

全面规划和部署十六大精神和“三个代表”重要思想“三进”工作。党的十六大把“三个代表”重要思想同马克思列宁主义、毛泽东思想、邓小平理论一道确立为党必须长期坚持的指导思想，对高校特别是“两课”教育教学用科学理论武装大学生提出了新的更高的要求。为在高校“两课”教育教学中全面贯彻党的十六大精神，进一步深化“三个代表”重要思想“三进”工作，教育部作了具体的安排和部署。一是将《邓小平理论概论》课调整为《邓小平理论和“三个代表”重要思想概论》课。二是支持、鼓励“两课”教育教学条件和基础较好的高校，进行单独形态开设《“三个代表”重要思想概论》课试点。三是在“两课”的所有课程中全面渗透十六大精神和“三个代表”重要思想。印发了《“两课”贯彻十六大精神教学指导》；对普通高校“两课”教学基本要求暨示范教材进行全面修订，组织高校专家学者编写《邓小平理论和“三个代表”重要思想概论》、《“三个代表”重要思想概论》课示范教材，并全面修订“两课”其他各门课程的示范教材。四是积极开拓“三个代表”重要思想“三进”工作的新途径。充分发挥第二课堂、学生理论社团的作用，支持、指导学生研究“三个代表”重要思想。五是切实抓好“两课”教师“三个代表”重要思想的学习和培训。各省（自治区、直辖市）教育行政部门根据本地实际情况，集中一定时间，举办骨干教师培训班、讲习班、备课会和教学观摩活动。六是组织编写《高校“两课”教育教学热点难点问题解析——学习贯彻十六大精神专辑》，帮助广大“两课”教师在教育教学中，把十六大报告提出的重要观点、重大政策充分说清楚，对大学生关心的重点、难点问题，有针对性地解疑释惑。

组织高校哲学社会科学工作者宣传研究十六大精神。教育部组织高校人文社会科学专家学者在全面、深入学习的同时，积极宣传、深入研究十六大精神。主要做了两项工作：一是组织十六大精神的课题研究立项工作；二是充分发挥教育部人文社会科学重点研究基地在宣传研究十六大精神中的作用。

撰稿 陈 睿

〔**学生思想政治教育**〕 2002年4月，教育部召开了全国高校思想政治教育进网络工作研讨会。教育部副部长袁贵仁在会上作了讲话。天津市委教卫工委、清华大学等11个单位介绍了本单位开展思想政治教育进网络工作的做法和体会。会上印发了由教育部社政司组编的《网络唱响主旋律——高等学校思想政治教育进网络工作经验汇编》一书。会后教育部办公厅印发了《高等学校思想政治教育进网络工作研讨会会议纪要》，提出在网络建设中要处理好四个关系：既要“趋利”，又要“避害”；既要加强监督，又要注重引导；既要加强教育，又要做好服务；既要重视网上，又要重视网下，努力做到管而不死，活而不乱，使校园网络成为弘扬社会主义先进文化的园地。会后，全国大部分高校都成立了由校党政领导和有关部门负责人参加的网络工作领导小组，思想政治教育进网络工作得到了普遍的重视和落实。许多高校已经建立了校园网，开设了网上党校、团校，设立了理论学习、时事政策、“两课”辅导与答疑、心理咨询、学生生活服务等网站。在总结各地工作经验的基础上，初步提出了建设高校思想政治教育全国示范性网站的计划。

2002年还大力加强和改进高校德育工作，特别是学生思想道德建设。（1）充分发挥“两课”（马克思主义理论课、思想品德课）在学生德育工作中的主渠道作用，坚持不懈地用马列主义、毛泽东思想、邓小平理论和“三个代表”重要思想教育广大学生，帮助大学生树立正确的世界观、人生观、价值观。2002年进一步充实“两课”中有关道德教育的内容，根据十六大和《公民道德实施纲要》精神，修订《思想道德修养》课教学基本要求，把《纲要》提出的公民道德基本规范和要求融入到教育教学中去，并贯穿到课堂教学之中，做到大、中、小学道德教育区分层次，整体衔接。（2）积极探索新形势下加强和改进学校德育工作的新途径、新方法，大力推进思想政治工作进网络、进公寓、进社团和大学生心理健康教育工作，不断扩大高校思想政治工作的覆盖面。2002年，按照“积极发展，加强管理，趋利避害，为我所用”的原则加强高校思想政治教育进网络工作。推动思想政治工作进公寓，落实辅导员进公寓、党团组织进公寓、学生自我管理组织进公寓，探索以学生公寓为基地开展校园文化活动的方式和途径；加强思想政治工作进社团工作，加强对学生社团的管理和引导；制定《普通高等学校大学生心理健康教育工作实施纲要（试行）》，对大学生心理健康教育工作的指导思想、主要内容、途径和方法以及师资队伍建设等方面提出具体要求；组织专家研制大学生心理健康评定量表，使心理健康教育工作更加科学化。（3）进一步加强学生德育工作的实践环节。把专业实习、军事训练和劳动教育等社会实践活动纳入教育教学计划。推进教育部、共青团中央、全国学联共同开展的“大学生素质拓展计划”试点工作。组织学生参加中宣部、教育部、共青团中央实施的全国大中专学生志愿者暑期和寒假“三下乡”社会实践活动。各地教育行政部门和高等学校广泛组织学生参加社会公益劳动以及尊老爱幼、扶残助残、手拉手、扶贫支教、保护环境等丰富多彩的道德实践活动。举办“五月的鲜花”、“民族之光”音乐会，通过歌曲、舞蹈等艺术形式，使大学生在潜移默化中受到爱国主义、集体主义、社会主义和民族精神的教育。（4）继续推进高校校园文化建设，营造有利于思想道德建设的校园文化氛围。加强师德教育，做到全员育人、全过程育人。加强校园环境建设，努力向绿化、美化和高品位的方向发展，同时配合有关部门做好校园周边环境的治理和整顿。

撰稿 邓传淮 陈 睿

〔贯彻落实党的十六大和江泽民同志讲话精神，发展繁荣高校哲学社会科学〕 继2001年北戴河“八七”讲话之后，2002年4月28日和7月16日，江泽民总书记又先后考察了中国人民大学和中国社会科学院，并发表了重要讲话。在不到一年的时间里，江总书记从科教兴国、治党治国和中华民族伟大复兴的战略高度，就发展繁荣我国哲学社会科学问题发表三次重要讲话。江泽民同志的三次重要讲话，强调了哲学社会科学与自然科学的“四个同样重要”，对哲学社会科学建设提出了“五个高度重视”和“五点要求”，对哲学社会科学工作者提出了“五点希望”，并把哲学社会科学的重要作用概括为“两个不可代替”。

江泽民同志关于加强哲学社会科学的重要讲话，使高校教师受到了极大鼓舞，同时也希望教育部出台一些措施，进一步推动高校哲学社会科学事业的发展，使高校已有的优势更充分地发挥出来，为实施科教兴国战略、全面建设小康社会作出更大的贡献。教育部党组在江泽民同志考察中国人民大学的当天晚上就召开党组会，学习和贯彻江泽民同志的重要讲话精神，并提出了一系列发展哲学社会科学的措施。

教育部党组在认真学习党的十六大精神和江泽民同志有关重要讲话的过程中，对高校哲学社会科学的实际情况进行了认真分析。高校哲学社会科学人才资源丰富，队伍结构合理，学科门类齐全，基础研究优势明显，国际学术交流活跃，图书资料建设具有一定的基础。改革开放以来，高校哲学社会科学为社会输送了大批合格人才，在基础研究和应用研究方面取得了丰硕成果，为国家经济建设和社会发展作出了重大贡献。但在看到成绩的同时，也应清醒地认识到，高校哲学社会科学的现状与十六大提出的全面建设小康社会的发展要求相比，与江泽民同志强调的“四个同样重要”、“五个高度重视”的要求相比，还存在着较大的差距。为全面贯彻落实党的十六大精神，教育部党组认为，必须从实践“三个代表”重要思想和全面建设小康社会的战略高度，从实施科教兴国战略的高度，充分认识发展繁荣哲学社会科学的重要意义，采取切实有力的措施，促进高校哲学社会科学的发展和繁荣，并以此为契机推动整个高等教育的全面快速健康发展。

2003 年 2 月，教育部印发了《关于进一步发展繁荣高校哲学社会科学的若干意见》。《意见》主要包括以下三个方面的内容：

一、发展繁荣高校哲学社会科学的指导思想。《意见》明确提出了发展繁荣高校哲学社会科学的指导思想是：必须坚持以马列主义、毛泽东思想、邓小平理论和“三个代表”重要思想为指导，把是否体现中国先进生产力的发展要求、中国先进文化的前进方向和中国最广大群众的根本利益，作为衡量高校哲学社会科学性质、方向和水平的根本尺度。同时，要不断增强实践意识、创新意识、人才意识，努力创造有利于哲学社会科学繁荣发展的良好氛围。

二、实施“高校哲学社会科学繁荣计划”。《意见》提出，教育部拟实施“高校哲学社会科学繁荣计划”。“繁荣计划”包括六个子计划，分别是：重大课题攻关计划、重点研究基地建设计划、人才培养和奖励计划、学术精品奖励计划、文科教育改革计划、基础设施和信息化建设计划。

六个子计划包括十项举措：(1) 启动哲学社会科学重大课题攻关项目。(2) 继续实施“教育部人文社会科学重点研究基地建设计划”。(3) 实施教育部哲学社会科学新世纪学术带头人培养计划和哲学社会科学学术新人培养和培训计划。(4) 在“长江学者奖励计划”中设立哲学社会科学特聘教授岗位。增加哲学社会科学教师在“高校优秀青年教师奖”中所占的比例，将高校文科教师列入“骨干教师培养计划”。(5) 鼓励高校从实际出发设立哲学社会科学资深教授岗位，并给予与自然科学和工程科学院士相应的待遇。(6) 实施哲学社会科学学术精品奖励计划，对有重大学术价值的基础研究成果和解决重大现实问题的应用研究成果给予重奖。(7) 实施哲学社会科学教育改革计划。(8) 实施哲学社会科学基础设施和信息化建设计划，加强高校哲学社会科学图书资料、基础研究资料库、应用研究数据库、“中国高校人文社会科学信息网”以及外文原版图书期刊中心书库建设，重点支持一批哲学社会科学实验室的建设。(9) 实施哲学社会科学名刊大刊工程，重点建设一批国内一流、国际知名的高校哲学社会科学期刊。(10) 设立高校哲学社会科学国际学术会议专项基金，资助高校在境内举办高水平国际学术会议。

三、加强领导，改进管理，促进高校哲学社会科学的全面繁荣。为保证“繁荣计划”的顺利实施，《意见》特别强调，要切实加强对哲学社会科学的领导。教育部拟成立社会科学发展领导小组，全面统筹、规划和领导全国高校哲学社会科学的发展工作。首先，在认真研究和把握哲学社会科学教育和研究的规律的基础上，不断改进领导方式、提高领导水平，充分调动广大哲学社会科学工作者的积极性、主动性和创造性，努力营造有利于哲学社会科学发展繁荣的良好环境。其次，高度重视哲学社会科学研究和人才培养条件的改善，不断加大经费投入力度。繁荣不是空话，不能搞无米之炊。因此，要合理确定并逐步提高哲学社会科学在教育经费中所占的比例，保证哲学社会科学经费随着教育事业经费的逐年增加而相应增长。特别要为中青年学术骨干的成长、信息技术等先进手段的运用和重大课题的研究提供有力的物质保障和经费支持。最后，要进一步通过深化科研管理体制改革，促进高校哲学社会科学的繁荣发展。

撰稿　张保生

〔第三届高校人文社会科学研究优秀成果奖评奖〕　高校人文社会科学优秀成果奖励工作自1995 年实施以来已经进行了两届，共有 910 项优秀成果获得奖励。近几年全国高校人文社会科学研究工作者经过不懈努力，取得了突出成绩，主要体现在：(1) 人文社会科学基础研究取得了丰硕成果，研究优势和实力得到社会的公认。据统计，自1998年第二届成果奖励至2000年底，三年中全国高校共出版各类学术著作近2万部，公开发表学术论文41万余篇。这些成果有的具有较高学术价值，有的已经成为该学科领域的标志性成果，对推动学科发展，填补学科空白起到了重要作用，受到社会各界的好评。(2) 人文社会科学应用研究和咨询服务获得长足发展。据统计，1998年～2000年，高校人文社会科学教师共承担各级政府和企事业单位的委托研究项目6 800项，获得委托研究经费1.73亿元；向各级政府部门、企事业单位提交研究咨询报告1.6万篇。这些研究与咨询报告，为我国经济建设与社会发展提供了有力的智力支持。高校已经成为党和政府科学决策的思想库和咨询服务基地之一。(3) 人文社会科学的队伍不断发展壮大，在学校的关心扶持特别是在老一辈专家、学者的指导帮助下，一批中青年学者成长为学术研究骨干。据2001年统计，在高校人文社会科学教师中，50岁以下具有副教授以上高级职称者近6万人。从本届成果的申报情况看，有近70%的成果都是由中青年学者申报的。这充分说明，高校已基本上扭转了学术骨干队伍后继乏人的局面。

2002年，全国普通高校人文、社会科学研究队伍共有28.5万人。其中女性13.59万人；教授2.27万人、副教授7.26万人。2002年全国普通高校人文、社会科学研究与发展经费总投入为7.6亿元。

为充分肯定人文社会科学在建设有中国特色社会主义事业中的巨大作用，表彰在高校人文社会科学研究中作出突出贡献的研究人员，教育部重新修订了《中国高校人文社会科学研究优秀成果的奖励暂行办法》，于2002年5月21日正式印发，启动了第三届中国高校人文社会科学研究优秀成果奖评奖工作。《暂行办法》的修订，主要体现在以下几点：一是在评奖范围上，由原来的“普通高校”扩大为“中国高校”。原则上所有高校，包括成人高校、职业大学、民办高校等，均可申报此项奖励。二是评奖对象，由“在编的教师、研究人员”改为“高校的教师和研究人员在规定时限内公开出版，发表的享有著作权的研究成果，以及被实际工作部门采用的研究咨询报告类成果，均可申报评奖”。三是提出围绕建设有中国特色社会主义的重大理论问题和现实问题开展研究，为国家经济社会发展作出了突出贡献，具有全局性、前瞻性、战略性的优秀成果为奖励重点。四是提出了评审过程坚持民主集中制，遵循科学导向、正当程序、公正公平、公开透明、简明便利的原则。五是预设了根据需要设立特等奖或荣誉奖的规定。

教育部成立了奖励委员会，负责评奖工作。本次评奖共受理376所高校的4 088项申报材料。从申报情况看，有以下特点：首先，管理学、经济学、政治学、法学、教育学、艺术学等社会发展急需的学科申报数量与第二届相比有明显增长；其次，申报质量较高，高校许多知名学者的成果参加评奖，使得这次评奖竞争十分激烈。

会议评审工作从8月22日开始。会议评审按学科分类共设23个评审组，从全国45所单位共聘请143位国内知名专家参加评审。9月12日，召开奖励委员会第二次会议。经过审议，通过了“第三届中国高校人文社会科学研究优秀成果奖拟获奖成果名单”。

会议通过的拟获奖成果共407项。按成果形式计，其中著作类奖328项、论文类奖68项、研究咨询报告类奖11项；按获奖等级计，其中特等奖1项、一等奖47项、二等奖124项、三等奖235项。9月29日，评奖办公室在《中国教育报》上发布公告，将拟获奖成果名单进行公示，1个月内为异议期。到10月29日，共收到异议材料13份。评奖办公室经过调查，提出处理意见，向奖励委员会各位委员征求了意见。根据计划，颁奖将在2003年举行。

撰稿　魏贻恒

〔**高校社科学报工作**〕　2002年7月29日～30日，教育部在北京召开了全国高校哲学社会科学学报工作研讨会。教育部部分直属高校领导、直属高校社科学报主编、部分省属重点大学的社科学报主编共110多人出席了会议。会议以“三个代表”重要思想为指导，围绕深入学习和贯彻落实江泽民同志关于改革发展哲学社会科学的“8·7”、“4·28”、“7·16”三次重要讲话精神，总结、交流办刊经验，研究高校社科学报在新形势下的发展特点和趋势，探讨深化高校社科学报改革的方向和思路。教育部副部长袁贵仁和中宣部出版局、国家新闻出版总署报刊司负责同志出席会议并讲话。袁贵仁作了题为《贯彻江泽民总书记关于哲学社会科学的重要讲话精神，开创高校社科学报新局面》的报告，指出当前我国改革开放和社会主义现代化建设进入了一个新的历史发展时期。江总书记关于哲学社会科学的三次重要讲话为高校社科学报的发展提供了极好的机遇。经济社会和科技教育的快速发展以及加入世界贸易组织的挑战，为哲学社会科学的研究提出了一系列重大的课题和更高的要求。高校必须认清形势，提高认识，抓住机遇，迎接挑战，不断开创高校社科学报发展的新局面。高校社科学报的改革发展必须加强政治意识、创新意识、精品意识，牢牢把握正确的政治方向和学术导向。要深入改革开放和社会主义现代化建设的实践，加大对全局性、战略性、前瞻性重大问题的研究，不断深化对当代中国经济社会发展规律的认识，为党和政府的决策服务，为改革开放和社会主义现代化建设服务。要努力办出自己的优势和特色，做到“人无我有，人有我优”，继续发挥好为高校教学和科研服务的作用。要在推动哲学社会科学研究的同时，在建立学术规范、加强学风建设方面起到带头和导向作用。要通过对稿件的严格把关，杜绝文章抄袭现象，力戒浮躁情绪，引导作者特别是青年学者甘于寂寞、淡泊名利、潜心钻研，注重学术积累，扎扎实实地进行学术研究。要增强创新意识，更新办刊理念，建立适应时代要求的新的管理体制和运行机制，在推动理论创新、制度创新、科技创新方面不断取得新的成绩。要树立学报的精品意识，要以个性求生存，以特色图发展，多出精品名刊。要启动高校社科学报名刊工程，用3～5年时间，在高校培育出10～20种有一定国际影响、反映我国哲学社会科学研究水平的知名学术期刊。要把对学报的评估情况作为衡量高校工作状况的一个重要内容。

2002年9月13日，教育部印发了《关于加强和改进高等学校哲学社会科学学报工作的意见》，进一步明确了高校社科学报的性质、地位、作用和办刊的指导思想、原则，指明了学报改革发展的方向，强调高校要加强对学报工作的领导，为办好学报提供切实保障。

撰稿　陈　矛

审稿　徐维凡

高校学生工作

〔**普通高校招生**〕　2002年参加普通高校招生考试的报名人数为528.3万人，录取320万人，其中本科层次录取人数约164万人。录取人数排前十位的一级学科（专业类）分别是：电气信息类59.7万人，工商管理类48.7万人，外国语言文学类22.8万人，经济学类18.5万人，艺术类16.5万人，机械类15.2万人，中国语言文学类13.8万人，法学类11.3万人，土建类11.2万人，临床医学与医学技术类10.6万人。高校招生对西部地区人才培养的支持力度继续加大。2002年西部地区招生计划总量、实际录取人数与上年相比，增长幅度均高于全国平均水平，录取率也略高于全国平均水平。全国省际之间录取率的差距在各省录取率均有较大提升的情况下继续缩小，地区间不平衡的矛盾进一步缓解。

2002年，全国各省（自治区、直辖市）均进行高考“3＋X”科目设置改革。其中，广西同时进行本专科分开考、专科考试在本科之后且由自治区自行命题的试点。录取方式改革顺利实现阶段性目标，全面实现远程录取模式管理。通过广域网实施远程网上录取的院校数达1 500余所，占招生院校总数的90%，远程网上录取考生总数约 290 万人，超过录取总数的 80%。

按照依法治招的要求，高等学校和有关招生机构在有关法律法规的范围内制定招生章程，向社会公布招生方案。招生章程的主要内容包括高等学校基本情况、办学性质、在有关省（自治区、直辖市）分专业招生人数、录取办法程序、收费标准等。高等学校在录取过程中不得随意更改在招生章程中对考生和社会作出的各项承诺。根据国家社会经济发展对各类人才的客观需求、国家的招生政策和生源情况等，高等学校在国家核定的年度招生规模内，负责做好招生专业结构、层次结构、区域结构的调整，自主、科学地安排分省（自治区、直辖市）分专业招生计划，并可预留少量计划在录取过程中用于解决各地上线生源不平衡的问题。进一步建立和健全高等学校招生工作的监督制度和公示制度，录取的各类学生都要进行公示，自觉接受纪检监察和社会舆论的监督，杜绝招生考试中徇私舞弊行为的发生。

为支持军队现代化建设，从更大的范围选拔培养高素质的国防建设人才，2000 年开始从普通高中毕业生中招收国防生。当年，共有 8 所高校招收国防生，招生人数近 300 名。2002 年，教育部与解放军有关部门制定了普通高校招收国防生的管理规定，国防生招生规模进一步扩大，50 余所高校共招收3 000余名。

〔表彰高校招生工作先进集体和先进个人〕 恢复高考 25 年来，特别是近 5 年来，全国高校招生战线认真实践“三个代表”重要思想，坚持党的教育方针，以高度的社会责任感和历史使命感，任劳任怨，加强管理，确保公平公正，高质量完成高校招生工作各项任务；开拓创新，积极投身于高校招生制度改革和建设，为我国教育事业改革与发展作出了重要贡献。

为激励高校招生战线的全体同志，进一步做好高校招生制度改革和高校招生工作，教育部于 2002 年对北京市高校招生办公室等 126 个全国高等学校招生工作先进集体、李梓华等 337 名全国高等学校招生工作先进个人进行了表彰。

撰稿　苟人民
审稿　姜　钢

附一

全国高校招生工作先进集体名单

北京
北京市高校招生办公室
北京大学招生办公室
清华大学招生办公室
西城区高校招生办公室
首都师范大学成人教育学院
海淀区招生考试中心
清华大学研究生招生办公室
北京理工大学研究生招生办公室

天津
天津市高校招生办公室
天津市和平区高校招生办公室
天津大学招生办公室

河北
河北省高校招生办公室
河北师范大学招生办公室
河北大学研究生招生办公室
河北医科大学成人教育学院
石家庄市教育考试院

山西
大同市高校招生办公室
山西大学招生办公室
太原理工大学招生办公室
山西医科大学继续教育学院
山西师范大学成人教育学院

内蒙古
呼和浩特市招生考试管理中心
包头市教育招生考试中心
喀喇沁旗招生考试工作办公室
内蒙古师范大学招生办公室

辽宁
辽宁省招生考试办公室
沈阳市招生考试办公室
东北财经大学研究生招生办公室

辽宁大学招生办公室
沈阳师范大学招生办公室
东北大学招生办公室

吉林
延边大学招生办公室
东北师范大学研究生招生办公室
吉林市招生办公室
长春市朝阳区招生办公室

黑龙江
黑龙江省招生考试办公室
哈尔滨市招生考试办公室
齐齐哈尔市招生考试办公室
哈尔滨工业大学学生工作处
黑龙江大学成人教育学院
东北林业大学研究生招生办公室

上海
复旦大学招生办公室
上海交通大学成人教育学院招生办公室
上海水产大学研究生招生办公室

江苏
南通市高校招生办公室
南京师范大学成人招生办公室
南京大学研究生招生办公室
东南大学招生办公室
扬州大学招生办公室
苏州大学招生办公室

浙江
浙江大学研究生招生办公室
浙江工业大学成人教育学院
杭州市高校招生办公室

安徽
安徽师范大学招生办公室
安徽教育学院招生办公室
安庆市招生办公室
芜湖市招生办公室

福建
厦门大学招生办公室
福州大学招生办公室
福州市高校招生办公室

江西
南昌市招生考试办公室
赣州市招生考试办公室
南昌大学成人教育学院

山东
山东省高校招生办公室
济南市招生办公室
青岛市招生办公室
山东大学招生办公室
山东师范大学招生办公室
山东青年管理干部学院

河南
河南省招生办公室
郑州市招生办公室
南阳市宛城区招生办公室
郑州大学招生办公室
河南大学招生办公室

湖北
武汉市招生办公室
武汉大学招生办公室
华中科技大学招生办公室
中国地质大学(武汉)招生办公室
湖北农学院招生办公室
华中师范大学招生办公室

湖南
湖南省高校招生办公室
湘潭市招生办公室
炎陵县招生办公室
中南大学招生办公室
南华大学招生办公室
湖南大学招生办公室

广东
广东省高校招生办公室
广州市招生办公室
梅州市招生办公室

广西
广西壮族自治区高校招生办公室
桂林市招生考试办公室
广西大学招生办公室
平果县招生办公室

海南
海口市高校招生办公室
华南热带农业大学研究生招生办公室

重庆
重庆市沙坪坝区高校招生办公室
重庆大学招生办公室

四川
四川省高校招生办公室
成都市招生办公室
绵阳市招生办公室
简阳市招生办公室
四川大学招生办公室
四川师范大学研究生招生办公室
四川广播电视大学招生办公室

贵州
贵州师范大学招生办公室
贵阳市招生考试管理中心
遵义县招生办公室

云南
昆明理工大学成人教育学院
云南师范大学招生办公室
云南大学研究生招生办公室
楚雄州招生办公室

西藏
西藏大学招生办公室

陕西
陕西省高校招生办公室
榆林市招生办公室
西北工业大学招生办公室
西安电子科技大学研究生招生办公室
西安交通大学职业技术暨继续教育学院招生办公室

甘肃

兰州大学招生办公室

西北师范大学招生办公室

青海

西宁市招生办公室

贵德县招生办公室

宁夏

银川市兴庆区招生办公室

石嘴山市大武口区招生办公室

新疆

克拉玛依市招生办公室

石河子市招生办公室

哈密地区招生办公室

附二

全国高校招生工作先进个人名单

北京

李梓华　北京师范大学
胡　洁　首都师范大学
李建平　北京工业大学
刘　林　海淀走读大学
王庆新　东城区招生办公室
富砚斌　昌平区招生办公室
张万福　通州区招生办公室
屈　兵　北京大学
高宪法　中国人民大学
胡建生　对外经济贸易大学
李仁山　北京经济管理干部学院
吴砚农　北京理工大学
王建平　昌平区成人高校招生办公室
张　冈　西城区成人高校招生办公室
周　援　北京航空航天大学
马小侠　中国人民大学
张　红　中国农业大学
卢　菁　中国协和医科大学
王秀彦　北京工业大学
刘瑞生　中国空间技术研究院
李　文　北京科技大学

天津

张景华　天津市高校招生办公室
陈桂兰　南开大学
李玺会　天津大学
张　捷　天津市铁厂
田　芊　和平区新华职工大学
李建明　天津大学

河北

张书勤　河北省高校招生办公室
胡吉海　河北省高校招生办公室
李　芳　河北省高校招生办公室
李建斌　河北省高校招生办公室
董五洲　河北省高校招生办公室
赵　琮　石家庄市教育考试院
姚东升　廊坊市招生考试办公室
杨纪清　唐山市招生考试办公室
李绍臣　秦皇岛市招生考试办公室
杜振库　邯郸市教育考试院
张锡忠　保定市招生考试办公室
赵胜杰　临城县招生考试办公室
刘桂玲　河北医科大学
林雅青　石家庄铁道学院
李　鑫　河北工业大学
方森松　华北科技学院
张凤巧　河北大学
郭玉安　河北体育学院
许　力　河北省广播电视大学
李洪涛　河北农业大学

山西

亢创基　临汾市招生考试办公室
刘士京　晋中市招生考试办公室
兰成富　大同市招生办公室
张秋柱　太原市招生考试办公室
王自进　太原市招生考试办公室
陈文清　运城市招生考试管理中心
李林太　晋城市招生考试办公室
张素明　阳泉市招生考试中心
白海兵　长治市招生考试管理中心
赵福斗　忻州市成人招生办公室
李长萍　山西农业大学
张玉梁　山西师范大学
吴毓秀　山西医科大学
李桂萍　山西煤炭管理干部学院
闫　毅　山西财经大学
张东生　太原理工大学

内蒙古

韩荣飞　内蒙古自治区教育招生考试中心
侯天翔　内蒙古自治区教育招生考试中心
汲利国　呼和浩特市招生考试管理中心
宫海峰　赤峰市教育招生考试中心
牡　丹　镶黄旗招生办公室
张淑珍　满洲里市招生办公室
刘　实　内蒙古大学
丁雪华　内蒙古农业大学
云荣义　内蒙古农业大学

辽宁省

赵世军　辽宁省招生考试办公室
于　涛　辽宁省招生考试办公室
李　蒲　沈阳市招生考试办公室
周玉国　丹东市招生考试办公室
雷春芝　锦州市招生考试办公室
李佳俊　朝阳市招生考试办公室
刘沛林　葫芦岛市招生考试办公室
宋在荣　沈阳市和平区招生考试办公室
房　成　大连市甘井子区招生考试办公室
崔秋兰　新宾县招生考试办公室
姜德学　大连理工大学
陈雪洁　沈阳工业大学
王殿元　东北大学
徐　峰　东北大学
盛　云　东北财经大学
张永明　沈阳农业大学

吉林

杨柏林　东北师范大学
李　瑞　吉林大学
沈　怡　吉林建筑工程学院
田树槐　长春大学
李桂兰　东北师范大学
姜维复　吉林农业大学
胡凤雏　长春理工大学
李洪山　通化市招生办公室
齐长赋　白城市招生办公室
史宏杰　辽源市招生办公室
李玉芝　吉林市昌邑区招生办公室
张金山　伊通县招生办公室
周殿军　长春市绿园区招生办公室

黑龙江

富美兰 黑河市招生考试办公室
王海林 哈尔滨市招生考试办公室
蔡增录 佳木斯市招生考试办公室
顾英范 齐齐哈尔市招生考试办公室
林　成 七台河市招生考试办公室
刘海顺 大兴安岭地区招生考试办公室
崔玉敏 齐齐哈尔大学
柳　池 哈尔滨理工大学
赵　力 哈尔滨商业大学
曹德品 哈尔滨医科大学
黄永林 佳木斯大学
张鹏远 牡丹江市联合职工大学
果　林 哈尔滨广播电视大学
曲盛恩 哈尔滨商业大学
侍建军 黑龙江省招生考试办公室
车行全 黑龙江省招生考试办公室
曹晓光 东北林业大学

上海

范焕章 华东师范大学
归银生 上海电视大学
殷昌义 复旦大学
曹静云 金山区高校招生办公室
栾晓亮 上海市高校招生办公室

江苏

王炳兆 常州市高校招生办公室
段　海 扬州大学
冀　民 东南大学
屠福春 东南大学
李毓平 苏州大学
荆谷平 江苏工业大学
王普霞 南京中医药大学
张　春 南京工程学院
赵　清 南京大学
宗文干 南京理工大学
卞纲成 盐城市高校招生办公室
段建伟 苏州市高校招生办公室
朱宏亮 河海大学
武　杰 南京经济学院
魏　微 南京市高校招生办公室
王录玲 南京农业大学

浙江

徐金芳 杭州师范学院
王亚敏 杭州商学院
张　远 中国美术学院
孙　恒 浙江省高校招生办公室
王会忠 金华市高校招生办公室
黄　耿 海盐县高校招生办公室

安徽

宋昌耐 中国科学技术大学
曹　兵 合肥工业大学
毕　涛 安徽大学
吴智明 淮北煤炭师范学院
张俊勇 合肥市职工大学
李　伟 蚌埠市招生办公室
潘家杰 六安市招生办公室
吴振鹏 肥东县招生办公室
杨爱国 东至县招生办公室
汪益来 安徽省高校招生办公室

福建

郑元鼎 福建省高校招生办公室
唐秀华 福建省高校招生办公室
李　熙 三明市高校招生办公室
王福东 泉州市高校招生办公室
吴卫平 集美大学
曾炳生 福建农林大学

江西

黄继晏 江西省高校招生办公室
肖筑清 吉安市招生考试办公室
邹自文 抚州市招生考试办公室
王东堃 九江市招生考试办公室
肖本思 萍乡市招生考试办公室
祝发太 鹰潭市招生考试办公室
胡晓勇 新余市招生考试办公室
彭晓昌 高安市招生考试办公室
李　明 江西农业大学
熊建设 江西教育学院
武莉娜 东华理工学院

山东

张海泉 山东省招生办公室
张鹏程 山东省招生办公室
谢汝新 淄博市招生办公室
董荫廷 临沂市招生办公室
谷玉安 聊城市招生考试中心
刘德强 东营市招生办公室
刘德高 莒县招生办公室
张福财 蓬莱市招生办公室
张维军 山东师范大学
王随莲 山东大学
卢光志 中国海洋大学
祁　勇 青岛大学
闫珂柱 曲阜师范大学
龚新波 山东科技大学
吴衍涛 山东农业大学
杨　磊 山东教育学院
王　毅 山东青年管理干部学院
苑兆忠 山东师范大学

河南

郭劳动 周口市招生办公室
刘怀明 信阳市招生办公室
赵邦厚 三门峡市招生办公室
张彦成 鹤壁市招生办公室
沈贵辰 安阳市招生办公室
刘平福 济源市招生办公室
刘勤法 濮阳市招生办公室
张忠玺 南阳市招生办公室
王银安 禹州市招生办公室
孙春峰 舞钢市招生办公室
冯国庆 河南农业大学
焦　峰 河南大学
徐英敏 河南中医学院
李军靖 郑州大学
王润木 河南省招生办公室
刘　刚 河南省招生办公室
刘慧峰 河南省招生办公室
茹海芝 新乡市招生办公室

湖北

周则顺 湖北省招生办公室
吴容靖 湖北省教育考试院
方　放 湖北省教育考试院
张振兴 武汉市武昌区招生办公室
阮先珍 襄樊市教育考试管理中心
汪一帆 武汉大学
刘宏达 华中师范大学
向　阳 湖北工学院
彭育圆 武汉科技学院
谌　姿 湖北农学院
高诗银 湖北省经济管理干部学院
任伯绪 湖北省卫生职工医学院

湖南

林秀岳 湖南省高校招生办公室
邓建国 湖南省高校招生办公室
刘国清 湖南省高校招生办公室
王文斌 湖南省教育厅
金旺喜 常德市教育局
向贵雄 湘西自治州招生办公室
李龙如 娄底市招生办公室
李长青 长沙市雨花区招生办公室
刘锦松 平江县招生办公室
谢成钢 国防科学技术大学
马定渭 湖南农业大学
傅嫦娥 长沙交通学院
杨培燕 湖南广播电视大学
周晰莎 湖南经济管理干部学院

广东

黄锦章 梅州市招生办公室
何崇军 华南师范大学
蔡昌芳 韶关市招生办公室
张思珍 广东工业大学
魏　纲 惠州市招生办公室
蔡　敏 华南理工大学
范　坤 深圳市招生办公室
黄克瑜 中山大学

吴白白　珠海市招生办公室
陈申华　暨南大学
吴　强　广州市招生办公室
林琦光　深圳大学
谢胜利　华南理工大学
刘孟枝　中山大学

广西
唐佐明　广西壮族自治区高校招生办公室
韦瑞杰　广西壮族自治区高校招生办公室
范　纯　广西壮族自治区高校招生办公室
文　焱　广西壮族自治区高校招生办公室
涂第东　广西壮族自治区高校招生办公室
秦鸿安　桂林市高校招生办公室
严祖怀　贵港市高校招生办公室
陈光武　北海市招生办公室
邹长光　桂林工学院

海南
卓国英　五指山市高校招生办公室
辜民英　琼山市招生办公室

重庆
邱　可　重庆市高校招生办公室
吴可人　重庆市高校招生办公室
钟　燕　沙坪坝区招生办公室
朱鸿基　江津市招生办公室
张勇华　西南师范大学
杨不屈　重庆师范学院
谢太询　西南政法大学
张　渝　西南政法大学

四川
薛道华　四川省招生办公室
刘　敏　四川省招生办公室
周新斌　四川省招生办公室
章　昉　四川省招生办公室
徐增毅　成都市招生办公室
马布都　凉山州招生办公室
李太政　绵阳市招生办公室
赵　耀　泸州市招生办公室
张　勇　眉山市东坡区招生办公室
朱兴远　资中县招生办公室
杨收作　西昌市招生办公室
秦志强　四川农业大学
霍　红　成都体育学院
鲁亚平　四川建筑职业技术学院
陈文宽　四川农业大学
卢晓东　成都教育学院
解春侠　西南财经大学

贵州
杨尚连　贵州省成人招生办公室
薛赛凤　贵州大学
周宝英　贵州省招生办公室
侯沛华　云岩区招生办公室
谢　红　贵阳医学院
杨一飞　六盘水市招生办公室
罗国书　贵州机械工业职工大学

云南
李娟娟　云南大学
王建良　昆明理工大学
王　涛　云南财贸学院
袁绍杰　云南农业大学
王　先　云南省招生考试办公室
林　磊　云南省招生考试办公室
李永德　文山州招生办公室
张宥智　曲靖市招生办公室
侯　萍　盘龙区招生办公室

西藏
白玛达娃　山南地区招生办公室
索　旺　日喀则市招生办公室
毛新春　西藏大学
黄民夫　西藏自治区教育考试院

陕西
王　强　西北大学
邓颂东　陕西广播电视大学
朱大丽　西安建筑科技大学
刘福平　西安建筑科技大学
苏　华　陕西省招生办公室
李成虎　洛南县招生办公室
张　莞　西安外国语学院
罗　薇　西安市招生办公室
赫春怀　陕西省招生办公室
高万东　西安电子科技大学
秦文平　咸阳市招生办公室
党天虎　西安科技学院
袁丽珊　航空六一八研究所
郭小平　西安交通大学

甘肃
王新文　陇南地区招生考试中心
萧　泰　西北师范大学
王振清　兰州铁道学院
陈汉忠　甘肃省高校招生办公室
田淑琴　兰州市招生办公室
焦鸿根　甘肃省高校招生办公室
者建武　甘肃省计算中心
马志强　西北民族学院

青海
康茂军　青海省石油局招生办公室
闫秀玲　青海省考试管理中心
杜惠毅　青海省考试管理中心

宁夏
陆占吉　宁夏回族自治区普通高校招生办公室
彭明荣　西吉县招生办公室

新疆
邹克清　克拉玛依市招生办公室
邹亚林　石河子市招生办公室
郭汉军　新疆大学
何慧星　石河子大学
阿孜古力　哈密地区招生办公室
艾尔肯·沙吾提　克孜勒州招生办公室

〔**研究生招生**〕　2002年全国共有414所普通高等学校、332所科研机构、中央党校及8所地方党校招收研究生。全国共录取硕士研究生和博士研究生200 575人（不含军队院校录取数和录取香港、澳门、台湾考生数），比上年实际录取人数增长23.7%。

2002年全国报考攻读博士学位研究生8.3万人，比上年增长16.9%；录取博士研究生37 877人，比上年增长17.5%。

2002年全国报考攻读硕士学位研究生人数为60.1万人，比上年增长35.3%；其中应届本科毕业生报考人数为26.65万人，占当年应届本科毕业生总数的42%。2002年共录取硕士研究生162 698人。在录取新生中，应届本科毕业生为7.98万人，占49%；在职或其他人员为8.29万人，占51%。录取的新生按学科门类分，哲学1 813人，经济学8 609人，法学11 867人，教育学4 329人，文学11 657人，历史学2 129人，理学19 291人，工学

64 324人，农学5 180人，医学14 707人，军事学88人，管理学18 704人。

2002年香港、澳门特别行政区及台湾省人士报考内地（祖国大陆）高校研究生的考生共1 832人，比上年增长71.5%；录取731人，比上年增长11.8%。

2002年研究生招生工作的主要特点是：

一、在积极扩大研究生招生规模的同时，进一步加大招生专业结构的调整力度。对与信息技术、生物工程、材料、海洋、环保等密切相关的一级学科专业给予大力支持，在办学条件允许的情况下，实现跨越式发展，以满足我国经济建设发展高新技术对这些学科人才的急需。这些一级学科是：海洋科学、生物学、材料科学与工程、电子科学与技术、信息与通信工程、控制科学与工程、计算机科学与技术、环境科学与工程、林学共计9个。这些学科2002年录取硕士研究生38 926人，比上年增长30.5%。

二、安排专项师资培养计划3 100名，重点解决高校公共课、基础课师资短缺的矛盾。对报考师资计划的考生，在录取时给予政策倾斜。

三、为贯彻中央军委要科技强军的精神，为军队建设提供高层次人才支持，教育部与解放军总政治部联合实施了“高层次人才强军计划”。在硕士生招生国家计划中安排了1 620名，定向招收军队现役科技人员到27所全国高水平大学就读。

四、为了促进硕士研究生入学的外语水平的提高，在入学考试的外语科目（非外语专业）原有的笔试中，增加了听说能力的测试。听力测试安排在初试中进行，口语安排在复试中进行。

五、简化了硕士生报考手续，不再要求考生报名时持所在单位同意报考的介绍信。

六、为提高中医学理论研究水平，探索培养中医学高层次复合型人才的新模式、新途径，在北京中医药大学等4所中医药大学开展非医学专业本科毕业生攻读中医学研究生的招生试点工作。

七、经教育部等有关部门同意，2002年澳门大学、澳门科技大学在北京等14个省（自治区、直辖市）招收自费硕士（博士）研究生。

撰稿　张凤有

审稿　韩建华

〔成人高校招生考试科目设置调整〕 自1986年成人高校招生实行全国统考以来，考试科目基本上是以行业生源为对象进行设置的，这种科目设置的办法对于促进成人高校面向社会灵活办学、针对成人特点进行招生考试和教学起到了积极的作用。但是，随着成人高等教育的发展，招生对象日趋复杂、招生专业日趋增多，致使相应的考试科目也逐渐增加，统考科目数量最多达到120门，这使得命题、施考以及编写复习考试大纲的工作操作难度很大。同时也由于考试科目的限制，使成人高校不能根据市场需求灵活设置专业，制约了成人高等教育的发展。因此，成人高校招生改革已势在必行。

1999年，教育部在组织成人高校、地方招生部门、国务院有关部教育司（局）及部分成人教育专家进行广泛深入调研的基础上，于2000年启动了成人高校招生统一考试科目设置改革的工作。考虑到成人高校招生工作的复杂性，为不引起社会太大的震动，决定改革分两步走。第一步，首先将实行全国统考的非师范类专科起点升本科和高职班的67门专业课放给地方考试；其次将师范类专科起点升本科按招生专业设置考试科目改为按学科门类设置，统考科目数量由41门减为6门。从2001年和2002年实践看，运行平稳顺利，社会、考生和高校反映良好，改革取得成功。

2002年5月部署第二步考试科目设置改革，并于2003年开始实施。第二步改革是对第一步改革的深化和完善。这次改革的指导思想是：简化招生环节，顺应社会发展，提高招生质量，强化基础考核，保留专业特色，分层次不同要求，考试内容适度够用，适应生源流动，利于学科发展。具体体现在三个方面：

一、专科起点升本科统考科目按学科门类设置，不再按生源类别设置。统考科目为政治、外语和专业基础课3门。专业基础课根据各学科门类的特点设置8门，考生根据所报考专业对应的学科门类应试其中1门。

二、高中起点升专科、高中起点升本科考试按文科、理科分别设置统考科目。其中，高中起点升专科统考科目为语文、数学、外语3门，主要考查考生是否具备接受高等专科层次教育的最基本要求。考虑到本科教育与专科教育培养目标和教学要求的不同，报考高中起点升本科的考生，统考科目的理科类增加1门“物化综合”，文科类增加1门“史地综合”。

三、除上述规定的统考科目考试外，招生院校可根据专业要求自行确定是否再加试一门考试科目。如加试，则录取时，省级招办应根据招生院校提供的加试合格考生名单进行投档，招生院校根据考生参加统考的成绩，由高分到低分择优录取。不需加试的院校，按考生参加统考科目的成绩进行录取。

通过考试科目设置改革达到了三个目的：一是为成人高校根据社会发展需要灵活设置专业提供了条件，拓宽了考生选择专业的范围。二是允许成人高校根据专业培养要求自定一门加试科目，并自行命题、考试，有效扩大了高校招生自主权，并且加试科目的可操作性很强。三是减少了考试科目数量，满足了大规模考试应简便、有效、易操作的要求。

撰稿　*范卫宏*
审稿　*姜　钢*

〔**普通高校毕业生就业**〕　2002年全国共有普通高校毕业生145万人，其中研究生近9万人，本科生64万人，专科（高职）生72万人。与2001年相比，总数增加了27万人，增长23%。其中，研究生增加近2万人，本科生增加近5万人，专科（高职）生增加近21万人，专科（高职）生增幅达40%。

截至2002年7月初毕业生离校时统计，已就业毕业生总数约为93.9万人，比2001年增加13.8万人，增长17.2%；待就业毕业生51.2万人。12月底，全国高校毕业生就业率已达80%左右，已就业毕业生人数约116万人。未就业毕业生中多数人在以“灵活、临时就业”等各种不同的方式从事着短期工作，另有部分毕业生复习考研，全国真正未就业的高校毕业生数量不大。

2002年毕业生就业工作有以下几个特点：一是东部发达地区特别是北京、上海、广东、江苏等中心城市和沿海地区在吸纳毕业生方面占有明显优势。二是到西部地区就业的毕业生人数比上年提高2个百分点，相关政策和措施初见成效。三是毕业生就业已形成事业单位、国有企业和民营三资企业“三分天下”的格局，到民营三资企业的约占已就业毕业生总数的30%。四是一些社会热门专业就业率出现较大幅度下降趋势，电子信息类、土木建筑类、生物工程类等热门专业就业率下降幅度比上年超过5个百分点。五是一些行业特点明显的专业或特殊专业的毕业生就业率较高，2002年毕业生就业率在95%以上甚至达100%的专业并不是最热门的专业，而是一些与系统或行业紧密联系的专业或特殊专业，如石油工程、矿山地质、隧道与桥梁工程、发电厂及电力系统、航海等。六是待就业毕业生数量增加，但毕业生心态稳定，因2002年国家出台了未就业毕业生可将其户口和档案保留在原就读学校或省级毕业生就业指导服务机构的政策，解除了毕业生的后顾之忧，受到了毕业生的普遍欢迎，在一定程度上缓解了就业压力。

2002年毕业生就业工作存在的问题有：一些省市限制毕业生就业尤其是高职（专科）学生就业的政策性障碍依然存在，突出表现在主要行业、部门的职业准入制度尚未形成，基层用人仍然“用廉不用优”；毕业生跨省市流动受到限制；用人单位特别是非国有单位的用人自主权受到用人指标、户口指标等限制。毕业生就业指导队伍建设和工作条件亟待加强，主要表现在：人员缺乏，部属高校每千名毕业生仅1名专职就业指导人员，地方高校比例更低；经费缺乏，多数高校就业工作生均经费仅几元；工作模式滞后于成倍增长的就业规模和市场导向就业机制的要求。待业和临时、灵活就业毕业生的社会服务和制度性保障尚未形成，待业和临时、灵活就业的毕业生不享受国家的社会保障政策，也缺乏有组织、有针对性的就业指导、培训和服务。陈旧的择业观念仍然影响着毕业生的就业选择，目前一些地方和高校不同程度地存在“有业不就”的现象，学生、家长乃至社会的择业观念急待转变，毕业生就业难与不少单位要不到毕业生现象同时存在。

撰稿　陈　曦
审稿　刘大为

〔高等教育学历证书管理〕

一、规范各类高等教育学历证书管理

为维护高等学校的办学秩序，保护广大受教育者的合法权益，针对高等教育办学形式日趋多样化，高等学校颁发学历证书中出现的问题，2002年9月，教育部依照《教育法》“国家实行学业证书制度”和《高等教育法》“高等学历教育由国家统一管理，高等学校要按照国家的有关规定颁发学历证书”等规定，发出《关于当前加强高等学校学历证书规范管理的通知》，提出今后一个时期学校学历证书管理工作的基本原则是依法规范、客观写实、学校负责、政府监督。《通知》要求，自2003年开始，高等学校每年招生前要按照《通知》提出的规范，将本校毕（结）业证书基本内容，包括办学形式、基本学习年限、分校或二级学院名称等在招生章程中予以明确，使广大考生对其有所了解。《通知》指出，高等学校对颁发和管理学历证书负有直接责任，要严格按照本通知所规范的内容和要求填写、颁发毕（结）业证书。高等学校采用新的办学形式或人才培养模式需变更学历证书式样内容，须报教育部审批。《通知》进一步明确，国家和省级教育行政部门要加强对高等教育学历证书的监督与管理，严格学历证书电子注册制度。对违规操作、滥发学历证书的高等学校，要追究有关人员的责任，并由教育行政部门宣布证书无效，责令收回或者予以没收；情节严重的，取消其颁发证书的资格。

《通知》还对各类高等教育毕（结）业证书内容的填写作出具体规定：

1. 普通、成人高等教育毕（结）业证书的内容：学生姓名、性别、出生日期、学习起止年月；专业、层次（博士、硕士、本科、专科或高职、第二学士学位）、毕（结）业；学习形式（普通全日制，成人脱产、业余、夜大、函授、电视，网络）；本人近期免冠正面二寸彩色照片并骑缝加盖学校钢印；学校或培养机构名称及印章，校（院）长签名；发证日期及证书编号。

2. 高等教育自学考试和高等教育学历文凭考试毕业证书的内容：学生姓名；身份证号码；本人近期免冠正面二寸彩色照片；专业、层次（本科、专科）；毕业省级高等教育自学考试委员会名称和印章、主考学校或就读学校名称和印章；发证日期及证书编号。

3. 对其他办学形式的毕（结）业证书的填写要求：普通高等学校按照新的管理模式和运行机制举办的分校、二级学院，如具有独立法人资格，由分校、二级学院颁发毕（结）业证书，证书中学校名称填写“××大学××分校（二级学院）”，并以此名称具印。如分校、二级学院不具有独立法人资格，以校本部名义具印颁发毕（结）业证书，证书内容填写“在我校××分校（二级学院）××专业学习”。

普通、成人高等教育专科生（高职生）经省级及省级以上教育行政部门组织选拔或考试录取入本科学习，其毕（结）业证书内容填写“在我校××专业专科起点本科学习”；学习起止时间按入本科实际时间填写。

列入普通高等教育招生计划的第二学士学位班、成人高等教育举办的普通专科或高职班，其毕（结）业证书填写“在我校××专业××班学习”。

高等学校实施初级中学毕业后“五年一贯制”的专科（高职）教育，其毕（结）业证书填写“在我校（院）××专业初中起点五年一贯制专科（高职）学习”。实行三、二分段教学的专科（高职）教育，由高等学校颁发二年制专科（高职）毕（结）业证书。

4. 对毕（结）业证书格式、内容的统一规范，从2003年入学新生开始；对已在校学生参照执行。各高等学校须向学生说明已规范的毕（结）业证书格式、内容。

二、对1991年至2000年已颁发的高等教育学历证书进行统一回登

为维护国家学历证书的严肃性，保护高等学校和毕业生的利益，打击不法分子伪造、买卖学历证书行为，教育部决定对实施学历教育的高等教育办学单位自1991年至2000年所颁发的毕（结）业证书进行登记。经登记的学历证书由教育部审核后进入全国高等教育学历证书计算机管理库，供社会用人部门网上查询。

登记的学历证书为1991年至2000年普通高等学校、成人高等学校、经批准承担研究生教育任务的科学研究机构所颁发的专科、本科、第二学士学位、研究生教育毕（结）业证书；高等教育自学考试及高等教育学历文凭考试毕业证书。

1. 普通高等教育、成人高等教育、军队院校地方班毕（结）业证书登记的内容为：学生姓名、性别、出生日期；学习起止日期、专业、层次；学习形式（普通全日制、成人脱产、业余、夜大学、函授、电视教育或远程教育）；毕（结）业证书编号；毕（结）业学校名称。

2. 高等教育自学考试和高等教育学历文凭考试毕业证书登记内容为：学生姓名、性别；专业、层次；学习形式（自学考试）；获得毕业证书时间；证书编号；省级高等教育自学考试委员会名称，主考学校或就读学校名称。

以上内容从学校学生学籍管理登记册（或毕业证书登记册）中采集，也是原证书中所具有的。原证书中没有的不须改动或添加。

调整合并或改变名称的高等学校，由调整合并或改变校名的高等学校按历史年份存在的校名登记，即已经颁发的学历证书上的校名与登记的校名要一致。被撤消后不存在的高等学校由所在省（自治区、直辖市）教育行政部门负责查找档案并予以登记。

撰稿　张浩明
审稿　姜　钢

高校科技及产业

〔**高校科技工作主要数据**〕　2002年全国高等学校理工农医学科领域科技工作主要数据指标如下：

一、科技人力

全国高校从事科技活动人数29.63万人，其中科学家和工程师29.02万人，占97.96%；高级职务人员13.41万人，占45.26%。研究与发展人员24.85万人，其中科学家和工程师24.39万人，占98.14%；高级职务人员11.37万人，占46.64%。全时研究与发展人员5.02万人，其中科学家和工程师4.87万人，占96.90%；高级职务人员2.56万人，占50.95%。

二、科技经费

2002年全国高等学校通过各种渠道共获得科技经费219.63亿元，比上年增长25.70%。经费主要来自国家科技攻关计划、“863”计划、“973计划”、“攀登计划”、国家自然科学基金、“产学研联合开发工程”计划以及地方、部门和企事业单位委托项目等各个层次。

三、研究与发展机构

2002年全国高校现有上级主管部门批准的研究与发展机构1 824个，机构中从事研究与发展人员2.67万人，其中博士毕业折合7 095人年，硕士毕业折合8 431人年，培养研究生4.61万人。

四、科技课题

2002年全国高等学校共承担各类科技课题14.15万项，其中研究与发展课题11.78万项，非研究与发展课题2.37万项。当年投入课题经费

171.21亿元，比上年增长70.74%。研究与发展经费中用于基础研究的经费占19.70%，应用研究占56.82%，试验发展研究占23.48%。

五、国际科技交流

2002年高校开展了广泛的国际科技交流活动。全年有14 226人次出席国际学术会议，交流学术论文10 380篇；有21 966人次出席在国内召开的国际学术会议，交流论文17 238篇。全年共派遣2 436人出国攻读学位，其中，攻读博士学位1 323人，攻读硕士学位1 113人。当年派遣进修访问学者10 832人次，接受进修访问学者8 686人次。

六、科技成果及技术转让

2002年度全国高校获国家自然科学奖10项、国家发明奖13项、国家科技进步奖74项，分别占全国公布获奖总数的41.67%、72.22%和47.44%。

2002年全国高校共出版科技专著6 325部，在国外学术刊物上发表学术论文3.43万篇，鉴定科技成果6 674项，签订技术转让合同5 683项，当年实际收入10.98亿元。

撰稿　蔡　琳　杨雪琴

〔**高校科技创新工作**〕　2002年，教育部积极运筹和争取将高校纳入国家知识创新体系。科技部、教育部联合印发了《关于充分发挥高等学校科技创新作用的若干意见》。7月31日～8月1日教育部召开了高等学校加强科技创新工作座谈会。会议以邓小平理论和“三个代表”重要思想为指导，总结高校科技工作改革与发展的经验，分析高校科技创新面临的形势、机遇与挑战，研究建设大学创新体系的新思路、新机制与新措施，进一步推进高校科技创新工作。会议由教育部党组书记、部长陈至立主持，副部长赵沁平作工作报告，党组副书记、副部长周济作会议总结。科技部部长徐冠华、国家自然科学基金委员会主任陈佳洱、中国科学院副院长白春礼出席会议并发表讲话。会议特邀国务院有关部委领导到会作专题报告。百余所重点建设高校主管科技工作的校领导参加了座谈会。

陈至立在讲话中指出：高校正在迅速成为我国科技创新、特别是基础研究的主力军之一，要充分发挥学科交叉综合、人才基础雄厚、学术氛围宽松、国际合作交流活跃、信息灵通等方面的优势，加强学科建设，注重体制创新，在国家科技创新中进一步发挥作用，不断提高科技创新能力与水平。

赵沁平的工作报告介绍了高校科技创新的基本情况，提出“十五”高校科技发展的总体思路是：重视基础研究，加强技术开发，推动成果转化，规范产业管理；完善竞争激励机制，创新组织管理体制；注重特色，促进交叉，整顿学风，分类指导；充分发挥高校的巨大人才优势和学科综合潜力，着力提高高校的原始创新能力和整体科技实力；逐步推进形成一批有较强科技实力和国际竞争力的高水平研究型大学，构建我国大学知识创新体系，建立我国先进的高等教育信息化平台，为我国科技进步、经济建设、社会发展和国家安全作出新的贡献。同时还提出了当前高校科技发展的10项重点工作。

周济在总结讲话中强调指出：高校科技创新工作是“一把手工程”，抓好高校的科技创新工作要做到组织落实，措施落实，政策落实。要从四个方面来认识科技创新在学校工作中的地位：(1) 科技创新是高校为国家经济建设和社会进步作出服务和贡献的主要职能之一；(2) 科技创新是加强学科建设、增强学术实力的根本措施；(3) 科技创新是培养、锻炼学科队伍的必由之路；(4) 科技创新是增强学校经济实力的主要途径。要做好三个规划：即学校的发展战略规划，学科建设和队伍建设规划，校园建设规划。高校要以改革开放、科技进步和科技创新为动力，推动高校教学、科研、社会服务三大功能紧密结合，协调发展，为经济建设和社会发展作出更大贡献。并强调了高校推进科技创新工作需要把握的几个重要问题：(1) 凝炼学科方向，以特色求发展。(2) 高校科技创新要坚决面向国民经济主战场。(3) 按照“积极发展、规范管理”的原则，抓好高校科技产业工作。

会后，成立了由部领导和部内有关司局主要负责同志组成的教育部科技创新工作领导小组。各高校积极贯彻落实《意见》和会议精神，大部分部属高校于会后召开了科技创新工作会议，成立了科技创新工作领导机构，部分高校已制定了学校科技创新发展规划。

撰稿　董维国　邓久华

〔**教育部科技委换届**〕　教育部科学技术委员会（以下简称科技委）是教育部指导高等学校科学技术工作的高级咨询机构，自 1987 年成立以来，已经历了四届。按照科技委章程“每届任期三年”的规定，第四届科技委委员的任期已过，为此，2002 年科技委进行了换届。第五届教育部科技委共有委员 100 人，其中由 65 所高校推荐的委员有 97 人，总装备部 2 人。设秘书长 1 人。

新一届科技委的人数较第四届增加约 50%，分布在数理科学、化学、生命科学、地球科学、材料科学、信息科学、工程技术、管理科学等各个领域。其中：中国科学院院士和中国工程院院士 22 人，教育部长江学者、跨世纪优秀人才和国家杰出青年基金获得者共 47 人，有博士学位者 66 人。

撰稿　朱小萍　傅恒升

〔**2002 年度中国高校十大科技进展**〕　2002 年度“中国高等学校十大科技进展”继续评选。各有关高校、科技委专家共推荐 74 个参选项目。经科技委部分专家初审，选出 20 项候选项目提交教育部科技委全委会。科技委全委会以无记名投票方式选出“2002 年度中国高等学校十大科技进展”，如下表：

原始被子植物新类群——“古果科”的建立	吉林大学	孙　革
连续碳纳米管长线及其应用	清华大学	范守善
中国复杂区油气地球物理勘探理论与技术	石油大学	牟永光
我国铜矿生物提取专属菌种选育及提铜产业化应用	中南大学	邱冠周
人类细胞衰老主导基因 p16 作用机制及其负调控	北京大学	童坦君
利用 DNA 微阵列芯片研究拟南芥光调控发育过程	北京大学	邓兴旺
青藏铁路风火山隧道制氧供氧系统研制与应用	北京科技大学	刘应书
鼻咽癌分子遗传学研究	中山大学	曾益新
交直流电力集成双绕组发电机系统	海军工程大学	马伟明
舱外航天服外层防护材料研究	东华大学	朱　泉

撰稿　余朝蓬　付恒升

〔**高校科技期刊管理**〕　2002 年高校科技期刊积极参加由国家新闻出版总署和科技部主办的国家期刊奖评选活动，其中教育部直属期刊申报参选 66 种。经专家评审，教育部共向科技部推荐 47 种直属高校科技期刊作为候选期刊。在新闻出版总署和科技部评选出的获奖期刊中，全国高校科技期刊获国家期刊奖 5 种（全国 30 种）、国家期刊奖提名奖 9 种（全国 50 种）、国家期刊奖百种重点科技期刊 22 种（全国 99 种）。（见下页表）

〔**教育部重点科研项目**〕　2002 年度教育部科学技术研究重点项目继续实施。为促进地方高校科研工作的发展，发挥地方高校科研优势，2002 年度教育部除接受部属高校申请外，同时受理了各省、自治区、直辖市所属高校的申请。经专家评审后共批准立项 395 项，其中部属高校 203 项、地方高校 192 项，合计资助经费2 653万元。

教育部在实施科学技术研究重点项目的基础上，设立了科学技术研究重大项目。通过专家评审，

全国高校科技期刊获国家期刊奖名单

奖项	期刊名称	主办高校
国家期刊奖	高等学校化学学报	吉林大学、南开大学
	地球科学—中国地质大学学报	中国地质大学
	北京师范大学学报(自然科学版)	北京师范大学
	清华大学学报(自然科学版)	清华大学
	家庭医生	中山大学
国家期刊奖提名奖	中南工业大学学报(自然科学版)	中南大学
	东北大学学报(自然科学版)	东北大学
	电子科技大学学报	电子科技大学
	北京林业大学学报	北京林业大学
	武汉大学学报(理学版)	武汉大学
	华中科技大学学报(自然科学版)	华中科技大学
	北京大学学报(自然科学版)	北京大学
	第四军医大学学报	第四军医大学
	临床耳鼻咽喉科杂志	华中科技大学
国家期刊奖百种重点期刊	北京科技大学学报	北京科技大学
	哈尔滨工业大学学报	哈尔滨工业大学
	北京理工大学学报(自然科学版)	北京理工大学
	南京农业大学学报	南京农业大学
	第二军医大学学报	第二军医大学
	第三军医大学学报	第三军医大学
	中山大学学报(自然科学版)	中山大学
	华西医科大学学报	四川大学
	同济大学学报(自然科学版)	同济大学
	石油大学学报(自然科学版)	石油大学
	浙江林学院学报	浙江林学院
	湖南大学学报	湖南大学
	大连理工大学学报	大连理工大学
	华西口腔医学杂志	四川大学等
	上海交通大学学报	上海交通大学
	江西农业大学学报	江西农业大学
	湖南师范大学学报(自然科学版)	湖南师范大学
	北京航空航天大学学报	北京航空航天大学
	厦门大学学报(自然科学版)	厦门大学
	甘肃工业大学学报	甘肃工业大学
	山东农业科学	山东农业大学
	决策借鉴	哈尔滨工业大学

撰稿　邓久华　付恒升

教育部科学技术研究重大项目

依托单位	项目名称	项目负责人
北京大学	面向领域的应用中间件	梅　宏
北京化工大学	超重力法制备纳米功能材料技术及其应用基础	陈建峰
天津大学	西部甲烷及低炭烷烃资源的化学利用	刘昌俊
大连理工大学	导弹适配器结构优化、材料改性与成型工艺一体化研究	王敏杰
东北大学	汽车车身用铝合金板材的研制	左　良
复旦大学	高分子摩擦的凝聚态物理问题	李同生
同济大学	中国新生带地形倒转及资源环境效应	汪品先
东南大学	MEMS 设计关键技术及器件	黄庆安
华中科技大学	高 εγ 微波介质陶瓷材料及器件	周东详
华中科技大学	燃烧过程中有害物质富集与超细颗粒物的形成	郑楚光
武汉理工大学	类钙钛矿化合物晶体结构构建规律与新材料探索	刘韩星
湖南大学	超高速精密数控磨削关键技术及工艺实验装置研究	盛晓敏
中南大学	高性能低成本军用炭/炭复合材料	黄伯云
华南理工大学	粉末冶金温压成型技术	李元元
西安交通大学	彩色 PDP 介质保护膜的制备与工艺优化	刘纯亮
北京邮电大学	数据网和光网络的融合技术及设备	纪越峰
中国地质大学	雅鲁藏布缝合地区三电性结构及其构造地质学与动力学意义的研究	魏文博

撰稿　郑　东　杨雪琴

确定 17 个项目作为 2002 年度教育部科学技术研究重大项目，合计资助经费 800 万元。

〔**重点实验室建设**〕　2002 年教育部按照科技创新基地分类指导、分层次管理原则和国家创新基地建设的总体部署，坚持以改革为动力，以凝炼跨学科交叉研究方向、汇集优秀队伍、营造良好人文学术环境为目标，从资源整合、机制创新、条件保障等方面积极推动高校重点实验室建设、改革与发展，把加强实验室建设作为加速建设研究型大学的重要举措之一。

一、国家重点实验室建设

1. 国家重点实验室建设与管理。科技部于 2002 年 4 月颁布了新的《国家重点实验室建设与管理暂行办法》，并先后召开了国家重点实验室规范管理研讨北京会议、西安会议、长春会议和杭州会议。教育部科技司组织高校学习、研讨，固体微结构国家重点实验室（南京大学）等 10 个依托高校建设的重点实验室在会上作了典型发言。

2. 高校国家重点实验室仪器设备更新改造。科技部从 2002 年启动实施《国家重点实验室建设和设备更新计划》，每年以国家计委预算内基本建设投资 1.5 亿作为专项经费。2002 年 6 月，依托教育部直属高校建设的 10 个国家重点实验室获得首批资助经费3 400万元；10 月，第二批设备更新专项基金支持 1999～2000 年评估的化学、数理和地学3个学科的优秀和良好实验室的设备更新，共资助了依托高校建设的18个国家重点实验室的设备更新，总经费6 290万元。高校国家重点实验室仪器设备更新改造计划通过中国教学仪器设备总公司组织的统一招标实施。

3. 信息领域高校国家重点实验室评估工作。2002年教育部加强了对依托高校建设的信息领域国家重点实验室和部分教育部重点实验室评估工作的组织协调，取得成效。本年度共有23个依托高校建设的重点实验室（其中国家重点实验室19个、教育部重点实验室4个）参加了科技部组织的统一评估，其中3个评为优秀重点实验室（依托清华大学等单位建设的集成光电子学国家重点实验室名列第一），18个实验室评为良好类实验室。另有2个实验室被评为较差类实验室。

4. 西部地区高校高级访问学者计划实施。在2001年试点的基础上，教育部会同李嘉诚基金会继续实施此专项计划，2002年度共资助25所西部地区高校的105位专家、教师到东部地区高校重点实验室合作研究、交流和课程培训，资助经费近500万元。

5. 省部共建实验室。2002年科技部部署并启动了优秀地方实验室重点培育工作。遴选一批长期受地方重视、与地方经济发展紧密联系、提供重大关键技术支撑的优秀地方实验室进行重点培育，科技部和地方以省部共建形式共同支持，通过典型示范和引导，提高地方实验室的整体水平。教育部科技司组织协调高校参与省部共建实验室的申报、论证工作。2002年科技部批复省部共建实验室29个，依托高校建设的26个，大陆动力学实验室（西北大学）、眼科学实验室（中山大学）、蛋白质化学与鱼类发育生物学实验室（湖南师范大学）、仪器科学与动态测试实验室（华北工学院）、材料电磁过程实验室（东北大学）、微生物资源开发实验室（云南大学）、植被生态科学实验室（东北师范大学）、微生物与植物遗传工程实验室（广西大学）8个教育部重点实验室被纳入省部共建实验室。

6. 国家纳米科学中心。2002年底，国家发展计划委员会批复中国科学院和教育部所报国家纳米科学中心组建框架方案，国家投资1.8亿元，组建国家纳米科学中心。"中心"由中科院纳米科技中心、北京大学和清华大学3家发起单位为主，以在若干重要领域取得创新成果和获得自主知识产权为目标，重点围绕纳米基本行为、基础理论和基本方法，特别是纳米器件与纳米加工、纳米生命科学、纳米结构与性能表征、纳米技术应用等开展研究工作。中心建立理事会领导下的主任负责制，实行开放、流动、竞争的人才激励机制，完全开放国家纳米科学中心的实验条件和其他设施，广泛吸引高层次人才，开展高水平创新性研究。

二、教育部重点实验室建设

1. 材料与工程教育部重点实验室评估。为加强教育部重点实验室的建设与管理，进一步促进开放和交流，营造重点实验室创新环境，着力提高科技创新能力和水平，教育部从2002年开始，本着"掌握现状、发现问题、规范管理、促进发展"的指导思想和"依靠专家、实事求是、公正合理"的原则，探索"达标性"评估办法，分领域对教育部重点实验室进行评估。2002年评估了材料与工程领域的38个实验室。中南大学铁道部列车安全试验中心也参加了评估工作。实验室评估采取现场考察的形式，运用学术专家与管理专家相结合、定性评估与定量评估相结合的办法进行。破坏力学教育部重点实验室（清华大学）等5个实验室被评为优秀类实验室，有色金属材料科学与工程教育部重点实验室(中南大学)等9个实验室被评为良好类实验室,先进陶瓷与加工技术教育部重点实验室(天津大学)等23个实验室被评为达标类实验室,智能制造技术教育部重点实验室(汕头大学)不达标。

2. 网上合作研究中心。2002年7月，教育部对2001年批复建设的9个网上合作研究中心进行了验收，对通过前期研究的循证医学网上合作研究中心进行了可行性论证。经过一年的建设运行，各中心已经建立了较为完善的学术交流和协同工作平台，部分中心在"网上合作研究"方面大胆探索，取得显著成绩，为网上合作研究中心的进一步发展奠定了较好的基础。

撰稿　雷忠良

〔**基础研究**〕　一、“973”项目

2002年国家共启动国家重点基础研究发展规划项目26项，其中教育部作为依托单位承担的项目有12项，占总数的46%，高校首席科学家15人，占37.5%。项目名单如下：

序号	项　目　名　称	项目首席	依托单位
1	燃烧源可吸入颗粒物的形成与控制技术基础研究	姚　强	清华大学
2	Internet环境下基于Agent的软件中间件理论和方法研究	梅　宏	北京大学
3	虚拟现实的基础理论、算法及其实现	鲍虎军	浙江大学
4	复杂生产制造过程实时、智能控制与优化理论和方法研究	吴　澄 柴天佑	清华大学 东北大学
5	中国典型河口—近海陆海相互作用及其环境效应	翟世奎 丁平兴	青岛海洋大学 华东师范大学
6	灾害环境下重大工程安全性的基础研究	谢和平 冯夏庭	中国矿业大学 中科院武汉岩土力学所
7	环境化学污染物致机体损伤及其防御的基础研究	魏庆义 金　力	中国疾病预防控制中心 复旦大学
8	恶性肿瘤侵袭和转移的机理及分子阻遏	马　丁 詹启敏	华中科技大学 中国医学科学院肿瘤所
9	信息功能陶瓷的若干基础问题研究	南策文 施剑林	清华大学 中科院上海硅酸盐所
10	有机/高分子发光材料重大基础问题的研究	曹　镛 帅志刚	华南理工大学 中科院化学所
11	基于超导加速器的SASE自由电子激光的关键物理及技术问题的研究	赵　夔	北京大学
12	长江、珠江三角洲地区土壤和大气环境质量变化规律与调控原理	骆永明	中科院南京土壤所 浙江大学 北京大学

二、重大基础研究前期预研

2002年国家共启动重大基础研究前期研究项目88项，其中高校获得了55项，占项目总数的62.5%。名单如下：

项目编号	项　目　名　称	承担单位
1	高等植物有性生殖过程中的细胞分组及信息传递	武汉大学
2	中国东海及邻近洋区物理环境变化规律与机制研究	青岛海洋大学
3	中国西部高寒湿地系统的生态恢复机理及其安全监控	兰州大学
4	定向进化用于生物催化不对称合成的研究	华东理工大学
5	基于植物“免疫诱导”的新农药创制基础研究	华中师范大学
6	活体内皮细胞对微纳米药物热靶向输送作用机理研究	上海交通大学
7	低渗透油藏提高采收率基础理论研究	石油大学(北京)
8	大型人工土壤生态反映器的探索性研究	中国农业大学
9	低能高电荷态离子与表面的相互作用	兰州大学

续表

项目编号	项目名称	承担单位
10	知觉组织和选择性注意的相互作用及其神经机制	北京大学
11	铁碳复合磁性材料的形成过程及其在肿瘤治疗中的应用基础研究	复旦大学
12	生物非光滑基础理论	吉林大学
13	不同倍性小麦突变体库和功能基因筛选技术平台的建立	南京农业大学
14	Caspase(半胱氨酰天冬氨酸酶)家族信号调控紊乱与肿瘤发生	四川大学
15	糖化学与组合技术的研究	天津大学
16	团簇材料科学的化学组装	厦门大学
17	飞秒激光超微细加工	南开大学
18	非线性神经信息学在嗅觉机理研究中的应用	浙江大学
19	肿瘤临床诊断新方法研究	北京大学
20	硅基微梯度复合材料及其微摩擦学研究	东南大学
21	毛乌素沙地与黄土区过渡地带荒漠化形成机理	西北农林科技大学
22	无机/有机多元复合材料界面结构及增韧机理	华东理工大学
23	固体薄腊微电池的基础理论研究	华南理工大学
24	从离体动物细胞中诱导、筛选多肽抗生素	华中师范大学
25	硬组织工程中含胆酸衍生物的高分子替代材料的研究	南开大学
26	准一维电子系统中声表面波对单电子的输运	四川大学
27	人体心脏发育及遗传性心脏病的分子机理的研究	湖南师范大学 中南大学
28	黄土地区重大岩土工程环境灾害研究及其在西部大开发中的应用	长安大学 西安建筑科技大学
29	慢性乙型肝炎中医“证”分型的分子基础研究	湖北大学 武汉大学
30	癌症的无创伤光子学早期诊断技术研究	暨南大学 华南师范大学
31	利用功能基因组的途径发掘药用植物基因资源	江苏省中国科学院植物研究所 南京农业大学
32	作用于精神过程的神经肽类药物基础研究	兰州大学生命科学学院 兰州医学院
33	牙再生关键问题研究	四川省口腔生物医学工程重点实验室 四川大学
34	东乡野生稻茎杆木质化有关基因的定位、克隆与进化分析	浙江大学 江西省农业科学院
35	强氧化游离基杀灭海洋有害微生物的基础研究	大连水产学院 大连海事大学
36	混凝土结构的损伤断裂分析及可靠性评估	清华大学 广西大学
37	碱催化条件下碳酸二甲酯作甲基化试剂反应的研究	上海交通大学 宁夏大学

续表

项目编号	项 目 名 称	承 担 单 位
38	亚麻纤维微观结构、强伸性能、抗皱机理及相关性能研究	东北林业大学 哈尔滨纺织科学研究所
39	钙钛矿型稀土锰氧化物自旋阀 GMR 的研究	北京有色金属研究总院 北京工业大学
40	中国西北地区油气成藏动态预测和定位的理论与方法	长安大学 西北大学
41	滑坡预报模型建立及预报判据研究	成都理工大学 西南交通大学
42	小花碱茅 HAK 基因的克隆及其对截形苜蓿遗传转化的研究	兰州大学草地农业科技学院 甘肃草原生态所
43	采用单元重组速生木材的新型木结构基础研究	南京工业大学 东南大学
44	药源粘细菌次级代谢产物合成的细胞行为调控	山东大学 山东元隆生物技术有限公司
45	分布式虚拟地理环境与森林遥感建模研究	福州大学 中科院地理科学与资源研究所
46	特异性免疫调节多肽平台技术的研制与应用	上海第二医科大学 中科院上海药物研究所
47	新疆细毛羊基因组第 20 号染色体 MHC 邻近区段高密度物理图谱的构建	石河子大学 中科院遗传与发育生物学研究所
48	石油异构烷烃/烯烃烷基化反应机理的原位核磁共振基础研究	武汉科技大学 中国科学院武汉物理与数学研究所
49	贵州早期后生生物演化特征及其环境动力学研究	贵州工业大学 中科院地球化学研究所
50	特殊结构纳米材料的制备、结构及性能研究	河南大学 中国科学院兰州化学物理研究所
51	云南高原杀虫菌物物种多样性及应用价值评估	中国科学院昆明植物研究所 云南大学
52	野菊花中黄酮类成分构效关系及抗炎免疫机理的研究	安徽医科大学 中国科学技术大学
53	异源性 GPP 调节动物代谢与生长的分子生物学机理研究	新疆农业大学 中国科学院新疆分院
54	中国家蚕功能基因组研究	西南农业大学 中国农科院柑橘研究所
55	干寒区地表冻融风蚀动力学机理的研究	内蒙古农业大学 水利部牧区水利科学研究所

三、国家自然科学基金

2002 年度，高等学校获国家自然科学基金面上项目4 497项，占项目总数的 77.43%；获重点项目 111 项，占项目总数的 53.37%；获国家杰出青年科学基金 95 项，占资助总数的 59.38%；获自由申请项目3 500项，占项目总数的 77.73%；获青年科学基金项目 794 项，占项目总数的 74.62%；获地区科学基金 203 项，占项目总数的 84.23%；获国际合作基金 55 项，占资助总数的 69.62%。

撰稿 高润生

〔**“十五”国家科技重大专项**〕 2002 年国家启动了 12 个“‘十五’国家科技重大专项”。教育部重点对“功能基因组和生物芯片”等七个重大专项进行组织申报、评选和推荐。七个重大专项共立项 278 个，其中高校主持 60 项，占项目总数的 21.6%；高校参与 35 项，占项目总数的 12.6%。分别为：

1. 创新药物与中药现代化共启动了 151 项，其中高校主持了 33 项，占项目总数的 21.9%。

2. 功能基因组和生物芯片共设立 25 个项目，其中高校承担了 11 项，占项目总数的 44%。

3. 现代节水农业技术体系及新产品研究与开发共设立 33 个项目，其中高校主持了 3 项，占项目总数 9.1%；参与了 11 项，占项目总数的 33.3%。

4. 农产品深加工技术与设备研究开发共设立 7 个项目，高校参与了所有 7 个项目。

5. 奶业重大关键技术研究与产业化技术集成示范共启动了两批项目：第一批共设立 15 项，其中高校主持了 3 项，占项目总数的 20%，参与了 8 项，占项目总数的 53.3%；第二批共设立 7 项，其中高校参与了 5 项，占项目总数的 71.4%。

6. 食品安全关键技术共启动专项 14 项，其中高校参与了 4 项，占项目总数的 28.6%。

7. 水污染控制技术与治理工程共启动专项 26 项，其中高校承担了 10 项，占项目总数的 38.5%。

〔农业科技成果转化资金项目〕 2002 年，教育部首次被列入国家农业成果转化资金项目申报推荐单位，并参与了项目指南的论证工作。该项目共涉及粮食作物、经济作物、畜牧业、水产业、林业、植物保护、动物保护、节水农业、农产品加工、农业生态环境、农业装备、农业信息化 12 个领域。教育部对该资金项目进行了组织、申报、评选和推荐。2002 年全国共立项 295 项，其中企业承担 138 项、高校承担 61 项，高校占项目总数的 20.7%。高校共获得经费4 010万元，占总经费（2 亿元）的 20.5%。

〔国家转基因植物研究与产业化专项课题〕

一、组织专项验收

教育部科技司配合科技部对直属高校承担的 1999 年和 2000 年立项的 21 项国家转基因植物研究与产业化专项课题进行了现场验收、评审。经各课题负责人的全面总结汇报和验收专家的认真评估及现场考察，教育部主管的 21 个课题全部通过验收。这些课题都较好地完成了合同任务，有的课题超额完成了合同计划任务，在转基因植物研究与产业化方面取得了明显进展。据初步统计：在课题执行期间，仅占全国该项目验收课题总数（100 项）21%的高校共获得具有重要应用前景的基因 695 个；共申请专利 109 件，占全国该项目申请专利总数（204 件）的 53%；发表论文 200 余篇，占全国该项目发表论文总数（922）的 21.7%，论文被 SCI 收录共 78 篇，占全国该项目收录总数（255）的 30.6%；吸收博士后 39 人，培养博士 167 人、硕士 178 人，分别占全国该项目接收博士后、培养博士、硕士总人数的 41.1%、34.4%和 23.1%。

二、建立国家植物基因研究中心

由教育部科技司组织论证、推荐的高校“国家植物基因研究中心”，经科技部考察验收，正式批准在华中农业大学建立“国家植物基因研究中心”，成为全国 2 个国家植物基因研究基地之一，得到国家经费资助1 500万元，并同时获得国家“863”有关转基因项目经费5 600万元。

撰稿　李渝红

〔国家“863”计划项目〕 2002 年，“863”计划主题专家进行了换届。在 106 名评审专家中，高校专家有 57 名，占 53%，其中组长 9 名；在 75 名管理专家中，高校专家 30 名，占 40%；领域专家委员会专家 68 名，其中高校专家 25 名。

同时，“863”计划项目 19 个主题和 22 个专项已基本完成了战略发展报告并全面启动。在 19 个主题中高校课题数占 50%，经费数占 44%；22 个专项中高校课题数占 40%，经费数占 39%（见下页图）。以高校为主体共承担“863”计划课题 1 480项，占总数 48%；国拨经费 22 亿元，占总数 42%。共有 163 所高校参加了“863”计划（其中教育部直属高校 55 所），占单位总数的 1/6。在“863”计划参加单位经费排名的前 20 位中高校有 13 所。高校已不容置疑地成为我国高技术研究的主力军。

2002年度"863"计划项目总体情况

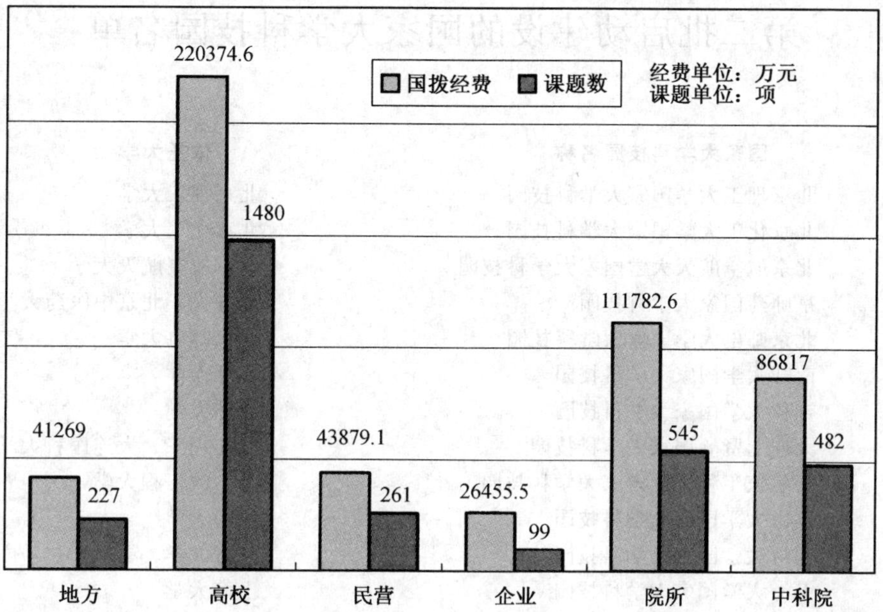

2002年度两批"十五""863"计划生物和现代农业技术领域主题项目和部分重大专项及国际合作项目，共批准立项650项，其中高校主持287项，占全国总数的44.2%。国家"十五""863"计划资源环境技术领域共批准立项382项，高校主持176项，占项目总数的46.1%。在已启动的19个主题和22个专项中，高校技术创新的作用得到体现，6个领域除能源领域外，经费支持均在40%以上，其中自动化领域超过了50%。在每个领域参加的高校数均在30所以上，特别是在信息、生物、新材料领域参加的高校在50所左右。参加"863"计划的教育部直属高校有55所，获得35%的课题和30%的经费；地方和军队院校108所，获得13%的课题和12%的经费。共计有49所高校的经费超过1 000万元，其中教育部直属高校35所；有11所高校的经费超过5 000万元，其中教育部直属高校10所。清华大学、北京大学、国防科技大学的经费已超过亿元。

撰稿　邰忠智　李渝红　黄应刚

〔**大学科技园建设**〕　2002年4月，全国大学科技园工作指导委员会办公室组织专家对当年度申请认定国家大学科技园的单位进行了评审。根据专家评估结果和全国大学科技园工作指导委员会的建议，科技部、教育部批准北京理工大学等21个大学科技园启动建设国家大学科技园。

截至2002年底，国家大学科技园已达43家（含绵阳西南科技大学筹备），遍布全国27个省（市）的59所高校，投资总额为143亿元，其中学校投资22亿元，吸收社会投资119亿元；孵化器建设面积达91万平方米，在建面积达113万平方米；规划用地达1 968公顷，已用地888公顷；已入驻科技园区企业数为2 564家，在孵科技企业数达1 486个，其中孵化育成企业数为245个；企业开发生产的重点新产品数为1 754个，为社会创造了58 000个就业岗位。

2002年3月，教育部、科技部联合召开了"国家大学科技园建设和发展战略研讨会"。8月，中国大学科技园协会在哈尔滨工业大学举办了"国家大学科技园工作经验交流会"。4月，英国大学科技园协会代表团来华访问了清华大学科技园、北京大学科技园、南开大学科技园和天津大学科技园，共同召开了中英大学科技园合作座谈会，并就教育部提出的合作方案进行了讨论，双方就交流与合作项目（人员培训、科技园入园企业项目投资、科技巡回展和科技论坛等）达成了初步共识。

第二批启动建设的国家大学科技园名单

序号	所在地	国家大学科技园名称	依托大学
1	北　京	北京理工大学国家大学科技园	北京理工大学
2	北　京	北京化工大学国家大学科技园	北京化工大学
3	北　京	北京航空航天大学国家大学科技园	北京航空航天大学
4	北　京	京师药国家大学科技园	北师大、北京中医药大学
5	北　京	北京邮电大学国家大学科技园	北京邮电大学
6	天　津	南开大学国家大学科技园	南开大学
7	长　春	吉林大学国家大学科技园	吉林大学
8	大　连	大连七贤岭国家大学科技园	大连理工、大连医科大学等
9	哈尔滨	哈尔滨工程大学国家大学科技园	哈尔滨工程大学
10	秦皇岛	燕山大学国家大学科技园	燕山大学
11	上　海	同济大学国家大学科技园	同济大学
12	上　海	上海大学国家大学科技园	上海大学
13	上　海	东华大学国家大学科技园	东华大学
14	南　京	南京理工大学国家大学科技园	南京理工大学
15	青　岛	青岛市国家大学科技园	青岛海洋大学等
16	深　圳	深圳虚拟国家大学科技园	清华大学、北京大学等
17	福　州	福州地区国家大学科技园	福州大学等
18	南　昌	南昌大学国家大学科技园	南昌大学
19	郑　州	河南省国家大学科技园	郑州大学等
20	重　庆	重庆市北碚国家大学科技园	西南师大、西南农业大学
21	兰　州	兰州大学国家大学科技园	兰州大学

撰稿　段　巍　董维国

〔**教育部工程研究中心**〕　据不完全统计，截至2002年5月底，39个教育部工程研究中心的总资产已达53 917.29万元。其中教育部投入引导资金3 900万元，吸纳社会资金36 473.55万元（其中企业入股32 695.5万元，自然人入股3 778.05万元），所在高校共投入资金8 923.74万元，无形资产折合人民币2 870万元，完成固定资产转移1 750万元。已完成注册的公司总注册资本人民币54 390.5万元。

已有29个教育部工程研究中心依据《公司法》完成了组织机构设置、转制与公司注册、资金筹措及相关章程的制定，建设工作进展顺利，资金到位情况良好。已有17家教育部工程研究中心进入生产经营阶段，2001年共实现销售收入10 441万元。已有5个教育部工程研究中心通过了ISO9000系列国际质量标准体系认证，还有14个教育部工程研究中心正在申请。

撰稿　杨　震　邰忠智

〔**国家技术转移中心**〕　2002年，6家国家技术转移中心以服务国家重点行业为主线，加强了同地方经济和重点行业的合作，与国有大中型企业签订技术转让、合作开发等项目2 922项，合同额达8.24亿元，内容覆盖化工、生物、新能源、新材料、信息、医药、农业、海洋生物工程、环保和机车等领域；分别与陕西、甘肃和贵州等省和绵阳、沈阳、鞍山、成都、厦门、上海和济宁等市签订了全面合作协议，结合区域经济特色，为各地提供了技术转移、人才培训、区域建设规划、科技经济发展战略咨询等服务；同时，国家技术转移中心建立了可持续、开放式、国际化的行业共性关键技术开发与扩散平台，加强了国际技术转移合作与交流。与地区技术创新中心、成果转化中心、技术交易所、产权交易所、知识产权服务中心等科技中介机构建立了密切的业务联系和技术合作网络。

在技术转移方面，国家技术转移中心开展了多项行业共性技术的开发与扩散工作。四川大学采用具有自主知识产权的国家科技攻关成果“料浆法磷铵生产技术”，总承包贵州年产20万吨粉状磷铵生产线，仅用128天即实现投产，新增产值超过2亿元，一年即收回全部投资。有关高校开发与推广的钢铁行业激光加工技术、烟草薄片生产技术、煤炭液化、紫外线净化、2mm汽车工程、桑塔纳轿车活塞和别克轿车液力变矩器焊接生产线、硅微传感器、三元全可控涡流、沙漠障被机、GMP医药生产进程管理系统、球磨机寻优节能集散控制系统、新型水煤浆气化炉开发、PBO纤维研制、发电设备数控制造技术、DAP与MAO联产成套技术及装备、石油冶炼尾气中乙烯制丙醛清洁生产技术、制革清洁生产技术为企业带来了很好效益，推动了企业的技术进步。

2002年，高校技术创新项目取得新突破，达到了13个项目，拨款经费1 710万元。

撰稿 董维国

〔**高新技术产业化**〕 在2002年申报基础上，中国农业大学“旱稻新品种产业化示范工程”项目已经国家计委批准。该示范工程采用的旱稻新品种(系)，品质优，增产潜力大，抗旱、抗病能力强，在全国大范围的干旱、半干旱、泽涝、盐碱、沙荒、坡岗及“望天田”等土地上有良好的适应性。目前，该示范项目进展顺利。

2002年11月，国家计委批复了湖北武大有机硅新材料股份有限公司申报的“烷氧基硅烷及其合成光纤光缆专用石英材料高技术产业化示范工程”项目。该项目主要有烷氧基硅烷、超纯石英粉和超细SiO_2三种产品，是我国光纤通信、微电子、航空航天等高新技术产业急需解决的关键性基础材料，是重要的高技术新材料。该项目采用自主开发的硅/醇直接合成法工艺生产烷氧基硅烷，再以烷氧基硅烷为原料，采用溶胶—凝胶及相关技术合成石英光纤预制棒专用超纯石英粉和生产光纤光缆、微电子产业需要的高纯度、超细SiO_2。该项目总投资14 705万元。

撰稿 郜忠智

〔**高校参与国防科研**〕 2002年，高校共计承担了101项军工配套项目，其中2002年新增50项，总经费4 166万元；同时，落实“十五”重点项目12项，总经费4 018万元。2002年下达年度经费4 390万元。

2002年，高校承担军工项目的渠道得到拓展。通过与国防科工委加强沟通，目前在国防生产线技术改造、研制保障条件建设、民用航天技术、和平利用核能、基础科研方面拓展了高校的申请渠道。2002年度落实了3项技术改造项目，5项研制保障条件建设项目，3项民用航天技术，申报了32项基础科研项目。

撰稿 纪 智 董维国

审稿 雷朝滋

〔**高校博士学科点专项科研基金**〕 2002年，国家对“高等学校博士学科点专项科研基金”增加经费2 000万元，其中理工口面上课题增加1 840万元，社科课题增加160万元。

2002年，理工口61所高校共申报课题2 210项，经形式审查，有2 202项合格。申报总经费21 894.2万元，平均申报强度9.94万元。其中博士导师申请2 065项；重点学科、重点实验室申请1 332项；66岁以上申请者70人；46岁～65岁1 172人；45岁以下960人；其中重点学科、重点实验室45岁以下非博士导师申请者137人。在

2 202项申请课题中，基础性研究课题2 188项；其他性质研究课题 14 项。

根据专家通讯评审和会议评审结果，博士点基金理工口共资助 61 所高校申请的 774 项课题，资助率为 35.1%；使用经费5 214.8万元，平均资助强度 7.01 万元（数学和管理平均资助强度为 5.05 万元）。拟资助课题中，博士导师 735 人，占资助总数的 95.0%；非博士导师 39 人，占 5.0%（均为重点学科、重点实验室中的年轻教师）；重点学科、重点实验室 511 项，占 66.0%；受资助者中 66 岁以上 41 人，46～65 岁 399 人，45 岁以下 334 人；基础研究课题 292 项，占 37.7%；应用基础研究课题 478 项，占 61.8%；其他性质研究课题 4 项，占 0.5%。

〔**高校科技企业管理**〕　2002 年，经教育部批复同意部直属高校企业改制设立股份有限公司 2 家。2002 年 3 月 19 日，教育部批复北京大学、清华大学开始组织实施企业规范管理体制的试点工作。一年来，两校通过强化领导、深入动员、抓好落实、清产核资、制定规则等一系列工作，试点工作取得了成效，为按照国务院要求成立国有独资的资产经营公司奠定了良好的基础。

教育部科技发展中心于 2002 年 5 月组织第十二期高校企业高级管理人香港培训班，培训内容包括全球经济发展趋势、中国加入 WTO 的机遇、企业管理和价值评估、国际市场营销和产品推广经验等。来自国内高校企业、产业管理部门的 42 名学员参加了培训。

2002 年 11 月 22 日，教育部作为主办单位之一的上海国际工业博览会在上海举办，15 所沪外高校和所有沪内高校参加了展览，全面展示了近年来高校高新技术产业化成果，取得了良好的社会影响。

组织全国普通高校校办产业统计工作，首次实现了全国所有省、自治区、直辖市的全面统计，正式出版了《中国高校校办产业 2001 年度统计分析》一书。

〔**高校企业改革经验交流会暨校办产业协会年会**〕　由教育部科技发展中心和中国高校校办产业协会共同主办的“中国高校企业改革与发展经验交流会暨中国高校校办产业协会 2002 年年会”于 9 月 25 日～26 日在北京召开。教育部副部长周济、赵沁平，科技部秘书长石定寰参加了会议。周济在会上强调，高校产业要遵循“积极发展、规范管理、开拓创新”的原则，通过转化高校科技成果和孵化中小型科技企业，使高校为社会服务的功能得到延伸。会上代表们还就校办企业管理思路与模式、管理思路与政策导向、高校企业的并购重组和境内外上市等方面进行了经验交流。

〔**创办《中国高校科技与产业化》杂志**〕　经教育部批准，并报科技部、国家新闻出版总署批准，原由科技发展中心主办的《中国高校技术市场》正式更名为《中国高校科技与产业化》，于 2002 年 7 月正式创刊。该杂志宗旨是宣传贯彻党和国家教育与科技发展方针、政策，宣传高校科技工作；指导全国高校科技产业化工作，服务全国高校科技产业化服务体系，推介高校科技成果；传播科技创业知识，促进科技金融结合。

〔**科技成果推广**〕　2002 年全国高校有 27 项科技成果进入国家“星火计划”，占其总数的 2.28%；87 项进入国家“重点推广计划”，占其总数的 20.09%；49 项进入国家“重点新产品计划”，占其总数的 3.67%。

2001 年 7 月，教育部开始启动建设“全国高校科技产业化服务体系”，2002 年，服务体系核心机构“高校科技产业化促进中心”和“鼎邦科技投资管理有限公司”陆续成立并开始运营。作为服务体系的基础服务平台和资本运作平台，两家机构业务涉及产权交易、创业投资、产业投资、并购重组、上市咨询、投资评估、创业辅导、项目定制、管理咨询、管理培训、会展服务等。为配合服务体系建设，教育部科技发展中心在全国高校范围内建立了高校科技成果产业化高级联络专员网络，并与国内外一批著名机构和地方政府建立了中国高校科技产业化战略联盟。2002 年 9 月举办了“高科技产业发展院士报告会暨首届中国高校科技投资项目推介会”，服务体系的互联网运行平台“中国高校技术产权交易网”于同月投入试运营。

〔**科技成果鉴定与专利管理**〕 2002 年，教育部制定《科技发展中心科技成果鉴定管理办法》，在科技成果鉴定社会化方面作了初步尝试，办理了 3 项科技成果鉴定项目。到 2002 年底为止，共批复核准鉴定科技成果 160 项，其中科技攻关项目 15 项、“863”计划项目 5 项、国家自然科学基金项目 21 项、军工项目 13 项、教育部计划项目 16 项、其他部委计划 7 项、其他省市计划 2 项、博士点基金 3 项、软科学项目 5 项、横向项目 22 项、自选项目 51 项。做好 2002 年度科技成果登记工作，共受理科技成果登记项目 722 项。

截止到 2002 年底，全国高校当年共申请专利 5 973件，比上年增长 56.8%；全国高校当年共获授权专利1 710件，比上年增长 11.5%；办理高校加快专利审查 7 件。

〔**高校科技奖励工作**〕 2002 年度教育部提名国家科学技术奖经专家评审及奖励委员会审查，推荐出授奖项目 270 项，其中一等奖 100 项、二等奖 170 项。在拟授奖项目中，自然科学奖为 118 项（一等奖 48 项、二等奖 70 项），技术发明奖为 19 项（一等奖 8 项、二等奖 11 项），科技进步奖为 133 项（一等奖 44 项、二等奖 89 项）。

撰稿 周 静 初庆春 杨健安 王洪飞 贾一伟

审稿 李志民

附

2002 年度教育部提名国家科学技术奖一等奖项目

奖种名称	项目名称	主要完成人	主要完成单位
自然科学奖	黎曼-芬斯拉流形的几何和调和映射	莫小欢	北京大学
自然科学奖	光散射技术用于生物大分子反应的基础与分析应用的研究	李克安 黄承志 赵凤林 李原芳 奉 萍 童沈阳	北京大学 西南师范大学
自然科学奖	铁电陶瓷的力电耦合失效与本构关系	杨 卫 方岱宁 方 菲 朱 廷 黄克智	清华大学
自然科学奖	艾滋病病毒跨膜蛋白生物学功能研究	陈应华 肖 翌 陆 韵 董晓楠 于天维 丁 健 杨恒文	清华大学
自然科学奖	广义协调理论与四边形面积坐标法新型有限元研究	龙驭球 龙志飞 岑 松 须 寅 傅向荣 陈晓明	清华大学 中国矿业大学（北京校区）
自然科学奖	膜—生物反应器废水处理特性及机理研究	钱 易 黄 霞 文湘华 汪诚文 陈吕军 桂 萍 刘 锐 邢传宏	清华大学
自然科学奖	变论域自适应模糊控制理论及其在四级倒立摆控制中的应用	李洪兴	北京师范大学
自然科学奖	势能面交叉与光化学反应的基础理论研究	方维海 刘若庄	北京师范大学
自然科学奖	多尺度生态系统动力学研究	高 琼 尚宗波 喻 梅 辛晓平 杨秀生	北京师范大学
自然科学奖	材料断裂微观和纳观机理的表征方法、理论及实验	张 跃 王 琛 李启楷 褚武扬 白春礼 李晓东 王中怀 王燕斌 乔利杰	北京科技大学 中国科学院化学研究所

续表

奖种名称	项目名称	主要完成人	主要完成单位
自然科学奖	橡胶磨损机理的研究	张嗣伟 王德国 何仁洋 杨兆春 樊启蕴 常西斌 尹卫华 王奎升	石油大学(北京)
自然科学奖	中国现代建筑史研究	邹德侬 曾坚 路红 刘丛红 赵建波 戴路	天津大学
自然科学奖	稀土过渡族氧化物和若干其他材料的高压合成与压力作用规律的研究	苏文辉 李莉萍 姚斌 许大鹏 张呈祥 禹日成 刘晓旸 金明芝 隋郁	吉林大学
自然科学奖	新型无机功能材料的水热合成化学	冯守华 徐如人 庞文琴 施展 庞广生	吉林大学
自然科学奖	DNA 多态性与东亚人群的起源及迁徙	金力 卢大儒 宿兵 黄薇 金建中 褚嘉佑 肖春杰	复旦大学 国家人类基因组南方研究中心 中国科学院昆明动物学研究所 中国医学科学院昆明医学生物研究所 云南大学
自然科学奖	非线性动力系统的全局理论及其应用	韩茂安 朱德明 肖冬梅 张祥 李文侠	上海交通大学 华东师范大学
自然科学奖	A—1型短指(趾)症致病原因的研究	贺林 高波 郭敬芝 佘朝文 舒安利 杨新平	上海交通大学 中科院上海生命科学研究中心
自然科学奖	光电功能配位化合物及其组装	游效曾 熊仁根 左景林 余智 张勇 沈珍 许岩 白俊峰	南京大学
自然科学奖	伽玛射线暴余辉和能源机制的研究	戴子高 黄永锋 陆埮 郑广生 韦大明 王祥玉	南京大学
自然科学奖	硼、硅同位素新技术方法在热液成矿作用中的应用研究	蒋少涌	南京大学
自然科学奖	糖尿病肾病分子病因学及其防治的研究	刘志红 黎磊石 郭啸华 朱加明 李颖健 杨俊伟 陈朝红 陈惠萍 周虹 王建平	南京大学
自然科学奖	半导体场致电子发射研究	黄庆安 秦明 张会珍 章彬 陈军宁	东南大学
自然科学奖	高煤级煤物质结构演化及其地球化学机理	秦勇 姜波 桑树勋 朱炎铭 范炳恒 傅雪海 宋党育 钟宁宁 张有生 韦重韬 金法礼 杨永国 李壮福 张井 李贵中	中国矿业大学
自然科学奖	岩层控制的关键层理论	钱鸣高 缪协兴 许家林 茅献彪 曹胜根 张东升 黄庆享 黎良杰 李树刚	中国矿业大学
自然科学奖	小麦重要基因的发掘和分子遗传研究	马正强 刘大钧 陶文静 刘金元	南京农业大学
自然科学奖	黑洞吸积与喷流的动力学研究	卢炬甫 袁峰 顾为民	厦门大学
自然科学奖	能源数值模拟的理论和应用	袁益让 梁栋 芮洪兴	山东大学
自然科学奖	氧化物光电薄膜的研究	张德恒 马瑾 马洪磊 杨田林	山东大学

续表

奖种名称	项 目 名 称	主要完成人	主要完成单位
自然科学奖	卫星高度计海洋观测新方法研究及应用	陈 戈 方朝阳 韩 勇 方立新	青岛海洋大学
自然科学奖	肿瘤转移的分子生物学机制及其靶向逆转的研究	马 丁 周剑锋 王世宣 卢运萍 张阿丽	华中科技大学
自然科学奖	湍流及多相反应流介观模型的新进展	郑楚光 柳朝晖 郭照立 周力行 徐明厚 邹 春 丁学俊	华中科技大学
自然科学奖	土木工程结构的振动控制理论	瞿伟廉 李爱群 徐幼麟 李桂青 程文让	武汉理工大学 东南大学 香港理工大学
自然科学奖	环境科学与工程中的不确定性理论与方法	曾光明 黄国和 谢更新 袁兴中 杨春平 李建兵 张盼月 卓 利	湖南大学
自然科学奖	帕金森病病因的分子遗传学研究	刘焯霖 陈 彪 王 建 陶恩祥 邵 明 刘 平 徐严明 宁玉萍 李勇杰	中山大学 首都医科大学
自然科学奖	鼻咽癌分子遗传学研究	曾益新 方 嫵 邵建永 冯炳健 贾卫华 黄 薇 鄢 践 郭 颖 黄必军 梁启万 吴秋良 张林杰 马英红 黄贻学	中山大学
自然科学奖	有关信息融合与处理的某些数学理论和算法研究	朱允民 马 洪	四川大学
自然科学奖	国产药用草乌类植物中化学成分的基础研究	王锋鹏 陈巧鸿 王建忠 陈东林 简锡贤 范举正 杨劲松	四川大学
自然科学奖	智能机械结构及系统基础	黄尚廉 陶宝祺 沈亚鹏 陈伟民 熊 克 王子昆 彭向和 殷学纲 梁大开 袁慎芳 张元冲 田晓耕 朱 永 陈 勇 闫桂荣 文玉梅 王代华 徐明龙 黎学明 陈仁文 王晓明 何存富 万建国 蹇开林	重庆大学 南京航空航天大学 西安交通大学
自然科学奖	NdFeB 稀土永磁体合金化、组织结构优化及改进磁性能的研究	宋晓平 杨 森 陈钟敏 高建荣 闫阿儒 孙占波 王笑天	西安交通大学
自然科学奖	高性能低温烧结 BZN 基高频电介质陶瓷	姚 熹 汪 宏 杜慧玲 张良莹 王晓莉 李振荣 魏建中 徐 卓	西安交通大学
自然科学奖	时域特征模型分析与综合	褚庆昕 张逢猷	西安电子科技大学 香港中文大学
自然科学奖	秸秆细胞壁中的阿魏酸和香豆酸与其他组分间化学键的研究	孙润仓 王姝清 朱 玮 肖 斌 刘建朝 汪玉秀 孙晓峰 耿增超 王乃江	西北农林科技大学 华南理工大学
自然科学奖	阿拉善高原及其毗邻地区晚更新世气候环境快速变化研究	陈发虎 张虎才 王乃昂 朱 艳 张成君	兰州大学
自然科学奖	高比强合金熔铸技术基础研究	郭景杰 苏彦庆 徐达鸣 丁宏升 李邦盛 刘 源 刘贵仲 桂满昌 贾 均 傅恒志	哈尔滨工业大学

续表

奖种名称	项目名称	主要完成人	主要完成单位
自然科学奖	数字图像非线性滤波、矢量量化压缩及融合技术研究	孙圣和　赵春晖　陆哲明　牛夏牧　姜守达　张毅刚　刘　旺	哈尔滨工业大学
自然科学奖	补肾中药综合改善骨骼质量作用优势的新认识	石印玉　詹红生　郑昱新　赵咏芳　张　戈　沈培芝　徐　宇　史万忠	上海中医药大学　上海中医药研究院骨伤科研究所
自然科学奖	中国沿海典型增养殖区有害赤潮发生动力学及防治机理研究	齐雨藻　邹景忠　周名江　梁　松　俞志明　吕颂辉　陈菊芳　王　艳　许卫忆　杨炼峰　江天久　徐　宁　王朝晖　郑天凌　张龙军	暨南大学　中国科学院海洋研究所　国家海洋局南海分局
自然科学奖	盐对C8卵磷脂胶团溶液的作用	黄耀熊　杨宇泉　俞　林	暨南大学
科技进步奖	人工膝关节置换术的临床应用及相关基础研究	吕厚山　袁燕林　寇伯龙　关振鹏　周殿阁　张　斌　林剑浩　陈晓欣　高　彤　孙铁铮　冯传汉	北京大学
科技进步奖	基于索普卡(SOPCA)网络结构的索普卡电脑——小宝－I	张尧学　王　勇　徐　虹　陈　勐　彭玉坤　周悦芝　龚希鹏　毛华学　王晓辉　宋建平	清华大学　深圳在线通数据网络有限公司
科技进步奖	塔里木盆地水资源管理实施对策及社区试验示范研究	何建坤　赵利新　赵秀生　陶永红　于素花　陆朝晖　刘文强　戴　健　顾树华　钟新才　沈　鸿　凌慧娟　木巴热克·阿布来	清华大学　新疆农业科学院农业经济与科技信息研究所　新疆农业科学院土壤肥料研究所　塔里木河流域管理局
科技进步奖	高比容高压阳极用铝箔的研究	毛卫民　徐圣亮　杨　宏　高亢之　杨　平　余永宁　冯惠平	北京科技大学　北京伟豪铝业有限责任公司
科技进步奖	塔里木盆地油气源与成藏研究	金之钧　张水昌　梁狄刚　彭平安　吕修祥　杨明慧　张宝民　孙永革　王飞宇　陈建平　赵孟军	石油大学(北京)　中国石油勘探开发研究院　中国科学院广州地球化学研究所
科技进步奖	玉米单交种农大3138的选育与利用	戴景瑞　苏胜宝　王守才　孙世贤　宋同明　许启凤　鄂立柱　杨培珠　周进宝　陈学军　姚宏亮　陈绍江　刘占先　张建辉　吉春方　周凤平	中国农业大学
科技进步奖	企业管理者激励机制分析	刘　园　李志群	对外经济贸易大学
科技进步奖	可视化仿真技术及其在水利水电工程中的应用研究	钟登华　张社荣　刘东海　李景茹　肖白云　何有忠　黄　河　郑家祥　崔广涛　张伟波　戚　蓝　冯　平　周　锐　胡程顺　曹楚生	天津大学　国家电力公司成都勘测设计研究院
科技进步奖	钢结构框架体系分析理论与计算机辅助设计	李国强　沈祖炎　丁洁民　宫　海　孙飞飞　陈素文　谢靖中　潘光宇　谢步瀛	同济大学
科技进步奖	双塔脱丙烷和丙烯精馏装置先进控制与优化操作	钱　锋　张绍光　王洪涛　徐兴年　张志刚　李立新　刘漫丹　杜文莉　朱宏林　俞安然　韩　英　王吉平　蒋明敬　韩　峰　丁宏波　孙文举　孙振业　生显林　赵　卉　魏　斌　李桂芝　葛孚强	华东理工大学　中国石化齐鲁股份有限公司

续表

奖种名称	项 目 名 称	主要完成人	主要完成单位
科技进步奖	含氟精细有机化学品的氟盐氟化制备技术	钱旭红 陈卫东 宋恭华 潘力军 叶树祥 孙晓东 沈伟明 李 忠 唐 军 徐晓勇	华东理工大学 浙江新昌浙邦化工有限公司 武进市庙桥合成化工厂 大连理工大学
科技进步奖	航天级高纯粘胶基碳纤维的研制及应用	潘 鼎 陈惠芳 罗永康 吴琪琳 黄永秋 蔡建强 朱岿立 袁象凯 匡松连 王依民 曾凡龙 全崇华 钱国忠 王妙廷 姚民生	东华大学 航天材料及工艺研究所
科技进步奖	多重加工变形长丝	王善元 陈颖超 董正楼 高亚英 陈汝清 张志龙 陆灯红 张木兰 刘为民	东华大学 绍兴县古纤道化纤有限公司 盐城化纤集团有限公司 江苏省纺织研究所有限公司 绍兴兴虹化纤工业有限公司
科技进步奖	良性前列腺增生治疗新药爱普列特及其片剂	廖清江 黄丽群 田伟生 陈钟华 王莉华 朱 臻 唐精桥	中国药科大学 扬州制药厂 中科院上海有机化学研究所
科技进步奖	人群大肠癌癌前病变阻断及筛查方法优化的综合研究	郑 树 张苏展 刘希永 陈 坤 邓甬川 周 伦 蔡善荣 马新源 沈永洲 邱培林 吴金民 余 海 张 行 丁克峰 杨 工	浙江大学 海宁市肿瘤研究所 嘉善县肿瘤研究所
科技进步奖	预测控制技术在石化工业精馏过程中应用	王树青 苏宏业 康 飚 褚 健 荣 冈 金晓明 张泉灵 古 勇 毛维杰 王德康 卢文煜	浙江大学 福建炼油化工有限公司 青岛海晶化工集团有限公司
科技进步奖	抗体导向自杀基因治疗卵巢癌的实验研究	孔北华 刘春生 王文霞 马道新 姜 洁 宋 莉 江 森	山东大学
科技进步奖	耐蚀高强度钢丝及钢绞线与钢芯铝基合金绞线的系列研制与开发	张长桥 孙 瑛 主沉浮 于 萍 魏云鹤 高 峰 杜学军	山东大学
科技进步奖	金属体积成形过程数值模拟与优化技术研究及仿真系统开发与应用	赵国群 王广春 马新武 赵新海 黄晓慧 张清萍	山东大学
科技进步奖	石材异型面加工技术与数控成套设备开发	张进生 王 志 王经坤 王 勇 王明星 唐 伟 黄 波 刘德宝 韩 涛	山东大学
科技进步奖	热力集成机组	程 林 田茂诚 张冠敏 林颐清 潘继红 杜文静 辛公明 曹炳阳	山东大学
科技进步奖	注海水自动化监、检测系统研究开发	李华军 牛世龙 侯永海 董贤勇 杨永春 王 富 梅 宁 王绍忠 吕亚军 王素珍 林 恒	青岛海洋大学
科技进步奖	SCTE RCS可视化预估系统及其应用	徐鹏根 鲁 述 孙震宇 夏应清 杨河林 张元桥 陈章友 曹秦峰 严靖峰 高火涛 王 兴	武汉大学

续表

奖种名称	项目名称	主要完成人	主要完成单位
科技进步奖	水稻水分生产函数时空变异原理及应用研究	茆智 崔远来 李新建 武兰春 董斌 李远华 王修贵 张祖莲 方荣杰 吴化南 王春日 郭建民 粟有科	武汉大学 广西桂林市农田灌溉试验中心站 河北省水利技术试验推广中心
科技进步奖	三峡工程混凝土施工管理与决策支持系统研究	周建中 常黎 聂凯 周厚贵 韩崇昭 张优云 王乘 曾致远 王立琦 邢德勇 陈卫钢 赵广社 冯兴龙 康荣学 张贤志	华中科技大学 中国葛洲坝集团公司 西安交通大学
科技进步奖	矿产定量勘查新理论研究及评价分析系统开发	赵鹏大 胡光道 陈永清 姚书振 陈建国 陈守余 魏民 金友渔 池顺都 陈超 李振华 刘吉平 夏庆霖 徐金芳 丁俊	中国地质大学
科技进步奖	汽车碰撞安全性设计与改进理论、方法及关键技术	钟志华 雷正保 杨济匡 曹立波 张维刚 彭子荣 张正湘 侯飞 李光耀 郑军 奚自立 曹银锋 何文 白中浩 谢晖	湖南大学 上汽通用五菱汽车有限公司 泛亚汽车技术中心有限公司 上海超级计算中心
科技进步奖	原发性骨质疏松症的诊断和防治系列研究	廖二元 伍贤平 邓小戈 罗湘杭 周后德 戴如春 杨川 周智广 伍汉文 谢忠建 王闻博 彭健 刘石平 黄干 王平芳	中南大学
科技进步奖	粗粒效应载体浮选理论与实践	邱冠周 胡岳华 覃文庆 戴晶平 伍敬峰 王海东 张康生 黎全 张笃 孙肇淑 杨钊雄 方振鹏 孙伟 邓新发 蒋昊	中南大学 中金岭南股份有限公司凡口铅锌矿
科技进步奖	角膜及羊膜组织细胞活性与结构保存的系列研究	黄挺 陈家祺 周世有 周善壁 刘祖国 冯春茂 陈龙山 杜念祖 郑湖玲 黎锡熹 许丽英	中山大学
科技进步奖	过程工业能量系统优化在石油石化行业中的工程应用	华贲 尹清华 陈清林 刘金平 李志红 解新安 吴国东 曾敏刚 魏奇业 魏耀东 陆恩锡 杨少华 周章玉 杨道红 朱雪飞	华南理工大学
科技进步奖	老年人牙根面龋发生机制的研究	周学东 胡涛 李继遥 谭红 张静仪 米方林 刘天佳 郭斌 李蕾 黄定明 王志凌 肖晓蓉 朱石朱 吴红昆 李罡	四川大学
科技进步奖	非线性科学在岩质边坡爆破中的应用研究	刘新荣 鲜学福 姜德义 舒西刚 梁宁慧 刘立平 黄伦海 邵林 包太 李萍丰 孙翔 张东明 郑永保 瞿万波 孙辉 陈晓江	重庆大学 浙江工业大学
科技进步奖	机械传动系统环境保护与节能技术	王家序 秦大同 陈小安 田凡 王邦长 彭晋民 陈战 余江波 孙冬野 王剑	重庆大学 重庆奔腾科技发展有限公司

续表

奖种名称	项 目 名 称	主 要 完 成 人	主要完成单位
科技进步奖	食管、胃肠运动基础及临床综合研究	罗金燕 龚 均 齐惠滨 王进海 董 蕾 朱有玲 戴 菲 张 军 王学勤 张宽学 刘 欣	西安交通大学
科技进步奖	基础设施信息网络管理系统生产平台技术	李 未 吕卫锋 周 刚 周 冰 夏寅贲 徐 莹 周 珊 高 欣 康建初 郎昕培 陈 鹏 刘亚军 林梦香 赵成栋 商恩芳 董普选 郑庆国 谢 超	北京航空航天大学
科技进步奖	芦荟乙酰化甘露聚糖的研制与应用	董银卯 赵 华 陆辛玫 陈存社 兰社益	北京工商大学
科技进步奖	水煤浆制备技术	张荣曾 朱书全 徐志强 梁钧台 谢 华 傅晓恒 曾 鸣 何为军 许泽胜 王受路 何国锋 杨巧文 刘丽俭 明尚志	中国矿业大学(北京校区) 国家水煤浆工程技术研究中心
科技进步奖	胰肾联合移植治疗糖尿病合并糖尿病肾病的基础与临床研究	刘永锋 刘树荣 梁 健 孟一曼 程 颖 金 莹 崔 宏 宋少伟 吴 刚 李桂臣 杨 蕾 熊君宇 赵振红 孙 巍 何三光	中国医科大学
科技进步奖	中国人遗传性肾炎(Alport 综合症)临床病理和分子发病机制研究	陈 楠 潘晓霞 任 红 俞海瑾 陈晓农 张 文 郝翠兰 史 浩 朱 萍	上海第二医科大学
科技进步奖	直升机涡环边界研究	高 正 徐锦法 陆 洋 吴顺生 辛 宏 杨义海 梅卫胜 吴官正 黄文明 张克高	南京航空航天大学
科技进步奖	设施农业配套小型作业机的研制	张立彬 胥 芳 计时鸣 张 宪 赵章风	浙江工业大学
科技进步奖	重组碱性成纤维细胞生长因子应用与开发	李校堃 洪 岸 林 剑 黄亚东 郑 青 许 华 付小兵 杨晓明 赵 文 吴晓萍	暨南大学
科技进步奖	带水气藏渗流机理及开采技术研究	李 允 张烈辉 李晓平 王永清 陈 军 冯国庆 刘启国 李 闽 熊 钰 李治平 叶仲斌 刘建仪 高家碧 陈代珣 向开理 吴小庆 李铁军 周宏波 周小平	西南石油学院
技术发明奖	高硅铸钢及其应用	李言祥 陈 祥 张志忠	清华大学
技术发明奖	猪高产仔数 FSHβ 基因发现及其应用研究	李 宁 赵要风 吴常信 张建生 连正兴 胡晓湘 邓学梅 方美英 赵兴波 孙士铨 刘兆良 樊宝良 赵志辉 冯继东 戴蕴平	中国农业大学
技术发明奖	染料中间体环境友好合成新技术	吴祖望 杨希川 林 莉 王桂娟 周小建 余英洲 吴映辉 林乐森	大连理工大学

续表

奖种名称	项 目 名 称	主 要 完 成 人	主要完成单位
技术发明奖	先进偏振光谱和光信息获取技术	陈良尧 郑玉祥 王松有 张荣君 李 晶 杨月梅	复旦大学
技术发明奖	聚合物电磁动态注射成型方法及设备	瞿金平 吴宏武 何和智 周南桥 晋 刚 曹贤武 任鸿烈 文生平 梁 勇 宋 建 谢 芳 邹新良	华南理工大学
技术发明奖	磨盘形力化学反应器及其在高分子材料制备中的应用	徐 僖 王 琪 卢灿辉 夏和生 李侃社 陈 哲 敖宁建 刘长生 刘才林 刘 渊 华正坤	四川大学
技术发明奖	柔性转子全息现场动平衡方法和技术	屈梁生 张西宁 吴松涛 徐宾刚 邱 海	西安交通大学
技术发明奖	轻型低位放顶煤液压支架	吴 健 董志峰 孟宪锐 刘雨忠 赵景礼 邹兆仲 沈立山 詹家驹 冯学武 张宝立 郭夕祥 张 勇 张忠愠 秦凤华 闫保金	中国矿业大学(北京校区)

热 点 关 注

我们离世界一流大学有多远?

建设世界一流大学是一百多年来几代中国人的梦想。然而，世界一流大学有什么标准?我们离世界一流大学有多远?众说纷纭，未有定论。最近，上海交通大学21世纪发展研究院和高等教育研究所完成的一份研究报告，以较为充实的数据和具体的分析，给出了自己的答案。

● 世界一流大学的基本特征

“世界一流大学没有约定俗成的固定标准，各国对大学的评价体系差异很大。”课题组组长刘念才教授说，尽管如此，深入分析公认的世界一流大学，可以归纳出如下基本特征：

1. 科研成果卓著，学术声誉很高

世界一流大学都是研究型大学，具有良好的学术氛围，代表科学研究的国际前沿，拥有大批国际一流的实验室和国际领先的原创性科研成果，在世界范围内享有很高的学术声望。到目前为止，世界共有400余名大学教师获得过诺贝尔奖，他们基本上都来自世界一流大学。

2. 学术大师汇聚，教师素质很高

世界一流大学的教师素质很高，他们往往是经过严格的筛选程序，不乏包括诺贝尔奖获得者在内的世界杰出科学家、划时代科技成果的发明者。

3. 科研经费充裕，研究力量雄厚

世界一流大学科研经费充裕，而且通过全国性乃至国际性的公开竞争获得的研究基金比例很高，其年度科研经费少则1亿美元左右，多则数亿美元。世界一流大学除高水平的教师队伍之外，还拥有庞大的研究生队伍，研究生占全校学生的比例一般在30%至60%之间；博士后的数量一般为数百名，哈佛大学拥有3 000余名博士后。

4. 办学特色鲜明，办学理念明确

世界一流大学一般都具有较为悠久的发展历史和深厚的文化底蕴，他们在长时间的办学实践中形成了鲜明的办学特色和明确的办学理念。世界一流大学不断适应教育科技和社会经济发展的需要，确定发展战略和目标定位，主动进行改革和创新。

5．管理科学规范，杰出校长掌舵

世界一流大学都有自己的“大学章程”，具有高度的权威性和严肃性，并以章程为基础制定各种规范，具有规范管理和依法治校的良好氛围。世界一流大学都有杰出校长掌舵，他们不仅是享有崇高威望的科学专家，而且是具有独特办学思想的教育家，更是出色的社会活动家。

6．学生素质一流，生师比例不高

世界一流大学重视吸引本国乃至世界最优秀的学生就读，其培养的学生毕业后受到社会普遍欢迎，对社会乃至整个人类的创新和进步起着领先带头作用。世界一流大学的生师比例一般较低。

7．学科水平很高，门类较为齐全

世界一流大学学科水平很高，如哈佛大学、斯坦福大学、麻省理工学院等大学均有20余个学科名列美国前茅，在世界上享有很高声誉。世界一流大学学科门类较为齐全，不仅能在很广阔的领域里为学生提供学习的条件，而且为学科交叉渗透和新兴学科培育提供前提。

8．国际化程度高，留学生比例高

世界一流大学实行全方位开放式办学，是国际教育、文化、科技交流的桥梁。他们不仅是世界著名学者学术交流的中心，而且是国际化人才培养的基地。其研究生中留学生的比例一般在20%以上。

9．经费投入巨大，办学设施优良

世界一流大学的办学经费投入巨大，年度经费一般在数亿至10多亿美元左右，其中社会各界及校友捐赠占有较大比例；拥有一流的图书馆、博物中心和丰富的馆藏资料，为师生提供了良好的工作和学习环境。

● 国际尺度下的中国名牌大学

据刘念才教授介绍，由于对世界所有著名大学进行比较评价极其困难，而美国高等教育代表着世界高等教育的领先水平（1981年以来美国大学获得诺贝尔奖人数占世界大学获得诺贝尔奖人数的77%），研究人员选择处于不同水平的美国研究型大学进行比较评价，以对我国名牌大学的国际定位进行半定量评估。

经过有关数字统计分析，我国名牌大学离美国一流研究型大学的差距很大，最突出地表现在原创性成果、教师质量、科研经费和国际化方面，特别是诺贝尔奖、Nature和Science论文、科研经费、博士教师比例、研究生中留学生比例等。但同时我们也应看到，在某些指标上，我国名牌大学与美国一流研究型大学的差距正在缩小，其中研究生与本科生比例等方面已经超过一流公立研究型大学，与一流私立大学相当。近年来，我国名牌大学的科研经费、博士教师比例、师均博士后数量等快速上升。北京大学和清华大学总体上与美国一般公立研究型大学处在同一层次上，许多指标已经处于明显优势。总体来讲，这两所大学应处在世界大学体系的200～300名之间，而其他若干所名牌大学则处在300～500名之间。

● 我国何时出现世界一流大学

研究人员预测，随着高等教育布局结构调整、国家大力发展研究生教育、各大学狠抓师资队伍建设和基础研究等工作的进展，我国名牌大学的学科结构、博士后数量、研究生与本科生比例等，已经接近或达到世界一流大学的基本特征要求，博士教师比例、SCI论文等面上指标经过若干年努力也将达到要求。

随着科教兴国战略的实施和我国综合国力的不断提高，国家对大学的直接投入和竞争性的基金投入将不断增加，预计经过10余年时间，我国名牌大学的办学经费和科研经费可以接近或达到世界一流大学水平。

我国建设世界一流大学的关键在于重大原创性成果和世界杰出教授等方面的快速提高。我国名牌大学已经开始注意建立宽松的学术氛围，鼓励重大原创性成果和大师的产生。预计经过10年左右的时间，北大和清华将能够持续不断地在国际前沿科学领域创造出重大原创性成果，每年在Nature和Science上发表10篇左右论文，造就一批国际上有重大影响的学术大师。经过20～30年的努力，北京大学和清华大学重大原创性成果的数量和质量将达到世界一流大学的水平，并可能实现诺贝尔奖的突破。

总体来讲，预计到2025年左右，北京大学和清华大学有可能进入世界大学体系的前100名，成为世界一流大学；其他若干所名牌大学进入世界大学体系的前200名，成为世界知名大学。

● **我们怎样建设世界一流大学**

根据国际比较研究结果，结合我国大学目前的现状，上海交大的研究人员建议我国在创建世界一流大学的过程中，应注意以下问题：

1. 加强世界著名大学的分类研究，对世界顶尖大学、世界一流大学、世界知名大学等给予较为明确的定义。

2. 加强世界著名大学建设的战略预测，重点建设的若干所大学应制定更为科学、客观的战略目标和对策。

3. 我国作为发展中国家，近期内只能在经济发达的中心城市选择若干所名牌大学进行重点建设，以加快世界著名大学建设的进程。

4. 在“211工程”二期和“985工程”二期中进一步加大对若干所名牌大学的支持力度，并专项拨给他们科研事业经费。

5. 在若干所名牌大学中进行管理改革试点，给予他们充分的办学自主权，同时，要求他们建立“大学章程”，实现自治自律、规范管理。

6. 加强大学评价研究和中介机构建设，建立科学的评价体系，既重视总体实力，更重视师均水平和发展潜力，评价结果与拨款挂钩。

（《中国教育报》2002年3月12日　刘继安）

中国高等教育：紧扣质量主题

从1999年开始，一直稳步发展的中国高等教育开始提速。一个深刻的背景是：世纪之交，人才资源已成为国际竞争的关键，积极发展高等教育已成为世界各国的一致选择，执世界经济发展之牛耳的美国，甚至提出要让每个公民都接受高等教育的目标。作为一个人口众多的发展中国家，中国更是把高等教育适度扩招作为实现第三步战略目标的一项重大战略决策。

扩招满足了人民群众对高等教育的迫切需求，博得了社会的一片喝彩，然而也存在着不同之声：扩招可能导致教育教学质量下降。三年多过去了，扩招后中国高等教育质量下降了吗？

质量：应该是一个不断发展的概念

在2002年4月24日教育部举行的新闻发布会上，针对目前社会上存在的扩招后办学质量下降的看法，教育部发言人认为，这只是根据个别现象得出的一种推论，缺乏足够的实证依据，在科学上是不严谨的。

教育部发言人说，在党中央、国务院的正确领导下，近几年来，我国教育事业形势喜人，各项改革陆续出台，发展态势健康平稳，特别是高等教育改革取得了显著成绩，主要标志是：发展明显加快，质量稳步提高，特色显著加强。

这位发言人介绍说，高等教育适度扩招，是党中央、国务院审时度势，适应我国实现第三步战略目标而采取的一项重大战略决策，也是我国高等教育战线深入贯彻江泽民同志“三个代表”重要思想的集中体现。实践证明，扩招完全符合我国经济社会发展对高等教育事业的总体要求，并满足了人民群众和社会各界对高等教育发展的迫切要求。近几年来，通过不断深化改革，我国高等教育在增加投入、改善办学条件、调整专业设置和改革教育教学内容方面都取得了很大成绩，我国高等教育的总体质量是好的。近年来我国在高等教育领域采取的一系列改革措施，使高等教育进一步适应了我国现代化建设对人才数量和规格的要求，这本身就是质量提高的集中体现。另外，最近我国与德国签订了互相承认高等教育学历、学位等值的协定，这是我国与外国签订的第一个此方面的协定，说明我国的高等教育质量已在一定程度上得到了国际社会的认可。

这位发言人还提到，教学质量高低，需要专家组成的学术评审委员会和学术机构予以评价。而人才培养质量，从整体上讲，归根到底要看能否满足社会经济发展的需求。社会对人才的需求是在不断发展变化的，因此质量观也应该是一个不断发展的概念。不同历史时期有不同的质量观，传统的质量观往往是人才标准单一，质量标准无特色。随着社会主义市场经济的逐步建立，社会对人才的需求逐渐走向多元化、多样化，质量标准也应多元化。从教育发展规律来说，我国的高等教育正在从精英教育向大众化教育过渡。2001年，我国高等教育的毛入学率已超过了13%，一些发达地区甚至已高达30%以上。这使得高校的选拔功能显露出来，淘汰一些不合格学生是正常的（在北美和欧洲一些国家，学生淘汰率一般在10%至30%之间，高者甚至达到40%至50%）。质量问题是一个有前提、有约束条件的话题，我们要树立一个具有发展眼光的、整体多样，又具有个性和改革创新精神的质量观。

政府：加大投入，确保条件

近几年，国家和地方政府加大了对高等教育的投入，高校办学条件的改善是有目共睹的，尤其是在重点建设的大学。这从硬件条件上为教育教学质量的提高提供了保障。如“211工程”，国家、地方以及高校自筹投入达到183.69亿元，使近100所高校受益；“面向21世纪教育振兴行动计划”从1999年正式启动，到2001年年底，国家已投入100多亿元，其中较大项目，如“高层次创造性人才工程”投入8亿多元，“现代远程教育工程”投入4亿多元；正在实施的总额为7 000万美元的世界银行贷款项目，主要用于高校基础课程实验条件的建设；国家投入3亿元，支持国家基础学科人才培养基地建设；投入2 700多万元，用于教学内容和课程体系的改革计划……

地方政府也相应加大了对高等教育的投入。例如，广东省2001年安排贴息贷款2亿多元，对省属高校基础实验室进行了全面的建设与改造。河北省高校教学经费连年增长，其中扩招幅度最大的本科院校教学经费增幅达到了40%以上。高等教育办学体制改革后，地方政府还大大增加了对非省属高校的投入力度。

教育部：制定政策，加强引导

扩招以来，教育部在历次重大会议中，都反复强调教育教学质量的重要性，并紧紧围绕深化教学改革、提高人才培养质量这一中心工作，制定了若干政策，采取了一系列措施：

——在原有专业目录修订调整的基础上，2001年10月印发了《关于做好普通高等学校本科学科专业结构调整工作的若干原则意见》，要求各高校以发展高新技术类学科专业和与地方经济建设紧密结合的应用型学科专业为重点，全面进行学科专业结构调整。今年3月，教育部又先后批准了7所高校提出的自主设置专业的申请。

——2001年8月印发了《关于加强高等学校本科教学工作提高教学质量的若干意见》，要求地方政府和高校进一步加大教学经费投入力度；要求各高校把教学工作作为教师职务聘任的重要标准，加强教风学风建设，积极推动利用外语进行教学，大力提倡编写、引进和使用先进教材，应用现代信息技术提升教学水平，加强实践教学，建立健全教学质量监测和保障体系等。

——2000年8月，在《高等教学面向21世纪教学内容和课程体系改革计划》基础之上，启动并实施了“新世纪高等教育教学改革工程”，第一批立项项目全部是本科教育教学改革方面的，共670项，有260多所高校和单位承担了项目研究，总经费达2 700多万元；另外，该工程还投入经费300多万元，用以培训中青年骨干教学和教学管理人员。

——建设基础学科人才培养基地。为加强基础学科建设和人才培养工作，先后建立了84个理科基础学科人才培养基地、51个文科基础学科人才培养基地、45个工科基础课程教学基地、13个经济学基础人才培养基地。“十五”期间，教育部将联合有关部门，加大对这些基地的支持力度。

——积极推动高职、高专教育教学改革和发展。目前已在全国建立了346个高职、高专教学改革试点专业，并正着手重点建设30个左右示范性职业技术学院，以带动高职、高专教育教学质量的整体提高。

——开展现代远程教育工作。先后批准38所高校建设网络教育学院，进行现代远程教育试点；启动了新世纪网络课程建设工程，计划建设200门基础性网络课程、案例库和试题库；开展现代教育技术培训等工作。

——建立示范性软件学院。2001年12月，教育部和国家计委联合支持35所高校试办示范性软件学院，其招生方式和规模由学校自主确定，鼓励这些示范性软件学院探索多途径合作办学、产学研紧密结合的管理体制和运行机制。

——推动产学研合作教育。目前已有400多所大学有组织地开展了不同模式的产学研合作教育。2000年11月，在长江三峡总公司、中国一汽集团设立了“国家大学生教学实习和社会实践基地”。

——加大中青年教师培养力度。在《面向21世纪教育振兴行动计划》中明确提出，启动“高层次创造性人才工程”，相继实施了“长江学者奖励计划”、“高校青年教师奖”、“骨干教师资助计划”等项目，每年用于培养和支持高校高层次学科带头人和骨干教师的投入超过了1亿元。

——开展“高等教育国家级教学成果奖”的评选，并将奖励的范围扩大到整个高等教育领域，使教学成果奖励工作更加全面，更具代表性。迄今为止，“高等教育国家级教学成果奖”已评选四届，共有1 718项教学成果获奖，极大地调动了高校广大教师从事教学研究与实践工作的积极性。

——努力探索高等教育质量宏观监控体系。从1993年起，教育部开始着手建立具有中国特色的教学制度和质量宏观监控体系，分期分批对高校进行了本科教学工作合格评价、优秀评价，并已开始随机性水平评价的试点工作，对提高教育教学质量起到了重要的促进作用。

高校：采取措施，多管齐下

教育教学质量是学校的生命线，这在竞争日趋激烈的今天，高校体会得更加深刻。2001年教育部印发《关于加强高等学校本科教学工作提高教学质量的若干意见》后，很多高校都以此为摹本，确立党政一把手是教学质量的第一责任人，进一步制定并采取措施，以确保教学质量的提高。例如，西南财经大学最近完善、制定了一系列文件，如《贯彻教育部〈关于加强高等学校本科教学工作提高教学质量的若干意见〉的实施意见》、《本科骨干教师遴选办法》、《省级人才培养基地建设管理办法》、《重点建设课程管理办法》、《全校教学科研实验室管理办法》、《教学事故认定及处理暂行办法》、《学生评教指标体系》、《CAI课件管理办法》等。

扩招之后，教学经费不足、教学设备紧缺成为提高教学质量的一大制约因素。为此，教育部明确规定，除各种教学专项经费外，各高校学费收入中用于日常教学的经费不低于20%。据记者手头掌握的十几所高校的相关资料，每所高校都特别突出了教学经费的投入的最低比例。其中，中南大学提出，将每年收取学费的30%以上用于日常教学，各院、系要将学校下拨日常经费的80%以上用于日常教学工作，并加大自筹经费对教学的投入。

师资是制约教学质量的关键因素。扩招后，师资不足已成为困扰扩招幅度较大高校的严重问题；而扩招幅度相对较小的院校，则需尽快改变“教授不教，讲师不讲”的尴尬局面。对此，很多高校加大了对青年教师的培训力度，把教学质量作为教师职务聘任的重要条件，实行教师教学质量考核一票否决制。重庆大学要求各学院制定主要公共基础课和专业主干课青年骨干教师培训计划，实行以老带新，并将在5年内每年拨专款100万元，用于选派50名青年教师到国内外名校进行教学进修；陕西师范大学校长亲自讲授本科生课程，带动了该校高职称教师踊跃教授本科课程；南开大学80多岁的数学大师陈省身院士率先垂范主讲《应用数学》基础课，使高水平教授授课在南开大学成为风尚，有效地保证了教学质量。

调整专业结构，培养社会急需人才，是保证教育教学质量的前提。目前，各高校都在积极地进行学科专业结构的调整，加强当前国家急需发展的信息科学、生命科学、现代管理等重点学科、新兴学科和边缘学科的建设。北京工业大学适应首都建设需要，成立了全新模式运作的软件学院；青岛海洋大学举办了社会急需的海洋管理、海洋法学等专业；作为首批获教育部批准拥有专业设置自主权的北京师范大学，积极开展跨学科设置专业的改革，整合相关学科的教学内容，构建教学新体系。学校首次开办人力资源管理专业，还拟在整合经济、中文、体育、影视艺术等学科力量的基础上，设置新的体育经济与体育新闻专业。

拓宽培养口径，是培养高素质创新人才的重要途径。武汉大学、南京大学等高校近年来实施的大理科班、大文科班培养模式，采取前两年打通培养，后两年再进入专业学习的方式，取得了良好的效果。而北京大学2001年开始举办“元培培养计划实验班”，则改革得更彻底，实验班的学生在入学的一年半时间里甚至不分文理，接受的主要是通识教育，到了二年级下半学期，再根据个人兴趣和社会需求确定自己的专业。

改革教学内容，采用先进教学手段，是提高教学质量的根本落脚点。南京农业大学实行的“新三文”制度（即本科生必须完成毕业论文、专业文献综述、社会实践报告），有效地提高了学生的科研能力、实践能力；上海交通大学将40%多的验证型实验改为设计型实验，以提高学生的实践经验、创新能力；清华大学是最早基本建成数字校园的高校，发达的网络连接了校内的2.4万台计算机，清华师生网上学术资源的利用率已与国外顶尖大学不相上下，清华学生网上自学、网上讨论和答疑都非常方便。另外，截至2001年年底，清华大学有60多门课程采用英语授课，其中生物系和经济管理学院用英语授课的课程数已达到总数的60%，使学生学习了解到世界该领域的前沿进展，保证了人才培养的高水平起点。

建立完善合理的监督评价体系，是保证教学质量的重要手段。很多高校都成立了由校领导和老教授组成的教学质量督导组，检查教学情况。在河北大学、山东农业大学等高校，出台了教学事故认定处理制度，对教师教育教学各个方面都作出了明文规定，违反规定者将根据情节予以相应的处罚。学生评价作为教学评价的重要内容，得到了很多高校的重视。南京大学定期开展学生教学评议小组活动，并将学生意见与教师职称晋升评定和岗位津贴发放挂钩，有效地促进了教师教学水平的提高。

（《中国教育报》2002年4月29日　刘继安）

高校扩招与高等教育质量观

近年来，我国经济社会发展对高等教育的发展提出新的要求，普通高校招生规模不断扩大，逐步满足了全民学习、终身学习进而建设学习型社会的迫切需要。扩招后教育资源增长幅度相对于生源规模的急剧膨胀偏低，基础设施条件能否充分保障人才培养的需要、教育质量是否受到影响、采用什么方法和标准进行评价，这是人们普遍关注的问题。全面提高高等教育质量，必须首先确立科学、合理、有中国特色的高等教育质量观。

现在，许多人都在探讨提高高等教育质量，然而，对什么是高等教育质量认识模糊，究其原因，是对高等教育的“产出”认识不清。对高等教育的产出，有人提出高等教育的产出是人才或高等教育的产品是人，也有人认为高等教育提供的是一种教育服务。传统的、约定俗成的看法是，高等教育产出的就是人才。《中华人民共和国高等教育法》规定，“高等教育的任务是培养具有创新精神和实践能力的高级专门人才，发展科学技术文化，促进社会主义现代化建设。”“高等学校应当以培养人才为中心，开展教学、科学研究和社会服务，保证教育教学质量达到国家规定的标准。”由此可见，高等教育的产出不仅有通过教育知识、能力和素质获得应有提高的人，也有科学研究成果，还有以往为人们所忽视的教育服务。

毋庸否认，高等教育质量观不可避免地包括量的概念。没有适度的招生规模，不提高适龄考生的入学率，不能满足社会的经济、政治和文化发展需要，无法适应人民群众人人学习、终身学习的需要的高等教育，无法称其为高质量的高等教育。从这个角度讲，高校扩招，实现高等教育从精英化向大众化的跨越，满足人民不断增长的接受高等教育的需求，就是提高高等教育质量的题中应有之义。当然，高校招生考试升学率和高校在校学生规模并非是衡量高等教育质量的唯一标准，在不断扩大招生规模的基础上，要完成十六大提出的造就“数以千万计的专门人才和一大批拔尖创新人才”的任务，全面提高质量，成为高等学校的当务之急。

高等教育的质量观，在很大程度上是人们对高等教育的认识，即如何看待高等教育的价值——培养目标的适切性、教育过程的功能性、教育手段的科学性和办学效益的经济性。随着民办教育促进法和中外合作办学条例的出台，办学主体的多样化、教育对象的大众化，对高等教育质量要求和认识不再是一成不变的，而是动态的、开放的、与时俱进的，应该随着教育的改革而改革、发展而发展，现在我国的高等教育随着社会发展的需要，呈现出多元化趋势，因此应该重新审视我们现行的质量评价体系，改革其中不适应的因素，培养出适应社会的创新性人才。

专家认为，高等教育质量是一个“多层面的概念”，不仅包括产品（学生），而且包括“所有功能和活动”。应当说，这是对以往关于高等教育质量的界定的一个重要突破。对高等教育质量的“多层面”的释义，是现代高等教育日益成为“社会的轴心机构”后基本特征的体现。一所质量好的大学，除了其人才培养的高质量以外，它的其他功能和活动的高质量和高水平也是必不可少的。比如，高水平的科研、高质量的师资及丰富的图书资料和先进的仪器设备，等等。所以，仅以人才培养的质量来标识一所大学的质量是不全面的。当然，强调高等教育质量的多层面性，并不否定人才培养质量是高等教育质量的主要标志。随着高等教育开始向大众化过渡，高等教育质量评价标准也应该从纯学理性标准向社会适应性标准变化。对于不同地区、不同类型、不同层次、不同基础的高等学校，应该有不同的质量要求和标准。社会经济对人才的规格、类型、层次需求的多样化，个体学习需求的多样化，尤其是办学主体的多元化，特别是随着我国国家办学为主和民办高等教育、公有民办、社会办学、中外合作办学并举的多元化高等教育格局的形成，必然产生高等教育质量观的多元化。

教育质量多样化，不是降低质量标准，而是强调质量是高等教育的生命线，高校要按照各自培养目标和规格，各自教育质量标准，将保证、提高质量作为办学的第一要务。在转变教育思想、创新教育观念和运用新的质量观指导高等教育实践的过程中，既要防止以质量标准的多样化掩盖高校扩招过程中出现的教育质量问题，注意防止借多样化的质量观敷衍或者回避客观存在的质量问题，也要防止以质量标准的多样化忽视基本的质量要求，要防止以质量标准的统一性忽视质量标准和培养规格的相对独立性的倾向。至于如何保证质量、不断提高质量？关键在于建立教育质量保障体系，包括树立正确的质量观，借鉴国际先进经验，从培养目标、教育内容、师资储备、教学方法、资源保障水平和预期结果等方面，把教育目的、过程和结果紧密联系起来，确保所有学生都能达到预定的培养目标和人才规格。制订符合客观实际的培养目标与规格，优化教师队伍与生源，改革课程和教学方法，特别是高校扩招使高校超负荷运转，要确保教学质量不滑坡且稳中有升，就要求高等学校一方面加大投入，拓展教育资源，另一方面，整合、合理配置现有教育资源，使教育投入向最能产生教育效益的环节和部位流动，尽可能满足师生教学、科研和学习的需要，切实保障培养合格人才的最基本的办学条件。采用现代化教学手段，改善校园文化环境，以及加强科学的教育管理和教育服务。最后，构建和运用采取动机性评价与功能性评价相结合、形成性评价与终结性评价相辅相成质量评价机制，切实把提高高等教育质量的百年大计落到实处。

（《光明日报》2003 年 5 月 29 日　成爱军）

消除认识误区，积极化解大学生就业难

大学毕业生是社会人力资源中最宝贵的一部分，更是促进未来经济和社会发展最珍贵的人力资本。自 1999 年我国高校扩招以来，年度普通高校招生规模由当年的 108 万人，增长到 2003 年的 335 万人，高等教育发展以跨越性步伐，进入国际公认的大众化历史阶段。与此同时，年度大学毕业生数量也由 83 万人增长到 212 万人。这无论从满足人民大众日益增长的物质文化需求方面看，还是从适应国家现代化建设以及应对日趋激烈的国际竞争需要方面看，都是一项战略性和历史性成就。但是，从现在的大学毕业生数量越来越多的情况出发，而且就初次就业率在 70% 左右的现象推断，社会上不少人认为我国已经开始出现大学毕业生“就业难”的现象，甚至有的还对高等教育应不应该发展这样快产生疑问。这是一个需要正确认识和回答的问题。

一、怎样理解“就业难”

1. 要正确认识“就业难”的概念

大学毕业生是整个社会劳动力供给的组成部分。按照市场经济的观点来分析，大学毕业生“就业难”可以做两种理解：一是大学毕业生作为劳动力供给资源的组成部分超出实际社会需求，呈现“过剩”。这里设定的条件是把大学毕业生的文凭与社会需求的一定岗位“等值”起来，即社会有着固定的对大学生的需求岗位，大学毕业生也只能到这些岗位工作，不考虑大学毕业生去竞争与文凭不相等的其他社会岗位的“弹性”。二是大学生毕业时不能全部进入就业岗位，在一定时期出现就业困难。这里设定的条件是：第一，社会将所有的岗位对大学毕业生开放，社会实际也存在着与大学文凭相适应的岗位需求，但由于体制和机制因素，大学毕业生进入就业渠道有障碍；第二，社会经济结构进行重大调整，特别是产业结构发生变化，应时大学毕业生的专业科类结构与社会需求不对接，专业对口寻求工作岗位出现难度；第三，一些大学毕业生主观上认为岗位对自身文凭“价值”不适合，或过于强调专业对口，选择“待业”或继续学习，以寻求更好的就业机会。

在上述两种对大学生“就业难”的理解问题上，如果持第一种认识，显然是计划经济的观念，僵化地理解国民生产总值与高层次人才数量之间存在一定的数量关系，大学毕业生不能按数量得到就业岗位，就属于供过于求。在我国高等教育毛入学率仅为15%、刚刚迈入大众化的门槛、整个社会大专以上文化水平人口比例才达到3%的状况下，很难理解高层次人才会出现“过剩”。但是，倘若沿着这一计划经济的观点去论证，就会产生误解，甚至可能得出高等教育发展过快的结论。第二种认识则体现了市场经济的观点，也吻合于现实发生的情况。现在发生的大学毕业生“就业难”问题，是社会转型时期出现的一种正常现象，有着更为复杂的社会原因。这应成为我们讨论问题的出发点和立足点。

2. 要准确分析“就业难”的原因

在社会主义市场经济体制下，大学毕业生作为劳动力资源的构成部分和一种重要的生产要素，其就业同其他劳动力一样应当通过市场机制进行配置。在逐步完善的劳动力市场中，经济活动的社会化所强化的分工专业化，在不断推动劳动力需求的专业性变动，也增加着劳动力对分工的选择，对各类高层次人才供求呈现出不断变化的双向选择过程。随着科学技术的进步和经济结构的变化，并作为市场对大学毕业生的选择，那些不适应产业结构要求的大学毕业生必然难于马上对口找到工作，是劳动力市场的“正常”现象，同时对那些已经获得就业岗位的毕业生来讲，由于不能适应新的专业技术要求，必然还会被从工作岗位上“剥离”出来，需要重新寻找工作。这两种情况被称为“非自愿失业”。再从大学毕业生选择市场的角度看，一些毕业生认为就业岗位不适应“自我实现”的要求，以及认为报酬低或感觉就业岗位与文凭“价值”不相符，也会放弃马上就业，而选择“自愿失业”。还有，社会进行经济结构调整，而大学毕业生就学于3或4年前，所学专业滞后于经济结构调整的要求，又必然产生“摩擦失业”。因此，我国现在出现的所谓大学毕业生“就业难”，应是市场经济体制下应该具有的常态现象，并不是突然爆发出的重大社会问题。从国家宏观角度看，只能通过一定的政策加以调整减轻，控制在一定的界限之内，而不能“消灭”。

3. 要消除认识上的“误区”

如果说大学毕业生“就业难”是市场经济体制下的常态现象，为什么社会上要比以往感觉已经成为一个问题，媒体上也在连篇累牍地加以讨论呢？实际上是就业观念不到位导致了“就业难”认识上的误区。

误区主要来自于人们在计划经济下形成的“毕业分配”思维定式。在过去几十年的计划经济体制下，我国对大学毕业生一直采取统包统分政策，这同整个社会资源的计划分配配置方式是一致的，大学毕业生被作为稀缺资源由国家分配安排工作，并片面理解为是社会主义制度的优越性。大学毕业就有工作或毕业就直接进入工作岗位，成为人们根深蒂固的认识，并成为一种习惯性的思维定式。进入社会主义市场经济体制，社会上对大学毕业生就业问题尚未完全在心理上转入市场竞争就业的模式，认识上仍习惯于在计划经济的轨道上滑行。但现实上的市场经济体制，竞争就业和毕业生与用人单位的“双向”选择，又不以人们的意志而转移，对必然出现的“就业难”现象，一下子感到困惑，甚至接受不了，认为社会出了大问题，不能从“常态”角度去承受，并过度渲染了问题的严重程度。

从政府部门的角度上看，对待大学生的就业态度也仍存有较强的计划经济管理痕迹。政府部门仍把毕业生的自主就业行为，视作是政府责任的“安排”，实行总体包揽政策，尚未完全从“保底包分配”、“行政干预分配”等政府行为观念，真正转入由个人实行市场竞争、自主就业的机制思路上来。也就是说，政府部门还在总体上把大学生就业看成是政府的行为，仍把个人的就业责任揽在身上。

从大学毕业生的角度上看，也存在着按计划经济的观念去定位就业岗位的问题，认为就业岗位应与学历文凭、工资待遇相联系，而这种联系又恰恰是计划经济体制形成的“标准”，即进入“白领”领域才是合适的。但市场经济体制下的就业选择方式，并不是职业岗位要适应就业者的要求，而是就业者必须适应职业岗位的要求。物竞天则，适者生存。大学毕业生要求社会提供与其学历文凭、工资待遇相对应的工作岗位的时代，已经一去不复返，而社会上既有的职业岗位，无论是白领还是蓝领，竞争获胜，才是市场经济下选择就业的真正的“游戏”规则。

二、就业难——“难”在何处？

虽然说大学毕业生就业难是市场经济体制下的“常态”现象，但毕竟是在我国已经发生了的现实情况。归结起来，主要作用因素集中在三个方面：

第一，经济增长放慢致使吸纳就业能力降低。在任何社会，经济增长速度对于就业具有根本性的影响作用，并相应决定着吸纳大学毕业生就业的能力。一般来讲，GDP 每增长一个百分点，会带动 80 万人左右就业。由于近年来我国经济发展中存在着的有效需求不足矛盾的制约，经济增长水平逐年减缓，已由 1995 年的 10.5％的速度降至 2002 年的 7％，这在根本上制约了全社会吸纳就业岗位的数量，大学毕业生就业机会也必然受到相应影响；国家经济结构的战略性调整，产业结构的重组，特别是传统产业比重的下降，致使高等教育学科和专业的培养结构难以跟得上这种变化，加重了大学毕业生就业的困难；现代企业制度的建立，国有企业的改组改造，减员增效的措施，使得过去作为接受大学毕业生的主渠道变得越来越窄；随着机构改革的不断深入，公务员队伍实行精简分流，事业单位人员也在精简，更使得大学毕业生通常选择的就业方向的进入机会大大减少，而且门槛越来越高。上述无疑都加大了大学毕业生就业的压力。

第二，实际就业选择与现实社会需求发生“错位”。虽然从传统的就业领域看，大学毕业生就业的压力的确在增大，但从国家经济和社会发展的形势上分析，大学毕业生也拥有着广阔的就业空间。从现在起，我国已经开始进入全面小康社会建设阶段，核心性的建设任务是：实现工业化，坚持以信息化带动工业化，以工业化促进信息化，走新兴工业化道路；全面繁荣农村经济，加快城镇化进程；积极推进西部大开发，促进区域经济协调发展；实行“引进来”和“走出去”相结合，特别是“走出去”将成为对外开放新阶段的重大举措。实现新阶段的发展目标，需要大批高层次人才的支撑，也为大学毕业生充分就业提供了重要机遇。就当前来讲，社会对大学毕业生的实际需求，除常规的科研、教学、机关等渠道外，更主要集中在城镇基层、农村、西部和非全民所有制等领域，吸收毕业生就业范围仍然十分广阔。

但大学毕业生就业的期望值和择业取向，却与实际社会需求有较大相悖之处。期望值集中体现为“白领意识”，还是愿意到与过去“干部”身份相类似的岗位上工作，才认为与文凭的“价值”相符。择业取向上，往往把经济待遇高不高、是否是在大城市或沿海发达地区工作，作为择业的唯一或最重要的标准。据北京市的调查，80.2％的北京籍毕业生和 62.6％的非北京籍毕业生选择在北京地区工作，约 50％的毕业生愿望是到国家机关、科研单位、高等院校和其他事业单位，还有 21.3％的毕业生选择到国有企业工作。另据有关调查，大学生在择业地域时选择沿海地区的比例占七成以上，选择大城市的占到六成以上，选择在合资企业的占到五成以上。还有一项调查表明：来自大城市的毕业生都希望在大城市就业，来自中小城市的毕业生 44.7％希望在大城市就业，来自乡镇农村的毕业生

98%不愿回乡就业。像西部这样的经济欠发达地区，无论是现实需求还是长远发展需求，都需要更多的大学毕业生。可是，从实际大学毕业生就业情况看，经济欠发达地区毕业生出省（区）就业的人数却在增加，追求到经济发达地区就业的倾向明显。贵州省县以下地区十分缺乏教师，2001 年贵州师范大学分配到黔东南 94 名毕业生，可是真正到岗的才 13 人，多数毕业生领了报到证就流到沿海发达地区了。这种大学毕业生所持有的就业期望值和择业观，与实际社会需求产生的错位，是导致大学生"就业难"的重要原因。

第三，制度上仍存在着束缚和障碍。为有效解决大学毕业生就业难的问题，国家已经进一步明确了高校毕业生就业制度改革的目标，即市场引导、政府调控、学校推荐、双向选择。同时，国家还制定了一些特殊政策规定，如省会及省会以下城市要取消进人指标、户口指标等限制，毕业生跨省、跨市（地）就业，允许毕业生在 2 年寻找工作期间自由选择将档案、户口保留在学校或生源所在地等，对促进毕业生就业无疑会发挥积极推动作用。但在现实上，真正打通毕业生进入城镇基层、农村、西部和非全民所有制等领域的渠道，在执行层面上还有许多体制和机制上的障碍需要革除。现行的人事制度尚不能与毕业生市场化的择业机制相协调，一些毕业生好不容易找到了合适的单位，但却在协议的签定、报到手续的办理、档案关系的划转等得不到人事制度的支持和认可，重要原因是受到户籍关系的制约，尤其是到一些城市和城镇的民营企业、私营企业及其他非公有制企业就业的毕业生，由于户籍制度的限制而难以落实人事关系。还有，虽说是允许毕业生可以自由选择将档案、户口保留在学校或生源所在地 2 年期限，但许多高校却仅仅保留少数毕业生的档案和户籍，而将大部分毕业生的档案和户籍推到了生源所在地。这是因为超过 2 年的期限，毕业生不来划转档案和户籍关系，又找不到毕业生的去向，高校也不知如何办理。另外，现行的人事制度对人才流动也产生严重束缚。毕业生一旦进入一个单位，其档案和户籍关系就在一定程度上"固定"化了，使得毕业生的正常流动变得十分困难，对毕业生的就业选择产生的负面影响，相对强化了"一次就业定终身"的传统观念，使"先就业，后择业"的现代理念遭遇到极大的挑战，一些毕业生认可选择"待业"或"失业"，也不匆忙选择就业。这些制度上的束缚和障碍同样导致了大学毕业生的"就业难"。

三、如何解决"就业难"?

大学毕业生是宝贵的人力资源，只有充分实现其就业，才能把这部分潜在的生产力变为现实的生产力。根据预测，2003 年普通高校毕业生为 212 万人，2004 年为 260 万人，2005 年将达 320 万人。如果按初次就业率 70%推算，这三年将分别有 60 万人、80 万人和 100 万人当年就业有困难。如果这部分人不能尽快实现充分就业和发挥作用，无论从国家投资培养还是从家庭投资培养的角度来计算成本，都没有得到应有的收益。这不仅是社会资源的浪费，也会酿成社会不稳定的因素，是一个需要引起高度重视的问题。

主要的对策意见应包括下列几个方面：

1. 国家在宏观上要保持一定的经济增长速度，在促进全社会就业率的提高的同时，也为大学毕业生充分就业奠定基本条件。各国发展的实践证明，大学毕业生就业形势总体上是受经济发展周期变化的影响。保持国民经济持续、快速、健康发展，是促进大学毕业生充分就业的核心保障因素。

2. 继续深化人事和户籍制度改革，放宽户籍控制，加大毕业生择业在地域上的自由度。凡是毕业生找到合法、稳定的工作岗位，所在地应允许落户，或采取类似"绿卡"的方式落户，愿意到农村或西部工作的毕业生，可以随其自愿既可以保留在出生地，也可以采取"绿卡"。人事管理要按市场体制要求加以改革，通过法律法规的建立和健全加以规范，以合同或协议方式来规范毕业生与用人单位的关系，在法规的框架下实现毕业生择业的"来去自由"，破除束缚人才流动的层层壁垒。

3. 搞好高等教育科类、专业结构的调整工作，实现按需培养。作为人才市场的供给方，高等学校要以市场需要为办学原则，学校的"产品"必须要"销"得出去。出现毕业生就业难，固然有经济社会方面的复杂原因，但教育部门也需承担一点责任。高校不能只管把学生"招"进来还要管好把毕业生“送”得出去，其中重要的环节就是要把培养学生的学科和专业方向定位好。由于我国高等教育供给仍处于短缺状态，还是个“卖方”市场，广大青年关注更多的是“就学”机会，而不是未来的“就业”机会，所以高等学校不存在生源危机，开办的专业和学科总会有人来读，这在很大程度上导致了忽视按需培养的问题。教育结构必须适应经济结构的变化要求。高等学校根据经济社会发展的趋势，以及经济结构、产业结构和就业市场对高校毕业生思想品德、创业精神、实践能力的需求，及时调整学科专业结构，调整人才培养结构和模式，是从根本上缓解大学毕业生就业难的重要方略之一。

4. 转变毕业生的就业观念，使其树立自主就业和多元就业的意识。要破除旧的要“当国家干部”、“端铁饭碗”的就业期望值，树立起市场经济下的新的就业观，即不管是何种所有制，只要是取得合法的、相对稳定的、能作为主要生活来源的工作就是就业的观念，树立先就业，后择业，再创业的就业思想，真正把择业观念纳入市场引导、自主就业的轨道上来。大众化的高等教育，必须有大众化的就业观念。随着科技进步和社会发展，过去看来是普通“蓝领”的工作岗位，现在由具有大专知识水平、较高技能的人员来从事，应当是情理之中的事情。教育的不断发展，推动着整个社会文化水准的提高，各级各类从业人员的知识水平必然提高。作为13亿多人口的大国，受物质资源的限制，应当是劳动力过剩的国家。在这样一个具体国情之下，越来越珍贵的是就业机会。现实上，在基层、在农村、在西部、在非公有制单位，存在着广阔的就业空间，但大学毕业生却以大城市的“白领”岗位为就业追求，怎么能不产生就业难呢？只要观念转变了，其实就业没那么难！

5. 强化政府职能，提供优质服务。我们常讲要加强政府的宏观调控，这不仅包括政策措施的制定，还要包括提供完整的供求信息和优质的就业服务。首先，要建立起全国统一的供求信息库。现在许多大学毕业生寻找工作岗位，如无头苍蝇，到处乱撞，并且收效寥寥，通常发生的现象是毕业生找不到合适的用人单位，用人单位无法找到合适的毕业生。根本原因就是信息不详。有关政府部门应通力协作，建设起全国联网的大学毕业生供给与需求信息网络，毕业生供给信息和用人单位需求信息均能在网上便利查询。这不仅方便地打通了供求双方交流的渠道，而且也非常有利于广大青年考学时的专业志愿选择。因为通过毕业生供求信息的变化，他们可以相对准确地判断未来就业的优势领域。其次，要建立全国统一的毕业生就业市场。现在毕业生就业大都通过就业市场获取信息或得以聘用。但现在就业市场却是条块分割、各自为战。有人事部门举办的人才市场，有教育部门举办的毕业生市场，还有劳动部门举办的劳动力市场。而教育部门举办的毕业生就业市场，省里举办，市里举办，高校自身也办。这样做所形成的弊端，不仅信息分割，而且还存在着封锁，更使毕业生疲于奔命地一个一个地“跑场”，也难以得到准确信息。统一的毕业生供求信息库，要求建立一个整体的毕业生就业市场，以提供方便、快捷、规范的服务。

6. 推动大学毕业生创业机制的建立。社会上非常关注毕业生的就业问题，但还要重视毕业生的创业问题。大学毕业生是具有较高科技能力和知识水平的潜在生产力，不但就业应当具有优势，而且具有创业的优势。发挥出大学毕业生的创业能力，不仅可以创造大学生自身的就业机会，同时可以为社会创造更多的就业机会，并将成为实现毕业生充分就业重要途径。从根本上看，真正能使得毕业生进入农村领域，更多地要通过支持其创业来实现。例如，以根据当地农村产业结构和产业化经营方向，扶持大学毕业生成立经销公司，开展以产前预约为主要内容的中介服务，成为高层次的农业经济人；也可以鼓励支持毕业生到农村承包荒山荒地建立科技创业示范区；还可以支持毕业生加入农村科技推广服务体系，成立农业民营科技咨询企业，通过合法经营去创业发展。大学毕业生在基层创业也大有作为，关键是需要国家给予一定的政策支持。应当建立一项大学毕业生创业基金，对大学毕业生依靠自身科技本领和管理才能创办的中小企业，实行优惠或无息贷款，并在一定时期免征有关税费。真正创业的路子打开了，大学毕业生就业就会有新的天地。

（《中国高等教育》2003年第5期　李守信）

师范教育

〔**概况**〕 2002 年，全国共有各级各类师范院校 2 439 所，在校生 265.10 万人。

学校类别	学校数(所)	在校生数(万人)	招生数(万人)	毕业生数(万人)
高等师范院校	203	154.16	53.26	24.59
中等师范院校	430	60.11	19.42	22.26
教育学院	103	32.64	12.38	7.648
教师进修学校	1 703	18.20	8.02	6.99

2002 年，小学、初中、高中教师学历合格率分别为 97.4%、90.4%、72.9%。比 2001 年分别提高 0.6、1.6、2.2 个百分点。

具有大专以上学历的小学教师占小学教师总数的 33.1%，具有本科以上学历的初中教师占初中教师总数的 19.7%，分别比 2001 年提高 5.7、2.8 个百分点。

撰稿 王源林

〔**印发“十五”期间教师教育改革与发展《意见》**〕 为了全面贯彻落实《中共中央国务院关于深化教育改革全面推进素质教育的决定》、《国务院关于基础教育改革与发展的决定》和《全国教育事业第十个五年计划》，加快建设一支高素质的教师队伍，扎实推进素质教育，2002 年 2 月 6 日，教育部印发《关于“十五”期间教师教育改革与发展的意见》(以下简称《意见》)。

《意见》指出：教师教育是我国教育的重要组成部分，是基础教育师资来源和质量提高的重要保证。教师教育是在终身教育思想指导下，按照教师专业发展的不同阶段，对教师的职前培养、入职教育和在职培训。“九五”期间，各级各类师范院校共培养教育硕士 5 000 多人，专科以上毕业生 100 万人，中师毕业生 140 万人；培训中学教师 28 万人，小学教师 78 万人。基本满足了基础教育事业发展对教师的需求，中小学教师的整体素质得到明显提高。

《意见》明确了“十五”期间教师教育改革与发展的基本原则是：坚持以提高教育质量为核心，以教师专业化为导向，深化教育教学改革，坚定不移地为基础教育服务。坚持以发展为主题，以结构调整为主线。强化师范院校的教师教育优势和特色，增强综合办学实力。对现有师范院校的布局、层次、类型、学科专业等方面进行战略性调整，满足当地基础教育和经济社会发展需要。积极推进教师教育信息化建设。坚持分区规划、分类指导、分步实施。正确处理教师教育改革、发展、稳定的关系，实现教师教育规模、结构、质量、效益的协调发展。

主要任务是：基本完成教师教育的结构调整，进一步完善教师教育制度。初步形成以现有师范院校为主体，其他高等学校共同参与，培养培训相衔接，体现终身教育思想的开放的教师教育体系。制定和完善教师教育的法规、制度。开创教师培养的新格局，提高新师资的学历层次。“十五”期间中小学新教师培养要有计划、有步骤、多渠道地纳入高等教育体系，逐步形成专科、本科、研究生三个层次的教师教育。到2005年，大中城市和经济发达地区，新补充的小学教师中具有专科学历者、新补充的初中教师中具有本科学历者均力争达到80%以上；高中教师中研究生学历达到一定比例。已实现“两基”的农村地区，新补充的小学教师具有专科以上学历者、新补充的初中教师具有本科以上学历者均力争达到50%左右。

《意见》提出教师教育改革与发展的主要政策措施为：(1) 继续推进教师教育结构的战略性调整，高效益重组教师教育资源。推进各级各类师范院校的布局、层次和类型等方面的结构调整，实现本省（自治区、直辖市）师范院校和其他承担教师教育机构的合理整合，使教师教育机构的办学层次由“三级”向“二级”适时过渡。要办好一批不同层次的示范性师范院校。国家和地方共同支持若干所师范大学建设，各省（自治区、直辖市）要重点建设好一所师范大学。各地要继续办好一批师范高等专科学校。各地的中等师范学校（含幼儿师范学校）根据需要和可能升格为师范高等专科学校，或者并入高等师范学校建立初等教育学院（或学前教育学院），也可以改为教师培训机构或其他中等学校；西部和少数民族地区根据地方实际，继续办好一批中等师范学校（含幼儿师范学校）。国家鼓励其他高等学校特别是高水平的综合大学参与教师培养、培训，或与师范院校联合、合作办学。(2) 深化教育教学改革，努力培养具有创新精神和实践能力的高素质教师。制订新世纪中小学教师培养的规格与要求。实施新世纪高等师范教育教学改革工程，改革和调整专业设置，构建教师教育职前培养和职后培训一体化的课程体系，大力更新教学内容，改进教学方法和手段。加强学科建设，特别要加强教育学科建设。高等师范学校要遵循教师培养规律，积极探索各种培养模式的改革。推进跨专业、跨院系选课制，建立健全第二学士学位、主辅修制，培养复合型中小学教师。逐步采用英语等外语进行公共课和部分专业课教学，培养双语型中小学教师。大胆探索与其他高等学校联合培养教师的新模式。进一步扩大教育硕士的培养规模。适当增加从应届本科毕业生中招收教育硕士研究生的人数。(3) 大力推进中小学教师继续教育工作。2002年基本完成中小学教师职业道德教育和信息技术的全员培训。继续加强对各级骨干教师的培训，形成一支多层次、多类型的骨干教师队伍。(4) 认真做好基础教育新课程的教师培训工作。启动和实施培训者的培训，按照“先培训，后上岗；不培训，不上岗”的原则，各年级教师在实施新课程前都必须接受培训。培训工作分地区、分阶段展开。(5) 大力推进教师教育信息化建设。制定教师教育信息化建设标准，加快信息化基础设施建设。教师教育机构都要开设信息技术和现代教育技术公共必修课。师范院校的中青年教师要接受信息技术和现代教育技术的培训。加强信息技术在教学中的应用。(6) 加大对西部地区教师教育的支持力度，推进教师教育的协调发展。(7) 确保教师教育事业的经费需求，推进教师教育优先发展。(8) 建设一支高质量的教师教育队伍。(9) 加强教师教育法规建设，使教师教育走上依法治教、依法办学的轨道。“十五”期间要研究制定《教师教育条例》，建立教师培养机构资格认定和教师教育质量评估等制度，制定鼓励优秀学生报考教师教育专业的有关政策。

撰稿　王源林

〔实施基础教育新课程培训者国家级培训〕 根据基础教育新课程实验推广工作的进程，为促进基础教育新课程实验推广工作的顺利开展，教育部师范教育司于2002年3月24日～4月28日委托北京师范大学等9所师范大学先后举办了基础教育新课程省级学科骨干培训者国家级培训班，主要目的是使培训学员全面准确理解新课程改革的目标和内容，准确理解和把握学科的课程标准，探索适应新课程培训的培训模式，研究制定适应各省实施新课程培训的培训方案等，从而为各省开展新课程师资培训“种子”，并在此基础上形成一批新课程学科培训资源。为搞好此次培训工作，教育部师范教育司先后向各省、自治区、直辖市教育厅（教委）印发了《关于开展基础教育新课程省级骨干培训者国家级首批培训的预备通知》、《关于做好基础教育新课程骨干培训者国家级培训工作的通知》和《关于下达基础教育新课程骨干培训者国家级培训任务的通知》等。要求各省（自治区、直辖市）每学科遴选4名省级新课程培训者业务骨干（包括师范院校教师、培训院校教师、教研员、中小学优秀教师等）参加培训；每学科培训10天，约80课时左右。

本次培训包括义务教育阶段24个新课程学科省级骨干培训者，共计培训人数3 038人。承担培训的9所师范大学高度重视培训工作，成立了以主管校长为组长的培训工作领导小组和培训专家指导组。培训主要有以下几个特点：(1) 将通识内容有机渗透和贯穿于学科培训的全过程；(2) 学科标准培训为主，不同版本教材介绍为辅；(3) 理论讲授与参与式培训相结合；(4) 注重学员实际培训能力的提高；(5) 培训过程评估与培训结果评估相结合；(6) 短期培训与长期跟踪指导相结合。此次培训基本达到了培训目的，培训效果较为显著。从学员调查反馈问卷综合如下：

	调 查 内 容	同 意
1	对这次基础教育课程改革的背景、内容、计划有了充分的认识	99.2%
2	明确了新课程的功能、结构、内容、实施、评价和管理等方面的改革目标	98.2%
3	更新了培训观念	98.9%
4	研究了适应新课程要求的培训模式	96%
5	了解了新课程使用教材的特点	97.8%
6	通过有组织的研讨，提出并研究了新课程推广中的问题	94%
7	通过研讨和交流，初步形成了在本地开展新课程师资培训的思路	90.7%
8	参加本次培训，有助于提高自己在教师培训中的实际能力	98.3%

撰稿　唐京伟

〔**中小学教师继续教育**〕　为贯彻落实《中共中央国务院关于深化教育改革全面推进素质教育决定》，全面提高中小学教师实施素质教育的能力和水平，教育部于1999年9月在上海市召开了“全国中小学教师继续教育和校长培训工作会议”，启动了“中小学教师继续教育工程”（以下简称“工程”），2000年3月教育部发出《关于印发〈中小学教师继续教育工程方案（1999～2002年）〉及其实施意见的通知》。到2002年，各省、自治区、直辖市教委、教育厅积极落实教育部关于实施“工程”的有关要求，采取多种措施推进中小学教师继续教育由局部发展到全国，由骨干教师培训扩展到全员教师培训，由教育教学技能培训提高到实施素质教育的能力和水平的培训，促进了基础教育改革和素质教育的实施。“工程”的主要成果表现为：

一、对全体中小学教师进行了以师德、信息技术和实施素质教育能力为重点的全员培训，学历水平不断提升，中小学教师队伍整体素质显著提高。截至2002年底，全国1 000多万中小学教师中，80%左右的教师接受了一轮以师德、信息技术和实施素质教育能力为主要内容的各种类型的培训。中小学教师通过各种渠道进行学历补偿和学历提高教育，学历水平显著提升，到2002年底，中小学教师学历达标率：小学教师97.4%；初中教师90.4%；高中教师72.9%，比1999年“工程”启动时分别提高1.5、4.77、7.05个百分点，其中具有高一层学历者为：小学教师33.09%；初中教师19.74%；高中教师0.63%，比1999年分别提高16.83、7.3、0.6个百分点。

二、重点选拔全国100万骨干教师分层次实施脱产集中培训。通过“工程”的实施，国家拨出专款选拔全国1万名中小学骨干教师进行了国家级脱产集中培训；各省（自治区、直辖市）分别选拔9万名中小学骨干教师进行了省级脱产集中培训；各地（市）分别选拔90万名中小学骨干教师进行了地市级脱产集中培训。通过培训，骨干教师转变了教育观念、更新与扩展了专业知识、提高了科研意识和能力，形成了一支年龄、学科结构基本合理的骨干教师梯队。同时，中小学骨干教师辐射作用的发挥也带动了教师全员培训。

三、初步确立了具有中国特色的中小学教师继续教育制度。通过“工程”的实施，自上而下形成了一套有关继续教育法规政策和指导文件。教育部颁发了《中小学教师继续教育规定》，各省、自治区、直辖市制定和出台了一系列继续教育的地方性法规、政策措施和管理制度，初步形成了中小学教师继续教育地方政策法规体系。具有中国特色的继续教育制度初步确立。

四、开发了一批中小学教师继续教育资源。通过“工程”的实施，发动各方面力量，多形式、多渠道开发中小学教师继续教育资源，国家组织开发了300多种继续教育教材和33门网络课程及配套书籍、光盘，建立了中小学教师网站。组织编译了75种以维吾尔、哈萨克、蒙、朝语为主的民族地区双语教材。各省、自治区、直辖市组织开发了一批具有地方特色的继续教育教材。教育部和各省、自治区、直辖市共同努力，初步形成了以文本、音像、网络为主要形式，多语种、多规格的继续教育资源。

五、形成了一批中小学教师继续教育理论与实践相结合的研究成果。全国已建立51个国家级中小学教师继续教育实验区和30个远程继续教育实验区。各省、自治区、直辖市建立了省级实验区。其中国家级实验区共完成148项继续教育研究课题，形成了一批对继续教育工作具有指导意义的研究报告、论文、专著、经验汇编等。促进了全国中小学教师继续教育和现代远程教师教育工作的发展。

六、中小学教师继续教育类别、形式和模式走向多样化。通过“工程”的实施，中小学教师继续教育从新教师培训、教师岗位培训、短缺学科培训、骨干教师培训、培训者培训和学历提高培训向信息技术、师德和外语等专项培训全面开展；培训形式从技能训练、研训一体、协同组合、跟踪指导向自学反思、校本培训以及学历教育和非学历教育相融通等全面展开和探索；培训模式上有示范—模仿、情景体验、现场诊断、案例教学、参与—分享、合作交流、任务驱动、问题探究、主题组合、自主学习等，针对性增强，培训质量不断提高。

七、促进了具有中国特色的教师继续教育体系的建立。通过“工程”的实施，以终身教育思想为基础，以提高教师专业化发展为目标，以现有师范院校为主体、其他高等院校和中小学校共同参与、职前职后相沟通、灵活开放的教师继续教育体系已初步建立。开展中小学教师继续教育的机构呈现多元化格局，除教师进修院校之外，师范大学、综合大学、研究机构和广大中小学校等都积极参与中小学教师继续教育。

撰稿　唐京伟

〔专科以上学历小学教师培养工作〕　为贯彻落实《中共中央国务院关于深化教育改革全面推进素质教育的决定》精神，提高小学教师的整体素质，教育部于2002年9月印发《关于加强专科以上学历小学教师培养工作的几点意见》。

《意见》指出：各省级教育行政部门要依据《教育部关于“十五”期间教师教育改革与发展的意见》，按照“分区规划、分类指导、分步实施”原则，科学、合理地确定专科以上学历小学教师的培养规模和实施步骤，合理调整承担培养任务的高等师范（简称高师）院校及其他高等学校的布局结构。专科以上学历小学教师的培养要纳入高等教育体系。有条件的高师院校要积极建立和完善培养小学教师的院系或专业，充分发挥现有高师院校培养专科以上学历小学教师主渠道的作用。在高师资源不足的地区，可以在优质的中等师范教育资源基础上，建立培养专科学历小学教师的高等师范专科学校。这些学校都要创造条件，提高办学质量和效益，积极为全省（自治区、直辖市）服务。积极探索专科以上学历小学教师的培养模式，招收高中阶段毕业生，实行三年专科教育，实行四年本科教育；招收初中毕业生，实行前三年在中师培养，后两年在高师培养的“三二分段制”专科教育；或招收初中毕业生，实行“五年一贯制”师范类专科教育，主要适用于幼儿教育、特殊教育、外语、艺术、体育等类小学教师的培养。

根据新世纪基础教育改革与发展及实施素质教育的需要，针对教师专业化的国际趋向和小学教师的培养特点，教育部组织制订并印发《师范高等专科三年制小学教育专业教学方案（试行）》。

截至2002年底，共有5所师范学校单独升格为师范高等专科学校，沙洋师范学校升格为沙洋师范高等专科学校；湖南第一师范学校升格为湖南第一师范学校（专科）；泰州师范学校、泰兴师范学校合并升格为泰州师范高等专科学校；蒙城师范学校升格为亳州师范高等专科学校；鹤岗市师范学校、鹤岗矿务局师范学校合并升格为鹤岗师范高等专科学校。另有3所以师范学校为主与教育学院联合后升格为师范高等专科学校，连云港师范学校、海州师范学校和连云港教育学院联合升格为连云港师范高等专科学校；郑州师范学校和郑州教育学院联合后升格为郑州师范高等专科学校；焦作师范学校和焦作教育学院联合后升格为焦作师范高等专科学校。

撰稿　王源林

〔**对口支援新疆高等师范学校**〕　2002年4月，教育部印发《关于做好对口支援新疆高等师范学校工作的通知》，决定安排华东师范大学对口支援新疆师范大学、东北师范大学对口支援伊犁师范学院、华中师范大学对口支援喀什师范学院。《通知》要求：对口支援要以人才培养为中心，以学科建设、师资队伍建设、学校管理制度与运行机制建设为重点，采取多种形式的支援与合作。

2002年7月16日，“教育部直属师范大学与新疆高等师范学校对口支援协议签字仪式”在教育部举行。华东师范大学副校长马欣荣、新疆师范大学党委书记、副校长张海峰代表学校在《华东师范大学对口支援新疆师范大学的协议》上签字，东北师范大学副校长杨忠、伊犁师范学院党委书记洛合达尔汉代表学校在《东北师范大学对口支援伊犁师范学院的协议》上签字，华中师范大学副校长逄广洲、喀什师范学院党委书记、副院长李化龙代表学校在《华中师范大学对口支援喀什师范学院的协议》上签字。教育部副部长袁贵仁出席签字仪式并讲话指出：对口支援学校要把这项工作作为一项重要的政治任务，纳入学校的工作日程；对口支援的学校要讲贡献、讲奉献、讲支援、讲实效。

2002年，对口支援学校做了大量工作。教育部高校学生司为华东师范大学等3所学校增列定向硕士生名额，由支援学校组织单独命题考试，面向受援学校招收在职教师，攻读硕士学位。教育部直属3所师范大学接受新疆3所高等师范学校的高级访问学者、骨干教师进修和优秀本科生插班学习等形式的对口支援工作已经落实。对口支援学校还在学科发展、科学研究合作等领域进行了广泛的合作。华东师范大学、教育部师范司中小学教师培养处、华中师范大学校长办公室副主任揭辉被教育部、中央组织部等7部委评为“全国学校对口支援工作”先进单位和先进个人。

撰稿　林奇青

〔**高等师范学校本科教学评估工作**〕　按照《普通高等学校本科教学工作水平评估方案（试行）》的要求，2002年5月～11月，教育部继续组织对10所高等师范学校进行本科教学工作合格评估，对2所师范大学进行本科教学工作水平评估。根据评估专家组的考察意见，淮阴师范学院、安徽技术师范学院、安庆师范学院、江西科技师范学院、赣南师范学院、湖北师范学院、韩山师范学院、广西师范学院、喀什师范学院、伊犁师范学院的本科教学工作评估为合格，辽宁师范大学、贵州师范大学的本科教学工作分别评估为优秀和良好。

据统计，2002年接受教育部本科教学工作合格评估的10所高等师范学校，在评估期间累计增加经费投入12.19亿元，其中上级主管部门追加经费2.49亿元，学校自筹经费为9.7亿元，平均每所学校增加经费投入为1.22亿元。10所高等师范学校增加经费的使用投向分别为：基建费占63.97%，教学仪器设备费占14.43%，图书资料费占2.34%，校园网络建设费占1.49%，其他费用占17.77%。另外，接受教育部本科教学工作水平评估的2所师范大学校均增加经费投入0.7亿元。

撰稿 李桂兰

〔**县级教师培训机构建设**〕 改革开放至今，县级教师进修学校完成了小学教师学历补偿教育和义务教育阶段教师学历达标任务，现已逐渐转入以提高教师整体素质为目标的继续教育阶段。当前以县级教师进修学校为主体的县（市、区、旗）级教师培训机构在实施中小学教师继续教育中任务艰巨。但全国县级教师进修机构建设比较薄弱，功能单一，亟待进一步加强和发展。为此，教育部于2002年3月印发《关于加强县级教师培训机构建设的指导意见》。

《意见》指出：县级教师培训机构是中国教师教育体系的重要组成部分。县级教师培训机构的主要任务是：(1) 实施对本地区义务教育阶段教师、幼儿园教师和小学校长的继续教育；为本地区中小学校开展教师校本培训提供指导和服务；承担本地区基础教育新课程、教材和教法培训等，成为本地区开展中小学教师继续教育工作的培训、研究和服务中心。(2) 配合当地教育行政部门做好本地区内有关中小学教师继续教育和实施中小学教师资格制度的组织、协调、评价和服务工作，成为本地区中小学教师教育政策咨询和指导中心。(3) 指导中小学教师在教学实践中学习和研究，推动中小学教师开展教改实验，不断提高中小学教师的专业化水平。(4) 为本地区中小学校开展校本培训和日常教学提供信息技术和现代教育技术的服务。

《意见》明确加强县级教师培训机构建设的基本原则和要求：(1) 要按照小实体、多功能、大服务的原则加强县级教师培训机构建设。(2) 要按照少而精、专兼结合、合理流动的原则加强县级教师培训机构师资队伍建设。(3) 要按照精干、高效的原则，加强县级教师培训机构领导班子建设。(4) 要按照先进性和实用性相结合的原则，加强县级教师培训机构的硬件建设。重点加强有关适用于各学科教师培训的实验室、多媒体教室、微格实验室、教育心理实验室、图书资源（包括文本资源和远程教育资源）等设施设备的建设。(5) 要加强县级教师培训机构卫星电视和计算机网络等远程教育所必备的信息化基础设施、环境和资源建设。(6) 要遵循成人教育的规律和特点，多层次、多渠道、多形式地开展教师继续教育。(7) 要树立开放意识，通过与高等学校、电大、教科研等机构开展联合或合作等多种形式办学，积极探索以中小学教师继续教育为主、多元的、适应时代发展的办学形式，提高培训机构的综合实力。(8) 要了解中小学，研究中小学，服务中小学，与中小学校建立密切的伙伴关系。

《意见》对加强县级教师培训机构建设的领导和管理提出要求：(1) 各省（自治区、直辖市）要把加强县级教师培训机构建设作为贯彻《国务院关于基础教育发展改革的决定》精神，落实基础教育适度优先发展的一项重要举措。按照"地方负责、分级管理、以县为主"的原则，各县级人民政府负有建设好一个县级教师培训机构的责任，要制定县级教师培训机构建设规划，明确有关部门的职能和分工，协调并督促有关部门予以落实。(2) 要确保县级中小学教师培训机构的经费来源。县级教师培训机构建设要以财政拨款为主，多渠道筹措建设经费。(3) 要加紧制定加强县级教师培训机构建设的有关法规政策。(4) 要加强对县级教师培训机构建设和办学质量的督导和评估。各省（自治区、直辖市）教育行政部门要把县级教师培训机构建设的水平作为评估当地基础教育工作和中小学教师继续教育工作的重要内容之一。督导部门要进行督导检查和评估。教育部将制定示范性县级教师培训机构建设的评估标准，并在全国建设一批示范性县级教师培训机构，以促进各地县级教师培训机构建设，提高培训质量。

撰稿 唐京伟

〔**教师教育信息化建设**〕 2002年，教师教育信息化工作得到进一步推进。为了进一步加强对广大中小学教师运用信息技术手段有效开展教育教学活动，教育部在前期试验的基础上，继续加强与英特尔（中国）有限公司的合作，推广"英特尔未来教育"中小学教师信息技术培训试验项目，截至

2002年11月30日，全国共计18个省、自治区、直辖市的近10.5万名教师接受了本项目的培训。

鉴于“英特尔未来教育项目”在中国在职中小学教师培训中效果较为显著，2002年，教育部决定与英特尔公司进一步合作，将该项目继续延伸到师范院校。通过对师范院校教师的培训，并鼓励他们在其教学领域开展教学研究，将未来教育所倡导的教学理念与教学方法与中国的教师教育信息化实际需求紧密结合，更好地激发广大师范院校的教师参与信息化教学实践的热情，改造他们的教学，通过改变他们的教学行为，使师范生感受到信息化的气息，在接受信息化教学能力的培养过程中受益，促进信息技术在师范院校教学中的应用。11月下旬，该项目正式启动，已有10所师范大学、40余名教师接受了骨干教师培训。

撰稿　鹿旭忠
审稿　袁振国

热点关注

我国教师教育改革走向

职前职后教育一体化

专家认为，一体化的教师教育应该包括三层意思：一是职前培养、入职教育、职后提高的一体化，即学历教育与非学历教育一体化；二是中小幼教师教育一体化；三是教学研究与教学实践的一体化，即师范大学与中小学的伙伴关系。

教师教育一体化的概念进入我国师范教育界已有一段时间，但就目前的状况来看，我国的师范教育基本上还是一种“终结性”的教育，职前与职后脱节、条块分割、机制机构分离、课程体系各自为政、低水平重复。其严重的不足与缺陷主要表现在三个方面：一是资源配置不合理。处于这种条块分割的教师教育系统内的各类学校，如师范院校与教育学院相互难以沟通，给管理上带来一定的困难与障碍，也造成了教育资源的浪费与闲置；二是教师职前培养与职后培训分离，造成教学内容、教学技能培养等方面与教育实践相脱节；三是教师职前培养与职后培训在教学水平上的倒挂，同时造成了教育资源的浪费。

一体化的教师教育体系把职前与在职教师教育连接成一个整体，为教师不断提高专业素质，促进其专业发展提供了制度条件与物质条件。

建立开放的培养体系

一体化的教师教育要求打破单一的教师培养体系，吸收非教师教育系统的力量，形成多样化的教师培养体系，“定向型”与“开放型”教师培养模式并存。

自1999年《中共中央国务院关于深化教育改革全面推进素质教育的决定》提出“鼓励综合性高等学校和非师范类高等学校参与中小学教师培养”，2001年《国务院关于基础教育改革与发展的决定》又提出，完善以现有师范院校为主体、其他高等学校共同参与的开放的教师教育体系以来，我国教师教育已经开始了由封闭走向开放，由单一走向多元的进程。综合大学参与教师培养，师范院校增设非师范专业，增强综合办学实力；国家教师资格证书制度的实行，更为非师范类大学毕业生开辟了进入基础教育领域的渠道。

有关专家指出，开放的教师教育体系意味着，独立设置的师范院校与综合大学将在专业教育方面并轨，而在职业教育方面分离。这有利于提高教师的学科专业学术水平，并进行教育理论和教育实践的教育专业训练，促进师资培养教育的专业化、多元化、开放化和综合大学化。随着师范院校收费的并轨，高等教育大众化程度的提高，以及师资岗位的竞争加剧，教师教育将趋向于“4＋X”模式以及教师不断的继续教育体系。

但必须强调的是，在我国教师教育结构进行战略性调整的同时，地域辽阔、发展不平衡的国情决定了独立设置的师范院校，在相当一段时期仍是我国教师教育的主体。

专业调整与课程改革

教师专业素质的培养需要相应的学科专业与课程体系的支持。目前高师院校教师培养模式的各种改革中，主要有两种不同的取向，一种强调应该加强教师所教专业和学科的知识与能力的培养；另一种则强调，应该更多地发展教师职业本身的专业化知识与能力。

应该说，广博的学科知识和教师的专业能力，均为教师专业化的要求。而长期以来，我国教师教育的目标偏重于培养学科专家型的教师，课程体系呈现单一学科纵深发展型，没有体现出教学工作的专业特点；在课程结构上，教育专业课比重明显偏低，课程设置过于单一；理论与实践相脱离，对学生从教技能的锻炼起关键作用的教育见习和实习也存在时间短、次数少、实习基地少、指导教师少、流于形式等诸多问题。

同时，师范院校的学科和专业结构往往具有两个比较明显的特点，即单一性和基础性，缺乏新型的、应用的、边缘的和交叉性的学科与专业，这就限制了学生的学科基础和知识面，也限制了学生的视野，难以适应现代教师应具有宽厚与综合性的知识与理论结构的要求。因此，教师教育的学科专业与课程，应该进行具有全程规划性的调整与改革。

继续教育向专业发展

——我国中小学教师继续教育的重点应从学历教育转向非学历教育，把教师专业化作为教师培训的出发点和归宿，切实发展教师的实践性反思能力，提高继续教育的质量。

——教师继续教育的形式应灵活多样，注意调动教师参加在职培训的积极性，使教师在职培训朝着能够随时随地在每个教师所需的时刻、以最好的方式提供必要的知识和技能这一目标迈进。

——建立适当的教师继续教育评价体系。目前评价存在的问题是观念陈旧、方法落后、缺乏效度和信度。评价方法依然是考试，而考试中存在比较严重的舞弊或变相舞弊问题；其评价结果不能说明被评价者的优劣，评价思想也依然停留在选拔和淘汰功能方面，使评价难以成为改造和促进教育的真正有意义的措施。

——重视“校本培训”在教师继续教育中的重要地位。教师校本培训于20世纪70年代中期，最先在英、美等国产生。各国重视学校在教师在职培训及教师专业发展过程中的作用，逐渐形成了以中小学校为中心、教育行政部门和大学共同参与的教师在职培训模式。

——进一步深化大学与中小学的伙伴关系。国外20世纪60年代以来一直推崇大学与中小学的伙伴关系。教师继续教育应该着力于把大学的课堂向有伙伴关系的学校延伸，为大学教师提供传播理论的机会，为师范生提供见习、实习的机会，也为中小学教师提供进修的便利。

（《中国教育报》2002年4月21日　刘　徽）

民族教育

〔**概况**〕 2002年，全国各级各类普通学校中少数民族在校学生总数为1 990.57万人，比上年增长2.1%。由于继续扩招和对少数民族考生实行优惠政策，普通高等学校少数民族在校生由上年的31.73万人增加到54.1万人，增长32%；普通中学少数民族在校生由上年的567.1万人增加到613.16万人，增长8.1%；但小学和中等师范学校的少数民族在校生人数分别比上年下降1.9%、3.4%。

2002年全国各级普通学校少数民族学生和少数民族教职工数

单位：万人

	少数民族学生		少数民族教职工		少数民族专任教师	
	人　数	占学生总数的比重(%)	人　数	占教职工总数的比重(%)	人　数	占专任教师的比重(%)
普通高等学校	54.10	5.99	6.23	4.78	3.35	5.42
中等技术学校	27.17	6.86	1.83	5.72	1.05	6.20
中等师范学校	7.82	13.01	0.96	11.25	0.46	12.18
普通中学	613.16	7.40	38.33	7.18	31.70	7.24
职业中学	26.55	5.19	2.24	5.21	1.65	5.33
小学	1 149.73	9.46	62.74	9.90	57.23	9.90
特殊教育	2.67	7.21	0.20	4.83	0.15	4.94
幼儿园	109.37	5.37	3.62	4.01	2.42	4.24

2002年各级政府重视发展民族教育，认真贯彻落实《国务院关于深化改革加快发展民族教育的决定》，加大了对民族教育的投入。民族地区“两基”工作取得新进展，截至2002年底，全国民族地区698个县级行政区划单位中，已有368个县(旗)市、区实现了“两基”目标，占总数的52.7%。进一步完善了培养少数民族人才和支持民族地区高等教育发展的特殊政策措施，基本形成了在数量和质量上基本适应教学需要的少数民族专任教师队伍，全国各级各类普通学校少数民族专任教师总数已达98.01万人。“双语”教学得到进一步重视和加强。教育对口支援、中小学民族团结教育成效显著。

〔**表彰民族团结教育先进集体和个人**〕 2002年10月26日～28日，教育部在云南省昆明市召开全国中小学民族团结教育先进集体、先进个人表彰会议。教育部副部长赵沁平、云南省副省长李汉柏等领导出席会议。全国人大、中央统战部、全国政协、国家宗教局等有关部门以及31个省、自治区、直辖市和新疆生产建设兵团教育厅（教委）、民委（民宗厅、局）等单位的负责同志共100多人参加了会议。会议表彰了92个先进集体和72名先进个人。

撰稿　沙玛加甲　马少云

审稿　夏　铸

附一

全国中小学民族团结教育先进集体名单

内蒙古自治区
通辽市科尔沁区教育体育局
集宁市先进路小学

新疆维吾尔自治区
伊犁州第二师范学校
喀什盲聋哑学校

广西壮族自治区
来宾县教育局
宜州市民族中学

宁夏回族自治区
同心县城一小
吴忠市回民中学
贺兰县逸挥基金回民中学

西藏自治区
西藏自治区教育厅德育处
拉萨中学

北京市
北京市民族学校
西城区教委

天津市
红桥区教育局
蓟县教育局教育科
北晨民族职业中等专业学校
武清区杨树回民小学
河西区回望小学
静海县实验小学

河北省
丰宁满族自治县第一中学

山西省
山西大学附中

辽宁省
丹东市教育局基础教育科
抚顺市民主小学
铁岭市朝鲜族高级中学

吉林省
吉林市教育局

黑龙江省
哈尔滨市教育局
齐齐哈尔市教育局
绥化市教育局
佳木斯市教育局
大庆市教育局
双鸭山市教育局

上海市
上海市教育委员会基础教育处
闸北区教育局

江苏省
常州市教育局
江苏省淮阴中学
丰县民族中学
镇江市润州区教育局

浙江省
浙江公安专科学校
绍兴县教育局
浙江省遂昌中学
武义县金穗民族中学
杭州师范学院附属三墩高级中学

安徽省
合肥市教育局
淮南市潘集区古沟回族乡太平小学

福建省
宁德市民族中学
三明市列东中学
福州民族中学
漳州市教育局
惠安县教育局
上杭县庐丰中学

江西省
南昌市第十七中学
贵溪市樟坪畲族乡民族学校

山东省
青岛市教育局
青州市教育局

河南省
周口市教育局
商丘市教育局
郑州市回民中学

湖北省
利川市民族中等职业技术学校
钟祥市九里回族乡回民初级中学
武汉市民族中学

湖南省
湘西土家族苗族自治州民委
娄底市教育局
汝城县延寿瑶族乡中学
衡阳市珠晖区泉溪村小学

广东省
东莞市教育局
乳源瑶族自治县民族实验学校
梅州市梅江区人民小学

海南省
五指山市教育与科学技术局
琼海市第一小学
儋州市南丰小学

重庆市
彭水苗族土家族自治县教育委员会
石柱土家族自治县教育委员会
沙坪坝区教育委员会

四川省
成都市教育局
绵阳市教育局
德阳市教育局

贵州省
关岭布依族苗族自治县教育局
道真仡佬族苗族自治县梅州中学

云南省
文山壮族苗族自治州教委
祥云县教育局
景洪市教育局

陕西省
宝鸡中学
旬阳县蜀河小学
西安市临潼华清中学
西安市第二十五中学

甘肃省
清水县教育体育局
天祝藏族自治县教育局
张掖市民族小学

青海省
海晏县教育局
贵南县教育局

新疆生产建设兵团
农三师中学
农五师八十七团学校

附二

全国中小学民族团结教育先进个人名单

内蒙古自治区
德　全（巴彦淖尔盟教育局）
云志发（包头市蒙古族中学）
刘晶毅（呼伦贝尔市教育局）
德力格尔其其格（东乌珠穆沁旗里雅斯太蒙古学校）

新疆维吾尔自治区
高文英（阿克苏市教委）
李建声（乌鲁木齐市教育局）
宋立华（新疆实验中学）

广西壮族自治区
慕朝京（广西壮族自治区教育厅）
贺建宁（邕宁县教育局）
张庆兴（来宾县教育局）

宁夏回族自治区
田西林（海原县文化教育体育局）
任薇娜（宁夏回族自治区民委）

西藏自治区
孔宪贵（拉萨市教体委）
扎西江措（察隅县瓦龙乡中心小学）
扎西罗布（贡嘎县农村实验中学）

北京市
项国钧（北京市西藏中学）
刘宝才（怀柔区喇叭沟门满族乡中心小学）
杨存义（通州区潞河中学）

河北省
王华新（沧州回民中学）
高金龙（宽城满族自治县教育体育局）
马相力（文安县教育局）
秦文明（青龙满族自治县文化局）
吴广生（河北省教育厅）

山西省
杨素珍（山西大学附属高级中学）

辽宁省
李钟太（沈阳市教育局）
吴玉良（阜新市教育局）

吉林省
于海波（吉林市教育局）

迟学为（长春市教育局）
包云升（白城市教育局）
张玉宝（辽源市教育局）

上海市
边根华（共康学校）
邵志勇（杨浦区教育局）
陈儒俊（闵行区教育局）

江苏省
赵家美（南京市江浦高级中学）

浙江省
雷素君（龙游县西门小学）

安徽省
廉仲堂（阜阳市教育局）
司义久（滁州市教委）
王树龙（安徽省教育厅）

江西省
雷省身（铅山县篁碧畲族乡中学）
康卓廷（南康市教委）
陈祖芳（吉安市青原区东固镇龙家塘小学）

山东省
徐广军（莒南县教育局）
余中兴（淄博市周村区教委）
石　磊（日照市教育局）
翟日军（枣庄市教育局）
朱振兴（青州市教育局）

河南省
张　华（周口市教育局）
孙秉科（南阳市教育局）

湖北省
向　丽（五峰县政府）
唐绍安（咸丰县教育局）

湖南省
杨寿眉（邵阳市教育局）

广东省
麦东亮（广雅中学）
陈亚林（广东省教育厅）

海南省
王居进（琼中县教育与科学技术局）
张健福（儋州市那大中学）

重庆市
赵令汉（黔江区教委）
罗中华（酉阳土家族自治县教委）

四川省
田景岳（自贡市教育局）
巫道祥（泸县教育局）

贵州省
苏太恒（贵州省民族宗教委员会）
朱建明（贵阳市白云区民族中学）
任筑平（贵州省教育厅）

云南省
徐天伟（曲靖市教育局）
魏顺祥（玉溪市中小学民族团结教育活动领导小组办公室）

陕西省
朱　瑛（咸阳市娃娃艺术培训学校）
王珞琳（西安市莲湖区教育局）

甘肃省
闫廷吉（酒泉地区教委）
韩万仁（酒泉市教育局）

青海省
雅拉毛（青海省教育厅）

新疆生产建设兵团
菊　旦（八十九团）
阿布都热西提·艾则孜（农三师教委）
夏勒哈尔·夏拉帕但（六十七团民族中学）

〔**汉语教学**〕 为适应市场经济和扩大对外开放和交流的需要，提高少数民族学生的汉语水平，教育部组织有关专家对《全日制民族中小学汉语文教学大纲》进行全面修订，力求体现基础教育课程改革精神，遵循第二语言教学的规律，强调培养少数民族学生实际运用汉语的能力。2002 年 4 月，新修订的《全日制民族中小学汉语教学大纲》由教育部发布试行。内蒙、吉林等各有关省、自治区根据新修订的《大纲》，组织重新编写或修订民族中小学汉语教材。

自 2001年启动的“中国少数民族汉语水平等级考试”(简称“民族汉考”）开发研制工作进展顺利，到 2002 年，编制出版了《中国少数民族汉语水平等级考试大纲（三级)》，三级考试题库也初步建立。教育部于 10 月发出《关于在有关省区试行中国少数民族汉语水平等级考试的通知》，拟于 2003 年在有关省区进行考试试点。教育部民族教育司随后印发了《中国少数民族汉语水平等级考试办法》和《中国少数民族汉语水平等级考试（MHK）考务管理工作实施细则》。“民族汉考”的研制开发和逐步推行，将为各级各类学校少数民族学生的汉语水平和能力提供科学的评价标准，有利于促进少数民族汉语教学的改革，提高少数民族汉语教学水平。

各有关省区加强了对汉语教师的培训。除对有关省区的培训给予适当的经费支持外，教育部民族教育司还于 7月和 8月分别在新疆和青海举办了两期国家级民族中学汉语骨干教师培训班。

撰稿　赵　卫

审稿　阿尔宾·达莱

〔**组织起草《中国少数民族教育条例》**〕 2002 年 4 月 26 日～28 日，教育部在北京召开《中国少数民族教育条例》研讨会，中央有关部门领导和专家以及有关省、自治区、直辖市教育厅（教委）民族教育处（基础教育处）的负责同志 30 多人参加了会议，对拟订的《中国少数民族教育条例》初稿进行了讨论和修改。11 月 25 日～28 日，又召集来自全国人大民委法案室、国务院法制办、国家民委教育司、政策法规司等有关方面的专家 40 多人在贵阳市召开了《中国少数民族教育条例》专家研讨会。这次会议在充分肯定《条例》初稿的基础上，提出了许多具体修改意见。通过研讨，对《中国少数民族教育条例》立法的指导思想、立法目的、立法内容、立法调整的范围和关系等问题进一步达成了共识，为《中国少数民族教育条例》的修改打下了坚实的基础。

撰稿　沙玛加甲　马少云

审稿　夏　铸

〔**教育支援西藏**〕 2002 年 10 月 14 日，教育部在北京召开全国教育支援西藏工作会议。有承担教育援藏任务的 19 个省（直辖市）教育厅（教委)、32 所高等院校和教育部直属事业单位以及西藏自治区有关部门的主要负责同志共 116 人参加会议。

据统计：自 1993 年全国教育援藏工作会议以来，到 2001 年底，西藏全区各级各类学校在校生数已达到 39.7 万人，比 1993 年增长了 71.68%；适龄儿童入学率达到 87.2%，青壮年文盲率下降到 38.1%，受教育人口大幅度增长；有 5 个县通过了普及九年义务教育验收，实现了西藏“普九”零的突破，基本实现了县县有中学、乡乡有完全小学的目标，西藏教育事业进入了历史上发展最好的时期。内地西藏班累计招收初中生 24 294 名，中专、中师、高中生 15 666 名，高校本、专科生3 496名；已向西藏输送 9 458 名内地西藏班中专以上毕业生；有在校生 13 266 名分布在 22 个省、市有关学校，形成了全国支援西藏发展教育事业的大好局面。

会议明确了新世纪初全国教育援藏工作的主要任务和政策措施：

一、继续办好内地西藏班，改善条件，提高质量。举办内地西藏班的任务，必须“毫不动摇地长期坚持”。在“十五”和“十一五”期间，对内地西藏班工作的基本要求是，稳定内地初中、高中、师范办学规模，重点提高质量，扩大内地普通高等学校本、专科以上招生规模，大力培养西藏建设急需的各类专门人才和高层次骨干人才。(1) 改善内地西藏班办学条件，使其达到当地同类学校标准。

2002年，国家已拨出8 750万元项目经费，用于内地西藏班扩招基建、改造基础设施和购置仪器、设备。各地要按照中央关于“继续办好内地西藏班，改善条件，提高质量”的精神，采取倾斜政策，切实加大投入力度，尽快提高所有学校的管理水平和教育质量。(2)作好内地普通重点高中学校西藏班学生插班教学的试点工作。从2002年起，每年安排计划380名，办有内地西藏班的省、直辖市每省市每年招收20名优秀初中毕业生，直接插班到本省、市非民族的一类普通高中学校学习。插班生源为内地西藏班应届初中毕业生，经统一考试，择优录取。(3)提高补贴标准，确保内地西藏班学生学习、生活及医疗等各项所需经费。内地西藏班高中学生在校学习期间，干部子女要适当交纳学习、生活及医疗费用；农牧民和城镇困难职工子女予以减免，减免部分由当地省、直辖市政府从内地西藏班财政预算专款补贴。(4)加强教职工队伍建设。根据内地西藏班的实际，教职工编制配备标准要适当放宽。教职工实行“定编不定人”动态管理，对不合格教职工要及时调换，确保优秀教职工到内地西藏班任教或工作。(5)提高教职工待遇。内地西藏班(校)管理工作涉及到教育、教学和生活的每个方面和每个环节，教职工的工作量大，责任重。要建立内地西藏班(校)在编在岗教职工特殊岗位补贴。鼓励和吸引一批政治思想素质高、业务能力强、经验丰富、有奉献精神的教师和行政管理干部到内地西藏班任教或从事管理工作。

二、加强内地18个省、直辖市对口支援西藏工作，重点帮助西藏发展基础教育和中等专业技术教育。根据中央有关文件精神，采取“分片负责，对口支援”和“定点、包干、负责”的办法，由北京、天津、河北等18个省、直辖市对口支援西藏自治区的拉萨、阿里等7个地、市。内地18个省、直辖市的一个或几个地级市(区)对口支援西藏一个县，重点帮助西藏对口县改扩建2所中小学，共约143所；18个省、直辖市重点帮助改扩建西藏地、市和教育厅所属的普通高中和职业技术学校，共约15所。采取多种措施，培养培训项目学校骨干教师和行政管理人员，把项目学校建设成为西藏综合办学条件较好的学校。同时，2002年，国家下达2亿元专项补助经费，扶持西藏自治区改扩建中学。

三、加强内地高校支援西藏工作，加大西藏干部队伍的培养力度。(1)内地高校对口支援西藏自治区高等学校。从2003年至2007年，西南交通大学等23所内地高校和中国林业科学研究院对口支援西藏大学等3所高校。采取内地几所高等学校(研究院)对口支援西藏1所大学的办法，重点加强受援学校院(系)的学科建设、教师队伍建设、教学科研和管理工作以及援助教学设备，改善办学条件等，使受援学校的院(系)综合办学条件基本达到标准。(2)内地高校建立西藏干部教育培训基地。改善西藏在职干部队伍的文化结构、专业知识结构，培养西藏急需的中高级人才。在中国人民大学等8所高校建立西藏在职干部教育培训基地。从2003年至2007年，计划5年共培养1 980名西藏在职干部，其中专升本1 550名、硕士研究生430名。(3)加强西藏专门人才和后备干部的培养。国家进一步扩大内地高校在藏招生和内地西藏班招生规模，年招生规模由2002年的1 200名逐年扩大到4 900名左右。有关高校要采取特殊措施，重点为西藏定向培养硕士学位以上的民族人才。(4)内地高校招收非西藏生源学生，定向为西藏培养人才，充实西藏县以下基层干部队伍。从2003年起，由中国农业大学等13所高校，每年从四川、甘肃等省、自治区应届高中毕业生中，采取适当降分录取、定向培养、定向分配的办法，招收500名定向生。(5)从2003年起，从内地本科学校的毕业生中选调800名本科以上非西藏生源的毕业生到西藏工作。

四、人民教育出版社、高等教育出版社、中国教育报刊社、中央教育科学研究所、教育部考试中心、中央电化教育馆、中央电视大学等11个教育部直属单位对口支援西藏教材编译中心等西藏自治区教育厅直属单位和高等学校。同时，2002年7月29日～8月13日，教育部民族教育司在成都组织召开招生工作会，招收4 200余名内地西藏班学生，进入内地初中、高中、师范和大学本、专科学校学习。

2002年11月21日～24日，教育部民族教育司在河南郑州市举办培训班，承担援藏办学任务的19个省市教育行政部门负责人和50所承办内地西藏班的普通初中、高中、师范学校校长、中层干部等共计100人参加培训。通过培训统一了思想，提高了做好教育援藏工作的重要性、紧迫性的认识。

〔**内地学校支援新疆培养人才**〕 根据内地高校支援新疆第四次协作工作2001～2005年每年培养1 000名新疆少数民族本专科生的规划任务，教育部发出《关于下达2002年内地高等学校招收新疆少数民族学生协作计划的通知》，落实2002年内地高校招收1 000名新疆少数民族学生的招生计划。

2002年4月，教育部、国家计委、财政部联合印发《关于扩大内地新疆高中班招生规模的通知》，决定从2002年起，北京、上海、天津、南京、杭州、广州、深圳、大连、青岛、宁波、苏州、无锡12个城市的内地新疆高中班学校扩大招生。年招生规模由2001年的1 000人扩大到2002年的1 540人（其中面向新疆生产建设兵团招收应届初中毕业生少数民族35人、汉族农牧民子女35人，共计70人）。5月，教育部发出关于下达2002年内地新疆高中班招生计划的《通知》。北京等内地12个城市根据《通知》精神，所属的15所学校举办了内地新疆高中班，招生1 540人，于9月入校学习。

2002年11月13日～15日，教育部民族教育司在上海举办了内地高中班培训班。培训了有援疆办学任务的12个城市教育行政部门负责人和15所承办内地新疆高中班的高中学校校长、中层干部等，共计40人。

〔**民族高等教育**〕 2002年6月，教育部下达《2002年全国普通高等学校民族预科班和民族班招生来源计划》。根据《计划》，教育部等4部委所属的66所高等学校和辽宁等8个省所属的13所高等学校共招收少数民族预科生2 992名。2002年11月8日～9日，教育部民族教育司在新疆师范大学召开全国普通高校少数民族预科工作研讨会。出席会议的代表有湖南、河南、广西、重庆、四川、贵州、西藏、青海、宁夏、新疆、云南等有关省、自治区、直辖市教育厅（教委）负责人和北京师范大学等有关高校负责人以及有关高校预科部主任等共计78人。会议重点研究了普通高校少数民族预科班管理和制订普通高校少数民族预科4科（汉语、英语、数学、计算机）教材的编写方案问题。会议明确今后全国普通高校民族预科的重点工作：一是进一步规范高校预科的招生、教学和学籍管理工作。二是建立高校民族预科办学评估制度。三是高校民族预科教学实行统一教学计划、统一教学标准、统一教材。四是对预科课程实行分层次管理，全国统一课程主要有语文、数学、外语、计算机基础、马克思主义民族观和党的民族政策5门，由教育部统一组织编写教材，供高校预科使用。其他课程由高校根据实际需要确定。

撰稿　次仁多布杰　卢胜华
审稿　阿布都

热 点 关 注

21世纪民族教育的发展趋势及特点

随着社会主义市场经济体制的建立和完善，民族教育面临着前所未有的挑战。应该说在计划经济体制下形成并发展起来的传统的民族教育体制、模式和观念已经在某些方面不适应民族教育改革和发展。民族教育要发展必须深化改革。那么，民族教育改革和发展之路在何方？这是民族教育改革和发展过程中必须首先要解决的问题。我们要以战略眼光，借鉴古今中外民族教育的发展历史，审时度势，分析研究民族教育的发展前途和趋势。

在社会主义市场经济条件下的民族教育与计划经济体制下的传统的民族教育相比，将出现以下几个方面的特点。

第一，从历史条件方面看，传统的民族教育是计划经济体制的产物。在特殊的历史条件和严格的户籍管理政策下，我国少数民族人口居住呈现大分散、小集聚的格局。由于这种相对稳定的居住格局，决定了民族教育只能集中分布在少数民族居住集聚的山区、牧区，边疆和农村。民族教育的这种分布局面是造成自我封闭的民族教育体制、死板的教学模式和陈旧的教育观念的客观原因。在市场经济条件下，户籍管理制度逐渐放开或取消，人口可以自由流动，少数民族集聚人口减少，散居人口增多，产业结构发生巨大变化，从事第一产业的人口减少，城市化进程加快，使民族教育的分布逐渐从农村转移到城镇，由过去分散、小规模办学变成集中、大规模办学。这给民族教育带来挑战的同时为民族教育的发展创造了无限的机遇。

第二，从培养目标方面看，传统的民族教育片面强调民族教育的特殊性，过分强调民族语文教学，忽视汉语文和外语教学，致使培养出来的民族学生社会适应能力差，就业能力和工作能力不尽如人意。而在市场经济条件下，民族教育的特殊性逐渐被淡化，民族教育也要面向未来、面向现代化、面向世界，其培养目标趋于多样化。要培养“三语兼通”或“双语兼通”的德、智、体等方面全面发展的人才。这就要求民族教育不仅要尊重少数民族语言、文化、历史和风俗习惯，体现党的民族政策，而且要注意贯彻执行党和国家的教育方针。民族学生不仅要学好本民族语言文字，而且要学好中国各民族共同语言——汉语，还要学好外语。

第三，从教育观念方面看，在传统的民族教育中，认为民族教育办得越纯越好，把民族教育和民族语言文字教学划等号。这是束缚民族教育发展的主观原因。在这种思想观念的支配下，从表面和形式上看，好像很好地保持本民族的语言文字、文化、优良传统，但其结果必然导致对外交流减少，自我封闭、落后。而在市场经济条件下，各民族将努力适应市场经济，积极接受其他民族的先进思想和经验，树立大教育观，改革旧教育体制和教育模式。衡量民族教育不再以“纯而又纯”作为标准，而是以“三个有利于”，即“是否有利于党的教育方针和民族政策的贯彻；是否有利于民族教育的长远发展；是否有利于少数民族整体素质的提高”作为民族教育发展的根本标准。

第四，从办学模式方面看，在传统的民族教育中，往往独立设置民族学校，各级教育机构分离，办学形式单一，无灵活性，束缚了民族教育的全面发展，还限制了民族教育的范围，散居地区很多民族学生失去接受民族教育的机会。在市场经济条件下，民族教育的办学形式将灵活多样，多种形式并存。按民族成分划分，民族教育既可以在民族集聚地区办民族独立学校；还可以在民族混居地区办民族联合学校，专设民族班；民族学生生源极少的地区也可以各民族混合编班，设民族语文课程。民族独立学校作为特色在民族集聚地区将长期保存下去。但应值得注意的是在有条件办民族教育的地区，民族学校简单地实行合并或混合编班，等于取消民族教育。按民族教育级别划分，民族教育办学形式有：独立设置各级教育机构；小学和初中实行九年一贯制；小学、初中、高中实行十二年一贯制。按就读方式划分，民族教育既可以实行寄宿制，还可以实行走读制（学生自行上学）和通勤制（公家购买交通工具接送学生）。多种形式的办学模式并存，有利于拓宽民族教育的发展之路。

第五，从教学模式方面看，在传统的民族教育体制下，以民族语言授课，加授汉语的模式占主流，并长期以来被人们认为，这就是最正统的民族教育。在市场经济条件下，民族教育无固定不变的教学模式，灵活多样，主要有：（1）民语为主型，即用民族语言文字授课，加授汉语；（2）汉语为主型，即汉语成为教学用语，加授民族语文；（3）双向双语型，即国际通行的双语教学。要按照大多数民族群众的愿望，从本民族和本地区的实际出发，按照上述“三个有利于”的标准，在实践中选择最合适的教学模式。在这里关键是打破民族教育就是用民族语言教学的旧框框。

第六，从教材使用方面看，在传统的民族教育教学模式下，民语教材和汉语教材，不同教学对象的差异，全省乃至全国统一，无任何选择余地，某地教材一律采用全国统编教材的翻译版本，教材的编写、翻译、出版由地域性的民族教育出版机构垄断，编审合一，无竞争，难以提高质量。在市场经济条件下，随着实行灵活多样的教学模式，民族教育教材编写、出版发行体制的改革，民族学校教材的选用将不再受限制，民语教材和汉语教材编写、出版引进竞争机制，打破由一家垄断的局面，教材质量大幅度地得到提高，建立严格的民族教材审查制度，编写和审查分离，规范民族学校的教学和学习用书。

第七，从教师队伍结构方面看，在传统的民族教育体制下，民族学校教师培训途径单调，缺乏教师来源。在市场经济条件下，由于受改革开放和经济全球化等大环境的影响，民族学校的教师队伍结构单一化、民族化的局面将被打破，趋于以民族教师为主体，其他民族教师为辅，实行教师队伍结构多民族化；民族教师的培养也将摆脱某些框框，拓宽培养渠道，提高档次。它将有力地推进民族学校的教学改革，提高教育质量，使学生能够学到高水平的汉语，有利于“双语兼通”的人才的培养。

第八，从办学条件方面看，传统的民族教育主要依赖于政府的投入和扶持，依赖于党的倾斜政策的照顾以及民族群众的办学热情。但由于民族教育规模小，造血功能低，民族学校的办学条件普遍低于汉族学校；民族教育经费不足，教师待遇不高，教师队伍不稳定，流失严重，素质低。这是民族学校教育质量差，失去民族群众的信赖，从而造成民族学生大量流入到汉族学校的重要原因。在市场经济条件下，加强民族教育首先在改善办学条件，提高教师素质上下功夫，这是提高民族教育质量，保持民族教育旺盛的生命力的根本问题所在。如何改善民族教育办学条件，提高民族教师素质，加强民族教育呢？就是要一靠深化改革，二靠加大投入，三靠自力更生，四靠各方支持。民族教育即使在新的形势下仍然需要政府的投入和来自各方的支持，但仅仅靠加大投入和各方支持是不够的，需要的是通过它来增强民族教育的造血功能。

第九，从教学方法和手段方面看，传统的民族教育教学方法简单，沿用传统的注入式、填鸭式等传统的教学方法；教育手段落后，基本停留于20世纪70年代的“媒体技术”阶段的水平。在市场经济条件下，加强民族教育的另一个途径是改进教学方法，实现教育手段的现代化。这无疑是一件艰巨的任务。进入21世纪，民族教育也要赶上世界教育发展潮流，广泛应用计算机技术、网络技术、通信技术实现教育技术的信息化，并用现代信息技术构造一个网络化、数字化、多媒体化、智能化、虚拟化有机结合的民族教育环境。

（《中国民族教育》2002年第1期　李斗石）

学校体育、卫生、艺术与国防教育

〔**农村学校体育卫生工作**〕　为尽快改变农村学校体育卫生工作的薄弱状况，教育部于2002年4月在四川省南部县召开西部地区农村学校体育卫生工作现场会，在总结交流各地经验的基础上，对进一步做好农村学校体育卫生工作的若干问题进行了研究。2002年6月，教育部印发了《教育部关于加强农村学校体育卫生工作的几点意见》。《意见》认为，改革开放以来各级教育部门认真落实《学校体育工作条例》和《学校卫生工作条例》，在全面推进素质教育的进程中，重视发展农村学校体育卫生工作，使我国农村学校体育卫生工作出现了可喜局面。但由于绝大多数农村地区经济发展水平较低，办学条件较差，农村学校体育卫生工作仍是整个学校教育工作中相对薄弱的环节，应努力改变这一现状。《意见》从农村中小学校体育课开课率、体育教师队伍、卫生与健康教育、经费和物质保障等方面，提出了工作要求及保障措施，强调到2005年，农村中小学校必须按照基础教育新课程标准的要求，开足开齐体育课；按国家有关规定配齐体育教师；中心小学以上学校（含中心小学）按照国家器材配备标准，配齐体育、卫生和健康教育的器材。

〔**第八届全国中学生运动会**〕　由教育部、国家体育总局、共青团中央主办，中国中学生体育协会协办，江苏省人民政府承办的全国第八届中学生运动会，于2002年8月18日～23日在江苏省南京市举行。中共中央政治局常委、国务院副总理李岚清，教育部部长陈至立、国家体育总局局长袁伟民、共青团中央书记处书记赵勇、中共江苏省委书记回良玉等领导参加了开幕式和有关活动。

第八届中学生运动会设田径、游泳、篮球、排球、足球、乒乓球、羽毛球、毽球8个比赛项目。各省、自治区、直辖市和香港、澳门特别行政区共33个单位组团参赛，参赛运动员2 000余名，参加运动会的总人数超过了5 000人。获得运动项目团体总分前十名的代表团是：江苏、广东、北京、上海、辽宁、河北、云南、山东、福建、河南。获得体育道德风尚奖的代表团为：江苏、香港、西藏、澳门、北京、上海、云南、江西、广东、陕西、辽宁、天津、内蒙古。

第八届中学生运动会首次举办了体育科学论文报告会。大会共收到各地报送的论文1 800多篇，经学术委员会评审，共评出大会报告论文20篇、墙报交流论文118篇、优秀论文170篇。

〔**实施《学生体质健康标准》**〕　由教育部、国家体育总局共同组织研制的《学生体质健康标准（试行方案）》（以下简称《标准》），于2002年7月由教育部、国家体育总局共同发布实施。

《标准》是促进学生体质健康发展、激励学生积极进行身体锻炼的教育手段，是学生体质健康的个体评价标准和学生毕业的基本条件之一，也是《国家体育锻炼标准》在学校的具体实施。《标准》实施后，原《大学生体育合格标准》、《中学生体育合格标准》、《小学生体育合格标准》停止执行。

《标准》分步实施，逐步推广。从2002年新学年开始，由各省、自治区、直辖市教育厅（教委）确定3%左右的中小学校和2所以上的高等学校，小学从一、三、五年级开始，中学（中专）和高等学校从起始年级开始实施《标准》，以取得经验。从2003年新学年开始，各省、自治区、直辖市实施《标准》的比例扩大到50%的中小学校和所有高等学校。从2004年新学年开始，《标准》在全国各级各类学校实施。

〔印发《全国普通高等学校体育课程教学指导纲要》〕 为促进当代大学生的身心健康发展，根据国务院颁发的《学校体育工作条例》的要求，教育部于2002年8月制定印发了《全国普通高等学校体育课程教学指导纲要》（以下简称《纲要》），要求自2002年新学年开始先在教育部直属高校中施行，2003年新学年开始在全国普通高校施行。

《纲要》是国家对大学生在体育课程方面的基本要求，是普通高等学校制订体育课程教学大纲，进行体育课程建设和评价的依据。《纲要》分为课程性质、课程目标、课程设置、课程结构、课程内容与教学方法、课程建设与课程资源的开发、课程评价和附则八个部分共23条。《纲要》从课程性质的正确定位、课程目标的具体化、课程结构的合理化、充分体现学生的主体性、课程内容的拓展和课程资源的开发、课程评价的科学化等方面，为普通高等学校体育课程改革提出了新的思路。

〔推行第二套中小学生（幼儿）广播体操〕 为丰富学校课间活动内容，促进少年儿童身心健康发展，教育部组织创编了《第二套全国中小学生（幼儿）系列广播体操》，包括《世界真美好》、《雏鹰起飞》、《初升的太阳》、《时代在召唤》、《青春的活力》五套操。自2002年9月1日起在全国普通中学、职业中学、中等专业学校、技工学校、全日制小学、幼儿园推行。

教育部强调，组织学生做广播体操是对学生进行集体主义教育的好形式，它有助于广大学生养成经常参加体育锻炼的良好习惯，促进他们生动、活泼、主动地发展。教育部要求各级教育行政部门和学校要加强组织领导并采取积极有效的措施，认真做好本套广播体操的师资培训和推广工作，同时做好检查评比，不断提高课间操的质量。

〔印发中小学体育器材设施配备目录〕 2002年，根据《学校体育工作条例》和中小学体育（体育与健康）课教学大纲的要求，教育部对1989年颁布的《中小学体育器材设施配备目录》进行了修订，于2002年7月印发了新的《中学体育器材设施配备目录》、《小学体育器材设施配备目录》（以下简称《目录》）。

教育部要求各级教育行政部门、中小学校重视和加强体育场地、器材、设施的建设和配备工作，在财力、物力上予以保证；要定期检查中小学体育场地、器材、设施建设和配备情况，并将其作为评估学校教育工作的重要内容之一。《目录》分必配类和选配类。必配类器材设施是根据体育教学和开展课外体育活动的基本要求确定的，各学校必须按照要求配齐；选配类是指学校根据实际情况选择配备的器材设施。教育部要求行政部门根据《目录》精神，制订本地区的中小学体育器材、设施配备目录。

〔表彰体育工作优秀学校和先进个人〕 为了进一步推动中小学校认真贯彻《学校体育工作条例》，提高学校体育工作的质量，教育部办公厅于2001年6月印发《关于开展贯彻〈学校体育工作条例〉优秀学校及先进个人表彰工作的通知》，决定从2001年起，在全国中小学校中开展贯彻《学校体育工作条例》的选优评估工作。经各地评选，教育部于2002年8月，对北京市东城区灯市口小学等352所贯彻《学校体育工作条例》优秀学校和北京市房山区周口店中学周靖合等310名贯彻《学校体育工作条例》先进个人予以了表彰。

撰稿　卢　逊

附

贯彻《学校体育工作条例》优秀学校、先进个人名单

北京市

优秀学校

北京市东城区灯市口小学

北京市第四中学

北京市第一师范学校附属小学

北京市回民学校

北京市和平街第一中学

北京市第二十中学

北京市第十二中学

北京市石景山区实验小学

北京市通州区潞河中学

北京市密云区穆家峪镇中心小学

北京市怀柔区第五中学

先进个人

周靖合　北京市房山区周口店中学

赵德利　北京市昌平实验中学

张连喜　北京大兴黄村第二小学

荆占友　北京市顺义区马坡中学

巩福利　北京市平谷中学

郑世永　北京市延庆县第二小学

马　凌　北京教育科学研究院基础教育教学研究中心

白荣正　北京市教育委员会

马杏芳　北京市东城区教育委员会

王宝生　北京市顺义区教育委员会

潘长山　北京市门头沟区教育委员会

天津市

优秀学校

天津市第二中学

天津市红星职业中等专业学校

天津市汉沽区第一中学

天津市咸水沽第一中学

天津市宁河县芦台第一中学

天津经济技术开发区国际学校

静海县瀛海学校

天津市大港区第一小学

天津市西青区大稍直口中心小学

天津市北辰区实验小学

宝坻县城关镇第二小学

先进个人

赵子声　天津市实验中学

李文英　天津市第二十一中学

于学光　天津市塘沽区第二中学

范秀军　天津市武清区杨村第四中学

包振东　蓟县城关第四中学

李德华　南开大学附属小学

颜昭杰　天津市东丽区实验小学

金津生　天津市教育委员会体育卫生与艺术教育处

孟祥义　天津市河东区教育委员会体育卫生科

任克亮　大港油田集团教育处体育卫生科

河北省

优秀学校

滦县第三实验小学

唐山市第十六中学

河北涿州中学

保定市第一中学

承德市第三中学

河北省三河市第一中学

秦皇岛市第一中学

河北省沧州市第一中学

石家庄市石岗大街小学

邢台市第五中学

石家庄市第一中学

张家口市桥西区西豁子小学

河北峰峰春光中学

邯郸市复兴区岭南路小学

河北冀州市中学

先进个人

贾春艳　香河县城内第一小学

李建中　河北峰峰春光中学

柴晓华　张家口市宣化第二中学

强俊坡　无极县文化教育局

韩保来　石家庄市教育委员会

赵永秋　沧州市教育局

赵晓伟　邢台市教育委员会普教教研室

陈建出　秦皇岛市教育委员会中学教研室
李树林　承德市教育局
李惠英　保定市教育委员会
凌　波　河北定州中学
赵树洲　开滦（集团）有限责任公司西山路小学
郭长征　唐山市教育局
李　杰　河北枣强中学
郭辛午　邯郸市教育委员会

山西省

优秀学校

山西南洋国际学校
太原市育英中学
大同机车厂职工子弟中学
阳泉市北大街小学校
山西省长治市第二中学
晋城市第一职业中专学校
山西省应县第一中学
山西省忻州市第一中学
经纬机械（集团）有限公司中学
山西省运城市康杰中学
山西省运城中学
山西省临汾市第三中学
汾阳市实验小学

先进个人

沈庆伟　太原市教育局
韩长清　大同机车厂职工子弟中学
刘忠丽　阳泉矿务局洪城河小学
王杰宇　山西省长治市第一中学
李雪明　晋城市教育局
杨润春　山西省应县第一中学
张继生　定襄县第二中学
李成英　山西省太谷县教育委员会
刘红旗　山西省运城市康杰中学

内蒙古自治区

优秀学校

呼和浩特市第一中学
呼和浩特市新城区车站小学
包头市第一中学
乌海市第二中学
赤峰市松山区第一中学
通辽市科尔沁区实验小学
科右中旗巴彦呼舒第三中学
鄂温克族自治旗第一中学

先进个人

李文利　内蒙古师范大学附属中学
鲁　健　包头市第一中学
孙佃兵　内蒙古集宁一中
谭晓华　巴彦淖尔盟中学
郭　林　喀喇沁旗王爷府中学
许文俊　包头钢铁稀土公司第七中学

辽宁省

优秀学校

沈阳市第三十一中学
沈阳市第三十五中学
沈阳市第十一中学
沈阳市沈河区朝阳街第一小学
沈阳市和平区和平大街第一小学
大连经济技术开发区第一中学
鞍山市第一中学
抚顺市第二中学
丹东市第一中学
营口市第七中学
营口市站前区青年小学
本溪市实验中学
辽阳市第五中学
兴城市曹庄镇中心小学
辽河油田实验中学

先进个人

朱春明　沈阳市回民中学
张　健　沈阳市教育局
张茹君　大东区教育局
张俊杰　本溪市教育局
荀福顺　营口市教育局
关俊奇　辽宁省实验中学
张恒权　鞍山市第八中学
邱贵全　西丰县第一中学
高丰业　抚顺市教育局

吉林省

优秀学校

吉林省实验中学
长春市第十一中学
吉林市第五中学
四平市地直街小学
辽源市实验中学

通化市第一中学

白山市解放中学

延边第一中学

松原市实验高级中学

长春市第五中学

延吉市第二高级中学

吉林毓文中学

先进个人

曲跃年　吉林省教育厅

王国良　长春市教育局

姜国富　吉林市教育局

綦　欣　四平市第一中学

鄂积国　通化市教育局

张丰伟　白山市教育局

董秋实　大安市第一中学

温传刚　延吉市第一高级中学

黑龙江省

优秀学校

牡丹江市第一中学

佳木斯市第一中学

齐齐哈尔市实验中学

大庆第一中学

大庆石油高级中学

哈尔滨师范大学附属中学

哈尔滨市第六中学

哈尔滨市第五中学

鹤岗市第一中学

先进个人

范　捷　哈尔滨市第五中学

梁春生　齐齐哈尔市建华区东路小学校

封颖颇　牡丹江市教育局

陈国富　哈尔滨市教育局

王天增　哈尔滨市第十三中学

梁秀海　黑龙江省教育厅

李德才　齐齐哈尔市教育局

张　兵　哈尔滨市第七十三中学

上海市

优秀学校

上海市曹杨中学

上海市风华中学

上海市澄衷中学

同济大学第一附属中学

上海市进才中学

上海市嘉定区第一中学

上海市松江二中

青浦区实验中学

上海市南汇区周浦镇小学

崇明县城桥中学

上海市位育中学

先进个人

侯　樽　上海市黄浦区教育科学研究所

柯元炘　上海市卢湾区巨鹿路第一小学

项乔荣　上海市静安区第一中心小学

陆惠兴　上海市长宁区教育局

郭浪舟　上海市闸北区教育局

刘锦林　上海市吴淞第四中学

徐卫弟　上海市闵行区友爱实验中学

陈　勖　上海市山阳中学

陆建国　上海市奉贤区教育局

江苏省

优秀学校

六合县第一中学

南京市第三中学

南京市游府西街小学

苏州市第十中学

无锡市第一中学

江苏省常州高级中学

镇江市第一中学

江苏省海门中学

徐州市第三中学

江苏省新海高级中学

盐城市第一小学

江苏省黄桥中学

江苏省沭阳高级中学

淮阴师范学院附属中学

江苏省扬州中学

先进个人

赵贵林　南京市教育局

郭智祥　南京市雨花台区教育委员会

杨万斌　江苏省苏州实验中学

刘忠耀　江阴市教育局

陈永年　常州市教育局

汪荣方　丹阳市教育局

陆　军　如东县木并茶中学

李沛立　连云港市教育局

刘阳春　盐城市教育局
罗靖宏　江苏省靖江市教育局教学研究室
丁广荣　泗阳县教育委员会
汪　卫　淮安市清河区教育局
程　莲　江苏省江都中学

浙江省

优秀学校

浙江省萧山中学
浙江省鄞县鄞江中学
海宁市硖石镇中心小学
浙江省诸暨中学
浙江金华第一中学
浙江省温州中学
浙江省衢州第二中学
台州市椒江区第一中学
浙江省缙云中学
舟山市普陀区沈家门中学
湖州市第一中学
温州市水心第二小学

先进个人

陈红儿　浙江省萧山中学
周晓明　杭州市教育委员会教研室
黄君宽　慈溪市逍林镇中心小学
林时珍　苍南县教育局
俞祥林　嘉兴市第三中学
杨铁钢　绍兴市教育局教学研究室
梁丽红　丽水市莲都区教育委员会教研室
郑建勇　湖州市龙泉小学
陈正其　天台县教育局
石　磊　浦江县第二中学

安徽省

优秀学校

安徽省肥西中学
阜阳市城郊中学
芜湖市第一中学
安徽省庐江第三中学
安徽省濉溪中学
安徽省宣城市高级职业中学
安徽省砀山中学
铜陵市实验小学
祁门县祁山小学
安庆市第二中学
安徽省马鞍山市第二十二中学
五河县第三中学

先进个人

谢卫国　安徽省淮南第一中学
周文化　合肥市西市区教育委员会
朱瑞莲　亳州市教育局
王　斌　安徽省阜阳市教学研究室
刘桂林　芜湖市第二十五中学
王英武　六安市教学研究室
尹　冲　安徽省和县第一中学
王继勉　歙县桂林中学
汪汉生　安庆市郊区教育委员会
姚家林　明光市教育委员会教研室
汪小玲　池州市教育局

江西省

优秀学校

江西省九江市第三中学
萍乡市芦溪中学
新余钢铁有限责任公司第一中学
抚州市临川区第十小学
江西省乐平中学
安福县第二中学
江西省鹰潭市第一中学
南昌市第十中学
江西省于都中学
江西省宜春市第一中学
玉山县六都完全中学

先进个人

周月萍　江西省湖口中学
易淑清　萍乡市安源区城区小学
陈剑晖　新余市第二中学
徐建辉　江西省南丰县第一中学
吴长根　景德镇一中分校
赵金贵　吉安市石阳小学
章爱金　江西省鹰潭市第三中学
舒德南　南昌市教育委员会
刘德周　江西省寻乌中学
刘　博　江西省高安中学
汪海海　德兴市教育委员会

福建省

优秀学校

福建省福清第一中学

厦门市同安第一中学
福建省龙海第二中学
福建省南安国光中学
莆田第六中学
上杭县第一中学
三明市第三中学
福建省武夷山实验小学
福建省古田县第三中学

先进个人

刘羊城　福建省福州第三中学
陈文斌　厦门市禾山中学
林成旗　平和县小溪学区
张惠民　福建省惠安第四中学
陈希曜　福建省莆田第一中学
黄联开　福建省连城县第二中学
唐照莲　三明市第四中学
林明浦　浦城县教师进修学校
魏孝捷　福建省宁德市教师进修学院

山东省

优秀学校

淄博市淄川第一中学
山东省实验中学
山东省利津县第一中学
山东省枣庄市第八中学
邹平县黛溪中学
山东省单县第一中学
胜利油田第一中学
德州市北园小学
山东省青岛第十五中学
山东省烟台第一中学
山东省泰安第二中学
山东省临沂第一中学
济南铁路职工子弟第四小学
山东省文登第一中学
济宁师范专科学校附属中学
山东省潍坊第二中学
山东省聊城第三中学
山东省日照第一中学

先进个人

展茂伦　平阴县教育委员会
徐　昭　山东省枣庄市第三中学
陈　东　德州市教育局
栾宏业　青岛市教育局
王青辉　烟台市教育科学研究院
李树山　山东省泰安第二中学
张成刚　莱钢集团有限公司第十中学
欧建新　临沂市教育局
侯训惠　莱芜市教育局
林庆柱　济宁市教育局
杜文胜　肥城矿业集团有限责任公司教育处
郑关新　山东省淄博第一中学
赵瑞涛　潍坊市教育局
吉京学　山东省五莲县第三中学
黄培阳　齐鲁石油化工公司职工子弟中小学总校

河南省

优秀学校

郑州市第一中学
河南省平顶山市第一中学
河南省偃师高级中学
济源市双桥第一中学
三门峡市第一中学
许昌实验小学
河南省鹤壁市第二中学
河南省焦作市第十二中学
河南省信阳高级中学
南乐县第一高级中学
安阳市第一中学
遂平县第一高级中学
河南省开封高级中学
河南省新乡市第一中学
河南省南阳市第二十二中学
河南省第二实验中学

先进个人

吕兴琦　郑州市第十一中学
刘惠中　南阳市第十三中学
陆建年　开封市第三十一中学
陈富杰　新乡市教育委员会
周玉枝　洛阳市教育委员会体育卫生工作站
李振乾　上蔡县第一初级中学
胡景华　漯河市第十中学
罗德军　安阳市教育委员会体育卫生保健站
杜凤引　濮阳市教育局
陈启玉　罗山县教育体育局
张君萍　河南省焦作市第十三中学
索强山　鹤壁市教育委员会体育卫生艺术教育工作站
丁丙义　许昌市教育局

韩现卿　三门峡市第二中学
郭予洲　河南省周口地区教委体育卫生艺术教育科
梁梅宪　济源市教育委员会体育卫生艺术工作站
赵海涛　永城市教育体育委员会教研室
吴国喜　河南省实验中学

湖南省

优秀学校

长沙市周南中学
衡阳市第二中学
湖南省湘乡市东山学校
湖南省怀化市第五中学
益阳市第一中学
湖南省永顺县第一中学
湖南省澧县第一中学
湖南省慈利县第二中学
临湘市第二中学
桂阳县第三中学
湖南省长沙县第一中学
湖南省永兴县第一中学
株洲九方中学
湖南省东安县第一中学
湖南省娄底第二中学
湖南省隆回县第二中学
耒阳市第二中学

先进个人

李中柱　湘潭钢铁集团有限公司第一子弟中学
杨　林　益阳市教育局
毛善新　湖南省澧县第一中学
吴建新　湖南省岳阳市长岭炼油厂子弟中学
何京伟　宁乡县教育局
朱　彤　湖南省株洲市第三中学
彭建国　邵东县教育委员会
肖深根　湖南省涟源市第一中学
谢迪强　张家界市教育局
董自衡　衡阳市第二中学
林顺进　湖南省会同县第三中学
向兴汉　龙山县华塘乡中心小学
王香成　湖南省郴州市第二中学
成小平　永州市第一中学

湖北省

优秀学校

武汉市第六中学
湖北省黄石市第三中学
十堰市第二中学
湖北省宜昌市第一中学
宜城市龙头第二初级中学
鄂州市第六中学
钟祥市旧口高级中学
湖北省汉川市实验小学
荆州市实验中学
咸宁市实验小学
罗田县三里畈初级中学
利川市民族实验小学
广水市实验中学
湖北省潜江中学

先进个人

詹楚民　武汉市第四中学
赵喜茂　湖北省十堰市第一中学
陈明信　湖北省宜昌市夷陵中学
刘宗林　湖北省襄阳县第一中学
万仁春　云梦县实验初级中学
侯伯云　湖北省荆州市沙市六中
李冠华　湖北省鄂南高级中学
徐春林　湖北省浠水县第一中学
彭绍军　咸丰县第一中学
邹汉林　仙桃市教育局
文良贵　天门市教育委员会体卫艺中心
钟　义　湖北省神农架林区第一中学

广东省

优秀学校

华南师范大学附属中学
广州市第九十七中学
广东北江中学
佛山市荣山中学
湛江市第二十中学
茂名市第一中学
广东肇庆中学
龙川县培英学校
海丰县彭湃中学
阳江市第一中学
阳山县第二中学
中山市小榄镇华侨中学
揭东第一中学
罗定中学
顺德市桂洲中学

先进个人

李应斌　广州市越秀区教育局
何万源　南雄市第一中学
刘先林　深圳市南头中学
赵醒球　斗门县一中
林楚平　广东汕头华侨中学
潘学茹　佛山市石湾区澜石中学
朱国悦　广东省台山市教育局
谢　强　廉江市教育局
陈锡祥　信宜市信宜中学
丁志明　惠州市第三中学
李少华　肇庆市实验小学
胡向华　梅州市教育局
任洪文　东莞市厚街中学
贺优琳　中山市中山纪念中学
肖文森　潮州市金山中学

重庆市

优秀学校

重庆市第八中学
重庆市第七中学
重庆市九龙坡区谢家湾小学
重庆市第十一中学
重庆市江津中学
重庆市江北中学
重庆市巴县中学
重庆市涪陵城区实验小学
重庆市万州区实验小学
重庆市黔江区民族中学

先进个人

鲁善坤　重庆市第一中学
赵小刚　重庆市教育科学研究所
唐嘉滨　重庆市江北区教师进修学校
郑发新　重庆铁路中学
刘　群　武隆县巷口小学
周兴润　重庆市渝北区实验中学
刘　鸿　长寿县教育委员会
王心铎　重庆市北碚区教育委员会
马松柏　石柱土家族自治县教育委员会

广西壮族自治区

优秀学校

广西大学附属中学
广西壮族自治区柳州高级中学
北海市第六中学
梧州市第一中学
玉林高级中学
柳州铁路第二中学
宾阳县新宾中学
广西壮族自治区河池地区高级中学
来宾县第二中学
桂林市第十七中学

先进个人

谭立勇　广西壮族自治区南宁市第三中学
李桂梅　广西壮族自治区南宁外国语学校
傅右江　柳州市第一中学
左　兵　梧州市第一中学
曾雨恒　贵港市江南中学
杨美容　贺州市教育局教学研究室
陆秀蕊　广西壮族自治区百色高级中学
吕少波　合浦廉州中学
张　柠　桂林市第十七中学
谭先寿　桂林市清风实验学校
许良辉　防城港市防城区教育局
苏伟昌　钦州市第二中学

海南省

优秀学校

海南中学
海南省国兴中学
琼海市嘉积中学
东方市民族中学
琼山市大致坡中心小学

先进个人

张孟蛟　海南省国兴中学
梁振梧　琼山中学
叶亚德　三亚市第一中学
杜灵发　海南华侨中学
蔡于江　海南师范学院附属中学
陈天文　海南中学

四川省

优秀学校

绵阳市教育局
四川省商业学校
四川省简阳中学
四川省渠县中学
四川省双流县中学

四川省成都市第十二中学
成都市草堂小学
四川省成都市树德中学
四川省绵阳中学
四川省隆昌县第一中学
四川省广元中学
攀钢（集团）公司教育处第一高级中学
阿坝州马尔康第一小学
四川省南充高级中学
南部县教育局
四川省乐山第一中学
四川省泸州市第六中学

先进个人

叱利华　绵阳市教育局
马云辉　四川省绵阳南山中学
宋晓进　双流县教育局
邱芙生　四川省郫县第一中学
陈克坚　四川省崇州市崇庆中学
李世璞　成都市第十八中学
吉　呷　康定县教育体育局
何昌全　射洪县太和镇第四小学
范益民　四川省南充市第一中学
赵宜生　四川省宜宾市第三中学
邹世震　凉山彝族自治州教育局
赵明华　四川省雅安中学
王国群　若尔盖县达扎寺小学
王乐冰　四川省乐山市实验中学

贵州省

优秀学校

贵阳市第十三中学
贵州省凯里市第一中学
贵州省安顺市第一高级中学
黔南布依族苗族自治州都匀第二中学
贵州电力建设第二工程公司子弟中学
贵州省金沙县第一中学
仁怀市城南中学
贵州省铜仁地区民族中学

先进个人

胡立无　黔南布依族苗族自治州都匀第一中学
陈玉兴　六盘水市第二中学
王建琪　贵州省望谟民族中学
马玉成　贵州省纳雍县第一中学
钟子琪　贵阳市第一中学
代　鹏　石阡县晏明初级中学
彭兆南　遵义市第四中学
杨秀林　贵州省剑河民族中学

云南省

优秀学校

云南省通海县第一中学
水富县第一中学
曲靖市第一中学
昆明市官渡区教育委员会
云南省武定第一中学
云南省思茅市第一中学
云南省兰坪白族普米族自治县第一中学
丽江纳西族自治县第一中学
云南省宾川县第一完全中学
云南省保山第一中学

先进个人

赵尔民　云南省昆明市第八中学
朱继星　陇川第一中学
刘置荣　云南省文山县第一中学
张春建　红河哈尼族彝族自治州教育局
梅全林　陆良县联办高级中学
阮兴立　云南省临沧地区中学
罗宗宏　勐海县第一小学
尼玛丁争　迪庆藏族自治州民族中学

西藏自治区

优秀学校

西藏山南地区第三小学
西藏自治区林芝地区第二中学
拉萨市第二中学

先进个人

成　立　日喀则市第一小学校
扎　西　西藏那曲地区小学
次仁平措　林芝地区扎木中学
向巴扎西　西藏自治区昌都地区实验小学

陕西省

优秀学校

长安县第一中学
西安市第七十中学
西安市雁塔区西影路小学
宝鸡市渭滨中学
眉县槐芽中学

陕西咸阳中学
咸阳市秦都区沣东中学
汉中市第二中学
陕西延安中学
延安市宝塔区第四中学
陕西省定边中学
商州市城关中学
宁陕县宁陕中学

先进个人

屈中乾　西北工业大学附属中学
严公健　陕西省西安小学
黄　磊　扶风县法门镇第一初级中学
高定安　勉县第二中学
杭占伟　吴旗县中学
白万兴　榆林市苏州中学
沙长林　国营西北第一棉纺织厂职工子弟小学
姚瑞民　陕西省商州师范学校附属小学
王　斌　陕西省安康师范附属小学

甘肃省

优秀学校

兰州市第二中学
甘肃省静宁县第一中学
甘肃省靖远县第二中学
甘肃省庆阳第一中学
甘肃省武都第一中学
甘肃省定西县东方红中学
天祝藏族自治县第一中学
天水铁路职工子弟第一中学
张掖市第二中学

先进个人

罗腾岳　兰州市第六中学
赵正锋　甘肃省宁县第四中学
郭正军　嘉峪关市逸夫学校
李　汀　甘南藏族自治州合作第二中学
李森林　玉门市第二中学
达建宇　甘肃省永昌县第一中学
刘继武　临夏回民中学
王中奎　武威市教育局

青海省

优秀学校

西宁市城西区五四大街小学
西宁市第十四中学
西宁市城东区业余体育学校
格尔木市第二中学
民和回族土族自治县高级中学
海南藏族自治州中学

先进个人

孙生峰　湟中县职业中学
石艳珍　西宁市第二十二中学（西宁市第三职业中学）
杨旭超　德令哈市第二中学
万寿义　青海省共和县中学
袁渊德　门源回族自治县第二中学

宁夏回族自治区

优秀学校

银川市第二中学
贺兰县第二小学
石嘴山市第三中学
吴忠市回民中学
吴忠市吴忠中学
泾源县第一中学
隆德县城关一小
宁夏大学附属中学

先进个人

王忠华　宁夏回族自治区教育厅体育卫生与艺术教育处
毛志成　银川市教育局
米国华　银川市第二中学
李升柱　中卫县宣和中学
马文俊　宁夏回族自治区固原县回民中学
程向军　石嘴山市第十一小学
张　力　吴忠市教育局

新疆维吾尔自治区

优秀学校

新疆石河子市第一小学
新疆昌吉回族自治州第二中学
新疆布尔津县城镇第四小学
乌苏市第一中学
库车县第二中学
温泉县高级中学
和静县第一中学
新疆鄯善县鲁克沁中学
奎屯市第一中学
乌鲁木齐市第八中学

先进个人

黄建国　乌鲁木齐市第六中学

梁铁坚　克拉玛依市第五中学

阿不力米提·木沙　新疆哈密地区第一中学

辛会强　且末县小学

哈力木拉提·阿布力克木　温宿县第三中学

波拉提·哈汗　阿勒泰地区第一高级中学

〔**发布《学校食堂与学生集体用餐卫生管理规定》**〕　2002年9月20日，教育部、卫生部联合发布《学校食堂与学生集体用餐卫生管理规定》。该规定依据中华人民共和国《食品卫生法》、国务院批准颁布的《学校卫生工作条例》制定，是教育部门和学校加强学校食品卫生管理的行政规章。

《学校食堂与学生集体用餐卫生管理规定》共6章38条。其中包括：食堂建筑、设备与环境卫生要求；食品采购、贮存及加工卫生要求；食堂从业人员卫生要求；管理与监督等。

〔**预防艾滋病健康教育**〕　艾滋病是中国重点控制的重大疾病。1998年国务院印发了《中国预防与控制艾滋病中长期规划（1998～2010年）》（以下简称《中长期规划》），提出了中国预防控制艾滋病的总目标及各项工作的具体目标。2001年国务院办公厅又印发《中国遏制与防治艾滋病行动计划（2001～2005年）》（以下简称《行动计划》），提出了控制艾滋病的具体工作指标、行动措施与保障措施。按照上述规划和计划，2001年11月教育部制定印发了“关于进一步贯彻落实《中国遏制与防治艾滋病行动计划（2001～2005年）》的意见”，对学校预防艾滋病健康教育进行了全面部署。《意见》要求各级教育行政部门和学校领导要对艾滋病预防与控制工作增强责任感、使命感；要将预防艾滋病健康教育工作纳入学校整体工作计划，要分类指导落实普通中学、中等职业学校和普通高等院校预防艾滋病健康教育教学计划；开展学校预防艾滋病健康教育要坚持适时、适度、适当的原则，教育的重点为：讲解艾滋病的危害、艾滋病传播途径以及相关的青春期性健康教育知识、无偿献血知识、禁毒知识、如何预防艾滋病等。

2002年5月，教育部与卫生部又联合发出《关于加强学校预防艾滋病健康教育工作的通知》。《通知》要求各地教育部门尽快逐级制定开展学校预防艾滋病健康教育的工作计划和安排，并保证工作部署到位；要从2002年秋季起，逐步在所有普通中学、中等职业学校、高等学校全面开展预防艾滋病健康教育；要求各地要加强预防艾滋病健康教育工作的检查督促工作，以确保各项措施得到落实。

撰稿　张　芯

〔**发布《学校艺术教育工作规程》**〕　2002年7月25日，教育部发布《学校艺术教育工作规程》（以下简称《规程》）。《规程》的发布实施，对保障和促进学校艺术教育的改革和发展，开创学校艺术教育的新局面，具有重要意义。

《规程》共分6章22条，内容涉及学校艺术教育的课程教学，课外、校外艺术教育活动，校园文化环境建设和开展学校艺术教育的保障等方面的要求，有较强的操作性。艺术课程教学是开展艺术教育的主渠道，《规程》要求各级各类学校要加强艺术类课程教学，要按照国家的规定和要求开齐开足艺术课程。《规程》同时要求，在开展课外、校外艺术教育活动时，要充分利用社会艺术教育资源，因地制宜地开展形式多样的学生艺术文化活动。营造健康良好的校园文化艺术环境，是学校艺术教育工作的一项重要内容。《规程》特别强调在校园内不得进行以赢利为目的、格调低下的文艺演出和文化艺术产品推销活动；教育行政部门和学校不得组织学生参与各种商业性艺术活动或商业性庆典活动。

到2002年，学校艺术教育行政管理机构和教研业务网络已基本建立，学校艺术教育课程开课率大幅度提高，艺术教育师资队伍建设发展较快，艺术教师严重不足的状况得到缓解，课外、校外艺术教育活动逐步丰富，并成为整个学校教育的重要组成部分。但是学校艺术教育仍然是整个学校教育中最薄弱的环节之一，在发展中还存在许多亟待解决的问题，特别是学校艺术教育的法规建设相对滞后，艺术教育尚未步入科学化、规范化、法制化的发展轨道，严重制约了学校艺术教育的发展。《规程》的发布将使学校艺术教育有法可依，有章可循，规范、引导学校艺术教育工作健康发展。

〔**印发《学校艺术教育发展规划》**〕 2002年5月，教育部印发《全国学校艺术教育发展规划(2001年～2010年)》。《发展规划》的指导思想是：以全面推进素质教育为目标，深化课程教学改革为核心，加强教师队伍建设为关键，普及和发展农村学校艺术教育为重点，大力弘扬中华民族的优秀文化艺术，积极学习世界的优秀文化艺术。坚持积极进取，因地制宜，分区规划，分类指导的原则，依法治教，真抓实干，切实提高工作质量和管理水平，使中国学校艺术教育再上新的台阶。

《发展规划》的目标是：至2005年，城市地区的九年义务教育学校艺术课程开课率达到100%，农村学校达到90%，处境不利地区的学校达到70%；到2010年，农村学校开课率达到100%，处境不利地区的学校达到80%；高中阶段所有学生按规定修满艺术课程的学分；所有普通高等学校均在2005年前普遍开设艺术类选修和限定性选修课程，并逐步纳入教学计划，计入学分。深化艺术课程教学改革，加强科学研究，大幅度地提高学校艺术教育的教学质量。建设一支能基本满足各级各类学校艺术教育需要，又具有实施素质教育能力和水平的教师队伍。积极开展面向全体学生的经常性的课外、校外艺术活动，并逐步使其规范化、制度化。逐步加大经费投入，普及现代化的艺术教育技术手段，使学校艺术教育需要的器材和设施达到教育部规定的要求。到2010年前，建立符合素质教育要求的大、中、小学相衔接的，具有中国特色的学校艺术教育体系。

《发展规划》明确了艺术教育在课程与教学、课外艺术活动、教师队伍建设、科学研究与国际交流、现代教育技术方面的主要任务。并要求各地要建立健全学校艺术教育管理和教研机构，不断提高学校艺术教育的行政管理水平和教研管理水平，坚持依法行政，确保学校艺术教育政策、法规的落实，加大对学校艺术教育经费的投入和器材配备。

〔**农村学校艺术教育实验项目总结**〕 2002年，教育部体卫艺司在全国不同地区选择58个县(市、区、旗)，作为农村学校艺术教育的实验单位，力图通过实验县（市）的探索研究，切实推进农村学校艺术教育的改革与发展。为全面总结全国农村学校艺术教育实验工作，交流各实验县（市）开展实验项目研究工作的经验，教育部体卫艺司于2002年5月20日～23日在河南省新密市召开全国农村学校艺术教育实验县（市）实验项目中期总结会议。

会议对三年来实验研究工作进行了认真总结，认为实验研究工作取得了五个方面的成绩：(1)初步确立了农村学校艺术教育在素质教育中的地位，农村学校艺术教育改革深入发展，艺术教育质量明显提高。根据58个实验县（市）的统计：发达地区实验县（市）艺术教育平均开课率已达100%；中等发达地区实验县（市）艺术教育平均开课率达95%左右；经济较落后地区实验县（市）艺术教育平均开课率也已达85%左右。(2)建立健全了农村学校艺术教育管理机制。各实验县（市）加强了农村学校艺术教育管理机制建设，提高了农村学校艺术教育实验工作水平：一是加强了实验目标管理。根据本地实际情况，制定了加快本地农村学校艺术教育改革和发展的目标，确定了实验工作的方向。二是加强了实验网络管理，构建了学习培训、实践活动、示范辐射三大网络，强化了行政、科研、教师三级管理运行机制，实行全县（市）艺术教育统一管理体制。三是加强了实验制度管理。制定了实验工作制度，使实验工作步入了制度化、规范化的轨道。四是加强了实验评价管理。在实验工作中通过评价，及时获得艺术教育过程和结果的信息，及时加以调控，有效地提高了艺术教育实验工作水平。(3)农村学校艺术教师队伍建设得到加强，教师素质水平有所提高。各实验县（市）一方面以岗位培训为主，开展多规格、多层次、多渠道师资培训；另一方面大力开辟农村艺术教师来源的渠道，充分挖掘本地农村的潜力，开展对外培训和委托培养。通过努力，农村艺术教师的学历达标和艺术教育专业水平有了很大的提高。(4)农村学校艺术教育投入有所增加,艺术教育条件得到一定程度的改善。有的实验县(市)制定了《学校艺术场地建设及设施配备规划的标准》,筹集资金200余万元用于艺术教育设施建设。有的实验县规定,对艺术教育的投入,由县乡两级财政预算按每年每生2元进行安排,实行专款专用。还有的实验县采取"县财政挤一点、社会捐一点、群众集一点、教育行政奖一点"的办法来解决农村学校艺术教育器材添置的经费。(5)农村学校艺术教育科研工作取得成果。许多实验县(市)的艺术教育研究课题已在中央、省级"十五"教育科研规划中立项。

在下阶段实验研究工作中,会议认为必须做到三个坚持,五个定位。三个坚持是:坚持全面贯彻党的教育方针和素质教育的思想;坚持实事求是、因地制宜的原则;坚持理论和实践的统一。五个定位是:目的定位,把实验工作的目的定位在加快本地学校艺术教育改革和发展上;过程定位,把实验工作的过程作为在现代教育理论指导下以课题研究促改革、促发展的过程;重点定位,要把提高农村艺术教师的整体素质作为实验工作的重点,切实把农村艺术教师作为农村艺术教育科研的主力军,引导广大农村艺术教师在实验中提高自身素质;方法定位,把实验工作的主要方法定位在以解决农村艺术教育的实际问题为主要任务上;成果定位,把实验工作成果定位在理论指导下的实践,在实践基础上再总结上升到理论。各实验县(市)要切实抓好课题项目,推出研究成果。

撰稿 万丽君

〔**印发《普通高等学校军事课教学大纲》**〕 为落实《中华人民共和国国防法》、《中华人民共和国兵役法》和《国务院办公厅中央军委办公厅转发教育部总参谋部总政治部关于在普通高等学校和高级中学开展学生军事训练工作的意见的通知》精神,教育部、总参谋部、总政治部于2002年6月19日联合印发了《普通高等学校军事课教学大纲》。《大纲》共分7个部分18条。其指导思想是以马列主义、毛泽东思想、邓小平理论和江泽民同志关于国防与军队建设的重要论述为指导,按照教育要面向现代化、面向世界、面向未来的要求,适应中国人才培养的战略目标和加强国防后备力量建设的需要,为培养高素质的社会主义事业的建设者和保卫者服务。目标是通过军事课的学习训练,使大学生掌握基本军事理论和军事技能,增强国防观念和国家安全意识,强化爱国主义、集体主义意识,提高大学生的综合素质。

《大纲》强调,军事课程是普通高等学校本、专科学生的一门必修课;军事课列入学校教学计划,成绩记入学生档案;军事理论教学时数为36小时,军事技能训练时间为2周～3周,实际训练时间不得少于14天。课程内容由军事理论课和军事技能训练两部分组成,其中,军事理论课包括中国国防、军事思想、世界军事、军事高技术和高技术战争;军事技能训练包括解放军条令条例教育与训练、轻武器射击、战术、军事地形学和综合训练。在课程建设方面,明确学校应在教育行政部门核定的教师总编制内,按照军事课程教学任务配备相应数量的合格的军事教师,同时对军事教师的培训、培养、教学管理和教材使用等进行了规定。军事课课程评价由国家教育行政部门会同有关军事部门组织进行。评价内容包括学生学习效果、教师教学状况、课程建设以及学校对本课程的定位等。各省、自治区、直辖市教育行政部门应根据教育部有关规定制订评价方案,适时表彰和奖励有突出贡献的个人和成绩优秀的单位。《大纲》自2002至2003学年起在全国施行。

〔**印发《关于在高级中学开展学生军事训练若干问题的意见》**〕 为落实《国务院办公厅中央军委办公厅转发教育部总参谋部总政治部关于在普通高等学校和高级中学开展学生军事训练工作的意见的通知》和全国学生军训工作会议精神,教育部于2002年3月21日印发了《关于在高级中学开展学生军事训练若干问题的意见》。《意见》强调:学生军训是进行爱国主义、集体主义和革命英雄主义教育的有效方法,能增强国防观念和国家安全意识,增强学生组织纪律观念,培养艰苦奋斗的作风,提高学生的综合素质。高级中学学生军训统一纳入社会实践中进行。军训内容分集中军事训练和军事知识讲座两部分，时间为7～14天，其中集中军事训练不得少于7天。军事知识讲座的内容包括军事思想、军事科技、现代国防、国际战略环境、高技术战争等，课时安排按新修订的《高级中学学生军事训练大纲》执行。

《意见》要求，除有条件的学校在学校组织军训外，各地教育行政部门和学校要尽量利用学生社会实践基地、民兵训练基地承担学生集中军训。有条件的地区，教育行政部门要加大投入，筹建多种形式的学生军训基地。对学生组织实弹射击，要与有关部门按照有关规定精心组织，严格管理，确保安全。各级教育行政部门要与军事部门密切配合、互相协调，做好学生军训的组织领导工作，及时解决工作中遇到的新情况、新问题，保证学生军训的顺利进行。高级中学要由一名领导分管学生军训工作，科学制订计划，因地制宜地实施，保证学生军训时间、内容和效果的落实。

撰稿　谭　钢

审稿　廖文科

教育信息化建设与远程教育

〔**教育信息化“十五”发展规划**〕 为加快教育信息化发展步伐，促进教育信息化建设健康有序的发展，根据《国民经济和社会发展第十个五年计划信息化重点专项规划》和《面向21世纪教育振兴行动计划》的要求，教育部制定了《教育信息化“十五”发展规划（纲要）》。《规划》坚持实事求是、开拓创新的精神，系统回顾了近几年来我国教育信息化建设发展现状、取得的成就和存在的薄弱环节，提出了“十五”期间教育信息化建设的发展目标，确立了指导思想与发展原则，明确了重点建设内容，制定了切实可行的主要措施。《规划》对教育信息技术普及、基础设施建设、管理和运行机制改革、网络教育、教育资源建设、信息化人才培养和教育软件产业基地建设等方面的发展目标作了详尽的阐述，涉及高等教育、基础教育、教师教育、成人和职业教育等各级各类教育的信息化，是我国教育战线“十五”期间信息化发展建设的纲领性指导文件。

〔**现代远程教育标准化建设**〕 为加快我国现代远程教育发展步伐，推动教育信息技术的标准化，根据国家标准化管理委员会的要求，教育部继续进行现代远程教育和教育信息化标准的研究制定、颁布和推广工作。在2001年标准化工作基础上，2002年主要进行测试实验室建设和测试认证系统平台开发工作，继续制定标准。在上年已颁布标准基础上，2002年又发布了《现代远程教育技术标准体系和11项试用标准V1．0版》和《基础教育教学资源元数据规范》，着重对我国各种远程教育课件资源的制作和接口作了规定，从而统一了教育软件开发标准和接口标准。“元数据规范”是一个面向基础教育教学资源的规范，规定了资源数据的最基本元素的格式及定义，对基础教育部分的素材及资源的整合与共享起到了重要的作用。另有10项拟发布的国家标准已提交国家标准化管理委员会审查。与此同时，教育信息技术标准化委员会积极参与国际标准化组织工作，受到国际标准化组织的肯定。2002年12月11日，国家标准化管理委员会发函批复成立全国信息技术标准化技术委员会教育技术分技术委员会，明确了该委员会的工作范围是教育领域信息技术的标准化及远程教育应用技术的标准化（不包括教学设备和仪器）。该委员会已制定和发布了13项现代远程教育标准。

〔**西部大学校园计算机网络建设**〕 2001年11月，国家计委正式批复启动了《西部大学校园计算机网络建设工程》项目。根据国家计委批复精神，教育部组织专家对如何做好项目的组织、管理与实施等项工作进行了调查研究，在调查研究的基础上，制定了《西部大学校园计算机网络建设工程项目管理暂行办法》和《西部大学校园计算机网络建设工程项目招标投标实施细则》，并于2002年7月9日由教育部办公厅、国家计委办公厅联合行文发布施行。该管理办法与实施细则，确立了项目建设的基本原则，在机构与职责，组织与实施，经费与管理，项目检查、验收与评估及其招标投标原则和程序等方面进行了具体规定，可操作性强，为规范西部大学校园计算机网络建设工程奠定了基础。为保证建成后的西部大学校园网正常运行，提高《西部大学校园计算机网络建设工程》项目承担单位网络管理人员的管理和技术水平，按照项目暂行管理办法的要求，国家西部大学校园计算机网络建设工程项目领导小组办公室，组织中国教育和科研计算机网络中心（CERNET）的专家编写了培训教材，并从2002年12月23日起，先后在北京大学、清华大学、华中科技大学举办了两期“西部大学校园网络建设工程项目技术和管理人员培训班”，培训管理人员和技术人员共计300人。培训班坚持理论与实践相结合，在学习理论知识的同时，组织培训人员参观见习了北京大学、清华大学、华中科技大学的校园网。经过为期一周的培训，培训人员初步掌握了校园网管理和日常维护的基本知识和技能。

〔中国教育和科研计算机网CERNET高速主干网建设与卫星电视教育网络改造工程项目验收〕 中国教育和科研计算机网CERNET高速主干网建设工程和卫星电视教育网络改造工程是1999年教育部正式批复立项的现代远程教育工程项目。中国教育和科研计算机网CERNET高速主干网建设工程的主要建设内容是利用国家现有的光纤传输基础设施，建设覆盖我国大部分地区，连接29个中心城市，传输速率达2.5G的高速SDH网络；建设连接中国教育和科研计算机网八大地区网络中心和主干网主节点的CERNET新高速主干网，将CERNET主干网的传输速率提升到622Mb/s；实现高速传输网络和高速IP网络的综合管理能力；建设CERNET中高速地区网主干网，使大部分地区的传输速率达到155Mb/s；建设CERNET城市高速接入网，实现60个左右的高校和省、自治区、直辖市教育主管部门通过光纤与地区网络中心或地区主节点连接，传输速率达到100Mb/s以上；建设CERNET高速网络服务平台，提高网络认证等一系列网管服务。卫星电视教育网络改造工程的主要建设内容是建立现代远程教育卫星传输中心，实现电视信号传输、多媒体数据广播、基于TCP/IP的外交互通信、统计复用和调制、节目信号监控、节目技审与播出、用户授权和条件接收、卫星传送等功能；建立若干接收实验点等。目前该网络已改建成中国教育卫星宽带多媒体传输网，并已实现与中国教育和科研计算机网CERNET的高速连接。

中国教育和科研计算机网CERNET与中国教育卫星宽带多媒体传输网，作为我国教育信息化和现代远程教育工程的信息化基础设施，已在我国现代远程教育和教育信息化发展中发挥了极其重要的作用。两项工程均已达到预期建设目标，先后通过教育部组织的专家委员会的验收。

撰稿 娄 晶
审稿 雷朝滋

〔“人才培养模式改革和开放教育试点”项目实施情况〕 “中央广播电视大学人才培养模式改革和开放教育试点”项目继续顺利实施。全国44所省级电大，以及8月成立的中央电大西藏学院全部参与试点，试点教学网络遍及全国31个省（自治区、直辖市）。参与试点的电大分校（教学点）为921个。

2002年度共计开设专业29个，其中专科起点本科专业12个（金融学、法学、汉语言文学、英语、会计学、工商管理、教育管理、卫生事业管理、数学与应用数学、计算机科学与技术、土木工程、机械设计制造及其自动化）。专科专业17个（法学、英语、金融、园艺、广告、药学、护理学、会计学、工商管理、小学教育、教育管理、电子商务、行政管理、现代文员、电子信息技术、计算机应用、水利水电工程）。

全国电大累计注册学生总数为87.88万人，其中本科为40.84万人，专科为47.04万人。试点毕业学生总计3.13万人，其中专科起点本科毕业1.54万人，专科毕业1.59万人。在职人员占学生总数的96%。

教育部组织评估专家和地方教育行政部门，对参加“中央广播电视大学人才培养模式改革和开放教育试点”试点项目的省级电大及其分校进行了中期评估，至2002年12月全部结束。评估结果表明，试点在朝着教育部预期的目标健康、有序地发展，各级电大在教育思想观念转变、现代化基础设施建设、人才培养模式改革、多种媒体教学资源建设及队伍建设等方面取得了阶段性成果，电大所进行的教学改革和正在探索的新型教学模式越来越得到社会的认可。试点专业的学生对试点普遍持欢迎和肯定的态度，显现出试点项目的良好势头和广泛的社会基础。参加中期评估的普通高校专家充分肯定试点项目已取得许多有益的经验和成果，认为试点所取得的阶段性成果对普通高校开展网络教育具有一定的借鉴作用。44 所省级电大中，有 41 所评估结论为合格，3 所为暂缓通过。根据中期评估检查出的问题，中央电大已在 2002 年秋季对 41 所分校、教学点停止招生，22 所分校缩减招生指标，51 所分校要求限期整改。

〔**中央广播电视大学西藏学院成立**〕　2002 年 8 月 14 日，中央广播电视大学西藏学院在拉萨正式成立。这是中央电大为配合西部大开发战略的实施，参与教育部“教育援藏”所采取的重要举措。中央电大西藏学院由中央电大和西藏大学合作建立，设在西藏大学内。至此，广播电视大学远程开放教育教学网络已经覆盖全国 31 个省、自治区、直辖市。

西藏学院于 2002 年秋季开始招生，首期开设开放教育试点专科起点本科汉语言文学、会计学和专科护理学、会计学 4 个专业；共计注册学生 377 人，其中汉语言文学专业 111 人、会计学（本科）45 人、护理学 51 人、会计学（专科）170 人。

〔**电大教育信息化建设**〕　电大系统全面加快进行“天网”（中国教育卫星宽带多媒体传输平台）和“地网”（计算机互联网）相结合的教育信息化建设。由于试点项目中期评估的推动，截至 2002 年底，中央电大和各试点电大基本建设和教学设施建设投入达 30 亿元，以“天网地网结合，三级平台（中央电大、省级电大及分校三级远程教学平台）互动”为突出特点的网络教学环境初步形成。

中央电大“电大在线”学习网为试点提供了功能较为齐备的网络教学平台，开展了多种形式的网上教学活动，并实现了与省校、分校教学平台的互动；实现了与中国教育卫星宽带多媒体传输平台的对接，采用数字信号通过专用频道全天播出电视课程，利用 VBI 和 IP 传输教学资源和信息，通过直播课堂以及双向视频会议系统进行交互式电视教学；网上视频教学通过教育卫星进行了同步电视直播，电视直播课堂也实现了网上同步传输。截至 2002 年底，仅中央电大进行的网上交互式教学活动达 821 场，电大在线学习网注册用户累计达 40 万人，年访问量 757 万人次。利用中国教育卫星宽带多媒体传输平台的 IP 通道，全年总计播发（含重播）2 173讲 IP 课件，并为地方电大代为传输多媒体教学资源。中央电大“拥抱数字”教育技术培训项目年内培训计算机网络管理人员、多媒体制作人员和教师达1 200人次。

各省级电大都建成了主干千兆或百兆的计算机校园网，电大在线远程教学平台的省校版和分校版已在 44 所省级电大和 608 所分校投入使用。全国电大建立了 867 个 VBI 信息接收站，安装了近 600 套数字卫星电视接收系统、560 套 IP 接收系统。

〔**全国电大教学资源协作会成立**〕　2002 年 11 月，全国电大教学资源观摩研讨会在广州召开。会议期间，中央电大组织召开广播电视大学教学资源协作会理事会第一次会议，在全国电大教材协作会的基础上成立全国电大教学资源协作会。协作会的宗旨是：发挥全国电大的整体优势，充分调动各级电大的积极性，推进电大系统教学资源的共建、共享，提高远程开放教育多种媒体教学资源优化配置和综合应用的水平，探索远程开放教育教学资源建设和应用的运作模式及相应规范，完善教学资源质量评价评估标准及指标体系，促进电大教学资源支持服务系统的建立。会议选举北京、辽宁、上海、江苏、河南、广州、四川、山西 8 所省级电大和中央电大、中央电大远程教育出版集团、电大在线公司等单位组成第一届常务理事会。中央电大为理事长单位，协会秘书处设在中央电大。

〔**两岸远程开放教育研讨会**〕　10 月 13 日～14 日，由中央电大主办，北京电大、天津电大协办的 2002 年两岸远程开放教育研讨会在北京举行。此次研讨会的主题是“远程教育课程资源建设与应用”，研讨内容涉及远程教学课程设计与开发、媒体技术应用、多种媒体教材的选择与应用、课程使用效果评价、课程整合利用与发送、课程成本效益分析等方面。研讨会共收到学术论文 90 多篇。来自香港、澳门、台湾以及内地的 170 位远程教育专家、学者参加了研讨会。

〔**组建远程教育出版集团**〕 为了实现出版发行优势互补，中央电大以出版社、音像社、杂志社为基础，组建中央电大远程教育出版集团。集团设“中央广播电视大学教材发行服务中心”，作为中央电大教材发行平台和中央电大远程教育出版集团对外服务的窗口，面向全国电大系统，对集团出版的多种媒体教材、期末复习指导书、学生作业册以及电大借用的外版教材进行统一征订、发行和使用咨询，以提高电大教材发行服务工作的质量和效率，为各地方电大和学员提供高效、快捷的学习支持服务。出版集团的组建，有效整合了中央电大的出版资源和发行渠道，将为中央电大更好地向地方电大和广大电大学生提供教学资源支持服务、做好知识产权的管理和保护工作起到积极的作用。

〔**远程教育公共支持服务体系建设项目启动**〕 经教育部批准，由中央电大承担的现代远程教育公共支持服务体系建设试点项目启动。项目的整体建设和运作由中央广播电视大学和电大在线远程教育技术有限公司共同组建的奥鹏远程教育中心全面负责，发挥我国广播电视大学系统的资源优势和网络优势，为我国现代远程教育试点高校和国内外其他教育机构提供规范、标准的社会化支持服务，为参加远程教育学习的学生提供全方位、全过程的学习支持服务，以提高我国远程教育的教学质量和综合效益。2002年度奥鹏远程教育中心在全国范围内设立52个学习中心，浙江大学、北京航空航天大学、山东大学、东北财经大学4所高校网络教育学院与奥鹏远程教育中心建立了合作关系。

撰稿 李彦忠

审稿 孙绿怡 严 冰

教育考试

高校入学考试

〔**高考命题**〕 根据教育部批准的2002年各省（自治区、直辖市）高考科目设置方案，以及各地高中课程改革进程和教材使用情况，教育部考试中心提供了12种考试科目的试题，包括语文、数学、外语（英、日、俄）、物理、化学、生物、历史、政治、地理、文科综合、理科综合和大综合，共有五套试题，包括全国现行课程“3＋文综/理综”，新课程“3＋文综/理综”，广东、广西“3＋文理综合（150分）＋1”，河南、江苏“3＋文理综合（300分）＋1”，辽宁新、旧课程混合“3＋文综/理综”。

2002年高考命题贯彻稳中求进、稳中求改的方针，加强对学生在思想政治、品德、纪律和法制教育方面的导向，更加注重能力和素质的考查，在材料选择方面，力图反映时代特点，引导学生关注现实问题。考试内容不超出《教学大纲》，考试要求不超出《考试说明》，支持高中课程改革。试题注意理论联系实际，体现科学知识的应用价值。突出对能力的考查，适当减少题量，给学生思考时间。统一性与个性相结合，适当增加开放性的试题，鼓励有创造性的答案，防止偏怪的题目、晦涩难懂的叙述和繁琐的计算，引导中学教学加强创新精神和创造能力的培养。

各科试题的难度都控制在一定范围。综合科目中各科试题的难度大体相同，力图避免个别科目过难、个别科目过易的情况。试题难度有比较合理的分布，易、中、难试题的比例大体为3∶5∶2。

综合能力测试试题突出学科重点、主干内容，以学科内的综合为主，跨学科的综合为辅。其中文科综合、理科综合以考查解决实际问题的能力为主，不刻意强调跨学科的综合；文理综合科目着重考查各学科的基本知识，以检验考生是否形成科学、完整的知识结构。

2002年的评分标准在注重可操作性，便于评分的同时，更加注重了合理确定采分点，鼓励创造性解法，在不超过题目满分的范围内，对某些有创见性的解答予以加分，并注意合理控制评分误差。

撰稿　任子朝

〔**成人高校入学考试改革**〕 2002年成人高校入学考试所采取的改革措施有：

1. 考试科目设置的改革：2000年对专升本师范类的考试科目进行了归类，简化了考试科目；2002年对高中起点升本、专科和专升本的考试科目进行了调整，高中起点升专科统考科目由5门减少到3门（为语文、数学（文、理）、外语），高中起点升本科统考科目由6门减少到4门（理科类考生考语文、数学（文、理）、外语、物理化学综合课，文科类考生考语文、数学（文、理）、外语、历史地理综合课）；专升本统考科目按学科门类设置，不再按生源类别设置，统考科目为政治、外语和专业基础课，专业基础课根据各学科门类的特点设置8门（大学语文、艺术概论、高等数学（一）、高等数学（二）、民法、教育理论、生态学基础和医学综合），由招生院校按专业的需要规定考生应试其中一门。

2. 考试内容的改革：鉴于成人考生的特点，考试内容强调在考查基本知识、基本理论和基本技能的基础上，适当考查考生的能力。

命题工作遵循的基本原则是：严格按考试大纲命题；考查本学科的重点知识和主干知识；在考查“三基”的基础上，适当考查能力；要求试题难度稳定，试题和答案科学、公正、规范。2002 年全国统考科目的试题难度基本符合命题预期设计要求，满足了招生录取的需要。

撰稿 张伟明 陈 睿

〔**研究生入学考试改革**〕 2002 年研究生入学考试所采取的改革措施有：

1. 考试科目设置的改革：2002 年 5 月教育部发出《关于调整全国硕士研究生入学考试科目的通知》，规定从 2003 年起，硕士研究生入学考试初试科目由 5 门调整为 4 门，保留政治理论、外国语、基础课和专业基础课，专业课考试调整到复试中进行；政治理论科不再分文、理两种试卷；基础课、专业基础课的满分值由 100 分调整为 150 分；初试中的外语听力测试成绩计入考生外语考试成绩总分。

2. 考试内容的改革：全国硕士研究生入学考试中统考科目政治理论的考试内容 5 年来作了较大幅度的调整，根据 1998 年中宣部、教育部《关于普通高校“两课”课程设置的规定及其实施工作的意见》精神，教育部制定了硕士研究生入学考试中政治理论的考试内容逐步向新的课程体系“三年过渡”的计划，即确定 2000～2002 年为过渡期。现政治理论的考试内容已平稳地完成了过渡。

考试内容改革的另一个方面是加强对考生能力和素质的考查，增加了对知识的综合理解、运用知识分析和解决现实和实际问题的考查，此外，还通过设计新的题型（如外语增加听力）来更好地实现对考生能力和素质的考查。

2002 年全国统考科目（政治理论、外语、数学、中医综合、西医综合）的试题难度基本符合命题预期设计要求，满足了招生录取的需要。

撰稿 陈 睿
审稿 应书增

自学考试

〔**概述**〕 2002 年高等教育自学考试的主要工作重心是全面落实全国考委五届二次会议精神，统一思想，统一认识，研究制定今后一个时期自学考试的工作目标和工作重点。经过一系列的调查研究，全国考委确定了今后一个时期自学考试的改革与发展目标和工作重点，主要包括：努力建立一支稳定的、高素质的自学考试工作队伍；健全、完善科学、规范的命题制度；健全、完善严格、规范的考务制度；健全、完善自学考试社会化服务体系；大力推进农村自考工作，为农业生产、乡镇企业、农村人员向城镇转移服务；大力发展自学考试本科，努力构建高等教育立交桥；大力发展非学历证书考试，主动适应劳动准入制度和继续教育发展的需要；逐步建立具有中国特色的自考专业和课程体系；逐步实现与各类高等教育形式相沟通，优势互补，资源共享；逐步实现高等教育自学考试信息化；逐步建立自学考试评价体系等。

2002 年，高等教育自学考试得到了全面发展。开设了一批社会需要的本科和适农专业；非学历证书考试项目蓬勃发展，自学考试的服务领域得到拓展；调整了全国统一考试命题安排布局；建立了大纲、教材的年审制度；狠抓了考务管理工作等。

2002年全国高等教育自学考试（不包括非学历考试）报考人数为1 268万人次，其中上半年644.8万人次，下半年623.2万人次；报考科次为3 008.7万人次，其中本科1 250.2万人次，占41.55%，专科1 655.9万人次，占55.04%；中专0.6万人次，占0.02%。2002年上半年各层次毕业生总数为89.6万人。其中本科23.3万人、专科66.2万人、中专0.1万人。在报考的总趋势上呈现出几个特点：一是全国报考人数基本保持稳定，各省（自治区、直辖市）之间发展不平衡；二是报考本科的考生有所增加，专科则减少；三是报考人员学历层次有较大幅度提高。2002年自考毕业生人数有所增加。

〔**全国考委五届二次会议**〕　2002年5月24日～25日，第五届全国高等教育自学考试指导委员会第二次全体会议在北京召开。会议的主要议题是：总结全国考委五届一次会议以来的自学考试工作，贯彻落实教育部党组关于继续发展自学考试事业的指示精神，研究和分析自考面临的新形势、新问题，确定下一阶段的工作重点，讨论全国考委专业委员会的调整方案和章程。

全国考委主任、教育部部长陈至立在会上明确指出，要认清形势、提高认识，坚持继续发展高等教育自学考试事业的方针不动摇；要深化改革，不断增强自学考试的社会适应性；要加强管理，改进服务，确保自考质量。要以“三个代表”的重要思想为指导，对新形势下自考的地位、作用和自考教育制度的定位有正确的认识。自学考试制度在我国高等教育事业中已经发挥了不可替代的作用，在日渐形成的终身学习社会中，还将继续起着不可替代的作用。全国考委副主任王明达强调，重点要做好如下几个方面的工作：(1) 加强专业建设；(2) 进一步发挥主考学校和专业委员会的作用；(3) 加强教材建设和助学工作；(4) 改进命题和考务管理工作。

会议明确了自学考试的发展空间主要在三个方面。第一，加快发展本科专业以适应经济社会发展需要。第二，农村自考有很大的发展潜力，要制定扶持政策，加快工作进度。第三，大力发展非学历教育的证书考试。

撰稿　王和军　刘粤平

〔**各专业委员会换届调整**〕　根据全国考委五届二次会议精神，为了适应新形势下自学考试事业发展的需要，更加充分发挥专业委员会作用，全国考委决定，对全国考委各专业委员会进行换届调整。在充分调查、反复征求意见的基础上，全国考委制定了《关于全国高等教育自学考试指导委员会专业委员会换届调整的意见》，明确了专业委员会换届调整的指导思想是：通过规范专业委员会设置和调整专业委员会人员结构，加强专业委员会机构建设，完善专业委员会工作制度，充分发挥专业委员会作用，促进自学考试事业健康发展。2002年11月，教育部发出《关于成立全国高等教育自学考试指导委员会第三届专业委员会的通知》，经过换届调整，全国考委专业委员会由原来的18个调整为15个。第三届专业委员会与上一届相比有了较大变化，主要有：委员总数有所增加，专业覆盖面更广，专业委员会委员总数由上届的195人增加到了231人；经过合理分工，新的专业委员会覆盖了除艺术类以外的自学考试开考专业，增加了历史、数学、物理、水利、轻工、化工、交通等专业的专家；委员的年龄结构趋于合理，新的专业委员会委员平均年龄为51岁；委员所在学校的类型更加多样化，增加了一些高等职业学校、高等专科学校和成人高等学校的专家，涉及目前我国除电大以外的各类高等院校；委员的地域分布有所扩大，由原来的22个省调整为覆盖26个省，新增加的省（自治区）有浙江、山东、贵州和新疆。

〔**全国考委第三届专业委员会会议**〕　2002年11月24日～25日，全国高等教育自学考试指导委员会第三届专业委员会全体会议在苏州市召开。教育部副部长周济、全国考委副主任王明达等领导出席会议并讲话。会议的主要任务是贯彻落实全国考委五届二次会议精神，加强专业委员会建设，进一步推动自学考试事业发展。周济介绍了高等教育几年来改革与发展所取得的成绩和经验，充分肯定了自学考试取得的显著成绩，强调自学考试要学习贯彻十六大的精神，积极发展，规范管理、勇于创新，着眼于继续教育和终身教育，为建立党的十六大提出的学习型社会作出更大贡献。王明达重点总结了上一届专业委员会的工作，并要求新一届专业委员会着重做好四项工作：进一步搞好专业建设工作；建立大纲、教材的年审制度，使自学考试的教材适应形势发展的变化；对考试质量进行监控与评估；加强专业委员会机构、队伍建设。

撰稿　李　颖　刘粤平

〔**建立《半月谈》自学成才奖励金**〕　2002年11月，全国高等教育自学考试指导委员会办公室与新华社《半月谈》杂志社签署协议，建立"《半月谈》自学成才奖励金"，以鼓励自学成才，推动自学考试事业发展。协议规定，《半月谈》杂志社从2002年起每年拨出10万元人民币，专项用于奖励自考"烛光工程"优秀受援考生及基层优秀工作者。奖励工作从2003年起，一年一次。奖励金的管理和具体运作工作由全国考办负责。

撰稿　王　燕　刘粤平

〔**加强管理，建立严格规范的国家考试制度**〕为贯彻落实教育部领导关于"要建立严格规范的国家考试制度，维护自学考试社会信誉"的指示精神，教育部高等教育自学考试办公室于2002年11月印发了《关于加强高等教育自学考试管理，建立严格规范的国家考试制度的通知》。《通知》进一步明确了高等教育自学考试组织管理的职责在各省级考委及其办事机构，省级考委业务管理要向全国考委负责，任何主考学校、民办高校、助学单位不得以任何理由组织考试。专业考试计划的设置、审批仍在全国考委，各地应严格地执行报批和备案制度。《通知》强调全国考办和省级考办应该切实掌握和行使好命题权，其他任何单位都不得以任何理由来命制自学考试试题。要求各省级考办切实负起责任，在考试组织、考试时间、考试课程、考试内容等方面要做好统一安排和管理。坚决杜绝主考学校、民办高校、助学单位单独举办的一切非规范性考试。

撰稿　刘江平　张为舟

〔**命题工作管理**〕　为贯彻全国考委五届二次会议精神，加强命题工作的宏观管理，提高命题质量，2002年10月在成都召开了全国高等教育自学考试命题工作会议。会议进一步明确了高等教育自学考试命题工作指导思想：加强对命题工作的管理、指导和协调，充分发挥各命题中心、各省级考办的作用，促进命题工作科学化、规范化建设。在命题工作中，要坚持质量标准，注重能力考核，努力做到试题水平体现培养目标的要求，确保自学考试的教育质量，维护自学考试的社会信誉。

为指导和规范全国自学考试的命题工作，2002年11月全国考委印发《关于加强高等教育自学考试命题工作管理的若干意见》，明确自学考试命题管理工作的指导思想，决定逐步调整全国统考课程的布局，加强对全国统考课程命题的管理，加强命题教师队伍建设，完善考试大纲和标准，逐步建立自学考试命题质量评估和反馈制度。与此同时，全国考办颁布了《高等教育自学考试命题工作手册》，拟从2003年开始试行。全国统考命题必须严格按照《命题工作手册》的要求进行。省际协作命题和省级命题应参照执行。

截至2002年底，高等教育自学考试共开考课程2 000多门，其中668门课程实行全国统一命题考试；全国考办直接负责其中197门课程的命题，有关命题中心和部分省考办负责其他471门课程的命题。

撰稿　余仁胜

〔**自考教材建设实验区**〕　全国高等教育自学考试教材建设实验区（以下简称实验区）是全国考办为完善自学考试教育形式、研究开发符合自学考试特点的自学媒体、建立卓有成效的自学考试媒体供应机制、帮助考生克服自学过程中的各种困难而建立的，以省为单位的教材建设实验研究基地。实验区的任务分为两大部分：第一，研制、编写适合自学的多种学习媒体；第二，通过实行提前报名、报名订书办法保证向考生及时供应学习媒体。2000年1月浙江省作为首家实验区开始实验。几年来，研制了近200门课程的学习媒体包，为帮助考生学习发挥了很好的作用，受到考生尤其是农村和边远地区考生的欢迎。与此同时，浙江省考办把教材供应工作作为实验区的工作重点，把为考生及时供书作为各级自考机构和每一个自考工作人员的职责，摸索出了“提前报名、报名订书、及时供应、信息反馈”的工作模式，保证了每一个考生在考前5个月得到必备的学习媒体，为提高自学质量奠定了基础。2002年，山东、江西、辽宁、吉林、福建、湖南、四川、重庆、江苏9省（直辖市）也加入了实验区。借鉴浙江的实验成果，结合本地的实际，自考教材供应工作取得显著成效。近年来基本解决了自考考生买教材难的问题。

撰稿　陈　卫　刘长占

〔**信息化建设**〕　2002年10月16日，教育部考试中心“全国高等教育自学考试信息系统”工程通过验收。全国高等教育自学考试信息系统是基于先进计算机技术平台开发的，面向全国自考系统的办公信息网站和面向考生和社会服务的信息网站。系统应用了Java技术、Domino群件技术、Oracle数据库技术，具有先进性、开放性、安全可靠性、可扩展性等优点。系统从自学考试的日常办公活动和针对广大考生和社会的服务需要出发，突破了传统信息门户单纯提供信息的设计思路，增强了信息定制功能和交互功能。系统既是自考系统内部办公的工作平台，也是自考业务应用系统运行的平台。同时，也为广大考生和社会提供信息服务。

2002年12月17日，全国考办在济南召开了“2002年高等教育自学考试信息化工作会暨自考信息网建设阶段性成果观摩会”。会议讨论了《高等教育自学考试信息化发展规划纲要》，并提出了具体的修改意见；6个自考办公信息网建设试点省交流了自学考试信息网建设的经验；代表们还现场观摩了山东省考办与全国考办网络互联情况及网站建设情况。

撰稿　贯洪芳　鲁欣正　褚庆军

审稿　梁育民　应书增　刘军谊

非学历教育证书考试

〔**全国计算机等级考试**〕　全国计算机等级考试（National Computer Rank Examination，简称NCRE），每年开考两次，成绩合格者由教育部考试中心颁发考试合格证书。现设四个等级，共包括13个科目。NCRE在全国31个省（自治区、直辖市）共设置考点1 200多个。2002年的考生人数超过了210万（比上年度增长23%），获证人数达65万。截至2002年底，逐年累计考生人数超过800万，累计获证人数280万。

从2002年下半年（第16次考试）开始，全国统一按2000年制定的新大纲施行考试。在新大纲中，调整了部分考试科目和考核内容：一级中，保留了Windows环境的一级和一级B，并调整了部分考试内容；二级中，停考PASCAL，新增Visual Basic、Visual FoxPro，保留QBASIC、FORTRAN、C、FoxBASE；三级中，把原来的三级A、B类重新划分为PC技术、信息管理技术、网络技术、数据库技术四个类别；四级未作调整。下半年的考试进展顺利，社会反映调整后的科目和内容更适应了社会的需要。

撰稿　李光明　刘庆思

〔**全国英语等级考试**（PETS）〕 2002年PETS考试发展迅猛，全国已有27个省、自治区、直辖市举办了该项考试，报名参加考试的总人数为34.26万，获得合格证书的人数为13.90万。

2002年10月23日，全国高等教育自学考试办公室印发了《关于进一步在全国高等教育考试系统推广PETS考试的意见》。为方便并鼓励自考考生参加PETS考试，从2003年起，PETS相关级别的考试将每年举办两次；PETS相关级别的考试将允许笔试、口试分别报名和分项收费，考生的单项合格成绩将允许保留到下一次。

撰稿 李 英 刘庆思

〔**与中国烹饪协会合作考试**〕 为贯彻国务院召开的第四次全国职业教育工作会议精神，提高我国餐饮业专业管理人员、技术人员的知识水平和职业能力，实行学业证书和职业资格证书并重的制度，中国烹饪协会与全国高等教育自学考试指导委员会办公室于2002年11月15日正式签署合作协议，共同开考自学考试"餐饮管理"专业（专科、独立本科段），并共同实施中国餐饮业职业经理人资格证书（包括经理人和高级经理人两种）的培训、考核和认证工作。

撰稿 汤新国 刘粤平

〔**剑桥秘书证书考试**〕 剑桥秘书证书考试（英文简称为"CCASS"）是由教育部考试中心（NEEA）和英国剑桥大学考试委员会（UCLES）联合在中国推出的，由教育部考试中心中英教育测量学术交流中心（SBC）承办。这是一项为了适应我国改革开放和经济建设的需要，应对我国加入WTO后的国际大环境，以培养具有现代秘书意识和技能的高层次秘书人才，使我国秘书人才尽快与国际接轨而引进的国际性考试项目。

剑桥大学的秘书证书考试已在全世界90多个国家和地区推广，得到了国际社会的公认。这次同我国合作推出的剑桥秘书证书考试共分为三个级别：初级、中级和高级。该项考试注重秘书职业不断变化的职能和实际工作环境所要求的各种技能，以及现代办公环境中不可或缺的信息技术的使用和高效的沟通能力的培养，涵盖了众多领域的知识，包括信息技术与办公软件的使用、客户服务、组织技能和实践管理等，既适合准备走上工作岗位的学生也适合在企事业单位办公室工作的人员，同时还适合三资企业的商务秘书人员和有志于从事秘书工作的社会人员。2003年，该项考试将在我国全面展开。

撰稿 王 莉 潘 阳
审稿 梁育民 刘军谊

海外考试

〔**美国护士认证考试**〕 2002年11月8日，教育部考试中心与美国外国学校毕业护士委员会（The Commission on Graduates of Foreign Nursing Schools，缩写为CGFNS）就在中国合作举办美国护士认证考试（The Commission on Graduates of Foreign Nursing Schools Certificate Program）（CGFNS CP）签订协议。该考试的职能是对在美国境外受教育的护士及其他医护人员的证书进行评估和证明。外国医护人员在申请赴美国工作的签证时必须出示CGFNS或同类机构出具的有关此等人员证书的证明。CGFNS护士认证考试每年3月、7月和11月在世界40多个考点举行三次。

〔**英国职业资格认证考试**〕 2002年12月18

日，教育部考试中心与英国伦敦工商会考试局(London Chamber Commerce & Industry Examinations Board，缩写为 LCCIEB）就在中国合作举办英国职业资格认证考试签订协议。LCCIEB 职业资格认证考试目前在中国已经开设的考试科目包括市场营销、会计、文秘和商务研究四大类，各类考试课程共分三个级别，考试课程共计 109 门。在北京、上海、江苏、湖北、辽宁、浙江、重庆、山东等 17 个省、市设立了 18 个考点。教育部考试中心将于 2003 年与这 18 个考点重新签订设点协议后，开始在国内继续举行该项考试。

〔**德国大学语言能力测试**〕 2002 年 10 月 9 日，教育部考试中心和德国学术考试开发协会(GFAT）签署了在中国承办德国大学语言能力测试（Test Deutsch als fremdsprache 简称“德福”考试）协议。“德福”考试是一种基于大学生活环境中语言表达能力的标准化中高级考试。“德福”考题出自“德福”考试院，并将通过统一评价程序评出考试成绩。“德福”考试通过四部分衡量语言能力，即阅读理解、听力、写作和口语。应试者需大约参加过 1 000～1 200 学时德语课程。“德福”考试按照 3～5 级区分语言能力，5 级是最高级。“德福”考试中，四个部分都达到 5 级的考生的语言能力可以适应德国任何大学的任何课程。德国的所有大学都承认“德福”考试证书。

“德福”考试将在北京大学、广东外语外贸大学、上海外国语大学、武汉大学、西安外语学院 5 个考点举行，每年考两次。2003 年的考试日期为 4 月 5 日和 11 月 1 日。

“德福”考试在全球 68 个国家共有 250 个考点。2002 年，3 200 多名考生在世界各地参加了“德福”考试。

撰稿　陈　可　张　进
审稿　应书增

教育考试科研

〔**证书认证数据库系统**〕 全国高等教育自学考试毕业证书查询认证数据库系统经过一年的开发测试，于 2002 年 11 月正式通过验收。该数据库系统具有毕业证书信息的添加、修改、删除、查询和报表统计，以及数据备份，数据维护日志等功能。该系统在中国高等教育自学考试信息网（http：//www. ste. net. cn）上运行，社会各界可以通过访问该网站，对自考毕业证书的真伪进行查询认证，这对于提高自考毕业证书的权威性，打击伪证书意义重大。

撰稿　时　雨　鲁欣正

〔**升学与就业指导测验**〕 “升学与就业指导测验”项目是教育部考试中心的“九五”研究课题，是针对高中阶段学生设计的一种心理测验。它是目前国际比较流行的通过科学、专业的心理测评手段对学生兴趣和能力倾向进行测查，从而帮助学生更加清楚地了解自己的爱好和具体的职业能力倾向，并根据学生的特点给出与其相匹配的职业和专业的一种心理测试。学生们可以根据测验给出的结果结合自己的学习成绩，并参考详尽的专业资料和其他相关信息，来选择自己最感兴趣的、最适合自己发展的专业。

教育部考试中心自 1999 年开始组织专家及有关人员进行此项目研究，并进行了连续两年的小范围试用，受到社会的普遍关注。2002 年来自全国 20 个省（自治区、直辖市）的 3 万余名学生参加了此项测验，约 70% 的学生在高考填报志愿时参考了本结果报告书的信息，达到了测验预期的效果。

撰稿 鱼 杰 鲁欣正

〔**中欧电子学习项目**〕 教育部考试中心和ICDE（国际远距离开放教育协会）、UOC（西班牙加泰罗尼亚开放大学）、USP（巴西圣保罗大学）一起开展“中欧通用电子学习模型研究项目”。这一研究项目得到了欧盟的部分经费支持，从2002年6月开始，预计在2003年9月研究结束。

该项目的研究分为三个步骤：第一步，建立中欧通用的电子学习模型。第二步，对建立在通用学习模型基础上的电子学习材料进行试验性的开发，重点在于探索电子学习材料开发的方法和标准。第三步，开发电子学习的平台及有关工具。该项目对于探讨建立中国和欧洲通用的远距离电子学习模型，扩大各方在远距离教育领域的合作有着积极的意义。考试中心将以此次研究为契机，推动自学考试信息化建设和自学考试的网络助学。

〔**“十五”教育考试科研课题**〕 全国教育考试“十五”科研课题已经立项并向课题组下达了课题研究任务。此次共确立了73个科研课题。此外，考试中心还承担了“高考的内容、形式与能力考查关系研究”、“教育考试法规建设”、“自考与其他教育形式沟通与合作”、“自学考试与终身学习体系建设研究”3个教育部教育科学“十五”规划重点课题和1个以“面向21世纪的自学考试改革”为题的高教学会“十五”规划课题。

撰稿 张长慧 鲁欣正

审稿 应书增

教育人事管理

干部管理与培训

〔**教育部直属高校公开选拔副校长**〕 为贯彻《中华人民共和国高等教育法》的有关规定和党中央《党政领导干部选拔任用工作条例》精神，中共教育部党组于2002年7月印发了《关于在直属高等学校试行公开选拔副校（院）长的通知》。《通知》规定了公开选拔的范围：结合高校的实际情况，近期内实行公开选拔的领导职位为校级行政副职。公开选拔高校校级领导干部，既可从本校内部选拔，也可从其他高校选拔；既可从教育行政管理机关、科研院所等部门选拔，还可从符合条件的优秀留学人员中选拔。并指出选拔工作必须公开透明。

按照《通知》要求，中国农业大学、中国海洋大学、西南师范大学3所学校于2002年下半年先后进行了试点。以中国农业大学为例，在中央组织部、教育部党组和中共北京市委教工委的支持和指导下，该校决定在11月进行的正常行政换届中，将5个副校级岗位面向校内外公开选拔。在报名期内，先后有20人报名，其中16人来自本校，4人来自北京、山东、河南等地。学校党委成立了公开选拔考评委员会，由学校党委书记、校长和有关领导，院士代表，校学术委员会代表，中青年教师代表，教代会代表、民主党派代表及本校学生代表组成，并特邀北京大学、清华大学、国家高级教育行政学院的校级领导参加考评委员会。考评委员会由15人组成。11月16日，学校召开选拔考评答辩会，各方面代表223人及来宾等共300余人到会，其中一线教师占参会人数的52%。答辩结束后，采取无记名投票方式进行测评。根据述职答辩情况和测评统计结果，经过讨论，考评委员会最后以无记名投票方式提出推荐人选。随后，学校党委组成考察组对推荐人选进行考察，形成考察报告，报学校党委。经学校党委会讨论通过后，上报教育部党组审批。新任命副校长试用期为一年。这次经过公开选拔上岗的5位副校长中，3人是原副校级干部，2人为脱颖而出的新人。中国海洋大学和西南师范大学公开选拔副校长的试点工作也同样取得了成功。

撰稿　袁　东
审稿　贾德永

〔**中小学人事制度改革工作经验交流会**〕 教育部于2002年5月下旬在北京召开了全国中小学人事制度改革工作经验交流会。会议交流总结了近年来各地在促进教师队伍流动和交流、改进中小学校长聘任和选拔办法、实行教师聘任制以及提高教师待遇和完善社会保障等方面的做法和经验，研究部署了核定中小学教职工编制、推行教师聘任制度、改革校长选拔任用制度以及教师队伍人才流动和调整优化等当前深化中小学人事制度改革的重点工作。会后，各地按照会议的部署和要求，着力做好以下几项重点工作：一是认真核定中小学教职工编制，加强编制管理工作，为进一步深化用人制度改革打下坚实基础；二是积极推行中小学教师聘任制度，探索建立与聘任制相适应的工资分配机制，努力形成优胜劣汰、激励优秀人才脱颖而出的机制；三是改进和完善中小学校长选拔任用制度，积极推行校长聘任制；四是建立促进人员合理流动的导向机制，抓住机遇调整优化中小学教师队伍。

为适应我国基础教育改革发展和全面推进素质教育的需要，加快中小学人事制度改革步伐，建立符合中小学特点的人事管理制度，2002 年，教育部会同中央组织部、国家人事部拟订了《关于深化中小学人事制度改革的实施意见》，力争与有关方面协调后尽快印发。

撰稿　赵丹龄　张总明
审稿　李志军

〔**中小学校长培训工作**〕　为推进《全国教育干部培训“十五”规划》的贯彻落实，教育部办公厅于 2002 年 1 月印发了《关于进一步加强和改进中小学校长培训工作的意见》。《意见》强调，各地要把落实好《规划》作为一项大事来抓，一级抓一级，层层抓落实。年初制定年度计划，年底检查实施情况。要调动各方面的积极性，齐抓共管，形成合力，保证《规划》所规定的各项任务顺利完成。《意见》提出，各地要积极推进中小学校长培训教学改革，努力提高培训质量。要密切关注和了解当前基础教育改革，特别是基础教育课程改革的动态和走向，进一步转变教育观念和培训观念，积极推进中小学校长培训思路、模式、内容和方法的创新，切实提高中小学校长组织实施素质教育的能力和水平，要把加强对中小学校长的计算机应用能力和外语应用能力的培训作为课程改革的重要内容。《意见》规定，各地要切实用好中小学校长培训教材。教育部在总结“八五”、“九五”教材编写工作经验的基础上，采取“公开招标、专家评审、行政认定、向全国推荐”的办法，委托全国中小学校长培训专家委员会组织评审出供“十五”期间全国中小学校长任职资格培训和提高培训使用的基本课程教材，各地要根据本地区教学实际用好该套教材。《意见》还提出，各地要抓好培训基地建设。积极探索开放式联合办学的路子，由单一院校的封闭式培训向校校联合以及委托办学延伸。通过深化改革，优化培训资源配置，逐步形成布局合理、分工明确、优势互补的中小学校长培训网络体系。

为贯彻党的十六大精神，交流中小学校长培训工作的新进展和新经验，研讨中小学校长培训工作中出现的新情况和新问题，教育部于 2002 年 12 月 5 日～7 日在北京召开了全国中小学校长培训工作研讨会。教育部党组成员、部长助理、基础教育司司长李连宁在会上作了题为《学习贯彻十六大精神，推进基础教育创新、改革与发展的几点思考》的专题报告。教育部党组成员、人事司司长李卫红作了题为《认真学习贯彻十六大精神，积极推进教育创新，不断开创中小学校长培训工作新局面》的主报告。10 个省市的代表在会上作了重点发言。与会代表围绕“教育创新与校长培训”这一主题，从教育创新与学校管理、教育创新与校长培训内容改革、教育创新与校长培训模式改革、基础教育课程改革与中小学校长培训四个方面，进行了交流和研讨。会议提出，当前和今后一个时期中小学校长培训工作的指导思想是：以党的十六大精神为指导，认真学习贯彻“三个代表”重要思想，深入贯彻全国基础教育工作会议精神，全面落实《中小学校长培训规定》和《全国教育干部培训“十五”规划》提出的各项任务，以提高中小学校长全面贯彻教育方针、全面实施素质教育的水平和管理能力为重点，以构建开放灵活有效的校长培训体系、加强培训的针对性和实效性、提高培训质量为主线，努力建设一支符合推进教育创新，实施素质教育需要的高素质、专业化的中小学校长队伍，以改革创新为动力，逐步形成“教育部宏观管理、地方政府分级负责、院校依法施训、个人主动学习”的校长培训管理体制和运行机制。

撰稿　宋永刚　潘俊强
审稿　吕玉刚

教 师 工 作

〔**教师资格制度实施情况**〕 2002年元月下旬，财政部、国家计委印发《关于批准收取教师资格认定费的复函》，对教师资格认定收费批准立项。4月底，国家计委、财政部印发《关于教师资格证书工本费等收费标准的通知》，核定了教师资格证书工本费标准。文件同时规定，教师资格认定费的具体收费标准由各省（自治区、直辖市）价格主管部门会同财政部门核定，并报国家计委、财政部备案。这两个文件的出台，为各地核定教师资格认定费收费标准提供了依据，为开展面向社会认定教师资格工作创造了条件。10月中旬，教育部人事司在安徽组织召开第三次全国教师资格制度实施工作汇报会，再次对各地教师资格制度实施工作情况进行检查，研究讨论教师资格制度实施工作中的具体政策问题，对下一步工作进行部署，并对工作中的若干问题提出明确的要求。截至2002年底，重庆等29个省（自治区、直辖市）已基本结束学校在编正式任教人员教师资格认定工作。据不完全统计，通过首次认定教师资格工作，共有200多万1994年以后参加工作的学校在编正式任教人员取得教师资格，20多万1993年12月31日以前办理手续的退（离）休教师取得教师资格。面向社会人员的教师资格认定工作正在逐步展开。重庆、上海、广东、海南4个省市面向社会人员认定教师资格工作已经基本结束，申请者共有6.95万人，认定4.58万人。首次认定教师资格工作的有序平稳进行，为全面实施教师资格制度的顺利进行奠定了坚实的基础，对于促进教师队伍建设走上法制化、规范化轨道，提高教师队伍整体素质起到了积极作用。

撰稿　朱保江
审稿　吕玉刚

〔**加强学术道德建设**〕 为了贯彻“三个代表”重要思想和《公民道德建设实施纲要》精神，在高等学校建设一支热爱祖国、具有强烈使命感、学术作风严谨、理论功底扎实、富有创新精神的高素质学术队伍，营造良好的学术氛围和制度环境，促进学术进步和科技创新，2002年2月教育部印发了《关于加强学术道德建设的若干意见》。

《意见》指出，当前学术研究工作中存在的学术风气不正、学术道德失范问题。主要表现为：少数人违背基本学术道德，侵占他人劳动成果，或抄袭剽窃，或请他人代写文章，或署名不实；粗制滥造论文，个别人甚至篡改、伪造研究数据；受不良风气的影响，在研究成果鉴定、项目评审以及学校评估、学位授权审核等工作中也出现了一些弄虚作假，或试图以不正当手段影响评审结果的现象；有的人还利用权力为自己谋取学位、文凭，有些学校在利益驱动下降低标准乱发文凭。《意见》认为，这些行为和现象严重损害了教育工作者和学校的形象，给教育事业带来了不良影响。如果听任其发展下去，将会严重污染学术环境，影响学术声誉，阻碍学术进步，进而影响社会发展和民族创新能力。《意见》强调，高等学校是人才培养和科技创新的重要基地。在高校倡导并形成崇尚科学精神、鼓励科研创新、遵循学术道德、保护知识产权的良好氛围，对于保护教学科研人员的积极性、主动性、创造性，保持高校的创新能力和科技竞争力，应对加入世界贸易组织之后国际竞争的挑战，具有重要意义。端正学术风气，加强学术道德建设应当成为当前高校一项刻不容缓的重要任务。

《意见》要求加强对广大教师、教育工作者求真务实、勇于创新、坚韧不拔、严谨自律的治学态度和学术精神的培养，努力使他们成为良好学术风气的维护者、严谨治学的力行者、优良学术道德的传承者。《意见》从五个方面就端正学术风气、加强学术道德建设对广大教师、教育工作者提出了要求。(1)增强献身科教、服务社会的历史使命感和社会责任感。正确对待学术研究中的名和利，反对沽名钓誉、急功近利、自私自利、损人利己等不良风气。(2)坚持实事求是的科学精神和严谨的治学态度。不得虚报教育教学和科研成果，反对投机取巧、粗制滥造、盲目追求数量不顾质量的浮躁作风和行为。(3)树立法制观念和知识产权意识、尊重他人劳动和权益。应按照有关规定引用和应用他人的研究成果，不得剽窃、抄袭他人成果，不得在未参与工作的研究成果中署名，反对以任何不正当手段谋取利益的行为。(4)认真履行职责、维护学术评价的客观公正。在参与各种推荐、评审、鉴定、答辩和评奖等活动中，坚持客观公正的评价标准，坚持按章办事，不徇私情，自觉抵制不良社会风气的影响和干扰。(5)为人师表、言传身教，加强对青年学生进行学术道德教育。

《意见》要求各级教育行政部门、高等学校和有关单位大力加强学术道德建设工作，形成全面动员，齐抓共管，标本兼治的工作格局。(1)高度重视、明确职责。高校校长要亲自抓，要充分发挥学校学术委员会、学位评定委员会等学术管理机构的作用，保证学术管理机构的权威性、公正性。(2)广泛深入地开展学术道德宣传教育活动。要认真组织广大教师和教育工作者学习领会《公民道德建设实施纲要》以及《著作权法》《专利法》等相关法律法规，鼓励开展健康的学术批评，营造良好学术风气。(3)加大人事制度改革力度，完善人事考核制度。制定完善科学合理的人才评价方法和指标体系，将教师职业道德作为一项重要内容纳入教师年度考核。学校领导对学术道德建设工作的重视程度和实际效果，作为年度述职报告和群众民主测评的重要内容。(4)建立和完善科学的学术发展与评价机制，鼓励学术创新。在学位论文答辩、学术论文发表、学术著作出版、科研项目立项与评审、学术奖项评定等方面体现正确的政策导向，防止形式主义、弄虚作假等不良倾向。(5)建立学术惩戒处罚制度。对违反学术道德的行为，一经查实要视具体情况给予批评教育，撤销项目，行政处分，取消资格、学位、称号，直至解聘等相应的处理和处罚。触犯法律的，依法追究法律责任。(6)加强学历文凭、学位证书的管理工作。

2002年3月1日，教育部邀请北京大学、清华大学、中国人民大学、北京师范大学、北京航空航天大学、北京理工大学、中国农业大学等在京部分高校领导和专家教授代表召开加强学术道德建设座谈会。受陈至立部长委托，教育部副部长赵沁平主持座谈会并作总结讲话。《意见》的印发和座谈会的召开，得到了高等学校、教育行政部门以及社会有关单位的热烈响应，对于加强学术道德建设产生了积极的推进作用。

撰稿 宋永刚 黄 伟

审稿 李志军

〔**“长江学者奖励计划”实施工作**〕 “长江学者奖励计划”自1998年启动实施以来，在国家财政等有关部门、高等学校和社会各界的大力支持下，取得了显著成效，在海内外各界引起了强烈反响和普遍好评，已经形成了品牌效应。“长江学者奖励计划”的实施促进了高校学术队伍建设，带动了高校的学科发展，提升了学科水平。中央办公厅、国务院办公厅《关于加强专业技术人才队伍建设的若干意见》已明确将“长江学者奖励计划”列入国家重点实施的高层次人才计划，要求加大力度继续实施。

继前四批69所高校聘任了410位特聘教授、33位讲座教授之后，2002年，在学校推荐、同行专家评审的基础上，经“长江学者奖励计划”专家评审委员会审定，又有84位特聘教授、10位讲座教授受聘。第五批特聘教授、讲座教授人选有如下特点：(1)物理、生命科学等领域的长江学者水平比往年有明显提高。如：中国科技大学原子与分子物理学科特聘教授潘建伟，1970年出生，为此次最年轻的受聘者，其合作论文曾被《Nature》杂志选为100年来最经典的23篇物理学论文之一。(2)直接从海外应聘的比例较以往各届明显增加。第五批特聘教授、讲座教授中，直接从海外应聘的占56.4%。

经“长江学者奖励计划”专家评审委员会审定，第四届“长江学者成就奖”空缺。

2003年2月20日，教育部和香港李嘉诚基金会在人民大会堂隆重举行“长江学者奖励计划”第五批特聘教授、讲座教授受聘大会。国务院副总理李岚清在会前接见了与会代表，与大家合影留念，并发表了讲话。教育部部长陈至立在大会上发表讲话。指出党的十三届四中全会以来，尤其是十五大以来，中国的高等教育进入了历史上最快最好的发展时期，取得了有目共睹的历史性跨越。以“长江学者奖励计划”为代表的高层次创造性人才工程的成功实施，是高等学校全面贯彻“三个代表”重要思想，迎接新时期国际竞争挑战的重大战略性举措，为社会经济发展提供了高水平的人才支持和知识贡献，在科教兴国战略和人才发展战略的实施中起到了十分重要的作用，为高等教育实现历史性跨越作出了贡献。她要求长江学者们按照江泽民同志在北京师范大学百年校庆讲话中提出的“志存高远，爱国敬业，为人师表，教书育人，严谨笃学，与时俱进”的要求，不仅仅成为知识的精英、研究的巨匠，也要追求精神上的最高境界，成为为人师表和高尚学术品格的楷模。陈至立还明确提出，教育部将在认真总结经验的基础上，制订新一轮长江学者奖励计划方案。陈至立部长和李嘉诚先生等为第五批特聘教授、讲座教授、第四届“高校青年教师奖”获奖者颁发证书。教育部副部长周济主持了受聘大会。浙江大学校长潘云鹤院士、复旦大学特聘教授韩平畴分别代表大学校长和长江学者在会上发了言。

从近五年来的实践看，“长江学者奖励计划”的实施取得了积极成效：(1) 直接效应：吸引、稳定了一批高层次人才到高校从事科研、教学工作，特别是吸引了一批学术上卓有建树的海外学者回国工作。长江学者已成为海外优秀学者回国创业的最佳选择之一。(2) 品牌效应：长江学者的高质量、高水平得到学术界的高度认可。长江学者以其高层次的定位和严格的评审制度得到了学术界的一致公认。在“长江学者奖励计划”的支持和激励下，长江学者在科研创新、学科建设等方面发挥了重要的作用。6位长江学者当选为两院院士，中国科学院、中国工程院也已将长江学者列入两院院士的后备队伍。一些长江学者在岗位上取得了重大突破性成果。如西北大学古生物学与地层学第二批特聘教授舒德干，上岗后在国际著名学术杂志《Nature》和《Science》上发表了5篇论文。(3) 示范效应：推动了高校用人制度和分配制度改革。“长江学者奖励计划”是推动高等学校解放思想、转变观念、进一步深化用人制度及分配制度改革积极成功的尝试。特聘教授岗位制度是参照国际通行做法，针对解决高校存在的人才单位所有制、职务终身制以及分配中的“大锅饭”等弊端而设计的，其制度内涵包括了“按需设岗、公开招聘、竞争上岗、合同管理”的用人机制和“以岗定薪、优劳优酬”的分配机制。这一制度内涵已成为高校用人制度和分配制度改革的基本思路，高校教师的整体收入水平也有了大幅度的提高。(4) 辐射效应：带动了全国高校人才队伍建设工作，在应对中国加入世贸组织后的人才竞争方面起到了先导作用。“长江学者奖励计划”的实施进一步推动了全国高校高层次人才及骨干教师队伍建设。继“长江学者奖励计划”之后，广东、福建、四川、湖南、湖北、河北等省分别在省内高校实施了“珠江学者计划”、“闽江学者计划”、“天府学者计划”、“芙蓉学者计划”、“楚天学者计划”、“燕赵学者计划”等，大部分省市和高校也都相继建立了省内、校内特聘教授制度或类似的人才计划。

撰稿　姚发明　王　磊
审稿　张兰春

附

“长江学者奖励计划”第五批特聘教授、讲座教授名单

根据《高等学校特聘教授岗位制度实施办法》、《高等学校讲座教授岗位制度实施办法》、《“长江学者

成就奖”实施办法》规定，经“长江学者奖励计划”专家评审委员会审定，确定“长江学者奖励计划”第五批特聘教授84位、讲座教授10位，第四届“长江学者成就奖”空缺，名单如下（排名不分先后）：

一、“长江学者奖励计划”特聘教授名单

设岗学校	设岗学科	姓　名
北京大学	古生物学与地层学	高克勤
	计算数学	张平文
	流行病与卫生统计学	唐金陵
	内科心血管（分子生物学）	肖瑞平
	凝聚态物理	俞大鹏
	生物化学与分子生物学	尚永丰
	生物化学与分子生物学	苏晓东
	无机化学	高　松
	自然地理学	方精云
北京航空航天大学	材料学	张　涛
北京化工大学	化学工程	陈建峰
大连理工大学	港口、海岸及近海工程	沈永明
第三军医大学	外科学（野战外科）	陈　林
第一军医大学	人体解剖与组织胚胎学	高天明
东北大学	钢铁冶金	余艾冰
东南大学	电路与系统	黄风义
	生物医学工程	顾忠泽
复旦大学	神经生物学	马　兰
	微电子学与固体电子学	周　电
	物理化学	周鸣飞
	一般力学	韩平畴
	应用数学	吴宗敏
河北工业大学	材料物理与化学	殷福星
河海大学	水力学及河流动力学	李　凌
华南理工大学	材料加工工程	朱　敏
	控制理论与控制工程	黄　捷
华南农业大学	生物化学与分子生物学	刘耀光
华中科技大学	热能工程	邱建荣
华中农业大学	生物化学与分子生物学	周道绣
南昌大学	食品科学	阮榕生
南京大学	构造地质学	杨振宇
	粒子物理与原子核物理	任中洲
	天体物理	戴子高
	无线电物理	陈　健
	材料学	邹志刚
南京理工大学	光学工程	陈　钱
南开大学	微生物学	王　磊
	应用数学	陈志敏
清华大学	固体力学	方岱宁
	机械设计及理论	雒建斌
	理论物理	楼宇庆
	细胞生物学	裴端卿
山东大学	电力系统及其自动化	徐文远
	功能材料科学技术	陶绪堂
	基础数学	刘建亚
	微生物学	王　鹏
	遗传学	龚瑶琴
上海交通大学	生物医学工程	徐学敏
石油大学	地球探测与信息技术	肖立志
四川大学	高分子材料	傅　强
	麻醉学	刘　进
天津大学	机械制造及其自动化	胡仕新
	精密仪器及机械	卢志扬
	生物医学工程	刘海婴
	物理电子学	王　涛
	应用化学	包建民
同济大学	固体力学	黄争鸣
	交通信息工程及控制	张红军
	控制理论与控制工程	林　峰
武汉大学	空间物理学	邓晓华
	凝聚态物理	赵兴中
武汉理工大学	材料加工工程	顾而丹
西安交通大学	应用数学	王立河
西北工业大学	材料加工工程	杨　合
厦门大学	生物化学与分子生物学	韩家淮
浙江大学	材料学	陈湘明
	内科学（传染病）	王明海
	热能工程	严建华
	有机化学	戴伟民
	有机化学	麻生明
	植物营养学	杨肖娥
	肿瘤学	于晓方
中国地质大学	矿产普查与勘探	成秋明
中国科学技术大学	流体力学	陆夕云
	凝聚态物理	陈仙辉
	生物化学和分子生物学	向成斌
	无机化学	陈乾旺
	原子与分子物理	潘建伟
中国矿业大学	地球探测与信息技术	刘恩儒

	岩土工程	余海岁
中国协和医科大学	肿瘤学	詹启敏
中南大学	材料物理与化学	李义兵
中山大学	动物学	刘　林
	眼科学	刘祖国

二、“长江学者奖励计划”讲座教授名单

设岗学校	设岗学科	姓　名
北京大学	凝聚态物理	汤　超
东南大学	电磁场与微波技术	吴　柯
复旦大学	生态学	骆亦其
华中科技大学	劳动卫生与环境卫生学	魏庆义
南京大学	物理化学	张增辉
南开大学	基础数学	汪徐家
	理论物理	Antti Niemi
清华大学	生物物理学	华泰立
西安交通大学	材料学	任晓兵
	固体力学	锁志刚

〔**举办首届“长江学者论坛”**〕　为进一步加强“长江学者奖励计划”特聘教授、讲座教授之间的学术交流，促进跨学科合作研究，促进知识创新、技术创新和高层次创新人才的培养，教育部和李嘉诚基金会积极支持长江学者和国内著名高校举办“长江学者论坛”。论坛由著名高校申请承办，特聘教授具体组织，实行执行主席制，一般每年举行两次。首届“长江学者论坛”于2002年7月7日～9日在广东省汕头大学举行。论坛由清华大学、北京大学、汕头大学承办，清华大学特聘教授饶子和、北京大学特聘教授李凌松担任论坛执行主席。论坛选取“生命科学前沿与长江学者的使命”为主题。近60位长江学者和特邀报告人出席了开幕式。教育部副部长赵沁平受陈至立部长的委托，在论坛开幕式上作了讲话，殷切期望长江学者们把“长江学者论坛”办成一个具有较高知名度的科学论坛。在首届“长江学者论坛”主题论坛上，中科院院士、上海第二医科大学特聘教授陈竺，华东师范大学讲座教授钱卓，北京大学特聘教授李凌松，清华大学特聘教授程京，西北大学特聘教授舒德干等7位教授代表长江学者作了主题报告。论坛还邀请了中国工程院外籍院士、美国康奈尔大学教授吴瑞，中科院遗传所人类基因组中心杨焕明教授等4位知名学者作了学术报告。50余位长江学者围绕“基因组与医学”、“基因组与农业和环境”、“系统生物学与交叉学科”三个主题，分为四个专题论坛进行了学术交流。近40位长江学者和中国农业大学校长陈章良教授分别在专题论坛上作了学术报告。7月9日，论坛执行主席饶子和作了总结陈述。赵沁平副部长在闭幕式上发表了讲话，希望长江学者们牢记“突击队长”的历史使命，甘于寂寞，潜心钻研，协同攻关，立足追求原创性的科研成果，在国际科学舞台上发挥更大的作用。

撰稿　姚发明　王　磊
审稿　张兰春

〔**第三届“高校青年教师奖”颁奖**〕　根据《面向21世纪教育振兴行动计划》的要求，教育部于1999年设立“高校优秀青年教师教学和科研奖励计划”（简称“高校青年教师奖”），作为“高层次创造性人才工程”的重要项目。教育部目前实施的面向高校的人才培养和支持项目大体上形成三个层次：第一层次以“长江学者奖励计划”为主，吸引、遴选和造就一批具有国际领先水平的学科带头人和学术大师，并将特聘教授作为两院院士的后备梯队进行培养；第二层次以教育部“高校青年教师奖”和“跨世纪优秀人才培养计划”为主，培养、造就新一代优秀中青年学术带头人和学科带头人后继队伍，这支队伍将作为特聘教授的后备梯队；第三层次以“优秀青年教师资助计划”、“高等学校骨干教师资助计划”和“留学回国人员科研启动基金”等项目为主，吸引、稳定和培养一批有志于高等教育事业的中青年骨干教师，将他们作为“高校青年教师奖”、“跨世纪优秀人才培养计划”的后备梯队培养。“高校青年教师奖”是与“长江学者奖励计划”特聘教授岗位制度相配合、与“跨世纪优秀人才培养计划”相衔接的优秀人才支持计划，也是目前各类人才项目中特别强调教学科研并重、鼓励科研创新、体现教学导向的优秀人才奖励计划。

第三届“高校青年教师奖”共受理257所高校推荐的候选人333位。第三届“高校青年教师奖”

增加公开答辩的环节，在人文社科领域分三组试行答辩。12月13日，经领导小组会议审定，确定了100位A类获奖人选。考虑到西部地区高校的实际需要，第三届“高校青年教师奖”在评选出100名A类获奖人选的基础上，根据专家评审意见，从西部地区高校增选了15名B类获奖者人选予以倾斜支持。第三届获奖者共115人，其中：自然科学82人、人文社科33人；男性111人、女性4人。在教学业绩方面：115人都承担了多门本科生、研究生课程或其他主干课程、重点课程的教学工作，其中，68人参与编写教材130本；64人承担省（部）级以上教改项目106项；31人获39项省部级以上教学成果奖，其中9人获国家级教学成果奖9项。在科研业绩方面：110人承担省部级以上科研项目683项；91人获省部级以上科研奖励226项，其中12人获国家级三大奖12项。在获得荣誉奖励方面：11人获“霍英东青年教师奖”；5人获“宝钢优秀教师奖”；5人获“全国优秀博士学位论文奖”。

2002年5月10日，第四届高等教育国家级教学成果奖暨第三届教育部高校青年教师奖颁奖会在北京人民大会堂举行。会前，中共中央政治局常委、国务院副总理李岚清、全国人大常委会副委员长许嘉璐等党和国家领导人接见了出席大会的代表，并合影留念。颁奖大会由教育部部长陈至立主持，副部长袁贵仁宣读了《教育部关于颁发第三届高校青年教师奖的决定》。李岚清、许嘉璐等领导同志为获奖代表颁发了奖章和荣誉证书。

教育部“高校青年教师奖”自1999年4月启动后已进行三届评选，共有116所高校的314名青年教师获奖。获奖者的平均年龄38.3岁，最小的仅29岁。77.3%以上的获奖者是院（系、所）、教研（科研）室的学术领导人。获奖者中已受聘为“长江学者奖励计划”特聘教授的有11人。

撰稿　姚发明　唐　筠

审稿　管培俊

附

第三届教育部“高校青年教师奖”获奖者名单

序号	所在单位	姓名	专业
1	包头钢铁学院	安胜利	冶金物理化学
2	北方交通大学	王永生	发光学
3	北京大学	陈大岳	概率
4	北京大学	柳　彬	数学（代数）
5	北京大学	刘玉鑫	原子核物理
6	北京大学	王浦劬	政治学
7	北京工业大学	聂祚仁	有色金属及其合金
8	北京航空航天大学	仲伟虹	复合材料
9	北京师范大学	邓邦明	代数学，代数表示论
10	北京师范大学	郑志刚	理论物理
11	北京师范大学	韩　震	西方哲学
12	北京邮电大学	门爱东	通信与电子系统
13	北京语言文化大学	曹志耘	汉语言文字学
14	大连理工大学	雷明凯	金属材料
15	电子科技大学	张　波	半导体技术
16	东北大学	樊治平	管理工程
17	东北大学	左　良	金属材料学
18	东南大学	樊和平	伦理学
19	福建师范大学	黄汉升	体育教育
20	复旦大学	郭坤宇	基础数学
21	复旦大学	孔继烈	分析化学
22	复旦大学	吴晓明	哲学
23	复旦大学	汪涌豪	中国古代文学史
24	广西师范大学	梁　宏	生物无机化学
25	哈尔滨工程大学	苑立波	光学工程
26	哈尔滨工程大学	赵春晖	信号与信息处理
27	哈尔滨工业大学	费维栋	材料科学
28	哈尔滨工业大学	彭喜元	电子仪器及测量
29	河北大学	李华瑞	中国古代史宋史方向
30	河南大学	王天泽	数论
31	湖南大学	庾建设	应用数学
32	湖南大学	谢　赤	管理科学与工程
33	湖南大学	何益斌	土木工程

34	华东师范大学	胡乃红	李代数
35	华东师范大学	刘煜炎	光谱分析
36	华东师范大学	杨国荣	宋元明清哲学
37	华中科技大学	邱建荣	热能工程
38	吉林大学	孙友宏	勘察工程
39	江汉石油学院	何幼斌	石油与天然气勘查
40	兰州大学	张和平	应用数学
41	兰州大学	李建功	材料物理与化学
42	南京大学	尹会成	应用数学
43	南京大学	张异宾	马克思主义哲学
44	南京大学	朱寿桐	中国现代文学
45	南京航空航天大学	周来水	航空宇航制造工程
46	南京理工大学	陆　建	激光物理
47	南京理工大学	翁春生	弹道学
48	南京师范大学	朱晓进	中国现当代文学
49	南开大学	李维安	企业管理
50	南开大学	朱光磊	政治学理论
51	南开大学	李剑鸣	美国史
52	清华大学	章梅荣	基础数学
53	清华大学	段远源	工程热物理
54	清华大学	尉志武	物理化学
55	清华大学	都　东	机械工程
56	清华大学	鲁晓波	工业设计
57	山东大学	赵景华	比较管理学
58	山西大学	王先明	中国近现代史
59	陕西师范大学	李永明	基础数学
60	上海交通大学	杜朝辉	叶轮机械气动热力学
61	上海师范大学	李和兴	物理化学
62	上海体育学院	陈佩杰	运动人体科学
63	首都师范大学	左东岭	中国文学批评史
64	四川大学	谢代前	物理化学
65	四川大学	尹光福	无机非金属材料
66	天津大学	刘金兰	管理科学与工程
67	天津大学	成国祥	高分子材料
68	天津大学	钟登华	水利建筑工程施工
69	同济大学	顾　牡	物理
70	武汉大学	刘　义	物理化学（热化学）
71	武汉大学	汪信砚	马克思主义哲学
72	武汉大学	王兆鹏	中国古代文学
73	武汉大学	张建民	中国经济史、社会史
74	武汉理工大学	陈　文	无机非金属材料
75	西安电子科技大学	李建东	通信与信息系统
76	西安交通大学	荣命哲	电器学
77	西北大学	王尧宇	无机化学
78	西北工业大学	孙树栋	机械制造及其自动化
79	西北工业大学	杨　合	塑性加工工艺与设备
80	西北师范大学	刘仲奎	基础数学
81	西南财经大学	彭韶兵	财务管理
82	西南财经大学	尹庆双	政治学
83	西南石油学院	张烈辉	油气田开发工程
84	厦门大学	吴　玮	量子化学，计算化学
85	厦门大学	吴世农	财务管理
86	厦门大学	陈振明	政治学、行政学
87	浙江大学	何　勇	组合最优化
88	浙江大学	陈　劲	技术创新管理
89	浙江大学	杨华勇	液体传动及控制
90	浙江大学	张涌泉	中国古典文献
91	中国科学技术大学	邵学广	分析化学
92	中国矿业大学	刘炯天	矿物加工工程
93	中国矿业大学	吴立新	矿山测量、煤矿开采
94	中国人民大学	陈　岳	国际政治学
95	中南大学	吴爱祥	采矿工程
96	中南大学	吴　敏	自动化
97	中山大学	刘济科	力学
98	中山大学	冯　平	哲学
99	中山大学	陈春声	中国古代史
100	中央音乐学院	周海宏	音乐心理学
101	新疆大学	孟吉翔	应用数学——图论
102	宁夏大学	田振夫	流体力学
103	内蒙古大学	陈国庆	运筹学
104	西南师范大学	唐春雷	非线性泛函分析
105	重庆大学	夏之宁	分析化学、药物化学
106	云南师范大学	袁黎明	色谱分析
107	西北农林科技大学	罗剑朝	农业经济管理
108	西安工业学院	范新会	铸造
109	西南交通大学	钱永久	桥涵工程
110	西安理工大学	李怀恩	水资源保护
111	云南大学	崔运武	行政学
112	广西大学	范　旭	科学技术哲学
113	青海民族学院	马成俊	历史学
114	重庆师范学院	周晓风	中国现代文学
115	四川美术学院	庞茂琨	油画

〔跨世纪优秀人才培养计划〕 2002 年继续实施“跨世纪优秀人才培养计划”，并对申报评审

工作进行了改革。一是扩大申报学校的范围，在部分省（自治区、直辖市）属高校进行了试点；二是把分年度进行学科循环的周期由三年改为两年；三是对评审指标体系进行调整、简化，使评审专家有更大的发现、选择创新性人才的空间；四是充分体现以人为本的精神，允许申请人就自己的答辩分组提出调整要求。

2002 年同时受理 2002/2003 两个年度的申请。经形式审查、通讯评审、分组答辩评审、科技委主任办公会综合评审和部领导小组审定，最终确定 211 人入选，入选比例为 55.8%，分布在 78 所高校。其中 2002 年度 109 人，2003 年度 102 人。

将地方高校纳入“计划”的评审范围，所需资助经费由地方教育行政部门全额解决的试点工作取得良好效果，36 所地方高校申报 58 人，最终入选 27 人，分布在 10 个省（自治区、直辖市）的 21 所高校。评审结果表明，地方高校的申请人有很强的竞争力，不少人名列小组前茅。试点工作推动了地方政府加强高校科技工作及人才工作，为地方高校的优秀人才参与全国性交流创造了机会。

教育部“跨世纪优秀人才培养计划”2002 年度入选者名单

（按工作单位拼音排序）

序号	姓名	工作单位
1	程　旭	北京大学
2	李伟固	北京大学
3	刘　川	北京大学
4	王华明	北京航空航天大学
5	李效玉	北京化工大学
6	仲崇立	北京化工大学
7	惠希东	北京科技大学
8	吴嗣亮	北京理工大学
9	张韫宏	北京理工大学
10	何　兰	北京师范大学
11	李　强	北京市北京工业大学
12	张久兴	北京市北京工业大学
13	费少明	北京市首都师范大学
14	郭　军	北京邮电大学
15	肖井华	北京邮电大学
16	张　平	北京邮电大学
17	张淑芬	大连理工大学
18	王厚军	电子科技大学
19	杨建宇	电子科技大学
20	刘春明	东北大学
21	朱美芳	东华大学
22	时龙兴	东南大学
23	徐宝文	东南大学
24	赵春明	东南大学
25	东瑜昕	复旦大学
26	王　斌	复旦大学
27	武利民	复旦大学
28	曾　璇	复旦大学
29	周锡庚	复旦大学
30	王怀民	国防科技大学
31	冯吉才	哈尔滨工业大学
32	韩纪庆	哈尔滨工业大学
33	雷逢春	哈尔滨工业大学
34	姚　郁	哈尔滨工业大学
35	霍贵成	黑龙江东北农业大学
36	李光耀	湖南大学
37	赵跃宇	湖南大学
38	匡乐满	湖南省湖南师范大学
39	黄云清	湖南省湘潭大学
40	周益春	湖南省湘潭大学
41	钱　锋	华东理工大学
42	谭文松	华东理工大学
43	于建国	华东理工大学
44	孙　卓	华东师范大学
45	谢胜利	华南理工大学
46	肖　奕	华中科技大学
47	杨祥良	华中科技大学
48	汪更生	华中师范大学
49	杨光富	华中师范大学
50	陈维友	吉林大学
51	刘冰冰	吉林大学
52	吴立新	吉林大学
53	许仲梓	江苏省南京工业大学

54	应汉杰	江苏省南京工业大学	82	徐春明	石油大学（北京）
55	陈林森	江苏省苏州大学	83	褚良银	四川大学
56	张世清	江苏省扬州大学	84	沈　军	同济大学
57	贺德衍	兰州大学	85	吴　军	武汉大学
58	钟承奎	兰州大学	86	周　翔	武汉大学
59	陈　阳	南京大学	87	唐新峰	武汉理工大学
60	李定平	南京大学	88	冯大政	西安电子科技大学
61	李宣东	南京大学	89	刘三阳	西安电子科技大学
62	郑丽敏	南京大学	90	陈常青	西安交通大学
63	陈　军	南开大学	91	蒋耀林	西安交通大学
64	扶　磊	南开大学	92	刘贵忠	西安交通大学
65	孔勇发	南开大学	93	曹崇德	西北工业大学
66	郑健禺	南开大学	94	徐永东	西北工业大学
67	陈　靖	清华大学	95	翁　杰	西南交通大学
68	姜胜耀	清华大学	96	曹泽星	厦门大学
69	杨昌喜	清华大学	97	程立新	厦门大学
70	袁建生	清华大学	98	彭金辉	云南省昆明理工大学
71	周　彤	清华大学	99	张　力	云南省云南大学
72	朱永法	清华大学	100	冯连芳	浙江大学
73	姜建壮	山东大学	101	高曙明	浙江大学
74	梁作堂	山东大学	102	金建祥	浙江大学
75	许　平	山东大学	103	叶旭东	浙江大学
76	贾锁堂	山西省山西大学	104	陈　昊	中国矿业大学
77	路庆华	上海交通大学	105	刘青平	中国矿业大学
78	苏育才	上海交通大学	106	李　劼	中南大学
79	孙宝德	上海交通大学	107	黄继武	中山大学
80	杨　杰	上海交通大学	108	李志兵	中山大学
81	翟启杰	上海市上海大学	109	廖瑞金	重庆大学

教育部“跨世纪优秀人才培养计划”2003年度入选者名单

（按工作单位拼音排序）

序号	姓名	工作单位	序号	姓名	工作单位
1	韩宝福	北京大学	11	郝　群	北京理工大学
2	邵　敏	北京大学	12	项昌乐	北京理工大学
3	万　有	北京大学	13	葛剑平	北京师范大学
4	王世强	北京大学	14	邹学勇	北京师范大学
5	尹长城	北京大学	15	刘小明	北京市北京工业大学
6	焦宗夏	北京航空航天大学	16	魏永祥	北京市首都医科大学
7	陶　智	北京航空航天大学	17	林　丽	成都理工大学
8	张玉茹	北京航空航天大学	18	郭东明	大连理工大学
9	倪　文	北京科技大学	19	全　燮	大连理工大学
10	邓玉林	北京理工大学	20	何　成	第二军医大学
			21	孙颖浩	第二军医大学

序号	姓名	单位
22	韩 骅	第四军医大学
23	何农跃	东南大学
24	钦伦秀	复旦大学
25	唐克轩	复旦大学
26	王 翔	复旦大学
27	郑 平	复旦大学
28	李 惠	哈尔滨工业大学
29	姚英学	哈尔滨工业大学
30	刘国道	海南省华南热带农业大学
31	顾冲时	河海大学
32	刘少军	湖南省湖南师范大学
33	魏美才	湖南省中南林学院
34	王小明	华东师范大学
35	何光源	华中科技大学
36	邵新宇	华中科技大学
37	徐明厚	华中科技大学
38	周建中	华中科技大学
39	李再云	华中农业大学
40	袁宗辉	华中农业大学
41	韩志武	吉林大学
42	张永康	江苏省江苏大学
43	安黎哲	兰州大学
44	张立新	兰州大学
45	陈誉华	辽宁省中国医科大学
46	安树青	南京大学
47	凌洪飞	南京大学
48	濮励杰	南京大学
49	杨修群	南京大学
50	董汉松	南京农业大学
51	喻德跃	南京农业大学
52	白志鹏	南开大学
53	王玉炯	宁夏回族自治区宁夏大学
54	李华军	青岛海洋大学
55	褚福磊	清华大学
56	董 聪	清华大学
57	方红卫	清华大学
58	刘湘军	清华大学
59	程 林	山东大学
60	赵国群	山东大学
61	李春虎	山西省太原理工大学
62	上官文峰	上海交通大学
63	尤云祥	上海交通大学
64	黄 薇	上海市第二医科大学
65	沈晓明	上海市第二医科大学
66	庞雄奇	石油大学（北京）
67	胡 静	四川大学
68	罗 麟	四川大学
69	姜忠义	天津大学
70	张宗明	同济大学
71	周祖翼	同济大学
72	刘耀林	武汉大学
73	赵 洁	武汉大学
74	丁玉成	西安交通大学
75	顾兆林	西安交通大学
76	厉彦忠	西安交通大学
77	席 光	西安交通大学
78	张定华	西北工业大学
79	王跃进	西北农林科技大学
80	曾 京	西南交通大学
81	陈清西	厦门大学
82	叶燎原	云南省昆明理工大学
83	刘建新	浙江大学
84	罗建红	浙江大学
85	王庆丰	浙江大学
86	周俊虎	浙江大学
87	邓 军	中国地质大学
88	解习农	中国地质大学
89	谢 忠	中国地质大学
90	俞汉青	中国科学技术大学
91	马念杰	中国矿业大学
92	龚元石	中国农业大学
93	王国英	中国农业大学
94	杨汉春	中国农业大学
95	刘芝华	中国协和医科大学
96	李 萍	中国药科大学
97	谭建平	中南大学
98	田红旗	中南大学
99	肖志强	中南大学
100	周智广	中南大学
101	何建国	中山大学
102	孙晓明	中山大学

撰稿 谭必成 付恒升

〔奖励高校优秀骨干教师〕 为总结经验，鼓励先进，在高校教师队伍中营造科技创新的良好氛围，教育部决定对在首批“高等学校骨干教师资助计划”中做出突出成绩的孟安明等332名优秀骨干教师予以奖励。

高校优秀骨干教师名单

（排名不分先后）

北京市

北京大学	何书元 李子臣 唐建国 胡敏 刘玉鑫 黄如 周晓林 李若瑜
清华大学	袁新 欧阳明高 李艳和 刘铮 孟安明 苏宁 翁端
北方交通大学	赵耀
北京科技大学	邢献然 闵乐泉
北京化工大学	何静 李效玉
北京邮电大学	纪越峰 杨放春
中国农业大学	张勤
北京林业大学	骆有庆
中国协和医科大学	赵玉沛
北京中医药大学	张冰
北京师范大学	李洪兴 郑志刚 方维海 沃建中
石油大学（北京）	崔立山
中国地质大学（北京）	邓军
北京工业大学	陈艳艳 贾克斌 余跃庆
北京工商大学	孙家跃
首都医科大学	杨慧
首都师范大学	宫辉力 方炎
北京信息工程学院	张朋

天津市

天津大学	陈立功 钟登华 王成山 余建星 刘昌俊 李鑫钢
南开大学	马建标 刘育 许京军 赵新 陈增强 史林启
天津科技大学	贾士儒

黑龙江省

哈尔滨医科大学	傅松滨
东北林业大学	顾继友
东北农业大学	霍贵成
哈尔滨师范大学	王选章

吉林省

吉林大学	陈岗 陈维友 董德明 刘勇兵 路来金 佟金 王殿海 尹景学 周慧 张汉壮
东北电力学院	曹国臣
延边大学	许文燮
长春理工大学	杨华民
东北师范大学	胡长文 刘湘南 苏忠民

辽宁省

东北大学	左良 谢里阳 张化光 于戈
大连理工大学	郭东明 宁桂玲 邱介山
辽宁石油化工大学	孙兆林
沈阳工业学院	王琰
沈阳农业大学	刘长江
中国医科大学	王恩华
沈阳药科大学	毕开顺
中国医科大学第二临床医院	刘沛

上海市

复旦大学	汪源源 郑珊 吴宗敏 袁正宏 汪长春 曾旋 孔继烈 邓可京
同济大学	李国强 余卓平 张雄 王汝建 蒋昌俊 凌建明 沈军 顾牧
上海交通大学	林忠钦 毛军发 张荻 王如竹 沈文忠
华东师范大学	汤杰 孙真荣 胡乃红 朱建荣
华东理工大学	于建国 马玉录 刘洪来 储炬
东华大学	江建明 朱美芳
上海大学	任忠鸣 刘宇陆
上海第二医科大学	黄秋花 崔磊 宁光
上海中医药大学	胡义杨
上海师范大学	李和兴

浙江省

浙江大学	周雪平 陈智 鲍虎军 刘旭 郑强
浙江工业大学	俞立 陈建孟
宁波大学	聂秋华

福建省

厦门大学	孙世刚 袁友珠 陈曦 夏海平 黄河清 李翠华

福州大学 郑建岚
福建农林大学 林文雄
福建医科大学 许建华
漳州师范学院 张莲珠

安 徽 省

安徽大学 吴先良
安徽医科大学 张学军
合肥工业大学 祖方遒 左承基 徐科军

江 苏 省

南通医学院 顾晓松
苏州大学 张学光 陈林森
南京农业大学 沈其荣 周明国
东南大学 宋爱国 李 冲 王 炜 何农跃 浦跃朴 吕剑宏
南京大学 李宣东 施 斌 苟少华 王汝成 李满春 谈哲敏
江南大学 徐 岩
中国矿业大学 缪协兴
南京师范大学 王 建
河海大学 顾冲时 陆桂华
中国药科大学 余伯阳 尤启冬
江苏大学 田立新 袁银南
南京林业大学 叶建仁
扬州大学 郭 荣
南京医科大学 沙家豪

江 西 省

华东交通大学 雷晓燕
南昌大学 黄菊花

山 东 省

青岛大学 宋国君
青岛海洋大学 李华军 战文斌 郑西来
山东大学 崔德良 姜建壮 李越中 王成建 尹衍生 赵国群
山东农业大学 王开运 唐 波

山 西 省

山西大学 贾锁堂
太原理工大学 刘志河
华北工学院 张文栋

河 南 省

郑州大学 申长雨
河南科技大学 刘 平

河 北 省

河北工业大学 檀润华
河北大学 巴信武
燕山大学 刘宏民
河北医科大学 张祥宏

内蒙古自治区

内蒙古工业大学 邢永明
内蒙古大学 班士良

湖 北 省

武汉大学 朱 庆 胡亦军 张邵东 于 丹 孟小林 汪国平 许才军 陈胜宏 庞代文
华中科技大学 孔维佳 邱建荣 谢长生 段献忠 曾绍群 王红卫
武汉理工大学 刘韩星 陈 文 严新平
中国地质大学（武汉） 靳孟贵 周顺平
华中农业大学 谢从华 杨光圣
华中师范大学 邓引斌
湖北大学 徐祖顺
湖北农学院 周瑞阳

湖 南 省

中南大学 李运娇 梁叔全 陈建宏 肖 波 柳建设
湖南大学 钟志华 王耀南
湖南师范大学 匡乐满 陈焕良
湘潭大学 罗和安 陈艳萍

广 东 省

中山大学 罗向前 曾益新 余学清
华南理工大学 李元元 钱 宇 邱学青 谢胜利 王迎军 朱 敏
暨南大学 周长忍
华南农业大学 徐汉虹 洪添胜
广州中医药大学 樊粤光
华南师范大学 曾和平
汕头大学 张宪民
深圳大学 阮双琛

广西壮族自治区

桂林工学院 阮百尧
广西师范大学 黄成明

海 南 省

华南热带农业大学 鲍时翔

云 南 省

云南大学 段昌群
昆明理工大学 程赫明

贵 州 省

贵州工业大学 谢庆生

四　川　省

四川大学	周总光　张志荣　许唯临　罗懋康　陈　放　石　碧
西南交通大学	金学松　黄　楠
成都理工大学	曹俊兴
电子科技大学	尧德中　王秉中
四川农业大学	潘光堂　周永红　陈代文

重　庆　市

重庆大学	周雒维　唐　炬　秦大同　温志渝
西南师范大学	黄承志
西南农业大学	李加纳
重庆医科大学	王智彪
重庆邮电学院	王国胤

陕　西　省

陕西师范大学	房　喻
西安交通大学	郑庆华　蒋庄德　丰镇平　齐　勇　赵万华　王建华　程光旭
西北大学	徐子勤　王尧宇
西安电子科技大学	段宝岩　褚庆昕　水鹏朗
西安科技学院	杨更社

甘　肃　省

兰州大学	涂永强　方小敏　贺德衍
西北师范大学	马如云
甘肃农业大学	罗玉柱
甘肃工业大学	樊　丁
兰州铁道学院	范多旺

宁夏回族自治区

宁夏大学	李　星

青　海　省

青海师范大学	冶成福

新疆维吾尔自治区

新疆大学	塔西甫拉提·特依拜

新疆生产建设兵团

石河子大学	向本春

国防科工委

北京航空航天大学	樊尚春　李　波
北京理工大学	杨树兴　徐文国
哈尔滨工业大学	孔立宁　赵万生　苑立波
南京航空航天大学	赵　宁
南京理工大学	宣益民
西北工业大学	郭喜平　曹崇德　宋笔锋　高晓光

解放军总政治部

信息工程大学	游　雄
第一军医大学	吴曙光
第二军医大学	曹雪涛
第三军医大学	吴玉章
第四军医大学	陈志南
装备指挥技术学院	贾　鑫
军械工程学院	单甘霖
海军工程大学	林春生
空军雷达学院	王永良
第二炮兵工程学院	胡昌华
国防科学技术大学	王志英　胡德文　冯良贵

撰稿　李　楠　杨雪琴
审稿　雷朝滋

〔高校教授、副教授评审权授予工作〕　自1986年以来，原国家教委按照《高等学校教师职务试行条例》的有关规定，分批向具备条件的高等学校下放了教授和副教授评审权。为了对授权标准、审批程序及管理办法进行规范，原国家教委于1994年会同人事部联合印发了《关于进一步做好授予高等学校教授、副教授评审权工作的通知》。同年9月，增加了专家通讯评审程序，建立了评审专家库。

2002年上半年，教育部对“高等学校教授、副教授评审权评审专家库”进行了更新。评审专家的专业涵盖了国务院学位委员会研究生培养学科专业目录所列12个学科门类中除军事学门类以外的11个学科门类。

2002年度，经审定，教育部同意授予江南大学、中国药科大学、华北工学院、天津科技大学、天津工业大学、长春理工大学6所高校教授评审权，同意授予广西大学、广西师范大学、广西医科大学、山西财经大学、陕西科技大学、西北民族学院6所高校副教授评审权。据统计，1986年以来累计已向159所高校下放教授评审权、205所高校下放副教授评审权。经过高等学校管理体制改革和布局结构调整，截至2003年1月，具有教授评审权的高校有141所，具有副教授评审权的高校有117所。

撰稿　宋永刚　黄　伟　杨　鸿
审稿　李志军

附

具有教授或副教授评审权的高等学校名单

一、具有教授评审权的 141 所高等学校名单（排名不分先后）

北 京 北京大学 清华大学 中国人民大学 北京师范大学 中国农业大学 北京科技大学 北京理工大学 北京航空航天大学 中国协和医科大学 北方交通大学 北京邮电大学 石油大学 对外经济贸易大学 北京林业大学 北京中医药大学 北京外国语大学 中央音乐学院 中央美术学院 北京体育大学 北京化工大学 中央戏剧学院 北京工业大学 首都师范大学 中国政法大学 北京语言大学 中央民族大学

天 津 南开大学 天津大学 天津医科大学 天津师范大学 天津财经学院 天津科技大学 天津工业大学

河 北 燕山大学 华北电力大学

山 西 山西大学 太原理工大学 华北工学院

辽 宁 大连理工大学 东北大学 中国医科大学 沈阳农业大学 东北财经大学 大连海事大学 辽宁大学 沈阳工业大学 大连医科大学 辽宁工程技术大学

吉 林 吉林大学 东北师范大学 长春理工大学

黑龙江 哈尔滨工业大学 东北农业大学 哈尔滨工程大学 东北林业大学 哈尔滨医科大学

上 海 复旦大学 上海交通大学 同济大学 上海医科大学 华东师范大学 东华大学 华东理工大学 上海财经大学 上海第二医科大学 上海外国语大学 上海音乐学院 上海理工大学 上海大学 上海体育学院 上海海运学院

江 苏 南京大学 东南大学 中国矿业大学 河海大学 南京航空航天大学 南京理工大学 南京农业大学 南京师范大学 江苏理工大学 南京林业大学 苏州大学 南京化工大学 南京中医药大学 南京医科大学 中国药科大学 江南大学

浙 江 浙江大学 中国美术学院

安 徽 中国科技大学 合肥工业大学

福 建 厦门大学

山 东 中国海洋大学 山东大学 山东农业大学

河 南 郑州大学 河南大学

湖 北 华中科技大学 中国地质大学 武汉大学 华中师范大学 武汉理工大学 华中农业大学 中南财经政法大学

湖 南 中南大学 湖南大学 湖南师范大学

广 东 中山大学 华南理工大学 华南农业大学 中山医科大学 暨南大学 华南师范大学 广州中医药大学 广东外语外贸大学

重 庆 重庆大学 重庆医科大学 西南农业大学 西南师范大学

四 川 四川大学 西南交通大学 电子科技大学 成都理工学院 四川农业大学 西南石油学院 西南财经大学

云 南 云南大学 昆明理工大学

陕 西 西安交通大学 西北工业大学 西安电子科技大学 西北大学 西安理工大学 西北农林科技大学 陕西师范大学 西安建筑科技大学 长安大学

甘 肃 兰州大学 甘肃农业大学 西北师范大学 甘肃工业大学

二、具有副教授评审权的 116 所高等学校名单（排名不分先后）

北 京 首都医科大学 外交学院 中央财经大学 北京广播学院

天 津 天津轻工业学院 天津中医学院

河 北 河北大学 河北工业大学 石家庄经济学院 河北医科大学 河北师范大学 河北农业大学

山　西　山西农业大学　山西医科大学　山西财经大学
内蒙古　内蒙古大学　内蒙古师范大学　内蒙古农业大学　内蒙古医学院　内蒙古工业大学
辽　宁　沈阳药科大学　辽宁中医学院　辽宁师范大学　大连铁道学院　沈阳体育学院　沈阳工业学院　沈阳师范学院　大连外国语学院　鞍山钢铁学院　抚顺石油学院
吉　林　东北电力学院　吉林工学院　吉林农业大学　延边大学
黑龙江　黑龙江大学　黑龙江中医药大学　大庆石油学院　哈尔滨师范大学　哈尔滨理工大学
上　海　上海中医药大学　上海师范大学　上海戏剧学院　上海水产大学　华东政法学院
江　苏　南京艺术学院　南京邮电学院
浙　江　杭州电子工业学院　浙江工业大学　浙江中医学院　温州医学院　浙江工程学院　杭州商学院　浙江师范大学
安　徽　安徽大学　安徽师范大学　安徽农业大学　安徽医科大学
福　建　福州大学　福建农林大学　福建师范大学　福建医科大学　华侨大学
江　西　南昌大学　江西师范大学　江西医学院　南昌航空工业学院　江西财经大学　江西农业大学　江西中医学院　华东交通大学
山　东　山东师范大学　山东科技大学　青岛大学　曲阜师范大学　山东中医药大学
河　南　洛阳工学院　河南农业大学　河南师范大学　焦作工学院
湖　北　中南民族学院　湖北大学　武汉体育学院　武汉科技大学
湖　南　湘潭大学　湖南农业大学　中南林学院　湖南中医学院　长沙交通学院
广　东　广东工业大学
广　西　广西大学　广西医科大学　广西师范大学
重　庆　西南政法大学
四　川　成都中医药大学　西南民族学院　成都体育学院
贵　州　贵州工业大学　贵阳医学院　贵州大学
云　南　昆明医学院　云南师范大学　云南农业大学
陕　西　西安工程学院　西北纺织工学院　西安外国语学院　西安科技学院　西安石油学院　西北政法学院　西安工业学院　陕西科技大学
甘　肃　兰州铁道学院　兰州医学院　西北民族学院
新　疆　新疆医科大学　石河子大学　新疆大学

教育行政学院培训工作

〔**概述**〕　2002 年，国家教育行政学院贯彻教育部《全国教育干部培训“十五”规划》精神，积极开展各级各类教育干部培训工作，全面完成了教育部干训规划任务，同时完成了中外大学校长论坛的筹备、教学组织以及成果开发等工作。据统计，2002 年共举办各类培训班 32 个，培训人数达 3700 多人。培训工作以邓小平理论和“三个代表”重要思想为指导，根据教育形势发展需要，及时调整教学计划，更新培训内容，加强教学组织管理，整合多种优势资源，完善形式多样的培训环节，加强培训教材及专题培训资料建设，重视学员研究性学习等。特别是党的十六大召开后，积极组织学员重点学习贯彻十六大精神，收到了良好效果，培训质量有了进一步提高。

〔**教育部直属高校中青年校级领导干部培训**〕 为贯彻教育部《关于进一步加强直属高校领导班子和干部队伍建设若干问题的意见》精神，国家教育行政学院于 2002 年 3 月和 8 月，分别举办了为期一个月的第二、三期教育部直属高校中青年校级领导干部专题研修班，目的是进一步坚定高校中青年校级领导干部的理想信念，加强党性修养锻炼，坚持民主集中制，努力提高领导素质，开创高等教育改革发展新局面。教育部党组书记、部长兼国家教育行政学院院长陈至立出席第二期研修班结业典礼并讲话，党组副书记、副部长周济出席第三期研修班开学典礼并讲话，部领导章新胜、赵沁平、张天保、田淑兰、李卫红等分别为两个班学员作了报告。

培训期间，学员围绕“三个代表”重要思想的学习和实践、高校领导干部作风建设与党性修养和新世纪高等教育的改革与发展等内容，通过专题报告、小组研讨、自学和大会交流，更加深刻理解了“三个代表”重要思想的科学内涵和精神实质，坚定了建设中国特色社会主义的理想和信念，增强了在高校工作中实践“三个代表”的自觉性；进一步明确了坚持民主集中制的原则、程序和方法，对高校党委领导下的校长负责制有了更加全面、正确的认识和理解，有助于在实践中提高领导能力和管理水平；对我国新世纪高等教育改革和发展面临的形势、任务和存在的问题有了更加清晰的认识和把握，进一步增强了对高等教育宏观思考和战略规划的能力以及做好高校管理工作的信心。

〔**高校领导干部和高校中青年干部培训**〕 根据教育部党组《全国教育干部培训“十五”规划》要求，为了进一步加强高校干部队伍建设，提高高校领导干部和中青年干部的思想政治素质、教育理论水平和教育管理能力，国家教育行政学院 2002 年举办了第二十、二十一期高校领导干部进修班和第十七、十八期高校中青年干部培训班。教育部部长陈至立出席第二十一期高校领导干部进修班开学典礼并传达了党的十六大精神，要求教育系统广大党员干部和群众紧密联系自己的工作实际，掀起学习贯彻十六大精神的热潮，努力开创新时期教育工作新局面。教育部副部长周济、袁贵仁、赵沁平，部党组成员李卫红分别为进修班和培训班作了报告。

经过 2～3 个月的学习、研修和社会考察，学员对马列主义、毛泽东思想特别是邓小平理论和“三个代表”重要思想的科学内涵和重大意义有了更加深刻的认识和理解，提高了党性修养，进一步坚定了对党的领导和社会主义事业的信念。通过对高等教育理论和管理科学的系统学习，开阔了视野，提高了理论素养、政策水平和管理能力，增强了做好高校管理工作、推进高等教育事业发展的信心。特别是第二十一期高校领导干部进修班和第十八期高校中青年干部培训班举办期间，正值党的十六大召开前后，学院及时调整教学计划，围绕迎接十六大以及学习、领会、贯彻十六大精神主题，通过多种形式组织学员认真学习十六大报告，明确了“三个代表”重要思想是我们党凝聚民心、带领全国人民建设中国特色社会主义的重要指导思想。同时对新时期我国全面建设小康社会的奋斗目标和总体思路有了比较全面的把握，对教育事业特别是高等教育事业在全面建设小康社会中的战略地位和所负担的历史使命有了更加清晰的认识，增强了使命感和责任感。

〔**全国地市教育局长培训**〕 为进一步学习贯彻全国基础教育和职业教育工作会议精神，大力推进素质教育和教育创新，提高地市教育行政干部政治和业务素质、政策水平和领导能力，根据教育部“十五”干训规划，国家教育行政学院于 2002 年 4 月和 9 月先后举办了第十一、十二期全国地市教育局长（教委主任）研修班，教育部副部长王湛出席两个班开学典礼并作了报告。教育部政策研究与法制建设司、基础教育司有关同志与学员代表座谈，了解各地基础教育改革发展情况。共有 127 位地市教育行政部门领导分别参加了两个班为期四周的研修学习。

培训期间，学员围绕基础教育改革的背景和形势任务、素质教育的区域推进与实施以及基础教育和职业教育改革发展的热点、难点问题等主题，通过专题报告、自学、小组研讨、大会交流等形式进行了系统的学习和研讨，更加深入了解了当前我国基础教育的形势和任务，明确了实施和推进素质教育的重大意义，对当前基础教育改革发展中存在的问题以及解决办法有了更清醒的认识，同时交流了各地发展基础教育事业的经验和做法，教育观念进一步提升和转变，视野进一步开阔，工作思路更加明确，增强了做好本地区教育改革发展工作的信心和决心，收到了良好的培训效果。

〔全国县教育局长培训〕　按照教育部干训规划要求，2002年国家教育行政学院于上、下半年分别举办了第三、四期全国县教育局长培训班，来自全国各地近300名县教育局长参加了为期三周的学习研修。

全国县教育局长培训班以邓小平理论和“三个代表”重要思想为指导，以教育改革与发展为主要内容，紧密结合当前教育政策和教育改革实际，围绕基础教育改革发展的背景与使命、素质教育的区域推进与实施和教育改革发展的难点热点问题，组织学员认真学习党和政府关于基础教育改革发展的政策及有关文件精神，深入研讨实施素质教育以及发展职业教育、民办教育等基础教育改革发展中的重大理论和现实问题。

培训期间，学院聘请教育部有关司局领导、专家学者、教师等为学员作专题辅导报告，对大、中、小学校和职业学校进行考察，开展小组研讨和大会交流。通过学习和研讨，参加培训的县教育局长更加全面地了解和把握了基础教育的形势、任务和政策，对区域推进素质教育、教育教学改革创新、课程改革等重要问题有了新的认识，更新了观念，开阔了视野，增长了知识，交流了经验，收到了积极效果。

〔西部地区小学、初中校长培训〕　为落实科教兴国和西部大开发战略，帮助西部地区小学、初中校长深入领会全国基础教育工作会议精神，进一步明确西部地区基础教育的战略地位、政策走向和基本任务，增强全面贯彻基础教育方针政策的自觉性，学习教育管理新理论、新理念，开阔视野，更新观念，提高管理水平，推动西部地区中小学教育的发展，根据教育部干训规划要求，在国家财政部专项经费支持下，国家教育行政学院于2002年下半年，举办了三期西部地区小学、初中校长培训班，来自西部10个省、自治区、直辖市共613位小学、初中校长分期分批参加了培训。

培训班主要围绕当前西部地区教育改革与发展的宏观形势与任务，教育理论发展新的动向，教育改革实践新动态，以及中小学管理方面的新探索、新经验四个方面的内容进行教学。通过专题报告、小组研讨、大会交流、校长论坛、名校考察等教学环节，学员深切体会到党和国家对西部基础教育的重视和扶持，深刻认识到教育创新是时代发展的必然要求，是实践“三个代表”重要思想的具体体现，也是西部教育实现跨越式发展的必由之路，转变教育观念是西部教育发展的关键。进一步提高了西部地区推进基础教育信息化建设和实施新课程改革的重要性和迫切性的认识，分析了问题，交流了经验，提出了对策和建议，明确了工作思路，为今后进一步做好西部地区中小学管理工作奠定了更加坚实的理论和政策基础。

〔其他类型培训〕　国家教育行政学院在完成教育部干训规划培训任务的同时，密切结合教育改革与发展的需要和教育部中心工作，面向并服务于教育战线，开展多种类型的培训。2002年，学院举办了教育部机关及直属单位中青年干部培训班、教育部机关党校第十七期党员干部理论进修班、教育部第十三期驻外干部岗前培训班、全日制普通高中课程计划培训班、6期基础教育改革动态专题研修班、WTO与中国高等教育——第一期高教动态研修班、菲律宾华文学校管理人员初级培训班、海南省高中校长研修班、高中素质教育与高考改革研修班、北京市大兴区干部培训班、第一期幼儿教育改革动态专题研修班、呼和浩特基础教育改革专题研修班、第一期职业教育改革与发展专题研修班、第一期高等院校共青团干部培训班等，有效地满足了各级各类教育管理干部政策水平和管理能力提高的需要。

撰稿　王治军

审稿　俞家庆

教育财务与审计

教 育 财 务

教育部、国家统计局、财政部关于2001年全国教育经费执行情况统计公告

（2002年12月31日）

一、全国教育经费情况

2001年，全国教育经费为4 637.66亿元，比上年的3 849.08亿元增长20.49%。其中，国家财政性教育经费（包括各级财政对教育的拨款、城乡教育费附加、企业办中小学支出以及校办产业减免税等项）为3 057.01亿元，比上年的2 562.61亿元增长19.29%。

二、落实《教育法》规定的“三个增长”情况

1. 中央和地方各级政府预算内教育拨款（不包括城市教育费附加）为2 582.38亿元，比上年的2 085.68亿元增长23.81%。同年，全国财政收入为16 386亿元，比上年增长22.33%，全国预算内教育拨款增长速度高于财政收入的增长速度1.48个百分点。

2. 各级教育生均预算内教育事业费支出增长情况

2001年全国普通小学、普通初中、普通高中、职业中学、普通高等学校生均预算内教育事业费支出情况是：

（1）全国普通小学生均预算内事业费支出为645.28元，比上年的491.58元增长31.27%，其中，农村普通小学生均预算内事业费支出为550.96元，比上年的412.97元增长33.41%。普通小学生均预算内事业费支出增长最快的是陕西省（47.93%）。

（2）全国普通初中生均预算内事业费支出为817.02元，比上年的679.81元增长20.18%，其中，农村普通初中生均预算内事业费支出为656.18元，比上年的533.54元增长22.99%。普通初中生均预算内事业费支出增长最快的是宁夏回族自治区（36.38%）。

（3）全国普通高中生均预算内事业费支出为1 471.12元，比上年的1 314.99元增长11.87%。普通高中生均预算内事业费支出增长最快的是贵州省（35.82%）。

（4）全国职业中学生均预算内事业费支出为1 547.32元，比上年的1 349.45元增长14.66%。职业中学生均预算内事业费支出增长最快的是青海省（98.55%）。

（5）全国普通高等学校生均预算内事业费支出

为 6 816.23 元，比上年的 7 309.58 元减少 6.75%。普通高等学校生均预算内事业费支出增长最快的是广东省（14.88%）。

3. 各级教育生均预算内公用经费支出增长情况

2001 年全国普通小学、普通初中、普通高中、职业中学和普通高等学校生均预算内公用经费支出情况是：

（1）全国普通小学生均预算内公用经费支出为 45.18 元，比上年的 37.18 元增长 21.52%，其中，农村普通小学生均预算内公用经费支出为 28.12 元，比上年的 24.11 元增长 16.63%。普通小学生均预算内公用经费支出增长最快的是山东省（116.37%）。

（2）全国普通初中生均预算内公用经费支出为 83.40 元，比上年的 74.08 元增长 12.58%，其中，农村普通初中生均预算内公用经费支出为 44.95 元，比上年的 38.67 元增长 16.24%。普通初中生均预算内公用经费支出增长最快的是陕西省（91.42%）。

（3）全国普通高中生均预算内公用经费支出为 237.98 元，比上年的 212.08 元增长 12.21%。普通高中生均预算内公用经费支出增长最快的是贵州省（97.55%）。

（4）全国职业中学生均预算内公用经费支出为 220.39 元，比上年的 214.90 元增长 2.55%。职业中学生均预算内公用经费支出增长最快的是青海省（113.80%）。

（5）全国普通高等学校生均预算内公用经费支出为 2 613.56 元，比上年的 2 921.23 元下降 10.53%。普通高等学校生均预算内公用经费支出增长最快的是新疆维吾尔自治区（179.07%）。

三、预算内教育经费占财政支出比例情况

按预算内教育经费包含城市教育费附加的口径计算，2001 年全国预算内教育经费占财政支出 18 903亿元（2002 年《中国统计年鉴》公布数）的比例为 14.31%，比上年的 13.80%增加了 0.51 个百分点。从全国情况看，有 14 个省、自治区、直辖市预算内教育经费占财政支出比例比上年有不同程度的下降。

四、国家财政性教育经费占国内生产总值比例情况

据统计，2001 年全国国内生产总值为 95 933 亿元，国家财政性教育经费占国内生产总值比例为 3.19%，比上年的 2.87%增加了 0.32 个百分点，为 1989 年对此项指标进行监测以来的最高水平。

2001 年全国教育经费执行情况监测结果表明，各级政府通过贯彻《教育法》，落实教育优先发展的战略地位，政府教育投入总量继续增加，预算内教育经费占财政支出比例比上年有所上升，但仍有一些省、自治区已连续几年没有达到《教育法》规定的教育投入增长要求。

注：1. 公告中所列教育经费数据以教育经费统计口径为准，包括国民教育序列学校所支出的经费，不包括党政工团的教育经费、职工培训费、党政群干训费和军事院校的经费。

2. 公告中所涉及的全国性统计数据，均不包括台湾省、香港特别行政区、澳门特别行政区。

3. 公告中的 2001 年全国国内生产总值 95 933 亿元、全国财政收入 16 386 亿元和财政支出 18 903 亿元等数据来源于 2002 年《中国统计年鉴》。

附

2001年全国教育经费执行情况统计表

表一 2001年预算内教育拨款增长与财政经常性收入增长比较

地区	预算内教育拨款 本年比上年增长（%）	财政经常性收入 本年比上年增长（%）	增长幅度比较
总计	**23.81**	**22.33**	**1.48**
北京市	21.89	20.04	1.85
天津市	30.16	10.53	19.63
河北省	20.08	16.24	3.84
山西省	33.49	15.92	17.57
内蒙古自治区	30.82	4.63	26.19
辽宁省	12.12	12.72	—0.60
吉林省	19.03	13.40	5.63
黑龙江省	29.67	15.27	14.40
上海市	8.55	13.42	—4.87
江苏省	19.09	27.62	—8.53
浙江省	42.19	14.86	27.33
安徽省	28.34	7.50	20.84
福建省	19.70	12.59	7.11
江西省	28.30	8.38	19.92
山东省	15.87	5.94	9.93
河南省	21.55	2.87	18.68
湖北省	21.60	6.20	15.40
湖南省	22.98	5.23	17.75
广东省	22.68	11.44	11.24
广西壮族自治区	32.48	12.47	20.01
海南省	26.98	13.21	13.77
重庆市	28.70	21.64	7.06
四川省	33.03	6.43	26.60
贵州省	28.08	—9.24	37.32
云南省	20.74	5.83	14.91
西藏自治区	27.74	6.38	21.36
陕西省	38.82	20.43	18.39
甘肃省	28.94	15.26	13.68
青海省	30.19	12.21	17.98
宁夏回族自治区	37.36	32.42	4.94
新疆维吾尔自治区	41.09	20.26	20.83

注：预算内教育拨款包括教育事业费、科研经费、基建经费和其他经费。

表二　2001 年预算内教育经费占财政支出比例情况

地　区	预算内教育经费（亿元）			预算内教育经费占财政支出比例（%）		
	2000 年	2001 年	增长百分点	2000 年	2001 年	增长百分点
总　计	**2191.77**	**2705.66**	**23.45**	**13.80**	**14.31**	**0.51**
北京市	82.90	102.90	24.13	18.71	18.40	－0.31
天津市	33.83	43.48	28.52	18.09	18.53	0.44
河北省	86.41	103.35	19.60	20.79	20.10	－0.69
山西省	44.69	59.41	32.94	19.86	20.52	0.66
内蒙古自治区	37.07	48.14	29.86	14.99	15.08	0.09
辽宁省	85.71	95.78	11.75	16.54	15.07	－1.47
吉林省	48.76	58.34	19.65	18.70	17.87	－0.83
黑龙江省	56.23	72.49	28.92	14.72	15.16	0.44
上海市	113.01	123.61	9.38	18.57	17.46	－1.11
江苏省	136.56	161.37	18.17	23.10	22.12	－0.98
浙江省	91.25	128.72	41.06	21.16	21.55	0.39
安徽省	61.25	77.91	27.20	18.93	19.29	0.36
福建省	74.78	89.61	19.83	23.07	24.01	0.94
江西省	42.21	53.97	27.86	18.89	19.02	0.13
山东省	135.51	156.14	15.22	22.10	20.71	－1.39
河南省	96.31	116.53	20.99	21.62	22.91	1.29
湖北省	62.72	75.76	20.79	17.01	15.64	－1.37
湖南省	62.56	77.52	23.91	17.98	17.96	－0.02
广东省	186.49	228.85	22.71	17.26	17.32	0.06
广西壮族自治区	52.31	68.61	31.16	20.24	19.51	－0.73
海南省	11.23	14.17	26.18	17.52	17.95	0.43
重庆市	34.65	44.77	29.21	18.47	18.85	0.38
四川省	80.60	106.55	32.20	17.83	17.93	0.10
贵州省	36.09	46.16	27.90	17.90	16.77	－1.13
云南省	76.50	91.72	19.90	18.47	18.48	0.01
西藏自治区	7.59	9.59	26.35	12.66	9.17	－3.49
陕西省	42.90	58.70	36.83	15.79	16.77	0.98
甘肃省	32.33	41.41	28.09	17.17	17.59	0.42
青海省	10.03	13.07	30.31	14.70	12.90	－1.80
宁夏回族自治区	10.05	13.68	36.12	16.53	14.62	－1.91
新疆维吾尔自治区	40.56	56.74	39.89	21.24	21.55	0.31

注：表中预算内教育经费含城市教育费附加。

表三（1） 各级教育生均预算内教育事业费增长情况

单位：元

地　　区	普通小学			普通高中			普通初中		
	2000 年	2001 年	增长率（%）	2000 年	2001 年	增长率（%）	2000 年	2001 年	增长率（%）
总　　计	**491.58**	**645.28**	**31.27**	**1 314.99**	**1 471.12**	**11.87**	**679.81**	**817.02**	**20.18**
北京市	1 915.41	2 437.81	27.27	3 524.18	3 943.99	11.91	2 416.06	2 840.43	17.56
天津市	1 256.77	1 622.86	29.13	3 108.98	3 782.54	21.66	1 676.14	1 872.27	11.70
河北省	387.36	502.54	29.73	1 150.64	1 280.95	11.33	550.42	651.91	18.44
山西省	446.20	613.25	37.44	1 053.79	1 239.16	17.59	625.23	803.98	28.59
内蒙古自治区	593.99	834.12	40.43	1 001.65	1 167.80	16.59	669.39	855.23	27.76
辽宁省	583.24	714.74	22.55	1 318.45	1 400.23	6.20	909.04	953.31	4.87
吉林省	566.21	768.38	35.71	1 033.79	1 278.20	23.64	782.20	937.53	19.86
黑龙江省	852.29	1 153.48	35.34	1 408.44	1 629.56	15.70	737.88	966.89	31.04
上海市	2 755.79	3 612.05	31.07	4 043.85	4 967.45	22.84	2 788.07	3 411.21	22.35
江苏省	617.50	827.41	33.99	1 651.88	1 738.32	5.23	928.05	1 095.79	18.07
浙江省	786.34	1 132.55	44.03	1 753.84	2 135.76	21.78	996.27	1 339.17	34.42
安徽省	376.60	470.44	24.92	986.55	1 041.27	5.55	448.98	557.83	24.24
福建省	694.27	822.51	18.47	1 425.02	1 610.77	13.03	804.35	914.00	13.63
江西省	400.37	548.17	36.92	864.68	942.75	9.03	463.71	568.75	22.65
山东省	492.57	645.21	30.99	1 161.04	1 232.76	6.18	638.17	740.77	16.08
河南省	260.77	353.82	35.68	879.73	801.94	−8.84	419.70	511.29	21.82
湖北省	292.92	393.53	34.35	830.05	939.02	13.13	551.53	641.60	16.33
湖南省	351.48	477.72	35.92	865.85	956.19	10.43	466.90	551.11	18.04
广东省	644.34	768.88	19.33	1 892.32	2 132.92	12.71	881.28	1 031.61	17.06
广西壮族自治区	410.59	579.30	41.09	848.37	1 039.83	22.57	483.69	638.10	31.92
海南省	491.79	608.69	23.77	1 229.28	1 525.16	24.07	695.79	876.48	25.97
重庆市	368.63	489.73	32.85	939.92	1133.25	20.57	523.74	651.33	24.36
四川省	370.16	503.93	36.14	983.45	1 160.57	18.01	509.02	628.24	23.42
贵州省	311.72	434.43	39.37	842.88	1 144.76	35.82	440.86	556.50	26.23
云南省	653.20	808.40	23.76	1 644.12	1 946.64	18.40	908.48	1 020.03	12.28
西藏自治区	1 110.09	1 476.10	32.97	3 229.98	3 581.16	10.87	2 391.26	2 353.80	−1.57
陕西省	322.52	477.11	47.93	832.77	882.29	5.95	509.93	655.91	28.63
甘肃省	421.69	555.07	31.63	1 084.54	1 373.05	26.60	595.98	728.89	22.30
青海省	732.95	979.58	33.65	1 658.92	1 942.81	17.11	1 079.83	1 294.01	19.83
宁夏回族自治区	581.48	792.31	36.26	1 033.85	1 325.96	28.25	765.47	1 043.92	36.38
新疆维吾尔自治区	733.13	1 010.27	37.80	1 560.55	1 955.06	25.28	923.38	1 218.74	31.99

表三（1） 各级教育生均预算内教育事业费增长情况（续）

单位：元

地 区	职业中学			普通高等学校		
	2000年	2001年	增长率（%）	2000年	2001年	增长率（%）
总 计	**1 349.45**	**1 547.32**	**14.66**	**7 309.58**	**6 816.23**	**−6.75**
北京市	3 021.37	3 321.54	9.93	11 151.23	12 730.42	14.16
天津市	1 861.63	2 361.79	26.87	8 198.59	8 078.25	−1.47
河北省	968.95	1 169.60	20.71	4 867.77	4 069.15	−16.41
山西省	1 060.41	1 350.97	27.40	5 085.40	5 179.06	1.84
内蒙古自治区	891.76	1 196.63	34.19	3 981.93	3 470.16	−12.85
辽宁省	1 562.30	1 761.65	12.76	5 099.99	4 656.27	−8.70
吉林省	1 245.01	1 578.60	26.79	5 177.18	4 432.55	−14.38
黑龙江省	1 547.62	2 276.24	47.08	4 783.69	4 842.79	1.24
上海市	3 066.87	3 036.51	−0.99	13 313.68	12 455.66	−6.44
江苏省	1 748.56	2 005.74	14.71	6 838.60	5 420.89	−20.73
浙江省	1 607.01	1 914.74	19.15	6 651.44	7 430.12	11.71
安徽省	528.06	631.83	19.65	4 003.46	3 709.97	−7.33
福建省	1 329.97	1 516.08	13.99	5 252.67	4 966.95	−5.44
江西省	935.65	1 159.83	23.96	3 881.49	3 828.56	−1.36
山东省	1 680.67	1 947.62	15.88	6 046.39	4 919.54	−18.64
河南省	835.91	951.70	13.85	4 477.28	3 283.87	−26.65
湖北省	1 027.18	1 126.77	9.70	3 634.92	3 702.23	1.85
湖南省	1 293.37	1 264.63	−2.22	3 498.83	3 213.57	−8.15
广东省	2 469.33	2 482.37	0.53	7 886.55	9 060.17	14.88
广西壮族自治区	1 245.45	1 439.91	15.61	4 333.52	4 538.87	4.74
海南省	2 120.70	2 618.51	23.47	7 971.12	8 416.59	5.59
重庆市	1 333.58	1 345.48	0.89	6 179.91	5 219.51	−15.54
四川省	1 292.73	1 449.57	12.13	3 680.11	3 179.71	−13.60
贵州省	1 041.45	1 142.97	9.75	3 634.61	2 124.67	−41.54
云南省	1 639.90	1 665.32	1.55	7 975.74	7 508.51	−5.86
西藏自治区	4 326.32	4 222.73	−2.39	14 057.90	14 448.07	2.78
陕西省	856.42	1 164.53	35.98	5 370.94	4 322.62	−19.52
甘肃省	1 533.19	1 728.85	12.76	6 059.83	4 775.23	−21.20
青海省	996.61	1 978.78	98.55	4 885.98	4 893.83	0.16
宁夏回族自治区	1 391.73	1 761.39	26.56	6 798.41	7 036.23	3.50
新疆维吾尔自治区	1 753.56	2 543.43	45.04	2 154.43	2 162.31	0.37

表三（2） 各级教育生均预算内公用经费增长情况

单位：元

地区	普通小学			普通高中			普通初中		
	2000年	2001年	增长率（%）	2000年	2001年	增长率（%）	2000年	2001年	增长率（%）
总计	**37.18**	**45.18**	**21.52**	**212.08**	**237.98**	**12.21**	**74.08**	**83.40**	**12.58**
北京市	432.52	566.92	31.07	1 208.99	1 346.82	11.40	722.44	871.95	20.70
天津市	140.50	143.68	2.26	906.22	945.41	4.32	413.83	418.10	1.03
河北省	17.44	23.60	35.32	153.24	194.97	27.23	41.63	45.01	8.12
山西省	17.71	23.25	31.28	108.35	121.30	11.95	43.95	51.61	17.43
内蒙古自治区	76.15	55.86	—26.64	168.15	149.10	—11.33	93.02	82.03	—11.81
辽宁省	46.41	70.52	51.95	267.71	220.88	—17.49	98.15	116.04	18.23
吉林省	38.76	64.71	66.95	134.18	241.65	80.09	79.46	112.73	41.87
黑龙江省	53.51	68.85	28.67	154.25	142.98	—7.31	60.07	78.71	31.03
上海市	448.20	699.56	56.08	1 111.43	1 476.75	32.87	754.12	848.18	12.47
江苏省	27.23	35.98	32.13	191.17	183.63	—3.94	71.57	72.71	1.59
浙江省	72.26	96.78	33.93	486.11	489.11	0.62	149.17	172.88	15.89
安徽省	15.00	19.61	30.73	90.21	80.89	—10.33	31.19	38.00	21.83
福建省	47.08	46.72	—0.76	247.63	254.83	2.91	117.48	100.74	—14.25
江西省	9.55	17.76	85.97	40.92	43.96	7.43	17.89	25.08	40.19
山东省	15.21	32.91	116.37	111.19	126.61	13.87	26.58	38.45	44.66
河南省	11.45	11.90	3.93	91.05	75.54	—17.03	32.27	31.59	—2.11
湖北省	9.49	19.03	100.53	57.21	103.76	81.37	23.20	43.25	86.42
湖南省	11.08	18.42	66.25	65.50	88.91	35.74	27.36	30.34	10.89
广东省	82.17	106.70	29.85	443.13	482.27	8.83	140.21	175.03	24.83
广西壮族自治区	29.42	22.60	—23.18	66.90	71.24	6.49	38.76	31.77	—18.03
海南省	35.71	42.79	19.83	167.30	324.32	93.86	71.07	109.41	53.95
重庆市	20.47	28.26	38.06	146.23	170.67	16.71	56.95	59.99	5.34
四川省	17.22	27.03	56.97	106.39	137.60	29.34	29.79	46.25	55.25
贵州省	17.98	10.54	—41.38	63.32	125.09	97.55	22.74	30.25	33.03
云南省	82.71	71.48	—13.58	321.83	396.54	23.21	161.64	140.37	—13.16
西藏自治区	251.70	164.23	—34.75	655.15	888.45	35.61	393.32	253.20	—35.62
陕西省	8.77	18.90	115.51	55.78	74.23	33.08	21.80	41.73	91.42
甘肃省	31.58	20.84	—34.01	82.40	98.59	19.65	43.85	37.43	—14.64
青海省	100.67	48.06	—52.26	225.18	122.05	—45.80	136.47	78.05	—42.81
宁夏回族自治区	67.10	64.78	—3.46	118.51	156.00	31.63	96.54	121.86	26.23
新疆维吾尔自治区	98.31	64.28	—34.61	217.87	211.92	—2.73	120.08	103.08	—14.16

表三（2） 各级教育生均预算内公用经费增长情况（续）

单位：元

地区	职业中学			普通高等学校		
	2000年	2001年	增长率（%）	2000年	2001年	增长率（%）
总计	**214.90**	**220.39**	**2.55**	**2 921.23**	**2 613.56**	**−10.53**
北京市	1 016.65	989.83	−2.64	5 580.61	6 221.25	11.48
天津市	389.50	428.52	10.02	3 205.29	3 244.01	1.21
河北省	105.33	110.43	4.84	1 256.67	955.35	−23.98
山西省	195.72	203.08	3.76	1 153.56	1 132.25	−1.85
内蒙古自治区	106.74	142.81	33.79	963.26	248.42	−74.21
辽宁省	241.78	270.53	11.89	1 839.82	1 455.16	−20.91
吉林省	170.82	249.22	45.90	1 543.21	1 327.84	−13.96
黑龙江省	147.13	213.45	45.08	1 102.31	1 054.41	−4.35
上海市	878.95	843.88	−3.99	6 441.52	6 504.37	0.98
江苏省	145.62	163.14	12.03	1 850.90	1 709.49	−7.64
浙江省	433.93	451.64	4.08	2 509.17	2 538.45	1.17
安徽省	40.48	36.16	−10.67	884.49	499.33	−43.55
福建省	212.52	226.65	6.65	1 643.38	1 655.96	0.77
江西省	80.90	73.61	−9.01	1 220.80	1 029.75	−15.65
山东省	129.00	115.29	−10.63	2 124.85	1 351.76	−36.38
河南省	92.35	81.87	−11.35	1 519.65	1 021.80	−32.76
湖北省	60.90	93.04	52.78	1 723.91	1 644.63	−4.60
湖南省	138.95	110.14	−20.73	1 055.98	968.72	−8.26
广东省	636.61	639.78	0.50	2 927.75	3 527.85	20.50
广西壮族自治区	180.78	152.61	−15.58	1 727.65	1 553.46	−10.08
海南省	455.01	388.06	−14.71	2 023.69	2 361.43	16.69
重庆市	260.57	194.34	−25.42	3 201.79	2 375.14	−25.82
四川省	129.50	146.91	13.44	1 487.51	1 178.64	−20.76
贵州省	181.71	125.99	−30.66	514.77	408.10	−20.72
云南省	331.60	285.34	−13.95	3 641.01	3 421.01	−6.04
西藏自治区	1726.32	1206.06	−30.14	5 193.97	3 483.68	−32.93
陕西省	55.65	118.45	112.85	1 506.12	1 141.66	−24.20
甘肃省	162.58	135.93	−16.39	1 417.02	1 008.07	−28.86
青海省	137.73	294.47	113.80	932.60	1 614.27	73.09
宁夏回族自治区	225.15	277.57	23.28	1 720.43	1 810.00	5.21
新疆维吾尔自治区	109.44	160.39	46.56	124.34	346.99	179.07

〔**第二期“国家贫困地区义务教育工程”实施情况**〕　为帮助贫困地区加快发展教育事业，党中央、国务院决定在“九五”期间实施“国家贫困地区义务教育工程”的基础上，“十五”期间中央财政再安排50亿元专项资金，加上地方配套资金，实施第二期“国家贫困地区义务教育工程”。

二期“工程”的进展情况如下：

1.“工程”资金落实情况良好。20个项目省份（含新疆生产建设兵团，下同）2001年～2002年的项目资金规划总数为31亿元，其中，中央专款20亿元，省级配套资金11亿元。截至2002年9月，实际落实到位资金近33亿元，完成规划总数的106.45%，其中，中央专款20亿元，足额完成了规划任务，省本级和省以下各级配套资金近13亿元，完成规划的118.18%。

2.“工程”各项目的实施已取得显著成效。截至2002年9月，“工程”已完成新建项目小学1 102所、初中486所；改扩建小学2 357所、初中1 330所；新建小学校舍68万平方米、初中校舍67万平方米；改扩建小学校舍129万平方米、初中校舍191万平方米；培训小学、初中校长和教师6.7万人次；向360万人次的贫困小学和初中学生免费提供了教科书；购置小学和初中课桌凳50万单人套，购置小学和初中图书215万册，购置小学和初中教学仪器设备价值2 593万元，配置小学和初中信息技术教育设备价值6 285万元。均基本完成了各项目规划任务。

3.“工程”实施产生了显著的社会效益。二期“工程”中央专款的投入力度加大，平均每个项目县（旗、团场）5年内可得到中央专款和省级配套资金近1 400万元。“工程”实施以来，通过重点投入，为贫困地区建成了一批设施齐全的崭新学校。项目学校的办学条件正在逐步得到改善，原来由于家庭经济困难而辍学的适龄少年、儿童又回到了学校，贫困地区的教育落后面貌正在发生改变。这项教育扶贫工程，已使贫困地区广大人民群众得到了实惠，切实感受到了党和政府的关怀。

二期“工程”的预期效益：二期“工程”共计投入资金72.5亿元（含地方配套资金22.5亿元），按照规划，522个项目县（旗、团场）共新建、改扩建中小学9 827所，其中新建、改扩建小学6 241所，新建、改扩建初中3 586所；培训教师约46.7万人次；添置仪器设备3.76万台套，购置课桌凳210万套，新增图书资料2 400万册；向1 100万人次的小学和初中学生免费提供教科书；为6万多所农村中小学配备信息技术教育和远程教育接收设备。

撰稿　华成刚
审稿　陈伟光

〔**全国中小学危房改造工程取得成效**〕　为保证危改工程项目建设质量和中央专项资金的使用效益，2002年，全国危改办先后到贵州、黑龙江、安徽等11个省的70个县225个乡（镇）开展了实地调研和检查活动，撰写了11份调研报告和监督检查报告。在工作中引入评估和监督制约机制，组织中介机构分赴辽宁、陕西等8个省的35个地（市）、67个县（区）、392个乡（镇），对674所中小学的危房鉴定等级和面积、工程规划目标和预算构成进行现场评估，提交了8份综合性项目预算可行性评估报告，评估工程总资金5亿元。实地调研和现场评估活动，有效地保证了危房改造项目的建设质量。

2002年3月，全国危改办分别在安徽阜阳、山西长治、重庆市分三片同时召开了危改工程现场会；2002年6月，又在北京召开了26个省危改办主任参加的工作会议。为加强对危改工程的指导、总结推广先进经验，通过广播、电视、报刊等新闻媒体开展了危改工程宣传工作。

地方各级党委、政府对危改工程高度重视、加强领导、加大投入，取得了预期的成果。各地的主要经验是：(1) 领导高度重视，思想认识统一。各地普遍实行了党政“一把手”责任制，建立了由政府分管领导任组长的危改工程组织管理机构，把危改工作纳入了地方党委、政府的重要议事日程，并结合当地实际，建立健全了一系列管理制度和办法。如黑龙江省召开省长办公会专题研究危改工程资金投入和建设问题，省长宋法棠亲临危改现场办公。(2) 创新工作思路，多方筹集资金，建立危房改造资金投入保障机制。各地在坚持危房改造政府投入为主的同时，充分发挥政府的组织引导作用，积极拓宽筹资渠道。如湖南省印发的《关于农村税费改革后确保农村义务教育经费正常需要的意见》中明确规定，“农村税费改革转移支付资金用于农村中小学教育经费应高于60%，其中农村中小学教育经费用于危房改造不低于10%。”安徽省阜阳市，市县政府每年编制财政预算时，按财政支出预算的1%安排中小学危房改造资金，从预算外收入中调控10%作为危改资金。(3) 严格施工程序，实行全过程质量管理。各地在项目建设中实行统一规划设计、统一招标施工、统一监理、统一质检验收、统一竣工审计，统一档案格式等措施。在土建施工中严把设计关、招标关、材料关、监理关、验收关、审计关，确保百年大计，质量第一。(4) 强化督促检查，狠抓工作落实。各地把组织督促与群众监督、新闻监督有机结合起来，通过报纸、电视等新闻媒介对危改工程实施情况进行监督。(5) 营造良好氛围，全民支持危改。广大人民群众对中小学危房改造表现出了极大的热情，踊跃捐钱捐物、投工投劳。

在中央和地方各级政府的共同努力下，危改工程取得了显著成效。到2002年底，危改工程共投入资金120亿元，其中，中央危改工程专款为30亿元，中央二期义教工程用于危房改造资金11亿元，省级配套资金26亿元，地方自筹资金53亿元。完成危房改造的农村中小学校达到2万多所，消除D级危房3 000万平方米。使中小学D级危房面积由2000年底的5 700万平方米降到2002年底的4 000万平方米（包括两年间新增的1 300万平方米危房）。

危改工程的实施，在一定程度上改善了农村中小学办学条件，遏止了农村中小学危房上升的趋势，有效地保证了师生安全，同时，促进了各地中小学校布局的调整，得到广大师生和人民群众的拥护和支持。但是，全国尤其是农村中小学危房问题仍然比较严重，继续抓紧改造中小学现有危房，是当前农村贫困地区基础教育面临的极为迫切问题，直接关系到学校的正常运转和师生的生命财产安全。对此，国家科教领导小组第十二次会议研究决定继续实施中小学危房改造工程，由教育部、财政部、国家计委共同研究提出具体方案报国务院审批。继续实施的危改工程，将按照中央和地方事权、财权的划分，完善以地方投入为主的机制，加大地方政府的责任，中央继续适当予以补助。中央专项补助资金主要用于对中西部贫困地区农村中小学的危房改造。各级地方政府要切实负起责任，建立健全资金投入和管理机制。

撰稿 宋家乐

审稿 陈伟光

〔**高校经济困难学生资助工作**〕 2002年，高校经济困难学生资助工作在继续完善“奖学金、学生贷款、勤工助学、特殊困难补助和学费减免”等多元化资助政策的同时，重点是推动国家助学贷款和设立国家奖学金的工作。

2002年2月，中国人民银行、教育部、财政部联合召开了全国国家助学贷款电视电话会议并印发了《关于切实推进国家助学贷款工作有关问题的通知》，提出了“四定”、“三考核”措施（“四定”即：定学校、定范围、定额度、定银行；“三考核”即：按月考核经办银行国家助学贷款的申请人数和申请金额、考核已审批贷款人数和贷款合同金额、考核实际发放贷款人数和发放金额）。8月，中国人民银行和教育部向工商银行、农业银行、中国银行、建设银行四家国有商业银行下达了2002年国家助学贷款指导性计划69亿元。这些措施有力地推动了国家助学贷款工作的进展。据统计，截止到2002年12月底，全国已签订贷款合同的学生59万人，贷款合同金额51亿元。各级财政共安排贴息资金4.59亿元。贷款合同金额比2001年增长了113%。

此外，教育部进一步加强了国家助学贷款工作的宣传，先后召开两次专题新闻发布会，充分利用电视、广播、报刊等多种方式宣传国家助学贷款政策。教育部办公厅还向高等学校发出了加强信用教育、配合经办银行做好国家助学贷款工作的通知。教育部财务司再次组织人员编写了《高等学校学生资助政策问答》小册子。

设立国家奖学金是党中央、国务院为资助高校中家庭经济困难学生完成学业而采取的又一项重大措施。在朱镕基总理和李岚清副总理的亲自关心下，财政部、教育部积极落实国家科技教育领导小组第十次会议关于设立国家奖学金的决定，印发了《国家奖学金管理办法》。从2002年起，教育部、财政部设立国家奖学金，每年拨出2亿元人民币，资助45 000名家庭经济困难，德、智、体、美等各方面全面发展的学生。国家奖学金具有三个特点：一是额度高。一等奖每人每年6 000元，二等奖每人每年4 000元，而且减免当年的学费。二是名誉性强。这是新中国成立以来第一次冠以“国家”名称的奖学金。三是激励性强。因为只有德、智、体、美等各方面全面发展的经济困难学生才能获得。

国家奖学金政策的出台，受到家庭经济困难学生和家长的普遍欢迎，社会反映良好。2002年的国家奖学金分配办法体现了“四个倾斜”的原则：即在分配国家奖学金推荐名额时，向重点高校倾斜；在分配各地方的国家奖学金推荐名额时，向西部地区倾斜；有关中央部门和各地方在分配所属普通高校的国家奖学金推荐名额时，向农林、师范、民族、体育、航海、水利、地质、矿产、石油等专业的学生占在校生比例较大的高校倾斜；各普通高校在推荐国家奖学金获得者时，向校内上述专业以及其他国家重点保护的学科倾斜。

2002年，经过各级财政、教育部门和各高等学校的认真组织评审，首届国家奖学金的各项评定工作顺利完成。由于国家奖学金具有荣誉性强、资助额度高、激励性强的特点，通过实施过程中的正面引导，国家奖学金制度已成为激发高校经济困难学生自立自强、艰苦奋斗、奋发向上的一个强大动力，真正达到了“资助”、“育人”的目的，起到了弘扬和培育民族精神的作用，体现了社会主义制度的优越性和“三个代表”的重要思想。

撰稿　王　俊
审稿　崔邦焱

〔农村贫困地区义务教育阶段“一费制”实行情况〕　为治理农村中小学乱收费，切实减轻农民负担，经国务院批准，教育部、国家计委、财政部联合发出通知，规定从2001年起，在国家级贫困县和省级贫困县农村义务教育阶段学校试行“一费制”收费办法。针对2001年“一费制”试行过程中存在的问题，2002年，经国务院批准，教育部、国家计委、财政部联合印发了《关于切实做好2002年农村贫困地区义务教育阶段“一费制”试行工作的通知》，对“一费制”试行范围和标准进行适当调整。

《通知》规定：国家扶贫开发工作重点县农村义务教育阶段均要实行“一费制”，省级贫困县是否实行，由各省、自治区、直辖市人民政府根据本地实际情况自行确定。2002年“一费制”标准调整为：农村小学每学年每生160元，农村初中每学年每生260元。各省、自治区、直辖市政府可以综合考虑当地经济发展水平、农村义务教育事业的实际需要和人民群众的承受能力等因素适当浮动，浮动范围不得超过20%，浮动不得“就高不就低”。收费标准调整后，各地要相应做好贫困家庭学生的费用减免和资助等配套工作。

各地对实行“一费制”工作高度重视，绝大多数省份及时转发了三部委《通知》，在组织力量摸清底数和进行分析测算的基础上，制定了“一费制”具体实施方案。例如，江西省印发了《关于贯彻实施“一费制”的意见》，青海省制定了《关于在农村牧区义务教育阶段试行“一费制”收费办法实施方案》。据初步统计，2002年全国共有548个国家扶贫开发工作重点县和155个省级贫困县实行了“一费制”，收费标准每生每学年农村小学为80～192元，农村初中为150～312元。广东省在全省所属22个地市的所有小学和初中，按照省内不同地区的经济状况分三类标准实行了“一费制”收费办法。

从各地执行情况看，“一费制”收费办法对规范学校收费管理、减轻农民负担、促进教育事业持续健康发展起到了积极作用，有效制止了乱收费行为，得到了贫困地区广大农民群众、学生和家长的普遍拥护。

〔实行教育收费公示制度〕　为加强学校收费行为的透明度，完善监督管理措施，治理教育乱收费，2002年5月，教育部、国家计委、财政部联合印发了《关于建立教育收费公示制度的通知》，决定在全国各级各类学校实行教育收费公示制度，即学校通过设立公示栏、公示牌、公示墙等形式，向社会公布收费项目、收费标准等相关内容，便于社会监督学校严格执行国家教育收费政策，保护学生及其家长自身合法权益的制度。

《通知》明确规定：凡按国家规定的审批权限和程序制定的教育收费，包括义务教育学校的杂费、借读费、有寄宿制学校的住宿费和非义务教育学校的学费、住宿费等学校所有的收费，均应实行公示制度。公示的主要内容包括收费项目、收费标准、收费依据（批准机关及文号）、收费范围、计费单位、投诉电话等。对家庭经济困难学生实行收费减免的政策也应进行公示。禁止将越权收费、超标准收费、自立项目收费等乱收费行为通过公示"合法化"。

《通知》印发后，各地高度重视此项工作，已陆续按照三部委文件的要求，逐级清理收费项目、标准，认真落实收费公示制度。同时不少省份通过新闻媒体广泛宣传现行收费政策、规定，督促学校自觉接受社会和群众的监督。

撰稿　刘　景

审稿　郑富芝

〔**中、初等学校校办产业**〕　2002年全国中、初等学校校办产业（勤工俭学）基本情况如下：

一、校办产业基地情况。2002年，全国共有45万所中、初等学校开展了各种形式的勤工俭学活动和兴办了校办产业，安排学生参加劳动3.73亿人次，有14.28万所的中、初等学校举办了不同类型的校办企业。全国中、初等学校共有各类校办产业基地约47万个，比2001年减少5.96万个。其中：校办农业（农林牧渔）基地29.67万个；工业企业2.48万个；第三产业网点14.41万个。

二、校办产业规模及效益。2002年，全国中、初等学校校办产业资产总额为598.53亿元，比2001年减少67.17亿元，下降10.09%。其中：固定资产净值190.04亿元；流动资产364.35亿元。校办产业负债总额319.32亿元，资产负债率为53.35%；所有者权益总额279.21亿元，其中，实收资本141.47亿元。全国从事校办产业的各类职工达87万人，其中，教职工15.78万人。2002年，全国中、初等学校校办产业销售收入及营业额842.56亿元，比2001年减少99.24亿元，下降10.53%。其中：农业销售收入41.7亿元；工业销售收入532.46亿元（工业产销率为92.21%）；第三产业营业额及其他勤工俭学收入268.4亿元。校办产业利税总额达159.43亿元，其中，总收益（纯收入）122.42亿元，比2001年减少约10亿元，下降7.65%。

三、校办产业收益分配情况。2002年，全国中、初等学校校办产业总收益用于补充教育经费的部分为68.23亿元（包括校办产业向学校提供的劳务和部分物品等），占校办产业总收益的55.73%，比2001年减少6.27亿元，下降8.42%。其中：用于改善办学条件（修建教学用房、购置教学设备、补助公用经费等）的资金45.3亿元，比2001年减少2.6亿元，下降5.43%。上缴国家税金37.01亿元，比2001年减少3亿元，下降7.5%。2002年内返还的税金为2.19亿元。

撰稿　王卫忠

审稿　崔邦焱

教 育 审 计

〔**教育部指导内审工作情况**〕　2002年初，教育部办公厅向各省、自治区、直辖市、计划单列市教育行政部门和部直属高校印发了《2002年教育审计工作要点》，提出预算执行审计、建设工程和修缮工程审计、经济责任审计、国有资产管理和使用情况审计、专项资金审计、内控制度审计、专项审计调查及内审指导工作八个方面的工作要点。要求各部门、各单位加强对审计工作的领导，加强审计队伍建设，积极探索教育审计工作的特点和规律，用新思路开创教育审计工作的新局面。

5月20日，全国教育审计先进表彰暨工作会议在北京召开。来自各省、自治区、直辖市教育系统、教育部直属高校审计部门的负责人，以及教育系统审计工作先进集体和先进工作者的代表出席了会议。会议表彰了全国教育系统审计工作先进集体和先进工作者，上海市教委、清华大学、湖南省澧县审计局、浙江大学审计部先后代表先进集体、先进工作者在会上发言，汇报了在教育审计工作中取得的成绩，介绍了更新观念、开拓进取、转变职能、完善制度、依法审计、严格管理、求真务实等方面的经验。有关专家在会上作了“中国入世的基本承诺与对中国经济的影响”、“内部审计从传统到现代的九大转变”的专题报告。教育部副部长张保庆在会上讲话，强调必须进一步加强教育审计工作，提高对在市场经济条件下审计工作重要性的认识。在谈到如何做好教育审计工作时，指出加强教育审计工作是保证教育改革发展的内在需要，教育审计工作应与时俱进，不断开拓进取；要充分发挥审计的服务、防范、保护等作用；要突出工作重点，当前教育审计工作的重点是，防范风险，确保教育资金的安全，加大各级各类学校银行账户的清理工作力度，进一步加强财务管理和预算管理。

为进一步提高审计工作水平，促进教育审计工作深入发展，教育部财务司于2002年8月13日～16日在乌鲁木齐市举办了全国教育系统审计处长学习班。各省、自治区、直辖市教育局（厅、教委）审计处长，教育部直属高校审计处长共92人参加了学习培训。来自教育审计工作第一线的6位专家学者在学习班上就“加强内部控制制度的评审，充分发挥内审作用”、“校办企业转制的实践与思考”、“领导干部经济责任审计的前提与基础”、“物资采购审计的若干问题”、“财务类审计软件的开发与运用”、“经济责任审计的法律法规问题”作了专题发言。5位审计处处长在学习班上作了有关经验介绍。

2002年，教育部财务司还委托西安交通大学、中国地质大学分别在西安、北京举办了经济责任审计学习班、预算执行与决算审计学习班。经济责任审计学习班邀请中央五部委经济责任审计联席会议办公室负责人李树廷就经济责任的确定、对经济责任审计作用的认识、经济责任审计的内容、审计报告的规范等作了专题讲座。在预算执行与决算审计学习班上，财政部文教司及教育部财务司的有关负责同志讲述了预算编制与决算编制的原则、方法及内容，使学员开阔了工作思路，更加明确了预算执行与决算审计的意义。

开展理论研讨。随着内审工作不断深入，在审计实践中出现了许多需要探讨和解决的问题。为此，结合内审工作实际，开展了“新形势下高校内审的职能与作用”、“高校管理审计与内控制度评审”、“计算机审计”、“内审工作质量控制方法”及“内审风险的成因与控制对策研究”等课题的研究，16所高校参加了研讨活动。通过对这些课题的研讨，有力地促进了内审工作的开展，同时也极大地提高了审计人员的理论水平和研究能力。

对直属高校、事业单位开展经济责任审计。2002年，根据有关规定，教育部财务司委托会计师事务所，组织完成了对留学基金委、中国留学服务中心、中国农业大学、中央美术学院、中央教育科学研究所等单位领导干部的离任经济责任审计。并与国家税务总局组成联合审计组，对湖南大学远程财税教育中心财务收支情况进行了审计。审计报告受到有关领导的充分肯定，审计建议全部被采纳。

〔**教育战线审计工作情况**〕 2002年，福建省教育厅、贵州省教育厅分别成立了教育内审机构，至此全国有34个省、自治区（不含西藏自治区）、直辖市和计划单列市教委（教育厅）设立了独立的内审机构，或配备了专职审计人员。据不完全统计，全国省级及地、市、县级教育部门和普通高校建立内审机构4 256个，内审人员1.51万名。在各级领导的支持与指导下，教育内审机构坚持“全面审计，突出重点”的原则，围绕教育改革和发展的中心任务，2002年共完成财务收支审计、预算执行与决算审计、工程审计、经济责任审计、企业经济效益审计、专项资金审计等各项审计9.52万项，审计资金约1 377亿元，查出有问题的资金26亿元。纠正违纪金额6.8亿元，促进增收节支9.7亿元。发现经济案件线索296件，移送司法机关35件，移送纪检部门135件。移送司法机关处理38人，受党纪政纪处分240人。为提高教育经费的使用效益，规范经济管理秩序，促进勤政廉政建设，作出了应有的贡献。在上述审计项目中有基建、修缮工程审计3.83万个项目，送审额190亿多元，审减额17亿多元，审减率达8.9%，取得了较好的经济效益。

云南省教育厅为切实抓好高校帮困助学工作，确保高校学生不因家庭困难而失学。2002年7月初，根据省计委、省财政厅及省教育厅的规定，组织全省高校认真开展2000年、2001年贫困生助学金的提取、管理和使用的审计调查。据调查，全省30所高校两年应提取助困经费4 576万元，实际安排助困经费3 343万元。通过专项审计调查，把关心困难学生的工作落到实处。

吉林省教育厅财务审计处成立审计调研组，对吉林、延边、白山、辽源、长春等地高等院校及市、州、县教育部门进行审计调研。调研内容主要是：开展教育审计的工作现状及其存在的问题；教育审计机构的设置及队伍建设状况；当前教育审计工作在加强教育经费管理、确保教育资金安全方面所发挥的作用；各地、各高校开展经济责任审计、专项资金审计、财务收支审计等工作进展情况；教育审计工作规划及其发展趋势。通过调研，审计调研组提出有关建议和工作方案，为进一步做好审计工作奠定了基础。

河北省教育厅为加强教育审计法制化、规范化和制度化建设，制发了领导干部任期经济责任审计办法、基建和修缮工程审计办法，及“教育内审处理处罚规定”等20余个规章制度。这些制度的建立与完善，为规范全省教育内审工作创造了良好的条件。

湖南省教育厅组织对普教系统杂费和代收费中的师训、体卫、电教仪器、音像、图书、计算机维护六项专项经费的审计调查，调查金额12.7亿元，查出被挪用经费7 977万元。对查出的问题进行了通报和纠正，促进了全省普教经费的管理。

北京市教委积极探索内控制度审计，2002年在33家委直属单位布置此项工作，并组织市教委特约审计员，分成4个审计小组，进驻14家市教委直属单位，进行内控制度审计。通过查阅制度、抽样验证实际执行情况，评价每个单位内控制度的健全性和有效性，出具审计报告，提出改进管理的建议，从而促进被审计单位增强管理意识，进一步健全制度，有效地降低了各种经济违规违纪行为的发生。

甘肃省庆阳、武威、张掖、酒泉、陇南、平凉、天水等地、州、市教育部门广泛开展了对教育费附加、义教工程、危房改造工程、“普九”项目工程等专项资金的审计和审计调查。庆阳地区教育部门对正宁、华池、环县、西峰4县区2000年、2001年两年下拨的教育专项资金特别是义教工程、危改工程资金的管理、使用、效益情况进行了重点审计，审计资金总额6 197万元，涉及113所学校，查处财政拖欠教育专项资金291万元。在审计过程中坚持从账务入手，全面审核项目总体计划的执行、专项资金的拨付、配套资金的落实等情况，并逐乡逐校实地审查了土建工程的质量、造价和进度。查出了配套资金不到位、财政拖欠中小学危房改造工程资金及其他专项资金下拨不及时等问题，并针对存在的问题提出了限期纠正的处理意见，引起了地区行署领导的重视，责成资金不到位和挤占挪用的单位如数归还专项资金，保证了教育经费的投入。

江西省教育厅牵头，会同省计委、省财政厅，于2002年5至6月组成7个审计小组，对截至2002年5月31日江西省中小学危房改造专项资金拨付、使用、管理情况进行审计调查。全省抽查了9个区市的29个县、213个项目，占总投资项目的18%，另外还抽查了“义教工程”第一期的106个项目（占总项目的65%）。对审计调查中发现的问题进行了及时处理，并将审计调查结果向全省进行了通报，引起了各地教育、计划、财政部门的高度重视，有力地促进了专项资金的足额到位和专款专用。

浙江省教育厅为了更好地总结高校后勤社会化改革以来的成功经验，分析存在的问题，促进高校后勤社会化改革健康发展，选择高校后勤餐饮服务中心，就其经营和财务收支情况进行专项审计调查。审计调查的内容涉及高校餐饮服务中心的管理体制及运行机制、财务收支及盈亏状况、毛利率控制、会计核算和财务管理、内部控制制度八个方面。审计调查既注意总结高校后勤餐饮服务在建立和完善企业运行机制、加强内部管理、提高餐饮服务质量等方面取得的成绩和经验，更关注高校后勤社会化改革进程中出现的新情况和新问题，为领导决策提供了客观、准确的信息。

江苏省教育厅审计处在2002年注重抓好对内审工作的指导，主要采用了以下做法。一抓培训，举办分管审计领导、审计机构负责人以及具体审计人员参加的多层次、多内容的培训班，全面提高审计人员的业务素质和工作水平。二抓落实，加强对审计意见和建议的跟踪落实工作，努力达到“件件有回音，事事有落实”，使审计意见和建议都能落到实处，提高审计效果。三抓检查，开展对全省教育系统内部审计工作的考核、检查，促进各单位重视审计，健全各项制度。四抓质量，确保审计项目的质量，提高工作水平。

上海市教委在日常审计中始终强调恪守教育审计规范，2002年又针对广泛开展的领导干部任期经济责任审计，组织人员编写了《教育系统领导干部经济责任审计内容与评价》一书，并由上海社会科学院出版社正式出版。该书既有实用性，又有可操作性，受到了教育系统广大领导干部和审计人员的欢迎。

深圳市教委加强对校办企业的专项审计，2002年共完成校办企业经济效益审计20余项。审计中，由过去单纯的财务收支审计转向对校办企业效益审计，把重点放在分析企业的现状，帮助企业严格成本核算，改善经营管理，提高经济效益。

2002年秋季，广东省全面实施中小学教育收费“一费制”。为监督和促进该项收费政策的顺利实施，省教育厅在2002年全省教育审计工作会议上布置地级以上市教育局对中小学教育收费进行专项审计调查。各地市教育部门都开展了此项工作。其中，汕头市教育局审计室会同市有关部门开展全市中小学收费审计调查，发现了部分学校违规收费等问题，及时清退了全部违规收费，规范了中小学教育收费行为。

湖北省教育厅切实做好审计人员培训工作，不断提高审计人员素质。先后举办各种培训班31期，培训审计人员876人。

通过审计实践，许多领导认识到，内审工作对提高教育经费使用效益，加强内部管理起着十分重要的作用。为此，各级领导为内审工作的开展积极创造条件，在内审机构设置、人员的配备等方面给予了大力支持。

撰稿　刘　宜

审稿　杨周复

国际及与港、澳、台教育合作交流

留学工作

〔**出国留学**〕 2002年度各类出国留学人员总数12.5万人，其中：国家公派0.35万人，单位公派0.45万人，自费留学11.7万人。2002年度留学回国人员总数1.8万人；自1978年～2002年底，各类出国留学人员总数58.3万人，留学回国人员总数15.3万人，仍在国外留学的43万人中，有27万人尚在国外高等教育机构学习。出国留学人员学成者中，已有近一半人员回国工作。

2002年，对国家公派留学人员奖学金资助标准进行调整，全面改善了国家公费留学人员在外生活条件，同时也推动了单位公派留学人员奖学金资助标准的相应调整。正式启动“西部人才培养特别项目”，已与西部7个省（自治区）签定合作协议，使国家公派出国留学项目进一步走入西部地区。国务院批复教育部，决定简化对自费出国留学人员审批手续，国家不再收取高等教育培养费。

2002年度受理了第21和第22批留学回国人员科研启动基金的申请，共批准资助1 125名留学回国人员，资助金额约4 000万元人民币。鼓励在外留学人员采取“集团式、捆绑制、基地化”的服务模式，通过中国驻外使（领）馆教育处（组）推荐和组织学有所成的留学人员携带专利、科研项目回国参加活动，如组织在外留学人员参加“2002年中国海外学子辽宁创业周”、“北京留学人员科技周”和“第五届中国留学人员广州科技交流会”，并在会上举办留学人员支持西部专场以及支持教育部留学服务中心与广州留学人员创业园共建等留学人员为国服务的活动。推动留法学者支持陕西高校和留日博士支持青海大学项目，获得教育部“春晖计划”资助，以及加拿大多伦多金融界留学人员演讲团支持中国工商银行和留瑞典学者支援重庆、广西活动。利用“春晖计划学术休假回国工作项目”资助优秀留学人才到国内重点高校工作。为加大吸引优秀留学人员回国工作的力度，印发了《关于办理高层次海外留学人才身份证明的通知》；成立留学回国工作办公室；组织编写《全国留学回国工作文件汇编》；筹备首届“全国百名杰出留学回国人员表彰活动”和举办“慰问留学回国人员新春音乐会”等。

撰稿　徐培祥
审稿　曹国兴

〔**来华留学**〕 据统计，截至2002年12月31日，共有来自175个国家的8.58万名各类来华留学生在中国31个省、自治区、直辖市（不含台湾地区和香港、澳门特别行政区）的395所高等学校学习。其中，长期留学生6.05万名，占来华留学生总数的70.5%；短期留学生（留学时间在6个月以内）2.53万名，占来华留学生总数的29.5%。

按洲别统计，亚洲留学生人数仍排名第一，计6.60万名，占全年来华留学生总数的76.94%；美洲留学生0.89万名，占10.36%；欧洲留学生0.81万名，占9.47%；非洲留学生0.16万名，占1.92%；大洋洲留学生0.11万名，占1.31%。

按国别统计，韩国、日本、美国、印度尼西亚和越南留学生人数名列前5位，分别为3.61万名、1.60万名、0.74万名、0.29万名和0.23万名。来华留学生超过500名的国家依次还有：泰国1 737名、俄罗斯1 492名、法国1 341名、德国1 226名，英国1 061名、澳大利亚1 001名、蒙古968名、加拿大875名、马来西亚840名、尼泊尔813名、朝鲜671名，菲律宾638名，新加坡583名。

从留学生层次上看，2002年来华接受学历教育的留学生人数为21 055名，占长期留学生的34.8%。其中，专科生499名，大学本科生16 309名，硕士研究生2 858名，博士研究生1 389名。另有普通进修生38 668名，高级进修生（已获硕士以上学位者）778名。

按学科划分，以文科类专业学生居多，计68 438名，其中学习汉语专业的学生为63 328名，艺术类专业774人；其次是医学类专业6 713名，其中，中医专业4 070名、西医专业2 643名；学习经济专业的2 723名；工科专业2 442名；历史专业1 375名；法学专业1 287名；管理专业1 036名；教育和体育类专业948名；理科类专业393名；农学类专业267名；哲学类专业207名。

根据中国与有关国家的教育交流协议和交流计划，2002年教育部向153个国家提供了中国政府奖学金名额。到2002年9月，共有135个国家的1 879名获得中国政府奖学金的新生进入中国高等学校学习；另有212名外国留学生和外国学者获得教育部"长城奖学金"（通过联合国教科文组织提供)、"优秀生奖学金"、"外国汉语教师短期研修奖学金"、"HSK优胜者奖学金"和"中华文化研究奖学金"等专项奖学金来华学习或从事研究，加上已在校学习的学生，2002年共有来自153个国家的6 074名外国留学生享受中国政府奖学金在华学习，占全年来华留学生总数的7.08%。其中，亚洲学生3 049名，占奖学金生总数的50.2%；欧洲学生1 429名，占23.53%；非洲学生1 256名，占20.7%；美洲学生281名，占4.6%；大洋洲学生59名，占0.97%。来华留学接受学历教育的奖学金生共有3 558名，占奖学金生总数的58.58%。其中，博士研究生542名，比2001年增长18.08%；硕士研究生1 194名，比2001年增长13.93%；大学本科生1 822名，比2001年减少2.1%。此外，享受中国政府奖学金的高级进修生有436名，比2001年增长7.4%；普通进修生1 960名，比2001年减少5.17%。

2002年，中国高等学校通过各种国际交流渠道接受来自159个国家的79 755名自费留学生，比2001年增长42.35%，占全年留学生总数的92.93%。其中，长期留学生54 547名、短期留学生25 208名。长期生中接受学历教育的有17 497名，比2001年增长31.73%。其中，博士研究生847名，比2001年增长15.24%；硕士研究生1 664名，比2001年增长25.21%；大学本科生14 487名，增长45.8%；专科生499名，减少61.07%。此外还有高级进修生342名，普通进修生36 708名。

从地区分布来看，接受留学生人数超过1 000名的省（自治区、直辖市）有：北京35 361名、上海13 303名、天津4 779名、江苏4 212名、辽宁3 760名、山东2 895名、吉林2 832名、黑龙江2 391名、广东2 192名、浙江2 135名、陕西1 876名、福建1 488名、云南1 470名、广西1 397名、湖北1 273名。上述15个省（自治区、直辖市）留学生人数共计81 364名，占全国来华留学生总数的94.8%。

撰稿　赵灵山
审稿　张秀琴

〔**国家留学基金委工作**〕　2002年，出国选派及来华留学录取工作均明显加强。

一、出国留学选派与管理。2002年，根据选派计划和专家评审意见，面上录取2 235人，按各类项目录取988人。录取人员的职称、学历层次和承担省级以上课题的人数有较大提高，出国留学人员课题研究的针对性也强于往年。具有硕士以上学历者1 659人，占74.3%，具有副高级以上专业技术职称人员1 614人，占72.3%。按类别统计，3个月和6个月的高级访问学者556人，占24.9%，12个月的访问学者（进修人员）1 679人（包括非通用语种本科生)，占 75.1%。按学科统计，理科 246 人，占录取总数 11%；工科 680 人，占 30.5%；医科 313 人，占 14%；农科 175 人，占 7.8%；经济、管理 286 人，占 12.8%；文科 535 人，占 23.9%。全年录取国别涉及 57 个国家，其中美国 443 人，加拿大 264 人，澳大利亚 214 人，英国 321 人，日本 176 人，德国 148 人，法国 131 人，俄罗斯 61 人。

留学基金委继续认真执行政府间的合作项目，如美国福布莱特项目、加拿大中加学者交换项目、德国学术交流中心（DAAD）奖学金项目、新西兰政府发展援助奖学金项目等，进一步加强了国际合作。

根据点面结合的工作思路，2002 年度留学基金委进一步加强了项目开发和实施，各类政府委托项目执行情况进展顺利。《面向 21 世纪教育振兴行动计划》“重点高校系主任和实验室、研究所骨干出国研修项目”顺利结束。总结报告显示：由于派出人员层次高、出国目的明确，通过与国外学者的平等交流，能够研究、跟踪学科发展前沿，了解学术发展。“基础课教学基地教师出国研修项目”等，在派出人员层次和规模上都有不同程度提高，效益较好。

2002 年 9 月始，受教育部委托，留学基金委首次派出 156 名艺术类人才赴俄罗斯学习研究，以推动中国舞蹈、音乐和美术方面人才的培养，受到各省和有关院校的欢迎。

2002 年留学基金委正式启动“西部地区人才培养特别项目”，9 月同滇、贵、川、渝、新疆生产建设兵团分别签订了西部人才培养合作协议。该项目配合了中央西部大开发战略的实施，将对西部人才培养发挥重要作用。本年度留学基金委继续与辽宁、河北、湖南等省开展地方合作项目，支持欠发达省份的人才培养，进一步带动了地方公派留学工作开展。

为加强出国选派的针对性，2002 年留学基金委进行认真、深入的调研，为在 2003 年设立“我国入世后急需人才培养”、“高级研究学者”、“优秀自费留学生奖学金”、“增加研究生派遣量”等项目打下良好基础。

2002 年留学基金委注重加强在外留学人员的管理，进一步提高服务水平。按照 24 字选派办法，坚持留学人员按期回国工作的原则，做好留学人员信息统计等工作，完善留学人员国外管理数据库。派工作组赴美、加、俄、法、澳、新、瑞等国考察，加强对留学人员的境外管理和学成回国留学人员的服务工作。截至 12 月底，本年度公派留学人员到期应回国 2 760 人，实际回国 2 700 人，回归率为 97.83%。为提高出国留学的效益，留学基金委根据在外留学人员的学习、研究情况，科学、合理处理留学人员的延期和转读学位、赴第三国参加学术会议等事宜。

2002 年，留学基金委对出国留学工作作了一些重要调整：(1) 允许尚未参加规定的 WSK 外语水平考试、获得所在单位重点推荐、工作业绩突出的人员申报，若专家评审合格后再安排外语培训和参加考试，达标后派出。(2) 为加强选派工作的针对性，确定了重点资助的七大学科领域，即：通信与信息技术、农业高新技术、生命科学与人口健康、材料科学与新材料、能源与环境、工程科学、应用社会科学与 WTO 相关学科。(3) 决定从 2003 年始对留学人员申请类别进行调整，设立“高级研究学者”。计划每年选派 200 名，资助期限为 3～6 个月，资助标准为 1 800～2 000 美元/月。将传统的“普通访问学者”和“高级访问学者”合并为“访问学者”，并将资助期限调整为 6～24 个月。(4) 在教育部和财政部的支持下，前往 85 个国家的公派留学人员奖学金标准 2002 年底已作调整，平均增幅达 35%～40%。新标准自 2003 年 1 月 1 日执行。

根据教育部有关文件精神，留学基金委开始归口代理香港特区公立大学在内地招收自费本科生工作，2002 年度香港 8 所高校在内地招收自费生共 119 人。

2002 年，留学基金委与国家基础教育实验中心外语教育研究中心联合设立的中小学优秀外语教师出国留学奖学金项目，与中央广播电视大学合作组织的电大远程教育研修项目和英语教师暑期研修项目，各录取 100 名优秀英语教研人员分批派往英国研修。

二、来华留学录取工作。2002 年，共收到申请材料 2 338 份，经审核，88 所高校录取来华留学生 2 091 名，录取率为 89.44%。其中，根据政府间有关教育交流协议，计划名额为 160 个国家 2 185名，共收到 135 国推荐的 2 090 份申请材料，录取 1 879 名；专项奖计划名额为 302 名，共收到 248 份申请材料，录取 212 名。

继续增加录取高层次学生的数量。年内接收外国硕士研究生、博士研究生、高级进修生和访问学者四类高层次学生共计 785 名，并对这类申请人和学成回国后再次申请来华深造者给予优先考虑。

继续加大英语授课的规模。鼓励支持有条件的高等院校接受留学生进行英语授课。在北京大学开设国际政治英语授课硕士研究生班（该班是两年招生一次）；在天津中医学院开设了针灸专业英语授课进修班；在湖南大学和中南大学开设了计算机专业英语授课硕士研究生班；在武汉理工大学增设了工商管理（MBA）专业英语授课硕士研究生班。全年共录取 44 国 142 名英语授课学生，其中，博士研究生 38 名、硕士研究生 63 名、高级进修生 27 名、普通进修生 14 名。

在做好国别计划招生工作的同时，留学基金委重视由中方单独提供各类专项奖学金来华留学生的选拔工作。“中华文化研究奖学金”共录取来自韩国、俄罗斯、芬兰、波兰的 6 名学者，分别在北京大学、北京语言大学、北京师范大学、中央戏剧学院从事历史、文学、经济、国际关系等领域的研究工作。“外国汉语教师短期研修奖学金”等项目吸引了多国学生来华留学。2002 年继续在北京师范大学和北京语言大学举办第 12 届“外国汉语教师短期研修班”，共录取 26 国 89 名外国汉语教师来华研修。

根据《中国政府奖学金年度评审办法》的有关规定，留学基金委积极稳妥推进奖学金年度评审制度，提高奖学金使用效益。2002 年，共有 77 所院校的 2 662 名学生参加了年度评审。2 632 名学生评审合格，占参评总数的 98.87%；17 所高校的 30 名学生评审不合格，占参评总数的 1.13%。

据统计，2002 年全年在华的各类外国留学人员来自 175 个国家，共计 85 829 人，分布在全国 31 个省、自治区、直辖市（不含台湾地区、香港特别行政区和澳门特别行政区）的 395 所高等院校和其他教学机构。

三、国家留学基金管理委员会第七次全体委员会议。2002 年 12 月 24 日，国家留学基金管理委员会第七次全体委员会议在京举行。教育部副部长兼国家留学基金委主任章新胜出席会议并讲话。会议审议了国家留学基金委 2002 年度工作报告和 2003 年工作思路与规划，委员们对国家公派出国留学和来华留学工作的改革思路提出了意见和建议。

会议强调，今后的留学工作要以十六大精神和“三个代表”重要思想为指导，站在历史和战略的高度，服从服务于中央工作的大局，解放思想，与时俱进，拓宽发展思路，深化各项改革。要顺应历史潮流，体现时代性，提高针对性，把握规律性，富于创造性，在不断扩大国际教育与合作的过程中，为教育改革和发展服务，为国家的人才发展战略服务，为外交工作的全局服务，为开创中国特色社会主义事业新局面，全面建设小康社会作贡献。

撰稿 刘智勇 张 健

审稿 李旺荣

〔**整顿自费出国留学中介服务机构**〕 为加强自费出国留学中介服务机构的管理，推动自费出国留学中介服务事业健康有序的发展，1999 年 8 月，教育部和公安部、原国家工商行政管理局联合发布了《自费出国留学中介服务管理规定》及其实施细则。截至 2002 年底，全国共有 270 家自费出国留学中介服务机构获得教育部颁发的“自费出国留学中介服务机构资格认定书”，成为公民自费出国留学的主要服务渠道。

根据国务院《关于加强出入境中介活动管理的通知》精神，各地进一步加强对自费出国留学中介服务市场的清理整顿，此项工作取得了阶段性成果，合法的自费出国留学中介服务机构依法经营，非法的自费出国留学中介活动得到有效遏制，但尚未杜绝。

2002 年 10 月 25 日，教育部、公安部和国家工商行政管理总局联合发出《关于进一步规范自费出国留学中介活动秩序的通知》，部署了从2002年底至2003年上半年对自费出国留学中介服务机构进行“自我检查”、“互查”等项工作，“一手抓发展，一手抓规范”；考虑到各地发展的需求，同时也考虑到要采取相应措施，加强对出国留学中介活动秩序进行整顿与规范，拟增设一些合法留学中介机构，主要目的是巩固和深化前一阶段清理整顿的成果，使建立地区性乃至全国性自费留学中介服务机构行业协会的数量达到法定标准，以利于行业的自律、自管，激励竞争，打破垄断，为公民出国留学提供更多的选择，缓解供需矛盾；总的目标是进一步做好出国留学工作，为公民自费出国留学提供优质服务，拓展自费出国留学渠道，规范自费出国留学中介服务市场的管理，保障公民自费出国留学的合法权益，促进教育对外合作与交流，逐步建立以培养人才为导向、公平竞争、优胜劣汰的自费出国留学中介服务市场。

撰稿　戴继强
审稿　岑建君

对外合作与交流

〔**双边与多边合作交流**〕　自改革开放以来，中国与世界上160多个国家和地区建立了教育合作与交流关系，有70多个国家的教育界副部长以上的高层领导200多人次来华访问，签署双边官方教育交流协议上百个。近年来，双边和多边的教育合作与交流呈现高层次、宽领域和务实的特点。

2002年，教育部领导应邀率团访问了20个国家和地区；接待了36个外国副部长级以上教育代表团组来华访问，与外国政府或国际组织签署了18个教育交流协议或项目备忘录等文件，与法国政府单独签署了《中法教育交流协议》。

与外国相互承认学历学位取得突破性进展，特别是与德国政府签署《关于相互承认高等教育等值的协定》引起积极反应，对推动西方等发达国家正式承认中国学历学位体系具有重大意义，与法国、英国和奥地利等国商签互认学历学位协议的准备工作进展顺利。

设立“中俄教文卫体合作委员会秘书处”，使与俄罗斯的教育合作与交流形成了体制化的发展模式；在上海举办了俄罗斯高等教育展暨中俄高等学校合作交流会议，分别在莫斯科和圣彼得堡举办了首届21世纪中国大学展，签署了成立“北京大学——莫斯科大学联合研究生院”的协议。

以实施《中国教育改革和发展纲要》、科教兴国战略和《面向21世纪教育振兴行动计划》为重点，设立了“聘请世界知名学者项目”，资助64所重点高校180个项目，聘请了世界著名学者301人次（其中包括诺贝尔奖获得者15人次）来华讲学或合作研究；与各大洲外国政府、著名大学、科研机构以及跨国大公司的各类教育合作与交流，以及在北京成功举办中外大学校长论坛，凸现了“强强合作”、“强项合作”的特点，取得积极成果。

根据中央智力援助非洲“突出重点、配合外交、加强管理、讲求实效”的方针，从1990年正式立项到2002年，中国共在非洲19个国家进行了36期项目，其中已经完成项目23期（其中因断交中止的项目2期），正在实施的项目12期，因战乱暂时中断的项目1期。共派出教师70余人次，建立各类实验室15个。

在双边交流活跃的同时，多边交流也不断发展。为服务于西部大开发战略，教育部与联合国儿童基金会落实了为2001～2005年教育合作项目提供1 400万美元的无偿援助，用于发展西部12省（自治区、直辖市）的教育事业，实施“加强贫困地区基础教育”、“加强早期幼儿教育与发展”、“加强贫困地区教育规划、管理和监测”、“加强贫困地区远距离教育”4个合作项目；同联合国开发计划署（UNDP）合作实施了401项目（“以女童为重点，促进贫困地区九年制义务教育”）和403项目（“通过远程教育和信息通讯技术提高中国西部贫困地区教师素质”）。

此外，教育部2002年资助在华举办国际会议和出境参加国际会议的金额达350万元人民币。资助高校在华举办国际会议57个，资助152位学者出境参加国际会议。

撰稿 戴继强
审稿 岑建君

〔**对外汉语教学**〕 2002年，国内对外汉语教学的规模有所增加。全国开展对外汉语教学工作的机构共283家，对外汉语教师5 246人，其中，专职教师2 031人，兼职教师3 215人。全国以学习汉语为目的来华的外国留学生49 370人，占来华留学生总数的80.03%；其中，学历生4 994人，非学历生41 543人；另有远程教育生2 833人，其中，函授生1 881人，网络学生952人。全国对外汉语教学方面的学术刊物共有16种，出版学术专著111种，发表学术论文1 479篇，举办学术会议100次。“国家对外汉语教学基地”的评选工作正式启动。经过评审，教育部批准北京语言大学、复旦大学、北京师范大学和北京大学4所院校为首批“国家对外汉语教学基地”。又有300名对外汉语教师获得了“对外汉语教师资格证书”，至此全国持证者已达2 632人。在职教师中，专职教师持证人数1 222人，持证率60%；兼职教师持证人数397人，持证率12%。

对外汉语教材工作取得新进展。出版新对外汉语教材70种，其中，中外合作编写完成46种、114册、271本（盘）。合作编写的教材包括世界各主要外语地区及周边国家各级学校使用的汉语教材。新启动了西班牙语地区和阿拉伯语地区汉语教材的编写工作。2002年3月，在温哥华举行了中加合作的《新实用汉语课本》出版发行推介发布会。11月，国家汉办利用到美国盐湖城参加“全美外语教学协会”年会之际举行了汉语教材展，展示了国内近年来出版的汉语教材、音像资料及有关书籍共600种2 000余册（件）。

汉语水平考试规模和影响进一步扩大。国内参加HSK考试的外国人达38 219人，比上年增长近48%。国内共有考点40个，分布在20个省、自治区、直辖市。国外参加HSK考试的人数达18 528人，比上年增长44%；美国考生比上年增长179%。在日本四国和冲绳、韩国大田和光州、缅甸曼德勒、法国里昂、英国牛津、瑞典斯德哥尔摩、蒙古乌兰巴托9个城市新设立考点并举行首次考试。国外共有考点63个，分布在26个国家和地区。至2002年，参加HSK考试的外国人已累计达到35.88万人。2002年还首次以招标的方式启动了HSK（少儿）、HSK（文秘）、HSK（旅游）、HSK（商务）的开发工作。

网络汉语教学进一步发展。国家汉办与华东师范大学合作建设的汉语远程学院已有128个国家和地区的4 300名学生注册学习，是目前国内外最大的汉语学习网站。同时，中美网络语言教学项目的汉语教学部分也已开始进入实质编写阶段。项目完成后，可向全美中学生提供网上免费汉语教学。

对外汉语教学的国际合作与交流取得很大发展，汉语的对外推广工作力度明显加大。2002年，派出汉语教师到国外任教338人。其中，国家公派在外汉语教师91人、志愿者1人，分布在51个国家和地区的77个单位。2002年新增国家公派汉语教师任教的国外学校7个，涉及国家有马其顿、萨摩亚、韩国、奥地利、土耳其、荷兰、加拿大。师资培训进一步向国外拓展。2002年共接受了来自美国等15个国家的767名汉语教师来华培训，并派出8批23名对外汉语教学专家赴美国、泰国、菲律宾、印度尼西亚等国培训当地汉语教师951名。共有9名教师享受中华文化研究奖学金来华学习，86名教师享受暑期来华奖学金，45名HSK优胜者获得优胜者奖学金来华学习。2002年，教育部共向25个国家赠送中文图书7.67万册，还接待了来自13个国家的28个团组，达143人次。部分国家对外汉语教学领导小组成员单位及对外汉语教学二级学院共组织8个团组50余人次考察了美洲、欧洲和东南亚共12个国家的汉语教学情况，与当地汉语教学界的合作和联系进一步加强。完成了古巴哈瓦那大学、哈萨克国立民族大学、吉尔吉斯人文大学、远东大学、乌克兰基辅大学、保加利亚大特尔诺沃大学等非重点汉语中心的建设工作。

由国家对外汉语教学领导小组主办的第一届"汉语桥"世界大学生中文比赛在21个国家举行了初赛。复赛和决赛8月在北京举行。共有15名外国大学生获奖，并获得"汉语语言使者"称号或享受来华学习、研修或文化旅行等奖学金。

2002年8月1日～6日，"第七届国际汉语教学讨论会"在上海召开。共有39个国家的545名代表与会。李岚清、钱其琛副总理为大会题词，全国人大副委员长许嘉璐等领导出席大会。

撰稿 席 茹

审稿 曹国兴

〔**中外合作办学基本情况**〕 我国加入世界贸易组织后，中外合作办学呈现加速发展的势头，沿海地区申报的数量大大增加，中西部地区的中外合作办学项目开始起步。总体上讲，办学层次有所提高，合作形式也日益多样化。

据不完全统计，截至2002年底，全国共有中外合作办学机构和项目712个，与1995年初相比，增加了9倍多，覆盖了28个省、自治区、直辖市。

从地域分布看，中外合作办学机构相对集中在经济、文化较发达的东部沿海省份及大中城市。办学机构和项目数位居前10位的有：上海（111个）、北京（108个）、山东（78个）、江苏（61个）、辽宁（34个）、浙江（33个）、天津（31个）、陕西（29个）、广东（27个）、湖北（23个），符合这些地区经济和社会发展对各类人才的迫切需求。

从合作对象国别和地区分布看，外方合作者主要来自经济发达、科技及教育先进的国家和地区。排名前10名的是：美国（154个）、澳大利亚（146个）、加拿大（74个）、日本（58个）、香港（56个）、新加坡（46个）、英国（40个）、台湾（31个）、法国（24个）、德国（14个）、韩国（12个）。

从办学层次分布看，学历教育机构占多数，有372个。其中，初中2个、高中40个、职业学校69个、中等专业学校36个、大学专科层次82个、大学本科层次69个、研究生层次74个；非学历教育机构313个；幼儿园27个。

从专业分布看，开设工商管理类专业（如工商管理、市场营销、会计学、财务管理、人力资源管理、旅游管理）的机构和项目居多，共255个，占36%；外国语言文学类（如英语、德语、法语、俄语、日语）132个，占19%；电气信息类（如计算机、计算机科学与技术、电子科学与技术）94个，占13%；经济学类（如国际经济、国际贸易、财政学、金融学）74个，占10%；艺术类（如艺术设计、戏剧影视文学）37个，占5%；教育学类19个，占3%；其他类101个，占14%。

撰稿 郑法初

审稿 岑建军

与香港、澳门特别行政区和台湾地区的交流

〔**与香港的交流**〕 2002年两地教育交流不断深入发展。为培养高层次专业人才，两地高校以合作办学、办班和科研合作等形式，积极开展交流与合作，并取得显著进展。截至2002年底，已批准的双方高校在内地实施的合作项目有：西安交通大学与香港理工大学合作培养工商管理硕士、信息管

理硕士；上海交通大学与香港科技大学合作培养技术管理硕士；北京大学与香港理工大学合作培养社会工作文学硕士（中国社会工作）；四川大学与香港时弛有限公司合作，在该校内设立“亚太纺织服装学院”（二级学院），培养该专业的本科生。此外，教育部批准了汕头大学与李嘉诚基金会合作，在内地举办“长江商学院”，培养 MBA 专业研究生。

经教育部批准，北京中医药大学与香港理工大学合作，在香港设立“北京中医药大学网络教育学院香港教学中心”，上海财经大学与香港金融管理学院合作，在港设立“上海财经大学香港硕士教学点”，为香港培养中医药专业、会计、金融等方面的高层次人才，促进两地在该领域的交流与合作。

2002 年度来访的香港大中小学教师校长代表团 20 个，约 1 200 人次；学生代表团 24 个，约 2 500人次。12 月 25 日～31 日，由北京市教委、香港教育工作者联会、澳门中华教育会，联合举办了“华夏园丁大联欢——2002 北京”大型交流活动，聚集了内地和来自港澳地区的 278 名中小学校长和优秀教师。通过此项活动，师生们研讨教育专题，共叙友情，相互加深了理解和友谊。国务院副总理钱其琛接见了全体参加活动的师生，并勉励内地与港澳的教育工作者要相互交流，加深了解，为实现教育创新、创建特区美好的明天，培养更多的优秀人才。

〔香港人士、基金会教育捐款〕　2002 年，香港邵逸夫基金会向内地提供第 15 批教育赠款 2 亿港元，用以重点支持西部教育事业发展，捐款与各地方政府配套资金共兴建了大、中、小学校舍 338 所，上述项目已按计划完成。邵逸夫先生还捐款 3 980万港元资助遭受严重水灾的湖南、湖北、陕西等 10 个省的基础教育设施建设，上述省份利用救灾捐款重建了 242 所中小学校。

霍英东教育基金会在京举行第十六届理事会暨顾问委员会联席会议。会上讨论并通过了 2003 年高等院校青年教师基金及青年教师奖学科设定和名额方案。同时决定，2003 年起，将面向高校青年教师设立优选资助课题方案，为此，该基金会今后每年将新增 64 万美元，用于资助上述项目的实施。霍英东教育基金会网站于本年度开通。

李嘉诚基金会与教育部合作设立的“西部教育、医疗计划”39 个项目（约 26 600 万元人民币）取得阶段性成果。其中，西部远程教育项目一期工程，建立了 14 个培训中心，培训了 5 000 名教师、250 名计算机及卫星接收设备的技术维护人员；在西部边远地区中心小学，建成 5 000 个教学示范点。由基金会资助的其他医疗、基建、人才培养、科研等项目进展顺利。李嘉诚先生与教育部合作的“长江学者奖励计划”继续顺利实施，并取得了积极成果。

2002 年 4 月，华夏基金会迎来成立 20 周年纪念。20 年来，该基金会始终贯彻“发展教育、卫生事业，培养人才”的宗旨，迄今已出资 1 000 多万美元，支持教育部在基础教育、职业技术教育和师范教育领域内，开展了 40 余项合作，受益学校达 97 所，为科教兴国作出了贡献。基金会资助的项目受到受援地政府和学校的广泛赞誉。

12 月，曾宪梓教育基金会在北京人民大会堂举行庆祝成立 10 周年暨 2002 年度优秀大学生奖学金颁奖大会。10 年来，曾宪梓教育基金会秉承“科教兴国，培育英才”宗旨，实施奖励师范院校优秀教师和高校优秀大学生项目。截至 2002 年底，已奖励师范类优秀教师、民办教师和优秀大学生近 1.3 万人，奖金总额已逾 7 000 多万元人民币。

王宽诚教育基金会、周凯旋基金会、田家炳基金会、方树福堂基金会等继续支持内地教育事业发展。上述基金会的捐赠主要用于资助高等院校举办或派人出席国际会议、奖励优秀女教师和女大学生、奖励青少年创新科技发明及支持部分教学设施的基建等项目。据不完全统计，2002 年度，教育部接受的来自香港的教育基金会和爱国人士的教育捐款共计约 27 144 万元人民币。各项教育捐款极大地促进了内地，特别是西部教育事业的发展。

〔与澳门的交流〕　2002 年对澳教育交流深入发展。全年教育部共接待了 7 个澳门教育团组，访问内地的澳门教育界人数达 2 400 人次。教育部直属高校及其直属单位和教育部人员赴澳门参加学术研讨会、任教、讲学及进行访问交流活动的人员达1 570人次。为加强两地高校师生间的教育交流、弘扬爱国主义精神，有关高校组织了形式多样的交流活动。如：同济大学举办了由澳门和内地160名大中学生参加的“沪澳学生夏令营”活动，此项活动加深了学生们对祖国的了解和认同，增强了对“一国两制”、“澳人治澳”方针的信心。

应澳门方面邀请，内地有40余名教师在澳门的高校及中学任教。为支持澳门教育事业发展，教育部向澳门爱国教育社团、澳门中华教育会和澳门学联赠送了价值20万元人民币的教学仪器设备；为澳门中小学校校长、主任，举办了三期教育改革专题研修班。

2002年，澳门大学、澳门理工学院、澳门旅游学院、澳门科技大学继续在内地14个省、自治区、直辖市招收自费生，本年度共招收743名自费研究生、本科生和预科生。据不完全统计，在澳门学习的内地学生数达1 100余名。两地学生和教师的交流进一步推动和促进了相互间的教育与合作。

〔**与台湾的交流**〕 2002年海峡两岸的教育交流稳定开展。应台湾有关大学、团体的邀请，祖国大陆高校派出了38个大学生团组，出访人员达640人次之多，比上年增加1倍；大学教师、科研人员赴台进行学术交流、考察访问、讲学、合作科研的人员达1 240人次。应邀来访的台湾大中学校的教师和大学生、研究生达1 052人次，他们分别参加了在祖国大陆举办的32项丰富多彩的两岸交流活动。其中：南京大学举办的“心园、校园、家园——两岸大学精神文化溯源之旅”、四川大学的第四届“海峡两岸杰出青年学生祖国西部《生态与人文》”学术考察研习营、武汉大学的第六届“两岸中华文化与经营管理学术研讨会”等内容丰富、形式多样的活动吸引了众多人员参加。两岸学者们在交流中探讨学术主题，抒发思乡爱国情怀，加深了两岸教育工作者之间的学术交流，增进了相互了解和友谊。

〔**招收港澳台地区学生**〕 为了方便广大港澳台人士来内地就学，2002年教育部取消了港澳台地区学生报考内地大学的年龄限制。

据不完全统计，2002年度通过教育部向港澳台地区联合招生考试，来祖国大陆（内地）高校学习的港澳台及华侨学生总数计1996名，其中，香港366人、澳门747人、台湾768人、华侨学生115人；按层次分类为：本科生1 265人、研究生731人。

华侨大学、暨南大学及福建省的8所高校实行单独招生政策，2002年招收港澳台及华侨学生总计3 436人（其中华侨大学720人、暨南大学2 696人、福建省高校20人）。部分高校还招收进修生、试读生等约900人。2002年内地高校实际招生总计人数达6 312人。比上年略有增加。

撰稿 闫 丽 张 栋 纪建军
审稿 丁雨秋

民间交流

〔**国际学术交流活动**〕 第三届中国教育国际论坛。2002年10月21日～25日，在北京举办了第三届中国教育国际论坛。论坛由主题论坛（全球化与教育发展）和6个专题论坛（中外合作办学研讨会、转型经济下的教育、21世纪民办教育的发展、研究型大学及重点学科的国际交流与合作、职业教育的国际交流与合作、中美地方大学的发展）组成。12个国家、5个国际组织的32位专家学者到论坛发表演讲，前后有1 200余位国内外代表出席。北京大学校长、中国教育国际交流协会副会长许智宏主持主题论坛并致开幕辞。教育部副部长章新胜、中国教育发展战略研究会理事长郝克明、原关税及贸易总协定总干事克劳斯·施洛德、清华大学（中国科学院）国情研究中心主任胡鞍钢等国内外10位著名教育家、经济学家和教育工作者在主题论坛上作了演讲。主题论坛紧紧围绕"经济全球化给教育改革与发展带来的机遇和挑战及对策"等展开了讨论。论坛活动结束后，组委会编辑出版了论坛报告集，以扩大论坛的社会效果。

中国国际教育展。2002年10月19日～27日，2002年中国国际教育展分别在北京、上海举办。全国政协副主席孙孚凌、教育部副部长章新胜、中国教育国际交流协会会长柳斌等出席开幕式并致辞。教育展期间，举办了"出国留学说明会"、"美国部分大学介绍"等多项政策咨询、信息交流与项目洽谈活动，先后有3万人参观展览，取得了良好效果。

中澳高等教育论坛——奥运会与大学。2002年5月16日～17日，教育国际交流协会和澳大利亚大学校长委员会在北京共同主办了题为"奥运会与大学"的"2002中澳高等教育论坛"。协会会长柳斌和澳大利亚教育部副部长迪·贾威女士出席论坛开幕式并先后致辞。来自中国和澳大利亚的大学校长、教授、专家80余人参加了论坛，15位中国和澳大利亚大学校长、教授和专家就大学与奥林匹克运动以及大学在奥运会中的作用等专题的研究成果发表了演讲。通过此次论坛，增进了中澳高校间的相互了解，对推动与澳大利亚有关大学的校际交流与合作起到了积极作用。

汉语快速识字国际研讨会。2002年8月9日～10日，由国际教育交流协会主办的首届汉语快速识字国际研讨会在北京举行。来自法国、德国、加拿大、美国等8个国家和地区的近20多名从事汉语教学研究的专家、学者，及来自全国各地包括香港和澳门等260名从事汉语教学研究的专家、学者和工作在教学第一线的教师参加了研讨会。举办研讨会的目的是为国内外汉语教学专家和学者及在汉语教学第一线的工作者创造一个共同研讨的机会，学习先进简便的汉语识字教学法，让人们在较短的时间里快速识认汉字，掌握足够的词汇量，提高汉语运用水平。国外代表在研讨会上介绍了他们多年的研究成果和国外汉语教学现状及所面临的问题。通过此次研讨会，把已经成熟的汉语快速识字教学理论和实践介绍给世界各国同行，对于弘扬中华民族文化，促进对外汉语教学事业的发展发挥了积极作用。

中德高等教育和科研合作论坛。2002年10月，为庆祝中德建交30周年，受德国联邦政府和中国教育部的委托，教育国际交流协会同德意志学术交流中心分别在北京、西安、成都、广州举办"中德高等教育及科研论坛"。协会组织了北京大学、清华大学、北京航空航天大学、北京理工大学等20多所高校参加有关活动。德方组织了30多所名校及科研机构的代表访华。此次中德论坛包括展览展示和学术交流活动，为推动中德两国在教育领域开展更深层次交流与合作产生了积极的影响。

举办舒克舒诺夫博士演讲会。2002年5月28日，受全国人大教科文卫委员会的委托，教育国际交流协会和北京大学联合举办了俄罗斯国家杜马主席教育和科学顾问、国际高等学校科学院院长、前苏联教育部常务副部长舒克舒诺夫博士学术演讲会。舒克舒诺夫博士在会上发表了题为"21世纪的教育——优先发展战略及俄罗斯2010年前实现教育现代化的构想"的演讲。全国人大教科文卫委员会主任委员朱开轩、教育部副部长赵沁平等出席了演讲会。演讲会对促进中俄两国间的教育交流与合作及进一步发展两国的友好合作发挥了积极作用。

国际产学研联合高层论坛。2002年12月18日～19日，由国家经贸委、教育部、中国科学院联合主办，清华大学、国家产学研工程办公室和教育国际交流协会共同承办的"国际产学研联合高层论坛"在北京举行。200余名国内外代表出席了会议。教育部副部长赵沁平、中国科学院副院长杨柏龄、清华大学校长王大中等出席了论坛开幕式并致辞。本次论坛是在我国加入WTO后，在中国召开的国际产学研联合的第一次高峰论坛，是区域和企业进行国际产学研联合、国际技术创新交流和国际技术转移合作的平台。

21世纪中国大学展暨中俄大学校长研讨会。

根据中俄教文卫体合作委员会第二次会议的决议，受教育部委托，教育国际交流协会于2002年5月23日～6月3日，分别在俄罗斯莫斯科和圣彼得堡市组织举办了“21世纪中国大学展暨中俄大学校长研讨会”。教育部部长陈至立为大学展暨研讨会致贺辞，副部长章新胜出席开幕式及有关活动。中国60所高等院校的50多位院（校）长及150多位代表共203人参加了此次教育展览活动，有8 000多人次参观了展览。共有17对中俄高校草签了26个合作与交流协议，10对高校签署了合作协议或意向书。此次教育展览活动，是中国高等教育有史以来在俄罗斯也是在国外第一次举办的最大规模的教育展，集中展示了中国改革开放20多年来在教育战线取得的丰硕成果，扩大了中国高等教育在俄罗斯乃至东欧地区的影响。同时，展示活动增进了俄罗斯民众对中国的了解，一定程度上发挥了民间教育外交的作用。在莫斯科展览会结束后，举行了中俄大学校长研讨会、语言教学圆桌会议和项目洽谈会。中俄双方大学及有关教育机构约150个单位近200名校长及教授、学者和国际合作处工作人员等就共同关心的问题展开了广泛讨论，就合作项目交换了意见。

2002年中澳高等教育论坛。2002年11月，为纪念中澳建交30周年，由教育国际交流协会和澳大利亚大学校长委员会（AVCC）共同主办的“2002年中澳高等教育论坛”在澳大利亚悉尼大学举行。中澳大学校长、副校长、中国驻澳使领馆的官员、中澳两国教育部官员、澳大利亚大学校长委员代表近30人出席了会议，双方代表分别介绍了过去30年来中澳两国高等教育发展的情况，展望了未来两国在高等教育合作方面的前景。之后，在悉尼大学召开了“2002年中澳联合工作小组会议”，小组成员对过去双方合作的项目进行了评估，讨论和制定了未来合作计划。

〔**拓展多边与双边国际合作项目**〕 2002年，在探索体制创新，全力开拓新的国际合作项目方面取得进展。

高校领导者培训项目（LTP）。(1) 中澳大学校长跟班考察项目。2002年5月以昆士兰大学校长为团长的“澳大利亚大学校长工作回访团”来华进行为期7天的访问，对中国2001年参加第二批跟班考察项目的院校进行回访，考察了解中国第二批大学副校长赴澳跟班培训的效果。2002年10月，协会组派以北京大学副校长郝平为团长的第三批“中国大学副校长赴澳跟班考察团”。第三批跟班考察团在原来两次跟班考察的基础上又向纵深发展，此项目得到了两国教育部的充分肯定和参加项目院校的好评。(2) 中美大学校长跟班考察项目。2002年4月，由协会同美国州立大学与学院协会探讨的新的合作项目“州立/地方大学校长跟班项目”正式启动。5月，中方派遣5所院校的5名副校长（院长）赴美进行跟班培训与专项考察。10月，召开了中美地方/州立大学研讨会，中美12对项目院校代表及教育部高教司、国际司等有关人员40余人到会。协会同美国州立大学与学院协会签署了新的合作协议。(3) 中加大学校长跟班考察项目。2001年9月及2002年6月，协会第一副会长郝克明和秘书长尤少忠先后赴加拿大进行工作访问期间，与加拿大大学学院协会就合作开展中加大学校长跟班考察项目进行了商谈。2002年，双方工作协议已基本达成，有9对中加高校参加首批跟班项目交流。(4) 中英大学校长跟班考察项目。2002年11月，协会会长柳斌访英期间，与英格兰高等教育拨款委员会签署了合作开展“中英大学校长跟班考察项目”谅解备忘录。根据备忘录，项目从2002年底开始实施，执行期暂为一年。双方将各选派12名大学副校长赴对方学校进行顶岗考察，并将以召开研讨会和编辑出版考察报告册等形式交流培训成果。

中新友好实验班项目。2002年5月8日，协会与新西兰国立西方理工学院就在中国开展“中新友好实验班”项目达成一致意见，并举行合作项目谅解备忘录签字仪式。开展“中新友好实验班”项目的目的，是通过中新教育合作的方式，引进新西兰优质的教育资源，包括高中英语教学课程、外籍教师、新式教学方法、相应的教材和辅助教学资料等，进一步充实和加强中国项目学校的高中英语教学工作，培训中方骨干教师和教学带头人，提高项目学校学生的英语能力和综合素质，使之达到国际先进水平。9月，北京潞河中学和天津实验中学的“中新友好实验班”项目已经启动，正式招收240余名学生入学。同时，河北、江苏、浙江、安徽、福建等省也开始与协会洽谈参加该项目事宜。

中澳学生交流项目。在“2001中澳联合工作小组会议”上，澳方提出了开展“中澳学生交换”项目。2002年，双方对交换项目达成一致意见。协会委托上海市教委负责此项目，上海市教委已在上海确定6所院校，将派遣首批中国学生12名赴澳方项目学校学习，时间为一学期。

〔**政府合作项目及传统重要项目**〕　美中友好志愿者项目。该项目是中美两国政府合作项目，2002年第9批美中友好志愿者共有51人来华任教。该项目对于提高中国项目院校英语教学水平和教学质量起了积极作用。

艾森豪威尔基金会访问学者项目。该项目是协会承担的政府委托项目之一。2002年，美方派人来中国进行了为期三周的考察、访问。6月，协会会长柳斌在北京会见了台湾艾森豪威尔基金会会长辜濂松先生一行，探讨了两岸学者加强交流的可能性。该项目的中方大陆学者回国后，已逐步开展了定期或不定期的见面与交流活动，进一步加强了联系与沟通。

AFS国际文化交流项目。该项目是协会与美国国际文化交流组织多年的多边合作师生交流项目。2002年派出学生82人分赴17个国家学习、教师25人赴美国进修学习。派出短期学生48人赴加拿大、日本学习。接待年度来华学生18人。接待来自美国、德国、马来西亚、日本、泰国等国和香港地区短期学生、教师90人。

“中美暑期英语教师培训项目”和“中美中学教师交换项目”。“中美暑期英语教师培训项目”是协会与美国英语学会合作的英语师资培训项目。2002年北美教师204人来华在17个省市22所院校进行暑期英语教师培训，近3 000名中国教师参加培训。同时，美国英语学会北美辅导员296人来华，在29所中学开展“中华营”项目，有3 200名中国学生参加。第三批接受英语学会奖学金项目的12名中方教师赴美接受为期4周的教学法培训。“中美中学教师交换项目”是协会与美国人文理事会合作的项目。2002年中方22名教师赴美国中小学任教，各项目学校为正在推进的双语教学进行了新的尝试。

中美青年交流项目。该项目是美国国务院发起并部分资助的旨在支持跨学科、跨文化的中美教育交流项目。2002年是项目执行的第一年，中美双方已完成4对中学学校的互访工作，项目学校推荐高中生参与网上和住家交流，计划3年内将有25对中美学校参加该项目交流。

“中澳音乐教育实验项目”。该项目是协会与澳大利亚合作的教育交流项目。2002年“中澳音乐教育实验项目”有6个省市的近80所项目学校、约5万名小学生学习了实验课程。

日本传统项目。2002年霞山会访问学者的派遣工作和2003年度学者的遴选工作、广岛县政府日语教师短期培训项目和高中理科教师培训项目的选派工作、静冈县教委“亚洲之桥”高中生交流项目都如期完成。

〔**开拓欧洲、东南亚、非洲等地区的合作项目**〕2002年，继续与韩国、菲律宾、英国、欧洲国际教育协会、欧洲大学校长协会，同欧盟驻华代表团、荷兰国际教育交流机构驻华办事处、德意志学术交流中心驻华机构、法国国际教育协作总局等加强接触和交流，商讨合作的意向，为今后全面开展东南亚和欧洲合作工作打下了基础。

受教育部委托，2002年8月，协会派出2名职业教育教师赴非洲埃塞俄比亚任教3个月。第二批长期赴埃任教教师的选拔工作已完成，20名中方教师入选。同南非、埃及国际AFS组织建立了合作伙伴关系，并派出了协会第一个正式代表团访问两国。

〔**教育高层互访**〕　为增强和促进中泰两国教育交流，泰国政府总理府委派泰国政府总理府顾问、教育部长顾问一行于2002年8月访问北京。协会会长柳斌、秘书长尤少忠等与泰国代表团成员进行了会谈，并签署了中泰合作意向书。2002年11月，协会会长柳斌率团对泰国进行了回访，两次高层领导的互相接触，推动了中泰两国民间教育交流与合作的进程，为中泰两国教育界进一步深入交流与合作奠定了基础。

2002年11月底，应澳大利亚教育部和新西兰教育部的邀请，协会第一副会长郝克明率团赴澳、新进行工作访问。在访澳、新期间，与澳大利亚教育部主管终身教育的副部长和新西兰教育部部长就两国终身教育体系和教育改革发展的情况进行了会谈，与澳大利亚大学校长委员会续签了“中澳高校合作协议”，与澳大利亚新南威尔士州教育部续签了合作协议。

2002年，澳大利亚教育部副部长、新西兰教育部部长、泰国教育部顾问、马来西亚教育部副部长、尼泊尔教育部、孟加拉教育部部务秘书、德国巴伐利亚州科教部部长、加拿大纽芬兰省教育部长、阿尔博塔省教育部长等先后访问协会。

〔**组派出国团组**〕 2002年协会组派境外考察、访问、培训团组51个，约1 121人次。组派的团组，主要针对目前中国教育发展中所面临的热点、难点问题，与国外的教育工作者进行交流，了解所在国的教育发展方向，充分利用国外教育资源，以推动中国的教育改革与发展。

〔**接待来华团组**〕 2002年，协会邀请并接待了近40个代表团，其中主要包括澳大利亚大学校长代表团、悉尼大学校长代表团、加拿大教育中心访华小组、澳大利亚TAFE学院院长代表团、美国匹斯堡州立大学校长代表团、荷兰高校协会工作小组、日本静冈县教育代表团、日本霞山会代表团、日本长崎教育代表团、日中友好少男少女之翼代表团、日本樱美林大学校长代表团、孟加拉国基础教育团、德国路德维希港应用技术大学代表团、德国慕尼黑大学访华团、新西兰西方理工学院代表团、美国BHC学院校长代表团以及印度、泰国、越南等国家教育代表团访华。

撰稿　袁　媛
审稿　尤少忠

中国教科文组织活动

〔**执行局会议**〕 联合国教科文组织执行局分别于5月和10月召开164和165届会议。两届执行局会议的主要议题是审议并通过总干事关于大会通过的计划与预算执行情况的报告；讨论即将提请大会第32届会议审议通过的该组织2004～2005双年度计划与预算草案的初步建议。教育部副部长章新胜作为新当选的执行局委员出席了第165届会议并在全会上发言。

教科文组织执行局下设的公约与建议委员会(简称CR委员会）在两届会上继续对所谓涉及中国人权案例进行审议。

〔**教育领域合作**〕 根据中国科教兴国战略的需要，争取和引进教育合作项目，开展交流活动。据统计，各类项目达200余项。

根据联合国教科文组织所推广的模式和方法，支持西部甘肃、云南和广西3省（自治区）的教育部门开展了农村社区学习中心计划。在当地政府、学校和教育研究机构的支持下，建立了60多个中心。

扩大和推广实施“教育促进环境、人口和发展(EPD)”项目。继北京等5个省、市实施该项目后，上海等8个省市加入上述项目。11月，在上海举办了国家讲习班，全国10个省市的教育行政人员、校长和科研人员参加。该项目已成为中国与联合国教科文组织教育合作的亮点。

继续在北京和杭州等大城市开展流动人口子女教育试验项目，取得了积极成果。2002 年 8 月，教育部和公安部在杭州召开会议，专门研究流动人口子女教育问题，并听取了试验学校的汇报，考察了试验学校，给予了积极的评价。

与教科文组织合作在高等教育领域举办了一系列有影响的国际活动。在云南大学开展了“教席计划”，旨在利用高等学校重点学科的辐射能力为当地科技、教育、经济、社会发展服务。继中国人民大学建立了“版权法教席”、南开大学建立了“环境管理教席”后，华东师范大学建立了“师范教育教席”；浙江大学成立了亚太地区大学教育革新网络秘书处，并召开了地区大学校长会议，该网络将浙江大学提升为教科文组织在亚太地区合作的中心学校。

通过教科文组织的渠道，增进与教科文组织会员国之间的教育合作，引进优质教育资源。作为 2000 年国际小学数学与科学教育会议的后续活动，教育部与法国科学院达成了在小学开展“动手做”科学实验项目的协议。接待了以诺贝尔奖获得者、法国科学院院士沙巴克先生率领的法国科学教育代表团。代表团访问了北京、南京和上海，考察了开展中法合作实施“动手做”项目的学校。

翻译出版了教科文组织教育系列刊物《展望》中文版。该刊在国际教育领域具有较高的水平。刊物中文版的继续出版，有利于广大中国读者，特别是教育工作者更好地了解教育发展的新动态和其他国家教育研究与发展的现状。

〔**自然科学领域合作**〕 2002 年，中国科技工作者参与教科文组织科学领域的国际合作，在人与生物圈、全民信息计划、海洋学委员会、基础科学、国际水文计划、国际地质对比计划等领域开展了总计约 80 余项的合作项目与活动。

“人与生物圈”计划项目下开展了自然保护区可持续性发展管理的案例调研，组织生物圈保护区人员培训，并启动一系列科普活动；通过《人与生物圈》杂志、科普讲座、研讨会、科普出版等形式广泛开展公众环境教育。

参与教科文组织国际海洋学委员会计划活动，使中国海洋灾害预警、预报精度大大加强，在一定程度上降低了人民生命财产损失。另外，海委会提倡的“充分和公开”的海洋资料交换政策，对包括中国在内的发展中国家无偿获得发达国家百年来调查获取的海洋资料，对提高中国海洋科研能力起到了重要的作用。利用海委会的培训计划，中国分别派专家参加了全球海洋观测系统指导委员会和全球海图编制咨询等 10 多次会议。

努力促进中国大学特别是重点大学与教科文组织的合作。在科技领域建立若干个教席，如上海交通大学的“冷锻技术开发与研究教席”、中山大学的“科学和技术政策研究教席”、清华大学的“工业和环境信息技术教席”等。通过建立教席，促进了中国大学与国际先进技术部门的联系和大学的创新研究与科技活动。

与教科文组织签署实施了生态合作项目。通过该项目，中国的一些农业大学和综合性大学的生物专业与发达国家的高等学校结成伙伴关系，共同开展研究和实验，提高了相关学科的水平和研究开发能力。

2002 年，中国科学院女物理学家李方华获得教科文组织欧莱雅科学奖。

〔**社会科学领域合作**〕 参与了教科文组织的流动人口社会问题研究项目。并在该组织的支持下举行了《格萨尔王》史诗流传 1000 周年纪念活动，产生了广泛的影响。

与教科文组织合作，翻译出版了《世界社会科学杂志》。中国连续多年坚持出版了教科文组织这一高水平的社会科学刊物，在国内外产生了一定的影响。

〔**文化领域活动**〕 物质遗产和非物质遗产的保护是教科文组织文化领域的重点工作。教科文组织 1972 年通过了《世界遗产公约》，中国是公约的缔约国，从 1985 年起就积极参加了世界遗产的申报和保护工作。到 2002 年，中国被列入《名录》的世界遗产已达 28 处。为更好地保护和管理中国的世界遗产地，与有关职能部门合作开展了两项重大活动：一是与教科文组织合作，由清华大学承办了世界遗产网络大会，来自世界各国的20多名代表和中国的80多名专家和学者出席会议。二是启动了第27届世界遗产委员会会议（中国苏州，2003年）的组织和筹备工作。

2002年，中国又向世界遗产委员会推荐了云南的“三江并流”项目作为自然遗产的申报项目。该项目将在2003年召开的世界遗产委员会会议上审议。

继昆曲于2001年5月18日被教科文组织总干事松浦晃一郎宣布为第一批“人类口头和非物质遗产代表作”后，中国又在2002年推荐了古琴为遗产的申报项目。

〔**与教科文组织交流活动**〕 6月，全委会派人参加了亚太地区教科文组织秘书长磋商会，讨论新的双年度计划与预算草案。中国代表团在会议期间提出了加强区域性合作项目和提高对农村教育的重视程度等建议，得到了与会代表和9个人口大国教科文全委会秘书长的支持。

6月中旬，中国与意大利全委会合作，在北京召开了中——意女科学家研讨会。会议就中意两国的女科学家在有关领域开展合作进行了讨论和交流。中国教育部原副部长韦钰当选为会议主席。

接待了联合国教科文组织亚太地区办事处新任主任谢飞的来访。其间，就中国与地区办事处的合作交换了意见，并初步落实了若干具体合作项目。

教科文组织世界遗产中心主任巴德兰先生应邀来华考察。在华期间，章新胜副部长会见了巴德兰先生。建设部和文物局也与巴德兰先生进行了会谈。巴德兰先生还考察了北京、成都、西安、上海和即将承办第27届世界遗产委员会会议的苏州市。

中国教科文俱乐部的工作继续取得进展。2002年，共举办两期以遗产保护为主题的夏令营，向广大青少年普及了遗产知识，增强了他们热爱祖国自然与文化遗产的意识，承担起保护遗产，弘扬民族文化的重任。中国教科文俱乐部联合会还组团参加了第二届东亚儿童艺术节，中国学生在艺术节上的出色表演赢得了各国参加者的赞誉。

撰稿　董建红
审稿　田小刚

语言文字工作

〔**宣传贯彻《国家通用语言文字法》**〕 教育部、国家语委于2002年4月2日召开部分行业系统宣传贯彻《国家通用语言文字法》座谈会，22个中央、国务院有关部门和解放军总政治部的有关负责人参加了会议，教育部副部长、国家语委主任袁贵仁出席会议并讲话。袁贵仁在讲话中强调，国务院各主管部门在国家通用语言文字的使用方面，具有系统性强、行业特点鲜明、覆盖面广、社会影响大的特点，因此，做好行业系统的语言文字工作，实现条块结合，齐抓共管，对于贯彻《国家通用语言文字法》，推进国家整个语言文字工作的规范化、标准化，都具有十分重要的作用。希望各部委进一步采取措施，加大贯彻《国家通用语言文字法》的力度，积极参与推广普通话宣传周活动，为营造良好的语言文字环境而共同努力。

2002年4月15日～19日，地方语言文字立法工作座谈会分两片分别在郑州和南京召开。全国人大教科文卫委员会委员、原国家语委主任柳斌及全国人大教科文卫委员会教育室、教育部语言文字应用管理司，各省、自治区、直辖市人大教科文卫、政府法制办、教育厅有关负责同志出席了会议。全国人大教科文卫委员会教育室负责同志向与会代表介绍了《国家通用语言文字法》立法的必要性、立法过程，并对该法的主要内容进行了阐述。教育部语言文字应用管理司相关负责同志就新世纪语言文字工作的目标和任务、语言文字法律法规体系框架等问题等作了介绍。柳斌在会上发表了讲话，强调应当充分认识语言文字立法工作的意义，依法加强语言文字规范化工作是当前的首要任务。各省、自治区、直辖市通报了一年多来贯彻落实《国家通用语言文字法》的情况和地方语言文字立法工作进展情况，并就地方语言文字立法的有关问题进行了讨论。

为进一步推动广播电视系统对《国家通用语言文字法》的贯彻落实，加强对社会用语用字规范化的引导，2002年4月～5月，全国人大教科文卫委员会、教育部和国家语委联合对广电系统宣传贯彻《国家通用语言文字法》的情况进行了调研。4月29日，在全国人大教科文卫委员会召开了广电系统宣传贯彻《国家通用语言文字法》情况汇报会。国家广电总局副总局长胡占凡汇报了广电总局和中央电视台、中央人民广播电台、中国国际广播电台的宣传贯彻情况。5月，全国人大教科文卫委员会和教育部、国家语委联合组成调研组，对广东省广电系统宣传贯彻《国家通用语言文字法》的情况进行调研。调研组考察了广东省广播电影电视局、广东省电视台、广东省电台、佛山市广播电影电视局、佛山电视台、佛山电台、顺德市广播电影电视局、顺德电视台、顺德电台宣传贯彻《国家通用语言文字法》和播音用语用字以及播音员、节目主持人普通话水平测试和持证上岗的有关情况。通过调研了解到，广电系统多年来重视语言文字规范化工作，1996年召开了全国广播影视语言文字工作会议，对广电系统语言文字规范化工作提出了进一步的要求；《国家通用语言文字法》颁布实施后，将贯彻落实《国家通用语言文字法》与日常管理工作紧密结合，规章制度健全，措施落实，充分发挥了新闻媒体的示范作用，为在全社会宣传贯彻《国家通用语言文字法》及提高全民的语言文字规范化意识作出了贡献。调研组对广电系统进一步加强语言文字规范化工作提出了建议。

2002年6月，全国人大教科文卫委员会、教育部、国家语委联合对青海省宣传贯彻《国家通用语言文字法》的情况进行了调研。《国家通用语言文字法》颁布后，青海省语委和省教育厅及时召开了有关部门领导座谈会，部署学习宣传和贯彻落实工作，并充分发挥新闻媒体的舆论导向作用，组织开展多种多样的宣传活动。同时，以学校为突破口，结合教师资格认定工作，开展普通话水平测试，将语言文字工作落到实处，并对城市语言文字评估工作做出了部署。调研组肯定了青海省语言文字工作的成绩，并提出了进一步加强工作的意见和建议。

撰稿 魏 丹

〔**2002年度地方语委办公室主任会议**〕 2002年1月30日～31日，2002年度地方语委办公室主任会议在北京召开。会议总结了2001年度的工作，交流了各地的工作经验，研究确定了2002年语言文字工作的指导思想和主要任务。教育部副部长、国家语委主任袁贵仁在会上作了题为《奋发有为，与时俱进，大力推进〈国家通用语言文字法〉的贯彻实施》的报告。报告简要回顾了2001年的工作，分析了2002年语言文字工作面临的形势和任务，部署了2002年的主要工作：(1)要切实把《国家通用语言文字法》的宣传贯彻落到实处；(2)规范标准建设、语言文字应用研究和基础工程建设工作争取有较大进展；(3)进一步发挥学校的基础作用，加强重点行业系统的工作；(4)继续推动三项基本措施的落实，深化管理工作，提高全社会用语用字规范化水平；(5)关注社会语文生活，加强研究和引导；(6)健全语言文字工作机构，加强队伍建设，提高人员素质。报告还就如何做好2002年的工作向语言文字工作者提出要求和希望。

撰稿 周道娟

〔**学校语言文字工作**〕 1999年12月，教育部和国家语委在北京召开学校语言文字工作会议，印发了《关于进一步加强学校普及普通话和用字规范化工作的通知》，对新世纪的工作提出了明确的目标、任务、要求和措施。为交流三年来各级教育行政部门和各级各类学校贯彻落实会议和文件精神，学习贯彻《中华人民共和国国家通用语言文字法》的新进展、新经验，教育部语言文字应用管理司于2002年6月2日～4日在秦皇岛市召开了全国学校语言文字工作汇报交流会。

教育部副部长、国家语委主任袁贵仁在会上讲话。袁贵仁在讲话中充分肯定了三年来学校语言文字工作的成绩：(1)各级语言文字工作机构逐步健全，开展学校语言文字工作有了基本保证；(2)语言文字工作逐步成为学校常规工作，在“三纳入、一渗透”方面取得较大进展，学校用语用字状况有较大改观；(3)以课堂教学为主渠道，通过语文教学改革，促进了学生语言文字应用能力的提高；(4)《教师资格条例实施办法》的施行和教师基本功训练使教师语言素质和语文能力得到明显提高；(5)语言文字工作在学校全面育人工作中发挥了重要作用；(6)学校对全社会语言文字规范化发挥了基础性的促进作用。同时指出，当前学校语言文字工作的开展还很不平衡，仍然存在一些不足和亟待解决的问题。主要有：(1)一些教育行政部门和学校的领导同志对学校语言文字工作的意义认识不足，致使这些地方和学校的语言文字工作机构不健全、人员不落实、组织领导不得力；(2)一些地方和学校开展语言文字工作的要求不明确、目标不清晰、措施不落实，工作缺乏计划性和行政力度，甚至处于一种自发自流状态；(3)一些地方和学校对巩固提高工作重视不够，在基本功训练和测试达标工作中存在着形式主义和走过场现象；(4)在一些学校，语言文字规范化工作尚未做到“三纳入、一渗透”，甚至把语言文字工作看作额外负担；(5)学校语言文字工作齐抓共管的局面尚未形成。

袁贵仁强调指出，学校语言文字工作的根本任务是为全面实施素质教育服务，为解放和发展生产力服务，为促进文化和社会发展服务。实现2010年以前在全国范围内普通话初步普及、汉字社会应用基本规范的目标，从根本上说要靠学校、靠教育。做好学校语言文字工作，一定要发挥好语文教学主渠道的作用，要全面贯彻落实新的语文课程标准，从根本上扭转“重文轻语”的应试倾向，着力培养学生的语言文字应用能力。袁贵仁代表教育部和国家语委对今后的工作提出以下意见：(1)要依法推进学校语言文字工作。(2)不断提高学校语言文字工作的制度化、规范化、科学化水平。(3) 继续加强教师普通话培训测试和基本功训练。(4) 进一步发挥语文教学的主渠道作用。(5) 要加强农村学校和西部地区学校的工作力度。(6) 少数民族地区和少数民族学校也要重视普及普通话和推行规范汉字的工作。(7) 各级教育行政部门要做好对学校语言文字工作的目标管理、量化评估工作。(8) 教育行政各相关部门都要关心、支持学校语言文字工作，营造一个相互配合、齐抓共管的工作局面。

河北省语委、教育厅，秦皇岛市语委，上海市教委语文工作处，重庆大学，湖北省语委办公室，湖南省湘西土家族苗族自治州语委、教育局，山西省万荣县教育局，江苏省无锡市教育局、语委，新疆维吾尔自治区教育厅等单位先后在会上介绍了开展学校语言文字工作的经验。与会代表考察了秦皇岛市海港区、北戴河区、山海关区和抚宁县的各类学校 13 所，对该市学校贯彻全国学校语言文字工作会议精神所取得的成绩给予高度评价。

撰稿 袁钟瑞

〔**第五届全国推广普通话宣传周**〕 2002 年 9 月 15 日～21 日是第五届全国推广普通话宣传周。中宣部、教育部、人事部、文化部、国家广电总局、解放军总政治部和国家语委联合印发了《关于开展第五届全国推广普通话宣传周活动的通知》，对开展第五届推普周活动的指导思想、主题、组织协调等提出了要求。

一、以推普周为契机，加大普法宣传力度

“宣传贯彻国家通用语言文字法，大力推广普通话，促进语言文字规范化，迎接党的十六大召开”是本届推普周的活动主题。国家语委和中央人民广播电台联合举办了“茅台杯”第六届全国普通话广播大赛。各省、自治区、直辖市分别举办座谈会、研讨会、知识竞赛、征文比赛、演讲比赛、街头宣传、广场咨询、文艺演出等活动，加大对《国家通用语言文字法》的宣传力度，进一步增强了社会成员的语言文字规范意识。

二、以重点城市为中心，推动方言区推普工作

本届推普周以成都、南京和佛山为重点城市，在成都举办了第五届全国推广普通话宣传周开幕式、四川省大学生演讲比赛和成都市各界人士推普座谈会；在南京举办了大型广场宣传咨询活动和推普专题文艺晚会；在佛山组织了有广东、福建、江西、广西、海南和香港、澳门中小学生参加的课本剧演出邀请赛和名家语言艺术表演欣赏会等。四川、江苏、广东省把这次推普周作为树立城市品牌、提升城市形象、促进对外开放、优化发展环境的契机，在省市政府领导下，有关部门积极参与，精心组织，密切配合，活动取得圆满成功。

三、活动内容更加丰富，产生了较大的社会影响

各地都认真策划和组织了有新意、有特色的推普周宣传活动。江苏省组织各市和高校制作了推普系列专题片；湖北省召开了语言文字工作表彰大会；陕西省高校组织专家教授举办语言文字工作专题讲座，并在电视上播出；河北省石家庄市长安区开展“推普下乡”活动，利用农村大集之际将宣传活动深入到农村；浙江省将推普宣传延伸到居民社区，推广普通话与社区文化建设有机结合，受到当地群众的热烈欢迎；山东省青岛市提出“由学生带动家庭、由家庭影响社区”的新创意，使推普工作立足学校、辐射社会；浙江、四川、江苏、上海、新疆等地，将推普周的相关情况在互联网上广为传播；天津市举办了主题为“说普通话、用规范字”的万人签名活动，请著名播音员和节目主持人现场朗诵和演讲；解放军总政宣传部为提高部队官兵语言文字规范意识和文化素质，组织编写《部队官兵语言文字规范手册》下发部队；吉林省军区通信营举办有关《国家通用语言文字法》的讲座，广大官兵增强了对法的深入了解。这些丰富多彩的活动使语言文字工作与素质教育和审美教育相结合，与社会经济发展相结合，与行业系统管理相结合，集政策性、思想性、知识性、教育性、艺术性、趣味性于一身，收到了较好的宣传效果。

四、党政机关发挥“龙头”作用，公务员普通话水平测试工作有新的进展

为落实《国家通用语言文字法》关于国家机关工作人员的普通话水平应当达到国家规定的等级标准的规定，本届推普周前夕，教育部副部长、国家

语委主任袁贵仁等领导带头参加了教育部对机关公务员进行的普通话水平测试，首批接受测试的205人全部获得三级甲等以上的合格成绩。这次活动对全国教育行政部门和地方政府部门产生了良好的导向作用。贵州省为省直机关人员举办了普通话培训班；甘肃省举行了“公务员普通话水平测试启动仪式”；辽宁省、山东省教育厅厅长带头参加测试；南京市交通局、杭州市萧山区政府、河南省商丘市教育局等单位的公务员也踊跃参加普通话水平测试。“普通话是我们的工作语言”已成为国家公务员的普遍共识。

五、媒体大力配合，营造浓厚宣传氛围

推普周期间，中央电视台《东方时空·东方之子》栏目对著名语言学家王均先生进行了专题报道，《关注》栏目播出了以语言文字专家陈章太、姚喜双为嘉宾的谈话节目，播出了介绍山西省万荣县推普工作的专题片，西部频道播出了介绍广西壮族自治区推普工作的大型访谈节目《话说推普》；中国教育电视台《语言文字》栏目、北京电视台《今日话题》栏目、北京人民广播电台经济台《普通话沙龙》栏目分别播出了推普周专题节目；中央电视台、中国教育电视台播出推普专题文艺晚会《共同的语言》和推普公益广告《普通话让你畅行无阻》、《普通话是我们的工作语言》；《中国青年报》、《中国教育报》9月16日整版刊发了第五届推普周宣传画；新华社、《人民日报》、《光明日报》、《工人日报》、《文汇报》、《中国青年报》、《中国教育报》、《中国改革报》以及《北京晚报》等各地主要报刊均对推普周活动进行了广泛报道，在读者中产生了积极影响。

撰稿　高　阳

〔对北京市语言文字工作进行考查评估〕 根据教育部、国家语委《关于开展城市语言文字工作评估的通知》精神，12月10日～12日，教育部、国家语委组织评估组对北京市语言文字工作进行了考查评估。评估组由全国人大教科文卫委员会委员、国家总督学顾问柳斌任组长，成员有津、沪、渝三市人大的领导同志和语委办负责人，以及教育部、民政部、国家新闻出版总署、国家广电总局、国家工商总局相关部门负责同志和部分部属高校、国家有关研究机构的语言文字专家学者。

遵照教育部、国家语委颁布的《一类城市语言文字工作评估标准》及其实施细则、操作办法的规定，评估组听取了北京市语委关于北京市语言文字工作情况的全面介绍，采取定点和随机抽样相结合的方式，分组对代表党政机关、学校、新闻媒体和公共服务行业的18个单位进行了实地考查。评估组听取了这些单位的汇报，查阅有关档案资料约130卷（册），组织了座谈和对相关人员语言文字应用能力的抽样测查，查看了名称牌、公文、公章、报刊、电视屏幕、户外广告、街路名称牌、公共设施等的用语用字。考查情况表明：北京市注重依法行政和创设覆盖全市的宣传氛围，在18个区县、22个市属委办局、110个街道办事处及184个乡镇都设立了语言文字工作机构，落实了常设办事机构和专兼职工作人员，初步形成了市、区（县）、街道（乡镇）三级工作网络和条块结合的工作机制，各个领域的用语用字能够遵照执行国家语言文字规范标准，规范化程度很高。

根据考查评估的整体情况，评估组认定：北京市现阶段语言文字的社会应用符合《国家通用语言文字法》的规定和要求，提前实现了“普通话初步普及”、“汉字的社会应用基本规范”的新世纪初叶工作目标要求，并达到了较高的规范化水平，基本能够适应首都现代化建设和各项事业发展的需要，营造了与北京经济和社会发展相适应的良好语言文字环境，为2008年奥运会的人文和语言环境建设奠定了良好基础，也为提高全市语文工作水平和群众语文素质打下了良好基础。评估组对北京市如何适应新世纪新阶段首都经济和社会发展需要进一步提高语言文字规范化水平提出了建议。希望北京市继续坚持《国家通用语言文字法》的宣传、贯彻，以这次评估为契机，抓巩固、抓深化、抓提高、抓创新，围绕“新北京、新奥运”的主题，进一步全面规划部署，发挥自身优势，积极开拓进取，提高工作水平和语言文字应用规范化程度，为全国做出榜样。

撰稿　于　虹

〔**国家语委第二次咨询委员会会议**〕 2002年1月7日，国家语委咨询委员会第二次会议在北京召开。会议由全国人大常委会副委员长、国家语委咨询委员会主任许嘉璐主持，教育部副部长、国家语委主任袁贵仁，咨询委员会委员及教育部有关司局和直属单位负责人出席会议。会议听取了教育部语言文字应用管理司、语言文字信息管理司关于2001年工作和2002年工作要点的通报。

许嘉璐在讲话中肯定了语言文字工作在新世纪取得的成绩。指出，我国加入世界贸易组织，将对传统文化、人们的思想观念和生活方式等造成巨大冲击，使之发生前所未有的变化。目前，语言文字工作还不能适应现实生活和社会发展的需要。应当认清形势，对工作方针、相关政策和已颁布的法律法规、规范标准进行系统分析与研究，做好思想上、政策上和学术上的准备。并特别强调了加强语言文字规范化、标准化工作的重要性。

会议肯定了语言文字规范化工作对于我国政治、经济、文化发展所作出的贡献，要求在今后工作中，继续坚持"一个中心、四个重点领域、三项基本措施"的工作思路，继续围绕宣传贯彻《国家通用语言文字法》开展各项工作。委员们就充分发挥学校的基础作用、加大《汉语拼音方案》和民族地区双语教学中通用语言文字的推广力度、加强普通话水平测试的科学研究和管理、进一步扩大推普周影响、加强语言文字的基础研究和应用研究、召开现代汉语规范化学术会议、建立人才培养基地、加强国际间及与台港澳地区的学术交流与合作、设立国家语言文字博物馆等问题提出了意见和建议。

撰稿 周道娟

〔**语言社会应用热点问题座谈会**〕 近年来，"纳米"、"克隆"、"酷"、"秀"等英文音译词，"菜鸟"、"大虾"、"版主"、"伊妹儿"等网络新词，"WTO"、"APEC"、"MTV"、"CEO"等字母词大量涌入现代汉语，引起社会各界的广泛关注。为了进一步听取社会各界对上述新词语使用的看法和意见，加强对词语使用的规范和引导，2002年8月27日，教育部语言文字应用管理司在京召开了语言社会应用热点问题座谈会。出席会议的有全国科技名词审定委员会有关人士，语言学家、知名作家，出版、广播、电视及网络等媒体专业人士。

与会人员一致认为，语言文字必然随着社会生活的发展而不断变化、不断丰富，这是语言文字和文化的生命力之所在。随着科技的发展、时代的进步和交流的日趋广泛，新事物、新生活方式、新的社会结构和习俗的变化，都会刺激新词语的产生。目前词语使用中出现的新现象是与社会的变革和开放相吻合的。部分与会者对随便使用字母词和网络自创新词、外来音译词等提出了批评。认为这些语言现象不仅严重损害中国文字完美的形象，而且已经严重妨碍信息的传播，甚至可能动摇中国文化的基础。指出行文中夹杂外文字词，首先是一般读者看不懂，影响宣传效果；第二，也是更重要的，有损国家、民族尊严。另外一些与会者认为具体问题要具体分析，不能一概而论。中央电视台节目主持人敬一丹认为不能无视群众语言的生动和鲜活，但媒体吸收新词语应把握好度。新浪网记者张晓凌认为，民间词汇丰富、鲜活的特点在网络平台上可以充分发挥出来，网络是被动的，只能转载信息，不好约束。

如何对待这些语言社会应用热点问题，与会人员提出了一些意见和建议。多数人认为，对语言应用中出现的新情况应采取宽容的态度，不应该拒绝新词语，这些新词的存在恰恰说明中华文化的兼容并蓄，显示了我们面对改革开放时代一种开阔的胸怀，这样才能"海纳百川"。语文生活要主体化和多样化相结合，我们的语言文字不搞纯而又纯，语言文字是用来交际的，交际到位就是语言的规范；有的要管，有的不要去管；除了依法管理外，还可以提倡、调节、引导。有关部门要采取负责任的态度及时分析研究语言社会应用的热点问题，加以适当的引导。同时，要把工作的重点放在党政机关、学校、新闻媒体。一般报纸是给老百姓看的，要注意不要滥用外来词、字母词、缩略语，也不宜过多地夹杂使用外文，一些专业报纸可以适当直接引入一些外语词，但不要盲目迎合时尚。

教育部语言文字应用管理司司长杨光在总结中指出，大家的建议对我们今后的工作很有启发，希望新闻媒体就语言应用热点问题展开深入讨论，这种讨论的过程本身就是一种宣传和引导。中央电视台、中国教育电视台、人民日报、光明日报、中国青年报、解放日报、文汇报等对会议进行了报道。

撰稿　张映川

〔**举办少数民族中小学汉语课骨干教师普通话培训班**〕　为了配合西部大开发战略的实施，贯彻落实《国务院关于基础教育改革与发展的决定》和民族教育工作会议精神，提高少数民族地区中小学汉语教师的普通话水平、汉语教学质量及教学技能，逐步改变少数民族地区双语教学中汉语师资缺乏及汉语水平不高的状况，7 月 11 日～8 月 15 日，教育部语言文字应用管理司委托新疆维吾尔自治区教育厅和自治区民族语言文字工作委员会，在新疆教育学院举办了为期 35 天的少数民族中小学汉语课骨干教师普通话培训班。此次培训对象为新疆和田、喀什、阿克苏、克孜勒苏四地州（县、市）中小学从事汉语教学的少数民族骨干教师，学员以维吾尔族为主，有少量柯尔克孜族、塔吉克族学员。其中初中汉语课教师 40 人、小学汉语课教师 40 人。培训内容包括政治思想理论、教师职业道德、普通话知识及技能训练等，共 210 课时。新疆教育学院除选派本院高水平师资外，还聘请了新疆大学、新疆师范大学、自治区民语委、汉语考试中心办公室、自治区教科所的专家学者为学员作讲座，并请自治区部分中小学的汉语教学骨干上示范课。经过一个多月的培训，学员们的普通话语音面貌有了明显改善，汉语知识和口语交际能力有了较大提高。

撰稿　周道娟
审稿　张世平

〔**试行《第一批异形词整理表》**〕　为了做好《第一批异形词整理表》在教育系统的试行工作，2002 年 6 月 10 日教育部、国家语委印发了《关于在教育系统试行〈第一批异形词整理表〉的通知》，要求各级教育行政部门、各级各类学校、各教育出版和教育网络、教育影视部门，采取切实可行的措施稳妥有序地贯彻执行。《通知》指出，教育教学各环节、新编教材和新制作发行的用于教育的电子信息技术产品，均应使用推荐词形。现行教材再版、现有电子产品更新、升级时，应依据此规范做技术性调整。全国统一考试和各种升学考试，出题时暂不涉及异形词，考生答题中使用了非推荐词形，不影响成绩评定。古籍整理、有关的科学研究、面向海外的繁体字版教学辅助读物（含电子出版物）等，可不受《第一批异形词整理表》限制。

鉴于新闻出版、广播影视、信息产业和广告行业也是语言文字规范化的重点领域，在贯彻国家语言文字标准中具有示范带头作用，教育部、国家语委经与相关领域和行业的主管部门会商，制定并会签了《教育部等部门关于在新闻出版、广播影视系统和信息产业、广告业试行〈第一批异形词整理表〉的通知》，于 2002 年 7 月 17 日印发各省、自治区、直辖市有关系统和行业。《通知》要求各级新闻出版、广播影视、信息产业、广告业主管部门及所属单位在出版物（含电子出版物）、影视字幕、广告、互联网和电子信息技术产品中，均应积极执行《第一批异形词整理表》。新出版发行的出版物、新编辞书、新制作发行的电子产品应使用推荐词形；现有出版物、现有辞书再版以及现有电子产品更新与升级时，应依据规范进行调整或做技术性处理，使用推荐词形；辞书编纂中，需要“备查、备考”的非推荐词形，应依据规范做出明确标注。古籍整理、有关的科学研究、面向海外的繁体字版出版物等，可不受《第一批异形词整理表》限制。到年底，各有关系统和行业都在积极稳妥地执行《第一批异形词整理表》，许多教材正在按规范编写或做技术性调整，一些新编语文辞书都收录了此表。

〔**召开研制《规范汉字表》学术会议**〕　为充分吸收学界的智慧和各方面的意见，增加《规范汉字表》的学术含量，2002 年，教育部语言文字信息管理司、教育部语言文字应用研究所先后召开了“异体字问题学术研讨会”、“简化字问题学术研讨会”、“汉字印刷字形问题学术研讨会”。

5 月 16 日～19 日，“异体字问题学术研讨会”在江西省井冈山市召开。代表们就异体字的概念、对《第一批异体字整理表》的评价、《规范汉字表》

整理异体字的原则及具体方式等问题进行了探讨，对一些典型字例做了剖析。关于异体字概念的理解，多数同志赞成采用严式定义，并在此基础上确定《规范汉字表》整理异体字的原则和方法。

6月22日～26日，“简化字问题学术研讨会”在安徽大学召开。与会代表主要针对简化类推问题和如何处理简繁“一对多”的关系问题进行了讨论，语言文字学、古籍整理、辞书编纂、信息处理、地名研究等领域的专家学者各抒己见，对《规范汉字表》的研制提出建设性意见。会议对简化字的类推问题基本达成共识，即不赞成无限类推，主张应将类推限制在一定的范围内，但类推的具体范围还有待斟酌。

8月22日～26日，“汉字印刷字形问题学术研讨会”在山东烟台师范学院召开。代表们针对新旧字形的成因、不足及其对策，规范汉字印刷宋体字形标准化，海峡两岸字形差异，特别是《规范汉字表》对新旧字形的处理等问题进行了交流，达成共识。如：要理顺新旧字形、异体字、繁体字三者之间的关系，改变过去三者之间纠缠不清的局面；力求减少笔画或部件变形的数量，非变不可的要尽量具有规律性；处理字形问题时要考虑宋体的传统特点和书法美学原则；尽量保持与港台汉字字形的一致性等。

根据上述三个学术研讨会的成果，课题组对字表研制工作正在进行中。

〔制定“信息技术　通用多八位编码字符集”〕 ISO/IEC 10646“信息技术通用多八位编码字符集”是全球所有文种统一编码、使计算机系统实现多文种相互切换和交流的国际标准，是中国文化电子保存、数字化图书馆和各种数据库建设的重要文字系统平台。为了更好地发挥该标准字种选择和字形规范方面的重要作用，教育部语言文字信息管理司2002年所做的工作有：

3月15日～16日，在北京组织召开“信息技术　通用多八位编码字符集”制定工作研讨会。会议认为“信息技术　通用多八位编码字符集”的制定工作，要促使集外汉字及傣文等少数民族文字尽快获得码位；标准涉及国内多个部门，必须加强各部门间的协调和沟通。会后，教育部语言文字信息管理司向有关单位发函，征集集外汉语人名、地名、科技术语、古籍文献、中医药、考古等用字，以备纳入中、日、韩统一编码汉字扩充C2。

5月6日～10日，派员赴澳门参加IRG第19次会议。会议主要形成了与中国有关的如下决议：(1) 接受日本关于制定CJK国际基本子集的提案，建议成立一个兴趣小组讨论其需求和规模。(2) 坚持保留多列形式，以体现不同国家（地区）汉字字形的区别。(3) 同意在CJK－C1中增补中国教育部（国家语委）临时提案中提出的两个折笔字符。

5月18日～25日，派员赴爱尔兰都柏林参加WG2第42次会议。会议主要形成了与中国有关的如下决议：(1) 同意IRG建立一个兴趣小组，就一个或多个子集的需求、范围和准则进行研究。(2) 德宏傣文的编码方案进入下一轮投票。中国傣文专家与国外代表讨论了西双版纳傣文编码方案第一、第二稿的异同，形成了修订方案，并就云南纳西族东巴文和哥巴文的编码进行了讨论，达成了一致意向。

7月13日～16日，在哈尔滨市组织召开全汉字库暨国际音标问题商讨会。与会代表就相关工作情况进行了交流和沟通，达成如下共识：(1) 收集包括中国古今汉字和少数民族文字以及记录中国语言的国际音标在内的各种字符，形成“中华古今大字符集”，有关部门和单位要联合攻关，资源与成果应共享。(2) 关于汉字子集的建立和广义异体字的关联，应尽快研讨并提出原则建议。(3) 为加强港、澳、台及内地的交流与合作，成立中国的IRG工作组，各单位在协商的基础上进行了任务分工。

7月26日，在北京组织召开少数民族文字编码问题座谈会。9月2日，经与中国社会科学院民族所、中央民族大学的专家进行具体磋商，达成如下共识：(1) 及早进行少数民族文字的编码工作。(2) 先将成熟、有字典、有文献的文字进行收集编码。(3) 建立项目组，明确分工，争取多方支持。

10月30日～31日，会同有关部门在福州市召开两岸四地中文数字化合作会议。来自中国内地和香港、澳门特区以及台湾地区参加IRG工作组的成员和有关专家、官员共35人参加了会议，并达成如下共识：(1) 两岸四地都要积极稳妥地推动汉字文化的共同发展。(2) 两岸四地都要积极参加ISO 10646研制的后续工作。(3) 组成两岸四地中文数字化合作论坛，加强在中文编码及中文数字化应用方面的沟通与合作。合作论坛每年一次在两岸四地轮流召开。与会代表讨论形成了“CJK国际基本子集”和“中华古今字符扩充编码”两个建议文件。

10月至12月中旬，组织起草两项国际会议文件和提案：即古汉字编码文件、藏文大丁字符提案。

11月18日～24日，派员赴越南河内参加IRG第20次会议。会议主要形成了与中国有关的如下决议：(1) 根据两岸四地的提案和日本的提案，就子集的范围、收字原则形成了文件。(2) 对汉字认同规则进行了澄清和梳理，确定了IRG汉字部首入部规则、部首外笔画数和首笔笔画的确定方法。(3) 提名中国的3位专家继续分别担任IRG召集人、主编、技术编辑。

12月9日～13日，派员赴日本东京参加SC2第12次全会和WG2第43次会议。会议形成了如下决议：(1) 关于中国藏文大丁字符提案。按照WG2的规定，大丁字符可用藏文基本字符的组合序列表示，不能申请新码位。经中国代表团要求，会议安排了专题辩论，并将此提案作为“首次提交”记录在案，要求继续研究。与会一些代表表示要加强与中国的沟通与合作。(2) 关于汉字及IRG相关事项。批准IRG关于建立CJK国际基本子集的文件，要求IRG形成子集草案，提交下次会议审查；批准IRG对中国3位专家的任命；同意中国通过IRG或WG2开展古汉字编码工作。

〔语言文字规范标准建设〕 随着中国加入世贸组织以及国民经济和信息化的高速发展，社会语言生活呈现出新的特点，对语言文字规范标准建设提出了更高的要求。为此，教育部于2002年9月24日～25日在武汉市召开第一次语言文字规范标准建设会议，主要议题为：研讨语言文字规范标准建设的新特点、信息时代语言文字规范标准建设的对策、语言规划的理论与实践等问题。国务院相关部门和标准化工作机构的同志，语言文字学界、信息处理学界的专家学者，各省、自治区、直辖市语委办的负责同志80余人参加了会议。

开幕式上，教育部副部长、国家语委主任袁贵仁作了题为《把握信息时代特点，加强语言文字规范标准建设》的书面讲话。讲话指出：加强语言文字规范标准建设是对“三个代表”重要思想的具体实践，是实施《国家通用语言文字法》的重要环节，是信息化发展的迫切要求。要争取经过四五年的努力，使语言文字规范标准满足社会各领域语言文字应用的基本需求。有关政府部门、标准化专业机构和学术团体加强协调，各地语委要积极配合，共同做好语言文字规范标准建设工作。

教育部语言文字信息管理司司长李宇明、国家标准化管理委员会高新技术部副主任王希林分别作了报告。李宇明在题为《信息时代的语言问题》的报告中指出，中国应大力推广普通话、加快汉语汉字规范化建设、加快中国语言文字信息处理的研究、全方位建设基于网络的数据库，以提高汉语的功能与地位，加速汉语的传播，满足信息化发展的需要。与会代表围绕会议议题进行了充分讨论。

会后，辽宁、新疆、安徽、重庆、广西、河北、河南、山东、云南、浙江、西藏等许多省、自治区、直辖市语委学习贯彻会议精神，加大了工作力度。

〔语言文字应用研究“十五”科研立项工作〕 由全国人大常委会副委员长、国家语委咨询委员会主任许嘉璐等担任顾问，教育部副部长、国家语委主任袁贵仁担任组长的国家语委新一届科研规划领导小组于2002年4月召开成立会，会上对《语言文字应用研究“十五”科研规划及项目指南》进行了审议。

国家语言文字应用研究“十五”科研项目的申报和第一期立项工作于2002年5月下旬正式启动，进入申请受理阶段。国家语委科研办在教育部语言文字信息管理司网页、中国语言文字网及《语言文字周报》上公布了《语言文字应用研究“十五”科研规划及项目指南》、《语言文字应用研究“十五”资助项目》、《语言文字应用研究“十五”科研项目立项实施细则》和《国家语委科研项目申请书》，并于6月17日在《中国教育报》上全文刊登。至8月15日申请截止，共受理申请书427份。自8月16日起，科研办陆续通过电子邮件将申请书、函评评审表发送给函评专家，并于8月23日前收回了专家评审意见。8月27日～28日，语言文字应用研究"十五"科研项目评审会议在山东省威海市举行。专家们对项目申请书逐一审查，并进行分组讨论，最后对申请项目提出了具体的评审意见。10月初，在项目申报人完成申请书修改后，国家语委科研办确定立项项目97项，其中资助项目70项、委托项目11项、自筹或建议自筹项目16项。

〔**语言文字信息化工作**〕　2002年6月26日"中国语言文字网"正式开通。中国语言文字网的网址是 www.china-language.gov.cn。网站宗旨是：宣传国家语言文字政策，服务社会语文生活，引导社会正确使用祖国语言文字，提高国民语文素养，促进学术研究与交流。网站栏目主要有工作机构、政策法规和规范标准、语文工作、学术交流、语文史话、中文信息处理、远程教育、服务窗、百家争鸣等。

为推动全国语言文字工作和语言文字应用研究的信息化进程，由教育部语言文字信息管理司主办，教育部语言文字应用研究所、上海市语言文字工作委员会承办的"全国语言文字网站建设与管理研讨班"于2002年11月25日～28日在上海举办。来自全国27个省、自治区、直辖市的语言文字工作部门和普通话培训测试中心的负责人及相关技术人员参加了研讨活动。与会代表就语言文字工作如何适应网络时代的发展要求、各地语言文字网站的建设和管理等问题进行了讨论，一致认为语言文字网站（页）建设是语言文字工作"与时俱进、开拓创新"的一个环节，对语委系统的政务信息化建设起到了推进作用。

撰稿　王翠叶　王　奇

审稿　李宇明

教材建设、出版管理与教学仪器研究

人民教育出版社

〔**人教版义务教育课程标准实验教材扩大实验**〕 2002年，全国义务教育课程标准实验教材继续扩大实验，在2001年39个实验区的基础上，2002年扩大到500多个。人教版新课标实验教材的实验规模也随之扩大。人教社除紧密配合课程改革进度、突出自身特色外，还采取了一系列措施：(1) 进行高水平的培训。这套实验教材编写的观念、体例较以往有很大变化，增加了许多动手动脑等活动课的内容，教师在教学中有一定难度。人教社在推广实验教材的同时，加强了教材培训。2002年5月至9月，人教社派出1 000多人次，到省会级中心城市、部分地区以及国家级实验区（县），进行了将近1 000场学科教材培训和通识培训，培训教师13万多人。培训内容包括课程标准学习、教材内容及特色介绍、评课、交流等多种形式；培训人员除人教社编辑人员外，还聘请了一批专家、教研人员、一线教师。人教社免费为各地培训提供教材和其他资料。经过地方教育部门和出版部门等多方努力，人教版实验教材的培训工作收到较好的效果。(2) 加强并与实验区共同进行课程教材课题研究。与教材的实验工作同步，人教社课程教材研究所把教材实验工作建立在研究基础上，使实验工作课题化。课题范围包括教材的研究、设计、编写、实施、评价各个环节。参加实验的地区、单位可提出研究课题，报课程教材研究所立项。这些课题，可单独立项，亦可列为课程教材研究所国家级研究课题的子课题，研究所给予一定的经费支持。一年多来，已有几十个实验单位向课程教材研究所申报了课题。(3) 提供多种服务。人教社的新课标实验教材，配有教师教学用书（附有两张培训资料光盘）、练习册、挂图、卡片、投影、录音带、录像带、CD、VCD、CD－ROM等多种辅助材料，以备选用；人教社网站（WWW. PEP. COM. CN）为实验教材开辟了专栏，通过上网，教师和学生可以及时获取有关实验教材的大量资料信息。为配合教材的实验，人教社编印了不定期刊物《试教通讯》，介绍教材，发表一线教师的经验与心得体会，按学科，或按专题，或按地域编发；新课标教材进入实验的一年半时间，《试教通讯》已编印了70多期，几十万册，免费赠送给实验区、校。人教社主办的《课程·教材·教法》、《中小学教材教学》等国家级刊物，经常发表有关教材实验工作的文章，对实验工作起到了很好的指导作用，也为教师、教研工作者提供了发表成果的园地。

〔**“新基础教育课程教材开发的研究与实验”课题开题**〕 由人民教育出版社、课程教材研究所承担的“新基础教育课程教材开发的研究与实验”课题2002年6月在北京开题。这项课题是经全国教育科学规划领导小组批准，正式列为全国“十五”规划基础教育类5个国家级重点课题之一，也是基础教育课程改革方面2个国家级重点课题之一。课程教材研究所各学科课程教材研究开发中心和一些省、自治区、直辖市的教育科研机构和中小学加盟参加研究和实验。

这项课题以义务教育阶段和普通高中阶段课程

教材开发的理论问题和实践问题为主要研究对象，以基础教育课程教材开发为研究重点，在理论创新和实践模式的交叉层面上展开研究。课题研究分两大部分：（1）义务教育课程教材的创新设计、编制和实验。通过研究，探寻新一轮义务教育课程教材的创新点，例如义务教育各学科创新的开放的课程教材结构体系；义务教育课程教材在分科视野下的综合性设计和综合视野下的各科整合设计；主动的、发现的、建构的、体验的学习在课程教材中的设计机制；课程教材设计中的积极的教学策略和方法设计等。（2）普通高中新课程教材体系的探索、设计和实验。根据全国普通高中教育迅速发展的实际，针对普通高中处于义务教育与高等教育之间的特殊地位，通过研究，探寻与义务教育同中有异的高中课程教材设计模式；开放性选择性的普通高中课程教材体系；高中教学管理和评价；高中选修课程教材资源的开发和实验；高中课程教材信息化和交互化的研究等。

该课题研究突出三个重点：一是理论前沿，二是创新设计，三是实践模式。参与课题研究的各子课题形成合力，共同在这三个方向努力。为使这三方面的研究得到落实和真正取得成效，该课题设立了三个研究重点方向：（1）新基础教育理论的发展与课程教材理论创新的研究；（2）各学科课程教材设计的创新性与适应性研究；（3）新基础教育课程教材的实践运行和评价模式研究。此项课题研究紧紧围绕培养学生的创新精神和实践能力展开，在理论探索、实践模式和研究方法上力求有所创新。

理论的创新表现在要突破以往旧的课程教材观念的束缚，真正树立以学生发展为本的思想，把促进学生对课程教材、对学习本身的能动性和积极性作为方向和导引。课程教材实践模式的创新表现在将打破以往课程教材设计开发和教学过程相对独立和脱节的模式，将课程教材开发立足于教学实践之中，新课程教材的实施将使课程教材设计编制者和教师形成互动参与的关系，拉近理想课程与实际课程之间的距离。研究方法的创新表现在研究方式的综合处理，加大理论和实践交叉点上的研究力度，及时捕捉实践中具有理论价值和普遍性的问题。

课题组试图通过关注实践的新基础教育课程教材开发和问题研究，构建有中国特色的课程论和学科课程教材论。

该课题研究将遵循开放式和综合性的方向，运用新的研究方法，重视资料的采集、整理和分析过程，借鉴国外课程行动研究的手段，理性思考和实践行动相结合，重视案例收集和分析工作，注重比较分析研究，使研究工作在理论和实践的交叉点进行。

课程教材研究所（人民教育出版社）除了此项国家级重点课题之外，还有 4 项课题被批准为教育部重点课题，充分显示了课程教材研究所（人民教育出版社）在新一轮基础教育课程改革中的重要作用和实力。

〔**英语版普通高中双语教材出版**〕　这套系列教材由课程教材研究所双语教材研究中心策划开发，人民教育出版社 2002 年起正式出版。这套普通高中英语版教材，根据经教育部审查通过、人民教育出版社出版的《全日制普通高级中学教科书（试验修订本·必修）》编译而成，包括数学、物理、化学、生物、历史、地理 6 门普通高中必修课程，主要供实行双语教学的学校或班级使用，使学科知识的掌握与英语能力的提高形成一种双赢的局面。也可以作为高中生的课外英语读物，其他有兴趣的读者也可以作为参考书使用。为了使这套新品种的教材具有较高的编译质量，课程教材研究所双语教材研究开发中心依托所内各科教材研究开发中心，在国内外特聘学科专家和英语专家联袂翻译，且全部译稿均由中外知名专家共同审校。开发这套教材的宗旨是：以前瞻意识迎接时代挑战，以国际水平奉献中华学子。这套教材适应了目前蓬勃发展的双语教学形势，满足了双语教学的迫切需要，正为越来越多的教育部门、学校、教师、学生和家长所了解、关注和喜爱。

〔**多种图书与音像制品获奖**〕　2002 年，人民教育出版社又有多部图书获奖，同时还有 11 种音像制品分别获得第二届国家电子出版物奖和第四届全国优秀教育音像制品奖。这表明人民教育出版社不仅是集研究、编辑、出版、发行基础教育教材和教育图书的专业出版社，而且已成为能够开发出版多样化、系列化、立体化教材，包括幻灯片、投影片、录音带、录像带、CD、VCD、软盘、CD－ROM等电子音像制品的集团化的大型出版社。

2002年获奖品种目录

图书

品种	获奖情况
《当代中国心理学》 中国心理学会 主编	获第十三届中国图书奖
《现代教育论》 黄济 王策三 主编	获第四届吴玉章人文社会科学奖优秀奖
《教育经济学》 范先佐 著	获全国普通高等学校优秀教材评奖一等奖
《比较教育》（第二版） 王承绪 顾明远 主编	获全国普通高等学校优秀教材评奖一等奖
《外国教育史教程》 吴式颖 李明德 单中惠 主编	获全国普通高等学校优秀教材评奖一等奖
《应用心理学书系》（12卷）林崇德 主编	获全国普通高等学校优秀教材评奖一等奖

期刊

品种	获奖情况
《课程·教材·教法》杂志	获第二届国家期刊奖重点社科期刊奖

电子音像制品

品种	获奖情况
《标准中文》(CD－ROM)	获第二届国家电子出版物奖(教育类)提名奖
《Z＋Z智能教育平台——平面几何、平面解析几何》(CD－ROM)	获第二届国家电子出版物奖(教育类)提名奖
《全日制普通高级中学生物（试验修订本·选修）》全一册（VCD）	获第四届全国优秀教育音像制品奖一等奖
《全日制普通高级中学化学（试验修订本·必修）》第一、二册（VCD）	获第四届全国优秀教育音像制品奖二等奖
《九年义务教育PEP小学英语（供三年级起始）》(同步课堂)（VCD）	获第四届全国优秀教育音像制品奖二等奖
《全日制普通高级中学物理（试验修订本·必修）》第一册(上、下)(VCD)	获第四届全国优秀教育音像制品奖三等奖
《初中语文经典课文实景讲评》（VCD）	获第四届全国优秀教育音像制品奖三等奖
《汉语识字教学集萃》（VCD）	获第四届全国优秀教育音像制品奖三等奖
《义务教育课程标准实验教科书语文》一年级上、下册，七年级上、下册(录音带)	获第四届全国优秀教育音像制品奖三等奖
《九年义务教育初级中学（实验本）新目标英语 学生用书》第一册（录音带）	获第四届全国优秀教育音像制品奖三等奖
《九年义务教育五、六年制小学英语》第一册 学生用书（录音带）	获第四届全国优秀教育音像制品奖三等奖

撰稿 邢克斌 张廷凯 王本华 李 慧

审稿 魏国栋 吕 达

高等教育出版社

〔**教材出版情况**〕 据统计，2002年高等教育出版社出版图书品种达4 400种，销售码洋超过12亿元，销售收入超过7亿元，同比增长40%以上；高教社出版的图书（包括音像制品、电子出版物）在全国普通高等学校优秀教材评奖中，有153种获奖，占总数的1/3以上，有25种获国家级、省部级的其他奖项，其中有45种获一等奖；在国家“十五”规划重点教材立项中，高教社获得1/3

以上的项目；“面向21世纪课程教材”到2002年底出版了约600种；立体化教材建设取得了重大进展。

全社认真学习、努力实践“三个代表”重要思想，全面贯彻落实十六大提出的关于教育工作的目标和任务。在经营业务上，经过一段时间的实践探索，开展了以“需求分析、选题立项、立体化编辑制作、培训教师、创建学科网站”五个前后贯通的业务环节为中心的业务流程重组工作。其目的是主动面向市场开展选题策划，并通过立项研究提高教材的现代化水平和质量；通过集成设计、立体化编辑制作，为学校提供比较完整的教学解决方案；通过加强有针对性的教师培训，创建学科网站，为师生提供全程优质服务。业务流程重组，体现了高教社新的办社理念，适应了新时期教学改革和发展的需要，将对提升高教社的经营管理水平，增强高教社的市场竞争力产生长远的影响。

〔**实施教材出版精品战略**〕 在教材市场的激烈竞争中，高教社认识到，实施精品战略是发挥高教社自身优势，实现可持续发展和增强核心竞争力的根本保证。要以引领教材建设的潮流与方向为目的，面向市场，多出精品。一部精品教材，一是在学术上、内容上和呈现方式上要具有先进性；二是要充分考虑使用对象的实际需求和现实状况，有较好的层次差别和针对性；三是不仅要有主教材，还应有相应的辅助教材，不但有纸介质教材，还要有音像制品、电子与网络出版物有机结合的多媒体教材，从形成整体教学能力出发，集成多功能、多媒体的教学包，系列化的教学解决方案。高教社实施精品战略，采取了四项措施。一是聘请社外知名专家学者，包括许多著名大学校长和院士，组成专家组，定期研讨和确定重大选题的立项，使选题能更好地满足学校教学的实际需要，保证出版物的先进性和适用性；二是充分利用国外资源，不但引进优秀教材，还要引进作者，与国外出版社合资建立公司，把世界上最先进的教学内容和科研成果引进来出版；三是以立项研究带动精品开发，从2002年起，每年拿出1 500万元作为教材和学术著作立项研究基金，支持学校进行课程体系和教学内容体系改革，并抓住学校教学改革中涌现的新成果，编辑出版具有领先水平的教材和学术著作；四是认真抓好国家“十五”规划重点教材的编辑出版。作好高等教育“面向21世纪课程教材”的修订工作，从中提炼出精品。与此同时，高教社启动了“高等教育百门精品课程教材建设计划”。在全国27个高校集中的城市举办了影响深远的立体化教材系列研讨会。

质量是精品战略的核心，为了抓好质量工作，高教社2002年开展了“质量月”活动，聘请多名社内外专家对高教社一年来的出版物进行了学科内容和编校质量的检查评比，评出了10名选题策划和编辑制作优秀责任人。由于实施精品战略，高教社出版物的质量和水平得到进一步提高，取得了成果。不仅有170多种出版物获奖，而且继连续三年获得新闻出版署颁发的“印制质量金奖”之后，《中国工程院院士》又被评为“印制质量国优产品金奖”；继《中国文学史》获得“国际图书奖”之后，《中国工程院院士》又获得了“中国图书奖”。《基础生命科学》，从学科内容、装帧设计到印装工艺都达到了国际先进水平，受到国内外出版界的关注；《大学体验英语》等精品教材，代表了高等学校教学改革的方向，得到有关部门的充分肯定，也受到高等学校的普遍好评。

〔**集团化建设**〕 2002年高教社集团化建设工作取得进展。高教社的《2001～2010发展目标与发展战略》提出了把高教社建设成为国内前列、国际知名的大型教育传媒集团的战略目标，为此，进行了以下几方面的工作。一是组建高等教育教材专业出版集团。按照“以兼并、重组和合作联营的方式组建出版集团”和“选择有基础的出版单位，组建专业性出版集团”的要求，充分考虑地域、学科优势互补，有选择地与教育部直属重点大学共建其主办的大学出版社，并在此基础上，联合组建高等教育出版社（集团）。高教社在前期研讨论证的基础上，与中山大学、电子科技大学、天津大学等多所大学经反复协商，达成了以高等教育出版社为主体组建专业出版集团的初步协议。二是组建以高教社控股的教育图书发行公司。出版物发行是出版单位的关键环节，特别是在我国加入WTO后，境外有雄厚实力的传媒集团正在或已经开始打入我国的发行市场，抢占我国的文化阵地。我们的国有出版单位和国有发行单位应尽快地组建以我为主体的有竞争实力的集团发行公司，发挥国有发行渠道的主导作用，占领发行阵地，以促进中国特色文化产业的繁荣。高教社筹建的教育图书公司，除在北京设立股份制公司外，在大学比较集中的省区还要组建股份制的子公司，与大学联合办大学书店。按照现代企业营销方式，建立物流配送中心，各书店建立起连锁经营网络。三是实施走出去的战略，拓展对外交流。四是为了在时机成熟时向教育电视、报刊、教育软件等领域发展，高教社已与教育部高教司、中国教育电视台合作开办了《大学书苑》电视栏目，进展良好。高教社2002年已申请成立"学林网教育软件公司"。五是大力推进信息化建设，积极作好ERP系统实施工作。为加强高教社的信息化建设工作，高教社成立了信息化建设领导小组，正在研究制定高教社信息化建设的整体规划。为了提升高教社的管理水平，增强整体竞争优势，保证十年发展战略目标的顺利实现，2002年高教社重点抓了ERP系统的实施工作。第一期在财务管理、物料管理、计划管理、书目管理、销售管理、人力资源管理等领域实施ERP系统。

撰稿　刘中仁

审稿　张增顺

出版管理

〔**印发《高等学校出版社管理办法》**〕　教育部于2002年2月21日颁发了《高等学校出版社管理办法》，旨在加强对高等学校出版社的宏观指导和管理，推动高等学校出版社在新形势下的改革与发展，促进高等学校出版事业的繁荣。《办法》明确了高等学校出版社的地位、性质、宗旨和任务。指出高等学校出版社要坚持为人民服务、为社会主义服务的办社方向，坚持为教学、科研和学科建设服务的办社宗旨，坚持以科学的理论武装人、以正确的思想引导人、以高尚的精神塑造人、以优秀的作品鼓舞人。高等学校出版社是高等学校内的事业单位，实行企业化管理。高等学校出版社的主要任务是根据我国教育事业发展的需要，结合教育改革和发展的实际，出版高等学校教学需要的教材、教学参考书、教学工具书及其他教学用书，推动高等学校的教学工作和学科建设。高等学校出版社的重要任务是出版学术著作。应出版反映不同学派、学术观点和风格的学术著作，推动学术水平和教师队伍素质的提高，促进我国哲学社会科学及自然科学研究的繁荣和发展。《办法》明确了高等学校出版社的管理体制及其主管部门、主办单位的职责。指出国务院教育行政部门对全国高等学校出版社进行宏观指导和管理。国务院有关部门及省（自治区、直辖市）教育行政部门是所属出版社的主管部门。高等学校是所属出版社的主办单位。高等学校出版社实行社长负责制。《办法》明确了高等学校出版社的经营管理要确立以质量效益为中心的管理责任制。实行独立核算，并接受主办单位及有关部门的财务审计和监督。《办法》指出高等学校出版社要加强队伍建设。规定了出版社社长的任职条件。强调出版社要建立一支政治强、业务精、素质好的编辑、出版、营销和管理队伍。各工作岗位须有相应的学历、专业技术职务及能力要求。高等学校出版社的业务人员一般应具有本科或相当于本科以上学历的文化水平。专业人员按照规定经过专门培训后，持证上岗。

〔**第四届全国优秀教育音像制品奖评奖**〕　新闻出版总署与教育部于2002年共同举办了第四届

"全国优秀教育音像制品奖"评奖活动。参加本届评奖活动的音像出版单位 88 家，参评音像制品 330 种。经过评奖委员会认真、严格的评审，共评出获奖音像制品 165 种，其中一等奖 13 种，二等奖 44 种，三等奖 102 种，优秀选题奖 6 种。评审结果分别在《中国新闻出版报》和《中国教育报》上进行了公示，为社会提供为期一个月的异议期。异议期内，没有任何单位和个人对评审结果提出异议，评审结果由新闻出版总署和教育部进行了核准。

第四届"全国优秀教育音像制品奖"评奖活动，是教育音像出版界为贯彻"三个代表"的重要思想，坚持先进文化的前进方向而努力工作、提高教育音像出版事业整体水平的一次大检阅。教育部将优秀教育音像制品的评选活动作为促进教育事业发展，促进音像市场繁荣的一个重要举措，作为推进先进文化传播的一个重要手段，作为一种对音像出版单位和全体人员的激励机制。评奖工作受到社会各方面的关注和支持。通过评优工作，评出了方向，使出版单位的工作定位在满足社会需求和教育、教学需求，开发更多更好的社会效益与经济效益结合的制品目标上；也评出了干劲，出版单位和工作人员认真找出差距、开拓思路、改进工作，更努力地为教育音像事业作出贡献；还评出了经验，大家共同总结，并推广、实践优秀制品创作与出版的经验和规律，提高音像出版工作的水平。

撰稿　魏小波

审稿　徐维凡

教学仪器研究

〔**教学仪器标准化**〕　2002 年全国教学仪器标准化技术委员会工作会议于 12 月 2 日～5 日在北京召开，会议审定了《教学仪器设备产品一般质量要求》、《教学仪器设备产品检验规则》两项行业标准和《2003 年教学仪器设备标准制、修订项目》。会议认为：要加快基础性标准的建设，定标的注意力应更多地转向符合新课程教育理念，有助于培养学生创新精神、实践能力和科学态度的教学仪器上，努力将教学仪器标准化工作做大做强，推动高水平、高质量基础教育的发展。

根据国家标准化管理委员会《关于整顿全国专业标准化技术委员会的通知》要求，全国教学仪器标准化技术委员会秘书处对标委会委员和 6 个分委会委员进行了重新登记，已作为第二批经整顿确认的标委会向全国公告。

〔**教学仪器产品质量检测**〕　2002 年，教育部颁布了《视频展示台》教育行业标准。不断扩大检测能力，及时规范教学仪器产品市场，教学仪器研究所检测中心按照新颁布的国家标准《检测和校准实验室能力的通用要求》的精神，重新编制了质量手册和相关的程序文件，建立了新的质量体系，新取得了"视频展示台"等 19 个教学仪器产品的检测资格，顺利通过了国家级计量认证复评审。

〔**与联合国儿童基金会合作项目**〕　为执行中国政府与联合国儿童基金会 2001～2005 年周期基础教育合作方案，教学仪器研究所举办了三期自制教具和教具应用培训班，为西部贫困地区教学点配备了教具包，配合新课程标准的实施开展了自制教具、促进教学方法改革的实验项目。

〔**教学仪器研究**〕　由教学仪器研究所等单位共同完成的"初中物理实验总体研究"、"高中物理实验总体研究"两项课题通过了专家鉴定。该两项课题分别对初中、高中物理实验进行了个体和总体的系统研究。研究采用了实证性研究方法，坚持理论联系实际的研究方向，在教育思想上强调实验在实现课程目标的“过程与方法”、“情感态度价值观”方面的教育功能；在研究内容上不局限于已有的实验，创设了不少新的实验，包括学生小实验和利用计算机进行实时测量和数据处理的实验。

教学仪器研究所和上海荟能实业有限公司联合研制的学生“英语掌上电脑”通过专家成果鉴定。该产品在教学内容设计上遵循英语课程标准的要求，涵盖了国内现行的主要中学英语教材的基本内容。其技术特点是集语音压缩/还原技术、触摸屏技术、内置 PDA 技术、大容量存储技术于一身。产品功能多样，具有可视复读机、电子辞典的功能，可从听、说、看、记、查、练、测多方面辅助学生学习英语，具有较高的实用价值。教学仪器研究所研制的《多功能幼儿操作学习板》获得实用新型专利。

〔举办 21 世纪教学仪器设备发展论坛〕 2002 年 11 月 30 日，由教育部教学仪器研究所和中国教育学会教学仪器设备专业委员会联合主办的“21 世纪教学仪器设备发展论坛”在北京举行。教育部有关领导出席会议并讲话，部分省市的有关同志 100 余人参加了论坛。课程改革、信息技术和教学仪器研究方面的专家、学者在会上就新课程的教育理念、现代教育技术和教学仪器研发等内容作了演讲，论坛围绕着教学仪器研究开发和装备工作在新课程、新技术背景下面临的新形势、新任务展开讨论。论坛的举办对推动教仪行业主动参与和支持教育教学改革起了积极作用。

撰稿　顾　敏

审稿　冯振家

教育科研、学术活动

中央教育科学研究所

〔**全国教育科学“十五”规划首批课题评审会**〕 全国教育科学“十五”规划首批课题评审会于2002年1月28日～2月3日在北京召开。会议的主要任务是评审、确立全国教育科学“十五”规划首批课题。评审会开幕式由全国教育科学规划领导小组副组长郝克明主持。教育部副部长、全国教育科学规划领导小组副组长王湛，全国教育科学规划领导小组原副组长王明达，全国哲学社会科学规划办主任董京泉等出席开幕式并讲话。

王湛在讲话中总结了教育科学“九五”规划的成绩和经验。指出“九五”期间是我国教育科学空前活跃和加快发展的五年：关系教育改革发展的重大问题研究取得了显著进展；教育基础理论研究有了新的拓展与深化；应用研究水平提高，成效显著。坚持正确的指导思想和科研方向，坚持解放思想、实事求是的思想路线和理论联系实际的原则，加强领导、强化管理，是教育科学“九五”规划的重要经验。王湛在讲话中着重就教育科学“十五”规划指导思想和重要任务作了说明。他说，“十五”期间我国教育科学将面临新的机遇和挑战。教育事业面临的社会环境将发生全面而深刻的变化，教育的地位、作用和形态将具有更加丰富开放的时代内涵，这为我国教育科学研究提出了新的要求、新的课题，同时也为教育科学发展提供了巨大的推动力。“十五”期间要高举邓小平理论旗帜，以“三个代表”重要思想为指导，以我国教育改革、发展和现代化建设的重大理论问题和现实问题为主攻方向，积极探索有中国特色社会主义教育的发展规律，进一步认清形势，统一思想，振奋精神，坚定信心，抓住机遇，扎实工作，推动理论创新，努力开创教育科学研究的新局面，为教育改革和发展作出更大贡献。他还就如何贯彻课题评审规则，确保立项课题质量提出了明确要求。

全国教育科学规划领导小组办公室主任阎立钦向与会者通报了首批课题申报情况。“十五”规划要点和课题指南发布后，规划办共收到各类课题申请4 400余项。阎立钦还就评审工作的有关问题作了具体说明，要求评审中必须强化质量意识、精品意识；要坚持科学态度，客观、公正、严格地评审每一项课题，宁缺勿滥；要树立全局观念，根据各学科组的特点，妥善处理好应用研究和基础研究关系，高校和地方承担的比例关系，个人、单位或团体利益与教育科学规划整体的关系，以及适当向西部倾斜、向中青年倾斜等问题；要发扬学术民主，防止学术垄断。

全国教育科学规划13个学科评审组共160位专家，经过活页初评、小组综合评审和学科组集体评审最后投票表决三个阶段，确定了各组推荐的课题。经全国教育科学规划领导小组审定，最终确定了全国教育科学“十五”规划首批（2001年）重点课题。包括：国家重点课题37项、国家一般课题82项、国家青年基金课题9项、教育部重点课题294项、教育部青年专项课题43项，以及自筹经费的国家一般课题15项、国家青年基金课题5项、教育部重点课题362项、教育部青年专项课题43项。另外还评出了部委系统重点课题21项。

教育部部长、全国教育科学规划领导小组组长陈至立出席闭幕式并发表讲话。陈至立在讲话中指出，加快教育科学事业发展步伐，教育科研工作者首先必须坚持以马克思主义为指导，认真实践“三个代表”的重要思想，必须充分认识新形势下发展教育事业的重要性和紧迫性，必须以江泽民同志历次有关教育的讲话为指导，努力做好各项工作。她强调：教育科学研究要为促进教育的改革和健康发展作出贡献。要实现全国教育事业“十五”计划的目标，教育科研工作必须先行。教育科研工作必须为教育改革提供强有力的理论支持。教育科研工作者要进一步树立为教育重大决策服务的意识，研究教育发展中出现的一些热点、难点问题，对一些教育问题作长远的、全局性的和深层次的科学研究，提出新思路、新办法，为教育决策当好参谋。教育科研要为指导教育实践服务。“十五”期间，有许多重大课题要解决，如在基本实现“两基”以后，如何巩固和扩大“两基”的成果，如何在基本实现“两基”的基础上扩大高中阶段教育和高等教育规模；中国教育如何适应世界教育发展的潮流，构建终身教育体系，建立学习化社会；中国教育如何应对WTO；再如中国独生子女教育问题等，都需要教育科研工作者做深入细致的研究。教育科研还要为树立正确的教育观和人才观，为教育观念的更新作出更大的贡献。她指出：教育科研工作必须解放思想，大胆创新，开创我国教育科学研究事业的新局面。应该把理论创新、实践创新、体制创新、人才创新作为教育科研事业加快发展的重要措施；要鼓励人才冒尖和学术争鸣，繁荣教育科研事业；要深化改革，努力提高教育科研的水平和效率。

撰稿　吴　键
审稿　朱小蔓

〔第二届全国教育科学研究所（院）长工作联席会议〕　第二届全国教育科学研究所（院）长工作联席会议暨教育科学“十五”规划国家重点课题“基础教育新三片发展水平研究”项目开题会于2002年10月23日～26日在天津召开，会议由中央教育科学研究所主办，天津市教育科学研究院承办。会议的主题是，深入学习和认真贯彻江泽民同志关于繁荣哲学社会科学讲话精神与教育创新思想，抓住历史机遇，推动教育科研更好地为教育创新服务。教育部副部长王湛出席会议并讲话，他指出，随着科教兴国战略的实施和教育在经济社会发展中地位的提高，教育科研作为哲学社会科学的重要组成部分，愈益显示出其不可替代的重要作用。社会主义市场经济下的教育发展，没有现成的经验可循，只有在实践探索的基础上解放思想、大胆创新，才有可能把握教育改革和发展的规律。教育科研要对丰富的教育实践进行理论概括，要把深入研究教育发展的重大现实问题作为主攻方向，在教育改革和发展的实践中获取发展的源泉和动力。在谈到教育科研院所当前的工作和任务时，他强调，教育科研院所之间要加强合作，资源共享，重大课题要联合攻关，中央教育科学研究所要在这方面负起牵头的责任，发挥协调和组织作用，要抓住机遇，力争在教育发展的全局性、战略性和前瞻性问题上有大的理论突破，对教育改革、发展和创新作出更大的贡献。

中央教育科学研究所所长朱小蔓作了专题报告。她结合中央教育科学研究所的改革，提出教育科研院所一定要宏观定位明确，突出整体形象，增强自身实力，发挥优势和特色，加强思想建设和文化建设，制订学术建设和人才培养规划以及教育科研产业和服务业发展的规划，促进人才、成果和产品开发。在谈到教育科研队伍体制时，她认为各类教育科研机构的职能和工作有所侧重，地方教育科研院所大有用武之地，在形成教育思想、教育政策等方面的作用不可替代。

天津市教育科学研究院、华东师大教育科学研究院、吉林省教育科学研究院、湖南省教育科学研究院、浙江省教育科学研究院的负责人，作了大会发言。与会代表围绕抓历史机遇，改善宏观发展环境，增强自身实力等问题进行了讨论，交流了教育科研工作的经验，提出了改进教育科研工作的建议和意见。

〔“基础教育新三片发展水平研究”项目开题〕　在举办第二届全国教育科学研究所（院）长工作联席会议期间，同时举行了受教育部领导委托、中央教育科学研究所牵头、联系全国教育科研力量共同攻关的全国教育科学“十五”规划国家重点课题“基础教育新三片发展水平研究”项目开题会。中央教育科学研究所所长朱小蔓作了开题报告。她指出，我国的基本国情是经济落后、人口众多、区域发展不平衡，因此确定教育发展目标必须从各地区实际出发，因地制宜、分区规划、分类指导、分步实施。这个指导思想始终贯穿在普及九年义务教育和扫除青壮年文盲的工作进程中，它既是实现“两基”目标的重要经验，也是今后基础教育工作的指导思想。

此项课题的工作重点是：通过研究，一方面需要调整原有的“两基”验收标准，充实新的内容，指导15%左右未普及九年义务教育的贫困人口地区打好“普及义务教育攻坚战”；另一方面需要研究制订50%左右的农村人口地区，在原有的基础上巩固提高九年义务教育的督导指标体系。同时，需要加强对在35%左右的城市人口地区高水平、高质量普及九年义务教育指标体系的研究，特别是加强对当前世界中等发达国家和发达国家基础教育发展水平的研究。这些研究，对于落实《国务院关于基础教育改革与发展的决定》，实施教育事业发展第十个五年计划，实现“积极进取，实事求是，分类指导，分区规划，分步实施”的工作方针，促进国家和地方教育决策的科学化，推动不同地区基础教育现代化具有重要意义。与会代表对课题的研究方案进行了充分的讨论，认为本课题的合作形式本身体现出教育科研体制及其方式的创新，搭建了全国教育科研力量合作的平台，既是一项为教育决策服务的重要任务，也是一项难得的科研训练，表示要结合当地实际，组织力量完成任务。

撰稿　魏向赤
审稿　田慧生

〔义务教育监测项目启动〕　义务教育监测项目是教育部督导办委托中央教育科学研究所负责在全国范围内对义务教育实施状况进行监测的一项重大任务。监测工作于2002年3月开始进行前期准备，2002年12月正式启动。其目的是：通过建立监测系统，及时、动态、真实地反映和了解不同地区义务教育实施情况，为领导科学决策提供依据，督促地方各级政府在“十五”期间继续将普及九年义务教育作为教育工作的“重中之重”，推动占全国人口15%左右、未实现“两基”的贫困地区打好“两基”攻坚战，占全国人口50%左右、已实现“两基”的农村地区抓好“两基”巩固提高工作，占全国人口35%左右的大中城市和经济发达地区高水平、高质量普及九年义务教育。“十五”期间监测的重点内容是：（1）依据义务教育法律、法规和方针、政策的规定，反映不同地区义务教育实施水平的基本情况。包括义务教育普及程度、师资水平、教育经费、办学条件、教育质量等。（2）根据不同地区义务教育的特点，选择有针对性的问题进行监测。如：“以县为主”管理体制落实情况；初中学生辍学情况；教师工资发放情况；中小学危房改造情况等。（3）根据不同时期义务教育反映出的重点、难点问题进行跟踪性监测。如：流动人口子女入学问题；学校公用经费运转问题；实行“一费制”中存在的问题；教育均衡发展问题等。监测范围：按照义务教育以县为主的管理体制，监测系统以县（市、区）为基本监测单位，首批确定在全国建立60个义务教育监测项目县（市、区）。其中占全国人口15%左右、未实现“两基”的贫困地区分配15个县，占全国人口50%左右、已实现“两基”的农村地区分配35个县，占全国人口35%左右大中城市和经济较发达地区分配10个县。第一次监测以2003年3月10日为时点在60个项目县全面展开。

撰稿　刘　芳
审稿　田慧生

国家教育发展研究中心

〔**可持续发展问题世界首脑会议**〕 2002年8月26日～9月4日，在南非约翰内斯堡召开了“可持续发展问题世界首脑会议”。会议分为三个阶段，第一阶段为非正式磋商阶段（8月24日～25日），第二阶段为部长级会议阶段（8月26日～9月1日）；第三阶段为首脑会议阶段（9月2日～4日）。参与会议的国家约160多个，104个国家的领导人出席了第三阶段的会议。9月4日，会议通过了《约堡宣言》和《可持续发展问题世界首脑会议实施计划》。《实施计划》被认为是关系到全球未来10到20年环境与发展进程走向的蓝图。计划本身虽不具法律约束力，但其正式文本有政治甚至道义上的约束力，将对未来环境与发展产生重大影响。因此各国对《实施计划》的谈判极为重视。

在会议第二阶段，就过去磋商中重点分歧问题继续进行“维也纳进程（Vienna Process）”的磋商。所谓“维也纳进程”系维也纳历史上的一种会议形式，为联合国借用，即磋商中只由各利益集团主席国代表本集团发言。77国集团和中国作为磋商一方（称为77＋中国），代表134个发展中国家利益，其他谈判方有欧盟，瑞士、挪威等非欧盟发达国家，伞型集团（JUSCANZ，主要为美国、日本、加拿大、澳大利亚、新西兰）。

《实施计划》共分10章153条。谈判主要集中于以下问题：(1) 里约原则。该问题的核心是如何在《实施计划》中对“共同但有区别的责任”原则和预防原则进行表述。该原则意味着发达国家在可持续发展的资金筹措等方面，应比不发达国家承担更多义务。发展中国家认为此原则不可动摇，而发达国家则强调该原则需有限定的范围。对预防性原则的表述，该原则认为，即使在没有充分证据的情况下，也应优先考虑环保。它存在一种可能的后果，即一国可以以预防环境破坏和人身健康为借口，在不具备充分的科学依据和风险评估的情况下，单方面地采取行动，因此也就具有贸易关税方面的效用。以欧盟为首的发达国家极力推动此原则，而发展中国家则认为该原则的扩大会为发达国家提供贸易保护的借口，提高他们利用环境问题干涉它国的随意性。(2) 有时限的目标问题。对全球可持续发展，过去文件提出的只是一系列相对模糊的目标。本次大会经过艰苦的谈判，在《实施计划》中提出了诸多明确目标，并设立了相应的时间表。其中包括：到2020年最大限度地减少有毒化学物质的危害；到2015年将全球绝大多数受损害渔业资源恢复到可持续利用的最高水平；在2015年前，将无法得到足够卫生设施的人口降低一半以及到2005年开始实施下一代人资源保护战略等。(3) 执行手段。大会通过的《实施计划》，将根除贫困视为当前全球面临的最大挑战，并同意设立消除贫困的自愿性“团结基金”。文件同时承认发展中国家在全球化进程中面临着特殊困难，敦促发达国家作出具体努力，将提供给发展中国家的官方资助额提高到占其国内生产总值的0.7％。(4) 全球化问题。欧盟提出要加入人权、劳工标准等社会内容，遭到77国＋中国的坚决反对。最后，《实施计划》以“在一个全球化的世界中实现可持续发展”，妥协性地概括了双方的观点。(5) “良政”问题。以美国为首的发达国家极力推动所谓“良政”，并把人权、民主、选举、公民参与政府管理、司法与消除腐败等都作为“良政”的内容，提出发展中国家要以此为基础，创造良好的投资环境，以吸引外资和国际援助。77国＋中国则强调国际层面的“良政”，并特别指出技术、资金和能力建设的加强是“良政”的重要因素。最后，《实施计划》对“良政”条款的表述为“良政是可持续发展必不可少的。健全的经济政策、符合人们需要的牢固的民主体制和更完善的基础结构是可持续的经济成长、消灭贫穷、创造就业机会的基础。自由、和平与安全、内部安定、尊重人权、包括发展的权利和法制、两性平等、面向市场的政治、和对正义而民主的社会的全面承诺也是必不可少的，是相互加强的。”

本次高峰会议在磋商中，对教育问题，是矛盾和争执最少的领域。各方普遍认识到教育对促进可持续发展的基础性作用，必须动员各级金融机构加强对教育的资助。《实施计划》有关教育条款的内容，大约包括以下几点：(1) 强调教育对可持续发展的重要性。教育是发展科学技术的必然先决条件，要把可持续发展纳入各级教育系统，运用教育推动可持续发展。(2) 重申《达喀尔全民教育论坛》目标，确保至迟在 2015 年，使世界各国的儿童，不论男女，都能完成全部初等教育。为此要加强扶贫，加强扫盲和弱势群体的教育，消灭性别歧视。(3) 向发展中国家和经济转型国家的高等教育机构和研究、发展项目提供援助，减少这些国家大学的财政困难，加强发展中国家和经济转型国家的知识能力。(4) 重视在学校推广信息和通讯技术。确保农村和城市社区都能获取信息和通讯技术。教育和信息的传播有着强有力的联系，许多机构缺乏处理信息和处理问题的能力，因此对教学人员要加强学习与培训。(5) 促进发展中国家的学生、研究人员和工程人员在发达国家的大学和科研机构的学习与交流。(6) 强调终生学习的重要性，强调向全体社区成员提供广泛的正规和非正规的成人教育机会。(7) 联合国组织计划发起一个可持续发展十年教育的运动，从 2005 年开始，推进环境教育和基础科学的研究。(8) 在受艾滋病毒和艾滋病严重困扰的国家，解决该流行病对教育体制的影响。

从上述看来，有两点特别值得关注：

第一，发展中国家面临的首要任务仍是实施全民教育。1990 年 3 月，由联合国教科文组织、儿童基金会、开发计划署和世界银行联合发起和赞助召开的“世界全民教育大会”讨论通过的《世界全民教育宣言》提出了 2000 年前要实现的 6 项中期目标，包括：扩大幼儿的看护和发展活动，尤其针对贫困儿童、处境不利儿童和残疾儿童的看护发展活动；到 2000 年普及并完成初等教育；提高学习成绩；降低成人文盲率；加强新闻宣传等。该《宣言》确认的最终目标是“要满足全体儿童、青年和成人的基本学习需要”。《宣言》要求各国政府把开展全民教育作为国家一级的优先行动。世界全民教育大会后，各国政府先后召开国家级的大会，庄严宣布实施全民教育的政治承诺以及通过立法和各种政策来推进全民教育的实施。2000 年 4 月，由联合国教科文组织、儿童基金会、开发计划署和世界银行在塞内加尔首都达喀尔联合主办世界全民教育论坛。达喀尔会议通过了新的《全民教育行动纲领》。该《纲领》提出的具体目标是：全面提高和改善幼儿教育；确保在 2015 年以前使所有儿童特别是女童都能完成高质量的初等教育；促进成人扫盲教育，到 2015 年使文盲人数减少 50%；在 2005 年以前消除小学和中学的性别差异问题；全面提高基础教育和成人教育水平。然而，10 年历程步履艰辛，目标一再修订，说明全民教育目标的实现绝非一蹴而就之事。原因涉及到政治、经济、文化传统乃至宗教信仰等多方面的因素，但贫穷和呈几何级数增长的众多人口是阻碍、延缓中期目标和最终目标实现的最基本的因素。此次约堡会议反复重申了达喀尔会议的目标，但人们对该目标能否如期实现仍心怀疑虑。

第二，对发展中国家的教育援助由以资助全民教育为主转向资助全民教育和高等教育并重。世界全民教育大会后，世界银行和联合国儿童基金会、开发计划署、教科文组织等国际机构提供的教育援助主要用于资助发展中国家实施全民教育。90 年代末期，随着知识经济和信息技术革命的迅速崛起，南北之间的鸿沟进一步扩大。国际组织通过调查认为，发展中国家高等教育面临的主要障碍是：(1) 缺乏远见；(2) 缺乏政治和财政的支持；(3) 起点薄弱；(4) 在全球化竞争中处于不利地位。呼吁发展中国家应把扩大高等教育的数量和改进质量作为一项紧迫行动，放在优先发展的位置。本次大会通过的《实施计划》突出强调了发展中国家和经济转型国家发展高等教育的重要性，呼吁要“考虑各种办法，免除世界各地许多高等学府，尤其是发展中国家和转型期国家大学经常面临的严重财务困难”，在对发展中国家的教育援助上开始向资助全民教育和高等教育并重的方向转变。

约堡会议闭幕后，国际间对其成果评价不一。人们广泛认为，现在最重要的是行动，切实执行《实施计划》订出的目标，使下一个十年中全球环境与发展状况能真正有实质性的改善。

撰稿　周满生

高等学校社会科学发展研究中心

〔**教育部邓小平理论研究中心工作**〕　2002年，教育部邓小平理论研究中心（以下简称“理论中心”）开展的主要工作有：

深入学习、宣传“七一”讲话和“三个代表”重要思想。6月上旬，理论中心与西南师范大学、中共四川省广安市委联合召开了高校第四次邓小平教育理论研讨会。会议以“人的全面发展与全面推进素质教育”为主题，将学习、研究邓小平教育理论与学习、研究江泽民同志2001年“七一”讲话紧密结合，将理论研究同教育改革和发展的实践紧密结合，展开了比较深入的讨论。会前在高校组织了论文征集和评审，来自19个省（自治区、直辖市）的20余所高校的50多位代表与会。会议论文集《人的全面发展和全面推进素质教育》已由西南师范大学出版社于2002年9月出版。

2002年组织撰写了6篇由“理论中心”署名的文章在中央主要报刊上发表：《深入探索三大规律的光辉文献——纪念邓小平“南方谈话”十周年》（《经济日报》2月19日）、《深化认识劳动价值理论的几个问题》（《经济日报》5月13日）、《发展和繁荣哲学社会科学》（《人民日报》5月28日）、《革命气节：共产党人的伟大道德旗帜》（《求是》第13期）、《〈一脉相承〉的科学体系》（《人民日报》7月23日）、《打造中华民族复兴的飞轮——学习〈江泽民论有中国特色社会主义（专题摘编）〉》（《求是》20期）。

深入学习、宣传江泽民同志5月31日在中央党校的讲话。6月上旬“理论中心”邀请部分高校学者和党政干部举行了学习“5·31”讲话座谈会；参与筹备了由教育部于7月1日召开的教育界学习贯彻江泽民同志“5·31”重要讲话座谈会。组织撰写了三篇由“理论中心”署名的文章《关键在坚持与时俱进》、《核心在保持党的先进性》和《本质在坚持执政为民》在《高校理论战线》2002年第七、八、九期连续发表。

深入学习、宣传十六大精神。与中国教育电视台合作，邀请高校22位专家制作了11集“十六大精神系列访谈”电视节目，每集30分钟，共330分钟，11月9日起在中国教育电视台晚间黄金时段播出。节目及时、系统、宣传了十六大精神，播出后反应良好。与教育部社政司共同承办了教育部于11月27日召开的高校哲学社会科学工作者学习党的十六大精神座谈会。与东北师范大学联合，于12月中旬在长春召开了深入学习贯彻十六大精神研讨会，邀请13所高校的30余位专家学者围绕“三个代表”重要思想的科学内涵和历史地位，全面建设小康社会的目标，经济、政治和文化建设，党的性质和党的建设等问题开展了比较深入的讨论。

〔**哲学社会科学各学科学术研究活动**〕　开展哲学社会科学各学科的多项课题研究，并结合课题研究工作跟踪学术理论动态，编报系列简报，供部领导和中央有关部门决策参考。

党的领导与民主监督研究。2000年度国家社科基金项目“党的领导与民主监督”课题的研究工作继续深入。2002年1月8日、1月22日，课题组两次召开理论研讨会，就党建理论中的民主问题进行了讨论，于6月15日、6月19日两次召开工作会议，讨论研究成果专著的章节、体例和具体分工。

苏联演变进程中的意识形态研究和国外社会主义跟踪研究。国家社科基金项目“苏联演变进程中的意识形态研究”于5月10日召开了工作会议，讨论研究成果的出版和修改事宜。5月22日，召开课题工作会议确定完成专著的时间表。10月9日，召开审稿会再次提出修改意见。国家社科基金项目“国外社会主义跟踪研究”课题组于2002年4月5日、5月28～29日两次召开研讨会，讨论了普京时期的俄罗斯及中俄关系走向问题。

学校艺术教育研究。全国教育科学“十五”规划项目“民族文化传承与学校艺术教育研究”正式开题，研究工作已分为十几个子课题逐步展开。全国教育科学“十五”规划项目“信息科学技术在学校艺术教育中的应用”设立了子课题并开展研究工作，艺术教育数据库和“美育研究室”网站进一步完善。已经完成的教育科学“九五”课题“学校艺术教育实践研究”的成果已有两部专著出版，其中一本获北京市社科优秀成果奖。

西方经济学与理论经济学研究。西方经济学与理论经济学课题组围绕深化对劳动和劳动价值论的认识、“三农”（农业、农村、农民）问题、关心弱势群体问题、新自由主义与拉美经济、全球化与反全球化运动等问题召开了多次研讨会。部分报刊发表了一些研究成果。继2001年10月由经济科学出版社出版《深化对劳动和劳动价值理论的认识》一书后，汇集课题组对劳动价值论研究成果的第二本书《深化认识劳动价值论过程中的一些问题》于2002年9月由经济科学出版社出版。

法学研究。1月25日，“法学研究”课题组召开“宪法修改问题”研讨会，讨论了如何维护宪法的权威性问题。3月26日，社科中心设立了“有中国特色社会主义法律的理论与实践问题研究”课题组，围绕落实依法治国基本方略问题展开了初步的研究工作。

社科中心与中国史学会、北京市历史学会联合，于4月18日召开了有历史学、哲学、经济学、法学、科学社会主义等多学科专家学者参加的“唯物史观与社会科学研究”研讨会，围绕唯物史观的坚持与发展，坚持以唯物史观为指导繁荣哲学社会科学等问题展开深入研讨。会后在《高校理论战线》杂志发表了会议综述及一批论文。这次研讨会在学术界产生了较大影响。

针对近年来引起学界关注的学风和学术道德问题，社科中心于3月21日召开“加强学风和学术道德建设”研讨会，邀请高校专家学者结合贯彻教育部于2月印发的《关于加强学术道德建设的若干意见》，围绕学风不正和学术道德失范的主要表现、实质、产生原因及对策等问题展开了研讨。会后，在《高校理论战线》发表了部分论文。

撰稿　王炳权

审稿　田心铭

中国教育学会

〔**概述**〕　党的十六大召开后，学会及其分支机构和省市学会立即组织学习十六大报告、党章等重要文献。大家一致认为，十六大是我们党在中国进入全面建设小康社会、加快推进社会主义现代化建设的新的历史时期召开的一次具有里程碑意义的大会，一定要认真学习、领会、贯彻十六大精神，努力完成党中央对教育工作提出的新任务，为实现中国社会发展的第三个战略目标和中华民族的伟大复兴作出贡献。11月28日，重庆市教育学会同重庆市教科院联合召开了“学习贯彻十六大精神，深化教育改革”座谈会，邀请有关教育部门负责同志联系实际，畅谈了学习十六大，坚持“三个代表”

的重要思想，全面建设小康社会，与时俱进，教育创新的深刻体会。该会会刊第 4 期开辟了“学习贯彻十六大精神”专栏，首期发表文章 14 篇。武汉市教育学会召开座谈会学习讨论十六大精神，提出要学以致用，发扬理论联系实际的学风，探讨推动教育改革发展，开创学会工作新局面的新思路、新举措。

2002 年 9 月 8 日，江泽民同志在北京师范大学建校 100 周年庆祝大会上作了重要讲话后，中国教育学会召开座谈会进行学习。大家认为，江总书记提出教育创新，是立足于当今时代特点，为实现中华民族伟大复兴和中国教育事业的历史任务的要求，将教育创新摆在与理论创新、制度创新、科技创新同等的位置，揭示了教育创新具有全局性、战略性的重大和深远意义。大家认为，江总书记关于教育创新的重要思想，内涵十分丰富，应当结合当前教育改革发展的实际，进一步学习、研究，并在教育改革与发展中贯彻落实。

〔**开展基础教育理论与实践问题研究**〕 中国教育学会于 5 月与教育部基础教育司、师范教育司联合以“促进基础教育均衡发展”为主题举办了第三届基础教育论坛。教育部副部长王湛在题为《深入贯彻〈国务院关于基础教育改革与发展的决定〉，努力促进基础教育均衡发展》的主题报告中强调指出：促进基础教育均衡发展，要强化政府的责任；要坚持在积极发展中促进和实现均衡发展；均衡发展应该是区域基础教育发展的重点；促进基础教育均衡发展，是我们应当长期坚持的重要原则。中国教育学会常务副会长谈松华从理论层面讲了基础教育均衡发展问题。

召开中国教育学会第 15 次全国学术研讨会。与会代表从理论与实践、政策指导和实施、教师教育改革的热点与难点等角度共同探讨了教师专业化建设的有关问题。研讨会形成如下共识：一是进一步强调和确立教学工作的专业地位；二是建立与专业性相适应的衡量标准；三是科学的构建教师教育课程体系；四是建立和不断完善保障机制和制度。对创建有中国特色的教师教育体系问题提出建议：(1) 加强对教师专业化人才培养特性的认识。(2) 要将教师教育的培养与培训重心放在对优质教育资源的开发上，本校培训应逐步成为教师在职培训的重要途径。(3) 将各级各类学校的教师和各行各业的教育培训者纳入师资范畴和教师专业化建设的目标体系。

此外，中国教育学会还与有关单位联合举办了一系列研讨活动：4 月，举办了“世纪基础教育——信息技术论坛”；7 月，举办“全国中小学校长论坛”、“中小学影视教育国际研讨会”；8 月，举办“深化农村教育改革现场研讨会”；9 月，举办“校园文学研讨会”；12 月，举办“第五届两岸家庭教育学术研讨会”。这些研究活动的开展，对基础教育的相关领域、相关问题进行了研究。

〔**“十五”立项课题管理工作**〕 中国教育学会在“十五”期间，立项课题 207 项，其中重点课题 52 项。为保证课题研究的顺利开展，制定了《中国教育学会“十五”规划课题管理办法》。2002 年此项工作的重点：一是落实课题组的人员和经费，制定课题研究方案，做好课题的开题工作；二是了解情况，推动课题的研究。到年底部分课题进展顺利：黑龙江省教育学会承担的《学校心理卫生与心理保健实验》，已发展了 150 所中、小学参加，总课题组已召开了两次工作会议，经过各实验学校实验、修订，《学校心理保健工作条例》作为阶段性成果，已在《中小学心理健康教育》杂志上发表。由比较教育分会承担的“全纳教育的国际比较研究”已进入第二阶段研究，10 篇系列论文已作为阶段研究成果发表在境内外的期刊或报纸上。大连市教育学会承担的“发展性教师评价研究”已取得三项阶段性成果：调查报告《中小学教师自我发展需求现状、问题与对策》已正式发表，《教师评价体系及操作方法》已初步完成，《评价操作模式》也已初具雏形。由青岛市教育学会承担的课题“家庭生活方式与家庭教育对策的研究”，已有 60 多所学校参加，并提交了子课题方案，在经过 1 400 多份问卷调查后，形成了调查报告呈送市政府。由北京市教育学会承担的“学生学习方式的合理建构与教师指导策略研究”课题组，在课题启动后，举办 3 次专题研讨会，并开展了理论方面的研究和调查。广东省教育学会哲学专业委员会承担的“中小学素质教育操作策略研究”、黑龙江教育学会承担的“推广绿色证书教育，促进地区经济发展研究”，小学德育专业委员会承担的“小学德育课程教学实效性研究”等，也已取得了不同程度的阶段性研究成果。

〔**教改实验区工作**〕 2002年，中国教育学会在全国共有教改实验区16个，实验工作大部分都已启动。上海市徐汇教改实验区实验目标是创建区域性基础教育新体系，一年来，《创建区域性现代化基础教育新体系的教改行动方案》已完成，同时形成15个二级项目的教改行动方案，并且架构起全区教改实验组织体系，80％的中、小学、幼儿园参加了该项教改行动，承担了项目。山东省寿光市教改实验区一年来在“建立以县为主的农村义务教育管理体制”、“深化基础教育均衡发展”、“以信息化带动现代化”、“优化教师资源配置”等方面都有了进步。长沙市开福区教改实验区以教育科研为龙头，以国家基础教育课程改革为突破口，推动素质教育整体水平的全面提升。实验取得了初步成果：教育观念正在发生深刻的变化；“民主参与、科学决策”的新的教育管理机制开始形成；实验教师的改革热情高涨；新课程教学生动活泼、丰富多彩；实验年级学生发展呈现出良好的势头；参与、支持课程改革的社会氛围开始形成；涌现了一批新课程实施的骨干教师和研究型教改工作者。武汉市江岸教改实验区连续办了两期教改理论骨干培训班，为深入扎实做好实验区工作打下人才基础。重庆市渝北区、烟台市、青岛市市南区、长春市宽城区、江阴市、深圳市南山区等实验单位都从本地实际出发，不断推进实验工作。

〔**开展教育科研、学术交流、科普活动**〕 2002年，中国教育学会及其各分支机构和省市学会开展了多种学术活动，综合起来有如下特点：(1) 主题鲜明。大连市教育学会紧紧围绕课程改革安排全年的科研任务；化学教学专业委员会召开研究性学习研讨会；生物学教学专业委员会召开了以“中学生物教育中的探索性学习”为主题的年会；教育实验专业委员会召开“中小学信息化建设研讨会”，围绕资源库与素材库建设、教育信息化标准、信息技术与课程整合等问题展开研讨；中学数学教学专业委员会召开“教育技术与教学改革暨全国IT技术与中学数学教学改革研讨会”。(2) 内容广泛。辽宁省教育学会召开“振兴辽宁农村教育研讨会”，围绕“保学控辍”、“农村师资队伍建设”、“农科教统筹”、“三教结合”、“农村教育资源合理配置”等问题进行专题研讨；浙江省教育学会召开“浙江省基础教育均衡发展学术暨工作研讨会”和“新世纪德育实效性研讨会”；宁波市教育学会举办“新世纪师德建设论坛”征文活动，推动师德建设；宁夏教育学会举办“新世纪民族教育论坛”，围绕民族地区教育发展的内部动力和机制、民族教育可持续发展道路等问题进行研讨；广东省教育学会举办了“中小学校长办学思想研讨会”，围绕校长办学思想的确定与史实进行研讨；上海市教育学会与有关单位联合举办了上海教育论坛，各专业教育学分会举办了“教育学学科建设”、“强化学生自主学习，优化教学过程”、“物理教与学综合改革实验课题”、“工读教育改革与发展”、“儿童教育心理和非智力因素”、“自然学科如何实施学生自主学习”和“科学课教学与学生创新精神和实践能力的培养”、“中小学音乐教育发展与高师音乐教育教学改革”等研讨会；其他分支机构也通过不同形式开展了学术研讨活动。(3) 形式多样。各分会和省市学会开展的活动丰富多彩、灵活多样，创造了许多新形式。如：小学数学教学专业委员会为优化课堂教学，举办计划单列市及部分城市教师参加的教学观摩研讨会；小学语文教学专业委员会先后举办了小型作文教学研讨会、阅读教学研讨会和青年教师阅读教学观摩活动；外语教学专业委员会举办了小学英语教学观摩暨研讨会；校外教育专业委员会先后举办了现代教育管理、校外教育机构期刊编辑、少儿戏剧编导培训班；北京市教育学会举办了心理健康教育讲座；四川省教育学会举办了“课堂参与性教学现场展示会”；西藏教育学会举办了“科普一条街”活动；安徽省教育学会举办了“入世与教育”学术报告会；天津市教育学会举办了两期督学、校长高级研修班和天津市第二届青年教师学术论坛；山西省教育学会召开了学校管理与教学改革现场会和全省示范小学课堂教学展示会；江苏省教育学会举办了第四次名校长论坛和教师与基础教育研讨会；沈阳市教育学会多次邀请全国优秀教师和著名学者到沈阳讲学；长春市教育学会分别对本市承担的“十五”科研课题的负责人和科研骨干进行了培训；西安市教育学会举办了名校校长论坛等。为了展示和总结我国教育科研成果，中国教育学会自2002年开始编纂《中国教育科学》，已编写110万字。

〔**西部地区教育研究**〕 2002年，中国教育学会在开展活动中，有意识的向西部地区倾斜。中学语文教学专业委员会组织的“新世纪中学语文西部行”活动，在宁夏得到热烈反响。参加这次活动的湖北等地的特级、高级教师20多人，义务讲课20节，作学术报告13场，听课教师达2 000多人，盛况空前。化学教学专业委员会7月到新疆开展中学化学教学支援西部活动，他们组织了来自全国各地20几位优秀专家、教师分别在新疆伊宁市、库尔勒市举办了北疆、南疆两个讲习班，使众多边疆教师受益。上海市教育学会举办“全国劳动模范黄静华班主任工作研讨班”，主动邀请西部地区派教师参加，为西部地区教师义务讲学。

撰稿 李云虹
审稿 赵闾先

中国高等教育学会

〔**概述**〕 党的十六大召开后，中国高等教育学会把学习贯彻落实党的十六大精神，作为当前和今后一个时期的首要任务。学会及会员单位围绕深入学习贯彻党的十六大精神，推进教育创新，建立中国特色社会主义现代教育体系这一主题，举办了一系列理论研讨会、学术报告会、辅导讲座等学习宣传活动。12月5日～9日，中国高等教育学会在京召开了“学习贯彻党的十六大精神，加强和改进高校德育与思想政治工作”高级研讨班。研讨了如何适应新世纪对德育和思想政治工作的新要求，用马列主义、毛泽东思想、邓小平理论和“三个代表”重要思想教育青年学生，从学生的思想实际出发，不断探索德育工作新思路，增强德育工作实效性，大力推进“三个代表”重要思想“进课堂、进教材、进学生头脑”等现实问题，从理论与实践结合的层面，进行了研究与探讨。江苏省高等教育学会12月5日召开了十六大精神与江苏高等教育改革发展座谈会。与会代表围绕江苏高等教育13年来的历史、现状以及未来的发展前景，对高等教育如何总结过去，切实贯彻十六大精神，服务全面建设小康社会的奋斗目标进行了探讨，提出了意见和建议。

〔**组织高等教育学术研讨活动**〕 为树立教育新理念，推动教育创新，中国高等教育学会把“推进教育新理念——人文教育与科学教育的融合”作为2002年高等教育国际论坛的主题。5月15日～20日，与中国人民大学联合召开“人文教育中的科学精神与科学方法”高级研讨班，学习江泽民同志同中国人民大学师生代表座谈时的讲话，明确哲学社会科学在治党治国和建设中国特色社会主义事业中的重要作用，认清高等学校在促进中国哲学社会科学事业的发展繁荣中的历史责任，探讨人文教育与科学教育相结合的重要途径。通过研讨，代表们反映，为高校深化教学改革，全面推进素质教育，促进人文教育与科学教育的融合提供了良好的理论基础，具有启发性和实践指导意义。

5月26日～28日，与清华大学联合召开“促进人文教育与科学教育的融合”高级研讨会。诺贝尔奖获得者李政道先生给大会发来贺信，教育部副部长周济出席开幕式并讲话，国学大师季羡林先生亲自出席大会并讲话。出席会议的有来自100多所高校的150多位代表。中国工程院院士杨叔子、钱易、吴良镛、吴令德、顾秉林和著名学者张岂之、王义遒、张楚廷、曾繁仁、胡显章等40余人作了大会发言。

10月13日～16日，与陕西省教育厅联合举办“2002年高等教育国际论坛”。北京大学、清华大学、浙江大学、南开大学、天津大学、中国农业大学等100多所高校，以及美国、日本、德国、奥地利、比利时、俄罗斯、泰国、越南等国家和香港、台湾地区高校的200多位中外校长、学者，围绕“推进教育新理念——人文教育与科学教育的融合”这一主题，深入探讨分析了人文教育与科学教育的传统和时代特征；人文教育与科学教育融合的实现途径；并就如何推进人文教育与科学教育的融合，培养高素质创新人才等问题展开了广泛的交流。中国高等教育学会会长周远清、陕西省副省长陈宗兴等出席了开幕式。清华大学校长王大中、南开大学校长侯自新、天津大学校长单平、比利时安特卫普大学校长弗朗西斯凡·罗思、慕尼黑技术大学副校长罕内莫·凯德尔博士、台北科技大学校长张天津等26位代表作了大会发言。此次论坛对推进教育新理念，加强教育创新，探讨人才培养的新模式，起了积极的推动作用。

6月上旬，与辽宁省高教学会联合就“新形势下高校内部管理决策模式改革”举办专题研讨会。会议围绕高等学校在决策中要处理好的“政府与高等学校的关系”、“学校党委与行政的关系”、“行政权力与学术权力的关系”、“学校与院系的关系”等问题进行了研究与探讨。

6月24日～25日，与上海交通大学联合举办了“第二届中国农业发展战略研讨会”。会议的主题是中国农业在21世纪的发展与高等农业教育的改革与发展。研讨会从中国现代农业发展战略的高度，探讨了中国高等农业教育改革、发展的指导思想、学科建设、专业调整、人才培养模式和教学内容、课程体系改革等问题。

10月20日～22日，与三峡大学联合举办了“合并院校经验交流暨发展战略研讨会”，参加会议的有全国50余所合并院校的代表近百人。会议代表的经验总结和论文认为，合并院校的改革和发展是健康的，高校体制改革促进了高等教育的改革和发展。

12月上旬，与中国科学院研究生院、微软亚洲研究院联合举办“软件工程硕士教育质量保证与评估国际研讨会”。会议就“软件工程硕士的教学模式”、“软件工程硕士培养的中外合作方式”、“软件工程硕士教学评估与质量保障体系”等问题展开研讨。

高等教育学会各分会、专业委员会也召开了学术年会、研讨会80余次。高教管理专业委员会召开学术年会，深入研讨了“新世纪高等教育面临的问题和挑战”、“中国高等教育发展战略”、“党委领导下的校长负责制的理论与实践”等问题。高等教育学专业委员会抓住高等教育大众化进程中的热点问题，如质量问题、教育产业问题、民办高等教育等问题进行了研讨。高校保卫学专业委员会就高校的安全保卫问题召开专题研讨会。师资管理专业委员会围绕教师职务聘任制和教育职员聘任中的有关问题展开了研究。广东省高教学会召开了以“入世挑战：广东高教积极发展与质量保障”为主题的学术年会。对“广东高教迎接入世挑战的改革与对策”、“广东高教积极发展与质量保障”、“广东高教大众化过程中高职和民办高等教育的发展”等问题进行了专门的研讨。

〔**科研活动**〕 中国高等教育学会的“‘十五’高等教育科学研究课题”立项工作已于7月完成。在各学会、专业委员会报来的900余项申请立项的课题中，经学会有关学术委员会评审，共评出重点课题18项、一般课题87项、自筹经费课题580项。

在组织推动群众性高等教育科学研究活动的基础上，中国高等教育学会发挥人才荟萃、知识密集、覆盖面广、组织健全的特点，组织力量联合攻关。年初受教育部委托制定《高等学校综合水平评估方案》，6月已提交送审方案。

学会承担的“十五”全国教育科学重点课题《20世纪的中国高等教育》各卷的编撰工作进展顺

利，7个专题卷中，体制、德育卷已定稿送出版社；地方卷中，广东卷、辽宁卷已正式出版。

在2001年底成立全国高等教育科学研究机构协作组的基础上，2002年协作组活动有了新进展。5月23日～24日，协作组在湖北鄂州召开"全国高等教育学科硕士、博士学位授权点研讨会"，出席会议的有具有高等教育学科硕士、博士学位授权点及少数申请高等教育学科研究生学位授权点的34所高校的代表。会议就推动高等教育学科的发展，加强高等教育学科硕士、博士研究生培养等问题进行了较为深入的研讨。

8月8日～10日，协作组与天津市高教学会联合举办省市级高教研究机构协作会议。会议围绕"省级高教研究机构怎样为地方高教的改革和发展服务"这一主题展开深入研讨。会议认为，新世纪高等教育面临诸多新情况、新问题，强烈呼唤加强高等教育研究；为加强高教研究，必须提高各级教育行政部门特别是领导干部对高教研究的认识，从当前高教研究的现实出发，认真分析存在的问题和原因，采取有力措施有针对性地加以研究；高教研究要面向当地高等教育改革、发展的实际，突出本地特色，提高研究水平和研究质量。

〔**拓宽学会工作新领域**〕 中国高等教育学会在2002年，与时俱进，积极发挥自身的咨询、中介和服务等功能，紧密配合教育行政部门的中心工作，努力开拓学会工作新局面。

学会与《中国教育报》、中国地区开发促进会先后于2002年3月和7月联合召开第二次、第三次西部地区教育顾问会议，聘请了700多名教育顾问，206所西部学校与365家顾问单位建立了友好关系。142个西部地区县教育局与226个东部顾问学校签订了285份合作协议。

福建省高教学会6月13日～16日举办了2002年首届福建教育博览会暨教育科技展，来自国内外的学校和企业、出国留学中介机构100多家参展。

学会与中国教学仪器设备总公司、高校实验室工作专业委员会和上海教育技术装备有限公司联合创办了全国第一家大型教育技术装备专业市场上海东方教育技术装备中心。5月底，装备中心正式开业。

与教育部高教司、社政司等司局合作，分别在1月、7月、9月、11月、12月举办了"入世与中国高等教育高级论坛"、"网络与高校德育和思想政治工作高级研讨班"、"高职高专骨干教学管理人员培训班"、"学习贯彻党的十六大精神，加强和改进学校德育与思想政治工作高级研讨班"。参加研讨及培训的有高校的1 600名干部、教师。

撰稿 王小梅

审稿 张晋峰

教育报刊、电视台

中国教育报

〔**围绕全党全国工作大局做好新闻宣传报道**〕 2002年新闻宣传工作大事多、喜事多。诸如，党的十六大召开，"两会"召开，全国民族教育工作会议召开，全国职业教育工作会议召开，中外大学校长论坛举办等。中国教育报按照中央的精神并结合教育战线实际，进行了重点策划和报道，使之在全战线宣传党的重大方针、政策方面发挥了重要作用。

认真学习、深刻领会、贯彻落实江泽民同志"三个代表"的重要思想，是2002年全党全国政治生活中的一件大事，也是2002年宣传报道的一项突出的至关重要的工作。中国教育报在宣传报道工作中贯彻"动态报道，营造气氛；深度报道，深入浅出；突出重点，联系实际"的报道思路，取得了良好宣传效果。编辑部着力加强和改进了对人大、政协"两会"的报道，记者配合"两会"采写的《校园说法：稍不留神起官司》、《中国义务教育财政体制改革构想》等深度报道，在"两会"代表、委员中以及社会上产生了热烈反响，充分体现了专业报为全党全国工作大局服务的办报宗旨。

十六大的召开是全党全国人民政治生活中的一件大事。为了做好十六大的宣传报道，中国教育报提前研究宣传报道计划，组织强大的报道队伍。新闻部围绕十六大报道分会前、会中和会后报道三个阶段，制定了详细报道方案。会前报道突出"唱响共产党好、社会主义好、改革开放好"的主旋律，集中报道了党的十三届四中全会以来的13年特别是十五大以来的5年间教育战线所取得的伟大成就，为党的十六大营造昂扬向上、团结进取、开拓创新的良好氛围。在新闻版组织策划了"迎接十六大特别报道"专题报道，图文并貌。会中集中报道了大会各项重要内容，及时反映教育界代表的心声，以及全国教育系统迎接、收看十六大动态、学习江泽民同志十六大报告的反响。会后组织了"学习贯彻十六大精神笔谈"，约请教育部各司局一把手结合教育工作基本思路，谈学习十六大体会，共组织编发稿件24篇。

中国教育报的理论专刊以宣传邓小平理论和"三个代表"重要思想为主要内容。2002年抓住江泽民同志视察人民大学、"5·31"讲话、在北京师范大学百年校庆讲话以及十六大召开为契机，发表了一批著名专家学者或领导干部的理论著述。"教育科学"、"学园"等专刊也根据不同定位，或力推结合实践紧密的选题，或深入探讨学术界的热门话题。各副刊、周刊大量触及社会热点、难点问题，使整个报纸内容呈现异彩纷呈的多样化格局，同以往相比取得了新的进步。

〔**及时报道党和国家的教育方针政策**〕 2002年国务院和教育部召开了几次有关教育工作的重要会议，教育部出台了一系列教育改革的政策。中国教育报及时、准确、全面报道了国务院和教育部召开的会议，报道了教育部的工作指导方针和具体部署。诸如全国民族教育工作会议、全国职业教育工作会议、中外大学校长论坛、《民办教育促进法》的颁布等，中国教育报都进行了有力报道，发挥了教育报刊的舆论导向作用。

围绕全国民族教育工作会议召开、全国职业教育工作会议召开、中外大学校长论坛，编辑部策划了会前、会中和会后三个阶段的报道。会前充分营造气氛，会中充分宣传国务院和教育部领导同志的讲话精神以及会议的主题，会后全力推动落实。整个宣传声势大，力度高，内容丰富，影响广泛。如配合全国民族教育工作会议召开，先期策划了“关注民族教育特别报道”，组织记者深入西部5个少数民族聚居的省、自治区，采写了20多篇来自基层第一线的报道。

2002年中国教育报特别注重加强评论、言论的工作，刊发了多篇社论、评论员文章引导舆论。如：关于道德细节养成教育漫谈的一组评论员文章《谁在玷污学校这片净土?》、《论促进基础教育均衡发展》、《切实做好高校毕业生就业工作》和配合第18个教师节刊发的《展现人民教师开拓创新的时代精神》、配合国家助学贷款工作发表的《切实加大高校国家助学贷款力度》、《教育收费要听证》、《教育秩序专项整治：上海开出第一张罚单》等，都引起了强烈反响。

〔抓典型报道和热点、难点问题，增强新闻影响力〕 2002年，报社编委会要求采编人员深入基层，深入教育教学第一线，抓重头，抓鲜活新闻，深入报道社会和教育界普遍关心的教育热点、重点和难点问题，克服报道一般化现象。在编辑部各部门共同努力下，抓好重大典型报道，发表了很多好文章。如：《我咋成了躲债校长》、《质疑“211高考梦工场”》、《我们距离素质教育究竟有多远?》、《欠发达地区教育文章怎么做》、《我们离世界一流大学有多远?》、《刨学术腐败的底儿》、《建设一流大学难在哪儿》、《中国人力资源优势到底怎样体现》、《民办教育的多元化与法制化》、《理性审视：教育公平与效率》等。这些典型报道，弘扬了时代主旋律，对教育工作者和社会各界有着强烈的感染力和震撼力，对推动教育改革和发展起了积极作用。

2002年，报社还有计划地组织策划重大选题报道。如：“WTO与中国教育”、“中国教育前沿观察”、“关注民族教育”特别报道，“关注高校毕业生就业”、“2002年高考亮点”、“当今我国中小学教师心态及行为调查”系列报道，北师大百年校庆报道、三峡库区移民迁校采访纪实报道等。同时，按照中央提出的“教育要适度超前发展”，“以信息化带动教育现代化，实现跨越式发展”的战略思想，组织记者集中报道了上海市、江苏省、北京市、浙江省等教育发达地区发展教育的思路和举措。这些，在社会上和教育系统都产生了重大反响。

撰稿 张怀志

审稿 赵书生

《人民教育》杂志

〔概述〕 2002年，《人民教育》杂志宣传报道的指导思想是：以邓小平理论为指导，贯彻党的十五大和十六大精神，按照“三个代表”的要求，坚持“以质量求发展”的方针，解放思想，开拓创新，奋发有为，继续为中国基础教育的改革与发展，为全面推进素质教育，发挥正确的舆论导向和服务作用。坚持与时俱进，提高质量，贴近基层，贴近教师；坚持“读者的需求，就是我们的追求”的办刊理念，为指导和促进全国基础教育的发展作出新的贡献。

党的十六大召开后，《人民教育》杂志先后发表了评论员文章《把思想和行动统一到贯彻十六大精神上来》和特约评论员文章《学习贯彻十六大精神 再创教育事业新辉煌》，动员广大基础教育工作者抓住重点，深刻领会十六大确定的基本经验和新世纪、新阶段党的指导思想，紧密结合教育战线的工作实际，深入总结13年来教育改革与发展的经验，努力做教育创新的先锋；深刻认识教育在现代化建设中的先导性、全局性作用，认真落实教育优先发展的战略地位，全面推进教育创新，为建立中国特色的社会主义现代教育体系而努力奋斗。《人民教育》还发表了题为《坚持教育创新 为全面建设小康社会而奋斗——学习十六大报告四人谈》，特邀请了北京市四位优秀中小学校长畅谈学习十六大精神的体会。

〔宣传党和国家关于教育工作的指示〕 《人民教育》在2002年第10期全文发表了江泽民同志《在庆祝北京师范大学建校一百周年大会上的讲话》，并配发了评论员文章《教育创新是推进中国现代化的动力之源》，论述了江泽民同志讲话的重要思想和深远意义。在第9期刊发了《国务院召开全国职业教育工作会议》的消息，重点报道了朱镕基总理在会上强调的“各级政府要高度重视职业教育工作”的重要讲话精神。同时，报道了李岚清副总理在第五次全国民族教育工作会议上的讲话精神。在第6期发表了《李岚清近期关于基础教育的谈话》，文章指出，要进一步调整和完善管理体制，促进农村义务教育健康发展；要坚持与时俱进，发展优质高中，满足人民群众日益增长的教育需求。

《人民教育》在2002年第1期卷首语上发表了教育部部长陈至立《自觉更新教育观念 积极实践素质教育思想》一文，指出更新教育观念，必须以“三个代表”的重要思想为指导，抓住“育人为本”这一素质教育的核心内容，努力促进人的全面发展；更新教育观念，必须大力弘扬理论联系实际的优良学风；必须不断解放思想，开拓创新，与时俱进。在第2期刊发了陈至立同志《团结奋斗 开拓创新 扎实工作 推进教育工作再上新台阶》的文章，对各地教育工作具有重要的指导意义和正确的导向作用。

〔宣传促进基础教育均衡发展〕 基础教育是为培养各级各类人才打基础的，是科教兴国和提高中华民族素质的奠基工程。均衡发展基础教育，是社会主义教育事业的本质要求。为此，《人民教育》第3期发表了长篇通讯《为了每一个孩子的幸福成长——山东省寿光市教育均衡发展透视》，报道了寿光市在实施均衡发展过程中的典型经验。教育部副部长王湛专门作了重要批示：“《人民教育》在2002年第3期刊登的《为了每一个孩子的幸福成长——山东省寿光市教育均衡发展透视》的报道及配发的评论员文章《寿光的发展观》，读后颇受鼓舞。均衡发展是基础教育的本质要求，也是社会主义教育事业的本质要求。希望有更多的地区，能像寿光市这样坚持基础教育的均衡发展；希望《人民教育》和其他教育报刊能报道更多的促进和实现教育均衡发展的典型。”《人民教育》编辑部和山东省教育厅在北京联合召开了“促进基础教育均衡发展”座谈会。教育部部长助理、基础教育司司长李连宁、国家教育发展研究中心主任张力、中国教育学会会长顾明远等教育界知名人士都作了发言，指出：今后10年政府最主要的理想是促进教育公平。均衡发展实际上是教育平等问题。《人民教育》第4期以《纵论基础教育的发展观》为题，用2万余字的篇幅，刊发了与会同志的发言，进一步总结和研究了寿光市教育均衡发展的经验，对基础教育均衡发展观有了更加深刻的认识。第5期，刊发了国家教育发展研究中心专题组撰写的《实现基础教育均衡发展的现状分析及政策选择》一文。第9期，发表了王湛副部长在“第三届全国基础教育论坛——促进基础教育均衡发展”大会上的演讲《努力促进基础教育均衡发展》。上述宣传报道，在促进基础教育均衡发展工作中，发挥了积极的舆论导向作用和典型引路的作用。

〔宣传推进中小学人事制度改革〕 深化中小学人事制度改革，是基础教育改革中的重要任务之一。为了大力推进中小学人事制度改革，2002年，《人民教育》从不同角度作了大量的宣传报道。先后发表了特约评论员文章《抓住重点 促进教师队伍建设持续健康发展》、教育部副部长袁贵仁的

《与时俱进，深化改革，努力开创“十五”期间教师教育工作的新局面》、副部长王湛的《深化中小学人事制度改革 努力建设高素质教师队伍》、《人民教育》特约评论员文章《推进中小学校长选任和管理制度改革 建设高素质专业化中小学校长队伍》和评论员文章《中小学人事制度改革需要制度创新和政策引导》，以及全国中小学人事制度改革工作经验交流会综述《统一思想认识 把握改革方向 扎实推进中小学人事制度改革》及对教育部人事司副司长管培俊的访谈《“十五”期间中小学教师队伍建设走向》，这些文章力求从方针、政策方面，为中小学人事制度改革指明方向。

《人民教育》为了做好典型引路、具有较强操作性的宣传工作，先后报道了江苏省徐州市实行校长竞聘制度的经验文章《忽如一夜春风来》，北京市教委的经验总结《坚持制度创新 盘活人力资源 大力推进中小学人事制度改革》，以及陕西省黄陵县中小学人事制度改革纪实《为有源头活水来》。这些文章和经验报道刊出后，在全国各地反响强烈，有不少省、市的教育行政部门和学校的领导、教师前往上述单位学习、取经，为各地的中小学人事制度改革工作提供了鲜活的经验。

〔**宣传基础教育课程教材改革**〕 为了更好地贯彻《国务院关于基础教育改革与发展的决定》和进一步落实《面向21世纪教育振兴行动计划》，教育部于2001年颁布了《基础教育课程改革纲要(试行)》。为配合这项重要改革，《人民教育》先后发表了教育部部长陈至立在全国基础教育课程改革实验工作电视电话会议上的讲话《提高认识，加强领导，扎实做好基础教育课程改革实验推广工作》，向广大读者介绍了改革的重要意义、指导思想与实施要求。并开设了“走进新课程”专栏，报道了全国基础教育新课程改革经验和师资培训工作、交流研讨会的成果等文章，刊发了课程专家就教师关心的问题答记者问《如何正确认识新课程中的学习方式》，连续发表答记者问一至六。课程专家对新理念、对新学习方式的精辟阐述，引起广大中小学校长、教研员和教师越来越大的兴趣，纷纷把已发表的“几问”复印并汇编后，发给教师或为研讨班作培训资料。同时，发表了多篇来自新课程实验区的最新经验和最新动态的报道。如《一堂估算课》，文章刊登后，收到大量读者来信，受到大家的广泛好评。

《人民教育》在宣传新的课程理念如何转化为广大教师的教学策略和实践的同时，组织了优秀教学案例的推介，帮助广大教师实现转化。从第2期起，刊物陆续刊发7个精选的案例。

《人民教育》为了更好地宣传报道新课程改革经验和改革成果，经过深入调查、研究，在第7期编发了《新课程优秀案例专辑》，分“专家访谈”、“教学设计”、“特色案例”、“评析与反思”四个部分，共30余篇文章。从不同的课程内容、不同角度、不同特点，反映了新课程实验区在课程改革中的新思路、新观念、新气象、新经验，并出版了《新课程优秀教学设计和案例》丛书；《人民教育》第7期专辑，共扩大发行6万余册。

此外，《人民教育》围绕“教案是否要来一次革命”的讨论，抓住了教师中的热点话题，揭示出中小学教案管理中的形式主义、抄袭教案应付检查的诸多弊病，提出如何有效地备课，如何抛弃陈旧的、程式化的备课方式，写出充满个性风格和生命活力的教案。

〔**坚持宣传工作贴近学校和教师**〕 为及时反映广大中小学校领导和教师的心声，2002年，《人民教育》开设了“编读往来”专栏，加强了编者与读者的交流，反映了学校和教师在思想、教学及生活等方面的需求，使宣传舆论更加贴近学校、贴近教师，做广大教师的朋友。同时，还开设“名人谈教育”、“校长治校”、“班主任”、“我与新课程”、“红烛”等栏目，从不同角度、不同侧面贴近学校和教师的教育教学工作实际。编辑部还从大量的教师来稿中，精选并刊登了一些具有思想性、高品位，以及生动抒发师生情感的好文章，深受一线教师的喜爱。

撰稿 田菊影
审稿 傅国亮 喻 让

《中国高等教育》杂志

〔概述〕 2002年，《中国高等教育》杂志在注重提高教育思想理论含量，注重探讨性、理念性、服务性，注重文化积淀性，提高宣传报道质量方面下功夫，并取得了新进展。编辑部加强了对高等教育改革和发展中重大选题的策划，加强了重点报道，加强了言论的导向作用。特别是坚持开拓创新，不断推出有特色的、有原创性观点和经验的力作。如，教育部副部长周济的《历史性的跨越 新征途的责任——中国高等教育改革与发展近期回顾与展望》一文在杂志第17期上刊出，受到高校的普遍重视。教育部副部长袁贵仁的《做好新形势下的高校稳定工作》（第5期）等文章，也起到了很好的指导作用。还有一批权威人士和著名专家教授谈教育创新、学术道德建设、创新人才培养模式等重大理论与实践问题的文章，以立意高、观念新而获好评。对宣传方式进行了一些新的尝试，在版式编排上也有所改进，提高了宣传的时效性、针对性、吸引力和感染力。

学习、贯彻十六大精神和“三个代表”重要思想，是《中国高等教育》编辑部全年重点报道任务之一，为发挥杂志在高教战线推动深入学习、统一思想的作用，一是既坚持深入持久，同时又分阶段有计划有重点地组织实施，全年形成学习“5·31”讲话、迎接十六大、学习十六大三个阶段宣传高潮，并根据不同阶段的要求，组织相应稿件。在学习、贯彻十六大精神和“三个代表”重要思想的宣传中，全年共组织刊发30多篇较有份量的文章。二是在宣传上做到把握灵魂、抓住精髓，同时又强调理论联系实际，紧密结合高校工作，反映全面建设小康社会中，高等教育事业发展的新目标、新任务。在刊发的稿件中，有理论工作者阐释“三个代表”和十六大基本精神的文章，更多的则是高校党委和校领导如何把十六大精神和“三个代表”重要思想，落实到学校改革和发展中去的具体思路、措施和经验。

〔**围绕中心工作做好重点宣传和专题报道**〕 对高等教育改革发展中的大事和阶段性的中心工作做及时、深刻的重点报道，以贯彻和体现国家有关高教改革的精神和政策，对高校工作起引导、示范、激励作用，是《中国高等教育》杂志指导性和权威性的重要体现。2002年把抓好重点报道作为杂志提高宣传质量的一项重中之重工作来抓。全年有15期刊出了以“本期聚焦”专栏为中心的重点报道，共刊发文章56篇。在重点报道中，涉及到提高教育教学质量、如何应对入世、发展专业学位、开展大学生心理健康教育、推进教育管理创新、发展工程教育、推进高校助学贷款、高校人事分配制度改革等重点、热点问题，尤其是配合江泽民同志2002年4月考察中国人民大学和9月在北京师范大学百年庆典的两次重要讲话，推出了繁荣发展人文社会科学和推进教育创新的重点报道。2002年的重点报道形成了宣传强势，收到了良好的宣传效果。

〔**办好相关栏目，扩大信息量**〕 一是加强言论的导向作用。辟有“本期评说”栏目，对很多重大问题和重要选题都配发了评论员文章，如《趋利避害话入世》、《大力推进教育创新》、《努力实现高校毕业生充分就业》等，加强了刊物的导向作用。二是报道教育教学改革和提高教学质量。《中国高等教育》杂志多年来一直高度关注高校教育教学改革，2002年，辟有“教改新视野”、“教坛广角”、“研究生与学位教育”多个专栏，交流各校教育教学改革经验，报道各高校如何提高教学质量。在报道中，注重在“新”和“实”上做文章，力求出新务实，力争所刊发的文章能对大家有所启发和借鉴。全年共刊发教育教学改革和提高教育教学质量方面的文章100多篇。三是办好体现杂志理论性和思想含量的栏目。加大了对“教授进言”、“各抒己见”、“理论与实践”几个栏目的宣传报道的份量，除继续组织观点新颖、论述深刻的文章外，还发表一些综述性文章，介绍高教理论研究的某些前沿性问题。四是其他专栏也办出了特色，提高了质量。如“管理天地”栏目，就社会关心的教育收费管理、推进国家助学贷款、高校教师的师德建设等问题进行了深入报道和探讨；“学府春秋”专栏的文章短小生动，有一定的历史文化价值；“人物风采”栏目，对高校的一些著名学者、教授进行了专访和介绍；“外国高教之窗”栏目，在介绍各国高等教育方面情况的同时，更注重外国高等教育经验给中国高等教育的启示与借鉴作用；“信息集粹”栏目能根据读者的需要，刊登读者感兴趣的各类准确可信的信息，使刊物更贴近读者，也增强了刊物的可读性。

撰稿　李石纯
审稿　陈　浩

《神州学人》杂志及电子版

〔**概述**〕　2002年，《神州学人》杂志及《神州学人·电子版》一是坚持以对在外留学人员进行爱国主义教育和中华民族传统文化教育，吸引和鼓励留学人员回国工作或以适当形式为祖国服务为办刊宗旨，紧紧围绕留学工作，认真贯彻落实全国宣传工作、对外宣传工作、教育宣传工作会议精神，及时跟踪报道党和政府的大政方针、各级政府和用人单位对留学人员的有关政策、留学人员刻苦学习、为国服务的典型事迹等等，为留学教育工作创造了良好的舆论环境；二是进一步解放思想，实事求是，大胆求变，开拓创新，进行了电子版改版，成功建立了四个海外镜像站。努力改革了杂志传统发行办法，理顺了国外发行渠道，提高了《神州学人》杂志及《神州学人·电子版》的宣传效果。

〔**围绕中心工作进行重点宣传报道**〕　(1) 全面报道全国教育外事工作。2002年7月，全国教育外事工作会议在北京召开。《神州学人》杂志第8期刊登了教育部部长陈至立在会上的开幕词《全面开创教育外事工作新局面》和教育部副部长章新胜作的全国教育外事工作会议主报告《解读》以及《与时代同行》、《立体解析教育外事》等重点文章。此外，电子版还及时报道了会议的动态信息和教育外事方面的政策变化与热点问题，为广大留学人员所关注。(2) 深入报道党的十六大精神。为庆祝党的十六大召开，《神州学人》杂志在第11期上刊出了《十六大与留学生》的特约文章。为使海内外的留学人员能及时了解和把握党的十六大精神，编辑部在11月15日党的十六大结束后，于11月17日召开了有两院院士、重点大学校长、教授等十几位高层次留学回国人员参加的座谈会。教育部部长陈至立等四位教育部十六大代表出席了座谈会。会上，陈至立部长回顾了80年代初自己在美国的留学经历，畅谈回国20年后国家的变化，特别是近13年来的巨变，希望留学人员认真学习领会十六大精神，抓住机遇回国工作或以适当方式为国服务。《神州学人》杂志2002年第12期以《盛世·盛会·留学生》为题，用较大的篇幅刊登了所有与会者的发言，深受读者的欢迎。(3) 及时报道留学人员西部创业、服务工作。为配合国家的“西部大开发”战略部署，推动教育部组织的留学人员赴西部创业、服务工作，编辑部及时跟踪留学人员西部创业、服务动态，相继推出了《在那遥远的地方》(青海篇)、《春晖初耀新疆》、《深情播种在青海高原》等报道。(4) 报道陈至立、张学忠、周光召、罗豪才、徐冠华等有关领导和知名人士关于留学和留学工作的指示、看法；开辟"长江学者"专栏，对"长江学者奖励计划"进行系列深入报道；报道留学人员广交会盛况、中国出入境管理的重大改革措施、教育部推出的海外高层人才入境居留新举措等。

〔**电子版改版**〕 2002 年，《神州学人》电子版进行改版。除设置和变更具体栏目和内容外，还进行了网页制作、动画图片设计制作、链接及程序调整等复杂操作。新版在"中文报刊阅览室"版块中增加了《中国青年》、《中华文摘》、《书摘》、《大众电影》、《漫画世界》5 种刊物，加大了"中文报刊阅览室"的信息量。把"特别报道"中有关留学的专题单列出来，开办"留学专题"。在保留原有的"留学人员在西部"、"教育部春晖计划"、"长江学者奖励计划"的同时，该专题还增加了"海外学者网上传声"、"聚焦神州小留学生"、"留学生摄影作品"等，并定时更新和添加新鲜内容，使"留学专题"更具"留学"特色。

〔**建立四个海外镜像站点**〕 为使中国在世界各地的留学人员能以更快地速度浏览《神州学人》网站的全部内容，2002 年上半年，《神州学人》编辑部派出四个建站工作组分赴德国、美国、澳大利亚和日本，在中国驻外使（领）馆教育处（组）的配合下，与当地的 IT 机构进行合作，建成了四个《神州学人》海外镜像站。由此，镜相页面同步程序可以在保证网络环境正常的情况下，在一小时之内完成从主服务器到四个镜像站点的数据同步传输，从而使读者能在最短的时间、最近的距离内读到神州学人网站的全部内容，大大提高了网站的点击率。

撰稿 焦江方

审稿 杨长春 杨亚南

中国教育电视台

〔**概述**〕 2002 年，中国教育电视台学习贯彻江泽民同志"5·31"重要讲话和党的十六大精神，以"三个代表"重要思想为指导，各项工作取得了新进展。一年来，全台紧密围绕教育部的中心工作和中宣部关于迎接十六大、庆祝十六大、学习贯彻十六大精神的宣传要求，较好完成了重大新闻宣传任务，节目总体质量继续提高。

中国教育电视台在迎接和庆祝党的十六大宣传工作中，认真按照中宣部和教育部的部署，精心策划和组织，分阶段、有计划、有重点地全面展开，取得较好的宣传效果。9 月上旬，电视台成立了迎接党的十六大宣传报道工作领导小组，负责部署、组织和协调迎接十六大宣传报道工作。详细制定了各个阶段的宣传报道计划，并将具体任务落实到节目部门、栏目组及个人，全台宣传报道工作自 9 月上旬便开始有计划、有步骤地全面展开。自 9 月 16 日起，在 CETV－1、CETV－3 固定时段开设了《迎接十六大 放眼看神州》专栏，每天一档，集中播出歌颂改革开放伟大成就、展现教育发展丰硕成果的专题节目以及电视台各栏目制作的迎接十六大特别节目。如先后播出了音乐专题《心中的歌献给党》、歌颂教育事业辉煌成就的两集专题片《跨越》、实现"两基"目标的六集专题片《为新世纪奠基》、展现"国家贫困地区义务教育工程"伟大成果的六集专题片《世纪末的决战》，以及关于解决教师住房问题的六集专题片《让老师满意》等等。截至 11 月 18 日，共播出迎接和庆祝十六大有关的节目3 420分钟，其中首播节目2 806分钟。同时组织拍摄《十六大代表人物专题》，全台组织了3个摄制组分赴西藏、贵州、海南、广东等地，与部分省市的电视制作力量相互配合，在短时间内摄制完成了《阿妈妮妮——记西藏加查县守全小学教师次仁卓嘎》、《山区教育的脊梁——记贵州省沿河县茨坝小学校长刘恩和》、《追求 奉献 希望——记中国医科大学教授袁媛》等12位教育战线基层十六大代表模范事迹专题片，节目播出后取得良好社会反响。为有助于广大教育工作者和电视观众及时学习江泽民同志在党的十六大上所作的报告，教育电视台与教育部邓小平理论研究中心共同策划制作了11集电视系列片《新世纪 新阶段 新辉煌——学习十六大精神系列访谈》，邀请了十多位高校知名学者、教授和思想理论工作者，就江泽民同志报告中的主要部分畅谈学习体会。节目于11月9日开始在电视台播出后，立刻在观众中引起较大反响，台总编室和教育部社科中心陆续接到北京、江西、浙江等许多省市观众打来的电话，认为节目播出及时，内容充实，对广大观众学习和领会江泽民同志的报告精神十分有利。不少观众在来电中要求重播或购买光盘。

在宣传报道方面，除了圆满完成党的十六大的宣传报道外，根据教育部的统一部署，及时报道了江泽民同志考察中国人民大学并就哲学社会科学问题的讲话，在中央党校省部级干部进修班上的重要讲话，在北京师范大学建校100周年关于教育创新的重要讲话，完成了教育部的重要会议、重大活动以及其他重要宣传报道任务。在电视节目录制播出方面，协助国务院办公厅制作了三个版本的《在京部分高校学生宿舍现状》专题片供有关领导观看；配合教育部，完成了《中外大学校长论坛》的全程录制、报道工作，完成10集《中外校长论坛》的翻译、编辑、播出工作；配合小学三年级开设英语课程，加大、保证了小学英语《同步课堂》的播出时间，每天播出80分钟；扩大远程教育平台《基础教育同步课堂》的应用范围，以加大面向西部地区的教育服务力度，切实推进教育信息化；基本完成了40集《中小学生日常行为规范》电视系列片的制作等。

综合收视、覆盖调查及专家评估、观众反映等情况，2002年教育台节目质量有了整体提高。2002年度有一大批节目在各类评比中获奖，尤其在国际科教类节目竞争中又有新的突破。在2002年北京国际科教影视展评研讨会上，教育台选送的《车轮与圆》在参评的18个国家的80余个影视制作机构的230部作品中，一举摘得“青少类”金奖桂冠。同时，在全国性教育电视节目评比中也获得丰硕成果。《知心家庭》、《岁月如歌》、《关注》、《世纪承诺》获得全国教育电视节目评比一等奖，《中国科协科普大篷车下乡万里行系列报道》获中国科协第三届“科协好新闻奖”一等奖。

为提高教育台在电视媒体中的竞争力，更好地为观众服务，经过半年的准备，实现了2003年1月节目全面改版。通过改版，进一步明确了办台方向和频道定位，从节目到频道包装到编排，都有了新的变化，突出了教育台的特色，突出了以人为本，为提高全民素质服务的办台理念。

〔电视片《车轮与圆》获国际科教电影展评研讨会金奖〕 由中国科学技术协会主办，中华人民共和国科技部、国家广播电影电视总局、中国科学院协办，中国科教影视协会、北京广播学院、武汉电视台承办的2002年北京国际科教影视展评研讨会，12月8日～11日在北京举行。来自中国、澳大利亚、加拿大、法国、德国、日本、新西兰、英国、美国等18个国家的80余个影视制作机构的230部作品参评，我国中央电视台等多家影视制作机构选送了作品。最后入选的《车轮与圆》等72部作品分别参加青少类、科普类、专题类、探索类、环境类、生命科学与医学类金银铜奖项以及科技电视节目大奖、评委会特别奖的角逐。中国教育电视台选送的《车轮与圆》在此项北京国际科教影视展评研讨会上摘得“青少类”金奖桂冠，这是我国送评作品中获得的唯一金奖。这一金奖的获得显示了中国教育电视台在科教影视节目制作方面的水平，为国家赢得了荣誉，众多媒体作了报道，有效扩大了中国教育电视台在世界科技影视界的影响。

近年来，中国教育电视台在节目制作和整个电视台的发展方面强调突出教育特色，坚持根据教育部关于教育电视台的定位，重视在教育科技节目方面扬我所长，并不断加强节目制作质量管理，使教育电视台在科教节目制作方面取得了新的进展，在参与国际科教类节目竞争中有新的突破。

〔**排除“法轮功”干扰，确保卫星节目正常播出**〕 2002年9月9日上午10点39分，中国教育电视台技术人员发现通过鑫诺卫星6A转发器传送的中国教育卫星宽带传输网上的所有电视节目出现异常，电视屏幕出现黑屏。技术人员紧急检查中发现，5个电视频道上瞬间出现非法电视图像，有关部门随即采取了应对措施。监测数据显示，当天的干扰攻击持续了1小时零8分。9月10日、11日、13日又多次受到干扰，被干扰期间传输网上的电视节目黑屏，IP数据广播节目全部中断。据悉，干扰系“法轮功”分子所为。

“法轮功”分子的干扰，对教育电视和远程教育造成了严重危害。中国教育卫星宽带网是教育部“校校通”工程和构建全民终身学习体系的重要基础设施，现通过鑫诺1号卫星Ku频段6A转发器，播出5套电视节目、2套语音广播、25套IP数据广播节目。利用这个平台，中国教育电视台已传送了北京大学、北京大学医学部、北京邮电大学、中国农业大学、东南大学、中央广播电视大学等院校的远程教育课程以及专门面向西部地区的基础教育同步课堂、信息技术教育、英语学习和职业培训等各类教育教学节目。由于受到“法轮功”的干扰，中国教育电视台远程教育电视频道长时间黑屏，或者断断续续地黑屏，全部信号中断，严重地影响了有关学校的正常教学活动和学员观众收视。干扰的时间不确定，使通过中国教育电视台学习的广大观众不能正常安排学习时间，有关远程学校的节目也需重新安排播出，给学校的教学和学员的学习活动带来严重的影响，有可能使学员不能按计划完成学业。同时，也使自主学习的观众，如教师进修、战士学文化等等学习计划中断。法轮功的恶意干扰，严重损害了接受远程教育的学员和广大观众的权益。面对干扰，中国教育电视台积极采取应对措施，确保卫星节目正常播出。教育电视台于9月9日起草了《关于加强卫星电视节目安全播出的应急预案》，10日开始执行。预案加强了对安全播出的领导，成立了由台长、副台长为组长、副组长的中国教育电视台播出安全应急领导小组；建立畅通的信息联络系统和紧急文件报送系统，明确了联系电话、联络方式、联系单位以及信息上报的程序和要求；制定了值班人员在非常情况下的应急措施，对各种可能出现的非常情况作了详细的操作上的规定，以最大限度地减少可能发生的影响。强调了对播出节目的内容审查，所有待播节目，按不同的送播渠道和方式，明确了审查要求、责任人，以杜绝可能出现的问题。根据安全工作的需要，预案强化了值班监控。从9月10日开始，实行24小时实时值班和监控制度，确保任何时候出现干扰，都能立即处理解决。

从9月11日起，教育电视台几次牵头邀集有关部门负责同志，修订《加强卫星电视节目监测和应对恶意攻击事件的处理方案》；专题研究改善教育台卫星上行系统发射能力的技术问题；研究制定《中国教育电视台紧急情况下关闭转发器的实施细则》，明确了在各种异常情况下，教育台、上行站、测控站的职责，明确了实施关闭卫星转发器的程序。在中央有关部门的指导、协调下，在各方面专家的大力支持下，教育电视台利用技术手段，采取应对措施，加强了抗干扰能力。除了增设备份上行站，增大天线口径和功率外，还增添了传输系统关键环节的设备备份以及相关检测仪器，提高了节目传输的安全性。

为抗击“法轮功”反动信号的干扰，中国教育电视台在节目内容、技术手段、内部保卫、人员管理、设备设施等各个方面采取了必要的安全措施，任务到部门，责任到人，并逐项落实。牢固树立责任意识、大局意识，坚持不懈，齐心协力，最终取得了这场对“法轮功”斗争的胜利。

〔**中国教育卫星宽带传输网通过验收**〕 中国教育卫星宽带传输网自2000年10月31日正式开通以来，本着边建设、边使用的原则，截至2002年底，基本完成了平台一期工程项目建设，通过了项目专家验收。在保证日常远程教育课程传输的同时，基本完成电视加密（DVB－CAS）系统的实验运行及验收，完成了IP数据广播加密（IP－

CAS）系统的安装调试并投入试运行，完成了互联网上传输电视信号（DVB OVER IP）的传输试验，为高校开展电视直播教学提供了条件。基本完成了二期改造项目中由教育台直接上行一路信号的技术准备工作。平台的应用规模得到扩大，在传输 20 多套教育教学节目的基础上，又组织了 4 所大学的远程教育课程将通过平台播出，同时增加了为西部教育服务的力度，新疆、甘肃两个西部地区大省在教育台的支持下，试验开通了卫星传输通道。中国教育卫星宽带传输网采取边建设、边管理、边服务的模式，取得阶段性成果，得到了项目专家验收委员会的较高评价，通过了项目验收。

撰稿　黄秀根

审稿　李　鹏

北京市教育

概　况

〔基本情况〕

2002年各级普通学校基本情况

单位：人

学校类别	学校数（所）	毕业生数	招生数	在校生数	教职工数	
					合计	其中：专任教师
总计	**4 396**	**601 874**	**646 386**	**2 229 975**	**286 942**	**162 108**
一、研究生	(170)	16 920	37 736	94 813		
1. 高等学校	(46)	14 580	32 275	80 946		
2. 科研机构	(124)	2 340	5 461	13 867		
二、普通高等学校本专科	62	67 958	127 597	395 713	98 342	34 670
本科院校	54	61 202	110 285	358 508	94 308	32 832
专科院校	8	4 291	10 461	24 129	3 521	1 657
分校、大专班		2 465	6 851	13 076	513	181
三、普通中等学校	947	280 553	303 235	928 535	96 045	61 790
1. 中等专业学校	59	31 645	32 893	113 870	8 564	4 006
中等技术学校	58	31 551	32 732	113 398	8 436	3 944
中等师范学校	1	94	161	472	128	62
2. 技工学校						
3. 普通中学	786	219 988	240 680	730 722	76 418	51 364
高中	325	51 180	84 679	220 667		15 458
初中	461	168 808	156 001	510 055		35 906
4. 职业中学	96	28 156	28 999	82 984	10 770	6 229
高中	96	28 152	28 945	82 764		6 198
初中		4	54	220		31
5. 工读学校	6	764	663	959	293	191
四、小学	1 824	156 683	86 406	594 241	66 235	52 840
五、特殊教育学校	23	313	320	2 879	918	681
六、幼儿园	1 540	79 447	91 092	213 794	25 402	12 127

2002 年各级成人学校基本情况

单位：人

学校类别	学校数（所）	毕业生数	招生数	在校学生数	教职工数	
					合计	其中：专任教师
	2 416	**902 747**	**817 809**	**570 087**	**15 834**	**6 912**
一、成人高等学校	39	78 235	130 705	359 644	9 393	3 841
1. 广播电视大学	2	1 495	1 051	4 264	1 586	599
2. 职工高等学校	26	5 801	8 596	22 779	5 227	2 143
3. 农民高等学校						
4. 管理干部学院	9	4 420	5 553	13 053	1 759	743
5. 教育学院	1	3 674	5 303	14 979	618	240
6. 独立函授学院	1					
7. 其他学校（机构）		192	403	1 259	203	116
8. 普通高等学校举办		62 653	109 799	303 310		
函授		33 404	50 707	154 304		
业余		14 803	28 186	82 343		
脱产		14 446	30 906	66 663		
二、成人中等学校	2 377	824 512	687 104	210 443	6 441	3 071
1. 成人中等专业学校	18	14 397	11 005	35 314	936	350
广播电视中专学校	1	2 716	1 640	4 875	30	9
职工中等专业学校	12	2 490	1 661	7 027	572	247
干部中等专业学校	2	274	551	1 034	101	19
农民中等专业学校	2	463	876	1 464	214	75
函授中等专业学校	1	602	325	2 188	19	
教师进修学校						
其他类学校举办		7 852	5 952	18 726		
2. 成人中学	11	2 227	2 429	3 100	144	70
成人高中	11	2 227	2 429	3 100	144	70
成人初中						
3. 成人技术培训学校	2 348	807 888	673 670	172 029	5 361	2 651
职工技术培训学校	337	358 271	347 470	56 060	3 675	2 207
农民技术培训学校	2 011	449 617	326 200	115 969	1 686	444
三、成人初等学校						
1. 职工初等学校						
2. 农民初等学校						
其中：扫盲班						

2002年，北京市教委采取了一系列重大措施推进教育改革，加快教育发展，取得了显著成绩：高校招生规模稳步扩大；积极扩大普通高中特别是优质高中招生规模；加大中小学布局调整力度，基础教育均衡化进程加快；高考改革取得新进展；全面完成远郊普通中学规范化建设；建成首批示范高中学校；全面启动高教园区和职教园区建设；大学生公寓建设取得重大进展，高校教师住房困难根本缓解；实行免收义务教育阶段远郊区县公办学校学生和城近郊区公办学校“低保户”家庭学生杂费，为贫困家庭学生免费提供教科书，为农村寄宿制学校配备校车；保障流动人口中适龄儿童少年接受义务教育；企业教育和社区教育有新发展，学习型组织创建活动正在兴起；加强对严重不良行为学生的教育和管理，大力整治校园环境，确保学校安全和稳定等。这些重大举措，进一步满足了首都经济社会发展需要和人民群众对教育的需求，受到了社会好评，有的还在全国产生了积极影响。

〔**教育督导**〕 2002年，市教育督导室、市人大教科委、市政府有关部门联系确定教育执法检查重点。4月12日，召开全市教育法律法规检查工作会议。6月，对区县随访，了解教育执法自查情况。9、10月进行全市检查，共抽查了5个区县、2个市属委办局、14个单位（含乡镇）和32所学校。年内，召开市第五次教育督导工作会议，提出加强和改进全市教育督导工作的各项措施，并印发了《北京市建立九年义务教育实施情况监测制度的意见》等7个文件。全面推进教育督导评价工作，颁发了对区县政府、教委、普通中小学全面实施素质教育的《三个评价方案》，进一步规范区县、学校的办学行为，引导其发挥自身优势、开拓创新自主发展。完成了民办中小学办学水平评价方案。开展了对社会力量举办的中等职业学校的综合督导评估工作，摸索对社会力量办学的督导评价模式，规范其办学行为。开展全市幼儿园、中小学校、职高学校安全工作及贯彻落实《北京市中小学德育整体化工作纲要》情况的专项督导检查工作。

〔**教育监督**〕 2002年，北京市、区两级教育行政部门实行“政务公开”，以提高效率和实现公平、公正为目标，积极推行网上办公和电子政务。推行“校务公开”制度，坚持党委统一领导、学校行政主持，纪检、监察、工会负责监督，业务部门各负其责，教职工积极参与的领导体制和工作机制。建立党委领导下的“校务公开”领导小组，有组织、有领导、有计划、积极稳妥地推进“校务公开”工作。普教系统“校务公开”继续坚持以实行财务和收费公开为重点，全面推行“校务公开”。年底之前，对普教系统“校务公开”情况进行了检查，对部分高校开展校务公开的情况抽查。确保高校实行校务公开率达100％目标的实现。

〔**招生工作**〕 2002年，市教委探索中考中招改革，完善市区县两级管理、统分结合的招生考试管理办法，进一步调动区县推动实施素质教育的积极性。高考高招主要完善春秋两季招生工作，做好考试科目“3＋X”方案改革；完善职普融通、中高职衔接的政策，增加普通高中和中等职业学校毕业生进入高等学校深造的机会，构筑人才成长“立交桥”。市教委完成市属部分普通高校在北京市和内蒙古自治区的春季招生试点工作。参加招生学校12所，计划招生3 000人。2002年实际共招生2 939人，完成计划的98.0％。其中：本科1 721人，完成计划的98.3％，高职1 218人，完成计划的97.4％。

〔**思想品德教育**〕 2002年，市教委加强学生爱国主义教育，向全市中小学配发《中国抗日战争史丛书（普及读物）》3 000册，并提出使用《丛书》开展教育活动的意见。召开“北京市中小学法制教育工作会议”。总结全市法制教育工作情况，交流经验，印发《关于进一步加强中小学法制教育工作的意见》、《北京市工读教育暂行规定》和《经验汇编》。修订《中小学生守则》、《中小学生日常行为规范》、《中小学生礼仪常规》。在西城区、崇文区、宣武区召开面向各区县的心理健康教育成果交流展示会，树立典型。加强高校“两课”课程建设和学科带头人培养。制定《北京高校马克思主义理论课和思想品德课课程建设标准》、《2002～2005

年北京高校马克思主义理论课和思想品德课学科带头人培养规划》，确定了首批“两课”学科带头人培养人选。

〔**毕业生就业**〕 2002年，市教委努力实现高校毕业生的充分就业。与市公安局、人事局、劳动和社会保障局四部门合发的《关于进一步做好2002年北京地区普通高等学校毕业生就业工作的通知》、顺利完成了2002年北京地区毕业生就业的派遣工作。北京地区58所普通高等学校和121个研究生培养单位共有应届毕业生88 802人，其中本科生48 239人，专科生12 100人，高职生8 444人，双学位1 472人，研究生18 547人。毕业生总数比上年增加近两万人。毕业生就业情况：本专科毕业生的初次全员就业率为85.31%；研究生的初次就业率为94.35%；高职生的初次就业率为53.05%。

〔**学籍学历管理**〕 2002年，市教委建成成人高等教育在校生信息库，实现了成人高等教育学生学籍管理的信息化。改革成人高等教育、普通中等专业教育学历证书发放管理办法，由市教委统一审核验印变为电子注册基础上证书由学校自行发放的管理办法。顺利完成各层次毕业生学历证书的电子注册工作，共注册学历证书20.46万本。其中普通高等教育共注册学历证书6.87万本，成人高等教育共注册学历证书8.32万本，普通中等专业教育共注册学历证书3.45万本，研究生教育共注册学历证书1.82万本。完成1991～2000年的十年高等教育学历证书登记工作，共登记学历证书102.39万本。其中普通高等教育学历证书41.56万本，成人高等教育学历证书51.38万本，硕士研究生以上学历证书9.45万本。修改并印发了《北京地区普通中等专业学校学生学籍管理办法》。11月初，召开了北京地区普通高等学校学生学籍管理工作研讨会。会上进行了法规培训、工作交流、问题研讨。

〔**人才管理**〕 2002年，市教委决定，在高校、中小学及直属事业单位分步推行全员聘用合同制。结合教育系统的实际，征得市人事局同意，分别制定并印发了《北京市教委直属事业单位实行聘用合同制的意见》和《关于高等学校首次实行聘用合同制有关问题的通知》。各区县教委（教育局）结合本地区的实际情况，进一步扩大了试点学校范围，打破传统的教职工归学校、单位所有的状况，变“单位人”为“系统人”，盘活教育人力资源，增强办学活力。年内，市教委对专业技术职务评审制度进行改革试点，淡化身份，强化岗位；淡化评审，强化聘任，实行专业技术职务聘任与岗位聘用的统一，并在北京工业大学等学校进行专业技术职务评审制度改革试点。首次将副高级专业技术职务评审权下放至实施本科学历教育的普通高校。

〔**教师队伍建设**〕 市教委加强教师队伍建设，出台各项政策、措施。对全市中小学、艺术类高等学校和特殊教育学校的内设机构及人员状况进行了深入调查，提出了北京市中小学机构编制标准的初步修订意见；提出了艺术类高等学校和特殊教育学校的内设机构及人员编制标准。印发了《北京市中小学、中等职业学校、高等学校教师队伍建设“十五”计划》、《北京市幼儿园、中小学、中等职业学校教师“十五”时期继续教育工作的意见》和《北京市高等学校教师“十五”时期培训工作的意见》三个文件。提出以结构性调整、用人制度改革和骨干教师培养为重点，实现教师队伍建设的两大转变：即从以数量为主的发展向注重教师整体素质提高的转变；从传统的人事管理向有效开发、合理配置教师资源的转变，形成一支素质优良、结构合理、富有活力的教师队伍。年内，市教委提高教师队伍整体素质，实施“特级教师行动计划”，充分发挥特级教师的示范、带动作用，实现优秀师资的资源共享。实施“特级教师行动计划”，一是坚持开设星期六特级教师课堂，请两院院士或有关专家为中小学特级教师和部分骨干教师、学科带头人授课，并将授课录像制作成光盘，向郊区县的教师发送，要求各区县组织全体教师学习星期六特级教师课堂的多媒体教材。二是建立特级教师工作室。在市教委的网站上，为特级教师制作网页。三是组织特级教师讲学团，赴远郊区县讲学，采取讲学、听课、评课等形式，对边远地区的教师进行教育教学指导和示范，并通过拜师等形式，帮助其培养骨干教师。

〔**校园及周边环境整治**〕 2002年初，市教委在北京航空航天大学召开全市校园环境整治现场会，总结2001年工作，部署2002年任务，会后按周边“六无四要四落实”标准和高校内“五无三要三落实”标准建立了整治项目台帐，按计划编制完成项目统计册，推动整治的落实。至年底，已对484所大中小学校进行了校园及周边环境整治工作，共拆除违法建设14万平方米，拆迁转停商业设施371个，整顿交通拥堵和机动车私停乱放点812处，清理规范出租房2 264平方米，清理非法外来人口38名，治理校园周边治安乱点274处，绿化21万平方米，改造学校破旧用房10万平方米，还进行了清除垃圾、铺路、拆墙透绿、粉刷建筑物外立面、清刷小广告和建设校园景观景点等项工作。超额完成了年初确定的整治与建设任务。

〔**学校卫生健康管理**〕 2002年，市教委加强中小学卫生保健机构的建设，完成了对全市19个区县的中小学保健所的第三次评估验收。开展了全市首批健康促进学校验收工作，市教委与市卫生局联合组织协调全市教育、卫生部门的骨干力量以及北京大学医学部、中国疾病预防控制中心中国健康教育研究所的有关专家，组成了北京市健康促进学校评审委员会，对符合申报条件的10个区县的98所学校开展了第一次健康促进学校验收。有83所学校成绩优秀，获得“北京市健康促进学校”荣誉称号。至此，北京市共拥有健康促进学校127所。开展学生体质调研工作，建立了学生经常性体质监测网络。确定东城区、通州区中小学卫生保健所和北京工业大学为全国学生体质监测站。加强高校校医院的建设，积极探索高校校医院的改革，28所高校的校医院被认定为社区卫生服务中心，打破单纯为学校师生服务的模式，向社会开放。

2002年，市教委加强学生营养餐质量管理，实现30万份学生营养午餐稳定规模，确保营养餐生产卫生质量。全市营养餐生产企业保持在50家规模，对营养餐企业年检工作中采取末位淘汰制和“黄牌警告红牌罚下”相结合的方式，处理和淘汰不规范的企业。在全市营养餐企业中推行HACCP（危害分析、关键点控制、食品卫生安全的管理体系）管理模式，全年未发生食物中毒事故。规范进货管理，进一步完善北京京育学生营养餐服务中心的配送体系，扩大统一采购原材料的品种，规定对肉类制品、海产品、豆制品实行统一规范进货的办法。规范进货工作为企业带来了安全保障和300多万元经济实惠。市学生营养餐工作办公室在北京及周边地区建立了绿色蔬菜生产供应基地，并为50家学生营养餐定点生产单位各配备价值1万多元的蔬菜农药残留速测仪。

撰稿 张 强 任 彧

基础教育

〔**综述**〕 2002年，市教委贯彻北京市基础教育工作会议精神，全面推进素质教育，促进基础教育高标准、高质量发展。在中小学开展“争做文明小市民”活动；法制教育、心理健康教育、工读教育、校外教育工作取得新进展；及时采取措施加强对有严重不良行为学生的管理和教育。面向21世纪课程教材改革实验扩大到18个区县，在全市实施国家普通高中新课程计划。确定中小学结构布局调整规划，投入5 000多万元支持中小学“强弱联合”，撤销中小学111所。制定措施加强农村基础教育工作，远郊普通中学规范化建设全面完成。评估认定首批14所示范高中学校。安排2 000余万元专项经费支持123所中小学校园网建设工作，启动北京市中小学信息技术教育与学科整合研究。实施初中教学质量监控制度。幼儿园办园体制改革试点范围扩大到100余所，完成20个社区早期教育活动站建设。民族教育工作进一步加强。教育督导工作取得新进展。实行10个远郊区县义务教育阶段公办学校学生和城近郊区公办学校“低保户”家庭学生免缴杂费，近60万名学生享受免费义务教育；制订“十五”时期特殊教育事业发展规划，特殊教育工作进一步加强；制定对流动人口中适龄儿童少年实施义务教育暂行办法，流动人口教育权利得到保障；为1万多名贫困家庭的学生免费提供教科书。这些重大措施，进一步促进了全市基础教育改革和发展。

〔**农村学校建设**〕 2002年1月，市教委召开全市农村中小学建设工作会议，研究部署“十五”期间农村基础教育工作。转发了国务院办公厅《关于完善农村义务教育管理体制的通知》。完成了市人大代表关于加强农村基础教育问题的议案办理情况报告，召开了区县通气会，对下一阶段农村基础教育主要工作进行了部署。历时7年的远郊普通中学规范化建设宣告完成。7年来，市、区县、学校共投入7.68亿元，292所普通中学通过了市级验收，使全市农村地区规划内保留的初中和完中学校全部达到了规范化学校建设标准。为133所农村寄宿制学校配备了校车，改善了生活设施条件。

〔**中小学收费管理**〕 2002年，按照市教委统一部署，各区县教育行政部门对辖区中小学收费工作进行了较大规模的检查。据统计，春季收费共检查中小学1 282所，纠正违规收费57件次，纠正违规收费91.67万元，其中清退48.98万元。开展两次大型调研，共与100余名校长进行座谈。秋季收费检查工作分两步进行，即在听取各区县汇报的基础上，对中小学进行抽查。10月16、17日，市教委、市纠风办、市财政局、市物价局共同听取了各区县教委、燕山教委、北京铁路分局普教管理中心等20个单位的工作汇报。据统计，在秋季收费检查中，学校自查率达到100%，全市各区县共组织427人组成121个检查组，对1 119所中小学进行了抽查。其中，宣武区、朝阳区、密云县、燕山、铁路系统检查率达到了100%，延庆县达到90%，西城区、崇文区、通州区、昌平区达到或接近60%。清退违规收费449.1万元，对24名相关责任人进行了不同程度的批评教育，其中1名校长被免职。

〔**课程教材改革**〕 2002年，北京市基础教育课程教材改革实验范围从11个区县扩展到18个区县，其中海淀区、宣武区、延庆县参加全国义务教育课程教材改革实验，成为全国第一家同时开展国家方案和省（市）级方案的地区，形成多样、开放的课改实验格局。市教委部署了全市新高一实施国家普通高中新课程计划工作，组织区县广泛开展研究性学习的研讨活动。全市启动“百名专家教授科普行动计划”，为中学生开设科技选修课。年内，有关区县和50所学校进行外语教学及多语种教学实验。

〔**扩大优质高中**〕 2002年，组织了全市首批示范高中学校建设评估认定，有14所学校通过了验收。开展了第二批评估认定活动，组织专家对13所学校进行了评估。12月，举办第四届示范高中建设方案评审论证会。全年，安排8 000万元专项经费支持普通高中建设，完成扩大招生1万人的计划，其中85%以上的增招学生进入到优质高中就读。

〔**教育信息化**〕 2002年，开展了对区县主管信息化教育领导干部的培训。安排2 000余万元专项经费为123所中小学校园网建设提供政府采购设备，同时支持其他200所校园网的建设。组织专家制订《北京市中小学校园网建设技术规范》（讨论稿）。投入600万元专项经费支持中小学信息技术与学科教学的整合研究，并申报国家级“十五”课题。组织第三届北京市中小学电脑作品评选活动。对各区县传播中心进行首次验收，督促其加大应用力度。

〔**弱势群体教育**〕 2002年，北京市教委实施义务教育阶段免收10个远郊区县公办学校学生和城近郊区公办学校“低保户”学生杂费，近60万名学生从中受益。为一万多名贫困家庭学生免费提供了教科书。出台《北京市对流动人口中适龄儿童少年实施义务教育的暂行办法》，并制定实施意见，流动人口中适龄儿童少年受教育权利得到保障。

〔**特殊教育**〕 2002年，市教委制订《北京市“十五”时期特殊教育事业发展规划》，《规划》提出城市地区普及残疾幼儿2～3年学前教育，农村地区采取多种形式对残疾幼儿进行1～2年学前教育等7个目标，并提出加快结构布局调整、加大对特殊教育的经费投入、完善特殊教育法规等6项措施。市教委还决定“十五”期间特殊教育专项经费将由“九五”的每年200万元增加到400万元，特殊教育学校教师津贴由原工资的25%提高到30%。要建设高标准的特教中心和现代化的特殊教育学校，将特殊教育学校校园网建设纳入全市中小学“校校通”工程，用3年左右时间使特殊教育学校都配备现代化的残疾学生康复设备和教学设备。年内，北京市教委指导区县完成了区域规划的制订，对东城区、西城区、崇文区的特殊教育工作进行检查交流。还承办了全国随班就读工作会议。与北京师范大学合作举办了特殊教育骨干教师研究生班。

撰稿　乔树平　任　彧

职业教育与成人教育

〔**综述**〕 2002年，北京职业教育、成人教育工作取得新进展。市教委继续推动中等职业教育结构布局调整，撤销各类中等职业学校20所。职业教育园区建设全面开工。启动多所现代化标志学校项目建设，评选建设20个骨干特色专业。实施中等职业学校面向21世纪课程体系和教学内容改革。职业教育对外开放进程加快，中外合作职教项目扩大到30多个，33所学校引进英国职业资格培训，开设专业点40多个。大力开展岗位培训、继续教育及社会文化生活教育，全年参与教育培训的人数450万人次以上。以社区学院为龙头的社区教育网络逐步完善。评选第二批创建学习型企业先进单位15个。加强对农村科技推广示范培训项目的指导；乡办成人文化技术学校建设得到加强。

〔**中职学校结构布局调整**〕 2002年，北京市继续落实市政府转发的《北京市教育委员会关于中等职业学校结构布局调整的意见》，以建立若干个21世纪全国一流的现代化标志学校为目标，加大资产重组、盘活和资本运作的力度。推动行业、部门和区县落实调整方案。年内，北京商贸学校、北京市交通学校、北京市建材工业学校以及海淀区、昌平区、顺义区现代化标志学校项目已全面启动。继续撤销部分规模较小、设置不合理或长期不招生的普通中专、职业高中和成人中专的建制。在保证教育资产不流失的前提下，使教育资源向骨干示范学校集聚。年内，又调整撤销各类中等职业学校20所。至2002年底，共撤销、合并中等职业学校166所，全市中等职业学校（含技工学校）总数由原有的380所下降到206所，校均在校生规模由调整前的680人上升为1 120人。在办好已建成的70所骨干示范性中等职业学校的基础上，实施新一轮职业教育“1210”工程，重点建设12所现代化标志性中等职业学校和10个现代化职业教育实训基地。全市重点建设北京经济技术开发区职业教育园区（职教集团），通过对原市经委所属市仪器仪表工业学校等6所国家级和省部级中等专业学校的重组和资产置换，预计投资8亿元，占地46.7公顷，建筑面积25万平方米，建成后在校生规模将达到15 000人，是一个集高、中等职业教育及培训于一体的多层次、多功能职业教育基地，该建设工程年内已经开工。

〔**专业结构调整**〕 2002年，北京市按照服务企业、适应市场、面向社会的原则调整职业教育专业结构，优化专业资源，重点建设现代化标志专业和骨干特色专业。适应首都建设知识经济中心的需要，发展电子信息、生物工程和新医药、光机电一体化、新材料和环保与资源综合利用等五大高新技术专业；适应首都建设世界大都市的需要，重点发展商业、金融、保险、旅游、服务等现代服务及新兴第三产业专业；淘汰传统的高污染、高能耗的传统产业的专业；为首都经济结构调整提供实用型适用人才。在调整优化专业结构的同时，启动了现代化标志专业和骨干特色专业建设的“20100”工程，重点建设全市20个现代化标志性专业和100个骨干特色专业。全面规范了专业设置管理的各个环节的基础，在全国率先进行专业评估，以评促建，以评促改，已评选出第一批40个现代化标志专业和骨干特色专业，并发挥其骨干示范作用，推动职业学校以专业为核心面向市场、开放办学，走产、学、研一体化的办学模式。

〔**教育教学改革**〕 2002年，推动中等职业学校教材建设，完成基础课《数学》、《语文》、《英语》、《计算机》四门课程教材的编写、出版工作。完善文化基础课统一水平考试制度，继续实行数学、语文、外语三门课的统一水平考试。指导实施各有关中等职业学校面向21世纪课程体系和教学内容改革项目计划的实施。探索“以全面素质为基础，以能力为本位，以创新为方向”的职业教育课程体系和教学模式。培养学生收集和选择信息能力、实践动手能力、解决问题能力、社会能力、合作适应能力以及创业能力，强化外语和计算机教学。积极进行双语教学和第二外语教学试点。全市中等职业学校广泛开设了研究型学习课程，引进吸收国外先进的教学方法，改进了传统的学习方式，让学生主动探索、发现和体验，从中掌握了对大量信息的收集、分析、整理和使用能力，形成以学生为主体、教师为主导并充分调动学生学习积极性的课程学习模式。提出以学生为本位、面向全体学生、因材施教的教改任务。开展“走班教学”，即指保留原来自然班级的编制不变，针对学生不同情况，采取不同的教育方案，进行有针对性教学的一种课程教学模式。

〔**国际合作**〕 2002年，扩大职业教育的对外开放，积极发展与国外办学机构的合作项目。引进国外先进教材、教学方法、管理方法；积极发展与国外高等职业教育相衔接的办学模式及国内学习、国外实习的教学模式。与英国、德国、新西兰、新加坡、日本等国家的职教合作项目已扩大到30多个。积极引进国外先进的职业资格制度，加快人才培养规格与国际接轨。通过同英国伦敦城市行业协会的合作，在全国率先引进了国家认可的具有较大国际影响的英国City & Guilds of London Institute (C&G) 国际职业资格证书，并紧密结合课程体系的整体改革，调整教学计划。年内，引进英国职业资格培训的学校发展到33所，开设专业点40多个。首次参加考试有1 000余人。

〔**信息化建设**〕 2002年，加强中等职业学校校园网络建设。国家级和省部级示范学校要在现有网络建设基础上，进一步完善硬件设备及软件教学资料。70所国家级和省部级示范校基本达到了校校通工程的初步标准。其他各类中等职业学校年内建成校园网的评估工作已全面结束。加强全市职业教育、成人教育信息网建设，逐步扩大信息网络的信息交流、教学管理及远程教育功能。加强各中等职业学校利用多媒体教学、数字化教学软件的建设。充分利用宽带骨干网入口覆盖面的扩大，以及宽带接入家庭的普及，在部分有条件的街道和乡镇积极开展远程数字化培训的试点。

〔**利用外资发展职业教育**〕 2002年，北京市第二期利用世界银行职教贷款项目已经完成，北京职业教育“九五”期间共引进世界银行贷款474万美元，国内配套资金人民币3 940万元，大大提高了贷款项目学校教学设备的现代化水平。在北京经济技术开发区职业教育园区（职教集团）建成之际，北京将引进外资贷款3 500万美元，用于引进国外先进的教学设备，建设10个现代化实验实训基地，使北京职业教育的硬件水平得到根本改变，为北京职业教育现代化水平的提高奠定坚实的物质基础。实践证明加大金融资本的投资规模，教育发展与资本市场有机结合，解决职业教育投入不足和办学条件改善缓慢的问题，是加快北京职业教育现代化、实现跨越式发展的重要措施。

〔**自学考试**〕 2002年，北京市教委组织高等教育自学考试，报考科次首次突破70万人。24万考生在19个考区248个考点参加考试，最大的考生74岁，最小的考生17岁。其中本市户口考生占44.7%，非本市户口考生占55.3%。在本期新注册的7万余名考生中，有44.3%是全日制助学单位的学生，外地考生约有4.7万，占新注册考生的2/3。

〔**成人教育**〕 2002年，进一步加强了行业、部门及区县对职业教育、成人教育的宏观管理，明确责任，加强对所属企业、事业单位、街道、乡镇及教育机构的统筹力度，落实成人教育培训工程的具体目标、任务。各行业、部门和各区县在落实“工程”任务的同时，大力开展岗位培训、继续教育及社会文化生活教育，推进职业资格证书制度的建立和学习型组织的创建。全年参与教育培训的人数达到450万人次以上。加强高层次经营管理人才的培养，大力开展对科技人员的继续教育，全年开展继续教育达40万人次以上。开展市民外语口语及计算机网络知识培训，全年计算机和外语培训30万人次。进一步完善社区教育管理体制，建立和完善以社区学院为龙头的社区教育网络，推动各区县街道社区教育中心的建设，发挥多种社区教育功能，推进学习化社区的创建。市教委组织专家在全市评选出西城区和海淀区两个创建学习化社区先进区。开展企业内部岗位培训和技术培训，推进企业教育发展，加快建立现代企业教育制度，创建学习型企业。市教委组织专家评选第二批创建学习型企业先进单位12个。推进农村教育综合改革，加强对科技推广示范培训项目的指导，并以开发项目为纽带，加大农、科、教结合的力度。加强农村地区区（县）、乡（镇）、村三级办学网络建设，进行示范性乡办成人文化技术学校的检查验收，完善乡办成人文化技术学校的建设。建好一批示范性乡办、村办成人学校，并发挥多种功能，加强对农民的实用技术培训和社会文化生活教育，促进农村地区小城镇建设及农业的产业化和现代化。

撰稿 吴晓川 任 彧

高等教育

〔**综述**〕 2002年，北京市进一步贯彻落实教育部关于加强高等学校本科教学工作，提高教学质量和关于高等学校专业结构调整等文件精神，努力推进北京高等教育教学改革的不断深化，按照“巩固、深化、提高、发展”的要求，抓住提高教育教学质量不放松，不断优化高等教育结构，积极推进高等教育改革发展的各项工作。按照年初的工作计划，圆满完成了各项工作任务。北京市与教育部签署共建北京师范大学的协议。市属市管高校布局结构调整工作取得实质性进展，完成市属4所高等医学院校合并和管理体制调整。良乡高教园区和沙河高教园区建设进展良好。新审批设立高等职业技术学院4所。首次编制发布北京高等教育质量年度报告。市属市管高校本科专业结构调整全面启动。实施北京高校重点教材建设计划，支持高校教学改革研究。高校学科建设进一步加强，评定113个北京市重点学科、69个北京市重点建设学科。加强科技发展规划和科研项目、重点实验室管理，促进高校科技成果转化，高校专利申请量同比增长近一倍。高校后勤社会化改革取得实质进展，多数高校后勤实体实现规范化分离，后勤服务体系进一步完善，服务质量明显提高。大学生公寓建设思路进一步明确，采取有力措施加快学生公寓建设步伐，全年共竣工学生公寓约60万平方米，入住学生5万人。总建筑面积31万平方米的望京花园东区教师住宅竣工交付使用。高校校园环境普遍改善，投入3亿元整治北大、清华校园周边环境成效显著。

〔**教学质量管理**〕 2002年5月，市教委印发了《关于建立北京高校教学工作调研检查监督制度的通知》，进一步强化对高等学校教育教学质量的监控，完善高等学校质量监控体系。此项工作面向北京地区所有高校，每年有目的地选择2～3所学校，专家带着问题进校，有的放矢地开展调研检查工作，解决学校工作中的实际问题，对学校教育教学质量的提高起到督促、促进、咨询、帮助的作用。这项工作已在北京青年政治学院进行试点，整体反映较好。配合教育部做好北京地区高校的教学水平评价工作。北京服装学院已经接受评估，该院迎评促建的经验表明，必须按照评估标准，在平时把基础工作做好，以具备随时接受评估的能力。在总结北京服装学院迎评工作的基础上，市教委要求学校在日常工作中不断增加对教育教学工作的投入，加强教学管理工作，不断完善各项规章制度，要用随机评价的指标来检查、规范、指导学校的整体教学建设，主动提升学校的教育教学水平。建立教学质量年报制度。市教委组织专家组，在学校总结年度教学质量的基础上，作出北京高等教育质量分析报告，供各级领导、主管部门和学校参考。年报分全市高等学校质量分析报告、学校教学质量年度报告、国家教学管理文件和有关数据四个部分，引起了较好的社会反响。

〔**教育教学改革**〕 2002年，北京市委、市政府领导对《北京大学全面推进本科教育教学改革的措施与办法》进行了批示。市教委向全市高校转发了北京大学的改革经验，并组织召开了“北京大学教学改革经验现场会”，推广改革先进经验。北京大学采取了打通基础课教学，强化学生综合素质培养等一系列有力度的改革措施，自启动创建世界一流大学计划以来，借鉴世界一流大学培养模式，采取措施，努力推进本科教育教学改革，取得了显著成效。本科教学改革计划——“元培计划”，着重培养学生基本能力和综合素质，对未来高等教育改革方向进行了有益探索，取得初步成效。学校成立了素质教育委员会，设立本科生素质教育通选课，并从构建课程体系、培养校园文化、加强与国外大学学术交流等多角度实践素质教育。鼓励本科生参加科研，增强创新能力等方面也取得了引人注目的成果。学校还从加强教师队伍建设、教材建设、教学评估等方面，大力促进教学质量的提高，完善现代化教学环境。

〔**重点教材建设**〕 2002年，继续开展精品教材建设工作，北京地区77所高校组织申报项目647个，经专家评审，262项被批准为北京市2002年精品教材立项项目。开展调查研究，推进国外高水平原版教材的引进工作和高校双语教学工作。继续开展面向新世纪教学改革立项工作，并积极支持人才培养模式、教学管理制度、专业整体改革项目的立项研究。2002年北京地区66所高校共上报教学改革立项项目189项，经专家评审，批准100项立项项目为北京市2002年教学改革立项项目。通过实施精品教材建设工程，形成了教育行政部门、学校、出版部门及教师共同关心教学内容、教学方法改革与创新的局面，使教学内容及教学方法的改革不断深化。

〔**学科专业结构调整**〕 2002年，市教委开展了专业设置状况调研，对北京地区高校，特别是市属市管高校专业设置现状、分布情况进行了调研，基本掌握了市属市管高校专业布点情况及规模，并在人才需求状况分析的基础上，完成了《北京市属、市管高校本科专业结构调整方案》。方案中确定一批要重点支持发展的专业，采取市教委重点投入，在市属市管学校中招标建设的办法，市属市管学校建设有困难的，也可由中央部委学校承担。对一批低水平重复设置、一次就业率低，需要限制发展的专业，通过在新设专业审批时加以限制和减少招生计划投放等办法限制发展。积极推进专业改造工作，拓宽原有专业的专业面向，以适应经济建设和社会发展的要求。《北京市属、市管高校本科专业结构调整方案》由市教委组织市计委、市经贸委、市财政局、市科委、市人事局、市卫生局、中关村管委会等部门进行了论证。这项工作的实施将对北京高校专业结构的优化，高校培养人才对社会的适应性起到重要的作用。

〔**高校资源共享**〕一、教学共同体建设稳步发展。2002年，北京市学院路地区、中关村地区和东方大学城地区教学共同体建设继续稳步发展，学院路地区教学共同体已实现网上报名选课，取得了较好的效果。二、推进高校图书馆资源共享。6月14日召开了北京市高校网络图书馆成立大会，由北京市投资建设、市属市管各高校共享的网络图书馆建设迈出了重要的一步，今后北京市高校网络图书馆在扩充自身资源的同时，还要与中央部委属高校、国家图书馆、行业图书馆实现资源共享，为广大师生提供更多的网上资源。

〔**高职教育**〕　2002年，北京市积极推进高职专业教学改革试点工作。加强高职实训基地建设和管理，制定了《北京市高等职业教育实训基地验收标准（试行）》、《北京市高等职业教育实训基地管理规程（试行）》，并根据文件要求，组织专家对12个高职实训基地建设情况进行了检查。根据“双新”（新模式、新机制）高职人才培养的要求，积极组织实施新世纪高职高专人才培养模式和教学内容体系改革、建设的研究，北京地区有6个项目作为主持单位入选教育部立项的国家级课题。对北京联合大学等20所院校的44个专业进行了评估，在专家遴选的基础上，批准了北京联合大学等12所高校的16个专业为2002年北京地区高校高职高专教育市级教学改革试点专业，并向教育部申报了10所学校的10个专业争取成为国家级教学改革试点。经教育部专家组评议，教育部对初审通过的北京轻工职业技术学院等6所院校的6个专业进行了实地考察。在教育部已批准的国家级教学改革试点专业的基础上，遴选确定了海淀走读大学等3所院校作为国家重点职业技术学院和北京联合大学通讯技术专业等4个专业作为精品专业上报教育部。经教育部专家评审已批准北京工业职业技术学院为重点职业技术学院。

2002年，市教委制定了高等职业教育指导性专业目录，对高等职业教育的专业设置进行宏观调控。印发了《北京市高等学校高职高专专业设置管理办法》及《北京市高等学校高职高专指导性专业目录》，共有12个大类，258个专业。北京市高职高专专业将按经规范的新的专业目录设置。

〔**民办高校管理**〕　2002年，市教委加强了民办高校的管理。3月，召开了民办高校评估总结会，规范北京民办高等教育的发展。在会上24所评估合格学校和2所民办高职学院发布了《倡议书》，表示要认清形势、明确方向、增强责任感，增强质量意识、严谨治学；以质量求发展，增强创新意识、不断深化教育教学和管理改革；增强法制意识、提高依法办学的自觉性，做以法治国、以德治国的表率；增强民办高校的团结和协作，开创民办高等教育新局面。继续做好民办高校广告审批工作，注意在工作中作到依法、严格、规范，工作中和蔼、热情，帮助学校做好工作，树立首都民办高等教育的良好形象。制定并实施了《北京民办高校收费、退费管理办法》，推动了民办高等教育的规范发展。

撰稿　李同铮　任　彧
审稿　杜松鹏

天津市教育

概　况

〔基本情况〕

2002 年各级普通学校基本情况

单位：人

学校类别	学校数（所）	毕业生数	招生数	在校生数	教职工数 合计	教职工数 其中：专任教师
总　计	**3 327**	**472 502**	**466 730**	**1 792 780**	**172 844**	**118 645**
一、研究生	（16）	2 790	6 574	15 922		
1. 高等学校	（16）	2 790	6 574	15 922		
2. 科研机构						
二、普通高等学校本专科	37	27 295	69 453	196 892	32 019	14 175
本科院校	18	24 028	43 758	151 527	25 234	10 689
专科院校	19	2 884	23 953	41 453	6 785	3 486
分校、大专班		383	1 742	3 912		
三、普通中等学校	894	219 554	229 161	745 615	70 619	49 498
1. 中等专业学校	73	26 397	20 743	74 690	8 309	4 381
中等技术学校	64	24 084	19 782	70 478	7 040	3 733
中等师范学校	9	2 313	961	4 212	1 269	648
2. 技工学校						
3. 普通中学	695	169 510	188 259	605 190	54 793	40 612
高中	224	41 486	58 855	157 902		10 805
初中	471	128 024	129 404	447 288		29 807
4. 职业中学	123	23 538	20 089	65 583	7 400	4 470
高中	123	23 538	20 089	65 583		4 470
初中						
5. 工读学校	3	109	70	152	117	35
四、小学	1 208	133 301	92 955	627 242	54 237	44 922
五、特殊教育学校	22	533	307	3 482	715	479
六、幼儿园	1 166	89 029	68 280	203 627	15 254	9 571

2002年各级成人学校基本情况

单位：人

学校类别	学校数（所）	毕业生数	招生数	在校学生数	教职工数 合计	教职工数 其中：专任教师
总计	**3 132**	**724 546**	**719 573**	**259 756**	**10 952**	**5 814**
一、成人高等学校	22	24 832	46 684	104 270	5 578	2 726
1. 广播电视大学	1	3 710	4 518	10 230	2 202	981
2. 职工高等学校	16	4 187	10 020	18 613	2 219	1 258
3. 农民高等学校						
4. 管理干部学院	5	2 069	3 129	6 029	1 157	487
5. 教育学院						
6. 独立函授学院						
7. 其他学校（机构）						
8. 普通高等学校举办		14 866	29 017	69 398		
函授		3 786	5 724	16 753		
业余		7 174	17 701	40 625		
脱产		3 906	5 592	12 020		
二、成人中等学校	3 038	694 245	667 046	155 112	5 318	3 041
1. 成人中等专业学校	74	16 981	7 945	28 985	2 395	1 337
广播电视中专学校	3	1 341	1 142	1 538	160	65
职工中等专业学校	43	7 794	1 831	12 759	1 373	789
干部中等专业学校	10	2 558	716	5 020	168	95
农民中等专业学校	5	211	301	1 069	30	18
函授中等专业学校						
教师进修学校	13	155		119	664	370
其他类学校举办		4 922	3 955	8 480		
2. 成人中学	26	2 794	2 337	4 872	204	97
成人高中	23	2 341	1 901	4 416	187	87
成人初中	3	453	436	456	17	10
3. 成人技术培训学校	2 938	674 470	656 764	121 255	2 719	1 607
职工技术培训学校	161	103 526	109 157	32 091	990	688
农民技术培训学校	2 777	570 944	547 607	89 164	1 729	919
三、成人初等学校	72	5 469	5 843	374	56	47
1. 职工初等学校						
2. 农民初等学校	72	5 469	5 843	374	56	47
其中：扫盲班						

〔**年度教育工作方针**〕 2002年，天津市教委主要工作思路是：以邓小平理论和“三个代表”重要思想为指导，坚持“十五”开局所确定的基本思路和工作方针不动摇，高质量地完成教育“十五”计划确定的阶段性任务；处理好改革、发展和稳定的关系，抢抓“入世”契机，抢占教育市场，加快教育产业发展；在继续加快教育外延发展的同时，更加重视内涵发展和质量、效益的提高；上下一心，戒骄戒躁，艰苦奋斗，务求实效，让广大人民群众更多地感受到教育发展所带来的实惠，努力使教育成为天津市实现跨越式发展的重要支撑力量。

撰稿　李　霞

〔**学校布局调整与基本建设**〕 2002年，天津市又有6所示范性高中建成并投入使用，已建成的示范性高中累计达到21所。第四中学、第四十五中学等第二批示范性高中开工建设。模范小学建设全面展开。103所农村规范小学新建建筑面积35万平方米，占地164.9万平方米，土建总投入28 860万元。示范幼儿园建设启动。新组建天津交通职业技术学院、天津文化职业技术学院、天津开发区职业技术学院、天津医学高等专科学校，全市独立设置的高职院校总数达到19所。批准成立天津新华社区学院、河北社区学院、南开社区学院。通过“合并、联合、划转、撤并”等多种形式的调整，确定141所中等职业学校为2002年有招生资格学校。批准13所职工中专学校转制为中等职业学校。天津南开大学联合研究院建设项目已经立项，建设工程进入实施阶段。轻工业学院升格为天津科技大学并正式挂牌。

天津职业技术师范学院、财经学院等高校“十五”期间一期规划16万平方米的扩建工程年内竣工3个单项工程9.5万平方米，竣工率为59.4%。师范大学、理工学院、工业大学三校新校区建设启用征地资金1.4亿元，前期工作全面推进。天津医科大学总医院、医科大学第二医院近10万平方米、总投资3.6亿元的改扩建工程进入基建程序。

撰稿　朱铁良

〔**教师队伍建设**〕 2002年1月，市教委启动天津市中小学幼儿教师继续教育第三周期培训，为期5年。在此期间，所有中小幼教师都要接受继续教育，其中240学时为院校培训，240学时为校本培训，具有高级职称的教师，校本培训总学时为480学时。第三周期继续教育实施培训工作目标责任制和学校法人代表责任制，同时实施教师继续教育登记证书制度，将继续教育成绩记入档案，作为教师聘任、续聘、晋升的必备条件之一。10月，市教委举办天津市示范高中校长高级研修班，采用开放式培训、研讨及总结方式进行，学习期限为一年半。该班集中了全市一流的教育资源，通过教育理论工作者与校长一对一的指导方式，帮助校长提高办学思想和总结办学经验。

市教委制定《天津市关于高等学校教师队伍建设的实施意见》和《天津市普通高校“十五”师资培训规划》，要求各高校按照《意见》和《培训规划》研究制定本单位“十五”期间教师队伍建设规划和有关政策措施。2002年，市教委继续实施天津市特聘教授制度，天津医科大学吴尚为，南开大学王磊、叶丽虹，天津大学刘昌俊、元英进5位特聘教授已上岗。年内，高校引进接收具有博士学位人才216名、硕士学位人才370名。高校师资培训中心举办3期共计1 070人的教育理论培训，完成涉及5个专业28人的“以研究生毕业同等学力申请硕士学位教师进修班”招生考试工作，完成580人高校教师教育技术培训，并组织1 343人参加考试，继续举办高校骨干教师英语提高班，23名非英语专业的骨干教师参加培训。并派遣74位教师出国研修。

撰稿　李　霞

〔**教育对口支援工作**〕 9月10日，天津市教委、甘肃省教育厅签订了《天津市教育委员会　甘肃省教育厅2002～2003年度学校对口支援工作协议书》，其主要内容如下：做好第二期天津100名教师支甘工作；继续在暑期组织讲学团赴甘肃巡回讲学；开展对口支援学校间的交流和短期培训活动；逐步扩大天津高校在甘肃的招生，继续免费为甘肃省少数民族贫困县培养师资；启动高校、职校间对口支援工作。6月，天津市表彰了126个教育支甘先进单位，126名优秀支甘教师，其中15名被评为天津市优秀支甘教师标兵。2002年，第二南开中学、北师大天津附中、七中、四十三中完成了教育部下达的20名西藏优秀初中毕业生直接插班学习任务。红光中学西藏高中班扩招5人，五中新疆高中班扩招45人。

撰稿 刘 婷 董 宇

〔**民族教育工作会议**〕 10月28日，天津市民族教育工作会议召开，市计委、教委、民委、财政局、规划局有关负责人，各区县政府分管区县长、区县民宗办、教育局主要负责人，红桥区、河北区等有关区县计委、建委、财政局负责人，民族学校校长、民族乡乡长等100人参加会议。会上，市教委副主任王泓作了《认真实践“三个代表”重要思想，推动本市民族教育跨越式发展》的报告，市民委副主任马竞传达了第五次全国民族教育工作会议精神，副市长俞海潮讲话，对进一步深化改革，加快天津市民族教育发展提出要求。

撰稿 刘 婷

基础教育

〔**综述**〕 2002年，天津市学前教育进一步加快，全市3～6岁儿童入园率达到86.75%，农村学前一年入园率达到100%，学前二年教育基本普及，幼儿教师学历达标率为78.23%，全市幼儿教师大专以上学历达26%，示范幼儿园建设开始启动。义务教育和特殊教育入学率分别保持100%和95%，高中阶段教育入学率达到92%，普职比接近5∶5。中学信息技术教育课全面普及，小学达到60%以上。建成并投入使用的示范性高中21所，进入优质学校学习的高中生达到60%。评估命名80所天津市小学素质教育示范学校。大港区作为全国课改实验区通过教育部专家组评估，全区小学一年级、二年级和三年级起始学科进入课程改革实验；和平区、河西区作为市级实验区全面启动新课程改革实验工作。年内，10所小学实施双语教学实验。

撰稿 李 霞 高国祥

〔**学前教育“十五”计划**〕 2月19日，市政府办公厅转发市教委拟定的《天津市学前教育第十个五年计划》。《计划》明确“十五”期间学前教育的总目标是：积极普及学前三年教育，大面积开发0～3岁儿童早期教育。大力发展灵活多样的学前教育形式，积极发展以社区为依托、以示范幼儿园为骨干、正规与非正规教育相结合的区域性学前教育服务网络，满足0～6岁儿童和家长多样化的教育需求。建立起与天津市的经济文化地位相适应的学前教育体系，使学前教育总体水平接近或达到中等发达国家水平。主要措施是：进一步加强学前教育的组织领导，坚持依法治教；深化体制改革，推进学前教育健康发展；深化教育改革，全面提高学前教育质量；加强队伍建设，提高教师整体素质；发展社区早期教育，完善学前教育体系。

撰稿 李 霞

〔**高中建设经验交流会**〕 2002年10月12日～13日，全国高中发展与建设工作经验交流会在津召开。中共中央政治局常委、国务院副总理李岚清到会并讲话。教育部部长陈至立作题为《实践“三个代表”重要思想，努力开创高中教育发展与建设的新局面》的工作报告。市委常委、市委教卫工委书记邢元敏在会上介绍了天津市“扩大优质高中资源，发展普通高中教育”的四种做法和三点体会。四种做法是：根据实际需要，明确建设原则；政府投入为主，创新投资结构；加强队伍建设，提高教师素质；深化教育改革，推进素质教育。三点体会是：突出政府行为是做好此项工作的前提；创新工作思路是做好此项工作的关键；注重社会效益是做好此项工作的根本。天津市的经验得到有关领导及与会代表的充分肯定。

撰稿 皮德新

〔**招生考试制度改革**〕 2002 年初、高中招生考试，一是实施普通高中毕业会考新方案。二是推进中考改革。初中毕业考试权限下放后，建立与该项改革相配套的义务教育完成率管理制约新机制，即为确保义务教育的完成率，在几科考试中，选择相对薄弱的一科进行全市性的抽考，以此检验教育质量，控制辍学，监控义务教育完成率。三是六年级升级继续实行素质教育水平报告书制度，升级考试学科以语文、数学、外语为检测科目，考试成绩实行等级评定，标准为优、良、中、合格、不合格。同时，为保证公办初中校招生数量，严格控制民办初中校招生比例，全市控制在15%。严格控制民办公助校招生比例，民办公助校未实现四独立的不准招生；流动人口子女就近接受义务教育。

2002 年，全市适龄儿童 6 周岁入学，班容量严格控制在 45 人以下，入学率保持 100%。公办校、民办校同时招生，每个适龄儿童在公办校都有一个位置。市教委印发《2002 年天津市国办幼儿园招生工作意见》，将招生录取权下放到各区县教育局。

撰稿 李 霞

〔**素质教育**〕 2002 年，市教委在初、高中素质教育方面，一是狠抓市基础教育工作会议精神的贯彻落实，要求各区县教育行政部门选准扎实推进素质教育的着力点。二是举办更新教育观念，全面推进素质教育专题报告会，并根据教育部基教司部署，面向全市一线干部教师，征集实施素质教育的典型案例，择优向教育部推荐，获教育部优质组织奖。三是大力推广高中“研究性学习”典型经验，并把工作重点放在培养学生创新精神和实践能力的方法和途径上，通过抓观念、抓管理、抓队伍、抓典型，使“研究性学习”课程试验取得成效。同时，在普通高中综合实践课程和选修课程领域进一步总结学分制管理经验。四是进行《天津市中小学学科培养学生创新精神和实践能力指导意见》试行工作，为进一步构建中小学培养学生创新精神和实践能力的目标体系和评价体系奠定工作基础。五是狠抓初、高中毕业班工作，向毕业班要质量、要素质。9 月，召开全市初、高中毕业班教学质量分析会，会议提出“统一一个思想，把握一个重点，狠抓四个环节，实现三个突破”的毕业班总体工作思路。年内初、高中毕业班素质水平的各项质量指标均有稳步提高。

全市小学围绕基础教育课程改革，积极推进素质教育，一是总结河西区二师附小、河北区红权小学、蓟县城关六小等在实践中转变教育观念，强化学生实践能力培养，让家长满意，对孩子负责，用新的课程理念指导教学实践的先进经验。二是开展更新教育观念优秀教学课评选活动。三是市教委与南开区政府联合召开全市小学语文感悟式教学研讨会，会上，南开区艺术小学教师李卫东介绍了小学语文感悟式教学经验。四是市教委举办骨干校长教育理论培训班，请专家、学者作报告，围绕贯彻基础教育课程改革纲要，进一步推动课程改革，引导校长转变观念和工作职能，树立正确的教育观，用新的课程理念指导教学工作，提高实施素质教育的能力和水平。各区县教育行政管理干部、小学素质教育示范学校校长 280 多人参加培训。

撰稿 皮德新 高国祥

职业教育与成人教育

〔综述〕 天津市进一步优化中等职业教育，2002年有招生资格的学校确定为141所，校生均规模提高到1 000人以上。天津职业大学、天津市城市经济与管理学校被教育部确定为国家重点建设示范性职业学校，天津市计算机职业中等专业学校等5所学校的5个专业被教育部确定为全国中等职业教育首批示范专业（点）。经专家评估，市政府批准，港口中等专业学校、城市建设管理学校、劳动保护学校为省部级重点中等职业学校。

2002年，市教委加强成人高校专业设置规范管理，制定《天津市成人高等院校教学评价指导体系》，在12所成人高校利用现代远程教育技术进行教学模式改革。成人高校首次采用多媒体形式联合出版具有成人高等教育特色的系列教材。天津广播电视大学人才培养模式改革和开放教育试点通过教育部评估。调整成人中专学校布局结构，13所职工中专学校转制为中等职业学校。推进全市职工素质教育工程，完成47个行业职工培训中心的重新登记工作。

撰稿 李 霞

〔全市职业教育工作会〕 天津市职业教育工作会于10月23日召开。市委书记张立昌会前接见本市全国职业教育先进集体代表和先进个人。市长李盛霖出席会议并讲话。市委教卫工委书记邢元敏主持会议，副市长俞海潮作工作报告。张立昌在讲话中指出：天津的现代化建设进入一个新阶段。教育是经济和社会发展的基础，加快天津发展，需要高素质的产业大军。加快职业教育发展，努力培养大批生产一线急需的适用性人才、复合型人才，是教育战线十分紧迫的重大任务。必须把职业教育摆在更加突出的位置。增强紧迫感，用最短的时间，尽最大的努力，加快职业教育发展，全面提高职业教育水平。全社会要一如既往地关心和支持职业教育，创造一个鼓励接受职业教育、当好技术工人的良好氛围。形成一支具备科学文化知识、掌握生产技能、具有高尚职业道德的产业大军，为加快天津发展提供人才保证。李盛霖在讲话中指出：发展职业教育，是加快天津经济与国际接轨，实现均衡持续快速发展的战略之举；是抓好经济结构调整，形成天津新的比较优势的迫切要求；是提高城市地位，增强影响力和辐射的重要途径；是促进和扩大就业和再就业，维护社会稳定的一项重要措施；要深刻认识推进职业教育的重要性和紧迫性，进一步统一思想，加大力度，加快职业教育的改革和发展。会议传达了全国职业教育工作会议的精神，印发了天津市人民政府《关于贯彻国务院关于大力推进职业教育改革与发展的决定的若干意见》。

〔参加全国职教成果展〕 教育部于7月26日～28日在长春举办首届全国职教成果展，天津展区共用19个展位，200平方米展区，围绕“天津产业大军的摇篮——蓬勃发展的职业教育”这一主题，突出构建高标准职业教育新体系等6个重点，全面介绍天津职业教育改革与发展成果。展览设计构思新颖，体现职教特色，有现代感和时代气息。有近20万人参观了天津展区。9月23日～27日，天津职教成果展回津后在天津一商校进行展览，18个区县教育局、100多所学校的干部、教师共1 000多人参观展览。

〔师资培训基地建设〕 2002年，为办好国家级高职、中职师资培训基地，市教委狠抓基地硬件和软件建设。天津大学投入3 000万元建成职教大楼。其中，许多设施是结合师资培训的特点和需求建设的。天津市政府与西班牙政府合作在天津中德职业技术学院建设中西数控技术培训中心，西班牙政府投入1 000万美元，天津市政府投入3 000万元人民币，主体建筑已经落成。天津职业技术师范学院投入530万元新建自动化系统综合开放实验室、图形工作站、CAD/CAM大型软件、汽车电器、电喷发动机检测教学装置。南开大学、天津工业大学、天津财经学院相继投入资金，加强实验、实习基地建设，为师资培训工作提供良好条件。基地聘请全国一流的职教专家和教授任兼职教授，有近百名专家、教授被收入基地专家库。同时，基地还加强师资培训工作的规范化、科学化管理，制定基地培养培训工作设计方案，确定工作目标、工作原则、工作任务，制定有关规章、制度，制定完整的专业培训教学大纲、教学计划，教材和教学内容不断充实该领域国内外最新的科研成果，使教师在培训中了解和掌握最前沿的知识。

撰稿　徐　铸

〔**社区教育**〕 2002年，经市政府同意，市教委分别函复南开区政府、河北区政府、和平区政府，同意试办南开社区学院、河北社区学院、新华社区学院。社区学院是以实施职前职后高等职业教育、中等职业教育、继续教育为主的综合性、区域性教育机构。3所社区学院是在整合区内教育资源的基础上组建的，涉及13个单位，其中成人高校3所、职业高中4所、职工中专2所、职工中学1所、普通中学2所、小学1所，整合土地17.4万平方米，建筑面积9.9万平方米。位于市中心区的3所社区学院校园平均占地面积5.8万平方米。

撰稿　岳腾仑

〔**老年教育**〕 7月18日，天津市第十三届人民代表大会常务委员会第三十四次会议通过《天津市老年人教育条例》，自9月1日起施行。《条例》对老年教育的目的、性质、地位，各级政府及有关部门在发展老年人教育的职责，老年教育机构的权利和义务等作出规定。2002年，市管10所老年大学依法重新申请办理办学许可证、事业单位法人证书等登记审批手续。市政府扩建市老年大学的计划基本落实，校舍建筑面积达万余平方米。区县级示范性老年大学快速发展，南开区、河北区利用社区学院，红桥区、东丽区、西青区、津南区利用区职大、电大，和平区、汉沽区利用区少年宫，河西区、宝坻区利用区文化馆，大港区利用区老年福利院的场地、设施、师资和人力，解决了多年制约老年大学发展的校舍、设备、经费、人员等问题，办起区级示范性老年大学。全市在校老年学员突破2万人。市老年教育发展促进会召开了天津市第二届老年教育理论研讨会，收到论文67篇；与市教科院合作撰写《老年大学发展研究》专著；组织了老年大学首届艺术节声乐专场演出比赛。

撰稿　阎春林

高等教育

〔**综述**〕 2002年，市教委继续推动教学评价工作，对天津职业大学教学工作进行随机性水平评价；天津医科大学接受教育部组织的本科教学工作和七年制教学工作随机性水平评估，通过了教育部专家组的实地考察。市教委加大教学改革力度，256项教育教学改革立项项目通过评选；批准38项网络课程建设项目首批立项；确立天津市高校“十五”规划教材115项。“天津市高校数字化图书馆建设管理中心”成立，18所高校联合引进图书馆自动化管理系统。学科建设取得新突破，全市高校国家重点学科数增至36个，3个学科新增为市级重点学科。经天津市高校“十五”综合投资专家组审议,天津市高校“十五”综合投资规划领导小组研究,确定天津科技大学“生物工程”等15所高校的49个学科作为市级高等学校“十五”综合投资规划重点建设学科。南开大学、天津大学和天津医科大学“211工程”“九五”建设项目国家验收结果均为优秀,“十五”建设项目相继启动。加快高等职业教育资源重组和布局调整步伐,截至年底,调整重组18所独立设置的高职学院和3所社区学院。

撰稿　李　霞

〔**天津科技大学成立**〕 7月2日，在原天津轻工业学院举行天津科技大学成立大会。市委书记张立昌为学校更名题词：“办好科技大学，服务天津经济”。市委副书记、市长李盛霖，市委副书记刘胜玉出席大会并为天津科技大学揭牌。大会由市委常委、市委教卫工委书记邢元敏主持，副市长俞海潮宣读天津市委、市政府《关于天津轻工业学院更名为天津科技大学的通知》。市长李盛霖发表讲话，希望学校主动适应国家和天津未来发展需要，发挥多学科的综合优势，加快学科建设和专业调整，努力提高教育教学质量，培养高素质人才。

新成立的天津科技大学涵盖工、理、文、经、管五大学科门类。学校的微生物与发酵工程、制浆造纸工程、高分子材料与加工工程、化学工艺（海洋化学工程）等学科办出了自己的特色。具有一级学科博士授权点1个（覆盖4个二级学科博士授权点），硕士学位授权点13个，工程硕士学位授权点3个，本科专业35个,省部级重点学科3个,省部级重点实验室(工程研究中心)3个。按教育部的要求,新成立的天津科技大学为多科性本科院校,以本科教育为主,同时积极承担研究生培养任务。

撰稿　韦　波

〔**“211工程”建设**〕 2月28日～3月1日，根据国家“211工程”部际协调小组的部署，以北京大学党委书记王德炳为组长的专家组，对天津医科大学“211工程”“九五”期间建设项目进行验收。专家组听取了校长郝希山关于学校“211工程”“九五”期间建设情况的报告，观看了“211工程”建设成就展，实地考察6个重点学科建设和综合教学楼，并召开重点学科带头人和中青年学术骨干座谈会。在对学校“九五”建设情况进行全面了解后,专家组认为,天津医科大学建设取得了好成绩,学校发生很大变化,学校工作取得重大进步,圆满完成了“211工程”“九五”期间建设项目。

9月，南开大学、天津大学、天津医科大学“211工程”“十五”建设项目正式启动，三校分别获得中央专项资金7 000万元、7 500万元和3 000万元的支持。10月～11月，教育部和市政府分别组成专家组，对三校“211工程”“十五”建设项目可行性研究报告进行论证。

撰稿　高树民　聂大群

〔**高校后勤社会化改革**〕 2002年，高校后勤社会化改革完成确定的三年阶段性目标和任务。(1) 高校后勤从行政管理体系中全部实现规范剥离，各学校都组建了后勤管理机构（甲方）和后勤服务实体（乙方）。(2) 百万平方米大学生公寓宿舍新建、改扩建任务如期完成，解决了三年大学生扩招后的住宿问题。(3) 大学生食堂新建、改造、扩建计划顺利实现，改善了就餐环境，优化了服务功能，保证了增加招收大学生的就餐需要。(4) 开放高校后勤服务市场，引入校外餐饮企业，增加竞争机制；高校供热实行社会化；部分高校将综合办公楼及实验楼、大学生公寓、宿舍以及校园内外设施交境内外著名物业集团独立管理；开办高校“教育超市”等。(5) 加强和完善高校后勤工作管理。市教委、市质监局联合印发《关于印发〈天津市大学生公寓（宿舍）床上用品定点生产、购销管理办法〉的通知》，并适时组织召开2002年度天津高校床上用品展示定货会；高校供热公司组织部分高校对冬季供暖用煤进行招标投标工作；还制订《天津市大学生公寓物业管理暂行办法》等。(6) 在年初、年中和年末召开全市高校后勤社会化改革工作推动会，总结经验成果，部署下一步工作安排。

撰稿　刘　坚

〔**学位工作与研究生教育**〕 2002 年，天津市学位与研究生教育以结构调整为主线，以提高办学水平为目标，办学实力显著增强，教育质量不断提高。全市高校国家重点学科数增至 36 个，3 个学科新增为市级重点学科。研究生培养和学位授予质量稳步提高。2001～2002 学年共授予博士学位 572 人，硕士学位3 230人，学士学位15 545人。南开大学、中医学院共有 4 篇论文入选全国优秀博士学位论文；天津市优秀博士学位论文评选工作正式启动。成人高教本科学士学位授予标准统一，程序规范。制定并印发《关于提高天津市学位与研究生教育质量的若干意见》和《关于规范天津市学位与研究生教育质量评估工作的意见》，从制度上保证学位授予和研究生培养的质量。全日制研究生教育规模不断扩大，非全日制研究生教育迅速发展。全年共招收专业学位硕士研究生1 700人；在学专业学位硕士研究生达到3 696人。批准举办研究生课程进修班 81 个，其中在津办班 45 个、外地办班 36 个。南开大学、天津大学在全国 54 所高校工商管理硕士教学合格评估中，分别名列第三、第九，天津市 MBA 教育水平已位居全国先进行列。

撰稿　徐卫红　秦贤宝

〔**高校科研工作**〕 2001 年，全市高校列入学校一级年度计划的各类自然科学研究与发展课题3 666项，人文、社会科学研究课题1 564项，通过各种渠道取得科技经费 5.3 亿元。到 2002 年，全市高校共鉴定科研成果 285 项（其中国际水平 92 项，国内首创 85 项，国内先进 57 项，其他 51 项）；出版自然科学类科技著作 157 部，发表学术论文8 280篇；出版人文、社会科学类著作 800 部，发表学术论文3 656部；专利申请数为 138 项，专利授权数为 60 项。2002 年，经专家评审，确定 16 所高校的 161 项课题立项，其中，自然科学类 99 项，人文社科类 62 项。高等院校有 21 项成果获第三届中国高校人文社会科学研究成果奖。其中，南开大学薛敬孝的“APEC 研究——方式·运行·效果”和李维安的“改革实践的呼唤：中国公司治理原则”获得一等奖。高等院校有 152 项成果被评为天津市第八届社会科学优秀成果，占全市优秀成果总数的 71%。其中，南开大学李维安的“改革实践的呼唤：中国公司治理原则”获惟一的特等奖。在 2001 年度天津市科学技术奖评选中，高校获奖 84 项，占获奖总数的 33.87%。其中，22 项自然科学奖全部被高校获得，9 项发明奖高校获得 8 项。2002 年，天津市高校积极对外开拓市场，进一步增强科技合作与交流，签订技术合同 669 项，成交技术合同总金额12 548.47万元。其中，技术开发合同 395 项，合同成交金额7 655.91万元。在首届全国产学研联合网上成就展暨洽谈会上，南开大学、天津大学、天津工业大学进行网上成果发布，南开大学、天津大学、天津农学院、天津城市建设学院等高校有 40 多项成果与企业洽谈合作意向。8 月 22 日，天津大学、天津职业大学、河北工业大学等高等学校与天津渤海化工集团签订全面合作协议。

撰稿　李　霞

〔**承办国际数学家大会“微分几何与整体分析”卫星会议**〕 8 月 20 日，第 24 届国际数学家大会在北京举行。8 月 16 日～18 日，南开大学凭借数学学科在微分几何领域的整体实力和突出成就，承办国际数学家大会“微分几何与整体分析”卫星会议。国际数学大师陈省身任大会名誉主席。法国高等研究所所长波规农和华人数学家、美国普林斯顿大学教授张圣蓉出席本次会议。南开大学校长侯自新出席开幕式并致辞。会议期间，来自世界各地的 60 多位专家对“代数几何中的辛观点”、“黎曼流形上距离函数临界点理论的应用”、“Eta 不变量与奇偶条件”等 15 个专题进行了讨论，总结了 20 世纪以来微分几何研究，并对将来微分几何研究的发展进行规划。南开大学数学学科在陈省身先生的推动下实力大大增强，尤其在微分几何领域的成就备受瞩目，此次国际数学联盟邀请南开大学龙以明和张伟平两位教授在大会的微分几何组作报告。

撰稿　万　俊
审稿　林炎生

河北省教育

概　况

〔基本情况〕

2002 年各级普通学校基本情况

单位：人

学校类别	学校数（所）	毕业生数	招生数	在校生数	教职工数 合计	教职工数 其中：专任教师
总　计	**36 354**	**3 731 456**	**3 640 489**	**13 898 707**	**823 615**	**688 449**
一、研究生	(15)	1 320	3 460	8 228		
1. 高等学校	(13)	1 313	3 436	8 171		
2. 科研机构	(2)	7	24	57		
二、普通高等学校本专科	75	62 910	170 792	472 966	58 581	28 091
本科院校	26	36 533	99 717	300 114	38 385	17 880
专科院校	49	21 849	61 575	151 707	20 094	10 161
分校、大专班		4 528	9 500	21 145	102	50
三、普通中等学校	5 518	1 672 939	2 060 852	5 837 078	381 967	310 057
1. 中等专业学校	96	74 276	69 043	213 823	21 549	11 682
中等技术学校	90	59 667	57 159	177 583	17 597	9 361
中等师范学校	6	14 609	11 884	36 240	3 952	2 321
2. 技工学校						
3. 普通中学	5 053	1 475 443	1 856 468	5 280 507	331 086	277 265
高中	791	234 819	379 583	947 964		53 521
初中	4 262	1 240 624	1 476 885	4 332 543		223 744
4. 职业中学	369	123 220	135 341	342 748	29 332	21 110
高中	329	112 266	114 869	290 172		18 322
初中	40	10 954	20 472	52 576		2 788
5. 工读学校						
四、小学	28 433	1 526 929	789 634	6 745 539	355 320	332 173
五、特殊教育学校	93	1 306	1 782	12 337	2 008	1 511
六、幼儿园	2 235	466 052	613 969	822 559	25 739	16 617

2002年各级成人学校基本情况

单位：人

学校类别	学校数（所）	毕业生数	招生数	在校学生数	教职工数 合计	教职工数 其中：专任教师
总计	**49 568**	**6 335 838**	**3 952 969**	**4 808 906**	**69 830**	**31 659**
一、成人高等学校	15	60 549	115 153	295 562	4 398	2 214
1. 广播电视大学	1	6 090	8 388	27 841	1 753	848
2. 职工高等学校	6	3 157	4 068	9 939	848	411
3. 农民高等学校						
4. 管理干部学院	5	3 997	1 605	4 912	985	477
5. 教育学院	3	463	345	1 362	812	478
6. 独立函授学院						
7. 其他学校（机构）						
8. 普通高等学校举办		46 842	100 747	251 508		
函授		26 578	55 188	145 776		
业余		8 708	19 191	51 039		
脱产		11 556	26 368	54 693		
二、成人中等学校	41 555	5 969 581	3 608 376	4 228 960	55 841	27 208
1. 成人中等专业学校	201	40 743	34 471	97 745	7 376	4 525
广播电视中专学校	3	1 862	2 150	5 060	50	34
职工中等专业学校	36	10 187	6 832	14 636	1 908	1 106
干部中等专业学校	3	168	66	557	103	79
农民中等专业学校	5	409	723	1 564	81	51
函授中等专业学校						
教师进修学校	154	10 699	8 952	30 660	5 234	3 255
其他类学校举办		17 418	15 748	45 268		
2. 成人中学	127	9 142	9 837	11 902	1 340	1 039
成人高中	75	5 171	5 608	6 329	912	682
成人初中	52	3 971	4 229	5 573	428	357
3. 成人技术培训学校	41 227	5 919 696	3 564 068	4 119 313	47 125	21 644
职工技术培训学校	2 021	493 257	302 031	358 046	6 550	2 365
农民技术培训学校	39 206	5 426 439	3 262 037	3 761 267	40 575	19 279
三、成人初等学校	7 998	305 708	229 440	284 384	9 591	2 237
1. 职工初等学校	211	15 590	6 921	6 034	320	216
2. 农民初等学校	7 787	290 118	222 519	278 350	9 271	2 021
其中：扫盲班	5 970	40 815	56 409	169 608	6 985	1 033

2002年，中共河北省委高校工委、省教育厅印发《2002年工作要点》，明确年度教育工作的指导思想是：高举邓小平理论旗帜，以江泽民同志“三个代表”重要思想和党的十五大、十五届六中全会精神为指导，坚持教育面向现代化、面向世界、面向未来，以加快发展为主题，继续适度扩大教育规模，以结构调整为主线，积极调整布局结构和学科专业结构，以全面提高教育质量为重点，全面推进素质教育，巩固提高“两基”成果，加快推进高中阶段教育步伐，大力发展职业教育和成人教育，积极发展高等教育，实现教育持续健康快速发展，最大限度地满足人民群众对教育的需求，为全省经济的跨越式发展和社会全面进步培养大批具有创新精神和实践能力的高素质人才。

党的十六大召开后，省委教育工委、省教育厅召开学习十六大精神报告会。十六大代表、省教育厅党组书记、厅长刘永瑞传达了十六大精神。省教育厅党组副书记、副厅长靳宝拴对全省教育系统学习贯彻十六大精神作出部署。11月20日，省委教育工委、省教育厅党组联合发出通知，要求全省教育系统把学习贯彻中共十六大精神作为当前和今后一个时期的首要政治任务，列入重要议事日程，切实抓紧抓好。并把学习贯彻十六大精神深入到教育教学改革实践中，统领和指导各项工作。

〔**实施八项重点工程**〕“十五”期间，河北省以全面推进素质教育为主线，实施八项重点工程，进一步提高教育质量。(1)素质教育工程。坚持以人为本，转变教育思想，改革教育方法，推进课程体系改革，构建面向21世纪的教育课程体系；改革教育质量评价标准和监督办法，建立起符合素质教育要求的科学有效的评价和监督机制。(2)“普九”巩固提高工程。下力量解决农村初中生辍学率偏高的问题，新建扩建一批初中学校，努力满足初中入学高峰要求；加大对贫困地区义务教育的支持力度，缩小学校之间办学条件的差距。(3)普及高中段教育工程。大力发展普通高中，力争到2005年全省普通高中在校生达到115万人；抓好200所省级示范性普通高中建设，力争使其中50所达到全国一流水平。(4)高等教育大众化工程。到2005年高等学校在校生达到100万人，年递增率达到10%以上，选择一批办学条件好的成人高校和中等专业学校，改建为一批面向全省主要行业的职业技术学院。(5)高校知识、技术创新工程。大力发展研究生教育，重点建设好一批骨干大学和100个学科专业；实施“燕赵学者计划”，培养一批具有世界先进水平的中青年学术攻坚人才；设立高校青年教师科研和教学奖励基金，评选百名35岁以下的优秀青年教师进行重点培养。(6)结构调整工程。大力发展中等职业教育，提高本科教育比例，扩大研究生教育规模；重点培养适应高新技术产业需要的专业人才；鼓励设区的市创办多功能社区性的学校。(7)师资队伍建设工程。(8)教育信息化工程。

〔**举办首届河北国际教育博览会**〕2002年6月6日～9日，省教育厅和国家留学基金管委共同举办了河北省首届国际教育博览会暨国际教育发展论坛。博览会上，河北省共与国外高校和教育机构达成合作、交流协议63项，其中包括美国马里兰大学、俄罗斯国立莫斯科大学、澳大利亚新南威尔大学、瑞典皇家工学院、英国鲁顿大学等国际知名大学与河北省高校达成的合作协议。从协议内容看，互派留学生、进行项目合作、为河北省培训教师为主要内容，但也有教师互聘、合作办学等方面的合作。如河北经贸大学与澳大利亚南昆士兰大学合作举办“2+2”本科学历教育，唐山工业职业技术学院与加拿大培森国际教育集团合作培养三年制“2+1”专科学历学生等。

〔**教育信息化建设**〕4月18日～19日，河北远程教育网络终端建设暨“校校通”工程现场会在三河市举行。河北省自1999年开始实施“现代远程教育工程”以来，全省已有95%以上的重点职中和中专学校建成了校园网，部分县(市)中小学实现了“校校通”，特别是河北远程教育网的建成和开通，为全省中小学实现“校校通”提供了一个经济实用的卫星平台。在此基础上，省教育厅决定加快全省教育信息化建设步伐，将中小学实现“校校通”的工程时限由原定的8年缩短为5年。会议认为，2002年是发展全省现代远程教育的关键一年，各级教育行政部门要学习和推广三河市高速度、高质量、低成本实现“校校通”的基本经验，采取有力措施，确保年内完成“万校联网”计划；要多渠道筹措资金，增加对教育信息化建设的投入，经济条件较好的市、县、乡，每年要安排一定的专项资金支持“校校通”工程建设，广泛动员社会各界特别是企业界增大对教育信息化建设和发展现代远程教育的投入和支持；要以信息资源建设为中心，建好网、管好网、用好网，积极开展教师培训和运用网络进行教学，使有限的优质教育资源实现共享。至2002年，全省已经有800多所学校实现入网，其中400多所学校通过专线实现了入网。自2001年底，河北省加快全省教师教育系统信息化建设的步伐。用计算机企业做担保，采用买方信贷的方式，师范院校到计算机企业指定的银行贷款，通过市场招标，用于购买信息化建设所需要的设备，同时开发教师教育信息技术软件资源。至2002年，全省教师教育系统通过这种运作模式，合同利用资金5 000万元人民币，已有2 500多万元资金投入50所师范院校（教师进修学校、师范专科学校和本科师范院校）的信息化建设，新建成了一批计算机多媒体教室、网络信息中心、教师教育资源库等。教师教育系统信息环境的改善，推动了基础教育新课程的实施。同时充分利用已建成的河北省教育网，正在建立集教师信息查询、国内外教育信息服务、教育教学改革动态等多功能于一体的河北省教师教育网站。

〔**行风建设**〕 2002年初，省教育厅制订了行风建设工作方案，主要内容包括：加强思想作风建设，促进教育事业快速发展。坚持解放思想、实事求是的思想路线，强化服务意识等。要求各级教育行政部门深入开展调查研究，省教育厅机关干部全年下基层不少于3个月，针对教育的热点、难点问题，写出专题报告。进一步简政放权，精简会议和文件，改进作风，不以权谋私。省教育厅继续坚持每周五信访接待日制度。在全省教育系统广泛开展“下评上”活动。继续推行政务公开和校务公开，增加透明度。各市、县教育行政部门要设立并向社会公布行风建设热线电话及时解答群众提出的问题，自觉接受群众和社会监督。继续加大对各级各类招生考试的执法监察力度，继续加强各级各类学校的收费管理，对中小学乱收费案件发现一起查处一起，有效遏制中小学乱收费。

基础教育

〔**中小学教学评估**〕 2002年，省教育厅制定了《中小学评估指导意见》，把学校与教师“以学生发展为中心”思想是否到位及开展自主性学习情况作为重要考核内容。《意见》强调，在教师指导下，学生独立、自主、探究式地学习，是学习的主流。学校应开设好研究性学习课程，创造条件，开设适合学生学习的地方课程、学校课程和选修课程，以满足不同层次的学生的学习需求。学校和教师应鼓励和引导学生充分利用校外课程资源，积极开展自主性学习活动。《意见》要求各中小学严格控制考试次数，学科教师不得随意考试，不得对考试成绩进行排名或张榜公布。要坚决摒弃仅以考试成绩作为评价学生优劣标准的作法，对学生更多地使用激励性评语，通过评价工作为学生营造一个互相关心、互相帮助、生动活泼、主动发展的和谐环境。

〔**课程改革实验**〕 2001年，河北省开始基础教育课程改革实验工作，鹿泉市被确定为国家级课改实验区。2002年3月，河北省省级基础教育课程改革实验区工作正式启动。确定藁城市、唐山市新区、秦皇岛市海港区、邯郸市峰峰矿区、临城县、安国市、涿鹿县、丰宁满族自治县、青县、三河市、冀州市为省级基础教育课改实验区。实验区的主要任务是：验证国家各学科课程标准的科学性与可行性，检验新教材与课程标准的一致性与可行性；形成新的教学模式和以“探究、发现、合作”为主学习方式；探索建立与新课程相适应的促进学生、教师和学校共同发展的评价体系、办法与考试制度；构建新课程师资队伍培训与提高的有效机制和模式；改革与创新学校管理机制；探索建立学校、家庭和社会三结合的教育网络；实验探索国家、地方、学校三级课程管理的运行机制；为全省进一步推广新课程积累经验。

到2002年，实验工作进展顺利。(1)落实领导管理机构，省、市及国家和省级课改实验县都成立了专门领导机构；(2)落实课改规划方案，省教育厅制订了《河北省实施国家基础教育课程改革实验推广工作方案》、《河北省实施国家基础教育课程改革实验课题指南》、《河北省实施国家基础教育课程改革培训方案》等；(3)落实课改责任，明确规定课改工作由各级基础教育行政管理部门牵头负责，教研、师训、思政体卫、人事、督导、财务、电教、干训、师范院校等齐抓共管；(4)落实实验经费，设立了课改实验专项经费，每年300万元；(5)落实配套政策，河北省把新课程有关内容的培训纳入中小学教师继续教育的核心内容，并记入学分，给予国家和省级课改实验区初中毕业考试自主权。同时坚持以科研带课改的实验工作方式。

〔**幼儿英语教育**〕 2002年6月10日，省教育厅、省新闻出版局联合举办了全省幼儿英语节目会演，目的是进一步推动全省各级各类幼儿园英语教育活动开展，不断提高教学质量，激发幼儿学习英语的兴趣。共有16支幼儿园代表队参加了会演，表演形式包括音乐剧、童话剧、小品、歌组合等，充分展示了河北省幼儿的英语学习水平和精神风貌。为切实落实省政府提出的“全民学英语，从娃娃抓起”的批示精神，省教育厅确定了100所“双语教学”示范园，推荐了河北少年儿童出版社与新加坡IT21教材编写机构合作编写的《幼儿学英语》供全省幼儿园选用。2002年，全省确定了107所双语示范幼儿园，有400多所省辖市市区和经济较发达县城幼儿园开设了幼儿英语课程。

〔**评选优质课活动**〕 为进一步提高全省广大中小学教师的教学能力和业务素质，从9月开始，省教育厅通过自下而上的层层评选，评出10 000节县级优质课、1 000节市级优质课和100节省级优质课。省教育厅对入选的省级优质课任课教师给予表彰和奖励，并将选择部分优质课辑印成书或制作成多媒体课件，供全省中小学教师学习。优质课评选的主要标准为，教学内容符合中小学课程计划和教学大纲的要求，达到学科教材所规定的教学原则和目的；课堂教学能做到理论联系实际，强化基础，培养能力，讲求效率，体现以学生为主体的原则，组织教学恰当、得体；充分体现现代教育理念，教学方法具有先进性、创新性，并对提高课堂教学质量产生明显效果；主动运用多媒体教学手段，激发学生的学习兴趣，课堂教学效果好。

〔**中小学环境教育**〕 2002年，设立“绿色邮局”，是河北省“绿色学校”、秦皇岛市“环境教育基地”——燕秀里小学对学生进行环保教育推出的一项新举措。为加强环保教育基地建设，增强学生环保意识，燕秀里小学在实施了“三小育人工程”(争创学校环保小基地、争做家庭环保小主人、争当社会环保小卫士)的基础上，从5月初开始设立“绿色邮局”。“绿色邮局”局长、副局长全部由学生担任，学校校长任顾问，并设立19个“绿色信箱”。全校19个班每班都推选一名品学兼优的学生为邮递员，他们及时地将邮件从“邮局”取出准确投递到收件人手中。邮递员将邮件内的“作品”发给学生传阅，并在后面签名或留言。学生们看完后，再用自制的信封贴好，贴上“环保邮票”，到“绿色邮局”盖邮戳后，再邮到下一个班级。校少先队大队部将定期举办“绿色邮票”征集评选活动。“邮局”在一个多月里，已传递36个邮件，每个邮件的阅读人数达200多人。燕秀里小学的班组之间、同学之间互相用信件传递着环保信息，写得好的环保日记、办得好的环保小报、读过的环保书籍及从网上下载的环保知识等。家长们十分支持孩子办好“绿色邮局”，有的还动手制作信封、邮票等。有关部门对燕秀里小学设立的“绿色邮局”给予高度评价。

〔**农村联办小学**〕 河北省在边远或生员减少的农村试行几个行政村联合办学。承德县八家乡有9个行政村，虽然每个村都有小学校，但传统的房屋建筑采光、通风不好，阴暗潮湿。特别是因生员减少，多数小学都以复式教学为主，严重地影响了教学质量提高。2001年年底，乡党委、政府经过深入调查研究，决定搞一个联办学校试点，并组成工作组，由乡主要领导亲自抓。深水河、勃椤台、桑园3个村是全乡最偏远的山村，而且相邻距离最小。经协商，3个村的干部群众一致赞同联办小学，教学楼校址选取在地处中间的勃椤台小学。为了让孩子们尽早搬进新教室，乡主要领导多方争取各界支持，村干部和全体村民个个筹款投工投劳。2002年8月，有22间校舍的两层小楼顺利落成，126名小学生搬进新教室，结束了原村办小学复式教学的历史。

〔**农村中小学收费试行“一费制”**〕 2002年7月16日，省教育厅、物价局、财政厅发出通知，要求从2002年秋季新学年开学起，51个国家和省扶贫工作重点县农村义务教育阶段中小学收费全部试行“一费制”。根据教育部、国家计委、财政部《关于切实做好2002年农村贫困地区义务教育阶段“一费制”试行工作的通知》精神，河北省规定，试行“一费制”的地区，小学收费标准在国家规定每生每学年160元的基础上上浮最高不超过15%，下浮不限，其中包括教科书费、课堂作业本费、电教教材费、取暖费、杂费及寄宿费等；初中收费标准在每生每学年260元的基础上上浮最高不超过20%，下浮不限，含教科书费、课堂作业本费、电教教材费、取暖费、杂费等，寄宿制学生住宿费另收。收费按学期收，每学期收费标准为年收费标准的50%。试行“一费制”后，因收费标准降低以及减免家庭困难学生费用而形成的公用经费缺口，按省核定的农村中小学公用经费标准和定额，在上级转移支付资金中安排。这51个县除按本省规定“一费制”标准收费外，不再向学生收取任何费用。对于违反规定，在“一费制”以外巧立名目乱收费或自行提高收费标准的，各级教育、物价、财政部门予以严肃查处。

〔**完善农村义务教育管理体制**〕 6月20日，省政府召开完善农村义务教育管理体制电视电话会，强调要加强领导，强化措施，进一步调整和完善农村义务教育管理体制，切实构建起稳固可靠的农村义务教育经费投入保障机制，确保完成年内所有地区农村义务教育都按照“以县为主”的新管理体制运行的任务。会议指出，调整和完善农村义务教育管理体制，基本目标是要实现“两个重大转变”，即把发展农村义务教育的责任由主要由农民承担转变为主要由政府承担，把政府对农村义务教育的责任从以乡镇为主转变为“以县为主”。核心是要落实“以县为主”，使县级政府真正担负起发展本地义务教育的主要责任。要确保按时足额发放农村中小学教职工工资，2002年12月前，农村中小学教职工工资要全部收到县集中管理；要确保农村义务教育学校正常运转所需公用经费，中小学按规定收取的杂费要全部用于公用经费开支，不得挪用，公用经费不足部分由县、乡两级政府在预算中安排；要确保农村中小学危房改造所需经费和学校安全，要建立健全定期勘察、鉴定危房制度和危房改造目标管理责任制，建立健全省、市、县、乡共同筹措危房改造资金的机制，力争在较短的时间内基本消除现有农村中小学危房；要多渠道筹措，保障农村中小学建设和发展所需资金。在落实“保工资、保运转、保安全、保发展”的过程中，各级、各有关部门要强化监督和严控。

〔**资助中小学贫困生**〕 为切实保证义务教育阶段的学生不因家庭经济困难而辍学，省级财政设立“中小学贫困学生助学金”专款，并安排200万元资助贫困生。省级助学金主要用于支持“老、少、边、穷”地区家庭生活在国家和省规定的贫困线（或最低生活保障线）以下的义务教育阶段贫困学生，适当支持其他地区家庭特别困难的学生，抵减他们的课本费、学杂费和寄宿费和贫困生生活费。中小学助学金暂按每生每年平均不低于50元，小学一般不高于120元、初中不高于230元、高中不高于500元的标准发放。各地可以根据实际情况适当掌握。

〔**普通高中教育**〕 为实现全省普通高中的均衡发展，省教育厅在积极扩大重点高中教育资源的过程中，采用联合、合并办学的方式，实现以强带弱，转化一批薄弱高中。鼓励重点高中与薄弱高中实行联合和合并；在县域范围内建立2至3所重点高中；在重点高中招生上，采用随机方法分配生源；省辖市的重点高中严格控制以至取消从各县选拔招生的做法，确保各县高中的生源；加大对一般高中的投入，对重点高中的收费进行适当调整，将重点高中收费的一部分拿出来用于一般高中的建设。

2002年，河北省在加快普通高中硬件、规模的发展速度的同时，下大力转变普通高中的教育思想、教育观念和教育教学方法，促进普通高中教育质量的提高。为改变普通高中教育思想、教育观念、教育教学方法明显滞后的状况，提出“科研兴校”、“内涵发展”的发展路子。教育观念、教育思想方面的变化主要表现在以下几方面：一是把以教师为本、学科为本、升学为本的思想转变为以学生的终身发展、终身学习为本的思想；二是把以知识教育为目标的教育观念转变为培养学生创新素质和实践能力，以促进学生自主学习、自主发展为根本目标的新教育观念；三是由重视少数“升学有望”的学生，转变为重视全体学生全面发展和特长发展。在这样一种教育思想的指导下，学生的学习方式、教师的教育教学方式发生了重大改变：从以教师的“教”为中心转变为以学生的“学”为中心；由“教师讲、学生听，教师问、学生答”的单向教学方式转变为“生生互动，师生互动”的方式；学生由单纯的被动的接受型学习方式转变为主动探究型、研究型、问题型、合作型等多样化的学习方式。

〔**督导队伍建设**〕 到2002年，全省有171个县（市、区）建立了教育督导室，占总数的98.8%，已初步形成了省、市、县三级督导工作网络。全省11个市都建立了独立的教育督导室，有专职督导人员44人，另有兼职和特邀督学119人。全省仅有威县、深泽县无督导机构和专职督导人员。在建立机构的同时，各市、县普遍建立了督导人员学习制度、“普九”复查制度、学校等级评估制度等。不少市、县还制订了督导人员守则和督导工作规程，使督导工作逐步走向制度化、规范化。各市、县把加强督导人员的学习和培训作为搞好教育督导的一项基础性工作来抓，建立和完善学习制度，不断提高督导人员的综合素质和业务能力。

职业教育与成人教育

〔**综述**〕 截至2002年，全省共建设骨干中等职业学校150所，经国家教育部认定的国家级重点职业学校52所。河北省始终坚持把办好农村职业教育和成人教育作为工作的着力点，引导学校牢固树立“为当地经济建设和提高劳动者素质服务”的思想，找准职教与县域经济的结合点。在专业设置上，每个学校依托当地主导产业、传统优势产业，优化内部资源配置，集中力量办好2～3个骨干特色专业，至2002年，全省已有50个与地方产业相吻合的省级特色专业。为促进全省职业标准和职业培训水平与国际接轨，省教育厅引进了英国伦敦城市行业协会（C&G）职业资格证书。2002年下半年，在部分中等职业学校建立C&G考试中心，逐步推广各类考试项目，并面向社会开展C&G职业资格考试。

在“上挂横联下辐射”的模式下，河北省已形成了以县级职教中心为龙头，乡镇成人学校为依托的三级培训网络，乡镇成人学校办学面已达到100%，村技校办学面也达到95%以上，年培训量达到350万人次，大大提高了为“三农”服务的能力。河北省举办成人高职的学校已经达到108所，举办普通高职的学校达到55所，还在14所普通中专进行了毕业生直升高职试点。在中等层次教育的相互沟通上，实现了职业学校与普通学校联合、合作、学分互认，学籍互转。2002年，全省职业高中专任教师具有本科以上学历的占56.26%，150所职业学校已建成校园网，80%以上的骨干教师可以自行开发课件。在引进德国“双元制”项目的基础上，全省推行了“双证书”、学分制等改革，高素质的教师队伍和职业教育手段的现代化，增强了职教的办学活力，促进了教学质量的提高。

〔**专业教学改革**〕 从2002年起，河北省将在高等职业技术学院、高等专科学校、成人高等学校中开展专业教学改革试点工作，计划经过5年的试点，在全省建成100个左右基础好、实力强、优势特色明显、在国家和省同类教育中具有带头作用的示范专业，以推动全省高职、高专教育的改革和发展。2002年，首批30个省级专业教学改革试点的遴选工作已经开始。

〔**职业教育督导**〕 2002年，河北省依据《中华人民共和国职业教育法》和《河北省实施〈中华人民共和国职业教育法〉办法》，对全省县（市）职业教育工作进行专项督导。督导的主要内容有：县（市）区域内中等职业教育与普通高中教育是否协调发展，规模是否相当，是否同步增长，是否采取了有效措施保证中等职业教育健康发展；县级政府是否落实了《中华人民共和国职业教育法》和河北省有关的政策规定；县级职教中心办学情况如何；职业学校的生均经费是否高于同级普通学校并保证逐步增长；职教中心的办学收入是否全部用于职业教育，有无挪用；“先培训，后就业”政策及劳动预备制度、资格准入制度、职业资格证书制度执行情况，县域内企业、事业单位是否有私招乱雇现象，有关岗位是否做到了持证上岗，持技术培训合格证的农民在土地、林果业承包中是否优先。河北省政府教育督导组负责这次督导，并要求县（市）政府对在督导中发现的问题进行限期纠正；对问题严重、影响职业教育发展的给予通报批评，直至追究有关领导和当事人的责任。

〔**招生工作**〕 2002年，河北省进一步推进和深化中等职业学校招生改革，放开各种限制性招生政策，扩大招生规模，以实现职业中专与普通高中的协调发展。规定高中阶段招生工作中，中等职业学校招生规模要占到高中阶段招生总数的50%以上。从2002年起，省教育厅把此项要求列入考核县、市教育发展情况的重要内容，并建立起中等职业学校招生情况通报制度。省教育厅还成立了高中阶段招生工作领导小组，负责统筹协调高中阶段招生工作。为扩大生源范围和招生规模，对报考普通中专学校和“3+2”及五年一贯制高职班的考生取消了年龄限制。普通中专可以招收高中毕业生（包括往届生和进城务工在职人员）进行专业教育，并采取灵活多样的弹性学习制度。为拓宽普通中专学校生源渠道，在2001年实行的“注册招生”制度的基础上，2002年进一步完善“注册招生”管理办法，实行单独录取，省属和市属跨市招生的中专学校经省招生部门办理注册招生手续后，不再经市招生部门办理手续；市属中专学校在本市范围“注册招生”，经市招生部门办理录取手续后，不再经省招生部门办理备案手续。

〔**城市与农村职业学校联合办学**〕 2002年，河北省采取跨省市招生联办职业教育，扩大毕业生就业渠道。天津市涉外工业学校和天津市轻工业学校是为天津市的企业特别是为地处天津开发区的三资企业培养技术工人的学校，师资力量强，教学设施完备，办学水平较高，但两所学校均出现生源不足、教育资源严重闲置浪费的情况；而河北易县职教中心地处太行深山，经济欠发达，生源充足，但由于毕业生就业难，严重影响了农村考生报考职业学校的积极性，职教中心同样出现了办学难、招生难的问题。为了解决这一难题，2002年，河北省易县职教中心与天津市涉外工业学校、天津市轻工业技术学校实行联合办学。使分别地处城市、农村的3所中等职业学校走出了办学困境，使天津市开发区的三资企业有了合格的技术工人来源，同时搭建了一所农村剩余劳动力向城市转移的桥梁，开通了农村青年到城市就业的“直通车”。在联合办学过程中，河北易县职教中心负责在当地招生，天津涉外工业学校和天津轻工业技术学校负责面试、承办学籍注册和管理，对合格毕业生颁发国家承认的中专、中技双学历毕业证书、职业资格证书、计算机等级证书，并负责毕业生安置就业。学生入学时，天津的两所学校即与学生（或家长）签订就业合同；学生被录取后，先在易县职教中心学习一年半至两年的基础课，然后转入天津两所学校学习专业课并进行强化实习培训。易县职教中心负责招生和生源的数量、质量，同时按天津两所学校制定的教学计划和内容完成教学任务。联合办学使河北易县职教中心成为当地初中毕业生报考的热点学校。

〔**举办“农民学堂”**〕　河北省开展各种实用技术培训，提高劳动者素质。为提高农民“调结构、促增收”的本领，卢龙县积极组织农民进“学堂”，采取灵活多样的形式，对农民进行实用科技培训。卢龙县科技、林业等涉农部门根据各乡镇的主导产业确定了培训主课，编写农作物优种推广技术、农业栽培技术要点、蔬菜日光温室及棚室病虫害防治、甘薯茎线病防治、配方施肥等农业技术培训教材，抽调24名技术骨干分赴12个乡镇“农民学堂”任教师。截至2002年3月，该县12所“农民学堂”举办长班58期，培训1 538人；短训班692期，受训人数8.56万人次；巡回辅导1 180次；发放科技简报5.89万份，举办广播讲座851次；现场指导1 584次，推广科技新项目超百项。通过组织农民进学堂，卢龙县正逐步形成“村村都有技术员，户户都有种养明白人”的局面。

〔**校企合作办学**〕　河北滦河实业集团有限公司是河北省大型民营企业，产品包括钢铁、高频焊管、高速公路设施和水泥，有员工5 000多人。河北工业职业技术学院是一所有着20多年职业教育历史和高等教育经验的省属普通高校，设有材料工程系、机电工程系等31个社会急需的实用技术专业。滦河集团2001年从该校招收毕业生30余人。2002年6月，河北滦河实业集团有限公司决定为河北工业职业技术学院提供总额为15万元的奖学金、奖教金，分3年支付，每年5万元；河北工业职业技术学院学生毕业时可优先到河北滦河实业集团有限公司就业。协议规定，资金总额的70%作为奖学金，用于奖励品学兼优的学生，学校发奖学金时应适当向滦河集团所需专业倾斜；资金总额的30%作为奖教金，用于奖励教师，既要照顾全面，又要侧重为滦河集团培养、输送优秀人才的教师以及为滦河集团发展作出突出贡献的学校管理人员。

高等教育

〔**高等学校布局结构调整**〕　7月底，河北省制订了高校布局结构调整方案。具体方案为：将部分条件较好、实力较强的专科学校与本科院校合并，组建多科性大学，包括合并河北建筑科技学院、华北水利水电学院（邯郸）、邯郸医学高等专科学校、邯郸农业高等专科学校；合并张家口医学院、张家口师范专科学校、张家口农业高等专科学校。将部分条件较好、与本科院校相毗邻的专科或中专学校并入本科院校。包括河北电子工业学校并入河北经贸大学；河北经贸管理干部学院并入石家庄经济学院。依托现在基础较好的专科学校，充实完善后，改建本科院校。包括依托石家庄师范专科学校改建石家庄学院；依托保定师范专科学校改建保定学院；依托邯郸师范专科学校改建邯郸学院；依托邢台高等师范专科学校改建邢台学院；依托唐山高等专科学校、西南交通大学唐山分校、唐山市职工大学改建唐山学院；依托沧州师范专科学校改建沧州学院；依托衡水师范专科学校改建衡水学院；依托承德民族师范高等专科学校改建承德学院；改建华北航天工业学院为本科院校；改建保定金融高等专科学校；改建承德石油高等专科学校。组建一批职业技术学院（专科学校），包括将河北职业技术学院与农业部乡镇企业管理干部学院合并组建河北职业技术学院；改建邢台卫生学校为邢台医学高等专科学校；筹建廊坊职业技术学院；组建一批主要为本省支柱产业或重点行业服务的职业技术学院；选择部分民办学校改建为具有独立发放高等学历文凭资格的职业技术学院。

〔**河北师范大学、农业大学百年校庆**〕 2002年11月1日，河北师范大学举行建校100周年校庆。100年来，该校已为国家培养了16万余名优秀人才，其中有老一辈革命家邓颖超等杰出人才。至2002年，该校共有17个学院、1个博士后科研流动站、4个博士点、31个硕士点、51个本科专业、8个省级重点学科和省级重点实验室，是一所拥有理、工、文、史、经、法、管理和艺术8大门类的综合师范大学。全校全日制本、专科学生2.29万人，专任教师1 650名，其中中国科学院院士1名、燕赵学者岗位专家1名、国家和省级以上各类优秀专家83名。11月1日，河北师范大学校友、海内外各界人士与师生代表3 000余人共庆河北师范大学百年华诞。中共中央政治局常委、全国人大常委会委员长李鹏，全国政协副主席李贵鲜题词祝贺。省长钮茂生代表省委、省政府表示祝贺，他希望河北师范大学坚持“三个面向”，大力推进教育创新，加快教育体制改革，努力创建一流大学，提高办学水平，多出人才，出好人才。

2002年10月16日，河北农业大学举行建校100周年校庆。河北农业大学始建于1902年，是全国建校最早的高等农业院校之一。改革开放以来，学校发挥科教优势，走向农业生产第一线，积极参与地方经济建设，走出了一条享誉全国的“太行山道路”。到2002年，学校的学科设置涵盖农、工、管、理、经、文、法七大门类，具备了培养博士、硕士及各种不同层次人才的条件和能力。为适应扩招后的新形势，学校不断加大基础设施建设，新建的综合教学楼计划建筑面积2.7万平方米，投资5 500万元。中共中央政治局常委、国务院副总理李岚清为河北农业大学校庆题词。河北省委、省领导出席庆祝大会。

〔**重点学科建设**〕 2002年，河北省高校争列国家级重点学科点工作取得重大成果，河北工业大学的电机与电器、材料物理与化学，燕山大学的机械设计及理论，河北医科大学的中西医结合基础4个学科点被批准为国家级重点学科点，实现了河北省国家级重点学科点零的突破，标志着河北省高校的部分学科已达到国内先进水平。此外，驻河北省的华北电力大学的电力系统及其自动化，军械工程学院的武器系统与运用工程、军事装备学，石家庄陆军指挥学院的合同战术学等4个学科也被确定为国家级重点学科。

〔**高校招生工作**〕 2002年，河北省对普通高校招生考试政策作了进一步调整：(1) 严格省级三好学生、优秀学生干部评选标准和程序。评选时被推荐者须具备两个条件：一是除会考成绩符合要求外，毕业学校驻地在县城以上（含县城）的须为“7A＋2B”以上，驻地在县城以下的须为“5A＋4B”以上；二是在高中段获得两次以上（市教委直属学校三次以上）校级、一次以上县级和一次以上市级三好学生、优秀学生干部称号。(2) 严格高水平运动员招生办法和条件。只有在高中段获得由省、市体育局颁发的二级及其以上运动员等级证书并参加县级以上（含县级）中学生运动会有成绩记载者，或获得过国家、省级中学生体育比赛前六名的考生，方可参加省教育厅组织的一次性专项测试，测试合格者名单由有关学校公示一周，经省教育厅审核颁发高水平运动员资格认定特招合格证或加分合格证。(3) 在河北工业大学、石家庄铁道学院、河北医科大学、河北科技大学、河北农业大学、河北经贸大学、河北理工学院7所本科院校实行招收艺术特长生改革。试招器乐、声乐和舞蹈等专业艺术特长生。报考考生必须参加省考试院专门组织的专项测试，成绩合格者由省教育厅颁发河北省艺术特长生专业合格证书，此证书可使报考河北省招收艺术特长生院校的考生在同批次控制分数线以下50分以内递档。(4) 调整对口招生专业和文化课考试、录取时间。从2002年开始，对口招生原有的15个招生专业中，将农学类和果林类合并为农林类专业，汽车维修专业并入机械类专业，财会类专业改为财经类专业，饭店管理类专业改为旅游类专业；增加本科和专科层次师范类专业，面向应往届中等师范毕业生招生；文化课考试、录取时间由原来的春季调整为与普通高校招生考试和录取同期进行，技能测试于4月下旬至5月上旬进行，考试科目和内容由省考试院结合实际情况另行安排。在此基础上，进一步扩大高校招生自主权，经省教育厅批准省属院校可采取交换培养方式加强与省外同层次院校的生源交流；进一步放宽市属院校跨市招生政策，学校可根据生源情况调整各市之间招生计划；有条件的院校可按专业类模糊招生，推行宽专业、厚基础的人才培养模式。

〔**中外合作办学**〕　为扩大办学规模，学习和借鉴国外先进的办学模式，经省政府同意，从2002年起，河北师范大学、河北经贸大学、河北科技大学、石家庄铁道学院、石家庄经济学院、河北工业职业技术学院6所高校与加拿大圣力嘉应用文理学院合作办学；河北职业技术师范学院与加拿大麦获森海特学院合作办学；河北师范大学与澳大利亚拉筹比大学合作办学；河北工业职业技术学院与新加坡TST沃登国际私人有限公司合作办学。以上合作办学层次为全日制高等学历教育，全部纳入河北省普通高等学校招生计划。合作办学的主要模式为“2+1+1”，即中方学生在国内学习两年后，符合加拿大方学分、外语及经济条件要求的学生赴加拿大学习1年，毕业后根据中加双方合作办学协议由加方颁发专科毕业证书；在加拿大学习1年后愿意继续攻读学士学位的学生，可以在加方再读1年，达到毕业要求的获加方本科文凭。由于签证等原因未能赴加者，本科院校可以采取“2+2”专本连读形式在国内完成后两年课程，达到毕业要求者颁发国内本科毕业文凭，同时获得加方颁发的两年合作办学所获学分证明。专科层次院校未能赴加拿大的学生，继续完成国内后1年课程，符合条件者，由中方颁发专科毕业证书。

〔**资助高校贫困生**〕　从2000年开始，全省高校从收取的学费中提取资助特困生和开展勤工助学资金的比例提高到10%，其中5%作为特困生补助金，5%作为勤工助学基金。同时，省财政每年安排350万元专项资金用于高校对特困生的补助和开展勤工助学。2002年河北省安排1亿元资金用于高校对特困生的补助和开展勤工助学。从2002年度开始，凡不按规定提取特困生补助和勤工助学基金的高校，将被相应核减该校此两项专项资金，对提取额达不到80%的高校，将追究学校领导的责任。省教育厅要求各高校广开渠道，为特困生提供更多的勤工助学岗位。除后勤领域外，要更多地组织学生参加教学、科研部门的劳动智能型、技术型勤工助学活动。有条件的高校，还可有组织地把学生勤工助学活动开展到校外，让学生广泛接触社会，获得实践经验。同时，各高校要确保新生入学的“绿色通道”畅通，对于经济确实困难的新生，要保证先办理入学手续，再根据核实后的经济状况按国家规定的“奖、贷、助、补、减”有关政策分别进行相应资助，确保每一名学生不因家庭经济困难而辍学。

〔**高校后勤社会化改革**〕　2002年，48所普通高校后勤剥离转制工作基本完成。4月26日，省政府召开第三次全省高校后勤社会化改革工作会议。会议指出，2002年是实现三年目标的最后一年，任务十分艰巨，必须打好攻坚战，确保年底前实现后勤社会化改革目标。高校后勤社会化改革的出发点和落脚点是为高校师生服务，为教学、科研服务。新组建的各种后勤服务实体，要最大限度地降低经营成本，争取以最优惠的价格，为广大师生提供最佳服务。加快学生公寓、食堂等后勤服务设施建设，突出解决好土地和资金问题。要坚持政策支持，多元投资，市场动作，广泛吸收社会资金参与学校后勤社会化建设。各级党委、政府要把推进高校后勤社会化改革列入重要议事日程，及时协调解决出现的问题。教育、计划、财政、税务、建设、国土资源、金融等部门要紧密配合，特事特办，提高工作效率。各高校要妥善处理教学与后勤服务的关系，集中力量抓好教学，大胆把后勤服务推向社会，进入市场。企业界和房地产开发商，要抓住有利时机，积极参与高校后勤社会化改革和后勤服务设施建设。

〔**高校数字图书馆建设**〕 随着信息、知识和互联网时代的到来，传统图书馆正向虚拟化、网络化和电子化方面发展，并逐步被数字图书馆所代替。1999 年，河北省燕山大学开始建立数字图书馆，将传统的书、刊等资料信息数字化，存入计算机，并联入互联网，建立基于互联网的虚拟图书馆，以供互联网用户访问这些数字资源，使信息资源充分共享。到 2002 年燕山大学已建成了有自己特色的重型机械数字图书馆、学位论文数据库、科研成果数据库、中国期刊网燕山大学镜像站。另外，还购买了国外 6 个期刊数据库，购进数字图书 20 余万种。为此，省教育厅决定，由燕山大学在本校数字图书馆的基础上组建“河北省高等学校数字图书馆”，以便在全省高校范围内实现图书资源的充分共享，充分满足省内各高校科研和教学的需要。6 月 29 日，全省 40 多所高校在燕山大学共同发起成立了“河北省高等学校数字图书馆联盟”。联盟是指导和促进全省高等学校数字图书馆建设的机构，受省教育厅领导。在成立大会上，燕山大学当选为理事长单位，河北大学和河北工业大学当选为副理事长单位，并成立了联盟常务理事会。联盟下设“河北省高等学校数字图书馆管理中心”（设在燕山大学图书馆）。

〔**科研工作**〕 9 月，石家庄铁道学院的科研成果获五项国家奖：“全国铁路客票发售系统”获国家“九五”重大科技攻关计划重大科技成果奖；“全国铁路客票预订和发售系统”获国家科技进步一等奖；“东单至王府井地铁浅埋暗挖复杂洞群施工技术”获国家科技进步二等奖；“快速拼装技术研究及其在特种工程的应用”获国家科技进步二等奖；“‘3＋1＋1’人才培养模式教学改革研究与实践”获国家教学成果二等奖。

撰稿 刘良业

审稿 刘永瑞 霍柄泉

山西省教育

概　况

〔基本情况〕

2002年各级普通学校基本情况

单位：人

学校类别	学校数（所）	毕业生数	招生数	在校生数	教职工数	
					合计	其中：专任教师
总　计	**42 073**	**1 966 364**	**2 320 633**	**7 166 521**	**459 912**	**377 048**
一、研究生	(12)	776	2 007	4 837		
1. 高等学校	(8)	743	1 899	4 577		
2. 科研机构	(4)	33	108	260		
二、普通高等学校本专科	39	31 906	75 594	208 350	31 565	15 644
本科院校	14	21 705	52 388	155 883	22 208	10 665
专科院校	25	9 381	18 352	40 864	8 460	4 505
分校、大专班		820	4 854	11 603	897	474
三、普通中等学校	3 769	729 053	956 303	2 655 871	200 871	158 117
1. 中等专业学校	100	52 248	61 721	211 904	14 561	7 985
中等技术学校	81	32 257	44 962	158 648	11 532	6 188
中等师范学校	19	19 991	16 759	53 256	3 029	1 797
2. 技工学校						
3. 普通中学	3 403	634 602	839 873	2 316 527	173 330	140 460
高中	509	110 947	191 225	485 782		28 926
初中	2 894	523 655	648 648	1 830 745		111 534
4. 职业中学	264	42 189	54 700	127 405	12 892	9 623
高中	209	29 174	41 290	90 731		7 446
初中	55	13 015	13 410	36 674		2 177
5. 工读学校	2	14	9	35	88	49
四、小学	32 898	678 698	801 731	3 511 136	196 137	182 248
五、特殊教育学校	36	626	1 037	6 297	1 123	856
六、幼儿园	5 331	525 305	483 961	780 030	30 216	20 183

2002 年各级成人学校基本情况

单位：人

学校类别	学校数（所）	毕业生数	招生数	在校学生数	教职工数 合计	教职工数 其中：专任教师
总计	**73 567**	**3 922 258**	**4 322 312**	**4 883 846**	**107 681**	**23 440**
一、成人高等学校	18	26 302	63 951	156 318	4 911	2 409
1. 广播电视大学	1	1 060	967	4 515	819	265
2. 职工高等学校	7	2 038	3 784	10 626	2 269	1 147
3. 农民高等学校						
4. 管理干部学院	6	3 878	4 376	10 098	1 229	686
5. 教育学院	4	658	1 343	3 621	594	311
6. 独立函授学院						
7. 其他学校（机构）						
8. 普通高等学校举办		18 668	53 481	127 458		
函授		9 565	32 500	80 744		
业余		4 127	9 637	25 459		
脱产		4 976	11 344	21 255		
二、成人中等学校	56 762	3 578 225	3 927 211	4 398 015	82 891	17 465
1. 成人中等专业学校	187	14 826	19 922	44 630	4 527	2 491
广播电视中专学校	3	61	54	167	90	40
职工中等专业学校	54	1 587	1 764	5 357	1 448	650
干部中等专业学校	4	111	119	323	25	10
农民中等专业学校	2					
函授中等专业学校	6	1 688	538	2 076	200	35
教师进修学校	118	6 060	16 264	32 155	2 764	1 756
其他类学校举办		5 319	1 183	4 552		
2. 成人中学	772	45 988	51 118	53 112	1 517	317
成人高中	33	3 842	3 877	4 317	263	124
成人初中	739	42 146	47 241	48 795	1 254	193
3. 成人技术培训学校	55 803	3 517 411	3 856 171	4 300 273	76 847	14 657
职工技术培训学校	693	39 245	84 820	138 066	2 718	1 056
农民技术培训学校	55 110	3 478 166	3 771 351	4 162 207	74 129	13 601
三、成人初等学校	16 787	317 731	331 150	329 513	19 879	3 566
1. 职工初等学校	68	3 199	2 891	4 176	181	81
2. 农民初等学校	16 719	314 532	328 259	325 337	19 698	3 485
其中：扫盲班	8 204	46 308	52 118	69 993	8 786	1 177

〔**年度教育工作方针**〕 2002年全省教育工作的总体要求是：高举邓小平理论伟大旗帜，以“三个代表”重要思想为指导，深入贯彻全国教育工作会议精神，继续按计划分步骤实施和全面推进省委省政府确定的新世纪10项教育重点工程和8项教育改革，全面实施山西教育“十五”计划，进一步加大工作力度，加快发展步伐，与时俱进，深化改革，扩大开放，依法治教，强化管理，提高质量，保持稳定，以优异成绩迎接党的十六大召开。

〔**教育经费收入与支出**〕 2002年教育经费总收入116.08亿元，具体来源渠道为：预算内教育经费拨款66.29亿元，各级政府征收用于教育的税费收入达5.99亿元（其中：城市教育附加费2.99亿元，农村教育事业费附加2.71亿元），企业办学教育经费4.6亿元，校办产业、勤工俭学和社会服务收入用于教育的经费0.51亿元，社会团体和公民个人办学经费3.98亿元，社会捐资办学经费4.89亿元，事业收入27.82亿元（其中：学杂费收入20.24亿元），其他收入2.00亿元。教育经费总支出情况为：全省地方教育经费总支出115.46亿元，其中，教育部门教育经费总支出102.10亿元，其他部门教育经费总支出5.14亿元，企业办学教育经费总支出4.25亿元，社会团体、公民个人办学教育经费总支出3.97亿元。

教育部门事业性经费支出情况为：2002年教育部门事业性经费总支出92.66亿元（其中：个人部分支出60.54亿元，公用部分支出32.12亿元）。普通高校支出16.83亿元（其中：个人部分支出8.55亿元，公用部分支出8.28亿元）。中等师范学校支出2.02亿元（其中：个人部分支出1.01亿元，公用部分支出1.01亿元）。普通中学支出31.59亿元（其中：个人部分支出20.22亿元，公用部分支出11.37亿元）。高级中学支出6.03亿元（其中：个人部分支出3.17亿元，公用部分支出2.86亿元）。完全中学支出7.29亿元（其中：个人部分支出3.79亿元，公用部分支出3.50亿元）。普通初中支出18.27亿元（其中：个人部分支出13.27亿元，公用部分支出5.00亿元）。职业中学支出2.36亿元（其中：个人部分支出1.58亿元，公用部分支出0.78亿元）。小学支出30.28亿元（其中：个人部分支出24.43亿元，公用部分支出5.85亿元）。

教育部门财政预算内教育事业费支出情况。2002年度教育部门财政预算内教育事业费支出57.48亿元（其中：个人部分支出51.44亿元，公用部分支出6.04亿元）。普通高校支出7.5亿元（其中：个人部分支出5.9亿元，公用部分支出1.6亿元）。中等师范学校支出0.87亿元（其中：个人部分支出0.66亿元，公用部分支出0.21亿元）。普通中学支出18.96亿元（其中：个人部分支出17.49亿元，公用部分支出1.47亿元）。高级中学支出2.69亿元（其中个人部分支出2.51亿元，公用部分支出0.18亿元）。完全中学支出3.14亿元（其中：个人部分支出2.7亿元，公用部分支出0.44亿元）。普通初中支出13.12亿元（其中：个人部分支出12.26亿元，公用部分支出0.86亿元）。职业中学支出1.53亿元（其中：个人部分支出1.35亿元，公用部分支出0.18亿元）。普通小学支出22.96亿元（其中：个人部分支出21.98亿元，公用部分支出0.98亿元）。

落实《教育法》规定的“三个增长”的情况。全省各级政府预算内教育拨款增长速度与财政收入的增长速度：2002年全省各级政府预算内教育拨款（不包括城市教育费附加）为66.29亿元，比上年增长22.37%。其中事业性经费支出59.87亿元，比上年增长13.35%（教育部门教育事业费支出57.48亿元，比上年增长14.94%）。同年全省财政收入为292亿元，比上年增长27.46%。全省预算内教育拨款增长速度低于财政收入的增长速度5.09个百分点，其中事业性经费支出低于财政收入增长14.11个百分点（教育部门教育事业费支出增长低于财政收入增长12.52个百分点）。各类教育生均预算内教育事业费支出增长情况为：全省普通小学生均预算内教育事业费支出为721.98元，比上年增长17.73%，其中农村普通小学生均预算内事业费支出为718.97元，比上年增长20.37%。全省普通初中生均预算内教育事业费支出为877.7元，比上年增长9.14%，其中农村普通初中生均预算内事业费支出为844.11元，比上年增长

11.47%。全省普通高中生均预算内教育事业费支出为1232.96元，比上年降低0.5%。全省职业中学生均预算内教育事业费支出为1440.69元，比上年增长6.64%。全省中等师范学校生均预算内教育事业费支出为1973.16元，比上年降低25.62%。全省普通高等学校生均预算内教育事业费支出为4031.52元，比上年降低22.16%。

各类教育生均预算内公用经费支出增长情况：2002年度全省各类学校生均公用经费增长情况是普通小学生均预算内公用经费支出为30.61元，比上年增长31.66%，其中农村普通小学生均预算内公用经费支出为26.45元，比上年增长45.65%。普通初中生预算内公用经费支出为61.81元，比上年增长19.76%。其中农村普通初中生均预算内公用经费支出为50.32元，比上年增长56.03%。普通高中生均预算内公用经费支出为121.12元，比上年降低0.15%。职业中学生均预算内公用经费支出为162.33元，比上年降低20.06%。中等师范学校生均预算内公用经费支出为475.09元，比上年降低13.45%。普通高等学校生均预算内公用经费支出为850.59元，比上年降低24.88%。

国家财政性教育经费支出占国民生产总值的比例：2002年全省国民生产总值为2002亿元，国家财政性教育经费支出77.39亿元，占国民生产总值比例为3.87%，与上年国家财政性教育经费支出占国民生产总值比例3.73%相比，提高了0.14个百分点。

预算内教育经费占财政支出的比例：2002年全省预算内教育经费支出66.29亿元，其中事业性经费支出59.87亿元（教育部门教育事业费支出57.48亿元）。财政支出333.6亿元，预算内教育经费占财政支出比例为19.87%，比上年提高1.17个百分点。其中：事业性经费支出占财政支出比例17.95%，比上年降低0.22个百分点（教育部门教育事业费占财政支出的比例为17.23%，比上年降低0.14个百分点）。

2002年用于改善办学条件的资金共投入13.42亿元，其中：各级财政投入4.74亿元，群众捐资助学、勤工俭学及其他资金8.68亿元，共新建改建校舍168.69万平方米，维修校舍126.85万平方米，购置教学仪器13.64万套，文体器材8.69万件，购置图书资料181.44万册。为提高教育质量，发展教育事业提供了必要的物质保证。

2002年中央和省共下达教育系统基建投资20760万元。其中：中央补助省属高校及厅直单位6500万元（国债资金4500万元，原部属院校划转1050万元，师范教育300万元，职业教育150万元，补助内地西藏班500万元），省下达省属高校及厅直单位7310万元。中央补助地方普通教育基建投资4950万元（国债资金4500万元，高级中学400万元，特殊困难50万元），省补助地方普通基建投资2000万元。竣工建筑面积219.06万平方米，其中教工住宅竣工建筑面积27.96万平方米。

〔**体育、卫生、艺术和国防教育**〕 6月，举办了有21支高校教职工代表队和18支中小学代表队参加的软式排球比赛，使这项新型运动在全省大中小学得到积极的推广。8月，在南京举行的全国第八届中学生运动会上，山西省中学生体育代表团全国总分排名第二十三。13所中小学和9名个人获全国贯彻《学校体育工作条例》优秀学校和模范个人奖励。举办了全省第五届大学生篮球比赛暨CUBA选拔赛，太原理工大学男篮、女篮分别获得了西北赛区第一名和第三名。在全国第六届大学生篮球联赛中，太原理工大学男队获得了第二名；在第十五届全国排球联赛中，太原理工大学女队获第五名；在全国大学生武术锦标赛中，太原理工大学获得3金2银3铜的优秀成绩。全年组织了两次大规模的学校卫生大检查，在高校广泛开展了预防性病、艾滋病健康教育活动。举办了“绿色环保、爱我山西、爱我家园”为主题的第六届学生艺术节活动，活动种类有舞蹈、声乐、器乐、美术、书法、绿色环保征文比赛等。为参加教育部举办的第三届全国中小学音乐、美术教师基本功比赛，经层层选拔，10个地市共选出音美教师102名，评出一等奖10名、二等奖21名、三等奖30名、优秀奖20名，其中有6名教师参加全国比赛。召开了“高校交响乐赏析课”现场会，并于12月对各校贯彻《交响乐赏析教学大纲》的执行情况进行了检查。研究制定了全省《贯彻全国中小学课外文体活动工程》实施方案。对67所艺术先进学校进行了复查，对不具备表率作用和不符合要求的学校取消其艺术教育先进学校荣誉称号。举办了第16届世界女大学生“和平大使”山西赛区选拔赛，山西省10所高校的50名女大学生参加比赛，其中10名优秀女大学生进入决赛。获前三名的学生将参加全国决赛。转发了教育部印发的《关于在高级中学开展学生军事训练若干问题的意见》，对贯彻文件精神提出了具体要求。会同省军区司令部召开了全省学生军训工作会议，讨论了《山西省2002～2005年学生军训工作发展规划》和《2002年度学生军训工作计划》，并将规划和年度计划印发给各有关单位。根据教育部、总参谋部、总政治部新印发的《普通高等学校军事课教学大纲》，会同省军区学生军训办公室组织全省有关专家、教授编写了山西省学生军训试用教材。2002年8月举办了首届军事教师培训，全省共有87名教师进行了系统军事培训，配合有关部门完成了全省高校学生入伍的征兵任务。

〔**教师队伍管理**〕 2002年，完成了全省高校教师申请高校教师资格的审核认定工作；初步完成了全省中等职业学校、中小学、幼儿园在职教师的资格认定。全省共有15.89万人申请各类教师资格，认定12.77万人，其中，高等学校教师资格6 930人，中等职业学校教师资格2 829人，中等职业学校实习指导教师资格570人，高级中学教师资格9 915人，初级中学教师资格3.83万人，小学教师资格6.41万人，幼儿园教师资格5 103人。完成了第六批特级教师评审及首次在岗特级教师复评工作，评审通过特级教师136人，复评通过特级教师313人。会同省编办、省财政厅开展了中小学编制标准实施意见的调研起草工作。在深入6个地市的150多所学校进行调研、测算和对全省中小学教职工现状进行摸底的基础上，起草了山西省贯彻中小学编制标准的实施意见和分流意见。出台了山西省高校编制管理意见，重新核定了22所高校的编制。分别与省老区教育促进会和省教育工会联合表彰奖励“晋绥儿女”优秀教师120人、“三育人”先进个人100名、先进集体24个。推荐50名高校专家参加全国、全省“百千万人才工程”评选，有8名专家被推荐为全国“百千万人才工程”候选人。完成了2002年的教师职称评审工作。普通高校、中专学校、中小学共有3 920名专业技术人员参评，共评审通过3 718人，占参评人数的94.8%。完成了教育行政干部和中小学校长培训工作，共举办培训班8期，培训教育行政干部和中小学校长295人。印发了《山西省教育行政干部和中小学校长“十五”培训规划》，召开了全省教育管理干部培训工作会议。研究制定了全省中小学骨干校长研修计划、山西省教育行政干部中小学校长培训基地资格认定办法、山西省教育行政干部中小学校长培训工作管理暂行办法，进一步加强对全省教育管理干部培训工作的领导，使之走上制度化、规范化的轨道。

2002年，全省小学专任教师学历合格率为98.59%，普通初中专任教师学历合格率为87.37%，职业初中专任教师学历合格率为88.98%，普通高中专任教师学历合格率为73.73%。职业高中专任教师学历合格率为46.51%。普通中专学校专任教师具有本科及以上学历的教师5 983人，占专任教师总数的74.93%。普通高校专任教师具有高级职称的教师占专任教师总数的33.50%，具有研究生及以上学历的教师占专任教师总数的26.42%。

〔**语言文字工作**〕 第四届全国推普周期间，在全省教育系统组织开展了通用语言文字基础知识竞赛活动，教职员工和大、中专院校学生约17万人参加了个人答题赛，组织了近300个代表队参加了团体赛。全年全省各普通话水平测试站共测试教师15.75万人，学生7.09万人，节目主持人、广播、电视播音员346人。暑期举办了两期省级测试员资格考核培训班，共培训教师408名，新培养337名省级测试员。全省普通话水平测试员数量为国测员124名，省测员1 428名。

〔**学校安全工作**〕 2002年，召开了中小学安全专题会议，对进一步加强中小学安全工作进行了专题研究。3月26日省政府办公厅召开了全省教育系统安全工作电视电话会议，总结通报了2001年全省教育系统安全工作情况，安排部署了2002

年各级各类学校安全工作。2002 年在全省教育系统先后组织了六次安全大检查。3 月在“全国中小学生安全教育日”期间组织开展了一次“关注学生饮食卫生，保障青少年健康”主题宣传活动。4 月全省交通安全宣传月期间，与省公安厅交通管理局等有关部门在全省城乡组织开展了一次“关注青少年交通安全”主题宣传活动。与省公安厅、省安全生产监管局联合印发了《山西省“交通安全村”、“交通安全学校”和“交通安全社区”创建活动实施意见》。与省公安厅联合印发了《关于开展高等学校“安全保卫工作优胜杯竞赛”的通知》，决定从 2002 年开始，连续三年在全省高校开展“安全保卫工作优胜杯”竞赛活动。

〔**教育交流与合作**〕　2002 年，山西省录取公派留学生 77 名。其中，录取国家公费出国留学人员 36 名（其中教育系统录取 21 名，非教育系统录取 15 名。录取人员中，高级访问学者 8 名，普通访问学者 28 名）；省筹资金资助选派出国留学人员录取 29 名；批准单位公派渠道公费留学人员 12 名。2002 年，山西矿业职业技术学院、晋城市第一职业中专学校、太原市第二外国语学校、夏县中学、大同市第三中学、山西光华职业学院、山西科技贸易专修学院、山西大任外国语学院、太原英之辅语言培训中心 9 家单位被批准为聘请外教资格单位，使全省具有聘请外专外教资格的学校达到 51 所。共聘请长短期外专外教 185 名。在往年招收长期来华留学生的基础上，2002 年继续批准有关高校招收长短期自费来华留学生 128 名。全省派出对外汉语教师 151 名。2002 年，派出 9 个教育考察团，出国考察人员计 89 名。全年共审核、批准教育系统 270 人短期出国访问、合作研究、参加国际会议等；其中出国合作研究、参加国际会议等进行实质性科学研究或学术交流的专家教授有 81 人。对港澳台地区的交流大幅增加，全年共有 32 位专家、学者及师生赴香港、台湾参加学术会议或进行校际交流。2002 年约有 20 余位在外留学人员短期回国、回校讲学或开展科研合作等活动。4 月，批准山西医科大学举办了医学学术国际研讨会，与会外方代表 70 余人。7 月，批准山西财经大学与中国金融学会、中国商业史学会、金融时报等单位联合筹备召开了山西票号国际学术研讨会和金融学理论前沿与实践国际学术研究会，约 80 人参加会议，美国、澳大利亚、日本、瑞典、新加坡等国代表以及香港、台湾等有关地区代表参加了会议。经中国教育国际交流协会与美国英语协会批准，2002 年 7 月 11 日～8 月 7 日继续组织了“中华营”英语夏令营活动，共有 16 名北美大学生、近 200 名中方中学师生参加。对 78 名大学以上学历自费出国留学人员进行了学历审核工作，1998 年以来全省历年大学以上学历自费出国留学人员总数累计达 1 693名。

11月，教育部认定山西省出国留学人员服务中心等 5 家单位为自费出国留学中介服务机构，使山西省自费出国留学中介服务机构总数达到 8 家。12 月，会同省公安厅、省工商局联合印发了《关于进一步规范全省自费出国留学中介活动秩序的工作方案的通知》，开始对全省自费留学中介机构进行规范和整顿。

〔**社会力量办学**〕　新审批了一批社会力量举办的非学历高等教育培训机构和助学机构，并新增学历文凭试点学校 1 所，学历文凭专业 6 个。2002 年，全省民办教育机构共有1 697所，在校生总数 18.62 万人。其中，经批准举办高等职业技术教育的院校 3 所（包括 2 所普通高校二级学院），在校生 0.29 万人；国家学历文凭考试试点院校在校生 0.34 万人；高等教育自学考试助学机构 50 所，在校生 1.40 万人；中等专业学校 44 所，在校生 0.63 万人；普通高中 79 所，在校生 2.08 万人；职业高中 77 所，在校生 1.08 万人；初中 81 所，在校生 1.95 万人；小学 70 所，在校生 1.47 万人；幼儿园 491 所，入园人数 3.52 万人；各类教育培训机构 802 个，参训人员达到 5.86 万人次。全省民办教育机构中教师总数为 2.03 万人，其中专任教师近 1 万人，全省民办教育机构总资产达 13.7 亿元。

进一步加强社会力量办学管理，制定印发了《山西省社会力量举办非学历高等教育机构设置暂行规定》《民办高等教育机构评估指标体系》等文件。对全省民办高等教育机构进行了评估检查，其中68所准予继续办学；对12所办学条件差，达不到评估要求的学校，取消其继续招生的资格；撤销了16所不合格学校。并对民办学校招生市场进行了整顿，进一步推动民办学校法制化、规范化、制度化的建设。

基础教育

〔**幼儿教育**〕　7月，举办了《幼儿园教育指导纲要》培训会。9月，制定出台了《山西省贯彻落实〈幼儿园教育指导纲要（试行）〉的意见》。11月，进行了基本满足学前三年教育县（市）的评估验收和示范园复查工作。全省又有阳曲等8个县（区）通过省验收，全省基本满足学前三年教育的县（区）达到62个。组织了全省幼儿教育先进县（市、区）和先进个人的申报评选工作。2002年，全省幼儿园5 331所，比上年增加57所，其中社会力量办园628所；在园幼儿78万人，其中社会力量办园的在园幼儿5.77万人。幼儿园校舍建筑总面积207.82万平方米，比上年增加17.3万平方米。

〔**特殊教育**〕　年初，继续在全省大中小学学生中开展"节约一元零花钱，资助残疾小伙伴"活动，筹集资金150万元，全部用于资助贫困残疾儿童少年入学接受义务教育。5月～9月，先后选派太原市盲童学校、太原市盲聋哑学校、阳泉市盲聋职业学校等6所学校的校长参加了教育部举办的特殊教育学校校长培训班。11月，与省民政厅、省残疾人联合会联合在晋中市召开了全省特殊教育工作会议。表彰了"九五"期间特殊教育工作成绩突出的17个县（市、区）、26所学校和120名先进个人，命名表彰了6所省特殊教育示范学校。截止年底，全省特殊教育学校达到36所，比上年增加3所，在校学生6 297人；专任教师856人，比上年增加94人。

〔**义务教育**〕　年初，提出了关于落实2001年省人大义务教育执法检查有关问题的整改意见和措施。2月～3月，先后印发了规范中学生作息时间和中小学招生工作的有关文件，明确规定城乡走读学生每天到校时间，中小学冬季分别不得早于7：30和7：50，夏季不得早于7：00和7：30。6月，制定了义务教育阶段学制过渡的意见。学校布局调整工作扎实推进，全省首次实现小学校均学生突破百人，初中校均规模达到632人。同时，基础教育课程改革工作稳定推进，又有11个县（市、区）参加课改实验，组织举办了4期培训班。

继续抓好"两基"巩固提高工作，全省"普九"县区维持上年水平。组织未"普九"县实施二期义务教育工程和危房改造工程，打好"普九"攻坚战。组织开展省内教育对口支援工作。据统计，全省捐款450.15万元，直接受助学生5.32万人。支援贫困地区计算机2 019台，计算机软件460套，课桌凳9 514件，教学仪器3 187件，单放机1 209台，教材44.87万册，图书67万册，文具7.49万件，学具30.72万件，衣物24.08万件。全省小学学龄儿童入学率99.04%。比上年提高0.96个百分点。小学毕业生升学率97.55%，比上年提高1.96个百分点。初中阶段学龄人口入学率96.78%，初中毕业生升学率达到56.18%，比上年提高5.79个百分点。

〔**普通高中教育**〕　1月，转发了教育部有关2003年全国普通高校招生统一考试时间提前的通知，根据国家对高中课程计划及学科教学大纲的调整意见，部署了各地各学校学习贯彻实施等工作。同时，采取一系列措施努力扩大优质高中教育资源，积极发展民办高中教育，审批成立了10余所民办高中学校。全省普通高中学校比上年增加 40 所，达到 509 所。在校生达到 48.58 万人，比上年增加 8.32 万人。其中社会力量举办普通高中 127 所，在校生 5.67 万人。分别占普通高中总校数和在校生总数的 24.95％和 11.67％。

〔**中小学德育工作**〕 在广泛调研的基础上，省教育厅代省政府起草并下发了《山西省第二期德育工程建设实施意见》，确立了“十五”期间二期德育工程的建设新目标。10 月在地县自查的基础上，组织对 19 个德育示范县、30 所德育示范校进行了全面复查。通过复查，进一步总结推广了一期德育工程建设经验，在巩固德育示范县建设成果的同时，对德育工作赋予时代特色，拓展新内容，改进方法手段，充分发挥示范作用。全省校外教育活动场所建设有了新进展。已有 26 个县分别接受国家和省资助 2 900 多万元，开始新建一批青少年活动场所。围绕学习宣传贯彻《公民道德建设实施纲要》，在学校开展了从我做起，从小事做起，建文明校园，做四有新人为主题的系列小公民道德建设和公民道德知识专题读书读报暨道德规范竞赛活动。全省各级各类学校结合主题组织开展了多种形式的公民道德实践活动。结合德育工作的关键环节，制定并印发了《山西省中小学德育规程》和《山西省中小学生德育指导与评价手册》，对学校德育的指导思想、原则、内容、途径和方法作了明确规定，提出了对学生德育内容和操行评价不同层次的要求。

12 月在祁县召开山西省中小学德育序列化实验现场研讨会，总结推广了祁县在义务教育阶段，整体构建学校德育目标、内容、方法、途径，使课程教学、实践活动、行为疏导三序并进，学校、家庭、社会教育三位一体的序列化经验。组织了全省第二批中小学教师渗透德育教学能手评选活动，共评出 146 名渗透德育能手。印发了《山西省中小学、幼儿园家庭教育指导工作意见》和《山西家庭教育工作“十五”计划》。起草了《加强中小学班主任队伍建设意见》，对班主任的任职条件、主要职责、领导管理、选拔任用、培训提高、待遇保障等方面作出了明确的规定。在全省中专、中小学开展了班主任素质展示活动，经过市（地）县乡校层层组织选拔，全省数万名班主任参加了活动。来自全省 11 个市（地）中小学校的 70 名班主任教师和全省普通中专学校 30 名班主任教师参加了展示决赛。评出一等奖 8 名、二等奖 24 名、三等奖 48 名，最佳单项奖 21 名，4 个优秀组织奖。

〔**普及实验教学**〕 1996 年建立实验教学普及验收制度以来，至 2001 年底已有 108 个县（市、区）通过“普实”验收，2002 年又完成了 4 个县的验收。至此，共计 112 个县通过“普实”验收，占全省县区总数的 94.1％。根据原省教委 2000 年印发的《关于建立实验教学普及县复查制度的通知》精神，全年有 23 个县通过了“普及实验教学县”的复查验收。全省共有 58 个县通过了“普实”复查验收，“普实”复查工作得到稳步推进。4 月印发了《关于评选优秀实验教学论文的通知》，广大教育工作者特别是一线实验教师积极参与，各市地推荐参选实验教学论文 225 篇。8 月与黑龙江省教学设备管理处协同举办了部分基层仪器站站长培训班，26 人参加培训。9 月在运城市举办了全省中学物理、化学、生物实验教师培训班，95 人参加了培训。

〔**中小学教师继续教育**〕 年初，召开了全省教师教育工作会议，回顾总结了全省第一轮中小学教师继续教育工作，制定印发了“十五”期间全省中小学教师继续教育规划。开设了中小学教师《教育观念的更新与转变》、幼儿教师《幼儿游戏理论与实践》两门继续教育公共必修课。根据教育部安排，组织安排全省初中 16 个学科、小学 10 个学科的 104 名课程改革骨干参加了国家级培训，并组织了省级培训。有 14 万名中小学教师参加了信息技术初级培训。组织 1 100 名教师进行了“英特尔未来教育”培训。暑期，安排 2 万名小教专科函授和 1 万名初中教师本科自考的面授教学并进行了统考。

〔**发布《教育督导规定》**〕 8 月 8 日，省长刘振华签署了山西省政府第 157 号令，发布《山西省教育督导规定》（以下简称《规定》）。《规定》明确：教育督导是指县级以上人民政府依法对本行政区域内的教育工作进行的监督、检查、评估和指导的行为。教育督导的对象包括：本级人民政府的有关部门、中等及中等以下各类学校及其他教育机构。县级以上人民政府应当保障教育督导经费，确定必要的人员编制，保证教育督导工作的需要。《规定》还就县级以上人民政府教育督导机构的职责、建立督导资格制度、督学的任职条件和职责、督导的方法、督导的实施程序作了明确规定。并规定各级教育督导机构要建立督导公报制度，不定期向社会公布督导结果，各级人民政府及其有关部门，要把教育督导结果作为考核、评价被督导单位及奖惩、任免其主要负责人的重要依据。《规定》共25条，自2002年9月1日起施行。

〔**义务教育保学金**〕　8月31日，山西省政府办公厅印发了《山西省义务教育保学金制度实施办法》(以下简称《办法》)。决定从9月1日起，在全省实行义务教育保学金制度。这一制度的建立，是山西省政府实施科教兴晋战略，依法保障学龄儿童和少年接受规定年限的义务教育，真正解决学龄儿童和少年因贫困而失学的问题，维护广大人民群众最根本利益的重大举措。

《办法》要求省、市、县各级政府都要建立义务教育保学金制度，确保每一个义务教育阶段的适龄儿童都能入校学习，决不让一个学生因家庭贫困而失学。《办法》决定，省政府2002年安排专项经费800万元，2003年预算安排专项经费1 000万元，专门用于建立保学金制度。市（地）县（市、区）政府根据《义务教育法》和《国务院关于基础教育改革和发展的决定》及《国务院关于完善农村义务教育管理体制的通知》中规定的责任，足额安排资金。未足额安排的，省财政将用转移支付资金抵充。义务教育保学金的发放对象和使用范围，主要用于解决义务教育阶段家庭经济特别困难的贫困学生书款、杂费；其补助标准是：小学每生每年160元，初中每生每年260元。特困生的申请资格是农村家庭无固定经济来源、年人均收入在300元以下的；城镇居民收入在各县（市、区）确定的最低生活保障标准及其以下的。保学金按照民主、公平、公开的原则，每学期评定一次（学期中如遇天灾人祸，可随时申报审批)。《办法》要求各基层单位必须严格保学金的申请、审批标准，实事求是，决不允许虚报贫困生人数，凡虚报的要追究有关人员的责任，严肃处理。

对保学金的监督，《办法》建立了三项制度，即公示制度、检查制度和报告制度。各中小学确定的特困生，一经认定，立即公示。保学金的收支情况每学年末公布一次，接受上级部门、学校师生和社会各界及广大人民群众的监督；各级教育、财政部门要加强对保学金使用情况的监督，定期或不定期对保学金进行检查，对挤占、挪用保学金的，要严肃查处；各市（地）教育、财政部门在每学期末要以书面形式向省教育厅、省财政厅上报本市（地）保学金发放情况，及时总结工作中的经验。《办法》还规定，已实行对口帮助及其他多渠道资助贫困学生的制度应继续执行，同时倡导、鼓励机关企事业单位、民营企业和个人积极捐助保学金，各级政府将按有关规定对捐资单位和个人给予表彰。

职业教育与成人教育

〔**综述**〕　2002年，全省职业高中比上年减少5所，招生比上年增加9 069人；在校生比上年增加8 355人；专任教师学历合格率46.51%，比上年提高2.28个百分点。普通中等专业学校继续进行布局结构调整，普通中专学校100所（其中中央部委所属1所，地方所属99所)，比上年减少9所。招生比上年增加6 896人；在校生比上年增加6 608人；专任教师中具有副高级以上职称的专任教师 1 722 人，占专任教师总数的 21.57%；具有本科及以上学历的教师 5 983 人，占专任教师总数的 74.93%；普通中专专任教师与在校生之比为 1∶26.54。9 月，省政府召开了省、市、县三级电视电话会议，传达全国职教工作会议精神。副省长王昕出席会议并作了讲话。草拟了《山西省人民政府贯彻落实〈国务院关于大力推进职业教育改革与发展的决定〉的实施意见》，报省政府审批。

〔**重点学校建设**〕 8 月，经省政府批准，又有 12 所学校被确定为省部级重点中专学校，分别是：山西省长治卫生学校、山西省临汾人民警察学校、山西省电子工业学校、山西省建筑材料工业学校、山西省司法学校、太原农业学校、山西省雁北煤炭工业学校、山西省行政管理学校、大同市体育运动学校、太原市卫生学校、运城卫生学校、运城市农业机电工程学校。

〔**教学改革**〕 根据全省产业结构调整需求，对中专学校的专业设置进行调整，并积极推进学校信息化建设，通过运用现代化教学手段，提高教育教学质量。5 月，开通了山西职业教育网站。为推动就业准入制度的实施，加强中等职业学校的实践教学，2002 年开始对全省普通中专学校和职业中专学校的毕业生实行“双证书”制度，在职业学校毕业生中全面推开了职业技能鉴定工作，并指定了 6 个职业技能鉴定所负责对全省中等职业学校进行技能鉴定。

〔**扫盲与农村成人教育**〕 继续推进高标准扫除剩余文盲工作，狠抓脱盲学员的巩固提高，通过大力推进农村实用技术培训，进一步巩固了扫盲成果。充分利用县、乡、村三级办学网络，重点依托乡镇成人文化技术学校开展农村实用技术培训，完成培训 130 万人次，对提高劳动者的素质、发展农村经济、增加农民收入起到了显著作用。验收达教育部《规程》示范性乡镇成人技校 3 所，使全省总数达到 238 所。

〔**成人学历教育和社会化培训工作**〕 加强了成人高校学生学籍科学化管理，基本完成了 1997～2001 年成人高等学历教育学生的学籍管理数据库系统。开展了全省普通高校函授教育辅导站评估工作。3 月～7 月，对全省 134 个函授站进行了评估检查，评出优秀函授站 24 个，合格函授站 93 个。年底，召开了评估总结通报会，为优秀、合格函授站颁发了证书和奖牌。在评估基础上，制定下发了《关于规范高等学校函授教育辅导站设置及加强函授教育教学管理工作的若干意见》。对省电大、太原电大和 12 所地市电大分校进行了评估，为促进函授教育教学质量的提高创造了条件。继续开展了计算机应用能力培训考核，2002 年又有 10 万余人参加了考核，通过率达到 70%。

高等教育

〔**综述**〕 2002 年，全省普通高校招生比上年增长 26.04%；在校生比上年增长 26.25%；毕业生比上年增加 9 968 人。普通高校专任教师中，具有高级职称的教师占专任教师总数的 33.50%，具有研究生及以上学历的教师占专任教师总数的 26.42%。普通高校占地面积 1 228.97 万平方米；校舍建筑面积 685.77 万平方米，比上年增加 122.85 万平方米；生均校舍建筑面积 32.91 平方米，比上年减少 1.2 平方米；学生宿舍面积 142.82 万平方米，比上年增加 37.39 万平方米，生均学生宿舍面积 6.85 平方米。全省普通高校教学仪器设备资产值 9.35 亿元，比上年增加 2.68 亿元，生均 4 489.91 元；学校藏书 1 584.96 万册，比上年增加 180.58 万册，生均 76.07 册。

〔**研究生教育**〕 2002 年研究生教育继续稳步发展。全省共有培养研究生单位 12 个，其中：普通高校 8 个，科研机构 4 个；有博士点 36 个，硕士点 234 个。全省共计招生 2 007 人（其中博士生 192 人、硕士生 1 815 人），比上年增长 27.43%；在学研究生 4 837 人（其中博士生 535 人、硕士生 4 302 人），比上年增长 33.55%；毕业生 776 人（其中博士生 56 人、硕士生 720 人），比上年增长 36.38%。2002 年招收自筹经费博士生 14 人，在校生 37 人；招收自筹经费硕士生 345 人，在校生 877 人，毕业生 81 人。

〔**高校结构调整**〕 2002 年，经省政府批准，新成立了阳泉职业技术学院、山西林业职业技术学院、山西水利职业技术学院、山西机电职业技术学院、山西财贸职业技术学院、山西戏剧职业学院 6 所高等职业技术学院，使全省普通高校由 2001 年的 33 所增加到 39 所；联合举办了 9 所二级学院，审批了 7 所普通高校民办二级学院；完成了山西大同大学的筹建申报及 4 所职业技术学院的筹建审批工作。

〔**学校后勤改革**〕 2002 年，基本完成了后勤实体与学校行政管理系统规范分离工作。在此基础上，各高校进一步引深了后勤实体的人事制度改革，通过公开招聘，双向选择，竞争上岗，择优录用等方式，在后勤实体内部真正形成了干部能上能下，职工能进能出的局面，有效解决了人员分流问题，优化了后勤职工队伍。新组建的后勤实体，普遍按企业化的方式进行管理运作，进行了管理体制、人事制度、财务制度、分配制度和考核制度等改革实践活动，初步建立起一套比较完善的规章制度。并通过改变服务理念，加强监督管理，引入竞争机制，提高服务质量等一系列措施，取得了良好的社会效益和经济效益。

学校后勤基础设施建设步伐继续加快。7 月，省政府转发了省教育厅、省计委、省国土资源厅、省建设厅、省人防办《关于进一步加快高等学校学生公寓及其他后勤服务设施建设的意见》，出台了一系列支持高校学生公寓及其他后勤服务设施建设减免费用的优惠政策，对全省高校后勤社会化改革起到积极的推动作用。以建设学生公寓、食堂为突破口，多方创造条件，积极筹措资金，全年新建学生公寓 24.6 万平方米，改造 4.2 万平方米，新建学生食堂 6.9 万平方米，改造 1.3 万平方米。2000～2002 年全省高校共建学生公寓 64.6 万平方米，改造 14 万平方米，新建学生食堂 15.06 万平方米，改造 4.91 万平方米。教育超市建设迈出较大步伐，山西大学、太原理工大学等学校都建成了标准化教育超市并投入使用。

〔**重点实验室和学科建设**〕 重点实验室建设取得新进展，华北工学院“仪器科学与动态测试”实验室成为教育部重点实验室。重点学科建设进一步加强，山西大学科学技术哲学、光学，太原理工大学化学工艺、材料加工工程，山西医科大学生理学 5 个学科点被教育部批准为重点学科，华北工学院 2 个学科分别成为国防重点学科点和国防重点专业。完成了高校重点学科、重点建设学科、重点扶持学科的申报与扩充工作，确定了 10 个省重点学科和 22 个省重点扶持学科，新增 31 个省重点建设学科。全省高校有国家重点学科 5 个，省重点学科 10 个，省重点建设学科 54 个，省重点扶持学科 22 个。

〔**产学研工作**〕 重大科技成果的研究、开发取得新成果。山西大学彭堃墀教授等完成的“全固化激光器系列”通过了 2002 年国家发明二等奖初评和答辩，郭贵春教授完成的专著“后现代科学实在论”获得教育部高等学校人文社会科学研究优秀成果二等奖；华北工学院获得 2 项“2002 年度教育部提名国家科技奖授奖项目”二等奖。评选出 2002 年度山西高校科技进步奖 70 项、高校人文社会科学研究优秀成果奖 61 项。

积极引导高校承担国家和地方重大项目，山西大学承担了 3 项国家“973”项目，太原理工大学承担了 1 项国家“863”项目、1 项国家科技攻关引导项目。全省高校共承担国家自然科学基金34项，教育部科学技术研究重点项目6项，省青年科技基金40项，省科学技术发展计划项目62项，省科技成果推广计划项目4项，山西大学的“新型书写材料”被列为“山西省重点新产品计划项目”。校企合作进一步加强，山西大学、太原理工大学等高校的科技型企业股份制改造工作进展顺利。太原理工大学天成公司完成了上市前的准备工作，向中国证监会提出了上市申请；山西大学与太原铜业公司联合成立了科技型企业，运用激光全息技术合作开发的彩虹丝产品畅销全国市场。大学科技园建设规划方案通过了论证。

〔**教学工作**〕　教学改革进一步深化，启动了“人才创新工程”和“教学改革工程”，加强了对高校教学评估工作，有力保障了高等教育教学质量的提高。适应全省经济社会发展和产业结构调整的需要，进一步加强了学科专业的调整和建设力度，新增本科专业43个，确定高职高专教改试点专业34个，其中18个被列为教育部试点专业，有两个专业被教育部列为“精品专业”。截至2002年，全省高校共有本科专业356个，专业点153个，覆盖了11个学科门类，初步形成了具有山西特色的学科专业结构体系。完成了2002年度普通高校省级教学成果奖励评审工作，全省共有74个教学研究项目参加评审，共评出获奖成果49项，其中，一等奖11项，二等奖26项，三等奖12项。教学基本建设进一步加强，去年全省高校教学仪器设备投入达到1.15亿元，使教学基本条件得到明显改善。

〔**毕业生就业工作**〕　就业制度改革进一步深化。6月，省政府办公厅转发了省教育厅、省计委、省公安厅、省人事厅、省劳动保障厅《关于做好全省大中专学校毕业生就业工作，进一步深化毕业生就业制度改革的实施意见》，就完善就业机制及管理制度、就业指导、服务体系等制订了一系列改革政策和措施。2002年全省毕业研究生、本科生、专科生就业率分别达到87.2%、89.8%、57.6%。做好学籍学历管理工作，完成了2002年普通高校3.2万余名毕业生的学历证书电子注册，建立了全省普通高校在校生16.5万人的学籍学历管理数据库，并进行了1991年～2000年普通高校毕业生学历证书十年信息回登工作。

〔**高校党建和思想政治工作**〕　认真贯彻落实全国高校党建工作会议精神，高校党建工作得到加强。制定印发了《山西省普通高校实行党委领导下的校长负责制的若干意见》，为进一步完善党委领导下的校长负责制奠定了基础。

切实加强高校思想政治工作，坚持用马克思主义占领学校思想阵地和高校理论阵地，武装广大师生员工思想，不断推进邓小平理论和“三个代表”重要思想“三进”工作。十六大召开以后，采取多种措施，在全省教育战线掀起了学习、宣传、贯彻十六大精神的热潮。高校师德师风建设力度进一步加大，召开了全省高校师德师风建设大会，印发了《关于加强普通高校师德师风建设的意见》，并对全省高校师生的思想状况进行了摸底调查。“两课”教学改革不断深化，对全省高校的“两课”教学工作进行了全面评估。成立了“山西省高校精神文明建设指导委员会”，评选出196所山西省文明学校和628名山西教育系统精神文明建设先进个人。

〔**山西大学、太原理工大学建校100周年**〕　4月30日，省委、省政府在太原市召开“喜迎百年校庆，加快高教发展”庆祝大会，庆祝山西大学、太原理工大学建校100周年。副省长王昕主持了庆祝大会，省委书记田成平代表省委、省政府向山西大学、太原理工大学两校全体师生及海内外校友表示祝贺，并在讲话中充分肯定了山西大学、太原理工大学以及全省高等教育的百年成就，展望了山西高等教育发展的未来远景，对两校以及全省高等教育的改革和发展提出了希望和要求。要求全省各高校坚持社会主义办学方向，努力培养德智体美全面发展的建设者和接班人；充分发挥高等学校人才科技的优势，积极主动地为全省经济建设和社会发展服务；积极适应我国加入WTO的新形势，进一步解放思想、深化改革，全面提高教育水平；大力加强师资队伍建设，努力建设一支高素质、高水平的教师队伍。希望在校的大学生按照江泽民总书记的要求，珍惜在校时间，努力学习，立志成才。

教育部副部长张保庆代表教育部表示祝贺，希望山西省高等院校大力弘扬百年来优良的办学传统，适应新的形势和新的任务，全面推进高等教育的改革和发展，为实现中华民族的伟大复兴作出贡献。省教育厅厅长赵劲夫代表中共山西省高校工委、省教育厅讲了话。强调全省高校要按照省委、省政府的统一部署，立足山西实际，瞄准世界前沿，着力提高教育教学质量和办学水平，加强科学研究和知识创新，提高科技成果转化率，为实现"科教兴晋"的战略目标作出更大的贡献。山西大学校长郭贵春和太原理工大学校长谢克昌在讲话中回顾了山西大学、太原理工大学 100 年的办学历程，总结了解放以来特别是改革开放以来的办学经验，明确了学校今后的奋斗目标和发展方向。山西大学将着眼于国际科技飞速发展的趋势，塑造以追逐国际科技前沿为方向的研究理念，着眼于世界人才竞争日趋激烈的趋势，塑造以培养创新能力为特征的育才理念，着眼于当今科教与经济发展紧密结合并逐步占据主导地位的时代趋势，塑造以开放为模式的办学理念，打造区域特色和水平特色，把山西大学建成一流的教学科研型现代化综合大学。太原理工大学将坚持改革开放的办学理念，使学校成为地方经济建设和社会发展的智力与技术支撑园，坚持以人为本的办学方略，使学生成为"思考人类、适应时代、服务社会"的高素质创新人才，坚持制度创新的办学机制，把太原理工大学建成有中国特色的教学科研型的高水平大学。

撰稿　刘月琴　侯文一

审稿　李东福

内蒙古自治区教育

概　　况

〔基本情况〕

2002 年各级普通学校基本情况

单位：人

学 校 类 别	学校数（所）	毕业生数	招生数	在校生数	教 职 工 数	
					合 计	其中：专任教师
总　计	**11 777**	**1 137 813**	**1 265 604**	**4 043 533**	**324 844**	**254 128**
一、研究生	(9)	466	1 175	2 747		
1. 高等学校	(8)	465	1 172	2 740		
2. 科研机构	(1)	1	3	7		
二、普通高等学校本专科	21	15 608	44 624	120 782	18 718	9 583
本科院校	10	11 361	31 678	90 261	13 869	6 791
专科院校	11	3 919	12 133	28 288	4 849	2 792
分校、大专班		328	813	2 233		
三、普通中等学校	2 158	447 846	616 779	1 771 612	143 251	105 813
1. 中等专业学校	75	31 765	28 103	98 343	10 223	5 670
中等技术学校	71	26 159	23 931	83 552	9 737	5 364
中等师范学校	4	5 606	4 172	14 791	486	306
2. 技工学校						
3. 普通中学	1 762	371 812	522 945	1 492 313	115 765	87 099
高中	381	84 724	143 584	364 046		20 501
初中	1381	287 088	379 361	1 128 267		66 598
4. 职业中学	320	44 240	65 687	180 891	17 263	13 044
高中	119	18 446	28 020	67 769		5 639
初中	201	25 794	37 667	113 122		7 405
5. 工读学校	1	29	44	65		
四、小学	8 472	420 479	365 473	1 834 499	146 285	128 331
五、特殊教育学校	25	265	506	3 292	771	577
六、幼儿园	1 101	253 149	237 047	310 601	15 819	9 824

2002 年各级成人学校基本情况

单位：人

学校类别	学校数（所）	毕业生数	招生数	在校学生数	教职工数 合计	教职工数 其中：专任教师
总计	**9 128**	**857 989**	**718 637**	**1 041 116**	**19 631**	**9 844**
一、成人高等学校	13	14 653	35 319	93 143	3 743	2 038
1. 广播电视大学	1	2 611	1 177	6 443	1 266	578
2. 职工高等学校	5	1 509	5 066	10 032	683	372
3. 农民高等学校						
4. 管理干部学院	2	717	852	1 562	93	41
5. 教育学院	5	1 286	2 711	6 576	1 701	1 047
6. 独立函授学院						
7. 其他学校（机构）						
8. 普通高等学校举办		8 530	25 513	68 530		
函授		4 552	15 544	47 282		
业余		1 189	1 704	4 384		
脱产		2 789	8 265	16 864		
二、成人中等学校	5 966	811 701	656 981	901 425	10 857	5 644
1. 成人中等专业学校	97	16 749	11 112	28 149	4 700	2 715
广播电视中专学校	0	11	46	68	6	3
职工中等专业学校	29	4 457	3 376	6 897	2 008	958
干部中等专业学校	2	208	20	194	96	47
农民中等专业学校	3	77	97	216	55	35
函授中等专业学校		20			13	7
教师进修学校	63	5 231	2 852	8 496	2 522	1 665
其他类学校举办		6 745	4 721	12 278		
2. 成人中学	17	2 176	2 243	3 009	259	181
成人高中	9	260	1 459	2 563	174	137
成人初中	8	1 916	784	446	85	44
3. 成人技术培训学校	5 852	792 776	643 626	870 267	5 898	2 748
职工技术培训学校	68	7 613	7 947	7 417	341	153
农民技术培训学校	5 784	785 163	635 679	862 850	5 557	2 595
三、成人初等学校	3 149	31 635	26 337	46 548	5 031	2 162
1. 职工初等学校	1	200	230	230	6	6
2. 农民初等学校	3 148	31 435	26 107	46 318	5 025	2 156
其中：扫盲班	2 918	19 844	15 440	29 686	4 541	1 919

〔**年度教育工作方针**〕 2002年，内蒙古自治区教育的指导思想是：高举邓小平理论伟大旗帜，以"三个代表"重要思想为指导，认真落实中央和自治区关于教育改革、发展的一系列方针政策，加强教育宏观决策与研究，把握全局，突出重点，深化教育体制改革，进一步合理调整学校布局，积极进行学科建设和课程改革，全面推进素质教育；组织实施好各项教育工程，努力改善办学条件；加强教育法制建设，加强学校管理，推动各项教育事业协调发展。

〔**教育对口支援**〕 为全面总结北京和内蒙古教育对口支援工作，推进区内学校对口支援，经京蒙教育对口支援工作领导小组协商和筹备，8月12日～14日，在锡林浩特市召开了京蒙教育对口支援工作总结表彰会。会议在总结近年来京蒙教育对口支援经验的同时，对在京蒙教育对口支援工作中做出突出成绩的8个先进集体和26名先进个人进行了表彰。根据会议精神，经市地教育行政部门多次协商，对口支援的范围和领域进一步扩大。内蒙古自治区6所本科高等学校和北京市5所高校，北京市8所中专和内蒙古自治区8所中专建立了对口协作关系，12月，在北京举行了协议签字仪式。

〔**教育信息化建设**〕 11月17日，自治区政府在巴彦淖尔盟召开了全区现代远程教育网络工程建设现场经验交流会。自治区副主席宝音德力格尔代表自治区政府和各盟市签订了目标责任状。2002年，全区共安排工程建设学校1 703所，安排建设资金8 754万元。同时制定出台了《我区义务教育阶段中小学收费标准》，明确收费提高部分主要用于现代远程教育网络建设。经过全区努力，到年底，共完成"一期工程"建设项目学校1 232所。年内，教育部、李嘉诚基金会共投资1 580万元，完成385所学校信息化的建设任务。

〔**政务公开工作**〕 为切实推行政务公开和校务公开工作，成立了专门的领导机构，制定了《内蒙古自治区教育厅关于推行政务公开和校务公开制度的实施方案》，确定了收费、招生事务、财务管理、工程建设项目、职工奖惩、干部人事、领导干部重要事项等10多项公开内容。年内教育厅机关又设置了公示栏，制定了《实行政务公开的补充规定》，落实了"公务明示制"等有关措施，规范了有关行政审批、行政收费和行政处罚的程序和要求，全区教育系统已初步建立了执行政务公开制度的良性机制。

〔**学校安全工作**〕 为切实加强学校安全工作，保障学生的生命财产安全，维护学校的正常工作秩序，2002年，自治区教育厅坚持把学校安全工作摆在重要议事日程，继续落实安全工作"谁主管谁负责、谁主办谁负责"的原则，实行学校安全及综合治理工作"一票否决制"和责任追究制。全年共印发、转发有关安全工作的文件26个，对各级各类学校安全工作进行了系统的安排部署。元月上旬，向各盟市发出通知，突出强调中小学生的安全教育。春季开学后，及时部署了在全区范围内开展学校安全工作大检查活动。在各地自查的基础上，教育厅组织了三个检查组，对直属大中专院校进行了普查，对盟市各级各类学校进行了抽查，对检查出的问题提出了相应的整改意见。印发了《关于进一步做好基础教育安全工作的通知》，对加强学校安全工作提出了新的要求。丰镇二中"9.23"学生重大伤亡事故发生后，及时召开全区学校安全工作电视电话会议，重申了强化学校安全工作责任意识、加强制度建设和规范管理，要求各级教育行政部门和学校全面开展安全隐患排查工作，抓好各项安全措施的落实。

〔**依法治教工作**〕 自治区教育厅印发了《内蒙古自治区依法治校管理办法》，向全区教育系统转发了教育部颁布的《学生伤害事故处理办法》，依法对各类学校发生的不同类型的学生伤害事故进行了妥善处理。配合自治区人大常委会教科文卫委员会就起草《内蒙古自治区实施〈职业教育法〉办法》和《内蒙古自治区中小学学生伤害事故处理办法》进行了立法调研，起草了《内蒙古自治区中小学教师继续教育规定》，向自治区政府法制办提交了《内蒙古自治区2003～2007年教育地方立法五年规划》和《立项报告书》。组织开展了《国家通用语言文字法》大型宣传活动，依法开展了推广和应用普通话工作。

〔**教师队伍建设**〕 在调查研究的基础上，会同自治区财政厅、编委制定了《全日制普通中小学机构编制管理办法》，为促进全区中小学机构编制管理提供了依据。印发了《内蒙古自治区关于贯彻教育部〈实施教师资格条例办法〉的意见》，召开专门会议，就全区实施教师资格条例进行了部署。会同自治区党委组织部、人事厅制定印发了《内蒙古自治区中小学校长选拔任用工作试行办法》和《关于加强中小学校长培训工作的意见》，对中小学校长的职责、权利和义务、任职条件、选拔任用原则、方法、考核与监督及全面培训等作出规定。根据教育部《关于"十五"期间教师教育改革与发展的意见》，拟定了自治区"十五"期间教师教育改革与发展的意见。年内，组织培训自治区级教育人员1400多名、"二期义教工程"项目旗县骨干教师820名、信息技术教育人员120名。制定印发了《内蒙古自治区旗县级教师培训机构办学条件和水平评估标准》，对基本达到示范标准的县级教师培训机构进行了评估。年内，全区小学、初中、高中专任教师学历合格率分别达到96.79%、87.77%和64.82%，分别比上年提高0.97个百分点、2.23个百分点和2.27个百分点。

〔**语言文字工作**〕 经自治区政府批准成立了"自治区语言文字工作委员会"。全区各盟市都成立了语言文字工作机构，成立了测试工作站，语言文字工作出现了层层有人管，具体有人抓的局面。开展了推广普通话工作，全年共培训测试6万人次。对机关全体公务员和直属事业单位工作人员进行了为期一周的普通话培训和测评，为全区推广普通话带了好头。

〔**治理中小学乱收费**〕 自治区始终把治理中小学乱收费作为教育系统纠正行业不正之风、减轻农牧民负担的重点工作来抓，制定了"不准招收择校生、不准举办单独收费的各种补习班、不准强制学生购买教学用书目录以外的图书资料、不准将社会上对学校的乱摊派转嫁到学生头上、不准擅自出台收费政策"的"五不准"治理目标。落实各级政府及教育行政部门"一把手"负总责，"谁主管、谁负责"的领导责任制，普遍实行了"收费监督卡"和"校务公开"制度。制定了《内蒙古自治区教育收费公示制度实施办法》，在全区农牧区中小学实行收费公示，并普遍推行了"一费制"。开展了以治理乱收费为主要内容的行风评议活动，制定印发了《农村牧区中小学公用经费定额标准》，会同有关部门对6个盟市的中小学收费情况进行了检查。

〔**党建和思想政治工作**〕 2002年，重点抓了基层党支部建设和对党员干部的教育管理，及时传达学习中纪委七次全体会议、教育部纪检监察工作会议和自治区第四次廉政建设会议精神，狠抓了党风廉政建设责任制的落实工作。党的十六大召开之后，自治区教育厅党组向全区教育系统就学习贯彻十六大精神作出了全面部署，组织党员干部开展学习、研讨活动，集中学习了十六大报告和修改后的《中国共产党章程》。组织全厅干部职工学习了《公民道德建设实施纲要》，开展了读书知识竞赛等活动。

宣传12.14舍己救人英雄事迹。12月14日，内蒙古农业大学郝龙彪、内蒙古工商学校刘业、呼铁一小王超三名同学在呼和浩特青城公园三角湖上为抢救落水儿童英勇献身。自治区政府召开表彰大会，对三名英雄予以表彰，并号召全社会向他们学习。自治区精神文明建设委员会等六部门追授他们"舍己救人英雄"荣誉称号；郝龙彪所在班集体被授予"见义勇为模范集体"荣誉称号，参与救助的樊晓东等28名大中小学学生被授予"见义勇为模范学生"荣誉称号。

基 础 教 育

〔**综述**〕 11月，自治区政府召开了全区中小学素质教育现场经验交流会，会议在总结交流素质教育工作经验的同时，提出了今后的工作目标、主要任务和相关措施。启动了基础教育课改实验工作。召开了全区基础教育课改实验培训会议，确定16个旗县为自治区课改实验区，从秋季开始，小学、初中起始年级各6万名学生使用实验教材，实验人数占全区同年级学生人数的20%。贯彻自治区人民政府《幼儿教育改革与发展的意见》，召开了全区幼儿教育指导纲要培训会。会同自治区人事厅、财政厅等部门联合制定了《全区特殊教育“十五”规划》，有7个盟市实施了“金钥匙工程”，11个青少年校外活动场所正在建设。召开了全区实施“33211工程”现场会，研究制定了评估标准，组织开展了专项督导评估。在第八届全国中学生运动会上，内蒙古自治区代表团荣获2块金牌，1块银牌，破一项全国中学生最高记录。

〔**基础教育工作会议**〕 1月，自治区政府召开全区基础教育工作会议，贯彻全国基础教育工作会议精神，提出“十五”期间的奋斗目标：全区有91个旗县实现“两基”达标，12个盟市所在地城市高质量“普九”，7个直辖市市区普及高中阶段教育；“两基”达标旗县人口覆盖率达到85%，小学毕业生升学率达到96%以上，青壮年非文盲率稳定在96%以上，初中毕业生升学率达到65%以上。会后，制定了《内蒙古自治区人民政府贯彻〈国务院关于基础教育改革与发展的决定〉实施意见》以及《关于中小学布局结构调整的意见》《关于义务教育学制改革的意见》和《关于加强区内学校对口支援的意见》等8个配套文件。为进一步落实“以县为主”的义务教育管理体制，5月，召开了全区完善农村牧区义务教育管理体制电视电话会议，部署了这项工作。到年底，全区有101个旗县（市区）基本实现了教师工资由旗县统一发放，中小学教师归口教育部门管理的规定正在落实。

〔**义务教育工程建设和“普九”达标验收**〕 召开了“一期义教工程”总结表彰和“二期义教工程”、“危改工程”启动会议。2001～2002年“二期义教工程”计划投资2.31亿元，实际到位资金2.39亿元，完成计划投资103%；计划施工面积37.23万平方米，实际竣工面积37.1万平方米，完成计划99.7%。“危改工程”2001～2002年计划投资2.91亿元，实际到位资金2.88亿元，完成计划98.9%；计划改扩建面积44.77万平方米，实际竣工面积47.83万平方米，完成计划106.8%。完成4个“普九”达标旗县仪器设备和图书的集中采购任务。组织开展了拟实现“两基”达标旗县的前期指导和评估验收工作，阿尔山市、卓资县顺利通过了“两基”验收，年内，全区达标旗县达到74个，“普九”人口覆盖率达到69.85%。研究制定了《关于进一步做好“两基”巩固提高督导复查工作的意见》，组成3个组，对察右前旗等12个旗县（市区）的“两基”巩固提高工作进行了复查，对达标后严重下滑的旗县予以黄牌警告，对工作做得好的旗县予以奖励。12个旗县在复查后补拨教育经费1447.5万元。

〔**控制辍学工作**〕 实行义务教育阶段学生辍学月报制度。针对因灾造成辍学的问题，自治区政府投入扶困助学专项资金1 500万元，盟市、旗县匹配2 000万元，争取国家补助2 300万元，资助贫困学生31万名。此外，“义教工程”提供免费课本资金900万元，资助25万名贫困学生。到年底，全区初中生辍学率由年初的2.25%下降到0.17%，小学生辍学率由0.3%下降到0.12%。

〔**高中教育**〕 继续调整学校布局，整合教育资源，改造薄弱学校，积极发展高中教育。年内，争取国家重点高中改造项目资金6500万元，共安排29个项目，总建筑面积17.1万平方米。2002年，全区普通高中招生14.36万人，较上年增加2.13万人。普通高中在校生达36.4万人。印发了《内蒙古普通高中招生考试指导意见》，普通高中会考已下放到盟市。改革普通高中教学内容，秋季开始全部执行新的课程计划。

〔**教育督导**〕 印发了《内蒙古自治区关于加强基础教育督导工作的意见》，进一步明确了基础教育督导工作的指导思想和基本原则，明确了一个时期内督导工作的重点任务，对各级督导机构和队伍建设提出了基本要求。年内，积极配合教育部和国家教育督导团，圆满完成了对全区中小学危房改造、控制中小学生辍学和落实"以县为主"管理体制的专项督导检查工作。

职业教育与成人教育

〔**学校布局调整**〕 为进一步推进中专教育体制改革，优化资源配置，自治区政府印发了《关于全区中等专业学校管理体制改革和布局调整的意见》，《意见》提出了中专学校改革和调整的指导思想、原则、具体方案和实施步骤。贯彻《意见》精神，中专调整和改革的步伐进一步加快，部分盟市已基本上完成了调整任务，部分盟市制定了实施方案。年内，全区普通中专和成人中专共调整28所。

〔**职业教育招生**〕 贯彻全国职业教育工作会议精神，开展了中等职业教育调查研究，基本上摸清了全区职业教育的现状、存在困难和问题，提出了贯彻落实会议精神的初步意见，并向自治区政府作了汇报。召开了全区职业教育工作座谈会，继续推进中等职业学校招生制度改革，实行多种形式的联合办学。经过努力，年内全区普通中专招生2.84万人，比上年增长25.18%；职业高中招生2.8万人，比上年增长4.78%。各类中等职业学校招生总数达6.28万人。

〔**职业技能鉴定**〕 自治区教育厅会同劳动与社会保障厅联合印发了《关于做好全区高等学校、中等职业学校毕业生职业技能鉴定工作的通知》，在中等职业学校毕业生中普遍开展了职业技能鉴定工作。全面完成了职业学校学生对口升学、职业技能考核工作。开展了烹饪、计算机、服装设计技能大赛，参加了全国烹饪、计算机和服装设计的竞赛活动，取得了一等奖1名、二等奖1名、三等奖7名的成绩。

〔**社会力量办学**〕 配合自治区政协组织开展了全区民办教育调研。制定印发了《关于对社会力量办学秩序进行整顿的通知》和社会力量办学机构评估标准，组织专家对社会力量办学机构进行了全面评估，评出合格学校24所、基本合格学校20所、不合格学校28所。召开了全区社会力量办学机构负责人座谈会，进一步明确了今后社会力量办学的发展方向。

高 等 教 育

〔**高等教育招生**〕 年内，全区共有14.3万人报名参加普通高等教育招生考试，招生计划为7.35万人，实际录取新生8.34万人，录取率为58.3%，比上年提高5.5个百分点；有10.81万人报名参加成人高等教育招生考试，招生计划为5.34万人，实际录取7.92万人，完成计划的148.3%；有25.06万人报考高等教育自学考试，开考64个专业，取得毕业证书的2.29万人。高等教育规模进一步扩大，全区高等教育在校生达到12.1万人，高等教育毛入学率达到12.3%。年内，全区普通高校毕业生一次就业率达44.85%，较上年提高0.17个百分点。

〔**高校重点建设**〕 自治区共投入1.8亿元，顺利完成内蒙古大学“211工程”一期建设任务，并通过了国家验收，二期建设项目也通过了专家组评审。内蒙古农业大学完成了西部大开发重点建设项目年度计划和学科建设任务，落实建设资金8 400万元，年内接受并通过了教育部的本科教学水平评估。组织相关高校申报全国重点学科，内蒙古大学的少数民族语言文学、动物学，内蒙古农业大学的草本科学被列为国家级重点学科。年内，争取国家投资5 750万元，全区10所本科院校校园网及呼和浩特市城域网被列入国家建设项目，已全部完成布线任务。

〔**教学和科研工作**〕 自治区教育厅制定印发了《全区高等教育教学质量评估指标体系》，在高校自查自评的基础上，3月～4月，抽调30多位专家分6个组对全区高校教育教学质量进行了评估检查。推荐上报19项全国高等教育科学“十五”规划重点课题，并经中国高等教育学会批准立项。

〔**管理体制改革**〕 启动了第二轮高等教育管理体制改革。以筹备组建包头大学、赤峰学院和呼伦贝尔学院专升本为重点，进一步推进布局结构调整。组成专家组，对乌盟、锡盟组建职业学院进行了调研和论证。经自治区政府同意，内蒙古团校并入内蒙古师范大学，组建内蒙古师范大学青年政治学院；内蒙古建筑工程技术学校并入内蒙古建筑职业技术学院。年内，全区高等职业学校达到8所，成人高校减至9所。

〔**高校后勤社会化改革**〕 自治区教育厅制定印发了“高校标准化公寓管理”和“高校标准化食堂管理”评估标准，启动了高校学生公寓园区建设工程，组织了高校公寓床上用品集中采购，节约资金23万元。完成了呼和浩特市地区高校及部分事业单位取暖用煤公开招标和集中采购工作，节约经费50万元。年内，完成高校校舍建设面积22万平方米，住宅建设面积9.4万平方米。成立了自治区国家助学贷款协调领导小组，协调各商业银行和有关部门，制定印发了《全区国家助学贷款管理办法》《自治区国家助学贷款“四定”方案》，全年新增贷款994万元。

〔**高校思想政治教育工作**〕 自治区教育厅传达了全国高校第十一次党建工作会议精神，召开了全区高校党建工作会议和高校党建工作座谈会，部署了今后的工作。对高校领导班子年度工作实绩进行了考核，进一步加强了高校领导班子建设。组织实施普通高校德育大纲，召开了全区高校青年德育工作者理论研讨会和高校学习“三个代表”经验交流会。组织修订了《高校思想道德修养》教材，进一步加强了“两课”建设和邓小平理论、“三个代表”思想“三进”工作。在全区大学生中开展了学习“三个代表”重要思想，争做新世纪合格人才主题教育活动。举办了全区大学生“创业计划”设计大赛、大学生暑期“三下乡”活动和庆祝建团80周年、建党81周年等活动。

民 族 教 育

〔**贯彻全国民族教育工作会议精神**〕 组织开展了民族教育情况专题调查研究，提出了贯彻《国务院关于深化改革加快发展民族教育的决定》和第五次全国民族教育工作会议精神的意见，并向自治区政府作了专门汇报。召开了全区民族教育工作座谈会，就落实全国会议精神作了部署。召开了全区民族高中办学经验交流会，研究了扩大民族高中办学规模的相关政策，年内，全区民族高中招生规模由6000人增加到1.2万人。

〔**示范性民族学校和蒙文教材建设**〕 加强对示范性民族中小学的前期检查指导，年内，经过评估，有17所中小学成为示范性民族学校。召开了全国第十五次中小学蒙文教材审查会议，共审查55种教材、568万字。组织开展了大中专优秀蒙古文教材评奖，共评出优秀教材51部。

撰稿 张 波

审稿 郭明伦 秦政奇

辽宁省教育

概　　况

〔基本情况〕

2002年各级普通学校基本情况

单位：人

学校类别	学校数（所）	毕业生数	招生数	在校生数	教职工数	
					合　计	其中：专任教师
总　计	**21 791**	**1 829 757**	**1 952 992**	**6 930 631**	**528 509**	**397 687**
一、研究生	(44)	3 844	10 187	25 483		
1. 高等学校	(31)	3 674	9 569	23 949		
2. 科研机构	(13)	170	618	1 534		
二、普通高等学校本专科	67	72 791	151 116	450 536	69 667	33 819
本科院校	36	47 538	107 468	347 484	54 421	25 557
专科院校	31	19 406	37 006	85 477	15 246	8 262
分校、大专班		5 847	6 642	17 575		
三、普通中等学校	2 849	762 824	933 487	2 716 358	211 564	162 969
1. 中等专业学校	137	42 856	56 814	151 810	16 560	8 742
中等技术学校	132	42 297	55 438	148 953	15 938	8 405
中等师范学校	5	559	1 376	2 857	622	337
2. 技工学校						
3. 普通中学	2 362	666 377	812 406	2 398 928	177 547	142 232
高中	453	143 387	202 394	518 810		30 312
初中	1 909	522 990	610 012	1 880 118		111 920
4. 职业中学	340	53 324	63 208	164 241	17 104	11 798
高中	318	52 534	62 599	162 321		11 731
初中	22	790	609	1 920		67
5. 工读学校	10	267	1 059	1 379	353	197
四、小学	12 161	622 536	463 091	3 061 398	205 229	175 549
五、特殊教育学校	75	871	1 082	8 926	2 457	1 829
六、幼儿园	6 639	366 891	394 029	667 930	39 592	23 521

2002年各级成人学校基本情况

单位：人

学 校 类 别	学校数（所）	毕业生数	招生数	在校学生数	教职工数	
					合 计	其中：专任教师
总 计	**8 516**	**1 996 395**	**1 864 469**	**1 638 884**	**20 163**	**9 659**
一、成人高等学校	43	48 748	75 948	201 302	7 942	4 084
1. 广播电视大学	3	3 699	4 038	9 684	2 328	1 275
2. 职工高等学校	35	5 942	8 746	21 499	4 611	2 400
3. 农民高等学校						
4. 管理干部学院	4	1 024	492	1 038	483	244
5. 教育学院	1	585	1 017	2 466	370	148
6. 独立函授学院						
7. 其他学校（机构）		244		368	150	17
8. 普通高等学校举办		37 254	61 655	166 247		
函授		14 937	25 851	75 937		
业余		7 958	10 760	36 676		
脱产		14 359	25 044	53 634		
二、成人中等学校	7 771	1 923 271	1 762 880	1 404 306	11 012	4 815
1. 成人中等专业学校	1	12 038	6 419	25 162	578	333
广播电视中专学校	1	6 184	6419	15 764	578	333
职工中等专业学校		4 592		7 583		
干部中等专业学校						
农民中等专业学校		1 262		1 815		
函授中等专业学校						
教师进修学校						
其他类学校举办						
2. 成人中学	150	13 253	15 395	34 355	1 245	1 122
成人高中	51	1 736	2 859	3 812	583	513
成人初中	99	11 517	12 536	30 543	662	609
3. 成人技术培训学校	7 620	1 897 980	1 741 066	1 344 789	9 189	3 360
职工技术培训学校	148	107 745	102 190	67 137	1 890	1 182
农民技术培训学校	7 472	1 790 235	1 638 876	1 277 652	7 299	2 178
三、成人初等学校	702	24 376	25 641	33 276	1 209	760
1. 职工初等学校	21	70	205	310	124	76
2. 农民初等学校	681	24 306	25 436	32 966	1 085	684
其中：扫盲班	91	1 441	2 559	1 654	316	45

〔**年度教育工作方针**〕 2002年，辽宁省教育以“三个代表”重要思想为指导，以改革为动力，以调整为主线，以提高教育质量和效益为目的，深化教育教学改革，扩大教育对外开放，加快教育事业发展，努力建设教育强省，以优异的成绩迎接党的十六大胜利召开。(1) 认真贯彻《国务院关于基础教育改革与发展的决定》精神，建立以县为主的农村义务教育管理体制，促进基础教育的改革和发展。以控辍保学为重点，巩固农村“普九”成果；抓住素质教育的关键环节，推进基础教育课程改革实验。(2) 积极推进职业教育改革，大力加强各种形式的职业教育与培训。加速推进县（市、区）标准化职业教育中心建设的进程；进一步推进中等职业教育布局结构调整，逐步完善职业教育体系；积极开展各种形式的职业培训和成人教育，推进社区教育实验。(3) 以重点学科建设为龙头，改善办学条件，提高教育质量，促进高等教育可持续发展。(4) 深化办学体制改革，大力发展民办教育。(5) 深化教育人事制度改革，加强教师队伍建设，全面提高教师队伍素质。(6) 增加教育经费投人，加强教育经费管理，提高经费使用效益。(7) 扩大教育对外开放，推进教育国际交流，促进中外合作办学健康发展。进一步加大派出力度，鼓励多种形式的出国留学，同时积极吸引海外学子来辽宁创业。(8) 认真组织学习“三个代表”重要思想，加强教育系统党的建设，增强学校思想政治工作主动性、针对性、实效性。认真贯彻《公民道德建设实施纲要》。(9) 加强规范，推进普及，推动语言文字工作深入开展。(10) 认真贯彻十五届六中全会精神，加强教育系统党风廉政建设。

〔**教育扶贫助困**〕 (1) 启动教育扶贫四个工程。即：“大中城市对口支援贫困地区中小学工程”“省内高校对口支援贫困县基础教育工程”“各市城镇学校对口支援农村中小学工程”和“社会各界援助贫困地区中小学工程”。(2) 认真落实省委、省政府开展的“献爱心送温暖”扶贫帮困行动。资助贫困中小学生5.65万名，资助金额达1 270万元，2002年省、市财政发放扶困助学金额2 100万元，资助贫困学生8.9万人。(3) 积极推动国家助学贷款工作。2002年全省累计发放助学贷款1.55亿元，获得贷款的学生2.54万人。辽宁在全国率先开办生源地助学贷款试点工作，2002年建昌、阜新等15个贫困县（市）共有3075名贫困学生获得助学贷款，占15个县（市）贫困学生的82%。(4) 继续做好“寒窗基金”发放工作。省级资助金由上年的500万元增加到750万元，2002年全省发放“寒窗基金”资助金1 600多万元，资助贫困学生8 000多人。省政府还筹措1 000万元，为中等学校3万名特困学生发放伙食补助，人均年补助700元。(5) 认真落实国家奖学金评定工作。全省有1 051名学生获得奖学金，奖学金额476万元。

〔**教育对外交流**〕 (1) 积极拓展国际交流合作渠道，加速辽宁教育国际化进程。全省已有50多所高校与国外800所高校、教育机构、民间团体建立了友好关系，有20所高校与境外高校进行学历教育合作。2002年，全省高校各类出访团组为261批，出访816人次，比上年分别增长18%和30%，交流和出访的国家增至31个。在沈阳、大连两地成功举办了2002年辽宁国际教育展览会，来自20多个国家的60多所国外高等院校前来参展，吸引观众达5万多人次。(2) 合作办学不断推进。以合作培养学生为载体，引进国外优质教育资源，改造传统专业，逐步提高辽宁省高校的整体办学水平。全省已有20所高校、25个专业与国外学校合作办学。在合作项目学习的学生共2468人，在国外学习187人，已完成学业36人。通过引进教材、课程、教学计划，不断促进高校合作专业向国际先进水平迈进，使大批品学兼优的学生在最短的时间内，花较少的学费满足留学的愿望，为辽宁的经济和社会发展储备了人才。(3) 公费留学人员大量增加。鼓励高校教师和其他行业专业技术人员申报国家公费留学，除教育系统外，适当向社会急需专业人才倾斜。2002年，全省受国家资助留学人员数量有较大增加，达188人，创历史纪录。(4) 留学人员回国服务已见成效。已有几十位海外学子在大连、沈阳等地创办了自己的企业，有的企业已形成较大规模。(5) 来华留学事业不断发展。鼓励高校改善条件，开设适应国际化需要的专业，积极推动来华留学工作。2002 年全省具有接受外国留学生院校达 41 所，来华留学生达 4 000 人。(6) 引智工作发展迅速。推进高校有计划地聘请外国专家、外教来辽宁从事教学、科研活动，帮助高校提高教学质量和科研水平。2002 年，审批具有聘请外国文教专家资格单位 96 所，使全省具有聘请外国文教专家资格单位增至 216 所。

〔**民办教育**〕　2002 年，省政府召开了全省民办教育工作会议，印发了《辽宁省人民政府关于大力促进民办教育发展的若干意见》，明确了全省民办教育的各级管理部门及其工作职责，理顺了工作关系，进一步规范了民办教育管理。省教育厅成立了社会力量办学管理办公室和民办教育的专门研究机构，举办了全省首届民办教育展。全年审批筹办 1 所民办高校、1 所民办专修学院、3 所民办高中、3 所非学历培训机构。

〔**教育纠风活动**〕　2002 年深入开展教育纠风活动，全省教育系统层层签订责任状，强化第一责任人的责任。建立了强有力的纠风工作网络，聘请了数百名社会监督员。省教育厅纠风办共受理投诉举报 1 000 多件次，做到件件有回音，并对重要事件进行了查处。共立案 98 件，处分 86 人，全年共清退不合理收费 1 500 多万元，取消不合理项目收费金额 1.1 亿元。通过在各市发放的 3 000 多份家长、学生问卷调查，对当前教育行业风气满意率超过 95%。

〔**教育信息化建设**〕　启动实施了省教育厅机关办公自动化系统，推进政务信息化进程，提高机关工作效率和水平。组织专门人员，对现代远程教育卫星宽带网运营商及信息产品进行了调查。加强对高校设立远程教育中心的管理，召开各高校在辽宁省设立的教育中心负责人会议，对办好远程教育提出了明确要求，对办学单位进行检查，将教育中心办学情况向社会公布。全年共审批网站和网校 15 所，其中中小学网站网校 1 所，大学远程教育网站网校 14 所。

〔**教育普法工作**〕　印发了《辽宁教育系统法制宣传第四个五年计划》。学习贯彻教育部《学生意外伤害事故处理办法》，以市为单位对全省中小学校长、教师进行培训。对全省中外合作办学机构进行了执法检查，并结合执法检查开展了教育对外开放的政策调研。进行了处级干部法律知识考试，促进依法行政水平不断提高。

〔**语言文字工作**〕　认真贯彻落实《国家通用语言文字法》，制定《辽宁省贯彻〈国家通用语言文字法〉实施办法》，加强全省语言文字应用管理，促进语言文字规范化、标准化的普及。加强了普通话水平测试工作规范管理和测试机构、测试队伍建设。指导和帮助沈阳铁路系统开展站车播音员持证上岗工作，进一步促进了党政机关和行业系统语言文字规范化。召开辽宁省语言文字工作先进示范学校总结表彰会议，印发了《关于对大中专院校部分专业毕业生开展普通话培训测试工作的通知》。

〔**体育、卫生与艺术教育**〕　2002 年全省各校着力实施快乐体育，加强学校体育设施建设，不断推进体育教学改革，省教育厅承办了教育部在辽宁省召开的现场观摩研讨会，介绍了经验，受到普遍好评。2002 年承办了飞利浦中国大学生足球联赛的总决赛，东北财经大学男队获亚军。辽宁代表队参加“第八届全国中学生运动会”7 个项目的比赛，取得金牌总数第三名并获得“体育道德风尚奖”。辽宁省中学生男子篮球队代表中国在“亚洲中学生篮球比赛”中获得冠军。辽宁省中学生代表中国参加“世界中学生越野比赛”，取得男子团体总分第二名、女子团体总分第三名。

2002 年制定了《辽宁省学校卫生保健安全工作责任制度》，关闭不符合卫生要求的学生食堂、小饭桌 150 个。实施美育教育计划，推动素质教育的深入发展。开展辽宁省中小学艺术教育先进县区评估，启动实施中小学校园环境艺术化工程，命名表彰了 29 个示范县区、60 所先进学校。沈阳音乐学院代表队获得第二届全国音乐教育专业学生基本功大赛团体一等奖。举办了辽宁省首届中小学优秀美术作品展，征集到美术作品1.2万件，精选1 000件优秀作品在鲁迅美术学院美术馆和大连市展出并出版画集。

基础教育

〔**农村中小学危房改造和布局调整**〕 2002年全省农村共开工危改项目学校1348所，规划新建校舍90多万平方米，一次性消灭农村中小学D（整体危险）级危房50多万平方米。农村中小学布局调整工作稳步推进。2002年撤并布局不合理初中71所、小学700所、教学点144个，安排建设示范性学校66所，建设面积2.43万平方米，项目总投资1.88万元，年底已建成20多所。

〔**控制农村中小学生辍学**〕 2002年加大控辍保学力度。建立了农村初中辍学率考核制度，同时设立省、市级控辍监测点校，确定省级监测点校240所，市级监测点校200所。各地综合运用依法控辍、管理控辍、教改控辍、扶贫控辍、改革督导评估方法等方式，加大控辍力度，巩固了“普九”成果。全省农村初中辍学率由2001年的3.49％下降到2002年的2.94％。

〔**外语教育**〕 2002年实现农村乡镇小学开设外语课，城市普及外语课。启动110所试点校的“双语”教学实验，在调研的基础上又增加了98所小学“双语”教学实验校，确定了58所省级“双语”教学示范学校。聘请510名外籍教师承担教学任务。引进了新加坡原版教材，进行科学、生物、计算机、艺术等学科的“双语”教学实验。聘请新加坡有关专家对“双语”教学实验教师、教研员进行全面培训，已培训1 000多名。选派102名英语教师赴英国进行短期培训。在师范院校设立小学教育双语专业、理科双语专业和小学科学教育双语专业，招生近2 000名。

〔**信息技术教育**〕 制定了辽宁省中小学教育技术实验校、实验县标准，对实验校、实验县进行了评估验收。积极推进中小学信息技术课开课工作，降低生机比，增加校园网普及率。2002年小学、普通初中、普通高中的生机比分别由上年的46.65∶1、32.64∶1、14.51∶1降到34.75∶1、28.15∶1、13.16∶1，校园网普及率分别由2001的2.51％、6.59％、21.56％提高到2.80％、9.85％、27.59％。在全国率先推行中小学学籍管理电子化。研制开发了教育信息技术考试考务系统，组织培训与指导12.57万名教师通过考试，一级证书水平通过率达95％。参加骨干教师省级培训的1 000多人通过二级考核。

〔**教师队伍建设**〕 （1）深化中小学人事制度改革，积极推进“双聘”工作。2002年全省转岗分流2.11万人，其中内退7 865人，交流1 317人，转岗934人，待聘4 315人，辞退民办教师1 260人，辞退代课教师2 860人，其他除名、辞职2 563人，提高了教职工队伍的整体素质。会同省编委办、财政厅对全省中小学人员编制进行调研，制定了《辽宁省普通中小学机构编制管理实施意见》，提出农村小学按班核定教职工编制，明确了县以下普通中小学人员编制实行以县为主的管理体制。（2）全面推进教师继续教育工作，努力建设合格的中小学教师队伍。实施了“一所村小一名大学生计划”，招收60名中师起点专科生。将中小学及幼儿园教师学历提高培训纳入社会考试，进一步提高教师学历。2002年小学教师具有专科学历的达到38.06％，初中教师具有本科学历的达到24.41％，高中教师具有本科以上学历（同等学力）

的达到86.78%。

〔**课程与考试评价制度改革**〕 全省25%的县(区)实施了基础教育课程改革。制定了“地方课程实施方案”和“中小学综合实践课指导意见”。对4.58万名教师进行了新课程通识培训，1.44万名教师进行了新课程标准和新教材的培训，提高了教学能力。取消小学百分制，完善等级加评语的综合评价制度。积极进行中学学分制和部分学科实行开卷考试的探索，重视实验操作能力、计算机操作技能、外语听说能力的考查。坚决取消小学升初中考试，建立农村小学教育质量新的评价体系。取消高中省级会考，把会考组织权下放到各市或办学信誉好、教育质量高的学校，鼓励采取学分制、开卷考试等多种形式，激活考试评价制度。

〔**幼儿教育**〕 召开了全省学前教育表彰大会暨工作座谈会，表彰了19个学前教育先进县(市、区)、80个先进集体、200名先进个人。制定了《辽宁省“十五”学前教育发展规划》《辽宁省学前教育改革与发展的意见》，建立了0～6岁托幼一体化的学前教育管理体制，明确了依托社区、鼓励社会力量多形式发展学前教育机构的方向。制订了贯彻《幼儿园教育指导纲要》的实施方案，在三市一县25个幼儿园开展了贯彻《纲要》的试点。启动了幼儿园教师、园长继续教育工程。开展了以学习领会《幼儿园教育指导纲要》为核心的研训人员、骨干教师培训，省级培训达1 000多人。

〔**特殊教育**〕 全省三类残疾儿童、少年入学率达92%，城市和发达地区达95%。一些幼儿园开展了残健儿童一体化教育实验。省教育厅、省民政厅和省残联12月联合召开了全省特殊教育工作会议，总结交流了全省特殊教育改革和发展的经验，表彰了“九五”以来为特殊教育事业作出突出贡献的先进集体和个人，研究了新形势下特殊教育发展的思路、政策与措施。省教育厅评选出15所高质量、高效益、有特色的标准化特殊教育学校，初步建立了从学前教育、义务教育、高中阶段教育到高等教育的特殊教育办学体系；健全了高中等特殊教育师资培养培训机构；构建了省、市、县特殊教育科研网络；形成了“以大量随班就读和特教班为主体，以一定数量的特殊教育学校为骨干，以标准化特教学校为龙头”的特殊教育发展新格局。

〔**高中教育**〕 2002年普通高中招生比上年增长20.16%。召开了高中工作会议，全面总结高中教育的发展与建设工作，提出改进措施和今后发展目标、思路及对策。制定了《辽宁省教育厅关于建设示范性普通高中的意见》，评估验收了19所省级示范性普通高中。

职业教育与成人教育

〔**标准化职业教育中心建设**〕 2002年全省54所职业教育中心比上年新增土地面积35公顷，新增实验实习基地面积176公顷，新增校舍建筑面积12.05万平方米，招生数增3448人，增长率14.6%。又有8所职业教育中心被确定为标准化职业教育中心，至年底，全省标准化职业教育中心学校已达14所。

〔**中等职业教育**〕 (1)推进布局结构调整，进一步解决中等职业学校布局分散、规模小、质量差、效益低的问题，优化中等职业教育资源，提高办学质量、办学水平和办学效益。整建制取消成人中专，转制成普通中专或职业高中。开展省级重点中专学校评估工作，确定朝阳市财经学校等 15 所普通中专学校为第四批省级重点中专学校。(2) 召开中等职业学校教学改革经验交流会，促进教学改革和教学研究。结合辽宁实际，制定了《中等职业学校试行学分制和弹性学制的实施办法》和《中等职业学校学生学籍管理暂行规定》。不断加强中等职业教育与骨干示范专业建设，2002 年有 10 个专业（点）被认定为全国职业学校示范专业（点）。(3) 深化招生制度改革。强调中等职业学校招生计划由招生学校根据其办学条件和有关规定自主确定；放宽中等职业学校入学限制，不分年龄，不分应往届，凭初中毕业证书免试录取；国家级重点中等职业学校可跨省、市招生，其他有条件的中等职业学校经批准也可跨省、市招生，促进了中等职业学校招生数量进一步扩大。2002 年全省中等职业学校、普通中专、职业高中、成人中专招生总量比上年增加 2.13 万人，增长率为 20.3%。有 2 010 名应届中职毕业生升入本科院校学习。(4) 加强师资队伍建设。举办了“辽宁省中等职业学校校长培训班”，学习省内外职业教育发展经验，提高校长素质；组织全省骨干教师培训班，培训《语文》《数学》《计算机》科目骨干教师 300 多人次；组织优秀在职教师攻读硕士学位，年初有 57 名在职教师考入天津大学等全国部分高校攻读硕士学位，另有 105 名教师参加了 10 月份的全国联考；选拔优秀中等职业学校毕业生到天津大学等高校学习，定向培养职教师资，2002 年被天津大学录取 13 人；开展普通高校对口招收中等职校应届优秀毕业生培养职业教育专业课师资的工作，确定东北财经大学等 10 所高校的 14 个专业设置师资班，招生 800 人。

〔社区教育和职业培训〕 落实全国社区教育实验区工作会议精神，结合辽宁实际，制订了辽宁省社区教育工作发展规划，明确各级教育行政部门的职责。利用乡村成人文化技术学校，积极开展绿色证书培训和实施燎原教育，全省全年共培训青壮年农民 650 万人次。编印农业综合开发科技推广系列丛书 15 万册，赠送给农民和农村初、中等职业学校学生，受到欢迎。

高 等 教 育

〔普通高等教育〕 (1) 按照省委、省政府提出“要举全省之力，将辽宁省发展成软件大省”目标和“以信息化带动工业化，以信息技术改造传统产业，实现辽宁经济腾飞”的战略规划，努力构建高等教育人才培养新的平台。依托省内高校现有的优势学科，试办软件学院和国际商学院，至年底，已批准软件学院 8 所、国际商学院 1 所。省内 6 所软件学院实行联招联考，采用“2＋2”模式，培养复合型软件人才，2002 年共有 531 人到软件学院学习。在培养复合型软件人才和与国际接轨的国际经济贸易、法律管理人才等方面进行了创新性尝试，收到良好效果。(2) 加强行政监督。2002 年为辽宁高等教育质量年，省教育厅大力加强高校教学质量监督，努力提高高校教育教学质量。坚持连续三年对省内高校本科毕业生毕业设计（论文）和部分课程的期末考试试卷进行抽检，以保证教学质量。同时从办学指导思想、教师队伍、教学基本建设、经费投入、管理与教学效果等方面对国有民办分院教学质量进行检查，其中 14 所评估合格，3 所限制招生。(3) 适应区域发展，调整专业结构布局，增强教育为经济发展和社会进步服务的能力。根据省委、省政府的战略部署，制订了适合辽宁高校发展和地区经济发展的专业设置原则，加大了传统专业的改造和新兴专业的培养力度，优先发展与辽宁经济发展相适应的信息科学、生命科学、新材料科学等新兴学科和专业。通过调整专业结构，新增专业及专业方向104个。根据《高等教育法》规定，对2000年度省教育厅审批的普通高校本科专业和2001年评估没通过的新增专业进行评估，共涉及16个学校的47个专业，对评估不合格的专业限制招生。启动省级示范性专业工程，按照三年评选100个省级示范性专业的规划，2002年评选出30个。（4）加强课程建设。按照三年建设200门省级优秀课的规划，2002年有30所高校申报178门课程，涉及13个科类。从中评选出第二批省级优秀课112门。

2002年，对获得国家级教学成果奖和省级教学成果奖的项目进行表彰。第四届国家级教学成果奖，辽宁省高校获得一等奖4项、二等奖20项。表彰省级教学成果奖特等奖4项、一等奖70项、二等奖115项、三等奖60项，并推动了教学成果的推广和应用。

〔**高等职业教育**〕 2002年，积极推动高等职业学校转变理念，树立以全面素质为基础，以能力培养为本位的新观念，以提高学生创新精神、实践能力和适应职业变化的能力为突破口，努力提高教学质量，扩大教育规模，推进教育体制和运行机制改革。全年有10个高职专业被确定为国家级专业教学改革试点，2所学校被确定为国家级高等职业教育示范建设学校。至年底，全省已有17所学校的23个专业为国家级试点专业，3所学校为国家级示范建设学校。2002年遴选出辽宁省交通高等专科学校工程机械专业等31个专业为第二批省级教学改革试点专业，至年底全省教学改革试点专业达到85个。召开了全省高职教育发展战略研讨会，明确了下一阶段发展目标和改革措施。成立了辽宁省高职教育人才培养工作委员会。与省劳动和社会保障厅合作，面向全省高职院校开展职业技能培训与鉴定工作。组织首批校长培训班赴澳大利亚学习培训。进一步扩大高职专升本数量，促进高等职业教育与普通高等教育的衔接，2002年共招生3 284人。

〔**成人高等教育**〕 （1）积极探索人才培养模式改革。构建成人高等教育立交桥，并进行试点。完成了首批“专业证书结业学员免试进入成人专科继续学习”试点工作，全省共招收学员1.2万多名。进一步推进成人高等教育的高职化改造，确定了研究课题和试点方向。完成了3所省级电大“人才培养模式改革和开放教育试点”的中期评估。（2）深化成人高等教育课程改革。针对全省成人高等教育计算机教学相对薄弱的情况，组织专家编写了推荐教材《计算机基础与应用》；还组织省内著名学者编写了《世界贸易组织基础知识教程》一书，该书是国内首部此类高教教材，受到有关部门重视。加强了函授教育管理，完成了2002年度函授站备案登记工作，形成了以各市教育局为管理主体，省教育厅宏观调控，日常监督检查与年度备案相结合的管理制度。召开了全省专业证书教育招生工作会议，对办学规模和设班地点进行了审核。进行新教学管理体制的探索，优化成人高等教育的科类结构，使之形成科学合理的专业层次结构。引导普通本科院校的成人高等教育提升办学层次，将办学重心移到成人本科特别是专科起点本科。

〔**科技工作**〕 2002年全省高校投入1.5万人力从事科研事业，高校科技经费达11.6亿元，承担5 688多个科技项目任务。其中，承担国家级项目654项，签订技术合同225项，合同金额突破1亿元。积极兴办高新技术产业，加速科技成果转化。有23所高校在建大学科技园，入园和在孵的高新技术企业达300多家，全年资产总值达50亿元，实现年产值35亿元，利润3.5亿元。继东北大学科技园被首批认定为国家大学科技园后，2002年又有大连七贤岭大学科技园被教育部、科技部确定为国家大学科技园建设单位。

〔**基本建设和布局调整**〕 （1）高校基本建设规模扩大。全省共有20所高校通过资产置换和征地扩建新校园，新增建设用地360万平方米。2002年高校基本建设开工面积达265万平方米，比上年增加51万平方米，其中通过置换建新校园的15所高校开工面积为168万平方米；2002年完成投资24.8亿元，比上年增加5.5亿元，其中通过置换建新校园的15所高校完成投资16.9亿元；2002年校舍竣工建筑面积164万平方米，比上年增加31万平方米，其中通过置换建新校园的15所高校校舍竣工面积85万平方米。(2) 高校布局结构进一步调整。2002年全省有3所普通本科学院通过审核更名为大学，即沈阳师范大学、鞍山科技大学、辽宁石油化工大学；有5所原成人学校、普通中专经几年的高职试点通过审核成立了高等职业技术学院，即辽宁经济职业技术学院、辽宁金融职业学院、辽宁广告职业学院、辽宁石化职业技术学院、辽宁信息职业技术学院。

〔**招生和就业指导工作**〕 2002年省属高校继续扩招，招生总量达到13.97万人，比上年增长22.8%。其中本科7.6万人，增长率为13%；专科6.37万人，增长率为36.8%。在就业指导方面，建立高校毕业生需求信息登记制度，通报毕业生初次就业率，规范毕业生就业市场，完善毕业生就业信息网络和公示制度，保证了毕业生就业工作的顺利进行。

〔**学科建设与研究生教育**〕 (1) 加强重点学科建设。2002年全省有28个学科被评为国家重点学科。有131个被确定为省重点学科。(2) 对全省26个单位申请举办的249个研究生课程进修班进行了审核，批准举办216个（其中省内204个）。(3) 通过全面推广设立研究生工作站，推进了全省研究生培养工作。现有5所高校在相关专业的生产领域内设立了10个研究生工作站。(4) 加强学位授予工作的管理。经省内外95名专家评审，新增学士学位授予单位1个、学士学位授予专业16个。(5) 2002年评选出省级优秀博士学位论文17篇，有1篇论文入选全国百篇优秀博士学位论文。

〔**党建和思想政治工作**〕 (1) 2002年以党的作风建设为重点，进一步加强高校党的建设。一是贯彻第十次全国高校党建工作会议精神，召开全省高校党建工作会议，总结了1990年以来全省高校党建工作的实践和基本经验，分析了高校党建和思想政治工作面临的新形势、新要求和新任务，就加强和改进高校党建和思想政治工作进行了部署。二是深入开展民办高校党建调研工作，对加强民办高校党建工作提出具体指导建议。对全省高校基层党组织设置和党员队伍建设情况进行调研。制发了《辽宁省普通高等学校党校工作暂行条例》，对全省高校党校工作加强规范指导。(2) 积极推进高校社会主义精神文明建设。制定了《全省高校贯彻落实〈公民道德建设实施纲要〉指导意见》，加强师德、学风、校风建设。制定高校"安全文明校园"评估标准和评估方案。评选表彰了全省高校"三好学生""优秀学生干部"1100人，"先进班集体"115个，"三好学生标兵""优秀学生干部标兵"30人，"先进班集体标兵"20个。评选表彰了教育系统"巾帼文明示范岗"15个，"巾帼建功立业标兵"15人。(3) 2002年春秋两次组织高校开展思想政治工作调研，探索新时期加强和改进高校思想政治工作的途径、办法，以提高思想政治工作的针对性、主动性、实效性和时代感，有40所高校提交了高校思想政治工作"三进"总结或研究报告。组织东北大学、大连理工大学、大连海事大学和辽宁大学等校参加了在天津、上海召开的高校思想政治工作进网络、进公寓研讨和经验交流会。(4) 改进和完善高校马克思主义理论教育教学体系。完成了200多人参加的历时一年四个月的集科学研究、队伍建设、教材建设、教学改革于一体的"两课"教学建设工作。培养培训了"两课"教育教学学科带头人和骨干教师。全面贯彻实施了国家规定的"两课"新方案。改进了"两课"教育教学方式方法，全省23名高校教师获得第二次"两课"教学优秀示范课一、二、三等奖，东北大学、沈阳师范大学的"两课"教师的教学课件被评为全国"两课"优秀示范课，大连理工大学、辽宁工学院"两课"教师的课件，分别获得了全国高校课件评比的一等奖、东三省高校课件评比的二等奖和辽宁省优秀教学成果二等奖。(5) 年初和年末，在全省高校开展了安全工作大检查。7至11月，开展学校及周边治安秩序集中整治专项行动。清理学校周边市场1 004处，取缔50处；清理违章建筑995处；清理经商摊点1.05万个；清理书刊音像摊点2 060个，取缔444个；检查"三厅一社"1 518个，取缔

228个；检查网吧3636个，取缔411个；收缴非法书刊21.27万册、音像制品12.17万件；打掉危害校园治安秩序的犯罪团伙70个。（6）进一步加强高校稳定工作。继续完善高校稳定工作信息网络建设。开展了互联网上有害信息专项整治工作。

〔高校领导班子和教师队伍建设〕 2002年对省内26所高校领导班子进行了调整，充实校级领导干部76名，基本配齐了省、部属高校领导班子。召开全省高校教师队伍建设工作会议，全面规划了“十五”期间高校教师队伍建设工作。初步确定30名高校学科拔尖人才候选人。指导完成了高校中青年学科带头人和优秀青年骨干教师的考核工作。对8 576名新教师和新办高职院校教师进行了岗前培训。完成了2 126名高校教师的专业技术职务评审工作。

撰稿 褚 辉

审稿 李树森

大连市教育

〔基本情况〕

2002年各级普通学校基本情况

单位：人

学校类别	学校数（所）	毕业生数	招生数	在校生数	教职工数	
					合计	其中：专任教师
总计	**3 419**	**390 604**	**298 486**	**1 069 923**	**80 233**	**59 384**
一、研究生	(9)	1 693	4 433	11 144	2 047	2 047
其中：高等学校	(9)	1 676	4 200	10 596	1 966	1 966
二、普通高等学校本专科	18	17 404	37 901	118 049	16 326	8 924
三、普通中等学校	433	228 848	147 552	427 775	28 948	22 604
1. 中等专业学校	21	7 118	7 168	23 434	1 707	913
中等师范学校	1	114 424	200	597	177	97
2. 技工学校	65	4 440	9 124	15 413		
3. 普通中学	282	91 862	119 100	357 247	24 156	19 688
高中	75	22 215	32 579	82 551		4 878
初中	207	69 647	86 521	274 696		14 810
4. 职业中学	63	10 907	11 862	30 966	2 858	1 879
高中（中专）	63	10 907	11 862	30 966	2 858	1 879
5. 工读学校	1	97	98	118	50	27
四、小学	1 239	85 815	58 989	401 430	24 634	20 743
五、特殊教育学校	9	205	134	1 529	358	253
六、幼儿园	1 720	56 639	49 377	109 996	7 920	4 813

2002 年各级成人学校基本情况

单位：人

学 校 类 别	学校数（所）	毕业生数	招生数	在校学生数	教 职 工 数	
					合 计	其中：专任教师
总 计	**220**	**386 566**	**410 994**	**434 077**	**2 729**	**1 558**
一、成人高等学校	6	13 818	22 890	60 032	1 500	815
1. 广播电视大学	1	1 096	1 140	2 728	516	320
2. 职工高等学校	4	1 843	3 290	7 877	614	347
3. 教育学院	1	585	1 017	2 466	370	148
4. 普通高校成人学院	(14)	10 294	17 443	46 961		
二、成人中等学校	214	372 748	388 104	374 045	1 229	743
1. 成人中等专业学校	6	1 743	1 929	6 318	249	152
广播电视中等专业学校	1	685	1 456	3 864	66	43
职工中等专业学校	5	1 058	473	2 454	183	109
2. 成人技术培训学校	208	371 005	386 175	367 727	980	591

2002 年，全市教育经费收入共 26.03 亿元，比上年增加 3.26 亿元，增长 14.3%。其中国家财政性教育经费收入 18.48 亿元，比上年增加 2.9 亿元，增长 18.6%。国家财政性教育经费相当于全市国内生产总值 1 406 亿元的 1.31%，比上年提高 0.05 个百分点。

2002 年，全市教育经费支出总数 25.86 亿元，其中国家财政性教育经费支出 18.45 亿元（其中地方财政预算内教育经费支出为 16.18 亿元，比上年增加 3.09 亿元，增长 23.61%）。预算内教育经费支出总数占市财政支出总数的 12.34%，比上年提高 0.93 个百分点。预算内教育经费支出的增幅，比全市财政支出总数增幅高 9.31 个百分点。

2002 年，为了应对高中教育阶段入学高峰期，全市新建扩建了 6 所普通高中和 2 所中等职业学校。市县两级共投资 1.1 亿元为农村中小学新建扩建校舍建筑面积 15.8 万平方米，改造危旧校舍建筑面积 12 万平方米。城区新建居民小区配套学校 5 所。城区开工翻扩建 17 所中小学校舍，建筑面积共 12.5 万平方米，其中竣工并交付使用的 11 所，建筑面积 7.8 万平方米。“十校联动”的马路操场改造计划正式启动。中小学 PC486 型以上计算机拥有量达 3.81 万台，比上年增加 1.29 万台，职业高中、普通高中、初中、小学单机学生数分别为 5 人、9 人、28 人、30 人。

撰稿 汤启贤

〔**基础教育**〕 2002 年，全市 6～12 岁人口小学毛入学率为 99.3%，基本实现 6 周岁人口入学的目标（入学率达 92.7%）；13～15 岁人口初中毛入学率为 95.2%（其中农村初中适龄人口毛入学率为 91%左右）。农村小学布局调整力度加大，全年合理撤并 64 所农村小学。全市初中在校生数比上年增加 1.06 万人。农村初中辍学率为 3.08%，比上年降低 0.82 个百分点。全市初中应届毕业生升入高中阶段学校（不含成人中专）的有 5.57 万人，升学率达 79.9%（市内四区为 97.5%），比上年提高 0.6 个百分点，其中升入普通高中的比例为 43.9%（市内四区为 55%）。

2002 年，全面推广国家基础教育课程改革实验。全市小学一年级的各学科，三年级的品德与社会、科学、英语学科，6 个市区和长海县以及经济技术开发区的初中一年级的各学科，二年级的物理学科，三年级的化学学科，都启用了新课程。参与实验的共1 346所中小学、8 945个教学班、33.2万名学生、1.2万名教师。课程改革实验的主要任务是：实践和验证国家的基础教育课程标准；对同一课程标准下不同实验教材进行试用、检验与比较研究；建立与新课程相适应的教学管理制度与评价体系；开发新课程资源；推广课程改革实验成果。市教育局把课程改革实验列为年度教育工作的重点，并印发《大连市推广国家基础教育课程改革实验方案》，建立了课程改革的工作制度和运行机制，形成了市、区（市县）、校三级课程改革管理制度和培训网络。同时，建立了适应课程改革要求的中小学素质教育督导评估指导方案，组织了骨干教师和全市所有教师的培训，还开展了“家长走进新课程、与子女同行”等活动，每一所参与实验的中小学都建立家长学校，对家长开展灵活多样的新课程培训，动员社会力量参与。经半年多的课改实验，学生的学习思维、学习方式、学习方法、学习评价等有了明显变化，学习的主动性、创造性明显增强，学习热情日益高涨；教师的教育观念和教学行为也在发生变化，普遍注重发挥学生主动探究的精神，注重自身素质的提高。11月，市教育局在旅顺口区光荣小学召开了全市校本课程实验研究现场工作会议。此外，城市和农村部分地区小学继续推进选修信息技术教育课的工作。

2002年，普通高中教育办学规模迅速扩大。全市普通高中招生数、在校生数分别比上年增加6143人和9 004人，增长23.2%和12.2%。其中民办高中招生人数达到4 878人，占普通高中招生总数的15%；在校生数1.12万人，占普通高中在校生总数13.6%。全市16～18岁人口高中阶段教育毛入学率达75.9%，其中普通高中适龄人口毛入学率达41.1%。应届高中毕业生升入普通高等学校1.95万人，升学率为87.8%，比上年提高3.1个百分点。市教育局开始创建示范性高中的工作，并以此为契机，努力使全市普通高中的办学水平和教育质量再上一个新台阶。2002年，经省教育厅评估验收认定，大连市第八中学、大连经济技术开发区第一中学为辽宁省首批示范性普通高中。

2002年，全市3～5周岁幼儿入园人数比上年增加2 282人，增长4.8%；在园幼儿比上年减少1.06万人，减少8.8%，其中农村在园幼儿比上年减少1.74万人，减少25.6%。2002年幼儿入园率为80%。0～5周岁托幼一体化新模式改革开始启动。市教育局重新修订幼儿园定级标准和评估细则，有3所市级示范幼儿园晋升为省级示范幼儿园，使省级示范园达到17所。

撰稿　汤启贤　李浩田

〔**职业教育与成人教育**〕　2002年，全市普通中专、职业高中和技工学校稳步发展。全年全市各类中等职业学校共招生3万人，比上年多招0.48万人，占高中教育阶段招生数的47%。中等职业学校招生连续两年出现回升势头。全市普通中专、职业高中、技工学校“三校生”2 271人报名参加高考，被录取2 157人，录取率为95%，其中升入高职本科311人，还有66人被普通高校录取。市教育局对中等职业学校布局进行了调整，将9所成人中等专业学校和2所电视中专分校分别转制为普通中专或职业中专；12所普通中专（职业高中）合并为4所；撤销了10所职业高中。加快了骨干学校建设步伐，提高了职业学校的办学效益。2002年，大连市财经学校和大连市综合中等专业学校通过了省级评估，成为第四批省重点学校。全市有国家级重点学校14所，省级重点学校13所，超过千人规模的学校数达24所。继续调整招生政策，放宽市内职业学校对农村初中毕业生的招生限制，农村职业学校适当降低学费标准，减轻农民负担。

农村职业教育中心建设进入全面提高阶段，7个农村区市县都建立了职业教育中心。瓦房店市、普兰店市、庄河市职业教育中心共新建校舍1.2万平方米，租用、征用土地20多公顷建设教育基地，新建温室大棚22个，引进各类花卉苗木百万余株。

为适应加入世界贸易组织的新形势，大连轻工业学校、电子学校、财经学校、女子职业中专学校、计算机职业中专学校、辽宁师范大学职业中专学校、开发区职业中专学校等，与美国、加拿大、俄罗斯、澳大利亚、新西兰、日本、韩国、新加坡等国的职业学校分别签订合作协议，迈出了大连市中等职业教育对外合作交流的第一步。

为了探索职业学校教育模式的多样化，市教育局印发了《关于开展综合高中试点工作的意见》，并批准建立大连市信息高级中学和大连市经贸高级中学两所综合高中，2002年招生486人。综合高中是以开设普通高中文化基础课程为主、同时进行综合职业能力训练的中等教育办学模式，学制三年。

2002年中等职业学校学分制试点工作取得初步成效，分层次教学调动了学生学习的积极性，提高了课堂教学质量。7月，在教育部举办的全国中等职业学校学生技能大赛中，大连轻工业学校、女子职业中专学校、烹饪职业中专学校、计算机职业中专学校、金融职业中专学校5所学校的35名学生在服装设计、美容美发、烹饪、计算机4个专业共14个赛项的比赛中，共获28枚奖牌，列全国37个省市参赛队第6名，并获得优秀组织奖。

2002年，大连市成人高等学校在校生达6万人，创历史新高。其中大连广播电视大学充分发掘办学潜力，稳步扩大办学规模，在重点发展本科教育、稳定专科教育的同时，适时扩大继续教育和各类非学历教育，初步建成具有现代远程教育与开放教育特色，适应素质教育、终身教育的灵活的办学方式和开放的办学体系。2002年，该校各种形式与层次招生总量达1万多人（其中成人高等教育统一招生1 140人），首次突破年招生万人大关；在校生总数达1.89万人（其中成人高等教育统招的在校生2 728人），比上年增长55.3%。高等教育自学考试全年报考总科次为33.95万科次，比上年减少6.73万科次。考生的学历层次进一步提高，具有专科以上学历的达4.96万人次，占考生总数的36.9%，比上年提高2.4个百分点；报考层次也进一步提高，报考本科的达4.72万人次，占考生总数的35.1%，比上年提高1.5个百分点。全年有1 649名考生获取了由辽宁省考试机构颁发的本、专科毕业证书。至此，全市累计经自学考试取得本、专科学历的已达5.09万人。

大连市农业广播电视学校根据农村经济发展的需要，调整专业设置，扩大招生规模，7个专业新生1 456人，比前3年招生的平均数增长26.3%，招生数占全市农业人口总数的万分之五点二七，达到近四年来的最好水平。年底，省农业厅授予该校“示范校标兵单位”“教学质量优胜单位”称号。

职工教育培训机构以岗位培训、继续教育、下岗转岗培训、技术练兵等形式为重点，以提高职工素质为目标，开展了多种形式的培训。全年共培训职工30万人次。大连新船重工有限责任公司围绕FPSO—3浮式储油船建造，培训职工5 339人次，确保了生产任务按时保质保量完成。大连石化公司为在综合管理、市场营销、专业技术等方面培训拔尖人才，全年组织112场次练兵、表演和大比武，参与的职工人数达3 648人次，提高了职工的技术水平。2002年，大连远洋运输公司、大连造船重工有限责任公司、大连机车厂、大连重工集团被评为全国职工教育先进单位。

各区市县农村成人教育坚持为农村、为农业、为农民服务的方向，加强了乡镇职业技术学校与示范基地的建设，全年共引进新项目、新品种、新技术65项，培训农村从业人员82.7万人次。瓦房店市老虎屯满族镇职业技术学校利用优质水果繁育区和高新技术园区两个基地，举办各类培训班40余期，培训人数达8 000余人次，培养农广校、农民中专、职业高中学生561名，培养各类专业技术人才616名，为农民提供了求学致富途径。

在落实中共大连市委关于建设“学习型”城市的要求中，社区教育取得较快发展。甘井子区充分利用各类教育资源，并投资500万元，建成建筑面积为4 000平方米的全市第一所社区学院。该学院建立多媒体微机教室3个（145台），多媒体语音室1个（56座席），多媒体投影报告厅1个（153座席），还建成了校园网，并接入宽带网ADSL。该学院实行灵活的办学形式，有成人本科、成人高职、成人中专、普通专科、普通高职、普通中专、职业高中、技工学校等学历教育，共开设计算机网络技术、电子商务、机电与维修、金融等24个专业，在籍学员2022人。

撰稿　汤启贤　武玉顺　李　赤

〔**高等教育**〕　2002年，大连地区高等教育继续快速发展。普通高等学校招收博士生比上年增长42.8%，招收硕士生比上年增加19.3%；本专科招生数比上年增加4 867人，增长14.7%；在校学生数比上年增加2.05万人，增长21%。其中本市属高校在校生1.77万人，比上年增长9.2%。高等职业教育招生总数比上年增加2 838人，增长69.1%，在校生数比上年增加5 108人，增长58.3%。全市19岁年龄人口普通高等教育毛入学率由五年前的11%提高到26%。

全市普通高等学校的师资队伍继续得到加强，专任教师达到8 924人，专任教师基本按职称比例增加，结构比较合理。大连理工大学基本形成了一支以科学院工程院院士、“长江学者奖励计划”特聘教授、海外特聘教授、校内特聘教授为龙头，以学校骨干教授、副教授为核心的骨干教师队伍。学校有两院院士9位，有“长江学者奖励计划”特聘教授7位。大连大学的师资队伍和科研力量也达到了较高的水平，有600人具有副高级以上专业技术职称，其中教授、研究员150人，博士80人，在读博士90人，硕士310人。

高校后勤社会化改革有了突破性进展，利用社会资金建成了建筑面积为24万平方米的大学生公寓。东北财经大学、辽宁师范大学、大连医科大学、大连水产学院新建的学生公寓已交付使用。大连职业技术学院的二期工程建设被列入市政府经济建设和为人民办的18件实事之中，政府拨款2 000万元支持该项目，年内，建筑面积2.5万平方米的新学生宿舍楼、食堂及配套工程已竣工交付使用。

为了促进高等学校跨越式发展，更好地为大连的经济建设和社会发展服务，市委、市政府充分肯定了大连医科大学、大连外国语学院、辽宁警官高等专科学校换建搬迁的思路，并在《“大大连”发展建设规划纲要》中明确提出建设旅顺和开发区两个大学园区的规划意见，为实现大连地区高等学校做大做强和跨越式发展奠定了基础。

撰稿　汤启贤　武玉顺

审稿　刘文健

吉林省教育

概　况

〔基本情况〕

2002年各级普通学校基本情况

单位：人

学校类别	学校数（所）	毕业生数	招生数	在校生数	教职工数 合计	其中：专任教师
总　计	**13 084**	**1 174 487**	**1 203 396**	**4 327 718**	**374 697**	**279 855**
一、研究生	（16）	2 948	7 357	17 936		
1. 高等学校	（12）	2 795	6 919	16 890		
2. 科研机构	（4）	153	438	1 046		
二、普通高等学校本专科	40	37 825	87 968	264 672	44 484	19 975
本科院校	21	29 979	73 773	228 486	37 768	16 448
专科院校	19	5 941	13 015	32 824	6 153	3 339
分校、大专班		1 905	1 180	3 362	563	188
三、普通中等学校	1 984	507 035	612 940	1 733 866	143 345	104 910
1. 中等专业学校	74	38 009	29 693	84 762	13 495	6 986
中等技术学校	72	33 123	26 047	69 839	10 604	5 310
中等师范学校	2	4 886	3 646	14 923	2 891	1 676
2. 技工学校						
3. 普通中学	1 725	436 745	549 153	1 552 047	119 653	91 291
高中	292	83 733	128 868	329 450		19 556
初中	1 433	353 012	420 285	1 222 597		71 735
4. 职业中学	181	32 196	33 952	96 804	10 078	6 557
高中	148	19 607	21 342	58 153		5 042
初中	33	12 589	12 610	38 651		1 515
5. 工读学校	4	85	142	253	119	76
四、小学	8 632	455 545	283 161	2 022 173	169 601	144 586
五、特殊教育学校	48	596	513	5 516	1 753	1 224
六、幼儿园	2 380	170 538	211 457	283 555	15 514	9 160

2002年各级成人学校基本情况

单位：人

学校类别	学校数（所）	毕业生数	招生数	在校学生数	教职工数 合计	其中：专任教师
总　计	**1 772**	**1 097 036**	**755 413**	**555 526**	**14 770**	**8 813**
一、成人高等学校	21	37 095	62 003	154 114	5 416	2 811
1. 广播电视大学	2	5 764	6 615	13 053	1 683	877
2. 职工高等学校	12	2 931	4 357	10 372	1 812	999
3. 农民高等学校	3	331	540	1 008	260	164
4. 管理干部学院	2	1 439	1 749	3 979	805	307
5. 教育学院	2	675	3 210	8 757	591	402
6. 独立函授学院						
7. 其他学校（机构）		201	21	40	265	62
8. 普通高等学校举办		25 754	45 511	116 905		
函授		18 596	27 033	77 783		
业余		2 129	3 709	10 991		
脱产		5 029	14 769	28 131		
二、成人中等学校	1 714	1 059 393	692 437	401 059	9 184	5 933
1. 成人中等专业学校	117	16 224	8 558	24 339	7 543	4 853
广播电视中专学校	3	6 847	2 819	6 571	775	577
职工中等专业学校	40	3 552	2 138	5 928	1 962	1 074
干部中等专业学校						
农民中等专业学校	11	2 074	665	2 581	411	245
函授中等专业学校	1	405		140	423	226
教师进修学校	62				3 972	2 731
其他类学校举办		3 346	2 936	9 119		
2. 成人中学	2	185	58	400	48	41
成人高中	2	185	58	400	48	41
成人初中						
3. 成人技术培训学校	1 595	1 042 984	683 821	376 320	1 593	1 039
职工技术培训学校	65	26 021	32 274	33 065	312	252
农民技术培训学校	1 530	1 016 963	651 547	343 255	1 281	787
三、成人初等学校	37	548	973	353	170	69
1. 职工初等学校	20	230		230		
2. 农民初等学校	17	318	973	123	170	69
其中：扫盲班	17	318	973	123	170	69

〔**制定加入 WTO 后的应对思路和措施**〕 吉林省教育应对 WTO 的总体要求是，提高对教育战略地位的新认识，认真研究对策，充分认识机遇，大胆抓住机遇。科学把握教育对外开放的特点和规律，根据全省改革开放和现代化建设的总任务、大目标，加快教育的改革和发展，提高吉林省的教育竞争力。基本思路是以加入 WTO 为契机，从全省社会经济发展的全局出发，重点做好急需人才培养、教育结构调整和学生思想政治工作，进一步提高教育整体素质，抢占先机，壮大发展，创造条件，多边开放。同时实施“三步走”的发展战略。第一步，巩固提高全省教育优势，引进吉林省稀缺的教育服务资源，构建高新技术产业的人才支撑平台，缓解优质教育的供求矛盾，奠定吉林教育服务贸易优势基础。第二步，形成项目优势，把吉林教育做大做强。营造良好的教育发展环境，形成若干优势项目和教育产业，全面提升教育的整体素质和竞争力，参与“双边或多边”国际教育服务竞争，推进高等教育国际化进程。第三步，充分利用比较优势，促使吉林教育走向世界。大胆创新，形成教育服务贸易优势群体。要树立开放的大教育观，把高等教育做大做强，大力加强职业教育和成人教育，巩固基础教育成果，加快教育开放步伐，继续深化教育体制改革，扶持贫困地区和特殊群体教育，坚持正确的办学方向。

〔**制定《建设教育省规划纲要》**〕 党的十六大确定了全面建设小康社会的宏伟目标，吉林省委八届二次全会提出把吉林省建成工业省、科教省和生态省。为贯彻落实十六大精神和省委八届二次全会精神，加快全省教育改革和发展，吉林省制定了《建设教育省规划纲要》(讨论稿)。《建设教育省规划纲要》共分三部分，即发展基础和新形势，建设教育省的目标和任务，建设教育省的战略措施。具体提出建设教育省要立足省情，突出特点，发展优势。在经济欠发达的省份建设教育省，全面实施科教兴省战略，持续适度加大对教育的战略投资；农村教育为实现农业产业化、现代化和农村城镇化服务，培养大批有知识、有技能的新型农民；围绕吉林省经济结构调整和产业发展方向建设特色学校、特色学科和特色专业，真正做到市场决定专业，专业适应就业；把高等教育做大做强，使高校成为高级专门人才的培养基地和高新技术孵化器；用现代教育技术改造传统教育，通过教育手段的现代化，推进教育现代化。建设教育省与全面建设小康社会发展阶段相一致，分三步实施：从现在起到 2005 年为第一阶段；2006～2010 年为第二阶段；2011～2020 年为第三阶段。总体目标是：到 2005 年，全面完成教育“十五”规划任务，为进一步发展奠定坚实基础。到 2010 年，建立起与经济社会发展和人民群众需求相适应，各级各类教育相互衔接贯通、协调发展的现代国民教育体系；加快构建社会化的学习型组织，形成较为完整的学校教育、继续教育和职业培训相结合的终身教育体系；教育整体发展水平在全国各省区中居于上游，若干领域全国领先。到 2020 年，各项指标都有新的提高，教育综合实力达到较高水准，建成教育质量更高、惠及更广、结构更优、效益更好、贡献更大、均衡发展的现代国民教育体系和功能完善的学习型社会。

〔**教育投入与支出**〕 2002 年，吉林省教育经费各项指标均比上年有所增长，全省教育经费总支出（含部属院校）101.3 亿元，比上年增加 12.3 亿元，增长 13.8%。其来源构成如下：财政性支出 65.2 亿元；社会团体和公民个人办学经费 1.2 亿元；社会捐集资办学经费 4 亿元；事业收入 20 亿元；其他收入 10.9 亿元。

2002 年全省经常性财政收入 131.4 亿元，同年全省地方财政预算内教育事业费支出 64.4 亿元，预算内教育经费的增长比财政经常性收入的增长高 7.52 个百分点。各级学校生均预算内教育事业费支出的情况是：小学比上年增长 27.52%；初中比上年增长 18.50%；高中比上年增长 12.11%。

2002 年，全省中小学和高等学校的办学条件得到进一步改善，新建校舍面积 277.2 万平方米。

〔**教育交流与合作**〕 省教育厅承办 2002 年香港——吉林友谊周教育项目。向香港市民介绍吉林省的教育成果，展示全省各级各类教育发展现状、优势及前景，特别是高校科研成果的转化，促进吉林省与香港的教育交流与合作，并与香港中文大学签订三项协议书和一项意向书。

截止2002年11月底，全省共聘请外国文教专家587人，短期讲学、访问学者300多人。来华留学生数量增长。2002年接受来华留学生和就读生学校已发展到40所，比上年增加6所，留学生和就读生总数已达到2 870人。恢复东北师范大学对外汉语教师资格考试考点资格，延边大学被国家确定为全国13所支持周边国家汉语教学院校之一，并获50万元对外汉语教学科研启动资金。

出国留学工作不断加强。2002年共受理220人申请国家留学基金项目。其中，96人获得国家留学基金资助出国留学资格，录取率为56%。审核、审批教育系统出国团组1 706人次。公派留学生工作取得突破性进展，除国家留学基金委原有项目外，争取到“新加坡政府本科奖学金项目”，首批派遣12名学生赴新留学。认真加强对自费留学中介服务机构的管理。截止2002年11月底，全省自费出国留学约8 700人左右，比2001年同期增长26.4%。完成中俄政府留学生交流项目，审批与丹麦、加拿大等中外合作办学项目12个。

〔**教师队伍建设**〕 为鼓励广大农村中小学教师爱岗敬业，2002年首次设立并开展评选“郝水农村优秀教师奖”活动，全省评选出王云亭等10名教师为特等奖，张晓梅等40名教师为优秀奖。吉林省永吉县教师林占春被评为全国十杰中小学青年教师。开展全省优秀班主任、优秀辅导员评选表彰工作，共评选出优秀班主任、优秀辅导员200名。

实施农村中小学骨干校长培训工程。制定《吉林省中小学校长继续教育“十五”规划》《吉林省中小学校长任职资格培训指导意见》《吉林省中小学校长继续提高培训指导意见》《吉林省中小学骨干校长培训指导意见》。举办4期农村中学骨干校长培训班，375人接受培训。完成骨干教师省级培训任务，共培训1 721名中小学骨干教师。制定《基础教育新课程师资培训规划》和2002年新课程培训者省级培训方案，130人参加国家基础教育新课程骨干培训者培训，840名骨干教师参加省级课改实验区新课程培训。召开“吉林省中小学教师继续教育工作经验交流会”，国家督导组对吉林省中小学教师继续教育工程实施情况进行了督导检查。

深化人事管理和分配制度改革。进一步完善农村义务教育管理体制，实现校长管理体制、教师管理体制、教师资格管理体制、中小学教师工资发放体制上收到县工作进展顺利。截止10月底，农村中小学教职工及校长的人事管理上收到县的比例为78.3%。全面开展了教师资格认定工作。

加强高师分院招生工作。2002年高师分院招生一次录取率达到82%。进一步完善对口招生办法和措施，加强招生工作指导。研究制定的《吉林省五年制小教专业教学计划》被列为省级科研项目，经过一个学期的试验，效果良好。

教师职称评定工作坚持公开、公正、公平、健康、有序、积极的原则，全省共有114个单位计2 350人参加职称评定，评审通过率为85.87%。

〔**法制建设与教育督导**〕 深入开展法制建设，2002年清理地方性法规4部、政府法规2部，重新审定审批项目20余项。组织全省28.5万中小学教职员工参加教育法规、政策的统一考试，对有关地区贯彻《义务教育法》《职业教育法》进行检查。

组建省政府教育督导团，召开省政府教育督导团工作会议。认真组织实施教育重点工作目标管理责任书的检查和总结评比，进一步完善“两基”复查制度。建立和完善对学校、教师及学生的评价机制，印发《吉林省普通中小学校督导评估办法》。积极开展专项督导检查，对9个市（州）、9个县（市）、36个乡（镇）贯彻落实全省基础教育工作会议精神情况进行专项督导检查，认真开展控流学生辍学专项督导检查和随机督导，有力地推动了教育重点和难点问题的解决。接受国家教育督导团对吉林省贯彻国务院《关于基础教育改革与发展的决定》落实情况的专项调研。

〔**学校体育、卫生工作**〕 开展中小学和大、中专学校首届体育教学改革优秀课和体育教师科研先进个人评比活动。组织参加第八届全国中学生运动会、第一届全国中学百校“学校杯”田径比赛、全国体育教育专业学生基本功比赛，并取得优异成绩。对全省少儿体校进行检查评估，表彰一批省少儿训练先进单位和优秀学校体育训练工作先进单位。加大学校食品卫生安全工作力度，制定《吉林省学校食品卫生安全工作检查细则》。组织编写《高等学校军事教学教程》，与省军区、省财政厅联合印发《关于进一步加强我省学生军训工作意见》，举办全省高校大学生军训成果展示活动，并出版《吉林省高等学校学生军训成果画册》。

〔**民族教育工作**〕 组织起草《吉林省人民政府贯彻国务院关于深化改革加快发展民族教育决定的意见》，做好全省民族教育工作会议的筹备工作。召开全省民族学校“双语”教学改革工作会议，牵头东三省朝鲜族学校课程改革工作，进一步开展“兴边富民”活动，安排15名边境、民族地区学校后备干部挂职锻炼，进一步加强了民族学校校长和教师的培训。

基础教育

〔**综述**〕 2002年，全省9个市（州）结合实际，落实全省基础教育工作会议提出的各项要求。调整完善农村义务教育管理体制，到2002年底，全省60个县（市、区）已有55个县（市、区）建立和实行“以县为主”的新体制，教师工资发放出现了按当地现行标准不拖欠的良好局面。各地都加大对农村义务教育的投入，以县为主的责任进一步落实。

2002年，全省中小学共改造危房48.5万平方米，改造后新建扩建校舍84.6万平方米，共计投入资金5.8亿元，其中从国家争取补助0.9亿元，省及地方自筹4.9亿元。校办产业进一步扩大，勤工俭学、“新三室”建设有新的提高，中小学办学条件的改善取得了突破性进展。

〔**课程改革**〕 2002年，省级新课程改革实验工作全面启动。召开全省基础教育课程改革实验工作会议，印发《关于开展基础教育新课程实验推广工作的意见》《吉林省基础教育课程改革发展规划》和《新课程计划》，批准16个县（市、区）为全省首批省级课改实验区。2002年，全省共有中小学教师2.98万人、小学生22.5万人、初中生15.95万人进入国家和省级实验区新课程改革工作，开展新课程改革的小学和初中学生同期比例分别达到60%和37%，超过原定15%的目标。

吉林省小学语文新课程教材编写方案已通过国家立项，小学、初中数学新课程教材通过国家审定，吉林省主要参加编写的《品德与生活》、《品德与社会》新课程教材通过国家审定并确定吉林市为全国试验区。同时，《绿色吉林》地方教材通过省级审定。此外，还组织编写、审定67种《绿色证书》教育、农村实用技术教育、劳技、社会教育等地方教材。

〔**农村初中办学模式改革**〕 2002年吉林省共举办5期农村初中办学模式改革校长培训班，598人参加培训。在全省开展首批农村普通初中办学模式改革示范学校评估工作，命名21所农村普通初中办学模式改革示范学校，并在全省推广。仅长春市就为农村初中办学模式改革与建设投入400多万元。农村初中实践培训基地，是农村初中办学模式改革的重点和难点。2002年，长春市教育局把建设20个农村初中实践培训基地，作为市政府为市民办好的12件实事之一。当地政府对这一问题十分重视。乡镇及学校资金投入力度大，使培训基地起到了较好的科技示范作用。长春市农村初中办学已形成四种主要办学模式：即以九台 22 中为代表的全程渗透和全员选修模式；以榆树闵家中学为代表的“3＋X”附加型办学模式；以双阳 157 中学为代表的普、职、成三位一体的综合初中办学模式；以宽城 27 中，朝阳 23 中、绿园 28 中、市直 80 中学、农安高家店中学、德惠 6 中等为代表的分流教育办学模式。一大批学有所用的初中毕业生走向农村，在建设家乡和发展农村经济中发挥了生力军作用。有 9 万多人成为农民企业家、专业技术人才、科技示范户、专业大户和农村经纪人等。

〔**素质教育**〕 2002 年省政府专门召开中小学德育暨校外教育工作联席会议，印发《吉林省“十五”期间青少年校外活动场所建设和管理条例》，争取国家场所建设项目 4 项计 720 万元，省级资金也达 500 万元。召开家庭、学校合作推进素质教育现场会，在全国中小学德育工作座谈会上介绍经验。在全省启动中小学心理健康教育工作，建立了百所试点实验学校。

各级教育行政部门和中小学积极开展素质教育的研究和探索。注重解决对素质教育在认识上的误区，在实践中的简单化问题。从教育思想、课程改革、教学方法等方面广泛开展实验，取得了一些成功的经验。

〔**高中教育**〕 根据广大人民群众对高中教育的需求，在 2001 年全省普通高中招生超过 10 万人的基础上，2002 年达到 12.8 万人。高中阶段毛入学率达 45.1%，其中优质普通高中达 116 所，占全省高中总数的 39.7%。同时注意在政策上对普通高中发展予以支持，各地、各学校通过内部挖潜、改建扩建、初高中分离、名校办分校、联合办学、发展民办教育等多种途径发展高中教育。

〔**中考、会考改革**〕 在中考改革两考分离的基础上，2002 年着重进行考试内容的改革。在引导新课程实验改革、培养学生创新精神和实践能力上有所突破，全省普通高中会考首次实行信息技术教育无纸化上机考试。批准 6 所学校实验班自行举行会考，政治课考试进行考前公布研究性试题。

〔**对口支援工作**〕 2002 年全省正式启动对口支援农村薄弱中小学校工程，截至年底，省直 90 多个单位与受援学校签订协议，援建金额达到 1 904.8万元。同时，拓展思路，把普通高中招收“双特生”工作扩展到扶贫助学活动中去，开展丰富多彩的助学活动。全省普通高中共招收“双特生”1 654 人，减免学杂费 336.6 万元。全省扶助初中、小学贫困生 12.8 万人，资助金额 1 085 万元。

〔**中小学信息技术教育与“校校通”工程**〕 成立信息化工作领导小组，召开全省信息化建设工作会议和现场会。注重信息技术教育的不断深化并与学科教育结合，利用现代教育技术手段促进教育教学方法的改革。据初步统计，全省中小学共有微机 10 万台，比上年增加 2 万台。信息技术教育开课率城市中小学达 95%以上，农村中小学达 50%以上，1 175 所中小学实现了“校校通”。

〔**治理中小学乱收费**〕 省教育厅印发《关于进一步做好治理中小学乱收费工作的意见》，仅取消中小学为电影公司代收电影费一项，就减轻学生经济负担 7 400 多万元。规定代新华书店收课本费由过去提前一年缩短为三个月。加大检查力度，2002 年春秋两季开学后，派出明察暗访小分队，到各地进行检查、抽查，特别是对群众举报的乱收费和农村中小学及贫困县农村中小学实行“一费制”收费情况进行检查。组成 270 个检查组，深入 4 428所学校，共查出违规收费 177.3 万元，全部退还给学生家长，对 111 名责任人进行处理，其中撤销和免去校长职务的共 8 人。同时对 2000 年以来应返还学生的课本费进行了清退，到 2002 年底，共清退多交课本费 1 294 万元。加大查办违纪案件力度。全年普教系统共查办案件 85 件，查结 85 件，给予党政纪处分 91 人。全省中小学 100%实行了校务公开。同时加强了对各类招生考试的执法监察工作。

职业教育与成人教育

〔**综述**〕 2002年吉林省各类中等职业学校招生总数为7.11万人，比2001年增长18.6%。招生和在校生分别占高中阶段招生和在校生总数的35.6%和36.7%。

全省通过继续调整中等职业学校布局，基本建立起中高职相互衔接、普职渗透的职教框架结构。弹性学制、学分制试点等项教育教学领域改革进展顺利。积极开展各种培训。截止2002年第三季度，共培训3.16万人。探索多种形式的社区教育，省级社区教育实验区工作进展顺利，仅长春市朝阳区就开展了百名教师下社区活动。申报全国重点建设高等职业学校、中等职业学校示范专业工作取得成果，中德合作职业教育校长培训项目二期计划已启动。

〔**举办全国职业教育展**〕 2002年8月，省教育厅与教育部职成司、长春市政府承办全国职业教育展。全国有32个省、自治区、直辖市及计划单列市代表团参展，国际上有14个国家44所院校、教育机构参展，与会代表5 000余人，参展、参赛、参观人数近20万人次。此次展会分职业教育成果展、职业教育装备展和第四届长春国际教育展三个方面，共举办美容美发、服装设计、烹饪、计算机等四项技能大赛，参赛选手2 000余人。举办新世纪职业教育发展论坛和职业教育人才交流洽谈会，800多家用人单位同高职院校毕业生签订用人协议1.35万份。吉林省25所职业学校参展，并在技能大赛中取得优异成绩。

〔**社区教育**〕 2002年吉林省社区教育工作根据教育部《面向21世纪教育振兴行动计划》提出的目标，以长春、吉林市等中心城市为依托，在全省逐步展开。

首先，将长春市朝阳区列为全省首批“全国社区教育实验区”申报单位，作为全省社区教育试点，先行一步。2002年朝阳区委、区政府联合印发了《关于加强社区教育工作的意见》，把社区教育作为推进全区经济和社会事业发展，加快全区“两个文明”建设的途径。2002年4月，省教育厅同意将吉林经济开发区列为省级社区教育实验区。其他如延吉、珲春、长春市宽城区、吉林市船营区等市、县的社区教育工作也已启动并取得成效。

高　等　教　育

〔**全省高等教育工作会议**〕 2002年3月13日，全省高等教育工作会议在长春召开。全省普通高等学校校（院）长和主管教学、科研工作的副校（院）长和成人高校校长参加会议。副省长全哲洙在讲话中重点强调三个问题：一是适应我国加入世贸组织新形势，积极采取应对措施，进一步解放思想，转变教育观念，树立更加开放的教育观；在高校开展多种形式的世贸组织规划及相关知识的学习培训；进一步规范教育行政行为，本着“以我为主，因势利导，趋利避害、为我所用、分类指导、加强监督、依法办学”的方针，积极、慎重地引进国外优质高等教育资源，依法规范中外合作办学行为，提高监管能力和水平，促进中外合作办学健康发展。二是围绕提高教育教学质量，进一步深化各项改革，重点抓好学科专业调整和建设，深化教学改革，建立提高质量的有效机制，进一步加强教师队伍建设，全面提高教师素质，以质量和特色求发展，加强新制二级学院教学管理，多渠道筹措资金，加大教育教学投入。三是以技术转让为主，加快高校科技成果转化，尽快改变高校直接办企业的管理模式，积极鼓励高校科研人员和师生创办民营科技企业，对不同类型的高校在科技成果转化方面要有不同的要求，努力提高高校科研的自主能力，建立有利于高校科技成果转化的激励机制，建立高校科技成果转化的多渠道投资体系和中介组织，稳步发展大学科技园区。

〔**高校变动情况**〕 2002 年，长春光学精密机械学院更名为长春理工大学，吉林工学院更名为长春工业大学，四平师范学院更名为吉林师范大学；白城师范专科学校升格为白城师范学院；将 4 所国家重点中专改建为职业技术学院；批准建立的新制二级学院达到 13 所。新制二级学院这种普通高校与社会民间投资相结合，利用两种资源结合的优势而举办的新型办学模式已成为全省高等教育发展新的增长点。

〔**教学管理**〕 召开全省高校教学工作会议，围绕提高教育教学质量，学科专业结构调整和教学工作评估等重大问题进行总结、交流和深入研讨。组织本科院校和新制二级学院教学质量检查，先后组织有关专家对 13 所新制二级学院、19 所省属本科院校进行教学质量、教学管理等方面的检查评估，并形成总结性报告。开展高职高专专业设置与调整的专项调研，为下一步全省高等学校专业结构调整奠定基础。推进高等教育教学评估，延边大学顺利通过教育部专家组的评估，吉林广播电视大学、长春广播电视大学接受了教育部“人才培养模式改革与开放教育试点项目”中期评估，吉林交通职业技术学院接受了国家示范性职院中期评估和吉林华侨外语学院接受了教育部转为本科高等学校评估。启动新一轮高校优秀课程评估，全省有 24 所学校申报 90 门课程，经省专家组评审，评出 58 门课程为省级优秀课程。

〔**学科（专业）建设与科技工作**〕 积极发展高校重点学科和示范专业，组织专家进行评选，共遴选出省重点学科 51 个、省重点建设学科 4 个，有力促进了高校学科建设，提高了高校的学术水平、教育质量和竞争实力。

加强高校科技工作。多次召开高校校办企业改制工作座谈会、研讨会，建立《吉林省高等学校专家库》《吉林省高等学校科技成果库》。进一步发挥高校知识创新、传播、加工和应用作用，输出高新技术和高水平科研成果。组织吉林大学等高校参加在青海举行的“2002 年中国东部企业参与西部结构调整投资贸易洽谈会”和“吉林——香港友谊周”活动。举办“松原市经济技术开发区与高等院校科技成果恳谈会”，吉林大学、东北师范大学与松原市政府签订了 4 项合作协议，合同金额达 4 000万元。

〔**招生、学位和毕业生就业工作**〕 进一步加强高校招生管理，录取工作公正、公平、公开。2002 年全省高考录取率达到 73.8％，毛入学率达到 18％以上。全省参加高等教育自学考试人数达到 36.5 万人，在籍考生达 41.8 万人。省属单位博士和硕士研究生招生比上年增长 28.48％，博士、硕士学位授权一级学科 16 个，博士点 145 个，硕士点 454 个，博士后流动站 15 个。2002 年全省大中专毕业生共计 7.71 万人，初次就业率研究生达到 98％，本科生达到 88％，专科生达到 48％，本专科学生就业率比上年分别提高了 10 个百分点和 15 个百分点。吉林省大学生就业服务中心大厦投入使用，成功举办了 2003 年毕业生就业市场“洽谈月”活动。完成了全省本、专科学历证书注册工作。

〔**高校党建和思想政治工作**〕 2002 年 8 月，召开第九次全省高校党建工作会议，省委副书记全哲洙主持会议，省委书记王云坤做重要讲话，王儒林副省长做专题报告，高校进一步明确今后一个时期党建工作的目标和任务。严格按《党政领导干部选拔任用工作条例》要求，对7所省属高校领导班子进行调整和充实，配合教育部调整吉林大学、东北师范大学的领导班子。基层组织建设和发展党员工作有新进展，学生要求入党人数明显增加，教职工党员占教职工总数的40%。民办（新制）二级学院正在建立相应的基层党组织。

狠抓高校党风廉政建设。召开高校纪检工作会议，深入推动高校党风廉政建设责任制的落实。加强党员领导干部廉洁自律工作，对2000年以来新提拔任用的46名副校级以上党员领导干部进行廉洁从政警示教育谈话，建立178个副校级以上党员领导干部廉政档案，高校领导干部拒收和主动上交纪委钱款7.4万元。为从源头上预防和解决腐败问题，重点抓制度建设，高校普遍建立健全了党政领导干部党风廉政建设规定，全面推行校务公开，并在吉林师范大学召开全省高校校务公开现场经验交流会。

大力加强和改进高校思想政治工作。坚持深化"两课"教学改革，促进邓小平理论和江泽民"三个代表"重要思想进课堂、进教室、进大学生头脑。对全省32所高校"两课"教育教学情况进行调研，形成《吉林省高校"两课"教育教学实用性调研报告》，参加全国经验交流会。对构建"两课"新课程体系，重编"两课"教材进行了研讨。开展"两课"教学观摩及"精彩一课"评比活动。开展形势教育和十六大精神学习活动。组织多场形势报告会，省长洪虎、长春市市长李述分别为高校师生作了国际国内形势报告。组织全省高校师生学习十六大精神系列报告活动，举办全省高校学习十六大精神理论骨干培训班。

〔**高校后勤社会化改革**〕 进一步推进标准化公寓和食堂建设。到2002年底，全省高校学生公寓竣工面积达40万平方米，学生食堂竣工面积4万平方米，完成投资4.4亿元，2000年～2002年3年建设面积是前50年建设面积的总和。加强设施建设。2002年全省高校实际完成基础设施改造投资近3亿元，为后勤服务实体按企业化运营提供条件。推进高校后勤服务资源的规范管理。截止2002年底，全省高校已组建后勤服务实体177个，其中企业化运营88个，模拟企业化运营89个，25个后勤服务实体在工商部门注册，成为法人企业。

〔**利用外资和国家助学贷款工作**〕 2002年8所高校获日本政府贷款3 740万美元，并通过项目预评估。国家助学贷款面不断扩大，2001年有15所学校签订银校协议，2002年增加到32所，增长113%。签订国家助学贷款协议人数为12 940人。

撰稿 陈凤君 崔 颖

审稿 王青逯

黑龙江省教育

概　况

〔基本情况〕

2002年各级普通学校基本情况

单位：人

学 校 类 别	学校数（所）	毕业生数	招生数	在校生数	教职工数	
					合 计	其中：专任教师
总 计	**17 212**	**1 621 342**	**1 597 747**	**5 935 502**	**489 408**	**378 531**
一、研究生	(22)	2 999	7 091	17 586		
1. 高等学校	(14)	2 945	7 013	17 365		
2. 科研机构	(8)	54	78	221		
二、普通高等学校本专科	47	46 401	115 702	334 627	52 140	23 179
本科院校	21	37 102	91 464	278 766	40 686	17 415
专科院校	26	5 301	20 846	43 389	10 903	5 535
分校、大专班		3 998	3 392	12 472	551	229
三、普通中等学校	3 004	684 363	789 643	276 831	207 130	161 376
1. 中等专业学校	75	32 431	40 743	121 718	10 221	4 925
中等技术学校	58	27 214	36 057	106 897	7 890	3 505
中等师范学校	17	5 217	4 686	14 821	2 331	1 420
2. 技工学校						
3. 普通中学	2 746	621 709	716 662	2 561 187	186 394	149 054
高中	447	105 634	159 228	413 251		26 695
初中	2 299	516 075	557 434	2 147 936		122 359
4. 职业中学	182	30 208	32 238	84 884	10 488	7 373
高中	150	23 048	28 688	69 151		6 837
初中	32	7 160	3 550	15 733		536
5. 工读学校	1	15		42	27	24
四、小学	11 990	570 422	406 494	2 437 336	207 924	180 900
五、特殊教育学校	71	670	1 024	7 002	2 628	1 931
六、幼儿园	2 100	316 487	277 793	371 120	19 586	11 145

2002年各级成人学校基本情况

单位：人

学校类别	学校数（所）	毕业生数	招生数	在校学生数	教职工数 合计	其中：专任教师
总计	**13 231**	**3 374 447**	**3 092 884**	**2 898 471**	**42 404**	**23 354**
一、成人高等学校	38	44 232	65 845	172 440	9 810	5 033
1. 广播电视大学	2	6 100	3 037	11 822	3 612	1 739
2. 职工高等学校	25	6 406	12 826	27 999	4 382	2 156
3. 农民高等学校						
4. 管理干部学院	4	876	526	1 159	764	390
5. 教育学院	7	3 631	5 086	15 137	1 052	748
6. 独立函授学院						
7. 其他学校（机构）						
8. 普通高等学校举办		27 219	44 370	116 323		
函授		12 984	24 457	65 404		
业余		3 817	4 498	14 408		
脱产		10 418	15 415	36 511		
二、成人中等学校	9 419	3 272 903	2 970 321	2 664 256	27 750	15 372
1. 成人中等专业学校	262	28 453	23 186	61 569	11 738	7 196
广播电视中专学校	12	1 168	200	602	454	252
职工中等专业学校	106	9 697	9 768	26 973	4 993	2 681
干部中等专业学校						
农民中等专业学校	42	8 041	9 984	24 471	1 900	1 176
函授中等专业学校				31	4	1
教师进修学校	102	573	1 106	1 523	4 387	3 086
其他类学校举办		8 974	2 128	7 969		
2. 成人中学	88	4 831	10 461	11 701	1 032	713
成人高中	36	1 823	5 101	4 490	554	345
成人初中	52	3 008	5 360	7 211	478	368
3. 成人技术培训学校	9 069	3 239 619	2 936 674	2 590 986	14 980	7 463
职工技术培训学校	411	386 291	311 484	133 103	3 132	1 747
农民技术培训学校	8 658	2 853 328	2 625 190	2 457 883	11 848	5 716
三、成人初等学校	3 774	57 312	56 718	61 775	4 844	2 949
1. 职工初等学校	17	1 670	640	46	12	5
2. 农民初等学校	3 757	55 642	56 078	61 729	4 832	2 944
其中：扫盲班	1 721	7 771	5 723	7 657	2 071	1 171

〔**完善农村义务教育管理体制**〕 2002年4月8日国务院办公厅印发《关于完善农村义务教育管理体制的通知》，确定全国农村义务教育实行“以县为主”的新体制。黑龙江省政府及时转发了国办《通知》，要求各级政府的“一把手”为第一责任人，加强领导，把完善农村义务教育管理体制工作纳入重要工作日程。制定切实可行的政策和措施，建立以县为主的农村义务教育经费保障机制，完善由县级统筹管理的校长和教师人事管理制度，确保“以县为主”新的农村义务教育管理体制在2002年全面运行。

6月初，省教育厅和省政府教育督导室召开了全省落实“以县为主”教育管理体制推进会议，推广了佳木斯市政府在落实农村义务教育新体制工作“四个到位”（教师工资发放管理到位，校长、教师人事管理到位，职责明晰到位，县、乡、村履行职责保障机制建设基本到位）的先进经验。到年底，各级政府尤其是县级政府已基本明确了举办和管理农村义务教育的责任。全省134个县区已经有109个县区做到了农村中小学校长、教师人事和教师工资收到县管理，由县级财政统筹发放教师工资，做到了教师基本工资不拖欠。

〔**税费改革确保教育投入**〕 2002年，国务院批准黑龙江省农村税费改革在全省范围内试行。根据中央提出的在税费改革中要“确保农村义务教育经费正常需要”的要求，省委、省政府印发了《黑龙江省农村税费改革试点实施方案》及20个配套文件，提出在税费改革中确保农村义务教育经费正常需要，使教育投入满足保工资、保运转、保安全的要求，规定：农村中小学教师工资和经常性教育经费纳入县级财政开支，乡镇财政和村级组织不再承担经常性的办学开支；农村中小学按规定向学生收取的学杂费，全部用于学校公用经费开支，与用于农村义务教育经费的转移支付资金和预算内安排的教育支出统筹使用，实行县级综合财政预算管理。

省政府规定，省级转移支付向教育倾斜。以公用经费生均支出小学305元/年、初中354元/年的标准，扣除学杂费收入小学生均70元/年、初中100元/年，加上县镇特困生5%、农村特困生10%的比例，再综合考虑取暖的地区差别、住宿生或距离较远的学生交通补助等多种因素，给予转移支付补助。

〔**实行教育“一费制”试点**〕 根据教育部、国家计委、财政部《关于切实做好2002年农村贫困地区义务教育阶段“一费制”试行工作的通知》要求，省教育厅、省物价局、省财政厅联合印发文件，确定2002年在绥滨、甘南、同江、桦南、延寿、林甸、饶河、泰来、杜蒙、汤原、抚远、兰西、桦川、拜泉、肇源、通河、青冈、明水、富裕、克东、龙江21个贫困县（国家和省扶贫工作重点县）的农村义务教育阶段试行“一费制”。

收费标准为：农村小学每学年每生170元，初中每学年每生300元。除按规定标准收费外，不得再向学生收取任何费用。农村中小学校杂费全额用于学校公用经费后，按照规定标准和定额的不足部分，由县财政给予补足；财政安排确有困难的由县以上人民政府通过转移支付予以补助。

试行“一费制”的地区，有关部门和学校要严格按照有关规定管理和使用学校收费收入，学校收费要按照财政部门规定及时足额缴入同级财政专户，实行“收支两条线”管理，并按照批准的预算安排使用。未试行“一费制”收费的农村中小学，除国家规定的杂费、借读费和必须由学校统一订购的课本费外，不得向学生收取任何费用。省教委、省物价局、省财政厅1997年印发的《通知》中规定的代收费和服务性收费，在农村中小学中停止执行。

到2002年底，“一费制”已经在各试点县有序展开，农村中小学乱收费问题逐步得以解决。

〔**民族教育**〕 2002年，黑龙江省属普通高等院校举办少数民族预科班，招生规模扩大到200人。与其他省区对换招生，本科层次扩大到135人，加快了少数民族中小学师资后备力量的培养。同时，积极协调对换招生有关院校，加强朝鲜族、蒙古族在职教师学历提高工作。

加强民族文字教材建设，强化“双语”教学。通过省际协作，搞好民族文字教材建设工作。针对使用本民族语言辅助教学的达斡尔、鄂伦春、赫哲等民族，开发了学习本民族语言的地方课程或校本课程，满足了少数民族学生学习、继承本民族优秀文化传统的需求。2002年，哈尔滨、齐齐哈尔、佳木斯、大庆、双鸭山5个地市在全国民族团结教育推进工作会议上获得了表彰奖励。

撰稿　单雪丽　朱　红

基础教育

〔**义务教育**〕　2002年，全省九年义务教育人口覆盖率达到96%，青壮年文盲控制在1%以下。全省共有学前班1.76万个。幼儿园和学前班共有幼儿37.11万人。小学学龄儿童入学率119.9%，辍学率0.4%，小学五年保留率99.3%，师生比为1∶13.5。普通初中入学率89.6%，辍学率2.2%，初中三年保留率90.8%，师生比1∶10.1。普通高中毛入学率34.7%，师生比1∶15.5。

2002年，黑龙江省增加专项资金6 000万元，支持各地学校危房改造工作。截止2002年底，已有394个项目竣工交付使用。预计已经通过立项的危改工程项目、义务教育工程项目和地方自筹经费项目，将获得危房改造资金5亿元，可改造危房53万平方米。

2002年，黑龙江省加强依法"控辍"力度。一些地方建立并实行了义务教育阶段学生学籍电子注册，探索创建了巡视员对义务教育学校学生的随机巡查制度，及时监控与掌握学校管理的变化情况。实行"控辍""两免一补"资助贫困学生的政策，效果良好。杜尔伯特蒙古族自治县实施"爱心工程"控制学生辍学；肇州县强化政府行为，将"控辍"和巩固提高"普九"成果作为政府的第一责任，都取得显著成效。同时开展了对贫困生的捐资助学工作，据不完全统计，2002年，黑龙江省资助贫困初中生、小学生共3.72万人，金额达492万元；减免杂费194万元；帮扶结对1.31万对。

〔**示范性学校建设**〕　2002年，黑龙江省加强了示范性高中建设，遵循"重在过程、重在建设、重在发展、重在提高"的原则，形成了普通高中"层级建设、进档达标、共同提高、全面发展"的局面。2002年3月，首批命名22所普通高中为省级示范性普通高中。

2002年，黑龙江省启动新一轮示范性小学、初中试评审工作，全省有27所小学、12所初中通过了省级示范性学校建设试评审。在已"普九"的大中城市和经济比较发达地区，通过示范性中小学促进了规范化学校建设，推进了高标准"普九"工作；在已"普九"的广大农村地区，通过规范化学校建设，改造薄弱学校，促进了九年义务教育的巩固提高；在未"普九"的市（县），加强规划、指导和投入力度，加快了"普九"步伐。

〔**德育工作**〕　2002年，全省心理健康教育继续深入开展。省教育厅印发了《黑龙江省中小学心理健康教育指导意见》，各地建立了一批心理健康教育实验学校，教师培训和实验研究工作有序进行。12月，在鹤岗市召开了全省心理健康教育经验交流会议，表彰了心理健康教育优秀成果、先进单位和个人。探索了黑龙江省继续深入开展心理健康教育的途径和方法。

通过开展丰富多彩的活动，增强德育实践环节。一些学校成立了学生业余党校及各种社团组织，经常性地开展艺术节、科技节、劳技大赛、发明大赛等活动，在活动中育人。充分利用德育基地，挖掘有效德育资源，增加德育的实践环节，让学生在体验中感悟，达到思想上的升华。庭院文化、走廊文化、教室文化、宿舍文化、餐厅文化各具特点，形成系列，成为一种潜在的德育课程。

加大了青少年校外活动场所建设力度，制定《黑龙江省青少年活动场所建设与管理的“十五”规划》以及6项相关制度，利用国家返还的“体彩”、“福彩”资金，加之地方政府按1∶1匹配的2 279万元资金，在全省新建15个青少年活动综合基地，保证青少年校外活动安全健康的开展。

加强了中小学生毒品预防的教育，转发了教育部《关于进一步做好中小学毒品预防工作的通知》，提出了黑龙江省中小学毒品预防的具体意见，推荐了两所学校为全国中小学毒品预防示范校。

〔**课程改革**〕　2002年，黑龙江省在继续发挥大庆萨尔图区、宁安市2个国家级义务教育课改实验区的骨干和辐射作用的基础上，又在15个市（地）和企业建立20个省级义务教育课程改革实验区，小学起始年级参加实验的学生占学生总数的14%。建立起省、市（地）、县三级课程改革组织领导体系和专门组织机构，形成了自上而下、自下而上、运行有序、功能完善的课程改革工作格局。大兴安岭地区充分利用广播、电视、报刊、网络等宣传媒体向社会宣传新课程改革思想，创办《课改动态》、教育网络课改网页，及时宣传课改信息。

实行以课改实验区、县为单位的教材选用制度。建立了教育主管部门、学校、教师、家长、专家共同参与的教材选用评审委员会，组织实验教材选用评审工作。建立了中小学用书管理检查制度，杜绝未经审批的教材进入学校。

2002年，黑龙江省先后召开了普通高中课程改革经验交流会、基础教育课程改革实验推进与培训工作会，总结推广经验，落实新课程改革各项工作，特别是对高中开展研究性学习做了重点部署。9月，教育部在黑龙江省召开了国家基础教育课程改革实验区教学工作研讨会，黑龙江省在会上介绍了经验。8月，由香港20多所知名中小学校长组成的课程改革考察团考察了哈尔滨市和宁安市的课程改革，对黑龙江省课改工作给予了高度评价。

加大农村初中办学模式和课程改革力度，推广宁安市“绿色证书”教育经验，逐步建立起适应农村经济发展的教育模式。8月，教育部、民革中央、民盟中央、中国教育学会、中国陶行知研究会联合在呼兰县召开了全国深化农村教育改革现场研讨会，推广黑龙江省的经验。

〔**信息技术教育**〕　2002年6月11日～20日，黑龙江省对第一批60所省级现代教育技术实验学校进行了结题验收；对第二批75所申报省级现代教育技术实验学校的中小学进行了评估，最终确认69所第二批省级现代教育技术实验学校。

为探索黑龙江省中小学“校校通”工程的实施模式，8月10日～10月10日，黑龙江省在13个地市的40所中小学开展了“校校通”工程试点工作，并举办了两期有100多名教师参加的“校校通”智能软件系统培训班。截至2002年底，黑龙江省中小学共有计算机10.94万台，计算机教室3 490个，建成校园网887个。全省中小学在校生数与计算机数的比例为46.5∶1。全省413所高中、554所初中、1 068所小学都已开设了信息技术课程，分别占高中、初中、小学学校总数的89%、46%、9%。

2002年，黑龙江省积极探索信息技术与学科整合的力度。到年底，全省所有高中、多数初中和小学都能够利用信息技术辅助课堂教学，个别条件较好的学校正在积极探索基于网络和多媒体环境下的信息技术与学科整合的新形式，将信息技术与学科教学融合为一体。

〔**体育、卫生、艺术教育**〕　2002年，根据黑龙江省农村学校体育、卫生、艺术教育比较薄弱的实际，省教育厅先后在哈尔滨市太平区、阿城市召开了黑龙江省农村学校体育、卫生、艺术教育现场会，就农村学校音体美卫生课程设置、课程改革、课外文体活动开展等问题，提出了一系列政策措施，促进了农村学校体育、卫生、艺术教育工作的开展。2002年，黑龙江省还对全省中小学校的卫生保健工作进行了检查评估，促进了学校体育卫生工作的规范化、标准化。2002年，黑龙江省荣获全国学生常见病综合防治先进集体。

2002年，黑龙江省率先在全国组织编写并推广了中学生《性健康教育》教材，在社会上引起极大关注。

〔**幼儿与特殊教育**〕 2002年，黑龙江省大中城市基本满足儿童学前三年教育要求，乡镇注重中心幼儿园发展，农村巩固学前一年教育。年内，开展了对各级各类在幼儿园教师的培训。

2002年，黑龙江省特殊教育以普及残疾儿童少年九年义务教育为重点，保证适龄三残儿童不因家庭困难而失学。现代信息技术在特殊教育教学领域得到广泛应用，哈尔滨市南岗区启智学校的信息技术辅助教育教学经验得到推广。残疾儿童学前早期康复、高中职业教育等工作开始试点，并在一些学校取得经验。各级教育行政部门加大了特殊教育学校建设力度，为学校购置了大量肢体康复和语言训练设备，大多数学校已经建起了律动室、语训室、康复室、实验室、职教室等专业教室。一些条件较好的特殊教育学校还建立了微机室、健身房、情景教室。各地市都建立了特教中心，发挥特教中心的科研、培训和辐射作用，促进特殊教育健康发展。

撰稿 朱 红

〔**教师队伍建设“十五”规划**〕 2002年11月5日，省教育厅制发了《黑龙江省中小学教师队伍建设“十五”规划的通知》。“规划”依据《教师法》，以提高教师整体素质为中心，以加强师德建设和农村中小学教师队伍建设为重点，以教师全员培训和加强骨干教师队伍建设为主要内容，深化改革，加强管理，调整优化教师队伍结构，建设一支数量适当、结构优化、师德高尚、业务精湛的高素质、专业化的中小学教师队伍。

主要目标是：中小学教师将稳定在30万人左右，基本满足中小学教育、教学改革和大力发展高中阶段教育对教师数量及学科建设的要求。在2003年底，基本完成三级师范向两级师范过渡。已实现“两基”的农村地区，新补充的小学教师中具有专科以上学历者达到75%左右、新补充的初中教师中具有本科以上学历者达到50%左右；大中城市和经济发达地区，新补充的小学教师中具有专科以上学历者、新补充的初中教师中具有本科以上学历者均力争达到80%以上。到2005年末，中小学所有起始年级的教师都要接受基础教育新课程培训。中小学教师学历基本达到国家规定标准，其中，40%的小学教师达到专科学历，30%以上的初中教师达到本科学历，大中城市高中专任教师和校长获得硕士学位或接受研究生课程培训的比例达到5%左右。中小学专任教师中具有高、中级职务的比例分别达到5.6%和40%左右。培养一大批中青年骨干教师队伍，形成多种层次和类型的骨干教师群体。省、市、县级骨干教师比例分别达到2%、10%、20%。适当提高特级教师评选数量，使特级教师达到中小学教师总数的千分之1.5左右。

文件要求各地结合本地区、本部门的实际，制定中小学教师队伍建设“十五”规划及实施意见，采取有效措施，调整优化教师队伍结构，提高教师队伍整体素质，将中小学教师队伍建设推向新的发展阶段。

撰稿 单雪丽

职业教育与成人教育

〔**综述**〕 2002年，全省职业与成人教育全面宣传、贯彻、落实《黑龙江省职业教育条例》和第四次全国职业教育工作会议精神，紧紧围绕为黑龙江省经济建设和社会发展服务的宗旨，不断提高办学水平和教学质量。全省职业教育中心学校建设，通过省本级4 000万元专项资金投入和地市匹配及政策扶持，累计达2亿多元，使职业教育中心学校实验实习设备和教学实验场所得到较大改善。加强三教统筹、实施农科教结合方面积累了一定经验。在教学领域：制定了76个专业能力体系考核标准，推行了学科带头人制度，一些学校进行了模块教学、双元制、学分制等弹性学制的试点。

2002年10月23日，黑龙江省召开贯彻落实第四次全国职业教育工作会议精神电视电话会议。教育厅厅长、党组书记董浩传达全国职业教育工作会议精神，副省长王佐书到会讲话。经省政府同意，成立了黑龙江省职业教育工作领导小组，组长由王佐书同志担任，成员有省政府政策研究室、财政、劳动保障、经贸、计划、机构编制、人民银行、工商、地税、农业等部门负责人，对全省职业教育工作进行统筹、协调和指导。

王佐书同志在讲话中要求：一是提高认识，坚持大力发展职业教育的方针不动摇。二是明确目标、抓住关键，整体推进。三是，以奋发有为的精神状态，抓住机遇，扎实工作。

〔**印发“十五”重点建设方案**〕　为贯彻《中华人民共和国职业教育法》和落实《黑龙江省职业教育条例》，不断深化职业与成人教育改革，黑龙江省教育厅与财政厅联合印发了《关于印发“十五”期间黑龙江职业教育与成人教育重点项目建设实施方案的通知》，确定了重点建设项目的建设内容：(1) 为农服务建设项目6项。即：建立和完善100个农科教结合示范基地和地面卫星接收系统；以为农服务为目标，力争建设100所左右省级示范性乡（镇）综合中学或成人文化技术学校（成职联校）；力争“十五”期间做到50%农村初中毕业的贫困学生接受职业教育；配合“星火”“燎原”“丰收”计划的实施，扶持农民各类专业协会，推广1 000项农业先进技术；在“十五”期间每年培训300万农村青壮年，不断提高农民整体文化科技素质；总结推广佳木斯等地为农服务经验，推动职成教育为农服务工作。(2) 职业成人教育内涵建设项目5项。即：建设和完善15个中职师资培训基地，全员培训专业课师资，提高中职学校专业教师为农服务实践技能；建设和完善100个左右省级及省级以上重点专业；以绿色农业、绿色食品加工、北药开发、旅游服务、机械加工项目为主，建设和完善100个骨干专业的现代化实验室和300个与就业准入制度相适应的实训基地；力争在50%左右的中职学校建成校园网和电子阅览室，全省统一组织开发50种计算机教学软件、课件；编写5类与黑龙江省特色产业紧密相关的地方教材和10类骨干专业的实习指导教材。为了确保该项目实施还确定了实施的办法，2001年重点建设乡（镇）职业教育与成人教育项目；2002～2005年，除继续建设乡（镇）职业教育与成人教育项目外，还将建设其他中等职业学校及职成教育重点项目。资金使用坚持重点投放原则、质量效益原则、跟踪高效原则。

〔**中职学生技能大赛**〕　教育部于2002年7月24日～28日在长春市举办了全国职业教育成果展示会，同时开展了全国中等职业学校学生计算机、美容美发、服装设计和烹饪四项技能大赛。为此，黑龙江省成立了筹备机构，抽调专职人员进行筹备工作。省教育厅于5月29日～6月20日分别在哈尔滨电力职业技术学院、大庆蒙妮坦职业高中、哈尔滨工业美术设计学校、黑龙江省旅游学校和哈尔滨第二职业高中组织了选拔赛。全省共有64所学校，546名选手参加选拔赛。在全国比赛中，黑龙江省选手参加美容美发比赛获2个一等奖、9个二等奖、1个三等奖；烹饪比赛获2个一等奖、4个二等奖、6个优秀奖；计算机比赛获3个二等奖、5个三等奖、5个优秀奖；服装设计比赛获3个二等奖、1个三等奖、1个优秀奖。同时黑龙江省获得了优秀组织奖，22名教师获得了优秀指导教师荣誉称号。

〔**评定学科带头人**〕　为加强师资队伍建设，注重实践教学环节，努力提高职业教育教学质量，结合黑龙江省的实际情况，省教育厅于2002年在全省中等职业学校中评选出省级学校学科带头人共174名。并要求这些人员在全省中专教育教学改革方面，继续发扬刻苦钻研、勇于探索、无私奉献精神，在专业建设中发挥骨干带头作用，创造出更多更新的学术成果，同时也要求各学校每年对省级学术、学科带头人进行一次考核并将考核情况上报。

〔**制定专业设置标准**〕　按照《黑龙江省中等职业学校专业设置与管理暂行规定》精神，在重点制定4个专业设置标准的基础上，省教育厅要求各中等职业学校制定专业设置标准。对各中等职业学校上报的专业设置标准，省教育厅组织有关人员进行审核。要求省部级以上重点中等职业学校制定专业设置的能力体系标准和能力体系考核标准，以加强专业建设。省部级以上重点专业，如专业设置标准达不到要求的，将取消重点专业称号；其他各类中等职业学校的专业设置标准如达不到要求，则在职教专项经费划拨、省级以上重点学校评审、省级重点专业评审等方面不予政策倾斜。

撰稿　赵　滨

高等教育

〔**综述**〕　2002年，全省高等教育毛入学率为16%。普通高等学校专任教师中有副高级以上职称教师1.03万人；教育、教学及生活用房建筑总面积1 231.43万平方米；图书馆藏书2 665万册；教学、科研仪器设备总值近22亿元。

成人高等学校中有副高级以上职称教师2 128人；校舍建筑面积133万平方米；馆藏图书451.15万册；教学、科研仪器设备总值2.3亿元。民办助学高等学校55所，在校生总数为1.74万人，教学、科研仪器设备总值1.1亿元。

2002年，黑龙江省高等学校专业建设和教学计划根据经济发展的具体情况不断调整。16所高等学校80个专业的预审、评审、上报工作已经完成。黑龙江大学等4所高等学校的12个专业进行了应对WTO教学计划、调整和课程改革的试点。12个高等职业教育专业为国家级改革试点专业，3个专业被确定为教育部精品专业。

〔**高校结构调整**〕　2002年，全省高等教育布局结构调整进一步深入。新成立了哈尔滨铁道职业技术学院、大兴安岭职业学院、哈尔滨职业技术学院、哈尔滨电力职业技术学院、哈尔滨华厦计算机职业技术学院、黑龙江工商职业技术学院、黑龙江艺术职业技术学院、黑龙江畜牧兽医职业学院、黑龙江农业经济职业学院9所高等职业技术学院；7所中等专业学校、3所高等专科学校分别并入齐齐哈尔大学、佳木斯大学、黑龙江中医药大学、哈尔滨理工大学、哈尔滨师范大学、哈尔滨医科大学等本科院校；克山师范专科学校并入齐齐哈尔大学、黑龙江水利专科学校并入黑龙江大学、大庆石油学院的更名及上报教育部备案等有关工作已经完成；12所普通高等学校、15所民办高等学校设立了二级学院；10所民办助学高等学校获得办学资格。东方学院申办本科院校；齐齐哈尔师范学校、齐齐哈尔幼儿师范学校、齐齐哈尔教育学院合并组建齐齐哈尔师范专科学校。

〔**教学管理**〕　2002年，全省38所高等学校参加了省教育厅组织的涉及命题内容、试卷质量等与教学质量有关的12项指标的专家评估。有20多所本科院校的114个基础课实验中心（室）参加了省教育厅组织的基础课实验室评估，其中不合格的18个基础课实验中心（室）被责令整改。有33所普通高等学校、30所独立设置的成人高等学校经过全面教学检查后，教学管理进一步规范。为加强民办高等教育学校管理，省教育厅制定印发了《黑龙江省高学历民办高等教育学校评价方案》，对全省75所民办高等学校进行了年度检查，其中23所民办高等学校被勒令限期整改，1所民办高等学校被勒令停办。

〔**高校后勤改革**〕　2002年，全省高等学校完成基建投资15亿元；省属高等学校校舍面积从1998年的416.5万平方米增加到2002年的992.4

万平方米。为促进高等学校后勤工作社会化，成立了黑龙江省教育后勤管理协会，与省高校后勤服务中心协调做好全省高等学校后勤社会化改革工作。2002年，近30所高等学校后勤与学校不同程度地剥离，后勤基础设施条件得到极大改善。

〔**党的建设和思想政治教育**〕　全省高等学校党的思想和组织建设工作不断加强。各高等学校把深入学习“三个代表”重要思想与学校的教育改革和发展实际相结合，切实转变工作作风，推进教育创新和发展。按照《黑龙江省普通高等学校校级后备干部校际挂职锻炼试行办法》《党政领导干部选拔任用工作条例》，全省高等学校的8名校级后备干部参加国家高级教育行政学院、50名校级后备干部参加省委党校举办的理论培训班。实行高等学校干部考察预告制、任前公示制、试用期制和中层干部竞争上岗制度。2002年，全省普通高等学校共调整、充实了校级领导干部41名，其中本科院校毕业的22人，专科学校毕业的19人。党的基层组织建设不断壮大并巩固，全省高等学校当年发展学生党员1.05万人。

努力开辟高校思想政治工作新途径，加强学生思想政治工作。总结邓小平理论“三进”工作经验，推进“三个代表”重要思想的“三进”工作。加强了“两课”教师队伍和教材建设。以开展“黑龙江形象建设年”活动为载体，进一步提高了学校精神文明创建水平。加强大学生心理健康教育，举办了全省大学生心理健康教育骨干教师培训班；在全省高校开设了高校心理健康教育网；加强了校园文化建设。进一步落实和完善了维护高校稳定工作责任制，完善了高校处理突发事件工作预案，继续开展了“校园拒绝邪教”和清缴法轮功非法宣传品等活动，积极推进思想政治工作进网络，认真组织开展了校园网有害信息的检查和清理整顿工作。

〔**中外合作办学**〕　2002年，全省34所高等学校（含民办二级学院）与11个国家的46所高等学校开展了本科、专科、专升本、本硕连读等多种形式的合作办学和联合培养学生项目。与俄罗斯的多所著名国立大学建立了合作关系，同时根据学校专业学科发展和社会对人才的需要，与北美、欧洲、澳大利亚等地区合作办学专业达60多个，覆盖了文、理、工、经、管、教育、法、医等十大门类。

〔**“211工程”与重点建设**〕　按照黑龙江省教育事业“十五”规划，东北农业大学、哈尔滨医科大学获得“211工程”建设资金2 000万元及《面向21世纪教育振兴行动计划》等专项经费8 389万元。两校一期工程建设任务已完成并通过了省政府验收，二期工程建设已经启动。

全省重点学科建设2 000万元，建设了37个重点学科；重点专业建设700万元，建设58个重点专业；重点实验室建设300万元，建设4个实验室；骨干创新教师100万元，资助52个项目。

〔**助学贷款工作**〕　2002年，全省落实了省属高校国家助学贷款贴息经费100万元，贷款额度3 000万元，以保证国家助学贷款工作的正常进行。11月13日省教育厅和省财政厅联合印发了《关于国家助学贷款工作有关问题的通知》，明确了助学贷款的范围、贴息款给付方式、各学校助学贷款分配额度等问题。省教育厅及时传达了教育部8月26日明传电报精神，11月16日省政府办公厅转发了《黑龙江省国家助学贷款管理规定》（试行）。11月30日和12月4日，副省长王佐书召开了省教育厅、省财政厅、省农行、省工行、省建行、中国银行、人行哈中心支行负责同志和全省高校主管领导参加的会议，对助学贷款工作有关问题进行了研究，并提出要求。截至12月12日统计，省属高校申请贷款学生数13 680人，申请贷款7 600万元，与银行签署贷款合同额1 277万元，发放贷款294万元。

〔**开展民办高校年检**〕　根据国家和省对民办高等教育机构实行年检的有关规定，省教育厅组成年检组，于2002年6月18日～7月30日，对全省民办高校进行了2001年度年检。

年检采用听、看、查、议的方式对学校的办学条件，教学管理，教育、教学质量，学生管理，依法办学等几个主要方面进行了检查。黑龙江省有民办高校76所，其中，具有高等教育学历文凭考试资格的19所，2001年新批办的9所。据不完全统计，校舍建筑面积为85.9万平方米，比2000年增加50.70%。其中，自有42.6万平方米，租用43.3万平方米。教学仪器设备总值1.12亿元。共有教职员工3 168人，其中，专职教师1 913人。在校生总数为3.65万人，其中：参加高等教育自学考试学生1.68万人，高等教育学历文凭考试学生0.4万人，与成人高校、电大、党校、成人中专"联合办学"和各种短期培训的学生1.57万人。根据国家和省对民办高校设置标准的有关要求，通过年检合格或基本合格的学校52所，办学条件、教学管理、学生管理或依法办学的某些方面存在一定问题，须进一步整改的学校16所，因特殊情况暂不能作出年检结论的学校8所。

〔**学位工作与研究生教育**〕 2002年,省学位委员会起草了《黑龙江省第二届学位委员会工作条例》《黑龙江省学位委员会学科评议组试行组织条例》。

全省共有18个学士学位授予单位。建立学科评议组专家库，共有2 141位专家入选；审核批准14所高校27个本科专业学士学位授予权；组织了全省成人本科生申请学士学位外语全省统一考试、全国专业学位入学联考及同等学力申请硕士学位全国统考黑龙江省考区工作；审核发放了博导津贴480万元、博士点资金100万元；完成了1991～2001年研究生学历电子注册工作；审核发放三级学位证书2万本；审核下达了2002年省属单位研究生招生计划和研究生课程进修班备案计划，共下达了博士生计划294人，硕士生计划2 286人，研究生课程进修班4 000人。

〔**科研工作**〕 2002年，全省参与科研工作的高等学校科研、教学人员3.56万人，其中教学人员2.06万人。当年获得科研经费10.36亿元，上年结转经费5.52亿元。开展应用性研究项目2 432项，占科研课题项目总数（4 136项）的58.8%；基础性研究项目1 121项，占科研课题项目总数的27.1%。国家"973"项目19项，国家科技攻关项目31项，国家"863"项目64项，国家自然科学基金项目323项，主管部门科技项目774项，国家部委其他科技项目267项，地方科技项目1 316项，企事业单位委托科技项目871项。科技成果获得国家发明奖2项、国家科技进步奖8项、国务院各部门科技奖39项。当年，技术转让合同金额为8.64万元，实际收入6 062万元。

〔**高职教育推行职业资格证书制度**〕 为贯彻落实《国务院办公厅转发教育部等部门关于进一步深化普通高等学校毕业生就业制度改革有关问题意见的通知》精神，黑龙江省高等职业教育学生试行职业资格证书制度。由省教育厅、劳动和社会保障厅联合组成的高等职业教育学生职业技能鉴定工作领导小组于2002年8月成立，其主要职责是负责制定高等职业教育学生职业技能鉴定工作中有关政策和考核标准，提出相应改革措施，对全省高职学生职业资格证书考核发放工作进行领导、检查。工作基本要求是：(1) 高等职业教育学生毕业前应参加一个或一个以上的职业技能鉴定考核并取得高级职业资格证书。(2) 高职学生职业技能鉴定工作实行统一组织、统一时间、分类试题、分别实施的办法，原则上每年组织两次。(3) 高等职业教育院校所设专业，在制定教育计划、教学大纲时应力求专业知识涵盖相应职业技能考核鉴定的内容。(4) 高等职业教育院校学生，在完成教学计划规定的理论知识和专业技能学习后，方可参加职业技能考核鉴定。命题依据和鉴定方式为：(1) 职业技能鉴定以国家颁布的《国家职业标准》和《国家职业技能鉴定规范》作为鉴定考核的依据。(2) 高等职业教育院校职业技能鉴定可与毕业考试有机结合，学生完成教学计划规定的全部课程并考核合格后，在职业技能鉴定时视为理论知识合格。(3) 操作技能鉴定由省教育厅和省劳动厅共同组织实施，对办学条件较好并按照职业技能考核和鉴定要求的高等职业教育院校，经"省高职学生职业能力鉴定工作小组"审定批准后受委托组织考核。为保障鉴定工作的公平、公正、合法和鉴定质量，要建立完善的考评和督导组织体系，并建立健全相应制度。

撰稿　崔多立

审稿　姜广富　赵广

上海市教育

概　况

〔基本情况〕

2002 年各级普通学校基本情况

单位：人

学校类别	学校数（所）	毕业生数	招生数	在校生数	教职工数	
					合计	其中：专任教师
总计	**2 878**	**637 530**	**647 756**	**2 319 214**	**240 574**	**140 261**
一、研究生	(51)	7 926	19 211	48 896		
1. 高等学校	(20)	7 481	17 848	45 713		
2. 科研机构	(31)	445	1 363	3 183		
二、普通高等学校本专科	50	55 198	109 184	331 649	61 776	22 949
本科院校	24	45 278	68 314	243 736	54 062	19 280
专科院校	26	9 582	34 361	74 455	7 714	3 669
分校、大专班		338	6 509	13 458		
三、普通中等学校	1 014	323 111	329 515	1 003 047	95 634	60 283
1. 中等专业学校	82	29 418	39 331	126 883	11 822	5 031
中等技术学校	81	29 418	39 331	126 751	11 822	5 031
中等师范学校	1			132		
2. 技工学校						
3. 普通中学	871	266 702	262 449	797 633	77 148	51 349
高中	343	79 437	102 287	274 112		16 012
初中	528	187 265	160 162	523 521		35 337
4. 职业中学	48	25 758	26 602	75 579	5 993	3 524
高中	47	25 629	26 333	74 700		3 471
初中	1	129	269	879		53
5. 工读学校	13	1 233	1 133	2 952	671	379
四、小学	763	159 222	102 176	679 325	56 900	41 246
五、特殊教育学校	32	1 747	1 517	11 826	1 653	987
六、幼儿园	1 019	90 326	86 153	244 471	24 611	14 796

2002 年各级成人学校基本情况

单位：人

学校类别	学校数（所）	毕业生数	招生数	在校学生数	教职工数	
					合计	其中：专任教师
总计	**1 007**	**846 106**	**1 070 392**	**534 017**	**17 521**	**9 166**
一、成人高等学校	31	30 830	67 342	170 852	4 863	2 232
1. 广播电视大学	1	799	372	2 125	352	94
2. 职工高等学校	25	3 413	8 139	19 847	3 558	1 717
3. 农民高等学校						
4. 管理干部学院	5	988	1 335	3 677	800	338
5. 教育学院						
6. 独立函授学院						
7. 其他学校（机构）		289		19	153	83
8. 普通高等学校举办		25 341	57 496	145 184		
函授		6 158	11 434	29 627		
业余		17 275	40 227	103 931		
脱产		1 908	5 835	11 626		
二、成人中等学校	975	814 927	999 081	360 000	12 598	6 904
1. 成人中等专业学校	57	16 675	6 768	29 648	2 427	1 099
广播电视中专学校	2	7 587	3 893	12 850	70	32
职工中等专业学校	49	6 615	1 912	13 273	1 697	699
干部中等专业学校						
农民中等专业学校	1	20		20	68	27
函授中等专业学校						
教师进修学校	5				592	341
其他类学校举办		2 453	963	3 505		
2. 成人中学	288	112 913	171 490	104 517	4 197	2 244
成人高中	281	110 923	167 738	102 656	3 942	2 039
成人初中	7	1 990	3 752	1 861	255	205
3. 成人技术培训学校	630	685 339	820 823	225 835	5 974	3 561
职工技术培训学校	475	556 987	693 420	186 574	5 565	3 240
农民技术培训学校	155	128 352	127 403	39 261	409	321
三、成人初等学校	1	349	3 969	3 165	60	30
1. 职工初等学校	1	244	3 054	2 355	46	16
2. 农民初等学校		105	915	810	14	14
其中：扫盲班						

〔**年度教育工作方针**〕　2002年，上海市教育工作认真贯彻落实江泽民“三个代表”重要思想和党的十五届六中全会及党的十六大精神，紧紧围绕实现教育现代化的战略目标，积极深化教育改革，扎实推进教育事业的发展；全面实施素质教育，大力提高各级各类学校的教育质量；扩大优质教育资源，加快教育基础设施的建设，努力满足上海市民对各级各类教育的需求。各项工作取得较大进展，为上海教育事业的大发展奠定良好基础。

〔**教育投入与融资改革**〕　2002年，全市教育部门财政预算内教育经费拨款101.08亿元。其中，市级财政拨款19.22亿元；区县财政拨款81.86亿元，增长14.38%。

2002年，全市教育部门教育经费总支出159.52亿元。当年全市教育事业费支出144.23亿元，城市教育费附加支出11.32亿元，农村教育费附加支出1.18亿元，社会事业建设费支出0.67亿元。

2002年，全市小学生均支出5 137.04元（其中生均公用经费1 225.79元），初中生均支出5 550.41元（其中生均公用经费1 719.42元），高中生均支出9 718.73元（其中生均公用经费3 814.70元），职校生均支出6 511.96元（其中生均公用经费2 377.64元），地方高校生均支出15 491.39元（其中生均公用经费6 820.56元）。

2002年，市教委部门预算财务事业费支出15.12亿元。委属22所高校及中专、中学等平均增长10%左右。从城市附加宏观调控部分安排加强初中1.35亿元；安排达标工程5 000万元；安排1.45亿元解决“校校通工程”资金需求；在市政府信息办贴息1 000万元的支持下向银行贷款1.1亿元，使各区县年内完成网络建设，完成高中、初中及小学电脑标准化配置的工作。

2002年，市教委通过教育专用税费安排高校重点工程的贴息资助，如高职建设贴息，投融资改革贴息等。专项安排3 000万元用于帮助新划入的11所共建中央高校，帮助他们逐步提高生均支出水平。

利用社会资源加快高校及其他学校改革与发展。2002年通过融资共筹集资金13.94亿元，其中建设7所标志性职校1.5亿元，委属高校环境整治和下划高校修建、购买设备1.93亿元，松江大学园区建设5.6亿元，第二工业大学新建2.16亿元，上海师范大学奉贤校区建设1.1亿元，中国医科大学新建0.95亿元，青少年活动基地0.7亿元。当年，经过调研制定了高校投融资改革方案，完成杨浦大学城投资有限公司的申报、注册工作。

〔**教育政策与教育科学研究**〕　2002年，一是完成全国教育科学规划重点课题《中国特色教育服务产业的理论、实践和探索》研究报告，报告由“理论探究”“比较研究”“实践探索”和“政策建议”四个方面组成，系统分析了中国教育服务产业的现状，提出了教育服务产业的理论依据，以及发展中国特色教育服务产业政策建议。二是做好“入世”后的上海教育应对工作的研究。遵照“市政府办公厅关于落实今年本市应对入世工作中若干重点事项的通知”精神，编制“上海市教委2002～2003年度WTO行动计划实施方案”，初步形成了应对入世后的上海教育服务贸易争端和监控的预警机制研究报告。三是完成《上海高等学校教师队伍现状分析和建设策略》《上海建立现代化职业教育的对策研究》和《上海基础教育办学体制改革调研》等一批决策课题。

〔**教育法制建设**〕　自2002年5月起，在全市范围内开展教育秩序专项整治活动，涉及中外合作办学、研究生学位教育、社会力量办学、教育乱收费等领域和方面。整顿活动分为四个阶段：一是正面宣传教育法律法规；二是“重拳出击”，依法查处非法办学单位、非法办学行为；三是“行政告知”，向有管理职责的法人单位及主管部门发出行政告知书，督促有关部门履行法定职责；四是“监管查处”，对有违规行为的单位，通过谈话教育，责令整改。由此，市教委建立和完善了行政告知书、中外合作办学年审等加强行政监管的制度。

2002年，根据《上海市人民政府办公厅〈关于进一步深化本市行政审批制度改革实施意见〉的通知》精神，对全市教育行政审批事项逐项研究清理。经市审改办审核最后确认由市教委行政审批事项的共57项。

〔**教育审计**〕 2002年，实施对16所高校的财务收支审计。上半年完成就地审计，下半年度重点抓审计整改，到10月底各有关高校已送交审计整改情况报告。此次审计对象主要是近两年来国家审计机关尚未审计的市教委直属高校，审计内容是2001年度财务管理、资产管理、票据管理、对外投资、会计核算等。通过审计，各高校历年挂帐的费用和结余全部计入事业收入和事业基金；办班中的不规范收费现象得到遏制；学校财产管理制度进一步完善；对图书、教材采购中的回扣作了规范处理，对违纪违规行为照章进行了处置。

2002年，开展对教育系统内局级干部的任期经济责任审计，通过审计，既肯定成绩，也指出有关领导干部在财务、资金、物质管理和贯彻财经法规方面存在的问题。开展对市教委直属事业单位的各项审计，年内共实施审计事项26项，其中22项为经济责任审计，4项为财务收支审计。通过审计，进行了一次法规宣传，算清了资金和财产，对财务管理、会计核算的差错和弊端起到了校正作用。

〔**教师与校长队伍建设**〕 2002年，积极推进高校教师职务聘任制。制定《上海市高等学校教师职务和其他专业技术职务聘任制办法》《关于贯彻〈上海市高等学校教师职务和其他专业技术职务聘任制办法〉的实施细则》和《关于上海市高等学校教师职务结构比例和高级岗位设置的意见》。从职称评审向职务聘任过渡，高校人事制度改革转变了传统观念，进行了制度创新，体现了政府依法行政、学校自主办学。

2002年，上海市深化完善中学教师高级职务聘任改革工作。制定颁发了《上海市中学教师高级职务聘任改革工作实施意见》，完成了2 400余人的申报中学教师高级职务的学术水平能力的评审认定工作。

全面推行中小学校长职级制度改革，促进中小学校长专业化发展。与市人事局研究中小学校长职级工资标准，组织开展上海市中小学1 700名正职校长“依法办学、以德立校”的培训工作，对全市近1 300名幼儿园园长开展“依法办学、以德立园”的培训，分批对全市1 000余名园长与骨干教师开展了《幼儿园教育指导纲要》《上海市学前教育纲要》及《上海市学前教育课程指南》的业务培训。

〔**语言文字工作**〕 2002年，宣传和贯彻实施《国家通用语言文字法》。开展语言文字法制宣传教育。积极开展执法调研和探索适合上海特点和实际的依法管理模式，通过调研，并初步形成《上海市实施国家通用语言文字法的规定》草案。会同法制部门就《国家通用语言文字法》的贯彻实施情况进行调研和监督，协助市人大对闸北区、长宁区和市工商系统《国家通用语言文字法》的贯彻情况进行检查，全市公务员普通话水平测试工作稳步前进。

〔**教育国际交流**〕 2002年，市教委共接待国外（境外）34个国家和地区122批次、845人次人员来访。共接待教育团组来访18批次、68人次，其中副部长（级）以上团组9批次，47人次。市教委和国外城市，特别是友好城市间加强教育领域的合作与交流取得成效，签订（续签）了一批教育交流协议。同时，与国外驻沪领事馆共同开发的合作项目得到巩固发展。

中小学生赴境外参加夏（冬）令营管理得到加强。经批准，全市共有5个团组赴澳大利亚、加拿大、法国、俄罗斯、美国等国家参加夏（冬）令营等短期活动，参加学生有189人。

〔**体育、卫生、艺术、科普、国防教育**〕 2002年，上海市中学生代表团参加第八届全国中学生运动会，获奖牌7金4银7铜，共57项名次奖状，团体总分名列第四，并获体育道德风尚奖团队称号。组建高校体育代表团参加市第十二届运动会，以43金39银31铜，共计1 892分的总成绩分列奖牌总数第二名和团体总分第四名。由上海交通大学男队和华东理工大学女队组成的中国大学生代表团参加第14届世界大学生乒乓球锦标赛，共获6项冠军。转发教育部、国家体育总局制定的《学生体质健康标准》，并在复旦大学、上海应用技术学院、立信会计高等专科学校和151所教改试验中小学试点。推广教育部新编第二套全国中小学生（幼儿）系列广播体操，组织各区县、中专和技校体协，共170多名中小学、幼儿教师进行培训。继续对全市初中毕业生实施体育测试，各区县共有18.9万余名初中毕业生参加体育测试。数十万学生积极参与校外多种多样体育锻炼活动。

2002年，根据《食品卫生法》《学校卫生工作条例》等有关法律法规的要求，对区县教育局卫生干部，中小学保健教师骨干，食堂管理人员，中专职校保健教师，高校爱委会干部、校医院医师和总务处长等进行培训，共500余人次。从事饮食工作的相关人员有关食品卫生法律法规知识普及，从2001年的50%上升到95%，对食品卫生安全操作知识的了解，由2001年的55%上升到100%。对中小学进行食品大检查，在对全市1 414所中小学、52所高校食堂的1 033家经营户检查中，有994户具有食品卫生许可证，有证率达96.22%；抽查食堂从业人员4 193名，4 103名持有健康证明，持证率达97.85%；798家经营户具有餐饮具保洁措施；餐具消毒符合卫生要求的有511户；527户做到生熟分开。检查小卖部（超市）157户，其中155户有食品卫生许可证，持证率达98.73%。

2002年，制定了《上海市学校艺术教育“十五”发展计划》《艺术新课程标准》，新课程从初中二年级开设艺术课，拓展了戏剧、影视、曲艺、工艺、陶艺、舞蹈等内容，并在高校中加强艺术选修课建设，在职业学校中强化艺术基础课建设，举办全市布谷鸟学生音乐节活动，120万学生参加活动，有238个合唱团、91个乐队参加22场市级专场比赛，其中44个合唱团和23支乐队获得一等奖；152名同学获艺术单项比赛一等奖。上海校园已拥有学生乐队、歌队1 930支。举办优秀儿童剧展演，展演汇集了全国12个省市的16台优秀儿童剧目，在3个月内，组织展演1 000多场，观众达112万人次。

2002年，市教委颁发《关于印发〈上海市学校科普教育“十五”发展计划〉的通知》，明确“十五”期间学校科普教育重点、目标和任务，确定发展的行动计划。全市开展科普“2211示范工程”创建工作，20个街道（社区）和20所学校，10家工业企业与10家商业企业成为上海市科普示范单位。举办第十七届英特尔上海市青少年科技创新大赛，其中，优秀项目参加全国青少年科技创新大赛决赛，获得总分第二名。

2002年，建立学生军训工作的规章制度和运作机制。区县建立起学生军训和学校国防教育的军地联合组织协调机构。军训试点高校建立学生军训工作领导小组，有的高校建立起军事教研室，与学校人民武装部合署办公。学校军训采取到部队训练、在校内训练或到基地训练三种训练模式。构建较为科学的军事课程体系，试行高校学生军事理论课示范性教材，各试点学校把学生训练和军事理论课作为必修课，纳入学籍管理，统一排课，统一考试。2002年，全市共有900多名大学生报名参军，批准70名新兵入伍，其中女兵14名。

〔**民族教育与对口支援**〕 2002年，全市招收西藏、新疆学生的中学达8所，西藏班、新疆班在校生总数达1 000余名。上海交通大学附属中学新开设新疆高中班，每年招收1个班45名学生；上海行政管理学校增设西藏初中班，每年招收2个班70名学生；为日喀则地区培养专业舞蹈演员30名；复旦大学附属中学等4所重点高中招收内地西藏班优秀初中毕业生插班就读，每校每年招收5名学生。

2002年，派出100名教师赴云南支教两年，支教地州由5个扩大到6个。圆满完成沪滇两地及德国汉斯德尔基金会支教师资培训合作项目，继续为云南职教校长教师举办培训班，共举办了两期，学员45人；举办两期中等职业技术学校校长进修班，学员47人；举办专业骨干教师暑期进修班，分电子、电子商务和财会、旅游、计算机、汽车电器与柴油机、机械加工六大类，学员达147人；全年共培训学员239人，基本覆盖云南大部分地区。继续为对口帮扶省区援建、改建一批学校，赠送各类教学仪器和图书资料，资助贫困学生，接受对口省区干部、教师来沪培训，共投入经费1 950万元。

基 础 教 育

〔**综述**〕 2002年，上海市贯彻落实全国和市基础教育工作会议精神，以基础教育重大改革工程为突破口，加大区域推进素质教育的力度，全面推进基础教育的现代化。

全市普通高中在校生比上年增长8.5%；普通初中在校生比上年减少6.2%；小学在校生比上年减少7.0%；幼儿园在园幼儿比上年增长3.5%；特殊教育学生与上年持平；工读学校学生比上年增长3.4%。普及九年义务教育的各项指标均达到或超过国家标准。

全市3岁至未满6岁适龄幼儿入园率达到99.99%，6～11周岁学龄儿童入学率达99.9%。

〔**素质教育**〕 2002年，上海市开展了中小学实施素质教育成果展示活动，开展“青少年与科技同行——上海市青少年科技创新展示活动”共收到全市学校推选出的1 100多件参展作品，其中科技创新成果468项，优秀科学实践活动94项，科学幻想画600多幅。开展“阳光与欢乐——上海市青少年体育健身特色活动展示”，展示了学生喜爱的10多项特色文体活动。开展“330七彩大舞台——暑期学生艺术单项展示”，学生自主参与、自愿选择、自由组队进行展示，有6 500多人，3 000多个节目参加了声乐、西洋乐、戏曲等项目展示。2002年，市教委先后举办了多场“区域推进小班化教育现场交流会”和学前素质教育活动展示。“金色童年——上海市3～6岁学前儿童素质展”通过11个专题活动，体现了幼儿园课程改革的成果。“金色童年——上海市0～3岁婴幼儿科学养育活动展”展示了不同阶段婴幼儿适合的营养、玩教具、科学教养方式。

〔**中小学达标建设**〕 2002年，列入上海市初中、小学校舍标准化建设工程第三批基建改造的学校共74所，其中中学43所、小学31所，征地56万平方米，扩建校舍33万平方米，投资6.14亿元。至此，历时3年的中小学达标建设工程已全部完成。全市共投入资金40亿元，征地230万平方米，改扩建校舍面积188万平方米，修建场地220万平方米，修缮校舍340万平方米，新增绿地面积120万平方米，完成撤点和改造的学校达1 569所。另外，市、区县还投资改造6所工读学校和5所特殊教育学校。在硬件建设的同时，市教委加强达标学校领导班子建设，严格实行校长上岗培训和持证上岗制度；建立教师培养与流动的优化机制，通过进修、评聘、引进、支教等措施，使达标学校的教师队伍在学历和教学能力等方面全面提高；并采取有效手段使达标学校深化教育教学改革，端正办学思想，更新教育观念，改善学校管理，改进课堂教学技术与方法，树立优良校风和学风。

〔**“校校通工程”建设**〕 2002年，上海市共完成计算机增配5.95万台，新建（增）计算机房、网络教室468间，多媒体演示教室777间，学生电子阅览室501间，教师电子阅览室298间。全市已有12个区、1 477所学校的生机配置标准达到了小学15∶1、中学10∶1、高中8∶1。“校校通工程”市级骨干网建设已完成市教委信息中心与全部19个区县信息中心的光缆连通。各区县和学校都建设了各具特色的网站、学习资料库和课堂教学课件，在信息技术应用于教育方面产生了良好作用。

〔**课程教材改革**〕 中小学二期课程教材改革全面推进。一是构建新课程教材体系。完成了《上海市普通中小学课程方案（征求意见稿）》和《上海市幼儿园课程指南（征求意见稿）》的编制工作；完成了自然科学、社会科学和艺术3个学习领域《课程指导纲要（征求意见稿）》的研制以及20门学科的《课程标准（征求意见稿）》。2002年秋季共推出17门学科的57种学生用新教材，以及包括研究型课程、幼儿园和多个学科的21种教师用新教材，并在全市178所中小学幼儿园二期课改研究基地学校以及各学段各校起始年级试行新教材。二是加大研究（探究）型课程实施力度。完成了《研究（探究）型课程指南》编制，在高中阶段开设研究型课程的基础上，在小学、初中起始年级开设研究（探究）型课程。完成了《拓展型课程指导纲要》编制，开展了“改进各学科学习评价”“加强信息技术与学科课程整合”等多个专题研究工作。三是举行了二期课改成果展示活动。先后举办了外语教学、研究型课程、双语教学和科技活动等17门学科23节示范课的展示活动，推进二期课程教材改革，提高学生整体素质。

〔**实验性示范性高中建设**〕　上海市实验性示范性普通高中建设于1999年4月正式启动，2001年完成了对49所学校创建“上海市实验性示范性普通高中”规划的评审，2002年完成了对48所学校创建“上海市实验性示范性普通高中”规划实施情况的中期检查（其中市重点高中32所，区重点高中15所，普通完中1所）。

通过规划实施和中期检查，取得良好成效：一是学校办学思想得到提高，积极开展教育教学改革与实验和教科研的研究，推动了学校的主动发展。二是将课程建设工作放到了重要位置，重视研究型课程的开发和实施，并取得了阶段性成果。三是德育工作普遍得到加强，德育的针对性和实效性明显增强。四是重视师资队伍建设，加强理论学习和业务培训，更新教育观念，提高业务能力和教学水平，教师的整体素质有了进一步提高。五是学校办学条件显著改善，区县政府投入加大，学校的教学设备、设施，校舍、环境建设等大为改观。

〔**初中学校建设**〕　2002年9月，上海市召开初中教育工作会议，启动并实施“加强初中建设工程”（以下简称“初中工程”）。“初中工程”的目标是：通过加强对初中学校软硬件的投入与建设，争取用3年左右时间，形成一批以内涵发展提高办学水平的初中学校群体，使全市1/3左右相对薄弱初中的办学水平得到显著提高，市民对居住区内公办初中的办学质量满意度有显著提高，形成初中教育均衡发展的新局面。主要措施：（1）明确政府职责，落实区县主管责任。（2）增加投入，较大幅度地增加对初中教育的投入，调整和提高初中生均经费和生均公用经费的拨款标准，通过下拨教育经费附加和设立农村教育专项基金等方式予以支持；各区县也将通过财政转移支付和专项拨款等加大对财政困难乡镇和困难初中的调控支持力度。（3）优化干部和教师的配置，在教师职务评定、选拔培训、收入待遇等方面制定政策，调配和鼓励干部、教师到薄弱初中和农村初中任教、带教、轮岗、兼职等。（4）加强督导评估，鼓励学校依法自主办学，对列入“初中工程”的学校进行全程跟踪与指导，及时做好检查和验收工作。（5）建立初中教师队伍“内培、外培、自培”的培训体系，提高教师专业素质。（6）制订政策，控制义务教育阶段民办和转制学校比例，促进公办和民办学校协调发展。

〔**纠正行业不正之风**〕　2002年，上海市继续推进以治理中小学乱收费为主要内容的行风建设。市教委会同市纠风办、市财政局、市物价局制定印发了《上海市教育委员会等单位关于认真做好本市中小学违反规定收费处理工作的通知》，明确了违规收费的“收、退、补、封、惩”的处理办法。全年共查出违规收费7 240万元，已清退1 180万元，其余进行了封存。10月，在各区县自查的基础上，由市纠风办、市财政局、市物价局和市教委组织10个联合检查组，对各区县中小学收费情况进行了专项检查。从检查情况看，区县治理工作力度明显加大，学校领导认识明显提高，违规现象明显减少，查出的违规收费数额比上年明显减少，群众信访也有明显下降，治理工作取得显著成效。为此，市教委专门拨出1 500万元，用于对无“乱收费”区县的表彰奖励。

〔**学校周边环境整治**〕　（1）会同市公安、劳动等部门，实施学校治安责任人和校外治安辅导员制度。全市中小学均有明确的治安责任人，并配备治安辅导员。(2)协助工商部门，加强学校周边200米内8类经营场所的源头控制。(3)会同文化稽查部门，开展校园周边文化环境监督举报工作。(4)协调市容环境部门，开展校门口流动摊贩整治工作。(5)协调各方力量，组成市联合检查组，对10个区县中小学的周边治安进行督查整改。

〔**学前教育**〕 (1)开展学前教育一体化管理与办园体制改革的专项调研和对策研究，形成《上海市学前教育改革与发展的指导思想与目标任务》。(2)扩大对0～3岁婴幼儿早期教育研究的试点，全市有7个区近30所幼儿园参加了试点工作。(3)依托社区开展多种形式的婴幼儿家庭教育指导工作及其与之相适应的管理格局。(4)加强学前教育机构办学管理，制订并颁发了《关于进一步规范本市学前教育机构外语教育工作的若干意见》。

职业教育与成人教育

〔**职业教育工作会议**〕 2002年11月29日，市政府召开职业教育工作会议。会议提出，"十五"期间，上海要率先建立适应社会主义市场体制，紧密结合市场需求与劳动就业，初等、中等、高等职业教育相互衔接，职前教育与职后培训并举，学校和企业双向介入，结构合理、功能多样的现代职业教育体系。会议确定了职业教育实施的八大工程：(1)就业与创业能力培训工程；(2)高技能紧缺人才培养工程；(3)科教兴农富民培训工程；(4)外来务工人员培训工程；(5)终身培训体系构建工程；(6)现代企业教育制度和现代企业教育培训中心建设工程；(7)推行职业资格证书制度；(8)职业学校重点建设工程。

〔**中等职业学校重点建设**〕 从2001年启动的100所中等职业学校重点建设工程，在2002年进入实质性建设阶段，学校的主管行业、所在地区集中力量高质量高标准重点建设本行业和本区域的1所中等职业学校。年内，列入100所重点建设工程的学校中有45所中等专业学校和职业高中完成和基本完成重点建设的任务，约占列入重点建设学校的60%；其余55所中等职业学校已基本完成建设规划、论证工作，并进入改建和新建阶段。完成100所中等职业学校重点建设工程，将使全市中等职业学校新增占地面积33.3公顷，新增建筑面积近10万平方米，共需投入建设经费数亿元。

〔**教育教学改革**〕 中等职业学校教育教学改革不断深化，完成首批重点和特色专业的建设。市教育评估院对46个已立项的重点建设专业（工种）进行了认定性评估；经市教委综合平衡和审核，首批认定上海港湾学校的机电设备安装与维修专业等41所中等职业学校的43个专业（工种）为上海市中等职业学校重点专业（工种）。经市教育评估院评估专家组测评："专业改革课程建设"评估指标优良率达84.77%；"学科带头人"评估指标优良率达86.95%。

〔**举办第八届技能比武大赛**〕 由市教委主办，市教委教研室承办，市旅委、市劳动与社会保障局、市卫生局、市珠算协会、市书法协会协办的上海市中等职业学校第八届"未来建设者"技术技能比武大赛在10月～11月进行。本次大赛设置了旅游、金融、计算机、医卫和汽车维修五个大类22个比赛项目，其中有实用性较强的手术室护理技术、客房服务、餐厅服务等传统项目，也有汽车维修资料检索、电脑翻打传票、网页制作等新项目。全市有82所学校组队328个共1 500余名学生参加角逐。另外还有上万名学生注册上网参加网上计算机知识竞赛。近1/3的参赛学校和参赛个人获得一至三等奖。

〔**开通网上心理健康热线**〕 由上海市中等职业学校心理健康教育研究会、上海鹏达计算机系统开发有限公司、上海职成教育在线共同开发制作，面向中职学校学生的心理热线网站于2002年上半年开通。该网站开设了协会之音、心灵相约、心情驿站、心海泛舟、心理测试、挑战自我、天生我才等8个栏目。网上心理健康热线从重视和培养学生的心理健康自助意识和自助能力出发，针对现代中职学生的身心特征，开设了相关专题的心理讲座和各种类型的心理测试，加强了学生心理健康教育的自主性和自助能力。

〔**成人学历教育**〕 2002年，全市共有成人中高等学历教育学校87所，其中，独立设置成人高校30所（不含电大），成人中专57所。参加国家学历文凭资格考试的注册在校生达2.83万人，招生0.80万人，毕业生达0.40万人。参加上海电视大学"注册视听生"教育的5.93万人，其中2002年招收3.01万人。此外，高等教育自学考试开设本、专科专业58个，开考课程498门，参加考试42.8万人次。中等专业自学考试开设专业16个，开设课程113门，参加考试2.6万人次。

〔**社区教育**〕 2002年，社区教育呈现新的发展趋势。一是社区教育管理体制有了新突破。按照"党的领导有力，行政管理有序"的原则，探索和完善社区教育管理体制，闸北、嘉定、浦东、黄浦、普陀等区都建立了区委、区政府领导任主要负责人、各有关部门参加的社区教育统筹协调机构，基本形成"党政领导统筹，教育部门主管，有关部门配合，社会积极支持，社区自主活动，群众广泛参与"的社区教育管理模式。二是社区学校建设有了新进展。以改善办学条件，规范管理为重点，加强社区学校建设，按照《上海市社区学校设置暂行规定》，开展社区学校登记工作。

〔**社会化培训**〕 2002年，社会力量办学和中外合作办学（中等及其以下非学历教育）管理进一步加强。社会力量办学评估制度加快完善。《上海市社会力量办学校（非学历教育）办学水平分等定级评估指标（试行）》和《上海市社会力量办学校（非学历教育）办学水平分等定级评估操作规程》在全市实施。各地区普遍制定了本地区分等定级评估实施工作方案。共有11个区县成立了教育评估中介机构，形成了一支专兼结合的评估专家队伍。全市共有289所社会力量办学校接受了评估，约占全市社会力量举办学校总数的25%。

2002年，批准设立中外合作办学（中等及其以下非学历教育）7个项目；规范专业、教学点设置审批；完成年审；及时处理违规招生；协调市有关部门解决办学中存在的实际问题。

〔**农村成人教育**〕 2002年，根据市委提出的上海要实现"城乡一体化、农村城市化、农业现代化、农民市民化"奋斗目标和市政府办公厅转发的《市教委、市农委关于进一步加强本市郊区教育工作的若干意见》文件精神，提出了加强乡镇成人文化技术学校建设，发展郊区成人教育的目标和任务，并以点带面，组织实施。农村社区教育发展迅速，一是以岗位培训、专业技能教育为重点的农村成人教育逐步转向以社区居民为对象的多形式、多内容的社区教育；二是促进社区文明建设，成为基层政权建设的重要内容之一；三是充分利用现有教育资源，社区学校建设加快步伐；四是从实际出发，各具特色的社区教育模式在郊区孕育和发展。农村乡镇成人学校普遍重视农村富余劳动力转岗技能培训，据统计，全年郊区共培训146万人次。

〔**"职成教育在线"改版**〕 "职成教育在线"网站于2001年9月开通，2002年进行了两次改版，相继开发了多个网站管理工具，使网站的新闻发布管理系统、学校查询管理系统、求职招聘管理系统、站内信息查询系统、电子邮件系统、访问记录管理系统、网上题库系统、网上调查系统更趋完善。网站在原有栏目的基础上，又开发了上海紧缺人才培训服务网、上海教育技术装备网、上海市高职高专网，并增设了招生计划上报、查询，教育统计上报等功能，实现了网上统计、网上调查等。

2002年，“职成教育在线”访问人数达16万人，发布各类信息2 000条。举办了“我爱你中国”爱国主义网上知识竞赛（与宣传部、民政局合办）、“上海中职学生网上计算机知识竞赛”、“郊区成人学校网上调查”等活动。完成了郊区成人教育、社区学校、老年学校、社会力量办学等网上统计工作。

高等教育

〔**管理体制改革与布局结构调整**〕 2002年，进一步深化高教管理体制改革，推进高校布局结构调整。完成由上海体育运动技术学院、体育科学研究所和上海体育学院组建成新的上海体育学院；上海戏曲学校和上海舞蹈学校并入上海戏剧学院。经市教委审核、市政府批准成立上海农林职业技术学院、民办上海邦德职业技术学院、民办上海中侨职业技术学院、上海建峰职业技术学院、民办上海托普信息技术职业学院5所高职院校。至此，上海共有普通高校50所，其中，本科院校24所，高职高专26所，包括民办本科院校1所，民办高职8所，行业举办的高职高专10所，区级人民政府举办的高职2所。

〔**高校园区建设**〕 2002年，入住松江大学园区的上海外国语大学、上海对外贸易学院、立信高等专科学校建设工程竣工，学生达1.1万人。松江大学园区二期规划用地247公顷，计划进入的高校有东华大学、华东政法学院和上海工程技术大学。校园总体规划方案设计招标工作于11月开展，年底完成校园总体规划方案设计。松江大学园区实施教学资源共享，园区内3校积极开展专业改革试点，共开设6个跨校辅修专业，并制定《上海松江大学园区跨校辅修专业实施办法》。跨校辅修专业的开设受到学生欢迎，共有281名学生跨校选修专业。

〔**招生与就业制度改革**〕 2002年，继续实行每年春秋两次招生，完成普通高校本专科招生任务。制定普通高校招收保送生的实施细则、招收专升本和插班生以及允许应届毕业生报考市成人高校举办的高职专业的政策。把高职高专的招生自主权交给学校，录取分数线由学校自定。

高校毕业生保持了较高就业率。根据《国务院办公厅转发教育部等部门关于进一步深化高等学校毕业生就业制度改革有关问题意见的通知》精神，市教委会同市发展计划委员会、市人事局、市公安局、市劳动和社会保障局，制定有关意见和措施，有效减缓毕业生就业工作的压力。毕业生就业市场和招聘活动的数量及规模不断增加与扩大，举办主体日趋多样化。全市建立了连接高校、学生和用人单位的信息系统和网站，各高校与一些人才网站建立合作关系，或在校园网上开辟专门的主页。全市形成比较齐全的市、校两级高校毕业生就业指导工作网络。进一步简化办事手续，提高工作透明度，清理行政审批项目。对已经调整的“非上海生源高校毕业生进沪就业”“普通高校学生贷款贴息”“高校参加招考的审批”“普通高校学生学历审核”等审批项目，提出进一步规范的程序和工作方式，加强监督管理。2002年，全市高校毕业生总就业率为89%。其中研究生就业率为98%；本科毕业生就业率为93%；专科毕业生就业率为81%；高职毕业生就业率为79%。

〔**教育教学改革**〕 2002年，进一步加强高校教育教学管理。研究制定《上海市学位与研究生教育管理规程（征求意见稿）》《关于加强上海高校本科教学质量管理工作的若干意见》和《关于加强上海高职高专教学工作提高教学质量的意见》等文件，明确了高校加强教学质量管理工作的指导思想，提出了质量管理措施，规定了质量管理的主要指标。加强对博士、硕士论文的“双盲”评议，开展对普通高校本科教学质量管理和上海高校网络学院办学情况检查，进行了第三次高职高专教学工作大检查。

积极推进高校学分制教学管理改革。复旦大学把课程建设作为学分制教学改革的核心。上海交通大学从中国高等教育的发展趋势和国际化大环境出发，以“培养宽厚型、复合型、开放型、创新型的人才”为目标，构建创新人才培养体系。全市有18所高校实行了学分制，共涉及工学、文学、力学、法学、农学、医学、艺术和师范等学科和720个专业点，在校生达16.8万人，约占上海高校在校生总规模的75.4%。2002年上海近3万名高职高专生首次参加教育部组织的专科英语应用能力考试，通过率为73%。

〔高校后勤社会化改革〕　2002年，成立上海市高校后勤社会化改革中心和后勤社会化改革评估委员会。评估委员会组织高校后勤服务检查巡视组，对高校后勤社会化开展中期评估，对高校后勤服务质量进行检查督促。

加强食品卫生安全监督，开展新学期高校食品卫生安全抽查，同时开展高校安全工作督查，把高校食堂卫生安全与学生公寓安全列为重要项目，检查重点是防范措施到位和发现问题的整改。由于各方重视，互相协作，年内，全市高校没有发生群体性食物中毒事故。

继续推进高校绿化与美化工作。各高校开展校园“拆违建绿、破墙透绿”活动。全市高校共拆除校内违章建筑近2.6万平方米，建成栅栏式围墙12.3千米。

〔重点学科建设与科研工作〕　2002年，启动“上海市教育委员会重点学科（第四期）”建设。经专家评审推荐，市教委认定42个“上海市教育委员会重点学科（第四期）”（其中有6个培育学科），并实施建设。这些学科分布在14所市属和市管本科高校中，其中理工类学科27个，医科类学科9个，社科类学科6个。制定完成《关于加强上海市重点学科建设管理的若干意见》，进一步强化对重点学科建设状况的监管，切实推进重点学科建设。

年内，组织专家对建设周期为3年的49个“上海市重点学科”进行了中期检查。其中10个“重中之重”学科中，9个被列为教育部重点学科，7个学科的实验大楼已投入使用或即将投入使用，3个学科的实验大楼的建设规划也已完成。49个重点学科共获得学科建设经费9.78亿元，其中学科自筹经费达4.94亿元；共争取到各级各类科研项目2 139项，经费7.02亿元，其中国家级项目443项，经费2.56亿元；共发表论文6 337篇，其中在国外发表972篇，被三大检索系统收录1 037篇；共出版著作333部，申请专利235项，获得专利授权40项；共主办学术会议242次，其中国际学术会议84次，在重要国际学术会上被邀请做主报告312次；共获全国优秀博士论文16篇。

2002年，全市“曙光计划”立项49项，其中，获得资助的教授29人，占总数的59%，从海外学成或进修归来的学者22人，占总数的44.9%。年内，与市教育发展基金会合作，推出曙光“三优工程”，其主要内容为：一是对已完成“曙光计划”项目并取得重要成就的学者将给予“曙光计划”优秀跟踪项目的支持，并授予其“曙光杰出人才”荣誉称号；二是对已完成“曙光计划”项目的学者进行优秀曙光学者评选，并给予物质奖励；三是对学校管理部门评选“曙光计划”管理先进单位，并予以物质奖励。

2002年，召开上海市教育科研工作会议。对“九五”工作进行全面总结，并对“十五”工作提出工作目标和具体要求。对84个教育科研工作先进集体、90名先进个人和189项优秀成果进行嘉奖。

〔完成首批E—研究院建设计划〕　E—研究院建设计划是在上海市重点学科建设的基础上，进一步加大投入，探索建立纯基础理论研究和人文社会科学研究的“特区”，以新的体制与机制，稳定一批从事基础理论研究和人文社会科学研究的骨干队伍。这项计划主要是着眼于未来5～10年的重点学科的发展和布局，为新一批学科带头人的涌现创造良好学术环境，以继续保持上海高校科技发展的优势，增强上海原始创新能力与持续发展的潜力。按照“成熟一个启动一个”的原则，初步遴选上海第二医科大学免疫学研究院（首席科学家臧敬伍教授），上海第二医科大学生物信息研究院（首席科学家王铸钢教授），上海师范大学科学计算研究院（首席科学家郭本瑜教授），上海师范大学都市文化研究院（首席科学家孙逊教授）5个研究院和1个上海高校网络平台为建设项目。

撰稿　徐钦福　宣念蜀　杨友庆

审稿　张伟江

江苏省教育

概　况

〔基本情况〕

2002 年各级普通学校基本情况

单位：人

学　校　类　别	学校数（所）	毕业生数	招生数	在校生数	教　职　工　数	
					合　计	其中：专任教师
总　计	**25 406**	**3 468 382**	**3 681 708**	**13 648 241**	**814 908**	**646 525**
一、研究生	(39)	6 194	16 615	41 090		
1. 高等学校	(25)	6 101	16 404	40 520		
2. 科研机构	(14)	93	211	570		
二、普通高等学校本专科	93	104 079	222 880	700 210	93 540	44 198
本科院校	42	75 570	143 973	506 701	75 712	33 955
专科院校	51	16 589	57 375	133 947	16 594	9 587
分校、大专班		11 920	21 532	59 562	1 234	656
三、普通中等学校	4 019	1 346 111	1 970 111	5 246 373	346 094	273 836
1. 中等专业学校	154	117 444	160 058	451 377	20 035	11 760
中等技术学校	135	110 965	150 964	413 736	17 419	10 256
中等师范学校	19	6 479	9 094	37 641	2 616	1 504
2. 技工学校						
3. 普通中学	3 551	1 180 569	1 723 021	4 603 372	301 889	243 763
高中	849	249 448	433 049	1 079 322		66 171
初中	2 702	931 121	1 289 972	3 524 050		177 592
4. 职业中学	309	47 845	86 567	191 246	24 049	18 227
高中	308	47 563	86 480	190 958		18 196
初中	1	282	87	288		31
5. 工读学校	5	253	465	378	121	86
四、小学	13 372	1 313 037	832 083	6 352 325	307 850	279 455
五、特殊教育学校	115	4 058	4 108	33 943	3 334	2 424
六、幼儿园	7 807	694 903	635 911	1 274 300	64 090	46 612

2002 年各级成人学校基本情况

单位：人

学校类别	学校数（所）	毕业生数	招生数	在校学生数	教职工数	
					合计	其中：专任教师
总计	**20 407**	**6 150 753**	**5 939 228**	**5 656 168**	**51 932**	**26 885**
一、成人高等学校	30	66 889	129 542	327 221	11 455	6 940
1. 广播电视大学	2	2 522	974	4 830	6 775	4 108
2. 职工高等学校	18	4 531	6 280	17 047	1 861	1 155
3. 农民高等学校						
4. 管理干部学院	6	2 298	1 434	3 917	1 355	847
5. 教育学院	4	2 255	4 756	11 541	1 464	830
6. 独立函授学院						
7. 其他学校（机构）						
8. 普通高等学校举办		55 283	116 098	289 886		
函授		29 884	54 780	151 703		
业余		10 549	24 665	64 555		
脱产		14 850	36 653	73 628		
二、成人中等学校	17 775	6 001 433	5 746 816	5 254 788	37 259	18 797
1. 成人中等专业学校	186	42 568	25 136	67 969	9 874	5 212
广播电视中专学校	3	7 953	1 106	4 171	1 077	428
职工中等专业学校	106	12 331	7 262	21 504	4 073	2 200
干部中等专业学校	5	890	2 613	3 307	428	232
农民中等专业学校						
函授中等专业学校	2	7 976	6 151	13 437	628	250
教师进修学校	70	2 033	1 739	5 752	3 668	2 102
其他类学校举办		11 385	6 265	19 798		
2. 成人中学	394	56 011	65 266	120 277	4 140	2 463
成人高中	269	44 774	47 144	99 437	3 209	2 064
成人初中	125	11 237	18 122	20 840	931	399
3. 成人技术培训学校	17 195	5 902 854	5 656 414	5 066 542	23 245	11 122
职工技术培训学校	743	609 128	510 042	662 700	7 741	3 865
农民技术培训学校	16 452	5 293 726	5 146 372	4 403 842	15 504	7 257
三、成人初等学校	2 602	82 431	62 870	74 159	3 218	1 148
1. 职工初等学校	49	2 841	2 268	2 176		
2. 农民初等学校	2 553	79 590	60 602	71 983	3 218	1 148
其中：扫盲班	222	10 266	7 243	8 741	318	117

〔**学校党建工作**〕 2002年，坚持以“三个代表”重要思想为指导，深入学习贯彻党的十六大精神，以学校党的作风建设为重点，以建设坚强有力的领导班子和高素质干部队伍、增强基层党组织的战斗力为目标，做好工作。分别召开18所部省属本科院校党委书记座谈会、9所民办高校党组织负责人座谈会、10所高等职业技术学院党委书记座谈会，就当前高校党的工作的新形势、新任务、党建工作的基本思路进行研讨。并制定《江苏省普通高等学校党建工作考核实施意见》，提出“消灭空白支部，减少联合支部”的目标；开展“最佳党日活动”方案的评比表彰活动。加强乡镇中小学党的工作的研究。召开了江苏省中小学校党建工作经验交流会，建立各市委教育工委负责人定期例会制度。

认真贯彻中组部和教育部党组《关于加强社会力量举办学校党的建设工作的意见》以及省委组织部和省委教育工委《关于社会力量所办学校建立基层党组织的暂行办法》，强化对社会力量所办学校党组织的设置及其开展工作的指导和监督，考察钟山职业技术学院等4所民办高校的党组织工作情况，指导3所民办高校党总支改建党委。

撰稿 程光熙 许正亚

〔**教师队伍建设**〕 启动面向社会认定教师资格工作，召开全省电视电话会议和面向社会认定教师资格新闻发布会，制定《江苏省实施〈教师资格条例〉细则（暂行）》，举办全省教师资格制度实施工作培训班，开展非师范类专业毕业申请人教育学、心理学培训与考试、教育教学能力测试，全省共有22.39万人申请各类教师资格，共有1.58万人参加了教育学、心理学的培训和考试，21万人取得教师资格。

确立南京师范大学等22所学校为基础教育新课程师资省级培训基地，完成2 700人的新课程省级培训；继续推进中小学教师继续教育工程，依托14个省级培训基地，完成1 300名骨干教师的省级培训和400多人的校（园）长培训。

开展江苏省第八批特级教师评审，有207名教师经省政府批准为特级教师；修订完善《2002年江苏省高等学校专业技术职务评聘工作意见》和《2002年江苏省中等专业学校教师职务评聘工作意见》，全省高校、中专校教师，取得高校正高级职务资格313人，副高级职务资格1 213人；取得中专校高级职务资格450人。2002年，从国内外引进各类专业人才1 400多名，其中具有高级专业技术职务的600名，具有研究生以上学历的433名；选留本科以上优秀毕业生2 300余名。推荐享受国务院政府特殊津贴专家16名，“新世纪百千万人才工程”国家级人选4名，35人被批准为2002年度省有突出贡献中青年专家；组织推荐“333工程”培养人选68名，高校“青蓝工程”第二期计划首批评出省级中青年学术带头人培养人选136名，省级优秀学科梯队人选62名，省级优秀青年骨干教师培养人选304名。继续举办高校、中专校以同等学力申请硕士学位教师进修班，录取500人。

撰稿 鞠 勤 王 伟

〔**教育法制建设**〕 召开全省教育法制工作会议暨全省青少年普法教育经验交流会，对教育法制工作进行部署；制定《江苏省县（市、区）教育法制工作建设目标》和《江苏省教育系统法制宣传教育第四个五年规划》，组织全省80多万大中小学教职工参加以宪法、刑法、WTO知识为重点的普法考试，组织学习、贯彻《学生伤害事故处理办法》，举办全省部分省重点中学、实验小学的校长和高校法制工作联络员培训班；会同省有关部门开展“6.26”禁毒宣传，组织开展全省大学生禁毒知识辩论大赛；开展《江苏省高等教育发展条例》《学校伤害事故处理办法》《江苏省实施〈民办教育促进法〉办法》立法调研，指导全省高校制订和完善学校章程，按章程依法自主办学。

撰稿 许小梅

〔**教育投入与支出**〕 2002年，全省教育经费总收入404.43亿元，其中地方教育经费总收入359.66亿元，比上年增长19.7%；全省教育经费总支出为404.33亿元，其中地方教育经费总支出359.90亿元，比上年增长21.4%。

全省地方教育经费总收入中，预算内教育经费收入182.3亿元，各级政府征收用于教育的税费收入22.2亿元，企业办学经费3.6亿元，校办产业、勤工俭学和社会服务收入减免税部分用于教育的经费2.8亿元；社会团体和公民个人办学经费14.3亿元，社会捐、集资办学经费收入24.6亿元，事业收入93.8亿元，其他收入15.9亿元。全省地方教育经费总支出中，财政预算内教育经费支出174.9亿元，各级政府征收用于教育的税费支出29亿元，企业办学经费3.5亿元，校办产业、勤工俭学和社会服务收入减免税用于教育的经费支出2.9亿元；社会团体和公民个人办学支出15.1亿元，社会捐、集资办学经费支出25.7亿元，学费、杂费支出58.7亿元，其他教育经费支出50亿元。

2002年，全省各级各类学校固定资产总额为557亿元，比上年增加92亿元，其中普通高等学校固定资产115亿元，中小学固定资产总额达364亿元。全省校舍面积8 520.9万平方米。全年购置教学仪器设备投入资金15.67亿元；购置课桌凳97.1万单人套，投入资金0.88亿元；当年采购各类图书1 159.9万册，投入资金2.43亿元，各级各类学校的办学条件进一步改善。

撰稿　马幸年　张　健

〔**教育信息化建设**〕　江苏教育和科研计算机网（JSERNET）实现除宿迁以外的全省所有城市宽带信道覆盖，南京、无锡、苏州、常州、镇江及泰州6个省辖市建成高速城域光纤网，其辖区内所有学校和教育行政单位实现光纤连接。到2002年底，接入江苏教育和科研计算机网的用户已达42万余人，用户单位97个；入网主机7万余台，网络月信息流量达1万G～2万G。

省教育厅制定《江苏教育资源网建设规划》《江苏省教育资源中心建设进度计划》和《中小学信息基础设施建设规范》。全省13个市共投入教育信息化建设资金11.42亿元，6个省辖市已基本建成区域中心网站。全省已经实现“校校通”学校3 860所，其中实现宽带连接的学校1 630所，建成网络及多媒体教室7 894个。全省开设信息技术教育课的中小学6 402所，中小学拥有计算机34.48万台，计算机教室8 619间，有计算机教室的学校5 081所，其中建成校园网的学校1 553所。

全省高等院校开发并建成一批远程教育、多媒体点播、校园一卡通、电子图书馆、办公自动化、教育教学管理等各种应用系统，并开发计算机科学等5个专业当年网上教学的课件、WEB辅导站和答疑辅导资源，许多高校建成重点学科的教学、科研网站。在进一步扩大并完善省基础教育计算机示范网、江苏职教网和江苏省职业教育信息资源中心等教育教学资源站点功能的基础上，努力把网络课程的开发与应用作为探索网络环境下教学规律和教育管理模式的重要环节。全省有560所国家级及省级实验、示范中小学开展现代教育技术在教育教学领域的应用性研究，制作大量应用性课件。

全省绝大多数中学和小学高年级均开设信息技术课，所有职业技术学校都开设了相关课程；对全省中小学教师进行第二轮信息技术培训和考核，有26万教师报名，近8万名教师通过考核。高等院校设置与信息技术相关的本、专科专业点已达300多个，招收学生4.47万人；与信息技术相关研究生培养单位22个，博士点23个，硕士点78个，共招收研究生957人，在学博士、硕士研究生2 271人。

撰稿　刘益刚　王西祥

〔**教育合作与交流**〕　2002年，经教育部批准，苏州大学与新加坡国立大学合作办学，在苏州工业园区成立苏州大学研究院；正在筹建的金陵科技学院与美国东谷科技有限公司合作，引进外资4.92亿元，筹建金陵科技学院东谷学院；批准金肯职业技术学院、硅湖职业技术学院和无锡南洋职业技术学院分别与澳大利亚南昆士兰大学、英国安吉里理工大学、新西兰奥克兰商学院、澳大利亚新英格兰大学合作办学。新审批中外合作举办中小学教育、非学历教育项目17个。

组织省内18所大学赴新加坡、马来西亚、越南等东南亚国家举办“江苏高等教育展”；与澳大利亚昆士兰州政府合作，在南京举办“2002年江苏——昆士兰高等教育论坛”；与英国文化委员会、澳大利亚、加拿大、德国等国家和机构谈判，在国外建立师资培训基地，8月派出首批教师到英国接受培训。

新增聘请外国教师资格学校25所，全省具有聘请外国教师资格的学校增加到214所，聘用境外教师878人；暑假从国外聘请26名教师，对中小学英语教师进行强化培训；全省在境外留学生6 000人，其中中小学生929人。

撰稿　贺兴初

〔**语言文字工作**〕　进一步明确市、县（市）普通话培训测试管理机构工作职责，将各县（市）和中等师范学校培训测试站并入省辖市培训测试站，由市站统一组织全市的普通话测试工作。举办四期省级普通话水平测试员资格考核培训班；制定《江苏省普通话培训测试工作检查指标体系及标准》，召开普通话培训测试工作检查观摩会，开展第五届全国推广普通话宣传周及宣传周闭幕式文艺晚会；组织研制“江苏省普通话水平测试管理系统”；开通江苏语言文字网，点击人数超过7万人次；全省建立普通话培训测试站84个，培训国家级普通话水平测试员220人，省级普通话水平测试员2 771人，全省有63.6万人参加普通话水平测试，并获得相应的等级证书。

撰稿　张建平

基础教育

〔**综述**〕　2002年，全省小学适龄儿童入学率99.6%，在校生年巩固率99.82%；初中在校生年巩固率97.75%，初中毕业生升学率78.6%；新增国家级示范高中23所、省重点中学22所，全省重点高中达到310所，其中国家级示范高中98所；中小学教师达到国家规定合格学历的比例，小学为98.00%，比2001年提高0.61个百分点；初中为91.94%，比2001年提高1.19个百分点，高中达到本科及本科以上学历教师为77.3%，比上年提高3.14个百分点。

撰稿　郁建文

〔**中小学布局调整**〕　全省从2001年进行新的中小学布局调整，规划在“十五”前三年调整减少1万所小学和初中（包括完全小学改为办学点）。2002年通过布局调整，减少小学2 382所、初中55所，使校平均班级数小学上升为11.4个，初中上升为23.6个；平均在校生数小学上升到475人、初中上升到1 304人。

撰稿　林　放

〔**农村中小学危房改造**〕　省政府加大危改投入力度，将2003年的危改资金提前到2002年使用，全年共安排危改补助经费5亿元。省危改协调小组分别在建湖、泗洪召开现场会，部署危房改造工作。省教育厅专门成立督查办，加强对危改工作的指导和检查；并改变经费拨付机制，采取“以奖代补”办法，调动各地危改积极性；各市、县政府以及教育、财政等部门将危改作为年度重要工作，狠抓落实。全年全省共投入危房改造资金20.09亿元，消除C、D级危房229万平方米，改、扩、新建农村中小学校舍385.2万平方米，其中竣工372.3万平方米，B级危房全部维修加固。全省73个有危改任务的县（市、区）全部通过省级检查验收，完成了省政府提出的危改工作目标。

撰稿　林　放

〔**义务教育**〕 省政府教育督导团在10月中旬组织省督学随机抽查12个县（市、区）的24个乡镇，察看约100所中小学和部分成人教育学校，召开近60个座谈会，并随机对50所中小学的600名学生和300名教师做问卷调查。

抽查表明，2002年，各地积极贯彻落实国务院和省政府关于完善农村义务教育管理体制改革的要求，通过调整完善“以县为主”的管理体制，努力增加教育投入，大力改造中小学危房，控制初中学生辍学等措施，使义务教育整体实施水平进一步提高，特别是多年来拖欠教师工资和中小学危房这两大难题已得到基本解决；在控制初中生辍学方面，全省各地普遍实行综合治理，加大执法力度，建立双向承包责任制，加强学籍管理，开展创建“无流生乡镇（学校）”活动等措施，被抽查的12个县（市、区）初中在校生年巩固率平均达到97.60％。

撰稿 何宝安

〔**幼儿教育**〕 2002年，全省有省级示范性实验幼儿园288所，一类以上优质幼儿园1 407所。召开全省幼儿教育工作会议，明确“十五”时期工作的目标和任务；举办江苏省《幼儿教育指导纲要（试行）》培训班；继续委托各市按照省定评估标准，对新申报的幼儿园进行评估验收，确认68所幼儿园为省示范性实验幼儿园。

〔**特殊教育**〕 召开全省特殊教育工作会议，与省民政厅、省残疾人联合会联合印发《江苏省特殊教育“十五”发展意见》，明确发展特殊教育的目标；举办江苏省第三届特殊教育青年教师教学基本功比赛，全省80位青年教师参加比赛，决出一等奖14名，二等奖26名；召开特殊教育研究会第七届年会，开展基础教育新课程方案培训；举办以提高中重度弱智儿童适应社会生活能力为主题的研讨会，与会代表观摩了实用语文、实用数学、感知、烹饪、美术、生活训练等研究课，就全省培智学校如何开设提高中重度弱智儿童适应社会生活能力的课程进行研讨；举办盲校教研活动，全省9所盲聋哑学校的60位教师观摩了南通盲校的课堂教学，交流了教育教学经验和体会，听取南京特殊教育职业技术学院特教专家的讲座，并进行盲哑教育论文评比。

撰稿 徐泰来

〔**民族教育**〕 全省22所民族中小学通过危房改造和中小学布局调整，办学条件得到进一步改善。高邮市菱塘回族乡中心小学办学条件基本达到教育现代化的要求；南京市六合区竹镇民族中学通过评估，成为江苏省示范性初中学校。根据教育部要求，两所通过省级评估的国家级示范高中江苏省南通中学和江苏省奔牛高级中学，从2002年开始每年招收西藏插班学生20名。9月，第一批西藏插班生已经到校学习。

撰稿 林 放

〔**扫盲工作**〕 召开全省扫盲工作会议，提出“十五”期间扫盲工作目标和任务，计划到2005年，全省扫除文盲45万人；重点扫除青壮年（15～50周岁）文盲，全面扫除青年（15～24岁）文盲，鼓励50周岁以上的文盲接受扫盲教育，以乡（镇）为单位青壮年非文盲率达到并巩固在95％以上；坚决杜绝新文盲产生。

会议提出扫盲工作的措施：一是健全工作档案，明确工作计划，提高管理水平；二是严格小学入学和学籍管理，降低辍学率，坚决杜绝新文盲产生；三是积极进行扫盲教学和评估改革，进一步完善扫盲教育实施网络；四是加强对扫盲工作的检查和督导，及时发现问题，限期整改。

撰稿 林 放

〔**中小学课程改革**〕 制定《江苏省基础教育课程改革实施意见》，提出课程改革实验和推广的重点，研究和解决基础教育综合课程的开设、综合实践活动的开展、教育信息化平台的构建、教学方式和评价体系改革等问题，力求通过课程改革转变基础教育观念和操作形态，在素质教育方面取得突破性进展。3月，召开全省基础教育课程改革实验工作会议，部署课程改革实验推广工作。6月，省教育厅对锡山区进行国家基础教育课程改革实验工作评估；积极推进基础教育课程改革的省级实验工作，确定2002年秋季进入实验的省级实验区54个，进入实验的学生数达到全省中小学起始年级学生的30%。

制定培训政策和计划，提供专门的经费和资源，对参加课程改革实验的教师进行培训；同时加强对非实验地区学校非实验年级教师的培训工作。

撰稿 郁建文

职业教育与成人教育

〔综述〕 2002年，全省中等职业学校比上年减少111所。招生比上年增加8.24万人，其中55所职业高中和普通中专骨干校增招1 000人，实行南北职业学校合作办学招生5 000人。中等职业学校在校生比上年增加6.53万人；招生数和在校生数分别占高中阶段教育的42.50%和42.55%。开展下岗职工再就业培训45万人，创建省农科教结合示范基地19个，建成农业信息服务网站20个。

2002年，全省高等学历文凭考试有20所院校13个专业，招生8 500人。省教育厅组织专家修订专业教学计划，试点专业增加到48个。

〔全省职业教育工作会议〕 2002年10月9日～10日，省政府召开全省职业教育工作会议，省长季允石，副省长王荣炳、吴瑞林出席会议并讲话。会议明确了新时期江苏职业教育的发展目标和改革方向，提出职业教育改革与发展的具体要求。一是要大力发展中等职业教育，中等职业教育年招生数达到50万人左右，保持中等职业教育与普通高中教育的比例大体相当；中等职业学校由近800所调整到700所左右，平均在校生规模达到1 500人左右；重点建设100所在校生规模3 500人以上的示范性中等职业学校；建设300个中等职业教育重点专业。二是积极发展高等职业教育，高等职业教育在校生规模达到50万人左右，其中五年制高等职业教育规模10万人左右；重点建设30所职业技术学院，创办10所高级技工学校，建设60个高等职业教育教学改革试点专业、30个五年制高等职业教育示范专业；继续扩大中等职业教育毕业生接受高等教育的规模，全省普通高校本科招生数的5%、专科招生数的20%用于招收中等职业教育毕业生；探索发展本科和研究生层次的高等职业教育。三是广泛开展各级各类职业培训。通过职业教育，培训农村新增和剩余劳动力500万人、农村致富带头人100万人，农村从业人员的年培训率达到30%；培训城镇在职职工1 600万人次，全员年培训率达到50%以上；培训下岗失业人员160万人次，培训后再就业率达到60%以上。

省政府提出，各级政府要加大对职业教育的投入。市、县（市、区）政府和省有关部门用于举办职业学校和职业培训机构的财政性经费应逐步增长，确保公办职业学校教师工资按时足额发放。从2003年起，城市教育费附加用于职业教育的比例不低于20%。省财政逐年增加职业教育专项经费，各市县（市、区）政府都要设立职业教育专项经费；农村成人教育经费定额从年人均0.25元提高到0.50元以上；市、县（市、区）政府和省计划、科技、农业、扶贫等部门在安排使用农业和农村有关经费及扶贫资金时，要安排一部分用于农村职业学校、成人学校的技术培训与推广及农村劳动力转移培训。企业按职工工资总额的2%提取职业教育和培训经费，并列入成本开支；市、县（市、区）政府可统筹其中的0.5%，用于发展本地区职业教育。

〔**教师培训**〕 2002年，省教育厅启动实施面向中等职业学校教师的“四新”（新知识、新技术、新工艺、新方法）培训工程，计划用4年时间，对5 000名在职专业教师进行培训，年培训率达到30%以上。各培训基地院校制定培训方案，由教育厅向学校公布，教师根据个人需求和培训基地情况，自行选择培训基地和培训项目，工科培训的实践内容和典型企业考察不少于培训总课时的60%。本次培训涉及所有省级以上重点职业学校、部分一般学校和乡镇成人职业教育中心，报名教师近4 000人；2002年，东南大学等9个国家级、省级职教师资培养培训基地完成了首批2 685名教师、65个项目的培训任务。

〔**实施教育富民工程**〕 农村成人教育以提高农业人员致富能力和促进农村劳动力转移为核心，实施教育富民工程。一是开展各类培训，2002年开展农村致富骨干（含党员干部、科技致富骨干和农民经纪人、信息员、营销员等）培训145万人次，开展农村劳动力转移培训241万人次，转移劳动力118万人，开展农村应届初高中毕业生培训68万人次。二是加强省级乡镇农科教结合示范基地建设。省教育厅印发了《关于认真做好省级乡镇农科教结合示范基地建设工作的通知》，就项目的引进、开发、专业队伍建设、经费使用、农业信息服务网站建设等提出具体要求。积极创建第二批示范基地，从各地申报的35个单位中遴选出19个基地为第二批省级示范基地，投入建设经费145万元。委托南京农业大学组织《农业标准化》专题培训，提高示范基地负责人的技术和管理水平。三是加快农业信息服务网站建设。依托骨干农业职业中学和省级乡镇农科教结合示范基地，建成20个农业信息服务网站。四是联合省农林厅、劳动厅、科技厅和科协组织100多名专家、教师到句容县为老区18个乡镇2 000余名乡镇干部、专业养殖大户和周边群众开展了专题讲座、科技咨询、农业知识讲解和其他便民服务。

〔**社区教育**〕 全省现有国家级实验区3个、省级实验区23个，市级实验区80个；从事社区教育工作的专职人员200多人，兼职人员5 000多人，社区教育志愿者队伍达8万多人。召开全省社区教育工作研讨会，印发《关于推进社区教育实验工作的意见》，进一步明确社区教育实验工作的目标、任务和重点工作。南京鼓楼区、玄武区和江阴市初步形成了创建学习型组织的标准和方案，苏州金阊区确定20个试点单位，不断满足社区居民的教育需求。2002年全省省级以上实验区开展下岗职工再就业、居民社会文化生活、流动人口法制与计划生育等各类培训200万人次，社区成员年参与培训率为40%左右。省教育厅印发了《江苏省社区教育培训机构设置暂行规定》，全省新建2所社区教育培训学院，建立100个社区学习中心。12月，教育部在南京召开全国社区教育实验工作现场会，江苏省社区教育实验工作得到肯定。

〔**专业建设**〕 省教育厅印发《关于加强职业学校专业建设的意见》，明确到2005年，全省建成300个中等职业学校示范专业和30个五年制高职示范专业。同时印发《中等职业学校和五年制高职示范专业、合格专业建设标准》，作为学校创建示范专业的依据和省评估标准。由省教育厅推荐申报，教育部审定、公布了江苏省职业学校7个专业为全国中等职业学校示范专业。

〔**高等职业教育**〕 完善高等职业教育体系。全年共有70所普通高校参加对口招生，计划招生2.12万人，实际录取2.03万人。为纠正部分职业学校出现的应试教育倾向，大力改革考试模式和内容，首先在财会专业进行专业课试行综合考试试点，专业考试覆盖面由原来的2门课程增加到7门课程。推进五年制高等职业教育。五年制高职计划招生3.84万人，实际招生4.1万人。加强五年制高职的教学和管理工作，省教育厅举办了五年制高职新办学校校长和教务科长培训班，制订了高等职业技术学校建设的初步方案。

〔**社会力量办学**〕 进一步加强对社会力量办学的规范化管理。一是开展年度检查。省教育厅于3月11日～31日，组织专家对2000年底前审批的

65所省属社会力量及在宁高校面向社会举办的非学历教育培训机构进行年度检查。二是加强广告管理。针对部分办学单位未经教育部门批准，自行发布招生简章和广告，擅自更改已经审定的招生简章和广告内容的现象，省委宣传部、省教育厅、省工商管理局联合印发了《关于进一步规范社会力量办学广告管理的公告》，加强对社会力量办学广告的审批管理，统一印制、使用《江苏省社会力量办学招生广告审批表》。三是规范机构设置。省教育厅印发《江苏省社会力量举办非学历教育机构设置暂行规定（试行）》，对机构设置标准、设置申报材料等方面作出具体规定。

撰稿　马能和　杨向群　眭　平　徐　萍

高 等 教 育

〔**综述**〕　2002年，全省普通高校招收本、专科生22.29万人，比上年增长3.34%，高考录取率为73.8%。全日制研究生招生1.66万人，比上年增长23%。高等教育自学考试报考人数84万人，年毕业3万人；高等教育毛入学率超过20%。

全省高校专任教师中，31岁～45岁以下教师约占高校教师总数的50%，超过33.7%的专任教师具有研究生毕业学历，高级职称教师数增加到1.7万人，占全省高校教师总数的38.3%。

高等学校占地面积5 872万平方米，校舍建筑面积2 237.32万平方米，图书5 364万册，教学仪器总值50.66亿元。

2002年，全省共有28.9万人报名参加高考，招生的普通高校有630多所，计划招生21.3万人，其中本科10.7万人，专科10.6万人；省内外高校在江苏省录取各类新生21.2万人。

2002年，省教育厅制订高校毕业生就业的《通知》，组织了8场毕业生就业专访洽谈会，共提供了3万多个就业岗位。

撰稿　王　兵　樊增荣　黄晓曦

〔**高校思想政治教育**〕　以学习贯彻党的十六大精神和“三个代表”重要思想为重点，深化理论武装，推进理论创新。一是认真组织和指导全省教育系统做好迎接、学习、宣传和贯彻党的十六大精神的各项活动。二是印发《关于全省教育系统认真学习贯彻党的十六大精神的通知》，组织在宁高校干部师生参加中央宣讲团十六大精神报告会，举办全省高校党委宣传部长十六大精神学习班。三是深入开展学习、宣传、贯彻江泽民同志“三个代表”重要思想活动。制定《关于认真学习贯彻江泽民同志考察中国人民大学重要讲话精神活动的通知》《关于学习〈江泽民论有中国特色社会主义〉（专题摘编）的通知》等，把全省教育系统学习、宣传“三个代表”重要思想进一步引向深入。四是加强对高校“两课”教师的培训，分别组织全省高校近200名“两课”骨干教师参加“三个代表”重要思想与马克思主义理论创新学术研讨班、“两课”多媒体课件制作班等，为“三个代表”重要思想的落实奠定基础。

撰稿　晏仲超

〔**高校稳定安全工作**〕　2002年，进一步健全和完善了高校稳定工作的责任制和运行机制。多次召开高校党委负责同志会议，对敏感时期的稳定工作做出了全面部署。要求各高校党委建立健全领导责任制和责任追究制，完善处置突发事件的预案，明确各校党政第一把手为第一责任人。继续组织开展高校师生思想政治状况滚动调查，及时采取积极措施，确保全省高校的政治稳定。继续开展校园拒绝邪教活动，加强对“法轮功”练习者的教育转化工作，通过校、院系、支部多级管理责任，保证稳定工作信息渠道畅通。

开展学校及周边治安秩序治理整顿。全省13个省辖市及其所属县（市、区）都建立了相应的工作机构，各普通高校在学校党委的领导下建立了工作班子，各级综治委（办）和有关职能部门以及学校本着“哪里问题突出就整治哪里，什么问题突出就解决什么问题”的原则，循序渐进地开展了整治工作。绝大多数学校周边治安秩序得到了治理，师生安全感明显增强，环境面貌发生了明显改变。

撰稿　晏仲超

〔**高校体制改革与布局调整**〕　2002年，经教育部和省政府批准，南京审计学院和南京金融高等专科学校合并组建新的南京审计学院，淮海工学院和连云港化工高等专科学校合并组建新的淮海工学院；民办三江学院升格为本科层次的民办高校，江苏公安专科学校升格为本科层次的江苏警官学院；泰州师范学校和泰兴师范学校合并成立泰州师范高等专科学校；南京市金陵职业大学与南京市农业专科学校合并筹建本科层次的金陵科技学院，彭城职业大学与徐州经济管理干部学院合并筹建本科层次的徐州工程学院；常州技术师范学院更名为江苏技术师范学院，江苏石油化工学院更名为江苏工业学院。

经江苏省高等学校设置评议委员会专家论证、评议，经省政府批准，由江阴职工大学牵头，整合江阴市卫生学校、江阴交通职业学校、江阴建筑职业学校办学资源，建立江阴职业技术学院；正式建立宿迁学院（宿迁职业技术学院）；江苏省食品学校与淮阴经贸学校合并建立江苏食品职业技术学院，在徐州化工学校的基础上建立徐州工业职业技术学院，在南通农业学校的基础上筹建南通农渔职业技术学院，在扬州农业学校的基础上筹建扬州资源与环境职业技术学院。

撰稿　张兆臣

〔**教育教学改革**〕　召开江苏省普通高等学校创新人才培养研讨会，就创新人才培养的理论和实践进行交流和研讨，组织编印《江苏省普通高等学校创新人才培养研讨会会议文集》，起草《关于加强高等学校创新人才培养的意见》，制定《江苏省高等学校教学质量督查监控委员会章程》，加强教学管理和教学质量监控督查。推进课程改革与建设，制定《关于进一步加强高等学校课程改革与建设的若干意见》以及《江苏省教育厅关于组织2002年高等学校优秀课程和优秀课程群评选标准》等文件，对全省高等教育学科结构的现状、问题、发展重点和对策措施等进行调研，并撰写《关于进一步调整学科专业结构调整的调研报告》。组织开展新世纪省级优秀课程和优秀课程群评选，评出优秀课程217门，其中一类优秀课程84门；二类优秀课程133门；优秀课程群30个。在28所高校增设本科专业193个，39所高校备案新设专科专业198个。江苏高校的本科专业已达211种，覆盖了全国本科专业目录11个学科大类。

进一步组织实施“面向21世纪教学内容和课程体系改革计划”，鉴定重点课题55项（共58项），一般课题结题200多项（共296项）。全面启动“江苏省新世纪高等教育教学改革工程”课题项目的实施，其中重中之重项目10项，重点项目55项，省立资助项目287项，省立项目150项。

贯彻落实教育部《关于加强高等学校本科教学工作提高教学质量的若干意见》和《普通高等学校本科教学工作水平评估方案（试行）》，举办全省普通高校本科教学工作水平评估培训班，组织省内专家对接受教育部本科教学工作水平评估的淮阴师范学院、苏州大学进行严格的检查和指导，使这两所院校顺利通过教育部本科教学工作水平评估。

加强高等职业教育专业建设。组织各有关职业技术学院教学管理骨干参加全国高等职业教育教学管理培训班。经教育部确定：江苏国家级高职高专教改试点专业17个，省级高职高专试点专业24个；推荐无锡职业技术学院作为国家重点高等职业技术学院，南京林业大学、南通纺织职业技术学院、金陵科技学院的3个高职专业为精品专业、常州高等职业教育实训基地为国家高等职业技术教育实训基地。

加强高等教育教学信息化建设。举办4期教育技术培训班，培训内容包括学校网站建设、动态网站建设、多媒体课件制作与网站高级研讨；确立南京大学等14所高校为江苏省高等学校现代教育技术培训点；组织开展多媒体课件竞赛，有76所学校申报的556个课件参加决赛，其中获一等奖10个，二等奖40个，三等奖98个。

组织开展2002年全国大学生数学建模竞赛，江苏赛区有46所学校418个队的1 254名学生参加竞赛，有48个队获奖，其中一等奖26个，二等奖22个；有145个队获赛区奖，其中一等奖40个，二等奖51，三等奖54个。

撰稿　戚跃芳

〔研究生教育〕　召开江苏省研究生教育工作会议，制定《关于进一步加强学位与研究生教育工作的意见》，明确今后一段时期研究生教育工作的目标。积极扩大专业学位研究生教育，增加招生单位，拓展试点领域，争取招生计划。2002年，全省新增公共卫生硕士授予单位3个，新增军事硕士授予单位4个，新增软件工程硕士授予单位7个。专业学位招生计划6 000名，比上年增招2 000多人。在职攻读硕士学位全国联考，江苏省考生9 474人，同等学力申请硕士研究生教育6 300人次。

加快推进研究生教育管理工作的信息化建设。评审首批建设项目6个，建立产学研研究生联合培养示范基地19个，评选出优秀研究生课程100门、研究生培养创新研究课题80项、优秀博士论文50篇、优秀硕士论文60篇、优秀研究生指导教师85名、优秀研究生管理工作者26名。

促进研究生教育培养质量的提升，对25家研究生培养单位进行学位论文抽检评议，抽查毕业研究生567人，涉及学科23个，优秀、良好、合格、不合格论文比例分别为12%、63%、22%和2.7%。

撰稿　王　煌

〔“211工程”和重点学科建设〕　“十五”期间，江苏省11所“211工程”重点建设高校拟投入建设经费约29.7亿元，其中中央专项资金已安排4.87亿元，部委计划安排经费0.98亿元，地方政府拟争取经费14.92亿元，各校自筹9.16亿元。新一轮“211工程”建设以重点学科建设为核心，以学科建设为主线，11所高校列入“十五”“211工程”建设的重点学科（群）84个，拟投入经费10.06亿元，约占到“211工程”建设总经费的34%。

新一轮重点学科建设着重推进重点学科管理机制的创新。制定了《江苏省“十五”期间高等学校重点学科建设管理办法》，明确重点学科管理，以政策为导向，以创新为灵魂，以发展为目标，以竞争为动力，使学科的人才培养规模扩大，学科的整体实力和水平提高，学科对现代化建设的贡献份额增加，学科的管理运行机制合理，形成江苏省重点学科建设的鲜明特色。

撰稿　王　煌

〔学生管理工作〕　2002年，省教育厅召开全省高校学生工作会议，部署全省高校学生工作，起草《关于做好我省高校学生工作的意见》，提出学生工作的基本任务。制定《关于切实做好大学生心理健康教育工作的意见》，在高校建立心理健康教育工作网络，加强师资队伍建设、开设有关课程、加强教育辅导、开展心理健康普查、增加经费投入等。举行高校大学生心理健康工作经验交流会，并与省心理学会、大学生心理专业委员会、南京大学心理健康研究中心等单位联合举办了大学生心理健康活动节，进一步促进了大学生心理健康。

规范学籍学历管理。对入学新生逐个进行资格审查和注册配号，建立学籍管理数据库，共登录2001届普通高校新生在校生18.67万人，成人高校在校生12.1万人。认真做好1991～2000年普通高等教育和成人高等教育学历证书回登注册工作，回登注册普通高等教育学历证书63.71万本，成人高等教育学历证书31.17万本。完成全省2002年各类高等教育毕业生学历证书的电子注册工作，注册普通高等教育学历证书 11.25 万本，注册成人高等教育学历证书 7.09 万本，注册专业证书后教育证书4 976本。完成 2002 年全省普通高校 10.61 万人次、成人高校 7.1 万人次的毕业生电子注册图像拍摄和相关信息的采集合成工作。

印发《关于做好全省 2002 年普通高校“专转本”选拔工作的通知》，2002 年，专转本学生约占专科二年级在籍学生的 10%，全省共有 92 所高校（含市电大）2.21 万名专科二年级在籍学生报名专转本，通过笔试，共录取 7 890 名专科生转入本科学习。

撰稿　樊增荣　黄晓曦

〔**科技工作**〕　到 2002 年底，全省高校科技活动人员 5.88 万人，其中研究与发展人员近 2 万人；两院院士 49 人；国家级工程中心 5 个，省级工程（技术）研究中心 30 个；国家级重点实验室 10 个，教育部重点实验室 8 个，省级重点实验室 44 个，其中省科技厅批准建设的高技术重点实验室 6 个。2002 年全省高校 R&D 经费 16.33 亿元，科研事业费 2.78 亿元，主管部门专项费 1.89 亿元，国家计委、科技部专项费 1.74 亿元，国家自然科学基金 0.94 亿元，国务院其他部门专项费 1.43 亿元，省专项费 1.51 亿元，企事业单位委托经费 11.64 亿元。全省高校从各种渠道争取到科技课题 1.38 项，其中基础研究课题2 971项，应用研究课题6 144项，实验发展课题1 563项，R&D 成果应用课题 962 项，科技服务课题2 159项。

全省高校共实现技术转让 533 项，合同金额 1.53 亿元，当年实际收入 1.09 亿元。共申请专利 486 项。全省高校出版科技专著 421 部，大专院校教科书 608 部，科普著作 149 部，发表学术论文 4.93 万篇，其中在国外刊物发表 2.3 万篇，在全国性刊物发表 2.1 万篇，在地方刊物发表5 182篇。SCI 收录论文1 661篇，EI 收录1 167篇，ISTP 收录 607 篇。出席国际学术会议 828 人次，交流论文 718 篇，出席国内召开的国际学术会议1 437人，交流论文1 012篇。2002 年共鉴定科技成果 545 项，其中 82 项为与其他部门合作完成。在鉴定的科技成果中，191 项达到国际水平，142 项为国内首创，183 项达到国内先进水平。共有 273 项科技成果获得部省级以上科技成果奖，其中获国家自然科学奖 2 项、国家发明奖 1 项、国家科技进步奖 8 项、国务院各部门科技奖 101 项、省科技进步奖 161 项。

南京理工大学科技园被列为国家级大学科技园，中国矿业大学的科技园被列为省级大学科技园，扬州大学科技园通过省级大学科技园论证。江南大学科技园已申报国家级大学科技园。截至 2002 年底，南京大学——鼓楼高校大学科技园入园企业 82 家，产品销售收入 2.5 亿，带动科技人员创业和劳动就业1 100人。东南大学科技园孵化面积已达 2.9 万平方米，企业数 77 家，销售收入 4.5 亿元，带动劳动就业1 900人。南京理工大学科技园孵化面积 5 万平方米，入驻企业 70 家，全年销售收入5 000万元，带动 300 名科技人员就业和 500 人劳动就业。

撰稿　张竹繁　丁同玉

〔**重点实验室建设**〕　根据“十五”期间高校重点实验室发展思路，在论证的基础上，新组建江苏大学的摩擦学重点实验室、东南大学的交通规划与管理重点实验室、南京经济学院的粮油品质控制及深加工技术重点实验室、南通工学院的专用集成电路设计重点实验室。在对扬州大学“生物工程”重点实验室以及南京工业大学“化学工程与技术”重点实验室验收的基础上，根据专家意见，对这两个重点实验室调整重组为“植物功能基因组学”“动物预防医学”“工业生物技术”和“材料化学工程”重点实验室，进一步强化实验室的特色和优势。

组织高校申报 2002 年度省科技厅的高技术研究重点实验室建设计划项目，其中南京大学纳米材料实验室和南京医科大学人类功能基因组学实验室获得批准。批准下达 2002 年度高校省级重点实验室开放课题 123 项，全年下达重点实验室建设经费和开放运行经费1 200万元。召开高校省级重点实验室管理工作会议，专题研讨高校省级重点实验室的建设与发展思路。

推进省级工程（技术）研究中心的建设，配合科技厅等部门完成了江苏大学的“流体机械工程技术研究中心”的验收工作。批准南京邮电学院的“通信与网络”、南京大学的“光通信系统与网络”、中国矿业大学的“电力传动与自动控制”3个省级工程中心建设项目。到2002年底，全省高校有省级工程（技术）研究中心30个，已成为高校工程技术研究、转化科技成果的重要基地。

撰稿 张竹繁 丁同玉

〔**大学城建设**〕 经省委、省政府决定：在南京、常州、南通、淮安等城市建成集教育动能、产业功能和生活服务功能为一体、文化氛围浓厚、科技产业发达、服务体系完善、优秀人才汇聚、生态环境良好的高校科教区和现代化新城区。并正在规划建设的有南京仙林大学城、南京江宁大学城、常州大学城、南通大学园区和淮安高等教育园区，总规划用地约2 090公顷，规划校舍建筑面积797.5万平方米，计划总投资129.5亿元，在校生规模30.6万人，已经进驻和计划进驻高校28所，预计到2005年基本建成。

撰稿 周鹏维

〔**民办高等教育**〕 全省独立设置的民办普通高校17所（含筹建校6所）。在提高原有普通高校民办二级学院整体办学水平的基础上，进一步扩大布点，2002年新批准12所普通高校引入社会力量投入举办民办二级学院，全省有35所普通高校设立公有民办二级学院（分院、分校）37个，以招收本科生为主，年招生能力超过2万人。民办高等教育在校生8.1万人，约占全省普通本专科在校生的11.6%，其中民办普通高校3.6万人，民办二级学院在校生4.5万人。

针对民办普通高校招生不足问题，允许民办高校试办预科班，预科生在高校补习一年知识后，由民办高校对其考核，合格者再进行3年大专学业学习。

积极支持社会力量参与对现有教育资源进行改组改制。经省人民政府批准，同意省教育发展投资中心和省教育发展有限公司对无锡无线电工业学校和锡山区职教中心在明晰产权关系的前提下，进行改制，组建江苏信息职业技术学院，试行股份制办学。

撰稿 朱卫国

〔**成人高等教育**〕 2002年全省有70多所普通高校举办脱产、函授、夜大学教育，20多所成人高校举办脱产和业余教育，在校生33万人；广播电视大学注册视听生、开放教育、转业军人学历教育等各种教育形式的在校生18万人；成人高等专业证书及专业证书后教育在校生近15万人；外省高校在江苏举办成人高等教育的有59所，其中举办函授教育的有30所，举办现代远程教育的有29所，招收网络远程教育本、专科生1.2万人，在籍学生1.51万人；各类高校在江苏省设立校外函授站以及校外教学点近500个，普通高校在江苏省设立的现代远程教育校外学习中心（点）有100多个。

加强成人高等教育办学管理。一是转换体制，将专业证书入学资格的审核移交有关业务主管部门，将专业证书后教育学员入学资格的审核交给有关高校，将电大开放教育学员入学资格的审核交给电大，将现代远程教育和函授教育校外教学点的管理交给各市教育行政部门；二是建立成人高等教育质量监控体系，加强监督检查，英语、计算机统考和专业证书后教育核心课程实行统考；三是组织开发了专业证书后教育和成人高等教育统考的计算机管理软件，规范管理，提高效率。组织专家组对南京市广播电视大学和江苏广播电视大学迎接教育部“人才培养模式改革和开放教育试点项目”中期评估进行咨询性检查，指导两所大学顺利通过教育部的中期评估。

撰稿 经贵宝

审稿 王斌泰

浙江省教育

概　况

〔基本情况〕

2002 年各级普通学校基本情况

单位：人

学校类别	学校数（所）	毕业生数	招生数	在校生数	教职工数 合计	其中：专任教师
总　计	**24 275**	**2 152 807**	**2 411 800**	**8 282 110**	**516 804**	**413 935**
一、研究生	(15)	2 645	6 111	16 297		
1. 高等学校	(11)	2 627	6 077	16 214		
2. 科研机构	(4)	18	34	83		
二、普通高等学校本专科	61	48 431	152 470	393 145	48 481	25 993
本科院校	22	31 556	80 501	235 296	33 696	17 220
专科院校	39	12 209	55 080	120 799	12 855	7 611
分校、大专班		4 666	16 889	37 050	1 930	1 162
三、普通中等学校	3 268	951 533	1 156 370	3 242 597	215 370	177 234
1. 中等专业学校	62	46 695	42 173	122 455	5 893	3 355
中等技术学校	62	45 779	41 482	119 969	5 490	3 108
中等师范学校		916	691	2 486	403	247
2. 技工学校						
3. 普通中学	2 781	813 626	921 034	2 703 005	182 491	153 300
高中	608	174 441	268 519	687 420		43 370
初中	2 173	639 185	652 515	2 015 585		109 930
4. 职业中学	423	91 136	193 075	417 015	26 936	20 540
高中	423	90 714	192 674	415 882		20 475
初中		422	401	1 133		65
5. 工读学校	2	76	88	122	50	39
四、小学	8 962	644 767	577 818	3 437 490	176 529	160 144
五、特殊教育学校	64	2 603	2 158	16 484	1 424	1 122
六、幼儿园	11 920	502 828	516 873	1 176 097	75 000	49 442

2002年各级成人学校基本情况

单位：人

学校类别	学校数（所）	毕业生数	招生数	在校学生数	教职工数	
					合计	其中：专任教师
总计	**22 810**	**5 138 638**	**5 284 848**	**4 002 203**	**34 409**	**16 606**
一、成人高等学校	17	47 398	103 480	275 994	5 889	3 453
1. 广播电视大学	2	5 942	3 496	13 708	3 994	2 350
2. 职工高等学校	10	1 502	8 531	18 152	1 112	676
3. 农民高等学校						
4. 管理干部学院						
5. 教育学院	5	5 760	6 985	24 660	767	420
6. 独立函授学院						
7. 其他学校（机构）		34	25	49	16	7
8. 普通高等学校举办		34 160	84 443	219 425		
函授		18 637	51 532	150 606		
业余		6 231	17 944	39 119		
脱产		9 292	14 967	29 700		
二、成人中等学校	20 912	4 988 960	5 086 218	3 634 209	26 948	12 638
1. 成人中等专业学校	120	30 426	30 985	77 555	4 210	2 455
广播电视中专学校	15	7 218	6 824	15 506	592	329
职工中等专业学校	51	10 251	11 424	30 368	1 909	1 093
干部中等专业学校						
农民中等专业学校	3	198	17	109	78	35
函授中等专业学校	4	2 944	7 117	14 061	30	12
教师进修学校	47	636	852	2 264	1 601	986
其他类学校举办		9 179	4 751	15 247		
2. 成人中学	364	24 841	31 571	48 027	2 648	1 867
成人高中	298	22 154	27 782	43 456	2 537	1 803
成人初中	66	2 687	3 789	4 571	111	64
3. 成人技术培训学校	20 428	4 933 693	5 023 662	3 508 627	20 090	8 316
职工技术培训学校	921	485 163	710 347	497 370	5 261	2 976
农民技术培训学校	19 507	4 448 530	4 313 315	3 011 257	14 829	5 340
三、成人初等学校	1 881	102 280	95 150	92 000	1 572	515
1. 职工初等学校	39	4 838	7 315	7 752	31	9
2. 农民初等学校	1 842	97 442	87 835	84 248	1 541	506
其中：扫盲班	1 001	23 069	22 077	23 062	753	271

〔**年度教育工作方针**〕 2002年全省教育工作的总体要求是：高举邓小平理论伟大旗帜，以江泽民总书记“七一”讲话和“三个代表”重要思想为指导，认真贯彻党的十五届六中全会以及全国、全省基础教育工作会议精神，围绕提前基本实现教育现代化的战略目标，解放思想，实事求是，与时俱进，开拓创新，切实把发展教育事业作为代表最广大人民群众根本利益的大事来抓，以优异成绩迎接党的十六大和省第十一次党代会召开。

以加快发展为主题，大力发展各类教育事业。继续扎实推进高标准高质量“普九”工作。全面实施在坚持分级办学的基础上，由地方政府负责、分级管理、以县为主的基础教育管理体制。继续推进中小学布局调整，加大对经济欠发达地区教育的扶持力度，促进全省教育的相对均衡发展。深化高中办学体制改革，扩大优质高中教育资源。推进中等职业学校布局结构调整，加强重点职校建设和示范专业建设，确保中等职业教育与普通高中教育的协调发展，使年招生数保持1∶1的合理比例。继续大力发展高等教育，加快高教园区建设步伐。大力发展现代远程教育和高等职业教育。开展农民实用科技知识培训，加强农村成人教育基地建设，争创国家级示范乡镇成校。确定若干社区教育实验区。

进一步深化教育教学改革，深化办学体制改革。扩大教育对外交流与合作，积极引进高等教育、职业教育为主的国外优质教育资源。推动学分制、毕业生就业、经费分配等方面的综合改革。鼓励各地继续进行中考中招改革，进一步完善小教专科班和“五年一贯制”“3＋2”职业教育招生改革试点工作。深化高校后勤服务社会化改革，力争在年内实现后勤社会化改革阶段性目标。深化教学改革，启动“浙江省高等教育新世纪教学改革工程”。为五年内建设100个重点专业、建成200个基础课教学实验室、完成300项省教学改革研究项目、建立40个文化素质教育和教学实习基地、编写出版500种重点教材打好基础。启动新一轮义务教育课程改革，确定国家级、省级课程改革实验县，强化信息技术课程、外语课程和综合实践活动课程。稳步推进小学教育小班化。进一步深化高中教育办学模式改革。

加大人才引进和培养力度，建设高素质的师资队伍。加强教师职业道德和作风建设。依法加强对教师队伍的管理。全面实施教师资格制度，开展首次面向社会认定教师资格工作。大力推进高层次人才队伍建设。继续在高校实施特聘教授制度和中青年学科带头人培养计划。中小学继续实施“名师名校长”计划，评选第八批特级教师，重点培养一支中小学骨干教师、学科带头人和校长队伍。启动高职院校骨干教师培养计划，重点培养高职院校中青年教师。结合师范院校结构调整，加强省、市、县三级中小学教师继续教育基地和网络建设。

多渠道筹措教育经费，不断改善办学条件。继续落实省本级财政支出中教育经费所占比例每年提高不低于1.2个百分点的政策，努力推动各地落实教育经费的“三个增长”。逐县核定中小学生均公用经费定额标准。从2002年起，全省中小学教师工资全面实行由县级财政统一发放。继续推进国家助学贷款工作。抓紧实施中小学危房改造计划，加快中小学布局调整步伐，到2002年底全省基本消除中小学危房。

〔**全省民办教育工作座谈会**〕 6月11日，省政府在慈溪市召开全省民办教育工作座谈会，副省长盛昌黎出席会议并讲话。盛昌黎在讲话中指出，省政府制定的《关于鼓励社会力量参与办学的若干规定》，进一步调动了社会各界参与办学的积极性，使全省民办教育的发展步入了快车道。几年来，全省民办教育发展势头很好，如宁波等地的民办教育发展快，办学规范，质量较高。民办教育对全省加快教育事业的发展，作出了重要贡献。浙江省的民办教育在发展中出现了一些新情况、遇到了一些新问题。一是发展不平衡，首先是地区之间不平衡，其次是办学类别上不平衡，民办的中等职业学校较少；二是管理上的问题，部分地区对有关政策和规定没有很好地落实；三是对民办教育在发展中遇到的新情况、新问题缺乏有针对性的新的政策和措施。盛昌黎强调，在全省民办教育发展的新阶段，要推进民办教育稳步发展，首先，政府和教育部门的认识要进一步统一到中央“十六字”方针上来，要真正认识到发展民办教育的重要性。第二，要发挥政府对民办教育的主导作用，一要抓好规划，二要抓好发展的重点，三要稳定民办教师队伍，处理好教师养老保险问题。第三，各级政府要继续加大对民办教育扶持的力度。

会后，全省各地积极贯彻会议精神，认真解决民办教育中存在的问题。

〔**表彰奖励教师**〕　教师节前，省政府公布了第八批特级教师名单，张永久等142位优秀教师被评为特级教师。至此，浙江省特级教师总数达781人，其中在职特级教师为534人。宁波市鄞州中学副校长史定海获“全国十杰中小学中青年教师”称号。叶良栋等274位教师被省教育厅授予“浙江省优秀教师”称号、王宇航等42人被授予“浙江省优秀教育工作者”称号。严永根等300名优秀教师和111名关心、支持教育事业的社会各界人士分别获省人民教育基金会颁发的第十五届“春蚕奖”、第十三届“绿叶奖”。

〔**教育对外交流**〕　2002年，经省教育厅审核报批的短期因公出访考察团组、学术访问、参加国际会议人员共133批422人次；公派出国留学录取39人（其中高级访问学者10人，普通访问学者29人）；单位公派出国留学86人；省留学回国基金会下达了第9批留学回国人员科研启动经费30.6万元，获资助人员46人；全年共办理大专以上自费出国留学人员资格审核587人；共批准38所中小学组织学生1 096人次赴澳大利亚、新西兰、英国、法国、加拿大等国家和地区参加夏（冬）令营活动。

制订了浙江省高等院校聘请外国文教专家2001～2002学年计划；审批600余名外国文教专家、外籍教师和项目专家；新增30余所院校具有聘请外国文教专家资格，至此，全省共有144所院校具有聘请资格；有9名外国文教专家获省政府授予的“西湖友谊奖”；全省已有23所院校具有招收外国留学生资格，审批来自80多个国家的自费留学生2 000多人。有12所中小学校具有招收外籍学生资格；配合国家汉办对外汉语教师数据库统计工作，全省有28人获对外汉语教师资格证书。

经省教育厅审核报批因公赴香港、澳门、台湾访问、交流团组共52批122人次；批准浙江工程学院具有招收港澳台学生资格。接待来自英国、日本、美国、澳大利亚、德国、瑞典、韩国、新西兰等国家和地区20批来访团。

简化校际交流项目审批手续，从2002年起，与国外建立校际交流关系的市属院校由所在市教育行政部门审批，省属院校实行备案制。继续做好中英GAP项目的永久协调省的协调工作，选派4名教师赴英国任教，接收20名英国GAP学生来浙江院校担任英语教师；浙江省成人教育与职业教育协会与德国石荷州成人教育协会签署了合作意向书。

基础教育

〔**综述**〕　2002年全省小学五年制改为六年制的工作已基本完成，小学六年制招生比重达到99.8%。小学毕业生升学率达99.98%，初中入学率、巩固率分别达到98.36%、99.79%。普通高中招生比上年增加4.48万人，增长20%，初中毕业生升入高中段比例达84.07%，比上年提高4.22个百分点，全省基本实现高中段教育的普及。幼儿教育继续发展，全省在园幼儿达117.61万人，比上年增长2.2%。努力保障“三残”、弱智少年儿童等弱势群体同步接受义务教育。对少数民族学生继续实行优先优惠的教育政策，少数民族在校中小学生3.56万人。全省流动人口子女接受九年义务教育达到96.9%。

继续推进中小学布局调整，全省投入5 000万元，撤并初中105所、小学1 056所，初中、小学校均规模分别达到928人、384人，较上年提高38人。全年下达危房改造补助经费3 000余万元，到年底基本完成现有87万平方米中小学危房改造任务。

〔**高标准普及九年义务教育**〕 11月，省教育厅印发《浙江省高标准高质量普及九年制义务教育要求及实施办法（试行）》，根据《实施办法》对没有申报省教育强县的县（市、区）进行评估验收。要求各县（市、区）努力做到“四高四化”，即普及程度高、师资合格率高、经费投入高、教育质量高和学校布局合理化、办学条件标准化、教学管理规范化、办学特色多样化。高标准高质量“普九”评估验收工作从2003年开始，每年进行一次。

创建教育强县工作，继2000年公布首批14个教育强县以来，到2002年5月，对首批14个教育强县提出8条复查要求，组织省督学进行了复查，同时，对申报县进行了评估，又有富阳市、杭州西湖区等21个县（市、区）经省政府命名为教育强县，至此，全省已有35个县（市、区）成为教育强县。

在创建教育强县活动的同时，继续推动各地开展创建教育强镇活动，共核准省教育强镇91个。至此全省教育强镇总数达到552个。

〔**对口支援工作**〕 为贯彻落实《浙江省人民政府关于加快基础教育改革与发展的决定》，动员大中城市、发达地区以对口支援方式，帮助欠发达地区加快发展基础教育，如期实现高标准、高质量“普九”目标，省政府办公厅于5月就在全省开展教育对口支援工作提出实施意见，要求各级政府、有关部门和单位精心组织，抓紧落实，保证教育对口支援工作的顺利进行。要求各市、县（市、区）参照省的做法，在当地积极组织开展各种形式的教育对口支援活动，扶持欠发达乡镇发展教育。

教育对口支援的基本形式为：建立市、县（市、区）和县（市、区）政府间的对口支援关系。杭州、宁波、温州、嘉兴、湖州、绍兴、金华、台州8个市本级和经省委、省政府批准的34个（不含普陀区）教育强县（市、区）为支援地区，省确定25个欠发达县（市、区）为受援地区，相互间开展二对一或一对一的对口支援。主要内容为：支援地区的每个市、县（市、区）分别选择5所和10所中小学校，与相对应的受援县（市、区）等量中小学结成对子。从2002年起至2005年，支援地区重点在资金、师资和教育设备等方面，帮助受援地区改善办学条件，提高师资队伍水平。支援地区的每个市、县（市）和萧山、余杭、鄞州区政府，4年内负责筹资150万～180万元，其他区政府负责筹资75万～90万元，支援相对应的受援地区。从2002年到2005年省每年安排1 000万元，并鼓励海内外各界人士捐款，帮助受援地区设立名师名校长培养专项资金，引进和培养优秀教师。

12月，省教育厅印发了关于教育对口支援工作实施过程中若干问题的意见，就教育对口支援工作的组织管理、规划和实施，支援地区援助资金使用、省政府专项资金的使用安排等提出了具体意见。

〔**教师工作**〕 继续推进三级师范教育向二级师范教育过渡，通过合并、联合等形式，扩大高学历教师的培养规模。2002年小教大专班招生3 120人，在校生5 861人，全省中小学共录用毕业生1.42万人。全省小学、初中、普通高中教师学历合格率分别达到97.4%、95.3%、85.4%，分别比上年提高0.7个百分点、1.2个百分点、3.5个百分点。小学专科及以上，初中本科及以上学历教师比例分别达到33.4%和30.3%。

2月4日浙江省召开教师资格制度实施工作会议，确定在3月前各级教师认定机构对1994年1月1日后补充到教师队伍中的在编在职人员和在教师资格过渡中暂缓过渡的任教人员进行资格认定。4月～6月对申请认定教师资格的社会人员和1993年12月31日前办理退（离）休手续并自愿申请认定教师资格的退（离）休教师进行资格认定。

〔**课程改革**〕 7月，省教育厅印发《关于实施教育部〈基础教育课程改革纲要（试行）〉的意见》。10月，省教育厅制定了《浙江省基础教育课程改革有关处室及市、县两级教育局工作职责》《浙江省基础教育课程改革教材选用及发行管理实施意见（试行）》《省级基础教育课程改革实验区实验方案》《浙江省地方课程开发与管理实施意见（试行）》《浙江省义务教育综合实践活动教学指导纲要（试行）》等文件，浙江省确定49个县（市、区）为省级课程改革实验区。加上杭州市余杭区等3个国家级实验区，从2003年秋季开始，全省将有54.9%的小学一年级学生、54.2%的初中一年级学生按新课程标准上课。到2005年秋季，全省小学、初中起始年级都执行新的课程方案，使用新教材。

省教育厅召开全省基础教育课程改革省级实验区工作会议。会议强调，要明确课程改革的任务，充分调动各级教育行政部门的积极性。以课程改革为契机，促进广大教育工作者的专业发展，切实提高教师队伍的整体素质。各级教育行政部门要扎实工作，为课程改革的实施奠定基础，精心准备，确保成功。省教育厅于9月24日印发了《关于开展基础教育新课程师资培训工作的意见》。要求每位教师在实施新课程及新教材前必须接受培训。12月，省教育厅印发了《浙江省基础教育课程改革省级实验区师资通识培训实施方案》，从培训目标、对象、内容及形式、资料、考核、工作分工、组织实施、领导保障等方面作了规范。

〔**初中毕业、升学考试改革**〕 为推进初中毕业、升学考试改革，9月25日，省教育厅就全省2003年初中毕业、升学考试改革提出指导意见。提出在初中升高中的考试和招生中，要考虑学生的整体发展，改变将分数简单相加作为唯一录取标准的做法。要积极探索对学生多方面能力和素质发展的综合评价方法。继续实行并完善重点普通高中招收保送生和部分招生指标分配到初中学校，以及职业高中直升等制度和办法。鼓励各地进行特长测试加分和对在发明创造、科学研究及其他方面有特殊才能并取得突出成绩的学生免试进入高中阶段学校学习的改革试验。

从2003年起升学考试科目为：语文、数学、英语、自然科学、社会·政治、体育和自然科学实验操作考查。社会·政治学科的考试采用开卷考试；各科考试允许使用计算器。毕业考试不早于5月10日，升学考试安排在6月中旬。

〔**治理中小学乱收费**〕 2002年，把治理中小学乱收费作为教育系统纠风工作的重点来抓。1月，针对群众的投诉举报，组织3个调查组，到有关市、县进行重点检查。

2月28日浙江省政府纠风办和省教育厅联合召开新闻发布会宣布，3月4日～8日在全省开展义务教育阶段中小学乱收费专项投拆活动。要求全省各有关部门认真对待群众投拆，严肃处理各种乱收费行为，做到有错必查、有查必纠、有纠必果。全省共向社会公布200多个投诉举报电话，并设立专门的投诉点。在对群众投诉问题认真梳理的基础上，印发了《关于切实做好中小学乱收费投诉问题处理工作的通知》，提出了5条处理意见。在活动期间各级受理的3 000多个投诉，经查实乱收费的800余件，均作了处理。共清退违规收费2 000多万元，31位责任人受到党纪、政纪处分，其中20名学校负责人被撤职或免职。

8月，省教育厅和省政府纠风办印发了《关于进一步抓好治理中小学乱收费工作的通知》。秋季中小学开学时，省教育厅会同省纠风办抽调10多名干部，组成4个检查组分赴11个市进行为期一周的中小学校收费情况检查，共抽查31个县（市、区）的40个乡镇、60所中小学，询问了50多位学生家长。据统计秋季开学初，全省共接到群众关于中小学乱收费的投诉450余件，与春季开学初相比，下降85%。

职业教育与成人教育

〔**综述**〕 2002年，全省职业高中比上年减少53所，校均规模达到983人，比上年增加274人。改革中职招生办法，招生数继续增长。职业高中招生比上年增加4.32万人；普通中专招生比上年增加1.12万人。中等职业教育招生中有高职"五年制"中职阶段学生2.67万人。中等职业教育招生占高中段教育招生比例50.8%，全省民办职业高中共招生3.39万人，占职高招生总数的17%，在校生规模达7.2万人，比上年增加15%。高职招生计划的55%用来安排对口招收中职毕业生，允许中专升格的高职学校举办五年一贯制高职。有67所独立设置的综合高中，100余所中等职业学校举办综合高中班。9月，对1999年制订的《浙江省省级重点职业技术学校评定标准（试行）》进行了修订并印发各地，从2003年起按新标准评定。全省有国家级重点职校37所，省级重点职业学校150所。2002年全省重点职业学校毕业生一次就业率达到93.1%，其中53所职校毕业生100%就业或升学。11月，省教育厅公布了杭州市五四职业高级中学美术设计等19个专业为省第二批中等职业学校省级示范专业。在7月举行的全国中等职业学校学生技能大赛中，67名选手参加了计算机、烹饪和服装设计3个专业的技能比赛，取得了一等奖9项、二等奖18项、三等奖24项。12月，对《浙江省职业教育教学成果奖励实施细则》进行了修订。到2002年全省423所职业高中，已建成校园网190个；配备计算机5.19万台，平均8名学生拥有1台，仪器设备总值达5.08亿元，生均1 222元。职业高中校园占地面积达1 293公顷，校舍建筑面积达446.4万平方米，图书690.6万册。在编专任教师学历合格率为61.7%。

2002年，浙江省成人教育得到稳步发展。成人高等学历教育招生比上年增长6%，在校生比上年增长23%。2002年共有108.8万人次参加各类学历教育和非学历教育证书的自学考试。在乡镇农村广泛开展文化技术培训，各类城乡文化技术学校培训职工、农民493万人，扫除青壮年文盲2.3万人。绍兴市绍兴县齐贤镇成人文化技术学校等5所学校被确认为第六批省级示范性成人文化技术学校。至此已有128所省级示范性成人文化技术学校。继续开展成人高等教育《专业证书》教育，以适应用人部门的实际需要。2月，省教育厅批文同意浙江金融职业学院等18所普通高校举办高中毕业起点专科以函授、夜大学教育为主的成人高等教育。

〔**贯彻全国职教会议精神**〕 9月3日，省教育厅在金华东阳市召开学习贯彻全国职教工作会议精神座谈会，省委教育工委书记、省教育厅厅长侯靖方，副厅长黄新茂到会并就如何学习贯彻全国职教会议精神作了部署。侯靖方在讲话中要求各地要在统一认识、深化改革、狠抓落实上下功夫。强调要向全社会大力宣传发展职业教育的重大意义，进一步扭转重普轻职的旧观念，特别在教育系统内部，要真正把发展职业教育放在教育工作中的重要位置，加大对职教发展的扶持力度。

会议还对如何筹措职教经费，如何把各类职教办好，推进就业准入制度，解决好中职教育与职业标准之间关系等方面提出了意见。

11月，省教育厅就贯彻《国务院关于大力推进职业教育改革与发展的决定》和全国职业教育工作会议精神发出通知，要求各地把学习、贯彻全国职业教育工作会议精神和调查研究、总结经验结合起来，制定贯彻《决定》的实施意见。

〔**中专学校招生改革**〕 2002年，省教育厅对中等专业学校的招生政策作了重大改革。具体内容包括：除"3+2"和五年一贯制高职班外，省市两级不再向中专学校下达当年招生计划。学校自主确定招生规模，并且允许学校在招生过程中调整招生人数和招生专业；允许学校在9月底前进行补招；允许学校按专业大类招生，学习一年后再分专业；各地不再统一组织大规模的初中毕业生体检工作，体检由各招生学校根据专业的需要自主决定；允许部分学校提前自主招生，省教育厅从跨市招生的中专和高职中选定一批学校作为提前自主招生的试点。

改进中专跨市招生办法。从2002年起，各市、县举办的综合性中专，原则上在本市范围内招生。省教育厅对可以跨市招生的中专作了界定：五年一贯制高职班的高职院校及中专部；省属单位举办和社会力量举办的中专；省属一级重点职校的中专省级示范专业；涉及农业及其他有特殊理由须跨市招生的专业。所有跨市招生的学校及专业都须经省教育厅审核并认定。

〔**职业学校教师继续教育**〕 2002年，省教育厅印发了《关于加强我省职教师资继续教育工作的通知》《中等职业教育继续教育学分登记及结业证书颁发的管理办法》和《“十五”期间专业课教师继续教育培训计划》。全年共推荐150名专业课教师报考职教师资硕士学位研究生。又有367名教师通过全省统一考试参加专升本继续教育。组织全省中职教师新参加各类专升本、研究生教育1 300人，参加继续教育2 736人，其中省本级培训820人。全省职业高中专任教师学历合格率达到61.6%，比上年提高7.6个百分点。

5月，省教育厅印发《关于加强中等职业学校专业课教师继续教育工作的意见》，提出“十五”期间中等职业学校教师继续教育工作的目标为：对现有中等职业学校专业课教师进行系统性的继续教育，使教师素质明显提高；大力提高专业课教师学历合格比例，到2005年，全省中等职业学校教师学历合格率达到85%，实习指导教师全部达到大专以上学历，硕士学位的教师达到一定比例；加快“双师型”教师的培养，到2005年50%以上专业课教师达到“双师型”教师要求；培养1 000名中等职业学校专业骨干教师，逐步形成骨干教师梯队；通过培训，使大部分教师能在教学活动中熟练运用现代教育技术。

建立培训制度，中等职业学校的在职教师，必须参加适应岗位要求的继续教育，培训时间平均每年为48学时，每五年累计不少于240学时；新任教师必须进行上岗前培训，培训时间不少于120学时，并在转正定级之前必须完成试用期上岗培训。由承担继续教育任务的学校对教师进行登记建档，按规定完成继续教育任务将作为评聘教师职务的必备条件之一。到2005年，年龄在50周岁以下的在职教师应达到合格学历。

〔**组建职业教育集团**〕 10月，省教育厅制发了《关于组建职业教育集团的试行意见》，就职业教育在新形势下依靠企业做大做强工作，提出了实施意见。

职业教育集团是以集团章程为其共同行为规范，由职业学校和相关企事业单位自愿组成的产教联合体，坚持以服务经济建设为宗旨，以专业和人才培养为纽带，以校企双赢为基本准则。成员间的教育和经济业务往来，应遵循优先合作、互惠互利、共同发展的原则，以协作、参资、参股、转让、托管、租赁等多种方式进行。新组建的职教集团必须以高职院校或省一级重点职校为龙头，吸纳开设相同专业的学校和相关企事业单位参与。职业教育集团的管理职能由龙头学校承担。集团成员学校和企事业单位总数不少于4个，其中龙头学校以参资、参股、接受托管等形式合作的成员学校不少于1个。省级职业教育集团以职业技术学院为龙头，在全省范围内联合组建，以专业性集团为主，与省支柱产业发展相适应。12月，省教育厅分别批准以宁波职业技术学院、宁波服装职业技术学院为龙头，联合若干家职业学校和企事业单位组建浙江大港职业教育集团、浙江服装职业教育集团。

〔**五年制高职教育管理**〕 浙江省实施的五年制高职教育的主要形式是“五年一贯制”和“3＋2”高职。根据《教育部关于进一步办好五年制高等职业技术教育的几点意见》精神，6月，省教育厅提出了进一步完善五年制高职管理工作的意见。

即："五年一贯制"高职主要由中专升格的独立设置的高等职业学校承担，"3＋2"高职主要由独立设置的高职学校与挂钩的国家级、省一级重点中等职业学校（含职业高中、中等专业学校、技工学校）共同承办，以高职学校为主。"3＋2"高职学生前3年在中职学校学习，后2年转入高职学校学习。五年制高职招生计划由高职学校直接提出，"3＋2"高职招生计划由高职学校和挂钩的中职学校共同提出，由高职学校负责上报。2002年有102所中职学校与近40所高职学校挂钩，试办五年制高职教育，共招生1.91万人。

〔**职业学校试行学分制**〕 3月，省教育厅印发《关于在中等职业学校试行学分制的原则意见》。《意见》要求试点学校根据有关专业的指导性教学计划和当地经济与社会发展对人才规格要求制定学分制实施性教学计划。学分制实施性教学计划将课程分为必修课、限定选修课和任意选修课三种，其中任意选修课不少于总学分的10％，鼓励学生自主选修。建立校际之间、相近专业之间、学历教育与职业资格培训和各种短期培训之间学分相互承认机制。对从其他职业学校或其他专业转入的学生，应承认其相应的学习经历和学分。对提前达到毕业学分的学生允许提前毕业。对学有余力的学生，应鼓励其辅修第二专业，取得相应学分后可获得第二专业毕业证书。对在三年内未修满毕业总学分的学生，发给结业证书，并可在结业后两年内通过继续在校修习，修满规定的学分者，可换发毕业证书。

首批选定杭州市中策职业高中等20所学校进行学分制试点。

〔**农村成人教育**〕 10月30日，全省农村成人教育工作会议在杭州召开，对全省农村成人教育工作提出了要求：（1）要推进农村成人教育管理体制改革，建立在地市政府领导下，分级管理、县级统筹、以乡为主、社会参与的农村成人教育管理体制；（2）要推动农村成人教育办学体制改革，形成政府主导，依靠企业、社会参与的多元办学格局；（3）要深化农村成校人事制度改革，通过推行教师全员聘任制和管理干部公开选拔、竞争上岗、任期考核、末位淘汰等措施，建立健全激励和约束机制，不断优化成校干部和教师队伍。

省教育厅于11月印发了《关于大力推进农村成人教育改革与发展的若干意见》。《意见》确定：今后5年，每县重点建设好2～3所国家级和省级示范性乡镇成人学校，经济发达县（市），省级以上示范性成校应占乡镇成校总数的1/4左右，并使之成为面向社会的、多功能的教育和培训中心，率先成为当地人力资源开发、技术培训与推广、劳动力转移培训和扶贫开发的示范基地。

〔**教育考试**〕 全年开展学历教育考试4个项目：（1）高教自考设置专业104个，其中专科57个，本科47个，全年报考45万余人，本专科毕业生2万多人；（2）国家学历文凭考试3万余人次，毕业生3 371人；（3）电大注册视听生考试3.5万人次；（4）清华大学远程教育考试1 400余人次。

开展非学历教育考试29个项目，其中学历与非学历"捆绑式"项目19个，涉外考试项目3个。除"捆绑式"项目外，报考20.3万余人，其中全国计算机等级考试6.4万人，全国英语等级考试1.4万人，剑桥少儿英语等级培训考试1.8万人，首次实施的教师资格认定教育学、心理学考试和中小学信息技术等级证书考试，全省分别有1.6万和6.3万人参加。

增设国际贸易等4个高中毕业起点本科自考专业，视觉传达与设计等8个独立本科自考专业。与中职相衔接的应用性专科自考（高职自考）专业由11个增加到14个，考生达0.77万人次。新增非学历考试项目16个，其中为推进中小学信息技术教育服务的中小学信息技术等级证书考试首次考试即达到6.3万余人；新设非学历教育培训机构116家，总数达到271家。

开展网上课程辅导与课程答疑，推行实践环节考核前自考生全员接受实践课程辅导，构建自考生学习支持服务体系。完成47门课程的课件研制工作，有23门课件上网使用；478门课程开展了网上答疑工作，占全部开考课程的64％；杭州电子工业学院等高校面向自考生开放了实践实验设备场地。

为沟通企事业单位和自考毕业生之间的人才需求渠道，省与杭州市自学考试办公室于12月22日联合举办第二届自考毕业生人才招聘会。1万多应聘者参加，共有107家单位进驻现场设摊，提供了文秘、营销、计算机、会计、翻译、广告、教师等2 600个岗位，有2 000多人达成就业意向。

〔**职工双证制培训**〕　10月，浙江省教育厅、劳动和社会保障厅、经济贸易委员会、总工会联合印发了《关于组织开展企业百万职工双证制教育培训的意见》，决定在全省范围内开展“企业百万职工双证制教育培训工程”。其主要任务是：使上百万具有初中文化程度、年龄在40岁以下的企业职工和农村青壮年转移劳动力，经过系统的文化学习和职业技能培训，取得中等职业教育毕业证书和初级以上职业资格证书或职业技能培训结业证书。学生可通过累积学分，或分阶段学习完成学业。文化课教学主要依托职业高中、中等专业学校、综合高中、技工学校和具有颁发高中文凭资格的乡镇成人文化技术学校、工会职工学校承担。

〔**农民技术培训**〕　举办了市、县教育行政部门农村成人教育分管处、科长研讨班，对全省组织实施“百万农民培训工程”进行了部署。与浙江大学共同组织编写了早竹高产栽培技术、西甜瓜新品种及新技术等20余种农业实用技术教材，向各乡镇成校组织推荐现代农业、农村管理、种植、养殖、农产品加工等20多种农业实用科技光盘。举办实施人员、骨干技术人员培训班13期，培训人员近千人。与浙江大学、浙江人民广播电台合作举办了为期两个月的新世纪农村实用科学技术广播讲座。

〔**社区教育**〕　完成了杭州市下城区、宁波市鄞州区两个国家级社区教育实验区的“实验方案”和“评估指标体系”的制定工作。在宁波慈溪市、鄞州区、舟山普陀区、嘉兴海盐县探索以区域性中心成人学校为中心，开展农村社区教育，使农村社区教育与农业、农村现代化建设相结合，与农村城镇化建设相结合，与农村综合改革相结合，逐步形成以省级示范性成校为核心，辐射周边乡（镇）、村成校的农村社区成人教育服务网络。

经省政府批准，绍兴县政府举办绍兴社区学院、鄞州区政府创办社区学院。

高　等　教　育

〔**综述**〕　2002年，高等教育持续发展。普通高考录取率达到73%，比上年提高4.7个百分点，高等教育毛入学率达到20%以上，提高5个百分点。全省普通高校专任教师比上年增长17.1%，其中研究生毕业者占30.4%；具有副高以上职称者占36.1%。全省普通高校20个特聘教授岗位已有9位到位；评选出200个省属高校中青年学科带头人。

〔**高教园区建设**〕　2002年浙江省建设的杭州下沙、滨江、小和山、浙大紫金港和宁波、温州六大高教园区完成投资54亿元，竣工面积215万平方米，23所高校11.5万名学生进入高教园区学习。10月，进入下沙高教园区东区的6所高校相继开工建设，计划2003年秋季部分投入使用。6月28日，浙江工业大学小和山校区建设工程正式开工，该校区占地143.3公顷，将原已拥有3个校区、占地66.6公顷的浙江工业大学扩大两倍。

2002年，全省普通高校校舍建筑面积1 328.50万平方米，比上年净增269.01万平方米，普通本专科生均校舍面积33.8平方米，教学仪器设备值达26.28亿元，增加7.18亿元，生均教学仪器设备值6 684元。学校藏书2 996.3万册，净增385.17万册。

〔**资助经济困难学生**〕 浙江省第十一次党代会提出，不让一个孩子因贫困不能接受义务教育，不让一个大学生因贫困不能就学或辍学。为落实这一精神，8月，省教育厅发出《关于进一步做好国家助学贷款有关工作的通知》。9月，省教育厅决定从2002年9月起，省内开展国家助学贷款工作的高校建立国家助学贷款风险准备基金；与中国人民银行杭州中心支行、省财政厅联合发出《关于切实做好新学年国家助学贷款工作的通知》。规定高校必须在学费中提取20%，用于奖、贷学金、勤工助学基金和特困生补助金等。在“国家奖学金”的基础上，再设“省政府奖学金”，两项奖学金的受助贫困生达4 400多人。建立高校国家助学贷款风险准备金，努力扩大助学贷款规模，累计为3.8万余名学生发放助学贷款近2.6亿元。省教育厅与团省委等单位共同推出“浙江省大学生助学计划”，接受企业捐赠5 000万元作为“浙江省大学生助学基金”的创始基金，资助贫困家庭大学生。全省所有高校都开通了“先入学后缴费”的“绿色通道”。2002年全省高校对家庭经济困难学生的各类资助款超过1.7亿元，实现了“不让一个大学生因贫困不能就学或辍学”的目标。

〔**提高教学质量**〕 2002年全省高校增设本科专业103个、高职高专专业156个。全面启动“浙江省高等教育新世纪教学改革工程”，完成投资近亿元，评出100个省级重点专业，26所高校的130个实验室通过验收，确定8个省级基础课实验教学示范中心，建成30个省级大学生实践教学基地，建设了100种省级重点教材。加强对高等教育质量的监控，对15所高校开展了教学评估。建立教学工作督查员制度，派出200多人次对全省68所高校进行督查。首次对毕业硕士生的论文进行抽检，切实保证研究生培养质量。在杭州电子工业学院和浙江工业大学设立省级软件学院，加快软件人才的培养。12月，经专家论证，省教育厅审核，浙江工业大学化学实验中心等9个项目为第二批高校基础课实验教学示范中心，按每一项目200万元给予支持。

经教育部、浙江省政府批准，全省普通高校共有127项教学成果获2001年国家级、省级高等教育教学成果奖，其中国家级二等奖15项，省级一等奖27项、二等奖85项。

〔**学科与专业建设**〕 经省政府批准，浙江大学凝聚态物理等6个学科和中国美术学院艺术设计学科被评为省重点学科，浙江大学政治经济学等7个学科被评为省重点扶植学科。为进一步提升普通高校办学水平，在全省地方属高校中扶持100个重点专业建设。到2005年底，全省高校将全面建立省、校两级重点专业建设制度。省扶持的100个重点专业，将成为省高校高层次创新人才培养与教学改革的重要基地。

4月，省教育厅根据教育部《关于做好普通高等学校本科学科专业结构调整工作的若干意见》，提出了《关于加强高等学校学科专业设置与结构调整工作的意见》。《意见》提出：今后三年的专业增量中信息类专业的比例不低于25%，到2005年，争取信息类专业点达到300个，形成每年3万人的培养规模。支持浙江大学建设国家示范性软件学院，作为省软件人才培养的重要基地，近期在浙江工业大学和杭州电子工业学院办好软件学院。加大新兴产业、支柱产业专业的建设力度，重视发展直接为区域经济建设和发展密切结合的应用型专业，大力发展工科专业，通过三年努力，使工科专业比例由30%提高到35%以上。重点发展机械、电子、化工、医药等面向省支柱产业的专业。高职高专教育要面向生产、建设、管理、服务第一线开设应用型专业，经过3～5年的努力，争取有20个专业成为教育部示范专业，建成50个省级重点专业，250个校级重点专业并形成若干专业群。严格控制管理、文学、艺术类专业的数量，其比例控制在15%以内。鼓励高等学校打破学科壁垒，加大复合型人才培养力度。进一步下放专业设置权，浙江工业大学、浙江师范大学和宁波大学自主设置、调整专业；扩大其他本科高校自主设置和调整专业的学科范围，并逐年扩大；在部分高职高专学校试行在一定范围内自主设置和调整专业的工作。

4月，省教育厅将修订后的《浙江省高等学校新专业建设基本要求（试行）》印发各高等学校。要求各校加大投入，加强师资队伍建设，切实保证新增专业教育质量。今后新增专业都要进行检查、评估，检查评估时间为每年下半年，所抽查专业为进入第五学期教学的新专业。

4月，省教育厅公布2002年全省68所高校（含筹建）、1所成人高校的562个本科专业、823个高职高专专业名称以及试招的34个本科专业、19个高职高专专业名称。

〔学校布局结构调整〕 1月经省政府批准，有18所筹建的高等职业学校正式成立。5月，经省政府批准建立宁波大红鹰职业技术学院、浙江东方职业技术学院，两校属社会力量举办的高等职业学校；批准杭州职业技术学院（筹）钱潮分院与浙江大学华夏乡镇企业学院合并筹建杭州万向职业技术学院，该学院也是社会力量举办的高等职业学校。批准义乌工商职业技术学院正式建立。

2月，教育部批准在浙江省医药学校的基础上建立浙江医药高等专科学校。3月，教育部批准在浙江万里职业技术学院的基础上建立浙江万里学院，在台州师范高等专科学校基础上建立台州学院。万里学院试行民办学校的运行机制，由省教育行政部门管理；台州学院实行省、台州市共建，以市为主的办学体制。9月16日，省政府办公厅同意浙江教育学院创造条件由成人高校改制为普通本科高校。11月，省教育厅、省发展计划委员会、省财政厅批复，明确舟山石油化工学校（舟山商业学校、舟山职工中专）与浙江海洋学院实行合并办学，撤消舟山石油化工学校建制，其财产（含地产）、人员（含离退休）等全部划入浙江海洋学院。

〔学生思想政治工作〕 10月21日，省委书记张德江在浙江大学为全省高校1000名师生作形势报告，纵论党的十三届四中全会以来中国和浙江省改革和发展取得的伟大成就，勉励高校广大师生认清形势，坚定信心，为社会主义现代化建功立业。

从高校后勤社会化后的实际出发，浙江省强调学生思想政治工作要进公寓。主要采取以下措施：(1) 辅导员进驻学生公寓，高校每幢校外学生公寓都要有两间以上辅导员工作室，由公寓开发商、管理商免费提供，学校负责选派优秀辅导员进驻；(2) 学生党团组织建到公寓；(3) 把学生在公寓的表现纳入德育考评体系；(4) 建立学生公寓的自我管理组织；(5) 面向公寓开展校园文化活动，在公寓区逐步建立各类咨询、服务机构，向学生提供生活、心理、卫生、学习等咨询服务，把思想政治工作与帮助学生排忧解难结合起来；(6) 明确高校后勤服务单位的职责。2002年第18期《求是》杂志发表了浙江省委教育工委书记、省教育厅厅长侯靖方撰写的题为《思想政治工作要进大学生公寓》的文章。

〔学校体育、军训工作〕 5月，在温州医学院举办了浙江省第十一届大学生运动会，有40所高校2 200余名运动员参加了田径、篮球、排球、武术、健美操五大项目的比赛。

为推动浙江学校定向运动的开展，受教育部、国家体育总局、国家测绘局委托，于8月中旬在杭州承办了全国首届学生定向运动赛。来自全国各地和香港特别行政区的111支队伍800余名运动员、教练员参加了运动会。

2002年，浙江全省共有33所高校8万余名大学生和500余所高级中学20余万名中学生参加军训。

撰稿 钱晓芳

审稿 阮忠训

宁波市教育

〔基本情况〕

2002 年各级普通学校基本情况

单位：人

学校类别	学校数（所）	毕业生数	招生数	在校生数	教职工数	
					合计	其中：专任教师
总计	**2 826**	**257 476**	**292 343**	**1 059 279**	**67 036**	**50 582**
一、研究生（普通高校）		10	61	109		
二、普通高等学校	11	6 152	26 124	62 044	5 553	3 523
本科院校	3	1 665	8 827	22 920	3 327	2 078
专科院校	8	4 487	17 297	39 124	2 226	1 445
三、普通中等	384	112 374	135 303	387 892	27 865	21 565
1. 中等专业学校	10	6 932	5 643	19 232	1 054	737
中等技术学校	8	6 430	5 171	17 599	943	674
中等师范学校	2	502	472	1 633	111	63
2. 技工学校	14	2 981	3 308	9 114	854	611
3. 普通中学	305	88 196	103 792	308 627		17 309
高中	79	21 792	28 065	73 196	22 073	4 984
初中	226	66 404	75 727	235 431		12 325
4. 职业中学	55	14 265	22 560	50 919	3 884	2 908
其中：初中		44	60	153		2
四、小学	901	74 269	77 402	445 482	21 177	18 241
五、特殊教育学校	7	88	73	685	227	170
六、幼儿园	1 565	64 593	53 441	163 176	12 214	7 083

2002年各级成人学校基本情况

单位：人

学 校 类 别	学校数（所）	毕业生数	招生数	在校学生数	教职工数 合 计	教职工数 其中：专任教师
总 计	**2 591**	**452 160**	**676 545**	**494 233**	**3 915**	**2 506**
一、成人高等学校	2	5 507	11 857	35 387	526	349
1. 广播电视大学	1	817	515	1 766	403	280
2. 教育学院	1	969	2 826	7 754	123	69
3. 普通高等学校举办成人教育	10	3 721	8 516	25 867		
函授		1 336	2 098	13 385		
业余		1 017	4 478	8 685		
脱产		1 368	1 940	3 797		
二、成人中等学校	2 348	440 376	659 110	453 252	3 136	2 088
1. 成人中等专业学校	18	3 108	1 899	5 708	463	304
广播电视中等专业学校	1	1 335	673	2 550		
职工中等专业学校	7	968	673	2 207	141	97
农民中等专业学校	2	403		98	124	103
函授中等专业学校	1	402	553	853	9	5
教师进修学校	7				189	99
2. 成人中学	56	3 510	4 386	6 920	514	422
职工中学	19	1 049	653	1 484	154	99
农民学校	37	2 461	3 733	5 436	360	323
3. 成人技术培训学校	2 274	433 758	652 825	440 624	2 159	1 362
职工技术培训学校	327	113 621	228 411	153 423	674	418
农民技术培训学校	1 947	320 137	424 414	287 201	1 485	944
三、成人初等学校	241	6 277	5 578	5 594	253	69
1. 职工初等学校	28	1 963	1 650	1 632	6	4
2. 农民初等学校	213	4 314	3 928	3 962	247	65
其中：扫盲班	74	454	508	204	67	34

制表 景翠兰

2002年，宁波市大力开展教育创新，积极推进素质教育。积极鼓励学科教学创新，优化教学过程，大力挖掘、推广创新教育的典型，继续组织编写《点击教学创新》系列丛书。开展了宁波市大学生计算机网页设计比赛和中小学生小科技、小发明、小制作比赛及科普论文评比活动。建立了宁波市学生科技园、科普基地，组织中小学生开展科普实践活动，增强了学生的科普意识，提高了学生的创造热情和创新能力。努力改革教育评价制度，健全实施素质教育的评价机制，强化学校教育质量检测。对学校评价，注重从起点看变化，把办学行为是否规范作为评比各类示范学校的必备条件，引导学校在创特色、树品牌、重质量上下功夫；对教师的评价，突出实施素质教育的能力和水平；对学生的评价，进一步完善素质报告单制度，注重学生特长。完善中考办法，将实验技能和英语列入必考科目，实行计算机等特长抽测制度，省一级重点中学招收定向保送生占招生计划的比例，由上年的40%扩大到50%，降低了中考命题难度系数，减轻了学生课业负担。

社会力量办学健康发展。制发了《宁波市社会力量举办非学历教育机构的审批管理意见》，编印了《社会力量办学法律法规选编》，依法对民办学校进行了年检，对18家民办教育机构分别作出了限期整改、暂停招生和注销办学资格的处理。召开了有工商、新闻单位等参加的社会力量招生广告协调会，加强了对社会力量办学各类招生广告的管理。2002年，全市社会力量办学机构增加到1 662所，其中全日制普通中小学25所。民办学校在校生比例小学、初中、高中分别从上年的2.2%、5.9%、11%提高到3%、7%和12.9%。

实施"民心计划"获得广泛好评。从2002年秋季开始，对全市14个经济欠发达乡（镇）和6个片（区）义务教育段的3.3万余名学生，实施免收杂费和住宿费，补助困难学生的"两免一补助"政策。制订了《宁波市贫困学生助学办法》，凡本市学籍的"三残"学生在本市公办特教学校接受义务教育、高中段教育的，免收学费、杂费和住宿费。对外来民工合法居住3年以上、在指定学校接受义务教育的子女，实行借读费减半收取，对人均收入低于我市最低生活保障线的民工子女免收借读费。同时，帮助民工子弟学校改善办学条件，调拨折合60余万元的课桌椅、电脑，支援民工子弟学校，拨20万元专款，用于改善民工子弟学校设施，并积极帮助民工子女入学。2002年有6.5万名民工子女在宁波市接受义务教育，其中公办学校吸纳3.4万人，54所民工子弟学校接纳3.1万人，基本解决了民工子女入学难问题。

在全市教育系统开展"三进"活动，即在高校开展干部教师"进教室、进寝室、进食堂"，中小学开展干部教师"进家庭、进寝室（食堂）、进社区"活动。仅市直属学校干部教师参与"三进"活动的就有3 800多人，走访学生家庭5 700多户，社区146个，为学生排忧解难，收集了大量信息和建议，密切了学校和学生、家长的联系。深受群众赞誉。

实施名师工程，教师队伍素质有新提高。评定了第二批中小学名师62名，使全市中小学名师总数达到112名；考核确认8位中学高级教师享受正教授待遇，全市享受正教授待遇的中学高级教师累计达到29位；新增中小学特级教师24名，全市在职在岗的特级教师达到92名。继续开展特级教师带徒活动，第五期中小学特级（名师）教师共带徒239人，其中小学教师80名，中学教师159名。广泛开展教师继续教育，加强教师新基本功培训，编辑出版了教师新五项基本功教育丛书，举行了全市第三届中小学音乐、美术教师基本功比赛。通过多渠道多形式的培养培训，小学和初中专任教师的高一级学历比例提高到47.8%和47.7%。

撰稿　徐祥贤

〔**基础教育**〕　2002年，全市九年义务教育人口覆盖率为100%，义务教育的入学率、巩固率和完成率分别达到100%、99.88%和95%以上。盲童、聋童、弱智儿童，即"三残"儿童入学率达95.78%。幼儿学前三年毛入学率为102.94%，学前一年毛入学率为109.68%。全市初中入学率为99.77%；初中毕业生升入高中段的比例达到88.04%，其中城区已超过98%。全市普通优质高中在校学生数为4.41万人，占普高中学生总数的60.23%。2002年高考文理科上线率达到93.5%，录取率达到80.13%。

加强德育工作，调整了中小学德育工作领导小组成员。召开了全市第十一次中小学德育工作会议，表彰了“十佳优秀班主任”、“十佳中小学生标兵”、“德育工作先进集体”。制发了《关于进一步加强中小学德育工作，全面推进素质教育的几点意见》，确定奉化滕头村和江北青少年绿色学校为全市中小学生社会实践基地。修改了宁波市中小学“三好学生”和“优秀学生干部”的评选条件。为加强网络文化教育，引导广大中小学正确理解和合理利用网络世界，建立并开通了“宁波市青少年绿色网站”。

2002年，召开了全市基础教育工作会议，出台了《宁波市人民政府关于加快基础教育改革与发展，率先实现教育现代化的决定》。市长金德水在会上作了题为《创新机制，营造优势，全面加快我市基础教育现代化发展步伐》的报告，确定了“十五”期间全市基础教育改革与发展的思路与奋斗目标。基础教育均衡发展工作有了新进展，全市小学、初中已分别调整到901所、226所，小学、初中校均学生数已分别上升到494人、1042人。改革招生考试制度，宁波外国语学校、兴宁中学初中招生由笔试择优录取改为把名额分配到学校，由各小学按照德、智、体全面素质情况择优推荐的办法。加大中考改革力度，出台了初中毕业生参加自然科学实验操作和英语口语“2选1”加试办法，降低了中考命题难度。普高跨区域招生学校扩大到8所，充分利用优质高中资源。课程改革正式启动，北仑区作为国家级第八次基础教育课程改革实验区从2002年9月开始进入实施阶段。

至2002年，全市已有省示范小学39所，省示范初中26所，省一级重点中学10所，二级重点中学9所，三级重点中学10所。

撰稿　高祖祥

〔**职业教育与成人教育**〕　2002年，继续加强宏观调控，协调高中段教育均衡发展。改进招生办法，全市高中段招生实行统一考试，要求普通高中、职业中学、普通中专（成人中专普通班）、技工学校四类学校学生不得兼报；市区及部分县（市）区省级重点职校与重点以上普高同批次录取；第二阶段招生职普沟通“双向选择”。进一步理顺普通中专管理体制，从2002年开始，五年制高职和普通中专的招生录取工作统一归口到市教委职成教处，并与职业中学的招生录取同步进行。扩大了“3＋2”五年一贯制职业教育招生试点班招生规模，2002年招收新生3 340名。增加了成人中专普通班，并与成人高校挂构，开设了“2＋3”、“3＋2”办学模式，实现了成人中高等教育的相互衔接。

完成全年事业计划。全市中等职业教育实际招生3.19万人，高中段教育招生的普职比例保持在1∶1左右。在甬高职院校计划招生占普通高校招生数的57%。全市中职毕业生单考单招报考高职院校6 683人，录取5 512人，录取率82.5%。另有中职毕业生报考普通高校814人，上线716人。

优化职业教育师资结构，加快“双师型”队伍建设。加强在职教师的学历进修，狠抓专业教师技能培训。2002年与劳动和社会保障局联合印发《关于组织全市各职业学校（院）专业课教师中级工、高级工职业技能鉴定的通知》，在已开设的8个专业、11个工种（职业）鉴定中，有78名专业教师通过了高级工职业资格鉴定，有191名教师通过了中级工职业资格鉴定。2002年，“双师型”教师的比例提高到41%。

加强重点职业学校建设。慈溪、镇海、鄞州、象山、余姚等市、县基本建成“四中心”职校，宁海、奉化正在规划之中，全市“四中心”职校总投资已达到5.88亿元，占地面积达130公顷。鄞州区职教中心通过了省一级重点职校评估检查，全市省级以上重点职校已达24所。加快示范专业建设。在全市13个省示范专业通过省评估检查基础上，2002年有3个专业通过了国家级示范专业评估。对全市12所学校的12个现代化专业进行了评估检查，评出的现代化专业将获得每年20万元、连续三年的经费扶持。

在教育部7月举办的全国职业教育成果展示会上，宁波职教成果展示厅充分展示了20年来宁波职教改革和发展的成果。在全国中等职业学校学生技能大赛中，宁波市代表团有33名同学参加了计算机、服装、烹饪3个项目的比赛，共获得7个一等奖、10个二等奖、8个三等奖。

2002年，成人教育围绕构建终身教育体系，创建学习型城市的主题，狠抓终身教育思想的宣传和社区教育实验工作。至年底，宁波市海曙、江东、江北3区社区教育已基本普及至所有街道，所属中小学校向社区居民开放教育资源。其中，海曙区、江东区教育局还选派教师驻街道开展社区教育，加强了街道社区教育力量；鄞州、慈溪、余姚也在市社区教育实验区的基础上，选择部分街道和乡镇进行试点。象山石浦镇、慈溪浒山街道进行了创建学习型家庭活动，共评选出195户学习型家庭。慈溪观海卫镇开始在民营企业进行创建学习型企业试点。

“百万农民培训工程”进一步实施。各地加大农业新科技成果的培训和推广，加大农业转移劳动力的培训。2002年，全市实施“燎原计划”项目177项，围绕项目技术培训8.25万人，项目产值达到15.7亿；对农业转移劳动力实施再就业培训0.96万人。11月，宁波市教育局会同市农村工作办公室、市农业局评选出10个宁波市“百万农民培训工程”示范培训基地。2002年，全市农村劳动力参加各级各类培训达121万人次，占农村劳动力总数的46.12%，其中参加50学时以上的达23万人次，占农村劳动力总数的8.89%。实施农业实用技术培训23万人次，乡镇企业职工培训29万人次。

市民学英语行动计划开始向社区和农村发展。4月，由宁波市教育局组织编写的《通用英语100句》教材正式由浙江大学出版社出版。在2002年暑假发起的“通用英语100句进社区”活动中，宁波市教育局向海曙、江东、江北3区所辖社区赠送《通用英语100句》教材近2 000册；组织156名大学生进入72个社区进行市民英语教育义务辅导，有5 000余名社区居民参与了该项活动。市民学英语活动已经发展到慈溪、宁海等农村地区。由宁波市教育局与宁波电视台联合摄制的《通用英语100句》电视教学节目也开始在宁波电视台1至4套陆续播出。

撰稿 杨 飞 黄明杰

〔**高等教育**〕 2002年，宁波市高等教育毛入学率达到27.5%。

以高校“名师工程”建设为龙头，加快骨干教师的引进、培养，2002年评选了首批高校名师，宁波大学吴训威教授等11人荣获宁波市高校名师称号，另有48人被确定为名师培养对象。2002年，在甬各高校共引进教授62人、副教授407人、博士10人、硕士365人。在甬高校已拥院士6人，教授258人，副教授1 211人。

加强了对高校教学工作的督查，逐步建立了宁波市高等教育三级质量监控体系。2002年，宁波市建立了教学督导制度，成立了高校教学督导组，配合教育部、省教育厅的教学评估检查，分别对宁波电大、宁波职业技术学院、宁波服装职业技术学院和浙江工商职业技术学院进行预检、评估，保证4校顺利通过部、省教学评估检查。

高校办学层次和学科建设有新突破。宁波大学又申报12个硕士点，并正在申报博士点；浙江万里学院经教育部批准升格为本科院校；宁波职业技术学院被教育部确定为重点建设示范性高职院校。宁波市教育局安排600万专项经费用于市级重点学科、专业建设。截止年底，在甬高校已拥有教育部高职高专示范专业3个、教育部教改专业6个，省教育厅重点学科2个、重点扶植学科5个，市级重点（扶植）学科17个、重点专业18个。全市有省重点实验室2个，市重点实验室18个。

高教园区建设取得阶段性成果。到2002年底，宁波高教园区（南区）已基本建成，完成投资34亿元，完成建筑面积110余万平方米，园区内全日制在校生已达到3.2万人。全市高校占地面积总计达到587.3万平方米、校舍面积191.5万平方米、教学设备总值2.77亿、固定资产总值18.4亿。

高校服务地方的能力有较大提高。各高校始终把为地方服务，促进社会经济发展作为首要职责，走产学研结合之路。在甬高校科研水平进一步提高。全市高校教师共有140篇科研论文在一级学刊上发表，其中61篇被SCI收录，8篇被EI收录。在甬高校全年纵横向科研经费首次突破7 000万元。高校与地方经济的结合更加紧密，宁波大学已承接科研项目及横向课题300多项，到位经费3 500余万元，其中10万元以上的大型项目近百项。宁波职业技术学院、宁波服装职业技术学院、浙江工商职业技术学院等一批高职院校积极探索校企联合办学，走产学研结合道路，办出了鲜明的高职院校特色。

扶贫帮困体系进一步健全完善。通过设立寒窗基金、慈善助学基金，实施结对帮扶和助学贷款，并与高校等相关部门协调实施“奖、贷、助、补、减”等各项措施，建立了高校系统与其他相关企事业单位共同联手的、齐抓共管的帮困助学管理体系。自1999年～2002年，高校共减免贫困学生费用1 583.75万元，共计8 162人次，提供助学贷款1 975.27万元，共计3 309人，发放奖学金1 139.3万元，共计13 556人次，学费减免160.1万元，共计945人次。宁波市教育局与宁波日报社、团市委、市工商联、81 890社区服务中心共同发起了勤工助学活动的倡议，得到了社会各界的广泛参与。10月13日，在首次大学生勤工助学专场招聘会上，共有108家企事业单位参加活动，推出2 000多个岗位。4 000多位在甬高校学子参加了此次招聘会，报名登记求职的达1.21万人次，其中与企业确定明确就业意向的有2 000多人，有200多名贫困学子在现场签约，可直接走上勤工助学岗位。

撰稿　冯雪蔚

审稿　李立明

安徽省教育

概　　况

〔基本情况〕

2002年各级普通学校基本情况

单位：人

学校类别	学校数（所）	毕业生数	招生数	在校生数	教职工数 合计	教职工数 其中：专任教师
总　计	**29 866**	**3 199 868**	**3 770 407**	**12 695 126**	**587 012**	**508 122**
一、研究生	(17)	1 737	4 207	9 840		
1. 高等学校	(12)	1 615	3 890	9 098		
2. 科研机构	(5)	122	317	742		
二、普通高等学校本专科	61	44 318	122 480	330 112	39 250	21 131
本科院校	24	31 769	72 165	229 008	28 388	14 637
专科院校	37	8 471	41 205	81 708	10 510	6 305
分校、大专班		4 078	9 110	19 396	352	189
三、普通中等学校	4 591	1 288 810	1 714 317	4 643 096	240 848	200 016
1. 中等专业学校	108	66 124	38 856	125 831	11 912	6 664
中等技术学校	89	59 361	31 016	107 169	9 811	5 394
中等师范学校	19	6 763	7 840	18 662	2 101	1 270
2. 技工学校						
3. 普通中学	3 819	1 095 031	1 462 628	4 010 760	204 583	173 463
高中	726	170 033	303 440	771 669		37 211
初中	3 093	924 998	1 159 188	3 239 091		136 252
4. 职业中学	661	127 628	212 803	506 471	24 262	19 839
高中	308	47 223	96 310	193 512		8 315
初中	353	80 405	116 493	312 959		11 524
5. 工读学校	3	27	30	34	91	50
四、小学	22 718	1 277 525	1 272 586	6 874 782	286 461	272 010
五、特殊教育学校	67	1 874	3 172	18 963	1 256	957
六、幼儿园	2 429	585 604	653 645	818 333	19 197	14 008

2002年各级成人学校基本情况

单位：人

学校类别	学校数（所）	毕业生数	招生数	在校学生数	教职工数	
					合计	其中：专任教师
总计	**13 804**	**4 171 772**	**3 686 694**	**3 825 850**	**20 408**	**6 186**
一、成人高等学校	14	34 415	58 006	171 841	4 339	2 432
1. 广播电视大学	1	548	270	1 606	1 338	737
2. 职工高等学校	7	2 323	3 594	9 205	1 052	622
3. 农民高等学校						
4. 管理干部学院	2	998	867	2 235	685	311
5. 教育学院	4	4 934	5 334	15 144	1 264	762
6. 独立函授学院						
7. 其他学校（机构）						
8. 普通高等学校举办		25 612	47 941	143 651		
函授		13 738	25 719	78 547		
业余		3 609	9 110	30 682		
脱产		8 265	13 112	34 422		
二、成人中等学校	10 489	4 024 398	3 531 948	3 543 683	14 224	3 384
1. 成人中等专业学校	121	18 231	19 779	41 819	3 618	1 826
广播电视中专学校	5	765	833	3 083	73	33
职工中等专业学校	53	5 700	7 475	15 300	1 704	930
干部中等专业学校	16	2 783	838	1 960	778	291
农民中等专业学校	3	166	241	571	91	65
函授中等专业学校	9	1 106	730	3 321	299	141
教师进修学校	35	5 010	4 428	6 601	673	366
其他类学校举办		2 701	5 234	10 983		
2. 成人中学	22	1 405	2 337	3 634	202	154
成人高中	21	1 210	2 196	3 493	202	154
成人初中	1	195	141	141		
3. 成人技术培训学校	10 346	4 004 762	3 509 832	3 498 230	10 404	1 404
职工技术培训学校	50	51 988	54 465	14 728	821	568
农民技术培训学校	10 296	3 952 774	3 455 367	3 483 502	9 583	836
三、成人初等学校	3 301	112 959	96 740	110 326	1 845	370
1. 职工初等学校	13	266	182	182		
2. 农民初等学校	3 288	112 693	96 558	110 144	1 845	370
其中：扫盲班	2 845	77 249	73 066	83 553	1 480	355

〔**年度教育工作方针**〕　2002年，全省教育系统以邓小平理论和“三个代表”重要思想为指导，认真贯彻落实党的十五大、十五届六中全会精神以及省第七次党代会精神，按照科教兴皖战略的总体部署，解放思想，求真务实，与时俱进，开拓创新，推进全省教育工作再上新台阶。围绕“加快发展、富民强省”总目标，按照“适度超前”的要求，推进各级各类教育协调、快速、健康发展；根据全省经济结构战略性调整和加入世贸组织的新形势、新要求，加快教育结构调整的步伐；加大教育体制创新的力度，推进教育各项改革，进一步提高教育质量和办学效益。基本思路是：（一）坚持教育适度超前发展，服务于“加快发展、富民强省”的总目标。(1) 以农村义务教育为重点，切实抓好降低义务教育阶段辍学率和扫除青壮年文盲特别是妇女文盲的工作，继续巩固“两基”成果，提高“两基”水平。(2) 以中等职业教育为重点，加快高中阶段教育发展。(3) 以本科以上教育为重点，继续扩大高等教育规模。(4) 以构建社区教育体系和终身教育体系为重点，积极发展各类成人教育。(5) 以“入世”为契机，主动与国际惯例接轨，学习国外先进的教育教学方法和管理手段，引进国外教育资金，扩大开放，加强合作，提高全省教育的综合竞争能力。（二）加速推进教育结构战略性调整，主动适应“入世”后经济社会发展的新形势。(1) 着力调整教育层次结构。大力发展高中阶段教育，提升整个基础教育的层次；加快高等职业技术教育发展，提升整个职业教育的层次；加强五年制小教专科教育，提升整个师范教育的层次；加快重点高校和学位建设，扩大全省高校研究生教育规模，提升整个高等教育的层次。(2) 调整高等教育和中等职业教育学科、专业结构，对现有高等院校学科、专业进行调整、整合，拓宽专业口径；重点建设一批高新技术、金融、贸易、管理、法律等专业。有关大中专院校要加快服务农业的种植业、养殖业和加工业专业建设。中等职业教育要根据生产第一线劳动力需求，突出加快旅游、餐饮、宾馆、家政、社区服务等服务类专业发展；面向农村的各类职业教育要重点加快农村经纪人、乡镇小商品流通、农产品经营、农业信息员等人才培养。（三）以创新精神和实践能力为核心，努力提高教育教学质量，加快素质教育实施步伐。(1) 以课程改革为突破口，扎实推进中小学素质教育。(2) 抓好高教质量的提高工作。继续开展“高等教育质量年”活动，建立并完善教育质量督查制度；扩大高职高专教学改革试点范围，启动高职高专教学工作评估试点；制定五年制高职教育试点办法，规范办学行为，确保人才培养质量。(3) 深化中等职教教学内容、教学方法和教学手段改革，开展学分制试点工作和综合课程教育试点工作，加快“双师型”教师队伍建设，切实提高学生的专业技能。(4) 继续加强各级各类学校体育、艺术、卫生和劳动教育，语言文字规范化教育和各种专题教育，促进学生的全面发展。（四）进一步深化教育体制改革，促进教育事业的快速发展和教育结构的战略性调整。(1) 深化教育管理体制改革。(2) 进一步深化办学体制改革，促进民办教育健康发展。(3) 深化学校内部管理体制改革。(4) 深化学校后勤体制改革。(5) 深化大中专毕业生就业制度改革。(6) 深化高校科技体制改革。（五）加强教师队伍建设和教育基本建设，推进教育现代化和信息化进程。(1) 修订印发并组织实施《安徽省高等学校教师队伍建设“十五”规划》和《安徽省中小学教师队伍建设“十五”规划》，继续实施“高层次创造性人才工程”和“跨世纪园丁工程”。(2) 巩固和完善中小学校长持证上岗制度，抓好省级骨干校长培训；指导各市实施以基础教育新课程为核心内容的新一轮中小学教师继续教育工作；启动中专学校和师范学校教师继续教育工程。(3) 继续举办“以毕业研究生同等学力申请硕士学位教师进修班”；有计划地选派高校中青年骨干教师到全国重点高校和科研院所攻读博士学位或作为国内访问学者进修提高，选派高校学科带头人到国外研修。(4) 进一步促进教育投入长效保障机制的建立和完善，切实保障教师工资按时发放和学校正常运转。(5) 加速推进教育技术现代化和教育信息化进程。（六）切实加强教育系统党的建设，坚持社会主义办学方向。(1) 加强教育系统党的思想建设、组织建设和作风建设。(2) 进一步加强党风廉政建设。(3) 以“提出一个好目标，选出一个好班子，形成一个好局面”为目标，督促、指导高校和直属中专学校召开党代会和换届选举。（七）加强和改进教育系统思想政治工作，推动政风、行风建设和机关精神文明建设。(1) 进一步加强和改进全系统思想政治工作。(2) 切实加强各级各类学校学生德育和思想政治工作。(3) 将2002年作为学校“校风、教风、学风建设年”。(4) 启动文明行业创建活动，继续抓好纠正部门和行业不正之风工作。(5) 进一步加强教育法制建设。(6) 推进行政审批制度改革，推广“一站式”高效服务，推行政务公开。

〔**教育投入与支出**〕　2002年全省教育经费收支情况。全省教育经费收入共164.05亿元，其中财政预算内拨款99.71亿元，占60.8%；各级政府征收用于教育的税费3.88亿元，占2.4%；校办产业、勤工俭学、社会服务收入中用于教育的经费0.6亿元，占0.4%；企业、社会团体、公民个人办学经费2.83亿元，占1.7%；社会捐集资2.18亿元，占1.3%；事业收入47.94亿元，占29.2%。2002年，全省全口径教育经费支出总额为167亿元，比上年增加31.65亿元，增长23.4%。按隶属关系分，中央部委所属在皖院校教育经费支出14.38亿元，占8.6%；安徽地方各级各类学校经费支出152.63亿元，占91.4%。按部门划分，教育部门教育经费支出147.09亿元，占88.1%；其他部门、企业及社会团体、个人办学教育经费支出19.92亿元，占11.9%。

2002年地方教育部门教育经费支出情况。全省地方教育部门教育经费收入141.86亿元，比上年增长24.0%。地方教育部门支出为143.16亿元，比上年增长25.3%。2002年全省国家财政性教育经费支出99亿元，占当年国民生产总值的2.75%，较上年提高0.32个百分点。

2002年各级各类学校生均预算内教育经费及生均预算内公用经费情况：普通高中为1 124元和47元，分别增加83元和下降33元；普通初中为659元和42元，分别增加102元和4元；普通小学为612元和32元，分别增加141元和13元；职业中学为766元和35元，分别增加134元和下降1元；中等师范学校为2 260元和136元，分别增加94元和下降97元。

2002年教育基建情况。省属高校基建完成总投资10.19亿元，（其中省统筹0.3亿元，省、市财政专项安排0.13亿元，中央专项补助0.48亿元，学校自筹7.52亿元，其他2.04亿元）。当年施工面积149.1万平方米，竣工68.1万平方米。全省普通中学、职业中学、小学校舍总面积比上年分别增加173.5万平方米、8.44万平方米和78万平方米。全省城镇中小学教职工住房建设完成投资1.65亿元，完成建筑面积32.7万平方米，建成住房3 332套；省属高校完成投资5 541万元，建成住房建筑面积6.3万平方米，建成住房559套。

〔**政风与行风建设**〕　省委教育工委、省教育厅重视政风、行风建设，进一步加大了工作力度。先后印发了《关于党风廉政领导责任制的规定》、《关于加强从源头上预防和治理腐败工作的意见》、《关于进一步加强机关政风建设的若干意见》、《2002年全省教育系统党风廉政建设和反腐败工作意见》等文件，对目标任务进行了责任分解，把党风廉政责任制一级一级地落到实处。同时，加强对执行责任制情况的监督检查和考核工作，加大了责任追究的力度。

继续推行领导干部廉洁自律工作。按照《安徽省党风廉政档案管理暂行办法》要求，建立和完善了领导班子和领导干部党风廉政档案。对违反党的政治纪律的案件进行严肃查处。6月，对反映凤台县一中校长体罚学生的事件，省教育厅派专人深入学校调查，并督促凤台县教委严肃查处；7月，又派专人对长丰县发生的违反招生政策的案件进行了查处。

进一步提高为民服务的质量和效率。省教育厅坚持把“让人民群众满意”作为一切工作的出发点。扎扎实实地为人民群众办好事、办实事。主动抓住群众关注的热点问题进行整改，在加大治理中小学乱收费的同时，加大对贫困家庭的救助力度，并向岳西、利辛、阜南等贫困地区学生免费提供了价值300多万元的课本。7月中旬，省教育厅组织20个调研组分赴全省40余市（县、区）开展关于税费改革后，农村义务教育阶段现状的专题调研，掌握了大量第一手资料，并形成调研报告上报省政府作为决策依据。

依法行政。认真贯彻省政府《关于全面推进依法行政的决定》和教育部《关于加强教育法制建设的意见》，结合全省教育工作实际，印发了《关于加强教育法制建设的意见》，进一步明确了教育法制建设的指导思想、工作任务及主要措施。进一步完善监督约束机制，省教育厅在全省17个市及对口联系的3个民主党派中聘请20余位政风建设义务监督员，设置了公务员行为规范投诉箱，主动接受教育系统及社会各界人士对教育厅政风建设的监督、评议。

加大治理中小学乱收费力度。2002年，省委、省政府、省纪委领导多次对治理中小学乱收费工作作出重要批示。省委书记王太华要求有关部门采取果断有力措施，坚决刹住农村乱收费尤其是中小学乱收费的不正之风。省长王金山重视群众反映中小学乱收费的问题，要求有关部门认真查处。4月，省教育厅专门召开了全省教育部门纠风工作会议，重点部署治理中小学乱收费工作。秋季开学前，省教育厅、省监察厅、省纠风办联合召开了全省治理中小学乱收费工作电视电话会议，就治理中小学乱收费工作提出明确要求。2002年秋季开学前，省教育厅会同省监察厅、省纠风办布置开展全省中小学收费检查。9月中旬，省教育厅领导带队，组成6个检查组，对6个市12个县的农村中小学收费情况进行了明察暗访，对检查中发现的突出问题及时向当地政府及有关部门提出了整改意见，要求限期改正。据统计，全省共查出违规收费7 547.3万元，查处违纪案件494件，处理责任者186人，其中给予党政纪处分95人。

撰稿　朱乃韬

〔社会力量办学〕 省政府印发了《关于鼓励支持社会力量办学的若干意见》，为加快实施科教兴皖战略，鼓励和支持社会力量以多种形式办学。审批3所民办高等职业学校、5所民办高中、1所专修学院、4所自学考试助学中心。大力发展、规范社会力量办学，共审批了72所民办高中和一批民办初中、小学、幼儿园。进行了全省各级各类民办教育机构换发教育部印制的办学许可证工作。在各市、县年检、换证的基础上，开展了向民政部门办理非企业单位登记工作。

撰稿　吕　萍

〔语言文字工作〕 组织专家深入调查研究，起草了《安徽省〈国家通用语言文字法〉实施办法》。经省政府批准，对全省各级各类城市语言文字工作分期分批进行评估。全省共有中小学幼儿园教师10.86万人参加普通话水平测试，提高了广大教师的语言规范意识和普通话水平。在省委教育工委和省教育厅机关和部分直属事业单位开展普通话水平测试工作，48周岁以下的公务员和已聘任教师职务的人员参加了测试。组织了第十九期和第二十期省级普通话水平测试员培训班，共有200人参加培训，157人取得省级普通话水平测试员资格。从全省范围选派15名优秀省级测试员进京参加国家级普通话水平测试员培训班学习，全部获得国家级测试员资格。

撰稿　邬平川

基础教育

〔综述〕 到2002年底，全省小学适龄儿童入学率达到98.80%，小学生辍学率0.54%，小学毕业生升学率达到99.86%；初中适龄儿童入学率为92.52%，初中辍学率为2.30%，初中升学率达到

45.07%。小学和初中校均学生数分别为302人和1 031人。全省特殊教育学校67所，大多数30万人口以上的县都建起了特殊教育学校，特殊教育班近200个。盲、聋、弱智三类残疾儿童少年在校生为2.57万人，三类残疾儿童入学率达到81.35%以上。

〔**课程改革**〕　以课程改革为突破口，使全省中小学素质教育有新的进展。在33个省级实验区小学、初中起始年级使用新教材，开展新课程实验工作。年内小学、初中各有16万名学生使用新教材。1月，组织专家对芜湖实验区课改工作进行了总结评估，3月，在芜湖市召开了全省课改工作会议。会后，加大新课程培训工作力度，全年省级培训教育行政、教研人员和校长400多人，教师1.3万人。继续推进在全省城市和有条件的县城镇以上小学三年级逐步开设英语课。到年底，全省县城以上小学三年级基本都已开设英语课，少数有条件的乡镇中心小学也开设了英语课。在暑期举办了中小学英语教师培训班。在全省小学进一步加强学生课外阅读，在7所小学开展古文经典诵读活动，弘扬传统文化。

〔**信息技术教育**〕　进一步贯彻落实全省中小学普及教育信息技术“十五”计划实施意见，积极推进“校校通”工程。全省近300所中小学校参加教育部“朝阳行动计划”，近200所中小学校安装了卫星资源接收系统，实现了“校校通”。参与组织落实安徽省中小学多媒体网络电脑教室项目配套资源的工作，经省教育厅审核，有69所学校达到电教设备一类标准，至此，全省电教设备一类达标学校达1 000多所。芜湖市教育城域网开通。引进社会资金参与中小学信息技术教育，第一批504间安联电脑教室投入使用，共配备计算机3.06万台，投入总资金1.5亿元，使全省拥有计算机教室的中小学增加到2 700个，校园网增加到604个，接受信息技术教育的中小学生增加50万人，全省达到180万人以上。

〔**教研科研工作**〕　开展教育改革发展理论研究，完成了国家级课题“创新教育研究与实验”、国家“九五”规划课题“农村职业中学教学模式和课程结构改革研究”等课题；国家重点项目《基础教育物理课程标准的研制》完成了年度工作。完成中国教育学会“十五”重点课题《中小学地方课程教材建设研究》的省级子课题的研究。全省有两项课题被全国教育科学规划领导小组批准为全国教育科学“十五”规划重点课题，有11项课题被批准为全国教育科学“十五”规划课题，有4项课题被批准为自筹经费的教育部重点课题，有1项课题被批准为自筹经费的教育部青年专项课题。积极开展各种调查研究，如“农村教育与农村经济问题关系的研究”等。完成2002年度申报省级重点教育科研课题的审查工作，共有389项课题通过立项。积极开展各种教研活动，组织中小学和幼儿园各学科的教学调研与视导，开展中小学各学科骨干教师和优秀青年教师送教下基层、送教下乡活动。

〔**中小学危房改造**〕　到2002年，全省累计投入危改项目资金15.9亿元，其中中央与省级已下拨危改资金8.1亿元（中央补助专款1.41亿元），地方配套7.8亿元；累计开工危改项目6 301个，建筑面积376万平方米，其中已竣工项目4 402个，竣工面积277万平方米，尚有在建项目1 899个，在建面积99万平方米。全省共改造D级危房275万平方米，占“工程”改造目标数438万平方米D级危房面积的63%。2002年全年共改造D级危房130万平方米，超过原定计划100万平方米的任务。同时，绝大部分地方将中小学危房改造与布局调整和学制改革紧密结合，提高了办学水平和教育的规模效益。3月19日，全国危改办在试点单位安徽省阜阳市召开了全国现场会议，推广了阜阳市中小学危房改造的经验。12月26日～27日，在巢湖市和县召开了全省危改工作现场会，副省长蒋作君到会讲话，与会代表参观了和县、无为县的危改项目现场。6月，对全省中小学危房面积和等级进行了普查，建立了危房项目库，并结合实际制订了具体规划。先后对阜阳市、萧县、潜山等20多个市县（区）的危改工作进行了专项督查，及时总结各地的经验和做法，同时也指出存在问题，纠正工作偏差。

〔**体育、卫生、艺术和国防教育**〕 在部分中学开展预防艾滋病健康教育试点工作，并总结试点单位的改革成果，逐步向全省推广。启动《中小学生课外文体活动工程》，动员各市积极申报中小学生课外文体活动示范区。同时，根据教育部关于中小学课程改革的总体框架，选择部分地区和学校试行《体育与健康》、《音乐》和《美术》新的课程标准及教材。试行《学生体质健康标准》。制订了《安徽省中小学艺术教育发展规划》、《安徽省省级体育传统项目学校考核评估办法及评分标准》，转发了教育部印发的《学校艺术教育规程》、《学校食堂与学生集体用餐卫生管理规定》、《中学体育器材设施配备目录》和《小学体育器材设施配备目录》、《全国普通高等学校体育课程教学指导纲要》、《普通高等军事课教学大纲》等法规性文件，并根据全省实际情况提出了具体的实施意见。加强督查工作，会同省卫生厅，组织了全省学校食品卫生安全工作检查，并派出3个检查组暗访抽查6个市90所中、小学校（含大学）。积极开展体育、音乐、美术、健康教育、国防教育师资培养培训，并纳入学校师资队伍建设的整体规划，举办了软排球规则培训班、篮球裁判员培训班、心理咨询和心理健康教育培训班、统计学培训班和中学预防艾滋病健康教育师资培训班等。举办全省中小学优秀自编操评选活动、全省第七届中学生田径运动会、全省中小学生健美操比赛、全省中学生软式排球比赛等，会同省体育局举办了全省体育传统项目学校田径、游泳、球类等各项体育竞赛活动。

撰稿　邬平川

职业教育与成人教育

〔**综述**〕 2002年，全省各类中等职业教育（职业高中、普通中专、成人中专）累计招生15万人，比上年增长40%，达到历史最好水平；高校对口招生近1.4万人，比2001年增加0.5万人，升入高校的中职毕业生超过全省中职毕业生总数的10%。全省职业教育彻底走出低谷，并呈现出跨越式发展的态势。

2002年，全省职业教育认真贯彻全国职教工作会议精神和省政府办公厅《关于加强职业教育工作的意见》，突出发展主题，深化招生改革，努力扩大中等职业教育事业规模；加强职业学校管理和改革，不断提高职业学校教育教学质量和管理水平；努力扩大对口招生规模，积极构建中职、高职、本科相衔接的多层次、多规格的人才培养立交桥。

〔**职业教育调研**〕 年初，根据省长许仲林的批示，教育厅组织调研组，在全省范围内开展职教工作调研，在掌握第一手材料的基础上，形成了《关于我省中等职业教育发展情况的调查报告》，《报告》提出的关于强化市级政府统筹职教的责任、开展职教检查、请求安排一定国债资金和政府贴息贷款建设重点职业学校及要求中职学校工资统一纳入财政统发范围等建议，得到了省政府的肯定。与此同时，省教育厅还组织开展农村职业教育专题调研，在此基础上，形成了《发展我省农村职业教育调研报告》，并报送省委办公厅。

10月，经省政府批准，由省教育厅牵头，省政府办公厅、省劳动厅、省经贸委、省财政厅、省计委、省农委、省人事厅参加，组成5个督查调研组，分赴全省17个市对省政府办公厅《关于加强职业教育工作的意见》贯彻落实情况进行督查，省教育厅在汇总各组督查报告的基础上，向省政府及全省职教工作联席会议作了汇报，并对全省职业教育发展提出了建设性意见。

〔**招生改革**〕 省教育厅以加快职教发展为主题，进一步加大中等职业学校招生的改革力度和领导力度。(1) 省教育厅在 2002 年全省初中升学考试暨高中阶段招生工作会议上要求：要坚持以中等职业教育发展为重点的方针，全省中等职业学校招生数量与普通高中招生之比必须有较大的增加，其中基础较好的市中等职业学校与普通高中招生比要达到 1∶1，基础较弱的市招生比要达到 4∶6。(2) 成立全省高中阶段教育招生工作领导小组，统一领导和组织协调全省高中阶段教育招生工作。省教育厅先后召开四次有关中等职业教育招生工作会议，印发了《关于做好 2002 年初中升学考试工作的通知》、《关于报送 2002 年高中阶段招生计划的紧急通知》、《关于加强中等职业学校招生工作的通知》等文件，对中职招生工作和政策进行引导。(3) 改革招生政策和办法。2002 年，省教育厅对中专招生录取工作统一下放到市，由市统筹做好各类中等职业学校招生录取工作。职业高中招生继续实行"五个放开"的办法：即放开招生计划限制，放开年龄、应历届和身体条件限制，放开入学考试限制，放开招生时间限制，有条件的中等职业学校实行免试入学、推荐注册入学、实行春秋两季招生和多次招生，放开地区限制、鼓励走出安徽招生、允许跨市招生。全省职业高中和部分普通中专实行了春季招生。(4) 建立高中阶段招生激励机制，加强考核和奖惩。2002 年，省教育厅对中职招生实行以奖代补的激励机制，对普职比严重失衡，2001 年中职招生比低于全省平均水平，而 2002 年未采取得力措施拉动中职发展，中职招生增长比例低于全省平均增幅的市，视情况减少甚至取消其当年中央和省职教专项经费补助；对普通高中教育与中等职业教育协调发展的地方，将从职教及普教专项经费的安排上予以倾斜。(5) 规范招生秩序，净化招生环境。全省各级教育行政部门和招生部门精心组织各中等职业学校做好招生宣传工作，充分尊重考生对各类中等职业学校招生的知情权，坚决制止和纠正有意不向考生提供中等职业学校招生信息以及虚假不实宣传的行为。同时，各级教育行政部门积极为招生学校提供公平、有序的招生环境和优质服务，维护学校和考生的合法权益。坚持制止招生无序的混乱现象，杜绝在招生过程中出现狭隘的地方保护倾向，优先利用优质教育资源安排招生。

由于招生措施得力，全省 10 多个市中等职业教育招生比上年有较大幅度增加，部分市、县招生人数成倍增长，宁国市职高、宿州市一职高、霍邱县陈埠职高、桐城市望溪职高、合肥市职教中心等部分国家级、省级重点职高招生超过 1 000 人。

〔**参加全国职教展示会及技能大赛**〕 2002 年，安徽省参加了全国职教展示会及职业学校学生四项技能大赛。在展示会上，安徽展厅以新颖的形式，翔实的资料，宣传了安徽省职业教育的丰硕成果。同时，在全国职业学校计算机、服装设计、美容美发、烹饪 4 项技能大赛中取得优异成绩。计算机技能大赛安徽省获一等奖 1 名、二等奖 1 名、三等奖 1 名、优秀奖 6 名，优秀指导教师奖 1 名；服装设计大赛获二等奖 1 名、三等奖 3 名、优秀奖 2 名，优秀指导教师奖 2 名；烹饪技能大赛获二等奖 1 名、三等奖 2 名、优秀奖 3 名，优秀指导教师奖 3 名；美容美发技能大赛获三等奖 6 名，优秀指导教师奖 2 名；省教育厅获优秀组织奖。

〔**教育教学改革**〕 积极推进中等职业学校办学模式改革，拓宽办学思路，面向市场办学，突出特色，灵活设置专业和培训项目，根据产业结构调整和劳动力市场变化，开办面向新兴产业和现代服务业的专业，拓宽专业服务面向，增强适应性。根据城市社区迅速发展和大力发展服务业的趋势，开设或加强了物业管理、宾馆、餐饮、烹饪、旅游等专业；根据农村小城镇建设、农业经济转型、农业人口转移（劳务经济）的特点，相应开展了农业新品种、农业信息员和农村经纪人、物流管理、小商品贸易等人才培训。

宁国市职业高中、蒙城县庄周职业高中等一批职业学校已走出围绕市场办学的新路子。部分学校推行学分制等弹性学习制度，满足学生半工半读和分阶段完成学业的需要，受到社会的欢迎。

〔**中等师范教育**〕 2002年，停招三年制中师生（不含幼师），开始全部采取初中毕业起点五年制小教专科和高中毕业起点三年制小教专科的模式培养小学教师，实现了小教培养专科化，基本完成了三级师范向二级师范的过渡，优化了师范教育资源配置，积极构建新的教师培养体系，提升了师范教育的整体层次。积极开展五年制小教专科的教育教学研究工作，师范教育教学水平稳步提高。

〔**教育考试**〕 全年共举办社会自考两次，应用型专业自考四次，报考人数60多万人。举办电大注册视听生考试两次，参考人数4万人。调整自学考试格局，大力发展本科教育，调整后共有专业68个，其中本科专业34个。打通普通高校、成人高校、电大课程之间的通道，普通高校、成人高校、电大学生通过的相关科目，取得学分后，可以免考同科目的课程，这一政策实行后，仅2002年上半年，报考自考本科的考生数占考生总数的52%，本科毕业生数占毕业生总数的40%。

与有关厅局合作，拓宽自考领域。先后为公、检、司、法、财、贸、商、统计、物价、卫生、档案、新闻出版、机械、邮电等部门举办了本、专科委托考试。数万名在职人员通过自考提高了文化和业务素质，支持了全省各部门经济发展与社会发展对人才的需要。为适应全省中小学教育改革的需要，为全省中小学教师的继续教育开设了10个师范本科专业。几年来，吸引了7万多名基层中小学教师参加自考，已有3万多名教师取得本科文凭。

开展非学历考试。先后进行了全国计算机等级考试、少儿计算机考试、全国公共英语等级考试、剑桥少儿英语考试等非学历教育考试。加快自考向农村延伸的步伐，在乡一级设立辅导站，建立考生实习基地，为他们提供教材，加强辅导。亳州市已开考了农学、果树、蔬菜、园林绿化、畜牧、兽医、淡水养殖、经济管理专业，正在探索一条满足农村考生对实用技术的知识需求新路。省建立了自考网站，并在各市陆续建立自考链接网页，为考生提供信息咨询服务。在全省电大系统建立“自考辅导中心”，将助学服务送到基层。省自考办再次被省直文明委评为“三优文明单位”。

〔**成人中专教育与社区教育**〕 进一步改革成人中等学历教育招生政策，实行宽进严出，免试入学，拓宽初中后受教育渠道。规范成人教育办学行为，完善成人中专毕业验考制度，改革成人中专毕业验考工作办法，验考工作由市教育行政部门和学校负责。继续推进社区教育工作，四个试点市开展了不同形式的活动，芜湖市镜湖区作为国家级实验区，提出了《开展社区教育工作方案》，并积极开展实验工作。

撰稿 姚德勇 吕 萍

高等教育

〔**综述**〕 2002年，安徽省属普通高校比上年增加8所。全省高等教育毛入学率达12.5%。经教育部批准，淮南工学院更名为安徽理工大学；黄山高等专科学校升格为黄山学院。巢湖师范专科学校升格为巢湖学院，铜陵财经专科学校升格为铜陵学院；蒙城师范学校升格为亳州师范专科学校。经省政府批准成立了滁州职业技术学院、宣城职业技术学院、巢湖职业技术学院、池州职业技术学院、安徽明星科技职业技术学院、安徽农业大学涉外经济学院、安徽广播影视职业技术学院、安徽外国语职业技术学院8所高等职业学校。批准筹建安徽财院合肥职业技术学院。

〔**高校基本建设**〕 中国科技大学、安徽大学高质量完成了“211工程”建设任务，并通过国家的验收。启动安徽大学“211工程”二期建设项目。为适应高校强势扩容的新形势，进一步加大高校基本建设力度。2002年省属高校基建投资累计完成10.2亿，竣工建筑面积62万平方米。省属高校占地面积达到5 951公顷，比上年增长37.3%；校舍建筑面积达到840.4万平方米，增长28.2%；固定资产总值54.8亿元，增长22.3%；仪器设备总值14.2亿元，增长53.1%；图书资料2 140万册，增长20.2%。

〔**教学工作**〕　2002年召开了高校工作会议和本科教学工作座谈会，对今后如何深化教学改革、推进教学管理创新进行了部署和研讨。

召开了新建本科高校分管教学的副校长和教务处长座谈会，对新建本科高校和部分高职高专学校的办学定位、教学工作和专业发展规划等进行了指导。指导安徽技术师范学院顺利通过教育部教学工作合格评估。开展高校教学改革研究和教学成果奖励工作。对1998和1999年度立项的340个省级教学研究项目进行结项鉴定。对126项省级教学成果和7项国家级教学成果进行了奖励。开展2003年度高校省级教学研究项目的申报工作。共有43所高校的416个项目申报立项，参与项目研究的教师和管理人员近3 000人。

会同省教育工会开展了高校青年教师教学基本功竞赛活动。经层层筛选，评选产生一等奖3名、二等奖11名、三等奖21名。

开展高校基础课教学实验室评估和省级基础课实验教学示范中心的遴选建设工作。组织专家对16所普通本科高校的92个基础课实验室进行了省级合格评估验收。制定印发了《高校“省级基础课实验教学示范中心”申报办法》和《高校“省级基础课实验教学示范中心”建设标准》，开展了高校“省级基础课实验教学示范中心”的申报工作。召开高校图书馆工作委员会会议，制定《安徽高校图书信息保障系统建设可行性方案》，启动高校超星电子图书系统建设，实现全省高校图书文献资料的共建、共享，提高图书文献资料的使用效益。

〔**专业结构调整**〕　制定了《关于高校本科学科专业结构调整的若干意见》，提出了今后一段时期全省高校专业结构调整的指导思想、工作目标和工作重点，并出台了遴选建设“省级人才培养基地”和“省级教改示范专业”等政策和举措。组织专家对高校的学科、专业建设规划进行评议，开展了春、秋两季新增专业的申报和评审工作。组织高校开展“省级教改示范专业”的申报和评审工作。

〔**学位与研究生工作**〕　开展对全省高校申报博士、硕士学位授予单位的调研指导工作。组织了第五届国务院学位委员会学科评议组成员的推荐申报工作。组织2002年成人高等教育本科毕业生申请学士学位外国语水平全省统一考试，共有4 470名毕业生参加考试；以毕业研究生同等学力申请硕士学位外国语和学科综合水平全国统一考试，报考人数2 270人；在职攻读硕士学位全国入学联考共有2 044人参加考试。

按“坚持标准、严格要求、保证质量、公正合理”的原则，审批了安徽工业大学等10所高校的10个本科专业为新增学士学位授予专业。对2002年申请举办研究生课程进修班的单位进行了审核，批准12所高校69个专业举办研究生课程进修班，招生2 340人。

〔**党建和思想政治工作**〕　省委教育工委、省教育厅部署高校广泛开展党的“十六大”精神和“三个代表”重要思想的学习宣传教育活动。召开了全省高校学习动员会，邀请十六大代表、省委教育工委书记、省教育厅长陈贤忠同志作了学习十六大精神的辅导报告。各高校组织开展了多种形式的宣传教育活动。

省委组织部、宣传部和省委教育工委联合召开了第九、十次全省高校党建工作会议。省委副书记、省政协主席方兆祥出席会议并讲话。省委常委、常务副省长张平作了题为《关于全省经济形势和主要任务》的报告。为确保高校稳定，在全省高校开展了党建专题调研活动，形成了专题调研报告。

开展以“贯彻方针、爱岗敬业、严谨治学、关爱学生、团结协作、廉洁从教、为人师表"为重点的师德师风专题教育活动。开展了《公民道德建设实施纲要》的学习贯彻活动。组织编写了《师德师风教育读本》。先后举办了全省高校学习《纲要》理论研讨会和论文评比活动、全省大学生"我与道德建设"演讲比赛，组队参加了"美菱杯"全省公民道德建设知识大赛，并获组织奖。与省委宣传部、团省委、省教育工会共同举办万名大学生演唱会。会同省委宣传部开展了文化科技卫生"三下乡"活动。通过这些活动提高了师生的思想道德素质，促进了校园精神文明建设。

加强高校"两课"教学工作。扎实推进"三个代表"思想"进课堂、进教材、进学生头脑"工作。召开了全省高职院校和民办高校"两课"教学管理工作会议，对"两课"教育教学提出明确要求。完成了对全省普通高校的"两课"教育教学评估。组织开展了"两课"的"精彩一课"教学示范评比活动。安徽农业大学教师王芙蓉讲授的"精彩一课"由教育部向全国高校推荐。举办了全省高校"两课"教师培训班。积极推进全省高校思想政治教育进网络工作，初步形成了"网上""网下"相结合，"课上""课下"相补充的思想政治教育进网络的新格局。

〔**高校领导班子建设**〕 以"提出一个好目标、选出一个好班子、形成一个好局面"为标准，对安徽建工学院、安庆师范学院等 11 所高校的领导班子进行了调整配备，指导皖南医学院、安徽工程科技学院等 8 所学校的党委换届工作。按照择优人选、动态管理的原则，对高校校级后备干部人选进行调整充实。开展高校干部培训工作。共选派 18 名高校校级干部、30 名处级干部到省委党校学习。举办了全省高职院校负责人培训班；举办了高校组织部长培训班，学习和研究部署高校贯彻十六大精神。

〔**毕业生就业工作**〕 继续深化大中专毕业生就业制度改革，加强毕业生就业指导与咨询，举办毕业生就业市场，拓宽毕业生就业渠道，促进毕业生充分就业。2002 年全省共派遣高校毕业生 4.69 万人，其中毕业研究生 1 696 人，本科生（含双学位）2.06 万人，专科生 2.46 万人。截止 2002 年 7 月 4 日统计，全省高校非师范本科毕业生初次就业率为 85.8%，非师范专科生实际就业率为 32.02%。

〔**科技工作**〕 召开了全省高校科技工作会议，总结交流"九五"以来全省高等学校科技、产业工作经验，对在科技、产业管理工作中作出突出贡献的单位和个人进行了表彰奖励，明确了"十五"期间全省高校科技工作目标和任务，研究和部署了全省高校科研工作。

高校科研工作面向经济建设主战场，以市场为导向，实行产学研结合。高校与企业科技合作正在向纵深发展，探索出合作研究、技术入股等新模式。组织全省 10 所高校携 200 多项科技成果赴池州市开展产学研合作活动，签订成果转让和技术开发合同 28 项。全年高校科技总经费突破 8 亿元，比上年增长 40%。

〔**高校后勤社会化改革**〕 召开全省高校后勤社会化改革工作会议，分片进行了督促、检查。省政府办公厅印发了《安徽省人民政府关于对高校建设用地和后勤服务设施建设实行优惠政策的通知》，规定了"十五"期间对高校征地和后勤服务设施建设中的 25 项收费实行减免。

全省除新批准设立和即将合并的高校外，大部分高校已完成了后勤工作与行政管理系统的规范分离，实现了后勤管理体制和运行机制转移。2002 年全省高校完成新建学生宿舍 55.7 万平方米（含社会方式建设），是省政府确定的年度目标的 2.8 倍。自 2000 年以来，全省高校共新建学生宿舍 134.6 万平方米，新建食堂 37.5 万平方米，超额完成省政府确定的三年建设规划目标。

〔**教师队伍建设**〕 研究制定了高校 2002～2005 年教师队伍建设规划，明确提出了"十五"后四年全省教师队伍建设的总体目标、工作思路和保障措施。

组织专家对高校第一、二批省级学术技术带头人培养对象108人进行考核。同时遴选了第三批培养对象候选人87名。对高校省级学术技术带头人培养对象首次进行科研项目资助，共评审资助项目43项，资助总额100万元。启动了“皖江学者计划”，制订颁发了《安徽省高校特聘教授和讲席教授岗位制度实施办法》，首次评出特聘教授岗位7个，讲席教授岗位25个。启动实施了“安徽省高校‘十五’优秀人才计划”，评选出高校学科拔尖人才52名，中青年学科带头人培养对象100名，优秀中青年骨干教师150名。启动了第三届“高等学校青年教师科研资助计划”，立项125项，资助70万元。选派100名骨干教师到国内知名高校作访问学者并给予了资助。

进一步强化了高校教师培养培训工作。硕士学位教师进修班毕业的1 097名教师进行结业考试，考试合格896人。继续实行高校教师进修班入学统考，参加考试601人，通过570人。组织高校100多名专家教授编写了教师进修班考试大纲。全年共培训岗前青年教师2 376人。对全省高校专业技术人员进行WTO培训和统一考试。组织了高校WTO基本知识骨干教师培训，共培训150人。组织全省高校1.7万人参加了WTO基本知识培训与考试。建立了全省高校退休老教授老专家信息库，收录老教授老专家600余人，为新建高校提供了信息服务。

撰稿　檀　俊

审稿　陈贤忠

福建省教育

概　　况

〔基本情况〕

2002 年各级普通学校基本情况

单位：人

学　校　类　别	学校数（所）	毕业生数	招生数	在校生数	教　职　工　数	
					合　计	其中：专任教师
总　计	**22 726**	**1 890 954**	**1 867 362**	**7 040 447**	**434 797**	**368 436**
一、研究生	(9)	1 452	3 667	8 862		
1. 高等学校	(7)	1 437	3 587	8 715		
2. 科研机构	(2)	15	80	147		
二、普通高等学校本专科	33	36 775	68 949	197 330	24 636	12 468
本科院校	14	24 922	41 551	138 051	19 305	9 627
专科院校	19	7 944	18 107	39 782	4 896	2 623
分校、大专班		3 909	9 291	19 497	435	218
三、普通中等学校	2 364	808 080	945 666	2 735 956	180 283	147 444
1. 中等专业学校	106	37 773	42 261	130 872	10 285	6 068
中等技术学校	87	32 559	40 662	124 042	8 747	5 126
中等师范学校	19	5 214	1 599	6 830	1 538	942
2. 技工学校						
3. 普通中学	1 998	717 190	824 893	2 407 610	156 710	131 263
高中	559	115 812	193 479	507 758		31 514
初中	1 439	601 378	631 414	1 899 852		99 749
4. 职业中学	260	53 117	78 512	197 474	13 288	10 113
高中	257	52 194	77 267	194 024		9 830
初中	3	923	1 245	3 450		283
5. 工读学校						
四、小学	12 924	647 691	475 169	3 391 839	192 768	181 457
五、特殊教育学校	76	6 133	5 273	39 333	1 535	1 277
六、幼儿园	7 329	390 823	368 638	667 127	35 575	25 790

2002年各级成人学校基本情况

单位：人

学校类别	学校数（所）	毕业生数	招生数	在校学生数	教职工数	
					合计	其中：专任教师
总计	**11 935**	**2 471 101**	**2 158 495**	**1 930 532**	**13 256**	**7 156**
一、成人高等学校	16	18 004	35 382	85 919	3 220	1 719
1. 广播电视大学	2	3 016	1 576	6 624	983	453
2. 职工高等学校	6	988	866	3 634	354	236
3. 农民高等学校						
4. 管理干部学院	4	1 984	2 876	6 873	1 057	596
5. 教育学院	4	2 586	6 149	12 710	826	434
6. 独立函授学院						
7. 其他学校（机构）						
8. 普通高等学校举办		9 430	23 915	56 078		
函授		5 276	16 351	37 212		
业余		1 780	3 462	8 836		
脱产		2 374	4 102	10 030		
二、成人中等学校	9 286	2 406 297	2 083 648	1 803 339	9 291	5 244
1. 成人中等专业学校	154	12 084	19 399	47 929	4 601	3 133
广播电视中专学校	3	330	477	2 407	41	28
职工中等专业学校	48	3 835	5 045	13 901	980	636
干部中等专业学校	21	1 414	2 899	6 800	627	406
农民中等专业学校	14	1 380	3 523	6 487	426	306
函授中等专业学校	3	459	306	1 000	67	49
教师进修学校	65	526	2 061	4 856	2 460	1 708
其他类学校举办		4 140	5 088	12 478		
2. 成人中学	34	2 465	3 078	5 353	268	221
成人高中	20	745	1 120	2 335	165	139
成人初中	14	1 720	1 958	3 018	103	82
3. 成人技术培训学校	9 098	2 391 748	2 061 171	1 750 057	4 422	1 890
职工技术培训学校	488	53 493	64 901	49 172	1 089	586
农民技术培训学校	8 610	2 338 255	1 996 270	1 700 885	3 333	1 304
三、成人初等学校	2 633	46 800	39 465	41 274	745	193
1. 职工初等学校	12	719	645	842	29	4
2. 农民初等学校	2 621	46 081	38 820	40 432	716	189
其中：扫盲班	1 324	22 284	16 229	17 700	294	87

〔**年度教育工作方针**〕 2002年福建省教育工作的指导思想和工作要求是：高举邓小平理论伟大旗帜，以江泽民同志“三个代表”重要思想为指导，认真贯彻党的十五届五中、六中全会和省第七次党代会精神，深入落实《省委、省政府关于加快实施科教兴省战略的决定》和《省政府关于基础教育改革与发展的决定》，进一步解放思想、更新观念，全面实施教育事业“十五”计划，大力推进各类教育改革与发展，不断提高教育质量和办学效益，大力加强教师队伍建设，进一步提高教师实施素质教育的能力和水平，努力增加教育投入，提高经费使用效益，抓住加入世贸组织的机遇，进一步扩大教育的对外开放，坚持依法治教，提高教育管理水平，切实加强学校党建和思想政治工作，切实加强教育战线作风建设，营造促进教育事业健康发展的良好氛围，在改革与发展中继续保持教育的安定稳定，以优异的成绩迎接党的十六大召开。

2002年，全省教育系统扎实做好迎接十六大、宣传十六大、贯彻十六大精神的各项工作，深入组织学习江泽民同志“七一”重要讲话、“5·31”重要讲话和在北京师范大学百年校庆上的重要讲话精神，广泛开展了“创最佳业绩、迎十六大召开”的主题系列活动。学习贯彻工作中，省教育厅坚持理论联系实际，围绕全省提前实现全面建设小康社会的奋斗目标对教育的要求，深入研究了推进全省教育发展创新的新思路、新举措，并组织力量认真制订《福建教育振兴行动计划》，以进一步明确今后一个时期教育发展的目标任务和政策措施，推动教育工作更好地为实现全面建设小康社会的奋斗目标服务。

〔**教师队伍建设**〕 2002年，省教育厅进一步把建设好一支数量充足、结构合理、素质较高的教师队伍作为教育改革与发展的关键环节来抓，下大力气提高教师队伍的整体水平。中小学教师队伍建设方面，全面启动了基础教育新课程师资培训；完成了5200多名教育管理者和学科培训者的新课程省级培训；如期完成了“中小学教师继续教育工程”的各项目标任务，顺利通过了教育部的专项督导验收；全省初中、小学专任教师学历达标率已分别达到96.20%、97.60%，小学、幼儿园专任教师专科学历的比例分别提高到22.28%、21.65%。高校教师队伍建设方面，继续实施“闽江学者计划”，完成了12个岗位特聘教师评聘工作；进一步加强与全国重点高校的联系，利用其优质的教育资源，培养具有研究生学历的高校师资，选派百名访问学者到国内外合作研究、访问交流；加大人才引进力度，全省普通高校新补充专任教师1 752名；从国内重点大学、科研机构中引进一批优秀人才，充实了高校领导班子。加强教师队伍管理，认真实施教师资格制度，认定了13.05万名在职教师的教师资格，全面启动了面向社会的教师资格认定工作；进一步做好教师职务评聘工作；评选表彰了182名中小学特级教师。

〔**教育投入**〕 2002年，省教育厅切实抓好中央和省里出台的多渠道筹措教育经费政策的落实，努力增加教育经费投入。经省政府批准，省教育厅与有关部门联合制定了《福建省农村义务教育危房改造集资管理暂行规定》、《福建省农村教育费附加征收管理暂行规定》。及时调整了农村中小学收费项目和标准，制定了普通高中招收“择校生”的管理办法；确定中小学代办费不再缴存财政专户。积极引导华侨、港澳台同胞和国际友好人士捐资办学，全年共颁发金质奖章60枚、银质奖章4枚，受表彰的华侨捐资金额达1.15亿元。同时，进一步抓好中小学教师工资县级国库统一发放工作，建立了全省中小学教师工资发放月报制度，将教师工资发放情况列为对县级政府教育督查的重点，全程跟踪督查。截止11月底，全省已有73个县（市、区）将农村中小学教师工资收回县级国库统一发放。全省中小学危房改造工程顺利实施，召开了全省中小学危房改造工程现场会，加强了中央和省危改补助经费管理。截至12月底，全省509个中央危改工程项目已开工508个，施工面积62.83万平方米，竣工项目360个；546个地方自筹危改项目全部开工，施工面积75万平方米，竣工项目253个。国家助学贷款工作取得新的进展，全省高校实际贷款额从2001年底的1 300万元增加到6 300万元，贷款学生人数从3 500多人增加到12 300多人，开展贷款的学校从6所增加到29所。教育对口支援工作也迈出实质性步伐，通过认真组织实施“省内城市对口支援本省经济欠发达地区学校工程”，落实帮扶资金91万多元。

〔**教育系统抗洪救灾**〕 2002年6月中旬，福建省西北部地区连降暴雨，导致严重洪灾，给三明、南平等地的学校造成了重大损失。灾情发生后，省教育厅紧急部署各级教育行政部门和学校做好抗洪救灾工作，做到部署及时、指挥靠前、信息畅通，使学校财产损失减少到最低程度。三明、南平两地救灾预警到位、措施落实，广大教师舍“小家”为“大家”，为救灾工作作出了重要贡献，两个重灾区学校无一学生在校因灾死亡。灾情过后，省教育厅又及时组织救灾工作组深入灾区指导学校救灾工作，全力以赴做好灾区高考考场的准备和保护以及受灾考生的生活补助等工作，确保了灾区高考安全和灾区考生无一人因灾缺考。为加快灾区学校的灾后重建，省教育厅还组织全省教育系统广泛开展了支援灾区的捐赠活动，并积极争取中央及省的补助资金用于灾区校舍建设，共筹措2 500万元救灾资金投入灾区校舍重建修复工作，使灾区学校迅速恢复了正常的教育教学秩序。

〔**依法治教**〕 2002年，省教育厅进一步加大依法治教工作力度，与有关部门联合召开了全省青少年法制教育工作电视电话会议。组织了“四五”普法工作检查和全省教育行政执法资格考试。做好清理规范性文件工作，公布废止了128件规范性文件。依法加强未成年人保护工作。抓紧制订《福建省实施〈国家通用语言文字法〉实施办法》，开展了10多万人次的普通话培训测试。同时，加强对教育工作的督导检查和宏观监控。省、市两级督导部门共对74个县（市、区）跟踪督查，共追补投入教育经费达5 000万元。

〔**教育交流**〕 2002年，省教育厅加大对自费出国中介服务的监管，初步形成了规范的自费出国留学中介服务市场。共聘请外国文教专家与教师252人，短期外国专家500多人次；接收外国来华留学生1 200多人，为周边国家举办了3个对外汉语教师培训班，培训华文教师100多人。进一步加强闽台教育交流与合作。首次举办了闽台高校大学生辩论赛，实施了7个闽台青少年交流项目，并举办6场闽台两岸学术研讨会。经教育部批准，福建省对台单招的高校由2所增加到8所，在闽学习的台湾学生达到413人。全年共接受港澳台学生2 600多人，接待来访的港澳台专家学者400多人次。

〔**党建和思想政治工作**〕 2002年，省委教育工委、省教育厅召开了第十一次、第十二次全省高校党建工作会议，提出了加强高校党建与思想政治工作的对策措施。进一步做好在高校青年教师和学生中发展党员工作，35岁以下青年教师党员比例达到42.8%，高校学生党员比例达6.02%。协助省委宣传部完成了11所省属高校领导班子调整配备，组建了仰恩大学党委。成立了全省高校“两课”建设领导小组、教学指导委员会以及专门课程的教学指导组，开发了“两课”多媒体教学软件。有10多所高校建立了心理咨询中心。加强中小学德育教育基地和学生社会实践基地建设，加快了8个青少年活动场所建设步伐。推进了《全民道德建设实施纲要》的实施。同时，加强学校安全工作各项制度建设，狠抓学校安全责任制的落实。成立了福建省学校及周边地区治安综合治理工作领导小组及协调机构，在全省范围内开展了校园及周边地区治安秩序整治专项行动。开展了互联网有害信息的整治工作。多次召开高校安定稳定分析会，做好高校稳定工作预案，深入开展同“法轮功”邪教组织的斗争，确保了各级各类学校的安全稳定。

〔**行风建设**〕 2002年，省教育厅召开了全省教育纪检监察工作会议、全省高校招生监察工作会议和考风考纪工作会议，印发了《关于违反国家、省级教育统一考试和招生工作纪律行为处理规定》、《关于福建省高校招生统一考试违纪舞弊考生的处理规定》。加强对国家和省级各类统一考试的考风考纪督查，严肃查处招生和考试中的违法违纪行为。组织开展教育内部审计工作，加强对教育资金的监管。同时，认真组织抓好教育系统行风建设。

召开全省教育系统纠风工作会议，明确把师德师风建设、校务公开和治理中小学乱收费作为教育行风建设的主要内容。以治理中小学乱收费为重点，注重源头防范，完善工作机制，坚持标本兼治，综合治理。全年共查处乱收费违规金额1 295万元，清退违规金额888万元，查处违纪案件109件，处理责任人46人。抓好深化校务公开工作，进一步规范了校务公开的内容、重点、形式、时限、程序和标准，树立了一批先进典型，推进了校务公开的不断深化。

基础教育

〔**综述**〕 2002年，全省小学比上年减少740所。招生减少3.1万人，在校生减少15.44万人，适龄儿童入学率99.4%。全省普通中学比上年增加10所。初中招生减少2.24万人，在校生减少4.27万人，每万人口初中在校生552.28人，毕业生减少0.14万人。高中招生比上年增加2.21万人，在校生增加6.74万人，每万人口高中在校生147.60人，毕业生增加2.21万人。全省特殊教育学校76所，比上年增加1所；教职工1 535人，其中专任教师1 277人。全省幼儿园比上年减少69所；在园幼儿减少6.69万人；3周岁至未满7周岁幼儿入园率75.1%。

〔**义务教育**〕 2002年，重点抓了完善农村义务教育“以县为主”管理体制和分类推进“两基”巩固提高工作。4月召开了全省完善农村义务教育管理体制电视电话会议，要求各地要切实落实“以县为主”的义务教育管理体制，进一步明确了各级政府、村民自治组织在基础教育改革和发展中应承担的责任。省教育厅与有关部门联合制定了《关于建立健全监督机制，保证农村义务教育健康发展的实施意见》，建立了保障农村义务教育发展的五项工作制度以及具体的责任追究机制。根据全省基础教育工作会议有关分片推进“两基”巩固提高工作的规划要求，省教育厅研究制定了“双高普九”（高水平、高质量普及九年义务教育）验收办法和验收标准，对全省“两基”巩固提高工作基础较好或经济比较发达的34个县（市、区）的“双高普九”工作进行全面部署，并制定了分年度达标要求；对全省其他县（市、区）则按照巩固提高要求，加强督查，继续推动义务教育事业的发展。在小学阶段，继续推进小学学制改革，规范入学年龄，逐步做到由七周岁向六周岁过渡。在初中阶段，明确有关政策措施，建立控辍检查、通报制度，不断加大初中入学和控制辍学的宣传力度，重点组织督查农村初中入学工作，确保“普九”成果不滑坡。2002年，小学年辍学率控制在0.5%以下；初中适龄人口入学率达90.1%，年辍学率控制在3%；基本杜绝女童失学。此外，为完善流动人口子女就学制度，制订《福建省对流动人口子女适龄儿童少年实施义务教育的暂行办法》，采取积极措施，建立流动人口子女就学制度。

〔**高中教育**〕 按照“大力发展、注重质量和效益”的指导方针，省教育厅以扩大优质高中资源的利用为重点，研究制定了全省扩大普通高中办学规模，提高办学水平的政策措施。通过调整学校布局，实施高初中分离办学、发展民办普通高中、新建高水平的学校和禁止公办学校举办高中毕业生复读班或招收高中毕业生插班复读，扩大达标校办学容量等多种办法，扩大高中阶段办学规模。2002年，全省新增普通高中28所，高中阶段入学率达50%，较上年提高3个百分点，优质高中资源已经开始产生效益，占全省普通高中总数36%的优质高中容纳了全省46%的高中在校生。同时，坚持中等职业学校与普通高中协调发展原则，开展普教与职教相沟通的办学模式试点。12月，召开了全省高中教育工作电视电话会议，进一步明确了“十五”期间全省普通高中事业发展目标是：在巩固扩大“两基”成果的同时，加快高中教育发展与建设步伐，提高高中教育普及程度，高中阶段毛入学率达到60%，其中城市市区和34个双高“普九”县（市）要率先基本普及高中阶段教育，其他县（市）高中阶段教育要有较大发展，毛入学率达到50%以上。确保普通高中招生以年均8%的速度递增，招生数增加到22万人以上，在校生数增加到61万人以上。在办好现有达标高中的基础上，再重点建设50所达标高中，全省三级以上达标高中校增加到220所，其中30所左右达到示范性高中水平。拓宽高中教师的来源渠道，满足事业发展需要，加强队伍建设，专任教师学历达标率提高到80%。以全面实施素质教育为核心，深化高中课程教学改革，提高教育技术手段的现代化水平和教育信息化程度，以信息化带动高中教育的现代化。

〔**幼儿教育**〕 针对全省农村幼教“滑坡”的现象，省教育厅在全省确立9个农村试点县，有计划、有步骤地开展农村幼教改革研究，在探讨农村正规和非正规教育模式，为农村适龄儿童提供接受早期教育的机会以及形成县、乡、村一体化管理模式上积累了经验。2002年11月，在建阳市召开了全省农村幼教改革试点研究工作总结与现场观摩会，推广了试点工作经验。为贯彻教育部印发的《幼儿园教育指导纲要》，省教育厅制定了《福建省幼儿园教育指南》和《福建省幼儿园课程改革实验工作方案》，启动了省级幼教课改实验园实验工作，对全省幼儿园课改的指导思想、目标与任务、实验内容组织及实验工作的管理提出了具体要求。

〔**特殊教育**〕 省教育厅坚持以普及残疾儿童少年义务教育为重点，积极发展残疾儿童的学前教育和残疾人职业技术教育，努力扩大残疾人接受高等教育的机会，认真落实新建、扩建特教学校项目，扩大招生规模，抓好残疾儿童随班就读工作，保持了特教发展势头。2002年，招收三类残疾儿童5 752人，三类残疾儿童入学率达90%以上。

〔**民族教育**〕 2002年，全省认真学习、贯彻全国民族教育工作会议精神，省政府颁布了《关于深化改革发展民族教育的实施意见》。省教育厅对少数民族教育继续给予经费与政策倾斜，在抓好少数民族地区“两基”巩固与提高的同时，积极发展少数民族高中阶段教育，2002年漳州一中首次招收西藏高中插班生13人。12月，召开了全省民族教育工作电视电话会议。会议进一步明确了“十五”期间，全省民族教育事业发展的目标任务是：积极发展少数民族学前教育，不断提高“两基”水平，突破民族地区高中阶段教育事业发展的瓶颈，加快民族地区基础教育信息化进程，努力扩大少数民族学生接受高等教育的机会，为民族地区经济建设和社会发展提供强有力的人才与智力支持。力争在“十五”期间，全省学前一年和三年受教育率分别达到80%和50%以上，小学入学率保持在99%以上，初中入学率达92%以上，高中阶段入学率接近或达到当地平均水平，有条件的地方要率先在少数民族学生中普及高中教育；以乡为单位的青壮年非文盲率达到95%，全面扫除有学习能力的青年文盲，扫盲后的继续教育普遍得到开展。

〔**素质教育**〕 为全面推进素质教育，省教育厅进一步加快教育课程改革，先后召开了全省素质教育暨课程改革工作会议，省课改领导小组全体成员、专家组、学科指导组会议以及省级实验区工作会议。颁发了《省基础教育新课程实验推广工作的实施意见》和《义务教育课程设置方案》，建立了课改工作制度、运行机制和教材管理制度，完善了配套政策措施。厦门国家实验区和23个省级实验区所有中小学起始年级已全面启用新课程，并有6个县启动了省级幼教课改实验工作。组织制定了《中小学素质教育督导评估指导方案》，加强了对学校实施素质教育的指导。

〔**信息技术教育**〕 根据全国、全省中小学信息技术教育工作会议精神，省教育厅在下达普及中小学信息技术教育工作计划，确定年度工作目标任务基础上，又专门发文要求各地采取措施落实计划，加快中小学信息化基础设施建设和“校校通”

工程建设，发挥国家和省级信息技术教育实验区、实验校的作用，开展信息技术与学科教学整合课题研究，开展中小学生电脑作品评选活动，推进基础教育信息化进程。到2002年秋季开学时，全省已有99%的普通高中、78%的初中和21%的小学开设信息技术课。

〔**改善中小学办学条件**〕 为保证九年义务教育的持续发展，省教育厅以落实中小学布局调整规划为基础，扎实实施中小学危房改造工程。按照优化教育资源配置，立足于有利巩固学额，有利规范管理，有利提高效益，保证巩固农村义务教育的需要的原则，指导各地有重点地建设一批城镇初中校和农村小学，努力扩大初中办学容量，满足初中入学高峰需要。同时，加强检查指导，促进各级政府、教育行政部门重视对中小学布局调整和危房改造工作的领导，按计划建设好项目。2001～2002学年全省纳入国家中小学危房改造工程项目509个，计划改造面积62.94万平方米，计划总投资3.68亿元，截止2002年9月底，已开工项目501个，施工面积57.95万平方米，累计完成投资2.47亿元，其中已竣工项目172个，竣工面积20.67万平方米。除中央危改项目外，全省有546个地方自筹危改项目已开工，施工面积75万平方米，已完成投资2.75亿元，其中：已竣工项目253个，竣工面积29.07万平方米。

〔**学校安全工作**〕 省教育厅高度重视中小学校安全工作。一是抓安全的宣传教育。组织全省开展第七个全国中小学生安全教育日活动；举办全省未成年人保护暨学校安全工作培训班，组织学习教育部颁布的《学生伤害事故处理办法》，提高学校的安全意识。二是抓安全的责任制落实。厅领导与各设区市教育局长签订了《中小学校安全工作目标管理责任书》，落实各项安全措施和责任；从抓安全责任制入手，针对存在的问题及阶段性任务下发了16个有关学校安全问题的文件，对学校安全的各项工作进行规范和部署。三是抓安全督促检查和专项治理。结合学校工作特点，在开学初，寒暑假前和安全教育日等期间对学校安全工作进行反复的督促检查；积极配合有关部门开展学校防火安全、食堂与学生集体用餐、校园及周边治安综合治理等专项督查和治理工作。

职业教育与成人教育

〔**综述**〕 2002年，全省普通中专比上年减少3所；招生增加0.94万人；在校生减少0.32万人；毕业生增加1.18万人。全省职业中专（高中）比上年减少24所；招生增加0.35万人；在校生增加1.2万人，毕业生减少0.4万人。2002年，省教育厅加大了职业教育管理办法的改革力度，强化各设区市教育行政部门对高中阶段教育的统筹职能，明确按学校隶属关系管理中职学校招生和教育教学工作。从2002年起将非省属普通中专、成人中专毕业证书验印工作下放给设区市教育局办理。建成福建省教育厅职业教育网站，与厅属中等职业学校完成“点对点”链接，推动与全省重点中等职业学校“校校通”，逐步做到信息交流和学籍管理的信息化。

2002年，全省成人初等教育在校生比上年减少1.50万人。成人中学比上年减少11所；招生3 078人，减少697人；在校生5 353人，增加2 658人。成人中专154所（不含其他类学校举办，下同），减少52所；招生1.43万人，减少8 220人；在校生3.55万人，减少2.56万人；毕业生7 944人，减少8 780人。成人高校16所，减少1所；招生增加3 008人；在校生增加1.42万人；

毕业生增加 2 180 人。

〔**全省职业教育工作会议**〕 2002 年 12 月 13 日～14 日，省政府召开全省职业教育、农村卫生、体育工作会议，对贯彻落实全国职业教育工作会议和国务院《关于大力推进职业教育改革与发展的决定》，推进全省职业教育改革与发展作了全面部署。会上，印发了《福建省人民政府贯彻〈国务院关于大力推进职业教育改革与发展的决定〉的实施意见》，表彰了全国和全省职业教育工作的先进单位和先进个人。

会议指出，大力发展职业教育，是实施科教兴省战略的重要组成部分，各级政府必须充分认识职业教育的重要性，明确“十五”期间职业教育发展的目标任务；要大力推进职业教育管理体制和办学体制改革，促进职业教育与经济和社会发展的紧密结合；要深化职业教育教学改革，全面实施素质教育，不断提高职业教育质量；要严格实施就业准入制度，加强教育与劳动就业的联系，拓宽毕业生就业渠道。会议强调，各级政府要加大对职业教育的经费投入，要把发展职业教育的工作业绩作为各级政府领导考核的依据之一，并列入教育强县（市）评估的指标体系，推动职业教育持续健康发展。

〔**软件高等职业技术教育试点**〕 2002 年 3 月，教育部批准福建省试办软件高等职业技术教育。改革软件高职办学模式和人才培养模式，重点从软件高等职业技术人才的培养规格、专业设置与建设、教学内容和课程体系设计、职业资格认证四个方面进行改革和建设。印发了《关于试办软件高等职业技术教育的若干意见》，成立了“福建省软件高等职业技术教育教学改革工作领导小组”和“福建省软件高等职业技术教育教学指导委员会”，组织有关专家审定了可视化程序设计专业、Web 应用程序设计专业、软件测试专业、数据库管理专业、网络构建技术专业、计算机图形/图像制作专业、网络系统管理专业 7 个软件高职专业的人才培养方案及开设软件高职专业的办学条件要求。组织开展两期软件认证教育，培训论证师资 259 名、组织 18 门软件高职系列教材编写等工作。2002 年秋季，福州大学、福建师范大学、集美大学、鹭江职业大学和福建电子工业学校 5 所学校首批招生 1 200人。

〔**建立高职人才培养立交桥**〕 从 2002 年起，福建省首次选拔高职高专毕业生进入本科高等学校接受本科教育。制定了《关于 2002 年选拔高职高专毕业生进入本科高等学校继续学习的实施意见》等文件，确定 9 所本科院校的 22 个首批招生专业，组织编写了英语水平测试大纲，协调开展了联考联招工作，招收学生 2 588 人（占当年高职高专毕业生 24 135 人的 10.7%）。组织高等职业学校单独考试招收中等职业学校毕业生，修订了 16 门考试大纲，改革了考试科目；继续举办工、农、外以及艺术类专业为主的五年制高等职业教育，全年共有 21 所高校直接举办或与中等学校联合开办五年制高职试点，共招生 3 260 人，初步建立起了中职、高职与本科教育相互沟通、相互衔接的人才培养立交桥。

〔**扫盲工作**〕 2002 年全省扫盲工作以巩固提高工作为主要任务，以扫除青壮年妇女文盲为工作重点。在农村地区以乡镇为单位实施扫盲工作，重点扫除有学习能力的青年（15 周岁～24 周岁）文盲；在城市和经济发达地区积极探索功能性扫盲或扫盲后继续教育的途径和方法。全省成人初等学校共举办扫盲班 1 324 个、提高班 1 305 个，脱盲 2.24 万人，2.44 万人得到提高；举办各类成人技术培训班 9 098 期，239 万人次接受了各类实用技术培训。

〔**家庭教育**〕 省教育厅会同省妇联联系全国家庭讲师团来闽赴各地作“更新家庭教育观念”巡回报告，推动了全省家庭教育工作深入开展。为全面落实《福建省儿童发展纲要（2001～2010）》，促进全省家庭教育整体水平的提高，省教育厅与省妇联、省家庭教育研究会联合编印了《福建家庭教育通讯》资料，同时还开展了“三结合”教育工作先进单位和优秀个人的评选表彰活动。

〔**自学考试和社会考试**〕 2002 年，全省高等教育自学考试共开考26个本科专业、60个专科专业，全年报考人数为57.6万人，考试科次为131.8万，毕业生1.82万人；为8所民办高校举行国家学历文凭考试，开考40个专科专业，54门课程，报考人数7 978人，毕业生340人；电大注册视听生考试开考74门课程，报考达5.13万科次；全国计算机等级考试报考人数为17.2万人；全国计算机应用技术证书考试报考9 071人；全国英语等级考试报考1.88万人；全省中小学教师信息技术考试3.8万人；面向社会教师资格认定考试(教育学和教育心理学课程）报考6 000多人；全省音乐水平等级考试、全国少儿计算机培训与考试、全国剑桥少儿英语培训与考试等报考人数达1万多人。为深化自考改革、加快自考发展，省教育厅、自考部门着力抓好五项工作：一是认真学习贯彻全国考委五届二次会议精神，发挥主考学校的作用，加强教材建设和助学工作，改进命题、考务管理工作等问题，研究对策性措施，扎实推进自考的改革与发展。二是积极开考新专业，使专业计划管理日趋规范。2002年新开考了药学、中药学、涉外秘书、模具设计与制造、农村机电等专科专业和工业工程、电子工程等本科专业。三是坚持命题标准，确保自考质量。不断完善命题组织和管理制度，坚持教学与考试职责分离原则，坚持质量标准，严格保密制度，全年共完成了近400门课程的命题工作任务。四是进行学习媒体实验区建设试点，逐步完善教材供应办法。五是加强社会助学管理，进一步健全学习服务体系。编印《考生报考手册》、《工作手册》、《报考指南》；适时召开新闻通气会，及时准确发现各次考试信息；公布方便考生电话和网上查询办法；举办咨询会，现场解答考生的咨询；为方便偏远农村考生参加自考，加强基层考办设立乡镇自考服务站的指导工作，累计已建立乡镇自考服务站230多个。

〔**人才培养模式改革和开放教育试点**〕 2002年，省教育厅配合教育部专家组完成了省电大及各分校“人才培养模式改革和开放教育试点”项目研究中期评估工作。省电大全年招收“人才培养模式改革和开放教育试点”学生2.25万人，开设16个专业共210门课程，累计注册学生近5万人。在办学中，学校注重落实试点各项要求，行之有效地探索建立开放教育的新教学模式、管理模式和运行机制。全年投入1 000多万元用于建设连通分校的网络技术平台，建成了适应试点工作要求的现代化学习环境。不断加强多种媒体教学资源的建设和应用，实现了全省电大实时或非实时直播课堂、流媒体课件点播和动静态教学资源共享。在试点工作中，学校紧紧抓住深化教与学模式改革这个核心，建立适应新的人才培养模式和开放教育要求的教学支持服务和教学质量保障体系，以课程为单元组织教学，建立形式多样的学习小组，将素质教育与专业教育相结合，贯穿课程教学全过程，加强校内外实践基地的建设和应用，同时抓紧教师、管理人员、技术人员和科研人员四支队伍建设，为试点工作提供了各项保证。

高等教育

〔**综述**〕 2002年，高等学校办学规模不断扩大，在校研究生比上年增加2 034人；本专科在校生增加3万人，本专科在校生比例为1∶1.25（省属1∶1.5)。全省普通高校专任教师中，有正高级职务教师1 220人，占专任教师总数的9.78%，副高级职务教师3 643人，占29.22%；普通高校专任教师中有博士、硕士3 992人，占专任教师总数的32.02%。

建立对高等学校教学工作和教学质量的监控体系，对新建立的17所高校教学工作进行了专项检查，完善了现代远程教育教学点备案制度。

〔**福州地区大学城建设**〕 2002年，省教育厅完成了大学城概念性总体规划及8个基础设施专项规划、4个分校区总平规划、管线综合规划和中心共享区规划；完成了一期起步区单体设计方案和桩基施工图、单体施工图设计；制定了大学城学生生活区社会化投资建设方案。组织大学城教学科研专项规划的编制，完成了大学城学科布局规划、教师队伍建设规划、实验室建设规划、信息化建设规划、大学城科技园建设规划的编制和论证工作。完成了大学城一期起步区208公顷建设用地的审批手续和征地拆迁工作，大学城4条校际道路和5个基础设施项目已开工建设。12月31日，举行了大学城一期工程开工仪式，大学城一期建设全面展开。

〔**重点学科评选**〕 2002年1月，全国高校重点学科评选揭晓，福建省3所高校15个重点学科入选，分别是：厦门大学的财政学、金融学、统计学、国际法、高等教育学、会计学、专门史、分析化学、物理化学、海洋化学、海洋生物学、动物学、政治经济学，福州大学的物理化学，福建农林大学的植物病理学。与80年代末首次国家重点学科评选相比，全省高校重点学科由7个（均在厦门大学）增加到了15个。此外，福州大学和福建农林大学两个学科入选，实现了省属高校国家级重点学科零的突破。

〔**高校教学工作**〕 2002年，加大教学经费投入力度，大力提倡教授上讲台，组织优秀教师到教学第一线承担基础课教学工作，加强基础课教学，推动用英语等外语教学，大力提倡编写、引进和使用先进教材，为提高本科教学质量打好基础，创造条件。组织实施福建省“新世纪高等教育教学改革工程”，以抓好省重点资助20个教改项目为重点，下达年度资助经费69万元，部署开展了省级100项教改项目中期检查工作，对课题研究工作的进展情况进行及时总结和交流，组织实施“高等学校基础课教学实验室建设改造工程”，下达贷款贴息216.5万元，自筹经费216.5万元，仅厅属11所高校就自筹经费1.1亿元投入120个实验室建设。

〔**学科专业结构调整**〕 根据全省高校的办学实际，制订了专业结构调整工作意见及实施方案，组织进行了年度高等学校新增专业的申报、评审、审批和备案工作。新增本科专业49个，高职高专专业70个及一批软件高职专业，优先增加信息科学、生命科学、新材料科学等高新技术类学科、专业及与本省工业主导产业密切相关的电气信息类、机械类、化工类等应用型专业布点。加强和改进对高等学校专业设置的宏观管理，扩大高等学校学科专业设置自主权，高等学校可根据需要与可能在《普通高等学校本科专业目录》外设置本科专业；根据就业需要，高等学校可以在宽口径专业内设置专业方向。

〔**重点学科建设**〕 完成了“九五”高等学校重点学科建设情况的验收工作。4月，聘请相关学科的全国著名学者和财务、设备专家进行了“九五”期间高等学校重点学科建设情况的验收工作。专家组对项目的建设情况、完成情况、建设质量和效益进行了全面评价，提出了进一步加强重点学科建设的意见和建议。组织制订了《关于“十五”期间高等学校“211工程”和重点学科建设的意见》和《“十五”期间高等学校重点学科申报与建设项目管理暂行办法》等有关文件，提出了“十五”期间厦门大学、福州大学“211工程”建设和高等学校重点学科建设指导思想、基本原则、建设目标，主要任务、建设资金及政策措施等。完成了福州大学“211工程”的国家重点学科项目的立项审核工作。组织召开了福州大学“十五”“211工程”建设项目可行性报告立项审核会议，组织专家对《福州大学“十五”“211工程”建设项目可行性报告》进行了立项审核，并向省政府申报正式立项。

〔**学位工作与研究生教育**〕 完成了国家理科基地的评估工作。组织福建农林大学生物学基地和福建师范大学地理学基地进行了建设情况的自评自检，2002年6月底通过了教育部专家组的检查评估。经国务院学位办批准福州大学增列为国家软件工程硕士专业学位招生单位、工商管理专业增列第二学士学位；全省本科院校新增学士学位授予专业共16个；全省6所高校共举办研究生课程进修班111个；组织完成了同等学力人员申请硕士学位考试工作和在职攻读项士学位及各专业硕士学位全国联考报名与考试工作；组织专家评选了2002年全省优秀博士论文23篇，完成了推荐全国优秀博士论文评审初选工作。

〔**教育教学评估**〕 开展了新建院校教学工作大检查，举办了新建院校教育教学管理培训班。组织专家组对新建立的11所高等学校教学工作情况进行了专项检查。通过听取教学工作汇报、实地考察教学条件和教学工作运行情况、抽查考试等方式，对新建高等学校的教学工作状况做出科学、客观的评价，提出了整改意见。针对存在问题，于10月举办全省新建院校教育教学管理培训班，聘请省内外教育教学管理的专家共作了8场专题讲座，新建院校教务处长以及教务处有关职能部门共68人参加培训。

〔**高校科技和教育信息化建设**〕 2002年度全省高校共有66个项目获省科学技术奖，占全省获奖项目的36%，其中一等奖4项，二等奖15项，三等奖47项。进一步推动高校与企业、科研院所的产学研联合，会同有关部门组织高校申报网上发布的科技成果和高级专业人才，提升高校技术创新能力，促进成果转化。组织福州大学、福建师范大学、福建农林大学3所高校参加贸易洽谈会。启动福州地区国家大学科技园建设，经科技部、教育部批准，福州地区国家大学科技园正式列入“国家大学科技园”建设。制订了具有福建省特色的大学科技园建设方案和可行性报告，形成了大学科技园建设的总体规划。教育信息化工作稳步推进，省级主干网的建设规划、主干带宽达到2.5G的总体技术方案、教育城域网和校园网建设规划已通过专家评审，初步形成福建教育数字图书馆建设方案、远程教育服务中心建设方案。

撰稿 张 路 肖 铮 张学强 林 菁
审稿 朱之文

厦门市教育

〔**基本情况**〕

2002年各级普通学校基本情况

单位：人

学校类别	学校数（所）	毕业生数	招生数	在校学生数	教职工数	
					合计	其中：专任教师
总计	**910**	**84 334**	**92 748**	**344 448**	**27 799**	**20 646**
一、研究生	(2)	769	1 870	4 600		
1. 高等学校	(1)	767	1 862	4 584		
2. 科研机构	(1)	2	8	16		
二、普通高等学校本专科	4	5 929	9 925	32 522	5 619	2 679

续表

学校类别	学校数（所）	毕业生数	招生数	在校学生数	教职工数	
					合计	其中：专任教师
本科院校	2	4 240	7 387	25 167	5 199	2 448
专科院校	2	1 582	2 355	7 012	420	231
分校、大专班		107	183	343		
三、普通中等学校	93	35 389	45 126	127 097	10 524	8 058
1. 中等专业学校	11	3 231	4 015	14 164	1 349	689
中等技术学校	11	3 231	4 015	14 164	1 349	689
中等师范学校						
2. 技工学校	3	545	916	2 268	210	142
3. 普通中学	66	28 757	37 170	102 423	8 084	6 609
高中	32	8 111	10 889	29 933		2 047
初中	34	20 646	26 281	72 490		4 562
4. 职业中学	13	2 856	3 025	8 242	881	618
高中	13	2 856	3 025	8 242	881	618
初中						
5. 工读学校						
四、小学	374	26 498	18 580	141 461	8 385	7 687
五、特殊教育学校	4	47	49	416	111	93
六、幼儿园	435	15 702	17 198	38 352	3 160	2 129

2002 年各级成人学校基本情况

单位：人

学校类别	学校数（所）	毕业生数	招生数	在校学生数	教职工数	
					合计	其中：专任教师
总计	**368**	**65 768**	**70 693**	**79 271**	**1 476**	**882**
一、成人高等学校	3	3 122	8 316	17 842	311	202
1. 广播电视大学	1	256	522	1 136	98	48
2. 职工高等学校	1	318	627	1 462	55	39
3. 农民高等学校						
4. 管理干部学院						
5. 教育学院	1	183	1 614	2 249	158	115
6. 独立函授学院						
7. 普通高等学校举办		2 365	5 553	12 995		
函授部		1 218	3 288	7 322		
夜大学		513	1 240	2 939		
成人脱产班		634	1 025	2 734		

续表

学校类别	学校数（所）	毕业生数	招生数	在校学生数	教职工数	
					合计	其中：专任教师
二、成人中等学校	347	62 396	62 112	61 064	1 164	680
1. 成人中等专业学校	15	1 133	1 876	4 777	332	228
广播电视中等专业学校	1	51		33	16	12
职工中等专业学校	8	699	1 112	2 956	149	99
干部中等专业学校	1	55		99	9	7
农民中等专业学校	1	179	501	1 008	71	46
函授中等专业学校	1	118	263	482	7	
教师进修学校	3	31		199	80	64
其他类学校举办						
2. 成人中学	3	97	141	193	16	7
职工中学	3	97	141	193	16	7
农民中学						
3. 成人技术培训学校	329	61 166	60 095	56 094	816	445
职工技术培训学校	59	16 193	18 638	13 652	754	417
农民技术培训学校	270	44 973	41 457	42 442	62	28
三、成人初等学校	18	250	265	365	1	
1. 职工初等学校	1		5	5	1	
2. 农民初等学校	17	250	260	360		
其中：扫盲班						

2002年，厦门市教育系统学习贯彻十六大精神，创造性地开展工作，圆满完成了年度工作目标，各项改革取得了新进展和新突破。

一、集中力量，完成几件大事。(1) 在市委、市政府的指导下，完成教育之城规划调研，形成《厦门教育之城规划研究报告》。在报告中，提出了一系列教育创新的举措和重大的教育建设项目，包括正在启动规划建设的集美杏林湾文教区项目，这是厦门教育今后20年尤其是近10年改革和发展的规划蓝图。为规划、谋划好特区教育的未来，市教育局发动社会各界积极参与，提建议、谋思路，历时3个多月，11次易稿，进行了周密详尽的调研和科学论证。2002年11月，在市委、市政府的专题会议上，研究报告得到了市领导和厦门市各部、委、办、局的一致肯定，认为“有新意，有突破，有创新”。在此基础上，市教科所集中全所科研力量经过广泛调研和各方面征求意见，完成了《厦门市教育之城规划》初稿。(2) 召开了全市基础教育工作会议，制定了《关于贯彻国务院、省政府基础教育改革与发展决定的实施意见》。会议在充分肯定厦门市基础教育成绩的基础上，着重对存在问题进行深入研究。即找准问题，寻求对策，制定方案，明确厦门市基础教育再创新高的目标任务。会议取得预期的效果，进一步明确了基础教育改革和发展的方向。(3) 基本完成了市教育局机构改革的主要任务。在机构改革期间，教育局日常工作和机构改革两不误，机构设定、竞争上岗、中层干部任命、人员分流等各个环节有条不紊地推进，进展顺利。(4) 进一步规范了教育收费管理，尤其是设立了市、区两级“统一缴费帐户”，在教育行风建设上迈出了具有创新意义的一步，行风评比获全省教育系统第一名，获全市28个系统专家联评第一名。

(5) 配合有关部门，对校园及校园周边治安秩序进行了专项治理，加强了对社会黑势力、尤其是对侵害师生生命财产安全势力的打击，同时也加强了对学生的法制教育，使校园治安情况有了明显好转。在国家和省的专项检查中，厦门市的这项工作得到了充分肯定。

把握大局，加快教育事业发展。2002 年，社会力量办学呈现强劲发展势头。新增筹建的民办高校有 7 所（厦门华天涉外职业学院、厦门演艺职业学院、厦门信息工程职业学院、厦门远东涉外职业技术学院、厦门康桥职业学院、厦门兴才职业学院和厦门东海职业学院），新办民办中学 4 所（康桥、树德、启泰、朗纳）。同时注重在坚持鼓励发展的前提下，解决民办教育在发展中出现的问题。通过新建 3 所中学和挖潜扩容等办法，平稳顺利解决了新增 3 000 名初中生的就学问题。达标学校建设有新进展，又有 4 所中学通过省二级达标校验收。学校基建顺利。新建 3 所中学（东渡、前埔、金尚）按时交付使用，3 所成人高校（电大、教育学院、职工大学）并校建设取得新进展；以鹭江职业大学为依托组建厦门理工学院的申报工作也取得实质性进展；一批中小学综合楼、教学楼、实验楼建设如期完成，集美中学 3 幢危楼修复进展顺利。2002 年全市初中生升学率达 89.35%，全市普职比为 5.5：4.5，率先实现基本普及高中阶段教育；普通高考录取人数 6 452 人，录取率 68.98%，其中本科以上录取 2 883 人。为充实厦门市教师队伍，面向全国招聘了 177 名教师。一批校领导到北京、上海挂职学习，校长管理水平进一步提高。新选拔 15 名特级教师全部通过省级评审，选拔了 41 人作为新的学科带头人。

强化调研，在关键环节取得突破。(1) 在推进海湾型城市建设子课题方面和基础教育改革与发展方面分别设计了 18 个专题，广泛深入地进行调研，在教育管理体制、投入体制、农村义务教育、学校布局调整等方面提出了针对性强的对策。此外还进行了党建工作、德育工作、教师队伍建设、劳动基地建设等方面的调研，取得不同程度的突破。(2) 针对 2003 年初中缺额 2 000 名学位的难题，提出主攻学校改扩建工程的新办法；针对职业教育发展面临严峻挑战的现状，提出集约迁建职校的新思路；针对市政府提出的改革社会事业项目建设的要求，提出教育投融资新设想；针对机关效能建设新形势，开设了“办事窗口”，实行了政务公开，减少了审批项目和手续，提高工作效率。(3) 逐步解决长期积压的一批信访难题和部分学校领导班子配备等问题。2002 年受理信访投诉 700 多件，件件落实；调整充实了 18 所学校的 26 位校级干部，有效理顺了一些学校领导班子的配备问题；初中电脑派位平稳顺利，第一次实现零投诉，派位前的科学测算、深入调研和细致的协调工作起到了重要作用。

〔**基础教育**〕 为提高厦门市中小学教师的整体素质，制定了《厦门市中小学教师继续教育工程实施方案》。在厦门市中小学全面开展教师继续教育工作，对中小学教师开展新知识、新技能、新思想的培训。重点是做好中小学教师的岗位职务培训、计算机培训、骨干教师培训和提高教师学历层次的培训。到 2002 年共培训骨干教师 1180 人；1.42 万名专业教师分别接受了 48 学时和 72 学时的岗位职务全员培训；教师参加计算机培训考试 5.22 万人次，99% 的教师按规定要求完成培训目标，并取得合格成绩。5 000 多人次的中小学教师参加多种形式的提高学历层次的培训；2 135 位新教师接受上岗前培训。通过实施中小学教师继续教育工程，使全市中小学教师不断更新教育思想，努力掌握和运用现代教育技术，促进了中小学教师整体水平的全面提高。此外，还建立了教师计算机培训网站，通过网络开展教师继续教育，提高培训的效益。2002 年厦门市小学专任教师专科以上学历的占 48.82%，初中专任教师本科以上学历的占 42.04%。

大力推进基础教育课程改革实验工作。厦门市作为 18 个地级市首批进入国家基础教育课程改革实验，全市中小学和 33 所省标、省优园参与新课程实验，由于校数多，实验的软件、硬件条件很不平衡，教研力量相对薄弱，为全面、扎实推进实验工作，市教育局组织开展了不同类型实验学校的调研工作。在对课改实验管理、新课程实施、考试评价改革及实验中遇到的困难和问题进行全面了解、分析的基础上，召开全市课改工作会议进行研究，并采取相应的对策和解决办法。如建立岛内区、校与岛外区、校课改实验“手拉手”帮扶制度，组织教研员和骨干教师送教下乡，支持农村薄弱学校课改实验急需的部分设备等，有效推动了实验工作健康、扎实的开展。统筹、强化课改师资队伍的培训工作。继2001年全市开展参与课改实验教师大规模的通识培训、课标、教材培训后，2002年1月又启动了第二轮全员参与的培训，寒假期间全市各中学以校为单位对全体教职工进行为期三天的培训、研讨；4月以前岛外各区小学全体教职员工利用双休日时间完成了全部通识培训；上半年，由市教育局组织的《幼儿园教育指导纲要》培训组分阶段利用双休日下到各区，对所有公办和部分民办幼儿园教师进行逐区培训；暑假期间，按学科对全体参加实验的教师进行了新教材培训；各级各类各学科前后参训的教师达上万人次。除组织全市性培训外，市教育局大力提倡以校为本、重心下移，通过教学实训及各种教研活动使教师培训日常化、校本化。同时，及时总结、推广实验成果。组织了全市中小学课改实验阶段成果汇报与教学观摩研讨活动，活动项目包括教学观摩、专题研讨、专家讲座、经验交流、成果展览等。14个学科开了47节教学研讨课，为全市中学实验教师提供了在新课程理念下进行课堂教学改革研究探讨和启迪思维的机会，15个区、校在研讨会上介绍了各自典型、成功的做法和经验；14个区、校提供了课改实验成就展版，使各校教师共同分享了全市课程改革的信息资源；将510多篇实验工作总结、课改论文、教学设计、教学案例和教学反思汇编成185万字的课改系列成果资料；出版了中小学课改实验系列丛书9本；汇编了基础教育课程改革实验工作文件。此外，各区在下半年分别举行了素质教育暨课程改革实验系列观摩研讨活动。通过一系列活动有力地推动了新课程的深入实施。

〔**职业教育与成人教育**〕 2002年加快职业学校教学改革和专业建设，在全市职业学校中试行学分制、弹性学制。7所职业学校作为市级跨校选修课试点，共有1 000名职校在校生报名参加24门选修课程，部分职业学校试行分层次教学。

教材建设成果突出，信息技术建设进一步加强，由厦门市主编的《电话机原理和维修》、《有线电视技术》已被批准作为中等职业教育国家规划教材；《民航乘务员基本知识与技能》即将由中国广播电视出版社出版，厦门职业教育网已经开通。

积极开展职业技术培训，推进职业技能鉴定站的建站工作。湖里中学职业技能鉴定站经市劳动和社会保障局批准同意建站，鉴定工种为花卉园艺工，鉴定等级为初级和中级。至此，全市共有7所市属职校获准建立职业技能鉴定站，承担23个工种46个等级的鉴定考核工作。

完成国家重点建设示范性学校和全国职业学校示范专业（点）推荐工作。推荐厦门电子职业中专学校为国家重点建设示范学校。经教育部批准，厦门旅游职业中专学校烹饪专业、厦门电子职业中专学校计算机及其应用专业、厦门卫生学校护理专业共3个专业为首批示范专业（点）。

高职教育取得新的突破。继厦门电子职业中专学校与鹭江职业大学、厦门市工业学校与厦门教育学院联合举办“五年制高职班”后，2002年又有厦门市交通职业中专学校与集美大学获准联合开办“五年制高职班”。此外，经教育部和省教育厅批准，四川烹饪高等专科学校在厦门旅游职业中专学校设立函授站，在全省范围内举办烹饪工艺大专班。2002年全市中职毕业生升入高校的比例占毕业生总数的22%。

2002年继续推进厦门市社区教育实验工作。厦门市除原定的鼓浪屿区、开元、湖里、思明4个区为社区教育实验区外，又确定同安区大同街道、详凭街道和马巷镇为社区教育实验点，启动了厦门市农村社区教育实验工作。

鼓区是全国社区教育实验区，2002年区委、区政府对该区的社区教育中心进行调整，充实了工作班子，并选送人员参加教育部组织开展的工作培训。鼓区政府决定将地处黄金地段的区青年宫移交给区社区教育中心使用，扩大了该区社区教育的工作场所；区政府还从有限的财力中拨出专款，作为社区教育的专项工作经费。区委、区政府定期召开会议、研究推动本区社区教育实验的工作。区有线电视台与区社区教育办公室合作，每周开播两次“银屏课堂”教学活动，并及时制作成光盘。该区还编印了《社区教育简报》，及时宣传报道党和国家的方针政策以及本区开展社区教育的动态。开元区政府结合机关和事业单位机构改革，充实并调整了该区开展社区教育的工作班子。制定印发了有关文件，引导该区各街道、居委会充分利用民办教育资源，服务社区教育、推动社区教育的开展。区政府还拨出专款960万元，结合原该区职教大楼翻建，建设“开元社区教育中心”，促进该区社区教育三级网络的形成，引导成人教育向街道、居委会延伸等。据不完全统计：2002年厦门市已有社区教育实验区5个；社区教育专职人员34人、兼职人员371人、志愿者1 362人；社区教育中心、社区学校共136个；社区教育年培训2.05万人次；各区创建学习型家庭，共6 530人参加学习；创建学习型企业38个、学习型单位65个；实验区内居民受教育率约达80%。

〔**高等教育**〕 市属高校办学规模继续得到发展，教学改革进一步深化。市属高校招生规模有较快增长，2002年普专班招生1 906人，比上年的1 427人增长33.57%；成人高等教育招生2200人，比上年的1 739人增长26.5%。特别是厦门市的远程开放教育2002年发展势头迅猛，市电大、职工大学举办的中央电大、浙江大学、湖南大学、福建师范大学等校的开放教育在册生达5 000多人，为厦门市构建终身教育体系提供了一种新的、有效的学习形式。

继续深化教学改革，加强教学建设。鹭江职业大学从抓国家、省、校三级专业教学改革示范建设工作，提高学生的创新实践和创新能力。市广播电视大学在迎接中央电大对该校“开放教育试点”中期评估工作中，对照评估标准，在自评基础上找出差距，认真整改，加大了人才培养模式改革，特别是对课程教学内容和教学方法的改革。建立和完善教学支持服务体系，达到了以评促改、以评促建的良好效果。

撰稿 赵家明
审稿 赖 菡

江西省教育

概　　况

〔基本情况〕

2002年各级普通学校基本情况

单位：人

学校类别	学校数（所）	毕业生数	招生数	在校生数	教职工数	
					合计	其中：专任教师
总　计	**23 962**	**1 970 495**	**2 503 395**	**8 000 928**	**460 370**	**399 016**
一、研究生	(10)	657	1 796	4 123		
1. 高等学校	(10)	657	1 796	4 123		
2. 科研机构						
二、普通高等学校本专科	47	35 047	104 618	266 251	33 169	15 934
本科院校	17	25 165	72 174	201 672	21 886	10 253
专科院校	30	6 294	26 355	47 200	9 999	5 085
分校、大专班		3 588	6 089	17 379	1 284	596
三、普通中等学校	3 141	879 824	1 177 158	3 175 533	189 885	162 524
1. 中等专业学校	76	47 757	53 206	152 087	8 117	4 536
中等技术学校	63	40 625	44 984	126 729	6 206	3 272
中等师范学校	13	7 132	8 222	25 358	1 911	1 264
2. 技工学校						
3. 普通中学	2 835	793 550	1 064 590	2 894 150	171 806	151 041
高中	584	125 862	257 013	609 924		34 035
初中	2 251	667 688	807 577	2 284 226		117 006
4. 职业中学	229	38 517	59 362	129 296	9 956	6 947
高中	204	34 748	54 392	116 902		6 340
初中	25	3 769	4 970	12 394		607
5. 工读学校	1				6	
四、小学	17 255	821 475	741 991	3 966 912	215 317	205 904
五、特殊教育学校	50	1 295	2 271	13 353	473	379
六、幼儿园	3 469	232 197	475 561	574 756	21 526	14 275

2002 年各级成人学校基本情况

单位：人

学校类别	学校数（所）	毕业生数	招生数	在校学生数	教职工数 合计	教职工数 其中：专任教师
总　计	**13 704**	**1 320 086**	**1 288 522**	**1 356 961**	**16 985**	**5 178**
一、成人高等学校	16	25 001	59 041	143 136	4 132	2 029
1. 广播电视大学	1	3 688	4 499	13 686	764	432
2. 职工高等学校	10	3 247	3 442	10 654	1 481	908
3. 农民高等学校						
4. 管理干部学院	2	848	738	2 081	1 037	232
5. 教育学院	3	2 253	4 283	12 449	850	457
6. 独立函授学院						
7. 其他学校（机构）						
8. 普通高等学校举办		14 965	46 079	104 266		
函授		8 129	26 074	61 890		
业余		2 664	11 105	25 142		
脱产		4 172	8 900	17 234		
二、成人中等学校	9 034	1 175 229	1 148 681	1 127 676	8 778	2 730
1. 成人中等专业学校	119	7 109	10 053	19 120	2 856	1 827
广播电视中专学校	1				10	8
职工中等专业学校	22	2 454	4 041	8 517	855	453
干部中等专业学校	2	77	250	370	89	43
农民中等专业学校	2					
函授中等专业学校	1	825		409	9	
教师进修学校	91				1 893	1 323
其他类学校举办		3 753	5 762	9 824		
2. 成人中学	42	2 912	2 968	3 759	47	23
成人高中	5	275	292	433	8	3
成人初中	37	2 637	2 676	3 326	39	20
3. 成人技术培训学校	8 873	1 165 208	1 135 660	1 104 797	5 875	880
职工技术培训学校	16	1 867	2 503	2 418	123	74
农民技术培训学校	8 857	116 3341	1 133 157	1 102 379	5 752	806
三、成人初等学校	4 654	119 856	80 800	86 149	4 075	419
1. 职工初等学校	4	420	468	468	4	
2. 农民初等学校	4 650	119 436	80 332	85 681	4 071	419
其中：扫盲班	3 538	102 871	57 340	61 838	3 021	388

〔**年度教育工作方针**〕 2002年，江西省教育以邓小平理论和“三个代表”重要思想为指导，全面实施科教兴赣战略，着眼服务服从于江西现代化建设全局，最大限度地满足人民群众的教育需求。

根据省委省政府对2002年全省工作的总体部署，江西省的教育工作着力抓好七个方面的工作：一是以调整农村义务教育管理体制为着力点，推动基础教育的改革与发展；二是以开放非义务教育市场为突破口，大力鼓励支持社会力量办学，推动教育产业发展；三是以调整结构、加强建设为切入点，巩固和发展职业教育；四是以适应江西工业化、城市化、信息化需要为出发点，整合教育资源，调整学科专业结构，推动高等教育规模、质量、结构、效益协调发展；五是以培养学生创新精神和实践能力为重点，积极推进素质教育，提高教育质量；六是深化学校人事制度改革，加强教师队伍及职业道德建设；七是以转变作风为重点，切实搞好教育系统自身建设。进一步解放思想，深化教育改革，加快教育发展，提高教育质量。3月1日，省教育厅在南昌召开全省2002年度教育工作会议，总结2001年全省教育工作，部署2002年工作，会议印发了《江西省教育厅2002年工作要点》。副省长胡振鹏出席会议并讲话。省教育厅厅长漆权作了工作报告。党的十六大闭幕后，省委教育工委按照中共中央、江西省委和教育部党组的有关要求，发出《关于全省教育战线认真学习贯彻党的十六大精神的通知》，要求各级教育行政部门和各级各类学校要把学习、宣传和贯彻十六大精神作为当前第一位政治任务，抓紧抓实抓好。为把学习贯彻十六大精神引向深入，2002年11月21日印发了《中共江西省委教育工委中心组（扩大）学习贯彻十六大精神安排》，并先后召开了中心组（扩大）学习会、全省教育系统学习座谈会、委厅机关学习务虚会、全省高校学习会议，举办了高校贯彻十六大精神培训班。通过学习、培训、座谈，围绕全面建设小康社会的目标中对教育提出的要求和对教育工作的部署，分析全省教育所面临的机遇和挑战，找出制约江西省教育事业发展的主要问题，提出加快教育改革创新的工作思路。各大中专院校党组织按照省委、省委教育工委的部署，结合本校实际，开展了形式多样的学习活动。12月27日，省委书记孟建柱在全省高校学习贯彻十六大精神报告会上，作了题为《全面建设小康社会与江西在中部地区崛起》的专题报告。各市、县（区）教育行政部门和中小学校结合学校实际和学生年龄特征，开展了学习活动，把弘扬和培育民族精神，进行民族精神教育作为全面实施素质教育和加强德育工作的重要内容，纳入教育教学计划，对不同年龄、学段的学生进行不同形式的教育。

〔**中共江西省委教育工委成立**〕 2002年2月8日，中共江西省委决定，撤销省教育厅党组，成立中共江西省委教育工作委员会。以加强党对教育工作的领导，做到人权、事权统一。省委教育工委与省教育厅合署办公。

〔**教育经费投入**〕 2002年全省教育事业费为55.3亿元，比上年增加13.8亿元，增长33.25%；其中省级教育事业费支出为8.7亿元，比上年增加1.6亿元，增长22.54%。2002年省教育厅本级财政教育事业费拨款6.86亿元，比上年增加1.58亿元，增长29.94%。2002年中央累计下达江西省教育专项资金5.83亿元，比上年增加0.40亿元；2002年全省累计筹措教育经费超过10亿元。2002年继续实施了“中小学危房改造工程”、“国家贫困地区义务教育工程”、“救灾复校工程”、“邵逸夫捐款项目工程”以及启动“高校科技园区建设工程”等，使各级各类教育办学条件有明显改善。中小学危房面积大幅降低，2001年～2002年连续两年实现校舍安全年。

教育经费安排和使用体现“重心下移”的原则，保工资、保运转、保安全，重点保证中小学教育，优先投向中小学危房改造，在2002年度下达的中央和省级专项教育经费投向中小学教育3.10亿元，其中投向中小学危房改造2.13亿元。据统计，截止2002年10月，全省共安排项目学校1 178个，开工1 075个，开工面积105.17万平方米；竣工546个，竣工面积52.34万平方米。与此同时，全省多渠道筹措资金3.3亿元，维修中小学危房60万平方米，新建中小学校舍100多万平方米，有40多万农村中小学生搬进了宽敞明亮的安全校舍上课。全省高校新增土地749.8公顷，新增校舍99.86万平方米，生均校舍达32平方米。

从2002年秋季开始，在全省21个国家扶贫开发工作重点县和省定281个省级扶贫开发工作重点乡的农村初中和小学试行“一费制”，在其他非贫困地区的初中和小学实行“一次性收费”。“一费制”和“一次性收费”的实施基本杜绝了各地擅自设立的收费项目，杜绝了来自各方面的摊派。

〔**教师队伍建设**〕　通过实施中小学教师继续教育工程建设，构建起全省县、乡、校三级校本培训网络，加强了师资队伍培训，中小学教师学历层次提高。小学专任教师专科学历的比例达到19.74%，初中专任教师本科学历的比例达到15.5%。

教师资格制度开始实施。2002年完成18.49万人的教师资格考试和审核工作，其中对3 000多名高校教师逐一进行了资格审查，基本完成了全省在职教师的资格认定工作。积极组织选派高校中青年骨干教师到国内重点大学参加“国内访问学者”培训，举办第12期高校教师“现代教育技术培训班”，有841人达到培训要求。全省选拔主要学科、学术和技术带头人，高校有4人入选。普通高校副教授以上人数达到5 516人，比上年增加1 025人。

全省完成民办教师转编工作。2002年10月，省政府批准省教育厅、省人事厅印发《关于我省民办教师选招公办教师有关问题的通知》。同年11月，省教育厅、省人事厅召开会议对全省民办教师选招公办教师工作进行部署并印发5个相关文件，进一步明确有关政策，规范工作程序，严明工作纪律。由于领导重视，认识到位，措施得力，操作细致，全省民办教师转编工作进展平稳有序。到2002年12月，全省选招录用公办教师1.1万人，离岗退养2 472人。基本上解决了民办教师这一历史遗留问题。

〔**治理学校乱收费**〕　一是根据全省教育事业发展实际、经济发展水平和居民承受能力，在广泛调研、认真测算、多方论证的基础上，调整了各级各类学校的收费政策。二是实施了“一费制”、“一次性收费”、“收费公示制”，规范了学校收费行为。三是加大了学校收费和治理乱收费的宣传力度。积极配合新闻媒体向社会公布了各级各类学校收费政策和收费项目、标准；加强了学校收费正反两方面典型的宣传教育，使广大教职员工进一步增强了责任意识和大局意识。四是加大了监督检查力度。召开了全省学校收费工作会议，就加强学校收费和治理乱收费工作向社会公开承诺；组织了春秋两季收费大检查，查处了一批典型案件，对加强学校收费管理、遏制学校乱收费行为起到了有效的监督和防范作用。

〔**社会力量办学**〕　到2002年底，全省各级各类民办学校共5 333所，在校生68.22万人，其中，幼儿园4 619所，在园幼儿29.04万人，占全省学前教育份额57.12%和33.57%；义务教育阶段学校216所（小学116所、普通初中100所）、在校生共6.85万人；普通高中86所、完全中学90所、包括小学中学的完全学校20所、中等专业学校44所、职业高中53所，在校生共16.81万人，占全省高中阶段教育的份额分别为25.32%和16.06%；其他学校152所（武术学校19所、其他职业学校133所），在校生5.17万人；高等职业学院4所、国家学历文凭考试试点学校35所，在校生共10.34万人，占全省高等教育的份额为52.48%和27.67%。全省从事民办教育的教职工有4.39万人，比上年增长5.38%。

鼓励支持民办学校发展。全省确定“十五”期间大力发展民办高中阶段教育的任务，提出允许薄弱学校、国有企业所属学校、新建学校进行按民办机制运行的改革试验。鼓励公办省重点中学发挥名校品牌、管理、师资优势，采取多种形式与社会力量联合办学。为了推动民办高中阶段教育加快发展，省教育厅起草了《关于大力发展民办高中阶段教育的若干意见》。同时大力支持民办高校“二次创业”，蓝天职业技术学院等6所院校投资近5亿元，扩建校园共298.6公顷。

加强民办高校管理。省教育厅、省财政厅、省计委联合印发《关于调整社会力量举办的高等教育收费标准的通知》，省教育厅制发《关于加强民办高校教学管理工作的意见》、《江西省民办高校高等专科专业教学计划制订指导意见》、《关于加强民办高校学生管理工作的意见》，加强对民办高校教学和学生管理。为了加大招生管理力度，省教育厅、省民政厅、省公安厅联合印发《关于开展清理整顿无证办学的通知》，并对无证办学的民办教育机构进行清理。召开全省民办高校招生工作会议，制定《关于进一步规范我省民办高校招生工作的意见》，省民办高校工作委员会制定了《江西省民办高校招生工作行为公约》，对新生接站、招生纪律、招生人员培训等提出了明确要求。组织民办高校财务检查、办学水平评估检查和法人代表、院长年度考评，并表彰奖励了一批优良学校和先进举办者。

民办高校党建工作。省委教育工委对全省民办学校党组织及党建工作进行了摸底调查。根据中组部和教育部党组《关于加强社会力量举办学校党的建设工作的意见》精神，省教育厅社会力量举办学校党委批准3所民办高校建立党组织，帮助2所民办高校筹备建立基层党委。民办高校有191人被确定为入党积极分子，39人被批准为预备党员。

〔**教育对外交流**〕 2002年，全省教育对外开放有新的进步。一是实现了走出国门办学的突破，南昌大学与法国普瓦捷大学在法国设立了法中经济学院；二是来赣任教的外籍教师达141人，外籍教师分布在各种类型学校；三是来赣长短期留学生达97人，南昌大学和景德镇陶瓷学院被确定为中国政府奖学金留学生招生单位。全省教育系统共派出179批、400多人次分赴30多个国家和地区考察访问和学术交流，接待10多批来自各国（地区）的客人。批准成立中外合作办学项目16个，其中硕士以上中外合作办学项目3个。

基础教育

〔**综述**〕 2002年，全省99个县（市、区）有93个通过了“普九”评估验收，初中阶段适龄人口入学率达90.37%，“普九”人口覆盖率达91.79%。全省小学适龄儿童入学率达98.52%，小学辍学率控制在0.50%，小学重读率为1.08%，小学毕业生升普通初中的比例达98.11%，小学毕业生升初中阶段的比例达98.91%；初中阶段毛入学率达107.79%，初中辍学率下降到4.25%，初中重读率为0.47%。青壮年文盲率降到5%以下。

2002年，省教育厅加强了中小学常规管理，加强校园文化建设，优化育人环境，使中小学校成为弘扬正气、秩序井然、团结友爱、生动活泼的精神文明建设基地。继续在全省普通中学评选省级“三好学生”和“优秀学生干部”。全省中小学竞赛活动管理得到加强，2002年全省数学、物理、化学、生物、信息学5项奥赛学科成绩进一步提高。加强了青少年校外教育工作。制定了全省青少年校外活动场所建设规划，落实了建设计划，为全省开展青少年校外教育工作创造了条件。

〔**全省基础教育工作会议**〕 2002年1月10日，省政府召开全省基础教育工作会议。会议的主要任务是：贯彻落实2001年国务院召开的全国基础教育工作会议和省委第十一次党员代表大会精神，以全面实施素质教育为核心，以调整农村义务教育管理体制为重点，研究部署进一步加快江西省基础教育的改革与发展，提高基础教育的质量和水平，为实现江西在中部地区的崛起提供强大的人才储备和智力支持。

会上，省长黄智权作了题为《改革和完善农村义务教育管理体制和投入机制，切实把基础教育摆在优先发展的战略地位》的讲话。副省长胡振鹏传达了全国基础教育工作会议精神，并代表省政府作工作报告。会议要求全省立即行动起来，落实“科教兴赣，教育立省”战略，努力实现江西省“十五”基础教育改革与发展的目标和任务。

会后，省政府印发了《江西省人民政府贯彻国务院关于基础教育改革与发展的决定的实施意见》。

〔**义务教育**〕 省教育厅认真推动“以县为主”的农村义务教育新的管理体制的落实，要求各地尽快建立“以县为主”的农村义务教育新的管理体制。截止2002年底，全省99个县（市、区）都已将教师工资管理上收到县，实行县级财政统一发放。有87个县（市、区）农村中小学教师的调配与校长的任免已由县级教育行政部门负责管理。涉及“以县为主”管理体制的配套性文件，如中小学教职工编制标准、农村中小学公用经费标准已经出台。2002年全省农村义务教育实行“以县为主”管理体制的工作目标已基本实现。

强化农村义务教育，巩固提高“两基”成果。2002年，省教育厅继续坚持“两基”重中之重的地位不动摇，重点加强农村义务教育。尚未“普九”的波阳、余干、横峰、金溪、寻乌、都昌6个县正在按照规划，推进“普九”目标的实现。对已通过“两基”验收的县（市、区），通过督导和年检复查，进一步巩固了“普九”成果。全省义务教育学制由“五三”制向“六三”制的过渡继续推进，2002年全省小学从一年级起改为“六三”学制的学校已有1.49万所，约占全省小学总数的86%。“控辍保学”工作进一步得到加强。

为了促进全省义务教育公平、均衡发展，省教育厅对特殊教育、流动人口子女接受义务教育问题和民族教育给予重视和关注。一是坚持将发展残疾儿童少年义务教育作为“普九”的一项重要任务，纳入“两基”年检复查范围，继续争取特殊教育的专项经费投入，推动30万人口以上、残疾少年儿童人数较多而又没有特殊教育学校的县（市）新建或利用现有教育资源改建、扩建特教学校，在乡（镇）中心小学附设特教班，扩大随班就读的数量，提高随班就读的质量。2002年，全省特殊教育学校由上年的43所增加到50所，在校生数由上年的1.3万人增加到1.34万人。二是组织力量对流动人口子女接受义务教育问题进行专题调研，针对存在的问题采取了相应措施。各地以流入地区政府管理为主，以全日制公办中小学为主，多种形式依法保障了流动人口子女接受义务教育的权利，促进了全省义务教育公平、均衡发展。三是加强民族教育，在保证完成西藏班扩招任务的同时，首次在江西省招收14名西藏高一新生。

全省义务教育办学体制改革进一步深化。在坚持义务教育以政府办学为主的前提下，鼓励和支持社会力量兴办小学和初中，作为政府实施义务教育的补充。在城市公办初中能够满足适龄少年就近入学的前提下，允许薄弱初中、厂矿企业剥离的子弟学校、高中剥离后的初中按民办机制运行试验。到2002年底，全省工业企业举办的义务教育阶段学校全部划归地方政府举办。

〔**幼儿教育**〕 2002年，省教育厅贯彻落实教育部印发的《幼儿园教育指导纲要》（试行），举办了全省《幼儿园教育指导纲要》（试行）专题研修班和开展全省幼儿园园长和骨干教师计算机知识培训等，指导幼儿园全面实施素质教育。同时继续开展了省级示范幼儿园的评估和复评工作，督促每县（市、区）至少办好1所示范幼儿园。2002年全省有10所幼儿园通过省级示范幼儿园的评估，15所省级示范幼儿园接受了复评，以评促建，进一步提高了保教水平。

〔**高中教育**〕 2002年，省教育厅召开了全省高中阶段教育工作会议，部署高中发展工作。印发了《关于我省高中阶段教育改革与发展的指导意见》，并把2002年全省普通高中扩大招生任务分解到各市、县（区），狠抓落实。6月13日～15日，省教育厅又召开全省高中阶段教育工作会议，各市、县（区）教委主任出席了会议。副省长胡振鹏到会并讲话，省教育厅厅长漆权作会议总结。会议交流了各地的经验，并参观了安义、奉新县的高中教育现场，与会同志受到很大的启发，推动了全省高中阶段教育的改革与发展。2002年全省普通高中招生比上年增长26.2%。全省初中阶段毕业生升高中阶段的比例为54.3%，比上年提高7.7个百分点。

省教育厅积极推动高中教育均衡发展，努力扩充优质教育资源。2002年暑期，省教育厅在学校申报、各区市教委推荐的基础上，组织5个组对具备一定条件的学校进行考察，并据此研究确定61所学校为“十五”期间重点建设中学，使其在两三年内达到省级重点中学办学水平。按照实施素质教育的要求，组织专家制定了省级示范性普通高中的评估标准，印发了《关于重点建设中学改革发展的指导意见》，为以评促建打下了基础。

〔**中小学信息化建设**〕 2002年，省教育厅以信息技术教育为切入点，推进中小学信息化建设，以教育信息化带动教育现代化。一是召开全省中小学信息技术教育工作会议，对加快中小学信息技术教育的普及作出部署。二是进一步推动在中小学开设信息技术教育必修课。三是加强信息技术教育与各门学科的整合，推进信息技术在教学中的应用。2002年，全省普通高中全部开设了信息技术课程，普通初中开设信息技术课程的已达1685所，占普通初中总数的84%。小学开设信息技术课程的已达1821所，占小学总数的10.6%。四是积极争取有关部门的支持，加快中小学计算机教室的装备。2002年，全省中小学计算机装备总数达到11.57万台（未包括民办中小学和企事业单位举办的学校），比上年增加3.8万台，全省中小学生平均每55人拥有一台计算机。五是建立了中小学计算机捐赠中心，发动党政机关、部队、企事业单位、高等学校、社会团体、银行、海关、税务、民航、铁路等行业和企业，向贫困地区中小学捐赠计算机及与计算机使用相关的软件、图书。

〔**课程改革**〕 2002年，省教育厅认真贯彻落实教育部《基础教育课程改革纲要（试行）》精神，基础教育（义务教育阶段）课程改革正式启动。按照“分步推进、分科推广、滚动发展、力求实效”的方针，省教育厅制定了义务教育新课程推广实施方案。全省已有17个县（市、区）启动课程改革实验区工作。

4月28日，全国基础教育课程改革实验工作电视电话会议在南昌市设立了主会场，江西各实验区市设立了分会场。会后接着召开了全省基础教育课程改革实验工作电视电话会议，就如何贯彻落实课程改革有关问题作了工作部署。各实验区市教育行政部门也相继召开了相关会议，贯彻会议精神。为进一步贯彻落实教育部《基础教育课程改革纲要（试行）》及《关于开展基础教育新课程实验推广工作的意见》精神，省教育厅召开了全省基础教育课程改革实验区工作座谈会。会上，南昌市西湖区、赣州市大余县教委2个国家级实验区介绍了课程改革的做法，研究部署了实验区的有关工作，商定了实验教材选订事宜。

为了加强对实验工作的领导与指导，按照教育部的要求，省教育厅已专门成立了“江西省基础教育课程改革实验工作领导小组”，同时设立了实验工作专家指导小组。领导小组和专家指导小组将负责领导规划和指导全省基础教育课程改革。各实验区教委、市、县（区）政府或教育行政部门以及各实验学校也按要求成立了实验工作领导小组，制订实验计划，安排任课教师参加培训，组织学习新课程标准等。

职业教育与成人教育

〔**综述**〕 2002年，全省中职毕业生“对口升学”报考高职院校8 317人，实际录取5 524人，其中，有285人录取到江西农业大学、江西科技师范学院普通本科班学习。

为稳步发展中等职业教育，完成全省各类中等职业学校全年招生15万人的任务，省教育厅采取了以下措施：一是继续对各地教育行政部门、各中等专业学校职业教育实行年度目标考评，将招生任务分解落实到各市和中专学校；二是采用灵活的招生方式，放宽录取条件，给中职学校更多的招生自主权；三是出台了江西农业大学、江西科技师范学院普通本科班对口招收中职毕业生的招生政策；四是确定全省适度发展五年制高等职业教育的工作思路，制定印发了《贯彻教育部关于进一步办好五年制高职的实施意见》。

省教育厅组织全省中等职业学校分别组成计算机、烹饪、美容美发和服装设计4个代表队，参加全国中职学生专业技能大赛，省教育厅获得优秀组织奖。计算机代表队获得一等奖1个、二等奖2个、三等奖2个和优秀奖10个；烹饪代表队获得二等奖1个、三等奖7个和优秀奖3个；美容美发代表队获得二等奖2个和三等奖4个；服装设计代表队获得优秀奖2个。南昌市第二职业中学组成代表队参加“南方八省（区）中小学课本剧”邀请赛（第五届全国推广普通话宣传周系列活动之一）。该校根据中学课本内容创作的课本剧《摆渡》，荣获邀请赛一等奖，高二年级陶艳菁获优秀演员奖，学校获组织奖、编剧奖和辅导奖。

〔省级示范学校和重点专业建设〕　2002年，省教育厅把骨干示范中等职业学校建设和重点专业建设作为年度工作的重点来抓。印发了《关于申报中等职业学校省级重点建设专业的通知》和《关于调整江西省示范职业学校或职教中心评估标准和评审办法的通知》，分两批组织10个专家评估组，对申报省示范职业学校评估的18所职业高中（或职教中心）和申报省重点专业评估的32所中等职业学校（含普通中专、五年制高职中专部、职业中学）共38个专业点进行了评估。经过评估，省教育厅批准九江市财贸职业高中等14所职业中学（职教中心）为省示范职业中学（职教中心），审查批准园林等23个专业（共32个专业点）为全省中等职业学校首批省级重点建设专业（点）。此外，根据教育部有关文件要求，年内推荐并经教育部确定新余市职教中心为国家重点建设的中等职业学校，奉新县冶城职校园林专业、南康市职业中专电子技术应用专业、新余市职教中心机械加工技术专业和宜春卫校护理专业为全国中等职业教育首批示范专业（点）。

〔教改教研工作〕　2002年，省教育厅继续推进中等职业教育教学改革及教学研究工作。一是召开全省中专学校教学工作研讨会，总结3所中专学校试行学分制的经验，提出从2002年起扩大试行范围，并对《江西省中等职业学校学生学籍管理实施细则》进行了修改。二是召开职业高中教学研讨会，就教学管理、教材建设、综合高中班、“对口升学”考试等有关问题进行了研讨。三是组织全省中等职业学校旅游类专业技能竞赛活动，评选出团体奖3名、个人单项奖22人（次）。四是对中职毕业生报考高职院校实施“3＋X”考试科目设置改革（“3”为语文、数学、外语，“X”为计算机应用基础和学生所报专业一门专业课的综合），并拟定了考试复习大纲，组织了专业课考试命题等工作。五是成立了“综合高中现状及发展趋势”、“农村职业教育改革与发展”等5个专题课题组，开展了调研活动，形成了调研报告，分析问题，寻求解决对策。六是开展了“征集江西省首届职业教育优秀论文交流评选”活动。参加评选的论文500余篇，共评出一等奖25篇、二等奖55篇、三等奖80篇。

〔农村成人教育与社区教育〕　2002年4月，省教育厅在萍乡市召开了全省农村成人教育与社区教育实验工作研讨会，总结交流工作经验，现场参观了萍乡市湘东区2所乡（镇）成人文化技术学校，提出了年度全省农村成人教育工作目标，确定了在南昌、萍乡、赣州、新余、鹰潭5个市城区启动城市社区教育实验工作。会后，印发了《关于在部分设区市开展社区教育实验工作的通知》，对实验的目标任务以及各实验城市制订实施方案等提出了要求。2002年，赣州市章贡区率先在全省启动社区教育实验工作，并已取得初步成效。在农村成人教育方面，省教育厅总结了萍乡市湘东区实行农科教结合、“三教统筹”，萍乡市宣风职业中学立足农村、服务区域经济建设以及分宜县大岗山中学“初三分流”、培养农村实用人才的先进典型。全省各市以县办职业学校为龙头，以乡（镇）成人文化技术学校为骨干，以村农民夜校为基础，按照“实际、实用、实效”的原则，开展了多种形式的文化教育和技术培训，据不完全统计，年内培训农村青壮年116.5万人。

高等教育

〔**综述**〕 2002年，全省研究生教育、普通高等教育、成人高等教育招生和在校生均比上年增长30%以上，比扩招前翻了一番多，提前实现了“十五”规划目标。研究生招生和在校生分别比上年增长33.03%和38.73%；高校本专科招生和在校生数分别比上年增长37.63%和35.52%。成人高校招生和在校生分别比上年增长26.34%和34.49%。高考录取率65%，规模在1万人以上的高校达到9所。校均规模提高到5 355人。万人规模的民办高教机构4所。高等教育的毛入学率13.5%。应届本专科毕业生就业率达83.21%。高校新园区全面破土动工，高校办学空间得到扩大。全省高等教育布局结构不断优化，学科专业建设得到加强，办学效益和教学质量得到明显提高。

高校体育、艺术工作。江西高校田径队在参加全国第九届大学生田径锦标赛中，取得女子团体冠军和男、女团体总分第三名，获6枚金牌，5枚银牌。高校健美操队在参加第十届中国大学生健美操、艺术体操锦标赛暨第二届中国大学生动感啦啦队比赛中，获得8个奖杯。在2002年全国高校“校长杯”乒乓球比赛中，江西省代表队获得第5名。

〔**高校结构调整**〕 2002年，江西省在继续办好11所普通高校举办“三独立”二级学院基础上，新增赣南师范学院科技学院，全省二级学院达到12所；九江财经专科学校、九江师范专科学校、九江医药专科学校、九江教育学院合并组建为九江学院。按照国家关于“三改一补”的方针，加快组建高等职业学院，在23所成人高校、普通中专、民办专修学院基础上通过改组、改制、改革方式组建了16所高职学院。将萍乡师范学校并入了萍乡高等专科学校、江西林业学校并入了江西财经大学、江西工业职业学院国防分院并入了东华理工学院；将南昌职业技术师范学院更名为江西科技师范学院，华东地质学院更名为东华理工学院。完成了原部属九江财经高等专科学校、江西金融职工大学移交地方管理的工作。

〔**教学管理**〕 调整高校专业结构，加强专业建设。2002年，新增76个本科专业，其中多数是交叉边缘学科专业以及江西经济社会发展急需的专业。大幅度增加了对高等教育的教学投入，每年安排20万元用于教学成果奖励、30万元用于教学课题研究、1 500万元用于本科品牌专业和专科示范专业建设。高校也对教学加大了投入，2002年的教学仪器设备值达到14.6亿元。

继续实施“专升本”制度，在18所普通本科院校中招收3 240名“专升本”学生（其中软件学院招收1 314名）。

加强教学质量的宏观监控。鼓励、支持高校接受教育部组织的教学工作评价。江西科技师范学院、赣南师范学院、江西财经大学顺利通过了教育部教学工作合格评价。通过迎评促建，3所学校面貌焕然一新，教学工作跃上新台阶。江西电视大学通过了教育部“人才培养模式改革和开放教育试点项目”的中期评估。组织开展成人高等学历教育单位教学水平评估及全省高校基础课实验室评估。继续实施“高校工作状态数据公示制”，对高校办学条件、管理水平、教育教学质量等进行全面监控。继续实施“教学改革研究立项”、“省级教学成果评选”等制度，2002 年，从全省高校推荐的 164 项教学成果中评选出 60 项省级教学成果奖。

组织学生参加 CCTV 杯英语演讲比赛，江西师范大学李佳玉荣获第二名，南昌大学朱凌获四等奖。首次与团省委联合组织大学生参加“挑战杯”中国大学生创业计划竞赛。全省有 12 所高校 23 队参赛。有 4 所高校 5 件创业计划书获得铜奖，并进入决赛。全国大学生数学建模比赛江西赛区共有 19 所高校 131 个代表队参赛，获全国一等奖 3 个和二等奖 14 个。19 所高校的 1 588 名学生参加江西省第十三届电子制作赛、电脑知识赛、电脑技能赛，417 名学生受到奖励。

〔**教学改革**〕 (1) 试办软件学院。南昌大学、江西财大、江西师大、华东交大、南昌航院、东华理工学院与 IT 企业合作试办软件学院，当年招生 2 000 人。(2) 举办本科试验班。引进国外先进办学模式，采用国际通用的课程设置，使用外文原版教材，进行双语教学，学生出国学习、实习。举办试验班的高校有江西师范大学、江西财经大学、华东交通大学。(3) 评选出全省本科品牌专业 103 个和专科示范专业 15 个。(4) 组织开展全省高校优秀多媒体教学课件制作展评比赛。共评选出一等奖 10 个、二等奖 20 个、三等奖 50 个，分别享受省级教育成果一、二、三等奖的待遇。(5) 开展全省高职 IT 专业教学改革试点。主要内容有：改革办学模式，实行学校与企业合作办学；改革培养模式，实行学历教育与认证教育相结合，通过与著名 IT 厂商合作，实施职业资格证书的培训和测评，对于测试合格的学生，颁发职业资格证书。

〔**学位工作与研究生教育**〕 2002 年，研究生教育规模进一步扩大。专业学位教育进一步发展。单位增长率为 57%，专业学位教育的种类增长 40%；2002 年，专业学位招生计划增长率为 26.9%。开展第五批硕士学位授权点合格评估，参评的 23 个授权点全部达到合格标准，其中有 18 个被评为优秀，5 个被评为良好。组织 2002 年全省优秀硕士学位论文评审工作。在参评的 52 篇论文中评选出 16 篇优秀硕士学位论文。规范了成人高等教育（自学考试）本科学生申请学士学位外语水平全省统一考试工作；制订了《江西省成人（自学考试）本科学生申请学士学位外语统一考试管理规则（试行）》等规范管理文件。

〔**“211 工程”与重点学科建设**〕 经国家专家组评审、论证，南昌大学“211 工程”已进入二期建设阶段。

南昌大学的食品科学、材料物理与化学学科于 2002 年 1 月被批准成为全国重点学科；江西农业大学的“动物生物技术重点实验室”进入农业部重点实验室行列，并争取到科技部的省部共建实验室的支持。江西中医学院有 2 个学科进入国家中医药管理局重点学科。以江中制药（集团）公司为主体，依托江西中医学院设立的“中药固体制剂制造技术工程研究中心”于 2002 年 8 月正式被批准为国家工程研究中心，中心总投资达8 300万元，并将成为中国现代中药产业的工程技术研发平台，全面提升全省中药产业技术水平，实现中药现代化。南昌大学“食品科学实验室”、“发光材料及器件工程技术研究中心”分别进入教育部重点实验室、工程技术研究中心行列。

南昌大学的机器人与焊接自动化实验室、制造业信息化工程技术研究中心、南方冶院的矿业工程实验室、有色金属加工工程技术研究中心、江西师大的光电子与通讯实验室、南昌航院的材料学与工程技术研究中心和测量技术与控制工程技术研究中心、景德镇陶院陶瓷工程技术研究中心分别被省科技厅批准成为省级重点实验室和省级工程技术研究中心。

〔**高校后勤社会化改革**〕 2002 年，全省高校已分离后勤人员 2 092 人，占后勤在编人员总数的 83%，组建自主经营、自负盈亏、自我发展的后勤服务中心（集团、公司）48 个，有 32 所高校后勤系统实现与学校行政管理系统分离，按社会化模式运作。多渠道引进社会资金，兴建学生公寓和学生食堂，全省32所高校（未含新设立的16所高职学校）2000～2002年共建设学生公寓84.8万平方米，建设学生食堂14.6万平方米。开展“创建标准化学生宿舍和标准化学生食堂”活动，提高了后勤服务质量和水平。

〔**科技工作**〕 2002年，南昌大学的“焊接机器人”、宜春学院的“抗病毒性肝炎新药——乌索酸及其制剂的研究开发”分别列入国家“863”高新技术计划；江西农业大学、南昌大学、江西科技师范学院分别获得科技部农业科技成果转化资金项目；南昌大学的“铟镓氮LED外延片”项目被国家计委批准列入高技术示范工程项目，总投资达1.52亿。全省高校全年获国家自然科学基金项目35项，获经费549万元，有6个项目列为2002年度教育部重点项目。江西中德联合研究院的“免疫奶”项目技术达到国际先进水平，并作为技术方参与江西金牛集团获准列入国家计委高技术产业化示范工程项目，国家拨款1 500万元，采购的设备即将到位，将进入产业化阶段。

高校科技成果转化取得了成效。2002年10月在广东深圳市举行的中国高新技术成果交易会上，江西参展团现场洽谈正式签约的11个项目、成交金额7.3亿元中，高校占3项、成交金额为6.1亿元。最大的合作项目是南昌大学与广西黑五类食品集团签约3亿元的超速溶蔬菜系列产品生产技术。南昌大学科技园组建了中德食品工程中心、材料加工中心等5个孵化器，成立了科技园公司，按企业运作。2002年3月江西省向科技部、教育部申报建设国家大学科技园，通过了专家答辩，6月24日，科技部、教育部联合批复同意南昌大学科技园列入2002年度国家大学科技园启动建设名单。

在江西省首次设立的省科学技术奖之中，高校为第一完成单位、第一完成人的获奖项目有28项，其中二等奖11项、三等奖17项。

在社会科学研究中组织全省高校参加2002年第二届全国高校“‘两课’精彩一课”教学示范片评选，江西省推荐5部优秀课件有3部入选。高校人文社科课题经费由20万元增加到50万元，人文社会科学重点基地建设年经费达50万元。重点基地建设评审工作全面启动。2002年，全省高校申报国家社会科学基金项目获准15项，获资助金额89万元；组织申报教育部第三届人文社会科学优秀成果奖48项；全省高校共申报人文社会科学课题357项，经专家评审确定176项课题立项，项目及经费已全部下达。

撰稿 杜 侦 傅小军 曹伴好
熊庆任 黄周村 刘静俭
审稿 漆 权 郑守华 李国祥
刘雪萍

山东省教育

概　况

〔基本情况〕

2002年各级普通学校基本情况

单位：人

学校类别	学校数（所）	毕业生数	招生数	在校生数	教职工数 合计	教职工数 其中：专任教师
总　计	41 453	4 516 185	4 436 443	16 294 121	1 096 708	891 661
一、研究生	(26)	2 404	6 595	15 882		
1. 高等学校	(23)	2 334	6 411	15 410		
2. 科研机构	(3)	70	184	472		
二、普通高等学校本专科	75	94 697	218 719	583 601	72 408	37 412
本科院校	33	63 343	138 945	418 963	52 209	25 971
专科院校	42	12 135	50 673	98 921	18 576	10 771
分校、大专班		19 219	29 101	65 717	1 623	670
三、普通中等学校	5 241	2 290 296	2 314 161	7 631 607	529 378	413 027
1. 中等专业学校	165	111 333	115 941	314 135	27 005	15 369
中等技术学校	131	96 275	103 967	278 781	22 040	12 461
中等师范学校	34	15 058	11 974	35 354	4 965	2 908
2. 技工学校						
3. 普通中学	4 648	2 056 204	2 016 523	6 891 700	461 898	369 664
高中	810	344 209	579 567	1 469 438		80 373
初中	3 838	1 711 995	1 436 956	5 422 262		289 291
4. 职业中学	428	122 759	181 697	425 772	40 475	27 994
高中	425	120 426	178 864	417 556		27 204
初中	3	2 333	2 833	8 216		790
5. 工读学校						
四、小学	19 590	1 440 986	1 072 586	6 625 876	414 600	383 816
五、特殊教育学校	139	1 887	2 285	16 966	5 104	3 506
六、幼儿园	164 08	685 915	822 097	1 420 189	75 218	53 900

2002年各级成人学校基本情况

单位：人

学校类别	学校数（所）	毕业生数	招生数	在校学生数	教职工数 合计	其中：专任教师
总计	**13 872**	**5 421 192**	**4 953 298**	**5 186 418**	**27 486**	**9 756**
一、成人高等学校	29	69 723	111 023	316 605	11 797	6 182
1. 广播电视大学	2	3 651	2 632	10 609	6 888	3 762
2. 职工高等学校	14	2 766	2 484	7 583	1 945	992
3. 农民高等学校						
4. 管理干部学院	5	6 864	6 499	16 600	1 639	790
5. 教育学院	8	6 685	7 846	23 005	1 325	638
6. 独立函授学院						
7. 其他学校（机构）		137		14		
8. 普通高等学校举办		49 620	91 562	258 794		
函授		35 756	61 461	178 898		
业余		9 994	22 759	65 214		
脱产		3 870	7 342	14 682		
二、成人中等学校	10 489	4 037 784	3 533 153	3 552 729	14 224	3 384
1. 成人中等专业学校	121	31 617	20 984	50 865	3 618	1 826
广播电视中专学校	5	765	833	3 083	73	33
职工中等专业学校	53	5 700	7 475	15 300	1 704	930
干部中等专业学校	16	2 783	838	1 960	778	291
农民中等专业学校	3	166	241	571	91	65
函授中等专业学校	9	1 106	730	3 321	299	141
教师进修学校	35	5 010	4 428	6 601	673	366
其他类学校举办		16 087	6 439	20 029		
2. 成人中学	22	1 405	2 337	3 634	202	154
成人高中	21	1 210	2 196	3 493	202	154
成人初中	1	195	141	141		
3. 成人技术培训学校	10 346	4 004 762	3 509 832	3 498 230	10 404	1 404
职工技术培训学校	50	51 988	54 465	14 728	821	568
农民技术培训学校	10 296	3 952 774	3 455 367	3 483 502	9 583	836
三、成人初等学校	3 354	1 313 685	1 309 122	1 317 084	1 465	190
1. 职工初等学校	13	266	182	182		
2. 农民初等学校	3 341	1 313 419	1 308 940	1 316 902	1 465	190
其中：扫盲班	2 698	59 657	67 130	71 993	1 100	175

〔**提出教育现代化目标**〕　为贯彻落实《中共山东省委关于深入学习贯彻党的十六大精神的决定》，中共山东省委高校工委、省教育厅党组制定印发了《关于深入学习贯彻党的十六大精神加快我省教育现代化建设的意见》，《意见》提出全省在2020年基本实现教育现代化。主要目标是：到2010年，全省基本普及高中阶段教育。各类高等教育在学人数达到160万人，其中普通高等教育在校生数达到100万人以上。到2020年，全省基本普及学前教育，城镇3岁以上幼儿学前教育入学率达到95％以上，农村达到85％以上；高质量地实施义务教育，高水平地普及高中阶段教育，初中毕业生升学率达到90％以上；努力建设若干所高水平大学和一批处于领先地位的重点学科，高等教育毛入学率达到50％以上，初步进入高等教育普及化阶段；每10万人口中，受过高等教育者达1.5万人以上；农村劳动者人均受教育12年以上，城镇劳动者人均受教育14年以上，基本实现教育现代化。

〔**学校人事制度改革**〕　2002年，高校人事制度改革稳步推进。对2001年申报进行人事制度改革的10所高校逐校进行了考察。省教育厅经与省人事厅协商，6月批准了山东理工大学、山东科技大学、曲阜师范大学、聊城大学、临沂师范学院5所高校进行人事制度改革试点，全省进行人事制度改革试点的高校已达8所，占普通本科高校的1/4。中小学校人事分配制度改革又有新进展。济南、滨州、德州在全市范围内积极推行全员聘任制，日照市中小学校人事分配制度改革取得成功经验。

〔**教师队伍建设**〕　2002年，全省139个县（市、区）的教师人事和工资发放全部实现“以县为主”的管理体制。开展教师资格认定工作，成立了山东省中小学教师资格认定指导中心和高校教师资格认定服务中心。到12月，完成了对1994年1月1日后加入教师岗位的在职教师的资格认定，有30万名中小学在职教师和1.5万名高校在职教师取得了教师资格。至此，山东省在职教师的资格认定工作顺利结束。继续做好专业技术评审和特级教师评选工作，共评审高校教师1 600多人，中专及中小学教师8 900多人；经层层推荐申报、审查、评选，评出291名山东省特级教师。确定了因地制宜、由各市决策解决民办教师问题的思路，省教育厅及时协调、督促各地加快工作进程，使全省民办教师问题得到圆满解决。

2002年，省教育厅根据省政府《关于调整中等师范学校布局结构的意见》，将全省独立设置的26所师范学校（不包括已停止招生的山东煤炭师范学校），全部实行了与高师院校或其他普通高校的挂靠联合，解决了师范学校培养专科小学教师工作中所存在的招生和颁发毕业证书的问题。

拓宽中师毕业生升学渠道。选拔900名优秀中师学生参加全省统一考试，320人被山东师范大学等4所高师院校录取；开通中师生升专科的“绿色通道”，全省共有7 500名中师毕业生注册到专科继续学习；允许五年制大专师范生继续升学深造。

开展中小学各类教师培训。（1）骨干教师培训。年内，有7 000名骨干教师完成省级培训。有15个市开展市级培训，培训骨干教师1.2万人。（2）新课程师资培训。2002年开展了新课程骨干培训者省级培训。共举办三期27个培训班，培训学科22个，计有2 400多人参加了培训，为全省17市和进入实验的45个实验区，每个学科培训了4名骨干教师。（3）学历提高培训。为实施全省中小学教师继续教育“十五”规划，提升中小学教师学历层次，印发了《关于做好中小学教师自学考试工作有关问题的通知》和《山东省中小学教师自学考试工作实施意见》。全年报考本专科考生分别为7.48万人和2.3万人。共录取本科5.41万人，小教专科1.1万人。

〔**《山东省教育督导条例》正式实施**〕　《山东省教育督导条例》于2002年12月7日经省九届人大常委会第24次会议审议通过，并正式实施。为切实做好《条例》的宣传贯彻和实施工作，副省长邵桂芳专门撰文要求认真组织实施。省教育厅召开了贯彻《条例》座谈会，省人大教科文卫委员会副主任朱广新、省人大常委周志仁、省教育督导学会会长吕可英、国家督学马钊、省教育厅副厅长陈光华等参加了座谈。《山东省教育督导条例》的发布和实施，标志着全省教育督导工作进入了新阶段。

〔**行风建设**〕 2002 年，省教育厅拟订了《教育厅政务公开实施意见》和《教育厅内部业务工作规程》，全面提高行政工作效率和服务水平。(1)加快行政审批制度改革。省教育厅的审批事项压缩50%。在基础教育方面，除国家规定的需要省级审批的事项外，其他审批事项逐级下放到市、县教育行政部门和学校。在高等教育方面，国家下放的审批事项和管理权限一律下放到学校，取消涉及高校教学、科研具体工作事项的审批。在省政府 127 号令中保留的 20 项省教育厅审批、核准、审核、备案事项中，经确定，省教育厅又压缩 10 项。(2)加大政务公开。对高等学校设置、基本建设投资项目和重点学科重点实验室建设项目的评议确定，对外公开，接受监督。继续实行招生政策、工作程序、录取分数线、录取结果和举报监督渠道公开，从 2002 年开始，普通高校和成人高校招生全部实现计算机远程网上录取。(3) 转变机关作风。一是控制会议数量和规模。召开市、省直部门负责人参加的教育会议每年 1 次；召开高校书记（校长）参加的会议每年不超过 2 次。二是精简文件。厅发的文件、电报减少 50%。三是从严控制各类检查、评比活动。面向高校的各类检查评比实行综合性评估，只保留办学条件的评估 1 项；面向中等以下教育的各类评估、检查，每年不超过 1 次。

〔**规范教育收费**〕 根据实际情况，调整了部分收费标准。对 30 多件群众来信反映的乱收费问题进行了调查处理。启动了高校固定资产管理现代信息智能系统工程建设。制订了全省农村中小学公用经费标准定额，具体标准为：初中 180 元～360 元，小学 110 元～280 元；制定了高校民营二级学院收费标准；修订了大中专院校学生公寓管理办法，增加1 200元的收费标准档次；审核确定 36 所高校 155 个收费热门专业。

〔**民办教育**〕 年内新批准民办高校 8 所，学历文凭试点学校 10 所，中外合作办学机构 12 个。有社会力量举办各类民办教育机构2 310个，在校生 58 万人，其中民办高校 122 所，在校生 4.5 万人。制定了《山东省民办高等学校管理暂行办法》。2002 年首次将 46 所民办学历文凭试点院校的招生计划列入全省普通高校招生指南，并于 7 月 27 日～28 日在济南市和各市同时开展了全省民办高校的宣传、咨询与报名招生活动。2002 年全省民办高校招生人数明显增长，其中学历文凭试点注册生增加3 000多人。

〔**支援新疆教育**〕 自 2000 年在全国启动“东部地区学校对口支援西部贫困地区学校工程”后，到 2002 年，山东省认真组织了教育对口支援工作，除支持部分资金、设备和图书外，共派出 200 多名骨干教师赴新疆支教。8 月 26 日，第二批 128 名教师又赴新疆支教。为西部大开发贡献力量。

基础教育

〔**综述**〕 2002 年全省小学比上年减少1 752 所，招生比上年增加 5.9 万人，在校生比上年减少 36.60 万人。普通初中比上年减少 72 所，招生比上年减少294 733人，在校生比上年减少358 403 人。普通高中比上年增加 36 所，招生比上年增加 101 880人，在校生比上年增加 228 259 人。

2002 年全省小学学龄儿童入学率为 99.82%，其中小学女童学龄儿童入学率为 99.83%。小学毕业生升学率为 99.92%（含升入职业初中 2 833 人)。初中毕业生升入普通高中升学率为 33.85%。

全省小学在校生辍学率为0，小学女童辍学率为0.23%。普通初中在校生辍学率为1.46%，普通初中女生辍学率为1.46%，2002年全省普通初中、小学重读生人数分别为1 614人和735人。

全省普通高中专任教师具有本科及以上学历的占专任教师总数的75.60%，普通高中生师比为18.28∶1。普通初中专任教师具有本科及以上学历的占教师总数的20.77%，具有专科学历的占教师总数的70.62%，普通初中生师比为18.74∶1。全省小学专任教师具有本科及以上学历的占教师总数的3.25%，具有专科学历的占教师总数的33.99%，高中阶段毕业的占教师总数的61.54%。幼儿教师中具有专科以上学历的占总数的26.04%，具有高中阶段学历的占总数的66.47%。

全省中小学平均在校生规模为：小学338.2人，普通初中1 412.8人，普通高中1 814.1人。每校平均班数为：小学9.3个，普通初中22.9个，普通高中28.8个。平均班额为：小学36.5人，普通初中61.8人，普通高中63.1人。

〔**中小学危房改造**〕 2002年，新查出危房面积76万平方米，核减12万平方米，净增64万平方米。年内，全省已累计筹措危房改造资金13.2亿元，共改建、新建校舍329万平方米，完成危改规划任务的78%。中央和省定危改项目学校已完成90%的改造任务。

〔**规范化学校建设**〕 开展以“教育思想现代化、办学条件标准化、学校管理规范化、学生素质优良化”为标志的规范化学校创建活动。年内又有125所中小学达到省级规范化学校标准，其中普通高中40所，初中43所，小学40所，特殊教育学校2所。全省规范化学校总数达618所，其中小学205所，初中207所，高中187所，特教学校19所。同时，继续开展了示范幼儿园建设，省级示范幼儿园已达491所。

〔**信息技术教育**〕 省教育厅印发了《关于普及中小学信息技术教育的通知》。全省现有国家级信息技术实验区8个，省级信息技术教育实验区36个，实验学校65所；建有基础课一类实验室122个。截至2002年6月底，高中、初中、小学信息技术开课率分别达100%、72%、23%，2 100所中小学建成校园网，1 177所学校实现了卫星宽带入校。426所中小学达到省电化教育示范学校标准；近7 000所学校建成了教育资源库。山东省信息技术教育的发展目标是：用3至7年时间全面普及中小学信息技术教育，基本完成“校校通”工程。

〔**高中学校建设**〕 11月14日～15日，省政府在潍坊召开了全省高中发展与建设工作经验交流会，副省长邵桂芳出席会议并讲话。会议的主要任务是传达贯彻全国高中教育工作会议精神，研究部署高中教育发展与建设问题。会议代表参观了临朐县实验中学、寿光现代中学和莱州一中等学校。会议提出到2010年，全省基本普及高中阶段教育的目标，新建100所现代化高中学校，并将现有的700所普通高中提高到省级规范化学校水平，在此基础上，建设80所全省一流的示范性高中学校。

〔**规范义务教育办学行为**〕 2002年，省教育厅印发了《关于加强义务教育办学管理若干问题的通知》，进一步规范义务教育办学行为。《通知》要求，各地城市市区根据学校布局、规模和居民居住状况，合理划分学区，保证辖区内所有适龄儿童都能就近入学。城市地区要有计划地在义务教育阶段举办九年一贯制学校，以扶持、联合、兼并等多种形式加快薄弱学校改造，努力扩大义务教育阶段优质学校的规模，满足人民群众对高质量教育的需求。各地要逐步加大将公办优质高中的招生指标按一定比例分配到每所初中的工作力度，促进初中学校均衡发展。坚持义务教育阶段公办学校不招“择校生”。公办中小学不得改为民办或以改制为名实行高收费。任何民办和各类进行办学体制改革的小学、初中，不得以考试的方式择优选拔新生。坚决纠正公办中小学擅自举办实验班、特长班以及违规收费的做法。

职业教育与成人教育

〔**综述**〕 2002年全省普通中专学校招生比上年增加2.37万人，在校生比上年增加3 627人。职业高中招生比上年增加3.99万人，在校生比上年增加4.36万人。职业初中招生2 833人，在校生8 216人。全省普通中专学校专任教师1.54万人，专任教师中具有副高级、中级专业技术职务的分别为4 050人和5 903人，分别占专任教师总数的26.35%和38.41%。职业高、初中学校专任教师2.8万人，具有本科及以上学历的占专任教师总数的57.24%，全省中等职业教育生师比分别为：普通中专20.4∶1，职业高中15.3∶1，职业初中10.4∶1。普通中专和职业高中在校生占高中阶段在校生的66.76%。

2002年全省成人高校比上年减少5所。成人高等学历教育（含普通高校举办的夜大、函授、成人脱产班，不含电大普通专科班及高职，下同）招生比上年增加7 858人，其中独立设置的成人高校及其他机构招生比上年减少6 904人；普通高校举办的夜大、函授、成人脱产班招生9.16万人，比上年增加1.48万人，占成人高等教育招生总数的82.47%。各类成人高等学历教育在校生比上年增加6.08万人，其中独立设置的成人高校及其他机构在校生5.78万人，比上年减少0.77万人；普通高校夜大、函授、成人脱产班在校生25.88万人，比上年增加6.86万人，占成人高等教育在校生总数的81.74%。各类成人中等专业学校招收应届初中毕业生2.33万人。各类成人技术培训学校共培训604.98万人次，其中农民技术培训547.42万人次。2002年扫除文盲5.32万人。在部分高校和成人中等专业学校进行了优秀成人应届专科毕业生推荐选拔升入成人本科学习和优秀成人中专应届毕业生推荐选拔升入成人专科学习的工作，分别招收3 000余人和5 000余人。对全省40所高校成人高等教育100多个新专业进行了评估。在省农业系统进行了开展本科层次专业证书教育的试点工作。

〔**专业教学改革**〕 为切实搞好全省中等职业学校专业教学改革试点工作，召开了改革试点工作座谈会，成立了全省职业学校专业教学改革咨询评议委员会。经市地自评、省评审，全省110所中等职业学校的126个专业被确定为省级教学改革试点专业。同时，采取措施继续扩大对口高职的招生数量，2002年对口高职招生3.08万人，占中职毕业生总人数的10%；在58所中等职业学校开办了“三·二连读”高职班，2002年招生2.6万人。

〔**确定职业教育发展目标**〕 为落实全国职业教育工作会议精神，9月26日，省政府颁发了《关于大力推进职业教育改革与发展的决定》。9月27日，省政府召开全省职业教育工作电视会议，部署全省职业教育改革与发展的任务。副省长邵桂芳在会上讲话。会议强调，改革与发展仍是今后一个时期全省职业教育的两大主题。到“十五”末，力争中等职业教育在校生达到150万人，高等职业教育在校生达到45万人，短期培训每年1 000万人次。为实现省政府确立的职业教育改革与发展目标，副省长邵桂芳要求重点抓好以下工作：一是以发展中等职业教育为重点，逐步建立初等、中等、高等职业教育相衔接，与其他教育相沟通、协调发展的现代职业教育体系。二是深化体制改革，建立与社会主义市场经济相适应的职业教育运行机制。三是深化劳动就业制度改革，严格实施就业准入制度和职业资格证书制度，加强学历教育与职业标准的衔接。四是深化教育教学改革，努力提高职业教育质量和效益。省政府确定从2003年起，城市教育费附加提取20%用于职业教育，按城镇企事业单位年工资总额的一定比例征收职教经费，省、市财政设立职教专项经费。

〔**社区教育**〕 2002年，山东省确定了推进社区教育工作“先城市后农村、先抓点后抓面、先实验后推广”的基本思路。在抓好济南市历下区、青岛市四方区两个实验区的基础上，又在8个设立行政区的中等以上城市确定14个社区教育工作实验区；计划在2003年将80%的中等以上城市中的行政区扩大为实验区；到“十五”末，社区教育工作在全省全面推开。通过实验工作实践，要求首批确定的实验区要成为全国社区教育的示范区，各市都要有一个以上的实验区达到省级社区教育示范区标准，有条件的市基本构建起终身教育体系，力争创建学习化城市。

〔**学籍管理**〕 根据全省成人高等教育发展实际，重新修订了《山东省成人高等教育学生学籍管理规定》。年内，完成了全省1991年～2000年成人高等教育毕业生的证书重新登记工作，共注册41万余人，为社会用人单位网上查询提供了便利条件。完成成人高等教育应届毕业生7万余人的毕业证书验印和电子注册工作。对普通高校驻鲁函授教育辅导站和成人高校山东地区校外班进行了评估，重新公布了384家函授站和校外班名单。

高 等 教 育

〔**综述**〕 2002年全省研究生招生比上年增加1 224人。其中招收博士生932人，比上年增加142人，招收硕士生5 663人，比上年增加1 082人。在校研究生比上年增加4 005人。其中在校博士生2 373人，比上年增加533人，在校硕士生13 509人，比上年增加3 472人。

全省普通高等教育（含75所普通高校、部分成人高校举办的高职班和电大普通专科班，下同）招生比上年增加35 166人。2002年地方所属普通高等教育共招生19.09万人，比上年增加2万人。

全省普通高等教育在校生比上年增加13.42万人。地方所属普通高等教育在校生51.3万人，比上年增加10.42万人。全省普通高校教职工比上年增加8 046人，其中专任教师比上年增加6 510人。专任教师中具有正高级技术职务的3 788人，比上年增加703人，具有副高级技术职务的12 066人，比上年增加1 712人。专任教师中，具有博士学位的2 177人，比上年增加393人，具有硕士学位的8 663人，比上年增加1 426人。

〔**高校招生工作**〕 2002年全省普通高考报名人数41.47万人，比上年增加2.5万人，增长率6.4%。2002年，山东省参加高考总人数突破45万人。全国共有766所普通高等院校在山东省计划招生22.29万人（不含省外艺术类），比上年增加4万人，增长21.9%。全省实际录取新生25.92万人，录取率达62.5%，其中，本科录取12.3万人，专科（高职）录取13.62人。对口高职录取3.08万人，录取率达84.54%。全省普通高校和对口高职共录取新生29万人，录取率达64.28%，比上年提高近10个百分点（2001年录取率为54.47%）。到2002年底，全省高校在校生人数达到58.3万人，基本实现了高等教育向大众化的历史跨越。

〔**重点建设与科研工作**〕 “九五”期间，全省高校共建设64个重点学科、29个重点实验室。其中57个“九五”期间立项建设的省级重点学科和重点实验室已通过验收，共投入建设经费1.58亿元，其中省拨经费4 605万元，学校匹配和院（系）及学科自筹经费1.12亿元。已验收的57个重点学科（实验室）5年来共承担各级各类课题1 238项，其中，国家级课题188项，省部级课题435项；获科研经费1.7亿元，讲师以上人员5年人均科研经费达12.12万元。发表学术论文1.1万篇，其中被SCI收录660篇，EI收录353篇，ISTP收录51篇。出版学术专著739部。鉴定科技成果651项，其中，国际领先水平243项，国际先进水平151项，国内领先水平301项。科研成果获奖724项，其中，获国家级奖励20项，省部级奖励383项。获省级以上教学奖励90项。累计推广科技成果307项，为社会创造直接经济效益达407.16亿元；新增博士点11个、硕士点28个。

2002年，对高校科研工作提出了压缩计划项目数量、加大资金支持力度、重点扶持创新开发项目、合理引导高校科研工作的指导意见。据此，新安排文、理科研计划280项，其中，有经费支持的187项，下拨科研经费570万元，组织评选出372项山东高校科研成果奖。全年承担各级各类课题6 000余项，科研经费近6亿元。年内，全省高校共获省科技进步奖201项，其中，一等奖8项，二等奖51项，三等奖142项。

〔**院校结构调整**〕 11月6日，经教育部批准，青岛海洋大学更名为中国海洋大学。年内，山东省拟更名和升格的青岛科技大学、聊城大学、山东理工大学、泰山学院、山东交通学院5所普通高校通过了全国院校设置评议委员会的评议，并经教育部正式审批成立。另外批准成立了淄博职业学院、山东对外经济贸易职业学院等9所高等职业学院（还有2所批准筹建）。普通高校进行民营二级学院试点工作，共批准成立青岛大学海尔软件学院等19所二级学院，当年招收本科生5 460人。

〔**启动学科带头人工程**〕 6月28日，省教育厅印发了《山东省高等学校学科带头人岗位及人员聘任管理办法》，对学科带头人的岗位设置、选聘条件、人员聘任、考核评估等作了相应规定。在全省高校国家级和省级的重点学科中确立了第一批88个优秀学科带头人岗位，为全省鼓励创造性人才脱颖而出构筑了平台。

〔**学位与研究生教育工作**〕 2002年，审核批准研究生课程进修班245个。组织了同等学力人员申请硕士学位和在职攻读工商管理硕士等9个专业学位的国家级考试。组织了全国优秀博士学位论文的初选推荐工作，有30篇博士论文和51篇硕士论文以及其指导教师获得2002年优秀学位论文奖励。全省建有山东大学、石油大学2所研究生院，10个博士学位授予单位，19个博士学位授权一级学科点，55个博士学位授权点；30个硕士学位授予单位，491个硕士学位授权点。

〔**高校基本建设**〕 2002年，省属高校共筹集基建资金约20亿元，其中，政府财政投入2.5亿元，包括国拨预算内资金5 626万元、争取教育部及省计委追加投资1 900万元、国债资金2 500万元。学校通过银行贷款、校产置换等方式自筹资金17.5亿元，在建校舍总规模247万平方米，当年新增校舍150万平方米。年内，全省已建成占地33.3公顷以上的大学新校区6处，已开工建设的12处。

〔**高校后勤社会化改革**〕 3月12日～13日，省政府在泰安、淄博两地召开第二次全省高校后勤社会化改革工作会议，会议总结交流了全省高校后勤社会化改革工作情况，部署今后工作任务。到年底，全省43所普通高校组建成了71个大后勤实体和328个小后勤实体，分流在册正式职工5 705人，占原后勤职工人数的92.5%。各类后勤实体初步实现了规范化管理、企业化运营，后勤基础设施大规模改造、扩建，保证了扩招的需要，学生学习生活条件得到了较大改善。

继续推行高校学生公寓用品政府采购。5月28日，山东省举行高校新生公寓用品政府采购项目开标仪式，省政府采购中心对全省62所高校新生的公寓用品进行了政府采购。全国的92家生产企业成为项目的投标单位。为确保采购工作的公开、公平、公正，组成了评标委员会，并特邀省审计厅和高校学生代表全程监督采购工作。

〔**国家助学贷款工作**〕 省教育厅于10月在潍坊和济南分片召开全省国家助学贷款工作座谈会，对助学贷款工作作出部署。会议认为，全省国家助学贷款工作取得了新的进展，制定了贷款实施办法并成立了专门管理机构，基本完成了“四定”（定学校、定范围、定额度、定银行）工作；与银行签订国家助学协议的39所高校中有18家开办了助学贷款业务。截止2002年8月底，申请贷款学生3.2万人，申请贷款金额2亿元，经办银行已审批贷款学生1万人，审批贷款合同金额7 297万元，实际为9 981人发放贷款3 496万元。但全省的国家助学贷款工作仍有大量的工作要做。一是贷款金额发放不足，全国高校已发放国家助学贷款30多亿元，山东高校仅发放贷款3 400多万元；二是获得贷款的学生数量偏少，仅占全省高校在校生总数的2.6%。

撰稿　刘　鸣　孟　华

审稿　陈光华　张士俊

青岛市教育

〔基本情况〕

2002年各级各类学校基本情况

单位：人

学校类别	学校数	毕业生数	招生数	在校学生数	教职工数	
					合计	其中：专任教师
一、高等学校	13	20 215	46 475	125 309	11 790	8 724
1. 普通高等学校	11	13 482	36 949	94 425	10 679	8 121
其中：研究生	4	429	1 511	3 585		
本专科	11	13 053	35 438	90 840		
2. 成人高等学校	2	6 733	9 526	30 884	1 119	603
二、中等学校	425	156 967	192 777	562 134	45 551	35 091
1. 中等职业学校	12	7 976	9 367	27 421	2 743	1 636
其中：中等师范学校	3	806	709	2 037	428	221
2. 普通中学	348	127 209	154 562	467 628	36 357	29 254
高中	64	26 284	43 137	102 558		6 681
初中	284	100 925	111 425	365 070		22 573
3. 职业高级中学	65	21 782	28 848	67 085	6 451	4 201
三、成人中等专业学校	35	8 551	8 092	13 724	1 277	765
四、小学	1 123	110 540	88 660	478 634	34 066	31 030
五、特殊教育学校	13	163	200	1 271	556	392
六、幼儿园	2 236	63 679	49 836	137 857	10 894	8 235

2002年，青岛市依法治教取得新进展。市政府颁布了《青岛市控制义务教育阶段学生辍学办法》，进一步明确各方制止学生辍学工作的责任及措施。市教育局制定了《中小学生处分暂行规定》，规定在全市推行学生处分听证制度。在前两年试点的基础上，加快实行政府宏观管理、学校自主运行的依法治校机制，按章程自主管理的学校扩大到全市学校总数的2/3。

全面实施中小学信息化"校校通"工程，部分完成了青岛市教育信息中心二期工程和教育政务网、教育信息网改版工作，并与教育部行政办公系统联网试运行。青岛教育城域网基本形成了市、区（市）、学校三级信息网络。各区、市全部建成教育信息中心，全市建成校园网的学校已达236所；市内四区中学全部建网，小学建网率达95%。全市通过光纤接入城域网和通过卫星宽带下载教育资源的中学260所、小学766所。全市接受信息技术教育的中小学生达50万人，小学、初中、普通高中、职业高中开设信息技术教育课的开课率分别为55.7%、98.9%、100%、100%。青岛市作为教育部重大课题"信息技术在教学中的应用"实验区，有8个区（市）46所中小学参加了实验，并在信息技术与课程整合方面进行了探索。

2002年度全市教育经费总收入37.20亿元（其中包括市财政拨给高等学校的1.10亿元），其中财政性教育经费25.28亿元。全年中小学教育事业费拨款21.56亿元，高于同期全市经常性财政增长速度13.66个百分点。贯彻国务院办公厅转发的《关于实施中小学危房改造工程的意见》，成立了"青岛市中小学危房改造领导小组"，对全市校舍进行了检查，共查出危房面积11.1万平方米，年底已全部改造完毕。加快实施教育技术装备现代化工程和实验教学普及县工程，重点装备了多媒体电教室和微机网络教室，至2002年底，基本完成了中小学实验教学普及县工程，有4个区（市）通过了山东省检查评估。

坚持教育科研为教育决策和教育改革服务。全市共立项山东省教育科学"十五"规划重点课题15项，规划课题20项。青岛市教科所的"基础教育阶段双语教育的研究与实验"被列为全国教育科学"十五"规划教育部重点课题，"家庭生活方式与家庭教育对策研究"被列为中国教育学会"十五"科研规划重点课题。

加快骨干教师队伍建设，选拔1 000多名优秀教师参加省、市骨干教师培训，引进了优秀骨干教师和硕士研究生60余名，继续实施"名师培养工程"，调整充实了特级教师、学科带头人后备人才库。加强教师培训，市教育局与中国海洋大学、华东师范大学、北京师范大学等联合举办在职教师研究生课程进修班，组织特级教师巡回讲学、上示范课、指导备课和教研活动，对青年教师进行培训，开展了课改师资培训和课程改革通识性校本培训。

社会力量办学。全市各级各类社会力量办学学校（班）中，有学历教育学校77所（内含私立中小学61所，成人中专13所，民办高校3所），学历文凭考试试点院校13所，非学历教育学校402所，初步形成了从幼儿园到老年教育，各层次教育齐全的民办教育体系。上述学校中有中外联办学校15所，中外合作办学项目学校11所。全市社会力量办学学校共有教职工1.06万人，在校生12.66万人，年招生、培训20.78万人。非学历中等学校开设了文化辅导、计算机、外语、财经、建筑、通信技术、艺术、体育医学等专业，在职业技术教育与培训方面发挥了作用。青岛市将2002年作为"民办教育年"，重点加快发展民办高等教育，加强国际教育交流与合作。年内，批准独立颁发学历文凭的民办高等职业教育学院2所，民办中等学历教育学校9所，非学历民办高校7所，中等以下非学历学校38所；批准中外合作职业学校1所，批准9所学校与5个国家和地区举办12个合作办学项目，吸引外资折合人民币300余万元。

〔基础教育〕 全市学前三年幼儿入园率达93%，其中市区达99%；共有省、市级示范幼儿园121处。年内又有2处幼儿园被评为山东省"十佳"幼儿园。贯彻落实《青岛市托幼管理条例》，市托幼工作领导小组的政府职能部门由9个增加到13个。加强对私立托幼机构的管理，印发了《青岛市公民个人举办托幼机构管理办法》，首次批准了两处中外合办的幼儿园。实施托幼一体化，初步建立起以托幼园所为依托的社区早期教育指导中心。参与教育部与联合国儿童基金会合作项目“早期儿童养育与发展”，建立起0～3岁婴幼儿课程体系，编写了《0～3岁婴幼儿心智发展方案》。

落实全国和省、市基础教育工作会议精神，高标准高质量实施义务教育，全市小学和初中普及率分别达99.99%和99.98%，农村初中学生年辍学率在0.23%以下，市内四区小学全部从一年级开设英语课。农村各区（市）全部落实了“以县为主”的义务教育管理体制，市政府与各区（市）政府签订了《保障农村义务教育投入责任书》，教师工资和人事管理权全部由乡镇划归到区（市）教育行政部门。继续实施义务教育学校“标准化建设工程”，优先加强村小和初中学校的设施配置和师资建设。2002年，又有68所初中和251所小学通过市教育局“标准化建设工程”验收，全市通过验收的中小学分别占国办初中、小学总数的69.2%和51.7%，市内四区国办初中、小学全部达到“标准化建设工程”要求。

大力发展普通高中教育，扩大优质高中规模。以政府投入为主，多渠道筹措资金，通过迁址重建，积极扩大优质高中办学规模。全市民办普通高中学校已达16所，占全市普通高中总数的23%，其中2所投资分别超过1亿元。2002年普通高中招收新生4.3万人。全市省、市级规范化普通高中分别为18所和35所，分别占全市公办普通高中总数的33%、64%，重点扶持10余所学校争创国家级和省级示范高中。

继续推进义务教育阶段新课程改革实验。又有4个区（市）被定为省级课程改革实验区，全市已有7区1市的424所小学和93所初中参加实验，分别占小学和初中总数的35.5%和32.6%。各校在加强基础与技能教学的同时，更加关注学习过程和方法的掌握；运用发展性教学评价，激励学生不断进步。青岛市在全国基础教育课程改革研讨会上介绍了经验。

开展了宣誓仪式和升国旗仪式等一系列青少年思想教育活动。制定了《青岛市创建学习型家庭实施意见》，在全市中小学开展了学习型家庭创建活动。青岛市中学生综合素质教育实践基地开始试运行，正式建成并启用了青岛市少年科学院，开展多种形式的科技创新活动，培养学生的创新能力、实践能力和严谨求实的科学精神。

〔**职业教育与成人教育**〕 2002年，中等职业学校招生超过高中段招生总数的50%。毕业生一次就业率达到90%以上，农村达80%以上。应届毕业生中升入高等职业技术学院的占当年毕业生总数的18.4%。2002年7月，青岛市获全国职业教育工作先进集体称号。

8月26日～27日，教育部“学习贯彻全国职业教育工作会议精神座谈会”在青岛市召开，山东省和青岛市在会上介绍了省、市职业教育改革与发展情况。10月17日，市政府召开了全市职业教育工作会议，制定了《关于大力推进职业教育改革与发展的决定》，明确了全市职业教育改革发展的目标和政策措施。

继续实施“双名牌”战略。结合重点职业学校和骨干专业建设优化职业学校布局，又有3个区、市通过撤点并校、调整布局，各建成1所招生在3 000人左右的大型中职学校，全市中职学校已调减到101所，校均在校生提高到1 100人。围绕全市经济结构调整和产业优化升级调整专业设置，规模较大的职业学校都设置1～2个质量较高的骨干专业。有3所学校的3个专业被评为首批国家级“示范专业”，17所学校的18个专业被定为省级教学改革试点专业。实行“双名牌”动态管理制度，对复评达不到标准的1所国家级重点学校、1所市级重点学校和3个骨干专业予以黄牌警告。

实施学分制教学改革，提高办学活力。在部分学校试行学分制和分层教学改革实验，推广“走班制”，学生流动上课，分层次教学，分层次考试。同时强化了专业操作考试和学生行为规范考核，在毕业实习中增加了毕业设计与答辩，以提高中职毕业生的综合竞争力。全市中职校学生职业技能考核，中级合格率达94%，初级合格率为88.4%。

中共青岛市委、青岛市政府召开了创建学习型城市工作会议，制定了《关于创建学习型城市的意见》，创建了社区教育大学，初步建立起社区教育网络。四方区成为全国社区教育实验区，市南区、市北区被定为山东省实验区，其他各市（区）也开展了社区教育实验。

继续在农村实施“新世纪双五富民工程”，把科技推广和文化教育紧密结合起来，搞好新技术、新品种的实验、示范和推广，对10.24万个“工程户”、1.08万个科技家长和1.14万科技示范户进行了培训和指导，实现了工程户比其他农户户均收入增长10%的目标。

〔**高等教育**〕　全市高校共有博士后流动站5个，博士学位授权一级学科3个，博士点18个，硕士点111个。共有国家级重点学科5个，省部级重点学科22个，省部级以上重点实验室26个。专任教师中正高级职称932人，副高级职称2 052人，高级职称占专任教师总数的45%；中国科学院、工程院院士15人（其中专职7人，外聘8人）；博士生导师141人，博士后61人；具有博士学位的506人，硕士学位1 720人。

2002年是全市高等教育实现跨越式发展的一年。各高校通过合并、升格、引进等形式，努力提高办学水平和竞争能力。青岛海洋大学和青岛化工学院分别更名为中国海洋大学和青岛科技大学；青岛职业技术学院与青岛教育学院合并为新的青岛职业技术学院，被教育部、财政部确定为国家重点支持建设的示范性职业技术院校。年内又有5所职业学校被批准升格为高等职业技术学院，全市独立设置的高职院校达到7所。全市高等教育毛入学率达20%，高职高专在校生占全日制普通高校在校生的38%。全年共举办高等教育学历自学考试3次，报考人数10.9万人、科次20.82万，毕业3 919人；举办民办高校学历文凭考试2次，报考人数1.57万人、科次3.86万，毕业627人。各高校筹集资金4亿多元，建成后勤和教学设施50多万平方米，使全市高校的总建筑面积接近300万平方米，藏书量近700万册，缓解了扩大招生规模带来的资源紧张问题。

青岛市各级政府加大对高等教育的支持力度，建成了多个大学科教园区，为高等教育发展创造了良好的环境。外地高校引进工作已见成效。山东科技大学、莱阳农学院正式在青岛设立创业基地或科教园区，在校生逾万人。石油大学在青岛的新校区已开工建设，北京大学在青岛设立的国际学术中心正式启用。外地高校在青岛函授站和远程网络学历教育教学点已达40个。

各高校加强重点实验室和重点学科建设，新技术、新成果不断涌现。年内共承担国家级科研课题262项、省部级科研课题277项、市级科研课题502项；科技成果经鉴定达到国际领先水平16项、国际先进水平49项、国内领先水平34项、国内先进15项；获省部级以上科技进步奖39项。各高校积极与地方合作，开展产学研联合活动，科技成果迅速转化为生产力，共向地方转让科技成果119项，推动了地方经济建设和社会发展。各高校积极应对加入WTO和高等教育全球化的挑战，加强国际交流与合作。累计与57个国家建立了合作关系，共有101名外籍教师在青岛高校任教，有1 452名外籍专家、学者来青岛学术交流，1 073名外籍学生在青岛高校留学。青岛高校有668人出国访问、讲学。

撰稿　孙新兴

审稿　杜小悌　李振江

河南省教育

概　　况

〔基本情况〕

2002 年各级普通学校基本情况

单位：人

学 校 类 别	学校数（所）	毕业生数	招生数	在校生数	教职工数 合计	教职工数 其中：专任教师
总　计	**47 122**	**5 283 034**	**6 241 162**	**21 271 319**	**1 086 911**	**938 001**
一、研究生	(21)	952	2 707	6 313		
1. 高等学校	(13)	930	2 666	6 213		
2. 科研机构	(8)	22	41	100		
二、普通高等学校本专科	65	71 226	166 084	467 963	54 539	28 470
本科院校	24	42 123	91 288	294 606	33 848	17 006
专科院校	41	22 757	65 666	153 996	20 691	11 464
分校、大专班		6 346	9 130	19 361		
三、普通中等学校	7 043	2 256 813	2 835 203	8 085 432	466 332	388 466
1. 中等专业学校	157	100 649	125 311	336 597	25 382	13 842
中等技术学校	128	78 712	105 784	271 839	21 111	11 105
中等师范学校	29	21 937	19 527	64 758	4 271	2 737
2. 技工学校						
3. 普通中学	6 399	2 030 424	2 539 369	7 333 487	408 899	350 658
高中	854	257 792	509 340	1 255 501		60 341
初中	5 545	1 772 632	2 030 029	6 077 986		290 317
4. 职业中学	484	125 701	170 470	415 162	31 988	23 918
高中	474	122 002	164 308	398 818		23 172
初中	10	3 699	6 162	16 344		746
5. 工读学校	3	39	53	186	63	48
四、小学	37 729	2 025 508	1 857 734	11 045 852	527 252	496 203
五、特殊教育学校	122	1 844	3 267	19 913	3 162	2 467
六、幼儿园	2 163	926 691	1 376 167	1 645 846	35 626	22 395

2002年各级成人学校基本情况

单位：人

学校类别	学校数（所）	毕业生数	招生数	在校学生数	教职工数 合计	教职工数 其中：专任教师
总计	**51 772**	**6 827 695**	**7 122 467**	**3 991 353**	**43 489**	**29 832**
一、成人高等学校	24	49 080	111 308	254 016	7 780	4 477
1. 广播电视大学	1	2 776	1 948	5 983	2 289	1 360
2. 职工高等学校	15	3 906	8 561	19 618	1 805	1 123
3. 农民高等学校						
4. 管理干部学院	2	1 405	843	2 491	1 055	522
5. 教育学院	6	4 048	10 673	20 715	1 764	1 010
6. 独立函授学院						
7. 其他学校（机构）		1 829	1 750	3 925	867	462
8. 普通高等学校举办		35 116	87 533	201 284		
函授		15 889	48 038	112 125		
业余		4 024	11 481	27 524		
脱产		15 203	28 014	61 635		
二、成人中等学校	35 018	6 278 986	6 528 785	3 298 267	29 449	19 954
1. 成人中等专业学校	249	43 495	36 973	80 191	14 427	8 537
广播电视中专学校	6	11 896	6 075	8 105	1 334	656
职工中等专业学校	50	3 286	2 342	7 332	2 057	1 144
干部中等专业学校	26	2 020	795	2 670	1 157	615
农民中等专业学校	40	6 762	8 790	20 516	1 930	1 310
函授中等专业学校	1	6 407	6 100	12 809	1 136	688
教师进修学校	126	7 121	9 548	17 960	6 813	4 124
其他类学校举办		6 003	3 323	10 799		
2. 成人中学	68	26 506	20 935	28 729	132	114
成人高中	2	345	235	680	66	58
成人初中	66	26 161	20 700	28 049	66	56
3. 成人技术培训学校	34 701	6 208 985	6 470 877	3 189 347	14 890	11 303
职工技术培训学校	2 160	463 001	454 548	158 939	1 479	1 355
农民技术培训学校	32 541	5 745 984	6 016 329	3 030 408	13 411	9 948
三、成人初等学校	16 730	499 629	482 374	439 070	6 260	5 401
1. 职工初等学校	271	9 687	17 561	21 184	243	167
2. 农民初等学校	16 459	489 942	464 813	417 886	6 017	5 234
其中：扫盲班	10 981	216 936	195 607	166 601	4 017	3 496

〔**全省教育工作会议**〕　2月4日，省教育厅在郑州召开全省教育工作会议，总结2001年工作，部署2002年的工作。副省长贾连朝、省教育厅厅长王日新出席会议并讲话。副省长贾连朝对2002年教育工作提出三点要求：一是正确分析形势，统一思想，增强教育改革发展的紧迫感和责任感；二是把握重点，狠抓落实，促进教育事业持续健康发展；三是切实转变工作作风，树立教育部门良好形象。会议确定2002年全省教育事业改革发展的目标任务是：(1) 认真贯彻落实《河南省人民政府贯彻〈国务院关于基础教育改革与发展的决定〉的实施意见》，推动各地在2002年内基本实现体制调整的目标。强化县级政府的管理责任，核定教师编制，确保教师工资按时发放。(2) 继续把“普九”和“扫盲”作为教育工作的“重中之重”。(3) 采取切实措施，完成普通高中40万人招生任务。(4) 加大改革力度，努力完成中等职业学校35万人招生任务、初中毕业后一年职业培训20万人及其他各项职业技术培训任务。(5) 全面贯彻《公民道德建设实施纲要》，切实加强德育工作的针对性、实效性和主动性。(6) 通过加大投入、调整、优化结构等措施，进一步扩大高等教育资源。(7) 继续推进郑州大学“211工程”建设，确立特聘教授设岗学科，继续实施高校“创新人才培养工程”和优秀青年骨干教师选拔培养工作。(8) 继续做好落实省级财政支出中教育事业费所占比例和省级教育基建投资在省本级基建投资比例每年提高1.5个百分点的工作；突出重点，搞好“重点高校、重点学科、重点实验室”建设，实施好中小学危改工程。(9) 抓好教育科研网主干网二期工程、教育软件、高校文献信息保障体系和教学课件等教育资源库的研究开发、中小学“校校通”工程和人才培训等。(10) 深化邓小平理论进教材、进课堂、进学生头脑“三进”工作，继续推进“三个代表”重要思想的“三进”工作。

〔**教育投入与支出**〕　2002年全省全口径教育经费达到226.77亿元，较上年增加32.83亿元，增长16.93%。其中国家财政性教育经费（含预算内教育经费、各级政府征收用于教育的税费、企业办学经费和校办产业等用于教育的经费）达到154.87亿元，较上年增加21.81亿元，增长16.39%。

2002年全省预算内教育经费（含教育事业费、基建拨款、科研经费拨款和其他经费拨款）达到143.09亿元，较上年增加32.28亿元，增长29.14%。其中教育事业费拨款达到123.32亿元，较上年增加27.31亿元，增长28.45%。2002年预算内生均教育事业费情况：小学468.65元，初中601.14元，职业学校991.96元，中等师范学校1 814.9元，普通高中885.85元，普通高校3 901.45元，分别比上年增长34.86%、20.61%、4.68%、4.15%、13.30%、17.32%。生均公用经费情况：小学17.95元，初中37.41元，普通高中100.68元，职业学校90.21元，中等师范学校157.57元，普通高校1 166.77元，分别比上年增长48.59%、18.16%、31.76%、7.14%、4.92%、14.19%。

2002年全省多渠道筹措教育经费83.68亿元，较上年增加0.54亿元，增长0.65%，占同期教育经费总额的36.90%。各级政府征收用于教育的税费为6.8亿元，较上年减少9.66亿元。其中，城市教育费附加6.66亿元，较上年增加0.9亿元；农村教育费附加0.15亿元，较上年减少10.50亿元；企业办学经费为3.38亿元，较上年减少0.44亿元。校办产业、勤工俭学和社会服务收入用于教育的经费1.58亿元，较上年减少0.39亿元。社会团体和公民个人办学经费5.16亿元，较上年增加1.05亿元；社会捐、集资办学3.08亿元，较上年减少1.46亿元；事业收入57.69亿元，较上年增加10.02亿元；其他收入5.98亿元，较上年增加1.41亿元。

教育投入的增加改善了各级各类学校的办学条件。2002年，认真实施“中小学危房改造工程”和“第二期国家贫困地区义务教育工程”。用于“两项工程”资金总量3.8亿元，其中“危房改造工程”2.2亿元，改造危房125万平方米；“第二期义教工程”1.6亿元，集中用于杞县、兰考、平舆和鲁山4县普及九年义务教育工作。

2002年，全省普通中小学（普通中学、职业中学、小学、特殊教育、幼儿园）共有校舍9 262.15万平方米。普通中小学生均校舍建筑面积分别为：普通高中10.4平方米/生、普通初中4.8平方米/生、小学4.00平方米/生。全省普通中小学共有图书2.53亿册，中小学生均图书分别为：普通高中20册/生、普通初中15册/生、小学13册/生。

普通高等学校占地面积3 692.62万平方米，比上年增加739.85万平方米，增长25%。校舍建筑面积1 456.6万平方米，比上年增加196.9万平方米，增长15.6%，其中教学及辅助用房527.6万平方米，比上年增加101.8万平方米，增长23.9%。学校共有图书3 489.68万册，比上年增加191.62万册，增长5.8%，生均图书78册。教学仪器设备资产总值22.53亿元，生均4 905元，比上年增加6.28亿元，增长38.6%。

成人高等学校占地面积396.86万平方米，校舍建筑面积213.2万平方米，学校共有图书478.22万册，教学仪器设备资产总值2.28亿元。

〔**廉政建设**〕 根据省纪委七次全会精神，结合教育系统实际，落实领导干部廉洁自律的有关规定。

招生执法监察。4月16日，省教育厅、监察厅印发了《关于做好2002年普通高等学校招生执法监察工作的通知》。高考期间，各级纪检和监察部门加强巡视，各级招办严密组织，保证了高考的顺利进行和考场的良好秩序，全省未发生严重违纪舞弊事件。在录取工作中加强录取场所的管理，确保招生公平公正。查处案件工作进展顺利。按照中纪委、省纪委关于加大案件查处力度的要求，省教育厅、监察厅联合印发了《关于对2001年普通高招违纪舞弊学生责任人进行查处的通知》，各有关市教育局、监察局联合组织对65名违纪舞弊上学案件进行了查处。16名责任人受到处理，对67名违纪考生给予3年不准报考的处理。

学位证书认证。根据省委组织部《关于干部学历、学位检查清理实施意见的通知》要求，省教育厅负责国民教育系列学历、学位证书的审验工作。成立了河南省国民教育系列高等教育学历、学位证书认证领导小组，负责学历、学位证书的认证工作。并邀请省监察厅派人全程监督。2002年各单位送审认证学历证书3 000多份，清理假毕业证书600多份。通过鉴定，维护了国家学历制度和学历证书的严肃性。

〔**教育信息化建设**〕 4月6日，河南省教育和科研计算机网（HERNET）主干网一期工程开通仪式的举行，标志着HERNET主干网到郑州、开封、洛阳、新乡、焦作、许昌、平顶山等7个省辖市实现了2.5Gbps的高速互联。HERNET主干网二期工程以2.5Gbps的光纤链路联通其余10个省辖市，并建立5个高速冗余光纤环路。

全省接入HERNET并具有edu. cn域名的教育单位由开通前的29家提高到67家。其中，1000Mbps接入的达55家。全省各高等学校上联速率、上网主机数、信息点数、上网用户数等主要指标均有大幅度提高。其中，上网主机达5.3万台，上网用户近40万人。有近200所中小学以100Mbps以上的速率接入了HERNET。

高校加快教育网站建设和信息资源开发，全省有54所高校建立了教育网站，比上年增加19家。所有网站均提供了www. ftp、E－Mail、视频点播等基本的网络服务，全省有42所高校建设教务、科研、学生、行政管理等方面的数据库，购置或开发了基于网络的电子图书和电子期刊等大型数据库。全省高校多媒体教室达540个，可同时供6.5万名大学生上课。这些多媒体教室基本上都以较高的速率联入了校园网，与其他多媒体系统构成了较丰富的多媒体教学系统。高校的网络化教学已经成为重要的教学手段，教学方式正在发生深刻的变化。

2月23日，教育部授权郑州大学开展现代远程教育试点工作，郑州大学网络学院在校外设置6个网络教学中心，9个网络教学点。试点专业为法学、工商管理、计算机科学与技术、临床医学、预防医学、护理学、药学7个专业，招生专升本1 625人，专科1 476人。此外，北京大学等22所全国重点大学在河南省共设置了校外网络教学中心55个，教学点9个，招生专业32个，招生1.30

万人。

开展农村信息技术教育试点工作。5月，省教育厅制订了河南省发展农村信息技术教育试点方案，决定在伊川县等11个县（市、区）的490所中小学进行试点。省教育厅投入665万元，合理制定配置标准，实行政府采购，对61所初中、236所小学配置了仪器设备。另外，省教育厅根据中小学教学要求，组织部分优秀教师制作了各学科教学软件并及时配发到校；对试点县（市）、乡（镇）和试点学校的教师和管理人员等647人进行了培训。

〔**教师资格管理**〕　2002年，各级教师资格认定机构严格按照法定的程序、条件和范围，开展了教师资格认定工作。经认真审核、把关，全省共有34.97万名教师认定了教师资格。其中，高等学校1.27万名，中等职业学校1.09万名，中等职业学校实习指导0.36万名，高级中学1.82万名、初级中学10.57万名、小学19.11万名、幼儿园0.73万名。

11月4日～12月17日，省教育厅先后组织召开高校、中专、中小学教师高级专业技术职务任职资格评审会议。经过专家组审阅、评委会评审，参加高校教授、副教授评审的955人（含破格和单列44人），通过人员777名（含破格和单列30人），通过率81.36%；参加中专高级讲师评审的677人，通过人员541名，通过率为79.91%；参加中小学中学高级教师评审的7 220人，通过人员5 832名，通过率为80.78%；参加高校图书、工程、研究和中小学教师中级评审的188人，通过人员183名，通过率为97.34%。

〔**教育外事工作**〕　加强中外合作办学审批和管理。2002年，省教育厅按照教育部印发的《中外合作办学暂行规定》，研究批准了郑州轻工业学院与澳大利亚伍伦贡大学实行连接式教学试点，研究审批了中原工学院、商丘师范学院、南阳理工学院、济源职业技术学院等学校的中外合作办学项目以及郑州亿龙学校、洛阳南洋学校等7家单位的中外合作办学，积极引进国外优质教育资源，促进全省中外合作办学工作积极稳健发展。

国际合作与交流。全省接待国外政府来访和高等教育团组等访问20余批次，100余人次，就学生培养、教师培训、科研合作、重点学科建设、合作办学等交流项目达成初步合作意向。

公派出国留学和来华留学工作。2002年3月，全省公派出国留学申报70人，批准资助49人；其他各类因公出国进修人员40余人；全省高校接收来华留学生430人；聘请外国文教专家230人。

〔**教育干部培训**〕　全省“十五”干训工作顺利启动。2002年，全省教育干训工作围绕基础教育课程改革，按照新的培训要求稳步开展多类型、多层次的培训。在培训层次上，重点办好提高培训班、研修班和出国培训班，加快优秀校长培训步伐，启动教育行政干部培训；在培训条件上，继续抓好干训师资队伍建设和干训教学手段的现代化建设。全年共举办培训班61期，培训教育干部3 153名。

举办“十五”第一期教育行政干部和高校中层干部培训班。10月9日～18日，省教育厅委托河南教育学院举办“十五”第一期教育行政干部培训班，105名省辖市、县（市、区）主管基础教育工作的副局长，以及26名中小学校长培训基地的骨干教师参加了培训。培训班以中小学新课程改革为中心，采取专题讲座与研讨交流、参观考察相结合的培训模式。为保证培训质量，聘请了9位国内教育知名专家、学者，开设了12个专题。同时，省教育厅继续在河南大学高校干部培训中心举办了高校中层干部培训班，共有112名学员参加培训学习。选派51名高校领导干部或中层干部到国家高级教育行政管理学院、省委党校和教育部中南干训中心学习。

〔**体育、卫生与艺术教育**〕　开展中学生“晨光”体育活动。2002年“晨光”体育活动突出强调降低重心，以基层活动为主的指导思想，在各市开展活动的基础上，省第四届中学生“晨光”体育夏令营于7月29日～8月5日在安阳一中举办。来自全省近千名在基层活动中选拔出来的学生运动员分别参加了三人制篮球、四人制软式排球、五人制足球和乒乓球比赛活动。

举办河南省第十二届大学生田径运动会。5月15日～21日，河南省第十二届大学生田径运动会在河南财经学院举办。全省56所高校的1 000余名运动员参加各项目角逐，共有19人次打破14项省大运会记录，4人5次破4项省大学生田径最高记录。

举办河南省第三届中小学音乐、美术教师基本功比赛。6～8月，通过宣传发动，层层比赛选拔，70名教师分别荣获音乐组和美术组一、二、三等奖，并从中选出6名教师参加于11月举行的全国比赛。全省参赛的3名音乐教师有2人获得一等奖，1人获得二等奖；3名美术教师有1人获得一等奖，2人获三等奖。

〔**语言文字工作**〕 开展普通话水平测试。全省测试16万人次，其中教师8.5万人，学生7万人，公务员5 000人。

开展第五届推广普通话宣传周活动。2002年9月的第三周为第五届全国推广普通话宣传周。9月15日，宣传周第一天，在郑州市绿城广场举办了宣传活动，副省长贾连朝、省教育厅厅长王日新、副厅长李文成及郑州市委、市人大、市政府等有关部门的负责人和数千名师生一起参加了宣传活动。

召开全省语言文字电视电话会议。12月27日，省政府召开全省语言文字工作电视电话会议，全省18个市的副市长，有关局、委和高等院校的负责同志参加了会议。贾连朝副省长到会讲话。

基础教育

〔**义务教育**〕 完善农村义务教育管理体制。2002年7月5日，省政府召开全省完善农村义务教育管理体制电视电话会议，传达《河南省人民政府办公厅关于完善农村义务教育管理体制的通知》。省委副书记、常务副省长李成玉到会讲话。会前，省教育厅、财政厅、人事厅、计委等单位多次组织调研组，到全省各地就学校布局、教职工编制、工资发放等问题进行深入、广泛的调查研究。会后，各地按照会议精神和《通知》要求，认真抓落实。截至年底，全省所有县（市、区）均已落实了新的农村义务教育管理体制，教师工资发放和教师的管理全部上收到县。

“普九”巩固提高工作。年初，省教育厅印发《关于下达2002年度义务教育目标任务继续做好“普九”巩固提高工作的通知》，对各市下达了年度小学入学率、巩固率，初中入学率、巩固率，初中班额等目标任务，并就义务教育学制改革、缓解初中学龄人口高峰压力、控制初中辍学和初中班额等提出了具体要求。各地按要求，实行目标管理，做好“普九”巩固、提高工作。2002年，全省小学学龄儿童入学率为99.87%，比上年提高0.32个百分点；初中学龄人口入学率97.39%，比上年提高0.3个百分点。同时，对全省最后一个未“普九”县杞县的“普九”工作进行了督促和指导检查。

调整农村小学布局。按照有利于儿童就近入学，有利于优化教育资源，有利于调动乡、村两级办学积极性，有利于提高教育质量，推进素质教育的原则，坚持“积极稳妥、因地制宜、统一规划、分步实施”的指导思想，全省共调减小学2 096所。调整后，全省小学校均7.57班、293人，比上年校均增加0.32班、23人，班均39人，比上年班均增加2人，规模效益得到提高，教育资源得到合理利用。

全面推进义务教育学制改革。在试点的基础上，本年全省“五三”学制地区全面向“六三”学制过渡，新入学的小学一年级都实行六年制。同时，小学五年级毕业生一部分升入初中，一部分升入六年级。全省小学五年级分流到六年级的学生有24万人。既保证了学制调整的平稳过渡，又有效缓解了初中入学高峰的压力。

〔**中小学危房和农村初中食堂改造工程**〕 9月，经过对各省辖市“危改工程”资金落实、项目实施进展情况的综合评估，要求各地申报2002年中小学危房改造工程建设项目按照“奖优补困”的原则进行，并确保已批复项目在保证质量的前提下按时完成。12月31日，下达了2002年中小学危房改造工程国债项目省级配套经费2 000万元。全省审批项目学校317所，建设规模21.58万平方米，计划投资7 528万元。其中，中央预算内专项资金2 000万元（由省发展计划委员会下达），省级配套资金2 000万元，单位自筹资金3 528万元 。实施“第二期国家贫困地区义务教育工程”，定额配套省级专项资金1 700万元。加上社会投入，全省全年共投入危改经费2亿多元，改造危房60多万平方米。

实施全省农村初中食堂改造工程，加强学校卫生工作。省教育厅决定从2002年度开始实施全省农村初中食堂改造工程，在3年内每年安排专项资金1 000万元，采取以奖代补的办法，以县为单位推动农村初中食堂改造，使全省农村初中食堂设施简陋、卫生条件差的状况得到明显改善。在调查研究的基础上，制发了《河南省教育厅关于印发加强全省中小学校食品卫生安全管理暨启动农村初中食堂改造工程的实施意见》，成立了“河南省农村初中食堂改造工程协调小组”，协调该工程实施过程中的各项工作。

〔**普通高中教育**〕 继续扩大普通高中招生规模。2002年完成招生51万人，超计划11万人，在校生达到125万多人，提前三年完成了“十五”计划规定的普通高中在校生任务。上海市普通高中在豫招生录取200余人。经协商，天津市部分高中来河南招生，签订了《天津部分高中在河南招生有关问题的协议》，首次招生80多人。

调整普通高中课程计划。为配合从2003年起高考时间提前一个月的改革举措，教育部对普通高中课程计划进行了调整，重新修订了《全日制普通高级中学课程计划（试验修订稿）》，调整了课时。河南省按教育部计划作了相应调整。

继续做好普通高中“宏志班”工作。经过反复筛选，确定由河南大学附中和洛阳市第一高中具体承担这项任务。省教育厅、省委宣传部、省文明办制定了《关于开办2002年高中“宏志班”的实施意见》，具体指导“宏志班”招生100人，圆满完成了招生任务。

〔**幼儿教育**〕 开展《幼儿园教育指导纲要》培训活动。省教育厅于8月12日～15日举办了全省《幼儿园教育指导纲要》培训班，各市、县（市、区）负责幼儿教育工作的行政干部、教研人员、省示范幼儿园园长及幼师学校的教师等400余人参加了培训。各市也相继进行了二级培训。

继续评估省示范幼儿园。4月，省教育厅公布了郑州市地税局小天鹅幼儿园等9所幼儿园为河南省第四批示范幼儿园。

〔**基础教育课程改革**〕 3月，省教育厅成立了由副厅长马振海为组长的省基础教育课程改革领导小组和由省师范院校教授参加的课改专家指导组。为认真贯彻《国务院关于基础教育课程改革与发展的决定》和《基础教育课程改革纲要（试行）》，省教育厅于2002年4月在登封市召开了河南省基础教育课程改革实验工作会议，同时举办了基础教育课程改革通识型培训班。通过培训，提高了广大教育工作者对课改实验工作重要性的认识，增强了对做好课改实验工作的使命感和责任感。会后，省教育厅编辑出版了《河南省基础教育课程改革通识培训资料》（光盘），以便于各实验区学习培训。

加大对课改实验工作的投入。为保证课改实验工作的顺利进行，省教育厅安排300万元用于课改实验工作，各级教育部门和中小学校也都安排一定的经费投入，用于教师培训和改善办学条件，为课改实验工作创造必要条件。

制订《河南省基础教育新课程实验推广规划》，提出了全省课改实验工作的整体推进方案，印发了《河南省义务教育课改实验区课程计划（试行）》。同时，为落实国家三级课程管理要求，制定了《河南省义务教育地方课程设置方案》。对中小学各学科教学内容进行了调整，开展了教师培训、教学评价等工作。完成了省编小学音乐1～12册课本、九年义务教育综合实践活动资料（14册）的编写及高中综合实践活动指导用书的编写工作。

〔**治理中小学乱收费**〕 进一步加大治理中小学乱收费的力度。根据省委、省政府和教育部继续把治理中小学乱收费作为纠正部门和行业不正之风的一项重要工作来抓的要求，4月初省教育厅、省政府纠风办印发了《2002年全省治理中小学乱收费工作实施意见》，7月初省教育厅、省计委、省财政厅印发了《关于切实做好2002年农村贫困地区义务教育阶段“一费制”试行工作的通知》，对全省继续抓好治理中小学乱收费工作、贫困县实行收费“一费制”进行了全面部署。8月14日，省政府召开了全省教育收费专项治理工作会议。省教育厅等部门联合印发了《关于开展全省中小学乱收费专项治理工作的通知》。按照文件要求，全省在治理工作中重点抓了以下几个方面的工作：一是落实治理乱收费工作责任制和责任追究制。从省教育厅到各中小学校，省、市、县、乡、校都由一把手层层签订了治理中小学乱收费工作责任书，明确了各级的职责，一级向一级负责，层层抓落实。二是坚持实行学校收费公示制度。三是加强领导和督促检查。各级教育行政部门和中小学校，都成立了以一把手为组长的治理中小学乱收费工作领导小组，秋季开学后，各市教育局会同物价、审计、纠风等部门，在各县自查的基础上，对本地区中小学校收费管理和用书情况组织全面检查。12月中旬，省治理中小学乱收费领导小组办公室，组织6个检查组分赴18个市对35个县专项治理工作情况进行了抽查。据统计，全年全省共查处违规收费金额2 514.97万元，清退违规资金1 990.11万元；罚没上缴财政196.51万元；贫困县清退多收学生的费用1 088万元；清理各类乱收费实习班、特长班、实验班等628个；全省减轻中小学生课业负担清退3 196.41万元。

〔**“两基”督导复查**〕 4月6日，省教育厅印发《关于对部分县（市、区）进行“两基”复查的通知》，决定对郑州的荥阳市、新密市、巩义市，开封的郊区、顺河区、鼓楼区、南关区、龙亭区等41个县（市、区）进行“两基”复查。同时，要求有关省辖市教育行政部门及41个县（市、区）要严格按照“普九”评估验收的内容与标准，扎实工作，讲求实效，并自下而上地全面开展自查，边查边改，充实完善，使“两基”成果真正得到巩固提高。复查工作实行省督学责任区制度。6月，各责任区督学开展了复查前的过程督导。10月，各责任区督学进行了正式复查。过程督导和复查期间，12个复查组共随机抽查乡（镇）166个、小学266所、初中269所，并巡视了部分普通高中。11月26日，省教育厅印发《关于对荥阳市等41个县（市、区）进行“两基”复查情况的通报》。认为大多数县（市、区）在通过“两基”评估验收之后，能够继续把教育摆在优先发展的战略地位，牢固树立“两基”重中之重地位不变的思想，迅速把工作重点放在巩固提高上来，进一步加强了对“两基”工作的领导，确定新思路，出台新政策，制定新措施，巩固“两基”成果，提高“两基”水平，有力地推动了基础教育事业持续健康发展。

11月3日～10日，以国家督学李仁和为组长的国家教育督导检查组一行5人，对河南省贯彻落实《国务院关于基础教育改革与发展的决定》和《国务院办公厅关于完善农村义务教育管理体制的通知》情况进行了督导检查。副厅长马振海就贯彻落实国务院《决定》和国办《通知》情况作了汇报。检查组赴温县、固始等县进行督导检查，听取了当地政府关于贯彻落实《决定》和《通知》情况的汇报，对两县部分乡镇进行了督导检查。督导检查组认为，河南省认真贯彻落实国务院《决定》和国办《通知》。“以县为主”的农村义务教育管理体制落实较好，县统筹发放教师工资的工作进展平衡；所到县、乡（镇）努力增加政府投入，基本上做到了“三个增长”；认真排查危房；高度重视控辍，对形成的原因有深入分析，控辍有措施。

〔**教师培训**〕 中小学骨干教师省级培训。2002年共安排6 200多名骨干教师参加培训，主要进行教育理论、教育科研、新课程培训和信息技术培训，着重转变教师的教育思想观念、掌握现代教育技术手段、提高创新能力和科研水平。

全省共有1.5万余名高中教师、18万名初中和小学教师参加了为期一个月左右的岗位培训，基本完成了本周期教师岗位培训的任务。

基础教育新课程师资培训。全省在20个实验区32个县市区开展基础教育课程改革实验，按照“先培训，后上岗；不培训，不上岗”的原则，省教育厅把抓好省级实验区教师新课程培训作为2002年继续教育工作的重点，制订并印发了《河南省基础教育新课程教师培训工作方案》，先后组织开展了教育管理者、骨干培训者和实验区教师的培训工作。4月，举办了基础教育课程改革通识型培训班，400多名教育管理者、培训者参加了培训；6月，在河南大学、河南师大、河南教育学院等5所院校举办了新课改骨干培训者省级培训，全省共培训了2 000多名从事新课改教师培训的骨干力量，有6万名教师参加了通识培训，有2.5万人参加了课程标准和新教材培训。

到2002年底，全省小学、初中和普通高中的教师学历合格率分别是：97.5%、90.4%和76.1%；小学教师中具有专科、初中教师中具有本科及以上学历者的比例分别达到31%和15%。

〔**对口支援**〕 2002年，省教育厅组织全省各地教育部门积极开展对口支援工作，设立了河南省对口支援捐赠中心，并向社会公布了捐赠中心地址、电话、邮编及捐赠账号等，以便在全省经常性地开展捐赠活动。省教育厅同省直工委共同组织了省直机关、驻郑高校向贫困地区中小学捐赠计算机活动。有83个厅局、15所高校共捐赠计算机877台、打印机21台、学习机23台及计算机软件、机桌、图书等。各省辖市也都相应开展了此项活动。2002年全省学校对口支援工作下派支教教师5 777人，管理人员422人，捐赠资金9 640万元，衣物76万余件，计算机5 850台，图书80万册，仪器12万余套，课桌椅9万余张，学习用品70余万件。

职业教育与成人教育

〔**骨干学校和重点专业建设**〕 1月，省教育厅印发《关于2002年中等职业学校重点专业点评估认定工作的通知》，制订了计算机及应用、电子技术应用、工业与民用建筑、种植、养殖、农副产品加工6个重点专业的“重点专业点评估指标体系”。6月组织专家开展了重点专业点评估工作。经过专家评估，7月，省教育厅认定河南省商业学校等43所学校的47个专业为首批“河南省中等职业学校重点专业点”。11月，省教育厅印发《关于重点装备中等职业示范学校和重点专业点的通知》，安排330万元职教经费扶持示范学校建设，奖给每个重点专业点5万元，用于充实专业实验设备，并要求学校所在省辖市按1∶1比例进行配套，加快示范学校和重点专业建设步伐。

9月，省教育厅向教育部推荐了一批国家重点建设示范性职业学校和示范专业（点）。其中，郑州牧业工程高等专科学校、郑州旅游学校被教育部、财政部确定为中央财政重点支持的示范性职业院校；郑州市机电学校的机电技术应用专业、河南信息工程学校的电子技术应用专业、河南省交通学校的汽车运用与维修专业、平顶山市卫生学校的护理专业、郑州旅游学校的饭店服务与管理专业、河南省农业学校的种植专业被教育部确定为全国中等职业教育首批示范专业（点）。

〔**教学改革**〕　为贯彻落实教育部印发的中等职业学校重点专业教学指导方案，引导全省中等职业教育规范教学工作，省教育厅经调研和论证，对国家83个教学指导方案进行了筛选和归纳，确立了19个骨干专业。11月，省教育厅组织召开了种植、养殖、机械、电子等4个专业教学指导方案研讨会议，审议完成了4个专业方案的制订工作。12月，召开了计算机等15个专业教学指导方案制订工作会议。

加大教材管理力度。2002年，省教育厅先后印发了《河南省中等职业教育教材编写审定管理办法（试行）》和《关于中等职业教育教材编写立项有关问题的通知》，编印了《中等职业学校教学用书目录》，组织教师参加了国家规划教材示范性培训，开展了教学用书情况调查，进一步规范了教材管理，推广使用了国家和省规划教材。2002年3月，在充分征求职高、职专、中专等不同类型中等职业学校的意见和建议的基础上，印发了公共必修课5门、专业课19大类76门课程的《考试大纲》。

举行四项技能竞赛活动。根据教育部要求，省教育厅组织制定了计算机、服装设计与加工、烹饪、美容美发四项技能大赛的竞赛规程，举办了全省职业学校四项技能竞赛。通过全省竞赛，选拔31名选手参加了全国职业学校四项技能比赛，河南省选手共获得一等奖4名、二等奖2名、三等奖17名、优秀奖7名，获奖率达到74%。

〔**中等职业教育招生**〕　4月9日，省教育厅转发了《教育部关于做好2002年中等职业教育招生工作的通知》，将全省中等职业学历教育招生35万人的任务分解到各省辖市和省属中专学校，层层实行招生工作目标管理责任制。4月，省教育厅编印了《2002年河南省中等职业学校招生简介》，对中等职业学校的类别、招生资格、专业、层次等进行了公示。为确保完成年度招生任务，8月，省教育厅印发了《关于进一步做好2002年中等职业学校招生工作的通知》，要求各级教育行政部门加强对中等职业教育招生工作的领导，在搞好中招集中录取的基础上，更加深入地进行动员，做好凭初、高中毕业证免试注册入学工作。2002年全省中等职业教育招生36.5万人，超额完成了年度招生任务，招生数比上年有明显增加。

进一步完善普通中专招生办法。一是继续深化管理体制改革，将体音美科加试的管理交给各省辖市，加大各市管理责任。二是进一步放宽报名条件，除师范类五年制实验班要求考生未婚、年龄不超过18周岁外，对报考其他专业的考生婚否与年龄不作限制。三是加大学校自主权，对生源范围和招生专业由学校自主确定，实行更加灵活的计划管理办法。四是简化录取程序，延长录取时间。招生学校可以根据统考考生志愿直接打印审批表，也可以凭初中毕业证办理注册入学手续。在全省集中录取的基础上，录取时间延长到12月底。2002年，全省共安排省管中专招生计划（包括省属中专、五年制实验班、3+2分段制高等职业教育及省外中专）9.96万人，比2001年增加0.7万人，增长7.5%。实际录取10.15万人。市管学校录取备案4.06万人。

2002年，省教育厅进一步扩大了“3+2”分段制、五年一贯制和中职学校毕业生对口升学招生，“3+2”分段制招生达到1.3万多人，五年一贯制招生达到1.2万多人，中职毕业生对口升学达到2.4万多人，进一步拓宽了中职学生成长的“立交桥”，拉动了中等职业教育招生。

〔**骨干教师培训**〕　4月，省教育厅印发了《关于“十五”期间加强我省中等职业学校教师队伍建设的意见》，明确了“十五”期间全省职业教育师资队伍建设的指导思想、目标任务及实现目标的主要措施和工作重点。2002年，省教育厅委托同济大学、华东师大、上海职教研究所、河南职技师院、河南农业大学、河南教育学院、郑州轻工业学院等高校和科研单位，举办了全省职教管理干部、骨干教师培训班和乡镇成人学校校长培训班，参加培训达760多人，是历年来培训层次最高、培训人数最多的一年。6月，省教育厅转发《教育部关于做好2002年中等职业学校教师在职攻读硕士学位招生工作的通知》，采取资助学费等措施，鼓励中等职业学校教师积极报考，2002年全省中等职业学校教师在职攻读硕士学位报考人数达到260多人。

〔**技术培训**〕　6月18日，省教育厅印发了《关于2002年职业与成人技术培训工作的通知》，把初中后职业培训20万人、农村进城务工人员培训10万人、下岗（失业）转岗职工培训10万人次、农村成人技术培训400万人次等任务分解下达到各省辖市，并要求各地进一步摸清底数，明确工作任务，加强培训基地建设。11月26日，省教育厅转发了《教育部关于动员各类学校积极开展下岗失业人员再就业培训工作的通知》。2002年，全省完成初中后职业技术培训26.92万人、各种成人技术培训620万人次，超额完成了年度目标任务。

〔**中师布局调整**〕　2002年，省政府批转教育厅《关于我省师范院校布局结构调整的意见》后，省教育厅先后收到了各省辖市关于本市师范学校布局结构调整的方案。经过协调，形成了全省中等师范学校的调整意见。全省32所中等师范学校，16所改为高中，2所改为中等职业学校，6所改为幼师，4所并入教育学院，4所并入市属高校成立师范部。至此，全省顺利实现了三级师范向二级师范教育的过渡。

〔**职业指导与就业服务**〕　在省属中等职业学校实行职业资格证书制度。4月11日，省教育厅发出《关于在省属中等职业学校推行职业资格证书制度的通知》，决定成立以崔炳建副厅长为组长的推行职业资格证书工作领导小组，下设办公室，负责制定职业技能培训计划并组织省属中等职业学校的职业技能鉴定工作。并将计算机操作员作为推行职业资格证书的重点工种，要求计算机专业的毕业生在取得学业证书的同时，必须取得中级计算机操作员职业资格证书；非计算机专业的毕业生必须取得初级计算机操作员职业资格证书，同时鼓励非计算机专业的学生通过培训申请中级计算机操作员职业资格证书。

10月29日，省教育厅在郑州召开了“全省职业学校职业指导与就业服务工作会议”。开封县教育局、郑州旅游学校、周口海燕职业中专和镇平县职业中专在会上作了典型发言。10月24日，省教育厅印发了《关于加强职业学校职业指导与就业服务工作的通知》，进一步建立健全了各级教育行政部门和中等职业学校的就业指导工作机构，加强了省中等职业学校联合人才网站和省中等专业人才市场建设。2002年，省中等专业人才市场举办人才招聘会80多次，参加招聘会人员达15万人次，推荐安置1.8万多名职业学校毕业生就业。

2002年，郑州市教育局、省商业学校等15个单位和王岩等18人被评为“全国职业教育先进单位”和“全国职业教育先进个人”受到教育部、劳动和社会保障部、国家经贸委的表彰。

高等教育

〔**综述**〕 2002年，全省高等教育录取新生27.88万人，高等学校招生录取率达到60%，高等教育毛入学率达到13%，普通本专科在校生达到46.79万人，提前3年实现了“十五”计划目标。在搞好扩招的同时，省教育厅采取有力措施，深化高等教育管理及教学改革，建立健全评估机制，强化宏观调控手段，努力提高教育质量和办学水平。通过调研论证，积极推进高校学分制管理制度的建立和完善。修订了高校教材建设和管理办法，减少了低劣质量教材进课堂问题。加强高校图书馆建设，开展高校图书馆评估工作，印发了《河南省普通高校图书馆工作评估指标体系》。2002年4月，完成了投资150万元的河南省高等教育文献保障体系管理中心的建设。

确定第三批特聘教授岗位学科。6月27日，省教育厅选聘国内知名学者组成专家评审委员会，对参与申报的11所本科院校49个特色和优势学科进行了认真评审，最后确定了郑州大学基础数学等17个学科为全省高校第三批设立特聘教授岗位学科。

国家重点职业技术学院和精品专业建设。教育部在全国启动“国家重点职业技术学院、精品专业、国家高等职业教育实训基地”等建设项目。郑州牧业工程高等专科学校被评为国家重点职业技术学院，黄河水利职业技术学院的水利水电工程专业、河南机电高等专科学校的工业外贸专业、信阳农业高等专科学校的茶叶专业、郑州铁路职业技术学院的电气工程及自动化专业等4个专业被评为精品专业，郑州工业高专的数控技术中心被评为国家高等职业教育实训基地。

〔**“211工程”及重点学科建设**〕 2002年，省政府积极支持郑州大学、河南大学“211工程”建设，集中8 300万元用于郑州大学、河南大学的建设，集中2 000万元用于重点学科、重点实验室的建设，同时争取教育部、财政部“教育振兴行动计划”专项资金4 500万元、河南大学共建补助经费800万元，促进了郑州大学、河南大学的发展。

2002年，全省高校重点学科建设采取省财政贴息，学校贷款的办法，一次投入2.8亿元对高校重点学科进行建设，缩小了在经费方面与全国的差距。为充分发挥投资效益，省教育厅成立了河南省重点学科专家咨询组，审核各学科点建设目标任务书并提出修改意见，印发了《河南省高等学校省级重点学科点建设年度检查方案》。2002年12月，省教育厅组成两个专家组对85个省级重点学科逐个进行年度建设工作评估，为省优势学科尽快进入国内前沿领域进行重点培育。在此基础上，省教育厅对郑州大学的凝聚态物理、材料加工工程，河南农业大学的作物栽培与耕作学3个国家级重点学科，专门印发了加强国家级重点学科建设的意见。年底，省财政又下拨专项经费予以支持。

〔**院校设置**〕 2002年，河南省向国家申报设置的河南科技大学、周口师范学院、许昌学院、平顶山工学院、郑州师范高等专科学校、焦作师范高等专科学校、郑州澍青医学高等专科学校7所高校顺利通过了全国高等学校设置评议委员会评议。经教育部正式批准成立。

省教育厅2002年受理了4个单位设置高等职业学校、9个单位设置普通本科院校二级学院、9个单位与本科院校职业技术学院合作办学的申请。省政府批准设立了商丘科技职业学院；经省政府同意，省教育厅批准设立了焦作工学院万方科技学院，筹建了河南文化艺术职业学院、郑州交通职业学院和河南师范大学新联学院。省教育厅还批准成立了河南科技大学林业职业学院、华北水利水电学院水利职业学院、焦作工学院高等职业学院、郑州轻工业学院民族职业学院，并同意其分别与省林业学校、郑州水利学校、省工程技术学校、省民族中专合作办学举办高等职业教育。

〔**教学工作评估**〕 开展高等学校基础课教学实验室评估工作。为进一步加强基础课教学实验室的建设与管理，落实教育部《高等学校实验室工作规程》，保证教学质量，11月13日，省教育厅决定在全省高校开展基础课教学实验室评估工作。制订了《河南省普通高等学校基础课教学实验室评估实施方案》，要求学校先搞好自评工作。在试评取得经验的基础上，分三批在全省高校开展评估工作。

启动高职高专院校教学工作评估。7月，省教育厅多次组织有关学校征求意见，结合全省高职高专学校现状，制定了《河南省高职高专教学工作评价体系》印发各高校，在全省高职高专院校开展评估工作，以促进高校教育质量的提高。

开展高等医学教育专业评估工作。省教育厅决定对全省高等院校举办的医药卫生类专业进行评估。制定了《河南省高等医学教育专科专业评估指标体系》和《河南省高等医学教育专科专业设置标准》印发各高校。先组织对专科专业的评估，然后再对本科专业和社会力量举办的医学专业进行评估。并明确提出对于评估不合格的专业限制招生或停止招生。

河南电大人才培养模式改革和开放教育试点工作顺利通过了教育部专家组中期评估。省教育厅转发了教育部《关于转发“中央广播电视大学人才培养模式改革和开放教育试点”中期评估工作的通知》，并提出省电大迎接教育部专家组评估工作的意见和要求。根据评估指标，将任务分解、逐条落实，并指导各地电大以评促改，以评促建。5月中旬顺利通过了教育部专家组的检查评估。

接受教育部对河南农业大学教学水平评估。省长李克强要求河南农业大学以此为契机，切实加强学校管理，全面提高教学质量。省政府成立了评估协调指导小组，副省长贾连朝多次召开会议，研究协调建设资金及其他问题。省教育厅高度重视该校评估工作，多次听取学校自评工作的汇报，并深入学校调研，协调解决自评工作中存在的问题。河南农业大学党政领导班子带领全校师生员工振奋精神，精心准备，全力以赴，努力工作，使自评取得明显成效。11月15日顺利通过了教育部专家组对河南农大教学水平评估工作。

〔**高教改革**〕 加快高校教学管理制度改革，积极实施学分制。2002年，省教育厅同意华北水利水电学院、河南中医学院、河南财经学院、南阳师范学院、河南纺织高等专科学校、平顶山师范高等专科学校及河南职业技术学院7所院校实行学分制。

认真做好高校新增设专业的评审工作。在组织专家评审的基础上，经报教育部审批备案，同意郑州大学等21所学校增设“日语”等109个本科专业。同时，批准河南财税高等专科学校等65所学校增设“物业管理”等216个专科专业。教育部批准河南省增设河南科技大学、许昌学院、周口师范学院、平顶山工学院、郑州澍青医学高等专科学校等学校后，省教育厅批准上述学校增设30个本科专业、9个专科专业。

普通高考科目改革。在保持原方案总体框架和基本内涵不变的情况下，提高了综合科目的分值，由150分调整为300分。同时，进一步强调选考科目的确定及考试成绩的合理使用。普通高考内容在2000年开始进行高考外语听力测试基础上，听力成绩逐步按比例计入高考总分，2002年按外语总分的20%即满分30分计入高考总分。

成人高招改革继续深化。一是放宽报考条件。除国家承认学历的高、中等学校在校生不得报考外，首次允许中等职业学校应届毕业生报考。二是简化报名手续。考生报名时只需携带居民身份证和相应的学历文凭即可，不需考生所在单位签署意见，也不再要求18岁以下考生交验高中毕业证书。同时，体检工作交由招生院校在新生入学时进行。

〔**学位工作与研究生教育**〕 2002年硕士研究生招生突破2 500人，博士研究生招生突破100人，在校研究生突破6 000人。1月10日，国务院学位办批准华北水利水电学院具有开展同等学力人员申请硕士学位授予工作资格。至年底，全省已有11所高校具有开展同等学力人员申请硕士单位授予权。2002年共授予博士学位37人、硕士学位1 224人、学士学位24 301人。组织同等学力人员申请硕士学位考试。6月9日，省教育厅组织河南考区同等学力人员申请硕士学位外语水平和学科综合水平全国统一考试工作。全省参考人数4 274人次（其中外语2 680人次，24个学科综合1 594人次）。外语通过933人，通过率为34.8%，学科综合通过413人，通过率为25.9%。

加强研究生课程进修班管理。4月5日，省教育厅印发了《关于公布2002年举办研究生课程进修班备案单位专业的通知》同意郑州大学等11所高校110个专业，2002年度具备举办研究生课程进修班资格。同时，同意中国人民大学等22所高校在河南举办数量经济学等36个专业的研究生课程进修班。为了加强对课程进修班的管理和社会监督，方便求学者，凡是同意备案的单位和专业，省教育厅统一在河南日报刊登公告。

〔**资助困难学生**〕 2002年，全省高校采取“奖、贷、助、补、减”等多种资助方式，社会各界也纷纷伸出援助之手，完成了“确保每一个考上大学的学生不因家庭经济困难而无法入学，确保每一个在校大学生不因家庭经济困难而辍学”的工作目标。省级预算共安排人民助学金 1.91 亿元，其中优秀学生奖学金和专业奖学金7 100万元，生活补贴约 1.2 亿元。各高等学校从收费中提取10%～25%，约 2 亿元，用于奖励优秀学生、补助困难学生和设立勤工助学基金。此外，有不少个人和企业在高校设立奖学金和其他形式的基金达 20 多项，共计1 000多万元。为奖励品学兼优的家庭经济困难学生，教育部于 2002 年设立了国家奖学金，当年奖励河南省1 252名学生，奖励金额为556.4 万元。省政府常务会议确定设立河南省政府奖学金，奖励学业优秀的困难学生。截至 2002 年底，全省累计有97 982名学生申请国家助学贷款，银行审批贷款学生 22 246 名，占申请学生的22.7%；贷款合同金额为8 579万元，实际发放人数21 362人，实际发放金额7 670万元。

〔**科技工作**〕 2002 年，高校共承担国家自然科学基金项目 29 项，获得资助经费 583 万元。其中重点项目 1 项，杰出青年基金 1 项。承担教育部自然科学重点项目 9 项。承担省科技发展计划项目以上科研项目 536 项，获得资助经费达1 712万元。高校获省科技进步奖 66 项。经省政府奖励委员会专家评审，高校共获河南省科技进步一等奖 1 项，二等奖 27 项，三等奖 38 项。奖励金额计 124 万元。

组织高校参加郑州先进适用技术交易会、高新技术成果交易会和留学人员科技交流会。6 月，省教育厅组织 22 所高校参加了郑州先进适用技术交易会。共布置 26 个展位，展出科技成果 234 项，咨询服务 3 万人次，签订技术（成果）转让合同 76 项，合同金额3 000多万元。10 月，省教育厅组织郑州大学等 6 所高校参加了第四届中国国际高新技术成果交易会。共展出科技成果 88 项，与会代表与参观的企业家和投资商进行了接触和交流，推介了高校的科技成果。12 月，省教育厅组织郑州大学等 5 所高校和河南省大学科技园的部分留学归国创业人员，参加了教育部、科技部、人事部、中科院和广州市政府联合举办的第五届中国留学人员广州科技交流会。期间，进行了河南教育及高校科技发展情况展示、河南省大学科技园情况介绍、高校引智工作说明，以及高校留学归国人员创业展等。

大学科技园建设。1 月，省教育厅、科技厅联合向省政府呈送了《关于建设河南省大学科技园的请示》。6 月，科技部、教育部批准启动建设 21 家国家大学科技园，预备期为一年，2003 年 6 月后组织验收。其中，河南省国家大学科技园依托郑州大学、解放军信息工程大学、河南农业大学、郑州工程学院 4 所高校，以郑州高新技术开发区为总园，实行“多校共一园、一园带多点”的建设模式。

〔**思想政治教育**〕 3 月 20 日，省教育厅印发《关于进一步做好形势与政策教育教学工作的通知》，要求各高校做好形势与政策教育教学工作，教育和引导广大师生全面客观地认识国际国内形势，统一思想，坚定信心，为迎接党的十六大召开创造良好氛围。9 月 21～22 日，召开全省高校形势与政策教育工作研讨会，并举办《形势与政策》课骨干教师集体备课班。10 月 15 日，省委高校工委、省教育厅举办形势报告会，省长李克强为高校3 000多名师生代表作形势报告。10 月 31 日，省委副书记王全书为新乡地区高校2 000多名师生代表作了形势报告。

学习宣传“三个代表”重要思想和十六大精神。11 月 26 日中共河南省委高校工委、河南省教育厅党组印发《关于全省教育系统认真学习贯彻党的十六大精神的通知》，要求全省教育系统坚持理论联系实际的马克思主义学风，认真学习、深刻领会、全面准确地把握十六大精神。12 月 9 日，省教育厅转发教育部《关于印发“两课”贯彻十六大精神教学指导的通知》，对“两课”教学中全面贯彻党的十六大精神，进一步推进“三个代表”重要思想“三进”工作作出了部署。

思想政治教育“进网络、进公寓、进社团”。3 月 24 日，在南阳理工学院召开全省高校思想政治教育进网络现场经验交流会。会议就积极推进思想政治教育“进网络、进公寓、进社团”工作，进行了研讨和交流，有效地扩大了思想政治工作的覆盖面。5月，“河南省高校思想政治工作信息网”（真理之窗网站：zlzc. hadoe. edu. cn）开通。

高校“两课”奖励基金。4月29日，省教育厅发出《中共河南省委高校工委河南省教育厅关于做好第五届全省普通高等学校“两课”奖励基金评审工作的通知》，对申报、评审工作作出部署。8月，组织评委会对第五届全省普通高等学校“两课”奖励基金申报人进行了评审。8月19日，印发《中共河南省委高校工委河南省教育厅关于表彰第五届全省普通高等学校“两课”优秀教师的决定》，对商丘师范学院刘合行等64名同志予以表彰，授于“河南省普通高等学校‘两课’优秀教师”荣誉称号，并颁发证书和奖金。

“两课”师资队伍建设。6月20日，印发《河南省教育厅关于做好2002年高等学校“两课”教师在职攻读硕士学位报名工作的通知》，按照教育部的要求，完成了报考教师的资格审查工作。同时，省教育厅拨出90万元专项经费支持前3年考取中国人民大学的180多名教师在职攻读硕士学位。这项工作结束后，全省高校“两课”教师具有硕士学位的比例将由27％达到57％左右。4月～6月，在全省高校“两课”教师培训基地举办了第十一期培训班，对54名“两课”骨干教师进行了现代信息技术的培训。

〔**民办高等教育**〕　9月20日，省政府批转省教育厅等九部门关于大力发展民办高等教育的意见，要求各级政府进一步解放思想，转变观念，积极鼓励和支持社会力量以多种形式办学，尽快使全省的高等教育形成以政府办学为主体、公办学校和民办学校共同发展的格局，满足人民群众日益增长的教育需求，进而促进全省各项事业的健康快速发展。文件明确的几项具体措施是：(1) 积极鼓励社会力量举办高等教育。鼓励国家机构以外的社会组织或公民个人利用自筹资金面向社会举办高等教育。提倡高等教育办学投资主体多元化，办学模式多样化。(2) 经批准符合教育部规定条件的公办高校可利用社会资源或与有条件的民办高校合作举办民办二级学院。(3) 进一步拓宽民办高等教育投融资渠道。允许民办高校通过贷款方式获得发展资金。金融部门根据信贷政策，对符合条件的民办高校要与公办高校一视同仁，给予贷款支持。(4) 新建、扩建民办高校，各级政府及有关部门要按公办学校用地及建设的有关规定予以优惠。(5) 县级以上各级人民政府可以采取经费资助，出租、转让闲置的国有资产等措施，对民办高校予以扶持。(6) 民办高校的设置审批，按照教育部和省政府的有关规定办理。(7) 各级政府及教育、财政、计划、人事、公安、城建、土地、税务、金融等有关部门要认真落实国家对民办教育的扶持政策。民办高校教职工在业务培训、职称评定、教龄工龄计算、表彰奖励、社会活动等方面享有与公办高校教职工同等的权利。民办高校的受教育者在参加职业资格考试、升学、就业等方面享有与同类公办高校的受教育者同等的权利。(8) 经教育部或省政府批准设置的民办普通高校，各商业银行要比照公办高校的有关政策，对其开展国家助学贷款业务，省财政按照省属公办普通高校的贴息办法、贴息比例给予贴息。(9) 民办高校可依据学生平均培养成本自主确定招生收费标准，报省计委、财政厅、教育厅备案并公示。(10) 民办高校享受与公办高校同等的国家统一规定的税收优惠政策。(11) 教育行政部门要按照《高等教育法》的有关规定，落实民办高校的办学自主权，并在专业设置、生源计划安排等方面适当放宽。文件还就进一步规范办学行为提出了明确的意见和要求。

2002年，省教育厅积极向国家申报设置民办澍青医学高等专科学校，批准设置了商丘科技职业学院、焦作工学院万方科技学院，批准筹建了郑州交通职业学院、河南师范大学新联学院。为规范民办高等教育机构的招生工作，河南省教育厅印发了《关于进一步做好民办高等教育机构招生工作的通知》。每年向社会公告全省民办高等教育机构的招生资格，规范对招生工作的管理。2002年，具有颁发学历文凭资格的民办高校发展到6所，高等教育自学助考机构128所（其中学历文凭试点学校25所）。

撰稿　韩　冰　赵发中

审稿　蒋笃运　刁玉华　高培华

湖北省教育

概　况

〔基本情况〕

2002 年各级普通学校基本情况

单位：人

学校类别	学校数（所）	毕业生数	招生数	在校生数	教职工数 合计	教职工数 其中：专任教师
总　计	**23 986**	**2 780 780**	**3 049 763**	**11 554 316**	**666 643**	**540 213**
一、研究生	(39)	6 764	15 626	39 543		
1. 高等学校	(18)	6 604	15 189	38 517		
2. 科研机构	(21)	160	437	1 026		
二、普通高等学校本专科	73	78 430	207 023	585 023	83 051	39 624
本科院校	33	60 578	128 072	420 448	63 775	28 875
专科院校	40	14 443	61 747	130 444	17 211	9 598
分校、大专班		3 409	17 204	34 131	2 065	1 151
三、普通中等学校	3 690	1 182 933	1 688 695	4 530 132	288 109	236 140
1. 中等专业学校	168	73 002	63 177	188 729	18 134	10 006
中等技术学校	152	66 453	58 614	178 375	16 527	8 923
中等师范学校	16	6 549	4 563	10 354	1 607	1 083
2. 技工学校						
3. 普通中学	3 295	1 067 105	1 550 509	4 166 154	255 678	215 544
高中	599	237 805	364 804	941 835		51 511
初中	2 696	829 300	1 185 705	3 224 319		164 033
4. 职业中学	224	42 594	74 720	174 946	14 240	10 555
高中	186	32 294	59 719	136 667		8 664
初中	38	10 300	15 001	38 279		1 891
5. 工读学校	3	232	289	303	57	35
四、小学	17 994	1 221 654	712 199	5 799 930	265 514	245 773
五、特殊教育学校	76	944	1 364	9 283	1 689	1 253
六、幼儿园	2 153	290 055	424 856	590 405	28 280	17 423

2002年各级成人学校基本情况

单位：人

学校类别	学校数（所）	毕业生数	招生数	在校学生数	教职工数 合计	教职工数 其中：专任教师
总计	**6 696**	**1 376 946**	**1 492 744**	**1 371 809**	**25 852**	**15 058**
一、成人高等学校	27	77 118	123 068	319 664	7 807	4 118
1. 广播电视大学	2	9 702	11 704	22 729	3 991	2 247
2. 职工高等学校	14	3 519	6 649	14 442	1 691	860
3. 农民高等学校						
4. 管理干部学院	5	3 834	5 227	13 239	982	386
5. 教育学院	6	4 035	4 355	10 832	1 143	625
6. 独立函授学院						
7. 其他学校（机构）						
8. 普通高等学校举办		56 028	95 133	258 422		
函授		30 648	52 423	147 814		
业余		5 825	11 616	28 682		
脱产		19 555	31 094	81 926		
二、成人中等学校	5 451	1 228 862	1 312 091	995 902	16 409	9 743
1. 成人中等专业学校	95	26 386	29 625	66 854	5 026	2 930
广播电视中专学校	6	1 394	3 663	7 050	722	324
职工中等专业学校	51	6 229	10 734	31 075	2 475	1 494
干部中等专业学校	2	1 219	1 866	2 921	815	479
农民中等专业学校	8	256	5 689	6 287	132	101
函授中等专业学校	1				14	2
教师进修学校	27	2 905	2 645	6 273	868	530
其他类学校举办		14 383	5 028	13 248		
2. 成人中学	14	1 870	840	1 698	92	73
成人高中	1			40	4	3
成人初中	13	1 870	840	1 658	88	70
3. 成人技术培训学校	5 342	1 200 606	1 281 626	927 350	11 291	6 740
职工技术培训学校	186	78 651	83 584	81 064	2 134	1 562
农民技术培训学校	5 156	1 121 955	1 198 042	846 286	9 157	5 178
三、成人初等学校	1 218	70 966	57 585	56 243	1 636	1 197
1. 职工初等学校	4	1 626	445	545	9	5
2. 农民初等学校	1 214	69 340	57 140	55 698	1 627	1 192
其中：扫盲班	807	42 416	35 416	37 694	927	710

〔**年度教育工作指导思想与工作要点**〕 2002年湖北省教育工作的指导思想是：高举邓小平理论伟大旗帜，按照江泽民“三个代表”重要思想的要求，认真贯彻中共十五届六中全会和省委七届七次全体（扩大）会议精神，贯彻落实全省基础教育工作会议和全省经济工作会议精神，全面实施全省教育事业“十五”计划，解放思想，抢抓机遇，深化改革，加快发展，提高质量，保持稳定，以优异的成绩迎接中共十六大召开。

工作要点是：(1) 调整完善农村义务教育管理体制，切实加强基础教育工作。(2) 加快发展高中阶段教育，大力加强各种职业教育和培训，开展社区教育实验。(3) 深化高等教育管理体制和办学体制改革，推进高等教育持续健康发展。(4) 加强教师的培养和培训，深入推进学校人事制度改革。(5) 加快教育信息化建设，规范教育信息化管理，促进教育手段现代化。(6) 多渠道筹措教育经费，加强经费收支监管，加大资助贫困生工作力度。(7) 扩大教育国际交流与合作，积极推进中外合作办学和社会力量办学。(8) 坚持依法办学、依法行政，切实规范教育管理和各级各类学校办学秩序。(9) 深入学习实践“三个代表”重要思想，切实做好学校党的建设和思想政治工作。

〔**十三届四中全会以来全省教育成就**〕 2002年12月，湖北教育系统认真学习中共十六大精神，联系实际，总结中共十三届四中全会以来全省教育事业取得的成就：

基础教育取得历史性的成就。1998年，全省基本扫除青壮年文盲；2000年，全省102个县（市、区）基本普及九年义务教育；2002年，全省小学学龄儿童入学率99.6%，小学毕业升学率98.2%；初中学龄人口入学率96.95%；高中阶段毛入学率超过50%；全省人均受教育年限由1990年的5.7年提高到2001年的8.2年。2002年，全省新建高中30多所，100多所省重点中学面貌焕然一新。为实现“普九”目标，全省共投入经费154亿元，其中，中央和省财政投入10亿多元，市、县财政投入22亿元，社会和群众捐集资100亿元，另有债务20亿元。

职业教育在改革中调整和发展。2002年，全省有普通中专168所，职业高中186所，成人中专95所，技工学校204所，在校学生共49.9万人；有独立设置的高等职业技术学院36所，依托高等学校举办的高职学院23所，在校学生共14万人；全省各级成人文化技术学校7 348所，在校学生104万人。进入21世纪，湖北省已基本形成中等与高等相互衔接、学历教育与职业培训并举、职业教育与普通教育相互沟通的适应经济建设和社会发展的职业教育体系。13年来，共向社会输送职业学校毕业生200万人，培训下岗转岗人员110万人，为农民开展实用技术培训4 000万人次。

高等教育实现了历史性的跨越。1998年，湖北普通高校招生6.5万人，录取率为38%，在校生21万人。至2002年，全省普通高校在校生58.5万人，成人高校在校生31.9万人。有83万人次参加自学考试，20多万人次参加非学历证书考试，高考录取率连续3年在64%左右，高等教育毛入学率达到18%。2002年，全省高校教学仪器设备为37.9亿元。省属高校固定资产为69亿元，全省财政性教育经费达到89.4亿元，全省预算内教育经费增加到72.4亿元。2002年，全省已有9所独立设置的民办高校，另有14所二级学院分校按民营机制运行。

学位与研究生教育立足做大做强。2002年，湖北省招收研究生1.56万人，在校研究生3.95万人。全省有硕士授予权单位45个，780个硕士点，覆盖二级学科目录80.9%。有博士授予权单位21个，298个博士点。有国家级重点学科53个，省部级重点学科243个。

高校科技和产业为地方和国家作出重要贡献。湖北高校有两院院士35人，占全省院士的80%。2001年高校科技经费10.8亿元，比1998年增长2倍多，年均增长28%。高校承担科研课题6 700余项。高校获国家科技奖14项，省部级奖194项。近3年来，省教育厅在全省高校建成省级重点实验室14个，重点投入扶持信息技术、生物技术和新医药、新材料等高新技术领域。在人文和社科方面，湖北高校取得大批重大科研成果。“九五”以来，共出版人文社科专著4 000余部，发表学术论文6万余篇。

〔**民族教育工作成就**〕 湖北设有1个民族自治州、2个民族自治县、10个民族自治乡，据2000年第五次人口普查，全省有49个民族，少数民族人口257.97万人。

改革开放以来，湖北民族教育工作取得显著成就，初步建立起比较完整的具有湖北民族地区特点的民族教育体系，基本形成以“两基”为重点，各类教育相互协调，结构比较合理的民族教育新格局，走出了一条从实际出发，改革和发展民族教育的路子。(1)“两基”工作取得历史性成就。截至2001年底，全省民族地区中小学2 580多所，在校学生64万人。适龄儿童入学率达99.1%，适龄少年入学率达90.6%，青壮年非文盲率达98%，残疾儿童入学率已超过65%，分别比10年前提高了9个百分点、30个百分点、13个百分点、50个百分点。初中在校生由12万人增加到25万人，普通高中在校生增加一倍以上。实现基本扫除青壮年文盲。2000年上半年，一州两县全部通过省政府组织的“普九”验收，基本实现“普九”任务。(2)职业教育和成人教育为民族地区培养大批实用型人才。全省民族地区有中专11所，在校生1.3万人。职业中学47所，在校生1.2万人。并在普通中学加强劳动技术教育和中学后实用技术培训。(3)民族高等教育迅速发展，已形成一定规模。全省有民族高等学校2所（中南民族大学、湖北民族学院），还在民族地区设有1所职业技术学院，3校在校民族学生2.5万人，学生数是10年前的10倍，教职工3 200人。

根据民族地区特点，发展民族教育事业。一是专设民族学校。全省经省批准挂牌的民族中小学有110所，中等职业学校4所。二是在高山偏远地区举办寄宿制民族小学，恩施自治州就有27所；在民族地区重点高中开设以寄宿制为主、助学金为主的高山民族班，专门招收高寒山区少数民族初中毕业生，共有27个民族班。三是在少数民族散居区举办民族中小学，全省举办回族、侗族等民族中小学27所。

加大对民族教育投入。一是制订和完善对民族教育投入的优惠政策和措施，先后设立了少数民族义务教育助学金（民族地区每县市每年30万元）和高寒山区乡民族教育补助款（每乡每年3万元），1999年又提高标准，每县（市）每年增加少数民族义务教育助学金10万元。另给每个民族自治县（市）5万元汉族贫困生补助款。1995年实施“贫九工程”，又新增校舍建筑面积35万平方米，投入仪器设备课桌凳等专款1 300多万元。组织对民族地区教育的对口支援工作，组织省直、州直各部门援建“希望小学”140多所。组织大中城市对口支援，捐助物资、资金700多万元，帮助受援学校培训师资8 500多人次。

2002年12月，省政府召开全省民族教育工作会议，贯彻全国民族教育工作会议精神，总结湖北民族教育的成就，省委常委、副省长苏晓云，副省长王少阶到会并讲话，省教育厅、省民委负责人在会上发了言，恩施自治州、五峰县、长阳县、沔城回族镇在会上交流经验。会上出台了《湖北省人民政府关于深化改革加快民族教育发展的决定》，确定“十五”期间湖北省民族教育发展的目标：“十五”及今后一段时期，民族自治地区要重点抓好“两基”的巩固提高工作，确保小学阶段适龄儿童入学率达到98%以上，初中阶段适龄少年的入学率达到95%以上，高中阶段的毛入学率达到50%以上；少数民族散杂居地区的民族教育与当地教育同步发展；少数民族地区人均受教育的年限由现在的7.4年提高到8年以上；基础教育、职业教育、成人教育稳步协调发展；民族高等教育规模进一步扩大，形成一批省级或国家级的重点学科；民族地区学校办学条件进一步改善，办学基础稳固，形成布局结构合理、质量效益统一、充满生机活力的民族教育体系。

〔**撤销乡（镇）教育管理机构**〕 2001年6月，省政府办公厅印发《关于全省乡镇教育管理机构改革问题的通知》，明确规定“乡（镇）不再保留教育管理机构”。2002年4月下旬，省教育厅在赤壁市召开有各县（市）政府分管领导和教育局长参加的全省完善农村义务教育管理体制工作会，推广赤壁市及其他县（市）撤销乡（镇）教育管理机构，推进新的农村义务教育管理体制的经验和做法，全面部署撤销乡（镇）教育管理机构的工作。6月18日，省政府办公厅再次印发《关于撤销乡（镇）教育管理机构的通知》，明确要求"全省要在8月底以前撤销乡（镇）教育管理机构"。并于6月21日召开全省电视电话会议，专题研究部署撤销乡（镇）教育管理机构。省政府强调，撤销乡（镇）教育管理机构，是各级政府学习实践"三个代表"重要思想，密切联系群众，减轻农民负担，转变工作作风的具体体现，是实现农村义务教育"以县为主"管理体制的重要举措。要求撤销乡（镇）教育管理机构后，要进一步理顺县（市）、乡（镇）教育管理的各种关系，要认真落实乡（镇）人民政府在发展农村义务教育方面的责任，确保农村义务教育各项管理工作顺利移交和平衡过渡。乡（镇）人民政府要在组织适龄儿童少年入学、控制中小学学生辍学、维护学校安全和正常教学秩序、组织实施危房改造和校舍建设、治理校园周边环境、按照有关规定划拨新建扩建校舍所必需的土地、改善中小学办学条件和教职工生活条件等方面认真履行自己的职责。应在核定的行政编制内确定1～2名干事协助乡（镇）长管理具体教育事务，并接受县级教育行政部门指导。教育教学业务管理由乡（镇）中心学校校长负责。确保农村义务教育不出现管理上的"真空"，确保农村义务教育入学率不出现下降、辍学率不出现回升，确保2002年秋季正常开学。截至年底，全省所有县（市、区）基本撤销了乡（镇）教育管理机构，精简分流人员达66.5%。

〔**贫困地区农村义务教育阶段试行"一费制"**〕为了进一步做好"一费制"的试行工作，2002年6月18日，省政府根据教育部、国家计委、财政部有关文件精神，发出《关于认真做好2002年贫困地区农村义务教育阶段"一费制"试行工作的通知》，重新核定在全省25个国家级扶贫开发县和4个省级贫困县的县城（市、区）以外的农村义务教育阶段学校试行"一费制"。确定"一费制"收费标准为：小学每生每学期80元，初中每生每学期150元。据全省29个贫困县（市）初步调查统计：试行"一费制"的学校达7 882所，学生达223万人，覆盖面达100%。试行"一费制"后，每学期生均减少交费近100元～300元，减轻农民负担11.6亿多元。

〔**实施教师资格制度**〕 根据《教师法》、《教师资格条例》和《〈教师资格条例〉实施办法》，结合湖北实际，制定了《湖北省〈教师资格条例〉实施细则》，明确湖北省首次认定教师资格的具体政策。3月，省教育厅召开全省教师资格制度实施工作会议，部署安排2002年教师资格认定工作。随后，召开了全省成人高等学校、高等专科学校、广播电视大学人事处长会议，专题研究和安排了这3类学校教师资格认定工作。举办了实施教师资格制度管理软件培训班，召开了申请认定教师资格人员教育学、心理学培训工作会议。湖北省首次认定教师资格的对象是未达到国家法定退休年龄的、具备《教师法》规定的人员（包括在教师资格过渡中暂缓认定教师资格的人员、1994年1月1日后补充到教师队伍中的在职人员、教育系统内和教育系统外其他符合申请条件的人员）。3月至4月，进行1994年1月1日后补充到教师队伍中的已达到普通话等级要求，不需要进行教育学、心理学培训和具有师范院校毕业学历的在职人员的教师资格认定。从5月起，开展面向社会及学校其他人员的教师资格认定工作。全省17个市州、102个县（市）及74所普通高校、54所成人高校均已开展了教师资格认定工作，2002年首批受理申请11.46万人，已认定教师资格10.51万人，其中在职教师9.26万人，应届高校毕业生1.25万人，认定通过率为91.7%。

〔**资助经济困难学生**〕 湖北省把经济困难学生资助经费摆在优先位置安排，并不断加大投入力度。近年来，每年省级财政安排义务教育阶段助学资金和少数民族学生助学金800多万元，为省属高校国家助学贷款安排贴息资金300万元，并调配一定资金用于对经济困难学生的资助。2002年，为保证受灾地区中小学能够按时开课，紧急安排资金1 020万元，为经济困难学生免费发放教科书，资助学生15万名。

各类学校全面开展资助经济困难学生的工作。学校普遍建立学生入学“绿色通道”，2002年秋季，全省有50多万名贫困地区中小学生经过“绿色通道”入学，减免学杂费8 000多万元。高等学校有1.7万名新生通过“绿色通道”入学，缓缴学费达8 000多万元，同时，还为12.6万名在校生缓缴或部分缓缴学费，金额达7亿元。学生入学后，学校又多方筹措资金，开展资助工作。全省每年为中小学生提供助学金2 800多万元，救助经济困难学生60万人，约占贫困生人数的50%。2002年，全省高校投入资助经费2亿元，资助学生30万人次。

使用社会资金资助经济困难学生的工作取得突破性进展。至2002年底，有51所高校与银行合作，开展了国家助学贷款工作，已累计有近4.5万名学生获得助学贷款，签订贷款合同4亿元，实际发放贷款2.5亿元。2002年，社会及个人在高校设立奖学金167项，捐助资金898万元，资助学生7 970人；社会各界向高校经济困难学生的捐助活动日益增多，如黄冈师范学院组织“阳光助学”活动，已向社会募集资金200万元。

〔**教育对口支援**〕　多种形式的教育对口支援工作不断取得进展。一是长期坚持对少数民族地区的教育扶贫工作。从1995年起，省教育厅组织武汉、黄冈、荆州、荆门、鄂州等5个大中城市，对恩施自治州的利川、巴东、鹤峰、宣恩、咸丰等5个少数民族贫困县（市）进行教育对口支援，组织有关学校结对开展“手拉手”助学活动，据不完全统计，到2001年底，落实帮扶资金200多万元，捐款510万元，捐赠图书20多万册、计算机602台、课桌椅6 799套。二是对口支援三峡库区教育移民工作。在第一期教育移民中，共为库区县落实援助资金2 849万元。在第二期教育移民中，为兴山县落实援助资金300万元。三是广泛组织城乡学校对口扶贫助学活动，开展“千人结对，万人助学”等帮扶活动。

基础教育

〔**巩固“普九”成果**〕　完善农村义务教育管理体制。省教育厅在蒲圻市召开全省完善农村义务教育管理体制工作现场会，总结推广蒲圻、宜都等地经验，促进各地加快完善农村义务教育管理体制的进程。全省102个县（市、区），已有96个县（市、区）将教师工资管理体制上收到县级，占94.12%；已有101个县（市、区）将中小学教职工人事管理上收到县级，占99%，全省基本撤销了乡（镇）教育管理机构。

坚持两年一次的“普九”复查制度。对农村检查义务教育管理体制的落实情况、教师工资到位情况和学生入学情况，已对谷城县、宜城县、枣阳市、竹山县、郧西县5个县（市）的“普九”工作进行复查。组织春秋两季开学工作大检查，并将各地开学工作及组织学生入学情况予以通报。此外，对全省流动人口适龄儿童少年入学的问题进行了专题调研，并拟订《湖北省实施流动人口适龄儿童少年义务教育暂行办法》，已报省政府待批。

2002年，全省小学比上年减少3 528所，招生比上年减少9.17万人，在校生比上年减少48.06万人，适龄儿童入学率达到99.62%，巩固率达到99.9%。全省初中比上年减少54所，招生比上年增加6.49万人，在校学生比上年增加22.65万人，初中阶段入学率达到96.95%，巩固率达到97.42%。盲、聋、弱智三类残疾儿童少年入学率达到82%。全省小学、初中年辍学率分别控制在0.1%和1.58%。

〔**普通高中教育**〕 湖北普通高中教育呈现出高速度、规模化的发展趋势。2002 年招生 36.48 万人，在校生比上年增长 13.89%。办学条件得到较大改善。2002 年，全省普通高中占地总面积为 3 179万平方米，生均占地面积 34 平方米。全省普通高中校舍总面积1 075万平方米，生均校舍面积 13 平方米。

优质教育资源迅速扩大，重点中学在高中教育发展中起了主要作用。2002 年又投入教育部高中发展项目 400 万元，国债高中扩招项目5 500万元，用于 21 所重点中学的建设，随着优质教育的迅速扩大，重点中学承担了高中教育发展的主要任务。

〔**课程改革实验**〕 2002 年秋季，全省进入基础教育课程改革（以下简称“课改”）的试验区 24 个（含国家级 1 个），学校2 922所，5 003个教学班，学生 23.21 万人，其中小学一年级3 506个教学班，学生 13.8 万人，初中一年级1 497个教学班，学生 9.41 万人。参与课改实验的教师 1.36 万人。实验取得了一些成效和经验：(1) 建立了领导小组和工作专班，实行“分级管理、分校实施、上下联动”的管理体制。(2) 筹措课改资金。省教育厅安排课改专项资金 100 万元；各实验区筹集课改资金达 744 万元。(3) 组织各级各类培训。制定了《湖北省新课程师资培训工作实施意见》，组织 326 个学科 104 名中小学骨干培训教师分赴北京师范大学等 8 所师大参加国家级骨干培训教师培训。各试验区按照“先培训后上岗，不培训不上岗”的原则，结合各地实际，组织了多层面、多形式的培训。据不完全统计，全省各级开展通识培训 2.5 万人次，课程标准培训 0.3 万人次，新教材培训 2.7 万人次。(4) 落实各类课程，加强教材和教学研究。年底，国家课程基本落实，传统课程落实较好，新型课程逐步走出无序状态。地方课程和校本课程得到开发和实施。

“课改”实验已取得阶段性成果：一是管理模式创新，普教、教研、教科、督导等部门协作建立联合视导制度；二是教研工作创新，将研究重点由学科逐步转向课程研究；三是课程开发创新，加强校本课程的开发研究；四是评价机制的创新，各实验区均启动课程评价体系的研究。湖北课改实验经验和做法，在教育部召开的基础教育年度工作会议上进行了交流。

〔**中小学德育工作**〕 2002 年底，根据中共十六大关于“必须把弘扬和培育民族精神作为文化建设极为重要的任务，纳入国民教育全过程，纳入精神文明建设全过程，使全体人民始终保持昂扬向上的精神状态”的重要思想和有关文件精神，省教育厅拟订了《关于弘扬和培育民族精神进一步加强和改进中小学德育工作的意见》。《意见》明确了中小学德育工作的指导思想、基本任务、主要内容、工作方法等，拟在广泛征求意见的基础上正式印发。

启动“我做合格‘小公民’”活动。为了进一步贯彻落实中共中央颁发的《公民道德建设纲要》精神，积极组织实施中国“小公民”道德建设计划，“六一”儿童节前，在华中师范大学附属小学举行了“我做合格‘小公民’”的启动仪式。全省各中小学也开展了“我做合格‘小公民’”的宣传教育、实践创造、评选展示等活动，使“爱国守法、明礼诚信、团结友善、勤俭自强、敬业奉献”20 字基本道德规范成为中小学生自觉遵守的行为准则。

修订中小学德育教材。对小学思想品德课和初中思想政治课进行修订，使内容和教学方法更加贴近学生生活实际，更具时代特征。修订的两课教材，教育部已审查通过。扩大了地方课程《心理素质教育》的实验工作，除在国家级课改实验区武汉市武昌区试用外，2002 年扩大到 23 个省级课改实验区试用。

开展了 2001～2002 学年度省级优秀学生评选、表彰活动。普高阶段授予 29 名应届高中毕业生为省级优秀学生。

努力开拓中小学校外活动中心建设，优化中小学生成长的外部环境。制订《湖北省 2000～2005 年中小学生校外活动中心建设与发展规划》，同时印发《湖北省中小学生校外活动中心建设的若干意见》。经省委、省政府同意，成立了湖北省青少年校外教育工作联席会议。全省拟申报 5 个国家级校外活动中心，确定 29 个省级青少年校外活动中心。

〔**实施"中小学教师继续教育工程"**〕 2002年，继续实施"中小学教师继续教育工程"。省教育厅及有关培训院校加快进度，保证质量，完成了省级培训基地4 327名中小学骨干教师的培训任务，其中2002年度培训1 300名。组织华中师范大学、湖北大学、湖北教育学院3个省级骨干教师培训基地，对省级中小学骨干教师培训开展跟踪指导、论文答辩和综合考评工作。市州级骨干教师培训对象集中培训已完成85%以上。

积极从境外引进师资开展英语教师培训工作。通过实施中国与新加坡教育交流项目，举办暑期小学英语教师强化培训班，培训学员44名；和英国有关教育机构合作，引进2名外教，暑期培训中小学教师60名；和美国教育交流协会合作，培训教师180多人。

加强继续教育科研工作。湖北承担2个国家科研课题（十堰市的校本培训和潜江市的网络学习）都已结题，被教育部评为优秀课题。

〔**中小学校长培训和选拔任用工作改革**〕 2002年，省教育厅开展中小学校长培训需求及校长队伍状况调研，在此基础上制定了"十五"期间中小学校长培训规划和教学指导计划。确定湖北教育学院等11个试点单位，共举办培训班13个，培训537名校长。重点抓好省级骨干校长的培训，全省共举办32期培训班，2 869人参加培训，培训干训师资326人。

开展中小学校长选拔任用工作改革试点。为了改革中小学校长管理体制，建立科学规范的中小学选拔任用机制，省委组织部、省教育厅出台《中小学校长选拔任用工作试行办法》，并在天门市开展中小学校长选拔任用改革的试点工作。改革的主要措施是：（1）改革管理体制。按照政事分开的原则，试点地区的中小学校长由县级及以上教育行政部门提名、组织部门参与考察，经教育局党委讨论同意后，由教育行政部门任命或聘任；其他中小学校长均由县级教育行政部门选拔任用并实行归口管理。（2）更新任职条件。试点地区的中小学校长除应具备《党政干部选拔任用工作暂行条例》规定的基本条件外，在任职资格上必须符合新的要求。其中，高级中学和完全中学校长必须具备大学本科以上学历和中学高级职称；乡（镇）中心小学、城区小学及以上中小学校长必须具备大专以上学历和小学、中学一级职称。新任的中小学校长年龄不得超过45周岁。（3）完善任免程序。试点地区的中小学校长实行聘任制或委任制。同时大力引入竞争机制，以公开招聘、竞争上岗为主要方式，按照公布职位、公开报名、资格审查、演讲答辩、民主推荐、组织考察、任前公示、任命或聘任等程序确定人选。试点地区中小学校长实行任期制，每届任期3年，可连选连任。2002年5月21日～23日，教育部召开全国中小学人事制度改革经验交流会，湖北省在会上介绍了经验，经验材料被《全国中小学人事改革经验汇编》一书收录。

职业教育与成人教育

〔**全省职业教育工作会议**〕 11月26日～28日，省政府在武昌召开全省职业教育工作会议，贯彻落实全国职业教育工作会议精神，总结湖北职教工作经验，明确湖北职教改革和发展的目标任务。代省长罗清泉作了书面讲话，副省长王少阶、韩忠学到会并讲话；省教育厅、劳动和社会保障厅、经贸委、计委、财政厅的负责人在会上发了言。会上，出台了《湖北省人民政府关于大力推进职业教育改革和发展的决定》，表彰了全省职业教育先进单位（100个）和先进个人（202人）。

会议要求全省建立并完善在省政府领导下分级管理、地方负责、政府统筹、社会参与的职业教育管理体制。落实政府主导，企业、行业和社会力量积极参与的多元办学体制。会议明确2002年～2005年全省职教的目标和任务：（1）大力发展中等职业教育。接受中等职业学历教育和职业资格证书教育的在校生达到80万人，力争中等职业教育与普通高中教育的比例大体相当。重点建设100所在校生规模2 000人以上的示范性中等职业学校（含技工学校，下同)。建设200个中等职业教育重点专业点。(2）积极发展高等职业教育。高等职业教育在校生规模达到35万人左右，其中五年制高等职业教育规模5万人左右。重点建设10所职业技术学院。建设一批高等职业教育重点专业。继续扩大中等职业教育毕业生接受高等教育的规模。探索发展本科层次的高等职业教育。(3）广泛开展各级各类职业培训。每年培训农村新增和剩余劳动力300万人次，培训城镇在职职工120万人次，培训下岗失业人员20万人次。90%以上的农村初、高中毕业生接受职业培训，取得“绿色证书”。职业学校毕业生同时取得学历证书和职业资格证书的比例达到80%以上。全省中级技术工人占技术工人总数的比重达到50%以上，高级技术工人占技术工人总数的比重达到10%以上。

〔**高等职业教育**〕 湖北省坚持多种形式、多种机制、多种模式大力发展高等职业教育，取得可喜成绩。

高等职业教育初具规模。2002年，全省独立设置的高等职业学校达36所（其中，社会力量举办的高等职业学校9所)，占全省普通高校总数的48%；招生5.1万人，在校生10.5万人，分别占普通高校招生数、在校学生数的28%、18.4%，比上年增长67%、69%。此外，10所普通本科院校举办职业技术学院，招生1.5万人，在校生3万人。13所成人高校举办高职班，招生0.7万人，在校生2万人。全省高等职业教育共招生7.3万人，在校生15万人。

发展途径不断拓宽。近几年，湖北省采取多种形式发展高等职业教育，形成以独立设置高等职业学校为主体，普通本科院校举办二级职业学院、成人高校举办高职班、普通中专与高职院校合作举办“3＋2”分段制高等职业教育和高等职业学院举办“五年一贯制”高职班共同发展的办学格局。

布局结构趋于合理。在区域布局上，每个市、州设置1所高等职业学校的格局已基本形成；在行业布局上，农业、林业、电力、交通、铁路、轻工、水利、城建、司法等都设置了高等职业学校，主要面向行业培养人才。在企业布局上，武汉钢铁公司、长航集团等大型企业也都设置高等职业学校或高职班。全省36所高等职业学校中，社区型高职14所，行业型高职11所，民办高职9所，企业高职2所。

办学机制自主灵活。湖北高等职业学校大多是在成人高校、中专的基础上改建的，这些学校为了适应市场要求，走出成人高校和中专的办学模式，坚持面向社会、面向市场，发挥市场在教育资源配置中的作用，使高等职业教育招生呈现“买方市场”的特征；实行新的办学机制，自主招生、自筹资金，在专业设置、教学科研、教师聘用等方面充分自主，在市场竞争中抢占先机。

民办高职成倍增长。全省现有民办高等职业学校9所，专业涵盖经济贸易、外语外事、信息技术、信息传播、生物工程等，部分专业还填补了湖北高职专业的空白。2002年，民办高职招生1万人，在校生规模达到3.5万人，分别是1999年的5倍和7倍。

〔**中等职业教育**〕 2002年，全省有中等职业学校653所，呈现四个方面的特征：一是学校多类别。普通中等专业学校168所，职业高级中学186所，成人中专95所，技工学校204所。二是管理多层次。中央大型企业所属学校29所，省属学校105所，市州属学校300所，县（市）属学校219所。三是办学主体多元化。教育部门办学182所，劳动部门办学37所，其他行业部门办学329所，企业办学79所，民办26所。四是经费投入多渠道。

主要成绩表现在以下几方面：一是稳定了规模。通过放宽招生限制、扩大中职毕业生的升学渠道、试办综合高中、开展普通高中后一年制的中等职业教育、试办“3＋2”分段制和“五年一贯制”

高等职业教育、多渠道就业等一系列改革，湖北中职出现全面回升。2002年，全省中职招生19万人，在校生达50万人，较上年分别增长46%和22%。二是增强了实力。全省共建成国家级重点中等职业学校88所，省级重点中等职业学校139所，两级重点学校占学校总数的24.76%。县（市）"512工程"合格学校60所，绝大部分县（市）都已通过"512工程"合格验收，省级示范乡（镇）成校237所。各地优化职业学校的布局结构，学校总数较上年减少55所，校均规模增加108人，出现一批在校生超过3 000人的重点职业学校。全省师资力量有所增强，普通中专、职业高中教师学历达标率分别为67.3%和57.3%。三是增强了活力。湖北较早地实行学校自主招生、注册入学，学生面向市场、自主择业的招生就业政策，面向企业和人才市场的"订单式培养"模式，职业资格证书与学历证书"双证沟通"试点，以及试办英语、信息技术"双特色学校"，增强了职业教育适应市场的能力。四是服务经济。中共十三届四中全会以来的13年，全省中等职业学校共为社会输送200万名合格毕业生。在城市，许多学校成为当地再就业培训基地，全省中职学校培训下岗转岗人员110万人。在农村，围绕创建"教育兴农示范县（市）"，各地通过构建县、乡、村三级职业教育与培训网络，每年开展农村实用技术培训约300万人次，共开展农民实用技术培训4 000万人次，为农民增收、农业增效、农村发展作出了贡献。

〔**职业培训**〕 全省围绕经济建设和社会发展、企业改革和劳动者就业需要，大力发展职业培训事业，取得明显成效：一是适应市场，培训人员择业能力明显增强。全省组织各类培训：下岗失业人员培训，农村劳动力转移培训，劳动预备培训，企业职工培训。并组织各类技校毕业生技能鉴定。二是因需施教，培训针对性不断提高。全省坚持以市场为导向，根据企业和社会需要、劳动者的特点和就业意愿，开展灵活多样的培训，形成职前、职中、职后结合，长、中、短期结合，初、中、高级协调发展的办学模式和特色，培养输送了一大批专业技术技能人才。三是职业培训质量稳步提升。全省技工学校和培训机构狠抓培训质量，注重培训效果。东风汽车公司高级技校成为全国首家通过ISO9000国际质量标准论证的技工学校，随州市技工学校、石首市技工学校因其良好的教学质量和就业指导，吸引了广大初、高中毕业生前来就读。黄石、宜昌再就业训练，襄樊市劳动预备培训，鄂州市农村劳动力培训，都受到国家劳动和社会保障部的充分肯定。四是培训网络日趋健全。全省有技工学校204所，其中国家重点技校20所，国家高级技工学校11所。就业训练中心190所，企业职工教育培训中心近千家，社会培训机构600多家，职业技能鉴定机构446个。全省还建立劳务输出培训基地96个，组建了142个集职业培训、职业需求信息发布、职业介绍于一体的多功能综合性职业培训基地。全省初步形成以技工学校和就业训练中心为龙头，以企业职工培训中心为基础，以民办职业培训机构为补充的省、市、县、乡（镇）四级贯通，连接省内外的职业培训和职业技能鉴定网络。

高 等 教 育

〔**加快高等教育发展**〕 深化高校办学体制改革和管理体制改革。教育部正式批准中南民族学院更名为中南民族大学。批准组建湖北经济学院、咸宁学院、湖北警官学院、湖北中医药高等专科学校4所院校，完成了组建长江大学、湖北中医药大学的论证申报工作，通过了教育部专家组的考察，完成了湖北药检高等专科学校的体制划转工作。协助武汉市与教育部签订7所部属高校共建协议。

探索以新的机制加快高等教育的发展。批准设置了1所大学分校，设立和改办了11所以社会力量投入为基础，按新机制运作的普通高校二级学院。2002年，全省普通高校分校4所，二级学院11所。据不完全统计，分校引入社会资金3.5亿元，建设新校区；投入到二级学院的协议资金2.5亿元。加强了对省属高校的投人，总投资4.53亿元，继续运用银行贴息贷款政策，全省安排贴息贷款1 600万元。

稳步扩大了招生规模。2002年，在鄂研究生招生1.56万人，比上年增加5 500人，增长43%；普通高校在鄂录取18.5万人，比上年增加4万人，增长27.6%，省属普通高校招生15.85万人，比上年增加4.6万人，增长40.9%。成人高等教育在鄂招生12万人，比上年增加2.7万人，增长29%。全省高等教育毛入学率达到18%，提前3年实现“十五”规划目标，步入高等教育大众化发展阶段。

〔**高等教育教学改革**〕 开展跨学科设置专业的改革试验。武汉大学、华中师范大学等部分高校，积极探索建立交叉学科，探索人才培养模式多样化的新机制，打破学科壁垒，先后设置信息安全、金融工程、电子商务、车辆工程等目录外专业，并利用本校的国家基础学科人才培养基地，举办了“人文科学实验班”、“数理经济试验班”等多种试验班，创立了多种学科复合的人才培养模式。

进一步完善省、校两级教学研究立项、奖励制度。2002年在全省高校申报教学研究项目中，组织专家评审出221个项目，作为本年度省级教学研究项目予以立项。

开展专升本工作。在全省高职高专和本科院校开展优秀专科生升读本科的选拔工作，构建高等教育立交桥。经高职高专学校推荐、本科院校考核选拔，2002年全省高职高专学校共有2 704名优秀专科学生进入11所本科院校相应本科专业学习。

加大教学管理制度改革力度。支持教育部在鄂7所高校实施校际之间的联合办学，实行资源共享、教师互聘、学分互认、实验室和图书馆互相开放的合作办学。7所高校学生可跨校选修专业、课程，选做实验，相互借阅图书资料，学分互相承认，真正实现教育资源共享。2002年，7校跨校选修专业、课程的学生达1 500多人。

试办人才培养模式改革试验班。在湖北大学、武汉科技大学、三峡大学、湖北工学院、江汉大学5所省属院校试办5个人才培养模式改革试验班，在17个专业按大类专业招生470人。试点学校立足改革和创新，大胆探索人才培养的新机制和新模式。

建设高职高专教学改革试点专业。在全省12所高职高专学院，每年投入300万元专款，建设15个省级教学改革试点专业，在此基础上，向教育部推荐2所学校的2个专业，经教育部审定为“国家级教学改革试点专业”，使湖北省高职高专部级教学改革试点专业达到9个。此外，经教育部批准，襄樊职业技术学院被列为国家重点建设的职业技术学院；武汉职业技术学院的现代通讯技术专业、武汉船舶技术学院的数控技术专业被列为国家高职精品建设专业；在武汉职业技术学院建立“软件职业技术产学研合作实验室”，并给予重点支持。

〔**加大教学专项投入**〕 省教育厅积极调整投入结构，加大对高等学校教学专项投入力度，努力保证高等教育扩招后的需要。2002年，省教育厅投入3 000万元，集中用于湖北大学、武汉科技大学、三峡大学进一步改善教学条件。在省里加大投入的同时，各高校也纷纷采取措施，多渠道筹措教育经费，增加对教学基本建设的投入，努力改善办学条件，做到学校教学经费的投入和办学条件的改善与学校规模同步增长。

〔**教学基本建设**〕 加强课程建设。省教育厅修订了《湖北省高等学校课程建设评价指标体系》，2002年上半年组织33名省级教学巡视员随堂听课，召开评审会议，评审通过427门课程为湖北省普通高等学校第三届优质课程。2002年4月，省教育厅组织了教授讲授本科课程基本情况的专项调查，调查显示，2001～2002年度下学期，全省31所普通本科院校共有教授、副教授1.16万人，有9 072名教授、副教授为本科学生授课，授课率达

78.2%，教授、副教授开课数为1.61万门次，占本科开课总门次的68.9%，其中讲授基础课的有5 185人，占开课总人数的57.1%；讲授基础课9 129门次，占开课总门次的39.1%。

加强实验室建设。继续开展基础课实验室评估工作，以评促建，改善实验教学条件，提高实验教学管理水平。省教育厅组织专家对武汉大学等11所学校的49个基础课教学实验室进行了评估，确定38个实验室为基础课教学条件合格实验室。加强了高等职业技术学院的教学实验室和实习基地建设。为加强高职高专教育实践性教学，省教育厅安排400万元的专项启动经费，于2002年9月25日在湖北工学院成立"湖北省高等学校工程实训中心"，为高职高专学生工程实习、实践创造了必要的条件。此外，武汉大学投入3 000万元建设工程实习实训中心，基建部分已完工；华中科技大学的工程中心建设也已启动。

加强高校图书馆建设。2002年，全省高校藏书达4 677万册，建筑面积达71万平方米，图书馆平均开放时间为72.56小时/周，全省高校图书馆都加入了通阅通借、文献传递的协议，实现了资源共享和对外开放，社会效益显著提高。在高校图书馆现代化建设方面，以全国高等教育文献保障体系工程（CALIS）建设为中心，全省有80%的高校图书馆开通了计算机集成管理系统，实现了计算机管理、网上信息交换和检索，全省大多数高校图书馆建成了电子阅览室或光盘检索室，馆藏文献建库量超过80%的馆达到30个。年底，全省高校图书馆开展了自动化工作测评，进一步推动了全省高校按照国际通用协议和标准建设自动化、网络化和数字化的图书馆，在此基础上，为依托国家CALIS工程形成湖北省高校的文献保障体系奠定了基础。

〔**加强教学管理**〕 规范省属高校专业设置管理工作。对省属高校新增专业，组织专家进行现场考察，从专业教学条件保障、专业设置与目标定位、人才培养方案等方面进行现场实地考察，指导学校科学、合理地设置专业。在此基础上召开湖北省高等学校专业设置评议委员会会议，对各高校申请增设的本、专科专业进行评议，批准2002年省属高校新增59个本科专业、85个高职专科专业，46个成人本科、专科专业，同时报教育部批准增设10个本科专业。

开展专业办学水平合格评价。制定了《湖北省属高等学校专业办学水平合格评价标准》，对省属高校近3年新增本、专科专业的办学条件、教学过程、教学质量与教学管理工作等进行了全面检查。2002年上半年，省教育厅组织有关专家对全省39所高校的168个本、专科专业开展合格评价，其中31个专业为"基本合格"，6个专业"不合格"，5个专业建议撤销、调整。省教育厅在公布专业办学水平合格评价结果的通知中规定：基本合格专业应进行限期整改，1年内，基本合格专业暂停招生，所在学校新增专业不得超过3个；不合格专业所在学校1年内不得增设其他新专业。

实施湖北省高等学校教学巡视员制度。制定了《湖北省高等学校教学巡视工作实施办法》，在全省高等学校和有关部门聘请35名有教学和教学管理工作经验、责任心强的教师、教学管理人员作为湖北省高等学校教学巡视员，不定期到各高等学校随堂听课。2002年上半年，省教育厅组织教学巡视员，到49所高校随堂听课，听课312门，共748门次，随后评审出第三届省级优质课程。

〔**教师队伍建设**〕 2002年，湖北普通高校共有专任教师3.96万人，专任教师中，正高职称的有0.33万人，副高职称的1.01万人，具有研究生学历的有1.1万人。已开始实施《湖北省高等学校师资队伍建设十五规划》，加大对高校教师的培养力度，45岁以下的教师每3～4年安排一次本专业的业务培训，35周岁以下的教师研究生学历的比例，本科院校要高于60%。教育部《关于加强本科教学工作提高教学质量的若干意见》印发后，各高校采取措施在教学工作中加强教师的管理与考核，通过政策倾斜与引导，鼓励优秀教师走上讲台，为本科学生上课。据调查，2002年春季，全省31所普通本科院校有78.2%的教授、副教授为本科学生上课。武汉大学等校在教师职务评聘中实行"教学一票否决制"，凡是没有完成本科教学工作量或教学效果差的教师，取消其评聘资格。华中科技大学进一步完善、推广“教学岗位聘任制”，通过“高要求、高待遇”的政策导向，吸引学术水平高的博导、教授担任本科教学工作。武汉大学、中国地质大学一批院士、名师也走上本科讲台，承担本科教学任务，或为本科生开展专题讲座。湖北从2000年开始在全国率先实施引进高层次人才的“楚天学者计划”，至2002年，已有湖北大学等14所院校，共设岗40个，聘请国内外学者18人。

〔**学位工作与研究生教育**〕 2002年，积极推动部分申请增列博士授予单位和硕士授予单位的整体条件建设及其学科建设。有重点地推动湖北大学等校加强内部建设，提高整体水平。有关高校加大人才引进、科学研究、经费投入等方面的力度。如湖北大学教授已达到120人，教师中博士数达到240人。武汉科技学院等5校一年来教授由189人增加到308人。积极组织中南民族大学等7校申报专业学位授予权和在职人员以研究生毕业同等学力申请硕士学位授予权，国务院学位办已派专家组到有关学校考察评估。为加强和推动学位点立项建设，省学位办与省研究生教育学会共同召开了全省学位点立项建设经验交流会，武汉大学中文系等13个单位在大会上介绍了经验。协调二期“211工程”建设，武汉大学等4所“211工程”建设学校共获国家学科建设专项资金2.98亿元。支持和指导学士学位单位建设与发展。修订了学士学位授予单位审核指标体系，完成了襄樊学院等4所省属高校新增为学士学位授予单位的考核、审批工作。

2002年，湖北有博士学位授予权单位21个，硕士学位授予权单位45个，博士学位授予权一级学科43个，博士学位点298个，硕士学位点780个。全省招收研究生1.56万人，其中博士研究生2 949人；在学研究生3.95万人，其中博士研究生0.8万人。

〔**高校科技工作**〕 实施一批重点科研项目。围绕湖北省经济建设和高校学科发展的需要，在省属高校组织开展了21个重大项目研究。

重点支持青年冒尖人才的科研项目。2002年度省教育厅优秀中青年人才科研计划项目资助了31名年轻教授、博士。组织16名青年学者申报教育部重点科研计划项目。此外，推荐全省高校25名中青年科研和学术骨干申报教育部优秀骨干教师，并被批准。

推动高校重点科研基地建设。(1) 武汉科技大学高温陶瓷与耐火材料实验室被科技部批准为国家重点实验室的培育基地立项，实行省部共建。(2) 武汉理工大学数字制造实验室等5个省级重点实验室进行立项专家评审，并下达项目建设计划；华中科技大学现代经济研究中心等6个高校人文社科重点研究基地进行立项评审，并下达项目建设计划。(3) 加强对2000年和2001年立项建设的省级重点实验室建设和开放情况的检查、调研。在宜昌市召开的全国地方实验室建设工作座谈会上，省教育厅、省科技厅在会上介绍了湖北高校省级重点实验室建设管理的经验和作法。

组织和主持鉴定高校重要科技成果。省教育厅主持和组织鉴定了中央部委属高校重要科技成果9项、省属高校成果39项。鉴定水平达到国内领先水平以上的成果近30项。

高校一批科研成果获湖北省科学技术奖。2002年度，全省高校获湖北省科学技术奖140项，其中，自然科学奖33项（一等奖4项、二等奖11项、三等奖18项）、技术发明奖7项（一等奖1项、二等奖3项、三等奖3项）、科技进步奖95项（一等奖15项、二等奖32项、三等奖48项）、科技成果推广奖5项（二等奖2项、三等奖3项）。

〔**成立省属高校咨询委员会**〕 为分析、研究湖北高等教育改革发展过程中的重要问题和重大举措，进一步推进湖北高等教育改革发展，省教育厅成立了“湖北省属高等学校咨询委员会”，并于12月3日～5日召开第一次咨询会议。省属本科院校党委书记、院（校）长及部分高专高职学校负责人参加会议，中共湖北省委组织部、省计委、省财政厅、省人事厅等有关部门负责人应邀与会，副省长王少阶到会讲话。会议学习贯彻中共十六大精神，结合各校实际，研究今后五年湖北高等教育改革与发展的战略方针和重大举措，重点研究、讨论省属高等教育的发展速度、结构、层次、质量，大学城建设和校园规划，大学分校和二级学院的发展及办学问题，教师队伍培训与建设，学科建设与科技成果转化，高校内部分配制度改革及学校人力资源整合，高校收费与资助贫困学生，后勤社会化改革等。与会代表分析了湖北高等教育面临的形势，明确了发展思路：（1）高等教育在湖北省比较有优势，必须把发展作为第一要务，加快建设高等教育强省；（2）湖北发展高等教育必须以本科为重点，发展本科教育必须以省属高校为主干；（3）省属本科院校的发展必须解放思想，深化改革，抢抓机遇；（4）省属高校必须研究国情、省情、教情，分析校情，确定学校的地位、作用和目标。

撰稿　雷方圣

审稿　郑年春　涂桂辛　邓　荣

湖南省教育

概　况

〔基本情况〕

2002 年各级普通学校基本情况

单位：人

学校类别	学校数（所）	毕业生数	招生数	在校生数	教职工数 合计	其中：专任教师
总　计	**34 087**	**3 105 687**	**3 328 015**	**11 424 809**	**694 738**	**584 877**
一、研究生	（16）	1 942	5 832	14 147		
1. 高等学校	（10）	1 926	5 793	14 062		
2. 科研机构	（6）	16	39	85		
二、普通高等学校本专科	60	62 098	156 946	419 437	56 590	26 715
本科院校	23	40 115	92 167	284 962	40 654	18 341
专科院校	37	16 541	56 167	114 948	15 689	8 241
分校、大专班		5 442	8 612	19 527	247	133
三、普通中等学校	5 224	1 305 209	1 959 924	5 112 988	325 620	271 115
1. 中等专业学校	113	80 118	82 740	223 697	15 817	8 598
中等技术学校	92	70 599	71 055	193 471	12 930	6 993
中等师范学校	21	9 519	11 685	30 226	2 887	1 605
2. 技工学校						
3. 普通中学	4712	1 169 802	1 764 249	4 669 124	288 804	248 245
高中	754	187 847	382 673	914 730		49 389
初中	3 958	981 955	1 381 576	3 754 394		198 856
4. 职业中学	398	55 289	112 935	220 167	20 993	14 266
高中	385	53 654	109 070	210 595		13 726
初中	13	1 635	3 865	9 572		540
5. 工读学校	1				6	6
四、小学	27 243	1 403 093	708 909	5 294 879	292 796	276 535
五、特殊教育学校	54	1 574	2 244	14 294	1 236	922
六、幼儿园	1 506	331 771	494 160	569 064	18 496	9 590

2002 年各级成人学校基本情况

单位：人

学校类别	学校数(所)	毕业生数	招生数	在校学生数	教职工数 合计	教职工数 其中：专任教师
总计	**21 725**	**1 592 623**	**1 463 467**	**1 697 871**	**40 345**	**15 705**
一、成人高等学校	24	68 872	122 578	301 780	5 142	2 889
1. 广播电视大学	1	15 876	10 374	27 492	1 178	481
2. 职工高等学校	17	7 301	12 997	25 024	2 363	1 428
3. 农民高等学校						
4. 管理干部学院	1	689	1 067	2 669	298	176
5. 教育学院	5	1 358	3 467	11 231	325	208
6. 独立函授学院						
7. 其他学校（机构）		3 123	3 428	7 029	978	596
8. 普通高等学校举办		40 525	91 245	228 335		
函授		22 753	56 756	155 838		
业余		3 460	3 862	11 896		
脱产		14 312	30 627	60 601		
二、成人中等学校	18 911	1 429 208	1 254 433	1 305 339	30 783	11 808
1. 成人中等专业学校	168	35 341	37 018	79 178	6 121	3 851
广播电视中专学校	10	6 425	3 611	7 084	434	286
职工中专学校	31	5 819	10 330	17 648	1 438	868
干部中等专业学校	12	858	987	2 563	292	140
农民中等专业学校	21	1 660	3 866	7 784	1 032	758
函授中等专业学校	1	242	212	250	32	17
教师进修学校	93	9 252	10 992	20 642	2 893	1 782
其他类学校举办		11 085	7 020	23 207		
2. 成人中学	195	22 862	17 896	27 339	1 470	786
成人高中	51	12 732	5 786	11 342	576	354
成人初中	144	10 130	12 110	15 997	894	432
3. 成人技术培训学校	18 548	1 371 005	1 199 519	1 198 822	23 192	7 171
职工技术培训学校	180	40 547	26 624	42 479	2 204	1 394
农民技术培训学校	18 368	1 330 458	1 172 895	1 156 343	20 988	5 777
三、成人初等学校	2 790	94 543	86 456	90 752	4 420	1 008
1. 职工初等学校	43	2 344	628	1 505	93	36
2. 农民初等学校	2 747	92 199	85 828	89 247	4 327	972
其中：扫盲班	821	28 777	27 422	21 718	2 561	442

〔**年度教育工作方针**〕 2002年，湖南省教育工作的指导思想是：以邓小平理论、江泽民同志“三个代表”重要思想和十五届六中全会精神为指导，坚持教育适度超前的发展方针，坚持全面推进素质教育的发展方向，解放思想，抓住机遇，以改革和创新为动力，以提高质量和效益为中心，依法加强教育管理，严格规范教育行为，推进全省教育事业持续、协调发展，为实现教育“十五”计划目标奠定坚实的基础。

主要工作思路是：(1) 认真落实基础教育工作会议精神，继续把“普九”巩固提高作为教育工作的“重中之重”来抓；(2) 以改革办学模式为重点，继续大力发展职业教育；(3) 以提高教育质量为重点，积极发展高等教育；(4) 坚持发展与规范并重，积极推动社会力量办学；(5) 以调整优化为重点，加强教师队伍建设；(6) 认真研究和积极应对“入世”给教育带来的影响；(7) 认真抓好高校党建和思想政治工作；(8) 切实加强教育系统作风建设。

〔**教育投入与支出**〕 2002年，全省地方教育经费总收入192.77亿元，其中，预算内教育事业费为92.6亿元。地方预算内教育经费支出占地方财政支出的比例为18.76%。全省地方教育经费总支出为190.12亿元，其中，国家财政性教育经费支出106.8亿元。国家财政性教育经费支出占国内生产总值的2.43%。省本级教育经费总收入为37.9亿元，总支出为36.9亿元。全省14个市(州) 实现了预算内教育经费的全面增长，预算内教育经费占教育总量的比例全面增长。税费改革转移支付用于农村义务教育15亿元，占转移支付资金总额的66%。

〔**教师队伍建设规划**〕 2002年，省教育厅制订了《湖南省2010年教师队伍建设规划》。到2010年期间，全省教师队伍建设的主要目标是：(1) 教师数量基本满足教育事业发展的需求。全省小学教师逐步减少到21万人，初中教师在平稳渡过高峰期后再逐步减少到13万人，高中阶段教师到2005年需增加3万人，到2010年总量保持在12万人左右；普通高校专任教师“十五”期间需增加2万人左右，到2010年增加到7万人。(2) 骨干教师队伍建设取得突破性进展。全省共选拔培养中小学骨干教师4.5万名，其中国家级骨干教师500名，省级骨干教师4 000名，市(州) 级骨干教师4万名，在岗特级教师比例达到千分之二。高等教育在优势学科面向国内外选聘10个能领导本学科进入国际先进水平的优秀学术带头人，设立30个特聘教授岗位，招聘国内外特别优秀的中青年学者，分批选培200名学科带头人和1 000名青年骨干教师。(3) 教师培养培训工作取得显著成效。全省80%的小学教师达到专科以上学历；80%的初中教师达到本科以上学历；90%的高中教师达到本科以上学历，省级重点中学具有研究生学历的教师达到一定比例；中等学校“双师型”教师达到50%以上，非“双师型”教师90%以上达到本科以上学历；本科院校专任教师中有博士学位的达15%以上，硕士学位的达60%以上，高等专科院校有硕士学位的达30%，高职院校“双师型”教师达50%。(4) 教师队伍结构进一步改善。教师队伍的城乡分布、学段和学科结构趋向合理，教师队伍的职称结构从根本上得到改善：小学、初中、高中(含中等职业学校) 教师中高级职务(小学中学高级) 的比例分别达到2%、6.5%、22%；全省中、小学专任教师占教职工总数的比例分别达到85%和91%。为实现规划目标，重点实行以下措施：(1) 完善教师管理体制，合理配置教师资源。(2) 深化人事制度改革，进一步健全教师管理制度。(3) 加快师范院校改革，构建开放的教师教育新体系。(4) 加强师德和业务建设，全面提高教师实施素质教育的能力。(5) 加大经费投入，落实保障措施，提高教师地位和待遇。

〔**教育法制建设**〕 2002年9月28日，省九届人大常委会第31次会议通过了《湖南省实施〈中华人民共和国高等教育法〉办法》(以下简称《办法》)，并将从2003年1月1日起实施。《办法》共31条，主要从高等教育的管理体制、高等学校的权利和义务、高等学校的教师和学生、高等学校的校园文化建设、政府对高等教育的管理与扶持以及高等教育的投入体制等方面，按照《高等教育法》的要求，从湖南高等教育的实际出发，作出了一系列比较具体的规定。

加强了对新出台的教育法律法规宣传和普及工作。组织各市（州）教育法制工作机构的人员参加教育部举办的专题培训班。各市（州）开展了形式多样的法制宣传活动。省司法厅、团省委、省教育厅联合在湘潭市召开了“全省中小学生法制教育现场会”，提出了一系列措施和要求。

2002年1月，制定和印发了《湖南省教育厅实施行政执法责任制暂行办法》和《湖南省教育厅机关行政执法错案责任追究暂行规定》，对教育行政执法行为进行规范。省教育厅有80名公务员取得了行政执法证和行政执法监督证，占公务员人数的2/3以上。

〔**教育交流**〕 2002年2月27日，与英国文化委员会合作，省教育厅在长沙举办第二次英国教育展，有22所英国大学参展。5月，组织了改革开放以来第二次“湖南省教育系统优秀留学回国人员”评选活动，表彰优秀留学回国人员33人。5月，组织了第7届“芙蓉奖”评奖和颁奖活动，表彰了32名优秀外国专家和外籍教师。2002年，全省聘请外籍专家、外籍教师资格单位已增至115个，常年在湖南工作的外籍专家、外籍教师有450余人。2002年，全省公派出国留学生119名，大专以上自费留学生243名。全年共接受长短期外国留学生64人，接受港澳台学生51人。印发了《关于加强全省教育系统因公临时出国（境）管理的通知》等文件，加强了对全省教育系统因公出访的规范管理。

〔**语言文字工作**〕 2002年9月，省语委办从省教育厅教师工作与师范教育处中分离出来，成为省教育厅机关独立处室，配备了专职人员。各市（州）在机构改革时，均成立了语言文字工作委员会及其办公室，配备了专职或兼职干部。2002年共有155人取得省级测试员资格，其中17人成为国家级测试员。至年底，全省省级测试员已达1 085人，国家级测试员已达148人。2002年全省共有17.43万人参加了普通话水平测试，其中14.18万名中小学教师、3.18万名在校学生，105名节目主持人及489名国家公务员获得了普通话水平等级证书。开展了第五届推广普通话宣传周活动，加大《国家通用语言文字法》的宣传贯彻力度，营造良好的工作氛围，不断扩大语言文字工作的社会影响。

〔**军训与体育工作**〕 2002年10月30日，省政府、省军区联合在长沙召开全省学生军训工作会议。广州军区副参谋长周瑞华、省军区司令员郑治栋、副省长唐之享出席会议并发表了讲话。会议全面部署了学生军训工作，并表彰了开展军训试点以来的先进单位和先进个人。

2002年，湖南省中学生体育代表团参加了第八届全国中学生运动会。参加了田径、乒乓球、女子篮球、女子足球比赛和体育科学论文报告会，其中田径队夺得3块金牌、1块银牌、1块铜牌，以126分获团体总分第5名。在体育科学论文报告会上，湖南省共有19篇论文获奖，获团体总分第5名，并获得最佳组织奖。

2002年，组织中学生开展了体育竞赛活动。1月，全省中学生篮球赛在衡阳市二中举行，共有来自10个市州的8支男子队和9支女子队参加。4月，全省中学生田径锦标赛在长沙市一中举行。7月，全省中学生足球赛、全省中学生软式排球赛分别在长沙和郴州举行。

2002年，组织了大学生体育竞赛活动。4月，在长沙举行了全省大学生男子篮球精英赛。11月，在湖南师范大学举行省大学生田径锦标赛，共有30所高校组队参加。11月～12月，在湘潭大学举行全省大学生足球赛，有15支大学生足球队参赛。10月，在郴州师范专科学校举行了全省大学生篮球锦标赛，有15支男队、7支女队参加。

〔**民办教育管理**〕 2002年5月26日～29日，湖南省首次民办教育工作会议在益阳召开。省委副书记文选德，副省长唐之享等出席了会议。会前省政府印发了《湖南省人民政府关于加快发展民办教育的通知》，明确提出了全省发展民办教育的政策和措施：(1) 民办教育发展的重点是学前教育、高中阶段教育和高等教育，突出发展中、高等教育。(2) 民办学校按公益事业由政府划拨的土地、接纳社会捐助所形成的办学财产属国家所有，举办者对民办学校投资所形成的资产属举办者所有。(3) 根据生均培养成本确定民办学校学杂费和住宿费收费标准。(4) 逐步建立一支数量适当、质量合格、结构合理、相对稳定的教师队伍。(5) 民办教育实行“分级管理、分级办学”的管理体制。(6) 各级政府要切实加强对民办教育的管理。会议确定全省民办教育发展的基本思路是：贯彻一个方针，突出两个重点，坚持三个原则，实现一个目标。一个方针是：“积极鼓励、大力支持、正确引导、加强管理”的民办教育发展方针。两个重点是：以发展非义务教育为重点，以扩充优质教育资源为重点。三个原则是：坚持民办教育与公办教育一视同仁的原则，坚持多样化发展的原则，坚持发展与规范并重的原则。一个目标是：努力形成以政府办学为主体，社会各界广泛参与，公办学校与民办学校共同发展的格局。会上，湖南涉外经济职业学院等 20 所学校被授予“湖南省先进民办学校”，湖南医学高等专科学校董事长何彬生等 18 人被授予“湖南省先进民办教育工作者”。6 月 4 日～6 日，配合会议召开，在长沙举办了“湖南首次民办教育大汇展”。内容包括成果展示、高峰论坛、文艺会演三大项。参展学校 180 所，参与高峰论坛的学校代表 350 余人，参与文艺会演的学校 38 个。

进一步规范了对民办教育的管理。6 月，转发了教育部《关于进一步规范民办教育机构办学秩序的通知》，要求各市（州）对各级各类民办教育机构的办学方向、办学条件、招生广告、教学质量、证书发放、学校名称、财务管理等进行全面检查，彻底清理整顿违法违规办学行为。9 月 12 日，针对全省高校民办学院从 2001 年的 6 所增加到 17 所、办学规模迅速扩大的实际，出台了《关于加强普通高等学校合作试办民办学院管理工作的意见》，对普通高校民办学院规范办学行为，确保教育质量提出了明确的要求。2002 年，根据学校的办学实际，撤销了 6 所民办中专学校，停办了 35 所民办学校，并在《湖南日报》公告。

撰稿 朱日红 邱德 刘积成 颜胜利 邓士煌 史云峰 王俊良 王红冰 李郁芬 彭千瑜 文麦秋 何伟健 刘少波

基础教育

〔**义务教育**〕 2002 年，全省“普九”成果进一步提高。到年底，全省小学适龄人口入学率为 97.64%，在校生巩固率为 99.76%，小学毕业生升学率为 98.74%；初中阶段毛入学率为 108.04%，年巩固率为 96.08%，初中毕业生升学率为 60.59%。

2002 年，全省有古丈、辰溪、通道、安化、永定等 15 个县（区）实施第二期“国家贫困地区义务教育工程”。全省共下达工程专项资金 1.33 亿元，启动项目学校 327 所，新改扩建校舍面积 35.71 万平方米；筹措资金购置仪器 191.56 万元、图书 25.21 万册、课桌凳 1.61 万套、信息技术教育设备1 890套；培训校长与教师9 351人，救助贫困学生 2.35 万人。

2002 年，进一步加大了中小学危房改造力度。11 月，省政府在平江召开了全省中小学危房改造工作会议，副省长唐之享在会上强调“各地要按照国家补一点，省里配一点，市州挤一点，县里拿一点，多渠道筹措一点的原则，切实加大对危改工程的投入，确保危改工作顺利推进。”2002 年，全省共落实危改资金11.1亿元，其中中央专款补助资金1.3亿元（含第二期国家贫困地区义务教育工程专项危改资金），省级财政资金0.8亿元，市（州）级财政资金0.2亿元，县级财政资金1.4亿元，其他自筹资金7.4亿元；实施危房改造工程的中小学校3 083所，占有危房中小学总数的51.8%，共消除危房245.8万平方米，占危房总面积的56.7%；开工新建校舍353.1万平方米，占规划总面积的56.4%。到年底，2 468所学校的危改工程已峻工，竣工面积283.5万平方米，分别占已施工学校和规划改造面积的86.1%和45.3%

〔**信息技术教育**〕 2002年，全省进一步加大信息技术教育扶贫的力度。一是推荐确定湘西自治州的吉首市、古丈县为教育部的"中西部中小学校园网建设和师资培训项目"。二是争取教育部和李嘉诚基金会的支持，在湘西凤凰等县建设了80个远程教育示范点。三是组织了向贫困地区中小学对口捐赠计算机活动，省级直接组织捐赠700多台。

〔**青少年校外教育场所建设**〕 2002年，印发了《湖南省教育校外活动场所建设申报办法》《湖南省青少年校外活动场所建设及维护专项资金管理办法》等文件，规范校外场所建设项目的申报、资金管理。对国家重点资助在建的永顺、安化、桑植、平江4个青少年活动中心，进行了全面的检查和指导，加快了项目建设进程。总投资1 800万元，完成了中央下达湖南的10个国家级和湖南自己确定的10个省级青少年校外教育活动中心项目的申报、立项、报批工作。

〔**高中教育**〕 2002年，全省继续坚持走内涵发展的路子，引导普通高中事业规模不断发展。(1) 对长沙市一中、湖南师范大学附中采取了"停止公办初中招生，实行高、初中分离"的措施，并指导全省有条件的地区，在不影响"普九"的前提下，积极稳妥地实施高初中分离，扩大高中招生规模。(2) 引导普通高中走规模效益之路。据统计，校均规模由2001年的1 028.11人提高到2002年的1 213.17人。(3) 积极鼓励，正确引导重点中学举办民办学校，扩大优质教育资源，满足群众的教育需求。

2002年，加快了省级重点高中建设的步伐。一是在2001年工作的基础上，经检查认定、专家评审，行文认定10所省重点高中。至年底，全省已有省级重点高中89所。二是对申报省重点高中的23所学校进行了认真的调研指导，分别下达了整改意见书，并在年底对其中17所学校进行了检查、评审。

〔**完善农村义务教育管理体制**〕 2002年进一步完善了农村基础教育管理体制。7月，省政府召开电视电话会议。省委副书记、省长周伯华在会上讲话，强调：各级政府安排使用上级转移支付资金，要首先确保农村义务教育正常经费需要和危房改造资金投入，并纳入财政预算。会前，省政府办公厅发出《关于完善农村义务教育管理体制的通知》，就各级政府在发展基础教育方面的职责、经费保障机制、人事编制管理、监督机制等方面作出了明确而具体的规定，促进了基础教育"以县为主"管理体制的全面落实。2002年，全省实现了百分之百的县（市）基础教育"以县为主"管理，教师工资百分之百由县级财政统发。7月20日，省税费改革办、省教育厅、省财政厅联合印发了《关于农村税费改革后确保农村教育经费正常需要的意见》。明确规定"农村税费改革转移支付资金用于农村中小学应按高于60%的比例安排，其中用于农村中小学危房改造资金不低于10%"。全省中央和省转移支付实际用于农村义务教育的比例达到了66%。

〔**课程改革实验**〕 2002年，省教育厅召开了全省基础教育课程改革工作会议。成立了湖南省基础教育课程改革实验领导小组和专家小组。领导小组组长由教育厅厅长蒋作斌担任。制订印发了《湖南省基础教育新课程实验推广实施方案》《湖南省义务教育课程（实验）计划》《湖南省〈幼儿园教育指导纲要〉实施意见》以及新课程实验教师培训计划。全省组织300多名骨干教师和教研员参加了国家培训，组织200余人参加了全省通识培训，组织 4224 名教师参加了省级学科骨干教师培训，组织 2 万余名实验教师参加了各实验县（市、区）二级培训。8 月、11 月，组织了专题调研，对实验区开展了针对性指导。2002 年全省确定 16 个省级基础教育课程改革实验县（市、区），参加实验的小学3 450所、中学 620 所，学生达 31 万人，参与实验的教师 2 万多人。

〔**教师队伍建设**〕 2002 年 9 月，省政府办公厅转发了省编办、省教育厅、省财政厅《关于湖南省中小学教职工编制标准实施意见》。《意见》对中小学内设机构设置和领导职数、人员编制标准、编制管理及工作要求均作出明确的规定。2002 年，完成了全省首次教师资格认定工作。通过教师资格认定的教师人数为 18 万人，其中幼儿园教师 0.32 万人，小学教师 7.07 万人，初级中学教师 7.52 万人，高级中学教师 1.36 万人，中等职业学校教师 0.36 万人，中等职业学校实习指导教师 716 人，高等学校教师 1.31 万人。

2002 年，基本完成了全省3 930名中小学骨干教师省级培训任务，正式启动了中小学骨干教师市（州）级培训。全省共选拔中小学骨干教师市（州）级培训对象 4 万名。开展了第五次特级教师的推荐评选工作。共有参评对象 434 人，其中中学 303 人，小学 131 人。经评审，282 名教师获得“湖南省特级教师”荣誉称号，其中中学 201 人，小学 81 人。

2002 年，全面开展教师信息技术等级培训、考试工作，绝大部分市（州）、县（市、区）开设了考点并进行了远程信息技术考试。到年底，全省共开设考点 121 个，举行信息技术考试 10 期，有 5.76 万人报名参加了信息技术考试，考试合格取得《中小学教师信息技术考试初级证书》的有 5.29 万人，合格率为 92%。

〔**教育技术装备**〕 2002 年，省教育厅发出《关于规范全省中小学“电脑教室”收费管理的通知》和《关于规范中小学“电脑教室”建设的通知》，为推动全省教育技术装备事业的发展提供了政策保障。到年底，全省中学理科实验室及各类功能教室达 2.3 万多个；小学实验室及各类功能教室达 1.6 万多个，演示实验、分组实验开出率约 98%；中小学配备计算机 25 万多台，3 000多所中学和1 500多所小学装备了计算机网络教室，湖南师范大学附中、长沙市一中等 362 所学校建设了校园网，全省建设卫星教学收视点1 029个，教学光盘播放点3 680个。

〔**民族教育与援藏工作**〕 2002 年，全省少数民族教育工作的重点转向“普九”成果的巩固和提高。中央和省一级财政下拨5 544万元用于全省 12 个民族县（市、区）义务教育和中小学危房改造工程建设。为桑植、永顺、保靖、花垣 4 个民族县 194 所中小学的 3.30 万名家庭经济困难的学生提供了教科书，其中初中 1.64 万人，小学生 1.67 万人。继续对古丈县进行教育扶贫。省教育厅投入资金 400 万元，对古丈县一中的扩建及罗依溪中学和古阴中学扩容予以重点扶持。成立了“湖南省教育受援捐赠中心”，首批接受了美国 AMD 公司 300 台计算机援助，分配到了民族地区和贫困地区。

湖南教育援藏工作有了新进展。(1) 进一步扩大西藏班的招生规模。秋季，岳阳市一中招收 3 个高中班 156 人，岳阳师范学校招收 5 个大专班 251 人。望城县一中从 2002 年起，定点招收西藏班优秀初中毕业生入汉族班学习，首次招收西藏山南籍 10 名初中毕业生插班就读。(2) 正式启动“双千工程”。(即用 3 年时间筹资 1000 万元，帮助西藏山南地区培养1 000名大学生和在职干部)。9 月，湖南行政学院接受首批 81 名在职干部来湘学习，提高学历层次。此外，普通高校首次招收 30 名应届高中毕业生来湘定向培养，安排在湖南师范大学、湖南农业大学和湖南商学院就读。(3) 开展对口支援项目建设工作。11 月，省教育厅派出专家组赴西藏山南地区对湖南援助的 9 所中小学校建设项目进行考察和论证等，做好前期准备工作。省政府决定，这批援建项目分别纳入长沙、株洲、岳阳、常德 4 市对口支援的援藏项目，统筹考虑，分年度实施。(4) 组织西藏班学生参加毕业考试。7 月，岳阳市一中 110 名西藏班初中毕业生参加全国内地西藏班升学统一考试，成绩优秀。

〔**教育督导**〕　2002 年，省政府教育督导室制订了《市州教育督导工作考评办法》，印发了《湖南省县级教育行政部门教育工作督导评估方案》，建立了县级教育行政部门教育工作督导评估制度。建立了义务教育监测制度，长沙市芙蓉区、宁乡县、汨罗市、保靖县被确定为全国义务教育监测点。2002 年还建立了“省督学督导工作区制度”，根据省督学的分布情况，将全省划分为四个督导工作区域，每区确立一名负责同志，随时以区为单位开展督导活动。1 月，开展了财政向中小学校特别是省重点中学收缴经费情况的督查。3 月，开展了教育经费的专项督查、调研。7 月，对岳阳、益阳、邵阳等地义务教育情况进行了专题调查。8 月上旬对株洲、衡阳、郴州、永州、湘潭等地中小学暑假补课情况进行了随机抽查。10 月下旬到 11 月下旬，对 1999 年底以前挂牌的 20 所省重点中学进行了督导评估，共督促财政返还向学校收取的调节基金 1041.26 万元，追补欠拨的人员经费 260 万元、基建经费 130 万元，制止 3 所学校办复读班，督促学校纠正了如节假日成建制补课等一些不规范的办学行为。12 月，省政府教育督导室对岳阳市岳阳楼区、株洲市天元区 2 个单位进行了县域素质教育督导评估。

〔**规范中小学收费**〕　2002 年，进一步加强了规范中小学收费工作。一是进一步明确收费规定和要求。省物价、财政和教育行政部门三家发出收费文件，要求各级各校努力做到：不代政府收集资费、口子费和教育费附加；不代其他部门收费，不擅立项目、擅提标准收费和扩大范围收费；不强迫搭餐、强迫住校、强收单车费和强迫校内消费；不准强迫补课收费、强迫办收费特长班；不准收资料费和考试费；不准收费不开票或先收后开，多收少开和收费打白条或收费不开具正式收费收据；严格执行教育部关于高中择校要限制钱数、限制分数、限制人数的规定。二是进一步完善收费的规章制度。规范了市、县两级制定收费文件的行为，要求严格执行省定项目和标准；继续实行了目标管理制度，对达不到目标规定要求的县（市、区），要通报批评、取消评优评先的资格，严重的核减省拨专项经费；实行了收费公示制度，结合校务公开，规定收费项目及标准要通过媒体和公开栏公开，并设立举报电话和举报箱，严格收费手续，凭证收费；建立了中小学收费典型案例通报制度，5 月和 10 月两次通报了各地中小学收费的典型案件。三是继续推行目标管理。2002 年，全省共检查初中4 640所、小学13 805所；查出违规金额4 195.35万元，其中学校行为 872.44 万元，清退3 923.53万元。受理群众有关收费举报1 043件次，查处违规收费案件 392 件，处理责任人 305 人。

撰稿　张毅龙　温安顺　樊国斌　谢　民　胡惠明　蒋　明　符润中

职业教育与成人教育

〔**高等职业教育**〕　2002 年，湖南省高等职业教育持续、快速发展。（1）事业规模进一步扩大。全省有独立设置的高等职业学校 35 所，批准筹建 1 所，普通本科院校举办的二级职业技术学院 2 所，共招生 7.6 万人，其中三年制高职招生 3.8 万人，五年制高职招生 2.1 万人，“中高连读”招生 1.7 万人；在校生 16.9 万人。（2）重点学校、重点专业建设顺利推进。永州职业技术学院被列为国家重点建设示范高职学院；长沙航空职业技术学院“飞机及发动机维修”专业、湖南铁道职业技术学院“电力牵引与传动控制”专业、湖南工业职业技术学院“数控加工技术”专业被列为国家重点建设“精品专业”；湖南铁道职业技术学院被列为国家“先进制造技术实训基地”。全省制定了省级高职改革试点专业评审标准，并首次遴选了23个省级高职教学改革试点专业。

2002年，高等职业教育改革有了新突破。(1)改革了五年制高职和“中高连读”招生办法。五年制高职和“中高连读”招生均实行“注册制”，初中毕业生可以持初中毕业证书直接到招生学校报名入学，高职学院本部及其挂靠普通中专学校的普通中专毕业生可以持普通中专毕业证书直接到高职学院报名入学。(2)进一步扩大了职业学校的办学自主权。从2002年起，除国家实行办学准入的专业外，凡具有国家级高职教学改革试点专业的高职学院，专业设置由学校根据市场需求和办学条件自主确定，报省教育厅备案。(3)转变职能，加强了宏观调控。年初，省教育厅对43所普通中专学校举办的五年制高职专业的教学工作进行了专项检查，34所学校被认定为“合格”，9所学校被要求“限期整改”，整改期间不得申请增设专业并停办已开设的教学工作不合格专业。进一步理顺了五年制高职的办学体制，教学工作检查合格的学校全部挂靠高职学院，办学实行“三二分段”，以中职教学为主的前三年在普通中专学校完成，以高职教学为主的后两年在高职学院完成，教育教学均归口高职学院统筹管理和安排。2002年，湖南对职业学校全面实行了新生电子注册制度。

2002年12月24日～29日，省教育厅组织专家对全省14所高等职业学校59个高职专业进行了合格评估，35个专业被评为优秀，22个专业被评为良好，2个专业被评为合格。

〔**中等职业教育**〕 湖南中等职业教育改革有了新的进展。(1)改革了普通中专招生办法。普通中专招生实行“注册制”，初中毕业生可以持初中毕业证书直接到招生学校报名入学。(2)进一步扩大了中等职业学校的办学自主权。从2002年起，国家级重点、省级重点中等职业学校，除设置《中等职业学校专业目录》外的新专业需报省教育厅审核外，专业设置由学校自主确定，按照新的管理体制分别报省教育厅和市(州)教育局备案。(3)加强宏观调控，引导职业学校准确定位、遵守规范、办出质量和特色。从2001年底到2002年上半年，省教育厅在全省范围内开展了中等职业学校教学工作专项检查。全省共有96所学校被认定为优秀，405所学校被认定为合格，83所学校被要求限期整改，整改期间不得申请增设专业，到期经复查仍不合格的，取消其招生资格。检查结果在《湖南日报》上进行了公布。

2002年，省教育厅根据教育部颁发的《中等职业学校专业目录》，确定了全省中等职业学校40个重点建设专业，其中28个专业属于教育部颁发的83个重点建设专业之列，其余12个专业是根据全省区域社会经济发展特点、产业结构调整需要和教育需求较大自行确定的重点建设专业。同时，省教育厅启动了中等职业学校省级重点建设专业工作，共收到申报材料106份。经过专家评审，初步确定了55个专业点，并对其进行了实地考察，最后确定了48个中等职业学校重点建设专业点。

〔**高职高专教育产学研结合**〕 2002年，省教育厅推出了永州职业技术学院、湖南铁道职业技术学院、长沙县职业中专、株洲铁路机械学校、衡阳铁路工程学校等一批办学模式改革和人才培养模式改革先进的高、中职学校。10月29日～31日，教育部以永州职业技术学院为现场召开了全国高职高专教育产学研结合经验交流会议。会议的主题是：贯彻落实全国职业教育工作会议精神，研究高等职业教育今后的发展思路，推动产学研结合的深入开展，为经济建设和社会发展服务。教育部党组副书记、副部长周济在会上作了报告。会后，教育部高教司印发了会议纪要，对湖南职业教育以市场为导向，坚持产学研结合，面向“三农”，积极兴办产业，大力培养适应生产、建设、管理、服务第一线需要的高等技术应用型人才，主动为当地经济发展服务的办学路子给予了充分肯定和高度评价，要求各高等职业技术学院学习“永州模式”、“永州精神”，促进全国高等职业教育快速、健康发展。

〔**农村成人教育**〕 2002年全省农村成人教育坚持“培训、示范、推广、服务”八字方针，继续开展创建乡镇农校合格县（市、区）活动，经过各市（州）检查验收，共有12个县（市、区）达标。全省2 378个乡（镇），已办起了2 323所农校，占全省乡镇总数的97.6%。共办班13.76万个，培训8.03万人次。全省乡（镇）农校的生产基地已有3 156公顷。县、乡财政共投入6.08亿元用于农村成人教育。

〔**社区教育**〕 2002年，在长沙市雨花区开展社区教育实验，探索走出一条社区教育发展的新路子。其基本做法：(1) 政府统筹。区政府成立了以区委副书记为组长的社区教育领导小组，区文明办、宣传部、教育局、人事局、财政局、劳动局等为成员单位，分工协作，互相配合，形成合力。(2) 建立网络。建立了社区教育学院，负责指导全区社区教育；九个分院——各街道、乡、镇社区教育分院；7个中心——青少年体验教育培训中心，劳动再就业培训中心、生存技能培训中心、人口与妇女培训中心、家庭教育培训中心、群众文体培训中心、法制教育培训中心，使社会各群体都能根据各自需要参加各种社区教育活动。(3) 整合资源。全区共有10多所高等院校、200多所中学、100多所小学，近1 000所幼儿园。面向社区开放，满足社区成员的需要，使全社区的教育资源得到了充分利用。为社区教育事业的发展提供了有力的物资保障。(4) 加大经费投入。全区为开展社区教育，动员各方面力量，全年共投入1 200多万元，为社区教育的持续发展打下了坚实基础。(5) 突出重点。社区教育的重点是进行成人教育，着重提高现有社区成人的文化科技素质。在开展成人教育中，又着重抓好下岗职工、农民、外来流动人口和第三产业从业人员的培训，作为社区教育的主攻方向。该区再就业培训中心自开办以来，先后共培训下岗职工和失业人员3 400余人，培训后就业率100%。

撰稿 何建农 蒋维加

高 等 教 育

〔**体制改革和结构调整**〕 2002年，继续推进了大中专学校体制改革和结构调整工作。新组建了怀化学院、邵阳学院、湖南城市学院、零陵学院4所本科院校。完成了将湖南医学高等专科学校并入湖南师范大学、湖南轻工业高等专科学校并入长沙电力学院、湖南计算机专科学校成建制移交给湖南大学、武陵高等专科学校并入吉首大学等项工作。省政府与核工业总公司签署协议，将核工业6所并入南华大学、核工业415医院并入南华大学附属医院。筹建了湖南理工大学、湖南科技大学2所多科性大学。新设置了湖南艺术职业学院、湖南体育职业学院、湖南工程职业学院、长沙环保职业技术学院、湖南机电职业技术学院5所高等职业学校，批准筹建10所高等职业学校。使全省高等教育资源进一步扩大，布局结构进一步优化。

〔**教学工作**〕 2002年，全省高校坚持以教学质量为核心，以教学改革为动力，以教学质量评估为手段，加强了教学基本设施建设，建立和完善了教学质量监控机制。2002年，增补了22个新学科为湖南省“十五”重点学科。到年底，全省高校已建有33个国家级重点学科、92个省级重点学科。

2002年，全省有10个专业被确定为“湖南省普通高等学校重点专业”。到年底，已建成68个“湖南省普通高等学校重点专业”。同时，全省有41门课程被确定为“湖南省普通高等学校优秀课程”。2002年，湖南大学“化学与生物传感与计量学”被评为国家重点实验室，“高效磨削”国家工程技术中心建设期满，通过科技部组织的合格验收。湖南师范大学的“蛋白质组学与发育生物学”实验室被科技部批准为省部共建实验室。有长沙交通学院测量实验室等22个实验室被评为基础课教学合格实验室。至年底，全省普通高校共有144个实验室通过了基础课教学合格实验室评估。同时，省教育厅启动“湖南省普通高等学校基础课示范实验室”建设立项工作。中南大学机械基础实验中心等20个基础课实验室，被确定为省普通高等学校基础课示范实验室进行重点建设。到年底，全省高校共建有3个国家工程研究中心、8个国家级重点实验室、4个教育部重点实验室、3个教育部工程研究中心、8个省级重点实验室。

2002年，全省有湖南财经高等专科学校、湘南医学高等专科学校2所学校通过了教学工作合格评估。至年底，全省共有13所高等专科学校通过了教学工作合格评估。2002年，还抽查了所有普通本、专科高校（含成人高等教育）的英语、计算机、会计、自动化等专业毕业生的毕业设计和毕业论文，并对抽查结果在适当的范围内进行了公布。

〔**学位工作与研究生教育**〕 2002年，全省共招收硕士研究生6 239人、博士研究生1 259人；共授予硕士学位2 566人，授予博士学位334人；全省在学全日制研究生17 381人，其中硕士生13 581人、博士生3 800人，另有在学非全日制研究生6 829人。

2002年是湖南省学位与研究生教育质量年，为此，采取了以下措施。(1) 继续开展了博士、硕士学位论文评优和抽样检查工作，共评出优秀博士学位论文20篇、优秀硕士学位论文100篇，并通过“双盲”的方法，抽样检查出不合格硕士论文13篇，对有学生论文被评为不合格的导师建议学校暂停其招生一年，并在下一年度继续抽查其学生的学位论文。(2) 开展了“湖南省首批研究生教学用书”评选工作，共评选了14本研究生教学用书，资助出版后在全省推荐使用。(3) 继续加大了学科学位点建设力度，召开了全省博士点建设研讨会，对新增的12个博士点各投入建设经费10万元。(4) 进一步加强了研究生学历证书电子注册工作，2002年毕业的硕士研究生1588人、博士生301人、专业学位硕士生56人所获得的学历证书已全部注册上网，并基本完成了1991～2000年全省颁发的所有研究生毕业证书注册回登工作。(5) 加强了学士学位授权学科专业的审核管理工作，共审核批准了10所高校15个专业获得学士学位授予权。(6) 加强了全国（省）统一的学位考试考务工作的管理，所有考生都实行现场报名、现场采集考生图像信息。

〔**科技工作**〕 2002年，全省普通高校共承担各类科研课题4953项，其中“973”项目40项、国家科技攻关项目4项、“863”项目61项、国家自然科学基金项目340项。出版科技专著228部、发表学术论文1.51万篇。其中获得国家级奖励5项（含国家科技进步一等奖2项，国家发明奖二等奖1项），湖南大学“薄板冲压工艺与模具设计理论计算方法和关键技术在车身制造中的应用”项目、国防科技大学“银行超级并行巨型计算机”项目分获国家科技进步一等奖，中南大学“铝带坯电磁铸轧装备与技术”项目获国家发明奖二等奖。

2002年，全省高校共有科技活动人员3.44万人，其中具有高级职称的有1.13万人（含两院院士27人，“长江学者”14人，“芙蓉学者”10人，博士生导师849人）。在2002年教育部“跨世纪优秀人才培养计划”评审中，湖南省高校共有13人入选。

2002年，全省高校共获得专利72项，签定转让合同122项。湖南农业大学的“高纯茶氨酸儿茶素等茶叶功能成份提取”被列为国家计委高技术产业化示范项目；中南大学的“促肝细胞生产素针剂(2ml)”项目实现技术转让；湘潭大学的“覆镍深冲钢带”项目完成产业化投资。

2002年，全省高校共有社科研究人员1.04万人，其中高级职称人员0.37万人。全年共承担社科研究课题2 385项，其中承担国家社科规划课题87项、教育部社科规划课题70项。获得社科省部级以上奖励199项，出版专著755部，发表论文10 860篇。

〔**干部、教师队伍建设**〕 2002年，对30所高校的150余名校级领导干部进行了考察、调整和配备。对新组建和正在筹建的10所高等职业学校和6所本科院校进行校级领导班子考察配备。建立了全省高校领导干部信息库，收息、整理、储存了全省4 021名高校干部的信息。举办4期高校处级干部培训班，培训干部300余名；举办1期青年干部培训，培训干部20名；10名校级干部和12名中青年干部参加了国家高级教育行政学院的培训。2000年2月，经湖南省"芙蓉学者计划"特聘教授专家评审委员会评审，在全省9所高校设置了30个特聘教授岗位。11月，按照"芙蓉学者计划"实施办法的规定，由评审委员会对学校推荐的20名首批特聘教授候选人进行了评审，从中评审确定了11名特聘教授人选。11名特聘教授中，从国（境）外引进的5人、省外的3人，占总数的72.7%。年底已有10名特聘教授上岗工作。

〔**招生和高教自学考试**〕 2002年，全省普通高校招生15.7万人，全省三次高等教育自学考试报考57.16万人，招考总科次123.26万科。到年底，自学考试在籍考生有79.4万人，全年共有5.07万人通过自考获得本、专科学历。根据专业建设需要，在自学考试专家咨询小组的基础上，建立了由60名学科专家组成的专家咨询联系网络。

〔**国家助学贷款工作**〕 2002年3月，湖南省学生贷款管理中心成立。10月22日，成立了湖南省国家助学贷款工作协调小组，副省长唐之享任组长。2月25日、10月23日，全省先后两次召开了国家助学贷款工作电视电话会议，出台了《湖南省国家助学贷款实施办法》《国家助学贷款贴息经费管理办法》《关于进一步推进国家助学贷款工作的意见》等文件。为加强国家助学贷款工作，重点采取了以下措施：（1）加强了对高校、银行系统的"四定、三考察"工作；（2）从诚信教育入手，进行了防范国家助学贷款风险的有益探索；（3）联合有关部门开展了国家助学贷款工作的检查调研。2002年，全省共有31所高校与银行签订了银校协议，有22所高校学生得到了国家助学贷款，有84 525名学生申请了国家助学贷款，申请金额总计47 345.2万元；银行审批国家助学贷款学生9 598人，审批金额6 787.77万元，实际发放国家助学贷款4 559.30万元，实际资助经济困难学生8 937人。国家助学贷款工作开展面已扩大到衡阳、益阳、怀化、常德、株洲、湘西自治州、永州等10个市（州）所在高校。

〔**高校后勤社会化改革**〕 2002年，全省高校后勤社会化改革工作以校外学生公寓建设为突破口，稳步推进，取得了新的成效。（1）省教育厅发出《关于高校后勤服务设施建设有关问题的通知》《关于支持高校后勤服务实体发展有关问题的意见》《湖南省高等学校学生公寓收费权质押合同登记办法》等政策性文件，为加快高校学生公寓等后勤基础设施建设、有效地促进后勤服务实体的持续稳定发展提供了政策保障。（2）高校后勤基础设施建设改造的投入进一步加大。2002年，全省共投资12亿元，建成学生公寓68万平方米，学生食堂7.8万平方米；投资5 000多万元，改造学生公寓10万平方米，学生食堂2.4万平方米。到年底，长沙市大学生公寓区一期工程建设进入扫尾阶段，麓山南路拓改整治工作主要任务已基本完成。（3）管理工作进一步加强，全省高校首次开展了标准化学生食堂、学生公寓评定活动。中南大学学生三食堂等30个学生食堂和湖南大学学生18舍等5栋（区）公寓分别被评定为"湖南省标准化学生食堂"、"湖南省标准化学生公寓"。此外，高校后勤系统规范分离工作基本到位，共分离后勤正式职工8 000余人。

〔**高校毕业就业工作**〕 2002年，全省高校毕业生是历届最多的一年，为做好毕业生就业工作，省政府办公厅发出《关于做好普通大中专学校毕业生就业工作的通知》，出台了鼓励和支持毕业生自主创业的4项税收优惠政策：（1）从事社区服务的自主创业的毕业生，经县以上主管税务机关逐年审核批准，可免征营业税、个人所得税3年，城市维护建设税和教育费附加随营业税一并免征。（2）自主创业的毕业生新办的从事咨询业、信息业、技术服务业的企业或经营单位，经税务部门批准，免征所得税2年。(3) 自主创业的毕业生新办的从事交通运输、邮电通讯的企业或经营单位，经税务部门批准，第一年免征所得税，第二年减半征收所得税。(4) 自主创业的毕业生新办的从事公用事业、商业、物资业、对外贸易业、旅游业、仓储业、居民服务业、饮食业、教育文化事业、卫生事业的企业或经营单位，经税务部门批准，免征所得税1年。同时，经省机构编制委员会办公室批准，省教育厅设立了湖南省大中专学校学生信息咨询与就业指导中心。

2002年，全省各学历层次毕业生的就业情况为：(1) 毕业研究生就业人数为2 378人，就业率为97.78%；(2) 本科毕业生就业24 170人，就业率为95.32%；(3) 专科高职毕业生就业22 413人，就业率为61.64%；(4) 全省共接收省外院校回（来）湘高校毕业生1 267人，其中毕业研究生95人、本科毕业生968人、专科高职毕业生204人。

撰稿 陈小奇 左 清 王文斌 潘 峰 潘 军 余伟良 谢 民 熊延海 金 彪

审稿 张放平

广东省教育

概　　况

〔基本情况〕

2002年各级普通学校基本情况

单位：人

学校类别	学校数（所）	毕业生数	招生数	在校生数	教职工数	
					合计	其中：专任教师
总计	**38 295**	**4 389 939**	**5 172 582**	**18 023 777**	**978 559**	**772 393**
一、研究生	(25)	3 306	8 734	21 519		
1. 高等学校	(17)	3 195	8 399	20 785		
2. 科研机构	(8)	111	335	734		
二、普通高等学校本专科	71	84 696	172 135	467 807	60 305	32 961
本科院校	31	55 282	99 058	302 755	47 108	24 407
专科院校	40	19 570	53 564	111 265	13 089	8 494
分校、大专班		9 844	19 513	53 787	108	60
三、普通中等学校	4 709	1 585 738	2 017 945	5 595 329	343 959	280 705
1. 中等专业学校	184	71 625	73 069	223 791	19 044	11 110
中等技术学校	180	64 522	71 097	218 169	17 673	10 154
中等师范学校	4	7 103	1 972	5 622	1 371	956
2. 技工学校						
3. 普通中学	4 156	1 448 288	1 852 968	5 134 043	305 781	254 795
高中	1 012	228 122	385 020	984 104		57 475
初中	3 144	1 220 166	1 467 948	4 149 939		197 320
4. 职业中学	367	65 722	91 808	237 131	19 058	14 754
高中	361	63 151	88 884	228 460		14 328
初中	6	2 571	2 924	8 671		426
5. 工读学校	2	103	100	364	76	46
四、小学	23 314	1 529 035	1 687 362	9 796 069	437 121	379 755
五、特殊教育学校	66	3 900	3 321	27 528	1 566	1 241
六、幼儿园	10 135	1 183 264	1 283 085	2 115 525	135 608	77 731

2002年各级成人学校基本情况

单位：人

学校类别	学校数（所）	毕业生数	招生数	在校学生数	教职工数 合计	教职工数 其中：专任教师
总计	**4 402**	**1 790 292**	**1 739 192**	**1 873 445**	**36 206**	**20 542**
一、成人高等学校	37	56 437	125 537	288 992	13 505	7 726
1. 广播电视大学	3	5 617	9 441	23 570	5 727	3 290
2. 职工高等学校	17	5 806	10 168	22 717	2 787	1 427
3. 农民高等学校						
4. 管理干部学院	12	6 212	9 811	22 495	3 888	2 313
5. 教育学院	5	2 895	6 914	18 093	1 103	696
6. 独立函授学院						
7. 其他学校（机构）						
8. 普通高等学校举办		35 907	89 203	202 117		
函授		16 143	47 853	107 301		
业余		11 098	35 579	75 985		
脱产		8 666	5 771	18 831		
二、成人中等学校	3 708	1 581 936	1 462 733	1 417 202	21 711	12 298
1. 成人中等专业学校	274	59 528	61 928	1 760 05	12 429	7 802
广播电视中专学校	12	6 665	6 644	18 846	369	179
职工中等专业学校	165	30 434	36 221	97 182	8 421	5 495
干部中等专业学校	12	1 894	1 256	4 239	456	247
农民中等专业学校						
函授中等专业学校	2	1 260	944	2 256	238	137
教师进修学校	83	3 166	4 455	10 891	2 945	1 744
其他类学校举办		16 109	12 408	42 591		
2. 成人中学	225	34 376	33 235	51 139	1 500	886
成人高中	124	18 269	17 889	24 266	958	538
成人初中	101	16 107	15 346	26 873	542	348
3. 成人技术培训学校	3 209	1 488 032	1 367 570	1 190 058	7 782	3 610
职工技术培训学校	156	76 941	83 853	81 531	1 313	930
农民技术培训学校	3 053	1 411 091	1 283 717	1 108 527	6 469	2 680
三、成人初等学校	657	151 919	150 922	167 251	990	518
1. 职工初等学校	25	13 590	11 692	12 887	66	42
2. 农民初等学校	632	138 329	139 230	154 364	924	476
其中：扫盲班	151	3 516	5 127	5 257	190	21

2002年，广东教育工作的指导思想是：高举邓小平理论的伟大旗帜，以“三个代表”重要思想为指导，围绕全面实施教育“十五”计划目标，进一步解放思想，深化改革，加快发展，优化结构，保持稳定，以优异的成绩迎接党的十六大的召开。

2002年的主要工作：一是进一步巩固提高普及九年义务教育，加快发展高中阶段教育和高等教育，适应经济社会现代化需要。二是调整优化农村义务教育、中等职业教育和高等教育结构，提高办学效益。三是改善和完善农村义务教育管理体制，深化高等教育管理体制改革，大力推进办学体制改革，增强办学活力。四是加快高校科技创新，推进高校科技与经济紧密结合，加大对科教兴粤的贡献力度。五是加强师资队伍建设，提高教师整体素质。六是建立教育经费保障机制，努力提高使用效益。七是加强教育法制建设和督导评估，创造良好教育发展环境。八是加强高校党建和各级各类学校思想政治工作。

11月29日，中共中央政治局委员、省委书记张德江到中山大学和省教育厅进行到粤任职后的第一次调研。张德江充分肯定广东教育事业取得的成就，强调要充分认识教育在现代化建设中的基础地位和先导性全局性作用，要充分认识广东高等教育的发展水平与广东作为经济大省的地位仍不相称，与提高经济质量和水平的要求不相适应，与广大人民群众对高等教育的迫切需求还存在较大差距。指出要充分认识全省教育事业面临的机遇和挑战，增强加快发展的责任感和紧迫感，解放思想，深化改革，走出一条创新发展之路。要调整高等教育发展规划，完善相关政策，采取切实措施加快全省高等教育发展。重点抓好高教园区建设，进一步扩大高校规模，加强学科建设，提高办学水平。既要发挥政府办教育的主导作用，又要充分运用市场机制优化资源配置，调动全社会力量大力发展高等教育。张德江说，只要统一认识，明确目标，解放思想，相信经过三、五年的努力，广东高等教育一定能跃上一个新台阶。

党的十六大闭幕后，省委教育工委、省教育厅先后召开委厅机关干部大会和全省高校党委书记、校长会议，广东省委教育工委书记、省教育厅厅长郑德涛传达十六大精神，提出学习贯彻意见。广东省委常委、副省长李鸿忠出席了全省高校党委书记、校长会议，并就全省高校学习贯彻落实十六大精神提出要求。12月6日，省委教育工委、省教育厅召开全省高校和教育行政部门领导干部会议，结合学习中共中央政治局委员、省委书记张德江在中山大学和省委教育工委、省教育厅的讲话精神，对全省教育战线深入学习贯彻落实十六大精神，推进教育改革发展作了进一步部署。各高等学校结合学校实际，采取座谈讨论、作辅导报告等形式，大力组织学习宣传贯彻十六大精神。在“十六大”召开前夕，省委教育工委、省教育厅组织“金秋颂歌——广东高校迎接‘十六大’胜利召开大型文艺晚会”，中共中央政治局委员、省委书记李长春，广东省省长卢瑞华等领导出席了文艺晚会。

〔教师队伍建设〕 2002年，全省小学教师专科以上学历占42.58%，普通初中教师学历达标率为90.41%，普通高中教师学历达标率为72.68%。普通高等学校教师研究生毕业以上学历占37.47%。启动了基础教育第二批“百千万工程”，确定214名省级培养对象，并进行培训；高等学校第二批“千百十工程”的选拔和培养工作已开始进行。基本完成“中小学继续教育工程”的主要任务，培养新任教师9万多人，培训教师456万人。协助高校引进高层次人才1 600名，其中院士2名，教授和副教授613名，具有博士学位的595名。会同省编办、省财政厅制定《广东省普通高等学校机构编制管理暂行规定》。积极稳妥推进教师资格制度实施工作。组织评审第六批中小学特级教师182名。组织评选出10名“广东省高等学校师德标兵”。

〔语言文字工作〕 认真宣传贯彻《国家通用语言文字法》。配合全国人大对《国家通用语言文字法》实施情况进行调研。普遍开展了对教师的普通话水平测试，2002年接受普通话测试人数达20万之多，为以前历年测试总数的2倍。全省有测试员1 300多人，基本能满足全省普通话水平测试工作的需要。精心组织“推普周”活动，举办了一系列宣传活动。省语委办与佛山市政府、佛山市语委联合在佛山市举办了语言艺术欣赏会。举办7省（区）中小学课本剧大赛。认真布置城市语言文字工作评估，制订了城市语言文字工作评估指导标准。

〔**教育对口支援**〕 圆满地完成了第一期对口支援广西壮族自治区贫困地区学校的工作，对第一期对口支援工作进行了认真总结，召开了总结表彰大会，表彰了41名优秀支教教师，选派了第二批120名支教教师安排到广西贫困地区120所中小学和职业中学支教。根据教育部的工作部署，对口支援西藏林芝地区发展教育事业取得了新的进展。

〔**学校体育工作**〕 组织参加第八届全国中学生运动会，广东省中小学体育代表团共获金牌18枚、奖牌51枚、团体总分671分，金牌总数和团体总分均列全国第二，奖牌总数居全国第一，同时被教育部授予"体育道德风尚奖"。组织实施在普通高校和高级中学开展学生军事训练工作和国防教育工作。

〔**教育法制建设与检查评估**〕 2002年，省政府颁布《广东省教育督导规定》，省教育厅制定了《广东省教育行政执法责任制规定》。全省实施教育系统"四五"普法教育。组织开展了完善农村义务教育"以县为主"管理体制情况、农村中小学改造薄弱校情况（包括全省老区1 000所小学改造工程）、中小学收费情况的专项督导、检查。组织开展了第二批广东省高等学校名牌专业评估、广东省高职高专办学条件检查评估，广东省现代远程教育校外学习中心（点）年检、中外合作办学机构的年检。

〔**教育投入与支出**〕 2002年，全省教育经费总支出为477亿元。其中国家财政性教育经费支出306亿元；社会团体和公民办学经费为26亿元，社会捐资办学经费为11亿元；学费、杂费95亿元；其他教育经费39亿元。

2002年，广东省本级财政投入高等教育经费26亿元。其中，高等教育专项资金预算安排9.19亿元，"211工程"建设专项0.77亿元。当年高等教育专项资金的安排用于加强重点学科、重点实验室、重点课程、重点师资的投入。其中：仪器设备0.18万元，图书资料640万元，生活设施1 300万元，重点学科880万元，教师岗位津贴3 947万元，其他项目8.33亿元。

基 础 教 育

〔**综述**〕 2002年，围绕加强农村义务教育（紧迫任务）和全面推进素质教育（根本任务）两大任务，抓住落实"以县为主"农村义务教育管理体制和促进基础教育区域均衡发展两个关键，关注基础教育热点问题和难点问题，全面提高基础教育的整体水平。2002年小学学龄儿童入学率为99.7%，小学毕业生升学率为96.2%，初中毛入学率为100%，初中毕业生升学率为61%。

〔**落实农村义务教育"以县为主"管理体制**〕 认真贯彻落实国务院办公厅《关于完善农村义务教育的管理体制的通知》精神，重点落实"三保"机制。一是财政确保教师工资。建立县财政统发工资制度，银行设立"教师工资专户"。到年底，全省各市均实行财政统发教师工资。二是学杂费保证学校正常运作。为规范中小学收费和规范学校开支，从2002年秋季开学起全省实行九年义务教育"一费制"，从根本上治理中小学乱收费，切实减轻农民负担。三是教育费附加和其他专项经费保证学校的基本建设和发展。省政府安排20亿元解决农村义务教育的欠债问题，在全国产生了积极影响。未实行税费改革的地区，加大教育费附加征收力度，实行税费改革的地区，加大财政转移支付，确保教育经费不减少。

2002年底，全省已基本完成撤销乡镇教育办公室的工作。这次撤销镇教办精简乡镇教育管理机构人员7 000多人，1 434个镇教办职能移交乡镇中心小学负责，95个镇教办合并到镇政府的科教文卫体办公室。

〔扶持山区教育事业〕 8月22日，广东省委、省政府召开全省加快山区发展工作会议。会议决定加大对山区教育事业的扶持力度。省政府安排20亿元，用于减轻农村义务教育所欠历史债务。2002年、2003年，省政府帮助山区、老区和贫困地区改建2 000所小学，每所学校安排30万元。继续实施农村人均年收入1 500元以下贫困家庭子女免收义务教育阶段书杂费政策，确保山区每个此类子女有书读。省再安排2.1亿元，连续5年，每年资助5 000名贫困家庭子女接受2～3年的技工教育；另每年安排1 000万元，连续5年，用于贫困家庭子女岗前短期职业技能培训。

〔免收农村困难家庭子女书杂费〕 从2001年秋季开始，省政府决定，农村人均年收入1 500元以下的困难家庭子女免收义务教育书杂费。2002年重新核准了免收书杂费对象的名单，确保农村家庭困难的学生都能免收书杂费，全省农村困难家庭子女免收义务教育阶段书杂费学生103万人，省财政拨出4.4亿元专款下拨到有关县（市、区）教育部门。2002学年初，初中在校生数比2001学年增加10万人，其中4万人是招生增加数。免收书杂费有效控制了中小学生流失。

〔改造薄弱学校〕 、从1998年起，省财政连续5年每年投入1亿元共5亿元，改造薄弱学校。到2002年底全省已完成8 036所薄弱学校的改造任务，省及各地共投入资金66.33亿元。已调整撤并的中小学校达1 749所。2002年初，省政府决定拨款3亿元改造老区小学1 000所，广东省“老区建设促进会”发动珠江三角洲有关市对口扶持改造老区小学364所，共改造老区农村小学1 364所。

〔高中教育〕 2002年，全省高中招生比2001年增加5.3万人，增长15.94%，在校生增加14.13万人，增长16.77%。高中毛入学率为44.7%，比2001年提高3.5个百分点。为加快高中阶段教育的发展，2002年初，省教育厅印发了《关于启动“1521”工程，建设示范性普通高中的通知》，即在“十五”期间建设200所省一级普通高中，其中建设100所国家级示范性普通高中，加强示范。同时，积极创造有利于各种民办教育健康发展的政策环境，积极探索民办学校的多种办学形式，适度利用市场机制，盘活优质教师资源。通过示范性普通高中的建设，使省、市一级普通高中招生数达到22.36万人，占全省普通高中招生数的58.1%；省、市一级普通高中在校生数达到54.43万人，占全省普通高中在校生数55.5%，较好地扩大优质高中教育资源。

〔信息技术教育和课程改革〕 2002年，全省已有95%的高中、51%的初中和14%的小学配备了计算机。总结推广大埔县“卖方信贷”的经验，加快山区信息技术教育和英语教育的步伐。全省33个试点县（区）进行九年义务教育课程教材改革，省直接培训实验教师1.3万人次。

〔教育督导〕 建立起以教育强镇督导、教育强县（市、区）督导为龙头，省级中小学、幼儿园和民办学校督导、国家级示范性高中督导等为骨干的督导新机制，基本形成了具有广东特色的教育督导体系。到2002年底，有6个市、区被省政府授予教育强区（市）称号，6市、区近3年教育总投入92.58亿元。有13个镇被授予教育强镇称号，13个镇近3年教育总投入24.49亿元。2002年省督导评估省一级幼儿园21所、省一级学校62所。到2002年底，全省被评为省一级中小学387所、省一级幼儿园112所、省一级民办学校1所。

〔**治理中小学乱收费**〕 2002年省政府组织了教育、纠风、物价、财政、减负办等部门对中小学校收费工作进行了多次检查，对乱收费行为进行了严肃处理。据统计，全省各地共处理违规收费金额1 104.59万元。其中清退违规收费金额1 042.99万元，罚没违规收费金额61.60万元。查处教育乱收费责任人53人，其中通报批评34人，受党纪政纪处分19人。

职业教育与成人教育

〔**综述**〕 2002年，普通中专、职业高中和成人中专共招生21.9万人，比2001年增长6%，在校生共22.8万人，比2001年增加1.5万人，增长37%。中等职业教育保持了稳定发展的态势。其中，职业高中招生比2001年增加0.6万人，增长7.24%；在校生比2001年增加1.5万人，增长37%。2002年新设立10所高等职业技术学院，使全省高职高专院校达到40所。

2002年，成人高校实际招生12.5万人（其中本科生2.7万人，占22%；专科生9.8万人），比2001年增加2.8万人，增长29.2%；在校生28.9万人（其中本科5.7万人，占19.7%，专科23.2万人），比2001年增加5.6万人，增长24.01%。

〔**职业教育改革**〕 学习贯彻全国职业教育工作会议精神，采取积极措施，加快中等职业教育的发展。进一步扩大中等职业学校的招生自主权，学校根据各自的办学条件以及社会需求自主确定招生计划，采取灵活多样的招生办法，如可招收高中毕业生、考生可不受年龄、户籍限制等；进一步鼓励高等职业技术学院和民办高校招收中职毕业生；从中专独立升格的高等职业技术学院在以办好高等职业技术教育为主的基础上，如学校办学条件允许，可保留中专部，继续招中专生等措施，加快中等职业教育的发展。

〔**职业教育基本建设**〕 重点专业建设。适应市场需求，加强重点专业特别是“软件蓝领”、数控技术等专业建设，初步形成了一批重点建设专业群。到年底，全省已在广州、东莞、顺德等地办出一批像顺德梁銶锯中学、广州电子信息学校等专门培养软件蓝领的学校。

实训基地的建设。自2001年启动实训中心建设以来，第一批35个实训中心新增建筑面积3.7万平方米，实际投入实训中心的资金达到2.3亿元，其中设备投入1.12亿元。2002年确定了第二批24个实训中心。

“双师型”专业教师队伍建设。全年共组织26期1 000名中等职业学校专业教师参加专业技术培训。5个国家级、省级职教师资培训基地建设得到加强。

课程教材建设。制定了《广东省中等职业学校计算机专业（软件蓝领方向）课程设置方案（试行）》，编写了教学基本要求（大纲）和教材。

举办了“广东省首届职业技术教育展示会”，并组织参加了在吉林省长春市举行的中国首届职业教育成果展，获得好评。

〔**远程教育与社区教育**〕 制定了广东省现代远程教育校外学习中心建设管理办法。省内82个依托建设单位与32个试点高校联合举办了109个现代远程教育校外学习中心（点）。中山大学、华南理工大学和华南师范大学远程教育共布点44个，在校生达1.3万人。

2002年设有国家级社区教育实验区2个（广州市天河区、深圳市宝安区），省级社区教育实验区23个。

高 等 教 育

〔综述〕　2002年全省有普通高校71所，其中本科院校31所，专科院校40所。2002年普通高校本专科招生17.2万人，在校生数46.78万人，在校研究生数2.2万人，均比1998年提高2倍～3倍。高等教育毛入学率从1998年的8.1%提高到2002年的15.3%。

2002年，进一步完善了高等教育区域布局结构。全省21个地级市设立了普通高校。广州、深圳、珠海、佛山和东莞先后进行大学城（园区）建设，成为广东高等教育发展新的亮点。省财政拨出20亿元用于广州大学城建设。珠海大学园区在校生达2万人，吸引了国内著名大学15所；深圳大学城引进北京大学、清华大学、哈尔滨工业大学研究生教育，并吸引国外高水平大学进驻。东莞市政府拨出10亿元建设东莞理工学院。佛山市聚集高校7所。初步形成了以广州为龙头，深圳、珠海、佛山、东莞为骨干的广东省高等教育战略新格局。

〔高校专业调整〕　根据全省高教事业发展规划和学校“十五”发展规划，制定了学校专业建设和调整改革整体规划方案。全省高校1 586个本、专科专业中，有685个专业或调整了专业方向，或通过合并调整将旧专业改革为新专业，占专业总数的43.19%，增加了专业的适应性。同时，新增设了一批社会需要的新专业，新增专业点388个，其中本科专业点125个，专科专业点263个，新增设的本科专业点中包含20多个专业目录外的信息技术本科专业。

〔高校毕业生就业工作〕　采取积极有效的措施，进一步转变高校毕业生就业观念，建立和完善全省高校毕业生就业市场，共有3 000多家用人单位和近10万人次毕业生参加8场高校毕业生就业供需见面会。2002届毕业研究生的总体就业率为100%，本科毕业生为95%，专科毕业生为86%。

〔国家助学贷款〕　2002年，省政府出台了学校申请国家助学贷款不再有额度限制、建立国家助学贷款风险准备金、推行高校金融业务与开办国家助学贷款捆绑经营机制等新政策、新措施。各高校广泛开展了诚信教育，国家助学贷款工作取得了突破性的进展。2002年，广东省开办国家助学贷款的学校增加到73所，全省签订国家助学贷款合同的学生10 672人，合同金额13 634.43万元，实际发放金额7 840.75万元。

〔高校后勤社会化改革〕　2000年～2002年，全省高校利用社会资金近30亿元，新建学生公寓152万平方米。利用社会资金近5亿元，新建学生食堂22.7万平方米，改建扩建学生食堂15.5万平方米。2002年上半年，全省高校全部后勤服务项目实现分离，5 000多名在编后勤职工进入后勤服务实体，通过注册具有法人资格的后勤实体有52个，并在实践中探索出各有特色的多种后勤社会化管理模式。较好地解决了大学生公寓的建设和管理问题。

〔教学和科技工作〕　中山大学、华南理工大学、暨南大学、华南师范大学等4所高校的“211工程”建设，已完成“九五”期间建设项目的整体验收和“十五”期间立项工作。

组织实施高校教学改革的“五项工程”。包括新世纪广东省高等教育教学改革工程、高校实验室建设与改造工程、现代教育技术“151”工程（即在“十五”期间，组织全省高校研制开发100个专题学习网络，建设50个专业公用资源库，开展

100 项基于网上资源利用的教学改革试验研究)、高校名牌专业建设工程、高校电子图书馆工程，推动高校人才培养模式、课程体系、教学内容和教学方法的改革，提高教育质量和水平。

积极推进高校的科技工作。组织高校参加“科技进步活动月”及经贸洽谈会等活动。抓好科研立项工作。积极开展全省高校第九批新增博士、硕士学位授权单位及新增学位授权点申报准备工作。

〔**高校党的建设和思想政治工作**〕 为迎接党的十六大的胜利召开，中共广东省委教育工委、省教育厅于 9 月 26 日举行了广州地区大学生形势报告会，省长卢瑞华向广州地区 37 所普通高校的学生代表和部分教师代表共 3 200 多人作了形势报告。卢瑞华向广大师生介绍了广东改革开放以来的发展历程及取得的辉煌成就。在谈到教育问题时说：教育是立国之本，强省之路，关键中的关键。历届省委、省政府都非常重视教育。希望大学生以“三个代表”重要思想为指导，努力学习科学文化知识，掌握建设祖国的本领，积极投身到改革开放和现代化建设的伟大实践中去，做先进生产力的代表，为广东的现代化建设，为实现自己的理想贡献青春和力量，做有理想、有道德、有文化、有纪律的一代新人。

学习贯彻党的“十六大”精神，切实加强高校领导班子建设和党的基层组织建设。突出抓好发展优秀中青年知识分子入党工作。进一步推进邓小平理论和“三个代表”重要思想的“三进”工作。“两课”教育教学注入了新的内容。结合“五四”、“七一”、“十一”、“十六大”等重要节日和重大活动，组织开展丰富多彩的校园文化活动。深入开展与“法轮功”的斗争，采取及时有效的措施，维护学校的政治稳定和校园安全。

撰稿 石䶮平 张幼铎

审稿 郑德涛

深圳市教育

〔**基本情况**〕

2002 年各级普通学校基本情况

单位：人

学校类别	学校数(所)	毕业生数	招生数	在校生数	教职工数 合计	教职工数 其中：专任教师
总计	**1 187**	**132 238**	**195 700**	**718 809**	**54 211**	**36 797**
一、研究生	(4)	322	892	2 187	203	131
1. 高等学校						
2. 科研机构						
二、普通高等学校本专科	5	3 605	8 972	24 528	4 166	1 949
本科院校	1	1 453	3 231	10 707	1 448	874
专科院校	4	2 152	5 741	13 821	1 718	1 075
分校、大专班						

续表

学校类别	学校数（所）	毕业生数	招生数	在校生数	教职工数 合计	其中：专任教师
三、普通中等学校	152	37 374	64 176	166 127	13 658	10 006
1. 中等专业学校	8	920	1 023	3 797	806	445
中等技术学校	8	920	1 023	3 797	806	445
中等师范学校						
2. 技工学校	1	333	1 146	2 899	193	120
3. 普通中学	134	32 503	58 847	150 654	11 662	8 643
高中	44	7 629	15 546	38 022		2 463
初中	90	24 874	43 301	112 632		6 180
4. 职业中学	8	3 578	3 130	8 537	966	775
高中	8	3 578	3 130	8 537	966	775
初中						
5. 工读学校	1	40	30	240	31	23
四、小学	395	47 025	81 107	415 097	20 621	15 763
五、特殊教育学校	1		30	480	80	55
六、幼儿园	634	43 912	40 523	110 390	16 483	8 893

2002 年各级成人学校基本情况

单位：人

学校类别	学校数（所）	毕业生数	招生数	在校学生数	教职工数 合计	其中：专任教师
总　计	**20**	**3 750**	**7 647**	**18 306**	**589**	**326**
一、成人高等学校	1	2 077	5 485	13 135	411	214
1. 广播电视大学	1	693	755	2 797	411	214
2. 职工高等学校						
3. 农民高等学校						
4. 管理干部学院						
5. 教育学院						
6. 独立函授学院						
7. 普通高等学校举办：		1 384	4 730	10 338		
函授部			177	2 797		
夜大学		1 284	4 226	6 575		
成人脱产班		100	327	966		
二、成人中等学校	19	1 673	2 162	5 171	178	112
1. 成人中等专业学校	1	142	132	531		
广播电视中等专业学校	8	1 229	1 810	4 182	124	76
职工中等专业学校						
干部中等专业学校						
农民中等专业学校						
函授中等专业学校						

续表

学校类别	学校数（所）	毕业生数	招生数	在校学生数	教职工数	
					合计	其中：专任教师
教师进修学校						
其他类学校举办						
2. 成人中学	10	302	220	458	54	36
职工中学	10	302	220	458	54	36
农民中学						
3. 成人技术培训学校						
职工技术培训学校						
农民技术培训学校						
三、成人初等学校						
1. 职工初等学校						
2. 农民初等学校						
其中：扫盲班						

2002 年，深圳市教育事业取得较大的发展。普通高校 9 所（包括深圳大学城引进的清华大学深圳研究生院、北京大学深圳研究生院、哈尔滨工业大学深圳研究生院、南开大学深圳金融工程学院），比上年增加 6 所，在校生（含研究生）比上年增加约8 000人；中职类学校比上年减少 4 所，在校生比上年增加 139 人；普通中学比上年增加 27 所，在校生比上年增加 2.45 万人；小学比上年增加 18 所，在校生比上年增加 5.14 万人；幼儿园比上年增加 47 所，在园幼儿比上年增加6 950人。

教育经费大幅增加。2002 年全市教育经费总投入 77.12 亿元，比上年增加 19.41 亿元，增长 33.64%。其中：预算内教育经费投入 51.44 亿元，比上年增加 13.05 亿元，增长 33.98%；预算内教育经费投入占财政支出的比例为 17.87%；预算内教育经费拨款占财政支出的比例为 16.71%。财政性教育经费投入 55.54 亿元，比上年增加 14.46 亿元，增长 35.18%；财政性教育经费占国内生产总值的比例为 2.48%。全市教育部门生均经费 14 055元，比上年增加 2 386 元，增长 20.45%。2002 年全市教育经费投入增加的主要因素：基建投入增加 7.3 亿元；人员经费投入增加 4.85 亿元；中小学校标准化建设、教育信息化建设及创建教育强区（镇）增加专项投入 1.47 亿元；教育事业发展，在校生增加，及全市公办中小学校秋季实行“一费制”，提高了借读费标准，并将原代收费纳入的事业收入，共增加 2.65 亿元；民办教育快速发展，社会团体和公民个人办学经费比上年增加 3.14 亿元。

教育改革创新步伐加快。2002 年是教育改革创新力度较大的一年。一是初步进行人事制度改革。实行教师资格制度，首次面向社会认定教师资格，1.57 万人报名申请，占全省报名人数的 30%。有6 213人通过首次教师资格认定。在深圳小学进行改革试点，探索中小学人事制度改革新路。二是有力推进办学体制改革。鼓励发展和规范管理民办教育。全市民办中小学达到 188 所，比 2001 年增加 35 所；成人教育机构和幼儿园 90%以上为民办幼儿园。在调研的基础上，研究制定了《深圳市公办幼儿园管理体制改革实施办法》。三是有效实行财务管理制度改革。成立“市教育局财务核算中心”，21 个独立核算的直属单位（学校）纳入中心进行集中会计核算，逐步实现财务规范化、制度化管理。四是建立新的基建管理办法。成立基建管理办公室，逐步做到对基建投资计划、基建工程项目、校舍维修等规范化管理。五是大胆探索中考中招制度改革。全市中考建立了“两库”（命题人才库和题库），实行“两网”（网上登分、网上招生），加强了中考中招工作规范化管理。中职学校招生还实行统一入学考试、多次录取的办法，改变了近年生源不足的状况。六是大面积推进课程教材改革。

继南山成为国家级课改实验区后，福田、罗湖、盐田以及市属学校成为省级课改实验区，进行新课程改革。

创建教育强区强镇。全市教育强区、强镇建设年内投入 7.50 亿元。南山成为全省第一个教育强区，罗湖、福田 6 月通过评估成为省教育强区。全省 6 个教育强区、21 个教育强镇，深圳市分别占 3 个和 13 个，占一半以上。

教育信息化建设。2002 年是深圳市教育信息化投入较大的一年，据统计，市、区、镇三级共投入 5.53 亿元。9 月，连接 6 区教育局和高校的教育城域主干网顺利开通。截止 12 月，全市 88%的公办学校建成校园网；100%的中小学装备了计算机教室，中小学的人机比为 8.5∶1，达到中等发达国家水平。全市小学三年级以上基本普及信息技术教育，比国家规划的时间提前 9 年。

加强和改进德育工作。各高校积极开展邓小平理论“三进”(进教材、进课堂、进学生头脑)，提高学生用科学的观点和方法观察问题、分析问题、解决问题的能力。建立深圳市青少年学生校外教育工作联席会议制度，形成全社会齐抓共管德育工作的局面；建立深圳市中小学心理健康教育指导委员会和心理健康教育指导中心，加强中小学生心理健康教育；开展“警校共建”，全市已有 496 所学校聘请 645 名公安干警担任法制副校长、法制辅导员，建立“一校一警”制度，中小学法制教育深入开展，全市中小学生犯罪率为零。

2002 年，市教育局整章建制。一是完善议事和决策制度。按照集体领导、民主集中、个别酝酿、会议决定的原则，进一步完善市教育局党、政领导班子内部的议事和决策机制。二是完善会议制度。建立了局党委会、局长办公会、教育督导主任会、市区教育局局长会、市局直属学校校长会等会议制度，定期召开有关会议。对重大问题实行集体议事规则，逐步实现教育工作决策的民主化、科学化。三是完善调研制度。年初确定了教育收费、中小学德育、民办教育、校园安全立法、职业教育调整改革 5 个课题调研。四是完善行政监督制度。成立了市教育局行政过错责任追究工作领导小组，印发了《深圳市教育局行政过错责任追究办法》等，从制度上规范教育行政行为。凡是与群众利益密切相关的事务，都尽量向社会公开。高校招生实行网上录取，做到录取标准公开、程序公开、结果公开。职称评审工作实行了公示制度。五是建立局长值班制度。局班子成员轮流值班，接待基层和群众来访，听取群众对教育工作的意见和建议。市教育局还设立接访日和接访电话，全年接访群众 60 多批 150 多人次，接听群众来电 2.5 万个，基本做到“事事有回音，件件有落实”。

〔基础教育〕　2002 年，深圳市贯彻《国务院关于基础教育改革与发展的决定》，深化教育改革，实施基础教育均衡发展战略，全市基础教育整体水平迈上新台阶。小学在校生比上年增长 14.1%；普通中学在校生比上年增长 19.4%；初中入学率 100%。以公办学校为主多渠道解决流动人口子女入学问题，全市小学和初中接纳流动人口子女 33.41 万人，占义务教育阶段在校生 52.77 万人总数的 63.31%；其中公办学校解决 19 万人，占就读总数的 57%。基础教育发展的主要亮点：一是加快中小学标准化建设，促进教育均衡发展。全年市区两级实际投入 1.94 亿元（其中市8 920万元，区 1.05 亿元）对 133 所一般学校进行标准化改造，使之达到区一级以上的标准，为深圳市评估等级学校和创建教育强区、强镇打下基础。二是民办中小学规范发展。全市民办中小学 188 所，在校学生 17.42万人，民办中小学的整体办学条件优于全国平均水平，校均规模为 963 人，生均建筑面积为 6.8 平方米，校舍投资与人员经费、设备经费之比为 1∶0.4∶0.4。民办教育的发展，为解决流动人口子女教育问题、促进教育均衡化创造了良好条件。三是课程教材改革进展顺利。2002 年，继南山区成为国家级课改实验区后，福田、罗湖、盐田以及市属学校成为省级课改实验区，广泛开展新课程改革实验。南山区在全国 20 个课改实验区中，主要承担了艺术、历史与社会、科学课程等综合课程改革实验，取得较大成功，得到教育部的肯定。四是示范性高中建设开始启动。2002 年，广东省决定“十五”期间在建设 200 所省一级普通高中的基础上，建设 100 所国家级示范性普通高中（统称

"1521"工程)。深圳市制定了《深圳市"1521"工程工作方案(草案)》,计划建设20所国家级示范性普通高中。其中2002年规划建设5所国家级示范性普通高中:深圳中学、实验学校、外语学校、翠园中学、宝安中学,于2003年接受验收。

全面推行中小学收费"一费制"。2002年秋季中小学全面实行"一费制"。市教育局加强教育收费改革的宣传,与市物价局联合召开听证会,吸收各方面的代表参加,十分重视群众对收费项目和标准的意见,实行教育收费公示制度,发放《深圳市公办中小学学生交费登记手册》,接受家长和社会监督。在实行"一费制"过程中,建立和完善了监督机制,加强中小学收费的监管力度。查处了少数学校违规收费的现象,有效制止了中小学乱收费行为,受到群众好评。

教育督导。2002年通过省一级评估的学校达到29所,97所学校通过市一级学校评估。全市45所学校、幼儿园获2002年办学效益奖。50%以上的学校推行办学质量承诺制,促进学校狠抓管理、提高质量。

创办国际学校和港人子弟学校。在调研的基础上,提出了"政策扶持,多元投入,自主办学,规范管理"的思路,创办国际学校和港人子弟学校。秋季,新办的深圳南山国际学校、QSI国际学校和罗湖港人子弟学校、福田区港人子弟学校开学。全市有4所国际学校和3所港人子弟学校,在校生1 000多人,逐步解决了外国专家、外商、港人和台商子女上学问题,优化了投资环境。

〔**职业教育与成人教育**〕 2002年,职业教育与成人教育健康发展。一是深化职业教育调整改革。在调研的基础上,制订与实施《深圳市中等职业教育布局结构调整方案》,全市中等职业教育基本完成新一轮布局结构调整。深圳市电子学校的计算机应用、华强职校的电子技术应用专业成为全国中等职业学校重点建设专业。首批获省教育厅批准建设的电子学校和博伦职校实训中心已正式立项。二是成人教育加强规范管理。据统计,全年参加学习培训人数达112万人(次),社会劳动者继续教育率达到31%。开展社会力量办学大检查,查处4家违规办学单位,被注销的办学机构3家,暂缓年审的办学机构5家,限期整改的办学机构1家。

〔**高等教育**〕 2002年,深圳市普通高校9所(即市属高校3所,大学城内引进大学4所,民办高校2所)。其中新办的高校有深圳大学城新引进的哈尔滨工业大学深圳研究生院,南开大学深圳金融工程学院,市工业学校、市财经学校和市教育学院合并组建的深圳信息职业技术学院,民办广东建华职业学院。全市全日制高等教育毛入学率已达28.86%。高等教育发展的主要措施是:一是进一步办好深圳大学和深圳职业技术学院。两校2002年实际招生7 249人,全日制在校生分别达到10 980人、10 759人。"十五"期间,在正常性经费投入之外,市政府将对深圳大学、深圳职业技术学院分别增加投资7亿元和5.5亿元,用于基础设施建设。深圳大学已确定办成教学科研并重型大学的目标。深圳职业技术学院的CAD/CAM、电子工程、楼宇设备与智能化技术3个专业被教育部批准进行四年制高职试点专业。二是做好新办高校招生工作。哈尔滨工业大学深圳研究生院、南开大学深圳研究生院、深圳信息职业技术学院和民办建华职业技术学院4所新办院校2002年分别招生200人(研究生)、75人(研究生)、607人(专科生)和332人(专科生)。8月,市政府与国务院侨务办公室、暨南大学签订协议,合作举办暨南大学中旅学院,招收本科生220人。三是加快深圳大学城建设。全年完成投资1.83亿元,累计完成投资4.2亿元。东校区(A1地块)控制性详细规划设计基本完成。4所研究生院学科规划与实验室建设起步较好。清华大学深圳研究生院已组建了软件工程中心、现代物流研究中心等5个实验室和研究机构。北京大学深圳研究生院确定建设视觉听觉信息处理、IC设计等4个实验室。2002年四所研究生院共招生2 009人,其中,全日制学生764人,非全日制学生1 245人。在校学生4 274人,其中,全日制学生869人,非全日制学生3 405人。

撰稿 赖群阳

审稿 黄励军

广西壮族自治区教育概况

〔基本情况〕

2002 年各级普通学校基本情况

单位：人

学校类别	学校数（所）	毕业生数	招生数	在校生数	教职工数 合计	教职工数 其中：专任教师
总计	**21 949**	**2 406 268**	**2 724 529**	**9 346 652**	**487 522**	**387 396**
一、研究生	(9)	580	1 756	4 020		
1. 高等学校	(9)	580	1 756	4 020		
2. 科研机构						
二、普通高等学校本专科	36	31 967	68 516	186 324	21 964	12 115
本科院校	13	17 929	35 697	111 324	14 095	7 680
专科院校	23	13 001	28 248	65 399	7 594	4 275
分校、大专班		1 037	4 571	9 601	275	160
三、普通中等学校	3 337	915 107	1 207 932	3 271 562	210 059	156 583
1. 中等专业学校	126	44 292	60 306	171 792	16 563	9 170
中等技术学校	97	33 163	50 981	148 747	12 719	6 721
中等师范学校	29	11 129	9 325	23 045	3 844	2 449
2. 技工学校						
3. 普通中学	3 018	828 460	1 100 032	2 987 131	183 594	140 697
高中	516	115 443	205 985	515 819		25 825
初中	2 502	713 017	894 047	2 471 312		114 872
4. 职业中学	192	42 355	47 494	112 539	9 894	6 709
高中	185	20 123	41 450	87 687		5 950
初中	7	22 232	6 044	24 852		759
5. 工读学校	1	0	100	100	8	7
四、小学	16 070	947 977	801 523	5 100 397	233 023	205 469
五、特殊教育学校	46	1 611	2 405	14 623	628	451
六、幼儿园	2 460	509 026	642 397	769 726	21 848	12 778

2002 年各级成人学校基本情况

单位：人

学校类别	学校数（所）	毕业生数	招生数	在校学生数	教职工数	
					合计	其中：专任教师
总计	**15 863**	**4 306 963**	**3 957 355**	**3 640 275**	**37 022**	**16 482**
一、成人高等学校	10	28 471	70 313	173 329	3 265	1 675
1. 广播电视大学	1	3 841	3 392	12 053	1 518	708
2. 职工高等学校	2	710	1 173	3 148	158	93
3. 农民高等学校						
4. 管理干部学院	4	3 534	7 086	16 662	983	497
5. 教育学院	3	1 920	4 459	11 252	606	377
6. 独立函授学院						
7. 其他学校（机构）						
8. 普通高等学校举办		18 466	54 203	130 214		
函授		13 503	40 709	103 222		
业余		2 462	10 841	21 763		
脱产		2 501	2 653	5 229		
二、成人中等学校	12 517	4 171 427	3 796 637	3 350 818	29 788	13 433
1. 成人中等专业学校	131	31 398	23 919	66 990	7 104	3 820
广播电视中专学校	3	1 588	2 062	5 551	1 157	522
职工中等专业学校	25	4 321	6 193	16 574	1 438	728
干部中等专业学校	18	1 843	1 881	4 554	931	548
农民中等专业学校	22	2 905	2 174	6 216	875	491
函授中等专业学校	4	2 086	862	1 978	312	113
教师进修学校	59	1 840	1 974	4 762	2 391	1 418
其他类学校举办		16 815	8 773	27 355		
2. 成人中学	62	4 734	9 633	24 178	1 647	1 349
成人高中	19	238	1 527	3 051	437	243
成人初中	43	4 496	8 106	21 127	1 210	1 106
3. 成人技术培训学校	12 324	4 135 295	3 763 085	3 259 650	21 037	8 264
职工技术培训学校	241	101 252	64 648	53 752	1 448	1 128
农民技术培训学校	12 083	4 034 043	3 698 437	3 205 898	19 589	7 136
三、成人初等学校	3 336	107 065	90 405	116 128	3 969	1 374
1. 职工初等学校	52	8 239	3 342	3 616	207	169
2. 农民初等学校	3 284	98 826	87 063	112 512	3 762	1 205
其中：扫盲班	1 997	24 682	23 732	24 335	2 490	627

2002年，广西自治区基础教育继续巩固。全区已有69个县、市、区的“两基”得到国家确认，人口覆盖率达71.12%以上。全区已全面普及初等教育。全区15岁～50岁人口文盲率已下降到0.86%。小学和初中适龄儿童入学率分别达到98.54 %和99.34%。学前教育和特殊教育健康发展。普通高中教育发展步伐加快，全区普通高中（含完全中学）比上年增加15所，在校生比上年增加7.98万人，增幅达18%，是近三年普通高中增长最快的一年。每万人普通高中学生数108人，接近全国平均水平。中等职业教育在改革与调整中继续向前推进，呈现稳定与积极发展的良好势头。全区有各类中等职业学校514所，在校生总数37.23万人，比上年增长4.6%。高等教育规模进一步扩大。全区有46所高校（其中普通高校36所，独立设置的成人高校10所），在校生比上年增长26.12%。全区每万人口拥有高等教育在校生75.12人。有博士后科研流动站1个，博士授权单位2个，博士点9个；硕士授权单位9个，硕士点153个，继续保持上年水平。广西大学等7所高校先后被国务院学位委员会批准开展同等学力人员申请硕士学位工作。

〔**教育投入与支出**〕 2002年全区教育经费总收入为134.69亿元，比上年增加22.34亿元，增长19.88%。其中：财政预算内教育经费拨款（不含纳入预算内管理的城镇“三税”附加2.21亿元）为82.47亿元，比上年增加16.07亿元，增长24.2%。同期全区财政收入为305.5亿元，比上年增加42.47亿元，增长16.15%；全区财政经常性收入为239.84亿元，比上年增加43.74亿元，增长22.3%。预算内教育经费拨款的增长幅度高于财政经常性收入增长幅度1.9个百分点，实现了“政府教育拨款增长高于财政经常性收入的增长”要求。2002年普通高校生均事业费为4 701.34元，比上年增长3.58%；其中公用经费1 373.15元，比上年减少180.31元，下降11.61%。2002年普通高中生均事业费为1 194.11元，比上年增长14.84%；其中公用经费85.86元，比上年增加14.62元，增长20.52%。普通小学生均事业费676.2元，比上年增长16.73%；其中公用经费增加4.26元。

2002年全区国内生产总值为2 455.4亿元，同年全区财政性教育经费支出为93.38亿元，财政性教育经费支出占国内生产总值的比例为3.8%，与上年的3.45%相比，增加0.35个百分点。

2002年全区财政支出为419.86亿元，预算内教育经费支出为84.73亿元（含纳入预算内管理的城镇“三税”教育费附加2.27亿元），占财政总支出的20.18 %，与上年的19.5%相比，增加0.68个百分点。

〔**教育建设工程实施情况**〕 (1) 中小学危房改造工程、第二期贫困地区义务教育工程、水毁校舍建设工程和基层公共基础设施建设教育项目工程4个工程，2001～2002年总投入达7.78亿元，项目覆盖全区，建设、改造、维修中小学校舍2 710所，建设面积160万平方米。这些项目工程主要用于改造中小学危房，同时对中小学进行布局调整。截至2002年年底，第二期义教工程土建项目已开工470个，占计划的83.03%，竣工或验收的197个，尚未开工的96个，占计划的16.97%；到位资金1.5亿元，到位率为76.83%。中小学危房改造工程681个，土建项目已全部开工，已竣工验收的229个，竣工率为33%；到位资金2.03亿元，到位率为79%。受灾水毁学校建设项目单项工程139个，已开工137个，占99%，已竣工或验收的75个，到位资金2 986万元，到位率为91%。基层公共基础设施建设教育项目工程879个，已开工855个，占97.3%，已竣工或验收的71个。到位资金2.09亿元，到位率为74%。(2) 边境建设大会战教育建设项目已全部完成。共投资2.56亿元，建设861所中小学，其中高中8所，初中108所，中心校99所，村完小646所。(3) 教育对口支援工程取得阶段性成果。第一期“广东省对口支援广西贫困地区学校工程”于2002年6月结束。广东省派出148名支教教师到广西受援学校支教，投入帮扶资金7 000万元（含在广东省培训广西受援中小学校长和骨干教师费用300万元，广州市向广西壮族自治区教育基金会第一次捐赠3 400万元），带动广西各受援县、校投入配套资金近1 000万元，共完成教学楼、学生宿舍、多媒体教室等建设项目110个，建筑面积6.5万平方米。广东还捐赠了价值约500万元的教学物资；用于资助特困生的资金近90万元，资助全区受援学校特困生近6 000人次；为广西受援学校培训300名中小学校长和骨干教师。广东—广西教育对口支援工作得到了中央领导的肯定。第二期“广东—广西教育对口支援工程”已于2002年10月全面展开。广东省共派出120名支教教师。广西受援学校由第一期的100所中小学校增加到120所，新增的20所学校全部为职业中学，工程加强了对全区职业教育的扶持力度。广西区内学校对口支援工程成效也很明显。2000年8月至2002年6月，共派支教人员224人（每年112人）。支教工作使受援地的教育观念有了很大转变，薄弱学校面貌发生了较大变化，学校的教育教学质量和办学水平明显提高。（4）中央国债教育项目共安排广西高校建设项目10个，安排学校8所，计划总投资3.45亿元。项目建设进展比较顺利。中职国债项目建设已基本完成。2001年，马山等16个县中职学校获中央国债投资2 500万元，项目县（市）财政配套1 001万元，共3 501万元，这是建国以来国家对全区中等职业教育最大额度的一次性投资。（5）基本完成申请英国赠款与世行贷款“西部基础教育项目”规划论证工作。该项目总投资2.61亿元，其中世行贷款2 100万美元（折合人民币17 430万元），国内配套资金8 710万元，将主要用于全区18个未“普九”的贫困县的校舍建设、设备采购、人员培训等。日本国际协力银行日元贷款广西“中西部人才培养项目”通过正式评估，本项目总投资4.02亿元人民币，其中向协力银行贷款3 806万美元，国内配套资金9 457万元人民币。项目用于广西师范大学等10所高校的土建工程、设备采购和人员培训。项目实施期为4年。

〔**考试制度改革**〕 2002年，自治区教育厅决定实行中考改革，强调取消小学、初中会考和小学升初中考试，取消百分制和按分数排队的做法，逐步建立有利于促进学生全面发展和个性特长的综合评价制度，并将初中毕业考试与中考分离，有步骤、按计划地下放中考权，2002年首先在南宁市、柳州市、桂林市试行中考独立命题，独立组织考试。同时全面推进英语科听力测试。

高中毕业会考改革作了探索。改变大面积集中命题的方式，首先实行会考征题，然后再集中统一命题。出台了每年进行两次会考，每次开考9科，学生可以参加每一次考试，以成绩最好的一次作为最后的会考成绩等措施。

高考实行“3＋X”科目设置改革和一年两次考试试点工作。广西成为全国第一个承担高考专科命题任务的自治区（省市）。高考无纸化阅卷的科目数由2科增至4科（语文作文、英语、政治、历史）。2002年全区两次高考，90个考区、150个考点，8 000多个考场（次）考试秩序井然，考风考纪连续5年保持良好。

〔**教师队伍建设**〕 （1）2002年自治区下发了《广西中小学教职工编制标准实施办法》，并召开全区电视电话会议，指导各地做好中小学编制核定工作。（2）认定教师资格工作圆满结束。在广西大学、广西师范大学、广西医科大学、柳州市城中区、桂平市试点的基础上，2002年在全区铺开，全年共认定各类教师资格9.9万人（其中高校教师资格2 626人，高级中学教师资格、中等职业学校教师资格及中等职业学校实习指导教师资格7 284人，初级中学教师资格3.29万人，小学教师资格5.31万人，幼儿园教师资格3 117人）。（3）建立新课程师资培训网络。自治区一级师资培训机构以区属3所师范本科院校和广西小学教师培训中心为基地，广西教育学院参与，负责对全区地市县一级培训者和骨干教师的通识、课程标准培训；地市一级培训机构负责对初中一线教师培训，县一级培训机构负责对小学一线教师培训；各有关出版社负责对一线中小学教师进行教材培训。全区还建设10所示范性教师进修学校。按照“先培训后上岗，不培训不上岗”原则，将基础教育新课程师资培训作为近期中小学教师继续教育、“园丁工程”以及中小学校长培训的核心内容，为新课程有效、健康地实施提供了师资保证。（4）开展中小学教师远程学历教育试点。广西被教育部列为全国中小学教师继续教育远程教育试点地区。2002年自治区教育厅成立了试点工作领导小组，负责此项工作。同时，教育部“西部中小学现代远程教育扶贫示范工程项目和西部中小学现代远程教育培训中心教师培训项目”圆满结束，全区7个项目县有450名一线教师接受了培训。(5) 2002年自治区教育厅与区内外教研机构和企业联合举办19个中职学校教师、管理人员和校长培训班，有913人参加培训；有近200人参加在职攻读学位入学考试和“专升本”入学考试。国家级职教师资培训基地广西工学院承担培训全国中职数学教师78人。(6) 县级教师培训机构建设。2002年4月自治区教育厅印发《广西壮族自治区示范性教师进修学校建设实施方案》，对示范性教师进修学校建设的指导思想、目标、基本条件做了具体要求。9月16日～11月7日自治区教育厅组织对17所条件较好的进修学校进行实地评估，最后确定10所教师进修学校立项建设示范性教师进修学校。(7) 21世纪园丁工程。2002年完成了18个中小学园丁工程研修基地的挂牌及启动工作。为了展示园丁工程的成果，扩大骨干教师辐射面。6月，自治区教育厅组织园丁工程讲学团赴南宁地区、玉林市、象州县、钦州市、百色、河池讲学。(8) 在各高校公开选拔、推荐的基础上，经自治区教育厅组织专家评审，评选出2002年度“学科带头人资助计划”资助对象20名、“骨干教师资助计划”资助对象18名。

〔**学校安全、稳定工作**〕 2002年召开全区稳定工作会议，组织开展学校安全大检查取得良好效果。全区教育系统安全大检查，重点检查学校的建筑、卫生、消防、防雷装备设施及学校周边环境、道路交通等安全情况以及有关规章制度的建设和执行情况，针对安全隐患发出整改通知，督促整改。在十六大召开期间，自治区教育厅组成6个工作组深入各地市、各高校和直属单位做好稳定工作。制订并实施了《广西高校校园安全文明建设检查评比标准》，推动高校广泛开展“安全文明校园”创建活动；会同自治区综治部门加大对高校周边治安的综合治理力度。据统计，全区高校每年发生违章违纪受行政纪律处分人次累计普遍低于千分之五，人员犯罪率低于千分之0.1，治安案件普遍低于千分之5，一般刑事案件低于千分之1，师生的安全感进一步增强。高校工委、教育厅因此被自治区综治委评为2001年度全区社会治安综合治理工作先进集体。

〔**教育对外交流**〕 2002年组织基础教育、职业教育、高等教育等12个研修团组出访英、法、德、美等8个国家和地区。全区教育系统全年出访团组达206批522人次。审核批准了柳州铁路运输学校、柳州市工业学院和邕江大学3所学校的中外合作办学项目。全区全年接受来华留学生1 154人，创历史新高；聘请外专外教109人，接待20批次120名国外境外来访人员，办理自费出国留学生110人、公派留学生等60人。

〔**语言文字工作**〕 组织开展了第五届全国“推普周”活动。积极推动了语委各成员单位加大本单位语言文字规范化工作力度。开展职能部门印章和公文规范化、标准化检查工作。开展语言文字应用研究，全区两项语言文字科研课题获国家科研项目。两篇普通话水平测试论文在首届全国普通话水平测试学术研讨会上获奖。全年测试15万人(次)。

基础教育

〔**义务教育**〕 2002年，广西各地认真贯彻落实全国、全区基础教育工作会议精神，坚持和完善农村义务教育“在国务院领导下，由地方政府负责、分级管理、以县为主”的管理体制，到年底全区108个县（市、区）中已有107个县（市、区）把教师工资管理权和人事管理权收归县管，占全区县（市、区）总数的99.7%。自治区政府办公厅已将自治区编办、教育厅、财政厅会办的《广西中小学教职工编制标准实施办法》《全区中小学公用经费定额标准》转发各地执行。

2002年上半年，自治区政府教育督导办先后深入百色市、河池市、柳州地区等“普九”攻坚任务重的地区进行调查研究，向自治区政府提出《关于积极推进“普九”攻坚工作的报告》，内容包括“普九”攻坚工作的指导思想、分步实施规划、工作要点及保障措施等，建议自治区政府召开全区“普九”攻坚工作会，设立“普九”攻坚专项资金，启动民族自治县、民族乡教育建设工程，把“普九”攻坚列入革命老区建设工程，建立“普九”攻坚责任制度，整合正在实施的义教工程等项工程形成“普九”攻坚合力。自治区政府教育督导办还对已实现“两基”达标的百色市右江区、河池市金城江区、武鸣县、邕宁县、象州县等12个县市区进行复查。从复查情况看，巩固提高工作做得好的有百色市右江区、河池市金城江区、象州县等。

〔**幼儿教育**〕 (1) 2002年全区幼儿园2 460所，在园幼儿76.97万人。幼儿园占地面积259.54万平方米，比上年增加22.27万平方米，增长9.39%；校舍面积165.74万平方米，比上年增加5万平方米，增长3.11%。全区平均每万人口有在园幼儿160.7人。(2) 针对全区3岁～6岁儿童入园（班）率偏低情况，2002年自治区教育厅组织调研组分赴全区6个地（市）12个县（区），对学前教育工作进行专题调研。在调研基础上，草拟了《关于促进幼儿教育事业改革与发展意见》，提出全区今后若干年内学前教育发展目标和措施。(3) 改革农村学前教育管理体制，将乡镇学前教育纳入中心校管理体系，实施小学和幼儿园一体化管理。抓住农村中小学布局结构调整的时机，鼓励有条件的学校向学前教育延伸，倡导以中心小学、村完小为依托，充分利用调整后闲置的小学校舍，以及富余的小学教师等教育资源，举办乡镇中心幼儿园和村级幼儿园，普及发展学前2～3年教育。(4) 规范示范性幼儿园建设，继续进行自治区示范性幼儿园的评估和复查。自治区教育厅修订了《广西壮族自治区示范幼儿园评估验收标准》，作为指导幼儿园科学实施素质教育的指导性文件，同时复查评估了区直第三幼儿园、广西军区幼儿园、广西大学第二幼儿园、区直第一幼儿园、广西教育厅幼儿园5所自治区示范性幼儿园。(5) 3月31日～4月2日，自治区教育厅在桂林市举办广西贯彻《幼儿园教育指导纲要（试行）》培训班，邀请全国著名的学前教育专家做专题报告。来自全区各地幼教专干、幼儿园园长约500人参加了培训。

〔**特殊教育**〕 (1) 2002年，自治区政府办公厅转发由自治区教育厅等9个部门联合起草的《关于进一步推进特殊教育改革和发展的意见》，提出了全区“十五”期间特殊教育改革与发展的目标、任务和工作思路。(2) 7月10日～16日，组织南宁市盲聋哑学校、柳州市聋哑学校、桂林市培智学校分别承办全区暑期视障教育师资培训班、聋障教育师资培训班、智障教育师资培训班，来自全区特殊教育学校约180多名教师参加了为期7天的特殊教育继续教育培训。(3) 2002年3月，自治区教育厅决定授予南宁市永新区等6个县（区）为“全区特殊教育先进县（区）”光荣称号；授予卢心怡等35人为“全区特殊教育先进工作者”光荣称号，以表彰他们在发展特殊教育方面作出的贡献。

〔**中小学布局调整**〕 经过一年努力，全区中小学布局调整达到预期目标。小学由上年的16 077所减少到16 070所，减少7所；教学点由21 260个减少到18 709个，减少2 551个；初中由2 539所减少到2 502所，减少37所。高中由501所增加到516所，增加15所，增幅为3%。

〔**课程改革**〕 成立了自治区基础教育课程改革领导小组，下设办公室和专家指导委员会。在

2001年设立南宁、柳州、玉林3个国家级课程改革实验区的基础上，2002年，增设17个基础教育课程改革实验区，参加课改实验的小学一年级学生达到3 840个班，学生11.72万人，教师8 555人；初中一年级有1 666个班，学生9.41万人，教师4 740人；共使用12家出版社的34种教材。参与实验的学生总数达到全区义务教育学生总数的17%左右。

全年共举办30多期培训，100多个班次，培训了各级行政领导、教研员、校长、教师、家长等各类人员共2万人次，保证了全区基础教育课程改革实验工作的顺利开展。同时编发了《广西基础教育课程改革课题指南》，鼓励各地开展各项课题研究，到年底，地、市以上组织的课改课题研究近200项。

〔校外教育工作〕　正式启动罗城县等13个青少年学生校外活动场所建设项目。完成了“国家资助青少年学生校外活动场所建设项目”第二批共8个项目实施县的申报工作。与自治区党委宣传部、科技厅、知识产权局、文化厅、广电局、环保局、科协等分别联合主办“全区中小学生天文小制作竞赛”等项课外活动，推动中小学科技文化等项工作的开展。

〔素质教育〕　按照2001年建立的素质教育督导评估制度，2002年继续对中小学实施素质教育的督导评估工作。引导学校实施素质教育并通过评定等级学校，引进竞争机制，推进基础教育改革发展。先后分3批组织自治区督学、地市督学及专家对申请一级学校的32所普通高中进行评估，受评估的学校都达到一级学校甲等水平。各地市也评估了一批小学、初中一级学校。

〔示范性高中建设〕　2002年正式启动示范性普通高中验收评估工作。自治区教育厅印发了《广西壮族自治区示范性普通高中验收评估标准（试行）》，对示范性普通高中验收评估标准采取定性和定量的办法进行量化。12月下旬，自治区教育厅对南宁三中、南宁二中、武鸣高中、百色高中、柳州高中等17所学校进行了示范性普通高中验收评估。

〔治理中小学乱收费〕　2002年春、秋两学期各级教育行政部门共派出1 170个检查组，对1.34万所中小学校进行了检查，其中自治区教育厅、纠风办先后4次单独或共同组成16个督查、检查组对全区14个地、市的87个县（市、区）的299所中小学开学收费情况进行了检查，共查处中小学乱收费金额1 000多万元，并基本清退完毕，61人受到党纪政纪处分。通过检查，春、秋两学期全区学生按时返校率比往年高，学生交费率比往年好，群众对学校收费比较满意，是多年来群众投诉最少，反映最好的一年。

〔普及实验教学和教育信息化建设〕　到2002年底，全区开展的单位达98个，占应开展数的87.5%。全区已有48个县（市、区）通过自治区级检查验收，占全区县（市、区）总数的44%。钦州市、南宁市、北海市所有县（区）全部通过了自治区的实验教学普及县省级验收。

2002年实施了“乡镇现代教育信息资源中心”等一批教育信息化建设工程。自治区政府决定，2001～2002年，自治区拿出4 000万元，地、市、县配套4 000万元，用于加强农村中小学的普及实验教学工作，计划在全区1 361个乡镇中心校各建一个示范性的“乡镇现代教育信息资源中心”。

为加强对中小学信息技术教育的指导，出台了中小学校园网建设、信息技术教室建设的指导意见，进一步规范了中小学“校校通”工程、教育实验学校、中小学校园网建设实验学校、全国和自治区中小学信息技术教育实验区、实验学校的信息技术教育工作。完成了教育部“现代远程教育扶贫示范工程项目”和“中西部中小学校校园网络教室和农村计算机网络建设示范项目”的实施。广西中小学基础数据库建设项目已初步建成开通。

职业教育与成人教育

〔**全区职业教育现场经验交流会**〕 2002年3月19日～21日在梧州市召开全区职业教育现场经验交流会。会议的主要任务是以邓小平理论和江泽民同志“三个代表”重要思想和党的十五届五中、六中全会精神为指导，按照自治区党委、政府的要求，围绕广西“十五”发展纲要和2002年度全国职成教工作会议精神，回顾过去一年工作，交流经验，深入分析全区职业教育与成人教育面临的问题和困难，正确面对机遇和挑战，对全区职成教工作进行部署。自治区教育厅副厅长郑作广作会议主报告，报告总结全区职成教经验，阐述了职成教改革发展的目标任务及基本思路。

〔**中等职业教育**〕 (1) 2002年开展立项建设自治区级重点中等职业学校工作。制定了《自治区级重点中等职业学校条件》和《自治区级中等职业学校办学水平评估标准》，印发了《关于立项建设自治区级重点中等职业学校和开展重点中专、重点职高评审工作的通知》，同意53所学校为第一批立项建设的学校；在各地市和学校主管部门评审推荐的基础上，对32所学校（其中有6所原自治区级重点中职进行复评）进行了评审，其中25所学校获自治区级重点中等职业学校称号。柳州市第一职业中等专业学校、北海市第一职业高中被教育部确定为国家重点建设示范学校。(2) 加强中职学校专业建设，规范新设专业的审批工作。从2002年开始，自治区教育厅只负责区直中等职业学校新设专业的评审，地市所属中等职业学校增设的专业由地市教育行政部门审批后，报自治区教育厅备案。年内经组织专家评议，同意22所区直中职学校增设51个专业，并同意13所重点中等职业学校增设的30个专业备案。教育部确定的全国中等职业教育首批176个示范专业（点），广西有6所中职学校进入。(3) 改革招生工作和加强学籍管理。2002年加大中职招生改革力度，同时做好招生服务工作。在《广西日报》向社会公布具有招生资格的学校名单及招生专业；普通中专录取生源条件进一步放宽，招生办法灵活，中职学校招生自主权进一步扩大。印发了《自治区中等职业学校学生学籍管理规定》（试行），全区三类中职学校学籍管理首次走向统一。完成了497所中职学校8.3万名毕业生资格审查及毕业证书的审验工作。

〔**教学改革**〕 (1) 启动全区综合高中试点工作。确定在65所中职学校的103个专业开展综合高中试点，制定指导性教学计划和开发相关课程；(2) 在30所学校推行弹性学习制度，并组织开发弹性学习制度管理软件，协调自治区物价局制定实行学分制学校有关收费标准；(3) 同意45个项目为2002年度中职学校教育教学改革立项项目；(4) 批准成立中等职业教育教学指导委员会及13个专业教学指导委员会。

〔**教师队伍建设**〕 2002年继续从职教专项经费中投入60万元用于职教师资培训，全年共举办专业教师、管理干部、校长培训班19期，培训中职教师和管理干部1 008人。(1) 采取“送出去，请进来”相结合的办法，充分利用发达地区的优势资源开展培训工作。自治区教育厅与上海市教育科学院职成教研究所联合举办了《实施弹性学习制度的实践及对策》和《综合高中的课程设置及教学管理体制》职教管理干部高级研修班各1期，170人参加培训；委托国家重点建设职教师资培养培训基地四川省长虹电子集团有限公司培训中心举办中等职业学校家电维修（彩电、视听产品）专业教师培训班，培训68名专业教师，所有参加培训的教师均获得相应的中级工职业资格证书；委托国家重点建设职教师资培训培养基地广东省顺德市梁銶琚中学举办制冷和空调设备运用与维修专业教师培训班

1期，33名专业教师参加培训，并全部获得中级工证书。（2）充分发挥广西职教师资培训基地的作用，开展专业教师和职教管理干部的培训。在国家重点建设职教师资培养培训基地广西工学院共举办各类中职教师培训班11期，培训学员410人。针对“双师型”教师队伍的建设，还举办了职业资格证书培训班，共5个专业，85人，有计算机网络操作员（中级工）、高级计算机操作员（高级工）、计算机绘图员（中级工）、计算机图像制作员（中级工）、家用电子产品维修工（中级工）。在柳州市第一职业中专学校举办了旅游、烹饪、应用电子技术、电子商务等4个专业的实习指导教师培训班4期，共培训实习指导教师125人。举办中等职业学校校长岗位培训班2期，共有130名校长参加了培训。

在继续抓好广西工学院作为国家重点建设职教师资培养培训基地建设的基础上，自治区教育厅布置建设一批自治区级的职教师资培训基地。至年底，有5所高等职业技术学院和4所国家级中等职业学校申报立项。

〔参加全国职业教育成果展〕 广西组队参加7月25日～28日在吉林省长春市举办的中国首届职业教育成果展示会暨全国中等职业学校学生专业技能大赛。并组织6所中等职业学校的20名选手参加全国中等职业学校计算机、烹饪、服装设计、美容美发4个专业的技能大赛，获计算机技能大赛一等奖1名，二等奖2名，三等奖3名；获烹饪技能大赛一等奖2名，二等奖4名，三等奖3名；获服装设计技能大赛一等奖1名，三等奖1名；获美容美发技能大赛二等奖1名。

〔职业培训和社区教育〕 2002年全区各类职业学校大力开展职业培训工作。广西机电工业学校等十几所中职学校招收农村进城务工人员，通过业余或函授的形式进行职业培训。全区共招生500余人，开展计算机与应用、机电设备安装与维修、机械制造等专业的培训。

南宁市新城区自2001年获国家社区教育试验区称号后，积极开展社区教育工作，一年中成立了4个街道办事处一级的社区教育中心，并邀请社区教育专家到邕讲学和调研。该区社区教育网络建设已列入政府工作日程。

高等教育

〔高校布局结构调整〕 经过多次论证、修改，自治区教育厅提交的《全区高等学校布局调整实施意见》于2002年6月获得自治区党委和政府批准。这标志着广西高等教育管理体制改革和学校布局结构调整工作进入全面实施阶段。2002年自治区政府又批准设立了广西机电职业技术学院等7所高职院校。8所高校分别获准设立民办二级学院。

〔教学工作〕 （1）2002年，自治区教育厅深入贯彻教育部关于高等教育教学改革的文件精神，进一步加强管理，提高教育教学质量。建立健全了教学质量监控体系。在全区高校实行公布包括图书总册数、教学仪器设备总值、生均图书册数、生均设备值、英语四级考试通过率、计算机等级考试通过率在内的教学资源数据动态制度。同时建立了高等教育教学改革项目立项和成果评审制度，2002年确定“新世纪广西高等教育教学改革工程”项目257个。开展了基础实验室评估，并对电大开放教育进行中期检查。广西医科大学、广西师范学院以优异成绩通过教育部组织的本科教学工作评估。（2）2002年9月，自治区教育厅召开第二次全区高等学校教学工作会议，总结交流2001年广西高校教学工作会议以来提高高等教育教学质量，促进全区高等教育持续、快速、健康、协调发展的经验，部署下一阶段高校教学工作。会后，自治区教育厅印发了《关于加强全区普通高等学校教学工作全面提高教学质量的意见》《关于做好全区高等学校学科专业结构调整工作的实施意见》《关于进一步推进全区普通高等学校大学英语教学改革的意见》《关于印发〈广西普通本科院校大学英语教学工作评价方案〉（试行）的通知》等4个文件。(3)以专业教学改革为龙头，推进人才培养模式的创新。广西职业技术学院进入全国重点支持建设的示范性职业院校序列。南宁职业技术学院室内设计与装修成为国家高职高专精品专业。广西机电职业技术学院数控技术应用等6所高校的6个示范性专业成为教育部高职高专教育专业教学改革试点专业。(4)以学生创新精神和实践能力为重点，推进素质教育。桂林电子工业学院、广西工学院、广西大学、广西医科大学等高校先后建立了一批创新实验室、创新基地，以项目为中心，开展大学生科学研究和为社会提供技术研发服务活动，激发了学生的创新意识和创造能力，效果显著。全区高校学生参加全国数学建模、电子设计、“挑战杯”等竞赛，均获优异成绩。(5)开展“优秀专科生选拔制”。普通高校专科生、高职学生、成人高校学生专升本，普通高等教育、成人高等教育和高等职业教育相互衔接、相互沟通的教育“立交桥”框架已初步构建。2002年有279名优秀高职学生被批准升入普通本科相应的专业学习，1 387名优秀普通专科生升入普通本科相应专业学习，1 385名成高专科生升入成高本科学习。(6)2002年自治区教育厅先后两次召开大学英语教学研讨会，邀请区内外著名学者讲学，并提出了广西大学英语教学的基本思路和目标，提出大学英语教学基本目标要转到培养学生的综合应用能力上来，以培养大学生运用英语的能力为重点，进一步推进大学英语教学改革。(7)桂林电子工业学院、广西师范大学、广西大学、桂林工学院、广西工学院5所本科院校已经试行学分制；全区有80%的高校推行主辅修制；广西大学等本科院校试行了第二专业、第二学士学位等教学改革的实践。(8)组织第二届广西高等教育教学软件大赛。通过初评复赛，从各高校推荐的110个作品中，评选出70个获奖作品。(9)规范和加强了区内现代远程教育。2002年24所区外高校在广西建立55个远程教育校外学习中心（点），其中有34个已招生，共招生近7 000人。经自治区教育厅组织评估，有53个被评为合格，2个限期整改。国家支持的13所本科高校的校园计算机网建设项目完成了与系统集成企业签订合同的工作，并开始实施土建工程阶段的建设。

〔**重点学科和重点实验室建设**〕 2002年全区13所本科院校投入重点学科和重点实验室建设的经费超过2亿元。自治区拨出400万元专款支持高校的重点学科和重点实验室建设，2002年首先资助8个重点学科及其依托重点实验室的建设，各有关高校按照1∶2的额度投入配套经费。广西大学结构工程和动物遗传两个学科通过专家评审被正式命名为国家级重点学科。

〔**广西大学“211工程”建设**〕 广西大学“211工程”第二期建设方案经反复修改和专家论证，已由自治区政府和教育部联合向国家“211工程”部际协调委员会报告。自治区确定广西大学“十五”“211工程”总投资为3.57亿元人民币（含国家“十五”“211工程”专项资金3 800万元）。其中自治区投入2.25亿元，即自治区计委1亿元（每年2 000万元）、财政厅1.25亿元（每年2 500万元），学校自筹9 400万元。

〔**学位工作和研究生教育**〕 2002年，自治区政府重新调整了自治区学位委员会组成人员。加强区外高校在广西举办的研究生课程进修班的规范管理，实行集中审批和媒体公布制度。改革地方研究生班招生和培养办法，将研究生班的重要科目考试纳入全国统一考试管理，实行宽进严出制度。全区在职人员申请硕士学位的人数大幅度增加，超过全日制在校研究生规模。

全区专业学位研究生在学人数达320人，比上年增加200%。广西大学获得农业推广硕士专业学位的授予权，使广西专业学位研究生教育的种类由5个增加到6个，即工商管理硕士（MBA）、工程硕士、教育硕士、临床医学硕士、口腔医学硕士和农业推广硕士。

〔**科研工作**〕　2002年全区高校的科研项目立项范围进一步扩大，研究项目类别和经费来源渠道明显增多，高层次项目和经费有了明显提高。项目研究出现了从主流渠道和主管部门，逐步向非主管的部门和行业基金、国际合作、地区合作、横向联合等渠道延伸发展的趋势。广西大学继2001年获得国家自然科学基金重点项目、国家科技攻关项目、国家中小企业创新计划项目之后，2002年又获得了国家科技部奶业重大专项、国家"863"计划重大专项、国家基础研究前期研究专项等重要课题；广西师范大学国家级项目占全年度项目的14.2%，较2001年提高14个百分点，经费占全年总经费的23.8%；桂林电子工学院获得了9项国家自然科学基金；广西民族学院获国家自然科学基金1项17万元。广西大学横向经费的比例占学校科研总经费的51%；广西师范学院占53%；广西职业技术学院占80%，都大大高于往年。高校科学研究正朝着基础研究上水平，应用研究重特色、重应用、重服务的良性轨道上迈进。

各高校对科研工作的重视程度不断增强。全区本科院校基本上都在本校的内部分配制度改革中将科研工作量与年终考核挂钩、与个人的津贴挂钩；桂林电子工业学院和桂林工学院等主要本科高校还对教师提出了科研工作量的要求。各高校高度重视科学研究的投入，纷纷设立校级基金和校级课题，并加大投入和资助力度。例如广西中医学院投入校级项目经费达50万元，玉林师范学院投入院级科研项目及配套经费40万元。

2002年全区高校共承担各级各类项目1 200多项，总经费达8 303万元，比上年5 700万元增长45%。2002年全区高校共有24项成果获得广西科技进步奖，其中二等奖8项，三等奖16项；获教育部人文社科奖2项。广西师范大学钟文典教授等完成的《广西圩镇研究》和广西民族学院范宏贵教授完成的《同根生的民族》，同获第三届全国高等学校人文社会科学优秀成果三等奖。据不完全统计，全区高校获广西第七次社科优秀成果奖近70项，其中一等奖3项，占全区的60%。

2002年积极推进南宁、桂林、北海大学城（高等教育园区）建设的前期准备工作。广西大学取得了南宁市高新技术开发区的实质性支持，广西大学科技园计划在2003年广西科技活动周期间挂牌。

〔**高校后勤社会化改革**〕　2002年高校后勤社会化改革以推动面上院校后勤的整体剥离、深化试点院校规范剥离为重点继续进行。广西高校后勤股份有限公司在广西民族学院等院校建设大学生公寓，面积8万平方米。桂林大学生公寓城第二期6万平方米的大学生公寓正在建设中。

〔**招生和毕业生就业工作**〕　2002年高等教育本科层次和研究生招生规模进一步扩大。研究生招生比上年增长13.51%（其中博士研究生44人），本专科招生比上年增长17.21%。

2002年全区普通高校毕业研究生占毕业生总数的1.3%，本科毕业生占毕业生总数的44.0%，专科毕业生占毕业生总数的54.7%。区内院校毕业生初次就业率为36.6%，其中毕业研究生初次就业率为90.6%，本科毕业生初次就业率为67.6%，专科毕业生初次就业率为18.6 %（其中高职初次就业率为42.7 %）。

民族教育

〔**概述**〕　2002年全区50个老少边山穷县中有9个县通过国家"普九"达标验收。全区拥有独立建制的民族小学157所，民族中学36所、普通民族专业学校22所（含民族中等师范学校9所），民族普通高等院校3所，再加上1个高校民族预科部，14所招收民族预科生的普通高校，自治区在全区各市（地）举办的315个寄宿制民族班，以及各市（地）、县、乡自行举办的寄宿制民族班，形成了包括幼儿教育、基础教育、职业教育、高等教育、成人教育的完整的民族教育体系。2002年全区各级各类少数民族学生的比例分别为：小学阶段教育36.3%，初中阶段教育37.1%，高中阶段教育35.8%（其中普通高中36.1%），高等教育30.5%（其中普通高校36.2%），少数民族在校生的比例已经接近或超过了少数民族人口占全区人口的比例。

〔**民族预科教育**〕　到2002年广西普通高校民族预科班集中办学10周年，为总结10年来的办学经验，自治区教育厅与自治区民委、财政厅联合组成调查组对广西大学、广西民族学院等11所本科院校办民族预科教育情况进行调查，形成《广西高校预科班办学情况调查》报告送自治区政府。同时组织广西民族预科教育考察团，赴青海、甘肃、宁夏、内蒙古等省（自治区）进行学习考察。

〔**壮文进校实验工作**〕　按照自治区党委、政府确定的壮文进校坚持“积极稳妥”的方针和“以壮为主，壮汉结合，以壮促汉，壮汉兼通”的教学原则，2002年积极开展壮汉双语教学工作，并编译壮文教材和教科书，及时送到学生手中。2002年编译了全国新统编教材语文、数学两门主科的课本，保证了教学用书。完成了壮文实验学校（小学）毕业生壮语文统一测试工作，成绩平均为78.5分，及格率为90%以上，优秀率达68%。全区壮文进校工作座谈暨壮文学校校长、骨干教师培训班在贵港市覃塘管理区举行。由自治区教育厅副厅长郑作广为课题负责人的“广西壮汉语教学研究”课题，已得到国家科研重点课题的立项。由自治区教育厅民教处慕朝京为课题负责人的“壮汉双语教学法研究”课题，被确立为自治区级重点研究课题。

〔**民族团结教育**〕　年初自治区教育厅印发《关于在全区中小学开展民族团结教育活动的通知》，把民族团结教育列入中小学校内活动课安排。由区内自编、经自治区中小学教材审查委员会审查通过的由广西民族出版社出版的《广西民族团结教育读本》（小学版、初中版）已分别列入中小学生用书目录。

撰稿　黄雄彪　黄华吉　李美清
审稿　余益中

海南省教育

概　　况

〔基本情况〕

2002 年各级普通学校基本情况

单位：人

学校类别	学校数（所）	毕业生数	招生数	在校生数	教职工数	
					合计	其中：专任教师
总　计	**4 570**	**372 801**	**455 177**	**1 687 513**	**102 240**	**82 947**
一、研究生	(2)	43	142	300		
1. 高等学校	(2)	43	142	300		
2. 科研机构						
二、普通高等学校本专科	9	3 939	14 648	34 711	4 356	2 125
本科院校	4	3 072	9 785	24 419	3 261	1 551
专科院校	5	628	4 674	9 631	1 095	574
分校、大专班		239	189	661		
三、普通中等学校	618	143 804	193 958	516 644	35 394	26 765
1. 中等专业学校	34	8 885	10 559	31 813	3 071	1 741
中等技术学校	26	6 191	7 472	22 220	2 082	1 117
中等师范学校	8	2 694	3 087	9 593	989	624
2. 技工学校						
3. 普通中学	535	132 085	179 468	476 295	30 883	24 044
高中	101	20 076	29 970	78 313		4 213
初中	434	112 009	149 498	397 982		19 831
4. 职业中学	49	2 834	3 931	8 536	1 440	980
高中	48	2 729	3 908	8 416		960
初中	1	105	23	120		20
5. 工读学校						
四、小学	3 320	163 422	166 168	1 021 696	55 161	49 945
五、特殊教育学校	4	86	240	1 803	99	67
六、幼儿园	619	61 507	80 021	112 359	7 230	4 045

2002 年各级成人学校基本情况

单位：人

学校类别	学校数（所）	毕业生数	招生数	在校学生数	教职工数 合计	教职工数 其中：专任教师
总计	**1 574**	**229 901**	**236 694**	**276 573**	**1 593**	**591**
一、成人高等学校	1	4 201	9 962	22 873	95	59
1. 广播电视大学	1	917	1 022	2 059	95	59
2. 职工高等学校						
3. 农民高等学校						
4. 管理干部学院						
5. 教育学院						
6. 独立函授学院						
7. 其他学校（机构）						
8. 普通高等学校举办		3 284	8 940	20 814		
函授		2 380	5 347	14 511		
业余		88	610	1 267		
脱产		816	2 983	5 036		
二、成人中等学校	1 386	221 866	222 156	248 866	1 372	462
1. 成人中等专业学校	19	4 372	2 420	6 013	620	285
广播电视中专学校	1	50			37	
职工中等专业学校	1	62	17	79	12	6
干部中等专业学校						
农民中等专业学校	2	32	364	396	79	43
函授中等专业学校						
教师进修学校	15	124	33	160	492	236
其他类学校举办		4 104	2 006	5 378		
2. 成人中学	4	20	151	206	15	8
成人高中	4	20	151	206	15	8
成人初中						
3. 成人技术培训学校	1 363	217 474	219 585	242 647	737	169
职工技术培训学校	46	10 936	8 930	8 779	104	68
农民技术培训学校	1 317	206 538	210 655	233 868	633	101
三、成人初等学校	187	3 834	4 576	4 834	126	70
1. 职工初等学校						
2. 农民初等学校	187	3 834	4 576	4 834	126	70
其中：扫盲班	172	3 297	4 146	4 146	110	60

〔**年度教育工作方针**〕　2002年全省教育工作指导方针是：高举邓小平理论伟大旗帜，以“三个代表”重要思想为指导，认真贯彻党的十五届五中、六中全会和十六大精神，围绕《海南省教育事业“十五”计划和2010年规划》、第三次全省教育工作会议和全省基础教育工作会议提出的各项任务，积极实施科教兴琼战略，坚持教育适度超前发展，加大教育投入，深化各项教育体制和运行机制改革，加快教育布局结构调整，推进教育现代化、信息化进程，全面推进素质教育，大力开发人力资源，教育改革与发展取得新的进展，为提高全省国民整体素质、促进经济发展和社会全面进步作出新的贡献。

〔**教育投入与支出**〕　2002年，不断改革教育投入体制。在努力依法增加教育财政拨款的同时，千方百计拓宽教育经费筹措渠道，切实加大城乡教育费附加征收力度，逐步建立教育成本分担机制，积极兴办校办产业、开展勤工俭学和社会服务，广泛开展集资办学，鼓励境内外社会组织和个人捐资办学，运用信贷手段融通教育发展资金，基本形成了以财政拨款为主、其他多种渠道筹措教育经费为辅的教育投入新体制，使全省教育经费总投入比上年又有较大幅度的增加，为教育事业的快速发展提供了强有力的物质保障。

2002年全省各级各类教育总投入29.83亿元，比上年增长16.24%。其中国家财政性教育经费20.63亿元（其中预算内教育经费16.12亿元，各级政府征收用于教育的税费1.14亿元，企业办学经费2.90亿元，以及校办产业、勤工俭学和社会服务收入用于教育的经费0.47亿元)，比上年增长19.41%；社会团体和公民个人办学经费1.17亿元，比上年增长25.25%；社会捐、集资办学经费0.69亿元，比上年减少15.53%；事业收入6.62亿元（其中学、杂费4.9亿元），比上年增长12.41%；其他收入0.72亿元。

2002年，各级各类教育总支出28.72亿元，其中国家财政性教育经费支出19.95亿元（其中预算内教育经费支出15.15亿元，各级政府征收用于教育的税费支出1.44亿元，企业办学经费支出2.89亿元，校办产业、勤工俭学和社会服务收入用于教育的经费支出0.47亿元），社会团体和公民个人办学经费支出1.14亿元，社会捐、集资办学经费支出0.63亿元，学、杂费支出4.85亿元，其他支出2.10亿元。

〔**教育对外交流与合作**〕　省教育厅2002年抓住“入世”机遇，进一步扩大教育对外开放，加强教育国际交流与合作。(1)做好出国、来琼留学和引进国外智力工作。完成了20名公派留学人员申报工作和27名具有大专以上学历自费留学人员的审核工作。加强外国文教专家的聘请和管理工作。(2)指导海南省学校与境外学校进行交流，扩大合作办学。促成美国坡拉尔塔大学与海南职业技术学院及海南琼海师范学校、澳大利亚国际应用教育学会与海南农垦中学达成合作办学协议。指导原省小学师资培训研究中心与境外合作机构举办暑期小学英语教师培训班。组织6批教育考察团共60多人次赴加拿大、新加坡、泰国、澳大利亚、新西兰等国和香港特区进行教育考察。积极联系和做好境内外机构、个人及港澳台同胞向海南省教育系统的捐赠工作。

〔**教育法制建设**〕　做好教育法制宣传工作。修改制定《海南省教育厅实施行政执法责任制办法》，认真贯彻落实依法治省工作部署，按照《海南省教育系统法制宣传教育第四个五年规划》，会同有关部门制定《“四五”普法期间海南省加强青少年法制宣传教育工作的意见》，在广大干部和教师及青少年学生中广泛开展普法教育，强化公民的教育法律意识。继续加强学校法制教育和抓好法制副校长的配备及培训工作，推进依法治教、依法治校。

〔**教师队伍建设**〕　切实加强教师队伍建设，提高教师实施素质教育的能力和水平。(1)加强教师培训工作，提高教师队伍整体素质。成立了中学教师继续教育培训中心。继续搞好骨干教师的省级培训，在培训中增加基础教育课程改革内容，并落实“跟踪培训”方案，举办了“中学骨干教师省级培训成果汇报会”。巩固和完善中小学校长岗位培训和持证上岗制度，办好中小学校长提高培训班，努力培养专家型校长。从2002年起，中学校长任职资格培训走上正常化，每年举办一期，保证当年上任的校长或后备力量在6个月内接受培训。组织开展中小学教师计算机全员培训工作，全年参加培训考核的中小学教师达20 636人。加强对小学教师学科基本功训练的指导，开展中学教师岗位培训试点。继续做好小学教师继续教育培训者培训工作，并接受教育部、国家教育督导团对全省实施“中小学教师继续教育工程”情况的督导检查。采取专升本、攻读硕士学位和国家级专业教师培训、学科培训等多种形式，认真抓好职业教育师资培训工作。同时，积极促进县级教师进修学校与市县电教、教研等相关部门的资源整合，努力构建新型的现代教师培训机构，使其成为当地教育教学、信息资料、实验、教育技术、教学研究等方面具有指导作用的教育中心。(2) 建立优化教师队伍的有效机制。研究并促请省政府办公厅出台了海南省中小学教职工编制标准，做好中小学核编的有关工作；同时为中专、中师学校教职工编制标准的实施做好前期准备。召开了学校内部管理体制改革现场会，在试点工作的基础上，逐步在各级各类学校中开展了以人事、分配制度改革为重点的学校内部管理体制改革，推广实施教职工全员聘任制、岗位责任制、工资总额包干制、结构工资制，建立符合不同类型学校特点的学校内部运行机制，调动了广大教师的工作积极性。完成了全省首次教师资格认定工作，全省共有3万多名教师取得了各类教师资格，构建教师资格信息网络。不断完善教师专业技术职务评聘工作。建立新的特级教师数据库，为评选第三批特级教师作准备。召开全省师范类毕业生就业工作会议，做好2002年师范类毕业生就业工作。促请省政府同意解决民办教师遗留问题，并完成了1 000多名民办教师的转正工作。(3) 加强教师职业道德建设，努力提高教师职业道德水平。认真贯彻《中小学教师职业道德规范》，有针对性地对教师进行职业道德专题教育。做好“全国杰出专业技术人才”和“全国十杰中小学中青年教师”候选人推荐及第四届海南省中小学“十佳校长”和“十佳班主任”的评选表彰工作。

〔**教育信息化工作**〕 加快推进教育信息化进程，努力提高教育现代化水平。(1) 落实省委关于“政府投入、社会参与、合理收费”的教育信息化推进策略，推进教育信息化建设。继续推进“校校通”工程建设，修订出台中小学信息技术装备和校园网建设标准。加快全省“教育行政上网”工程建设步伐，已有13个市县建成网络信息中心，并与省教育厅网络信息中心联通；全省所有高校建成校园网络，实现与中国教育科研网、省教育厅网络信息中心联通；82%的中专中师学校建成校园网；高校图书馆实现电子图书上网互联；全省上网学校达到680多所，初步建成了省、市县、学校三级教育信息网络系统。加快省教育厅网络信息中心建设，完成了厅电子政务网络线路和用户终端设备、软件的调试工作，使厅机关电子政务网络具备了开通条件。同时做好网络安全和信息保密工作，加强各类教育网络、网站、网校管理，确保网络安全、健康、规范运行。(2) 加强多媒体软件（教材）的开发和应用。2002年全省师生自编自制视听教材1 050张（套），计算机辅助教学课件和管理软件1 500件。(3) 加强学校信息技术教育，推进以多媒体技术为重点的现代教育技术的运用。重新修订了《海南省中小学普及信息技术教育实施规划》。推进所有市县城区初中和条件较好的小学及有条件的乡镇初中、中心小学，从2002年秋季起开设信息技术教育必修课。组织学生参加第三届全国中小学生电脑制作活动。继续推进信息技术与学科教学的整合。加大对贫困地区中小学信息技术教育的扶持，社会各界向贫困地区中小学共捐赠计算机427台及一批教学软件、书籍等。

〔**社会力量办学**〕 积极鼓励和支持社会力量以多种形式办学，在立项、征地、基建、人才交流等方面采取优惠政策扶持社会力量办学，在招生、教师职称评定、评优、教育教学管理等方面对社会力量办学与公办学校一视同仁，为社会力量办学提供了宽松的发展环境，初步形成以政府办学为主、公办学校和民办学校共同发展的多元化办学体制，并切实加强对社会力量办学的管理，进一步规范了社会力量的办学行为。

2002年，全省社会力量举办的幼儿园发展到509所，在园幼儿占全省在园幼儿总数的39%以上；民办中小学校发展到166所，在校生占全省中小学校在校生总数的5.3%；民办中等职业学校发展到8所，在校生占全省中等职业学校在校生总数的17.5%；社会力量举办（含股份制办学、公立民办改制）的高校发展到3所，在校生占全省在校大学生的16.4%。此外，在中外合作办学方面也迈出实质性步伐，教育对外交流与合作空前活跃。

同时，加强了民办中小学年审工作和对新创办学校的审批工作，下大力气清理、整顿“黑校”，进一步规范了民办中小学校的办学行为。

〔**语言文字工作**〕 召开了全省语言文字工作会议，敦促各地建立健全语言文字工作机构，不断完善全省普通话水平测试工作网络，在2001年设立12个基层普通话水平测试站的基础上，2002年新增2个基层测试工作站。举办三期省级普通话水平测试员培训班，培训学员236人，其中83人取得省级普通话水平测试员资格。全方位开展教师普通话测试工作，全年共测试教师、学生及社会人士2.1万人。实施第五届推广普通话活动宣传周活动，切实做好贯彻《国家通用语言文字法》和普通话推广使用工作。

基础教育

〔**综述**〕 巩固提高“两基”成果取得重大进展，“以县为主”的农村义务教育管理新体制基本落实，义务教育尤其是初中阶段在校生辍学得到有效控制，中小学危房改造工程进展迅速，“两基”工作的质量和效益明显提高，并于2002年底顺利通过了国家教育督导团的评估验收。

2002年，普通高中发展到101所，比上年增加10所，在校生达到7.83万人，比上年增加1.03万人，增长15%；职业高中48所，比上年增加7所，在校生8 416人，比上年增加581人；普通初级中学（含九年一贯制学校）调整到434所，比上年减少2所，在校生39.8万人，比上年增加2.02万人；小学调整到3 320所，比上年减少79所，在校生102.19万人，比上年减少3 300人。

积极开展勤工俭学工作，为推进素质教育和改善学校办学条件做出贡献。2002年，全省学校勤工俭学、校办产业创造产值约1.8亿元，创造纯利润7 500万元，补充教育事业经费达5 200万元。

〔**“两基”工作**〕 调整完善农村义务教育管理体制，坚持“两基”重中之重地位不动摇。(1) 督促各市县按照《国务院关于基础教育改革与发展的决定》及省的实施意见，将农村义务教育从过去主要由乡镇负责的管理体制转变为实行“在国务院领导下，由地方政府负责、分级管理、以县为主的体制”，在省政府加强统筹规划、组织协调的基础上，切实加大了县级政府对教育经费、教师管理和校长任免、工资发放等方面的统筹权，并进一步明确了乡（镇）、村委会在发展基础教育方面的职责，调动了各方面的办学积极性。建立了农村中小学教师工资发放和管理体制调整情况月报制度。全省已有17个市县基本建立了校长任免和教师调配归口市县教育行政部门管理的新体制。截至2002年12月底，全省已有17个市县将教职工工资收归市县统一发放，全省基本杜绝了新拖欠教师工资的现象。同时，省教育厅还会同省财政部门对全省651所中小学校公用经费支出和学校基本情况进行分析，为海南省出台农村中小学公用经费标准定额、确保学校正常运转做好各项准备工作。(2) 坚决控制义务教育阶段在校生辍学率，进一步巩固提高“两基”

成果。一方面，研究制定了全省“两基”巩固提高工作实施方案，加大控辍工作力度，采取依法控辍、教改控辍、助学控辍、督导控辍等综合措施，并坚持“一堵二扫三提高”的扫盲原则，巩固提高“两基”成果。2002年，全省小学适龄儿童入学率达到99.6%；初中阶段入学率达到96.2%。另一方面，指导并督促各市县继续做好义务教育阶段学校学籍、档案管理、小学升初中跟踪管理和“两基”统计报表填报工作，规范各种档案、表册，接受并顺利通过了国家教育督导团对海南省“两基”工作的评估验收，使海南省成为全国第12个实现“两基”目标的省份。(3) 加强民族教育调研，就进一步加快民族教育发展向省人大常委会、省政协作了专题汇报；同时，总结“在中小学开展民族团结教育活动”试点经验，为进一步推动民族团结教育活动打下基础。组织开展教育对口支援工作，拨出专款200万元为47个实行“一费制”的贫困乡镇的中小学生解决课本费问题，加大了对贫困地区、少数民族地区教育的扶持力度。

〔**普通高中教育**〕 研究制定全省扩大普通高中教育规模、促进高中教育改革与发展的政策措施，起草了《关于加快普通高中教育改革与发展的若干意见》。2002年全省普通高中共招生2.99万人，在校生达7.83万人，分别比2001年增长16.34%和14.81%。草拟了《海南省示范性普通高中评估标准》，做好示范性普通高中评估的前期准备工作。通过举办普通高中教育管理干部专题研修班等方式，积极推进普通高中教学方式和学生学习方式的改革，促进普通高中研究性学习的开展。采取优惠政策，扩大优质高中教育资源，鼓励民办高中的发展。

〔**幼儿教育与特殊教育**〕 召开了全省幼儿教育工作会议，出台了《海南省幼儿教育事业“十五”发展规划》，表彰了一批省级学前教育先进单位；深入学习宣传贯彻《幼儿园教育指导纲要（试行）》，进一步整顿和规范幼儿园办园行为，大力发展农村学前教育，推动乡镇、村办幼儿园、学前班的发展。

出台了全省特殊教育“十五”规划，加强对特殊教育学校和特教班的管理，进一步巩固全省残疾儿童随班就读工作成果；积极开展“世纪爱心万里行”助残捐款活动和助残日献爱心活动，共募集捐款30多万元。

〔**中小学德育工作**〕 进一步加强和改进德育工作，大力提高学生思想道德素质。全面贯彻落实《公民道德建设实施纲要》和全国、全省中小学德育工作会议精神，切实增强学校德育工作的针对性和实效性。积极推进青少年学生校外活动场所建设工作，制定了专项资金使用管理方案，做好中央专款的使用和管理工作，对在建的2个项目加强指导，并争取到3个新的建设项目。深入开展科普教育和生态环境教育，组织开展青少年科技创新大赛和“绿色学校”评比表彰活动。

〔**教学工作**〕 (1) 扎实开展基础教育课程改革实验。成立了基础教育课程改革实验工作领导小组，加强了对课改实施工作的领导和指导；制定了《海南省基础教育新课程实验推广规划》《海南省基础教育新课程2002～2005年全员培训方案》和《海南省义务教育阶段新课程实施方案》等一系列有关课改工作的规划方案；选定并启动了4个省级课改实验区和4所省级课改实验学校；充分挖掘各种资源，广泛开展新课程师资培训工作；认真总结国家级课改实验区海口市的课改经验，做好向省级课程改革实验区推广工作。调整教育经费支出结构，从2002年开始在“十五”期间每年安排100万元基础教育课程改革实验推广专项经费，并积极拓宽经费来源渠道，尽可能扩大省级培训的受益面。积极推进普通高中教学改革，从2002年秋季起全省普通高中实施新课程计划。同时通过改造薄弱学校、完善中小学升学制度和教育评估制度、实施校长和教师骨干及全员培训，在中小学校全面推进素质教育，促使基础教育质量明显提高。(2) 改革招生考试办法，逐步建立符合素质教育要求的评价和导向机制。进一步落实义务教育阶段学生免试就近入学。加快高中会考内容、方式改革，扩大免考学校范围。改革中等学校招生考试办法，确保普通高中和中等职业教育招生任务的完成。

〔**教育督导**〕 加强教育执法和教育督导检查。加强教育督导制度建设，建立与实施素质教育要求相适应的教育督导机制，并督促各市县健全教育督导机构和队伍，按照《国务院关于基础教育改革与发展的决定》行使好督政和督学的职能。进一步修改完善全省中小学办学水平等级评估方案，开展了对部分中小学办学水平的等级评估工作。继续抓好“两基”年审工作，重点加强对市县政府行为到位、治理中小学乱收费、控制义务教育阶段学生辍学等全省教育热点、难点问题的督查。做好中小学教学用书的审查、征订和教辅材料及专题教育读本的管理。加强对初中招生、理科班实验班招生、招收转学生和省外学生等问题的管理，进一步规范各类招生考试和各级各类学校的办学行为。

〔**体育、卫生与艺术教育**〕 进一步加强学校体卫艺教育工作。开展学生营养日宣传教育活动，启动“学生饮用奶计划”试点工作并取得初步成效；举办学校食堂管理从业人员培训班及组织全省骨干保健教师的培训，加强学生食品卫生、营养及医疗保健等工作。制定海南省高校和高中学生军训发展规划，加强对学生的国防教育。积极开展学校预防艾滋病宣传、口腔健康教育和控烟示范学校等教育活动。举办篮球教练员和裁判员培训班，举行艺术教师基本功比赛，推广第二套全国中小学幼儿系列广播体操，召开全省中小学体育工作经验交流会及全省学校艺术教育工作经验交流会暨表彰大会，进一步加强音、体、美师资队伍建设。成功举办海南省第十一届中小学田径运动会、全省中小学生足球、篮球比赛、全省大学生足球比赛等各项文体竞赛活动，并选拔学生参加多项全国性大中学生体育比赛，取得优异成绩。

〔**安全工作**〕 全面落实安全工作责任制，切实加强各级各类学校安全工作。召开全省学校安全工作会议，出台了《海南省教育厅关于进一步加强学校安全工作的若干意见》，进一步加强安全教育，提高师生的安全防范意识。认真开展 2002 年中小学以“食品卫生保障青少年身体健康”为主题的安全教育日活动。多次开展学校食品卫生和安全工作大检查，全面排查学校校舍、供电设施、交通工具、食品卫生等各种安全隐患，严防各类安全事故的发生。深入开展同“法轮功”邪教组织的斗争，开展各级各类学校校园及周边环境治安综合治理行动，保持了教育系统的稳定局面。

〔**中小学危房改造**〕 出台了《海南省中小学危房改造工程项目实施管理办法》，实行危改资金封闭运行。至 2002 年底，已落实中央危房改造资金4 000万元、省配套资金3 000万元、其他配套资金2 747万元，全省已开工项目学校 579 所，完成投资额10 639万元，施工面积 23.7 万平方米，竣工面积 14.4 万平方米。此外，新建及改造教师宿舍 8.4 万平方米，学生宿舍 6 万平方米，新建教学用房 3.57 万平方米。开展了第七批中小学校容校貌评比工作，继续推动全省薄弱学校改造工作，促进义务教育学校的均衡发展。

〔**治理中小学乱收费**〕 2002 年，省教育厅坚持把治理教育乱收费作为教育系统加强党风廉政建设、纠正行业不正之风的一项重要工作来抓。一是 2002 年 9 月省教育厅在《海南日报》发布了《关于进一步规范中小学收费行为的公告》，并印发给各市县教育行政部门及中小学校，要求认真学习和贯彻执行。二是通过省教育厅厅长同各市县分管教育的副市县长、副市县长同教育局局长、教育局局长同各学区主任和中小学校长层层签订责任状的办法，形成一级抓一级、层层抓落实的工作机制。三是根据国务院有关文件精神，结合全省的实际情况，会同省物价、财政等部门对学校收费项目和标准进行清理整顿，制定了《关于调整我省农村贫困地区义务教育阶段“一费制”收费标准的通知》和《关于我省高中阶段择校生学费标准的通知》。同时，要求各级各类学校到当地物价部门申领收费许可证，使用财政部门规定的专用单据，坚持持证收费，建立健全“收费卡”制度，严格按照规定的收费项目和标准进行收费。四是认真落实教育收费公示制度。要求各级各类学校通过公示栏、公示牌、公示墙等方式，向学生公示收费项目、收费标准、收费依据、收费范围、计费单位、投诉电话等内容。越权审批、自立项目和超标准的收费一律不得公示，不予公示的收费项目和标准不得收费。五是加强监督检查，加大执法力度，对违反国家和省政府关于中小学收费规定的，坚决予以制止和纠正，对中小学乱收费案件严肃查处。2002 年，共查出中小学违规收费 182 万元；清理违规收费补习班 70 个，减少学生交费 21 万元；清理强制学生购买复习资料 26 万册，减少学生交费 12 万元。

职业教育与成人教育

〔**综述**〕 2002 年，中等职业教育管理体制和布局结构进一步理顺，“小康班”、“9＋1” 农业渔业职教培训班、少数民族地区技术骨干专修班蓬勃开展，为农业、农村、农民尤其是中部开发提供了有力的人才保证和智力支持。

根据省人大常委会执法检查组有关发展全省职业教育的建议和意见，深入宣传贯彻《职业教育法》及海南省的实施办法。成立海南省职业教育艺术团，加大职教宣传力度。深入学校、工厂企业及市县调研，为贯彻《国务院关于大力加快职业教育改革与发展的决定》提供决策依据。通过扩大招生宣传、减免学杂费、校际联合办学等途径，努力扩大中等职业学校招生规模，使普通中等专业学校和职业高中在校生达到 40 229 人，比上年增长 4.4%。制订《社会力量举办中等职业学校和培训机构的评估标准》，对 25 所举办学历教育的民办中等职业学校和 467 所职业培训机构进行检查评估，进一步规范其办学行为。

〔**职业教育改革与发展**〕 加大中等专业学校布局调整力度，推动厅属 7 所中专学校合并的工作。制订了中等职业学校 5 个重点专业评估标准，抓好中等职业学校学分制试点工作和乡土教材编写工作。帮助和指导各职校建立健全教学实习基地，开展中等职业学校基础文化课统考，有针对性地加强教学管理，组织中等职业学校教学视导组深入学校开展视导工作，促进职业教育教学质量和水平的提高。组织省属中专与市县职中联合办学，以强扶弱，取得显著效果。积极组织参加首届全国职教成果展览及学生专业技能比赛。

〔**中等师范教育**〕 2002 年，全省 8 所中等师范学校共招生3 087人，在校生达到9 593人。共有教职工 989 人，其中专任教师 624 人（专任教师中具有副高以上职称的教师 145 人，中级教师 247 人，初级教师 208 人）。

适应基础教育新课程要求，加快师范教育改革，培养新型师资。组织中师学校广大教师学习基础教育新课程大纲与标准，探讨中师学校课程设计如何适应基础教育课程改革。积极稳妥地推进师范院校布局调整，进一步论证三级师范向二级师范过渡的操作方案。调整中师学校定位，将全省小学教师培训的任务分解到各中师学校，使中师学校与市县（单位）教育主管部门及其培训机构开展全方位合作，充分发挥各自的师资和设备优势。研究制定了中师五年制教学大纲，积极组织开展中师各学科教研活动，注重加强中师生思想品德和心理健康教育，全面提高中师学校办学质量。

〔**科技扶贫**〕 加强乡镇、村成人文化技术学校建设，继续抓好教育扶贫工作。重点扶持 5 个示范乡镇成人文化技术学校的建设，增加了一批图书资料和电教设备，组织培训农民 30 万人次。认真贯彻省委、省政府“为民办实事”的部署，办好 9 个市县的“9＋1” 农业职业培训班和 11 个沿海渔业乡镇的“9＋1” 渔业职业培训班，参加学习人数达到3 210人；旨在为民族贫困地区培养脱贫致富带头人的“小康班”招生440人，少数民族地区农村青年技术骨干专修班招生95人；同时，组织省职教讲师团深入12个市县开展职业技术培训讲座，免费发放技术资料和提供科技咨询。进一步抓好省教育厅联手扶贫点——保亭县六弓乡的扶贫工作，共投入扶贫资金138.97万元，并先后组织省农校、省机电工程学校等学校教师和科技顾问团7次到六弓乡帮助农民解决种养技术难题。

高 等 教 育

〔**综述**〕 2002年，高等教育规模不断扩大，高等教育管理体制不断完善。通过调整学科、专业和人才培养结构，大力培养应用型人才。召开了2002年度全省高等教育工作会议。争取到中央财政一次性安排海南大学专项建设资金4 500万元。指导华南热带农业大学和省电大接受教育部本科教学工作水平评估和开放教育评估的迎评促建工作。重新调整高校收费标准和降低大学生物价补贴标准，解决高校扩招后经费投人不足的问题。出台了《海南省普通高等学校新办专业评估方案》《海南省普通高校省级重点课程建设实施办法》《关于开展高职高专升本科的实施方案》《海南省高校教材建设工作评估方案》《海南省高等学校跨校选课实施办法》等一系列高校教育教学改革指导性文件，启动了高校新办专业评估、省级重点课程建设、教材建设等工作。华南热带农业大学胜利通过了普通高校本科教学工作水平评估，海南广播电视大学胜利通过了教育部关于人才培养模式改革和开放教育试点项目的中期评估。

2002年全省2个博士学位一级学科授权点和18个硕士学位授权点共有博士研究生导师13名、硕士研究生导师120名。2002年共招收研究生142人，使全省研究生在校生达到300人。

2002年全省参加成人高考报名2.06万人，比2001年增加0.48万人，增长30%。共录取新生1.65万人，比上年增加0.29万人。2002年在校生2.28万人，比上年增加0.55万人，其中脱产学习在校生0.66万人，比上年增加0.20万人。认真组织和改进高等教育自学考试、全国计算机等级考试、全国公共英语等级考试等各类社会考试。全省参加自学考试的人数从2001年的4.90万人增加到2002年的6.08万人，增长24%。

〔**党建与思想政治工作**〕 切实加强和改进高校党建和思想政治工作。深入学习贯彻落实江泽民同志“5.31”重要讲话和在北京师范大学建校100周年庆祝大会的讲话精神及《中国共产党普通高等学校基层组织工作条例》，认真总结交流全省高等学校近年来党建工作的经验，加强高校党的理论建设。突出抓好作风整改工作，促请省委建立了主要领导联系高校制度，进一步充实完善海南大学、海南医学院等高校领导班子。组织开展了高校大学生道德状况调研，指导高校做好“两课”教育教学、大学生暑期社会实践活动和大学生心理健康教育等工作，积极推进高校思想政治教育进网络工作。

〔**教学工作**〕 加强教学工作，努力提高教育教学质量。启动了第二批省级重点（扶持）学科建设项目和第一批高职高专省级教学改革试点专业项目。经专家评审确定了第二批省级重点（扶持）学科8个和高职高专教学改革试点专业国家级试点6个、省级试点9个。成立了海南省学位委员会和学位办公室及理工、农、医、文、经管法5个学科评议组，有力促进了全省的学位和研究生教育工作。继续做好学历证书电子注册、科研立项、科技统计、同等学力申请硕士学位考试等工作和新设专业的备案、审批及三亚学院的筹建工作。完成1991年以来的高等教育学历证书共计7.45万人的电子注册工作，并批准全省高校增设本科专业15个、备案高职专业25个。

〔**招生工作**〕 2002年，全省报考普通高等学校招生考试的考生2.60万人，实际录取考生2.13万人，比上年增长41%；其中本科录取1.15万人，专科录取0.97万人。

2002～2003新学年，全省高校在校生人数达到5.76万人，比上学年增加1.43万人，增长33%，其中：普通高校在校生3.47万人，比上年增长33.2%；成人高校在校生2.29万人，比上年增长32.3%。

大力改革高校招生办法，实行了普通高校招生远程网络录取和成人高校招生局域网与远程网络相结合的录取试点。改革高考志愿填报办法，实行先公布高考分数再填报志愿的方法。

〔**高校助学贷款**〕 2002年，全省8所普通高校申请助学贷款学生人数达6 398人，申请贷款金额8 854万元；经办银行审批贷款人数2 041人，审批贷款合同金额2 224.2万元；实际发放贷款人数1 682人，发放贷款金额1 420.8万元；财政安排贴息经费103万元，其中已支付贴息经费8.8万元(不含中央安排给华南热带农业大学贴息)。

自2001年海南职业技术学院举行海南省首例国家助学贷款签字仪式以来，全省申请贷款学生人数累计达8 182人，申请贷款金额累计达10 971万元；经办银行审批贷款人数累计达3 784人，审批贷款合同金额累计达3 680.2万元；实际发放贷款人数累计达3 280人，发放贷款金额累计达2 065.8万元；财政安排贴息经费累计达153万元，其中已支付贴息经费8.8万元（不含中央安排给华南热带农业大学贴息)。

〔**科研工作与图书馆建设**〕 2002年海南大学、华南热带农业大学共获得国家"863"计划项目5个，项目经费达270万元；全省高校共获得国家自然科学基金项目10个，项目经费达180万元；国家社科项目、软科学项目和部委办项目共7个，经费达54.5万元；省教育厅高校科研资助项目84项，经费达85万元。同时组织申报教育部各种项目11项，对30多个省内项目进行了检查、评审。

成立了海南省高校文献信息中心，制定了《海南省高校图书馆数字化建设规划》。全省高校图书馆的网络环境已基本形成，数字资源初具规模，专业队伍技术水平明显提高，并在国内率先实现了全省高校之间的网络互查互借和读者不分校际、资源不分馆际的"一卡通"借阅服务，得到国内高校同行的认可。

撰稿 陈晋玲

审稿 徐金龙

重庆市教育

概　况

〔基本情况〕

2002年各级普通学校基本情况

单位：人

学校类别	学校数（所）	毕业生数	招生数	在校生数	教职工数 合计	其中：专任教师
总　计	**17 354**	**1 355 660**	**1 641 197**	**5 383 267**	**303 829**	**240 486**
一、研究生	(11)	1 616	4 423	11 110		
1. 高等学校	(10)	1 616	4 421	11 105		
2. 科研机构	(1)		2	5		
二、普通高等学校本专科	29	30 712	70 942	200 111	28 412	13 954
本科院校	16	26 378	55 212	166 178	24 287	11 810
专科院校	13	2 323	12 563	25 015	4 125	2 144
分校、大专班		2 011	3 167	8 918		
三、普通中等学校	1 779	526 213	669 638	1 769 645	124 898	96 813
1. 中等专业学校	47	25 462	35 482	86 046	5 718	2 953
中等技术学校	34	19 977	30 189	69 961	4 264	2 149
中等师范学校	13	5 485	5 293	16 085	1 454	804
2. 技工学校						
3. 普通中学	1 574	475 488	578 770	1 574 357	109 848	87 427
高中	289	62 974	150 501	333 990		18 069
初中	1 285	412 514	428 269	1 240 367		69 358
4. 职业中学	152	25 141	55 300	109 036	9 220	6 356
高中	149	24 517	54 593	106 952		6 221
初中	3	624	707	2 084		135
5. 工读学校	6	122	86	206	112	77
四、小学	12 031	451 032	480 050	2 797 557	132 260	117 543
五、特殊教育学校	38	1 994	2 080	17 199	649	510
六、幼儿园	3 477	344 093	414 064	587 645	17 610	11 666

2002 年各级成人学校基本情况

单位：人

学校类别	学校数（所）	毕业生数	招生数	在校学生数	教职工数	
					合计	其中：专任教师
总计	**15 898**	**4 083 158**	**3 483 579**	**3 681 301**	**14 467**	**6 305**
一、成人高等学校	13	27 410	47 907	122 094	3 817	1 950
1. 广播电视大学	1	6 887	11 828	23 608	1 335	615
2. 职工高等学校	10	1 701	2 285	5 493	1 564	784
3. 农民高等学校						
4. 管理干部学院	1	160	236	440	82	66
5. 教育学院	1	577	2 950	6 275	506	354
6. 独立函授学院						
7. 其他学校（机构）		337	934	2 294	330	131
8. 普通高等学校举办		17 748	29 674	83 984		
函授		10 087	16 882	50 064		
业余		935	2 555	5 968		
脱产		6 726	10 237	27 952		
二、成人中等学校	13 512	3 996 101	3 385 259	3 495 818	9 135	3 901
1. 成人中等专业学校	80	19 965	21 353	47 273	3 373	1 857
广播电视中专学校	2	8 218	2 276	8 912	257	118
职工中等专业学校	30	4 952	13 200	24 572	1 325	708
干部中等专业学校	4	159	392	773	158	55
农民中等专业学校	9	1 072	1 971	3 761	249	167
函授中等专业学校	1			107	11	5
教师进修学校	34	1 117	1 427	4 240	1 373	804
其他类学校举办		4 447	2 087	4 908		
2. 成人中学	87	9 543	10 193	14 225	514	180
成人高中	28	4 219	2 343	2 977	190	59
成人初中	59	5 324	7 850	11 248	324	121
3. 成人技术培训学校	13 345	3 966 593	3 353 713	3 434 320	5 248	1864
职工技术培训学校	54	26 210	27 505	27 505	252	70
农民技术培训学校	13 291	3 940 383	3 326 208	3 406 815	4 996	1 794
三、成人初等学校	2 373	59 647	50 413	63 389	1 515	454
1. 职工初等学校	1				2	
2. 农民初等学校	2 372	59 647	50 413	63 389	1 513	454
其中：扫盲班	808	18 279	18 662	22 107	910	248

截至2002年底，全市有各级各类学校3.33万所，在校学生909.49万人，其中，普通学校1.7万余所，在校学生541.5万人；成人学校1.59万所，在校学生368万人。全市各级各类学校教职工32.19万人，其中，专任教师24.89万人。全市社会力量举办的各级各类学校2 417所，在校生28.04万人，教职工1.59万人。全市教育人口（在校学生和教职工）占全市总人口的30.4%。在校学生占全市总人口的29.36%。

2002年重庆教育事业发展的主要特点体现在以下方面：

一是认真学习贯彻党的十六大精神，高校党建和中小学德育工作上新台阶。高校邓小平理论、"三个代表"思想"进教材、进课堂、进社团、进网络、进公寓"的工作取得了较好效果。全市高校广泛开展大学生争先创优活动。全市中小学围绕《公民道德建设纲要》，把加强学生公民道德教育同贯彻《学生日常行为规范》相结合，同广泛开展争创"文明礼仪示范学校"、"文明学校"、"德育示范区县"等活动相结合，有效促进了学生思想品德的发展和综合素质的提高。

二是各项教育改革不断深化，各类教育健康发展。基础教育以区县为主的管理体制得到进一步落实。教育教学改革有了新的突破。进一步完善了高等职业教育人才培养的立交桥。全市中小学、中等职业学校、高等学校布局结构进一步优化，办学实力增强。深化办学体制改革，支持民办教育发展有新举措。高校后勤社会化改革取得阶段性成果。中小学课程改革和研究性学习深入开展，素质教育全面推进。到2002年，全市已有35个区县（自治县、市）实现了"两基"目标，人口覆盖率达89.3%。普通高中教育呈现出跨越式发展势头。示范学校建设和治理薄弱学校工程全面展开。职业教育和成人教育继续发展。高等教育办学秩序与教学秩序进一步规范。研究生教育规模进一步扩大。学科建设、课程建设、重点实验室建设和学位授权点建设加强。全国高校重点学科由6个增加为17个。新增了100门重点建设课程和30门示范性课程。高校科研能力增强。

三是干部教师队伍建设进一步加强，干部教师整体素质有较大提高。认真组织干部学习邓小平理论、"三个代表"重要思想和《党政领导干部选拔任用工作条例》，提高干部素质。深化干部人事制度改革，干部竞争上岗工作取得新进展。干部培养、培训力度加大。中小学校长培训成效显著。学校人事制度改革和首次教师资格认定工作收到实效。全市有9个区县全面开展了中小学人事制度改革试点工作。首次教师资格认定工作全面完成，认定教师资格总计达12万多人。加大师资建设力度，启动了"221"工程（即通过培养和引进等方式，到2010年，造就20名左右在国内知名的专家，200名杰出学科带头人，1 000名优秀中青年骨干教师）和"321"工程（即"十五"期间，在全市中小学校长中，培养造就30名在全国有较高知名度和一定影响的骨干校长，200名在全市有较高知名度和一定影响的市级骨干校长，1 000名在本区县有较高知名度和一定影响的区县级骨干校长）。教师培养、培训工作取得了可喜成绩。全市已有31个区县（自治县、市）成立了中小学教师继续教育中心。教师待遇进一步落实，全市各区县（自治县、市）全部实行了教师工资统发，有效保证了教师工资的按月足额发放。

四是教育投入不断加大，办学条件极大改善。坚持多渠道筹措教育经费，加大投入。日元贷款"重庆市人才培养项目"正式启动实施。中小学校危房改造工作进展顺利。2002年，全市中小学危改工程累计竣工52万平方米。贫困地区二期"义务教育"工程顺利实施。国家助学贷款工作取得初步成效。移民迁校如期完成。2002年，三峡库区重庆段移民迁建学校70所，已竣工交付使用的47所。校舍建设成绩显著，全市新建校舍220万平方米，完成投资17亿元。西部大学校园计算机网络建设工程项目、西部中小学现代远程教育项目和教育部现代远程教育扶贫项目正式启动。

五是党风廉政建设和教育行风评议工作取得较大成绩，教育行风建设有了新气象。进一步完善党风廉政建设责任制，认真开展"示范与警示"教育，标本兼治，加强执法监察和制度建设，领导干部廉洁自律意识不断增强，党员干部从政行为逐步规范。查处一批违法违纪案件，惩治腐败取得新成果。认真开展教育系统行风评议，全市各级各类学校实行了教育收费公示制度，增加了学校收费的透明度，对学生和家长反映的学校乱收费行为进行了认真的查处，教育招生、收费行为进一步规范，有力地促进了教育事业的健康发展。

六是依法治教工作稳步推进，教育发展环境进一步改善。大力推进依法治教工作，认真做好教育立法调研、教育执法检查。积极推行政务公开，继续实施教育发展环境综合整治行动，继续坚持开展市委主任接待日活动，定期召开矛盾纠纷排查工作专题会议。开展“三优一满意”活动，提高全体干部的素质。

七是教育与经济的结合更加紧密，教育为地方经济服务的能力进一步增强。重庆教育的发展对全市经济的发展产生了良好的拉动效应。全市教育为经济社会发展的贡献率不断提高。2002 年，全市教育消费 352. 61 亿元。全市农村初中继续推广毕业证书、绿色证书“双证”制度，农村职业中学和乡镇成人学校继续坚持开展实用技术培训和推广“燎原计划”项目，增强为农服务的能力，有力地推动了农村经济的发展。组织 11 所高校参加第四届中国重庆高新技术成果交易会，提供近 100 项最新高新技术成果项目，共签约重大合作项目 12 项，合同投资额近 2 亿元。

撰稿　程翔宇

〔**教育督导**〕　针对机构改革后部分区县教育督导机构和队伍建设被削弱的情况，市教委、市政府教育督导室研究制定了加强教育督导机构及队伍建设的意见，并组织力量对 16 个区县的教育督导机构及队伍建设进行了检查评估。举办了督导干部研修班，组织部分区县督导室负责人参加国家督导办举办的督学培训，提高了督导队伍整体素质。

2002 年，重庆市教育督导部门积极参与全国教育科学“十五”规划重点课题《关于建立有利于中小学素质教育实施的监督机制与教育督导制度》的课题研究工作，申报了《重庆市中小学实施素质教育监督评价机制》子课题，制定了研究方案，建立了 18 个实验区。市教委与市人大教科文卫体委员会共同承担了“农村义务教育应对税费改革对策”社科委立项的社会科学研究课题，取得了阶段性研究成果。与此同时，部分区县注重探索创新，积极开展素质教育评价的理论和实践研究，大力推广中小学层次目标管理等教育督导科研成果，形成了基础教育分类指导的督导评估机制。沙坪坝区创造性实施学校层次目标督导评估和渝中区建立基础教育均衡发展督导评估机制的经验，得到了教育部和国家督导办的肯定。

撰稿　王　勇

〔**教育投入与支出**〕　2002 年，全市地方教育部门及其他部门预算内教育事业费、基建经费支出 41.85 亿元。预算内教育事业费支出 39.80 亿元，其中：公用经费支出 7.08 亿元，占事业费支出的 17.78%，其中：普通高等学校预算内教育事业费支出 5.95 亿元，其中：公用经费支出 3.20 亿元，占事业费支出的 53.73%；中等专业学校预算内教育事业费支出 1.62 亿元，其中：公用经费支出 0.35 亿元，占事业费支出的 21.86%；普通中学预算内教育事业费支出 12.44 亿元，其中：公用经费支出 1.21 亿元，占事业费支出的 9.72%；职业中学预算内教育事业费支出 1.09 亿元，其中：公用经费支出 0.11 亿元，占事业费支出的 9.89%；普通小学预算内教育事业费支出 15.99 亿元，其中：公用经费支出 1.10 亿元，占事业费支出的 6.85%；幼儿园预算内教育事业费支出 0.43 亿元，其中：公用经费支出 287.1 万元，占事业费支出的 6.71%；特殊教育预算内教育事业费支出 1 109.9 万元，其中：公用经费支出 137.1 万元，占事业费支出的 12.35%。

撰稿　张代忠

〔**校办产业**〕　2002 年，全市有 20 所高校共 94 个企业，校办产业资产总额为 14.11 亿元，负债总额为 7.90 亿元，所有者权益为 62.52 亿元；从事校办产业的职工人数为 4 483 人。全市高校校办产业企业收入总额为5.82亿元，其中创汇13.3万美元，利润总额0.51亿元，提供办学经费1 783.35万元，上缴税金3 407.6万元。

在中初等学校中，2002年全市有1.24万所学校开展了各种形式的勤工俭学活动。全市勤工俭学基地有5 346个，比2001年减少220个。全市中初等学校校办产业资产总额为12.04亿元，从事校办产业的各类职工人数为1.90万人，其中，教职工3 255人。2002年全市中初等学校校办产业完成总产值19.69亿元（其中工农业总产值8.62亿元，第三产业营业额6.59亿元，其他勤工俭学收入4.48亿元），比2001年增长0.38%；利润2.48亿元，增长1.69%；补助教育经费1.57亿元，增长0.88%；全市校产企业应缴税金5 925万元，年内减免税金1 149万元，年内返还税金427万元。

全市有7个区、县（市）利润超过1 000万元，利润在10万元以上的企业有205个，其中利润在100万元以上的企业有16个。

撰稿　姚友明　秦　斌

〔**教育扶贫及三峡库区移民建校**〕　南开中学、巴蜀中学开办的高中贫困学生“宏志班”，受到社会的广泛关注，中央电视台“焦点访谈”节目对重庆“宏志班”作了专题报道。全市高校共招收500名贫困地区减免学费的定向生。关注城市贫困家庭子女就学问题，确保他们不因经济困难而辍学。2002年，中央和市级共安排贫困学生助学金600万元（其中：中央500万元、市100万元）资助包括城镇居民特困家庭子女在内的贫困学生入学。

2002年，三峡库区重庆段移民迁建学校70所，新征校地117.74万平方米，征地补偿投资0.44万元；新建校舍73.35万平方米，投资为3.85亿元；基础投资为1.13亿元；总投资为5.42亿元。已竣工交付使用的学校47所，划拨土地69.72（含部分新征地）万平方米，征地补偿投资为1 298万元；新建校舍面积为45.24万平方米，投资为2.46亿元；基础设施投资为8 626万元，总投资为3.45亿元。在建项目学校23所，划拨土地48.02（含部分新征地）万平方米，征地补偿投资3 124万元，新建校舍28.10万平方米，投资为1.40亿元，基础设施投资为2 651万元，总投资为1.97亿元。截至2002年底，已累计完成移民迁建学校151所。

撰稿　程翔宇　陈源国

〔**教育系统行风评议**〕　2002年，全市教育系统广泛深入地开展了教育行风评议工作。4～10月，围绕“树立教育新风，创建文明行业，提高服务质量”的行评目标，针对“中小学招生、收费”、“师德师风”、“机关工作作风”等方面的突出问题，扎扎实实地进行了整改。通过行评，机关作风不断改进，师德师风建设明显加强，中小学违规招生和乱收费现象得到治理，招生、收费行为逐步规范，教育行风有了明显好转，得到了人民群众的认可。教育行风评议取得了阶段性成果，有力地促进了教育发展环境整治工作。全市40个区县（自治县、市）教育系统在当地行风评议综合评估中全部合格，其中34个区县获得优良。在重庆市2002年行风评议总结评估大会上，全市基础教育系统以108. 87分的良好成绩名列18个市级被评单位第9名，获得“重庆市2002年度民主评议行风优良单位”称号。

撰稿　程翔宇　王　勇　杨兴文

〔**开展系列教育宣传活动**〕　2002年，在全市教育系统广泛开展了贯彻“三个代表”、实践“三个代表”、迎接十六大等系列教育宣传活动。十六大召开后，在教育系统掀起了学习宣传贯彻“三个代表”重要思想和党的十六大精神的热潮。一是先后召开全市教育系统学习宣传贯彻十六大精神大会，印发有关《通知》，部署贯彻落实的举措。二是编印“三个代表”重要思想与十六大精神学习辅导资料5万册，分发到教育系统的每一位干部、党员和学生入党积极分子。三是组织教育系统党的十六大代表报告团、十六大精神宣讲团，深入学校与直属单位，宣讲十六大精神和“三个代表”重要思想。四是广泛深入开展形势政策教育。市委、市政府等有关领导同志深入学校和机关，亲自为师生作形势报告，取得了较好的效果。五是组织大学生科技、文化、卫生“三下乡”社会实践活动，深入三峡库区，宣传“三个代表”重要思想，在社会上产生了良好的反响。受到教育部、团中央的表彰。同时，开展了以直辖五年看教育为主题的2002年教育宣传月活动，较好地宣传了全市教育系统深化教育改革，全面推进素质教育所取得的成就。

撰稿　何勇平　王怒涛

〔**社会力量办学**〕　截至2002年底，全市各类社会力量举办的教育机构已发展到2 417个。社会力量办学在校生28.04万人，初步形成了多学科、多门类、多层次、多形式的办学网络，全市社会力量办学呈现出以下特点：一是办学主体涉及面广，民主党派、社会团体、企事业和集体、个人均参与办学；二是办学门类、层次较齐，初步形成了从幼教、基教、职教、成教到高教的办学体系；三是办学模式多样化，出现了联合办学、国有民营、公转民办、民办公助、公办民助、民营融资、协议承办、股份制办学、外地来渝合作办学等模式。社会力量办学已成为重庆市教育事业的重要组成部分。

2002年6月19日，市政府召开了直辖以来首次全市社会力量办学工作会议。会议总结交流了社会力量办学取得的成绩和经验；表彰奖励了50个社会力量办学先进单位；分析了全市社会力量办学面临的新形势，提出了重庆市“十五”和2010年、2020年社会力量办学工作的指导思想、总体思路和奋斗目标。市政府出台了《关于鼓励支持社会力量办学的意见》，有效推动了全市社会力量办学的改革与发展。组织召开了重庆市普通高等学校民办二级学院教育改革与发展座谈会，推进民办高等教育的发展。2002年批准成立了重庆师范学院海莱学院、四川外语学院重庆南方翻译学院和四川外语学院成都分院。2002年10月，市教委印发了《关于开展社会力量办学年检的通知》，开展了社会力量办学年检工作。

撰稿　张　荣　王延风　严欣平

〔**学校体育工作**〕　2002年，重庆市学校体育工作以改革求发展，坚持依法治教，狠抓了各项行政法规和管理制度的落实，初步建立了适合重庆发展的学校体育工作的管理体系和有效的运行机制。根据教育部和国家体育总局颁布的《学生体质健康标准（试行方案）》的精神，结合实际情况制定了《重庆市学生体质健康标准实施办法》，转发了教育部《中小学体育器材设施配备目录》，并提出了具体实施意见，使全市中小学体育器材设施配置工作更加规范。积极推进学校体育教育教学改革，全市各级各类学校认真按课程计划开设体育课及课外体育活动，并制定了严格的体育教学课堂常规和定期与不定期的检查制度。全市大课间操活动改革已由城市逐步走向农村，并带动了农村学校体育工作的开展。

加强体育师资队伍建设。2002年秋季，在渝西学院举办了“重庆市体育骨干教师培训班”，来自全市各区县的近60名体育教师参加了培训。在各区县广泛开展体育教师能力评比的基础上，11月底，举办了首次重庆市中小学体育教师基本功大赛，取得了良好效果。增强学校体育教研组的凝聚力及战斗力，组织开展了“学校体育工作优秀教研组”的评选活动。

规范学生体育竞赛活动。为促进全市学校课余体育训练工作的发展，提高学生运动竞赛水平，市教委印发了《关于进一步加强学校体育竞赛管理工作的意见》，指导市学生体协制定了《重庆市学生体育竞赛处罚规定（试行）》，为全市学校体育竞赛工作的健康发展奠定了良好基础。在此基础上，指导市学生体协、市大学生体协举办了重庆市大、中学生田径、游泳、排球、篮球、足球、武术等多项学生体育比赛活动，有效促进了区县之间、学校之间体育工作的交流与合作，增强了学校开展课余体育训练工作的积极性。

2002年，重庆市组团参加了第八届全国中学生运动会，取得了男子足球第二名和男子排球第五名的好成绩。

撰稿　蔡　渝

〔**教育合作与交流**〕 2002年，重庆市与20多个国家和地区的41家教育机构、美中友好自愿者（美中和平队）、北美中国教育交流组织（美国、加拿大）等国际民间机构建立了交流与合作关系。接待来自美国、加拿大、英国、法国等国家和港、澳、台地区的友人和代表团等来渝访问，共计236次，475人；组织45个代表团共计227人出访考察；公派出国留学长期132人、短期233人，自费出国留学1 012人。引进长期外教144人（其中，美中友好志愿者31人），短期讲学435人；来渝学习的境外学生376人（其中，接受学历教育的42人）。积极开展涉外培训。组织开展中小学英语教师培训、WTO及商贸知识培训、雅思培训和法语培训。开展中小学生的友好交流活动。全年共组织赴美国、英国和澳大利亚等国的中小学生夏（冬）令营四批共125人。“西部地区人才培养特别项目”工程、中澳（重庆）职教合作项目正式启动，初见成效。全年举办国际教育展三次。

2002年，重庆中外合作办学机构有21家（其中，外资独资办学2家，外资以内资形式注入3家），在校学生6 000余人。

为提高全市中小学英语教师的教学科研水平，推进与加拿大的教育交流与合作，市教委从全市9个区的35所中小学中选派了39名英语骨干教师，于7月赴加拿大大不列颠哥伦比亚省的卡木陆司市卡瑞布大学（The University College of the Cariboo）进行了为期6个月的培训。

西部人才培养特别项目启动。为了缩小东西部地区的差距，提高全国经济发展的整体水平，中央提出加快实施西部大开发的战略。为此，教育部、国家留学基金委与西部地区有关省市合作设立“西部地区人才培养特别项目”工作机构。重庆市教委2002年3月开始对各高校选送的79名骨干教师进行了培训，教育部、国家留学基金委于2002年9月中旬与重庆市教委签订了实施协议，该项目正式启动。

撰稿 程翔宇 傅明华

基础教育

〔**综述**〕 2002年，全市小学比上年减少1 045所，在校生比上年增加2万人；初中比上年减少40所，在校生比上年减少4.5万人；普通高中比上年增加7所，在校生比上年增加7.9万人。2002年，重庆市属大中型国有企业所办中小学已经全部实现了从企业剥离出来，转为地方教育行政主管部门管理。

2002年，中小学危房改造工程进展顺利，全市拆除中小学D级危房52万平方米，危改工程累计竣工52万平方米，到位资金2.5亿元，完成投资3.1亿元；维修B、C级校舍21万平方米，投入维修经费1 817万元。进一步采取措施，加强危改在建工程质量的监督管理，保证危改工程质量。2002年3月，全国危改办在重庆市召开了西部片区现场会，重庆的危改工作得到了教育部、财政部、国家计委和全国危改办的肯定。

撰稿 程翔宇 雷晓兵

〔**“两基”攻坚与巩固提高工作**〕 2002年，以石柱县为重点的“两基”攻坚战取得明显成效。市教委、市政府教育督导室组织力量五次赴石柱县进行“两基”过程督导，及时帮助石柱县不断加强和改进“两基”工作。2002年，石柱县顺利通过了“两基”评估验收，全市“两基”人口覆盖率达到89.3%。同时，加强了对未实现“两基”地区的过程督导，提前介入，加强指导。2002年12月，按照《重庆市人民政府办公厅关于开展基本普及九年义务教育基本扫除青壮年文盲复查工作的通知》要求，市教委、市政府教育督导室组成“两基”复查团，对璧山县、渝北区、北碚区、涪陵区、沙坪坝区、九龙坡区、大渡口区、南岸区、渝中区、梁平县、江北区11个区县的“两基”巩固提高工作进行了复查评估，11个区县均达到了复查评估的合格标准，推进了全市“两基”水平的巩固提高。

〔**义务教育**〕 2002年，义务教育阶段优质教育取得长足发展。在现有示范小学的基础上，重庆市九龙坡铁路小学、高新区森林小学、大渡口区实验小学、江津市四牌坊小学、长寿实验二小5所小学又通过了市示范小学的评估验收。同时，市教委还命名了已通过验收的江北区新村小学、沙坪坝区树人小学、巴南区鱼洞二小为“重庆市示范小学”并授牌。

为推进全市普通初中学校的建设和发展，巩固“两基”成果，提高普通初中学校的办学水平，扩大普通初中学校优质教育资源，市教委印发了《重庆市示范性普通初中学校评估验收实施办法》（试行）的通知，召开了全市示范初中研讨会，启动了示范初中的建设工程。对一批办学水平较好的初中学校进行了调研和指导。年底，重庆市第57中学通过了重庆市示范初中的评估验收。

〔**普通高中教育**〕 在坚持“两基”重中之重战略地位的同时，努力推进高中教育的改革与发展，普通高中规模不断扩大，办学效益逐步提高。到2002年底，普通高中增加到289所，在校高中学生超过33.40万人。普通高中招生人数超过15万，初中毕业生升普高比例达到36.5%，平均每万人口中有普通高中在校生107.8人。与高校扩招之前的1998年相比，招生人数和在校生人数均翻了一番以上。

根据重庆市政府提出构建重庆三大经济区的专题规划，及时研究相应的高中教育发展思路，提出了“十五”期间“都市发达经济圈”（人口541万）要普及高中阶段教育，进入全国先进行列；“渝西经济走廊”（人口997万）城镇基本普及高中阶段教育，大力发展优质高中，达到全国平均水平；“三峡生态经济区”（人口1 559万）要大力提高初中毕业生升入高中阶段学校的比例，达到西部地区的平均水平。

到2002年，主城9个城区初中毕业生升入普通高中和中等职业学校的比例已经稳定在90%以上。在这一区域，普及高中阶段教育的目标即将实现，且其中50%的学生能够接受到优质教育。“渝西经济走廊”的多数区县也达到了80%以上。2002年，全市普通高中招生人数达到15万人以上，中等职业学校招生接近13万人，全市初中毕业生升入高中阶段学校的比例已经接近70%。

根据重庆市主城区、远郊县、三峡库区教育基础差异较大和巩固“两基”成果、提高“两基”水平的任务还十分艰巨的实际，通过采取重点中学带动一般高中发展，城市学校支持农村学校发展的策略，较好地促进全市高中教育均衡发展。全市重点中学已增加到53所，校均高中在校生2 000人以上，都达到或超过了30个班，优质教育资源得到扩充。

2002年，根据重点中学数量增加、优质高中教育加快发展的新情况，将“联招”范围扩大到21个区县（市）的68所高中学校，把部分社会声誉好的非重点中学吸收到“联招”学校之列，让那些发展势头较好的普通高中在“联招”中经受考验，获得长足发展的机会。一批非重点校进入“联招”以后，当地政府加大经费投入，改善了办学条件，学校强化管理，深化改革，办学水平得到明显提高。

撰稿 李源田

〔**特殊教育**〕 特殊教育取得新进展。2002年，全市有特殊教育学校38所，在校学生1.72万人。市政府办公厅转发了市教委等部门《关于“十五”期间进一步推进特殊教育改革和发展的意见》。全市盲、聋、弱智三残儿童少年入学率达到84.7%。綦江县、云阳县、石柱县、大足县、荣昌县新建、迁建或扩建了特殊教育学校。渝中区投入近200万元为市聋哑学校改善了办学条件。市盲校与长春大学联合办学，在市盲校设立了长春大学特殊教育教学点，有4名毕业生考进了长春大学。全市贫困县的特殊教育学生享受了免费教科书。324名视力残疾学生得到了李嘉诚先生实施的“西部长江新里程计划”的资助，200名残疾学生得到了“西部扶残助学工程”为期5年的每年400～800元的资助。对200多名校长、特教专干和特教骨干教师进行了专业培训。

撰稿 杨 英

〔**幼儿教育**〕 2002年，全市有已注册幼儿园（点）1.40万个，在园幼儿62万余人，3～6岁幼儿入园率达61%，城乡一年入园率达98%以上，基本满足了社会和家长送子女接受幼儿教育的需要。

为帮助全市广大幼教工作者学习、领会《幼儿园教育指导纲要》的基本精神和主要内容，市教委于4月初举办了为期五天的市级培训，全市40个区县的幼教干部、教研员和幼教骨干180多人参加了培训。各区县和市教科院、西南师大也分期分批组织各种培训活动，全市先后有2万余名从事幼教工作的人员分别参加了各层次的《纲要》培训，受训面已达到98%以上。

为进一步推进全市示范幼儿园的建设与发展，市教委于2002年重新修订了《重庆市示范幼儿园基本要求》，12月专门组织专家评估验收组按新的示范幼儿园基本要求，采取看、听、查、访等形式，对各申报幼儿园的保教队伍、领导管理、育人环境、保教工作、教研科研、示范作用发挥等方面进行了实地逐项评估验收，南岸区实验幼儿园、渝中区实验幼儿园、沙坪坝区实验幼儿园、嘉陵集团幼儿园等11所幼儿园通过了首批示范幼儿园的复查验收，被确认为新一轮的重庆市示范幼儿园。

为切实加强对幼儿园婴儿班的管理，保证3岁前婴儿身心健康，市教委依据《中华人民共和国未成年人保护法》等国家法律法规，结合重庆实际，制定了《重庆市婴儿班办班基本要求》，明确婴儿班属学前教育范畴，必须具有与保育教育相适应的园舍、设施和保教人员，能坚持教养结合，保教质量管理落实。

撰稿 黄荣淑

〔**素质教育**〕 2002年，全市进一步深化基础教育改革，素质教育得到全面推进，新课程实验区进一步扩大。在北碚区等国家级新课程实验区的基础上，又扩大了渝中区、江北区、沙坪坝区、大渡口区、巴南区、万州区、江津市、梁平县8个市级课程实验区。全市义务教育阶段中小学1、3、7三个新课程实验起始年级共有近15万中小学生开始使用新的课程标准和教材。市及各区县（自治县、市）开展了中小学教师新课程实验的通识培训、课程标准培训和教材培训，加强了对校本培训的管理和指导，广大干部教师开始自觉地用新的课程理念、教育理念进行教育教学改革，取得了阶段性成果。并在北碚区组织召开了新课程实验现场会。启动现代信息技术教育示范学校的创建工作。以校园网建设和信息技术教育，推动学校管理和教育教学手段、方法的改革，转变教育思想，更新教育观念，树立学生主体意识，促进学生全面素质的发展。

各中小学在绿色学校的创建过程中，将可持续发展的教育理念融入到学校的办学理念之中，实现了学校教育理念的转变，坚持以人为本，以学生的发展为本的办学方向，提高了学校的办学水平。共评出市级绿色小学7所，中学9所。

中小学科技教育活动取得了丰硕成果。在全国第十七届青少年科技创新大赛上，重庆市送交的20件作品中，共获得两枚金奖、6枚银奖、11枚铜奖，重庆清华中学吴禹宏同学被授予“明天小小科学家”的称号。渝北区仙桃完小还获得了全国“我们爱科学十佳活动”大奖。

撰稿 廖 江

〔**民族中小学教育**〕 2002年，重庆市有少数民族在校中小学生37.63万人，主要分布在黔江区等22个区县（自治县、市），其中，普通中学10.69万人，普通小学26.94万人；共有毕业生5.35万人，其中，普通中学2.17万人，普通小学3.18万人。

2002年12月10日，重庆市政府召开了改为直辖市后第一次民族教育工作会议。会上，市政府代教育部向重庆市获得全国中小学民族团结教育先进的2名先进个人和3个先进集体颁发了奖牌，对10个重庆市民族教育先进集体和30位民族教育先进个人进行了表彰，印发了《重庆市人民政府关于贯彻落实〈国务院关于深化改革加快发展民族教育的决定〉的实施意见》(征求意见稿)。

重庆市渝中区、江北区、涪陵区、九龙坡区、南岸区、大渡口区教育行政部门将教育援藏工作纳入了所在区援藏工作的总体安排，按照教育部的有关要求，统筹考虑，发挥优势，积极为受援地区的教育办实事、办好事。同时，重庆市一中、南开中学、重庆市八中、重庆市七中4所学校认真做好教育部安排给重庆市全国内地西藏班15名应届初中毕业生插班就读工作，成立了工作班子，落实了学生的学习、生活、健康成长的具体措施，建立了对插班就读的西藏学生在校情况追踪制度与重庆西藏中学定期联系制度，使15名学生受到了良好的教育。

重庆市从1999年开始，在黔江区等13个区县(自治县、市)进行了民族团结教育活动试点工作，按照教育部“点上深化、面上扩大”的要求，根据重庆市的具体情况，从2002年秋季学期起，试点地区除原有的黔江区等13个区县外，新增万州区、北碚区、九龙坡区、南岸区、江津市等10个区县(市)。各试点区县、学校以丰富多彩的形式开展了中小学民族团结教育活动，使中小学各民族学生初步了解我国各民族的基本情况，初步认识和理解党和国家的民族宗教政策和理论基础，提高中小学师生增强民族团结，维护祖国统一的自觉性。

撰稿　肖　钢　游古国

〔**治理中小学乱收费**〕　2002年，重庆市教委把治理中小学乱收费作为教育行风评议主要工作任务，全市教育系统坚持“标本兼治，综合治理”的原则，上下联动，真抓实干，集中整改，通过加强领导、建章立制、严查重处、宣传教育和限时督办等措施，有效遏制了中小学乱收费现象，收费行为逐步规范，治理工作取得了阶段性成果。一是针对普通高中招收择校生秩序混乱、收费过高、班额过大的问题，严格执行限分数、限钱数、限人数的“三限”规定；二是针对中小学收费方面存在的自立收费项目、擅自提高收费标准、违规补课收费、搭车收费、摊派费用等问题，全面实行教育收费公示制度；三是针对滥发教辅资料的问题，修订完善了《重庆市中小学生教辅资料目录》，加强了对中小学资料使用工作的管理；四是针对部分教师职业道德缺乏的问题，开展了“学先进、树新风、做表率”演讲比赛等系列教育活动，全市教师参加了职业道德考试；五是协助市纪委、监察局草拟和修改了《重庆市中小学乱收费行为党纪政纪处分暂行规定》，建立了中小学乱收费电话举报制度，各区县出台了一批规范性制度，严肃查处了一批违规收费的单位和责任人。据统计，2002年全市教育系统共查处违规收费行为636件，清理违规收费补习班227个，清理强制学生购买复习资料16.76万册，查出违规金额1 157.64万元，清退违规收费874.49万元，罚没违规收费金额42.62万元，处理责任人191名。

撰稿　杨兴文

职业教育与成人教育

〔**综述**〕　2002年，重庆市职业教育取得突出成绩，得到了教育部的表彰奖励。到2002年底，全市中等职业学校中，有职业中学152所，普通中专47所，成人中专80所，技工学校71所。2002年招生13.05万人，比2001年增招3.32万人，增长33.98%，中等职业学校在校生27.06万人，占高中阶段教育在校生总数的44.76%。有国家级重点中职学校8所，市（省）级重点中职学校32所，区县职教中心19个。

2002年，为整体展示重庆职业教育的形象，一是参加教育部在长春举办的中国职业教育成果展示。二是组织了29名学生赴长春参加全国职教计算机、服装、烹饪三项技能大赛，获奖16项。三是配合教育部组织的中央新闻单位采访重庆市职业教育。在全国职教工作会召开前，教育部组织中央新闻单位赴重庆、浙江两地专门采访职业教育。7月中旬，中央15家新闻单位来重庆市报道职业教育，共发表宣传改革成果的报道19篇；播放电视新闻和广播新闻15次。四是从不同角度，采用多种形式宣传职业教育，仅市、区县两级教育行政部门全年就举办大型招生咨询活动37次，在全国性职教刊物、《重庆教育信息》、重庆日报、晚报、商报、晨报等报刊发表文章100余篇，举办各种展示会、报告会、宣讲会、协作会等62场，取得了较好的效果。

〔**贯彻全国职业教育工作会议精神**〕　2002年7月，国务院召开了全国职业教育工作会议，对新世纪初职业教育改革发展作出了重大部署和重要决策。重庆市抓住全国职教工作会召开的大好时机，开展了一系列卓有成效的工作：及时汇报、传达会议精神。研究了学习贯彻全国职教工作会精神的意见，在强化政府统筹、修订发展规划、创新职教体制、深化结构调整、落实优惠政策、实施就业准入、增强服务功能、扩大对外开放等问题上形成了共识。广泛开展学习、宣传全国职教工作会精神的活动。市教委、市劳动和社会保障局、市经委联合印发了《关于认真学习贯彻全国职业教育工作会精神的通知》，对学习贯彻全国职教工作会精神提出了具体要求。市教委还编印了《学习贯彻全国职业教育工作会议精神材料汇编》，下发市级有关部门、各区县（自治县、市）、大中型企业、职业院校。各区县（自治县、市）、各部门、各单位也采取了多种形式，认真学习全国职教工作会精神。召开高规格、大规模会议，传达和部署贯彻全国职教工作会精神。市政府于9月12日召开电视电话会议，传达了全国职教工作会精神，全面部署了全市学习贯彻全国职教工作会精神的意见，提出了具体的工作要求。同时，从全市的实际情况出发，制定了职教事业发展规划，并积极筹备召开全市职教工作会议。

〔**招生与毕业生就业**〕　2002年，重庆市中职学校招生取得突出成绩。全市四类中职招生13.05万人，比上年增招了3.3万人，增幅33.98%。为做好职业学校招生工作，采取了一系列切实有效的措施：一是加强了中职招生统筹，市教委、市招委联合印发了《关于做好中等职业学校招生工作的意见》，召开了中职招生工作会议，统一部署了中职招生工作；二是确定了中职和普高的招生比例，提出了各区县中职学校和普通高中招生大体相当的总体目标；三是向区县教育行政部门下达了向四类中职学校送学生的任务数；四是实行了考核奖励制度，市教委对中职招生任务完成较好的区县（自治县、市）进行表彰奖励；五是制定政策拉动中职招生，市教委、市招委在《关于做好中等职业学校招生工作的意见》中推出了有利于中职招生的多项政策；六是重视春季招生工作；七是多种形式扩大招生宣传；八是严格规范招生行为，为招生学校提供公平、有序的招生环境和优质服务。九是市教委对有资格在渝招生的职业学校进行资格审查，并在《重庆日报》《教育信息》等报刊上公示；十是在招生工作中实行了“旬报制度”，及时协调、督促招生工作，解决实际问题。

2002年，重庆市中职学校毕业生一次性就业率已连续三年保持在90%以上。市级以上重点职业学校毕业生当年就业率达到95%以上。其中，本地就业率为76.3%，为地方经济培养了45万余名中等实用技术人才。

〔**加强行业联系**〕　2002年，结合中澳职教项目实施，在市政府统筹下，建立了由市教委、市劳动和社会保障局、有关行业主管部门、企业单位和职业学校代表组成的汽车、电子、旅游、商贸、建筑5个行业委员会，加强了职业教育和行业、企业的联系与合作。市政府印发了《重庆市人民政府关于同意成立中澳（重庆）职业教育与培训行业协调委员会的批复》，市教委与市经委、市建委、市商委、市信息产业局、市旅游局也印发了《关于确定中澳（重庆）职业教育与培训项目协调委员会成员的通知》，聘请了行业联系专家，明确了行业专家的工作职责，研究了职业教育加强与行业联系的工作。

〔**学校布局结构调整**〕 2002年，进一步修订和完善了中职学校布局结构调整方案，理清了调整思路，加强了指导。重庆市轻工校、二轻校和轻工技校已合并组建新的重庆市轻工业学校。重庆市二卫校和市卫校的合并正在论证中。涪陵农业学校、涪陵财贸学校、涪陵水电学校合并组建涪陵高职学院，万州工业学校和万县农业学校合并组建三峡高职学院经高校设置评议委员会审议通过，已报市政府审批。巫山县将巫山西坪职中、师范学校、教师进修学校、电大分校、干部函授学校、技工学校、党校7个中职教育机构合并，征地23.3公顷，组建巫山县职教中心。忠县也将辖区内的10个中职教育机构调减为3个，并将忠县师范学校、教师进修学校、西山职中三校合并组建新的职教中心。区县（自治县、市）中职资源的整合，推动了全市职教中心和骨干示范学校建设。全年又新创建垫江、丰都、开县、荣昌、黔江5个区县（自治县、市）职教中心。

在开展学校布局调整的同时，积极引导各职业院校进一步坚持以市场为导向，及时开发新兴专业、改造传统专业、淘汰过时专业，加强骨干专业和特色专业建设，确保专业水平，更好地适应区域经济发展需要。职业学校设置的机械、电子、汽车、化工、农业、旅游、财经、医药、轻纺等20余个大类共130余个专业，基本能够满足重庆市经济建设对中等实用技术人才的需要。

〔**启动中澳职教合作项目**〕 2002年3月5日，中国和澳大利亚两国政府在重庆实施的职教合作项目正式启动，项目实施的各项工作进展顺利，初显成效。完成了项目实施的前期筹备工作，中澳项目官员和专家已于7月1日进入新的中澳职教项目办公室联合办公；举办了有关项目实施的重大活动；有计划按步骤地推进项目的实施，先后召开了“职教研讨会”、“行业联系会”、“总体规划设计会”、“中澳（重庆）职教项目管理研讨会”等。

〔**为地方经济发展服务**〕 2002年，全市职业教育继续实施“三大工程”，服务地方经济收到明显成效：一是实施“为农民增收、农业增效服务工程”。二是实施“为扩大城镇就业、再就业服务工程”，职业学校教育和职业培训机构积极培训国有企业下岗职工，并为下岗职工提供就业信息。三是实施“为库区移民服务工程”，各职业学校面向三峡库区招收移民子女，培养能够适应库区经济发展需要的各类创业型劳动者，采取多种形式，帮助库区移民掌握1～2门实用新技术，使之成为各行各业需要的合格劳动者。

〔**教师队伍建设**〕 加强职教师资队伍建设。支持重庆师范学院抓好国家级职教师资培养、培训基地的建设。将重庆师范学院确定为重庆市职教师资培养、培训中心，纳入中澳职教合作的项目学校。并从下达职教师资培养培训任务、争取国家职教师资基地建设项目、经费配套、工作指导上给予支持。2002年，依托重庆师院基地培养、培训职教师资取得成效。利用高校招收四年制本科职教师资200余名。利用暑期开展市级职教师资培训，培训职教骨干教师150余名。开展职成教文化课教师培训，组织教师学习国家规划的新教材。

〔**成人高等教育**〕 2002年，全市共有各类成人高等教育机构31所，其中普通高等学校成教院18所，独立设置的成人高校13所，在校生12万余人，各类非学历成人高等教育学生达到2万人。

随着“西部大开发”和“科教兴渝”战略的实施，成人高等教育面临新的发展机遇和挑战。为规范成人高等教育办学行为和办学秩序，促进依法办学，在成人高等教育学生中开展了基础课程水平测试和教学质量抽查的试点。2002年组织专家对全市43个电大分校、工作站进行了办学条件和办学水平的检查，达到了“以检促改、以检促建、以检促发展”的目的。

成人高等教育人才培养模式和教学改革进一步深化，学分制和弹性学制在部分学校开始试点。继续在重庆广播电视大学进行开放性本专科教育试点，在学学生超过万人。2002年11月，重庆广播电视大学通过了教育部专家组对人才培养模式改革试点工作的中期评估检查。

为促进和规范现代远程教育，市教委出台了《重庆市现代远程教育校外学习中心（点）建设管理暂行办法》，对13个现代远程教育进行了检查。经市教委批准，清华大学、北京大学等8所大学在重庆设立了远程教育校外学习中心，在学学生超过5 000人。

〔乡镇成人学校建设〕 2002年，加强农村成人学校建设，抓住石柱县“两基”检查验收的机会，到20多个乡镇成人学校调查研究、指导工作，促进了该县的乡镇成人学校建设。全市有85%以上的乡镇和36%的建制村建起了“成人文化技术学校”，配备了专门的农村成人文化技术教师。同时，全市还建成了15所市级示范性乡镇成人文化技术学校，形成了遍布全市农村的农民文化技术教育网络。

〔推广“燎原计划”项目〕 2002年，继续坚持以“燎原计划”的实施为载体，广泛开展实用技术培训。全市在继续推广原有18个“燎原计划”项目的同时，新上“马铃薯脱毒种薯”、“名贵花卉栽培”两个“燎原计划”项目，培训“燎原计划”项目师资206人；推广种植马铃薯脱毒种薯500多公斤。同时，各区县（自治县、市）和有关乡镇充分利用农村职业中学和乡镇成人学校，广泛开展农村实用技术培训，免费向农民提供农村实用技术活页教材50余万册，培训村、社干部，农技人员和广大农户500多万人次，其中扶贫攻坚培训27万人次，切实有效地提高了广大农民种植、养殖技能，增强了致富能力，推动了农村经济的发展。

〔为“三农”服务〕 2002年，在市及有关区县教育、农业等部门的指导下，利用遍布全市的农村成人学校网络和中等职业学校的优势，贴紧农村经济发展和农民致富需要，坚持教学、科研、试验、示范相结合收到实效。江津市实施的农业产业一体化工程、江津市江南职中的花椒、蚕桑示范种植、永川市松既职中实施的草食畜牧产业一体化生态工程、北碚区勉仁职中进行的植物培养研究、石柱县第一职业中学的33公顷药材基地和66公顷葡萄基地建设都取得了新进展，带动了当地农民发家致富。

〔扫除青壮年文盲〕 贯彻中共中央办公厅、国务院办公厅转发教育部等12个部门《关于“十五”期间扫除文盲工作的意见》精神，提出了重庆市“十五”期间扫除文盲相关工作的具体要求和工作目标，市委办公厅，市政府办公厅出台了《关于贯彻落实〈中共中央办公厅、国务院办公厅转发教育部等12部门关于“十五”期间扫除文盲工作的意见〉的意见》。

2002年，全市举办扫盲班2 580个，组织2.21万名青壮年文盲参加扫盲学习，有1.83万名青壮年文盲达到了脱盲标准，青壮年非文盲率达到97.92%。同时，脱盲学员巩固提高达到14.5万人，脱盲学员巩固提高率达到95%以上。

撰稿 张 荣 王延风 严欣平 游古国

高等教育

〔综述〕 2002年，全市有学历教育的各类高等学校46所，其中普通高等学校29所、军事院校3所、独立设置的成人高等学校14所。全市各类高等学校在校生33万余人，高等学校毛入学率15%。2002年全市普通高校在校生比上年增加4．1万人；全市成人高校招生比上年增加0．3万人，在校生比上年增加2万人。2002年，新增本科专业60个，新增高等职业技术学院2所，高等职业教育专业65个，各类高等职业教育在校生超过4．8万人。

2002年，全市已有24所高校获得了全国或市级文明单位荣誉称号。各高校还开展了特色文化创建活动，如西南师范大学的"新一代实验剧社"、西南政法大学的"蓝天剧社"、重庆师范学院的"禹风剧社"等，在学校内外演出了《雷雨》《家》《马》等经典话剧和优秀小品。重庆工学院积极开展学生宿舍文化活动，努力探索专业教育与素质教育一体化，科学教育与人文教育具体化的新型育人模式。丰富多彩的校园文化建设为大学生的健康成长、成才营造了良好的环境氛围。

撰稿 严欣平 程翔宇 何勇平 王怒涛

〔高校布局结构调整〕 根据重庆市实施西部大开发的战略目标和建设长江上游经济中心的需要，继续推进高等学校布局结构调整。经教育部批准，渝州大学和重庆商学院合并组建重庆工商大学(筹)于2002年6月6日挂牌成立；重庆师范学院更名为重庆师范大学通过教育部专家组的考察；经重庆市政府批准，重庆中医学校并入重庆医科大学组建重庆医科大学中医药学院，于2002年1月27日正式挂牌成立；经重庆市政府批准，2002年12月28日重庆职工医学院并入重庆医科大学，组建重庆医科大学应用技术学院；经重庆市政府批准和教育部备案，新设立了重庆涪陵职业技术学院和重庆三峡职业学院；经市教委批准，成立了重庆师范学院海莱学院和四川外语学院重庆南方翻译学院。到2002年底，在渝普通高等学校29所，其中本科院校16所、普通专科学校3所和高等职业学院10所。

〔教学工作〕 2002年，在渝本科院校继续以提高人才培养质量为核心，切实加强教学工作，深化教学改革，规范教学管理，着力保证本科教学质量。

2002年6月8日，市教委召开了重庆市高等学校教学工作会议。会议总结了重庆市高等教育，尤其是本科教育改革和发展的经验，分析了当前高等学校教学工作存在的问题和矛盾，提出了今后5年高等学校教学工作的目标、任务和措施，出台了《重庆市教育委员会关于加强高等学校教学工作提高人才培养质量的若干意见》。会上对14项高等教育国家级教学成果奖和105项市级教学成果奖进行了表彰。成立了重庆市高等学校教学督导专家委员会，聘请15位教授为教学督导专家委员会首批专家。会后，在渝本科院校相继召开了全校性的教学工作会议，制定了加强本科教学工作，提高教学质量的措施，教学工作的中心地位得到进一步加强。

在渝普通高等学校进一步加快本科专业的结构调整。2002年，市属高等学校新增本科专业59个，其中，小学教育、物流管理、车辆工程、水文与资源工程等填补了重庆市学科专业的空白。经教育部批准，在重庆大学成立了国家示范软件学院；经市教委和市计委批准，在重庆邮电学院成立了市级示范软件学院，两个学院从2002年开始招生。

继续实施"高等教育质量年"活动。与重庆市电信公司合作，继续开展本科毕业设计和毕业论文的督导检查和100篇优秀论文评选工作，进一步规范毕业设计（论文）工作；重庆大学、西南师范大学等5所高校联合建设的国家大学生文化素质教育基地通过了教育部专家组的中期检查；新增市级重点课程 100 门；在本科院校开展本科专业建设情况自查工作；在渝西学院开展按 ISO9000 标准进行教学管理的试点，推动了教学管理和建设；2002 年，重庆市高校学生参加全国大学生数学建模竞赛，获一等奖 7 项、二等奖 14 项，重庆赛区组委会荣获全国优秀赛区组织奖。

〔**高等职业教育**〕 2002 年，重庆市高等职业教育办学规模进一步扩大，办学条件有了较大改善，办学水平进一步提高。经市政府批准（教育部备案），成立了涪陵职业技术学院和重庆三峡职业技术学院 2 所独立设置高等职业技术学院。有 10 所高等职业学院、3 所高等专科学校、15 所普通本科院校的高职院、2 所军队院校开展高等职业教育，有 3 所独立成人高校举办高职教育试点班，高等职业教育在校学生超过 3.5 万余人。

2002 年，继续推行高等职业教育教学及人才培养模式改革，转变教育思想、教育观念。在教育教学改革方面：面对经济、科技和社会发展对高职高专人才培养工作所提出的新的、更高的要求，以高等职业教育教改试点专业建设工作为切入点，促进全市高等职业教育上水平、出特色，已取得初步成效。重庆工业职业技术学院被教育部批准为国家重点建设的国家示范职业学院；有 6 所院校的 15 个专业增选为重庆市高职高专教育教改试点专业。2002 年，重庆市有市级高职高专教育教改试点专业 54 个，其中 14 个专业为国家高职高专教育教改试点专业，2 个专业列入国家高职高专教育精品专业进行重点建设。在人才培养模式改革方面：与重庆市劳动与社会保障局合作，在高等职业教育学生中开展职业资格证书试点，出台了《关于在高等学校大学生中推进职业资格证书制的意见》；继续开展和规范应用技术本科教育试点工作；在高职应届毕业生中选拔优秀者升入本科学习的试点工作；继续招收优秀初中毕业生直接进入独立高职学院进行五年一贯制中高职相通职业教育和“3＋2、3＋3”中高职对接等试点工作。

撰稿　严欣平

〔**高校科研工作**〕 2002 年，重庆市高校获得教育部重点项目 7 项，经费 10 万元。完成市教委科研项目立项申报工作，共受理申报项目 155 项，正式立项 94 项（含教育部项目地方配套），其中重点项目 5 项，总经费 350 万元。

高校哲学人文社科研究得到加强，高校有 16 个基地通过评估，成为首批重庆市人文社科重点研究基地。2002 年，市教委共投入经费 40 万元，批准人文社会科学项目 100 余项。全年重庆高校申报教育部 2002 年规划项目 90 余项。获准立项 18 项，其中，重大项目 1 项（经费 15 万元）、重点项目 1 项（经费 5 万元）、一般项目 10 项，专项任务项目 6 项。依托高校，组织哲学社会科学专家、学者研究具有全局性、战略性、前瞻性重大课题，推出了一批研究成果：重庆工商大学主持研究了《三峡库区可持续发展科技规划》项目，科技部根据该项目的研究成果在出台的《“十五”西部开发科技规划》中首次提出了“两带一市两城”的发展格局；重庆工学院依托基地与重庆嘉陵、建设、宗申、隆鑫、力帆集团等多家单位联合攻关的项目《重庆市建设世界摩托车之都的技术对策研究》、重庆市教委与重庆市人文社会科学重点研究基地区域经济研究院主持研究重庆市市长委托研究项目《重庆教育对经济的拉动效应》、重庆大学、西南师范大学等学校的重点研究基地主持研究的《我国西部大开发的战略重点与经济增长极的综合研究》《东西部开发比较研究及西部经济大开发战略抉择》等研究成果，为市委、市政府决策提供了重要参考依据，并产生了较大的社会和经济效应。

撰稿　肖建国　何勇平　王怒涛

〔**党建与思想政治工作**〕 一是按照市委书记贺国强的有关批示精神，市教委与市委宣传部、团市委组成联合调研组，对重庆大学学生学习实践“三个代表”的情况进行了调研。重庆大学学生“三下乡”与“三个代表”理论研究会开展了扎实有效的活动，受到了教育部领导、市委领导和社会各界的高度评价。二是组织召开了重庆市第四次、第五次高校党建思想政治工作会议和 2002 年委直属单位党建思想政治工作会议。思想政治工作“进社团、进网络、进公寓、进家庭、进社区”的工作取得了明显成效，形成了重庆大学生“三下乡”与“三个代表”理论研究会、党支部建在社团（重庆大学）、大学生党校教育（西南师范大学）、大学生诚信教育（重庆医科大学）、大学生社区教育管理模式（重庆交通学院）、“红岩网校”（重庆邮电学院）、学生宿舍文化建设（重庆工学院）、学生党员承诺制（重庆师范学院）等学生党建与思想政治工作“七大创新亮点”。三是切实加强大学生思想政治工作队伍建设成效显著。受到中宣部、中组部、教育部的肯定。

加强“两课”建设，扎实推进“三个代表”重要思想“进教材、进课堂、进学生头脑”的“三进”工作取得了明显成效。加强了“两课”教学督导和检查，对全市高校进行了“两课”建设达标评估。组织了全市高校“两课”教师优质课授课比赛和精彩一课评选活动，重庆大学刘忠群，重庆师范学院税强等两位教师的教学课录像片被评为教育部第二批全国高校两课“精彩一课”教学示范片，并向全国高校推荐学习和使用。

撰稿　何勇平　王怒涛

〔**学位工作与研究生教育**〕　学位工作与研究生教育进一步加强，注重研究生培养质量，对研究生学位论文质量进行“双盲”抽查；评选及表彰了优秀博士、硕士学位论文。研究生教育规模进一步扩大。加强学科建设，学位授权点增加，重庆市的全国高校重点学科总数由 6 个增加为 17 个。对 25 个市级重点学科进行了验收。

撰稿　陈　渝　程翔宇

审稿　欧可平

四川省教育

概　况

〔基本情况〕

2002 年各级普通学校基本情况

单位：人

学校类别	学校数（所）	毕业生数	招生数	在校生数	教职工数	
					合计	其中：专任教师
总　计	**39 570**	**3 691 600**	**4 466 054**	**14 797 189**	**785 753**	**639 176**
一、研究生	(29)	3 634	10 058	23 701		
1. 高等学校	(16)	3 506	9 700	22 906		
2. 科研机构	(13)	128	358	795		
二、普通高等学校本专科	57	52 405	152 754	412 357	56 165	26 852
本科院校	25	36 250	107 209	320 585	43 676	20 470
专科院校	32	12 932	37 575	75 934	11 481	5 908
分校、大专班		3 223	7 970	15 838	1 008	474
三、普通中等学校	5 538	1 348 947	1 896 075	4 966 793	323 783	259 567
1. 中等专业学校	134	73 118	71 517	186 583	16 166	8 112
中等技术学校	101	56 070	59 126	150 233	13 463	6 489
中等师范学校	33	17 048	12 391	36 350	2 703	1 623
2. 技工学校						
3. 普通中学	5 093	1 224 114	1 717 062	4 568 419	288 228	237 425
高中	782	173 505	411 162	907 486		48 988
初中	4 311	1 050 609	1 305 900	3 660 933		188 437
4. 职业中学	307	51 576	107 464	211 696	19 325	13 982
高中	296	49 530	104 095	202 773		13 469
初中	11	2 046	3 369	8 923		513
5. 工读学校	4	139	32	95	64	48
四、小学	25972	1 361 854	1 320 396	7 785 414	357 284	321 193
五、特殊教育学校	68	1 677	2 157	13 390	1 242	973
六、幼儿园	7 935	923 083	1 084 614	1 595 534	47 279	30 591

2002年各级成人学校基本情况

单位：人

学校类别	学校数（所）	毕业生数	招生数	在校学生数	教职工数	
					合计	其中：专任教师
总计	**35 309**	**6 898 775**	**6 101 131**	**5 808 761**	**35 132**	**17 206**
一、成人高等学校	37	93 975	139 621	357 840	9 335	5 109
1. 广播电视大学	2	17 034	22 176	52 668	2 620	1 474
2. 职工高等学校	21	5 582	8 691	20 207	2 782	1 511
3. 农民高等学校						
4. 管理干部学院	6	5 576	8 081	16 169	1 934	784
5. 教育学院	7	10 888	15 355	38 406	1 482	951
6. 独立函授学院	1	4 262	5 215	10 032	517	389
7. 其他学校（机构）						
8. 普通高等学校举办		50 633	80 103	220 358		
函授		25 688	38 297	119 249		
业余		2 327	2 612	9 883		
脱产		22 618	39 194	91 226		
二、成人中等学校	30 818	6 556 090	5 752 686	5 244 104	21 070	10 305
1. 成人中等专业学校	235	51 525	41 023	107 606	7 212	4 038
广播电视中专学校	5	9 901	9 655	26 260	255	127
职工中等专业学校	34	4 884	6 884	14 246	1 602	841
干部中等专业学校	19	1 234	2 985	5 799	893	445
农民中等专业学校	19	2 283	3 180	5 771	640	434
函授中等专业学校	2	848	81	947	35	23
教师进修学校	156	3 454	2 520	7 993	3 787	2 168
其他类学校举办		28 921	15 718	46 590		
2. 成人中学	136	5 468	8 131	12 223	897	611
成人高中	64	2 312	3 462	5 713	642	382
成人初中	72	3 156	4 669	6 510	255	229
3. 成人技术培训学校	30 447	6 499 097	5 703 532	5 124 275	12 961	5 656
职工技术培训学校	158	110 618	90 537	62 581	1 083	867
农民技术培训学校	30 289	6 388 479	5 612 995	5 061 694	11 878	4 789
三、成人初等学校	4 454	248 710	208 824	206 817	4 727	1 792
1. 职工初等学校	93	4 934	4 819	6 054	291	151
2. 农民初等学校	4 361	243 776	204 005	200 763	4 436	1 641
其中：扫盲班	2 318	87 978	96 793	94 693	1 875	1 096

〔**年度教育工作方针**〕 2002年，是全面实施《四川省教育发展“十五”计划和2010年规划纲要》的第二年，全省教育战线高举邓小平理论伟大旗帜，以“三个代表”重要思想为指导，认真贯彻党的十六大精神，以西部大开发和中国加入WTO为契机，坚定不移地实施“科教兴川”战略，紧紧围绕“走创新之路，建教育强省”的奋斗目标，进一步解放思想，深化改革，扩大开放，提高质量，保持稳定。

组织全省师生员工认真学习贯彻党的十六大精神。十六大召开期间，省委教育工委、省教育厅组织广大师生员工进行了实况收视收听。十六大闭幕后，中共四川省委教育工委、省教育厅党组中心学习组组织了学习讨论。同时，省教育工委、省教育厅发出《关于认真学习贯彻党的十六大精神的通知》，在全省教育系统迅速兴起了学习贯彻十六大精神的热潮。

〔**教育投入与支出**〕 2002年，全省教育经费投入总额为243．74亿元，比上年增长20．15%。其中：在川的中央部属学校经费34．03亿元，增长27．69%；地方属学校经费209．71亿元，增长19．01%；全省教育财政预算内拨款138．08亿元，比上年增长22．04%；多渠道投入的经费总和为105．66亿元，比上年增长17．76%。

全省预算内生均公用经费支出情况见下表：

项目 类别	生均教育事业经费（元）	生均公用经费（元）
普通高校	2 306.02	1 038.72
中等师范学校	1 793.86	209.87
普通中学	802.73	61.93
职业中学	1 437.89	147.70
普通小学	616.55	38.59

省属高校实现收入超过25亿元，其中，省级财政增加投入1．26亿元；从中央争取各项专款约1．5亿元，争取中央国债资金4100万元；争取邵逸夫捐赠款400万港元。

利用外资工作取得新的突破。日元贷款高校人才项目正式启动，意大利政府“职业教育项目”经国家正式批复立项并开始实施，英国政府与世界银行“西部地区基础教育发展项目”有望通过外方最后评估，上述三个项目实际利用外资总额达9 115万美元。此外，积极争取的沙特阿拉伯政府贷款和奥地利政府贷款也将于近期列入国家利用外资的总体计划。“银校合作”取得新进展，全省省属高校国内银行贷款额达20亿元。

〔**教育法制建设**〕 加强法制宣传教育，召开了全省“四五”普法工作会议，部署了四川省教育系统“四五”普法工作，表彰了“三五”期间法制宣传教育的先进单位。积极推进依法治校工作。继续实施和完善行政执法责任制。一是修改了行政执法责任制实施办法，对教育系统规范性文件制发和备案做了明确具体的规定，制定了《教育厅机关内部办理教师和学生申诉案件的工作规范（试行）》。二是举办了两期行政执法人员培训班，完成了执法人员执法证件换发工作。三是做好教师学生申诉和行政复议工作。配合省人大、省政府做好有关教育立法和执法检查工作。全年共办理立法征求意见稿31件。配合省人大教科文卫委员会开展了《中华人民共和国义务教育法》和《四川省义务教育条例》贯彻执行情况执法检查。

〔**教师队伍建设**〕 大力加强教师职业道德建设。评选表彰100名“四川省师德标兵”和100名“四川省优秀中小学校长”，举办了首届青年教师风采大赛。认真贯彻落实《深化干部人事制度改革纲要》和中组部、人事部、教育部关于深化高等学校人事制度改革的实施意见，完善了教职工全员聘任制度，进一步规范学校内设机构和岗位设置。在2所高校、3个直属事业单位开展新进人员的聘用制试点工作。会同省编办、财政厅制定《四川省中小学教职工编制标准试行办法》，部署各地做好核编定编工作。草拟了《四川省高层次优秀人才选拔培养的实施意见》。加大了高层次优秀人才的选拔培养工作，从高校推荐享受国务院政府特殊津贴专家人选28人、推荐四川省有突出贡献的优秀专家人选41人、四川省学术技术带头人192人、四川省学术技术后备人选239人。举办了高校进修学者培训班、助教进修班和高校骨干教师培训班，高校新任高级职务教师培训班，培训新任高级职务教师3 000多人；选送45名县教育局长、29名市（州）教育局长到国家高级教育行政学院学习培训。推荐12名中小学教师申报教育部“特级教师计划”教育科研课题。遴选1 962名特级教师后备人选；举办了新任中学高级教师培训班，培训教师2 000多人；修改制定了《教师资格实施细则》等有关文件；完成了在职教师首次认定教师资格工作，全省认定各种教师资格约10余万人，其中省教育厅直接认定高校教师资格7 000多人。为推动四川省新课程改革的全面实施，制发了《四川省基础教育课程改革师资培训实施意见》及其工作计划，按计划完成了全省中小学教师人均参培48学时，新课程上岗培训不少于50学时/人的培训任务，依托7个省级教师继续教育培训中心，共完成新课程骨干教师省级培训5 894人次、管理者培训600多人次，培训实施新课程的中小学校长1 200人。同时配合“十年行动计划”的实施，开展民族地区中小学教师综合素质提高培训，培训管理者208人、中小学骨干教师1 643人。研制了《四川省关于加强县级教师培训机构建设的实施意见》及《四川省县级教师培训机构工作评估标准》，并依据该标准对10个市（州）的县级教师培训机构开展试评估。在全省中小学教师队伍中选招7 000余名中小学优秀骨干教师进入教育学院和高师院校进行提高学历层次培训。起草了《四川省“十五”期间教师教育改革发展的实施意见》《四川省加强县级教师培训机构建设的实施意见》《四川省教师教育信息化建设实施意见》等3个文件。研制并印发了《四川省教育厅关于五年制专科小学教育学前教育专业课程方案（试行）》。顺利通过了“教育部教师继续教育工程督导检查团”对四川省的检查评估。

〔**学校安全工作**〕 2002年，学校安全工作重点是抓好安全责任的落实。制发了《四川省学校安全工作管理办法》。2月，省政府召开了全省学校安全工作电视电话会议，督促各地抓紧整治。建立了学校安全工作管理体制。建立了全省中小学危房情况数据库，确定60所中小学危房整改项目作为重点督办。制定印发了关于将安全教育纳入学校教育的实施办法。在全省开展了争创“交通安全文明学校”活动。建立了学校安全工作形势分析会制度，并组织3次全省性安全大检查。联系指导达州、自贡2市的5个乡镇，对安全工作作出了规划，使5个乡镇在全市起到示范作用。10月，召开了全省学校食品卫生安全工作电视电话会议，对学校安全工作特别是食品卫生安全工作进一步强调和部署，会后，各地各校立即行动起来，认真贯彻落实，全省学校的事故发生率明显降低。

〔**教育合作与交流**〕 年内共完成各类出国（境）选拔、审批、派遣3 700余人次，其中，各类公派出国学习人员近800人次；各类短期公派出国（境）人员近1 000人次。启动国家留学基金会和地方配套资助的“西部地区人才培养特别项目”。全省聘请外国专家教师的单位达到84个，共聘请长期外国专家、教师170余人，邀请短期来华讲学、交流的外国专家、教师350人次。审批接受来华留学生500余人，接受港澳台学生118人。

〔**体育、卫生、艺术、国防教育**〕 积极推进学校体育、卫生两个《条例》《艺术教育规划》的贯彻落实，制定印发了《四川省学校艺术教育发展规划（2001～2010）》，对全省90所贯彻《学校体育工作条例》的优秀学校和85名先进个人进行表彰，在南部县召开了中国西部地区农村学校体育卫生艺术工作现场会。加强体育、艺术后备人才的培养，建立6个中小学课外、文体活动中心和俱乐部。承办亚洲中学生篮球锦标赛和全国中学生篮球预赛，被教育部评为最佳赛区。加强了大中学生国防教育工作，全年完成军训任务6.5万人。继续抓好学生常见病、传染病预防工作。

〔**语言文字工作**〕 在成都举办了全国第五届推广普通话宣传周开幕式，同时举行了四川省大学生普通话大赛，参赛学校53所，人员近230人。全省各地举办了座谈会、研讨会、知识竞赛、征文比赛、演讲比赛、文艺演出等活动。印发了关于在公务和教学活动中使用普通话的通知，要求各级教育行政部门在公务和教育教学活动中一律使用普通话。加大了普通话培训测试工作力度，已对十几个行业系统的公务员进行了普通话培训和测试。将普通话水平达标纳入教师资格认定工作之中，全省约有15万教职员工通过了普通话水平等级测试。

〔**社会力量办学**〕　2002年，省教育厅批准设立3所民办高等职业学院；批准新建12所民办中、高等教育机构（其中非学历高等教育机构9所、高中3所），批准筹建2所民办学校；新审批1所高等教育学历文凭考试试点学校。完成了省教育厅审批的86所民办学校的年度审验工作。配合省物价、财政部门开展了省属民办学校的物价收费年度审验工作。制定颁发了《四川省民办教育机构分类设置标准（试行）》。印发了《2002年四川省高等教育学历文凭考试各试点学校专业设置及招生计划》及新开设专业的教学计划。举办了省属民办学校校长和部分市、州属民办学校校长岗位培训班。2002年，全省社会力量办学各级各类学校共计14 679所，在校生达163.1万余人，教职工6.67万人，专任教师5.34万人。其中，幼儿园10 616所，在校生58.94万人；小学2 394所，在校生18.64万人；中学181所，在校生9.34万人；中等专业学校14所，在校生1.09万人；具有颁发国家学历文凭资格的高等学校4所，在校生0.44万人；学历文凭考试试点学校24所，在校生0.67万人；不具有颁发国家学历文凭资格的学校36所，在校生4.58万人；其他学校1 410所，在校生69.4万人。

基础教育

〔**综述**〕　坚持“完善体制、确保工资、强化素质、狠抓安全”的指导思想，基本建立起“以县为主”的农村义务教育管理体制，高中教育发展加快，素质教育全面推进。2002年，全省小学学龄儿童入学率为99.29%，初中学龄人口入学率为87.58%；小学毕业生升学率为96.14%，普通初中毕业生升学率为55.54%；小学辍学率为0.55%，普通初中辍学率为2.23%。

〔**素质教育**〕　2002年召开了全省基础教育课程改革实验工作会议和电视电话会议，确定了郫县等37个县（市、区）为省级基础教育课程改革实验区。中小学教育信息化工作取得新进展。新增配计算机学校500所，新建校园网80个、信息化网络教室700多个，新配计算机3万台，1 031所学校实现单机上网，1 600所学校建立远程教育接收站，与中国教育卫星宽带网联通。全面启动初中实验操作考核工作，有139个县的84万名初中学生参加了考试。将信息技术课纳入高中毕业会考必考科目，首次举行了全省高中信息技术会考，有12.4万名学生参加信息技术毕业上机操作考试，合格率达73%，10.4万名学生参加笔试，合格率达70%。

〔**义务教育**〕　2002年，四川省又有九龙、宁南两县按规划完成了“普九”任务。全省已有138个县普及九年义务教育，人口覆盖率达到94.9%。有170个县完成扫盲任务，人口覆盖率达到98.56%。有147个县基本普及实验教学。认真贯彻国务院办公厅《关于完善农村义务教育管理体制的通知》和有关会议精神，召开了全省完善农村义务教育管理体制电视电话会议，印发了《关于完善农村义务教育管理体制有关问题的通知》。对各地进行了专项督导检查，推动农村义务教育管理体制的落实。据统计，全省180个县（市、区）中已有178个县（市、区）将农村中小学教师人事管理权由乡镇上收到县，有177个县（市、区）将农村中小学教师工资发放由县管理，基本建立起“以县为主”的农村义务教育管理体制，拖欠中小学教师工资的问题基本得到解决。中小学危房改造工作进展加快，全省新投入改造资金10亿元，完成学校改扩建面积110万平方米。中小学布局调整工作按规划实施，全省共撤并校点9 700个，办学效益明显提高。

〔**高中学校建设**〕 加强普通高中学校建设，扩大高中招生规模。2002年招收新生41.1万人，比上年增长31.7%，高中在校学生总数达90.75万人，较上年净增21.2万人，初中毕业生升入普通高中的比例达到40%。制定印发《四川省示范性普通高中评估细则》，有18所学校申报国家级示范性普通高中和12所学校申报省级示范性普通高中通过了省级评估。

〔**幼儿教育与特殊教育**〕 省教育厅制定了贯彻实施《幼儿园教育指导纲要（试行）》方案，对20个市、州的300多名幼儿教师进行了《纲要》学习培训，并组建专家组分赴宜宾、广元、阿坝等近10个市、州进行了指导。确定了四川省《纲要》试点区县和试点幼儿园，并进入了全国试点行列。教育部与联合国儿基会合作的“早期儿童养育与发展项目”工作在四川省顺利实施。

2002年，全省三类残疾儿童入学率达到74%。制定了《关于“十五”期间进一步推进特殊教育改革和发展的意见》，对“十五”期间全省特殊教育的方针、政策及重点工作进行了全面规划。

〔**中小学德育工作**〕 在中小学开展了《公民道德建设实施纲要》宣传教育活动，组织了中学生公民道德建设电视竞赛、网络大赛和征文比赛。在普通高中表彰了省级三好学生、优秀学生干部、先进班集体和优秀学生。继续做好青少年校外教育活动场所的规划、申报、审批和建设过程的监督工作。制定了“青少年校外活动场所建设‘十五’规划”。完成了国家扶持的10个场所的申报、审查，对2001年国家扶持的13个项目的施工进度进行了督查。

〔**规范办学行为**〕 制发了贯彻实施《教育部关于加强基础教育办学管理若干问题的通知》的文件，进一步规范各类学校办学行为。组织检查组对全省中小学校收费进行抽查，并对实行“一费制”的基本情况、问题和今后工作的建议进行了调研。组织特约行风监督员和教育督导员对成都、绵阳等5个市的9个县区、16所学校的收费情况进行了暗访调查。认真查处和纠正乱收费行为，督促清退141万元违规收费款，通报了2002年春季中小学收费检查情况。

职业教育与成人教育

〔**综述**〕 认真贯彻落实全国职教工作会议精神，对全省职业教育进行了调研，研究制定加快职业教育发展步伐的政策措施，积极筹备全省职业教育工作会议。加强骨干职业学校建设。调整了省部级重点中等职业学校标准，开展了省级重点中等职业学校评估工作。积极开展中职学校布局结构调整工作，制定了《四川省中等职业学校布局结构调整的意见》。

继续将中职招生目标任务分解到各市（州），实行目标管理责任制。全省中等职业学校共录取新生26.5万人，比上年增加3.48万人。全省中等职业学校在校生56万人，较上年增加2万人。积极扩大高等职业院校对口招收中职学校毕业生规模，适度扩大了五年制高职的招生数量，共下达招生计划2.34万人，下达高职对口计划1.94万人，19所高等职业技术学院和46所中职校对口招收了五年一贯制高职学生。

〔**教育教学改革**〕 进一步加强了中等职业学校英语、计算机教学工作，扩大了中等职业学校英语、计算机等级考试范围。组织参加了教育部全国中等职业教育课程改革培训，调整建立了中等职业学校基础学科和大类专业的省级中心教研组，开展了全省性的教研活动。加强专业建设，开展了省级重点专业评估试点工作。根据教育部办公厅印发《中等职业学校重点建设专业教学指导方案》，对各级教育部门和中等职业学校专业建设方面提出了要求，并组织专家编写了《中等职业学校教学管理手册》。组织参加了全国中等职业学校学生美容美发、烹饪和计算机技能大赛，共获一等奖7项、二等奖10项、三等奖15项、优秀奖9项。

〔**成人培训工作**〕 大力加强继续教育、岗位培训、国有企业下岗职工再就业培训和农村实用技术等培训，全年参加各类培训和继续教育的人数达到570万人次，比上年增加23万人次。进一步完善了三级农村教育网络建设，研究制定了省级示范乡镇成人教育学校评估标准。

高等教育

〔**综述**〕 高等教育坚持“调整结构、扩大规模、深化改革、提高质量”的指导思想，继续扩大招生规模和布局结构调整，加强教学基本建设，提高教育质量，搞好高校后勤社会化改革。

高校连续3年大幅扩招之后，到2002年，全省普通高等教育和成人高等教育规模不断扩大。全省高考录取率达到72.9%；高等教育毛入学率达到14%左右。

2002年，发出四川省贯彻实施《国务院办公厅转发教育部等部门关于进一步深化普通高等学校毕业生就业制度改革有关问题意见的通知》的意见。全年全省有各类毕业生5.68万人，已就业4.21万人，毕业生就业率为75.12%，较上年提高5个百分点。完成了全省156个高等教育单位2002届毕业生学历证书电子注册工作，注册总人数18.17万人。完成了全省154个高等教育单位1991～2000年学历证书电子注册登记工作。注册总人数92.99万人。并完成了全省各类高等教育17.5万份学历证书发放工作。

〔**高校结构调整**〕 按照《四川省高等教育布局结构调整总体方案》的要求，完成了四川工业学院与成都师范专科学校合并组建西华大学，西昌农业专科学校、西昌师专、凉山大学、凉山教育学院合并组建西昌学院，四川轻化工学院、自贡师范专科学校、自贡高等专科学校、自贡教育学院合并组建四川理工学院，成都大学升格为本科学院，西南石油学院更名为西南工业大学，四川师范学院更名为西华师范大学，完成了西南民族学院更名为西南民族大学的论证工作，并接受了教育部专家组的评估。

〔**学科专业建设**〕 以实施“教改工程”为龙头，全面推进高校教学基本建设和教学改革。对“四川新世纪高等教育教改工程”四大类立项项目的建设情况进行了全面检查和调研，形成了项目实施情况中期检查调研报告。组织评审并新批准立项建设电子信息类、生命科学类“省级重点实验室”56个，省级重点实验室建设项目总数达到104项；高职高专教改试点专业达到70项。制定印发了《四川省教育厅关于加快学校学科专业结构调整，培养高素质人才的若干意见》，成立了四川省高校学科专业设置与建设指导委员会，组织评审、公布2003年新增的本科专业164个，专科专业180个和成人高教专业235个。现全省普通高校本科专业已达到860个，专科专业达到966个。全面加强高职高专教育教学工作。新审批项目26项，使全省高职高专教改专业达到70个，其中部级教改项目19项。进一步建立和完善“专升本”工作的实施意见和工作机制。制定了《关于改革高等教育人才培养模式，构建高等教育人才培养立交桥的意见》等有关文件，组织实施了2002年全省“跨校专升本”和“校内专升本”工作。

〔**学位工作与研究生教育**〕 全省8所高校的38个学科被批准为新的国家级重点学科。修订了《四川省关于加强学科建设的意见》。批准了新增学士学位专业17个，研究制订了新增学士学位授权单位审核的指标体系及办法。加强了对博士研究生的培养工作，3所高校的4位博士的论文获全国百篇优秀博士学位论文奖。组织了全国专业学位招生及联考工作、同等学力人员申请硕士学位的课程全国统考工作。加强了对研究生课程进修班的管理。成立了全省学位与研究生教育专家督导组并开展工作。

〔**科研工作**〕 据不完全统计，全省高校科技成果转化和推广应用取得经济效益达45亿元。全省高校已与40多个地县及20多个企业建立了科技合作关系。高校获得省科技进步奖的比例达到获奖总数的30%。组织省属高校申报教育部重点项目6项，申报省重点科技项目406项、应用基础研究项目452项、软科学研究项目23项。全省高校承担各级各类科技项目6 640项，获得科技经费10.52亿元，比上年提高60.01%；承担哲学社会科学各级各类课题2 151项，获得科研经费7 369万元，比上年提高125.2%。加强人文社科科研基地建设，成立了四川师范大学“巴蜀文化研究中心”，乐山师范学院旅游发展研究中心、四川烹饪专科学校川菜产业化发展研究中心。

继续建设好四川大学、电子科技大学和西南科技大学等3个国家大学科技园，支持西南交通大学建设国家大学科技园。同时，根据四川省需要，推动四川农业大学、成都理工大学建设省级大学科技园。

〔**贫困大学生资助工作**〕 在坚持奖、贷、助、补、免等现行资助政策的前提下，完善以国家助学贷款为主的学生资助体系。全省高校落实“定学校、定范围、定额度、定银行”的“四定”工作，配合银行开展助学贷款。同时，在普通高校实施了“国家奖学金”制度。有1 264名品学兼优的大学生获得国家奖学金。有350名经济困难的大学生接受“广州助学基金”资助。

〔**高校后勤社会化改革**〕 全年新建和改造学生公寓85万平方米，其中新建77万平方米，改造8万平方米；新建和改造学生食堂20.3万平方米，其中新建15.1万平方米，改造5.2万平方米；创建标准化食堂10个。召开了全省第三次高校后勤社会化改革工作会议。组织8个检查组对36所高校进行了检查考核，评出了优秀学校13所。加快学校后勤与行政分离和组建后勤服务实体工作，除2所高职学院因机构编制未定而延缓外，其余学校均按照要求完成了分离工作，共分离事业在编职工355人，组建后勤服务实体33个，使用资产3 124万元。全面加强和改进高校后勤管理工作，制定印发了《四川省高校学生公寓管理暂行办法》和《四川省高校学生食堂管理暂行办法》。举办了高校学生公寓、学生食堂物资集中招标采购洽谈会，全省2/3的学校签订了采购合同，成交金额3 000多万元。

〔**高校党建工作与思想政治教育**〕 组织召开了全省高校第十次、第十一次党建会。召开了形势报告会，省委书记周永康为在蓉38所高校3 500余名师生作形势报告；省长张中伟、省委副书记刘鹏分别给四川农业大学、西南科技大学师生作形势报告，均受到师生的欢迎。加强对高校宣传思想工作和高校党委中心组理论学习的指导，推动高校党委中心组理论学习制度化和规范化建设。完成省“五个一”工程理论课题《加强和改进学校道德教育，促进学生全面发展》的结题工作。完成了6所高校的党委换届选举工作；召开了首届四川省高教系统党员代表大会。在全省高校大力实施“双向培养”计划，加大对青年教师和在读大学生、研究生、博士生的培养力度，建立“双向培养”对象名册和培养档案。开展了党员实践“三个代表”示范行动，全省高校共设立党员示范岗、示范窗口80多个。

“两课”建设。广泛深入地开展了《公民道德建设实施纲要》宣传教育活动。组织了大学生公民道德建设辩论赛和征文活动。召开教育战线贯彻落实《纲要》经验交流会。认真抓好“两课”改革与建设工作。首次在高校“两课”教师中开展了《马克思主义哲学》和《邓小平理论概论》两门课优秀教案评选工作。完成了向全国评选“两课”教师“精彩一课”的推荐工作，在全省高校开展了“两课”优秀教师评选工作，共评选出65名全省高校“两课”优秀教师。组织“两课”巡视组分别到西南财经大学等学校进行督促检查。进一步加强了大学生的心理健康教育。组织高校大学生开展暑期社会实践活动，其中组织了“三个代表”重要思想服务队48个，公民道德建设实践服务团12个。

民 族 教 育

〔贯彻全国民族教育工作会议精神〕 省教育厅认真贯彻落实第五次全国民族教育工作会议和《国务院关于深化改革加快发展民族教育的决定》精神。召开了全省第三次民族教育工作会议。对民族地区“两基”目标任务进行了调整，并提出了加强少数民族散杂居地区教育工作的意见，省委办公厅、省政府办公厅联合转发了《关于2010年我省民族地区全面实现“两基”目标的意见》和《关于进一步加快我省少数民族散杂居地区教育发展的意见》。制定了民族地区“两基”和普及初等教育标准及验收办法。2002年，巴塘县、阿坝县、美姑县的“扫盲”及白玉县、阿坝县、美姑县的“普初”已通过验收。召开全省民族地区职业教育和高等教育发展座谈会，进一步明确民族地区职业教育和高等教育的发展思路和主要任务。

〔实施民族教育十年行动计划〕 为贯彻落实全国民族教育工作会议精神，努力提高民族地区教育质量，促进民族地区教育的快速发展，省教育厅制订了全省民族地区教育发展的《十年行动计划》及《2002年度〈行动计划〉实施方案》，确定把中小学的改扩建和寄宿制教育作为全年实施《行动计划》的重点。组织实施了300所中小学的改扩建项目。全年新增寄宿制学生2.65万人，使寄宿制在校生达到15.9万人。做好年度《行动计划》项目资金落实和下达工作，共落实资金2.55亿元，已全部下拨到民族地区。为学校配备的教学仪器设备已陆续到位。远程教育试点进一步扩大，由上年的8所扩大到20所。召开了《行动计划》实施工作暨对口支援工作总结表彰会议。

〔对口支援工作〕 完成了第二批1 000名支教教师的选派任务，内地各支援市、县（市、区）、学校继续向民族地区捐资、捐物。据统计，2002年秋季开学到岗支教教师1 058人；1月～9月共援助资金720.14万元，援助物资折价378.78万元。各地还广泛开展了“送教讲学”、“手拉手、结对子”、接受民族地区干部教师挂职锻炼、接收学生到内地学校学习等对口支援活动。

撰稿　张澜涛

审稿　戴作安　罗大宪

贵州省教育

概　　况

〔基本情况〕

2002 年各级普通学校基本情况

单位：人

学　校　类　别	学校数（所）	毕业生数	招生数	在校生数	教职工数	
					合　计	其中：专任教师
总　计	**18 657**	**1 685 532**	**2 289 270**	**7 867 778**	**351 309**	**304 887**
一、研究生	(7)	303	875	1 973		
1. 高等学校	(6)	284	818	1 843		
2. 科研机构	(1)	19	57	130		
二、普通高等学校本专科	32	17 874	41 565	122 742	20 097	11 079
本科院校	10	9 597	26 366	84 040	11 682	6 256
专科院校	22	6 929	13 530	35 683	7 450	4 332
分校、大专班		1 348	1 669	3 019	965	491
三、普通中等学校	2 586	549 203	907 663	2 319 786	127 754	107 450
1. 中等专业学校	79	36 664	37 620	117 970	8 058	4 864
中等技术学校	58	26 882	26 155	87 584	5 768	3 287
中等师范学校	21	9 782	11 465	30 386	2 290	1 577
2. 技工学校						
3. 普通中学	2 291	490 432	838 530	2 128 111	113 232	97 641
高中	368	55 499	135 425	314 077		16 230
初中	1 923	434 933	703 105	1 814 034		81 411
4. 职业中学	213	21 392	30 707	73 582	6 421	4 912
高中	131	10 301	13 891	29 139		2 635
初中	82	11 091	16 816	44 443		2 277
5. 工读学校	3	715	806	123	43	33
四、小学	14 822	816 123	848 378	4 842 831	190 170	177 920
五、特殊教育学校	38	1 261	2 460	15 664	665	518
六、幼儿园	1 179	300 768	488 329	564 782	12 623	7 920

2002 年各级成人学校基本情况

单位：人

学 校 类 别	学校数（所）	毕业生数	招生数	在校学生数	教 职 工 数	
					合 计	其中：专任教师
总 计	**20 784**	**3 712 847**	**3 737 225**	**3 918 737**	**35 563**	**6 935**
一、成人高等学校	7	23 010	51 440	109 515	1 656	953
1. 广播电视大学	1	4 614	5 444	11 638	855	478
2. 职工高等学校	3	1 260	1 989	4 225	296	229
3. 农民高等学校						
4. 管理干部学院						
5. 教育学院	3	3 958	5 124	16 703	505	246
6. 独立函授学院						
7. 其他学校（机构）						
8. 普通高等学校举办		13 178	38 883	76 949		
函授		2 351	13 948	27 861		
业余		929	2 819	5 671		
脱产		9 898	22 116	43 417		
二、成人中等学校	14 191	3 391 507	3 374 185	3 466 811	18 397	2 997
1. 成人中等专业学校	31	12 547	8 525	37 556	2 550	1 416
广播电视中专学校	3	4 338	4 711	17 792	726	333
职工中等专业学校	16	1 572	642	7 247	776	484
干部中等专业学校	7	625	72	1 367	378	198
农民中等专业学校						
函授中等专业学校	2	724		1 120	595	350
教师进修学校	3	51	64	278	75	51
其他类学校举办		5 237	3 036	9 752		
2. 成人中学	7	281	926	3 316	86	67
成人高中						
成人初中	7	281	926	3 316	86	67
3. 成人技术培训学校	14 153	3 378 679	3 364 734	3 425 939	15 761	1 514
职工技术培训学校	7	160	290	290	18	7
农民技术培训学校	14 146	3 378 519	3 364 444	3 425 649	15 743	1 507
三、成人初等学校	6 586	298 330	311 600	342 411	15 510	2 985
1. 职工初等学校	2	600	142	142	41	34
2. 农民初等学校	6 584	297 730	311 458	342 269	15 469	2 951
其中：扫盲班	6 540	295 837	308 401	334 282	15 264	2 798

2002年，全省普通高中比上年增加40所，普通初中比上年增加29所；普通高中在校生比上年增加6.95万人，普通初中在校生比上年增加21.26万人；高中招生比上年增加2.57万人，初中招生比上年增加6.49万人；高中专任教师比上年增加2 617人，初中专任教师比上年增加6 945人。小学比上年减少517所，在校生比上年减少5.88万人，招生比上年增加1.81万人，专任教师比上年增加4 682人。7～12周岁适龄儿童入学率达98.22%，比上年提高0.07个百分点；在园幼儿比上年增加7.10万人，幼儿园教师比上年增加929人。

2002年，全省普通中等专业学校比上年减少10所，在校生比上年增加3 205人，专任教师比上年减少884人。职业中学比上年减少4所，在校生比上年减少845人，专任教师比上年减少89人。

2002年，全省在校研究生1 973人（其中博士生79人，硕士生1 894人），比上年增加555人。普通高校在校生12.27万人（其中，本科7.36万人，专科9.41万人），比上年增加1.46万人；专任教师比上年增加2 072人。

撰稿　段志茹

〔**教育投入与支出**〕　2002年，全省教育经费总支出为91.99亿元，比上年增长41.20%（其中国家财政性教育经费支出66.07亿元，占国内生产总值5.60%，比上年增长30.39%）。其中：财政预算内教育经费支出55.78亿元，比上年增长27.70%；政府征收用于教育的税费支出7.31亿元，比上年增长59.61%（其中城市教育费附加支出为4.63亿元，比上年增长113.36%；农村教育费附加支出为1.02亿元，比上年降低45.16%；地方教育附加支出为1.67亿元，比上年增长206.26%）；企业办学经费支出为2.76亿元，比上年增长22.67%；校办产业、勤工俭学和社会服务收入用于教育的经费支出0.23亿元，比上年增长44.60%；社会团体和公民个人办学经费1.13亿元，比上年增长29.28%；社会捐、集资办学经费支出为0.97亿元，比上年增长60.02%；学、杂费支出为17.40亿元，比上年增长92.05%；其他支出为6.44亿元，比上年增长63.45%。

全省教育部门事业费支出为48.98亿元，比上年增加10.28亿元，增长26.56%。在教育部门预算内教育事业费支出中，人员经费支出43.85亿元，比上年增加7.93亿元，增长22.08%，占事业费支出的89.53%；公用经费支出为5.12亿元，比上年增加2.34亿元，增长84.17%，占事业费支出的10.47%。

教育部门各类学校人员经费与公用经费占教育事业费支出比例是：普通高校人员经费占77.25%，公用经费占22.75%；中等师范学校分别占85.38%和14.62%；普通中学分别占91.33%和8.67%（其中农村初中占91.81%和8.19%）；普通小学分别占96%和4.00%（其中农村小学占96.01%和3.99%）。

全省各类学校生均预算教育事业费与公用经费分别是：普通高校3 201.67元和726.58元；中等师范学校2 318.13元和338.96元；职业中学1 145.24元和101.79元；普通高中1 099.99元和98.36元；初中580.46元和49.70元；小学532.81元和21.86元。

省级“普九工程”专项补助在2001年1亿元基础上，增加1 000万元，共为1.10亿元。与此项补助费共同使用的地县资金5 700万元，共改善667所农村中小学办学条件，新建、改扩建校舍27.6万平方米，购置设备5 655套、图书37万册。

2002年全省进行了农村税费改革。经省委常委会决定，中央农村税费改革转移支付各项资金，各县用于农村教育的份额不低于总额的50%，保证了农村义务教育的正常运转。

撰稿　陈　净　邸江涛

〔**教育投资完成情况**〕　2002年，全省教育事业基本建设完成投资12.98亿元，比上年增加2.87亿元，增长28.42%。其中，国家预算内投资（包括国家各种专项投资补助地方非经营性基建基金等）完成4.00亿元；自筹资金投资（包括中央各部门安排、地方各级机动财力自筹资金、教育费附加和部门、单位、自筹及个人集资等）完成7.90亿元；利用外资（包括世行贷款、香港邵逸夫先生赠款等）完成0.04亿元；其他投资（含“银校”联姻贷款资金）完成1.04亿元。上述投资中，高等教育完成3.99亿元；普通中专完成0.11亿元；基础教育完成8.88亿元。

2002年，全省教育事业在建房屋建筑面积226.77万平方米，比上年增加20.64万平方米，增长10.01%。竣工房屋建筑面积204.69万平方米，比上年增加22.84万平方米。

第十五批邵逸夫先生赠款项目，贵州省获530万港元，项目15个。到2002年12月底，所有项目均竣工交付使用，共建成校舍建筑面积2.76万平方米。第十六批邵逸夫先生赠款项目，贵州省获590万港元，项目17个。同时，还获邵氏赈灾项目28个，赈灾赠款390万港元，安排在25个受灾较重的县（市、区）。这些项目于2002年10月15日起陆续动工。

2002年，贵州教育获中央国债资金9 600万元，项目28个。其中，高等教育2 600万元，项目5个；高中教育7 000万元，项目23个。

世界银行贷款第四个贫困地区基础教育发展项目于2002年底全面建成完工，20个项目县和10所中等师范学校共完成总投资3 532万美元，其中世行信贷资金1 700万美元，国内配套1 832万美元。共新扩建和维修中小学校986所，建筑面积59.29万平方米，采购配置中小学课桌椅26.6万套、教学仪器设备2 858套、图书392.78万册，培训各类人员3.04万人次。此外，还在平坝、惠水两县建立了教师服务网络，在德江等6县进行了女童教育研究成果推广，在20个项目县建立了教育管理信息系统和贫困学生助学基金，共资助贫困学生6.51万人次。

日元贷款贵州省人才培养项目贷款金额为3 800万美元，加上配套资金，总投资达人民币4.5亿元。项目建设内容为教学用房建设、教学科研设备配置、环境保护和人员培训。贵州大学等8所省属高校受益。

2001年省长办公会议确定将4 000万元省属高校发展资金改为省属高校发展贴息资金，2002年共下达省属高校贴息资金4 000万元，安排、启动省属高校基建贴息贷款项目43个。截至2002年底，基建贴息项目共到位贷款资金4.71亿元，施工建筑面积20.90万平方米，完成投资2.16亿元，已竣工项目16个，竣工建筑面积10.31万平方米。

为解决高中教育的“瓶颈”问题，省政府决定从2001年起，每年拿出500万元以上的省级财政专项资金，用于全省高中教育贷款贴息资金。2002年下达省级高中贴息贷款财政专项资金757万元，安排项目70个。至2002年底，项目全部竣工交付使用，建成校教学用房22.54万平方米，生活用房4.78万平方米，400米环型跑道运动场4个，完成投资额1.2亿元。

2002年，全省有815所项目学校完成“危改工程”，建筑面积76.67万平方米，投入资金3.36亿元。

撰稿　胡　勇　周忆江　赵天雄

〔现代远程教育〕　1995年，贵州工业大学率先自行投资建起了计算机校园网，至2002年底，全省已有12所本科高校初步建成计算机校园网。清华大学、浙江大学与贵州工业大学、贵州电大联合举办的远程教育学院已在贵州招生。多所省外名校也已在贵州设立远程教育校外办学点，省电大的远程教育网络已基本覆盖全省。在全省中小学中，应用现代教育技术的学校越来越多，有的中学已建成计算机校园网，有的中小学加入了北京5中、101中学等网校。遵义市县区（其中不少贫困县）的高中、中专普遍开设现代信息技术课程，50%以上的计算机教室为网络教室。不少学校注重软件的开发和利用，贵阳市属中小学近年开发CAI课件162个，其中7个在国家级比赛中获奖，贵阳医学院等高校开发的多媒体课件也获得国家和省级的奖励。在信息化队伍建设方面，90年代初期就实行省级重点学科制，把贵州大学的硕士点——计算机科学与技术作为省级重点学科，加大投入，扩大招生规模，进行高层次人才的培养、培训，现已建成博士点。全省5所本科高校、7所师专开设计算机专业，招收本、专科学生。同时，还开展现代信息技术及教育、计算机辅助教学、多媒体课件、现代远程教育管理等方面在职人员的培养、培训，基本形成了一支有一定素质和能力的教育信息化队伍。

2002 年，省属 10 所高校争取到国家“西部高校计算机校园网建设工程”项目专项经费 6 250 万元，经过该项目的建设，10 所项目高校校园网网络环境得到极大改善。同时，得到国家计委、教育部 500 万元国债项目经费的立项支持，贵州教育科研网的第一期建设工程——贵阳市高速教育城域网正式启动。

撰稿　蔡志坚

〔**体育、国防与艺术教育**〕　在 2002 年 8 月举行的全国第八届中学生运动会上，由 13 名运动员组成的贵州省中学生代表团参加了竞走、中长跑等 23 项比赛。其中周长军同学获 5 000 米竞走第 6 名，杨文同学获 5 000 米中长跑第 8 名。

2002 年，省政府成立了由副省长王正福为组长的省学生军训领导小组。10 月 18 日在省军区召开了全省学生军训工作会议。会议传达了全国学生军训工作会议精神，省教育厅厅长孔令中在会上讲话，全面回顾和总结了贵州省学生军训试点 16 年来的工作，对今后学生军训提出了新的要求。副省长王正福要求各地、各学校克服困难，努力实现规划目标——全省 2005 年高中以上学校全面开展学生军训；高等学校开设军事理论课。

6 月，省教育厅艺术教育委员会正式成立。艺术教育委员会由学校艺术专家、知名学者、各级各类学校艺术教育工作者代表等组成。11 月，在第三届全国中小学音乐、美术教师基本功比赛中，贵州省参赛选手贵阳实验二中黄玲获音乐二等奖，贵阳花溪二小葛薇、铜仁川硐小学罗艺获音乐三等奖；贵阳十中利沙、贵阳尚义路小学刘红、森林小学邓勇获美术三等奖。

撰稿　许国虎　黄开斌

〔**开展向优秀教师刘恩和学习活动**〕　沿河县后坪乡茨坝小学校长刘恩和，二十多年如一日，扎根在边远、贫困乡村，为教育事业辛勤耕耘、默默奉献。他以校为家、爱生如子，在学校不通公路的情况下，翻山越岭，将 17 吨建材从 8 公里以外的镇上背到学校，带领村民把简陋的木质教室建成宽敞明亮的教学楼，被人们誉为“背来的学校”。他艰苦朴素、省吃俭用，把积蓄的钱用来资助贫困学生和捐献给学校建设。25 年来，他累计资助贫困学生钱物超过 1 万元，资助学生 500 名，而他自己的女儿却不得不靠贷款上学。刘恩和同志的先进事迹在广大群众中引起强烈反响，中央、省、地各级新闻单位对他的事迹进行了报道，他先后二十多次受到省、地、县的表彰，1998 年还荣获了“希望工程园丁奖”和“全国优秀教师”称号。2002 年省教育厅党组作出决定，号召全省教育系统向刘恩和同志学习，并举行了“刘恩和同志先进事迹巡回报告会”。开展向刘恩和同志学习的活动，进一步推动了全省教育系统实践“三个代表”重要思想，对加强“公民道德建设实施纲要”的学习贯彻，加强师德师风教育起到了重要作用。

撰稿　邓厚勇

〔**实施教师资格制度**〕　2002 年，省教育厅印发了《贵州省面向在职教师推行教师资格制度实施细则》（试行）、《贵州省面向社会推行教师资格制度实施细则》（试行）等文件，并于 2002 年 12 月 24 日～25 日在贵阳召开了全省实施教师资格制度工作会议，部署工作，贵州省实施教师资格制度工作正式启动。

撰稿　银熙惠

〔**教育对外交流**〕　2002 年，根据国家留学基金委与贵州省教育厅签订的《西部地区人才培养特别项目协议书》，经专家组审核，67 人被录取为 2003 年“贵州省西部地区人才培养特别项目”资助出国留学人员，将于 2003 年～2004 年陆续派出。省教育厅还通过相关合作项目，向美国、英国、日本、俄罗斯等国派遣高等院校、中小学教师以及行政管理人员数十人，并与澳大利亚英语教师协会、美国亚洲基督教高等教育联合董事会、爱德基金会等外国友好团组在聘请外籍教师等方面进行合作。2002年4月，省外事办公室和省教育厅结合贵州省的实际情况，制定印发了《贵州省社会力量办学和中外合作办学单位聘请外籍专业人员管理暂行办法》。

2002年2月23日，贵州省教育国际交流中心在贵阳举办了“第二届国际教育展”。来自美国、加拿大、英国、澳大利亚、新西兰、瑞士、法国、新加坡、马来西亚等国家的几十家教育机构代表近百所院校参展。在为期两天的展览中，近5 000人次前来参观咨询。

撰稿　糜　丹

基础教育

〔**综述**〕　2002年，全省有小学14 822所，教学点5 772个，7～12周岁适龄儿童入学率为98.2%。小学在校生辍学率为2.62%，比上年略有增加。全省初中阶段毛入学率为87.16%，初中在校生辍学率降低为3.96%。全省三类残疾儿童少年入学率为45%。基础教育改革与发展步伐加快。“两基”攻坚开局良好，全省新增7个“两基”验收合格县，超额完成全省扫盲25万人的工作任务。普通高中招生比上年增长23.5%，对7所学校开展省级示范性普通高中评估。启动9个省级基础教育课程改革实验区。在2001年国家援助贵州省13个青少年学生校外活动场所建设的基础上，2002年又有修文县、仁怀县等9个县再获国家援助的青少年学生校外活动场所建设项目。

2002年10月，中宣部、全国人大内务司法委员会、共青团中央、教育部、司法部表彰了第三届“中国保护未成年人杰出（优秀）公民”和第四届“全国未成年人保护工作先进集体”，贵州省教育厅基教处被评为第四届全国未成年人保护工作先进集体。

撰稿　王金秀　吴巍晖　朱玉芳

〔**义务教育**〕　2002年，普定、印江、大方、三穗、岑巩、安龙、凤冈7县通过了省政府组织的“两基”评估验收，并获国家审查通过，实现了基本普及九年义务教育和基本扫除青壮年文盲。此外，兴义市经过两年的努力，2002年通过省政府复查报教育部后，通过了国家的审查。至此，全省已有42个县（市、区、特区）实现“两基”达标，占全省总县数的48.3%，“普九”地区人口覆盖率达47.7%。

2002年8月19日～21日，教育部在安顺市召开“西部地区‘两基’攻坚工作汇报会议”。教育部副部长、国家总督学王湛到会听取汇报。西部12个省、自治区、直辖市和新疆生产建设兵团以及中部地区“两基”攻坚任务较重的山西、湖南、江西共16个省（直辖市、自治区、建设兵团）教育行政部门的负责同志共80余人参加了会议。贵州省副省长王正福、马文骏参加会议。贵州普定县县委书记鲁红卫向大会介绍了实施“两基”攻坚经验。与会代表还实地参观考察了普定县猫洞、白岩、马官3个乡镇的“两基”攻坚工作，并对普定县及3个乡镇的“两基”工作给予高度评价和赞扬。

贵州省“普九”攻坚开局良好，主要采取了以下措施：(1)统一思想，提高认识。省委、省政府召开全省“两基”攻坚会议，出台了《中共贵州省委、贵州省人民政府关于实施“两基”攻坚的决定》和《贵州省2001～2005年“两基”分年度实施规划》，增强了全省各地推进“两基”的紧迫感和责任感。(2) 建立领导机构，落实各级政府攻坚责任。省政府成立了以省长石秀诗任组长、省直有关部门及各地州市政府（行署）主要负责人为成员的“两基”工作领导小组，省政府与各地州市政府（行署）、省教育厅与各地州市教育局分别签订了“两基”目标管理责任书。(3) 抓好治本之策，完善农村义务教育管理体制。明确了省、市（州）、县、乡各级政府的职责。全省87个县已全部实现农村中小学校长、教师的人事管理权、教师工资管理上收到县。(4) 加大义务教育经费投入，加快项目学校建设。为实现“十五”期间“普九”攻坚目标，解决经费困难，省政府从2001年起每年在省级财政预算中，安排1亿元的“普九”专款，从2002年起，增加到每年1.1亿元，五年共5.4亿元。此外，省财政还安排了第二期“义务教育工程”省级配套资金。(5) 多渠道解决初中教师短缺问题。采取了确保师范院校毕业生到中小学任教；按需求扩大师范院校招生规模；鼓励综合性大学和其他非师范类高等院校开办师范专业；公开面向社会招聘教师；缓办少数初中骨干教师退休手续，适当延长任教期；在县乡机构改革中，吸收一部分具有大专以上学历并能胜任教学工作的分流人员到初中任教；鼓励城市教师、青年志愿者到边远农村中小学任教等措施，解决“普九”师资不足问题。(6) 认真解决好“两基”攻坚工作的重点和难点问题。各级政府把“两基”攻坚的重点放在农村，而农村的重点又放在解决农村的“普九”问题上。大力发展初中教育，千方百计提高农村初中生的入学率、完成率，降低辍学率。(7) 举全社会之力实施“两基”攻坚。全省各级党委、政府在不断加大自身工作力度的同时，还注意广泛发动各部门和全社会参与“两基”攻坚，逐步形成了全省上下齐努力，共同拼搏，合力攻坚的氛围。

撰稿　皮俊林　王金秀　吴嶷晖

〔第二期“义教工程”实施情况〕　2002年是贵州省实施第二期“国家贫困地区义务教育工程”的开局年，省委、省政府共计投入“工程”资金4.75亿元，其中中央专款2.22亿元，省级财政配套资金0.98亿元，市（州、地）、县自配资金1.55亿元。为56个项目县建成“工程”项目学校614所，其中中学257所，小学357所；新建校舍88万平方米，其中中学63.8万平方米，小学24.2万平方米；购置教学仪器设备546套、图书195.75万册、课桌凳8.9万套；培训项目学校仪器、图书、信息技术设备管理人员1 300人，选送到与贵州对口帮扶的大连、青岛、深圳、宁波4市挂职培训初中校长81人。2002年建成的“工程”项目学校具有“高、大、全、新”四大特点。“高”，即高起点，按照国家《农村初中建设标准》满足“普九”需求建设；“大”，即规模大，校均18个班以上；“全”，即功能、设施全；“新”，即观念、设计新。年末，省政府对56个项目县的“工程”项目进行了检查验收评估，有14个县（市、区）评为特优县。

撰稿　刘祖辉

〔示范性普通高中建设〕　经省教育厅2002年12月组织专家评估，凯里一中、遵义市四中等7所学校被评为省级示范性普通高中。至此，全省省级示范性普通高中增至16所。所有省级示范性普通高中可享受下列优惠政策：一是可面向全省招生；二是可自行组织毕业会考；三是可扩大招收教育成本补偿生比例；四是收费标准提高，执行省物价局、省财政厅、省教育厅制订的《贵州省省级示范性普通高中收费标准》。

撰稿　吴作然

〔教师队伍建设〕　2002年，全省有师范本科院校3所，师范专科学校7所；全省各类院校共有师范类在校生11.01万人，其中教育学硕士89人、本科生2.84万人、专科生5.09万人、中师（中专）生3.07万人（含与高师院校联办五年制师范专科生）。

2002年全省小学专任教师学历达标率为90.75%，专科以上学历的教师占总数的15.68%；

初中专任教师学历达标率为85.81%，本科以上学历的教师占总数的10.92%；高中专任教师学历达标率为69.43%，研究生学历的教师占总数的0.48%。

为加强对部分中师、高师联办师范专科试点班的管理，省教育厅决定将原“3+2学制师范专科班”更名为“五年一贯制师范专科班”，新增批准毕节师范学校等5所中师与当地师专联办“五年制”师范专科班；成立了贵州省五年制师范专科教学指导委员会；组织修订并颁发了《贵州省五年制师范专科班8个专业教学计划（修订稿）》及用书目录。

2002年全面启动基础教育新课程师资培训。选送104名省级培训者参加国家级培训，先后举办基础教育新课程通识性和18个学科省级培训班，培训全省各市（州、地）省级实验县骨干培训者、管理者、骨干教师2 800余人。各市（州、地）、实验县也根据自身情况举办了通识性或学科教师培训班。

根据“贵州省中小学教师继续教育工程方案”中的“百千万”骨干教师培训计划，确定了第一批省级中小学骨干教师培训对象559名。11月，省教育厅委托贵州师范大学、贵州教育学院等校举办14个学科省级培训班，对442名骨干教师进行为期一个月的集中培训。同时选送24名省级骨干教师参加国家级培训。经与贵州人民广播电台协商，于2002年4月1日起在贵州人民广播电台开播“中小学教师继续教育”专题节目，播出“教师职业道德”、“普通话”、“基础教育新课程通识性内容”等节目。

2002年，开展了“中国—联合国儿基会基础教育与早期儿童关爱师资培训分项目”省、县级活动2个，先后举办项目县教师进修学校教学管理人员、小学主要学科骨干教师培训班6期，培训项目县教师150余人。

撰稿　程　蓓

职业教育与成人教育

〔**综述**〕　2002年，全省完成农民技术培训347万人次。农村教育综合改革在广度和深度上有所推进，90%以上的农村普通初中开展“3+1”、初二后分流等形式的职业教育渗透和“绿色证书”教育。2002年底，全省各类中等职业学校460所（部、班），在校生20.09万人，为高中阶段在校生总数的39%。在中等职业学校中，有国家级重点中等职业学校30所（中专17所、职业高中5所、技工学校8所）；有省级重点中等职业学校45所（中专13所、职业高中24所、技工学校8所）。2002年招生6.60万人，较上年增加0.67万人，基本遏制住了中等职业学校近几年招生下滑的局面。省级以上重点中等职业学校的在校生数和招生数分别为全省中等职业学校在校生总数和招生总数的36.3%和39.3%。

2002年，全省有独立设置的高等职业技术学院（职业学院）14所，其中民办职业学院1所，较上年增加4所。另有普通本科高等学校设置的职业技术学院（二级学院）4所，举办高等职业教育的普通高等学校4所，12所国家级重点中等职业学校举办五年制高等职业教育，41所省级重点中等职业学校与高等职业院校联合举办“3+2”形式的高等职业教育班。2002年全省高职招生9 329人（不含“3+2”形式高职），在校生达21 000人。

省教育厅于10月15日在贵阳召开全省教育系统会议，学习贯彻全国职业教育工作会议精神，使全体与会人员进一步认识了职业教育在我国社会主义现代化建设中的重要地位，把握了大力发展职业教育的方针，明确了21世纪初叶我国建设现代化职教体系的指导思想、目标和任务，明确了“十五”期间职业教育必须抓好“四个服务”、“六项改革”等重点工作。

〔**全省职业教育与成人教育工作研讨会**〕 省教育厅于11月6日～7日在铜仁地区松桃县召开全省农村职业教育与成人教育工作研讨会。省教育厅副厅长蔡志君作了题为《提高认识，真抓实干，开创农村职成教工作新局面》的报告，报告阐述了全省农村职成教育改革和发展的形势，总结了职成教育取得的成绩和经验，分析了职成教育存在的困难和问题，并就为“三农”服务提出四项要求，即：提高认识，坚持农村职成教育为“三农”服务的办学方向；强化措施，继续深入抓好为“三农”服务工作；深化改革，努力提高为“三农”服务的质量和效益；认真贯彻全国职教会和省委农村工作会精神，为“三农”服务作出更大贡献。松桃县职业高中等9个单位作了大会经验交流发言，8个单位作了书面经验交流。与会代表参观考察了松桃县职业高中帮扶农民建立的大棚蔬菜基地、稻田食用菌栽培基地以及该校的果园、流水养鱼场、食用菌制种、栽培场、家禽野禽养殖场、大棚蔬菜、花卉园等。

〔**干部、教师队伍建设**〕 2002年省教育厅加大职教管理干部和师资培训力度。全年由省教育厅组织培训的职教管理干部共116人，首次选派了8名重点中职校长到德国、4名管理干部到俄罗斯参观考察培训，10名管理干部到上海、武汉培训。培训中等职业教育国家规划新教材、新课程方案骨干教师1000余人，选送到省外培训100余人，选送30名农村职业高中计算机及应用专业教师到深圳职业技术学院接受2个月专门培训。

省教育厅于5月、10月在都匀市举办了两期现代农业生产技术培训班，98名农村职业学校、普通中小学、乡镇成人文化技术学校的教师参加了培训。培训采取自学、课堂讲授、现场操作和实地参观相结合等方式，使学员较全面学习和掌握了现代农业生产技术。

〔**中职学校和成人文化技术学校评估**〕 10月在全省开始新一轮中等职业学校合格评估工作。省教育厅制定了《贵州省中等职业学校合格学校评估指标体系》，并明确由各市（州、地）教育局负责所管辖学校的评估工作。各地组织专家组于10～12月对第一批参评学校的办学条件、办学水平和社会效益等进行了全面评估。经省教育厅审核，批准贵阳市第三职业学校等13所学校为首批合格中等职业学校。

与此同时，从10月开始对省级示范性乡（镇）成人文化技术学校开展新一轮评估。评估工作由各市（州、地）教育局负责。各地组织专家组依据修订后的《贵州省示范乡（镇）成人文化技术学校标准（试行）》对申报学校进行认真、全面的评估。根据各地评估报告，经省教育厅审核，同意贵阳市白云区艳山红乡成人文化技术学校等18所学校为新一轮省级示范性乡（镇）成人文化技术学校。

撰稿 袁黔华 高 山

〔**中等职业教育**〕 自1998年以来，省教委（教育厅）加大了中等职业学校教育教学规范建设的力度，到2002年，经省教育厅制定印发的中等职业教育教学文件基本完善。仅2002年就制定印发了《关于进一步加强中等职业教育教学工作的意见》《关于加强我省中等专业学校实践教学及其基地建设的意见（试行）》《关于加强农村职业学校实践教学和实训基地建设的意见》《贵州省中等职业学校办学合格评估指标体系（试行）》《关于在中等职业学校进行学分制试点工作的实施意见（试行）》《贵州省中等职业学校专业设置管理办法》等。并成立了“贵州省中等职业学校教学指导委员会”，组织编写了《中等职业学校教学管理手册》，同时积极开展教师和管理干部培训，有效促进了中等职业教育教学改革。2002年省教育厅还开展了首批国家重点建设示范性中等职业学校及全国中等职业教育首批示范专业（点）评选工作，经教育部评审，批准贵州省贸易经济学校、贵州省林业学校为国家首批重点建设示范性中等职业学校，贵阳市卫生学校护理专业、道真仡佬苗族自治县职业高中的种植专业、贵州省林业学校的园林专业为全国中等职业教育首批示范专业。

2002年全省各级中等职业学校共举办职工在

岗、转岗、下岗工人职业（就业）培训班679期，培训3.27万人，通过考核获合格证书的有2.22万人。153所农村普通初中在农村中等职业学校协助下，开展了“绿色证书”教育，接受教育的学生2.24万人，经过考核有2.20万人获“绿色证书”；培训农民逾10万人次。2002年有23所县级中等学校和47所乡（镇）成人文化技术学校联合举办学历教育班，接受学历教育的农民有0.24万人。

2002年贵州派出21名中等职业学校学生参加教育部在长春市举办的“服装设计”、“烹饪”、“计算机应用”三项职业技能大赛。在“计算机应用”技能大赛中，获一等奖1名，三等奖6名，优秀奖6名；在“烹饪”技能大赛中，获二等奖1名，三等奖1名，优秀奖5名；在“服装设计”技能大赛中获优秀奖1名；并获得“大赛组织奖”。

撰稿　袁黔华　高　山　杨　静

〔**高等职业教育**〕　从2001年起，在全省高等职业技术学校中广泛开展专业教学改革试点。2002年批准贵州交通职业技术学院工程机械专业等10个专业为全省第二批高等职业教育省级示范专业。省级示范专业的建设，作为高等职业学校深化教育教学改革的突破口，将带动教育教学整体改革与建设，促进教学质量提高，办出高等职业教育特色。

经教育部组织专家评审，2002年批准贵州交通职业技术学院为国家重点建设职业技术学院，贵州商业高等专科学校的市场营销专业，贵州电子信息职业技术学院的模具设计与制造专业为第一批国家高职高专精品专业，贵州商业高等专科学校的商贸管理运作实训基地为国家高职高专学生实训（师资培训）基地建设项目筹建基地。

2002年经省政府批准，同意成立贵州电力职业技术学院、贵州科技工程职业学院、六盘水职业技术学院、铜仁职业技术学院。同时，省教育厅首次批准贵州电力职业技术学院等7所高职院校举办成人高等教育。

2002年省教育厅组织3个专家组对贵州科技工程职业技术学院等6所高职院校教学工作进行实地检查评价。内容包括：学校办学定位及发展思路，学校教学工作的地位，教学管理情况，师资队伍建设，专业与实践基地建设，学风与教学效果。从检查情况看，6所院校的教学管理情况良好，通过检查，促进学校加大了教学管理工作力度。

2002年，省教育厅印发了《关于在中等职业学校进行学分制试点工作的实施意见（试行）》，并批准贵州科技工程职业技术学院、贵州电力职业学院、贵阳市卫生学校3所职业学院（校）试行学分制、弹性学制。

撰稿　袁黔华　杨　静　孙永红
黄　琳

〔**技工教育**〕　2002年，全省技工学校85所，在职教职工2 961人，专职教师1 726人，学历教育在校生13 919人，招收学历教育新生6 785人，比上年增加401人。招收其他培训人员18 383人，毕业生4 658人。全年全省技工学校经费支出7 995万元，比上年增加1 289万元。

2002年，全省技工学校招生，仍实行以中考成绩或毕业考试成绩为依据，免考试，实行登记入学。实行了技工学校自主招生，学校根据社会经济建设及劳动市场对人才的需求确定招生专业及人数。取消了面向农村招生人数的限制。招收农业户口学生占招生总数的59.8%。招收农转非学生1 320人，占招生总数的19.5%。

撰稿　何凯忠

〔**招生工作**〕　2002年改革中等专业学校招生办法。实行春秋两季招生，具有初中毕业资格的省内、外学生，持初中毕业证书，均可选报中等专业学校，不需要参加升学考试，学校实行自主招生，招生形式多样化；学生根据自身条件，选读学校和专业，学校根据报名情况，选择考生，安排专业；简化学校录取手续，计划部门根据各校录取情况下达年度招生计划。

撰稿　柴　真　王明伍

〔**扫盲工作**〕　2002年，扫盲工作以改革扫盲教材内容为突破口，转变扫盲教育观念，建立以学习者需求为导向，推广农村实用技术，帮助学习者脱贫致富为重点的扫盲教育新机制，以实用技术学习带动文化学习，以文化学习促进实用技术的掌握，提高了教育的质量和效益。2002 年全省共扫除青壮年文盲 25. 6 万人，15～50 周岁青壮年人口中的非文盲率达到 94. 14%，比上年提高 0. 74 个百分点。

撰稿　雷忠勇

〔**自学考试**〕　2002 年全省高等教育自学考试先后开考 63 个专业，其中本科 23 个，专科 40 个。上半年（1 月、4 月）报考人数 9.42 万人，报考科次 22.96 万科次，合格人数 5.17 万人；下半年（7 月、10 月）报考人数 9.69 万人，报考科次 23.35 万科次，合格人数 4.96 万人。共有毕业生 8 372 人，其中本科毕业生 855 人，专科毕业生 7 517 人。

撰稿　李　莉

高 等 教 育

〔**综述**〕　2002 年，全省高等教育继续保持良好的发展势头。各类高等教育在校生 23. 4 万人，其中普通高等教育 12.47 万人（含研究生），成人高等教育 10.95 万人。高等教育毛入学率达到 9%。

2002 年，成立了贵州省“211 工程”建设领导小组，制定了《贵州大学进入“211 工程”计划》。制定了《普通本科高等学校教学质量检查标准》，对部分高校教学质量进行了检查。指导贵州师范大学和贵州广播电视大学接受教育部教学工作水平和“人才培养模式改革项目”的评估。开展专业评审，优先发展高新技术类学科专业、应用型学科专业和交叉学科专业，增强专业设置的针对性、灵活性。举办了全省首届高等院校科技成果展示会，11 所本科学校、部分专科学校高新企业的科研成果及新技术、新产品进行了展示。加强对高校产、学、研结合工作的指导，重点扶持转化前景较好的科研成果。组织开展了教材研究，编制、审定了《贵州省高等学校教材推荐书目》；建立了地方优秀教材申报编写、出版、奖励制度。为进一步加强和规范全省普通高校学生学籍管理工作，确保正常的教学秩序，省教育厅根据国家有关法律和规定，结合贵州省实际，制定印发了《贵州省普通高校学生学籍管理有关问题的暂行规定》，在入学与注册、课程考核与成绩记载、转专业与转学、休学与复学、退学、奖励与处分、毕（结）业等方面均作出明确规定，并从 2002 年 10 月起施行。

撰稿　代其平　张　华

〔**全省高等教育工作会议**〕　2002 年 3 月 26 日，省教育厅（省高校工委）、省委组织部和省委宣传部联合召开了全省高等教育工作会议。省委副书记孙淦、副省长马文骏出席会议并讲话。省教育厅厅长、省委高校工委书记孔令中作了工作报告。会议总结交流了发展高等教育的经验，分析了当前高等教育面临的形势，讨论了《中共贵州省委、省人民政府关于加快高等教育改革与发展的意见》，并对下一阶段高等教育的改革与发展进行了工作部署。

撰稿　代其平

〔**教学工作**〕　（1）2002 年，贵州师范大学接受了教育部教学工作水平评估，专家组对贵州师范大学教学工作给予高度评价，同时指出了存在的问题，提出了整改意见和建议。省教育厅也组织了对贵阳医学院、贵阳中医学院、遵义医学院的教学工作检查。检查的基本原则是“深入实际、摸清情况、总结经验、促进建设”。检查促使各校进一步深化教学改革，提高教学水平。（2）省教育厅于2002年首次开展普通本科高校应届毕业生省级优秀毕业论文（设计）评选工作。在各高校推荐的59篇学士论文中，评出一等奖8名、二等奖18名、三等奖23名。（3）2002年省教育厅和省数学学会继续在全省高校中开展大学生数学建模竞赛，参赛队由上次的不足50个队增加到80余个队。通过竞赛，使更多的学生、教师了解了数学建模知识。推动了数学教育内容和体系的改革。（4）在贵州大学和贵州师范大学开展了学分制试点工作。试点方案对课程开设与学分计算，学习年限，课程选修与免复修，成绩考核、毕业、结业、肄业、辅修等方面均作出规定。（5）对全省22所高校基础课教学实验室进行了评估。据统计，22所高校投入资金1.87亿元，验收合格实验室97个。

撰稿 代其平 赵 祥 胡成俊

〔**“两课”建设**〕 2002年省教育厅对省编高校“两课”7门课程的教材进行全面修订。修订工作以十六大精神为指导，以教育部新颁布的《普通高等学校“两课”教学基本要求》为基本规范。修订后的教材在课程名称及体例、内容上有较大改变，如《邓小平理论概论》调整为《邓小平理论和“三个代表”重要思想概论》。修订后的教材将于2003年秋季开学时使用。在抓好教材建设的同时，省教育厅还着重抓了以下几项工作：（1）在全省普通高校开展了“两课”“精彩一课”教学示范片的评选工作；（2）在春季开学之初，召开了省直高校“两课”教育教学工作座谈会；（3）8月，举办了2002年全省高校“两课”骨干教师培训班，学习贯彻江泽民同志“5·31”讲话精神，来自全省32所高校的“两课”骨干教师100余人参加了培训；（4）组织高校“两课”教育教学指导委员会的部分专家到贵州民族学院和贵阳师范专科学校进行“两课”教育教学实效性的调研工作，形成了《贵州高校“两课”教育教学实效性调研报告》。各高校也普遍开展了“两课”教学工作调研，省教育厅向教育部推荐了18份调研报告，其中贵州大学马列部教师龚慕霞、胡兵撰写的《高校思想品德课有效教学探析》被教育部评为优秀调研报告。

撰稿 王 涵

〔**学位工作**〕 2002年全省高校共有博士学位授予单位1个，博士学位授权点2个，硕士学位授予单位6个，硕士学位授权点120个，省级重点学科42个。制定了有关评估指标体系，组织60余名专家分8个学科组对申报的8个单位、93个点进行评估。省教育厅从高校发展专项资金中拨出500万元对条件较好的博士点和硕士单位进行重点支持。

省学位办制定了《贵州省授予成人高等教育本科毕业生学士学位工作实施细则》《贵州省成人高等教育学士学位课程考试管理办法及考务工作细则》等文件，对成人本科毕业生申请授予学士学位每年3月进行学位课程考试。成人本科毕业生经外国语、计算机课程考试合格并获得合格证书后，普通高校将按有关规定授予相应学位。

2002年省教育厅和省学位委员会组织开展首届省级硕士生优秀论文评比。成立了评审专家组，分为四个大学科，对全省高校推荐的优秀硕士论文进行评审，共评出一等奖3个，二等奖11个，三等奖13个，对获奖作者及指导教师给予了奖励。

撰稿 代其平 黄 燕 王晓红

〔**高校后勤社会化改革**〕 2002年积极推进高校后勤体制改革。采取“试点引路，以点带面、逐步推开，分批进行”的办法，做到成熟一个剥离一个，到年底已完成了贵州师范大学、贵州工业大学、贵州大学等10所院校后勤实体的规范分离。

2002年引进社会力量修建学生公寓20.80万平方米、学生食堂1.44万平方米，加上2001年引资建公寓11.71万平方米、食堂2.03万平方米，两年共建学生公寓35万平方米、食堂3.47万平方米，共引进社会资金约2亿元。2002年省教育厅印发了《关于加强高等学校伙食管理工作的意见

(试行)》《关于进一步加强建设高等学校学生公寓、学生食堂的几点意见》，并会同省物价局印发了《贵州高等学校学生公寓收费管理办法》，分别对不同类型的学生公寓核定了相应档次的住宿费标准。

撰稿　姜源森　童　刚

〔**助学贷款工作**〕　2002 年，全省共有 30 所普通高校开展了国家助学贷款工作，有 18 459 人申请，申请金额 6 429.77 万元；经办银行已审批贷款人数 12 901 人，审批合同金额 4 140.01 万元，分别为申请数的 69.89％和 64.39％；贫困学生实际获得贷款人数为 12 360 人，获贷金额 3 478.72 万元，分别为申请数的 66.96％和 54.10％，是 2001 年的 3 倍多。

撰稿　周忆江

〔**招生及毕业生就业**〕　2002 年，全省普通高校共录取 60 096 人，其中本科 31 824 人，专科 28 272 人，录取率为 72.29％，录取人数较上年增加 7 129 人，增长率为 13.46％。

2002 年高考全面推行“3＋X”(“3＋理综”和“3＋文综”) 科目设置改革；全面实行网上录取，基本实现了网上录取的远程化；英语科试行网上评卷；扩大了“中职推优”的规模，全年有 14 所高职院校审核录取“中职推优生”1 064 人，比上年增加 384 人。

2002 年全省有省内普通高校毕业生 18 393 人 (含毕业研究生 290 人)，省外普通高校毕业生 5 548 人。研究生就业率为 96％；省内普通高校本专科毕业生就业率为 71％；省外普通高校毕业生回省 2 046 人，回省率为 37％。2002 年省政府决定成立贵州省普通高校毕业生就业工作领导小组，以加强对普通高校毕业生就业工作的领导，进一步完善毕业生就业工作管理体制。贵州毕业生就业信息网也已初步建成，为高校、毕业生和用人单位提供信息，努力疏通毕业生就业供需渠道。为加强对全省高校毕业生就业工作的宏观管理和指导，促使高校不断提高毕业生就业工作的管理水平和服务质量，省教育厅于 2001 年底至 2002 年初对贵州工业大学、贵州师范大学等 8 所省属本科院校的毕业生就业工作，从就业工作条件、就业工作内容、就业工作实绩、就业工作满意度四个方面进行了评估。

撰稿　柴　真　王明伍　白　冰

〔**人文社科研究工作**〕　省教育厅加大了人文社科研究的立项资助力度。2002 年确立了 81 个研究项目，其中获资助经费项目 50 个，资助经费总额 23.2 万元，资助经费总额比上年增加 39.76％。

2002 年，全省普通高校人文社会科学研究成果丰硕。全年共出版著作 88 部，其中，专著 53 部 (被译成外文 1 部)，教材 30 部，工具书 5 部。在学术刊物发表论文 1 640 篇，其中，国内外公开发行刊物 639 篇，国内公开发行刊物 993 篇，国外学术刊物 8 篇；获奖成果 48 项。提交有关部门的研究成果 4 项，通过鉴定成果 35 项。

撰稿　王　涵

〔**高校青年教师岗前培训**〕　2002 年省教育厅印发了《关于加强我省高校青年教师岗前培训的通知》，规定凡补充到贵州省高校的青年教师必须参加岗前培训，其参加培训的考试考核结果记入个人业务档案并作为教师职务聘任、教师资格认定的必备条件之一。2002 年，省高校师资培训中心先后在六盘水、贵阳、安顺、遵义、黔东南举办 6 期高校青年教师岗前培训班，培训教师 1 000 余名。

撰稿　程　蓓

民族教育

〔**民族寄宿制学校建设**〕 2002年由教育部、李嘉诚基金会和省政府共同资助，在镇宁、关岭、紫云、威宁、道真、务川、沿河、松桃、印江、玉屏、三都11个自治县，分别建设1所民族寄宿制学校，资助额度为每校人民币150万元。此项目被列为李嘉诚基金会“西部教育计划”之中。该项目于2002年底基本完成，大部分项目学校已于当年秋季开学时招收民族寄宿制初中学生就读。省教育厅筹措资金对家庭困难的寄宿制学生的学习和生活费用给予补助。该项目的实施，解决了11个民族自治县贫困学生读书难的问题。对于推进和巩固民族地区普及九年义务教育，提高教育教学质量有着重要意义。

〔**开展民族民间文化教育活动**〕 2002年上半年，省人大常委会颁布了《贵州省民族民间文化保护条例》。省教育厅和省民宗委联合印发了《关于在我省各级各类学校开展民族民间文化教育的实施意见》，要求全省各级各类学校“因地、因校制宜，积极参与民族民间文化的保护”。各级教育行政部门和民族事务部门要对民族民间文化进行广泛深入研究，挖掘、筛选、整理本地有代表性，适合中小学教育的民族民间文化项目，指导学校开展教育活动。并要求中小学特别是民族地区中小学将优秀的民族民间文化作为素质教育的内容。通过师资培训、教材编写和科研等措施，促进民族民间文化教育工作。

撰稿　詹中志

〔**资助贫困民族学生入学**〕 年初，省教育厅经世界贫困儿童教育基金会同意，将“贵州省胡华贫困儿童教育基金”的76万元用于贫困生补助，受助生1 340人。6月，省教育厅与省财政厅、省扶贫开发办公室联合印发《关于落实和完善中小学贫困学生助学金制度的通知》。安排、落实2002～2003年两年800万元国家义务教育助学金，受助学生4万人。经与深圳市协商，从2002年起启动1亿元的“深圳—贵州助学基金”。每年将基金增益部分450万元用于对全省（除贵阳市外）8个市、州、地贫困中学生进行补助，每生200元，从初一起给予资助至初三毕业。2002年先动用本金200万元，资助1万名学生。全年全省共筹措1 067万元助学金，资助贫困生51 340人。同时部分市、州、地也努力争取到一些资金对贫困学生给予资助。

撰稿　任筑平

审稿　孔令中

云南省教育

概　况

〔基本情况〕

2002 年各级普通学校基本情况

单位：人

学校类别	学校数（所）	毕业生数	招生数	在校生数	教职工数	
					合计	其中：专任教师
总　计	**24 944**	**1 873 902**	**2 197 127**	**7 769 872**	**444 271**	**378 638**
一、研究生	（15）	785	2 302	5 299		
1. 高等学校	（9）	724	2 122	4 860		
2. 科研机构	（6）	61	180	439		
二、普通高等学校本专科	31	25 620	50 421	143 419	22 026	11 152
本科院校	14	15 680	35 464	105 741	16 813	8 095
专科院校	17	7 562	12 457	30 610	5 213	3 057
分校、大专班		2 378	2 500	7 068		
三、普通中等学校	2 582	669 892	876 176	2 425 818	161 607	129 668
1. 中等专业学校	121	36 897	48 062	138 949	13 230	7 550
中等技术学校	104	27 228	40 627	114 647	11 185	6 253
中等师范学校	17	9 669	7 435	24 302	2 045	1 297
2. 技工学校						
3. 普通中学	2 267	588 035	777 359	2 151 367	138 317	114 916
高中	411	71 073	124 391	315 527		18 449
初中	1 856	516 962	652 968	1 835 840		96 467
4. 职业中学	193	44 938	50 740	135 447	10 012	7 165
高中	172	32 923	41 754	107 963		6 324
初中	21	12 015	8 986	27 484		841
5. 工读学校	1	22	15	55	48	37
四、小学	20 595	775 185	737 091	4 509 307	237 326	222 855
五、特殊教育学校	25	1 806	2 609	17 558	602	438
六、幼儿园	1 711	400 614	528 528	668 471	22 710	14 525

2002 年各级成人学校基本情况

单位：人

学校类别	学校数（所）	毕业生数	招生数	在校学生数	教职工数 合计	教职工数 其中：专任教师
总计	**13 419**	**5 726 635**	**1 384 866**	**1 829 797**	**9 253**	**4 366**
一、成人高等学校	7	13 927	62 763	123 733	2 227	1291
1. 广播电视大学	1	1 288	2 768	5 714	1 515	845
2. 职工高等学校	3	330	324	1 028	229	137
3. 农民高等学校						
4. 管理干部学院						
5. 教育学院	3	202	606	1 025	483	309
6. 独立函授学院						
7. 其他学校（机构）		82				
8. 普通高等学校举办		12 025	59 065	115 966		
函授		7 341	33 826	71 234		
业余		1 814	6 400	13 883		
脱产		2 870	18 839	30 849		
二、成人中等学校	13 412	5 416 097	1 293 917	1 524 143	6 455	2 994
1. 成人中等专业学校	138	19 940	10 959	43 297	4 002	2 339
广播电视中专学校	4	9 951	5 433	22 736	782	431
职工中等专业学校	8	2 335	112	2 407	295	198
干部中等专业学校		1 615	904	2 379		
农民中等专业学校						
函授中等专业学校	2	660	441	2 713	709	377
教师进修学校	124	119	173	349	2 216	1 333
其他类学校举办		5 260	3 896	12 713		
2. 成人中学			320	320		
成人高中						
成人初中			320	320		
3. 成人技术培训学校	13 274	5 396 157	1 282 638	1 480 526	2 453	655
职工技术培训学校	1	89	20	20	3	2
农民技术培训学校	13 273	5 396 068	1 282 618	1 480 506	2 450	653
三、成人初等学校		296 611	28 186	181 921	571	81
1. 职工初等学校						
2. 农民初等学校		296 611	28 186	181 921	571	81
其中：扫盲班		259 541		147 300	423	44

2002年高等教育在校生人数迅速增加，各类高等教育在校生数32.67万人，比上年增长37.99%。其中，研究生比上年增加1 475人，增长38.57%；普通本专科生比上年增加2.44万人，增长20.48%。高等教育毛入学率达到8.64%，比2001年提高2.53个百分点。

各类高中阶段教育在校生数为63.23万人，高中阶段教育毛入学率27.30%，比上年提高1.31个百分点。初中阶段教育在校生187.43万人，初中阶段教育毛入学率为87.50%，比上年提高1.79个百分点。小学在校学生450.93万人，毛入学率为106.95%，比上年降低0.24个百分点。

撰稿　谢　冰　李光洪

〔**教育投入与支出**〕　2002年全省教育经费总收入129.50亿元，比2001年增长11.88%，其中：预算内教育经费投入98.80亿元，比2001年增长11.55%；各级政府征收用于教育的税费5.61亿元，比2001年增长10.87%；事业收入16.76亿元，比2001年增长32.59%；社会团体和公民个人办学经费1.55亿元，比2001年增长12.32%；社会捐集资办学经费1.74亿元，比上年减少16.35%。全省教育经费总收入中，教育部门教育经费总收入120.35亿元，比2001年增加15.86亿元，增长15.18%，其中：预算内教育经费94.78亿元，比2001年增加11.44亿元，增长13.73%。

全省教育经费总支出126.87亿元，比2001年增长12.07%，其中：预算内教育经费支出94.51亿元，各级政府征收用于教育的税费支出7.93亿元，学杂费支出11.23亿元，社会团体和公民个人办学经费支出1.34亿元，社会捐集资办学经费支出1.85亿元。全省教育经费总支出中，教育部门教育经费总支出117.75亿元，比2001年增长15.47%，其中：预算内教育经费支出90.73亿元，比2001年增长13.67%。

2002年，全省地方预算内教育经费收入98.68亿元，比2001年增长11.57%。地方财政收入205亿元，比2001年增长7.27%。预算内教育经费增长高于地方财政收入的增长。

生均预算内教育事业费支出情况：2002年普通高校生均教育事业费6 796.71元，普通高中生均教育事业费2 109.13元，初级中学生均教育事业费1 021.25元，小学生均教育事业费938.45元。生均预算内公用经费支出情况：2002年普通高校生均公用经费2 855.65元，普通高中生均公用经费575.20元，初级中学生均公用经费109.26元，小学生均公用经费70.49元。

教师工资支出情况：2002年全省支出教职工工资（含基本工资、补助工资、其他工资）65.34亿元，基本上没有发生拖欠教职工工资的情况，但相当部分的工资是由地方各级政府用其他专款、贷款等垫发。

2002年，全省国内生产总值2 231.88亿元，比2001年增加154.88亿元，增长7.46%，国家财政性教育经费支出105.64亿元，比2001年增加9.8亿元，增长10.3%。国家财政性教育经费支出占国内生产总值的比例为4.79%。2002年，全省财政支出530亿元，比2001年增支33.6亿元，增长6.77%。财政预算内教育经费支出94.51亿元，比2001年增加9.76亿元，增长11.5%。预算内教育经费支出（含城市附加）占财政支出的比例为19.26%。

2002年是实施《云南省基础教育振兴行动计划》的第一年，省政府将“筹集5亿元资金，排除80万平方米的中小学危房”作为省政府八项民心工程之一，并在中央财政的支持下，实施了边境学校建设工程和寄宿制学校建设工程。2002年中央和省级财政补助各地、州、市各项教育专款6.47亿元，其中：中央专款2.67亿元，省级专款3.80亿元，大大改善了中小学的办学条件。

撰稿　陈跃琼

〔**推进就业和助学工作**〕　2002年，云南省出台了按照“建立市场导向、政府调控、学校推荐、学生与用人单位双向选择的就业机制”的一系列政策，放宽大中专毕业生的择业期限、落户限制、就业限制和用人单位接收高层次人才的条件。赴艰苦地区和进藏工作毕业生为历年最多，1 000多名应届毕业生被选派到乡镇工作。

奖、贷、勤、补、减的助学体系进一步完善，国家助学贷款工作自 2000 年 8 月启动至 2002 年底，全省具备资格的 25 所普通高校全面开展国家助学贷款工作。签订贷款合同总额9 642万元，获贷学生17 832人，实际发放贷款额6 119万元。9 月 6 日，召开了国家助学贷款工作总结表彰会，表彰 13 个先进集体、55 名先进个人。2001 届毕业生还贷履约情况良好。国家助学贷款已成为全省高校帮困助学的主渠道。

设立政府奖学金，奖助优秀贫困生。8 月 26 日，云南省委、省政府根据《国家奖学金管理办法》，制定印发了《云南省政府奖学金实施管理暂行办法》。省政府奖学金每年奖助1 800名优秀贫困生。奖学金分为两个等级，其中：一等奖学金 400 名，每生每年3 000元；二等奖学金1 400名，每生每年2 000元，为高校帮困助学增加了新的活力。

撰稿　曾继贤　省教育厅办公室

〔**党建和德育工作**〕　组织全省教育系统学习、贯彻党的十六大精神，组织了高校十六大宣讲团，印发了《关于在全省教育系统学习贯彻十六大精神的通知》，制定了《关于进一步加强和改进教师职业道德建设的意见》。召开了全省高校党建工作会议，印发了《中共云南省委高校工委、云南省教育厅关于高校进一步深入学习“三个代表”重要思想的意见》。完成了对 6 所高校“两课”建设等级评估，推广蒙自师范专科学校发展大学生和青年教师党员的经验。开展了公民道德建设基本规范、“自强自立与诚实守信”等校园文化系列活动。2002 年涌现出全国“师德标兵”10 名、省级三好学生 1 859名、优秀学生干部 521 名、先进班集体 351 个。全省本科院校大学生党员比例已达 14.6%，35 岁以下青年教师党员比例已达 41.8%。

〔**廉政建设**〕　在 2001 年进行教育系统行风评议的基础上，2002 年以治理义务教育阶段乱收费为重点，继续加大行风建设和党风廉政建设力度，配合省政府对行风建设整改情况进行了跟踪检查。取消了一批不合理收费项目。对全省现有的（经过国家有关部委下达或批准，或省政府、省财政正式立项）26 个大项（包括 83 个中项、190 个小项、257 个细项）教育收费项目进行了清理，归并、取消、统一收费项目（标准）42 个小项，52 个细项。在全省实施了《教育收费公示制度》，规范了收费行为。全省 26 个国家级和省级贫困县的小学和初中试行了“一费制”。先后组织 596 个抽查组，对 1 584所中学、5 568所小学收费情况进行了检查，对 111 件违规违纪事件进行了查处。全年共查出违规收费 177.11 万元，处理责任人 29 名，其中 5 人受到党政纪处分，违规收费全部清退。

〔**推进依法治教**〕　《云南省教育督导规定》于 9 月开始施行，首次将高等教育纳入教育督导范围。参与教育部组织的《民族教育条例》的起草调研工作；配合省人大进行《教育法》《义务教育法》《高等教育法》的执法检查工作；适应加入 WTO 的需要，推进行政审批制度改革，按照“合法、合理、效能、责任、监督”的原则，对省教育厅直属事业单位承担的行政审批职能提出了清理意见报省政府；部署了加强教育系统知识产权工作；贯彻落实《云南省教育系统“四五”普法规划》，组织开展全省 200 多万中小学生参加“云南省青少年法制教育系列活动”，培训全省中小学法制副校长（辅导员）7 期共 600 多人，对推动全省青少年法制教育产生了积极的影响。

〔**民办教育**〕　云南省制定了多项鼓励、扶持民办教育发展的政策，对已批准的民办中专学校，准予免试入学。到 2002 年，全省社会力量举办的各类学校达 759 所，在校学生 23 万人。民办高等教育实现了零的突破，已有民办高等职业技术学院 2 所。新增云南艺术学院文华学院，已在 5 所普通高校试办国有民办二级学院 8 个，在校生已超过 9 000人。努力形成以政府办学为主，社会各界共同参与，公办学校与民办学校共同发展的办学格局。

〔**教育信息化建设**〕“云南省教育信息化战略研究”“云南省现代远程教育建设规划研究”两个课题研究基本完成。确认了75所云南省现代教育技术实验学校，培训了1 300名远程教育骨干技术人员和一线教师；“省远程教学项目”800个省级站点、“李嘉诚项目”一期450个卫星接收站点及“李嘉诚项目扩大布点项目”275个站点已建设完成投入使用；争取到中央“中西部中小学校校园网络教室、农村计算机信息站”示范项目6个，“中小学教学光盘播放系统工程”播放点中小学各1 200个；省教育厅高校科技及产业、学位及研究生教育网站已于2002年8月正式开通。10月对14所本科院校（即项目学校）校园网建设项目进行了公开招标，14所本科院校校园网工程建设资金8 000万元全部到位，建设工作已顺利展开。

撰稿　省教育厅办公室

〔**教育合作与交流**〕　继云南师范大学与澳大利亚拉筹伯大学合作举办英语硕士学位教育后，云南财贸学院与澳大利亚查理·斯窦大学、美国库克大学合作举办国际商务和国际会计学士学位教育项目获得了国务院学位办批准。在非学历教育的中外合作办学中，云南师范大学与联合国开发署“远程教育师资培训”合作项目进入实施阶段。福特基金会“提高高校困难学生自身发展能力”项目在云南师范大学、大理学院展开；通过中国对外友协，争取美国花旗银行的资助，为云南省培训了30名中学英语骨干教师；香港“寰宇希望”资助元阳县贫困学生项目第二期已启动，500人受益，捐赠资金25万元。与英国“盖普”组织合作的志愿者交流项目学校已由原来的1所扩展至6所。

云南大学、云南师范大学争取国家专项资金60万元，培训泰国、缅甸汉语教师300余名；省教育厅选派教师赴新加坡、尼泊尔、塞舍尔、泰国等国家开展对外汉语教学；临沧教育学院为缅甸培训了137名中小学汉语教师。在云南师范大学与泰国、缅甸合作建立了多个汉语中心的同时，两个国家也分别在云南师范大学建立泰语、缅语中心，进行人力资源开发合作，培养相互熟悉情况和规则的人才，为中国—东盟自由贸易区的建设和澜沧江—湄公河次区域的合作奠定人才基础。

与周边国家在教育领域进行交流与合作。云南大学、云南广播电视大学等高校参与了由联合国教科文组织和东盟教育部长组织发起的“大湄公河次区域虚拟大学试点项目”，并在旅游及IT电子课程建设方面进行了合作。云南大学成立了“云南省周边国家研究中心”及“云南涉外人员培训基地”；云南师范大学成立了“东南亚国际学院”。昆明理工大学、云南农业大学、云南民族学院及大理学院等大学也发挥各自特色，积极参与合作，选派人员在周边国家进行相关语种的研修学习。

2002年，各级各类学校共聘请外国文教专家（教师）220人次，其中，长期专家127人，短期专家93人次。发挥官方渠道作用，帮助学校扩大聘请渠道，把住质量关，保证聘请质量。2002年有30所各级各类学校邀请60名外籍教师来校作教学访问，扩大学校的国际教育交流。

教育部为配合国家西部大开发战略特设了“西部地区人才培养特别项目”。云南省有100人成为该项目的第一批派出留学人员。首次实施中学英语教师培训项目，选派6名英语骨干教师赴英国进行培训。另有300余名学生以自费方式出国留学。

2002年，全省招收各类长短期留学生达到1 556人（长期1 083人，短期473人）。云南师范大学经教育部批准，首次单独举行考试招收台湾学生，台湾学生可直接参加云南师范大学考试，合格后予以录取。

撰稿　甘雪春　章少宏　王　涛　李　艳

〔**语言文字工作**〕　4月在德宏州召开全省普通话培训测试工作会，就贯彻实施教育部、国家语委的《普通话测试管理规定》进行了布置。6月1日，全省开始使用全国统一的普通话水平测试等级证书。7至8月，举办全省语音教师和测试员培训班，开设普通话语音基础、教材教法、普通话水平测试三门课，并开设方言与普通话、国际音标、教师口语、朗读知识与技巧、普通话标准、测试理论、学校推广普通话、语音教师素养等专题讲座，经考核105人获语音教师资格。全省现有21个测试站，有测评指导70人，国家级测试员105人，省级测试员1 075人。2002年全省共培训和测试9.74万人。完成了国家语委立项下达云南省普通话培训测试中心的《普通话测试水平测试题库系统的改进与提高》《普通话水平测试各等级标准语言特征数据库系统》两个课题的全部工作。

撰稿　袁耘毅

基础教育

〔**综述**〕　2002年，全省各级教育行政部门大力推进“两基”的普及和巩固、提高。印发了《云南省“两基”巩固提高实施意见》，组织了对20个县（市、区）“两基”巩固提高情况抽查。坚持并逐步完善农村义务教育“在国务院领导下，由地方政府负责、分级管理、以县为主”的体制，积极推进农村义务教育管理体制改革。在20个县（市、区）启动基础教育新课程实验工作。投入2.52亿元，在40个县启动第二期“贫困地区义务教育工程”，规划新建校舍7.32万平方米，改扩建25.50万平方米。筹措资金7.5亿元，实施中小学“危房改造”工程，规划排危项目学校1 257所，排除中小学危房90.84万平方米。其中，B级危房2.35万平方米，C级危房8.98万平方米，D级危房79.51万平方米。2002年又有邱北、墨江、勐腊、双江4个县基本实现普及九年义务教育，广南、维西、德钦等3个县基本扫除青壮年文盲，景谷、盈江、文山、东川、师宗、大姚6个县（区）普及实验教学，全省共扫除青壮年文盲25万人。争取到发展高中国债资金6 000万元，全省有40所学校进行高初中分离。2002年，对达标晋级的普通高中学校进行了等级评估工作，认定昆明十四中、昌宁一中、大姚一中、凤庆一中4所学校为云南省一级三等完全中学。至此，全省一级完全中学已达58所。

撰稿　卢　明　杨春城　省教育厅办公室

〔**振兴基础教育暨第四次民族教育工作会议**〕9月25～26日，省委、省政府在昆明召开云南省振兴基础教育暨第四次民族教育工作会议。会议的主要任务是，以邓小平理论和“三个代表”重要思想为指导，深入贯彻落实全国基础教育工作会议和第五次全国民族教育工作会议精神，动员全省各族干部群众，打好振兴云南基础教育的翻身仗，促进全省经济社会快速发展。

省委书记白恩培在会上讲话，对振兴云南基础教育提出意见。强调振兴云南经济，科技是关键，人才是核心，教育是根本。基础教育的难点在少数民族地区、贫困地区、山区和边境一线等“三区一线”，关键在解决好部分学生失学、师资力量不足、教学水平不高这三个问题。“十五”期间，全省要再实现29个县的“普九”，使“普九”人口地区达到85%以上；继续推动23个县实现扫盲，使青壮年非文盲率保持在95%以上，必须把工作的重点放在“三区一线”，特别要加大人口在10万以下少数民族聚居地区的扶持发展力度，尽快解决这些地区的适龄青少年怎样有学上、有钱上学的问题。要严格按中央和省里的要求，加大教育经费投入，重点确保农村中小学教职工工资按时足额发放；确保学校公用经费安排；确保危房改造和学校建设的必要投入；确保中小学教职工按编制标准落实到位。要加大《教育法》《教师法》《义务教育法》《职业教育法》的学习贯彻，保障教师和少年儿童受教育的合法权益。

省长徐荣凯也在会上讲话，要求认真贯彻白恩培同志的讲话精神。会上，省长助理陈小娅作了制定《云南省基础教育振兴行动计划》的情况汇报。副省长梁公卿在会议闭幕式上作了讲话，要求省教育厅把《行动计划》的总体目标和任务分解的工作做好。各地（州、市）要按照《行动计划》提出的目标要求，结合本地实际，在摸清家底、认真调查研究的基础上，制定本地区的落实方案，将任务分解到县、乡（镇）。省直各有关部门要根据各自职责，落实支持基础教育振兴行动的具体措施，最大限度地动员全社会力量打好振兴基础教育的翻身仗。

撰稿　李建福

〔**印发《云南省基础教育振兴行动计划》**〕　为尽快改变云南基础教育相对落后，劳动者素质偏低的现状，在中央领导的关心支持下，省委、省政府在充分论证、反复研究的基础上，2002 年 9 月印发了《云南省基础教育振兴行动计划》（以下简称为“计划”）。“计划”提出经过 4 年的努力，使云南基础教育的整体水平达到或超过“九五”末全国的平均水平，实现云南基础教育的跨越式发展。为实现这一目标，“计划”提出实施五大工程：“两基”攻坚工程；边境、少数民族、贫困地区教育发展工程；中小学危房改造工程；信息技术教育工程；扩大优质教育资源建设工程。“计划”提出需要做好的重点工作是：深化投入体制改革，多渠道筹措教育经费，切实保障义务教育的投入；深化管理体制改革，建立基础教育地方政府负责、分级管理、以县为主的体制；深化教育教学改革，全面推进素质教育；深化办学体制改革，促进民办教育发展。省教育厅将“计划”细化为 30 个重点项目，制订了具体的实施步骤。

撰稿　常锡光　何开喜

〔**“两基”评估验收**〕　2002 年，邱北县、墨江哈尼族自治县、勐腊县、双江拉祜族佤族布朗族傣族自治县通过省政府“普及九年义务教育”评估验收。4 个县均属国家扶贫开发工作重点县，2001 年底共有人口 117.26 万人，占全省人口总数的 2.88%；4 个县的 51 个乡（镇）中有 22 个属省级扶贫攻坚乡，占 43.1%。4 个县的扫除青壮年文盲此前已经通过省政府验收，“普九”、“扫盲”情况同时报教育部审核，其中邱北县的“两基”通过审核，列入了向全国公布名单。2002 年通过省政府“扫除青壮年文盲”验收的有：广南县、维西傈僳族自治县、德钦县。至此，全省普及九年义务教育的县（市、区）达到 96 个，人口覆盖率 76.7%；扫除青壮年文盲的县（市、区）109 个，人口覆盖率 85.1%。

9 月 8 日（国际扫盲日），中央电视台对云南省的扫盲工作作了专题报道。通过对曲靖市五龙壮族乡村成人技术学校开办成人小学班、师宗县孟家村妇女学校开办实用技术培训、麒麟区南宁水寨村脱盲考试等场面的报道，介绍了云南省的扫盲工作经验：为了避免脱盲后又复盲，教育部门通过开办成人小学班和巩固提高班等，聘请有一技之长的人向扫盲对象传授种菜、养猪等农村实用技术，把科学知识融入扫盲的教育内容，使扫盲知识更加适用。云南省的扫盲工作受到联合国教科文组织、教育部的肯定和表彰。

撰稿　李晓南　何开喜

〔**民族教育**〕　“三免费”扩大到云南省 53 个边境扶贫攻坚乡的全部小学和初中生，经费达到 4 400万元，享受免费教育的学生达 27 万人。半寄宿制学校规模扩大，在校生从 30 万人增至 37.5 万人，补助经费从3 600万元增至4 500万元。新建、扩建寄宿制完小 99 所，寄宿制初小 173 所。近 20 万教师参与了第二批民族贫困地区中小学教师综合素质培训工作。安置了第三批 100 名上海教师赴滇支教，形成了上海市 100 所中小学对口帮扶云南省贫困地区 100 所中小学，昆明、玉溪、曲靖三市 100 所中小学对口帮扶本省贫困地区 100 所中小学，128 个县（市、区）的一所城镇中小学对口帮扶本县（市、区）一所贫困地区薄弱中小学的“对口支援”网络。组织编写和审定了 13 种民族文字的 53 本民族文字教材。中小学民族团结教育活动进一步推进，促进了民族团结，边疆稳定。

撰稿　省教育厅办公室

〔**中小学布局结构调整**〕　2002年，全省普通中学2 267所（不含其他学校复设初中班、教学点数），比上年减少9所。其中高中411所，比上年减少8所；初中1 856所，比上年减少1所。普通中学校均规模为949人。普通小学20 595所，比上年减少720所。小学校均规模为219人。布局结构调整取得明显成效。

撰稿　李光洪　姚鹏亮

〔**特殊教育**〕　9月1日，省政府办公厅转发了国务院办公厅关于"十五"期间进一步推进特殊教育改革和发展的意见及云南省的贯彻实施意见。明确了全省特殊教育改革发展的基本思路、总体目标和具体措施；提出了要在6个人口大县新建一批特殊教育学校；在扩大规模和容量的基础上，不断完善特殊教育体系，不断提高特殊教育学校和随班就读的教育教学质量，加强特殊教育师资队伍建设。《意见》的实施将有力推动全省特殊教育事业的健康发展。

撰稿　刘会平

〔**中小学教师队伍建设**〕　为配合全省基础教育课程改革分步实施要求，引进教育部基础教育课程改革通识培训教材《走进新课程——与课程实施者对话》，分步骤对中小学教师开展培训，对实施课程改革的教师做到"先培训，后上岗；不培训，不上岗"。2002年全省完成"走进新课程"教师培训12.4万人。

2002年联合国开发计划署以"利用远程技术开展教师培训"即"403"项目，援助云南省富源县、双柏县、澜沧县小学教师培训。该项目执行期限5年，援助资金180万美元。

2002年全省中小学教师"三沟通"学历进修招生1.6万余人，开设本科19个专业，专科14个专业，在籍学员已达3.5万余人。

2002年全省共完成28.7万人次的中小学教师履职晋级培训考试工作；完成4.2万人次中小学教师计算机培训考试工作，全省已有7.3万中小学教师获得计算机培训合格证书；完成联合国儿基会师训项目教师培训省级80人次，县级500人次；完成培训者省级培训1 800人次；完成全省幼教80人次，特教32人次的省级培训；完成中学高级教师省级培训158人次。同时由6所高等院校共同完成全省中小学中青年骨干教师省级培训560人。

省教育厅制定印发了《云南省中小学教职工编制标准意见》，努力促进建立农村中小学经费保障机制和中小学教师工资按时发放机制。全省已有51个县（市、区）教师工资上收到县，80个县（市、区）教师人事管理上收到县。除个别县外，全省基本解决拖欠教师工资的问题。175名中小学教师被授予"特级教师"光荣称号。教师资格认定工作全面展开。

撰稿　高云姝　省教育厅办公室

〔**"贫四"项目执行完毕**〕　中国政府与世界银行签订的"第四个贫困地区基础教育发展项目"信贷协定，于1997年4月启动，执行期五年，于2002年底顺利关闭。云南省21个县、7所中等师范学校为项目受益单位，该项目总计投入资金3.12亿元，其中世界银行贷款投入1 800万美元（约合人民币1.49亿元），省、地、县、乡各级政府多渠道投入配套资金1.63亿元，主要用于校舍建设、教学设备、图书、课桌椅购置、人员培训、教师服务网络建设、信息系统建设、科研成果推广、资助贫困学生等。"贫四"项目的实施，有力推动了全省基础教育的发展。

撰稿　曾继贤

〔**现代教育技术实验学校和卫星网络教学点建设**〕　3月，省教育厅新批准建立75所省级现代教育技术实验学校。到2002年底，全省共建立133所现代教育技术实验学校（其中教育部15所，省教育厅118所)。实验学校在加强教育信息化环境建设的同时，配合新课程的实施，大力加强课题研究工作和现代教育技术应用骨干教师的培训，2002年申报和实施教育部和省级课题140多个，近300名教师参加了课程改革、信息技术与教学整合、教学资源开发和教学模式构建的培训。

2002年实施教育部、李嘉诚基金会西部中小学扶贫示范项目一期工程，建设了450个卫星接收教学点，与此同时，配合该项目的实施扩大布点，按照统一建设标准、统一培训内容、统一实施管理的模式，又建成275个卫星接收教学点。10月底完成省投入建设的800个卫星接收教学点的人员培训，设备安装调试和验收工作。到2002年底，全省共建设现代远程教育卫星接收教学点1 850多个，这些教学点逐步地在学校的师资培训、教育教学活动中发挥作用。

撰稿 罗 文

职业教育与成人教育

〔**综述**〕 《云南省中等职业教育、农村成人教育“十五”发展规划实施意见》开始实施，中等职业学校招生权力下放，变下达指令性招生计划为指导性计划，把专业招生人数调整权下放给学校；增加招生录取次数，对生源不足的学校或专业采取了验证入学；改革学籍管理，允许普通高中学生转入中等职业学校就读。高级中等教育中普通高中生与职业教育在校生比例为1∶0.94。一些行业、部门制定了本行业、部门所属中等职业学校布局结构调整与发展规划。制定印发了《云南省中等职业学校骨干专业评选标准》和《云南省中等职业学校学科带头人选拔标准》，并评出首批56个骨干专业和71个学科带头人。在部分学校试行弹性学制和学分制。

撰稿 省教育厅办公室

〔**招生工作**〕 成人高校、成人中专招生情况。2002年成人教育招生报名人数14.35万人，比2001年增加4.40万人，增长44.2%。专科起点升本科的报名人数3.42万人，比2001年增加9 570人，增长38.9%。高中起点本、专科的报名人数10.52万人，比2001年增加3.03万人，增长40.4%。各类成人中专学校报名人数0.42万人。2002年省内外各类成人高校计划招生8.7万人，比2001年增加3.4万人，增长64.1%。成人中专计划招生1.12万人。2002年云南省各类成人高校共录取新生8.48万人。成人中专录取新生2 972人。

普通中专招生情况。2002年全省普通中专计划招生7.85万人，比2001年增长15%。实际录取8.99万人，报到入学为6.71万人，录取新生报到入学率为74.64%。其中招收高中毕业生的中专计划招生780人，录取808人，报到入学考生为230人，录取新生报到入学率为28.46%。普通高校五年制大专班计划招生8 075人，录取1.06万人，报到入学考生为7 784人，录取新生报到入学率为73.31%。

撰稿 陈海新 双 爽

〔**职业教育合作与交流**〕 根据上海市教委、云南省教育厅、德国汉斯·赛德尔基金会、上海电子工业学校签订的合作协议，2002年，云南省选送40名职教管理人员、40名校长和120名教师到上海进行培训。同时，上海15所中等职业学校对口支援云南9所中等职业学校的工作稳步推进，云南省9所中等职业学校在教师和管理人员培训、学生综合能力培养、信息服务等方面正积极与上海对口学校开展合作与交流。

〔**中职学校校长和骨干教师培训**〕　2002年，选送了2名中职学校校长参加教育部组织的中等职业学校骨干校长高级研修班。省内两所全国重点建设的职教师资培训基地云南大学、云南省旅游学校开展面向全省培养培训中职骨干教师工作。云南大学举办中职教师专升本学历教育，招生80人；招收62名中职学校教师在职攻读硕士学位。云南省旅游学校培训了中职骨干教师303人。省重点建设的职教师资培训基地云南农业大学开展面向全省培训职成教管理人员和骨干教师工作，全年共培训158人。

撰稿　段剑新

〔**评选中职学校骨干专业和学科带头人**〕　2002年，根据教育部制定的中等职业学校骨干专业和学科带头人评选标准和评估指标体系，云南省首次举行评选中等职业学校骨干专业和学科带头人活动。10月，收到96所学校的242份骨干专业申报材料和327份学科带头人申报材料。根据云南中等职业学校的实际情况，组成农林牧组、财经商贸组、医药卫生组、旅游艺术体育社会事务组、理工组和文化组6个大类评审专家组。专家组按照预定程序，评选出56个专业和71名教师，为云南首批中等职校骨干专业和学科带头人。

〔**职教成果展示**〕　7月26日～28日，在长春市国际会展中心和吉林省长春高级职业技术学院联合举办首届“中国职业教育成果展示会”和全国中等职业学校学生美容美发、服装设计、烹饪、计算机四项技能大赛。云南省制作的职教成果展版“红土高原的希望”获得好评，中央及当地的几十家新闻媒体进行了采访报导；在技能大赛中，云南省财贸学校8名学生参加了全部12项烹饪技能大赛，获得1项一等奖、6项三等奖、3项优秀奖；在12项美容美发技能大赛中，获1项二等奖、11项三等奖；在3项计算机技能大赛中，获1项二等奖，4项三等奖；在服装设计大赛中，获1项三等奖，3项优秀奖。云南省还获得大会组委会颁发的优秀组织奖。

撰稿　杨　伟

〔**农村成人教育**〕　2002年，在全省农村成人教育领域开展为广大农民脱贫致富服务的“百万农民培训金钥匙工程”，大力推进云南省农村成人教育工作持续健康发展，为农业增效、农民增收、农村稳定服务。据统计，全省共开办乡村成人文化技术学校1.32万所，比上年增加531所，其中，村级学校1.17万所，办学面达87%，比上年提高5个百分点；全年共组织539万农民（人次）参加各类农村适用技术培训，其中长班16.9万人；有3.7万脱盲和小学辍学的农民通过成人小学学习达到小学毕业程度。在大面积开办乡村成人文化技术学校的基础上，着力完善乡级成人文化技术学校的办学条件，继续创建省级示范性乡镇成人文化技术学校，全年有12所学校通过评估成为省级农村成人教育示范学校，使省级示范学校达到147所；继续指导有条件的示范性乡镇成人文化技术学校开办成人中专和职业中专班，以提高示范性学校的办学层次和办学水平，在校生增加到943人；根据云南农村产业结构调整及发展支柱产业的需要，开展新技术、新成果的培训和推广工作，省教育厅开办全省绿色食品名特优新果蔬生产技术培训、绿色食品优质畜产品生产管理技术培训，共113人参加培训；为提高乡镇成人文化技术学校校长的综合素质和管理水平，举办全省成人文化技术学校校长培训班，40名校长参加培训。

撰稿　徐惠珠

高等教育

〔综述〕 2002年。高等教育稳步发展。昆明大学园区选址工作有了新的进展，云南大学玉溪分校已完成规划设计，云南大学软件学院已经奠基。根据云南经济社会发展需要，调整并新增了一批适应市场经济发展需要的专业，下放部分专业设置自主权。以全面实施素质教育为主线，改革和加强外语、计算机、大学语文三门公共课，压缩总课时，增加创新课、自主实验课程，增加高等教育教学中现代教育技术含量。

2002年，经省政府批准成立5所职业技术学院：玉溪农业职业技术学院、昆明工业职业技术学院、云南能源职业技术学院、云南农业职业技术学院、云南司法警官职业学院；经省教育厅批准成立云南大学丽江旅游文化学院、云南艺术学院文华学院两所国有民办二级学院及民办云南新华计算机中等专业学校。昆明大学被教育部批准为全国31所重点职业技术学院之一。昆明大学的“导游”专业、昆明冶金高等专科学校的“电气工程及自动化”专业被教育部确定为第一批国家高职高专精品专业建设项目。

按照中央的部署，19所院校的后勤机构已从学校全部剥离出来，采取银校合作、校企合作等方式，建设“大学生城”和学生公寓，3年累计投资约6亿元，新建学生公寓47.60万平方米，改造学生公寓7.80万平方米；新建学生食堂4.77万平方米，改造学生食堂2.95万平方米，完成高校后勤社会化改革3年预定目标，为四年高校连续扩招创造了办学条件。

撰稿 叶 绿 谢 冰 姚鹏亮

省教育厅办公室

〔高校党建工作〕 9月23日，省委、省政府在昆明召开了云南省高校党建工作会议。会议的主要任务是：高举邓小平理论伟大旗帜，以“三个代表”重要思想为指导，认真学习、深刻领会江泽民同志“七一”重要讲话、“5.31”重要讲话、在北师大建校100周年纪念大会上的讲话精神和《江泽民论有中国特色社会主义》（专题摘编）重要论述，传达贯彻第十一次全国高校党建工作会议精神，进一步加强和改进高校思想政治工作，切实维护高校稳定，为党的十六大的召开营造昂扬向上，团结奋进，开拓创新的良好氛围。

省委副书记王学仁在会上作了报告，强调要用“三个代表”重要思想统领和推进高等教育工作；要开拓创新，进一步加强和改进高校党建和思想政治工作。从全省高校实际出发，提出当前要抓好以下工作：一是各级领导带头认真组织好对师生的形势教育，以师生思想的稳定确保高校稳定；二是切实加强校园网络管理，及时清除网上不良信息；三是抓住新生入学时机，全面检查学生生活条件；四是妥善安排好分校、二级学院以及高校园区学生的住宿、伙食、校园文化问题；五是做好高校开学的各项工作，重点是新生入学、对学生思想动态的了解掌握及抓紧解决贫困生助学贷款和生活补助问题；六是检查教学设施、课程师资安排等情况，为学生提供良好的学习条件；七是配合有关部门积极主动地做好校园周边环境的整治工作，确保高校正常的教学和生活秩序。

7月3日，由27所本专科院校和昆明医学院第一附属医院作为第一批会员单位的云南省高校党建研究会在昆明成立。会议讨论通过了《云南省高校党建研究会章程》。建立高校党建研究会，旨在集中全省高校基层党组织的力量，发挥高校的人才优势，丰富党建工作的学术含量，探索和交流工作中的实际问题，增强高校党建工作的时代感，把高校建成党建研究的重要力量和传播先进文化的重要阵地。

撰稿 李建福 陈华仙

〔**招生工作**〕 2002年普通高校招生报名人数为10.14万人，比2001年增加1.20万人，增长13%。其中应届高中毕业生报名人数6.69万人，往届高中毕业生报名人数2.56万人，共9.25万人。比2001年增加9 723人，增长12%。“三校生”报名人数8 862人，比2001年增加2 318人，增长35%。另外，少数民族考生达2.28万人，占报名人数的22%。全省2002年招生计划为6.08万人，比2001年增加1.23万人，增长25%。2002年报名人数与招生计划之比约1.7：1。全省共设134个考点，4 792个考场。

2002年云南省录取工作采取网上录取方式，全部实行计算机投档，共录取新生61 683人，比2001年增加12 456人；其中本科32 428人、专科29 255人，完成招生计划的101.43%，考生录取率为60.86%。录取后实际报到考生人数57 505人，占招生计划的94.56%。

撰稿 蒋兆斌

〔**高等教育办学情况调研**〕 近年来，全省高等教育办学形式的多样化已初具规模。为了解这些学校在教育教学中的实际状况，6月，省教育厅对云南大学国际文化学院等9所学校、10个办学机构进行了调研。通过调研了解到，这些学校充分发挥多种形式办学的优势，表现出如下办学特点：机制灵活，自主性强；竞争意识、质量意识、品牌意识甚强；机构精简，人员精干，教学管理有成效；师资水平高，教学效果好。但同时也存在以下问题：办学条件参差不齐，部分硬件设施急需补充；一些学校校园文化氛围不浓，校风学风有待加强；有些学科专业缺乏特色，学校定位模糊不清；教师队伍不稳定，教学计划受影响等。

撰稿 叶 绿

〔**学历证书管理**〕 根据教育部《关于高等教育学历证书电子注册工作及有关事项的通知》要求，2002年高等教育毕（结）业生的像片、身份证号码须同注册证书一同上网。云南省高等学历证书像片图象电子信息采集工作于5月底结束，共采集2002年毕（结）业生证书电子图象信息4万余份。

根据教育部《关于对1991年至2000年颁发的高等学历证书进行登记的通知》精神，要求对各普通高校（包括：函授、夜大学、成人脱产）、各成人高校（包括：省电大、职工大学、教育学院、经济管理学院）1991年至2000年参加全国普通高考、成人高考经省招办录取，所颁发的本、专科毕（结）业证书进行登记。经登记的本、专科毕（结）业证书由省教育厅汇总、审核后进入全国高等教育学历证书电子档案库，供社会用人单位上网查询。截止到8月底，全省已登记的普通高等教育1991～2000年所颁发的本、专科毕（结）业证书为12.01万份；成人高等教育1991年～2000年所颁发的本、专科毕（结）业证书为8.80万份。

撰稿 梁国玉

〔**重点学科建设**〕 2001年，省学位办遴选了民族学等11个省级重点学科申报国家级重点学科，2002年3月，经国务院学位办统一组织全国专家通讯评议和评审，云南大学民族学、生态学和昆明理工大学有色金属冶金3个学科获得了通过，正式成为云南省国家级重点学科。

“十五”期间省教育厅、省学位委员会遴选并批准了26个学科为省级重点建设学科，增列了5个省级重点建设学科的备选学科。一年来，学科建设取得良好效果，经省学位办组织年度自评自查，结果表明学科建设一年来按照合同要求顺利进行，取得了明显成效。通过随机评估和总结，省学位委员会制定并印发了《关于进一步加强省级重点学科建设的若干意见》，以规范和强化对省级重点学科建设的管理。

〔**省院省校教育合作**〕 2002年是本届政府实施省院省校合作的最后一年。5年来，省院省校教育合作考取合作方院校博士生21人，硕士生46人；免试推荐攻读合作院校硕士学位13名；选派到合作方进修/访问的骨干教师达89名；聘请了

21 名中国科学院、工程院院士及国内知名教授为云南省高校的客座/兼职教授；召开“加入 WTO 后中国及中国区域产业经济发展学术研讨会”国际学术会议；评审立项支助开展 11 个人文社会科学研究项目的研究工作。经过几年的努力，2002 年共验收结题人文社会科学研究项目 7 项，验收结题共建省级重点学科 1 项。这些成果经专家统一评审，均获得了很高的评价，达到国内同类研究的领先水平或先进水平，有的成果直接为省委、省政府的科学决策提供了依据；有的成果已在省内有关部门的工作计划及规划中得到采纳和参考，达到了项目研究的目的，发挥了应有的积极作用。

5 年来，云南省高校、科研单位考取合作院校博士学位研究生共 112 名、硕士学位研究生共 175 名；免试推荐了 86 名优秀应届本科毕业生前往合作院校攻读硕士学位；联合举办研究生课程进修班 7 个，招收云南学员近 300 名；选派进修教师/访问学者 452 名；合作咨询建设省级重点学科 38 个；建设远程教育教学站点 3 个；召开国际学术会议 11 个；向合作方聘请客座/兼职教授 77 人；建立联合办学基地 1 个；合作开展人文社会科学研究项目 35 项。省院省校教育合作，为高层次人才培养、提升高校综合实力，为云南经济建设、社会发展发挥了重要作用。

撰稿　赵　纯

〔**学位工作与研究生教育**〕　为保证成人高等教育学士学位授予工作顺利进行，省学位委员会印发了《云南省授予成人高等教育本科毕业生学士学位暂行实施办法》。11 月，又印发了《云南省授予成人高等教育本科毕业生学士学位有关工作的补充通知》，对申请成人学士学位起止时间、学位外语统一考试、申请工作程序、管理工作要求等具体问题进行了明确规定，进一步加强了全省授予成人高等教育本科毕业生学士学位工作制度化、规范化的管理。

2002 年，组织了国务院学位办及云南省各级各类相关学位考试。1 月和 6 月，分别组织云南省非英语专业硕士研究生学位英语课程考试两次，参加考试人数分别为1 622人和 873 人，合计2 495人。平均合格率为 50%；6 月 22 日，组织云南省成人本科申请学士学位英语水平首次考试，参加考试人数为 873 人，合格率为 33%；6 月 8 日，组织云南省 2002 年同等学力人员申请硕士学位全国统一考试，共有1 774人报名，其中1 454人参加外语水平考试，826 人参加学科综合考试，合格率分别为 23%和 18%；10 月 19 日～20 日，组织云南省 2002 年在职攻读硕士学位全国联考。共2 591人报名考试，报考类别为法律硕士、教育硕士、工程硕士、工商管理硕士、农业推广、公共管理硕士、“两课”教师、“中职”教师八种。

近年来，全省研究生教育规模迅速扩大。国家计划全日制研究生 2000 年招收硕士1 102人、博士 136 人；2001 年硕士1 644人、博士 143 人；到 2002 年达到硕士2 086人、博士 198 人，分别比 2000 年增长 89%和 46%。参加在职攻读硕士专业学位和以毕业研究生同等学力申请硕士学位的人员逐年大幅度增加。同时，具有硕士学位授予权的各高校积极开展研究生课程进修班的教学，为广大在职人员提高自身业务素质，改善知识结构创造条件，2002 年省学位委员会共批准举办各学科（专业）课程进修班 140 余个，据不完全统计参加学习的人员达到约6 000人次。

撰稿　杨丽宏　马光宇

〔**高校科技工作**〕　2002 年新建了云南大学“微生物药物国家新药研发中心”和云南农业大学“农业生物资源多样性与病害抑制”实验室、“版纳微型猪近交系”重点实验室；开始建设云南公安专科学校“刑事科学技术”省级重点实验室；云南农业大学“生物多样性与生物技术基地”被批准为国家工程研究中心。截至 2002 年底，全省高校已有 2 个国家工程技术研究中心、1 个国家新药研发中心、2 个国家重点实验室、8 个省级重点实验室。科研项目中，国家自然科学基金项目 55 项，国家“863”、“973”计划项目 9 项，国家社科基金项目 6 项，教育部重点项目 5 项，国务院各部门项目 17 项，省级各类项目 250 余项，科研经费约达 2 亿多元。

2002年，云南省大学科技园在原有5个分部的基础上又建立了3个分部，即：大理学院分部、云南中医学院分部、云南财贸学院分部，充分发挥了科技园“一园多校”、“联合式、开放式、网络式、虚拟式”的运作模式，架起一座“产学研”互动的桥梁。10月大学科技园第二期孵化基地2.8万平方米建设项目竣工投入使用，两期建设孵化基地共4.6万平方米。2002年入园企业已达98家，产值达1.35亿元，总收入9 636.29万元，税后利润3 379.04万元，为全省经济建设发挥了积极作用。

2002年，全省高校科技活动单位有26个，其中普通高校22所，附属医院4所；总计中有科技活动的26个，有R&D活动的21个。全部从事科技活动人员1.28万人，其中科学家和工程师1.15万人。科技活动经费筹集总额1.70亿元。科技活动支出总额达1.35亿元，其中内部支出1.32亿元，占支出总额的98%。全部科技项目达2 077项。企业事业单位办科技机构达104个。

撰稿　马光宇　王　珏

〔**高新技术创新人才培养基地建设**〕　根据《云南省人民政府办公厅转发省教育等部门关于云南省高新技术创新人才培养基地建设方案的通知》要求，2001年建设了“云南大学生物技术基地”、“云南农业大学生物多样性与生物技术基地”、“昆明理工大学信息工程基地”、“云南大学信息技术与工程基地”。2002年省教育厅组织专家于11月对四个基地的建设情况进行了检查评估。检查结果：2002年经费全部到位，使用基本合理，其中“云南大学生物技术基地”已申请成为“国家生命科学技术人才培养基地”；“云南农业大学生物多样性与生物技术基地”完成了基地的计算机网络教室、多媒体教室、计算机网络系统和宽带网络和多媒体课件建设；“云南大学信息技术与工程基地”和“昆明理工大学信息工程基地”也在探索创新人才培养模式及对外开放、交流中取得成绩。

撰稿　王　珏

审稿　何天淳

西藏自治区教育

概 况

〔基本情况〕

2002 年各级普通学校基本情况

单位：人

学校类别	学校数（所）	毕业生数	招生数	在校生数	教职工数 合计	其中：专任教师
总 计	**1 054**	**66 968**	**107 433**	**432 208**	**23 798**	**20 401**
一、研究生	(2)	10	20	56		
1. 高等学校	(2)	10	20	56		
2. 科研机构						
二、普通高等学校本专科	3	1 686	3 414	8 438	1 829	885
本科院校	3	1 499	2 778	7 354	1 829	885
专科院校						
分校、大专班		187	636	1 084		
三、普通中等学校	118	18 821	40 547	97 966	7 726	6 363
1. 中等专业学校	11	2 311	2 107	6 437	1 222	782
中等技术学校	10	1 808	1 835	5 424	1 061	659
中等师范学校	1	503	272	1013	161	123
2. 技工学校						
3. 普通中学	103	15 712	37 973	90 469	6 500	5 577
高中	16	4 520	6 754	18 421		1 255
初中	87	11 192	31 219	72 048		4 322
4. 职业中学	4	798	467	1 060	4	4
高中						
初中	4	798	467	1 060		4
5. 工读学校						
四、小学	899	43 929	60 824	319 569	13 631	12 792
五、特殊教育学校	2	3	19	212	75	63
六、幼儿园	32	2 519	2 609	5 967	537	298

2002年各级成人学校基本情况

单位：人

学校类别	学校数（所）	毕业生数	招生数	在校学生数	教职工数 合计	其中：专任教师
总　计		**906**	**4 872**	**7 032**		
一、成人高等学校		549	3 266	5 111		
1. 广播电视大学						
2. 职工高等学校						
3. 农民高等学校						
4. 管理干部学院						
5. 教育学院						
6. 独立函授学院						
7. 其他学校（机构）						
8. 普通高等学校举办		549	3 266	5 111		
函授		274	2 416	3 830		
业余						
脱产		275	850	1 281		
二、成人中等学校		357	1 606	1 921		
1. 成人中等专业学校		357	1 606	1 921		
广播电视中专学校						
职工中等专业学校						
干部中等专业学校						
农民中等专业学校						
函授中等专业学校						
教师进修学校						
其他类学校举办		357	1 606	1 921		
2. 成人中学						
成人高中						
成人初中						
3. 成人技术培训学校						
职工技术培训学校						
农民技术培训学校						
三、成人初等学校						
1. 职工初等学校						
2. 农民初等学校						
其中：扫盲班						

2002年，西藏自治区教育工作以邓小平理论、江泽民同志“三个代表”重要思想为指针，全面贯彻落实全国民族教育工作会议、全国教育支援西藏工作会议精神，进一步解放思想、更新观念，坚持以培养受教育者的创新精神和实践能力为重点，坚持把学校德育工作和“四观”教育放在首位。全面推进普及义务教育，检查落实新的中小学课程计划，加大“双语”教材的改革和建设工作力度，做好教辅材料的编写、印刷、发行工作，做好“十五”科研立项课题研究过程中的监督、检查、指导工作。大力发展中等职业教育，继续加强重点中等职业学校的建设，完善基础设施，改善办学条件，扩大办学规模，提高培养能力和质量；重点加强中等职业学校师资队伍建设和规划工作；加强专业建设，根据市场发展的需求，制订中等职业学校骨干专业建设规划，稳步发展骨干专业；进一步构建中等职业教育与高等职业教育的立交桥。以组织实施西藏大学改扩建项目为工作重点，积极发展高等教育。进一步加强师资队伍建设，加大师范教育改革力度，保证师范专业招生生源相对优秀；全面试行教师资格制度，加强“十百千”骨干教师培养工作；出台教师编制管理办法，落实教师编制管理；加大教师引进和培训力度；加强师德建设。全力争取及落实项目，多渠道争取资金，努力改善办学条件。积极推进四项改革，组织实施高考“3＋X”考试制度改革；改革完善大中专招生考试办法，调整有关政策；推进办学体制改革；深化农牧区教育综合改革。加大宣传力度，使自治区近几年出台的教育政策、改革措施深入人心，得到社会的广泛理解和支持；加快教育管理现代化步伐；提高工作效率，增加透明度，逐步实现教育政务公开化。

〔**调整“十五”教育发展目标**〕 2002年，根据新形势对西藏“基本普及九年义务教育、基本扫除青壮年文盲”的“两基”事业提出新的要求，自治区教育厅组织人员，认真调查全区基础教育的发展现状，多方论证、科学分析，进一步完善了全区“十五”教育发展目标。为确保规划目标的实现，将实行一年一部署、一年一检查、一年一算帐、一年一评比。

全区教育发展目标要求：2003年，全区教育进一步加大“普六”、“普九”工作力度，加快扫除青壮年文盲步伐，力争将小学适龄儿童入学率提高到90%以上，把青壮年文盲率降至25%以下；继续扩大初中、高中办学规模，提高教育质量，使初中入学率达到60%以上，高中阶段入学率达到25%以上；进一步加大中小学危房改造力度，积极推进农牧区小学规范化建设；努力扩大高等教育资源，优化学科专业结构，提升科技创新水平，高等教育毛入学率达到10%。高等教育入学率达到12%。

到2005年，全区基本普及六年义务教育，适龄儿童入学率达到95%以上，初中入学率达到70%以上，高中阶段入学率达到30%以上，主要城市普及高中阶段教育。

到2007年，全区基本普及九年义务教育，适龄儿童入学率达到98%以上，初中入学率达到85%以上，高中阶段入学率达到40%以上，高等教育入学率达到15%以上。

到2010年，全面普及九年义务教育，初中入学率达到95%以上，高中阶段入学率达到50%以上，高等教育入学率达到20%以上，基本消除文盲。

〔**教育交流与合作**〕 2002年，自治区教育行政部门注重加强外事工作政策法规的学习，积极加强与有关部门的协调和协作，利用各种有效渠道，宣传全区改革开放政策和教育发展成就，拓展教育合作交流渠道。加大留学生管理力度。2002年，审批公派及自费出国留学生32人，接收国外留学人员51人，聘请外国文教专家9人，选派短期留学人员8人，接待香港教育访藏考察团2个，国内教育考察团队50多个。认真落实外援项目，加强项目管理与监督。继续与美国英语学会合作，培训中学教师和高中学生400余人；成功承办中国—联合国儿童基金会合作项目经验交流会西藏会议；职业教育德国援助项目全面展开，落实合作资金1 500万元。

〔**思想政治工作**〕 西藏自治区各级各类学校坚持社会主义办学方向，把培养“四有”新人和社会主义合格建设者、接班人作为根本任务，不断加强高校党建工作和中小学德育工作；把反分裂斗争教育和马克思主义“四观”“两论”教育作为一项重要内容，认真贯彻落实到各项工作当中。召开全区高校党建和思想政治工作会议，部署并落实加强高校党建工作和中小学德育工作。加快青少年校外活动场所建设步伐，加强了青少年校外教育工作联系制度。重视开展了学校法制教育和安全教育。

教育系统广大干部职工、师生员工深入学习“三个代表”重要思想、《江泽民论有中国特色社会主义（专题摘编）》及十六大精神，深刻领会其精神实质，认真贯彻落实区党委六届二次全委会精神，不断加强干部理论学习，对党员干部进行系统的党性党风教育，不断将“三个代表”的学习教育引向深入，增强了党员干部努力实践“三个代表”的自觉性和责任感。同时，认真抓好邓小平理论、“三个代表”重要思想、十六大精神“进教材、进课堂、进学生头脑”的“三进”工作。

进一步加强对教育系统的党风廉政建设和反腐败工作的全面检查落实力度，主动开展行风评议工作，坚决纠正行业不正之风，加大了对中小学乱收费现象的治理工作和“三包”经费使用管理的督查工作，取得了明显成效。

〔**内地办学工作**〕 2002年，内地办学有各级各类在校生13 657人，其中初中生6 995人，高中生3 178人，中等职业学校学生1 517人，本专科生1 967人。当年初中招生1 645人，高中招生1 129人，师范小教大专班招生270人，中专招生160人。完成了50名珞巴、门巴、僜人等区内少数民族报考内地西藏初中班的招生录取工作。根据全国教育支援西藏工作会议精神，在内地49所重点高中安排231名初中毕业生插班学习。内地班（校）的管理得到加强，教育质量进一步提高。

继续做好内地西藏班初中毕业生统一返藏参加毕业招生考试工作，加大了学生进出藏工作的管理力度。采取有力措施帮助解决全区贫困农牧民学生进出藏路费等问题，确保学生安全、按时到校。

〔**教师队伍建设**〕 继续坚持师范教育优先发展的方针，加速培养高素质教师。坚持加大引进、加强培训、强化管理，师资队伍得到进一步调整、充实和优化。

2002年，进一步加强教师学历补偿教育和学历提高教育，共招收在职教师报考的高师专科层次、专升本层次学历班脱产、函授学员2 400余人。参加山东、江苏和区内师范院校英语培训的1 000名小学英语教师全部结业，缓解了全区小学英语师资紧缺的问题。区内分配师范类大中专毕业生1 248人，引进内地省区大学毕业生484人，90%的新进教师分配到县及县以下基层学校任教，充实了基层教师队伍，教师整体素质得到提高。在不包分配的大专以上高校毕业生中招收小学教师50名，充实到昌都、那曲地区工作。继续举办中小学校长和教育行政干部提高培训班，学校管理水平有较大提高。

启动教师资格认定工作。教师职务评聘工作得到加强，评聘高级职务教师48人，对上年评聘的21名高级职务教师进行了任职资格考察。组织非师范毕业的大、中、小学教师参加了《教育学》《教育心理学》考试。加大了人事制度改革力度，改革了教师调配制度。开展了中青年教师到基层薄弱学校支教活动。与自治区机构编制办公室、财政厅联合制订了《西藏自治区中小学、中等职业学校机构编制管理办法（暂行）》，从9月起对全区中小学校实行机构编制管理，优化了资源配置。

〔**教育投入与支出**〕 教育事业费进一步增加。2002年，自治区财政年初下达安排全区预算内教育事业费指标8.35亿元，其中自治区级1.76亿元，地市级6.51亿元，西藏自治区驻格尔木办事处506.5万元，自治区财经学校311.2万元。比2001年年初预算5.87亿元增加2.49亿元，增长42%。2002年全区教育系统教职工政策性调资2.66亿元。

2002年全区教育经费总支出为12.54亿元，其中自治区预算内教育事业费支出11.01亿元，地方预算内教育基建支出0.56亿元，中央专款0.61亿元，地县自筹及援藏资金0.31亿元，教育费附加投入400万元。全年基本建设总投资1.53亿元，安排了大中小学建设项目109个，较大程度地改善了各级各类学校的办学条件，教育教学设施得到更新和补充。继续组织实施国家“贫困地区义务教育工程”和中小学危房改造工程。在国家计委的支持下，安排2亿元国债资金为自治区改扩建48所中学，前期工作已全部完成，各项目陆续开工。加强中小学规范化建设，建设了一批示范学校，基础教育办学条件大为改善。协调财政、银行等部门，认真做好贫困学生助学贷款工作。

建立健全各项规章制度和监督制度，财务管理与财务监督机制逐步完善。加强了对教育经费的管理，加大了对教育基建项目的审查，资金利用率得到提高。加强了教育内部审计工作。

〔**教育援藏工作**〕 2002年10月，教育部在北京召开了全国教育支援西藏工作会议。会议确定中小学援助项目157个，教育部还决定由部属23所院校对口支援西藏3所高校，教育部直属11个事业单位支援西藏教育厅直属的5个单位及3所高校。会后，自治区教育厅认真组织教育系统干部职工和师生深入学习、广泛宣传全国教育支援西藏工作会议精神，形成了《关于贯彻落实全国教育支援西藏工作会议精神的意见》印发各地市、各高校。并将会议提出的各项任务进行分解，落实到各处室、各部门，确定专人负责。与对口援助省市、学校加强联系，做好各项援助项目的衔接，争取援藏项目的落实。自治区教育厅曾先后派出四个工作组协助各地市与对口援助省市洽谈援助项目，落实教育援藏工作会议确定的各项任务。

自第三次西藏工作座谈会以来，到2002年，各对口省市加大了对西藏教育工作的援助力度，从师资、仪器设备、图书资料和资金等方面给予了大力支援。据不完全统计，1995年～2002年，拉萨市接受援助资金6 365.71万元，其中江苏省3 605.71万元，北京市2 760万元，援建学校18所。山南地区接受援助资金7 726.7万元，其中湖南省3 770.7万元，湖北省2 248万元，广西、安徽1 408万元，宁夏300万元，援建项目41个。林芝地区接受援助资金4 139.8万元，其中广东省1 532.7万元，福建省2 247.1万元，内蒙古和宁夏360万元，援建项目47个。那曲地区接受援助资金1 736万元，其中，浙江省1 255万元，辽宁省306万元，深圳市35万元，天津天狮集团140万元，援建项目21个。昌都地区接受援助资金3 275万元，其中，安徽省2 000万元，江西省477万元，天津市408.5万元，四川省338万元，重庆市51.5万元。日喀则地区接受援助资金8 094万元，其中，上海市4 313万元，山东省2 373万元，辽宁、山西1 408万元。阿里地区接受援助资金1 318万元，其中，河北省1 058万元，陕西省230万元，山东省30万元。全区共计接受援助资金（含捐赠仪器设备折款）3.27亿元。

基础教育

〔**综述**〕 在自治区党委、政府的领导下，以十六大精神为指导，高举邓小平理论伟大旗帜，认真实践“三个代表”重要思想，经过全区各级党委、政府、教育工作者、人民群众的共同努力以及兄弟省市的大力援助，全区基础教育持续、快速、健康发展，各项教育改革进一步深化，教育质量和办学效益进一步提高。

2002年，在认真分析研究2001年全区基础教育发展形势后，依据各地基础教育发展的实际情况，制订了全区2002年各地（市）基础教育发展责任目标；要求各地（市）采取切实有效的措施，挖掘办学潜力，尽一切可能扩大招生，同时积极做好义务教育阶段辍学学生返校就读工作，加大对《义务教育法》的宣传，组织工作组深入乡村学校开展广泛的劝学活动，做好控流防辍保学工作，义务教育普及工作取得新进展。截至年底，全区小学较上年增加4所，村办教学点减少207个，初中较上年增加2所。

2002年，全区小学专任教师学历合格率达到91.3%；普通初中专任教师学历合格率达到89.8%；普通高中专任教师学历合格率达到74.3%。

学校体育、卫生、艺术教育得到进一步加强。2002年，举办了全区第七届中学生田径运动会，组团参加了全国第八届中学生运动会，开展学生集体用餐督查工作，加强了学生健康教育。对西藏消除碘缺乏病试点地区进行了中期评估考察。全面开展国防知识教育，制订了《西藏自治区学生军训工作实施意见》，学生军训工作逐步走上规范化、制度化轨道。

〔**教育教学改革**〕 继续大力推进素质教育，培养学生创新精神和实践能力，认真执行西藏自治区中小学课程计划，积极推进素质教育。进一步调整课程结构，切实加强“三语”教学。全区所有小学从一年级起开设了汉语文课，大部分乡镇完全小学从三年级起开设了英语课，部分小学从四年级起开设了信息技术课。对全区所有中小学进行了教育评估检查。

改革中学毕业考试制度，为全面实施素质教育创造良好条件。2002年，全区普通高中、中专统一招生考试改为全区初中毕业考试。

结合本地实际深入开展课堂教学改革，不断总结教学成功经验，积极引进先进的教学方法，组织开展了“引探教学法”、“于永正教学法”和青浦教学经验等先进教学方法的引进推广实验，有力推进了中小学素质教育工作的开展。

〔**教育督导**〕 2002年侧重“普九”评估验收工作，全区普及义务教育工作稳步推进。2002年拉萨市堆龙德庆县和山南地区扎囊县、错那县通过“普九”评估验收。昌都地区芒康县、日喀则地区萨迦县、聂拉木县和阿里地区噶尔县通过了“普六”评估验收。至此，全区已有49个县域通过“普六”验收，8个县通过“普九”验收。“普六”县总人口171万，“普六”人口覆盖率达70.55%；“普九”县总人口35万，“普九”人口覆盖率达16.55%。小学适龄儿童入学率达到88.3%，初中入学率达到48%，高中阶段毛入学率达到19%，分别比2001年提高1.1、9和3个百分点。

扫除青壮年文盲工作继续推进。2002年，拉萨市的林周县、林芝地区的朗县，山南地区的贡嘎县、隆子县、桑日县，昌都地区的昌都县，日喀则地区的康马县、仁布县8个县通过扫盲评估验收。至此，全区已有28个县通过扫盲评估验收，脱盲县总人口104万，人口覆盖率40%，青壮年文盲率下降至34.27%。

制订了《关于“三包”政策和助学金制度的实施办法》，提高了“三包”政策透明度；制订出台了《西藏自治区开办高中“宏志班”实施细则》，完成了第一届“宏志班”的考生资格审查和录取工作。

职业教育与成人教育

〔**综述**〕 2002年，全区贯彻全国第四次职业教育工作会议精神，以改革、调整和提高为主线，以质量和效益为核心，改革思维模式，强化管理，推进职业教育的快速发展。全面启动重点中等职业学校改扩建项目，按规划分批实施项目计划，落实了项目第一批资金。改革招生政策，扩大招生规模，完成中等职业学校优秀毕业生升入高职的免试推荐工作，推荐了120名优秀毕业生升入相应的高职院校学习。

〔**成人学校招生工作**〕 2002年报考成人高校考生7 330人，其中少数民族考生5 915人，占报名总人数的80.7%；报考成人中专考生1 026人，其中少数民族考生 917 人，占考生总数的 89.4%。

2002 年成人高校招生计划总数为4 902人，成人中专招生计划1 320人。成人高校实际录取4 407人，完成计划的 89.9%，其中专升本考生 390 人，高中起点升专科4 012人，高中起点升本科 5 人。总录取人数中少数民族考生3 287人，占录取总数的 74.6%。成人中专实际录取 925 人，完成计划的 70%。其中录取少数民族考生 891 人，占录取总数的 96.3%。

〔**教育考试**〕　2002 年全区自学考试共开考 16 个专业 195 种科次，共有7 392人报考，总报考科次达21 900次，其中报考本科1 912人，报考专科5 480人，分别占报考总人数的 25.9%和 74.1%。2002 年上半年共有 110 名考生毕业，其中本科 8 人，专科 102 人。中师毕业生 20 人。

2002 年全区共有1 093人报名参加计算机等级考试，322 人获得等级证书，其中 288 人获得一级合格证书，34 人获得二级合格证书。

高 等 教 育

〔**综述**〕　2002 年高校发展规模进一步扩大，办学条件进一步改善，办学水平进一步提高。全区大学本科专业设置达 50 个，硕士研究生学位授予点 4 个，自治区自主培养的首届 10 名硕士研究生毕业。普通高校生均建筑面积已超过国家标准，教职工住宿条件和教学实验条件大为改善。高校专任教师中有教授、副教授 202 人，硕士以上学历 80 人，比上年增加 25 人。高校科研工作得到进一步重视，在研项目有 5 项，申报项目 10 项。自治区批准西藏大学农学院高原生态所、西藏大学羊八井宇宙射线科研站为重点实验站。国家批准西藏大学改扩建项目立项。

全国教育支援西藏工作会议上，教育部确定西南交通大学等 24 所内地重点高校和科学研究院对口支援西藏自治区 3 所大学。积极落实全国 8 所重点大学为西藏培养研究生工作，已确定 2003 年招收硕士研究生 126 人。

开展高校教学评估工作，达到了“以评促建、以评促改”的目的。西部地区高校校园网工程建设开工，建设资金1 800万元。

〔**高校招生工作**〕　2002 年全区报考普通高校的区内考生6 682人，其中少数民族考生4 338人，占区内报考总人数的 64.9%。考生中报考文史类3 990人，报考理工类2 692人，分别占报考总人数的 59.7%和 40.3%。普通高校区内生源招生计划4 187人，其中文史类计划1 967人，理工类计划2 220人；区内院校招生计划2 493人，区外院校招生计划1 694人。总计划中普通生源招生计划3 631人。2002 年普通高校共录取区内考生4 396人（文史类2 251人，理工类2 145人），实际完成招生计划的 106%。其中区外院校录取 1861 人（其中少数民族考生 965 人，占区外院校录取总人数的 51.9%）；区内院校录取2 535人。

2002 年全区共有 411 人报考硕士研究生，其中少数民族考生 216 人，占报考总人数的 52.6%。其中：参加全国统一考试的考生 239 人，其中少数民族考生 158 人，区内院校共录取研究生 20 人；报考中国人民大学和天津大学单独考试的考生共 99 人，其中少数民族考生 43 人；报考同等学力申请硕士学位的考生 62 人，其中少数民族考生 13 人；报考在职攻读硕士学位的考生 11 人，其中少数民族考生 2 人。

撰稿　康良华　张应吉　陆世成

审稿　宋和平

陕西省教育

概　　况

〔基本情况〕

2002 年各级普通学校基本情况

单位：人

学 校 类 别	学校数（所）	毕业生数	招生数	在校生数	教职工数	
					合 计	其中：专任教师
总 计	**32 275**	**2 062 199**	**2 329 685**	**8 397 497**	**484 395**	**384 849**
一、研究生	(49)	4 447	12 232	30 901		
1. 高等学校	(21)	4 296	11 832	29 926		
2. 科研机构	(28)	151	400	975		
二、普通高等学校本专科	52	51 603	147 042	411 619	63 412	27 637
本科院校	27	41 055	98 314	315 113	48 051	21 639
专科院校	25	7 018	38 186	76 430	15 361	5 998
分校、大专班		3 530	10 542	20 076		
三、普通中等学校	3 103	819 070	1 174 820	3 118 450	199 254	157 820
1. 中等专业学校	111	41 542	43 528	134 712	14 071	7 258
中等技术学校	89	30 525	32 497	101 982	11 072	5 393
中等师范学校	22	11 017	11 031	32 730	2 999	1 865
2. 技工学校						
3. 普通中学	2 699	723 527	1 030 078	2 782 559	169 628	140 192
高中	611	139 112	254 651	641 955		32 216
初中	2 088	584 415	775 427	2 140 604		107 976
4. 职业中学	292	54 001	101 178	201 093	15 514	10 346
高中	286	52 067	97 758	192 301		9 889
初中	6	1 934	3 420	8 792		457
5. 工读学校	1		36	86	41	24
四、小学	26 989	830 430	595 066	4 332 170	203 733	188 394
五、特殊教育学校	28	232	379	2 356	627	447
六、幼儿园	2 103	356 417	400 146	502 001	17 369	10 551

2002 年各级成人学校基本情况

单位：人

学校类别	学校数（所）	毕业生数	招生数	在校学生数	教职工数 合计	其中：专任教师
总计	**32 658**	**2 648 510**	**2 459 225**	**2 191 452**	**32 829**	**14 516**
一、成人高等学校	27	49 313	80 985	205 658	8 028	3 893
1. 广播电视大学	2	9 756	9 432	22 779	3 035	1 641
2. 职工高等学校	16	3 585	5 276	12 566	2 577	1 197
3. 农民高等学校						
4. 管理干部学院	5	1 486	1 887	4 160	1 282	479
5. 教育学院	4	5 631	4 515	12 856	858	434
6. 独立函授学院						
7. 其他学校（机构）		73	906	1 424	276	142
8. 普通高等学校举办		28 782	58 969	151 873		
函授		18 134	37 364	102 757		
业余		2 703	4 309	12 861		
脱产		7 945	17 296	36 255		
二、成人中等学校	23 994	2 437 794	2 186 002	1 820 839	18 342	8 034
1. 成人中等专业学校	124	27 299	20 968	58 951	4 682	2 355
广播电视中专学校	4	9 201	6 971	18 640	977	430
职工中等专业学校	32	2 084	4 013	8 292	878	361
干部中等专业学校	3				28	14
农民中等专业学校	2	220	260	260	13	3
函授中等专业学校	3	2 686	128	1 966	679	288
教师进修学校	80	2 897	1 324	4 055	2 107	1 259
其他类学校举办		10 211	8 272	25 738		
2. 成人中学	82	3 622	4 183	5 121	194	148
成人高中	10	692	1 142	1 246	107	82
成人初中	72	2 930	3 041	3 875	87	66
3. 成人技术培训学校	23 788	2 406 873	2 160 851	1 756 767	13 466	5 531
职工技术培训学校	350	56 451	68 942	61 330	1 655	919
农民技术培训学校	23 438	2 350 422	2 091 909	1 695 437	11 811	4 612
三、成人初等学校	8 637	161 403	192 238	164 955	6 459	2 589
1. 职工初等学校	25	2 988	3 317	3 507	77	60
2. 农民初等学校	8 612	158 415	188 921	161 448	6 382	2 529
其中：扫盲班	7 922	115 769	144 254	116 506	6 101	2 480

〔**年度教育工作方针**〕　2002年，陕西省教育工作以邓小平理论和“三个代表”重要思想为指导，认真贯彻党的十五届六中全会和省委九届十次会议精神，全面落实第三次全国教育工作会议、全省基础教育工作会议和第十次全国高校党建工作会议提出的各项任务，认真实施教育事业“十五”计划，以“十突破、十推进”为重点，努力构建现代化教育体系，为西部大开发和陕西经济腾飞提供强有力的人才和智力支持。具体要求是：(1) 以领导班子和干部队伍建设为突破口，推进高校党的作风建设；(2) 以实施公民道德建设纲要为突破口，推进教育系统精神文明建设；(3) 以确立“以县为主”的管理体制为突破口，推进基础教育快速发展；(4) 以课程改革为突破口，推进素质教育的实施；(5) 以为地方经济建设服务为突破口，推进职业和成人教育的改革与发展；(6) 以提高教育质量为突破口，推进高等教育规模、结构、质量、效益协调发展；(7) 以成果转化为突破口，推进高校科技创新；(8) 以强化后勤实体的规范管理为突破口，推进高校后勤社会化改革再上新台阶；(9) 以普及信息技术教育为突破口，推进教育现代化；(10) 以民办高校的扩大、巩固、提高为突破口，推进民办教育健康发展。

〔**“四五”普法工作**〕　2002年，陕西成立全省教育系统“四五”普法工作领导小组，省教育厅厅长胡致本任组长；制定并印发《陕西省教育系统法制宣传教育第四个五年规划》，从指导思想、目标任务、工作要求、方法、步骤与组织领导等方面对普法工作作出部署；编写《法律知识导读》，供全省教育系统普法宣传教育使用；新编《教育法律法规》一书，增加一些新的教育法律、法规；举办两期全省县（市、区）教育局长、省级重点中学、重点职中校长普法培训班，共有140多人参加培训；在全省中小学组织开展了争做遵纪守法小公民征文比赛活动，通过普法宣传教育，提高了中小学学生的法律素质。

〔**精神文明建设**〕　2002年，陕西教育系统以贯彻落实《公民道德建设实施纲要》为突破口，全面推进精神文明建设。(1) 思想道德建设。确定2002年为“道德建设年”。一是发挥课堂教学在思想道德教育中的主渠道作用；二是根据大、中、小学生身心发展特点和思想道德形成规律，编写出《公民道德教育读本》，在各级各类学校广泛开展以公民道德教育为主要内容的读书活动；三是从5月中旬开始到6月底，举办全省大学生公民道德教育电视辩论赛；四是于10月下旬举办全省中学生公民道德知识电视竞赛。(2) 文明校园建设。对1997年制定试行的高校“文明校园”验收标准进行了重新修订；根据新的验收标准，对国家级“文明校园”单位陕西师范大学、西安电子科技大学和省级“文明校园”单位西安工业学院、杨凌职业技术学院4所高校进行了全面复查；验收审批西安联合大学为省级“文明校园”单位。(3) 开展“创佳评差”工作。年初，以签订目标任务书的形式，把精神文明建设的各项任务分解落实到各市和各高校；11月下旬，对11个市（区）“创佳评差”工作的进展情况进行交互式全面检查。

〔**学校安全工作**〕　2002年，省委教育工委、省教育厅围绕党的“十六大”召开等重大事件，狠抓学校安全工作，全力维护学校和社会的稳定。主要措施是：(1) 抓预防。树立学校领导治安工作无小事的思想，提高其安全防范意识。(2) 抓教育。编写中小学生安全教育读本；举办“飞扬杯”中小学生安全知识电视大奖赛；开展师生安全知识和法律法规知识教育宣传活动；将安全教育贯穿于大、中、小学日常教学工作之中，增强学生的自我保护防范意识和能力。(3) 抓管理。制定并印发《陕西省中小学安全检查工作实施办法》和《陕西省高校安全检查工作实施办法》等文件，指导学校加强管理，做好安全防范工作。(4) 抓责任。年初，省委教育工委、省教育厅与50所高校和11个市（区）教育行政部门签订安全防事故责任书，要求将学校安全防范工作责任落实到岗，落实到人；成立校园网络专项清理整顿工作领导小组，印发了清理整顿校园网络的实施意见，要求学校有效监控校园网络，及时封杀有害信息。(5) 抓处理。对数起高校学生人身伤害突发事件及时处理，使问题得到妥善解决，确保了学校的稳定。

〔**教育审计**〕　2002年，陕西教育部门继续贯彻全面审计、突出重点的工作方针，以真实性为基础，突出对重点领域、重点部门、重点资金的监督检查，进一步强化对教育经费、国有资产和经济活动的审计工作。全年全省教育系统完成审计项目8 890项（其中委托社会审计113项），审计资金总额116.59亿元；查出违纪违规资金2.35亿元，创造经济效益8 789.42万元；移交经济案件15起，其中大案要案3起。省教育纪工委直接组织完成审计项目34项，审计总金额26.44亿元；查出各类违纪违规金额1.85亿元（其中违纪资金2 893.03万元），创造经济效益1 963.21万元。在1月召开的全省教育系统审计工作表彰会上，对1999年～2001年全省教育系统在审计工作中作出突出贡献的25个先进集体、51名先进工作者进行了表彰。省教育厅尹向东同志被国家审计署评为全国内审先进工作者，5月被教育部评为1998年～2001年全国教育系统内审先进工作者。

〔**县级教育管理体制改革**〕　2002年，陕西省进一步落实"以县为主"管理基础教育的责任，实现了全省107个县（市、区）中小学教师工资和预算内教育经费全部由县统管。根据农村教育发展实际情况，陕西省完成了农村中小学公用经费标准和定额的核定工作，制定并印发了《陕西省农村中小学公用经费实施定额》，保证了学校工作的正常运转。省政府印发了《关于农村义务教育实行"一费制"的意见》，共有50个国家扶贫开发重点县推行了义务教育"一费制"的收费政策，减轻了贫困地区农民较重的教育经济负担。为适应农村税费改革形势，进一步明确了中央、省级对县级基础教育财政转移支付的比例不低于50％的规定。

〔**社会力量办学**〕　2002年，全省共有社会力量办学机构2 678所（不含各类短期培训机构），在校生总规模近66万人，其中民办高等教育机构20多万人，民办中等职业学校4.5万人，短期职业技术培训、社会文化生活培训学校9.7万人，民办普通中学13.8万人，民办小学8.9万人，民办幼儿园8.8万人；积累固定资产35亿元；校园面积超过1 000万平方米，建筑总面积达500万平方米。2002年，陕西继续按照"先组建，再规范，重提高"的工作思路，加强民办高校党建工作。印发了《陕西民办高校党建工作基本标准及评估体系》，提高民办高校党建工作的规范化水平。

规范办学行为。省委、省政府印发了《关于大力发展民办教育的决定》，省教育厅制定了《陕西省民办高等教育机构教学评估指标体系》《陕西省民办高等教育机构财务管理检查提纲》，组织有关专家对民办高职院校、开展学历文凭考试试点的民办高等教育机构及民办高等教育自学考试助学机构的办学情况、教学工作和财务管理进行了检查。印发《关于进一步做好民办高等教育机构管理工作的通知》，促进提高管理水平，重点做好对招生工作的领导管理，招生收费、退费管理，新生入学工作，教学工作，思想道德教育和学生管理等。全年共核准、规范民办高等教育机构招生广告和宣传材料1 200多份。共对10多所民办教育机构发布虚假招生广告和违规招生行为，给予通报处理。

2002年，陕西加强了社会力量办学机构学历教育专业建设，新增学历文凭考试试点专业14个，对原17个专业的教学计划进行了修订。年内，西安思源职业学院，西安高新科技职业学院，西安三资职业学院，陕西服装艺术职业学院和陕西国际贸易职业学院等升格为普通高职院校。

基 础 教 育

〔**幼儿教育**〕 2002年，广泛宣传《幼儿园教育指导纲要（试行）》；开展幼儿教育人员省级培训工作，有幼儿教育管理干部、教研人员和省级示范幼儿园园长、教师600余人次参加受训；成立专家组协助市、县开展培训，全省11个市（区）已完成第一轮培训工作；确定了西安高新第一幼儿园为国家级《幼儿园教育指导纲要（试行）》试点幼儿园；执行教育部支持的IBM早期智力开发项目进展顺利，已通过一期评估。

〔**“普九”工作**〕 2002年，陕西有白河县、富县、子长县和镇安县的“普九”工作通过省级评估验收，至此，全省实现“普九”目标的县（区）达到90个，“普九”人口覆盖率提高到86.9%。4县在“普九”过程中，多方筹资，改善办学条件，完成了危漏校舍改造任务；对山区学校布点进行调整，基本改变了过去布点多、效益低的状况；创建了一批办学条件好、管理有特色的骨干学校。重视巩固和提高“普九”成果，全年共评估复查了潼关县、眉县、扶风县、咸阳市秦都区、铜川市印台区、旬邑县、武功县7个县区的“两基”工作。通过复查，促进了这些县区办学水平的提高。

〔**世行贷款“第四个基础教育项目”结束**〕 该项目用于汉中、安康、商洛3个贫困地市10个县的小学建设，从1997年启动，到2002年结束。实际提回外资602.69万美元，占计划额度的100.45%；筹措配套资金5 806.49万元人民币，占计划数的137.61%；项目总投入1.08亿元人民币。累计新修和维修小学709所，新建教学用房14.37万平方米，维修校舍9.37万平方米；为656所小学购置教学仪器设备、课桌椅4.16万套，购置图书73.59万册，培训小学教师及管理人员9 228人次，经过培训学历达标者1 557人。

〔**课程改革与教材建设**〕 2002年，省教育厅根据教育部《基础教育课程改革纲要（试行）》精神，推进义务教育课程改革：（1）制定《关于在全省开展基础教育新课程改革实验工作的意见》，明确了课程改革的工作方针与任务；（2）制定了课程改革实验实施与推进的五年规划；（3）选定首批省级课改实验县（区）20个，实验学生20.19万人，占同年级学生总数的25%；（4）通过实验县区选用和省调控的办法，确定采用31种课改实验教材；（5）开展课改教师培训，全省共有7 500余教师参加学科培训；（6）召开课改实验县区教研室主任会议，要求教研部门及教研员深入课改实验学校指导教改工作；（7）9月中旬，省教育厅组成检查组对20个课改实验县区进行了工作检查，通过召开座谈会、听取汇报、查阅资料、观看教学实况、听课，以及听取教师、学生和家长意见等形式，促进和指导课改实验工作。

围绕课程改革，聘请和组织省内外专家编写出小学一至六年级《思想品德》（共12册）和小学三到六年级《英语》（共8册）两套小学教材，并通过教育部审定，成为国家级课程教材。

〔**支援薄弱学校工作**〕 2002年，陕西省为提高全省基础教育整体水平，拓宽了贫困地区办学思路，积极开展学校对口支援工作。（1）省内对口支援。开展对口支援工作的党政机关784个，对口支援392所薄弱学校。确定对口支援学校760所，受援薄弱学校1 000多所，选派支教教师1213名到薄弱学校任教。（2）苏陕两省学校对口支援。江苏省是陕西开展省际学校对口支援工作的结对子省份，全年江苏赴陕支教人员为陕西培训教师6 607名，其中校长586名，促进了贫困地区受援学校教育教学水平和管理水平的提高。

〔**中小学布局调整**〕 在坚持“以县为主”管理体制下，陕西省将中小学布局调整与危房改造工程和义务教育工程相结合，与撤乡建镇和移民并村相结合，取得显著成效。调整后，全省小学减少到26 989所，减少2 370所；小学教学点减少到2 137个，减少367个；普通初中减少到2 088所，减少42所；普通高中增加到661所，增加111所。

〔**高中教育**〕 2002年，陕西省加大高中建设力度。一是制定了《加快普通高中改革与发展的意见》；二是验收11所高中为省级重点中学，使省级重点中学数达到65所；三是8月1日～2日，先后在咸阳、宝鸡召开了全省普通高中建设工作现场会，副省长陈宗兴、省委教育工委书记陈存根、省教育厅厅长胡治本等先后主持会议，省委副书记张保庆出席会议并讲话。会议代表参观了5个县（区）9个高中建设现场，咸阳市政府、宝鸡市教育局、三原县等7个单位交流了高中建设经验。

开办高中“宏志班”，是落实国家“西部助学工程”的重要举措。选择西安市一中和83中开办高中“宏志班”，专项资助品学兼优的高中贫困学生。相关学校制定了开办“宏志班”的实施方案，对招生、教学、管理等项工作进行了具体安排。

〔**中小学实验室建设**〕 2002年，省教育厅以落实普及实验教学验收工作为动力，加强和规范中小学实验室建设，推动实验教学普及工作。(1) 修订1998年制定的《陕西省中小学“普实”评分细则》，促使提高实验室建设质量和水平。(2) 编写《中小学实验教师上岗培训教材》，为实验教学人员进行上岗培训、学习专业知识、提高业务能力提供了指导性教材。(3) 对千阳、富平、蒲城、永寿、长武等县进行了省级“普实”验收工作，全部达到合格标准。

〔**信息技术教育**〕 陕西省中小学信息技术教育呈现加快发展与普及态势，其硬件与软件建设水平均得到较大提高。(1) 推进“校校通”工程。制定了中小学信息技术教育《校校通工作规划》；印发了《陕西省中小学“校校通”工程（一期）实施意见》；召开了“校校通”实施工作会议和3次信息技术教育工作会议，全面启动和实施中小学多媒体教室和校园网络建设，到年底，共有998所中小学建成数字卫星地面接收站，获取中国教育卫星宽带多媒体资源。(2) 开展“明天女教师培训规划项目”。陕西有50个国家级贫困县180个乡镇中心小学女教师接受项目培训，该项目为每个项目学校投资1.6万元购买计算机等设备，全省项目学校从教育部共获取资助金额288万元。(3) “现代远程教育扶贫示范工程”。此工程为教育部与李嘉诚基金会合作实施，第一期工程项目开始启动，陕西有西乡县、彬县、安塞县、宜君县、宁陕县、商州市等县市450所中小学接受项目援助，获得资金540万元。(4) 实施“朝阳行动计划”。该计划是为普及信息技术教育提供相关网络技术，全省已有210所学校安装了教育软件。(5) 完成教育部“中西部网络教室和农村信息站建设示范项目”。此项目共在西安市育才中学、渭南市瑞泉中学等7所学校实施，于2002年建成，并通过检查评估。

〔**青少年校外教育基地建设**〕 2002年，陕西省抓青少年学生校外教育基地建设，开辟德育和科技教育工作新途径：(1) 认真执行《2000～2005年陕西省青少年学生校外活动场所建设与发展规划》与《“十五”期间青少年学生校外活动场所建设与管理暂行办法》；(2) 启动了2001年国家下达的13个校外教育基地建设工作，2002年又争取到国家下达的8个校外教育基地建设项目，获得资金1 440万元；(3) 省财政厅把两年彩票公益金返还款92万元全部用于5个校外教育活动场所项目建设；(4) 配合全国校外教育联席会议对陕西的青少年校外教育基地建设项目进行了检查。

〔**中小学危房改造**〕 2001年3月，正式启动“中小学危房改造工程”，到2002年7月，全省共落实中小学危房改造资金14.07亿元，其中，中央划拨专款1.10亿元，第二期“国家贫困地区义务教育工程”投入危房改造专款9 632万元，省级财政配套资金7 814万元，市县政府投入2.21亿元，其他投入9.01亿元。共有5 877所中小学340.38

万平方米危房进行了改造维修。

〔**教育救灾工作**〕　2002年夏季，陕南、陕北部分地区遭受特大洪涝灾害，宁陕、佛坪、清涧等县学校水毁情况严重。陕西省多渠道争取、落实救灾专款恢复重建水毁学校，其中，中央专款1 800万元，省财政230万元，高校支援800万元，共计修建中小学校64所。全省教育系统共捐款860多万元，捐献棉被、衣服近50万件支援灾区。民办高校捐款215万元，累计减免灾区学生学费300万元。台湾、香港同胞捐款660万元。

〔**治理中小学乱收费**〕　2002年，陕西实行教育收费公示制度，同时通过各大新闻媒体向社会公布各级各类学校和教育事业收费项目、标准和文件依据，大力治理中小学乱收费。年初，教育厅对春季中小学乱收费专项治理工作进行了安排部署，督促各市教育局做好自查自纠工作。春季开学，由省教育纪工委书记董祥林带队，组成检查组赴榆林、延安抽查中小学收费专项治理情况。秋季开学，省教育厅召开了全省治理中小学乱收费电视电话会议，对治理工作进行安排布置。针对高中招收“择校生”的问题，提出了“限分数，限钱数，限人数”的方案，规范了高中收费行为。11月，省组成联合检查组，对全省11个地市治理中小学乱收费情况进行为期20天的大检查。全省共清退违规违纪款额659.58万元，并对94名责任人进行了组织处理。

〔**教师队伍建设**〕　加强中小学教师队伍建设。(1) 认真落实国务院印发的“关于中小学教职工编制标准意见”的精神，组织人力进行教师队伍现状调研，依调研掌握的情况起草了《陕西省全日制中小学教职工编制标准》；(2) 完成1 400名代课教师的招转录取工作；举办8期中小学校长任职资格培训、提高培训及高级研修班，有468人受训；为给高中教育教学管理造就一批高素质的专家型管理人才，首次和北京师范大学开办高中校长研究生同等学力进修班。(3) 抓好教师继续教育。从2001年～2002年，培训省级骨干教师2 759人，完成全员培训26.73万人，占应培训人数的85.5%；计算机全员培训26.50万人，占应培训人数的85%；新教师培训3.79万人，占应培训人数的100%。(4) 为适应基础教育课程改革的要求，选派104名具有高级职称的省级骨干教师参加26个学科的国家级培训；4月，举办“素质教育与课程改革观摩研讨会”；6月，举办两期新课程通识培训；7月，举办了全省县级教师进修学校骨干教师新课程培训。

〔**创建教育强县**〕　6月，印发了《陕西省创建教育强县评估标准（试行）》，全省创建教育强县的工作进入实施阶段。11月，成立省级教育强县评估工作领导小组。按照教育综合改革实验县——教育示范县——教育强县的阶梯工作步骤，增加省级农村教育综合改革实验县（区）4个，确定省级教育示范县16个，评估验收省级教育强乡（镇）16个。各市成立了以市政府主要负责人为组长的创建教育强县工作领导小组，按照“加强领导，科学规划，分类推进，积极创建”的工作思路，扎扎实实地开展了创建教育综合改革实验县、教育示范县、教育强县以及教育强乡（镇）的工作。11月20日，在西安召开了“陕西省创建教育强县工作会议”，进一步统一思想，明确工作思路。

职业教育与成人教育

〔**教学改革**〕　2002年，陕西省职业教育以推进素质教育、培养和提高学生职业技能和就业能力为目标，深化教学改革。(1) 推行学分制和弹性学制。元月，印发了《陕西省中等职业学校试行学分制的意见》，成立业务指导小组，确定了一批学校开展试点工作。(2) 4月下旬，印发《加强职业学校教学改革工作的意见》，推动职业学校在课程结构、教学内容、教学模式等方面深化改革。(3) 加强对五年制高职教育的指导，制定并印发“2＋3”模式五年制高职教育分流工作意见，指导学校搞好分流工作。(4) 对职业中学22个专业的教学计划进行了修正，并颁发实行。

〔**骨干学校建设**〕 (1) 印发了《关于加强骨干示范性中等职业学校建设的意见》。(2) 为进一步优化县域职业教育资源的配置，提高农村职业教育水平，年内确定建设麟游、佳县、丹凤、镇巴、黄陵5个县级职教中心，到年底，这5个县级职教中心基本建设已经完成。(3) 根据修改后的《陕西省重点职业高中标准》，评估、验收了一批省级重点职业学校。彬县职教中心等18所职业学校被省政府命名为省级重点职业高中。(4) 陕西理工学校、陕西电子信息学校和宝鸡市中医学校3所学校顺利通过省级重点普通中专的评估验收。

〔**中专学校管理体制调整**〕 2002年，陕西有5所原属省直部门的中专学校划转省教育厅管理，它们是：陕西省化工学校，陕西银行学校，陕西理工学校，陕西商业学校，渭南铁路工程学校。在划转过程中，实现了学校党组织关系的顺利交接和党务工作的平稳过渡，学校人事和干部管理工作正常运转，学校教育教学工作正常进行。

〔**专业建设**〕 制定并颁发了《关于加强中等职业学校骨干示范专业建设的意见》，计划在“十五”期间重点建设60个省级骨干示范专业。2002年，规划建设省级示范骨干专业20个，同时向教育部推荐全国示范专业17个；进一步调整和规范全省中等职业学校专业设置，普通中专新增专业23个；部分不适应市场实际需求的专业被停止设置。

〔**教育兴农工作**〕 2002年，陕西以增加农民收入为主攻方向，根据农业和农村经济布局结构、产业结构和就业结构的新特点，调整农村职业学校的专业设置、培养目标和教学模式。继续加强“职教兴农示范校”建设，眉县、白水等10个县(区)创建兴农示范校的工作基本完成。南郑县红庙镇等20所成人文化技术学校被确定为省级示范乡镇文化技术学校。各级各类中等职业学校都充分利用自身职教资源，适应中国加入WTO的新形势，引进和培育了一批为农服务的新项目，积极开展多种形式的实用技术培训，全年共培训148万人次。

高等教育

〔**党建工作**〕 2002年，陕西认真学习“三个代表”重要思想、党的十六大和省十次党代会精神，加强高校党建工作。(1) 开展思想政治理论学习教育活动。省委教育工委、省教育厅与各高校签订思想政治学习任务书，对学习内容、时间安排、组织保证等提出了明确要求。配合中央宣读团在高校作学习十六大精神专场报告会，组织学习十六大精神省宣读团，赴各高校开展巡回宣读活动。(2) 加强党的作风建设。制定并印发《关于加强陕西高校党的作风建设的决定》，要求各高校加强党的作风建设，树立新的形象。(3) 加强党的组织建设。在总结高校基层党支部建设创新试点经验的基础上，印发了《关于加强和改进陕西高校基层党支部建设的意见》。(4) 根据中央组织部下达到陕西的调研课题，选择西北工业大学等4所高校开展了“高等学校青年教师入党工作情况调查研究”活动，并在完成课题基础上，正式印发了《关于加强在陕西高校青年教师中发展党员工作的意见》。

〔**教学改革工作**〕 稳定和提高高校扩招后教学质量，2002年1月，召开了全省高等学校教学工作会议，印发了《关于加强高等学校教学工作提高教学质量的若干意见》《关于加强高等学校教师队伍建设的若干意见》等文件，并决定从2002年起，在3～5年内投入1 500万元支持省级名牌专业建设、高职高专试点专业建设和高等教育教学改革研究。会议就高校教学四项改革进行了部署，即：以跨校选课深化到跨校选专业；将创建本科名牌专业延伸到高职高专试点专业；从弹性学制转变到学分制的探索；调整和充实高校教学督导委员会。

为稳定和提高高校教学质量，加强了对教学工作的检查与指导。省教育厅调整和充实了高校教学督导委员会，对各高校教学工作与教学质量进行专项检查。在检查工作的推动下，各高校采取各种有效措施狠抓教育教学质量：制定加强教学工作提高教育质量的实施办法，明确党政一把手为教学工作第一责任人；加大教学投入力度，许多学校的教学业务费、教学仪器设备维修费、教学旅差费、体育教学维持费超过学费收入的20%；开展“教学质量月”、“教学质量年”专题活动，激励教师提高教学水平；建立校级教学督导监控体系，成立教学督导专家组，吸收学生参与到教学过程监控工作中，听取用人单位对教学工作提出意见，逐步形成了教学督导专家组、用人单位、教师、学生共同参与的教学质量内部评估和认证机制。为稳步提高教学质量，还制定了《陕西普通高校图书馆评估实施办法》及《陕西省普通高校图书馆评估指标体系》。

总结验收“陕西高等教育面向21世纪教学内容与课程体系改革计划”。此教改计划开始实施于1999年4月，到2002年，组织了教改项目的结题验收工作，并将遴选出的优秀教改成果进行推广。其中，有20个教改项目分获国家级教学成果一、二等奖，另有更多项目获得省级教学成果奖项，许多教改项目研究成果已经对教学实践工作起到积极的促进作用。另外，启动了新一轮高等教育教学改革工程，确立教学改革研究项目142项，其中本科（含专科师范类）项目107项，高职项目35项。

〔**重点学科与专业建设**〕 2002年，陕西省有13所学校65个学科被批准为国家级重点学科，获国家建设资金6亿元，获省拨专款100万元配套支持。

名牌专业建设与试点专业创建。陕西高校名牌专业建设主要在本科院校中进行，首批本科名牌专业涉及18所高校共45个专业，这些名牌专业在招生宣传、收费标准、毕业生就业等方面享受优惠政策，实行当年已成为高考学生报考的热点专业。

陕西高职高专教育发展迅猛，为提高教学质量和办出特色，积极创建试点专业。年内，全省有9所院校14个专业被教育部列入部级高职高专教改试点专业；有21所院校33个专业确定为首批省级高职高专试点专业并进行建设。各高职高专院校也确定校级试点专业，增加投资，加大专业建设力度。

2002年，省教育厅根据地方经济、社会发展和西部大开发的需要，加大省属高校专业调整和改造力度，建立新的专业人才培养结构。一方面，设置信息科学、生命科学、新材料科学等高新技术类专业；对高校设置适应加入WTO急需的金融、法律、贸易等专业给予大力支持，另一方面，取消一批不适应社会经济发展需要的陈旧专业，增强了办学活力。

〔**学制改革**〕 2002年，陕西进一步完善普通高校在校生和成人高校应届生“专升本”工作，深化弹性学制改革。年初，印发《陕西高等学校“浮动学制”管理办法》，并付诸实施。“浮动学制”管理办法规定：“专升本”全省统考在高职高专学校第四学期进行，比例根据实际需要确定，学生所转专业需相同或相似；“专升本”选拔考试由省考试管理中心统一组织，并按教育厅下达的计划录取；“专升本”后的学生按本科院校学生学籍管理办法管理；各高校要加强“专升本”教学计划的衔接，保证学生达到相关本科专业人才的培养目标和规格要求。同时，陕西还进行了本科3～6年、高职2～4年弹性学制的改革试点。

〔**开设“跨校辅修专业”**〕 2002年，陕西省在继续推行与完善“跨校选课”课程的基础上，制定印发了《陕西普通高等学校本科生修读“跨校辅修专业”的实施办法》，规定跨校辅修专业按课程由开课学校发给单科合格证书，完成辅修专业全部课程和环节，且成绩合格者，由开课学校将名单及成绩总表上报省教育厅审核，发给省教育厅印制并盖章的辅修专业证书。2002年，已批准西安交通大学等6所高校18个专业为陕西首批开设的“跨校辅修专业”供学生辅修就读。

〔**科研工作**〕 科研立项。（1）国家级项目。陕西高校承担国家“973”项目53项，获科研经费1 974.85万元；承担国家“863”项目140项，获经费7 535.7万元；承担国家科技攻关项目35项，获经费1 610.24万元；承担国家自然科学基金项目379项，获经费6 640.79万元。（2）省部级项目。陕西高校承担国家部委科技项目656项，获经费2.88亿元；承担其他省、市、自治区科技项目515项，获经费4 514.3万元。承担陕西省政府自然科学研究项目247项，获经费409.5万元；科技发展计划项目109项，获经费1 136万元；承担软科学研究项目34项，获经费55.5万元。上述3项科技项目占全省科研项目的40%以上。陕西地方高校科研工作也得到加强，承担教育部重点科技研究项目5项，获经费10万元；承担教育部人文社科研究项目9项，教育部人文社科重点研究基地重大招标项目3项，获经费34.8万元。（3）省厅级项目。省属高校共承担教育厅专项科研项目249项，获经费373.8万元；产业化培育项目43项，获经费376.2万元；重点实验室科研和建设项目46项，获经费656万元；重点实验室访问学者科研项目19项，获经费44万元。2002年，陕西还首次面向陕南、陕北及关中部分科研基础比较薄弱的高校，设立中青年科技人才基金30万元，用以稳定中青年科技人才队伍，提高这些高校的科研水平。

科技创新基地建设。省教育厅依托杨凌职业技术学院在彬县创建了陕西第一个高校农业科技推广示范基地；组建了西北大学“国家微检测系统工程技术研究中心”、“资源化工应用工程技术研究中心”、“陕西省生物芯片工程研究中心”，西安石油学院“油气田特种增产技术重点实验室”，西安工业学院“精密与超精密加工及测量工程技术研究中心”，陕西科技大学“食品工程技术研究中心”，西安工程科技学院“服装工程技术研究中心”，西安理工大学“镁合金工程技术研究中心”，与国家科技部对西北大学大陆动力学重点实验室实行省部共建。完成了“陕西省动物胚胎干细胞工程技术中心”的组建工作，该工程技术中心是以西北农林科技大学为主，联合国内外有关科研和企事业单位共同组建的股份制高新技术研发单位，中心的成立为陕西高校高新技术研发在融资渠道、管理体制、运行机制等方面改革进行了尝试。在组建新的科研基地的同时，陕西还对省属高校20多个省级重点实验室进行了检查评估。到2002年，陕西高校已拥有省级重点实验室39个，省级工程技术研究中心28个，科技创新基地体系已基本形成。

科研成果获奖情况。经过科研人员的勤奋努力，陕西高校科技工作获国家科技进步一等奖1项，二等奖6项，获国家发明一等奖1项，二等奖1项，获国家自然科学奖一等奖4项，二等奖8项；获省政府科学技术奖34项。省教育厅评审出高校科技奖101项，其中一等奖22项，二等奖37项，三等奖42项。此外，还有68项科技成果获得专利授权。

〔**“211工程”建设**〕 “211工程”建设继续推进。4月，西安交通大学、西北工业大学、长安大学、西北大学、西安电子科技大学和第四军医大学6所“211工程”院校“九五”一期工程项目顺利通过国家验收，共建设项目39个，总投资达13.77亿元。9月，6所高校完成了“十五”工程建设项目立项专家论证，共需投资13.49亿元。已获得国家专项资助资金3.71亿元，二期工程项目建设全面启动。

〔**学位工作与研究生教育**〕 2002年，批准增列渭南师范学院为学士学位授予单位。积极组织全省第九批国家学位授权单位和学科授权申报审核工作，到年底，准备工作已经就绪。

研究生培养质量问题得到重视。年初，组织3个调研组对53个研究生培养单位进行调查，摸清了全省研究生培养工作的现状及存在的问题，明确了今后工作的基本思路。12月，在杨凌召开了全省研究生培养工作会议，围绕“发展、改革、质量、创新”的主题，总结和交流了全省学位与研究生教育工作的经验，分析和研究了现状和存在的问题，明确了今年改革与发展的总体目标，提出了全面提高教育质量、培养高层次创新人才的具体措施。

〔**教育交流**〕　2002年，接待国外境外来访代表团组38个，共计230人次，其中部长级团组5个。全省教育系统累计接受国外境外各种捐赠143万美元。全年审批赴台进行教育考察、访问、交流团组35个230人次；接待台湾来访团组52个603人次。接待了香港爱国人士邵逸夫先生一行50余人代表团来陕赴延安、杨凌、太白山等地参观访问。邵逸夫先生支持陕西教育已累计捐赠1.2亿元港币。6月，陕南地区遭受特大水灾，邵逸夫基金会捐赠41万元港币，用于灾区学校的重建工作。

2002年，全省14所高校招收国（境）外留学生2 052人，其中长期留学生1 388人。新批准聘请外国文教专家资格院校7所，全省各类学校聘请和引进外国文教专家763名来陕任教与合作科研。为丰富国外境外留学生和外国文教专家的业余生活，11月，举办首届“陕西省外国留学生”朗读比赛和陕西省第四届中外友人综合运动会，丰富了外藉教师和外国留学生的业余生活。

2002年，陕西认真落实出国留学的有关政策。有108人被教育部录取为公费出国留学人员。本年度，经省教育厅审批核准派出各类留学人员778名，省内6家留学中介机构累计派出各类留学人员771名。

为规范中外合作办学机构的办学行为，对全省11家中外合作办学机构进行了年度检验，并成立了行业协会。各类中外合作办学机构累计引进资金900万美元，校舍建筑面积51万平方米，在校学生超过3 000人。

〔**大学生素质教育**〕　2002年，从多方面对大学生进行素质教育，取得积极成效。(1) 思想政治教育。利用共青团工作优势，建立了团干部联系支部工作制度，要求团干部深入基层，辅导帮助团员青年认真学习“三个代表”的重要思想，提高思想政治素养。采取“抓典型，促成果”，召开经验交流会的方式，把学习教育活动推向高潮。(2) 科技创新与能力培养。以培养大学生的科技创新意识和创业能力为目的，组织开展了首届“挑战杯”大学生创业计划大赛，全省大部分工科院校参加，有50余件作品获奖。举办大学生Flash动画设计大赛，全省共有20多所院校的学生参加比赛，评出优秀作品30余件。(3) 文化艺术素质培养。9月～12月，举办了首届全省大学生喜剧小品电视大奖赛，展示了新一代大学生积极向上的精神风貌。4月～5月，举办了陕西省第十二届“校园之春”大学生文化艺术节。内容涉及声乐、舞蹈、书法、乐器、诗歌朗诵、绘画、礼仪、戏剧、小品等项目。同时，在全省高校团员青年中开展了群众性学术、科技、文化、艺术、体育等活动，同学们用歌曲、舞蹈等艺术形式庆祝中国共产主义青年团建团80周年。(4) 社会实践能力培养。根据学校专业特色和学生个人特长，结合全省农村经济社会发展需要，从“按需设项，据项组团，双向受益”的原则出发，着重组织10个党员大学生“三个代表”实践服务团、10个大学生“公民道德”实践服务团、50个大学生“农村青年公司化创业行动”实践服务团、20个大学生“抗灾救灾”实践服务团、10个大学生“秦岭生态保护”实践服务团赴全省各地，重点开展了道德实践、农技推广、企业帮扶、文艺演出、医疗服务、法律宣传、支教扫盲、环境保护、扶贫接力、抗灾救灾等社会实践服务活动，提高了在校大学生的社会实践能力。

〔**毕业生就业**〕　2002年，陕西省高校共派遣毕业生5.71万人，其中研究生0.53万人，本科生3.50万人，专科生1.68万人（含高职毕业生2 869人）。本年毕业生人数比2001年增加7 889人，就业压力进一步加大。为做好高校毕业生就业工作，采取了多种有效措施：(1) 结合陕西经济、社会、教育发展的新形势，制定出《关于进一步深化全省普通高等学校毕业生就业制度改革有关问题的实施意见》。(2) 广泛收集毕业生就业信息，精心组织供需洽谈会，积极为毕业生和用人单位牵线搭桥。收集整理高校毕业生资源信息，汇编成册向省内外用人单位寄送2 200余册。建立人才需求信息库，收集到2万多条就业信息，供毕业生查询。举办毕业生分类供需洽谈会，为毕业生和用人单位“双向选择”搭建平台，其中参会用人单位有3 000多家。(3) 改变毕业生就业方案制定办法，以毕业生签订就业协议作为制定就业方案的依据。凡是毕业生与用人单位签订的就业协议，只要符合有关政策，一律纳入就业方案。学校根据就业方案，依照就业协议，直接派遣毕业生到用人单位报到。(4) 评选表彰优秀毕业生685名及优秀学生干部280名，向用人单位择优推荐。

〔**助学贷款工作**〕　为保证高校贫困学生不因经济困难而退学，确保高校和社会稳定，加大了助学贷款力度。拟定并印发《陕西省国家助学贷款实施办法》，建立起“四定三考核”制度。“四定”是定学校，定范围，定额度，定银行；“三考核”是指由人民银行对经办银行在受理、审批、发放三个环节上进行考核。加强贷款学生的信用道德和信用法制教育，培养学生就业后还贷意识；将助学贷款学生信息与学历查询结合在一起，建立贷款学生个人信息查询系统（电子档案），供银行与社会各界查询；举办银行与高校助学贷款协调会，进行沟通与交流，促进助学贷款工作的落实。2002年，实际贷款人数9 663人，比上年增加241%；实际发放贷款金额6 951万元，比上年增加329%。

撰稿　魏天纬　杨建文

审稿　张雄强

甘肃省教育

概　况

〔基本情况〕

2002 年各级普通学校基本情况

单位：人

学校类别	学校数（所）	毕业生数	招生数	在校生数	教职工数	
					合计	其中：专任教师
总计	**21 232**	**1 182 870**	**1 611 727**	**5 554 611**	**275 448**	**236 803**
一、研究生	(16)	940	2 703	6 403		
1. 高等学校	(8)	820	2 428	5 644		
2. 科研机构	(8)	120	275	759		
二、普通高等学校本专科	25	21 647	53 079	143 009	20 149	10 021
本科院校	12	15 897	36 691	106 396	15 598	7 402
专科院校	13	5 148	14 501	33 589	4 551	2 619
分校、大专班		602	1 887	3 024		
三、普通中等学校	2 259	441 048	648 997	1 763 983	112 281	93 755
1. 中等专业学校	99	21 198	35 367	100 908	11 360	6 295
中等技术学校	80	17 266	29 401	82 498	8 840	4 698
中等师范学校	19	3 932	5 966	18 410	2 520	1 597
2. 技工学校						
3. 普通中学	2 004	402 829	590 617	1 606 592	94 769	82 709
高中	438	72 295	143 666	346 294		18 582
初中	1 566	330 534	446 951	1 260 298		64 127
4. 职业中学	156	17 021	23 013	56 483	6 152	4 751
高中	149	15 987	21 554	51 991		4 474
初中	7	1 034	1 459	4 492		277
5. 工读学校						
四、小学	16 648	486 101	609 934	3 229 371	129 069	124 017
五、特殊教育学校	14	712	1 231	9 192	382	279
六、幼儿园	2 286	232 422	295 783	402 653	13 567	8 731

2002年各级成人学校基本情况

单位：人

学校类别	学校数（所）	毕业生数	招生数	在校学生数	教职工数 合计	教职工数 其中：专任教师
总计	**16 752**	**2 103 508**	**1 579 346**	**1 170 259**	**37 403**	**7 990**
一、成人高等学校	13	17 776	43 441	95 901	1 505	912
1. 广播电视大学	1	2 484	3 050	9 392	187	62
2. 职工高等学校	10	1 385	2 755	5 466	986	653
3. 农民高等学校						
4. 管理干部学院						
5. 教育学院	2	1 504	1 901	4 161	332	197
6. 独立函授学院						
7. 其他学校（机构）						
8. 普通高等学校举办		12 403	35 735	76 882		
函授		5 336	17 936	41 215		
业余		1 292	4 005	9 663		
脱产		5 775	13 794	26 004		
二、成人中等学校	10 459	1 943 653	1 354 837	890 546	21 312	3 722
1. 成人中等专业学校	55	20 706	13 157	46 987	2 680	1 516
广播电视中专学校	2	4 468	2 977	14 866	565	267
职工中等专业学校	20	1 326	772	3 203	853	462
干部中等专业学校	2	81	100	211	98	52
农民中等专业学校	2	107	63	127	27	15
函授中等专业学校	1	845		643	264	105
教师进修学校	28	1 673	2 028	4 560	873	615
其他类学校举办		12 206	7 217	23 377		
2. 成人中学	1	39	212	216	39	22
成人高中	1	39	212	216	39	22
成人初中						
3. 成人技术培训学校	10 403	1 922 908	1 341 468	843 343	18 593	2 184
职工技术培训学校	120	34 006	54 799	24 822	1 156	867
农民技术培训学校	10 283	1 888 902	1 286 669	818 521	17 437	1 317
三、成人初等学校	6 280	142 079	181 068	183 812	14 586	3 356
1. 职工初等学校	2	450	520	800	48	48
2. 农民初等学校	6 278	141 629	180 548	183 012	14 538	3 308
其中：扫盲班	5 299	115 700	156 437	158 245	14 304	3 185

〔**年度教育工作方针**〕 2002年，全省教育工作的指导思想是：高举邓小平理论伟大旗帜，以“三个代表”重要思想为指导，全面贯彻第三次全国教育工作会议和全国基础教育工作会议精神，全面实施《甘肃省教育事业“十五”计划》，进一步解放思想，深化改革，加快发展，以优异的成绩迎接党的十六大召开。2002年，全省教育事业着力抓好以下几方面的工作：一是坚持“两基”“重中之重”，进一步推进素质教育；二是加快发展高中阶段教育，大力加强各种形式的职业教育和培训；三是加大学科结构调整力度，推动高等教育持续健康发展；四是加强科学研究和知识创新，积极推进产学研结合；五是注重师德建设，努力提高教师队伍整体水平；六是以加入世贸组织为契机，进一步扩大教育国际交流与合作；七是加快教育信息化建设，提高教育现代化水平；八是努力增加投入，保障教育改革与发展；九是学习实践“三个代表”，积极推进依法治教；十是加强和改进作风建设，以实际行动迎接党的十六大召开。

〔**信息技术教育**〕 一年多来，全省教育信息化建设共投入资金1.5亿元，有效推进了教育的跨越式发展。“中小学信息课程建设合作项目”试点进展顺利。教育部和李嘉诚基金会西部中小学现代远程教育扶贫项目第一期在450所学校顺利完成，二期工程启动实施，覆盖450所学校，两期共投入资金2 142万元。“中西部中小学校校园网建设和师资培训示范项目”进程加快，覆盖学校9所，投入资金185万元。教育信息传输平台基础设施建设取得成效。“兰州市一、二期城域网建设”顺利完成，35所学校和单位接入。地区教育城域网建设进程加快。“西陇海、兰新线经济带”甘肃段沿线地区教育信息城域网建设工作取得积极进展，兰州到嘉峪关、酒泉、张掖、金昌、武威、天水的CERNET宽带信息传输干线基本联通。天水地区创建的“农村学校多媒体教学点”建设模式已成功在全省乡村小学推广应用。“乡镇学校网络信息站”试点项目在武威、张掖两地实施。甘肃教育卫星地面发射站在兰州建成。经教育部批准，中国教育卫星宽带传输网甘肃上星频道正式开通，标志着全省所有学校具备获取本省上星信息资源的能力。全省“天地合一”的现代远程教育网络传输体系已初步形成。职业技术教育信息化建设稳步推进。2002年全省建成了校园网12个。西部大学校园网建设工程顺利实施。高校、地、州、市和省教育厅双向视频教学（会议）系统正在抓紧建设中。至年底，全省中小学拥有计算机7.26万台，中学人机比为36.3∶1，小学人机比为113.9∶1。

〔**教育投入与农村税费改革**〕 2002年，全省地方教育经费总支出达到72亿元；地方财政性教育经费达到54亿元。

在全省农村税费改革方案中，进一步明确了各级政府发展义务教育的责任，在政策上保证了农村义务教育今后的投入和发展。规范了义务教育投入渠道，初步建立起农村义务教育新的投入机制。大部分县（市、区）的教师工资上收到县集中管理，基本做到按时发放；危房改造资金和公用经费不足部分开始由县乡两级政府通过预算安排。通过转移支付，义务教育的投入总量与税费改革前相比有了明显增加。分配甘肃省的8.5亿元的中央转移支付资金中，4.5亿元用于教育，占转移支付总额的56%。其中，安排中小学教师工资转移支付2亿元，危房改造资金2.5亿元，比改革前在“五统”中列支的教育费附加和教育集资增加1.8亿元，增长67%。省、市（地州）也向各县安排了一定比例的转移支付，支持税费改革工作。

〔**教师队伍建设**〕 以师德教育为重点，深入开展“塑造教师新形象，争做时代新教师”活动，广大教师教育观念不断更新，创新意识明显增强，实施素质教育的能力和水平进一步提高。教师编制管理逐步规范。省政府批转印发了《关于实施中小学教职工编制标准的意见》，14个市州地87个县的27.15万名中小学教职工编制审核报批工作顺利完成。高校和厅直单位的编制、专业技术职务结构比例得到重新核定。印发了《关于中小学校补充教师有关问题的通知》，严把教师进口关。面向社会认定教师资格工作全面展开，共有近7万名在职教师认定了教师资格。自1998年以来，全省共有230

名教师获得全国性表彰奖励，有670名教师获得全省性表彰奖励。全省共有335名中小学教师被评为特级教师，享受特级教师津贴。全省小学、初中、高中教师的学历合格率分别由1998年的88.4%、77.2%、51.6%提高到2002年的93.97%、84.8%、56.59%，比上年分别增加1.61、1.71和0.91个百分点。

撰稿 马正学

基础教育

〔**综述**〕 2002年，全省基础教育战线以“三个代表”重要思想为指导，贯彻落实省政府《关于加快基础教育改革与发展的决定》，坚持“两基”为“重中之重”，组织实施基础教育课程改革，加快普通高中发展，各项事业取得显著成效。截至2002年底，全省小学在校生比上年增长3.96万人，普通初中在校生比上年增长7.7万人；普通高中（其中完全中学382所，高中56所）在校生比上年增长6.97万人。全年扫除青壮年文盲11.62万人，青壮年文盲率12.32%。全省实现“两基”人口覆盖率达到72.94%。

与1998年相比，幼儿园增加483所，在园（班）幼儿增加2.61万人，增长率6.93%；小学减少5 986所，在校生增加13.69万人，增长率4.43%；普通初中减少46所，在校生增加36.64万人，增长率41%；普通高中增加13所，在校生增加16.04万人，增长率86.28%；全省接受义务教育的残疾儿童少年增加5 189人，增长率129.6%。青壮年文盲人口下降到147万人，青壮年文盲率下降3.96个百分点。

2002年，以加强常规管理为突破口，认真抓中小学安全工作。3月，配合省卫生厅等有关部门，开展了以“关注学生饮食，保障青少年健康”为主题的安全教育日活动。及时转发教育部有关中小学安全工作的文件，多次发出通知，组织教育行政部门和学校开展学习、宣传《学生伤害事故处理办法》和食品卫生大检查等活动，督促学校健全和完善安全责任制。

〔**义务教育**〕 2002年按照“积极进取、实事求是、分区规划、分类指导”的原则，重点对通渭县、庄浪县、会宁县、碌曲县、积石山县“两基”工作进行调研，6月，在通渭县召开全省“两基”攻坚汇报会议。经过验收，碌曲县基本实现“普初”，通渭县基本实现“两基”。全省实现“两基”的县（市、区）累计达到59个，累计人口1 832.34万人，人口覆盖率达到72.49%。

积极开展资助贫困学生入学工作，配合省精神文明办做好“西部助学开发工程”，在民勤一中、会宁一中分别举办2个“宏志班”，资助100名贫困学生上学。对18个县的22万名家庭经济困难学生发放国家义务教育助学金和免费教科书。

〔**高中教育**〕 2002年，全省普通高中校均学生790.6人，班均59.4人，分别比上年增长154.6人和3.4人。初中毕业生升入普通高中的升学率达到43.46%，比上年提高5.48个百分点，比1998年提高14个百分点。

调整和实施普通高中新课程计划。转发教育部制定的《全日制普通高级中学课程计划》和语文、数学、物理、化学、生物、地理、历史7科教学大纲，调整了高中思想政治课有关教学内容。调整后，普通高中高三年级学年上课时间由原来的26周改为22周，语文、思想政治、外语、体育和保健、艺术、综合实践活动等课程的必修课时作了相应减少，数学、物理、化学、生物、历史、地理等课程的选修课时也作了相应减少。

加大对普通高中建设的投入。在敦煌中学、金塔一中等10所中学实施中央补助地方优质高中建设项目，共补助6 400万元人民币，新建一批教学楼、实验楼、科技楼、图书楼。

继续抓创建省级示范性普通高中建设。对省级示范性普通高中的评估标准、办法进行了补充和完善，提出“坚持标准，宁缺勿滥，成熟一个，验收一个”的原则，在各地初评、申报的基础上，年初组织人员深入各校进行预评估。10月下旬，进行正式评估验收，确定张掖二中等9所学校为第二批省级示范性普通高中，使全省的省级示范性普通高中发展到23所。示范性高中的评估验收，打破了省级重点学校“终身制”，调动了普通高中的办学积极性，白银、武威等市积极创建市级示范性高中建设。兰州、天水等地充分发挥示范校的优势，与薄弱中学开展对口帮扶，选派优秀教师到薄弱学校任教，共同开展教学研讨活动，为薄弱学校培训师资，共享优质的高中资源。

各地积极探索办学主体多元化和投资主体多元化的高中办学体制改革。采取初、高中分离、社会力量办学、普通教育与职业教育相沟通的高级中学、公办学校改制试点和采取国有民办、民办公助、股份制、联合办学等多种形式，增强普通高中办学活力。兰州市政府出台了《推进企事业中小学办学体制改革的试行办法》，提出举办教育实业集团、教企分离、企办公助、企办民营等企业学校分离转制的模式，帮助企业学校平稳改制。兰化和兰铁分别成立了“兰炼教育实业集团”和“兰州铁路教育实业集团”，天水市已有2所企业学校从企业成功剥离，为企业中小学改制积累了经验。

民办高中办学规模、办学水平、招生规模不断发展。截至2002年底，全省有民办普通高中40所，比上年增加6所，民办高中占普通高中总数的9.1%，企事业单位办学73所，占16.7%。民办高中在校生数发展到9 346人，比上年增长55.2%。与1998年相比，民办高中学校数、在校生数分别增加31所和8 360人。

〔**课程改革**〕 2002年4月，省教育厅召开基础教育课程改革实验工作会议，转发了教育部《基础教育课程改革纲要（试行）》《2002年春秋两季义务教育课程标准实验教学用书目录和补充目录的通知》等文件，并制定印发了《甘肃省基础教育课程改革实验工作方案（试行）》、《甘肃省义务教育课程设置实验方案》和《关于做好2002年秋季基础教育新课程省级实验区教材试用工作的通知》等文件，成立甘肃省基础教育课程改革实验工作领导小组、专家组和工作组，正式启动了基础教育课程改革省级实验工作。

确定省级实验区。在广泛征求意见的基础上，确定嘉峪关市、西固区等14个县（市、区）和兰州铁路局等5个办学单位为2002年基础教育课程改革省级实验区（点）。实验区覆盖14个地（州、市）的16个县（市、区）（包括国家实验区），占全省县（市、区）总数的18.4%。有301所学校，1 793名教师，近10万名小学生参加实验。

认真组织实验教材选用工作。2002年，省级实验区选用人民教育出版社、北京师范大学出版社、江苏教育出版社、教育科学出版社、湖南音乐出版社、湖南美术出版社6个出版社的语文、数学、艺术、音乐、美术、科学（三年级）、品德与社会等7个学科的实验教材。

多渠道开展新课程教师培训。按照“先培训后上岗，不培训不上岗”的原则，制定全省基础教育课程改革实验培训方案，通过多种形式分期培训地县教育行政管理人员、教研人员、骨干教师及各学科教师共3 000多人（次），帮助实验区教师和行政管理人员转变教育思想和教学理念，解读新课程标准，领会课程改革的要求。

〔**德育工作**〕 认真贯彻落实《中共中央办公厅国务院办公厅关于适应新形势进一步改进和加强中小学德育工作的意见》，强化德育的时效性和针对性，将德育工作渗透于学校的常规管理和教学中。各地中小学普遍开展了遵纪守法、拒绝毒品的法制教育专题活动。以“五爱”教育为主线，以改革小学、初中思想品德课程教材、调整高中思想政治课内容为契机，开展法制教育专题活动，强化心理健康教育、环境保护教育、社会公德与文明习惯教育，加强德育与学生生活和社会实践的联系，德育工作的实效性和针对性明显增强。2002 年全省有 28 名中小学生获得第五届“宋庆龄奖学金”。

认真实施青少年学生校外活动场所建设项目，加强监督和管理。配合省财政厅多次对第一批 12 个青少年学生校外活动场所建设项目进行检查，帮助解决项目建设中的一些具体问题。全国青少年校外教育工作联席会议办公室 2002 年资助嘉峪关市等 8 个青少年学生活动场所建设项目。

〔**幼儿教育**〕 2002 年各地、州、市教育行政部门通过多种形式学习、宣传和贯彻《幼儿园教育指导纲要》。为加大对《纲要》的宣传力度，举办了部分农村地区幼儿骨干教师《纲要》培训班，并现场观摩教学活动。6 月，省教育厅组织专家对景泰县第一幼儿园等 10 所幼儿园进行省级一类幼儿园的评估验收，并颁发“甘肃省一类幼儿园”园牌。兰州市城关区政府、凉州区政府、甘州区政府被评为全国幼教先进单位，受到教育部的表彰奖励。

联合国儿童基金会在平凉、西和、靖远三个项目县进行 0～3 岁早期教育项目实验，三县获得儿基会资助金额 34 万元。平凉市崆峒区被评为全国实施项目的先进单位，在 2002 年全国 ECCD 项目年审会上介绍经验。

〔**特殊教育**〕 2002 年积极动员适龄残疾儿童少年入学，加快普及残疾儿童少年义务教育的步伐。截至 2002 年底，全省已有特殊教育职业中专 1 所，特教学校 14 所。全省接受义务教育的残疾儿童少年共9 192人，其中视力残疾学生1 337人，听力残疾学生2 048人，智力残疾学生5 807人。在特教学校上学的有1 304人，占总数的 14.2%；在普通小学附设特教班学习的有 76 人，在普通中小学随班就读的7 812人，占总数的 85%。

认真组织实施“中西部地区盲童入学”项目和“扶残助学”项目，努力提高盲童入学率。2000 年教育部、中残联在部分省区实施“中西部地区盲童入学”项目，计划在 2001～2005 年，资助甘肃省1 840名盲童入学；2002 年 5 月，由中央精神文明建设指导委员会办公室出资2 500万元，教育部和中残联在 16 个省区实施“扶残助学”项目，2002 年～2006 年，资助甘肃 150 名盲童和 150 名其他类型残疾儿童入学。9 月，省教育厅对各市、州、地教育行政部门的特教干部和全省特教学校校长进行了盲童随班就读专项培训，兰州、天水等地的特教学校为资助入学的盲生专门开设了盲童班。

2002 年，召开了全省特殊教育工作研讨会。省政府办公厅批转省编办、省教育厅、省财政厅《关于实施中小学教职工编制标准意见的通知》，明确规定特教学校每个教学班按 4 个教职工定编，从根本上解决了特教学校的编制问题。为加强特教学校的信息化建设，省教育厅为天水、平凉、金昌、白银、张掖、凉州区特教学校下拨了计算机教室建设专项经费，兰州市盲聋哑学校被列为“甘肃省中小学校园信息化环境建设示范学校”项目，率先建起了校园网。

〔**教育对口支援**〕 继续搞好天津对口支援甘肃工作。2002 年天津市教委与省教育厅签订了《2002～2003 年度学校对口支援工作协议书》，确定了支援项目。省教育厅印发《关于开展学校对口支援自查总结工作的通知》，组织天津第一批支甘教师赴河西考察学习，总结第一期支甘工作，并在天津市召开了总结表彰暨第二期支甘教师动员大会。暑假期间，天津市教委组织讲学人员在天水、陇南、定西、张掖、酒泉、金川等市地开展以基础教育课程改革实验为主要内容的讲学、培训活动。9 月，天津第二期 100 名支甘教师按期到达陇南、天水、定西的 12 个对口支援县的中小学。

推进省直机关学校对口支援工作。全省 93 个省直机关单位支援 93 所农村中小学。10 月，省直机关支教工作领导小组，开展了较大规模的支教工作检查评比活动。省直机关各单位全年共筹集资金 874 万元（其中，争取资金 182 万元，单位捐资 632 万元，干部职工捐款 60 万元）；新建学校 32 所，扩建学校 30 所；共捐助电脑 241 台、图书 30 万册、课桌凳1 350套、学习用品 6.2 万件、生活用品 4 万件；救助贫困学生1 548名。

积极推进省内大中城市、高等学校对口支援贫困地区、民族地区教育。省教育厅在甘南召开了第二次高等院校对民族地区学校对口支援工作会议，总结并部署了对口支援贫困地区学校工作，培训教师、捐款捐物、救助失学儿童等。

撰稿 哈 登 刘彦文

职业教育与成人教育

〔**招生与毕业生就业工作**〕 9月3日，省教育厅转发教育部办公厅《关于做好2002年中等职业学校招生工作的通知》，全省职业教育以扩大教育规模为重点，积极推进中等职业学校招生制度改革，实行指导性招生计划，放宽了对学生入学年龄的限制，简化了招生手续。

5月20日～26日，全省各地开展了职教宣传周活动。5月25日省教育厅联合兰州市教委在东方红广场举办了大型的招生宣传日活动，40所中等专业学校参加了宣传活动。省电台、电视台、《甘肃日报》等8家新闻媒体进行了现场采访和报道，引起了社会的广泛关注。5月29日，在《甘肃日报》刊登了《甘肃省教育厅关于普通中专、成人中专和职业中专招生资格的公告》，提高了社会对职业教育的认识。全年全省三类职业学校共招生67 492人，比上年增加227人。

3月至6月，先后有28所省部级以上重点中专学校与省内高等院校签订了“3＋2”高职联合办学协议，取得了招生资格，当年招生3 500名。6月1日，甘肃省中等职业学校毕业就业指导办公室成立，当年向省外输送职业学校毕业生300多人。11月4日，省教育厅和省计委批准甘肃省广播电视中等专业学校恢复普通中专招生。

〔**学校布局与专业结构调整**〕 1月，制订了《“十五”期间我省重点职业学校建设和学校布局调整规划》。1月21日，省教育厅印发《关于认定省级示范和省级合格职业学校的通知》，认定秦安县职业技术学校、天水市卫生职业技术学校等9所学校为省级示范（B级）达标学校，武山县职业技术学校、靖远县职教中心为省级合格（C级）达标学校。

3月14日，副省长李重庵参加省联合中专现场办公会，专题研究省联合中专发展与改革问题。4月至6月，省教育厅、省政府研究室、省体改办、省计委、省人事厅等单位对省联合中专办学体制和发展方向等问题进行了联合调研，起草了《联合调研报告》。4月，省教育厅决定将安西县职教中心、兰州市永登县职业学校、华池县职业中学、徽县职业技术学校、民乐县职业教育中心学校、临泽县职业教育中心改办为职业中等专业学校，改办后实行一校两制，两块牌子，隶属关系、经费来源不变。6月，省教育厅和省计委同意在平凉地区技工学校基础上组建平凉信息工程学校，在酒泉地区农业职工中等专业学校基础上组建酒泉农林科技学校，组建的两所普通中专当年开始招生。5月，省教育厅同意成立甘肃省新闻出版局培训中心。11月，教育部公布全国中等职业教育首批示范专业，甘肃兰州气象学校、培黎石油学校、静宁县职业中专、兰州农业学校、甘肃省畜牧学校榜上有名。

〔**教学管理**〕 1月，省教育厅印发《甘肃省中等职业学校教学管理规程》。3月至5月，组织中等职业学校毕业生报考高职专业课，全省有4 024名毕业生参加14类专业课和专业基础课考试。6月，成立“甘肃省第二届中等职业技术教育教材审定委员会”，有17个普通中专专业课程组换届改选。8月，印发《关于评选甘肃省中等职业教育教学科研优秀成果奖的通知》，全省中等职业学校301名教师参加评选。10月，印发《甘肃省中等职业学校试行学分制的意见》，在省部级以上的重点职业学校试点。

2月，省教育厅受教育部教育发展研究中心委托，承担“西部高等职业教育结构布局与办学模式研究”课题的研究任务。该课题重点研究西部大开发对高等职业教育的需求和高等职业教育对加快西部地区经济社会发展的促进作用，在理顺高职与高专的关系、中专与高职间的衔接以及高职办学模式（包括布局、方向、教育教学改革）等方面开展实验，为西部培养大批“留得住、用得上、干得好”的实用性人才提供决策依据。

〔**信息化建设**〕 7月，省教育厅印发了《关于加快中等职业技术和成人教育信息化建设工作的意见》，明确提出“十五”期间全省职业教育信息化建设方案。12月，省教育厅将西峰陇东职业中专和成县职业中专确认为信息化示范学校。

〔**城乡教育综合改革**〕 4月，省教育厅组织人员对静宁县职教中心建设和静宁县农村教育综合改革情况进行调研，为全省农村教育综合改革暨县级职教中心建设现场会做前期准备。5月，在兰州、天水、张掖开展城市社区教育试点，为城乡新增劳动力和在岗、转岗、失业人员提供多层次、多形式、多样化的职业教育和培训。全省中等职业学校和培训机构积极开展各类培训9 000多期，共培训80多万人次。

〔**教师队伍建设**〕 3月，省教育厅印发《甘肃省中等职业学校骨干教师培养选拔办法》，计划到“十五”末培养300名能在职业教育教学改革中发挥带头和示范作用的省级优秀骨干教师；培养80名省级学科带头人和若干名职教专家。6月，全省中等职业学校有23名教师参加在职攻读硕士学位招生考试。7月至8月，举办暑期网络管理、计算机及应用、汽车修理、现代农业科技4个专业的师资培训班，培训200多人，各地区组织的各类培训也达600多人。12月，全省又组织了两期国家中小学第二套广播体操培训班，全省中等职业学校150名体育教师得到培训。7月，举办了全省中等职业学校第三期心理咨询与辅导培训班，有50多名教师参加培训。9月至10月，组织职业学校校长、教师赴上海、福建、浙江、广东等地考察、学习先进经验。11月，兰州职业技术学校和培黎石油学校两个省级职教师资培训基地建立。

〔**推进民族地区成人教育**〕 3月，甘肃省委组织部、省人事厅、省教育厅、省财政厅联合印发《关于在高等学校为甘南州和临夏州代培少数民族干部的通知》。经过推荐、考试，甘南州和临夏州100名少数民族干部录取到西北师范大学、甘肃工业大学、甘肃农业大学和兰州医学院深造。这项工作对推进少数民族地区成人教育，提高少数民族地区干部素质起到很大推动作用。

〔**职业教育成果展示**〕 7月26日～28日，甘肃组团参加了在长春举办的中国职业教育成果展。同时选送中等职业学校学生参加展会期间举办的中等职业学校学生美容美发大赛、服装设计大赛、计算机技能大赛、烹饪技能大赛。

12月18日～21日，省教育厅、省劳动和社会保障厅共同举办全省中等职业学校技能比赛，700多名学生参加了计算机、烹饪、服装、电工、家电维修、钳工、车工、英语8项专业技术比赛，40名选手获一等奖，65名选手获二等奖，86名选手获三等奖，117名选手获优秀奖，97名教师获指导教师奖，7个单位获优秀组织奖。获一等奖的40名学生由省劳动和社会保障厅颁发相应的中级或高级职业资格证书。

撰稿　牛辉峰　张兴江

高 等 教 育

〔**党建和思想政治工作**〕 2002年召开了第十次、第十一次全省高等学校党的建设工作会议，传达了全国高校党建工作会议精神，总结交流了全省高校党建和思想政治工作的经验，分析研究高校党风建设的现状，提出了进一步加强和改进高校党的建设，促进高等教育改革与发展的措施。省委成立高校工委，省级领导联系高校制度得到完善，切实增强了对高校工作的领导和指导。

组织开展了全省高校青年教师队伍建设和学生思想政治状况调研，组织高校开展学习“三个代表”重要思想和形势与政策教育、新学期教育教学以及后勤工作大检查三项活动，在此基础上，召开了全省高校思想政治工作座谈会，提出了高校教育教学工作尤其是青年教师队伍建设和新时期学生思想政治工作的对策和建议。

配合省委宣传部组织了迎接十六大召开的全省高校大学生“看成就、颂党绩”演讲比赛，70多名大学生参加了复赛，10名学生获得大赛一等奖。加强高校“两课”形势与政策教育。组织了全省高校“两课”系列教材修订工作，对高校“马克思主义哲学原理”等7门课程贯彻党的十六大精神提出了教学指导性意见，使得“两课”系列教材更加适应时代要求和本省实际，内容更加新颖，安排更加合理。

〔**专业建设**〕 面向甘肃经济建设主战场，开展新一轮的学科专业结构调整工作。2002年，高校本科专业总数由1998年的113个增加到155个，专业点总数由1998年的191个增加到365个；新增专科专业143个，专科专业总数由1998年的177个增加到320个，专科专业点达到446个。

2002年，22所高校申报增设53个本科专业、67个专科专业，成人本科专业21个、专科专业32个。经专业设置评议委员会严格评审，48个普通本科专业和12个成人本科专业经教育厅审定上报教育部审批，59个普通专科专业和21个成人专科专业经教育厅批准。其中，制药工程、麻醉学、法语等7个普通本科专业填补了甘肃省空白，小学教育、科学教育2个专业为目录外专业。

〔**教学工作**〕 (1) 积极构建高等教育“立交桥”，进行选拔优秀专科生升入本科学习的实践与探索。省计委、省教育厅制发了《关于甘肃省普通高等学校试办专科起点本科教育的意见》，允许专科（高职）毕业生通过全省统一选拔进入本科院校学习。当年招生1 843人，涉及9所本科院校的62个专业。(2) 考虑加入WTO后对人才素质要求，在兰州大学、西北师范大学等7所高校开办了“面向WTO专门人才班”，在兰州大学设立了“甘肃省信息科学与技术人才培养基地”。“专门人才班”专业制订了全新的人才培养方案，强化外语、法律和现代管理知识，聘请京沪高水平专家任课和举办讲座，提供适应现代商务要求的多媒体语音教室和相关专业教学仪器等硬件设备，直接引进先进的、能反映学科发展前沿的外文原版教材，实行主讲教授制度，筛选学术水平高、教学效果好的知名教授主讲主干课程，鼓励教师采用外语教材、双语授课。同时有计划、有目的地选送中青年教师到国内一流大学培训或者出国进修；利用国内和省内的重点实验室（基地），开出一批新的综合性、设计性、创造性实验；鼓励学生参与科学研究和其他创新活动，进行实践设计并撰写高质量的论文。(3) 根据《普通高等学校设置暂行条例》，组织专家组，对新建兰州石化职业技术学院和兰州商学院陇桥学院第一届毕业生的教育质量进行全面考核验收，专家组提交了《考核验收报告》，省教育厅对两所学校的合格验收结论进行了通报。(4) 积极配合教育部对甘肃农业大学本科教学工作水平进行评估，甘肃农业大学获得省800万元的资助，切实达到了“以评促建、以评促改”的目的和效果。(5) 在全省高校开展“CCTV杯”大学生英语演讲大赛和数学建模竞赛，6个代表队获得全国一等奖，8个代表队获得全国二等奖，18个代表队获得甘肃赛区一等奖。(6) 继续组织高校学生参加全国大学生四、六级英语考试、全省高校计算机考试和成人高校教学质量抽查考试。(7) 召开全省高校实验室情况及仪器设备统计会议，18所普通高校增加实验及科研仪器1.42万件，共1.28亿元，开出教学实验1.43万个，8.74万学时，实验工作量达785.40万学时；对兰州铁道学院等9所高校的31个基础课教学实验室进行了省级合格评估；召开了高校图书工作委员会会议。(8) 开展教授讲授本科基础课程情况调查，调查表明全省高校的80.1%的教授或副教授讲授了本科课程，本科课程有50.3%由教授或副教授讲授。(9) 召开第15届全省高等学校教务处长联席会议，研讨了全省高校第一次教学工作会议以来各高校在教学建设、教学改革、教学管理方面的经验和热点问题。组织9位教务处长考察了广东、福建等地9所高校的教改经验，开拓了工作思路。

〔科研工作〕 2002年，全省各高校多渠道争取和承担科研课题，获得资助经费3 476.2万元，参加科技活动的人员5 364人，其中，高级职称3 226人，出版学术专著266部，发表学术论文8 058篇，完成并通过鉴定的应用和应用基础研究成果150项，获得省部级以上各种奖励的科研成果144项，签订技术转让合同1项，当年实际收入30万元。

9月上旬，组织完成2000年～2001年度甘肃省高等学校科技进步奖和社科成果奖的评审，共评出科技进步奖96项，其中一等奖19项，占获奖总数的19.79%，二等奖40项，三等奖37项；社科成果奖113项，其中一等奖20项，占获奖总数的18.01%，二等奖45项。10月，在甘肃省科技进步奖评审中，全省高校共有22项成果获奖，占获奖总数的13.9%，其中一等奖1项，占一等奖总数的 12.5%；二等奖 6 项，占二等奖总数的12.5%。

〔学位工作与研究生教育〕 2002年，全省高校共有博士学位点51个、硕士学位点257个。全省有8所高校有权开展同等学力人员申请硕士学位工作，并举办研究生课程进修班。其中，兰州大学等5所高校拥有工商管理、法律、教育、工程、农业推广和兽医等6个专业硕士学位授权点。

2002年7月筹备成立了甘肃省学位与研究生教育学会。

〔学生工作〕 (1) 召开了全省高校助学贷款工作会暨学生处长联席会。2002年全省15所普通高校有7 277人获得国家助学贷款3 583.21万元，比上年增长4倍。(2) 召开了全省高校学籍学历电子注册工作会议，完成了1991年以来20万余名毕业生学籍学历的追溯注册工作。完成了2000级和2001级近13万名在校生入学注册工作，完成了2002届4万多名普通和成人高校毕业生资格的预审和正审工作，完成近2万名成人高校毕业生审核验印工作。(3) 开展2002年李政道奖学金评选工作。李政道先生为10名品学兼优的获奖学生颁奖。制订了新的李政道奖学金实施办法。

撰稿　董仲奇　吴亚白

民族教育

〔综述〕 2002年，甘肃省民族地区有两个民族自治州和五个民族自治县，共有小学2 184所，学生 39.44 万人，专任教师 1.53 万人；学龄儿童入学率 95.8%，女童入学率 95%；普通中学 209 所，初中在校生 9.15 万人，高中在校生 2.44 万人，专任教师6 986人；职业中学 20 所，在校生 1 851人，专任教师 268 人；中等专业学校 10 所，在校生5 091人，专任教师 558 人。教师学历合格率分别为：小学 94.27%，初中 83.54%，高中 40.51%。

与上年相比，小学学校合并了 38 所，在校生增加8 979人。学龄儿童入学率提高 1.44 个百分点，女童入学率提高 2.1 个百分点，专任教师增加 543 人。普通中学增加 2 所，在校生增加 1.26 万人，专任教师增加 323 人。中等专业学校在校生增加1 341人，专任教师增加 51 人。小学专任教师学历合格率提高 1.59 个百分点，初中专任教师学历合格率提高 1.84 个百分点。

〔**义务教育**〕 根据省政府普及九年义务教育规划，2002 年民族地区的碌曲、积石山 2 个县要实现“普初”。省教育厅继续把民族地区的“普九”作为工作的重点和难点，在坚持验收标准的基础上，求实进取，扎实推进，稳步提高。年初就组织力量，对两县进行重点指导。按照实事求是的原则，碌曲县顺利通过了普初扫盲验收。到 2002 年底，民族地区已有 4 个县普及了九年义务教育，普九人口覆盖率达到 8.3%。18 个县普及了初等义务教育，普初的人口覆盖率达到 83.4%。

2002 年，全省“两基”的重点和难点主要集中在甘南藏族自治州和临夏回族自治州。两州都把普及义务教育放在首要位置，重点放在提高入学率上。甘南藏族自治州学龄儿童入学率达到 96.79%，女童入学率 95.4%，藏族儿童入学率 95.15%；临夏回族自治州学龄儿童入学率 94.74%，女童入学率 94.22%，少数民族儿童入学率 94.5%。

〔**“双语”教学**〕 甘肃省的藏族、蒙古族和哈萨克族有自己的语言文字。在实行“双语”教学的地区，根据形势的发展和需要，提出在学好母语的同时，学好汉语文，在有条件的学校开设外语，甘南州的一些藏族中小学也已加授外语。中小学的教学质量稳步提高。2002 年甘南藏族自治州初中 6 科合格率：普通类 44.81%，藏语文为主类 4.22%，汉语文为主类 6.96%。小学双科（或三科）毕业会考合格率：普通类 87.92%，汉语文为主类 33.6%，藏语文为主类 25.9%。

省教育厅配合五省区藏文教材协作办公室，组织人员编写出版了中师藏语文教材，《藏语文》第七册和第八册已供五省区中师使用。

〔**教育协作**〕 天津师范大学继续免费为甘肃省 18 个贫困县和少数民族贫困县定向招收 36 名学生。第一届毕业生大多已回到甘肃工作。同时，在西北师范大学举办了民族地区专科起点升本科班，招收 50 名民族地区教师，从中选出汉语言专业的 25 名教师赴天津师范大学进行免费培养培训。

积极与内蒙古自治区、新疆维吾尔自治区开展教育协作。内蒙古自治区为甘肃对等培养蒙语文授课的本科生 6 名；新疆维吾尔自治区为甘肃对等培养用哈语文授课的本科生 4 名；青海师范大学为甘肃对等培养藏文理科生 10 名，同时培养藏语文师资。

〔**牧区寄宿制学校校长培训**〕 由省教育厅、省青年联合会与新西兰国际人力资源有限公司共同组织实施了甘肃省少数民族牧区寄宿制学校校长培训项目。项目主要培训民族地区寄宿制小学校长，目的在于学习新的教育理念，运用新的管理方法，组织课堂教学和评估，提高牧区寄宿制小学的管理水平，促进民族地区教育的发展，由新西兰教育专家和省内专家集中培训，为期 24 天。来自全省牧区 10 个县的 30 名校长参加了培训。

〔**改善办学条件**〕 民族地区进一步加强了多渠道筹措教育经费的工作力度。各级政府在安排各项资金时，重点考虑民族教育，群众的办学积极性空前高涨，校舍面貌发生根本性的变化，民族地区小学危房面积下降到 14%。临夏回族自治州 2002 年新建、改建、扩建中小学 118 所，完成土建投资 5 934万元，校舍危房比重下降到 12.72%。甘南藏族自治州全年各类项目投资6 553.45万元，州、县根据项目规划和实施办法，精心组织，认真实施，办学条件得到进一步改善，危房比重下降到17%。

〔**远程教育**〕 民族地区多渠道筹措资金，加强信息教育基础设施建设，信息化有了很大进展。甘南藏族自治州开展信息技术课程的学校达96所，拥有计算机885台。拥有计算机教室的学校38所；拥有卫星接收设备150套。临夏回族自治州有58所学校建成计算机教室，120个乡（镇）中心小学计算机教室也已基本完成，2003年初步可完成安装、调试、投入使用。

撰稿 王守斌 巴建坤

审稿 白继忠 黎志强

青海省教育

概　　况

〔基本情况〕

2002 年各级普通学校基本情况

单位：人

学校类别	学校数（所）	毕业生数	招生数	在校生数	教职工数	
					合计	其中：专任教师
总计	**3 892**	**206 687**	**277 653**	**886 530**	**60 565**	**51 742**
一、研究生	(5)	31	127	263		
1. 高等学校	(3)	9	70	135		
2. 科研机构	(2)	22	57	128		
二、普通高等学校本专科	11	2 763	7 123	22 198	5 314	2 580
本科院校	4	2 701	5 670	20 131	4 407	2 046
专科院校	7		1 325	1 696	907	534
分校、大专班		62	128	371		
三、普通中等学校	536	74 964	108 715	285 551	22 485	19 129
1. 中等专业学校	15	3 266	2 881	11 382	1 159	713
中等技术学校	8	2 162	2 309	8 629	540	307
中等师范学校	7	1 104	572	2 753	619	406
2. 技工学校						
3. 普通中学	492	69 126	102 275	267 642	20 458	17 762
高中	143	15 479	28 059	67 168		4 829
初中	349	53 647	74 216	200 474		12 933
4. 职业中学	29	2 572	3 559	6 527	868	654
高中	28	1 942	3 254	5 643		620
初中	1	630	305	884		34
5. 工读学校						
四、小学	3 120	81 005	102 602	506 601	29 546	28 215
五、特殊教育学校	10	195	349	2 515	141	114
六、幼儿园	215	47 729	58 737	69 402	3 079	1 704

2002 年各级成人学校基本情况

单位：人

学 校 类 别	学校数（所）	毕业生数	招生数	在校学生数	教职工数	
					合 计	其中：专任教师
总 计	**1 780**	**383 955**	**291 900**	**290 558**	**2 579**	**1 172**
一、成人高等学校	2	3 798	8 125	18 081	1 266	787
1. 广播电视大学	1	835	821	3 885	1 083	651
2. 职工高等学校	1	700	2 901	5 411	183	136
3. 农民高等学校						
4. 管理干部学院						
5. 教育学院						
6. 独立函授学院						
7. 其他学校（机构）						
8. 普通高等学校举办		2 263	4 403	8 785		
函授		331	1 684	3 639		
业余			311	595		
脱产		1 932	2 408	4 551		
二、成人中等学校	1 254	321 646	265 535	254 223	988	278
1. 成人中等专业学校	11	1 403	1 371	3 536	444	278
广播电视中专学校	2	546	165	937	116	89
职工中等专业学校	6	298	633	1 505	259	157
干部中等专业学校	3	92	60	141	69	32
农民中等专业学校						
函授中等专业学校						
教师进修学校						
其他类学校举办		467	513	953		
2. 成人中学	14	814	814	814		
成人高中						
成人初中	14	814	814	814		
3. 成人技术培训学校	1 229	319 429	263 350	249 873	544	
职工技术培训学校	57	4 963	4 260	3 132	1	
农民技术培训学校	1 172	314 466	259 090	246 741	543	
三、成人初等学校	524	58 511	18 240	18 254	325	107
1. 职工初等学校	15	6 401	6 401	6 401	33	10
2. 农民初等学校	509	52 110	11 839	11 853	292	97
其中：扫盲班	495	21 012	11 689	11 703	292	97

〔**年度教育工作方针与总体思路**〕 2002年，青海省教育以邓小平理论为指导，认真实践“三个代表”重要思想，深入贯彻全国教育工作会议和全省基础教育工作会议精神，以全面推进素质教育为核心，以实现“两基”目标为重点，加快发展高中阶段教育和高等教育，放开搞活职业教育和成人教育，继续扶持民族教育，夯实基础，加强管理，深化改革，提高质量，为科教兴青和西部大开发提供强有力的人才和智力支持。

重点工作：(1) 认真贯彻全国和全省基础教育工作会议精神，逐项落实教育管理体制、教师工资发放、教育投入、教师队伍建设等各项保障措施；完善地方教育事业发展目标责任制，继续坚持“处室包县，干部蹲点，分类指导，分片包干”工作制度，推进“两基”阶段性目标的实现。(2) 认真研究实现“两基”地区存在的突出困难，加强“两基”复查，巩固“两基”成果；深入开展中小学布局结构调整调研，加强薄弱中小学改造建设；核定农牧区中小学生均公用经费标准，进一步完善学前教育和高中阶段教育收费管理办法，并着手研究税费改革后如何保证农牧区义务教育的投入，为政府决策提供依据；积极稳妥地推进基础教育课程改革，扩大课改试点范围。(3) 研究职业教育如何与地区经济发展相结合，制定加快职业教育发展的政策措施，推进课程改革，调整专业结构，建设一批具有地方和高原特色的专业，提高职业教育质量；加强重点中等职业学校建设，办好高等职业教育，完善中等职业教育和高等职业教育的“直通车”制度，稳定中等职业教育规模，遏制滑坡；深化农村和城市教育综合改革，面向社会开展各种形式的职业培训。(4) 巩固和发展高校布局结构调整成果，充分发挥资源整合效益；认真制定高等教育发展规划，稳定普通高校招生规模，加强学科和专业建设，按照规划目标完成高校后勤社会化改革任务，认真落实国家高校助学贷款政策和资助贫困生的措施，保证不让一个贫困大学生失学；改革高考内容和录取方式，实施3＋X科目设置方案，全面实现远程网上录取。(5) 抓住实施“义教工程”等项目的机遇，加大对民族地区尤其是青南地区教育的扶持力度，加快民族教育发展；加强州府和县城所在地中小学及乡中心小学的标准化建设，拓宽办学渠道，改革办学模式，积极利用省内外优质教育资源为六个民族自治州举办高质量的高中班；提高青南等牧区寄宿制中小学助学金标准，保证学生生活，提高入学率和巩固率；继续认真组织实施教育对口支援的“两个工程”；加强双语师资培训及教材建设，提高少数民族学生运用国家通用语言文字的能力。做好高校党建和中小学德育和思想政治工作，主动适应国家加入WTO的新形势，加强教育法制建设和外事工作。

〔**教育投入与支出**〕 2002年，全省教育经费总支出为19.2亿元，比上年增长23.8%。其中教育事业费支出16.65亿元，基建支出2.01亿元。教育事业费支出中，人员经费为11.86亿元，占71.2%；公用经费为4.79亿元，占28.8%。各类教育的事业费分别为：高校2.43亿元，占14.6%；中专0.89亿元，占5.4 %；普通中学4.51亿元，占27.2%；职业中学0.34亿元，占2%；小学6.18亿元，占37.1%；特殊教育学校0.1亿元，占0.2%；幼儿园0.3亿元，占1.8%；其他1.9亿元，占11.4%。全年城市教育费附加收入2 106.2万元，农村教育费附加收入306万元。

2002年，青海继续抓住机遇，争取资金，增加投入，加快教育基础设施建设。中小学危房改造工程总投资9 106万元，竣工学校149所，完成建筑面积12.13万平方米，占计划的98.68%和97.67%；二期“义教工程”下达资金9 200万元，占计划的85.19%，年内完成建筑面积8.74万平方米；第十五批邵逸夫赠款项目于10月底全部竣工交付使用，完成投资1 479万元，建成校舍2.08万平方米，第十六批邵逸夫赠款项目安排青海投资1 000万元（赠款470万元，配套资金570万元），建筑面积1.25万平方米，年内开工建设项目5个，建成校舍2 200平方米；高中扩招（国债）项目确定重点建设学校17所，下达建设资金7 859万元，总建筑面积8.00万平方米，年内12个项目开工建设；经反复论证，藏区教育基础设施建设项目，确定重点扶持建设学校32所，总投资2 234万元，总建筑面积2.38万平方米，年内开工建设学校17

所；高校基础设施建设项目共安排资金8 090万元，建成了青海大学农牧实验楼等工程，基本完成了省属高校的“三网”改造。

〔**教育法制工作**〕 2002年，青海省教育系统以教育行政执法和学校法制教育为重点，全面推进依法治教。(1) 与省依法治省办联合制定了《青海省中小学聘任法制副校长管理办法》，对中小学聘任法制副校长工作进行了规范，规定受聘的法制副校长每学期到校授课不得少于20课时，并实行表彰奖励制度。(2) 按照省政府要求，为适应我国加入WTO的需要，对1983年至2002年省教育厅发布的规范性文件进行了全面清理，确认继续有效文件104件，需要修改的4件，废止的8件；(3) 认真实施全省教育系统“四五”普法规划，组织全厅系统干部职工参加全省统一组织的普法考试；各地学校利用3月和9月两个义务教育宣传月，开展多种形式的宣传活动，全省基本形成了以课堂教育为主，课内外、校内外相结合的法制教育网络。(4) 承办教育部全国教育法规处长工作会议，青海省就互助、贵南等县的义务教育执法工作经验作了大会发言。

〔**学校人事分配制度改革**〕 省教育厅两次召开会议，研究推进省政府批转的全省中小学、高校人事分配制度改革方案，并到黄南州、海东地区调研和指导开展工作。到年底，西宁市完成了教师全员聘任制，并面向社会公开招聘500名教师；海东地区的乐都县、互助县在全县范围实行了教师竞聘上岗；海北州对州直属的6所中学校长实行公开竞聘。各地通过改革，促进了教师队伍的优化组合，海东地区各县基本解决了城镇地区教师超编，边远地区教师缺编的问题，同时加强了薄弱学校师资，使教师区域分布趋于合理。

〔**教师资格认定工作**〕 2002年，基本完成了对全省1994年以后上岗的在职教师的资格认定工作。按照《教师资格条例》及青海省的《实施细则》，经严格审查，共认定在职教师资格20 658人。其中，高校教师983人，中等专业学校教师448人，中等职业学校实习指导教师236人，高级中学教师2 006人，初级中学教师5 524人，小学教师10 682人，幼儿园教师779人。此外，还完成了对省属师范类院校2002届毕业生的教师资格认定工作，共有1 464名学生获得教师资格。

〔**招生与毕业生就业工作**〕 2002年，普通本专科院校在青海实际招生1.79万人，录取率达85.9%。实现了年初确定的稳定普通高校招生规模的目标。同时改革了高考内容和录取方式，实施了“3＋X”科目设置方案，全面实现了网上远程录取。出台了户口不迁、服务期不限、来去自由的毕业生就业指导政策，继续拓宽渠道，鼓励省外高校毕业生来青就业，引导西宁等省内相对发达地区生源的毕业生到青南牧区就业。4月份，省教育厅在省内4所高校举办了2002年青海省大中专毕业生供需洽谈会，动员200多个用人单位到会，与高校组织的3 000名毕业生进行供需洽谈。到12月底，省属高校本、专科和中专毕业生就业率分别为70%、40%和30%。

〔**学校体育、卫生、艺术及国防教育**〕 2002年，在全省第十三届运动会上，大学生代表团获11块金牌、12块银牌、10块铜牌，金牌总数名列第三；在全国第八届中学生运动会上，2人打破2项全国中运会纪录；青海师范大学成功举办了第五届CUBA西北大赛区比赛，该校女队获得冠军。制定印发了《青海省艺术教育发展规划》和学生军训工作发展规划，组织专家组对全省学校实施《学校体育工作条例》和《学校卫生工作条例》进行了检查指导，对一些好的做法进行了总结推广，评选出贯彻两个《条例》先进学校12所、先进个人10人，其中6所学校、5名个人受到教育部表彰；举办了全省中小学幼儿园广播体操骨干教师培训班、校医防治近视眼培训班及“大课间体育活动”观摩会，培训教师200余人；组织开展了全省学生体质健康调研和体育教学论文评比活动；有10所中小学被教育部确定为“十五”规划重点课题“中小学实行平均每天一小时体育锻炼实验研究学校”，开始了为期3年的实验；加强了学校饮食卫生与安全的管理监督，会同省卫生厅对全省学校卫生安全工作进行大检查。

〔**教育外事工作**〕（1）认真组织实施国家留学基金委公派出国留学项目，2002年全省高校和科研院所公派留学人员13人。（2）来青的外国留学生招生有新的突破，2002年省内高校招收留学生80名，为历年之最；此外，省内高校和其他教育机构年内聘请外国文教专家50多人次。（3）省教育厅应乐都、泽库、尖扎等县的要求，组织在青外籍教师开展了中小学英语教师短期培训，使200多名参加培训的教师提高了英语口语教学能力；7月，在青海师范大学附中、西宁四中举办了暑期英语夏令营活动，近800名学生与外国青年和外籍教师进行了交流和学习。（4）组团考察了德国的职业技术教育、美国的高等教育；9月，由省教育厅牵线，日本丰田市根川小学与西宁市晓泉小学和贾小庄小学签订了友好交流协议，双方互派教师、学生交流学习。（5）2002年，接待来青团组21个，共164人次。

〔**教育工作宏观指导**〕 2002年7月，教育部副部长张保庆一行来青，到西宁市、海北州、海南州等地考察教育工作，对青海教育发展提出了指导性意见。省委、省政府和省科教领导小组关心教育事业发展，分别于6月、8月两次专门听取教育工作汇报，省政府办公厅将省科教领导小组关于教育工作的会议纪要印发全省贯彻执行；12月，省长赵乐际带领计划、财政等部门的负责同志，到省教育厅现场办公，决策解决了全省“普九”工作面临的校舍、课桌凳短缺等实际困难。2002年，省教育厅主要负责同志和厅分管领导经常到基层调查研究，组织开展了州（地、市）政府所在地教育资源整合等十几次教育专题调研，提高了科学决策水平。

基础教育

〔**“两基”攻坚**〕2002年，青海主要采取了以下措施，加大“两基”攻坚力度。（1）尚未实现“两基”县的党委、政府加大实施“两基”的力度，针对实际，依法采取了一系列行之有效的办法，推进“两基”进程。都兰县将“两基”工作政绩纳入国家公务员年终考核范围；循化、化隆和同仁等县实行了乡干部联点包村制度，“两基”进度与干部职务晋升挂钩；果洛州等地开展了全州教育工作大检查，对不送子女入学的家长实施处罚，控辍保学；各地利用冬春农闲广泛开展了扫盲活动。（2）省教育厅继续实行“处室包县，干部蹲点，分类指导，分片包干”制度，有关处室组织人员百余人次到联点县督导检查工作，帮助协调解决实际困难，狠抓“两基”薄弱环节；6月，省教育厅在循化县召开了全省“两基”攻坚汇报会。（3）省政府教育督导室在海北州以及循化、都兰等7个县举办了“两基”工作培训班，培训乡镇干部400多人；对西宁市城东区、大通县、格尔木市、德令哈市、乌兰县、互助县和大柴旦行委等7个县（市、区、行委）的“两基”巩固提高情况进行复查，复查结果全部为合格。（4）坚持和完善教育《目标责任书》制度，对全省第4轮教育《目标责任书》实施情况进行总评，并报请省政府分别同各州（地、市）政府和教育局签订了第5轮《目标责任书》。

〔**基础教育课程改革**〕 2002年，青海在12个县（区）开展了义务教育阶段课程改革省级试点。各实验区按照《青海省义务教育阶段课程改革实验推广方案》和《青海省基础教育课改师资培训方案》，认真开展实验。省教育厅加强了实验区骨干教师和管理人员的培训，选派11个学科的6名教研员参加了基础教育课改国家级师资培训，举办了5期课改省级培训班，培训实验区教育局长、教研室主任、骨干教师1 500人次；为保证边远地区课改工作顺利进行，省教育厅还组织教研人员到玉树、海南、海北等州开展现场培训。同时加强了对实验工作的指导，省教育厅课改领导小组派出两个工作组到国家级实验区湟中县开展调研，对12个省级实验区的课改工作进行指导，保证了课改工作健康发展。湟中县接受了国家级课改实验评估，实验工作初显成效。

2002年6月，省教育厅首次召开了全省中小学实验教学工作会议，印发了《关于加强全省中小学实验教学工作的若干意见》，完成了《青海省中学教学仪器装备标准》《青海省小学教学仪器装备标准》的制定工作。

〔**中小学信息技术教育**〕 2002年，青海省有1 000多所中小学开设了计算机课，并推广了民和县计算机辅助教学经验，加强了信息技术与学科课程整合研究。通过实施“教育部、李嘉诚基金会现代远程教育扶贫示范工程项目”，在湟中县、乐都县、互助县、循化县、共和县建设了100个现代远程教育示范点，全年培训信息技术教育师资1.66万人次。

〔**学前教育、特殊教育和校外教育**〕 2002年，根据青海省幼儿园评估定级工作要求，对省委机关幼儿园进行了评估定级，经评定省委机关幼儿园成为全省第3所省级示范幼儿园；认真贯彻第三次全国特殊教育工作会议精神，结合青海实际，制定了“十五”期间特殊教育改革和发展意见，提出到“十五”末，全省适龄残疾少年儿童入学率达到70%以上；省教育厅与有关部门、单位制定了到2005年青海省青少年校外活动场所建设与发展规划，并争取国家资助，开工建设4个青少年校外活动场所。

〔**教师队伍建设**〕 2002年，省教育厅制定了《关于加强全省中小学教师队伍建设的意见》及《青海省中小学教师继续教育“十五”规划》，教师继续教育顺利开展。全年培训中小学教师4 000人次，其中省外培训600人次，较上年有很大提高。同时加强了中小学教师培训基地建设，省教育厅组织对全省9个省级教师培训基地的硬件建设和教学情况进行了评估。全省小学、初中、高中教师学历合格率分别达到96.19%、90.06%和54.88%。

职业教育与成人教育

〔**高等职业教育**〕 2002年，青海省新成立了3所高等职业技术学院，即在省交通学校、交通中专等学校的基础上组建了青海交通职业技术学院，在青海建工建材学校基础上组建了青海建筑职业技术学院，在湟源牧校基础上组建了青海畜牧兽医职业技术学院。这3所学校共开设高职教育专业15个，2002年招生616名。

〔**教育教学改革**〕 2002年，青海把提高中等职业教育教学质量放在更加突出位置。年初，省教育厅根据教育部有关规定，制定印发了《青海省职业学校学分制实施细则》，允许学生根据需要和兴趣跨校、跨专业选修课程，工学交替分阶段完成学业。进一步加强了专业建设，青海省工业学校的机械加工技术、省重工职业学校的机电技术应用和西宁市新世纪职业学校的烹饪等专业被教育部确定为全国中等职业教育示范专业。有3个学校根据市场需求，新开设了焊接、计算机应用、饭店服务与管理等 5 个专业，全省中等职业学校专业总数达 88 个。

〔**中等职业学校招生**〕 2002 年，青海省加大了中等职业学校招生制度改革力度，积极采取有效措施，拓宽生源渠道，扩大招生规模。截止 9 月底，全省中等职业学校共招生8 586名，其中普通中专2 881名，成人中专1 371名，职业高中3 254名，技工学校1 080名，农村生源较往年有较大增加。

〔**教师队伍建设**〕 2002 年，为推动职业教育师资队伍建设，省教育厅制定了《青海省“十五”期间职业教育师资培训规划》，并加大了培训力度。全年培训教师 426 人，占全省中等职业学校专任教师总数的 20%，投入培训经费近 30 万元，为历年之最。其中，举办省级校长培训班 2 期，培训校长 61 人，计算机教师培训班 3 期，英语教师培训班 1 期，共培训骨干教师 173 人。其他培训 142 人。师德建设取得新成绩，玉树州民族综合职业学校校长吉格勒被评为第五届“全国十杰中小学中青年教师”。

职业教育质量有新的提高，省工业学校、湟中县职业学校被教育部确定为国家重点建设示范性职业学校，青海畜牧兽医职业技术学院被确定为国家重点建设示范性五年制高职院校；在长春举行的中国职业教育成果展示会上，有 31 名学生获得技能大赛奖。

〔**社区教育**〕 2002 年，省教育厅与省民政厅一起召开了全省社区教育试点工作座谈会，传达学习全国社区教育工作会议精神，部署全省社区教育工作。西宁市城西区职业学校、湟中县职业学校等社区教育试点单位认真制定了实施计划，有 5 名教师参加了全国社区教育工作者培训班，省教育厅从职教专项经费中划拨 10 万元用于支持社区教育试点工作。

高等教育

〔**高校资源整合**〕 2002 年初，青海职业技术学院并入青海民族学院，连同新组建的 3 所高职学院，全省有 4 所本科院校、4 所高职院校和 2 所成人高校，教育资源得到合理配置和利用。

〔**高校党建和思想政治工作**〕 2002 年，召开了第九次全省高校党建工作会议，全面总结了高校党建工作的新经验，对今后一个时期全省高校党建和思想政治工作进行了部署。省委书记苏荣、省长赵乐际到高校为师生作党的十六大精神学习辅导报告和专题形势报告。为学习外地先进经验，省高工委组织全省高校党委宣传部长共 11 人赴江、浙、沪、皖四省市考察调研高校思想政治工作。各高校开展了一系列丰富多彩的宣传教育活动，迎接党的十六大召开。省教育厅配合公安、工商、文化、卫生和社区等部门，开展了高校周边环境及内部治安综合治理，加强了对学校计算机网络安全管理，保持了高校的稳定。

〔**教学管理及科研工作**〕 （1）按照教育部部署，省教育厅组织专家对省属本科院校 2000 年以后设置的 50 个本科专业和 32 个基础课实验室进行了评估。评估结果为良好专业 23 个，合格 11 个，应复评的 16 个；合格实验室 26 个，不合格 6 个。（2）对 2002 年度高校本科专业设置进行了评议，年内省属高校新增本科专业 10 个，全省高校设置的本科专业达 209 个。（3）12 月，省教育厅会同省财政厅、省计委对省属高校第二批 20 个省级重点学科、重点实验室建设进行了评估、验收。（4）研究生教育进一步发展。青海师范大学、青海民族学院、青海医学院3所高校获得培养在职攻读硕士学位研究生资格。2002年全省高校18个硕士学位授予点共招收研究生72人，在校研究生达146人；同时审批研究生课程进修班11个，在职学习人员970人。(5) 青海大学有7个项目被教育部列为全国教育科学“十五”规划重点课题，高校有4个项目分别获“2002年青海省科技进步奖”。(6) 青海大学接受了教育部组织的“本科教学合格评价”、青海电大接受了中央电大“开放式教学点中期评估”。

〔**教师队伍建设**〕 开展青海高校教师培训工作专题调研，提出了全省高校教师培训的指导意见；岗前培训青年教师500名；完成了2002年“高校高层次人才专项培养”项目任务，选拔了30多名教师到国内外知名高校深造，每人补助培养经费1万元；青海省高校有1名教师获全国第三届“高校青年教师奖”，接受国家奖励资助经费30万元。

〔**高校后勤社会化改革和国家助学贷款工作**〕 2002年，在青海民族学院召开了全省高校后勤社会化改革现场会，总结交流高校后勤社会化改革经验；高校后勤社会化改革基本到位，后勤实体与学校实现了规范分离。高校国家助学贷款工作全面启动，累计发放贷款958人，贷款金额259.04万元。

民 族 教 育

〔**教育对口支援**〕 2002年，青海省有100所中小学和10所职业中学与辽宁省的学校结成对子，有40名中学教师到辽宁培训，34名教育管理人员到辽宁挂职锻炼，辽宁省组织了6名特级教师来青义务讲学。在省内外举办了11个民族高中班、2个宏志班，面向民族地区招生700多名；选送了一批品学兼优、家庭贫困的应届初中毕业生赴内地学习，青海民族学院选送了20名新生到吉林艺术学院等四所高校代培，努力利用优质资源提升民族教育质量。

〔**民族教材建设和双语教学**〕 2002年1月，在北京举行了由青海省教育厅与人民教育出版社及西藏自治区教育厅合作新编的《汉语》教材发布会。颁布了小学、初中、高中藏语文教学大纲，实施了美国利众基金会资助的藏文教材编写项目；成立了青海省高校藏文教材审查委员会，审查通过了732种高校藏文教材。

为规范双语教学，省教育厅在同仁、共和两县的10所民族小学实施了“听、说先行，早期过好汉语关，提高教育教学质量”的课题实验研究；针对当前全省藏汉“双语”教学中存在的问题，由厅领导带队赴西藏、云南、四川以及青海省海南州、黄南州等地进行专题调研，提出了改进中小学“双语”教学的指导性意见。

〔**资助贫困学生**〕 为巩固发展青南牧区寄宿制学校，省财政从2002年开始，每年安排助学金800万元，青南3州的州、县两级财政每年安排870万元，教育部、财政部每年安排500万元助学金专项、420万元免费教科书资金，重点用于资助贫困学生，使当地寄宿制中小学生助学金提高到生均每月65～70元左右，基本解决了长期困扰青南牧区义务教育发展的一大难题。

撰稿　李　广

审稿　杜小明　庞晓玲

宁夏回族自治区教育

概　　况

〔基本情况〕

2002 年各级普通学校基本情况

单位：人

学 校 类 别	学校数（所）	毕业生数	招生数	在校生数	教职工数 合计	教职工数 其中：专任教师
总　计	**3 569**	**271 780**	**364 806**	**1 194 614**	**73 017**	**62 482**
一、研究生	(2)	55	181	395		
1. 高等学校	(2)	55	181	395		
2. 科研机构						
二、普通高等学校本专科	12	3 379	9 434	29 301	5 080	2 659
本科院校	3	2 935	7 164	24 533	3 922	1 876
专科院校	9	344	2 170	4 468	1 158	783
分校、大专班		100	100	300		
三、普通中等学校	500	103 818	140 286	396 533	28 690	23 263
1. 中等专业学校	25	4 741	7 516	25 643	3 026	1 606
中等技术学校	23	4 448	7 119	23 395	2 792	1 486
中等师范学校	2	293	397	2 248	234	120
2. 技工学校						
3. 普通中学	449	95 612	127 254	358 477	24 486	20 736
高中	104	18 979	35 512	92 989		5 132
初中	345	76 633	91 742	265 488		15 604
4. 职业中学	26	3 465	5 516	12 413	1 178	921
高中	25	2 828	4 501	9 895		752
初中	1	637	1 015	2 518		169
5. 工读学校						
四、小学	2 912	101 970	130 005	663 542	35 634	34 228
五、特殊教育学校	6	54	141	843	149	122
六、幼儿园	139	62 504	84 759	104 000	3 464	2 210

2002年各级成人学校基本情况

单位：人

学校类别	学校数（所）	毕业生数	招生数	在校学生数	教职工数	
					合计	其中：专任教师
总计	**2 738**	**372 884**	**293 046**	**335 714**	**3 451**	**1 666**
一、成人高等学校	1	5 614	14 541	36 794	170	84
1. 广播电视大学	1	2 009	4 743	11 274	170	84
2. 职工高等学校						
3. 农民高等学校						
4. 管理干部学院						
5. 教育学院						
6. 独立函授学院						
7. 其他学校（机构）						
8. 普通高等学校举办		3 605	9 798	25 520		
函授		1 232	4 357	11 958		
业余		1 023	3 926	9 965		
脱产		1 350	1 515	3 597		
二、成人中等学校	1 658	304 355	228 936	247 800	2 730	1 110
1. 成人中等专业学校		5 176	3 916	12 150	793	481
广播电视中专学校		408	212	844	137	82
职工中等专业学校		2 450	1 589	4 416	649	396
干部中等专业学校						
农民中等专业学校						
函授中等专业学校		454	871	919	7	3
教师进修学校						
其他类学校举办		1 864	1 244	5 971		
2. 成人中学	4	779	420	750	37	19
成人高中	4	320	420	750	37	19
成人初中		459				
3. 成人技术培训学校	1 654	298 400	224 600	234 900	1 900	610
职工技术培训学校	55	8 100	10 000	8 600	450	300
农民技术培训学校	1 599	290 300	214 600	226 300	1 450	310
三、成人初等学校	1 079	62 915	49 569	51 120	551	472
1. 职工初等学校						
2. 农民初等学校	1 079	62 915	49 569	51 120	551	472
其中：扫盲班	1 067	59 728	46 829	48 380	550	471

〔**教育投入**〕 2002年完成了第二期“国家贫困地区义务教育工程”校舍建设规划，已投入资金9 960万元，新建、改扩建学校234所（其中小学213所），建设面积18万多平方米，配发课桌凳1.25万套。为加快南部山区全面实现“普初”目标，推进“普九”进程，2002年筹措资金1 544万元，将彭阳、西吉、海原、同心和盐池5县2004、2005年度的项目资金提前下达，促进了南部山区的“普初”、“普九”进程。

2002年，自治区中小学危房改造工程有167所学校开工建设，完成投资1.3亿元，建设校舍25.5万平方米。已有103所学校交付使用。这项工程的实施，对解决农村中小学危房，进一步改善全区农村中小学办学条件提供有力的支持。

2002年自治区争取国债资金7 684万元。其中用于宁夏医学院基础设施改造与建设1 200万元，普通高中建设5 000万元，中等职业教育建设1 310万元，移民吊庄学校建设174万元。项目正在顺利进行。

2002年吊庄教育建设项目共投入资金4 174万元，新建、改扩建校舍面积4.44万平方米，制作配发课桌凳2 520双人套。各吊庄调入县（市、区）也积极努力，自筹资金967.7万元，新建、改扩建校舍面积1.56万平方米。基本解决了移民吊庄学校“进得来”的问题。

2002年世界银行贷款/英国政府赠款西部地区基础教育项目工程确定宁夏为项目省，贷款额度1 500万美元，自治区按0.5比例配套，可用资金2 250万美元，工程覆盖20个县市。前期准备工作进展顺利，2003年将正式启动实施。

〔**招生工作**〕 2002年普通高等学校在自治区录取新生1.78万人，比上年增长15%；录取率达到58%，提高3个百分点。其中录取少数民族学生3 500多人，录取比例达到29%。成人高等教育和高等教育自学考试也有较快发展。2002年全区成人高等教育招生1.42万人，参加各类高等教育自学考试的人数达到12.30万人次，在全国自考生源普遍滑坡的情况下，自治区自考报考人数仍呈增长态势。高等教育毛入学率达到12.93%。从1999年起经过连续3年的扩招，使全区高校招生数和在校生数比前3年翻了一番。同时积极调整高等职业教育和成人教育布局结构，已批准设立高等职业学院8所，在校生达到4 650人。

〔**师资培训**〕 2002年教师培训工作，以提高师德教育和教学能力、全面提高教师创新能力和综合素质为重点。建立起了以基础教育新课程师资培训为中心，自治区、市县和校本三级培训的教师继续教育体系。2002年共培训基础教育新课程国家级骨干教师108名，自治区级骨干教师200名，对5.65万名中小学、幼儿园教师进行了校本培训，占教师总数的97.8%，合格率达到99.1%。重点抓了中小学校长的岗位培训和国家、自治区级骨干教师的培训工作。培训中小学校长108名。开展了国家级骨干教师和自治区级骨干教师的培训工作。进一步加大中小学教师信息技术教育培训力度，建立了28个中小学教师信息技术教育培训基地，共举办中小学教师信息技术教育培训班111期，培训教师1.91万名。对全区各级各类学校和教育机构中未取得教师资格的在职教师、离退休教师、师范毕业生、部分高校教师资格进行了认定，共认定2.20万人。全区各级各类学校和教育机构教师普遍实行了持证上岗制度。

〔**教育信息化工程**〕 2002年，自治区教育厅加强了信息技术教育与学科教学整合工作，制定了“宁夏教育信息化工程总体规划”，完成了300多所学校多媒体教学设备和软件的配备工作。所有普通高校的校园网已与中国教育与科研计算机网(CERNET)联通，宁夏大学网络中心建成了自治区联接国家主干网155M的高速率传输平台。建成中小学校园网23个、多媒体计算机教室788个、数字化多功能教室（厅）143个，总装机（多媒体计算机）2.37万台，学生生机比为34∶1。完成了“宁夏教育信息化工程总体规划”，“宁夏基础教育网”、“宁夏基础教育资源中心”、银川市宽带城域网正在建设中。

〔**学校体育、卫生与军训工作**〕 为进一步规范学校体育组织机构，适应学校体育社会化要求，2002年10月26日成立了宁夏回族自治区学校体育协会。4月，举办了全区中小学《体育与健康》新课程标准培训班，全区各市、县（区）的中小学及大中专院校的体育教师、教研员、专兼职干部近300人参加了培训。组织开展了全区中小学《体育与健康》优质课竞赛评比活动，经层层选拔评比，各市遴选出优胜者109人参加了竞赛，对顺利实施《体育与健康》新课程及以教学为中心，狠抓课堂质量为核心的学校体育工作起到了推动作用。实施“中小学生课外文体活动工程”，推广了“大课间”体育活动。5月20日～23日，自治区举办了首次职业学校运动会。共有45所学校的71支代表队1 120名运动员、教练员参加了田径、篮球、乒乓球三大项36个小项的比赛。本届运动会推动了学校体育工作的普及与提高，为全面展示职业学校广大师生的综合素质提供了舞台。

为贯彻落实《中国遏制与防治艾滋病行动计划（2001～2005年）》和《国务院关于印发中国预防与控制艾滋病中长期规划》的精神，自治区教育厅会同自治区卫生厅于2002年10月20日联合举办了全区学校预防艾滋病健康教育骨干师资培训班。来自10所重点中学及大中专院校近60名校医参加了培训。此次培训采用国际化教学方式，使学员在参与式的教学方法中了解艾滋病国内外流行现状和趋势，学习了艾滋病防治基本知识，研讨了学校预防艾滋病工作的实施办法。

为有效控制学校食物中毒及其他食源性疾患的发生，进一步加强和规范学校卫生工作，自治区教育厅对学校集体及个人宿舍卫生、食堂卫生、环境卫生、集体用餐卫生和食品加工生产卫生许可证、从业人员健康合格证及卫生知识培训合格证、生产加工场所面积、卫生设施配备、卫生室建设和学生健康档案等方面进行了检查调研。调研结果表明，学校卫生工作川区好于山区，城镇好于农村，大学好于中专，中专好于中学，中学好于小学。但学校卫生工作的硬件设施及管理水平与国家的有关要求相差甚远。自治区教育厅正在草拟对全区学校卫生工作起指导作用的评估指标体系，以促进学校卫生工作上新台阶。

2002年，自治区教育厅制订了《宁夏回族自治区学生军训工作“十五”发展规划》。同时，为解决目前自治区学生军训工作承训部队多，承训能力有限，收费不统一等问题，自治区教育厅及时印发了2002年全区学生军训工作安排意见，对军训工作做了统筹部署和要求，以进一步规范学生军训工作。

〔**社会力量办学**〕 2002年加强对社会力量办学机构的管理，对区内社会力量办学机构进行了年检，组织规范了区外民办高校助学院校的统一招生工作，配合自治区政协、自治区政府政研室开展了对社会力量办学的调研工作。截止2002年底，全区社会力量办学机构已发展到231所，其中高等教育类15所，中等职业教育类15所，中小学教育机构30所，学前教育机构57所，文化生活类机构62所，体育艺术教育类32所，计算机培训类20所。全区各级各类社会力量办学机构在校生9.41万人。

〔**语言文字工作**〕 2002年，自治区普通话培训测试中心积极开展面向全社会的普通话水平培训测试工作。为提高普通话培训、测试水平，培养自治区普通话测试员队伍，普通话培训测试中心组织开展了第二期全区普通话测试员培训班，聘请宁夏广播电台、宁夏大学的资深播音员和语言教授进行授课，并对参训人员进行了区级普通话测试员资格认定，参加培训88人，有56人取得自治区级普通话水平测试员资格证书。到2002年底，自治区有国家级测试员27名，自治区级测试员103名。2002年普通话培训测试中心共组织普通话水平等级测试28期，有2.67万人参加了测试。

撰稿　陈少娟

基础教育

〔**综述**〕 自治区基础教育事业快速发展。截至到2002年底，全区小学在校生66.3万人，初中在校生26.5万人，普通高中在校生9.3万人。加快高中教育发展，扩大了高中教育规模，2002年全区普通高中招生达到3.55万人，全区初中毕业生升入高中阶段升学率达到66.22%。采取特殊政策发展特殊教育，全区适龄残疾儿童进入特殊教育学校（班）学习和已入普通学校随班就读的有2 292人，义务教育阶段入学率达到61%。学前教育蓬勃发展，学前三年幼儿入园（班）率达到了34.84%，学前一年入园（班）率达到了66%。

继续坚持"两基"作为教育工作的"重中之重"地位不动摇，加大南部山区"两基"攻坚力度，加强川区市县（区）"普九"巩固工作，共有16个川区县实现了"普九"目标，对其中的12个县市（区）进行了高标准复查。6个山区县（区）实现了"普初"目标。全区"普九"人口覆盖率达到68.3%。全区实现了基本扫除青壮年文盲目标，青壮年文盲率下降到8%。

2002年，全区农村中小学已由3 075所调整到2 908所，调减比例为5%。根据国务院《关于基础教育改革与发展的决定》中规范义务教育学制精神，全区各县市（区）年内分别采取一次性过渡、分段过渡等形式全部实现了向六年制的过渡。

〔**"两基"工作**〕 2002年，自治区加大对南部贫困地区、吊庄地区、困难群体、贫困学生的扶持力度；加大对少数民族、女童、流动人口子女、残疾儿童的义务教育力度；通过向贫困学生免费提供教科书以及减免杂费等措施，帮助贫困生完成学业。在山区继续以改善办学条件、扩大义务教育覆盖面，提高教育质量为重点，加大"两基"攻坚力度。在教育重点工程实施、资金支持、工作指导上向山区"两基"工作倾斜，注意解决好突出困难和薄弱环节。闽宁教育对口支援、支援基层教育工作、"研究生支教团"、"百名优秀教师支教工程"共抽调340名教师支援山区教育，有力地促进了山区教育的发展。

完成了固原市西吉县、彭阳县的"普初"验收；加强川区和城市的"普九"巩固提高工作，完成了石嘴山区、永宁县、中卫县、灵武市的"普九"巩固提高复查工作。截止2002年底，南部山区"普初"覆盖人口占8县的70.1%，青壮年非文盲率达到91%以上。

根据基本扫除青壮年文盲后剩余文盲、复盲人员、妇女文盲、新增文盲脱盲的新任务和脱盲后继续教育的新形势，自治区进行了扫盲课程改革，从扫盲对象的实际学习需要出发，把扫盲工作同农村精神文明建设结合起来，和农村产业结构、科技开发、进城务工、脱贫致富及农民日常生活结合起来，自治区教育厅编写了《扫盲教育读本》，这套读本分《创业知识与技能》《子女教育》《基础语文和实用数学》《家庭生活知识与技能》《进城务工知识与技能》。

〔**高中会考改革**〕 为适应经济和社会发展需要，鼓励社会各类人员通过自学等多种形式学习普通高中文化课程，自治区从2002年6月开始高中会考面向社会开放。参加高中会考，不受年龄、职业、学历、专业限制。社会考生参加普通高中毕业会考，只考文化科目。考试科目每年开考两次，每次10个科目同时开考。5年之内，凡考试科目满6门（其中语文、数学、外语为必考科目），成绩合格的考生可取得毕业证书。年内共有400余名社会考生参加了高中会考。

〔**发展高中教育**〕 自治区教育厅采取措施，推进普通高中教育特别是优质普通高中教育的发展。

在调查研究的基础上，自治区教育厅向自治区政府报送了《关于我区普通高中教育发展现状的调查分析报告》，研究制定了加快普通高中教育发展的政策措施，自治区政府办公厅批转了自治区教育厅《关于进一步加快普通高中教育发展的意见》，提出了加快高中教育的发展目标规划和指导思想：即“十五”期间，在银川市、石嘴山市的市区基本普及高中教育，全区普通高中在校生达到9.50万人以上。积极扩大优质普通高中教育资源，在全区建成5所自治区级示范性普通高中。通过普通高中办学水平的评估认定，确定25所自治区级重点普通高中，使全区优质普通高中教育规模的比例达到50%以上，整体提高全区高中教育发展水平，促进全区教育事业跨越式发展。2002年全区每万人口中普通高中在校生人数为136.83人。

为加快全区优质高中教育资源建设，提高普通高中教育的整体办学水平，自治区教育厅建立了重点高中评估激励机制，印发了《宁夏回族自治区重点高中评估认定细则》，召开了自治区重点普通高中评估认定工作研讨会。各级政府加大了对所属重点高中的投资力度，逐步扩大办学规模，提高办学水平，年内，全区近30所学校申报重点高中评估，全区优质高中的办学规模和水平进一步提高。

〔**学前教育与特殊教育**〕 2002年，召开了全区学前教育工作会，总结交流了近年来学前教育发展的经验，对下一个阶段全区学前教育工作进行了部署。会后，颁布了《宁夏回族自治区学前教育事业发展“十五”规划》。为了推广学前教育经验，促进学前教育发展，自治区教育厅在中卫、彭阳召开了全区农村学前教育工作现场会。完成了《学前教育发展现状的调研报告》，开展了《幼儿园教育指导纲要》学习活动，加强了对全区幼教行政干部、教研员、园长的培训。

2002年，联合国儿基会的“基础教育与儿童早期关爱”在自治区隆德县、彭阳县、固原县、同心县实施，该项目共包括“ECCD项目”（儿童早期养育与关爱）、“自制教具活动”、“地方课程开发”、“特殊教育”等子项目。项目的实施，使彭阳县、固原县、同心县的0～3岁儿童受益。

为全面贯彻落实全国特殊教育工作会议精神，自治区政府召开了特殊教育工作会议，会议总结了全区10年来特殊教育工作的经验，部署了新世纪初特殊教育工作，会后，转发了《关于进一步推进特殊教育改革与发展的意见》，提出了提高特殊教育教师津贴、对特殊教育学校贫困学生发放补助等加强特殊教育的政策措施。

〔**基础教育课程改革**〕 根据教育部基础教育课程改革实验规划，自治区教育厅成立了领导小组，制定了《宁夏回族自治区基础教育新课程实验推广实施方案》、确定银川市西夏区、兴庆区、石嘴山市大武口区、吴忠市利通区、泾源县为自治区级课程改革实验区。制发了《关于2002年基础教育课程改革实验工作指导意见》等9个文件。组织召开了教育部和自治区级基础教育课程改革培训，实验区1 400名教育行政部门干部、教研员、教师接受了培训。对实验区实验教材的选择、培训、使用进行了指导。秋季，自治区级基础教育课程改革实验工作正式启动。制定了自治区基础教育新课程实验推广实施方案，及时组织专家组深入课改第一线进行调研和指导。课堂教学质量工程实施取得了初步成效，开展了形式多样的教研活动，积极推广符合素质教育要求的教学模式，促进了课堂教学质量的提高。12月18日～19日，在吴忠召开了自治区级基础教育课程改革实验区工作会，自治区副主席刘仲、教育厅厅长戴万忠到会讲话。会议对实验区阶段性实验工作进行了总结，对实验工作中存在的突出问题进行了研究。

〔**信息技术教育**〕 各市县教育部门贯彻《自治区人民政府批转自治区教育厅关于在中小学普及信息技术教育的意见》，自治区教育厅研究制定了《宁夏基础教育网的建设方案》，加强信息技术教育与学科教学整合工作。对银川三中开展的信息技术教育实验课题进行总结评估，形成了推广报告。在银川二十一小学开展信息技术教育课题实验。组织实施了向南部山区捐赠计算机活动，年内共向贫困山区学校捐赠计算机546台，促进了农村学校信息技术教育的开展。对全区信息技术教育情况进行了分析，提出了推进“校校通”工程的具体措施。

〔**心理健康教育**〕 11月，自治区教育厅转发了教育部《中小学心理健康教育指导纲要》，要求各级教育行政部门认真学习贯彻《中小学心理健康教育指导纲要》，在全区高级中学、城市地区有条件的学校开设心理健康教育选修课、活动课和专题讲座，在农村和边远地区，重点抓出一批心理健康教育的试点学校，逐步推动心理健康教育，要求各地加强对中小学心理健康教育工作的领导和指导，选配好教师，建立相应的规章制度，落实好心理健康教育。

〔**学校安全工作**〕 2002年，自治区教育厅先后发出《关于加强在校学生法制教育，预防青少年违法犯罪的通知》《关于坚决遏制中小学校楼梯间拥挤伤亡事故的紧急通知》，转发了《教育部办公厅关于加强“五一”节期间学生出游安全工作的通知》等一系列文件。建立了安全工作责任制和追究制，加强了学校安全教育活动，加大了对校园周边环境的治理工作，针对不同地区，强化了中小学安全工作的措施，确保了教育教学工作的顺利进行。

撰稿　陈少娟

职业教育与成人教育

〔**中等职业学校布局结构调整**〕 2002年7月24日，自治区政府第93次常务会议原则通过了《关于我区中等职业学校布局调整的实施意见》。调整工作结合自治区经济和社会发展，进展顺利。宁夏建筑工程学校与宁夏建筑职工中专学校、宁夏建筑技工学校正式合并组建为宁夏建设职业技术学院；宁夏司法警官学校已正式升格为宁夏司法警官职业学院；宁夏卫生学校、宁夏护士学校与宁夏医学院合并；固原卫生学校与固原师范专科学校合并工作已顺利完成；宁夏农业学校、宁夏供销学校、宁夏经贸学校、宁夏财经学校、宁夏银行学校等学校的改制、合并组建工作也在积极进行之中。初步改变了自治区中等职业教育布点多、规模小、效益低的状况。新组建了中卫县和固原市2所职业教育中心。

〔**信息化建设**〕 截至2002年底，普通中等专业学校共有多媒体教室19个，电脑共计1 551台，14所学校建立了校园网，7所学校建立了闭路电视系统，电子读物光盘近3 000张。7月，在教育部正式开通“中国职业教育与成人教育信息网”之后，自治区教育厅充分利用已建好的“宁夏职业教育信息网”资源，为每一所中等职业学校设置了电子信箱，同时根据工作需要，及时将教育部或外省、区的先进经验与信息在网上予以公布，充分发挥现代信息技术在学校管理工作中的作用。

〔**招生、毕业生就业工作**〕 2002年3月，自治区教育厅制定了《关于做好全区2002年中等职业学校招生工作的通知》，全区各中等职业学校在招生工作比较困难的情况下，加大招生力度，积极做好招生的各项宣传工作，使招生的数量和质量基本保持了稳定。2002年全区普通中等专业学校招生7 516人；职业高中招生4 501人；技工学校招生1 700人。全区中等职业学校共毕业1.13万人，为了做好毕业生就业指导工作，各学校均成立了就业指导办公室，抽出专人对毕业生进行就业指导，使他们树立正确的就业、择业观，鼓励他们大胆实践、勇于创业。2002年毕业生就业工作取得了积极进展，毕业生就业率大幅提高，有的学校毕业生就业率达到100%，不少学校毕业生在人才市场上呈现热销、抢收趋势，就业形势较好。

〔**高等职业教育**〕 结合自治区实际，在8所独立设置的高职学院和2所二级职业学院进行高等职业教育招生和“3+2”五年制试点。2002年继续将高等职业学校招生计划的60%用于招收自治区中等职业学校（包括普通中等专业学校、职业高中、职业中专、成人中专、技工学校）的应往届毕业生。高等职业院校招生所采取的主要措施：一是采取单独命题、单独划线、单独录取的办法招收中等职业学校毕业生。中等职业学校毕业生也可以通过参加普通高等院校招生全国统一考试报考普通高等院校。二是普通高中毕业生参加普通高等院校招生的全部考试科目，在普通专科录取线以内，根据本人志愿，从高分到低分，德智体全面衡量，由高职院校择优录取。三是在高等职业院校招生计划中安排了200个名额，免试推荐中等职业学校优秀毕业生直接进入区内高等职业院校对口或相近专业学习。经过积极努力，五年制高职招生2 137人；三年制高职招生1 820人，五年制高职在校生已达3 579人；三年制高职在校生已达4 123人。

撰稿　王　林

高 等 教 育

〔**评审自治区级重点建设课程**〕 评审自治区级重点建设课程的指导思想是：通过重点建设，进一步提高学校的教学能力，优化高等教育资源配置，集中有限财力，用3年左右的时间建设一批立足区内培养高层次人才的专业课程；同时，对高等学校的课程建设进行引导和示范，使高等学校课程建设进一步适应自治区经济建设和社会发展的需要，逐步在全区内形成布局合理、各具特色和优势的重点课程体系。2002年初，自治区教育厅制定了《宁夏回族自治区区级重点课程评估指标体系》，从教学条件、教学工作文件、教学工作状态和师资水平四个方面提出了重点课程建设的主要内容和基本条件；印发了《关于开展全区普通高等学校自治区级重点建设课程评审工作的通知》，要求学校按照《评估指标体系》的条件和标准进行申报；3月组织成立了专家评估组对学校申报的30门候选课程进行认真、严格的评审。在此基础上，经自治区重点建设课程评审委员会审定和教育厅批准，确定了首批18个自治区级重点建设课程，并资助专项经费52万元，学校按1：1配套。对评选上的自治区级重点建设课程实行动态管理，滚动发展，每年组织专家进行一次检查和评估。对检查不合格者，提出批评，限期达标；对出现明显质量下降或重大教学事故的，将取消自治区级重点建设课程的资格，并停止其经费资助。

〔**本科教学水平评估**〕 2002年，宁夏大学被教育部列入全国接受本科教学工作水平评估的学校。自治区教育厅派人参加了教育部组织的本科教学工作水平评估培训；在宁夏大学进行了评估工作的部署和动员，对此项工作进行检查和指导。按照“以评促改、以评促建，评建结合，重在建设”的原则，宁夏大学按要求进行了自评、总结和准备，形成了《宁夏大学本科教学工作水平评估自评报告》。教育部本科教学工作水平评估专家组对宁夏大学本科教学工作进行了为期一周的全面评估，宁夏大学通过了评估。评估使学校接受了一次严格的教学工作检验，在教学的许多环节上都有了很大改进，学校的教学条件、教学环境、教学秩序、教学管理等都有了很大改观，真正起到了“以评促建、以评促改、以评促发展”的作用。根据评估专家组的反馈意见，宁夏大学认真做好整改工作。

〔**“人才培养模式改革和开放教育”试点项目评**

估〕 电大开放教育试点项目是教育部《面向21世纪教育振兴行动计划》的重要组成部分，也是教育部组织实施的“现代远程教育工程”的重要内容之一。自治区电大从2000年秋季开始此项试点工作，共有本、专科在读学生1万余名。为做好评估的各项准备工作，自治区教育厅成立了试点工作领导小组，并多次召开会议研究部署迎评工作。2002年10月，自治区13个电大开放教育试点单位顺利通过了教育部组织的评估，达到了合格标准。通过评估，自治区电大在队伍建设，现代化教学设施添置、管理手段、教学质量等方面都向前迈了一大步，为电大的发展奠定了坚实基础。

〔开展“教学质量年”活动〕 近几年来，随着高等教育连续扩招，自治区高等教育呈现出良好的发展势头。但是，如何在高等教育迅速扩招的情况下，不以牺牲教育质量为代价，如何坚持“规模、结构、质量、效益”协调发展，是一个重要课题。为此，自治区教育厅在全区普通高校开展了“教学质量年”活动，其主要内容是：强化质量意识；摆正科研与教学的关系；搞好学风、教风、校风建设；促进教学管理工作、教学改革工作、教学基本建设的全面落实。通过开展教学质量年活动，全区普通高校师生的教学质量意识普遍得到了增强，教学工作在学校的中心地位得到了提高，师资队伍建设和教学投入力度加大，一个狠抓教学工作建设，努力提高教学质量的风气正在全区普通高校形成。

〔高校本科专业建设〕 2002年6月，自治区教育厅组织了对全区普通高校本科专业建设的专题调研工作，形成了《关于全区普通高校本科教育学科专业建设的专题调研报告》。通过调查研究，对近年来全区普通高校本科教育学科专业建设和发展形成了以下认识：一是全区普通高校本科学科专业种类和布点不断增加，学科专业覆盖面进一步拓宽；现有的76种专业和85个专业点，比1998年分别增长47.4%和45.4%。二是全区普通高校本科学科专业结构得到进一步调整和优化；在坚持办好基础性学科专业的同时，加快专业改造和提升，设置了一大批相近的新专业。三是工科类、生物科学类、电子信息类专业发展较快。四是一批重点、优势学科专业点正在形成。自治区教育厅评审立项，正在建设中的16个自治区级重点学科，标志着自治区学科专业建设的优势方向。五是加强对学科专业建设的管理、规范，明确了专业设置管理办法，扩大了高校专业设置的自主权。自治区高校学科专业建设存在的主要问题是：主动适应市场的意识还不够；高校主动适应社会需要自我发展、自我调整专业的管理机制有待形成；高校人才培养模式单一；专业建设投入不足，基本办学条件有待进一步改善等。对此自治区教育厅提出了加强普通高等学校本科专业建设工作的对策和意见，供政府和学校工作参考。

〔评审高校科研项目〕 根据《关于申报2002年宁夏高等学校科学研究项目的通知》精神，在各校上报评审立项的科研项目的基础上，经宁夏高等学校科学研究项目（成果）评审（定）委员会评定，自治区教育厅和自治区财政厅批准，共确定2002年全区高校科学研究项目40项，其中，自治区财政资助项目29项，占立项总数的72.5%；非资助立项11项，占立项总数的27.5%。29项资助项目中，人文社科类9项，占31%；科技开发应用类20项，占69%；11项非资助立项项目中，人文社科类6项，占54.5%；科技开发应用类5项，占45.5%。

积极争取教育部和科技部批准宁夏大学天然气转化实验室为国家级重点实验室。2002年9月，教育部和自治区教育厅、科技厅、财政厅、计委和宁夏大学等单位就自治区和教育部共建宁夏大学天然气转化国家级重点实验室进行调研。自治区政府和教育部科技司达成共识，确定教育部和自治区政府共建宁夏大学天然气转化国家级重点实验室，计划通过多种渠道筹集1 000万元建设资金，争取早日挂牌。

〔成人高等教育〕 2002年6月召开了“全区首届成人高等函授教育工作会议”，分析了近年来自治区成人高等教育面临的形势和任务，找出了成人高等函授教育存在的困难和问题，总结和交流了全区成人高等函授教育取得的成绩和经验，提出了《宁夏回族自治区教育厅关于进一步加强高等函授教育的意见》。

为适应高等教育的发展和终身教育的需求，满足广大成人申请学士学位的需要，组织开展了自治区第二次成人本科申请学士学位工作，全区近140名具有成人本科学历人员报名申请学士学位。通过宁夏大学、宁夏医学院、西北第二民族学院组织的专业课考试和全区统一的外语考试以及各学校学位委员会和自治区学位办的审核，有106人获得成人本科学士学位。

〔**教育对外交流**〕 积极做好国家公派出国留学，加快全区高层次人才培养。2002年国家访问学者项目、新加坡青年英语教师项目、俄罗斯艺术类项目录取自治区科研、教学和管理人员共计24名赴国外留学。在做好选派工作的同时，根据自治区公派留学申报人数少，外语基础差的具体情况，聘请外籍教师组织了两期公派留学人员培训班。为做好教育部“西部人才培养特殊项目”的实施准备工作，建立了公派留学人员外语培训中心以及语音实验室。协调各方面的力量，筹集自治区公派留学配套资金，和国家留学基金委的资金一起使用，争取派出更多的留学人员，以满足自治区科技、教育、经济建设对培养高层次人才的需求。

2002年，新增聘请外籍教师单位3所，全区具有聘请外籍教师资格的6所高等学校和4所普通中学共聘请外籍教师32人。根据近年来申请聘请外教单位增多和外籍教师人选紧缺的情况，加强了规范化管理和制度建设，与自治区外事办公室，公安厅联合印发了《关于进一步加强聘请外国文教专家和外籍教师工作的通知》。同时，积极帮助聘请单位开拓聘请渠道，物色外籍教师，保证计划的落实。

2002年，自治区两所普通高校共接收来自韩国、日本、美国自费来华留学生26人。为扩大学校接收来华留学生规模，充分发挥学校的主动性，自治区教育厅不断简化审核手续，努力做好服务和协调工作，组织好全国汉语教师资格考试工作，不断促进来华留学生工作的发展。

2002年，全区高等学校出国参加国际学术会议、学术考察的教师共60多人次，设立合作研究项目13项，接待来自治区高校访问和考察的国外学者、专家50多人次，与11个国外学校和国际组织建立了合作关系。

撰稿　陈少娟

民族教育

〔**综述**〕 2002年，自治区教育厅宣传和落实《宁夏回族自治区民族教育条例》，通过举办回民中小学、举办民族高中班、民族预科班等一系列政策措施，大幅提高了少数民族学生的入学率。2002年，全区有民族高校1所，民族中专2所，回民中学21所，回民中小学101所。全区各级各类学校回族在校生35万多人，占在校生总数的29.4％；其中回族小学生26万人，占39％；中学生8.4万人，占23.5％。回族儿童少年入学率达到94.46％。已建立了从基础教育到中、高等教育的较为完善的民族教育办学体系。

〔**百所回民中小学建设工程**〕 百所回民中小学建设工程是自治区发展民族教育的一项重要举措。根据自治区民委、计委、财政厅、教育厅联合印发的《“百所回民中小学标准化建设工程”实施意见》，2002年确定银川一中、石嘴山市高级回民中学、惠家县回民中学、青铜峡市回民中学、同心县回民中学、银川郊区通南回民小学、丰登回民小学、永宁县纳家户小学、贺兰县回民小学、利通区马莲渠回民小学、上桥回民小学、中宁县大战场小学、海原县三小、海原县李堡小学 14 所回民中小学为 2002 年“工程”项目学校。自治区召开了年度项目工作启动会，确定了教育教学研究课题，设立了专项研究经费。对项目学校实验、电教管理人员进行了培训。自治区教育厅根据《百所回民中小学标准化建设工程项目学校评估验收细则》，对项目学校建设情况进行了验收。

〔**发展民族教育的政策措施**〕 自治区采取一系列措施发展民族教育，先后举办了一批以寄宿制为主的回民中小学、民族高中、民族职业学校，设立了宁夏高校民族预科部。针对回族女童入学率低的问题，在回族聚居的 296 所中小学推广了女童教育经验；优化女童社会、家庭和学校教育环境，为积极解决民族贫困地区农村女童入学率低的问题探索了新路子。在 5 个回族聚居县市成立了由宗教人士参加的回族教育促进会，宗教人士带头捐资助学，主动辞退在清真寺念经的学龄儿童，有效地提高了回族儿童的入学率。先后实施了国家义务教育扶贫工程、中小学危房改造工程、世行贷款贫困工程，中小学办学条件标准化建设工程，总投资为 6.4 亿元，在高校和中专招生中，对少数民族学生实行了降低分数段录取，出台了少数民族考生录取比例年递增 1%等政策、规定和办法，扩大了少数民族学生的招生比例。在民族贫困地区实施了教育对口支援“两个工程”。这些措施，促进了民族教育的发展，对少数民族女童入学率低，民族贫困地区“普九”攻坚难度大、寄宿制学校住宿条件差等问题也提供了解决的办法。

撰稿　孙全中
审稿　蔡国英

新疆维吾尔自治区教育

概　况

〔基本情况〕

2002年各级普通学校基本情况

单位：人

学校类别	学校数（所）	毕业生数	招生数	在校生数	教职工数	
					合计	其中：专任教师
总　计	**8 953**	**936 364**	**1 072 330**	**4 200 396**	**305 673**	**244 246**
一、研究生	(9)	355	1 104	2 495		
1. 高等学校	(6)	333	1 028	2 339		
2. 科研机构	(3)	22	76	156		
二、普通高等学校本专科	22	16 025	41 704	132 336	21 510	10 369
本科院校	11	11 333	32 070	102 345	15 910	7 323
专科院校	11	1 947	7 632	20 032	4 367	2 463
分校、大专班		2 745	2 002	9 959	1 233	583
三、普通中等学校	2 115	402 888	540 911	1 473 525	118 865	93 144
1. 中等专业学校	87	31 598	22 241	83 902	10 908	6 031
中等技术学校	67	21 591	16 065	58 734	7 843	4 038
中等师范学校	20	10 007	6 176	25 168	3 065	1 993
2. 技工学校						
3. 普通中学	1 945	356 203	501 924	1 338 836	104 225	84 714
高中	507	61 932	113 366	272 381		19 031
初中	1 438	294 271	388 558	1 066 455		65 683
4. 职业中学	83	15 087	16 746	50 787	3 732	2 399
高中	79	6 823	6 736	13 803		1 970
初中	4	8 264	10 010	36 984		429
5. 工读学校						
四、小学	6 043	411 626	346 386	2 359 788	149 330	132 435
五、特殊教育学校	7	848	874	3 876	314	200
六、幼儿园	766	104 622	141 351	228 376	15 654	8 098

2002 年各级成人学校基本情况

单位：人

学校类别	学校数（所）	毕业生数	招生数	在校学生数	教职工数 合计	其中：专任教师
总　计	**3 008**	**1 552 483**	**1 108 021**	**1 569 137**	**13 120**	**5 710**
一、成人高等学校	15	28 522	48 932	127 831	5 585	2 795
1. 广播电视大学	2	5 349	1 853	9 246	2 633	1 182
2. 职工高等学校	6	2 411	4 282	9 954	1 011	596
3. 农民高等学校						
4. 管理干部学院						
5. 教育学院	7	4 018	9 084	22 424	1 941	1 017
6. 独立函授学院						
7. 其他学校（机构）						
8. 普通高等学校举办		16 744	33 713	86 207		
函授		8 602	17 528	46 976		
业余		3 457	8 372	21 972		
脱产		4 685	7 813	17 259		
二、成人中等学校	2 391	1 407 922	1 006 116	1 330 387	6 161	2 592
1. 成人中等专业学校	28	10 006	5 033	17 937	2 690	1 458
广播电视中专学校	3	5 181	1 987	10 391	1 326	678
职工中等专业学校	6	709	361	1 477	150	69
干部中等专业学校	3	268	112	232	49	28
农民中等专业学校						
函授中等专业学校	1	265	55	214	295	172
教师进修学校	15	207	310	829	870	511
其他类学校举办		3 376	2 208	4 794		
2. 成人中学	7	605	1 788	3 412	99	74
成人高中						
成人初中	7	605	1 788	3 412	99	74
3. 成人技术培训学校	2 356	1 397 311	999 295	1 309 038	3 372	1 060
职工技术培训学校	17	25 450	19 535	21 168	301	211
农民技术培训学校	2 339	1 371 861	979 760	1 287 870	3 071	849
三、成人初等学校	602	116 039	52 973	110 919	1 374	323
1. 职工初等学校						
2. 农民初等学校	602	116 039	52 973	110 919	1 374	323
其中：扫盲班	419	39 110	17 305	35 305	877	190

〔**年度教育工作方针**〕 2002年教育工作坚持以邓小平理论和“三个代表”重要思想为指导，认真贯彻党的十五届五中、六中全会及自治区第六次党代会、六届二次全委（扩大）会议精神，进一步落实第三次全国教育工作会议、全国和自治区基础教育工作会议提出的工作任务，立足实际，解放思想，转变作风，深化改革，提高质量，保持稳定。全面实施教育事业“十五”计划，以优异成绩迎接党的十六大召开。（1）积极推进“普九”进程，加快实施素质教育；（2）加快发展高中阶段教育，大力加强职业教育和成人教育，不断提高教育质量与办学水平；（3）加强专业调整和重点学科建设，深化教育教学改革，加快高素质复合型人才培养步伐，推动高等教育持续健康发展；（4）改进和加强“双语”教育，提高少数民族教育质量，培养适应21世纪经济社会发展需要的建设者和接班人；（5）继续推进招生考试、毕业生就业、学校内部人事制度以及高校后勤社会化改革；（6）大力推进教师继续教育工作，加强教师队伍建设，提高教师队伍整体素质；（7）加快教育信息化建设步伐，大力普及信息技术教育；（8）理顺教育投入体制，多渠道筹措教育经费；（9）适应加入WTO新形势要求，加快人才培养，促进教育对外交流与合作；（10）认真贯彻《公民道德建设实施纲要》，切实加强和改进学校党建、德育、思想政治工作，依法治教，维护教育系统稳定；（11）加强和改进教育系统作风建设，增强公仆意识，提高服务质量，全面提高教育管理水平。

〔**学校德育工作**〕 2002年，自治区各级各类学校把迎接党的十六大的召开和学习贯彻十六大精神作为学校德育工作的重要内容。（1）大力开展校园文化活动，学习贯彻十六大精神。各级学校认真贯彻落实中央和自治区党委的有关指示精神，学习“三个代表”重要思想，学习江泽民同志“5.31”讲话，大力宣传改革开放以来，特别是党的十三届四中全会以来全国和新疆经济、社会发展的辉煌成就，大力宣传教育事业取得的巨大成绩，为十六大的召开营造良好氛围。十六大召开后，自治区教育工委、教育厅及时向教育系统发出《关于认真学习贯彻党的十六大精神的通知》，要求大力弘扬理论联系实际的学风，把学习贯彻十六大精神不断引向深入，并举办了学习贯彻十六大精神骨干培训班。全区各高校围绕“喜庆十六大”这一主题，举办学习班，进行专题讲座，开展“我和我的祖国”征文、文艺演出等一系列丰富多彩的活动；新疆大学、新疆农业大学邀请十六大代表、自治区党委副书记司马义·铁力瓦尔地到学校作学习贯彻十六大精神的报告；新疆师范大学配合十六大宣传，召开了学校党建工作会议，进一步明确了今后党建工作的任务。新疆医科大学、新疆财经学院、新疆艺术学院、石河子大学等利用“两课”教学主渠道，使十六大精神“进课堂，进教材，进学生头脑”。伊犁师范学院组织大学生文艺队到附近县乡进行演出，乌鲁木齐市教委将11月作为中学生艺术教育活动月，各族中学生以精湛的课本剧及多种文艺形式表达了对党的十六大的祝贺。各族师生员工纷纷表示，要用十六大精神统一思想和行动，努力学习，勤奋工作，为全面建设小康社会和实现中华民族的伟大复兴作出新的贡献。（2）加强教育系统反分裂斗争再教育。5月14日，自治区教育工委、教育厅召开高校反分裂斗争再教育汇报会，乌鲁木齐地区15所高校汇报了反分裂斗争再教育的基本情况。会后，教育厅对教育系统反分裂斗争再教育工作进行了全面部署，成立了领导小组，设立了办公室，举办培训班，对高校校级领导和各地州市教育部门的主要负责人进行了培训。教育厅党组集中梳理查摆了20世纪80年代以来“三股势力”向教育系统渗透的种种表现，分析了存在问题的原因，并从教育系统党的建设、学生思想政治教育、教师队伍建设、教学和学术研究、教材建设与管理、制度建设八个方面提出24条整改措施。通过学习，大家普遍认为，意识形态领域反分裂斗争再教育活动非常及时，非常必要，并形成了五点共识：一是搞好教育系统反分裂斗争要从思想政治教育抓起，从教育管理的各项基础环节抓起，唱响主旋律，打好主动仗，加大爱国主义和“五观”教育的力度，使广大青少年学生筑起反分裂、反渗透的思想防线。二是搞好教育战线反分裂斗争，各级领导干部是关键，教师是重点。只有进一步加强教师队伍和干部队伍建设，教育系统反分裂斗争才能扎实有效地开展。三是对发生在教育系统的分裂言论和苗头，要主动出击，始终保持高压态势，从根子上消除民族分裂主义赖以生存的土壤。对那些编造谎言，歪曲历史，攻击党和政府的人和事，要及时进行责任追究。四是要牢固树立稳定压倒一切的思想意识，深刻认识全面维护教育系统稳定是教育战线最大的政治。要把稳定工作落实到每个环节，保持学校连续稳定的局面。五是意识形态领域反分裂斗争再教育必须常抓不懈，务求实效。(3) 加强“两课”教师队伍建设。2002 年，自治区高校“两课”教师、中小学德育教师培训基地正式挂牌成立。自治区教育厅认真做好高校“两课”教师在职攻读硕士学位的报名和政审工作。为保证高校心理健康教育课程的正常开展，教育厅对全区 25 所高校的 93 名教师进行了课程培训。为做好无神论教育工作，教育厅组织专家编写了《科学无神论教程》，印发了《关于在高等学校开设无神论课的通知》，举办了《科学无神论教程》师资培训班，全区 30 多所高校的 100 多名教师参加了培训。

〔**教育基本建设**〕 2002 年安排教育基建投资 2.25 亿元。其中，中央教育国债项目投资 1.82 亿元，自治区投资 3 031 万元，中央专项补助投资 1 240 万元。

高校危房改造工程。区属 12 所高校有危房 17.3 万平方米。自治区制定了危改工程建设方案，计划三年完成，总投资 2.8 亿元，五年累计由政府贴息 6 606 万元。

2002 年，接受邵氏基金第 16 批中小学项目赠款 585 万港元，启动了工程项目建设；完成了对邵逸夫先生第 14 批中小学赠款项目的评优工作。

〔**治理学校乱收费**〕 2002 年自治区教育厅以治理中小学义务教育阶段乱收费和规范非义务教育阶段收费为重点，制定了《自治区教育系统 2002 年纠风工作实施意见》，与地、州、市教育行政部门和高等院校签订了纠风工作专项治理目标责任书。主要做了以下工作：一是对中小学捐资助学、学生用书、保险、校服、军训和勤工俭学等问题进行了重点治理。二是认真抓了“收支两条线管理规定”的落实，在全区各类学校中全面实行了教育收费公示制度。三是加强了减免特困生学杂费、书本费工作的力度。如阿克苏地区 2002 年投入 368 万元解决贫困学生学杂费、课本费和生活补助费。全年共查处大专院校、中小学违规乱收费金额 1 782.4万元（其中高校 946.6 万元，中小学 835.8 万元）。已清退中小学违规违纪收费额 693.06 万元。35 个大专院校推行了校务公开，占大专院校的 96%；6 769 所中专学校、技校、中小学推行了校务公开，占总校数的 94%。

〔**助学工程**〕 2002 年，全区助学工程有了新的发展。(1) 加大“西部开发助学工程”工作力度。一是扩大资助范围，二是增加受资助大学生名额，三是开办高中“宏志班”。新疆的高中“宏志班”已由新疆实验中学、八一中学承办，各招一个班，每班 50 人。2002 年 9 月，第一批受助的学生已进入宏志班读书。9 月 18 日自治区文明办公示了 2002 年自治区“西部开发助学工程”受资助的 125 名学生名单。(2) 中小学贫困生助学办法出台。自治区教育厅、财政厅印发了《自治区中小学贫困学生助学金制度实施办法》。办法规定，助学金主要用于义务教育阶段中小学校及教育部门办的特殊教育学校中因家庭经济困难，无力负担课本费、寄宿生生活费而未入学和可能辍学的贫困学生，补助贫困学生课本费以及寄宿制学校贫困学生生活费。课本费补助标准为：小学生每学年 55 元、初中生每学年 100 元。寄宿制贫困生生活补助费每学年 300 元。各县市可根据学生贫困状况设立不同等级的助学金，在上述标准内可全额补助或部分补助；特教学校贫困学生课本费和生活费予以适当补助。助学金每学年评定一次。名单及金额必须张榜公布，接受监督。新生入学特别困难者学校可暂借部分生活费。(3) 启动“扶残助学项目”。“扶残助学项目”是中央精神文明建设指导委员会、中国残疾人联合会、教育部和自治区残联共同组织实施的一项用于资助贫困残疾儿童入学就读的项目。从 2002 年起至 2006 年，全区各地的 100 名盲童、60 名聋童和 40 名肢残儿童开始接受这一项目连续 5

年的资助。其中在特教学校、特教班寄宿的学生每人每年得到的资助额为 1 200 元，随班就读的 800 元。2002 年全区有 200 名因贫困而失学、辍学的盲聋哑肢残儿童得以重新入学。全区盲童入学率为 8.9%，聋童入学率为 16%。(4) 国家助学贷款取得突破性进展。2001 年底全区只有 11 名学生获得 5 万元贷款。2002 年有 2 795 名学子得到 1 045 万元贷款。区内各经办银行与所有高校签订了银校贷款协议。根据规定，国家助学贷款采取学习期内一次签订合同，学费按年、生活费按月发放方式。

〔**电化教育**〕 2002 年，新疆电化教育馆新疆教育电视台经过机构调整，成立了以发展新疆中小学教育信息化为主要任务的现代远程教育中心、IP 卫星频道节目制作部和播出部。

2002 年完成了教育部现代远程教育扶贫示范工程项目和李嘉诚基金会西部中小学现代远程教育扶贫示范工程项目第一期 350 个学校布点工作。二期项目 350 个学校布点工作已启动，主要分布在南疆喀什、阿克苏、伊犁三地州。新疆中小学教育资源库建设已正式启动，第一批民语小学汉语教学资源软件正在制作中。教育部中西部中小学校园网网络教室和农村计算机网络信息技术站建设示范项目的安装、调试、验收工作基本结束。完成了现代远程教育扶贫示范工程项目学校一线教师培训以及其他各类教育信息技术教师、校长培训任务，共有 40 人参加了培训。为探讨新疆教育信息化的突破、发展与合作，2002 年召开了新疆教育信息化战略研讨会和西部五省区、新疆生产建设兵团电教协作研讨会。

2002 年，新疆教育电视台实现安全播出 5 100 小时，教育教学比例达到 60%。

2002 年 12 月 31 日，新疆教育网站正式开通。这是自治区教育厅主办的政府网站，通过这个网络平台，为全社会提供各类教育信息服务。教育网站有 20 个栏目，包括教育政务、各级各类学校、各民族教育介绍、教育法律法规、教育政策以及社会关注的热点问题等。

〔**教育外事工作**〕 2002 年共办理公派、自费出国留学及教育系统因公出国（境）考察、学术交流等业务 579 人次。其中公派留学生 81 人、自费留学生 170 人，参加学术会议的 137 人次，考察访问的 143 人，组织出访波兰、德国、加拿大团组 4 个。接待来自澳、加、美、日、韩、哈萨克斯坦等国教育代表团 11 批，共 112 人。

2002 年，全区有聘请外国文教专家、教师资格的 44 个单位。共聘请外国专家、教师 182 人，其中长期的 28 人，短期的 154 人。与此同时，新疆大学通过学术交流，邀请美国、巴基斯坦等国家 10 多位中外专家，就新疆荒漠的治理与可持续性发展进行学术研讨，取得较好成绩。新疆医科大学邀请中外专家召开医学学术交流会，对提高全区医疗水平起到了积极作用。2002 年全区教育系统有 3 位文教专家获得“天山奖”。

2002 年全区高校共接收外国留学生 180 人。至年底，自治区高校中有来自美、英、韩、日、巴基斯坦、吉尔吉斯、蒙古等国的留学生 333 人。他们除了学习语言外，有 9 名攻读医学等本科专业。

〔**体育、卫生与艺术教育**〕 2002 年自治区召开了高校体育教学指导委员会工作会议。组织专家编写了《自治区普通高校公共体育教材》，并已使用。开展了贯彻《学生体育工作条例》的评估选优工作，经评审，和静县第一中学等 10 所学校、梁铁坚等 6 人获教育部表彰，自治区同时对乌鲁木齐市第四中学等 17 所学校和 15 名个人进行了表彰。组队参加了全国第八届中学生运动会。举办了自治区 2002 年大中专学生田径运动会、华晨杯中学生足球联赛、大学生（VBA）篮球联赛、首届中学生软式排球比赛、大学生乒乓球赛等，参加上述体育竞赛活动的学生总数达 2 000 多人。

2002 年，自治区建立了学生饮用奶联席会议，由自治区教育厅和畜牧厅担任联席会主席，并成立了办公室。制订了自治区学生饮用奶计划及其实施方案，并在乌鲁木齐和克拉玛依市部分学校实施。

根据教育部要求，确定新疆大学医院、石河子大学医院、乌鲁木齐市中小学卫生保健所为全国学生体质监测站。10 月至 11 月，监测站在 18 所城乡中小学校对 7～18 岁的 12 个年龄段的 12 000 多名学生进行了体质健康监测。同时在新疆大学、石河子大学对18～22岁的5个年龄段的6 800多名学生进行了体质健康监测。举办了全疆中小学健康教育骨干教师培训班，培训教师180多名。在全区大中专院校开展了预防艾滋病宣传教育活动。

2002年自治区教育厅组织国家级农村学校艺术教育实验县——乌鲁木齐县、麦盖提县对实验项目进行了中期总结，并赴内地进行了考察学习。组织开展了中小学生美术书法绘画比赛，有5 480多名中小学生参加了比赛，举办了自治区中小学美术、音乐教师基本功比赛，有65名美术教师和44名音乐教师参加了比赛。

〔**勤工俭学**〕　2002年，自治区先后召开了高校产业主任和中初等学校勤工俭学主任工作会、勤工俭学创建花园式学校服务素质教育经验交流现场会、大学科技园发展情况座谈会等会议。印发了《自治区学生勤工俭学劳务活动管理若干意见》《关于进一步加强自治区校办企业安全管理工作的通知》《关于进一步规范学生保险工作的意见》等文件。

2002年，中初等学校勤工俭学开展率为96%，纯收入2.16亿元，比上年增加2 192万元；生均收入64.79元，比上年增加6.45元；校均收入2.89万元，比上年增加3 374元。勤工俭学纯收入中用于补助教育经费18 653万元，占当年纯收入的86%，比上年增加1 638万元。

〔**教育对口支援**〕　2002年，自治区教育厅召开了山东第一期援疆教师领队座谈会，总结了山东援疆教师的经验。2000年9月，山东省选派200名中小学教师到新疆支教。他们中具有大学本科学历者占总人数的51%，被分配到自治区的7个地、州、市的78所中小学和生产建设兵团7个师的20所小学支教。两年来支教教师共上各科公开课、观摩课2 600多节，开展教研活动近4 000次，撰写并发表论文百余篇。受援学校的师生普遍反映，山东教师带来了先进的教育理念、管理方法和先进的教育教学经验，促进了学校教育质量和办学水平的提高。山东在派出援疆教师的同时，还向新疆捐建100所小学（含兵团20所），资金达2 000余万元。2002年8月28日，山东省第二批138名初高中援疆教师抵达乌鲁木齐，被安排到伊犁、塔城、阿勒泰、阿克苏、和田、克孜勒苏柯尔克孜6个地、州、市支教。

2002年7月16日，教育部直属3所师范大学——华东师范大学、东北师范大学、华中师范大学分别与新疆师范大学、伊犁师范学院和喀什师范学院在京签署了对口支援协议。对口支援协议主要内容有：支援学校以单独考试方式为受援学校代培研究生；接收受援学校教师短期培训、单科进修以及做访问学者；接收受援学校优秀学生借读；对受援学校有关课程体系与教学内容改革给予指导和支持；选派骨干教师到新疆讲学；对受援学校的重点学科、重点课程建设和硕士学位点申报予以指导和支持；合作开展科学研究等。此项支援已于下半年启动。

基础教育

〔**综述**〕　2002年，全区高中比上年增加35所，初中比上年减少19所；高中在校生比上年增加20.8%，初中在校生比上年增加6.3%。高中专任教师比上年增加11.8%，教师学历合格率63.19%，比上年提高1.71个百分点；初中专任教师比上年增加5.3%，教师学历合格率92.25%，比上年提高1.52个百分点。初中学龄儿童入学率82.36%，初中毕业生升入普通高中升学率38.52%，初中辍学率3.08%。普通中学校舍面积864.5万平方米，比上年增加7.8%。小学比上年减少178所，在校生比上年减少3.1%；专任教师比上年增加0.2%，教师学历合格率97.82%，比上年提高0.66个百分点。小学学龄儿童入学率97.79%，比上年提高0.38个百分点；小学五年保留率91.68%，小学毕业升学率94.39%，小学师生比17∶82。小学校舍建筑面积831.9万平方米，比上年增加0.7%。特殊教育学校在校生比上年增加320.4%，专任教师比上年增加7.0%，校舍建筑面积3.6万平方米，比上年增加5.9%。幼儿园比上年增加15所，在园幼儿比上年减少1.6%，专任教师比上年增加3.9%，园舍建筑面积102.2万平方米，比上年增加4.3%。2002年，确定了乌鲁木齐市新市区等17个基础教育课程改革实验区。举办了实验区骨干教师培训班和课改研修班，来自全疆的3000多名骨干教师和300多名教研人员参加了学习。成立了“自治区青少年校外教育工作联席会议”，草拟了《自治区“十五”期间青少年校外活动场所建设与发展规划》《青少年校外场所资金管理使用办法》；首批由国家扶持建设的鄯善县、玛纳斯县、莎东县、农八师石河子市等16个青少年校外活动场所项目全面启动，国家划拨的1 920万元专项资金已到位。

〔**义务教育**〕　2002年，自治区教育厅对青和县、阿勒泰市的“两基”工作进行了预检，对伊吾等10个县（市）的“两基”工作进行了复查。对且末等6个县的“两基”工作及基础教育工作进行了调研，促进了这些县市的教育工作。

自治区教育厅起草了《关于贯彻〈国务院关于完善农村义务教育管理体制工作的通知〉的意见》和《基础教育课程改革工作实验推广规划意见》，明确了各级政府和职能部门在完善农村义务教育管理体制中的职责分工。

〔**特殊教育与幼儿教育**〕　2002年，完成了《聋人维语手语辞典》初稿和维文《语文大纲》的编写工作。落实了助残项目20万元资金。落实了2001～2002年特殊教育学校学生生活补助费和课本费144.8万元。

2002年组织编写了《自治区〈幼儿园教育指导纲要〉实施细则》，确定乌鲁木齐红旗幼儿园等6个幼儿园为试点单位。举办了《幼儿园教育指导纲要》培训班，来自全疆230多名幼教工作者参加了培训。完成了IBM公司“小小探索者”项目的立项工作，乌鲁木齐市第一幼儿园等5所幼儿园得到了首批项目捐赠款105万元。教育部重点课题“科学教育——汉语文创新教育研究”子课题“婴幼儿科学汉字教育”首次课题结题及经验交流会于2002年12月7日在新疆沙湾县实验幼儿园召开。课题组认为，经过一年的教学研究与实践，沙湾县幼儿园在婴幼儿科学汉字教育方面取得了初步成绩，在当地起到了推动作用。

〔**公民道德建设**〕　2002年，自治区教育工委、教育厅印发了《关于贯彻〈公民道德建设实施纲要〉的意见》，组织编写了《中小学生思想道德教育读本》，并用汉、维、哈、柯4种文字出版。教育厅与妇联联合下发了《新疆贯彻“中国小公民道德建设计划”的实施方案》，在全区中小学生中开展了思想道德建设系列的读书活动，举办了思想道德建设知识有奖竞赛和征文，有近百万各族师生参加了此次活动。

〔**高中会考改革**〕　2002年，自治区对高中会考进行了改革：(1) 改革了考试形式。取消补考。会考每年举行两次（1月和6月）。考生每次可在应考科目中自主选择参加考试的科目，也可多次参加相同科目的考试，以取得自己最满意的成绩为准。(2) 会考面向社会开放。凡是具有初中毕业或同等学力的社会青年和普通中专、中等师范、职业高中、职业中专、成人中专和技工学校在校生和毕业生，不限年龄、职业和户口，均可报名参加高中毕业会考。考试合格可获《新疆维吾尔自治区高中（会考）毕业证书》，其证书同普通高中毕业证具有同等效力。(3) 开展会考免考试点。对参加教育行政部门批准的全国学科知识竞赛，获得自治区级三等奖以上的学生，该学科的会考可免于考试，自治区教育厅批准的双语授课实验班、教学改革实验班和高中教育特长班，经学校申请、自治区会考办批准，可由学校自行组织会考，自治区教育厅不定期进行抽考。（4）从2003年1月开始，实行思想政治学科开卷考试。开卷考试成绩由书面考试成绩和社会实践、日常行为表现的综合评定两部分构成。（5）从2002年秋季入学的学生开始，由自治区选择有条件的学校进行信息技术课的会考试点，并逐步扩大试点范围。此次会考改革旨在将会考评价工作与自治区高中学校评定等级和挂牌工作的动态管理结合起来，与政府教育督导工作结合起来，与学校教育工作和教师教学水平及表彰奖励结合起来，以促进高中教育教学质量的提高。

2002年参加会考人数为20.8万人，开考科目为72.4万科人次，平均优秀率达19.3%，平均及格率达70%。

〔**干部、教师队伍建设**〕　2002年，自治区加强了教育干部与教师培训工作。举办了3期中小学校长培训班，培训333人。举办了1期幼儿园园长培训班，培训198人。举办了1期地、州、市教育局长培训班，培训40人。组织优秀中小学校长30人到乌鲁木齐地区中小学挂职培训。对自治区28个国家贫困地区义务教育工程项目县的中小学校长1 230人、教师314人进行了培训。选派135名教师参加了国家级基础教育新课程的培训。完成第一期汉语骨干教师培训380人。承办了教育部国家级汉语骨干教师培训班和贫困地区汉语教师普通话培训班，培训教师160人。举办了联合国儿基会民语小学数学教师培训班，培训项目县教师80人。组织专家组赴额敏、英吉沙县实验区评估指导，举办专题讲座13场，培训当地教师3 000人。制订了《中小学教师基础知识专业技术水平考试办法》，全区参考人员达19万人。制订了《中小学教师计算机技术水平考核办法》，首次参考200人。委托师范院校举办《教育学》《心理学》培训班，培训50万多名教师。基本完成了对教师汉语水平考试和普通话测试工作。

为弘扬各族教职工爱岗敬业精神，2002年自治区教育厅、教育工会、教育基金会决定授予在“三育人”活动中表现突出的77名教职工为自治区“三育人”先进个人。其中“教书育人”先进个人44人，“管理育人”先进个人19人，“服务育人”先进个人14人。

职业教育与成人教育

〔**综述**〕　2002年，自治区普通中等专业学校比上年减少12所，在校生比上年减少13.8%，专任教师比上年减少11.9%，每万人口中在校生比上年减少9.13%，校舍建筑面积比上年减少10.9%。职业中学比上年减少6所，在校生比上年增加6.5%，专任教师比上年减少5.8%，校舍建筑面积比上年减少1.3%。成人高等学校比上年减少2所，在校生比上年增加17.0%，专任教师比上年增加5.7%，每万人口中在校生比上年增加7.22%，校舍建筑面积比上年增加10.9%。成人中等专业学校比上年减少11所，在校生比上年减少38.9%，专任教师比上年减少9.9%。成人中学比上年减少11所，在校生比上年减少50.1%，专任教师比上年增加25.4%。成人技术培训学校比上年减少145所，在校生比上年增加11.3%，专任教师比上年减少29.4%。成人初等学校比上年减少89所，在校生比上年减少30.3%，专任教师比上年减少17.6%。

〔**中等职业教育**〕　2002年，制定了《新疆维吾尔自治区职业教育“十五”规划》，草拟了《自治区人民政府关于大力推进职业教育改革与发展的决定》（征求意见稿），召开了自治区职业学校校长座谈会，明确了“十五”期间全区职业教育改革与发展的思路、任务和政策措施。(1) 推进中职学校布局结构和专业调整。自治区教育厅从不同地区、不同行业的实际出发，采取合并、共建、划转、撤销等形式，调整了18所中职学校，使学校布局结构得到优化，校均规模得到扩大，教学质量和办学效益有了明显提高。根据教育部关于重点规划建设一批全国重点职业学校和示范性专业的精神，自治区确定高职1所、中职4所和7个专业为全国重点职业学校和示范性专业，同时成立了自治区职业教育研究中心。(2) 加强招生与就业指导工作。针对近年中职招生下滑情况，自治区制定了《关于做好2002年中等职业学校招生工作的通知》，扩大了学校自主权，放开了招生计划和年龄限制，实行了春秋两季招生等，提高了新生入学率。2002年全区中职招生4.25万人。同时加强了对毕业生就业指导工作。教育厅与人事厅联合举办了首届中专毕业生供需见面会。有1 000多人与用人单位达成了协议，取得了预期效果。交通学校的公路与桥梁、汽车运用与维修，农业高职的种植专业，乌鲁木齐职大的旅游专业，乌市职业幼师的幼教专业，钢铁学校的机电一体化和铸造与焊接专业，建工学校的工程预算专业等毕业生就业率都达到90%以上。(3) 深化教学改革。一是规划了全区“十五”期间职业教育重点建设的20个专业；二是制发了《中等职业学校学籍管理办法》《中等职业学校学分制实施细则（试行）》，确定3所学校为试点学校；三是对中职3.5万名毕业生进行了资格审查和毕业证统一发放、验印工作，为100多名学生办理了转学手续，为200多名学生办理了毕业证明书。四是组织翻译出版了中职德育课4种新教材的民文版，供应各类教材数十万册。(4) 加强校园网建设。全区已有20%的中职建成了校园网，并研制了数十种多媒体教学课件。(5) 加强师资培训工作。2002年先后选派120余名教师和49名中职校长参加全国、自治区相关专业的培训；继续做好全区职教师资攻读硕士学位和“专升本”的组织工作，有60多人报考。

〔招生工作〕 2002年，自治区普通中专计划招生4.92万人，其中民语2.19万人，汉语2.73万人。实际报考2.4万人，其中汉语考生1.3万人，民语考生1.1万人。2002年中专招生出现以下情况：一是计划数大于生源数。生源数仅占计划数的48.76%；二是各校生源不平衡，一方面是绝大多数学校生源不足，另一方面是少数学校，如司法、警校、师范、护校、体校、幼师等生源爆满；三是在招生计划中，五年一贯制（即3+2，3年中专加2年大专）专业所占比例越来越大，已成为今后的发展趋势。

2002年全区成人高校招生实行网上录取，建立了“谁审验谁签字，谁出问题谁负责”的制度，有效地制止了假文凭、假学历的现象。为了方便边远地区考生报名，自治区招办在南北疆各设立了两个专升本报名点，由专人负责审验证书，凡非国民教育学历和国家不承认学历者一律不准报考。同时狠抓了考风考纪工作，自治区政府派了16个巡视组赴各地督促、指导工作，区招办也向21个直属考点派遣了巡视员，对违纪考生及时予以处理。在录取工作中，对45岁以上的大龄考生予以适当照顾，以鼓励从业人员报考的积极性。2002年度报考成人高校的人数为11.06万人，比上年增加3.71万人，增长了34%，实际录取5.92万人。

〔新疆农技学院实行“订单”办学〕 新疆农业职业技术学院以服务地方经济建设为目标，积极实施“订单”办学。2002年3月和6月，昌吉回族自治州政府在该院举办了两次以招收应届毕业生为主的人才交流会，有800多名毕业生和用人单位签订了就业协议，其中畜牧兽医、园林、种子专业的毕业生还供不应求。学院已与10余个乡（镇、场）签订了联合办学协议，如与昌吉市高新农业示范区签订了每年为其培养100名农业技术人才的协议，与奇台县西地镇签订了共建全疆生态农业镇的协议等。

学院所在地昌吉市是天山北坡经济带中心城市，一大批国内知名企业如屯河集团、新天国际、西域种业等均聚集在昌吉市周围，为学院开展校企合作创造了极为有利的条件。该院以校企结合的形式，为这些企业举办以高职为主的企业“冠名”班。目前以企业冠名的班级有“屯河畜牧班”、“天康畜产品加工班"、"新实种业班"等，成为学院独具特色的一种办学模式。该院已连续几年每年招收新生近1 000人，全疆有近3 000名应届高中毕业生报考该院。

〔**农村教育综合改革**〕 2002年，自治区教育厅拟订了《县级成职教中心建设规划》和《自治区级示范乡（镇）农牧民文化技术学校建设标准》（征求意见稿）。组织地、县从事农教改工作的骨干19人参加了全国农教改骨干培训班和研讨班。派人指导克州、喀什地区的农教改专干培训班，有50多人参加了培训。组织了农教改实用技术教材《天山实用科技手册》（1～4册）的推广发行工作，该书已发行3 000多套。

〔**城市教育综合改革**〕 2002年自治区教育厅、文明办、民政厅联合下发了《关于在全区开展社区教育实验工作的实施意见》，确定乌市、巴州等条件较好的8个地州市的10个县级单位为首批社区教育实验区。举办了社区教育专题培训班，有30多人参加了学习。拟定了《自治区职工教育培训机构评估工作意见》（征求意见稿）。

2002年加强了对社会力量办学的管理，继续抓了对民办学校办学招生等方面的审批、评估工作。审批成立了两所民办教育机构。对15所民办教育机构进行了年检。审批了区外30多所民办教育机构的招生广告，查处了一些非法招生行为。

〔**考试工作**〕 从2002年10月31日起，全区开考的医学类专业（中医专、本科）不再招收新生。此后举办的相关医学类（护理学专、本科）和药学专业只招收已取得卫生类职业资格的在职人员。

在继全国计算机等级考试、剑桥少儿英语考试、电大注册视听生考试之后，又启动了全国公共英语等级考试和现代远程教育考试。各类考试的考生人数与去年相比增加2到3倍。

2002年，自治区自考办完成了14次社会考试，参加考试者达27万人，考试科次达60万个（含社会性证书考试）。

高 等 教 育

〔**综述**〕 2002年，自治区研究生培养单位9所，与上年持平，在校研究生比上年增加42.7%，研究生指导教师比上年增加11.8%。有博士授权单位3个、博士学位专业点9个；有硕士授权单位7个、硕士学位专业点157个。研究生教育的学科门类已涵盖哲、经、法、文史、理、工、农、医、管理等多种学科。普通高校比上年增加3所。在校生比上年增加22.5%，专任教师比上年增加13.7%，每万人口中在校生比上年增加11.51%。校舍建筑面积比上年增加18.2%。

〔**高校党建工作会议**〕 自治区第八次高校党建工作会议于2002年9月9日在乌鲁木齐市召开。自治区教育工委书记、教育厅党组书记赵德忠在会上传达了第十一次全国高校党建工作会议精神，自治区党委副书记司马义·铁力瓦尔地出席并讲话。

自年初召开自治区高校党建工作座谈会后，全区各高校党委认真贯彻会议精神，党建工作得到进一步改进与加强。尤其是通过深入开展意识形态领域反分裂斗争再教育，使各族师生增强了政治意识、大局意识、阵地意识和责任意识，有力地推进了高校思想政治工作、党建工作和其他各项工作。

司马义·铁力瓦尔地在讲话中强调要深入学习、宣传贯彻"三个代表"重要思想，以"三个代表"重要思想为指导加强高校党建工作；要继续巩固和深化意识形态领域反分裂斗争再教育成果，进一步增强师生员工维护祖国统一、维护民族团结、反对民族分裂的自觉性和坚定性。

〔**教学工作**〕 （1）2002 年 8 月，自治区教育厅召开了普通高校学科专业建设结构调整工作会议。对自治区高校学科专业建设的方向、重点和结构调整工作进行了部署。在新增专业中，重点是扶持应用型、技术型专业，同时兼顾部分转制、升格院校在专业建设上的需要，共新增本科专业 25 个、专科专业 33 个。

（2）2002 年自治区电大系统全面开展了“人才培养模式改革和开放教育试点”工作。自治区教育厅组织专家对该试点工作进行了评价验收，提出了后期试点目标。对新疆农业职业技术学院设立的西安交通大学远程教育校外中心点进行了评估，接受了新疆大学、新疆教育学院、昌吉职业技术学院高校校外中心点的申请。2002 年全区选拔出普通优秀专科毕业生 451 名和成人专科毕业生 311 名直升本科段学习。

（3）为提高高等教育为地区经济建设服务的能力，自治区教育厅提出了《普通高校重点学科建设实施意见》，拟建设 20 个左右自治区级重点学科，由自治区财政和相关高校重点投入建设。“西部高校计算机网建设工作项目”在新疆立项的有 11 所本科院校。该项目于 9 月启动，预计 2003 年 5～6 月完工。完成了新疆大学“211 工程”一期建设项目验收和二期建设项目论证工作。

（4）为加快高职高专教育教学改革工作，教育厅先后召开了新疆高职高专院校长协作会、高职高专教材展示会、高职高专英语教学工作会。同时，对内地高校在新疆设置的函授站进行了检查、整顿，清理了 37 个函授站。还进行了高校基础课教学实验室评估工作。

〔**干部、教师队伍建设**〕 2002 年教育厅会同自治区党委组织部对高校 66 名领导干部进行了培训。教育厅组织高校 30 名系处级干部赴内地挂职培训，选派 48 名骨干教师赴内地高校培训外语，并在自治区举办外语强化班，培训学员 70 人。为提高高校少数民族教师汉语水平，举办了汉语强化班，培训学员 60 人。加强了对高校岗前青年教师培训，参加培训人员 350 人。为配合高校教师资格认定工作，对高校非师范院校毕业的教师进行了教育学、心理学培训，培训 2 956 人。成立了自治区高等院校教师资格审查委员会和专业评议组，对 239 名教师进行了教育教学基本素质和能力的测试，审查认定了 3 600 名教师的教师资格。2002 年全区选拔 20 位公派人员出国学习；还依托新疆大学等继续教育基地对 1 300 多名大中专教师进行了继续教育培训。

〔**学籍管理**〕 2002 年，自治区教育厅对全区 1991～2000 年颁发的高等教育学历证书进行了审查。据统计，1991～2000 年全区毕业的博士生 25 人、硕士生 1 276 人，本科生 40 497 人、专科生 53 607 人，成人高等教育本科生 2 693 人、专科生 117 481 人。对本年度毕业生实施了学历证书电子注册。据统计，6 所研究生培养单位（不含科研单位）共有研究生 333 人毕业，其中硕士研究生 318 人、博士生 15 人。18 所普通高校有 16 740 名本专科毕业生，其中本科生 7 284 人、专科生 9 456 人。37 所各类成人高校有本专科毕业生 22 904人。

〔**招生和毕业生就业工作**〕 2002 年报考普通高校的考生达 79 913 名，实际录取新生 5.48 万名（含区外院校招生数），其中本科 3.38 万名。高职（专科）2.10 万名。2002 年高校招生有新举措：（1）第一次对民汉语考生采用计算机远程网上录取。（2）高考科目有较大调整。首次实行“3＋X”，对“X”采用的是文理分科小综合方案。外语科目考试听力部分比重提高。（3）所有考生都可以报考定向院校，但考生在填报志愿前必须与定向委培单位（或地区）签订《定向协议书》。（4）为确保高考录取工作的公平、公正，招办要求做到“五个坚决防范”、“六个不准”。“五个坚决防范”是：坚决防范以招生或帮助升学为名，损害招生工作权益和声誉的行为；坚决防范招生工作人员与非招生工作人员相串通，谋取不正当利益；坚决防范利用方便条件随时向考生通报信息，索人情，谋私利；

坚决防范违反规定更改数据，影响计算机网上录取的正常进行；坚决防范招生学校不按规定行使自主权的行为。“六个不准”是：不准徇私徇情，不准向考生许愿，不准指名录取，不准在录取现场随意串岗，不准接受考生和家长的宴请，不准接受考生和家长的礼品财物。

2002 年自治区全面实施了“双向选择，自主择业”的毕业生就业政策。全区研究生毕业 355 人，就业 314 人。师范类本科毕业生 1 737 人，就业 1 484 人，就业率为 85%；专科毕业生 2 734 人，就业 1 607 人，就业率为 59%。

〔**学位工作**〕 2002 年自治区学位办制定了《自治区研究生课程进修班教学检查评估试行办法》，开展检查、评估工作，纠正了研究生课程进修班办学中存在的问题。

2002 年自治区学位办审核授予普通院校本科毕业生学士学位 5 735 人，成人本科毕业生学士学位 371 人，博士学位 14 人，硕士学位 379 人，并为他们发放了证书。

为保证学位授权审核工作的顺利进行，根据《自治区学位委员会工作试行办法》及人员变动情况，自治区政府决定对第一届自治区学位委员会进行换届。新成立的第二届学位委员会由 35 人组成，自治区副主席刘怡为主任委员。

〔**科研工作**〕 新疆医科大学成立 4 年来，科研工作取得了初步成果。氟砷中毒研究与包虫病研究跻身世界先进水平，器官移植、试管婴儿、白血病治疗等填补了自治区空白，新疆特有天然药用及药食兼用植物的研究以及自然长寿基因学研究受到国家和自治区有关部门的重视，并获得了多项资助。学校对科研工作高度重视，继贷款 1 000 万元用于补充更新教学科研仪器设备后，又筹资近 500 万元启动了“168 人才培养工程”。同时，由特丰药业股份公司出资 100 万元设立的“新疆医科大学特丰药业科技孵化基金”也已启动；“包虫病基础研究”等多个实验室相继投入使用，大大改善了学校的科研条件，促进了学科建设和优秀人才培养。

民 族 教 育

〔**资助内地高校新疆特困生**〕 2002 年，自治区教育厅制定了《资助内地普通高校新疆少数民族特殊困难学生暂行办法》。《办法》规定：从 2002 年开始，对内地普通高校在新疆招收的普通高等教育本、专科少数民族学生（包括预科生）中有特殊困难，难以维持正常学习和生活开支者予以资助。资助标准分三个等级。一等 4 800 元/年，二等 4 000元/年，三等 3 500 元/年。

〔**内地新疆高中班扩招**〕 2002 年，根据教育部、国家计委、财政部《关于扩大内地新疆高中班招生计划的通知》精神，内地新疆高中班招生规模由 2001 年的 1 000 人扩大到 1 540 人，其中面向新疆生产建设兵团招收农牧民子女应届初中毕业生 70 人（少数民族 35 人，汉族 35 人）。为支持内地新疆高中班的扩招工作，国家计委、财政部安排了一次性扩招基建和设备、图书资料补助费，不足部分由办班城市政府负责解决。9 月，第三批内地新疆高中班的 1 540 名新生赴内地求学。

〔**自治区汉语水平考试与培训中心成立**〕 2002 年 11 月 8 日，自治区汉语水平考试与培训中心在新疆财经学院挂牌成立。它的成立对提高少数民族“双语”和汉语教育教学水平将起到积极作用。

汉语水平考试每年开考两次。自治区从 1996 年开考，至今参考人数已由最初的 1 550 人发展到每次考生3万余人。2002年的考生达8万多人，比前3年的总和还多。6年累计近18万人次。考点已由最初的1个发展到遍布全疆各地州的38个。

〔**开办“三语”教育实验班**〕 2002年乌鲁木齐市确定开办“三语”教育实验班。市三中、五中、十四中、二十中被确定为“三语”实验学校，并于2002年9月起开始招收初一新生。“三语”是指少数民族学生在学好本民族语言文字的同时，加强汉语和英语学习，以逐步缩小民汉教育教学的差距。实施“三语”教育旨在全面推进素质教育，提高少数民族学生的“三语”水平，培养学生的创新精神和实践能力。

实验班汉语课除采用现用的汉语教材外，还将根据实际情况增加部分辅助汉语教材，并开设“数理化专业汉语”课程。授课语言以母语为主，同时加强汉语和英语听力、口语的训练。课程按教育部教学大纲课程安排要求和计划开齐开足。乌市教育局每年将为“三语”实验班下拨一定的实验经费，并协调有关部门增加学校的英语教师编制。

撰稿 王建德 王菊平

审稿 沙塔尔·沙吾提

新疆生产建设兵团教育

〔**基本情况**〕

2002年各级普通学校基本情况

单位：人

学校类别	学校数（所）	毕业生数	招生数	在校生数	教职工数	
					合计	其中：专任教师
合计	**879**	**123 196**	**157 660**	**549 826**	**40 502**	**29 996**
一、研究生		40	108	235	104	104
二、普通高等学校本专科	2	2 608	7 068	19 480	3 320	1 530
三、普通中等学校	313	43 112	70 236	182 101	16 723	11 886
1. 中等专业学校	8	2 331	2 570	6 856	594	287
中等技术学校	6	1 920	2 443	6 069	457	202
中等师范学校	2	411	127	787	137	85
2. 普通中学	285	38 724	65 521	169 969	15 558	11 251
高中	88	8 438	17 096	39 415		2 835
初中（含九年一贯制学校）	197	30 286	48 425	130 554		8 416
3. 职业中学	20	2 057	2 145	5 276	571	348
高中	19	2 057	2 145	5 246		344
初高中合设	1			30		4
四、小学	370	47 114	45 291	291 955	17 304	14 854
五、幼儿园	194	30 322	34 957	56 055	3 051	1 622

2002 年各级成人学校基本情况

单位：人

学校类别	学校数（所）	毕业生数	招生数	在校学生数	教职工数	
					合计	其中：专任教师
合计	**24**	**5 682**	**9 752**	**22 032**	**2 145**	**1 032**
一、成人高等学校	3	3 703	8 905	17 241	954	532
1. 广播电视大学	1	1 581	346	2 043	585	233
2. 职工高等学校	1	584	1 200	2 008	75	65
3. 农民高等学校						
4. 管理干部学院						
5. 教育学院	1	506	1 839	3 518	294	234
6. 独立函授学院						
7. 普通高等学校举办：	2	1 032	5 520	9 672		
函授部		389	2 981	5 154		
夜大学		59	1 340	1 722		
成人脱产班		584	1 199	2 796		
二、成人中等学校	21	1 979	847	4 791	1 191	500
1. 成人中等专业学校	21	1 979	847	4 791	1 191	500
广播电视中专学校	1	679	304	2 921	642	243
职工中等专业学校	10	1 239	473	1 709	116	59
干部中等专业学校						
农民中等专业学校						
函授中等专业学校						
教师进修学校	10	61	70	161	433	198

根据 2001 年 8 月教育部《关于新疆生产建设兵团教委教师资格认定管理权限的批复》，教育部赋予兵团教委自行认定兵团范围内的教师资格的省级教育行政管理职能。2002 年，兵团教委开展了兵团教师资格的首次认定工作。2002 年 1 月 8 日，兵团教委成立了以教委主任高继宏任组长，各有关处室、院校领导组成的兵团教师资格认定工作领导小组，设立办公室，配备专职工作人员具体负责此项工作。各师、院校也成立了相应的领导机构。2002 年 1 月 10 日，在兵团教育学院设立了兵团教师资格认定指导中心，作为实施教师资格制度工作的后援机构，承担实施教师资格制度的研究咨询、信息服务、普通话水平测试和人员培训等具体工作。2002 年 3 月 10 日，兵团教委在石河子召开了兵团首次教师资格认定工作会议暨教师资格认定管理信息系统软件培训班，明确了工作程序和工作要求，为顺利开展此项工作打好了扎实基础。依据《教师法》《教师资格条例》和《新疆维吾尔自治区实施〈教师资格条例〉细则》的有关规定，经教育部人事司审定，兵团教委制定了《新疆生产建设兵团实施〈教师资格条例〉细则》和《关于开展首次认定教师资格工作的通知》，同时制定了申请认定教师资格人员教育学、心理学课程补修和考试，兵团教师资格专家审查委员会组织办法，普通话水平测试，申请人员体检标准及办法和高等学校、高级中学、初级中学、小学、幼儿园教师资格申请教师资格教育教学基本素质和能力测试办法与标准等配套文件，并整理成《文件汇编》。使大家进一步明

确了实施教师资格制度的指导思想，法律依据，首次认定的范围、权限、方法步骤和应当注意的问题。2002年，经兵团教委、师教委两级教育行政部门首次认定兵团各级各类教师人数为11 604人，其中高校教师1 004人，普通高中教师397人，中等专业学校教师217人，初中教师3 392人，小学教师5 772人，幼儿教师822人。

撰稿　湛东亮　宋守荣

〔**基础教育**〕　2002年，兵团基础教育改革与发展取得较大突破。一是全面推行基础教育管理体制改革，实行“在国务院领导下，兵团负责，分级管理，以师为主，团为基础”的管理体制。从2002年8月开始，已实现了团场及兵团、师直属中小学校教职工工资统一发放，中小学校长及教师的管理也已基本上收到师。新的管理体制的实行，促进了基础教育的规范化管理，也从根本上杜绝了拖欠教职工工资、挪用挤占教育资金的现象，初步显示了改革的效益。二是“两基”实施及其巩固提高工作进展顺利。截至2002年底，兵团又有5个团场通过“两基”评估验收，至此，兵团已有136个团场实现了“两基”目标，人口覆盖率达到86.86%，小学适龄儿童入学率达到99.6%，初中适龄人口入学率达到88.57%；与此同时通过复督及专项督导检查，促进了“两基”巩固提高工作，防止了“两基”各项指标的滑坡。三是中小学素质教育取得新的成效。启动了小学、初中新课程、新教材的实验、推广工作，成立了领导机构，制定了推广规划，开展了各类培训，组织了全面的检查与指导，保证了第一批15个实验区的各项工作稳步推进。成功举办了中学生篮球运动会，组织了中小学音乐、美术教师的教学基本功培训及比赛。四是普通高中与义务教育分离速度加快，高中教育规模有了较大提高。2002年普通高中招生数比上年增长41%，在校生数比上年增长近28%，初中毕业生升入普通高中比例达到56.45%，比上年提高6.28个百分点。五是少数民族教育工作得到进一步加强，各类专项投入向民族学校倾斜，促进了民族学校办学条件的改善；结合教师资格制度的实施，加强了对民族教师的汉语培训，促进了民族教师素质的提高。六是基础教育教学研究机构作用充分发挥，学科教研活动蓬勃开展，成果显著。全年兵团中小学教师参加全国性各类教学竞赛获一等奖2项、二等奖7项，有7篇论文获全国二、三等奖，有14名教师及教研员被评为全国优秀学会工作者，有5.6万余人次的中小学生参加全国各科竞赛并取得较好成绩。

校长、师资队伍建设进一步加强。一是在基础教育新的管理体制下，校长、教师的管理更加规范。二是各类培训全面开展。全年有520余人次的教育管理干部及学校领导参加各类教育业务与政治理论培训，有1 300多名中小学教师参加新课程、新教材培训，有2 000余名中小学教师参加兵团组织的继续教育，有2.1万余名中小学教师参加教师专业基础水平测试，有5 600余名非师范、教育类专业毕业的中小学教师参加教育学、心理学培训及考试，还有大批教师参加了兵团组织的信息技术水平测试。三是教师学历合格率有所提高，2002年兵团小学、初中、高中教师学历合格率分别为95.97%、94.46%和55.31%。

中小学校办学条件有了较大改善，教育信息化建设步伐加快。据不完全统计，2002年，投入中小学校基本建设和改善办学条件的资金达到1.67亿元。新建、改扩建校舍面积13.67万平方米；150套中国教育卫星宽带网和李嘉诚捐赠的卫星宽带网已分配到中小学校，基本完成了“天网覆盖”的基础工作，各师、团场及学校自筹资金添置了部分计算机，大部分学校开设了信息技术课程。

全面启动基础教育课程改革的实验推广工作。年初，兵团成立了由教委主任高继宏任组长的“基础教育课程改革领导小组”和教委副主任王宇科为组长的“基础教育课程改革专家工作组”。4月，发出《关于建立新疆生产建设兵团基础教育课程改革实验区的通知》，决定15个农牧团场及各师属学校为兵团新课程改革实验区。5月23日～26日在兵团教育学院召开兵团基础教育课程改革实验推广工作会议。会上，来自各师主管教育的领导、教委主任、教研室主任，团教育科长，实验区学校校长、教导主任，兵团新课程专家工作组成员等430

余人接受了新课程的通识培训。6月完成了兵团实验区新课程教材的选用方案，7月至8月完成了兵团实验区教师的新课程培训工作，培训总人数达1 243人。

第二期“国家贫困地区义务教育工程”进展顺利。(1) 资金到位情况。按实施规划，2001～2002年兵团计划到位资金1.2亿元，截至2002年底，实际到位1.02亿元，到位率为85%。其中：中央专款8 000万元，兵团配套800万元，均已全部到位；师、团到位1 400万元，到位率为43.8%。(2) 土建完成情况。按规划进度，2001～2002年20个团场的97个项目学校新建改扩建建设任务，面积为10.7万平方米。实际完成5.73万平方米。(3) 图书、教学仪器年底全部到校，课桌凳已完成采购任务的42%。(4) 2001～2002年培训校长、教师1 560人次，完成计划的91.9%。

2002年在兵团两所示范性高中（华山中学、石河子二中）实施“西部开发助学工程”，每所高中招生开办一个“宏志班”（汉语），每人每学年资助2 000元。招收对象是品学兼优，家庭贫困、无力完成高中学业的优秀学生，达到本师重点高中录取分数线者，对于符合条件的烈士子女、因公致残人员子女、女童优先考虑。

撰稿 郑立峰 郑祖武 宋守荣 湛东亮

〔**职业教育与成人教育**〕 2002年，围绕着贯彻全国职业教育工作会议精神及国务院的《决定》，主要做了如下工作：一是在对全兵团职业教育调查摸底的基础上，起草了《兵团关于大力推进职业教育改革与发展的意见》，进一步明确了新时期兵团职业教育改革与发展的目标、任务与要求，提出了今后一个阶段改革与发展的基本思路、工作重点和政策措施。二是争取到国家对兵团自行审批中等职业学校设置的行政管理授权，并在广泛深入调研的基础上，提出了兵团中等职业教育布局结构及学科专业调整的原则性意见。三是加强了对骨干示范学校及专业的建设，新疆农垦中专进入了中央财政重点建设的示范性职业院校行列，石河子卫校护理专业进入全国中等职业教育首批示范专业的行列。四是成人教育在抓好学历教育的同时，继续发挥在提高干部职工科技文化素质及履行岗位能力等方面的作用，正式启动了“跨世纪青年职工科技培训工程”，3个项目团场进展良好；兵团电大“人才培养模式改革和开放教育试点”取得阶段性成果，2002年顺利通过了教育部和中央电大的评估验收。

2002年7月26日～29日教育部、长春市政府和吉林省教育厅举办“中国职业教育成果展示会和全国职业学校学生技能大赛”。兵团派出代表团参加了本次展示会与技能大赛，获集体组织奖。在烹饪技能大赛中，兵团技校的5名选手获“雕刻”二等奖1个、“热菜”二、三等奖各1个，“冷拼”三等奖和优胜奖各1个、“面点”优秀奖2个。

2002年4月，兵团农业广播电视学校在乌鲁木齐市举行了建校20周年庆祝大会，兵团副司令员华士及兵团教委等有关部门领导出席庆祝大会。大会对支持农广校办学的师、团领导、优秀办学人员、优秀毕业学员进行了表彰。华士副司令员就如何继续办好兵团农广校，为兵团培养更多实用人才作了重要讲话。兵团农广校成立20年来，始终坚持面向团场、面向基层、面向农工的办学宗旨，为兵团农业一线培养了近10万名专业技术人才和基层管理干部。为发展壮大兵团做出了重要贡献。2002年，全校教职员工齐心协力，克服困难，在兵团中等职业教育整体滑坡的不利形势下，完成中专和中专后继续教育大专招生1 887人，开展农业科技和实用技术培训3 650人次。

2002年，兵团教委确定农八师石河子市为兵团社区教育实验区，目的是通过实验，积累社区教育经验，探索通过社区教育构建终身教育体系、建设学习化社会的办法和途径，再逐步向其他师辐射。一年来，农八师石河子市社区教育主要做了以下工作：(1) 成立社区教育工作领导小组，成员包括民政、街道办事处、教育、宣传、劳动、计划生育、文体、公安、共青团、妇联、科协、财政等部门，并明确成员单位的职责；(2) 把人口和驻地单位相对集中的24小区和6小区第一社区作为实验点；(3) 充分利用社区教育资源、开展多种形式的教育活动。如举办有关医疗保健、饮食营养、公民道德、法制教育、革命传统教育等方面的讲座，开展健康有益的老年棋牌、书法、绘画等比赛，建立社区秧歌队、太极拳（剑）队、中小学生校外辅导站、社区关心下一代协会等组织，丰富居民业余文化生活、提高社区居民的整体素质。

撰稿　张国强　尹若强

〔**高等教育**〕　2002年继续保持强劲的发展势头。一是普通本、专科招生计划完成良好，达到86%，比上年增长24.17%；普通本、专科毕业生一次就业率达到80%以上。二是学科专业调整力度不断加大。全年新增社会急需的本科专业9个、高职专业4个、第二学士学位专业2个。三是重点学科、重点实验室建设进一步加强。石河子大学按照“211工程”框架进行建设的方案正在紧张地制订，重点学科方向已基本明确。国家投入石河子大学与塔里木农垦大学共计1 700余万元的“西部大学校园计算机网络建设工程”已进入施工建设阶段，兵团教委批准两校设立现代远程教育校外学习中心。北京大学对口支援石河子大学工作全面展开。四是办学条件有较大改善。过去相对投入较少的塔里木农垦大学全年新增校舍建筑面积2万余平方米，完成投资1 638万元，用于教学设备、图书资料添置及教师培训的投入也达到571.8万元；石河子大学新增校舍建筑面积7.5万余平方米，完成投资1.04亿元，用于教学设备、图书资料添置及教师培训的投入高达4 212万元。五是扶贫助学工作进一步落实。协调建设银行与两所高校727名学生签订助学贷款协议总额达到780万元，已发放贷款27万元；高校自身也积极采取措施，保证家庭经济困难学生顺利就学和完成学业。六是开展对大中专院校教师进行继续教育工作，主要开放了公共课、专业课、计算机、WTO外语课程的教学，全年有600余名高校教师和100余名中专教师参加学习。

撰稿　程　蓉　宋守荣
审稿　高继宏

香港特别行政区教育情况简介

2002年，董建华特首连任后，新一届特区政府实施问责制。原香港中文大学李国章校长出任教育统筹局新任局长；原局长罗范椒芬女士出任常任秘书长。

新一届特区政府高度重视教育，董建华特首在2003年施政报告中指出：建立知识经济体系，推动经济转型，人才是关键因素。因此政府要坚定不移地投资教育，开发本地人才资源。为实现这一目标，特区政府实施了一系列的教育改革措施。

2002年度特区政府克服财政赤字的压力，仍继续增加教育投入。教育经费总计为614亿港币，占政府开支总额的21.4%，占GDP的4.89%；教育经常性开支为493亿港币，占政府经常公共开支的22.4%，比2001年均有所增长。同时，特区政府也十分强调提高成本效益，以此来分担政府的财政赤字。

2002年度特区政府发表了关于《香港高等教育》报告的建议书，制定了未来高等教育发展的主要措施。其主要内容是：不再强调大学教职员薪酬与公务员挂钩，由院校自行决定是否脱钩。政府保证脱钩后，不削减给院校的拨款；修订现行拨款制度，加强促进各院校间的分工；2005年～2008年间，增加至少840个大学学额，为副学位毕业生提供升学途径；实施大学学分累计及转移制度，但取消“拨款随学生走”的建议；获资助非本地本科生及研究生的限额由2%增至4%；大部分副学位及研究院课程以自负盈亏形式开办，由新成立的人力发展委员会统筹副学位课程的发展；政府探讨2004年～2008年提高大学效率、节约开支等相关政策，以期更加有效、合理地善用教育资源；同时，鼓励私营机构向院校提供更多的资助等多渠道办学；各大学需检讨其管理架构，但不会由申诉专员处理大学非教学纠纷等。特区政府希望通过实施上述措施和政策研讨，促进香港高等教育的发展，创建世界一流大学。

特区政府对教育行政管理机构也进行了改革，将教育署并入教育统筹局，精简机构，提高工作效率。

教育部港澳台事务办公室供稿

澳门特别行政区教育情况简介

2002 年，澳门回归进入第 3 个年头，特区政府在“以民为本、服务为先”的施政理念指导下，全面推进实施教育改革的各项措施。

在基础教育方面，特区政府继续投入了相当的资源，加大拨款推进信息教育；同时提高免费教育津贴和文教用品津贴；通过增建校舍，新增近 3 000 个学位；小班教学延伸至小学三年级；继续推进创新教育，并取得良好效果。

在高等教育方面，特区政府增加高校科研项目经费投入，加大基础设施建设。2002 年澳门大学、澳门理工学院和旅游学院分别建设了教学楼、学生公寓、展览厅等；鼓励高校结合社会发展需要，增设更多新课程，如：物流管理、中医药、心理学、旅游企管和博彩专业；加强英语、中文写作、普通话、葡语等语言培训工作；同时鼓励高校积极开展国际交流及为社区服务的研究项目。

特区政府还投资 4 亿元，计划在 3 年内对失业者进行技能培训，由澳门大学等高校分别制定并开办实用培训课程。2002 年已为 3 854 名失业者提供了培训机会。提高了参与者的就业能力和竞争能力。

特区政府充分认识发展教育的重要意义。在新一年度的施政报告中指出：教育的发展决定着澳门的过去、现在和将来。因此，政府将确保教育资源的充分投入，并提升教育质量。政府将要努力搞好品德教育和公民教育，使澳门人关心国家，认知社会；在基础教育阶段，积极提倡创造性学习方法，努力做到确保学生掌握基础知识，同时，适当减轻学生课业负担。为积极促进澳门高等教育的发展，在确保教育经费投入的同时，提高教学质量。进一步加强师资培训，在现有基础上，邀请国际一流学者来澳任教；政府与民间共同研讨教育制度，共促教育发展。

教育部港澳台事务办公室供稿

文 件 选 编

中华人民共和国民办教育促进法

（2002 年 12 月 28 日　第九届全国人民代表大会常务委员会第三十一次会议通过）

第一章　总　　则

第一条　为实施科教兴国战略，促进民办教育事业的健康发展，维护民办学校和受教育者的合法权益，根据宪法和教育法制定本法。

第二条　国家机构以外的社会组织或者个人，利用非国家财政性经费，面向社会举办学校及其他教育机构的活动，适用本法。本法未作规定的，依照教育法和其他有关教育法律执行。

第三条　民办教育事业属于公益性事业，是社会主义教育事业的组成部分。

国家对民办教育实行积极鼓励、大力支持、正确引导、依法管理的方针。

各级人民政府应当将民办教育事业纳入国民经济和社会发展规划。

第四条　民办学校应当遵守法律、法规，贯彻国家的教育方针，保证教育质量，致力于培养社会主义建设事业的各类人才。

民办学校应当贯彻教育与宗教相分离的原则。任何组织和个人不得利用宗教进行妨碍国家教育制度的活动。

第五条　民办学校与公办学校具有同等的法律地位，国家保障民办学校的办学自主权。

国家保障民办学校举办者、校长、教职工和受教育者的合法权益。

第六条　国家鼓励捐资办学。

国家对为发展民办教育事业做出突出贡献的组织和个人，给予奖励和表彰。

第七条　国务院教育行政部门负责全国民办教育工作的统筹规划、综合协调和宏观管理。

国务院劳动和社会保障行政部门及其他有关部门在国务院规定的职责范围内分别负责有关的民办教育工作。

第八条　县级以上地方各级人民政府教育行政部门主管本行政区域内的民办教育工作。

县级以上地方各级人民政府劳动和社会保障行政部门及其他有关部门在各自的职责范围内，分别负责有关的民办教育工作。

第二章　设　　立

第九条　举办民办学校的社会组织，应当具有法人资格。

举办民办学校的个人，应当具有政治权利和完全民事行为能力。

民办学校应当具备法人条件。

第十条　设立民办学校应当符合当地教育发展

的需求，具备教育法和其他有关法律、法规规定的条件。

民办学校的设置标准参照同级同类公办学校的设置标准执行。

第十一条 举办实施学历教育、学前教育、自学考试助学及其他文化教育的民办学校，由县级以上人民政府教育行政部门按照国家规定的权限审批；举办实施以职业技能为主的职业资格培训、职业技能培训的民办学校，由县级以上人民政府劳动和社会保障行政部门按照国家规定的权限审批，并抄送同级教育行政部门备案。

第十二条 申请筹设民办学校，举办者应当向审批机关提交下列材料：

（一）申办报告，内容应当主要包括：举办者、培养目标、办学规模、办学层次、办学形式、办学条件、内部管理体制、经费筹措与管理使用等；

（二）举办者的姓名、住址或者名称、地址；

（三）资产来源、资金数额及有效证明文件，并载明产权；

（四）属捐赠性质的校产须提交捐赠协议，载明捐赠人的姓名、所捐资产的数额、用途和管理方法及相关有效证明文件。

第十三条 审批机关应当自受理筹设民办学校的申请之日起三十日内以书面形式作出是否同意的决定。

同意筹设的，发给筹设批准书。不同意筹设的，应当说明理由。

筹设期不得超过三年。超过三年的，举办者应当重新申报。

第十四条 申请正式设立民办学校的，举办者应当向审批机关提交下列材料：

（一）筹设批准书；

（二）筹设情况报告；

（三）学校章程、首届学校理事会、董事会或者其他决策机构组成人员名单；

（四）学校资产的有效证明文件；

（五）校长、教师、财会人员的资格证明文件。

第十五条 具备办学条件，达到设置标准的，可以直接申请正式设立，并应当提交本法第十二条和第十四条（三）、（四）、（五）项规定的材料。

第十六条 申请正式设立民办学校的，审批机关应当自受理之日起三个月内以书面形式作出是否批准的决定，并送达申请人；其中申请正式设立民办高等学校的，审批机关也可以自受理之日起六个月内以书面形式作出是否批准的决定，并送达申请人。

第十七条 审批机关对批准正式设立的民办学校发给办学许可证。

审批机关对不批准正式设立的，应当说明理由。

第十八条 民办学校取得办学许可证，并依照有关的法律、行政法规进行登记，登记机关应当按照有关规定即时予以办理。

第三章 学校的组织与活动

第十九条 民办学校应当设立学校理事会、董事会或者其他形式的决策机构。

第二十条 学校理事会或者董事会由举办者或者其代表、校长、教职工代表等人员组成。其中三分之一以上的理事或者董事应当具有五年以上教育教学经验。

学校理事会或者董事会由五人以上组成，设理事长或者董事长一人。理事长、理事或者董事长、董事名单报审批机关备案。

第二十一条 学校理事会或者董事会行使下列职权：

（一）聘任和解聘校长；

（二）修改学校章程和制定学校的规章制度；

（三）制定发展规划，批准年度工作计划；

（四）筹集办学经费，审核预算、决算；

（五）决定教职工的编制定额和工资标准；

（六）决定学校的分立、合并、终止；

（七）决定其他重大事项。

其他形式决策机构的职权参照本条规定执行。

第二十二条 民办学校的法定代表人由理事长、董事长或者校长担任。

第二十三条 民办学校参照同级同类公办学校校长任职的条件聘任校长，年龄可以适当放宽，并报审批机关核准。

第二十四条 民办学校校长负责学校的教育教学和行政管理工作，行使下列职权：

（一）执行学校理事会、董事会或者其他形式决策机构的决定；

（二）实施发展规划，拟订年度工作计划、财务预算和学校规章制度；

（三）聘任和解聘学校工作人员，实施奖惩；

（四）组织教育教学、科学研究活动，保证教育教学质量；

（五）负责学校日常管理工作；

（六）学校理事会、董事会或者其他形式决策机构的其他授权。

第二十五条 民办学校对招收的学生，根据其类别、修业年限、学业成绩，可以根据国家有关规定发给学历证书、结业证书或者培训合格证书。

对接受职业技能培训的学生，经政府批准的职业技能鉴定机构鉴定合格的，可以发给国家职业资格证书。

第二十六条 民办学校依法通过以教师为主体的教职工代表大会等形式，保障教职工参与民主管理和监督。

民办学校的教师和其他工作人员，有权依照工会法，建立工会组织，维护其合法权益。

第四章　教师与受教育者

第二十七条 民办学校的教师、受教育者与公办学校的教师、受教育者具有同等的法律地位。

第二十八条 民办学校聘任的教师，应当具有国家规定的任教资格。

第二十九条 民办学校应当对教师进行思想品德教育和业务培训。

第三十条 民办学校应当依法保障教职工的工资、福利待遇，并为教职工缴纳社会保险费。

第三十一条 民办学校教职工在业务培训、职务聘任、教龄和工龄计算、表彰奖励、社会活动等方面依法享有与公办学校教职工同等权利。

第三十二条 民办学校依法保障受教育者的合法权益。

民办学校按照国家规定建立学籍管理制度，对受教育者实施奖励或者处分。

第三十三条 民办学校的受教育者在升学、就业、社会优待以及参加先进评选等方面享有与同级同类公办学校的受教育者同等权利。

第五章　学校资产与财务管理

第三十四条 民办学校应当依法建立财务、会计制度和资产管理制度，并按照国家有关规定设置会计帐簿。

第三十五条 民办学校对举办者投入民办学校的资产、国有资产、受赠的财产以及办学积累，享有法人财产权。

第三十六条 民办学校存续期间，所有资产由民办学校依法管理和使用，任何组织和个人不得侵占。

任何组织和个人都不得违反法律、法规向民办教育机构收取任何费用。

第三十七条 民办学校对接受学历教育的受教育者收取费用的项目和标准由学校制定，报有关部门批准并公示；对其他受教育者收取费用的项目和标准由学校制定，报有关部门备案并公示。

民办学校收取的费用应当主要用于教育教学活动和改善办学条件。

第三十八条 民办学校资产的使用和财务管理受审批机关和其他有关部门的监督。

民办学校应当在每个会计年度结束时制作财务会计报告，委托会计师事务所依法进行审计，并公布审计结果。

第六章　管理与监督

第三十九条 教育行政部门及有关部门应当对民办学校的教育教学工作、教师培训工作进行指导。

第四十条 教育行政部门及有关部门依法对民办学校实行督导，促进提高办学质量；组织或者委托社会中介组织评估办学水平和教育质量，并将评估结果向社会公布。

第四十一条 民办学校的招生简章和广告，应当报审批机关备案。

第四十二条 民办学校侵犯受教育者的合法权益，受教育者及其亲属有权向教育行政部门和其他有关部门申诉，有关部门应当及时予以处理。

第四十三条 国家支持和鼓励社会中介组织为民办学校提供服务。

第七章 扶持与奖励

第四十四条 县级以上各级人民政府可以设立专项资金，用于资助民办学校的发展，奖励和表彰有突出贡献的集体和个人。

第四十五条 县级以上各级人民政府可以采取经费资助，出租、转让闲置的国有资产等措施对民办学校予以扶持。

第四十六条 民办学校享受国家规定的税收优惠政策。

第四十七条 民办学校依照国家有关法律、法规，可以接受公民、法人或者其他组织的捐赠。

国家对向民办学校捐赠财产的公民、法人或者其他组织按照有关规定给予税收优惠，并予以表彰。

第四十八条 国家鼓励金融机构运用信贷手段，支持民办教育事业的发展。

第四十九条 人民政府委托民办学校承担义务教育任务，应当按照委托协议拨付相应的教育经费。

第五十条 新建、扩建民办学校，人民政府应当按照公益事业用地及建设的有关规定给予优惠。教育用地不得用于其他用途。

第五十一条 民办学校在扣除办学成本、预留发展基金以及按照国家有关规定提取其他的必需的费用后，出资人可以从办学结余中取得合理回报。取得合理回报的具体办法由国务院规定。

第五十二条 国家采取措施，支持和鼓励社会组织和个人到少数民族地区、边远贫困地区举办民办学校，发展教育事业。

第八章 变更与终止

第五十三条 民办学校的分立、合并，在进行财务清算后，由学校理事会或者董事会报审批机关批准。

申请分立、合并民办学校的，审批机关应当自受理之日起三个月内以书面形式答复；其中申请分立、合并民办高等学校的，审批机关也可以自受理之日起六个月内以书面形式答复。

第五十四条 民办学校举办者的变更，须由举办者提出，在进行财务清算后，经学校理事会或者董事会同意，报审批机关核准。

第五十五条 民办学校名称、层次、类别的变更，由学校理事会或者董事会报审批机关批准。

申请变更为其他民办学校，审批机关应当自受理之日起三个月内以书面形式答复；其中申请变更为民办高等学校的，审批机关也可以自受理之日起六个月内以书面形式答复。

第五十六条 民办学校有下列情形之一的，应当终止：

（一）根据学校章程规定要求终止，并经审批机关批准的；

（二）被吊销办学许可证的；

（三）因资不抵债无法继续办学的。

第五十七条 民办学校终止时，应当妥善安置在校学生。实施义务教育的民办学校终止时，审批机关应当协助学校安排学生继续就学。

第五十八条 民办学校终止时，应当依法进行财务清算。

民办学校自己要求终止的，由民办学校组织清算；被审批机关依法撤销的，由审批机关组织清算；因资不抵债无法继续办学而被终止的，由人民法院组织清算。

第五十九条 对民办学校的财产按照下列顺序清偿：

（一）应退受教育者学费、杂费和其他费用；

（二）应发教职工的工资及应缴纳的社会保险费用；

（三）偿还其他债务。

民办学校清偿上述债务后的剩余财产，按照有关法律、行政法规的规定处理。

第六十条 终止的民办学校，由审批机关收回办学许可证和销毁印章，并注销登记。

第九章　法律责任

第六十一条　民办学校在教育活动中违反教育法、教师法规定的，依照教育法、教师法的有关规定给予处罚。

第六十二条　民办学校有下列行为之一的，由审批机关或者其他有关部门责令限期改正，并予以警告；有违法所得的，退还所收费用后没收违法所得；情节严重的，责令停止招生、吊销办学许可证；构成犯罪的，依法追究刑事责任：

（一）擅自分立、合并民办学校的；

（二）擅自改变民办学校名称、层次、类别和举办者的；

（三）发布虚假招生简章或者广告，骗取钱财的；

（四）非法颁发或者伪造学历证书、结业证书、培训证书、职业资格证书的；

（五）管理混乱严重影响教育教学，产生恶劣社会影响的；

（六）提交虚假证明文件或者采取其他欺诈手段隐瞒重要事实骗取办学许可证的；

（七）伪造、变造、买卖、出租、出借办学许可证的；

（八）恶意终止办学、抽逃资金或者挪用办学经费的。

第六十三条　审批机关和有关部门有下列行为之一的，由上级机关责令其改正；情节严重的，对直接负责的主管人员和其他直接责任人员，依法给予行政处分；造成经济损失的，依法承担赔偿责任；构成犯罪的，依法追究刑事责任：

（一）已受理设立申请，逾期不予答复的；

（二）批准不符合本法规定条件申请的；

（三）疏于管理，造成严重后果的；

（四）违反国家有关规定收取费用的；

（五）侵犯民办学校合法权益的；

（六）其他滥用职权、徇私舞弊的。

第六十四条　社会组织和个人擅自举办民办学校的，由县级以上人民政府的有关行政部门责令限期改正，符合本法及有关法律规定的民办学校条件的，可以补办审批手续；逾期仍达不到办学条件的，责令停止办学，造成经济损失的，依法承担赔偿责任。

第十章　附　　则

第六十五条　本法所称的民办学校包括依法举办的其他民办教育机构。

本法所称的校长包括其他民办教育机构的主要行政负责人。

第六十六条　在工商行政管理部门登记注册的经营性的民办培训机构的管理办法，由国务院另行规定。

第六十七条　境外的组织和个人在中国境内合作办学的办法，由国务院规定。

第六十八条　本法自2003年9月1日起施行。1997年7月31日国务院颁布的《社会力量办学条例》同时废止。

国务院关于深化改革加快发展民族教育的决定

（2002年7月7日）

新中国成立50多年来，特别是改革开放以来，我国民族教育取得了巨大成就，初步形成包括幼儿教育、基础教育、职业技术教育、成人教育和高等教育在内的民族教育体系，为提高我国少数民族的科学文化素质、促进少数民族地区经济发展和社会进步、加强民族团结、保持民族地区社会稳定和维护国家统一作出了重大贡献。由于历史、社会、自然条件，特别是经济发展水平等多种原因，我国民族教育还面临着一些特殊的困难和问题：教育观念相对滞后，教育改革进程缓慢；教育基础薄弱，普及义务教育和发展其他各类教育相对迟缓；教师队伍数量不足、质量不高；教育投入不足，办学条件难以改善，学生上学困难问题较为突出，教师待遇需要进一步改善。近年来，国际斗争风云变幻，国外敌对势力、周边国家宗教极端势力与国内的民族分裂主义分子相互勾结，在我国一些民族地区制造事端，进行民族分裂活动，妄图向我国教育领域渗透，培植民族分裂势力，与我争夺青少年一代。为落实中央民族工作会议、第三次全国教育工作会议和全国基础教育工作会议精神，深化改革，加快发展民族教育，特作如下决定：

一、民族教育工作的指导思想和目标任务

（一）新时期民族教育工作的指导思想。高举邓小平理论伟大旗帜，以江泽民同志“三个代表”重要思想为指导，全面贯彻党的教育方针和民族政策，解放思想，转变观念，发挥教育在西部大开发和民族地区经济社会发展、增强民族团结、维护国家统一中的作用；根据“因地制宜，分区规划，分类指导，突出重点”的原则，确定民族教育改革发展的目标和政策措施；确立基本普及九年义务教育、基本扫除青壮年文盲（以下简称“两基”）在整个民族教育中“重中之重”的地位，促进各类教育健康、协调发展；坚持以地方自力更生为主，国家大力扶持，发达地区和有关高等学校大力支援相结合；坚持规模、结构、质量和效益相统一。

（二）“十五”期间及至2010年民族教育发展的目标任务。“十五”期间，民族自治地方要在巩固“两基”基础上，把实现“两基”的县级行政区划单位从2001年的51%提高到70%以上，在95%的地区基本普及小学阶段义务教育；确保少数民族散杂居地区民族教育优先或与当地教育同步发展；确保高中阶段在校生有显著增长。到2010年，民族地区全面实现“两基”，办学条件进一步改善，形成具有中国特色、适应21世纪信息化和现代化建设需要、充满生机活力、较为完善的民族教育体系。

二、新时期民族教育工作的基本方针和原则

（一）民族教育的改革与发展要坚持实事求是、从实际出发，在发展规划、改革步骤、目标要求、办学形式、教学用语、课程设置、学制安排等方面因民族、因地区制宜；要坚持观念创新、体制创新和机制创新，不断扩大民族间和地区间的开放和交流，大胆吸收和借鉴不同民族、不同地区和人类社会的优秀文明成果，使我国民族教育既保持自身特色，又具有鲜明的时代特点。

（二）坚持宗教与国民教育相分离的原则。认真执行《中华人民共和国宪法》、《中华人民共和国民族区域自治法》等法律规定，任何组织和个人不得利用宗教干预国民教育，不得以任何形式在学校宣扬宗教；鼓励宗教界爱国人士在信教群众中宣传党的教育方针和科教兴国战略，动员适龄儿童入学，调动信教群众支持办好国民教育方面的积极性。同时，对各族师生进一步加强无神论和唯物主义的教育，弘扬科学精神、传播科学思想、倡导科学方法、普及科学知识、树立科学世界观，不断增强各族师生自觉抵御封建迷信和邪教影响的能力。

（三）以民族地区自力更生为主，与国家扶持及发达地区、有关高等学校开展教育对口支援相结合，共同推进民族地区教育事业的发展。民族地区要高度重视教育工作，发扬自力更生、艰苦奋斗的精神，大力发展教育事业。沿海发达地区和有关高等学校要进一步增强大局意识，按要求把教育对口支援工作抓紧、抓实、抓好，为民族地区的全面振兴和西部大开发作出更大的贡献。

（四）统筹兼顾，突出重点。为使民族地区教育与东、中部地区教育实现协调发展，今后一个时期内，在民族地区加强民族教育工作的同时，要把中央财政扶持教育的重点向民族工作的重点地区、边远农牧区、高寒山区、边境地区以及发展落后的人口较少民族聚居地区倾斜。大力支持少数民族和西部地区发展现代远程教育，提高这些地区对优质教育资源的共享能力，实现民族教育的跨越式发展。

三、深化改革，加快发展民族教育的政策措施

（一）深化教育改革，增强办学活力。进一步深化办学体制改革，改变民族教育办学主体单一、办学体制不活的局面。鼓励和支持社会力量办学，支持东、中部地区社会力量在少数民族和西部地区办学，或者面向少数民族和西部地区在东、中部地区办学；鼓励和引导民族地区群众自费送子女到东、中部地区求学就读。合理调整各级各类教育的布局结构，促进教育资源的优化配置，不断提高教育投入的规模效益；加快校内管理体制改革步伐，提高学校管理水平。

（二）加快“两基”步伐，促进各级各类教育的协调发展。认真实行“在国务院领导下，由地方政府负责、分级管理、以县为主”的农村义务教育管理体制。突出“两基”重中之重的地位，加大投入，集中社会各方面的力量，加快推进“两基”进程，力争实现“十五”期间的奋斗目标。要特别重视人口较少民族教育事业的发展。努力改善寄宿制中小学办学和生活条件。扶持少数民族和西部地区办好示范高中，发展高中教育。要努力办好民族地区高等学校和民族高等学校，加快民族地区高等学校布局结构调整、专业结构调整、人事制度改革和后勤社会化改革步伐。要重视和加强幼儿教育、职业教育、成人教育、特殊教育，使各类教育协调发展。

（三）进一步增强对民族教育的扶持力度。做好高校民族班和民族预科班的招生工作，以上学年招生规模为基数，并按上学年全国普通高等学校本科招生平均增长比例，确定当年国家部委及东中部地区所属高等学校民族班和民族预科班的招生规模；预科生的经费按本科生标准和当年实际招生数，分别由中央和地方财政核拨；加强民族预科教育基地建设，深化预科教学改革，提高教育质量。实施培养少数民族高层次骨干人才计划，从2003年开始，选择若干所重点高等学校面向少数民族和西部地区，采取特殊措施培养少数民族的博士、硕士人才。对民族地区高等学校和民族院校学位授权点的建设和研究生招生规模等给予特殊的政策扶持。资助西部各省（自治区、直辖市）重点建设一所起骨干示范作用的高等学校，重点支持办好中央民族大学。国家公派留学人员工作也要向少数民族和西部地区倾斜。

（四）加大对民族教育的投入。“十五”期间及至2010年，“国家贫困地区义务教育工程”、“国家扶贫教育工程”、“西部职业教育开发工程”、“高等职业技术教育工程”、“教育信息化工程”、“全国中小学危房改造工程”、中小学贫困学生助学金专款、青少年校外活动场所建设项目等要向少数民族和西部地区倾斜；对未普及初等义务教育的国家扶贫开发工作重点县，向农牧区中小学生免费提供教科书，推广使用经济适用型教材；采取减免杂费、书本费、寄宿费、生活费等特殊措施确保家庭困难学生就学；中央财政通过综合转移支付对农牧区、山区和边疆地区寄宿制中小学校学生生活费给予一定资助；少数民族和西部地区各级财政也要相应设立寄宿制中小学校学生生活补助专项资金。在同等条件下，高等学校少数民族贫困生优先享受国家资助政策，确保每一个大学生不因经济困难而停止学业。少数民族散杂居地区的各级政府要设立民族教育专项资金，制定和落实有关优惠政策，扶持散杂居地区民族教育的发展；少数民族和西部地区地方本级财政教育经费的支出要切实做到“三个增长”；国际组织教育贷款、海外和港澳台教育捐款的分配，重点向少数民族和西部地区倾斜；鼓励社会力量办学，支持和调动社会力量参与教育“帮困济贫”行动，对纳税人向少数民族和西部地区农牧区义务教育的捐赠，在应纳税所得额中全额扣除；少数民族和西部地区新建、扩建学校包括民办公益性学校，以划拨方式提供土地，并减免城乡建设等相关税费；对勤工俭学、校办产业以及为学校提供生活服务的相关产业，继续实行税收优惠政策；同时，适度运用财政、金融等手段支持少数民族和西部地区教育事业的发展。

（五）进一步加强对民族教育的支援工作。按照《中央办公厅、国务院办公厅关于推动东西部地区学校对口支援工作的通知》的要求，认真组织实施“东部地区学校对口支援西部贫困地区学校工程”和“西部地区大中城市学校对口支援本省（自治区、直辖市）贫困地区学校工程”，使少数民族和西部贫困地区在资金、设备、师资、教学经验等方面得到帮助。教育对口支援实行目标责任制，确保目标如期实现，提高对口支援的效益。教育对口支援工作要帮助西藏、新疆加强双语师资特别是汉语教师的培养和支教工作。进一步加强内地西藏班（校）和新疆高中班的工作，完善内地西藏班（校）、内地新疆高中班管理、评估和升学分流办法；加大投入，提高教育教学质量，使其办学综合条件和管理水平达到当地省一级同类学校的标准；调整内地西藏班（校）招生结构，适度扩大高中和师范招生比例。

（六）大力加强教师队伍建设。要把教师队伍建设作为民族教育发展的重点，教育投入要保证教师队伍建设的需要。少数民族和西部地区教师队伍建设要把培养、培训“双语”教师作为重点，建设一支合格的“双语型”教师队伍。进一步深化教师教育制度改革，提高师范院校教师队伍的教学和科研水平，加强县级教师培训基地的建设。同时，采用远程教育等现代化手段，提高继续教育的质量和效益。加强校长培训，提高民族地区学校的管理水平。拓宽教师来源渠道，鼓励非师范院校毕业生和东、中部地区高校毕业生到少数民族和西部地区任教。采取定向招生等特殊措施，加强培养在农牧区、高寒地区、山区和边疆地区能“下得去、留得住”的各级各类学校教师。加强教师培训，鼓励教师参加各类业务学习，提高教师学历学位层次。要在全社会营造尊师重教的良好风尚，切实保证和不断提高教师的待遇。

（七）大力推进民族中小学“双语”教学。正确处理使用少数民族语授课和汉语教学的关系，部署民族中小学“双语”教学工作。在民族中小学逐步形成少数民族语和汉语教学的课程体系，有条件的地区应开设一门外语课。要把“双语”教学教材建设列入当地教育发展规划，予以重点保障。按照新的《全日制民族中小学汉语教学大纲》，编写少数民族学生适用的汉语教材。要积极创造条件，在使用民族语授课的民族中小学逐步从小学一年级开设汉语课程。国家对“双语”教学的研究、教材开发和出版给予重点扶持。

要尊重和保障少数民族使用本民族语文接受教育的权利，加强民族文字教材建设；编译具有当地特色的民族文字教材，不断提高教材的编译质量。要把民族文字教材建设所需经费列入教育经费预算，资助民族文字教材的编译、审定和出版，确保民族文字教材的足额供应。

（八）积极推进民族教育手段现代化进程。重点支持以现代远程教育网络建设，建立县级远程教育教学点和乡级电视、数据收视点，有条件的地区和学校启动校园网络或局域网建设，培养培训教师和管理人员；成立专门机构，努力开发少数民族语的数理化课程、学校管理和汉语教学课件库、素材库。要加强民族中小学语言教学室或计算机室的建设，加快普及信息技术教育的步伐。

（九）大力加强民族团结教育和学校德育工作。我国是由多民族组成的社会主义国家，增强民族团结、维护祖国统一、反对民族分裂，是我国各族人民的共同责任。要高举民族团结进步的伟大旗帜，在各级各类学校教育中，有重点、分层次、有针对性地加强民族团结教育。要把维护发展平等、团结、互助的新型社会主义民族关系的教育作为爱国主义教育、公民道德教育和素质教育的重要内容，加强马克思主义民族宗教观和党的民族宗教政策的教育，加强我国各族人民为中华民族统一多民族国家的形成浴血奋斗历史的教育，加强各族人民在中国共产党领导下建立和建设社会主义伟大祖国历史的教育，进一步增强各族师生“三个离不开”（汉族离不开少数民族；少数民族离不开汉族；少数民族之间也互相离不开）的观念，牢固树立自觉维护国家统一、反对民族分裂的思想意识，增强学生的社会主义法制观念、道德观念，提高科学、文化素质，为确保我国各民族的团结进步和国家的长治久安作出贡献。

四、加强对民族教育工作的领导

各级人民政府要切实加强对民族教育工作的领导。把民族教育列入政府工作的重要议事日程。要加快民族教育立法工作，把民族教育工作纳入法制化轨道。

各级人民政府要把重视民族教育，确保民族教育投入，为民族教育办实事等，列入各级领导干部的任期目标责任制和考核政绩的重要内容。教育行政部门要指定专门机构和人员具体负责民族教育工作。在各级民族教育行政部门中，要重视选拔和使用少数民族干部。加强民族教育的科学研究，组织开展民族教育工作的经验交流，促进民族教育的国际合作、交流与对外开放。对在民族教育的改革发展、科学研究、教育对口支援、培养少数民族人才以及捐资助学等方面成绩显著、贡献突出的机构、高等学校、社会团体和个人要给予大力表彰和宣传。

国务院关于大力推进职业教育改革与发展的决定

（2002年8月24日）

改革开放以来，我国职业教育事业有了很大发展，各级各类职业学校教育和职业培训取得显著成绩，为社会主义现代化建设培养了大量高素质劳动者和实用人才。但是，职业教育的改革与发展也面临一些问题，一些地方对发展职业教育的重要性缺乏足够的认识；投入不足，基础薄弱，办学条件较差；管理体制、办学体制、教育教学质量不适应经济建设和社会发展的需要；就业准入制度没有得到有效执行，影响了受教育者的积极性；地区之间、城乡之间发展不平衡。为了进一步贯彻落实《中华人民共和国职业教育法》和《中华人民共和国劳动法》，实施科教兴国战略，大力推进职业教育的改革与发展，特作如下决定：

一、深刻认识职业教育在社会主义现代化建设中的重要地位，明确“十五”期间职业教育改革与发展的目标

1. 职业教育为初、高中毕业生和城乡新增劳动者、下岗失业人员、在职人员、农村劳动者及其他社会成员提供多种形式、多种层次的职业学校教育和职业培训，是我国教育体系的重要组成部分，是国民经济和社会发展的重要基础。推进职业教育的改革与发展是实施科教兴国战略、促进经济和社会可持续发展、提高国际竞争力的重要途径，是调整经济结构、提高劳动者素质、加快人力资源开发的必然要求，是拓宽就业渠道、促进劳动就业和再就业的重要举措。在我国加入世界贸易组织和经济全球化迅速发展的新形势下，要狠抓职业教育，抓出成效。

2. 大力推进职业教育的改革与发展，要以邓小平理论和江泽民同志“三个代表”重要思想为指导，坚持体制创新、制度创新和深化教育教学改革，为经济结构调整和技术进步服务，为促进就业和再就业服务，为农业、农村和农民服务，为推进西部大开发服务，力争在“十五”期间初步建立起适应社会主义市场经济体制，与市场需求和劳动就业紧密结合，结构合理、灵活开放、特色鲜明、自主发展的现代职业教育体系。

要以中等职业教育为重点，保持中等职业教育与普通高中教育的比例大体相当，扩大高等职业教育的规模。职业学校和职业培训机构要进一步适应经济和社会发展以及劳动力市场需求，增强自主发展能力，改善办学条件，全面提高教育质量和效益。“十五”期间，职业教育要为社会输送2 200多万名中等职业学校毕业生，800多万名高等职业学校毕业生。

要广泛开展各级各类职业培训，“十五”期间每年培训城镇职工5 000万人次，培训农村劳动力1.5亿人次；积极实施国家再就业培训计划，每年为300多万名下岗失业人员提供再就业培训。

从实际出发，因地制宜，分区规划，分类指导，把农村和西部地区作为工作重点。“十五”期末，中等职业学校面向农村的年招生规模要达到350万人，面向西部地区的年招生规模要达到120万人，为农村和西部地区培养留得住、用得上的实用人才。大中城市和经济发达地区要在继续发展中等职业教育和职业培训的同时，积极发展高等职业教育，有条件的市（地）可以举办综合性、社区性的职业技术学院。

二、推进管理体制和办学体制改革，促进职业教育与经济建设、社会发展紧密结合

3. 推进职业教育管理体制改革，建立并逐步完善在国务院领导下，分级管理、地方为主、政府统筹、社会参与的职业教育管理体制。

在国务院领导下，建立职业教育工作部际联席会议制度，研究解决职业教育工作中的重大问题。国务院教育行政部门负责职业教育工作的统筹规划、综合协调、宏观管理，劳动保障部门和其他有关部门在各自职责范围内，负责职业教育的有关工作。

发展职业教育的主要责任在地方。县级以上地方各级人民政府要加强对本行政区域内职业教育工作的领导和统筹协调，结合当地经济建设和社会发展实际，制定促进职业教育发展的政策和措施，研究解决工作中的实际问题；各级教育行政部门会同劳动保障等有关部门管理本行政区域内各有关职业学校的教育业务工作。要依法严格审批程序，规范职业学校和培训机构的办学行为。

4. 强化市（地）级人民政府在统筹职业教育发展方面的责任。市（地）级人民政府要统筹规划，促进本行政区域内职业教育与其他各类教育协调发展，建立多渠道筹措职业教育经费的机制，组织动员社会力量举办职业教育；要整合和充分利用现有各种职业教育资源，打破部门界限和学校类型界限，积极发挥市场机制的作用，提高办学效益，优化职业学校布局结构，防止职业教育资源流失。省（自治区、直辖市）所属中等和高等职业学校可以由省级有关部门与职业学校所在市（地）联合共建、共管，增强其为区域经济服务的功能。

5. 深化职业教育办学体制改革，形成政府主导、依靠企业、充分发挥行业作用、社会力量积极参与的多元办学格局。

县级以上地方各级人民政府要在发展职业教育中发挥主导作用，重点办好起骨干和示范作用的职业学校和职业培训机构，组织、指导并支持企业、行业和社会力量举办职业学校和职业培训机构。要规范中等和高等职业学校的名称，并体现职业特点。实施高中阶段学历教育的各类职业学校统一规范为“××职业技术学校”，高等专科学校和成人高等学校要逐步统一规范为“××职业技术学院”。

要充分依靠企业举办职业教育。企业要根据实际需要举办职业学校和职业培训机构，强化自主培训功能，加强对职工特别是一线职工、转岗职工的教育和培训，形成职工在岗和轮岗培训的制度，实行培训、考核、使用、待遇相统一的政策。企业要和职业学校加强合作，实行多种形式联合办学，开展“订单”培训，并积极为职业学校提供兼职教师、实习场所和设备，也可在职业学校建立研究开发机构和实验中心。有条件的大型企业可以单独举办或与高等学校联合举办职业技术学院。中小企业应依托职业学校和职业培训机构进行职工培训和后备职工培养。企业举办的职业学校和职业培训机构应积极面向社会开展职业教育和培训。

行业主管部门要对行业职业教育进行协调和业务指导，继续办好职业学校和培训机构。行业组织受政府主管部门委托，开展行业人力资源预测、制定行业职业教育和培训规划、指导行业职业教育、职工培训和职业技能鉴定、参与相关专业的课程教材建设和教师培训等工作，也可以举办职业学校或职业培训机构。

鼓励和支持民办职业教育的发展。非营利性的民办职业学校，享受举办社会公益事业的有关优惠政策。地方人民政府和其他单位，可以采取出租闲置的国有、集体资产等措施，对民办职业学校予以扶持。民办职业学校教师、学生享有与公办职业学校教师、学生同等义务与权利。对举办民办职业教育有突出贡献的单位和个人予以表彰奖励。鼓励公办学校引入民办机制。

积极引进国（境）外优质职业教育资源。鼓励国（境）外组织和个人依照我国法律和办学资格要求，同我国境内职业教育机构和其他社会组织，合作举办高水平的职业学校或职业培训机构。努力拓展职业学校毕业生国（境）外就业市场。

6. 扩大职业学校的办学自主权，增强其自主办学和自主发展的能力。要依法保障职业学校在专业设置、招生规模确定、学籍管理、教师聘用及经费使用等方面享有充分的自主权。有条件的职业学校可以跨区域招生，可以与本地、异地职业学校联合办学。职业学校要建立由企业、行业等社会各界人士参加的咨询委员会或理事会，为学校重大问题提供咨询或参与决策。

三、深化教育教学改革，适应社会和企业需求

7. 认真贯彻党的教育方针，全面实施素质教育。要加强“爱岗敬业、诚实守信、办事公道、服务群众、奉献社会”的职业道德教育，加强文化基础教育、职业能力教育和身心健康教育，注重培养受教育者的专业技能、钻研精神、务实精神、创新精神和创业能力，培养一大批生产、服务第一线的高素质劳动者和实用人才。

8. 职业学校和职业培训机构要适应经济结构调整、技术进步和劳动力市场变化，及时调整专业设置，积极发展面向新兴产业和现代服务业的专业，增强专业适应性，努力办出特色。要大力加强技术工人尤其是高级技术工人和技师的培养和培训。积极推进课程和教材改革，开发和编写反映新知识、新技术、新工艺和新方法、具有职业教育特色的课程和教材。加强职业学校与企业、行业等用人单位的联系，建立职业学校与劳动力市场密切联系的机制。

9. 加强实践教学，提高受教育者的职业能力。职业学校要把教学活动与生产实践、社会服务、技术推广及技术开发紧密结合起来，把职业能力培养与职业道德培养紧密结合起来，保证实践教学时间，严格要求，培养学生的实践能力、专业技能、敬业精神和严谨求实作风。改善教学条件，加强校内外实验实习基地建设。职业学校要加强与相关企事业单位的共建和合作，利用其设施、设备等条件开展实践教学。职业学校相对集中的地区应建设一批可共享的实验和训练基地。加强职业教育信息化建设，推进现代信息技术在教育教学中的应用。积极发展现代远程职业教育，开发职业教育资源库和多媒体教育软件，为职业学校和学生提供优质教育资源。

10. 加强职业教育教师队伍建设。要积极开展以骨干教师为重点的全员培训，提高教师的职业道德、实践能力和教学水平，培养一批高水平的骨干教师和专业带头人。鼓励职业学校教师在职攻读相关专业学位、提高学历层次。要有计划地安排教师到企事业单位进行专业实践和考察，提高教师的专业水平。广泛吸引和鼓励企事业单位工程技术人员、管理人员和有特殊技能的人员到职业学校担任专、兼职教师，提高具有相关专业技术职务资格教师的比例。深化职业学校人事制度改革，在职业学校推行教师全员聘任制和管理人员公开选拔、竞争上岗和职务聘任制度，建立健全激励和约束机制。职业学校教师职务资格评审要突出职业教育特点，改进评审办法。重视职业学校校长培训工作，逐步实行校长持证上岗的制度。加强职业教育师资培养培训基地建设，逐步完善职业教育师资培养培训网络。

11. 坚持学历教育与职业培训并重，实行灵活的办学模式和学习制度。职业学校要实行学历教育与职业培训相结合、全日制与部分时间制相结合、职前教育与职后教育相结合，努力办成面向社会的、开放的、多功能的教育和培训中心。要根据不同专业、不同教育培训项目和学习者的实际需要，实行灵活的学制和学习方式，推行学分制等弹性学习制度，为学生半工半读、工学交替、分阶段完成学业等创造条件。

12. 加强中等职业教育与高等职业教育，职业教育与普通教育、成人教育的衔接与沟通，建立人才成长“立交桥”。扩大中等职业学校毕业生进入高等学校尤其是进入高等职业学校继续学习的比例，适当增加高等职业教育专科毕业生接受本科教育的比例。适度发展初中后五年制高等职业教育；在高中阶段开展职业教育与普通教育相沟通的综合课程教育试验，建立中等职业教育与高等职业教育相衔接的课程体系；高等职业学校可单独组织对口招生考试，优先招收中等职业学校优秀毕业生；注重专业知识、职业技能的考核，对取得相应中级职业资格证书的中等职业学校毕业生，可以免除技能考核。

四、采取切实措施，加快农村和西部地区职业教育发展

13. 农村和西部地区职业教育是今后一段时期职业教育发展的重点。要根据现代农业发展和经济结构调整的需要，继续推进农科教结合和基础教育、职业教育、成人教育的“三教统筹”。农村职业学校要加强与企业、农业科研和科技推广单位的合作，发挥专业优势，实行学校、公司、农户相结合，推动农业产业化发展。推行“绿色证书”教育，培养一大批科技示范户和致富带头人。国家采取措施，扶持农村地区、西部地区、少数民族地区和贫困地区职业教育的发展，办好一批骨干职业学校。建立县、乡、村三级实用型、开放型的农民文化科技教育培训体系，把职业学校和成人学校办成人力资源开发、技术培训与推广、劳动力转移培训和扶贫开发服务的基地。

14. 加强东部地区和西部地区、大中城市和农村的学校对口支援工作。东部地区和大中城市要为西部地区和农村的职业学校培养培训骨干教师，帮助改善办学条件。推动东部地区与西部地区、大中城市与农村开展合作办学，鼓励东部地区和大中城市职业学校的校长和教师到西部地区和农村职业学校任职和办学。东部地区和中西部地区大中城市要面向西部地区和农村招生，对家庭经济困难学生应适当减免学费。现代远程教育和培训以及自学考试等要积极向广大农村和西部地区延伸。

五、严格实施就业准入制度，加强职业教育与劳动就业的联系

15. 大力推行劳动预备制度，严格执行就业准入制度。用人单位招收、录用职工，属于国家规定实行就业准入控制的职业（工种），必须从取得相应学历证书或职业培训合格证书并获得相应职业资格证书的人员中录用；属于一般职业（工种），必须从取得相应的职业学校学历证书、职业培训合格证书的人员中优先录用。从事个体工商经营的，也必须接受职业教育和培训。劳动保障、人事等部门要加大对就业准入制度执行情况的监察力度，加强监督管理，对违反规定，随意招收未经职业教育或培训人员就业的要责其纠正并给予处罚。

16. 完善学历证书、培训证书和职业资格证书制度。职业学校毕业生申请与所学专业相关的中级以下（含中级）职业技能鉴定时，只进行操作技能考核。部分教学质量高、社会声誉好的中等职业学校和高等职业学校开设的主体专业，经劳动保障和教育行政部门认定，其毕业生在获得学历证书的同时，可视同职业技能鉴定合格，取得相应的职业资格证书。经人事、教育行政和相关行业主管部门认定的职业学校相关专业的毕业生，不受工作年限的限制，可直接申请参加专业技术从业资格考试，并免试部分科目。各地劳动保障、人事或相关部门要统筹规划，注意发挥和利用职业学校的优势，优先在具备条件的职业学校设立职业技能鉴定站（所）或职业资格考试机构。

17. 加强职业指导和就业服务，拓宽毕业生就业渠道。职业学校要加强职业指导工作，引导学生转变就业观念，开展创业教育，鼓励毕业生到中小企业、小城镇、农村就业或自主创业。地方人民政府要利用社会就业服务体系或建立职业学校毕业生就业服务机构，为职业学校毕业生在本地或异地就业提供信息、咨询服务和便利条件。工商、税务部门要研究制定优惠政策，适当减免有关税费，支持职业学校毕业生自主创业或从事个体经营，金融机构要为符合贷款条件的提供贷款。对外经济贸易部门、劳动保障部门、教育行政部门要创造条件，积极协助符合条件的职业学校毕业生到国（境）外就业。

六、多渠道筹集资金，增加职业教育经费投入

18. 各级人民政府要加大对职业教育的经费投入。省级人民政府要制定本地区职业学校生均经费标准，并依法督促各类职业学校举办者足额拨付职业教育经费。县级以上地方各级人民政府和国务院有关部门用于举办职业学校和职业培训机构的财政性经费应当逐步增长，确保公办职业学校教师工资按时足额发放，并监督民办职业教育机构按时足额发放教师工资。城市教育费附加安排用于职业教育的比例不低于15%，已经普及九年义务教育的地区不低于20%，主要用于职业学校实验实习设备的更新和办学条件的改善。各级人民政府在安排使用农村科技开发经费、技术推广经费和扶贫资金时，要安排一部分农村劳动力培训经费；安排农业基础设施建设投资时，要安排一部分农村职业学校和成人学校的建设经费。

中央财政增加职业教育专项经费，重点用于补助农村和中西部地区加强职业教育师资培训、课程教材开发和多媒体教育资源建设以及骨干和示范职业学校建设。地方人民政府也要增加职业教育专项经费。

19. 各类企业要按《中华人民共和国职业教育法》的规定实施职业教育和职工培训，承担相应的费用。一般企业按照职工工资总额的1.5%足额提取教育培训经费，从业人员技术素质要求高、培训任务重、经济效益较好的企业可按2.5%提取，列入成本开支。要保证经费专项用于职工特别是一线职工的教育和培训，严禁挪作他用。企业技术改造和项目引进，都应按规定比例安排资金用于职工技术培训。对不按规定实施职工职业教育和培训，经责令改正而拒不改正的企业，县级以上地方各级人民政府可以收取其应当承担的职业教育经费，用于本地区的职业教育。

20. 利用金融、税收以及社会捐助等手段支持职业教育的发展。县级以上各级人民政府应支持企事业单位、社会团体、其他社会组织及公民个人按照国家有关规定设立职业教育奖学金，奖励学习成绩优秀的学生，资助经济困难的学生。金融机构要为家庭经济困难学生接受职业教育提供助学贷款，优先为符合贷款条件的农村职业学校毕业生开展生产经营提供小额贷款。认真执行国家对教育的税收优惠政策，支持职业学校办好实习基地、发展校办产业和开展社会服务。鼓励社会各界及公民个人对职业教育提供资助和捐赠，企业和个人通过政府部门或社会中介机构对职业教育的资助和捐赠，可在应纳税所得额中全额扣除。

21. 加强职业教育经费管理。省级教育行政部门、劳动保障部门要会同价格主管部门合理确定职业学校和职业培训机构的学费标准，并向社会公布。职业学校按规定收取的学费实行收支两条线管理，地方各级财政部门要确保全额返还职业学校，不得冲抵财政拨款，任何部门不得截留或挪作他用。严禁向职业学校乱收费。要严格执行财务管理和审计制度，提高职业教育经费的使用效益。

七、加强领导，推动职业教育持续健康发展

22. 各级人民政府要加强对职业教育工作的领导，把职业教育工作纳入当地经济和社会发展的总体规划，列入政府重要议事日程，帮助职业学校和职业培训机构解决实际困难和问题。调动和保护社会各个方面兴办职业教育的积极性，充分发挥行业、企业、社会中介组织和人民团体在发展职业教育中的作用。加强职业教育理论研究和政策研究，健全科学研究和教学研究机构，为职业教育宏观决策和职业学校改革与发展服务。

23. 依法治教、依法办学、依法管理。各级人民政府和有关部门要认真贯彻《中华人民共和国职业教育法》和《中华人民共和国劳动法》等有关法律法规，加强职业教育和就业准入的法制建设，完善执法监督机制，加大执法力度，提高依法治教的水平。要加强对职业教育的督导检查，各级人民政府的教育督导部门要把职业教育作为教育督导的重要内容。加强和改进对职业教育的评估，积极探索发挥市场作用和社会参与的职业教育评估方式。

24. 营造有利于职业教育改革与发展的社会氛围。要大力宣传职业教育和高素质劳动者在社会主义现代化建设中的重要作用，在全社会弘扬“三百六十行，行行出状元”的风尚。企业要根据经济效益情况逐步提高生产、服务一线高素质劳动者特别是高级技工和技师的经济收入。要积极开展各种职业技能、技术竞赛活动，表彰职业教育的先进单位和个人，在全社会形成重视、支持职业教育的浓厚氛围。

禁止使用童工规定

（2002年10月1日　国务院发布）

第一条　为保护未成年人的身心健康，促进义务教育制度的实施，维护未成年人的合法权益，根据宪法和劳动法、未成年人保护法，制定本规定。

第二条　国家机关、社会团体、企业事业单位、民办非企业单位或者个体工商户（以下统称用人单位）均不得招用不满16周岁的未成年人（招用不满16周岁的未成年人，以下统称使用童工）。

禁止任何单位或者个人为不满16周岁的未成年人介绍就业。

禁止不满16周岁的未成年人开业从事个体经营活动。

第三条 不满16周岁的未成年人的父母或者其他监护人应当保护其身心健康，保障其接受义务教育的权利，不得允许其被用人单位非法招用。

不满16周岁的未成年人的父母或者其他监护人允许其被用人单位非法招用的，所在地的乡（镇）人民政府、城市街道办事处以及村民委员会、居民委员会应当给予批评教育。

第四条 用人单位招用人员时，必须核查被招用人员的身份证；对不满16周岁的未成年人，一律不得录用。用人单位录用人员的录用登记、核查材料应当妥善保管。

第五条 县级以上各级人民政府劳动保障行政部门负责本规定执行情况的监督检查。

县级以上各级人民政府公安、工商行政管理、教育、卫生等行政部门在各自职责范围内对本规定的执行情况进行监督检查，并对劳动保障行政部门的监督检查给予配合。

工会、共青团、妇联等群众组织应当依法维护未成年人的合法权益。

任何单位或者个人发现使用童工的，均有权向县级以上人民政府劳动保障行政部门举报。

第六条 用人单位使用童工的，由劳动保障行政部门按照每使用一名童工每月处5 000元罚款的标准给予处罚；在使用有毒物品的作业场所使用童工的，按照《使用有毒物品作业场所劳动保护条例》规定的罚款幅度，或者按照每使用一名童工每月处5 000元罚款的标准，从重处罚。劳动保障行政部门并应当责令用人单位限期将童工送回原居住地交其父母或者其他监护人，所需交通和食宿费用全部由用人单位承担。

用人单位经劳动保障行政部门依照前款规定责令限期改正，逾期仍不将童工送交其父母或者其他监护人的，从责令限期改正之日起，由劳动保障行政部门按照每使用一名童工每月处1万元罚款的标准处罚，并由工商行政管理部门吊销其营业执照或者由民政部门撤销民办非企业单位登记；用人单位是国家机关、事业单位的，由有关单位依法对直接负责的主管人员和其他直接责任人员给予降级或者撤职的行政处分或者纪律处分。

第七条 单位或者个人为不满16周岁的未成年人介绍就业的，由劳动保障行政部门按照每介绍一人处5 000元罚款的标准给予处罚；职业中介机构为不满16周岁的未成年人介绍就业的，并由劳动保障行政部门吊销其职业介绍许可证。

第八条 用人单位未按照本规定第四条的规定保存录用登记材料，或者伪造录用登记材料的，由劳动保障行政部门处1万元的罚款。

第九条 无营业执照、被依法吊销营业执照的单位以及未依法登记、备案的单位使用童工或者介绍童工就业的，依照本规定第六条、第七条、第八条规定的标准加一倍罚款，该非法单位由有关的行政主管部门予以取缔。

第十条 童工患病或者受伤的，用人单位应当负责送到医疗机构治疗，并负担治疗期间的全部医疗和生活费用。

童工伤残或者死亡的，用人单位由工商行政管理部门吊销营业执照或者由民政部门撤销民办非企业单位登记；用人单位是国家机关、事业单位的，由有关单位依法对直接负责的主管人员和其他直接责任人员给予降级或者撤职的行政处分或者纪律处分；用人单位还应当一次性地对伤残的童工、死亡童工的直系亲属给予赔偿，赔偿金额按照国家工伤保险的有关规定计算。

第十一条 拐骗童工，强迫童工劳动，使用童工从事高空、井下、放射性、高毒、易燃易爆以及国家规定的第四级体力劳动强度的劳动，使用不满14周岁的童工，或者造成童工死亡或者严重伤残的，依照刑法关于拐卖儿童罪、强迫劳动罪或者其他罪的规定，依法追究刑事责任。

第十二条 国家行政机关工作人员有下列行为之一的，依法给予记大过或者降级的行政处分；情节严重的，依法给予撤职或者开除的行政处分；构成犯罪的，依照刑法关于滥用职权罪、玩忽职守罪或者其他罪的规定，依法追究刑事责任：

（一）劳动保障等有关部门工作人员在禁止使用童工的监督检查工作中发现使用童工的情况，不予制止、纠正、查处的；

（二）公安机关的人民警察违反规定发放身份证或者在身份证上登录虚假出生年月的；

（三）工商行政管理部门工作人员发现申请人是不满16周岁的未成年人，仍然为其从事个体经营发放营业执照的。

第十三条 文艺、体育单位经未成年人的父母或者其他监护人同意，可以招用不满16周岁的专业文艺工作者、运动员。用人单位应当保障被招用的不满16周岁的未成年人的身心健康，保障其接受义务教育的权利。文艺、体育单位招用不满16周岁的专业文艺工作者、运动员的办法，由国务院劳动保障行政部门会同国务院文化、体育行政部门制定。

学校、其他教育机构以及职业培训机构按照国家有关规定组织不满16周岁的未成年人进行不影响其人身安全和身心健康的教育实践劳动、职业技能培训劳动，不属于使用童工。

第十四条 本规定自2002年12月1日起施行。1991年4月15日国务院发布的《禁止使用童工规定》同时废止。

国务院办公厅关于完善农村义务教育管理体制的通知

（2002年4月14日）

完善农村义务教育管理体制，是实践江泽民同志“三个代表”重要思想，实施科教兴国战略的重要内容；是进一步落实地方政府举办义务教育的责任，加强农村义务教育管理，保证经费投入，减轻农民负担，促进农村义务教育持续健康发展的治本之策；是提高农村人口素质，推动我国农村经济和社会长远发展的重大举措。党中央、国务院高度重视农村义务教育发展和完善农村义务教育管理体制问题，《国务院关于基础教育改革与发展的决定》明确提出，加强农村义务教育是涉及农村经济社会发展全局的一项战略任务，各级人民政府要牢固树立实施科教兴国战略必须首先落实到义务教育上来的思想，完善管理体制，保障经费投入，推进农村义务教育持续健康发展。

各级人民政府要进一步增强责任感和紧迫感，严格执行《中华人民共和国教育法》《中华人民共和国义务教育法》等有关法律法规，认真贯彻落实《国务院关于基础教育改革与发展的决定》，确保新的农村义务教育管理体制在2002年全面运行。为此，经国务院批准，现就完善农村义务教育管理体制有关问题通知如下：

一、明确各级政府责任，加强对农村义务教育的领导和管理

1. 农村义务教育实行“在国务院领导下，由地方政府负责、分级管理、以县为主”的体制。县级人民政府对农村义务教育负有主要责任，省、地（市）、乡等地方各级人民政府承担相应责任，中央政府给予必要的支持。

2. 省级人民政府负责统筹制定本省、自治区、直辖市农村义务教育发展规划；根据国家中小学教职工编制标准，制定具体实施办法，核批各县（市、区、旗，以下统称县）农村中小学教职工编制；逐县核实财力水平，统筹安排财力，对财力不足、发放财政供养人员工资确已达到合理比例仍有困难的县，通过调整财政体制和财政支出结构、增加省级财政转移支付资金、合理安排中央财政转移支付资金等办法，帮助并督促县级人民政府确保农村中小学教职工工资按时足额发放；核定本地区农村中小学公用经费的标准和定额，确定农村中小学收费项目和标准；增加危房改造专项资金投入，建立消除农村中小学危房的工作机制；组织实施教育对口支援工作，推动建立助学制度；加强对下级政府教育工作的督导检查，组织开展督导评估工作。

3. 地（市）级人民政府负责制定本地区农村义务教育发展规划，组织协调农村义务教育发展；根据国家中小学教职工编制标准和省级人民政府的实施办法，审核上报本地区各县农村中小学教职工编制；根据省级人民政府的要求，对财力不足、发放财政供养人员工资确有困难的县，给予转移支付，对农村中小学危房改造给予补助；组织实施助学活动；加强教育督导检查。

4. 县级人民政府负责制定本地区农村义务教育发展规划，组织实施农村义务教育；从实际出发，因地制宜，逐步调整农村中小学布局；根据国家中小学教职工编制标准和省级人民政府的实施办法，提出农村中小学教职工编制方案，并根据省级人民政府核批的农村中小学教职工编制，核定学校的教职工编制；负责农村中小学校长、教职工的管理；调整本级财政支出结构，增加教育经费预算，合理安排使用上级转移支付资金，确保按时足额统一发放教职工工资；统筹安排农村中小学公用经费，安排使用校舍建设和危房改造资金，组织实施农村中小学危房改造和校舍建设，改善办学条件；指导农村中小学的教育教学工作；维护学校的治安、安全和正常教学秩序；开展助学活动；对乡（镇）人民政府有关教育工作和农村中小学进行督导评估。

5. 乡（镇）人民政府负责组织适龄儿童少年入学，严格控制义务教育阶段学生辍学；维护学校的治安、安全和正常教学秩序，治理校园周边环境；按有关规定划拨新建、扩建校舍所必需的土地。经济条件较好的乡（镇）要积极筹措经费，改善农村中小学办学条件，支持农村义务教育发展。

继续发挥村民自治组织在实施农村义务教育中的作用。

未实行农村税费改革试点的地方，地（市）、县、乡（镇）人民政府，要继续严格按照国家有关规定组织做好农村教育费附加的征收、管理，用于农村中小学的校舍建设、维修、危房改造和学校布局调整；继续严格按照国家有关规定组织做好农村中小学危房改造的教育集资工作。

二、建立义务教育经费保障机制，保证农村义务教育投入

6. 地方各级人民政府要按照“一要吃饭，二要建设”的原则，调整财政支出结构，确保农村中小学教职工工资按时足额发放。农村中小学教职工工资要上收到县集中管理，按2001年国家统一规定的工资项目和标准将农村中小学教职工工资总额上划到县（实际发放数低于国家标准工资的，按实际发放数上划），并相应调整县、乡财政体制，由县按照国家统一规定的工资项目和标准，统一发放农村中小学教职工工资。

县级人民政府按照省级人民政府核定的教职工编制和国家统一规定的工资项目和标准，结合本级财力和上级给予的转移支付资金，将农村中小学教职工工资全额纳入本级财政预算，通过银行按时足额直接拨到在银行开设的教职工个人工资账户中，保证教职工工资按时足额发放。同时，按照《中华人民共和国教师法》的规定，保证教师工资不低于当地国家公务员的平均水平。安排使用上级的工资性转移支付资金、农村税费改革转移支付资金和一般性转移支付资金，首先要用于保证农村中小学教职工工资。

在合理确定农村中小学教职工编制的基础上，省级人民政府要统筹安排解决财力困难县农村中小学教职工工资的发放问题，并实行省长（主席、市长）负责制。通过调整财政体制和财政支出结构，逐县核实财力并建立确保农村中小学教职工工资发放的运行机制。根据各县财力状况和保障力度，增加工资性转移支付资金。安排使用中央下达的一般性转移支付和工资性转移支付资金，省、地（市）级不留用，全部补助到县，对所属各县也不能平均分配，主要补助财力困难而自身保障力度大的县用于工资发放，并在年初将转移支付资金指标下达到县。财力较好的地（市）级人民政府也要安排相应的工资性转移支付资金。通过上述资金统筹安排，确保国家统一规定的农村中小学教职工工资按时足额发放，不再发生新的拖欠。

县级人民政府负责清理历年拖欠的农村中小学教职工工资，并制定计划，限期补发。

7. 保证农村中小学公用经费。县级人民政府要按照省级人民政府核定的农村中小学公用经费标准和定额，统筹安排，予以保证。经济和财力较好的县，标准和定额可以适当提高。农村中小学公用经费资金来源除学校按规定向学生收取的杂费外，其余部分由县、乡两级人民政府预算安排。

农村中小学按省级人民政府规定向学生收取的杂费，全部用于公用经费开支，不得用于教职工工资、津贴、福利、基建等开支，不得用于平衡财政预算，不得从中提取任何性质的调节基金；代收的书本费，由学校直接用于购买书本，不得以任何理由挤占挪用。国家扶贫开发工作重点县的农村中小学按国家有关规定实行"一费制"，并严格按标准收取，不得超标。对实行"一费制"后形成的农村中小学公用经费缺口，应按省级人民政府核定的农村中小学公用经费标准和定额，在上级人民政府的转移支付资金中安排。

8. 保障农村中小学危房改造和学校建设的必要投入。各地要建立定期的危房勘查、鉴定工作制度和危房改造经费保障机制。县级人民政府要将新增危房的改造列入本级事业发展计划，多渠道筹措经费，确保及时消除新增危房。省、地（市）级和财力较好的县级人民政府要设立农村中小学危房改造专项资金，中央政府通过专项补助重点扶持困难地区的农村中小学危房改造，力争在较短的时期内基本消除现有农村中小学危房。实行农村税费改革试点的地区，可以通过村民自愿提供劳务等方式，支持农村中小学校舍的维护和修缮。

农村中小学进一步发展所需的校舍建设项目，由县级人民政府列入基础设施建设统一规划，经省级人民政府审批后，由省、地（市）、县级人民政府多渠道筹措建设资金。农村中小学购置教学仪器设备和图书资料所需经费，由县级人民政府安排。

中央和省级人民政府设立的专项资金，今后将继续扶持贫困地区、少数民族地区的农村中小学学校建设，改善办学条件。

9. 实行农村税费改革试点的地区，安排使用上级转移支付资金，要明确保障农村义务教育正常经费和危房改造资金投入，并纳入财政预算。改革后农村中小学要有稳定的经费来源，确保农村义务教育投入不低于改革前的水平并力争有所提高。对因取消农村教育费附加和经批准的教育集资而形成的教育经费缺口，要从增加的农业税收入和上级转移支付资金中予以安排，保证农村义务教育经费的正常需要。

10. 加强农村义务教育经费和资产管理。各级人民政府预算安排的各项教育经费要按时足额拨付到位，不得挤占、截留、挪用。学校要严格按规定范围和标准安排使用经费，定期公布收支情况，严禁挪作他用。对挪用农村义务教育经费的问题，要严肃查处，遏制腐败问题发生。要节约开支，切实提高资金使用效益。要严格执行省级人民政府规定的收费项目和收费标准，农村中小学不得以任何理由和名义向学生收取规定项目以外的费用或擅自提高收费标准。

农村中小学不得举债建设。县级人民政府要采取有效措施，清理核实农村中小学"普及九年义务教育"欠债，摸清债务来源和使用情况，并尽力偿还。债权单位和个人不得因追索债务影响学校正常教学秩序。对强迫学校停课、将师生逐出校园及其他影响学校正常教学秩序和社会稳定的行为，要坚决制止。农村中小学实行校长负责制，由校长全面负责校舍等国有资产的管理。

11. 认真组织实施学校对口支援工作，开展经常性全国助学活动。要继续组织好"东部地区学校对口支援西部贫困地区学校工程"和"大中城市学校对口支援本地贫困地区学校工程"（以下简称"两个工程"）的实施工作，各地要建立一套包括检查、评比、表彰、奖励在内的行之有效的机制，要有专人负责，确保"两个工程"的开展制度化。大中城市要普遍建立对口支援捐赠中心，接收社会各界对教育的经常性捐助。开展经常性全国助学活动，把筹集的社会资金用于资助家庭经济困难的学生就学。

三、完善人事编制管理制度，加强农村中小学教师队伍建设

12. 严格管理农村中小学编制。省级机构编制部门要根据国家下达的编制标准，会同同级教育、财政部门，尽快研究下达本省、自治区、直辖市农村中小学编制核定和管理的具体实施办法。县级人民政府根据实施办法提出农村中小学教职工编制方案，报省级人民政府核批。各地要在2002年上半年将核编结果报中央编办、教育部、财政部。农村中小学编制总量应当根据教育事业发展规划、生源变化和学校布局调整等情况定期调整，实行动态管理。

县级机构编制部门要会同同级教育、财政部门严格控制农村中小学领导职数、内设机构和教职工编制总量。县级教育行政部门要在核定的编制总额内，按照班额、生源等情况具体分配农村中小学教职工编制，并报同级机构编制部门备案；分配农村中小学教职工编制时，要合理调控农村中小学班额和班级数，科学确定教师工作量，按规定比例确定职员、教学辅助人员、工勤人员的数量。

任何部门和单位不得以任何理由占用或变相占用农村中小学教职工编制。对占用学校编制而不在学校工作的人员，要限期与学校脱离关系，教育行政部门和学校不得为其支付工资。农村中小学不得超编聘用人员，不得使用编外人员顶编在岗工作。要积极稳妥地做好农村中小学教职工分流工作，农村中小学在编教职工分流参照行政机关工作人员的分流政策执行。

13. 加强农村中小学人事管理。县级教育行政部门依法履行对农村中小学教师的资格认定、招聘录用、职务评聘、培养培训、调配交流和考核等管理职能，乡（镇）、村无权聘任农村中小学教职工。农村中小学校长的选拔、任用、培训、考核、交流由县级教育行政部门归口管理；要按照干部人事制度改革要求，积极创造条件，逐步实行农村中小学校长公开选拔，竞争上岗。

乡（镇）人民政府不设专门的教育管理机构，乡（镇）有关教育工作由乡（镇）长直接负责，乡（镇）可在核定的行政编制内确定一至二名助理或干事协助乡（镇）长管理具体教育事务，并接受县级教育行政部门指导。教育教学业务管理由乡（镇）中心学校校长负责。

全面实行教师资格制度。农村中小学任教人员必须具备相应的教师资格，对不具备教师资格的人员要及时调整出教师队伍，积极吸引高校毕业生到农村中小学任教。积极推行教师聘任制度，实行按需设岗、公开招聘、平等竞争、择优聘任、严格考核、合同管理。限期清退农村中小学代课人员。

四、建立健全监督机制，保证农村义务教育健康发展

14. 建立健全监督检查制度。省、地（市）、县级人民政府要按照本通知，制订具体落实措施，明确目标、责任，保证各项要求落实到位。地方各级人民政府每年向上一级人民政府专题报告一次农村义务教育工作情况，国务院有关部门负责督促检查各省、自治区、直辖市落实情况并予以综合通报。省级人民政府定期向社会公布各县农村中小学教职工工资发放情况。财政部、教育部每年年底向社会公布各省、自治区、直辖市农村中小学教职工工资发放情况。省、地（市）、县级人民政府有关部门要设立并公布举报电话，接受社会各界对拖欠农村中小学教职工工资、农村中小学违规收费等情况的举报，并及时调查处理。各级人民政府教育督导机构要把督导农村义务教育作为工作重点。

15. 建立表彰奖励和责任追究制度。县级人民政府主要负责人是农村义务教育工作的第一责任人，省、地（市）级人民政府主要负责人对农村义务教育工作、保证发放农村中小学教职工工资负有领导责任。对积极完善农村义务教育管理体制，推进农村义务教育工作卓有成效的，上级人民政府要予以表彰。

要逐级建立责任追究制度。凡是拖欠农村中小学教职工工资的县，不得用财政性资金上新的建设项目，不准机关盖办公楼、买轿车，不准领导干部出国，违者要追究领导责任。对挤占挪用农村中小学教育经费、拖欠农村中小学教职工工资、不及时修缮危房或管理不善造成重大安全事故，以及违反编制管理规定、超编制招聘人员的，要追究领导和直接管理者的责任。具体办法由省级人民政府制定。

教育部、公安部、人事部、劳动保障部关于进一步深化普通高等学校毕业生就业制度改革有关问题的意见

（2002年3月2日 国务院办公厅转发）

培养与社会主义市场经济要求相适应的大量劳动者和各方面专门人才，不断提高劳动者的素质，关系21世纪我国社会主义事业的全局。普通高等学校（以下简称高校）毕业生是宝贵的人才资源，合理使用高校毕业生人才资源是落实科教兴国战略的重要措施之一。党中央、国务院高度重视高校毕业生就业工作，采取一系列措施，为高校毕业生施展才华创造条件。为切实做好这项工作，现就进一步深化高校毕业生就业制度改革有关问题提出如下意见。

一、认清形势，深化改革。高校扩大招生后，高校毕业生数量将迅速增加。由于思想观念、体制和工作等原因，高校毕业生就业产生了一些新的问题，一些地方高校毕业生就业出现困难。从总体来说，目前高校毕业生数量与各行各业的需求量相比还远远不足，高校毕业生在地区的分布和结构上也不平衡，就业困难只是结构性的。解决这一问题，需要进一步解放思想、转变观念，深化高校毕业生就业制度和社会用人制度等方面的改革。高校毕业生就业工作要以“三个代表”重要思想为指导，紧紧围绕促进国家经济发展和社会稳定的大局，采取积极有效的措施，进一步转变高校毕业生就业观念，建立市场导向、政府调控、学校推荐、学生与用人单位双向选择的就业机制，努力实现高校毕业生的充分就业。

二、进一步完善高校毕业生就业工作管理体制。在国务院领导下，教育部、人事部、国家计委、财政部、劳动保障部、公安部等有关部门密切配合，共同做好高校毕业生就业工作。省（自治区、直辖市）人民政府可成立由政府主管领导牵头，有关部门参加的领导协调机构，统筹做好高校毕业生就业工作。要抓紧调查研究，认真研究分析未来几年高校毕业生的就业形势，把高校毕业生就业工作纳入当地经济和社会发展的整体规划，提出深化改革、妥善解决高校毕业生就业问题的具体措施。

三、加快调整人才培养结构。高校要根据国家“十五”计划提出的经济、社会发展的需要和科学技术发展的趋势，加快调整高校学科专业结构和人才培养结构，提高教学质量，使高校培养的人才更好地适应实际需要。

要进一步加大社会急需专业的招生数量，控制长线专业的发展规模，对教学质量不高、专业设置不合理而导致高校毕业生就业率过低的学校和专业，要减少招生数量，直至停止招生。

为了适应就业需要，要加强对高等专科学生的职业技能培训，鼓励取得相应的职业资格证书。深化用人制度改革，逐步在全社会实行学业证书、职业资格证书并重的制度。劳动保障、教育和人事部门要积极研究探索推行职业资格证书制度的具体办法。

四、拓宽高校毕业生到基层就业的渠道。引导高校毕业生到基层、到中小企业就业是解决高校毕业生就业问题的主要途径。各级人民政府要抓住西部大开发、小城镇建设和城市社区建设的有利时机，积极创造条件、拓宽渠道，引导并吸纳高校毕业生到基层和中小企业就业。

1. 要根据国家有关规定，做好农村中小学教

师的定编和教师资格的认定工作，坚决清退不合格的教师和代课教师，空出岗位吸纳高校毕业生到农村中小学任教，提高农村义务教育的质量。

2. 继续贯彻《国务院办公厅转发教育部等部门关于进一步做好 1999 年普通高等学校毕业生就业工作意见的通知》精神，鼓励和支持高校毕业生到农村基层支教、支农、支医、扶贫等工作，经过两三年锻炼，根据工作需要从中选拔优秀人员到县、乡（镇）机关和学校或企业事业单位担任领导工作，或充实到基层金融、工商、税务、审计、公安、司法、质检等部门。上述部门、单位的领导和专业工作岗位，原则上都应由具备大学学历以上并具有相关专业证书的人员担任。

3. 鼓励高校毕业生到西部地区工作。对原籍在中、东部地区的毕业生到西部地区工作的，实行来去自由的政策，根据本人意愿，户口可迁到工作地区，也可迁回原籍，由政府主管部门所属的人才交流机构提供免费人事代理服务；到西部贫困边远地区工作的高校毕业生，可提前定级，并根据实际情况适当高定工资标准。

4. 录用到各级政府机关工作的应届高校毕业生，要安排到基层支教、支农、扶贫或到企业锻炼一至二年。中央国家机关各部门从高校应届毕业生中考试录用的公务员，要安排到西部地区基层单位锻炼一至二年。

五、切实解决非公有制单位聘用高校毕业生的有关问题。到非公有制单位就业的高校毕业生，公安机关要积极放宽建立集体户口的审批条件，及时、便捷地办理落户手续。用人单位要按照国家有关规定与所聘高校毕业生签订劳动合同，为其办理社会保险手续，缴纳社会保险费，保障其合法权益。从事个体经营和自由职业的高校毕业生要按当地政府的规定，到社会保险经办机构办理社会保险登记，交纳社会保险费。鼓励和支持高校毕业生自主创业，工商和税收部门要简化审批手续，积极给予支持。上述人员的档案管理，按国家现行有关规定执行。

六、制订鼓励人才合理流动的政策。

1. 落实企业用人自主权的规定，鼓励用人单位根据实际需要多招聘高校毕业生。

2. 取消对接收高校毕业生收取的城市增容费、出省（自治区、直辖市）费、出系统费和其他不合法、不合理的收费政策。

3. 省会及省会以下城市放开对吸收高校毕业生落户的限制。省会以上城市也要根据需要，积极放宽高校毕业生就业落户规定，简化有关手续。公安部门对应届毕业生凭用人单位与毕业生签定的《就业协议书》和高校毕业生所持的《普通高等学校毕业证书》《全国普通高等学校毕业生就业报到证》办理其落户手续；对非应届毕业生凭用人单位录（聘）用手续、劳动合同和《普通高等学校毕业证书》办理其落户手续。

七、完善未就业高校毕业生的有关政策。对毕业离校时未落实工作单位的高校毕业生，档案管理机构对保管其档案免收服务费用。学校可根据本人意愿，将其户口转至入学前户籍所在地或两年内继续保留在原就读的高校，待落实工作单位后，将户口迁至工作单位所在地。超过两年仍未落实工作单位的高校毕业生，学校和档案管理机构将其在校户口及档案迁回其入学前户籍所在地。

八、进一步整顿和规范高校毕业生就业市场秩序。应届高校毕业生就业招聘会应主要在高校内举办。跨省（自治区、直辖市）举办的高校毕业生就业招聘会，须经当地省级人民政府主管部门批准，并接受其监督。要采取措施实现高校毕业生就业市场、人才市场和劳动力市场相互贯通，实现网上信息资源共享，更好地为高校毕业生和用人单位服务。

九、进一步加强对高校毕业生的思想教育和就业指导。加强对高校毕业生进行正确的世界观、人生观、价值观和择业观教育，使高校毕业生树立交费上学、自主择业、勤奋创业、终身学习的观念，树立根据社会需要就业，到基层建功立业的思想，主动到祖国需要的地方干一番事业。政府有关部门要切实做好高校毕业生就业工作，以提高就业率为中心，加强就业指导，全面提高服务水平。新闻媒体要加强高校毕业生就业工作的宣传报道，提高用人单位对这项工作的认识，引导高校毕业生树立正确的择业观，宣传在基层作出突出贡献的高校毕业生的典型事迹，在全社会营造有利于高校毕业生就业，特别是到基层就业的良好社会氛围。

高等学校出版社管理办法

（2002年2月21日 教育部印发）

第一章 总 则

第一条 为加强对高等学校出版社的宏观指导和管理，推动高等学校出版社的改革与发展，促进高等学校出版事业的繁荣，根据国家有关法律、法规，制定本办法。

第二条 本办法所称高等学校出版社，是指经国务院出版行政部门审核批准并履行登记注册手续，主办单位为高等学校的出版社。

第三条 高等学校出版社是我国社会主义出版事业和教育事业的重要组成部分，是社会主义精神文明建设的重要阵地，是科学文化知识积累与传播的重要基地。

第四条 高等学校出版社要以马列主义、毛泽东思想、邓小平理论为指导，贯彻江泽民同志“三个代表”重要思想，坚持党在社会主义初级阶段的基本路线，坚持为人民服务、为社会主义服务的办社方向，坚持为教学、科研和学科建设服务的办社宗旨，坚持以科学的理论武装人、以正确的思想引导人、以高尚的精神塑造人、以优秀的作品鼓舞人。

第五条 高等学校出版社是事业单位，实行企业化管理。

第六条 高等学校出版社的主要任务是根据我国教育事业发展的需要，结合教育改革和发展的实际，出版高等学校教学需要的教材、教学参考书、教学工具书及其他教学用书，推动高等学校的教学工作和学科建设。

高等学校出版社的重要任务是出版学术著作。高等学校出版社应出版反映不同学派、学术观点和风格的学术著作，推动学术水平和教师队伍素质的提高，促进我国哲学社会科学及自然科学研究的繁荣和发展。

高等学校出版社要立足本校，面向全国，主动为经济和社会发展、文化教育进步服务，积极出版学校教育和社会教育需要的出版物，为提高全民族思想道德素质和科学文化素质提供更多的精神产品。

第七条 高等学校出版社从事出版活动，应将社会效益放在首位，实现社会效益和经济效益的最佳结合。

第二章 管理体制

第八条 国务院教育行政部门依据有关政策、法规和全国新闻出版整体规划，对全国高等学校出版社进行宏观指导和管理，制定高等学校出版社的发展方针、规划和管理办法。

第九条 国务院有关部门及省（自治区、直辖市）教育行政部门是所属出版社的主管部门。高等学校是所属出版社的主办单位。

第十条 高等学校出版社主管部门的职责是：

1．监督主办单位按照国家规定落实对所属出版社的管理职责；指导、检查和评估主办单位对所属出版社的领导及管理工作；

2．依法审核、审批出版物选题；

3．奖励优秀出版物、表彰优秀高等学校出版社；

4．国家规定的其他职责。

第十一条 高等学校出版社主办单位的职责是：

1．监督出版社贯彻执行党的路线、方针和政策，遵守国家的法律和有关规定，坚持正确的办社方向和宗旨；

2．任免社长，并报主管部门备案；负责考核所属出版社的其他社级负责人；

3．提供所属出版社建设和发展的必要条件；对新建所属出版社，拨给必要的开办经费及流动资金；

4．审批所属出版社的发展规划及重要规章制度，审核所属出版社的选题计划，并负责组织对重大选题及书稿内容的审查监督；

5．监督所属出版社的财务收支情况。

第十二条 高等学校出版社实行社长负责制。高等学校出版社应设专职社长。社长可实行任期制，任期一般应为5年，可连任。社长的主要职责是：

1．坚持正确的办社方向和宗旨；

2．制定本社的中长期发展规划、选题计划和出版计划，审定书稿的出版；

3．制定、修改和废除出版社的规章制度，并报主办单位批准；

4．根据本社的发展规划和实际需要，调整社内机构的设置，招聘工作人员；

5．聘任由社长推荐、经主办单位考核合格的社级负责人；解聘社级负责人应报主办单位备案；聘任、解聘社级以下干部；

6．决定本社的分配方案；

7．保证国有资产的保值增值；

8．向职工代表大会报告年度工作，听取职工的意见。

第十三条 设有总编辑岗位的高等学校出版社，总编辑在社长领导下开展工作。

总编辑的主要职责是：

1．负责编辑部门的管理工作；

2．协助社长制定并组织落实选题计划和出版计划；

3．主管出版物的质量工作；

4．主管编辑队伍的业务培训和考核工作；

5．社长授权的其他有关工作。

第十四条 高等学校出版社设立社务委员会。社务委员会是议事机构，社长为主任委员。出版社的重大决策和重要项目的实施应该经社务委员会集体讨论，社长决定，报主办单位备案。

第三章 出版物管理

第十五条 高等学校出版社必须严格遵守国家有关政策和法规，健全和完善各项规章制度，依法从事出版活动。

第十六条 高等学校出版社的出版物不得含有法律、法规等规定禁止的内容。

第十七条 高等学校出版社必须坚持出版物的高品位和高质量。

第十八条 高等学校出版社须严格执行《图书质量保障体系》，切实落实选题论证、重大选题备案、书稿“三审”、出版物审读、年度选题出版计划报批以及出版物档案管理等制度。

第十九条 高等学校出版社应该加强版权管理工作，依法维护著作权人和出版社的合法权益。

第四章 经营管理

第二十条 高等学校出版社要建立适应社会主义市场经济体制及社会主义精神文明建设需要，符合高等学校出版社发展规律的运行机制。

第二十一条 高等学校出版社应提高经营管理的科技含量，充分利用现代管理手段，采用计算机和网络化管理，提高工作效率和管理水平。

第二十二条 高等学校出版社要确立以质量效益为中心的管理责任制。

第二十三条 高等学校出版社应实行独立核算，并接受主办单位及有关部门的财务审计和监督。高等学校出版社应不断完善内部财务管理制度，完善财务核算体系；加强成本管理，合理控制成本；不断提高高等学校出版社的企业化管理水平。

第二十四条 高等学校出版社的经济收益主要用于本社的建设和发展及教材、学术著作的出版补贴。出版社在保证正常经营和发展的情况下，应将部分收益上交主办单位。

第二十五条 高等学校出版社应该建立学术著作和教材出版基金，支持高等学校教材和学术著作的出版。基金主要来源于出版社上缴的部分收益、院系（所）的专项科研或项目经费、社会捐助资金等。

第五章 人员管理

第二十六条 高等学校出版社实行全员聘用（聘任）制度，按需设岗，公开招聘，择优聘用，严格考核。出版社应该与受聘人员签定聘任合同。

第二十七条 高等学校出版社实行多种形式的用人机制，按照相对稳定、合理流动、专兼结合、资源共享的原则，促进人员的有序流动。

第二十八条 高等学校出版社可结合主办单位管理体制改革及本社经济效益，确定分配方式和工资制度，按照效率优先、兼顾公平和生产要素参与分配的原则，确定以岗位工资为主要内容的社内分配办法，以岗定薪，按劳取酬，优劳优酬，收入的分配要向优秀人才和关键岗位倾斜。

第二十九条 高等学校出版社社长的任职条件：

1. 有较高的思想政治水平和政策水平，有较强的法制观念，有较强的事业心和责任感；善于团结，作风民主；

2. 具备较宽的专业知识面，有高级专业技术职称；

3. 熟悉国家出版方面的法律、法规；

4. 具有较为全面的出版业务知识、较为丰富的经营管理经验以及较强的综合管理能力；有较强的市场意识，了解市场规则。

第三十条 高等学校出版社可以根据实际需要，设置相应的专业技术岗位。

第三十一条 高等学校出版社要建立一支政治强、业务精、素质好的编辑、出版、营销和管理队伍。各工作岗位须有相应的学历、专业技术职务及能力要求。

高等学校出版社的业务人员一般应具有本科或相当于本科以上学历的文化水平。

高等学校出版社要有计划地加强本社队伍的思想政治、职业道德建设和业务培训工作，专业人员按照规定经过专门培训后，持证上岗。

第六章 奖励与处罚

第三十二条 对执行本办法有显著成绩和突出贡献的高等学校出版社和有关人员，由主办单位或者主管部门给予表彰和奖励。

第三十三条 高等学校出版社违法从事出版活动的，由出版行政部门依法予以查处。

第三十四条 违反本办法第十一条规定的，有关主管部门对负有领导责任的主办单位的领导给予行政处分。

第三十五条 违反本办法第十二条规定的，除依法处理外，主办单位对负有责任的所属出版社领导及直接责任人给予行政处分。

第七章 附 则

第三十六条 本办法自发布之日起实施。

教育部关于进一步加强高等学校学生公寓管理的若干意见

（2002年2月22日）

近两年来，随着高等学校后勤社会化改革的迅速推进，各高等学校对原有的校内学生公寓采用了新的管理模式；各地、各高等学校积极利用社会资金，通过各种渠道，运用社会化的办法，在校外建设了一批由一所或几所高等学校共同使用的学生公寓，较大地改善了学生的生活和学习条件，受到了高等学校师生的普遍欢迎。但在对学生公寓的管理方面，逐渐暴露出一些新的矛盾和问题，必须引起高度重视，认真加以解决。现根据国务院领导的多次指示和第三次全国高校后勤社会化改革工作会议精神，就进一步加强高等学校学生公寓管理有关问题提出如下意见：

一、改进和加强学生公寓的管理是高等学校的重要任务和主要责任

学生公寓是学生日常生活与学习的重要场所，是课堂之外对学生进行思想政治工作和素质教育的重要阵地。改进和加强学生公寓的管理，是高等学校后勤社会化改革的一项重要任务，直接关系学生的切身利益、正常的教学、科研秩序和高等学校的稳定，影响后勤社会化改革工作的成效。各地、各级教育行政部门和各高等学校，都要从实践“三个代表”重要思想的高度，坚持管理育人、服务育人、环境育人的宗旨，把改进和加强学生公寓管理作为高等学校后勤社会化改革过程中的一项重要任务，积极探索，大胆实践，努力完善管理机制，不断提高学生公寓的管理水平。

在推进高等学校后勤社会化改革的过程中，对学生公寓内学生的管理，特别是对学生的思想政治工作和日常行为管理，始终是高等学校的一项主要责任，决不能简单地推向社会。各高等学校要切实负起责任，把这项工作列入高等学校思想政治工作的日程，作为高等学校的一件大事来抓。要根据不断变化的情况，及时采取针对性措施，加强并改进对学生公寓的管理。决不允许削弱甚至放弃管理。

二、要重视抓好对校外学生公寓的管理

近两年多来，各地、各高等学校在当地人民政府的统筹领导下，运用社会化的办法，在学校的周边及其他地区，成片建成了相当数量的学生公寓。这些公寓大多位于校外，由不同学校、不同年级的学生共同使用，共住学生群体规模和管理难度较大，管理工作相对薄弱，有些学生公寓已发生了一些问题，出现了事故苗头。对此，各地、各高等学校，必须予以高度重视，要加强对这些新问题、新矛盾的研究，转变工作作风和方法，及时采取针对性措施，切实管好校外学生公寓。

三、建立健全管理机制，全面改进和加强学生公寓的管理

要逐步建立健全切实可行、科学合理的管理机制，改进和加强学生公寓的管理。

（一）明确责任，各负其责。

对学生公寓的管理，要贯彻物业管理和学生管理相分开的原则。学生公寓的物业管理，可以由高等学校后勤服务实体或其他部门（单位）管理；对学生的思想政治与日常行为管理，主要由高等学校负责。由几所学校共用的学生公寓，由各高等学校分别派人管理。

（二）坚决做到人员、机构、制度落实。

各高等学校要坚持政治辅导员进学生公寓的做法，对建在校内和校外的学生公寓，有关高等学校都要按学生的人数比例，选派优秀的干部和政治辅导员与学生同住，负责学生的日常思想品德、行为规范、法律法规以及爱国主义、集体主义、社会主义教育，把学生在公寓的表现与学生品德鉴定、优秀学生评选及奖学金的评定等结合起来，引导学生开展各种健康的活动，促进学生公寓的社会主义精神文明建设。各高等学校要建立并强化激励机制，将进驻学生公寓的干部和政治辅导员的表现作为一项重要的业绩进行考核。

由几所高等学校共同使用的学生公寓，在学生管理方面，要建立统一的管理协调机构，及时协调高等学校、业主、物业管理等有关单位之间的关系。

要建立健全学生公寓的有关管理规章制度，所有学生都要严格遵守执行。高等学校、学生、业主、物业管理等各单位和人员之间，要建立有效的契约关系，各有关方面都要严格按契约规定办事，以保障入住学生的日常生活，保证各项生活设施的正常使用，维护公寓的正常的生活秩序。

（三）完善监督机制。

各地、各高等学校都要对学生公寓的日常管理，建立起有效的监督机制，以便及时发现并解决问题。要结合具体情况，建立由学生代表组成的学生民主监督机构，参与公寓的管理和服务，监督各项制度的执行，反映学生的建议和要求，协助做好安排学生勤工助学等有关工作。

四、切实加强学生公寓收费和服务管理工作

学生公寓的收费，直接关系到学生的切身利益。要特别警惕并抵制靠提高收费标准推动学生公寓建设的错误倾向，防范并制止一切违规乱收费现象。各级教育行政部门和各高等学校，要加强对学生公寓收费的管理和监督，严格执行中央和省级人民政府规定的住宿费收费标准。各地、各高等学校在与开发单位合作开发建设学生公寓时，应订立完善的合同，落实优惠政策，明确学生公寓应提供的服务项目、服务标准及住宿费收费标准，并监督开发单位严格执行。高等学校和开发单位不得以任何理由，擅自提高收费标准或巧立名目乱收费。对高等学校新生的公寓收费标准，必须在录取通知书上注明并严格执行。凡违反有关规定擅自提高收费标准和乱收费的，要依照有关法律法规严肃查处。为降低学生公寓建设成本，减轻学生的负担，学生公寓的建设，要坚决贯彻“坚固、实用、够用、方便”的原则。严禁追求豪华和搞“形象”工程。建筑标准各地不要盲目攀比，要按有关要求，采用筒子楼的形式进行建设，厕所、洗澡等设施一律不进学生房间，电话、电视机也不要进房间，可在适当的公共场合配备。房间住宿人数应根据实际情况，逐步向“421”标准努力。但学生的住宿条件和标准应一律由学校统一安排，严禁在住宿安排方面形成对家庭经济困难学生的歧视现象。同时，要注意培养学生艰苦奋斗、勤俭节约的作风。要对学生公寓内的家具、设施等实行统一招标采购，保证质量良好、价格合理。

五、切实加强学生公寓的安全工作

学生公寓安全工作关系到学生的人身和财产安全。各类学生公寓都要按照国家和当地人民政府有关部门的规定，制定完善的安全保卫制度。对学生公寓的住宿、用电、用水、饮食、防火、防盗等方面的安全工作，要明确责任，明确机构，加强管理和监督。高等学校和物业管理部门，要积极配合公安部门做好学生公寓周边环境的治安管理工作。要落实责任追究制，杜绝一切可能诱发事端的苗头和隐患，防止各类安全事故和治安案件的发生。

各地、各高等学校可根据本意见精神，结合当地的具体情况，对学生公寓制定管理细则，加大管理力度，提高学生公寓的管理水平。

请将本意见转发至本地区内的所有高等学校。

教育部关于加强基础教育办学管理若干问题的通知

（2002年2月26日）

近几年来，各地在进行公办学校办学体制改革试点、鼓励社会力量办学、改造薄弱学校、扩大优质教育资源、推进义务教育阶段招生考试制度改革等方面取得了明显成效。但是，有的地方也出现了一些不规范的办学行为，引起社会和广大人民群众的关注。地方各级教育行政部门要以江泽民同志“三个代表”重要思想为指导，在当地人民政府领导下，从维护最广大人民群众的根本利益出发，依据《教育法》、《义务教育法》和《国务院关于基础教育改革与发展的决定》等有关法律法规和政策，加强基础教育办学管理，保障基础教育改革和发展的健康进行。现就加强基础教育办学管理的若干问题通知如下：

一、发展基础教育是各级政府应尽的职责。各地不得将公办中、小学校和幼儿园以出售、拍卖等方式进行转让，已经转让并造成公有资产流失、减损的，应当及时予以纠正。

中小学布局调整后的公办学校闲置校产，由教育行政部门进行统筹，继续用于举办基础教育或社区教育机构；确需进行置换的，必须在保证公有教育资源不流失的前提下，经县级以上人民政府批准，并报上一级教育行政部门备案后方可实施。校产置换所得资金必须全部用于基础教育。

二、薄弱学校、国有企业所属中小学和政府新建学校等，在保证义务教育阶段学生就近入学、国有资产不流失的前提下，可以进行按民办学校机制运行的改革试验，实行公有民办。办学水平和教育质量较高、社会声誉较好的公办中小学和幼儿园是长期积累形成的公共教育资源，不得改为民办或以改制为名实行高收费。实施办学体制改革的公办中小学、幼儿园，须经省级教育行政部门或其委托的地（市）级教育行政部门批准，未经批准，任何部门和学校不得随意更改学校的性质。

三、经批准进行中小学办学体制改革试验的学校、幼儿园可以依托优质公办中小学、幼儿园办学。这类学校必须具有独立的法人，必须实行独立的经费核算和人事管理，有独立的校园、校舍，独立进行教育教学。目前尚未独立的，应在2003年底以前实现完全独立。对办学体制改革学校的收费收入，主管教育行政部门可根据具体情况提取一定比例用于促进公办学校的均衡发展。各地不得因实行办学体制改革收费而减少当地财政性教育投入。

四、积极推进义务教育阶段学校均衡发展。坚持义务教育阶段公办学校就近免试入学，任何民办和各类进行办学体制改革的小学、初中也不得以考试的方式择优选拔新生。外语学校的小学、初中招生经地市级教育行政部门批准，可以进行必要的外语能力测试，但不得进行其他方面的测试和考试。各级教育行政部门要积极探索并完善有关制度，保证小学、初中免试入学。城市地区要结合城区改造和学校布局调整，有计划地在义务教育阶段举办九年一贯制学校，以扶持、联合、兼并等多种形式加快薄弱学校改造，建立校长、教师定期流动机制，努力扩大义务教育阶段优质学校的规模，满足人民群众对高质量教育的需求。各地可进行并逐步扩大将公办优质高中的招生指标按一定比例分配到每所初中的试验，促进初中学校的均衡发展。

五、坚持义务教育阶段公办学校不招“择校生”，并对义务教育阶段的择校进行疏导。高中招收“择校生”，应按照国务院纠正行业不正之风办公室、教育部《关于进一步做好治理教育乱收费工作的意见》的要求，遵守“三限”政策，即：限分数（不准违反规定录取低于最低录取分数线的新生）、限人数（不准超过国家规定的班额，不得挤压招生计划指标，变相扩大择校人数。即“择校生”数量不得超过省级政府规定的比例）、限钱数（“择校生”交费标准，由教育部门提出，经省级人民政府批准后向社会公布）。学校不准超过规定标准收费，不得向“择校生”收取赞助费或建校费等。

六、义务教育阶段学校因教育教学改革确需举办实验班、特长班的，必须经地市级以上教育行政部门批准；高中举办实验班、特长班的，须经省级教育行政部门批准，并不得在政府有关部门规定的收费项目和标准以外加收费用。原则上不得举办学科实验班。坚决纠正公办中小学擅自举办实验班、特长班以及违规收费的做法。

七、当前，一些地方公办学校招收高中毕业生复读的现象有增加的趋势，使本来已经短缺的高中教育资源更趋紧张，也影响普通高中实施素质教育。各级教育行政部门要加强管理和引导。为扩大普通高中招生规模，从2002年秋季开学起，各地公办高中不得占用学校正常的教育资源举办高中毕业生复读班，也不得招收高中毕业生插班复读。

八、对公办中小学校异地办学和招生应从严控制，须经本地和异地主管教育行政部门批准。学校举办者要保证在学校管理、教学、师资等方面对所办的异地学校进行切实的投入，并按教育教学规律办学，否则不予批准。已批准但不符合上述条件的要限期改正，逾期未改正的应予撤销。

九、各地教育行政部门、教育督导部门要加强对中小学办学管理工作的督导、检查。今后，对违反国家有关规定和本通知精神的，要及时予以纠正；不能及时纠正的，要取消其各项评优、表彰、奖励的资格，并予以通报批评；情节严重者要追究当事人的行政责任和主管部门负责人的领导责任。

十、各级教育行政部门要认真分析本地基础教育办学中出现的新情况、新问题，根据本地实际提出贯彻落实本通知的要求，并及时将贯彻落实情况报告我部。

教育部关于加强学术道德建设的若干意见

（2002年2月27日）

为了贯彻“三个代表”重要思想和《公民道德建设实施纲要》精神，在高等学校建设一支热爱祖国、具有强烈使命感、学术作风严谨、理论功底扎实、富有创新精神的高素质学术队伍，营造良好的学术氛围和制度环境，促进学术进步和科技创新，现就端正学术风气，加强学术道德建设的有关问题提出如下意见：

一、充分认识端正学术风气，加强学术道德建设的必要性和紧迫性

随着科教兴国战略的实施和我国社会主义现代化建设事业的推进，教育的改革发展进入了一个新的阶段。教育战线教学科研队伍不断壮大，高等学校学术气氛空前活跃，学术研究成果丰硕，一个百花齐放、百家争鸣、新人辈出、学术繁荣的良好局面正在形成。高等学校为培养人才和发展科学技术作出了重要贡献。在促进学术进步的事业中，广大教育工作者献身科学、殚精竭虑、无私奉献，付出了艰辛的劳动，同时也为维护和发扬教育界良好的学风和学术道德传统作出了不懈努力，取得了可喜成绩，体现了良好的师德风范。

但是，我们也必须清醒地看到，当前在学术研究工作中存在着不容忽视、某些方面还比较严重的学术风气不正、学术道德失范的问题，主要表现为：研究工作中少数人违背基本学术道德，侵占他人劳动成果，或抄袭剽窃，或请他人代写文章，或署名不实；粗制滥造论文，个别人甚至篡改、伪造研究数据；受不良风气的影响，在研究成果鉴定、项目评审以及学校评估、学位授权审核等工作中也出现了一些弄虚作假，或试图以不正当手段影响评审结果的现象；有的人还利用权力为自己谋取学位、文凭，有些学校在利益驱动下降低标准乱发文凭。这些行为和现象严重损害了教育工作者和学校的形象，给教育事业带来了不良影响。如果听任其发展下去，将会严重污染学术环境，影响学术声誉，阻碍学术进步，进而影响社会发展和民族创新能力，应当引起我们的高度重视。

高等学校是人才培养和科技创新的重要基地。在高等学校倡导并形成崇尚诚实劳动、鼓励科研创新、遵循学术道德、保护知识产权的良好氛围，对于保护教学科研人员的积极性、主动性、创造性，保持高等学校的创新能力和科技竞争力，应对加入世界贸易组织之后国际竞争的挑战，具有重要意义。为此，端正学术风气，加强学术道德建设成为当前我国高等学校一项刻不容缓的重要任务。各级教育行政部门和高等学校要站在依法治国、以德治国，贯彻落实“三个代表”重要思想，实现中华民族伟大复兴的战略高度，充分认识当前端正学术风气，加强学术道德建设的必要性和紧迫性，提高工作的主动性、针对性和实效性，采取切实措施，规范学术行为，树立良好学术风气，促进和保障学术事业的健康发展。

二、端正学术风气，加强学术道德建设的基本要求

加强学术道德建设要以邓小平理论和党的十五

届六中全会精神为指导，以国家有关法律法规为依据，针对学术工作中存在的不良现象和行为，建立和完善学术规范，形成有效的学术管理体制和工作机制，端正学术风气，营造良好的学术环境。当前要通过扎实有效的工作，加强对广大教师、教育工作者和学生的学术道德教育，培养求真务实、勇于创新、坚韧不拔、严谨自律的治学态度和学术精神，努力使他们成为良好学术风气的维护者，严谨治学的力行者，优良学术道德的传承者。

——增强献身科教、服务社会的历史使命感和社会责任感。

广大教师和教育工作者要置身于科教兴国和中华民族伟大复兴的宏图伟业之中，以培养人才、繁荣学术、发展先进文化、推进社会进步为己任，努力攀登科学高峰。要增强事业心、责任感，正确对待学术研究中的名和利，将个人的事业发展与国家、民族的发展需要结合起来，反对沽名钓誉、急功近利、自私自利、损人利己等不良风气。

——坚持实事求是的科学精神和严谨的治学态度。

要忠于真理、探求真知，自觉维护学术尊严和学者的声誉。要模范遵守学术研究的基本规范，以知识创新和技术创新，作为科学研究的直接目标和动力，把学术价值和创新性作为衡量学术水平的标准。在学术研究工作中要坚持严肃认真、严谨细致、一丝不苟的科学态度，不得虚报教育教学和科研成果，反对投机取巧、粗制滥造、盲目追求数量不顾质量的浮躁作风和行为。

——树立法制观念，保护知识产权、尊重他人劳动和权益。

要严以律己，依照学术规范，按照有关规定引用和应用他人的研究成果，不得剽窃、抄袭他人成果，不得在未参与工作的研究成果中署名，反对以任何不正当手段谋取利益的行为。

——认真履行职责，维护学术评价的客观公正。

认真负责地参与学术评价，正确运用学术权力，公正地发表评审意见是评审专家的职责。在参与各种推荐、评审、鉴定、答辩和评奖等活动中，要坚持客观公正的评价标准，坚持按章办事，不徇私情，自觉抵制不良社会风气的影响和干扰。

——为人师表、言传身教，加强对青年学生进行学术道德教育。

要向青年学生积极倡导求真务实的学术作风，传播科学方法。要以德修身、率先垂范，用自己高尚的品德和人格力量教育和感染学生，引导学生树立良好的学术道德，帮助学生养成恪守学术规范的习惯。

三、采取切实措施端正学术风气，加强学术道德建设

（一）各级教育行政部门、高等学校和有关单位要高度重视学术道德建设工作。高等学校校长要亲自抓学术道德建设，形成全面动员，齐抓共管，标本兼治的工作格局。要将端正学术风气，加强学术道德建设纳入学校校风建设的整体工作之中，进行统筹规划和实施，使这项工作真正落到实处。要充分发挥学校学术委员会、学位评定委员会等学术管理机构在端正学术风气、加强学术道德建设中的作用，明确其在学术管理和监督方面的职责，完善工作机制，保证学术管理机构的权威性、公正性。

（二）广泛深入地开展端正学术风气、加强学术道德建设教育。严守学术规范是师德的基本要求。必须加强对青年教师和青年教育工作者的自律和道德养成教育。当前，各级教育行政部门和高等学校要认真组织广大教师和教育工作者学习领会《公民道德建设实施纲要》提出的“爱国守法、明礼诚信、团结友善、勤俭自强、敬业奉献”的道德规范要求以及《著作权法》《专利法》等相关法律法规，广泛深入地开展学术道德宣传教育活动。要将教师职业道德、学术规范和知识产权等方面的法律法规及相关知识作为青年教师岗前培训的重要内容，并纳入学生思想品德课教学内容。要大力宣传严谨治学的典型事例和学术道德建设成绩卓著的单位。鼓励开展健康的学术批评，努力营造良好的学术风气。

（三）加大人事制度改革力度，完善人事考核制度。积极推行教育职员制度，建立强化高校党政管理人员管理职责的考核评价体系。改革职称评审，全面推进教师职务聘任制度，强化岗位、强化聘任。在实施教师职务聘任制和岗位责任制的改革中，积极探索研究制定科学合理的人才评价方法和指标体系，形成有利于端正学术风气、加强学术道德建设的制度环境和良好氛围。将教师职业道德作为一项重要内容纳入教师年度考核。考核结果作为其职务聘任、晋级晋职和评比先进的重要依据。学校领导对学术道德建设工作的重视程度和实际效果，应作为年度述职报告和群众民主测评的重要内容。

（四）建立和完善科学的学术发展与评价机制，鼓励学术创新。高等学校要根据国家有关法律法规，结合实际，认真研究制定规范学术研究行为的规章制度。同时要遵循学术发展的特点和规律，采取有效措施，鼓励创新，多出精品成果。在学位论文答辩、学术论文发表、学术著作出版、科研项目立项与评审、学术奖项评定等方面要体现正确的政策导向，防止重数量轻质量、形式主义，甚至弄虚作假等不良倾向，建立健全公开、公平、公正的学术评价制度。为促进学术研究水准的提高和学术的长远发展，高校出版社、学术期刊要积极探索建立一套专业的、稿件作者和审稿人双向匿名的外部人审稿制度。

（五）建立学术惩戒处罚制度。对违反学术道德的行为，各级教育行政部门和相关机构一经查实要视具体情况给予批评教育，撤销项目，行政处分，取消资格、学位、称号，直至解聘等相应的处理和处罚。根据需要，可聘请相关学科的校内外专家组成学术规范专家界定小组，具体负责对违反学术规范的不道德现象和行为进行界定。对严重违反学术道德、影响极其恶劣的行为，在充分了解事实真相的基础上，通过媒体进行客观公正的批评。触犯法律的，依法追究有关当事人的法律责任。

对学术活动中各种不良行为的调查处理要严格掌握政策尺度，既要坚持原则、严肃认真，又要科学公正、实事求是。要以防微杜渐、教育帮助为主，处罚为辅。要注意分清政策界限，弄清事实真相，保护科研探索的积极性，保护有发展潜力的青年学者。对经查证核实，没有不良行为、受到不正当指控的单位和个人要及时予以保护，采取适当措施加以澄清、正名，使有关调查处理工作真正起到扶正压邪的作用。

（六）加强学历文凭、学位证书的管理工作。高等教育学历文凭、学位证书是受教育者的学业凭证。学历文凭、学位证书的颁发是一项极为严肃的工作。各高等教育管理部门、高等学校要本着对国家和人民负责的态度，进一步完备管理措施，严格按照教育教学要求，规范文凭、证书的颁发工作。各级教育行政部门要采取有力措施，对乱办班、降低标准滥发学历文凭和学位证书，甚至用文凭和证书换取“赞助”、“捐资”等败坏学风和校风的行为，要严肃查处、决不姑息。对那些违反有关规定滥发学历、学位证书的学校、单位，要进行整顿，对有关责任人要严肃处理。对不具有学历教育资格的教育、培训单位举办的所谓学历班等，要坚决予以取缔。

教育部关于推进教师教育信息化建设的意见

（2002 年 3 月 1 日）

为适应信息化社会的发展要求，以信息化带动教育现代化，促进教师教育跨越式的发展，积极推进教师教育信息化建设是一项紧迫的重要任务。现就“十五”期间推进我国教师教育信息化建设工作，提出以下意见。

一、积极推进教师教育信息化的重要性和紧迫性

信息化是当今世界发展潮流，是国家社会发展

的趋势，信息化水平已成为衡量一个国家现代化水平和综合国力的重要指标。积极推进国家信息化是我国国民经济和社会发展的重要战略举措。提高国民的信息素养，培养信息化人才是国家信息化建设的根本，教育信息化是国家信息化建设的重要基础。教师教育信息化既是教育信息化重要组成部分，又是推动教育信息化建设的重要力量。

当前，信息化已经引起中小学的教育思想、观念、内容、方法等方面发生深刻变革。要实现信息技术在中小学逐步普及和应用，建设一支数量足够、质量合格的具有较高信息素养的中小学师资队伍是关键。目前，我国以现有师范院校为主体的教师教育机构，存在着信息基础设施和资源建设薄弱，现代信息技术和教育技术在教育教学中尚未普及，在教师教育中还不能广泛应用现代远程教育和网络教育手段等方面的问题，难以适应中小学信息技术教育发展的需要。因此，教师教育必须加快信息化进程，加大信息化建设力度，为全面提高中小学教师的信息素养奠定坚实的基础。

二、“十五”期间教师教育信息化建设的指导思想、原则、发展目标和措施

“十五”期间教师教育信息化建设的指导思想：以邓小平同志“教育要面向现代化，面向世界，面向未来”重要思想为指导，全面贯彻落实《中共中央国务院关于深化教育改革全面推进素质教育的决定》和《全国教育事业第十个五年计划》，坚持解放思想，因地制宜，开拓创新，与时俱进，注重应用，立足于培养具有创新精神和实践能力的新型中小学师资，全面提高中小学教师队伍的信息素养。

“十五”期间教师教育信息化建设的原则：以教育信息基础设施建设为基础，以信息资源开发为核心，以推进现代信息技术和教育技术的广泛应用为重点，以提高教师教育质量为根本。

“十五”期间教师教育信息化建设的发展目标：

——加快以各级各类师范院校为主体的教师教育机构信息基础设施和资源建设，逐步构建全国教师教育信息化网络教育体系。

——全面推进现代信息技术和教育技术在教师教育中的普及和应用，显著提高中小学教师的信息素养，促进信息技术与学科课程的整合。

——积极促进教师教育教学方法和手段、管理体制和办学方式的改革创新，探索并初步构建信息环境下教师教育的有效模式。

“十五”期间教师教育信息化建设的措施：

1. 加快教师教育信息基础设施建设

——建立教师教育信息化建设标准，规范和推进各级各类师范院校的信息基础设施建设。每所师范院校都要能够与中国教育科研网联接，并结合自身条件，充分利用现代远程教育平台为广大中小学教师提供丰富的教育服务。

——国家鼓励和支持师范大学数字化学习环境的示范性建设。重点支持西部若干所师范大学校园网建设与升级改造工程。依托有条件的师范大学和其他高等学校建设开放式教师教育网络学院。

——配合中小学“校校通”工程的实施，加强各级教师培训机构，特别是县级教师培训机构的信息基础设施建设，增强其为中小学教师开展校本培训和日常教学提供支持与服务的能力。国家将重点支持中西部贫困地区县级教师培训机构信息基础设施建设。

——鼓励和支持东西部地区师范院校之间广泛开展信息化建设的对口支援和相互协作，实现全国教师教育信息化的协同发展。

——继续在师范院校广泛、深入地开展“捐赠电脑助学行动”，支持广大农村和贫困地区中小学开展和普及信息技术教育。

2. 加快教师教育信息资源建设

——加强卫星电视和计算机网络等远程教师教育优质资源的研究和开发，建立教师教育信息资源库，开展教师教育远程教育试点，大力发展远程教师教育。

——鼓励和支持通过多种途径和方式加强教师教育信息资源的开发。积极整合各类教师教育信息资源，加强区域性联合，优势互补，实现教师教育各类信息资源的共享。

——要充分利用各种教育信息资源开展多种形式的教师教育改革实验，建设本区域的教师教育网络资源服务中心和服务站点，与当地师范院校和中小学校园网连通，以多种方式为中小学教师继续教育服务。

3. 加强师范院校信息技术和教育技术等专业建设，培养、培训适应普及信息技术教育需要的中小学教师

——有条件的师范院校要开设信息技术教育等专业，逐步扩大招生名额。探索通过双学位、主辅修及加强选修课等形式，培养能基本胜任中小学信息技术教育的师资。引导高师院校信息技术、教育技术等相关专业毕业生到中小学任教。

——加强师范院校信息技术相关专业的建设，提高专业教育水平，增加硕士点和博士点数量。扩大教育技术等硕士研究生的培养规模。

——师范院校要开设信息技术和现代教育技术公共必修课。加强师范院校信息技术相关公共课程教育教学改革和教材建设。

——不断提高师范院校教师的信息素养。5年内，各级各类师范院校的中青年教师，要接受不同程度的信息技术与教育技术的相关培训，学会利用教学软件和通过网络开展教育教学活动和教学研究。形成一批高水平的中小学教师信息技术培训教材和教师指导用书。

——把信息技术教育作为中小学教师继续教育的重要内容之一。通过各种方式对全体中小学教师进行一轮现代信息技术和教育技术培训。要特别加强对骨干教师的信息技术和教育技术的培训。

——加强对中小学信息技术教育专职教师的培训，争取用2至3年时间对中小学信息技术教育骨干教师和网络技术管理人员有针对性的轮训一遍，不断提高他们的业务水平和能力。国家将重点支持中西部地区信息技术教育师资和管理人员的培训。

4. 以科学研究为先导，积极探索和构建现代信息技术环境下教师教育教学与教学管理新模式

——以科学研究为先导，鼓励和支持各级师范院校应用多种信息技术手段改革教师教育，重视教师教育相关技术及标准的研究，鼓励师范院校积极参与教师教育信息化重大技术项目的研究，初步构建具有中国特色的远程教师教育模式。

——推进信息技术在教师教育教学过程中的普遍应用，促进信息技术与教师教育各个专业和学科课程的整合，引导和支持广大教师在教学中广泛运用计算机多媒体技术、信息网络技术和教育技术等先进手段，改进教学工作，提高教学质量。

——积极研究在信息环境下教师教育的运行机制和管理模式，研究各类师范院校信息化教育管理的评价标准，推进教师教育管理的科学化和现代化。

——组织和发动广大师范院校教师和科研人员对教师教育信息化以及师范院校和中小学开展信息技术教育内容、方法、途径和教学模式以及一系列重要课题的研究。

5. 加强领导、管理和评估

——教育部将加强对教师教育信息化建设的指导和协调，切实保证教师教育信息化建设扎实、稳步地实施。各级各类师范院校应成立由主管校领导任组长的教师教育信息化建设领导小组，负责本校信息化建设的组织实施。

——加强教师教育信息化建设的有关政策研究，在引入市场机制、东西部联合与合作、教育资源开发、学位等方面制定相应的配套政策。建立有效的评估体系，制定有关信息化建设的评估标准，通过有效的评估手段促进教师教育信息化的健康发展。

——各地教育行政部门和师范院校要强化信息安全意识。确保教育信息源的内容健康、可靠和安全，防范不良信息的扩散。在吸引外部资金的同时，要把质量和效益放在第一位，淡化商业色彩，坚持教育在信息化建设中的核心地位，避免商业运作中产生失控的现象。

——教育部将组织专家，依据评估标准对各地教师教育信息化的实施情况和重点项目的进展情况进行检查评估。

三、推进“十五”教师教育信息化应注意的几个问题

推进教师教育信息化充满创新和挑战，各级教育行政部门和师范院校既要解放思想，勇于开拓，大胆创新，又要实事求是，扎实稳妥，因地制宜。要注意以下几个问题：

1. 坚持统筹规划，突出重点

——各地教育行政部门根据国家教师教育信息化的总体部署，与本地教育信息化建设统一规划，制订本地区教师教育信息化的实施计划和政策，并具体指导教师教育信息化建设；各级各类师范院校根据国家、省级教育行政部门的要求，立足本校实

际，制订具体实施方案，并组织落实。

——推进教师教育信息化是一项系统工程。在实施教师教育信息化过程中要注意突出重点，以点带面。国家将重点支持对教师教育信息化起示范和辐射作用的项目，带动全国教师教育信息化的全面发展和整体水平提高。国家对东部地区和经济发达地区教师教育信息化，主要给予政策支持与宏观指导。

2. 坚持资源共享，协同发展

——要积极开发和合理利用各类教师教育信息资源，在基础设施建设中，要充分利用现代远程教育工程中已有的建设条件，重视卫星数字广播在教师教育信息化中的积极作用。努力实现教师教育信息资源的优化配置和有效利用，最大限度地实现各类信息资源共享，促进教师教育信息化的可持续发展。

——各地教育行政部门要统筹规划当地教师教育信息化建设与中小学普及信息技术教育和“校校通”工程的实施，提高教育资源的使用效益，相互促进，共同提高。

3. 坚持探索创新，注重应用

——推进教师教育信息化要坚持理论与实践相结合，要突破传统教师教育的时空观，广泛应用现代信息技术和教育技术，积极研究、探索和实践在信息环境下教师教育教学的理论、观念、内容、模式和方法的改革和创新，推动我国教师教育的跨越式发展和教师教育质量的显著提高。

4. 坚持政府引导，因地制宜

——推进教师教育信息化应采取国家、地方和学校三结合的多渠道经费筹措体制。国家教师教育信息化建设专项经费投入将主要用于对教师教育信息化有重要影响的重大项目的支持以及中西部欠发达地区的教师教育信息化建设项目。

——各地在逐渐加大对本地教师教育信息化的投入之外，要适时制定相关政策，鼓励和支持有条件的师范院校依托自身优势，积极探索争取国内外企业及社会各界的支持与合作，引进技术、管理和资金，通过市场运作机制，实施滚动开发，在推进教师教育信息化的同时，形成一批有特色的教育信息产业。保证教师教育信息化建设的良性循环发展。

请按照本意见精神，结合本地区和学校实际，积极推进教师教育信息化工作，并将执行中的问题和意见及时报告我部。

教育部关于进一步办好五年制高等职业技术教育的几点意见

（2002年3月27日）

五年制高等职业技术教育（以下简称五年制高职）是指招收初中毕业生，实行五年一贯制的高等职业教育，是我国高等职业教育的重要形式。1985年以来的实践证明，五年制高职便于统筹安排教学计划，实现了中等职业教育与高等职业教育的有机衔接，并且由于学生年龄小、可塑性强、有效教学时间长，为学生职业意识和职业能力的养成创造了良好条件，有利于提高教学质量和办学效益。从总体上看，五年制高职适应了经济建设和生产第一线岗位（岗位群）对高等技术应用性人才的需要，适应了职业教育多样化发展的需要，受到用人单位和社会的认可和欢迎。近几年来，随着高等教育规模的扩大，五年制高职也出现较快的发展势头。为进一步规范五年制高职，切实加强管理，提高教育教学质量，促进五年制高职的健康发展，现就办好五年制高职提出以下意见：

一、坚持适度发展方针，合理确定发展规模

按照适度发展的方针，各地可以根据当地经济建设、技术进步和社会需求的客观实际，在充分论证的基础上，科学合理地确定五年制高职的发展规模。

五年制高职的年度招生计划由各地教育、计划行政部门共同确定。前三年按照中等职业教育的管理办法进行管理，后两年纳入高等教育管理范畴。

二、坚持以独立设置的职业技术学院为主要办学主体

按照《教育法》《职业教育法》《高等教育法》及相关法律的有关规定，发展五年制高职应坚持以独立设置的职业技术学院为主要办学主体。根据目前五年制高职发展不平衡和专业结构不适应等实际情况，在高职学校较少、专业发展欠完善的地区，可以按现行举办高等职业技术学院的审批程序，把符合条件的重点中等职业学校改办成以举办五年制为主的职业技术学院。另外，独立设置的职业技术学院及有关高等学校也可以根据社会对五年制高职人才的需求，在自身条件满足不了办学需求的情况下，可利用优质的中等职业教育资源进行五年制高职前三年的教育教学工作，但后两年高职教育阶段必须在高等学校举办。整体教学方案、教学质量控制、学籍管理和证书发放等均由职业技术学院或有关高等学校统一组织和管理。

三、选择合适专业，努力办出特色

五年制高职的专业设置应定位在一些特殊行业的相关专业，注意设置专业能力培养要求年龄小、专业技能的掌握要求反复训练、培养时间较长、复合性教学内容多的专业。各地在设置五年制高职专业时，应针对地区、行业、产业经济、社会发展的实际需要，选择适合五年制学制的专业类群。根据五年制高职的特殊性，举办五年制高职专业的学校必需具备下列条件：有满足高职本专业理论教学和实践教学需要的“双师型”教师队伍，有完整的符合高职特点的培养方案，有满足专业教学必需的、与现场技术水平基本同步的校内实践教学设施，建立起了有效的产学结合机制。

四、深化教育教学改革，提高教育教学质量

要树立“以综合素质培养为基础，以能力培养为主线”的指导思想，全面推进素质教育，培养学生具有良好的职业道德和创新精神、较强的实践能力和终身学习能力。要重视文化基础课程教学，切实提高学生人文素质。要按照五年制高职特色，构建新的课程体系，教材和教学内容要注意补充新知识、新技术，注重校本教材的编写和开发。要实行学分制等弹性学习制度，积极推进现代教育技术在五年制高职中的应用，加速教学手段现代化。要加强师资队伍建设，加快“双师型”教师的培养。要进一步加强理论研究，探索五年制高职规律，指导五年制高职实践。

五、创造条件，增加经费投入

各地和行业主管部门应当为五年制高职发展安排一定专项资金，主要用于资助五年制高职的专业建设、实践基地建设、课程和教材建设以及师资培训工作，以保证五年制高职的健康发展，办出特色。各地教育行政部门要把五年制高职纳入当地高等教育总体发展规划统筹考虑，在高等教育经费中统筹安排办学经费，按照高等专科学校生均经费标准拨付经费。各举办学校也要通过多种渠道积极筹措办学经费，加强教学基本建设，充分利用社会教育资源、行业现有资源，提高教育教学质量。

六、建立规范的审批和评估制度

准备举办五年制高职的学校，应向地方教育行政部门提出申请，经审核、评估批准后方可组织实施；已举办五年制高职的学校需新增、新建、改办专业的，也应向地方教育行政部门提出申请，经审核、评估批准后组织实施。地方教育行政部门要认真审核、评估申请学校的办学条件，严格把关。中等职业学校不得单独举办五年制高职。广播电视大学等远程教育机构也不宜举办五年制高职。对目前已举办五年制高职的高等学校要进行评估，对不符合举办五年制高职要求的，要进行规范，逐步调整。在指导和规范五年制高职办学的同时，通过对五年制高职学校、专业建设和教学质量评估，建设一批示范学校、示范专业和示范性实践教学基地，以点带面，推动五年制高职健康发展。

七、规范招生、收费、学籍和毕业证书管理

举办五年制高职的学校从参加当地初中毕业生升学考试的考生中优先录取学生。学校收费按照国家规定的中等职业学校和高等学校收费管理政策执行。学生学籍管理执行高等学校学籍管理办法。五年制高职学生与其他类型的高职高专学生在享受助学贷款、学生生活补贴等方面应执行同样的政策，一视同仁。五年制高职学生毕业时获得国家承认的高等教育专科层次毕业证书。毕业生具有继续接受本科以上教育的资格。毕业生就业在国家宏观政策指导下，实行双向选择、自主择业。

五年制高职在我国尚处于探索发展阶段，各地教育行政部门要统筹规划，合理布局，严格把关，切实加强管理，不断总结办学经验，努力办出特色。要发挥全国五年制高等职业教育协作会及其专业和课程建设委员会的作用，加强理论研究和实践探索。为了统筹协调中等职业教育和五年制高职的有关政策，我部已将五年制高职的综合管理职能调整到职业教育与成人教育司。各省（自治区、直辖市）教育行政部门亦应采取相应的管理体制。

国家奖学金管理办法

（2002年4月16日　财政部　教育部印发）

第一章　总　　则

第一条　为帮助家庭经济困难的普通高等学校学生顺利完成学业，激励家庭经济困难的普通高等学校学生勤奋学习、努力进取，促进学生在德、智、体、美等方面得到全面发展，特设立国家奖学金，并制定本办法。

第二条　国家奖学金是中央政府对家庭经济困难、品学兼优的全国普通高等学校全日制在校本专科生提供的无偿资助。

第二章　国家奖学金的资助对象和申请条件

第三条　国家奖学金的资助对象为全国普通高等学校的家庭经济困难、品学兼优的全日制本专科学生，包括当年考入普通高校的全日制本专科生以及在校全日制本专科生。

第四条　申请国家奖学金的基本条件：

1. 热爱社会主义祖国，拥护中国共产党的领导；道德品质优良；

2. 自觉遵守宪法和法律，执行大学生守则和学校规章制度，生活俭朴；

3. 身体健康；

4. 在校期间学习成绩优秀或参加全国统一高考成绩优秀；

5. 家庭经济困难。

第五条　高等学校可按照国家奖学金基本申请条件制定相应的综合测评办法，并根据学生家庭经济状况、思想品德、学习成绩、体育锻炼、校规校纪等具体指标对学生进行考核。

第三章　国家奖学金资助人数和资助金额

第六条　国家奖学金分为二个等级，全国每年定额发放给45 000名学生，其中10 000名特别优秀的学生享受一等奖学金，标准为每人每年6 000元；35 000名学生享受二等奖学金，标准为每人每年4 000元。

第七条　国家奖学金获得者，其所在学校减免当年的全部学费。

第四章　国家奖学金的申请和评审

第八条　国家奖学金按年度申请和评审，每年10月开始受理申请，当年12月底前评审完毕。

第九条 根据国家奖学金申请条件，高等学校学生个人向所在学校提出申请（可每年连续申请），并提交《国家奖学金申请表》。

第十条 国家奖学金的评审程序如下：

1. 财政部根据各中央主管部门和省（自治区、直辖市）（以下简称省）所属普通高等学校上一年的全日制在校本专科生人数，于每年9月1日前确定各中央主管部门和省国家奖学金的推荐名额；各中央主管部门和省财政厅（局）（会同教育主管部门）按照财政部确定的国家奖学金推荐名额，确定各高校国家奖学金的推荐名额，对重点高校和师范、农林、民族、体育、航海、水利、地质、矿产、石油等专业的学生占在校生比例较大的高校适当倾斜。

2. 各高校学生将个人的申请材料于每年10月1日前提交给所在学校，由学校在限额内等额评审后，于每年10月31日前将推荐名单及有关材料按照隶属关系分别报送中央主管部门或省教育主管部门审核（省教育主管部门将审核意见报省财政厅（局）复核）；各中央主管部门和省财政厅（局）于每年11月15日前，将复核后的获国家奖学金的学生名单备案表报财政部备案。

第五章 国家奖学金的发放

第十一条 财政部按照国家奖学金推荐名额，确定各中央主管部门和省国家奖学金预算。在接到国家奖学金学生名单备案材料后，1个月内将国家奖学金预算下达给各中央主管部门和省财政厅（局）。各中央主管部门和省财政厅（局）（通过省教育主管部门）将资金拨给高校，由高校统一发放给获国家奖学金的学生。

第六章 国家奖学金的监督和检查

第十二条 国家奖学金实行公示制，各高校应坚持公开、公平、公正的原则，在向中央主管部门和省教育主管部门报送评审名单及有关推荐材料之前，应将评审名单向全校师生公示，以防止不正之风，杜绝弄虚作假行为。

第十三条 资金使用单位须严格执行国家有关财经法规和本办法的规定，对国家奖学金专款专用，及时发放给获资助的学生，不得截留、挪用和挤占，同时要接受财政主管机关等部门的检查与监督。

第七章 附 则

第十四条 各省、自治区、直辖市及计划单列市由本级财政安排专项资金，参照本办法设立本地区的政府奖学金，可称为“××省（市、区）政府奖学金”。具体资助人数及实施细则，由各省自定。

第十五条 本办法由财政部、教育部负责解释。

第十六条 本办法自2002年9月1日起施行。

教育部关于进一步做好民办高等教育机构招生工作的意见

（2002年5月13日）

近年来，我国民办高等教育在国家“积极鼓励、大力支持、正确引导、加强管理”方针的指导下，在各级政府的重视和支持下，得到了较快发展，对于深化高等教育改革，促进高等教育发展，广开学路，培养人才，起到了积极的作用。但同时也出现了一些矛盾和问题，一些民办高等教育机构在招生过程中，存在的乱发招生广告（简章）、滥抢生源、虚假许诺等违规违纪行为，不仅影响了民办高等教育的健康持续发展，也影响了社会的稳定。

为进一步加强民办高等教育机构（指尚不具有颁发国家学历文凭资格，实施高等教育的民办教育机构）招生工作（以下简称招生工作）的管理，规范其招生行为，特提出如下意见：

一、招生工作是民办高等教育机构顺利开展教育教学活动的重要环节，各地教育行政部门要高度重视，加强管理；制定和完善有关规章、政策；明确工作职责，配备得力人员，切实负起责任。

二、民办高等教育机构应面向社会，依法自主招生，有条件的可在自律、自愿的基础上实行联合招生；要端正办学思想，规范办学行为，改善办学条件，提高教育教学质量；要加强招生管理，指定专门机构负责招生工作，定期培训招生工作人员，加强职业道德教育。严肃处理招生工作中的违规违纪人员。

三、民办高等教育机构主要面向本地区招生，确需跨省（自治区、直辖市）招生的，须经教育机构所在地和生源所在地的省级教育行政部门审核同意。

四、民办高等教育机构不得将招生工作委托、承包给经营性的中介机构或个人；不得借用普通（成人）高等学校的名义招生；不得干扰基础教育的正常教学秩序。普通（成人）高等学校不得以联合办学或出借名义将学历教育学生转由民办高等教育机构代为进行教学和管理。

五、各地教育行政部门要严格审定民办高等教育机构的招生资格，定期向社会公告有关信息；要及时研究、解决招生工作中出现的困难和问题，加大对招生工作的宣传力度；要主动协调有关部门为民办高等教育机构的招生咨询、新生接站等活动提供帮助，做好相关服务工作。

六、各地教育行政部门要严格按照国家有关规定，审核民办高等教育机构的招生广告（简章）。民办高等教育机构面向社会发布招生广告（简章）的内容必须真实、准确。对学校名称、办学类别、办学地点、考试类型、证书名称及收费标准等事宜不得含糊其词、弄虚作假，不得作不负责的许诺。

对擅自发布未经审核的招生广告（简章）的民办高等教育机构，要追究其负责人的责任。

七、各地教育行政部门要加强对招生工作的指导、监督；对违反国家有关规定，管理混乱，扰乱招生秩序，造成恶劣影响的民办高等教育机构，要限期整顿，情节严重的停止其招生；要与公安、工商等部门加强协调，密切配合，维护好招生秩序，严禁各种非法招生活动。

八、普通（成人）高等学校开展高等教育自学考试助学的招生活动，参照本意见执行。

九、民办高等教育机构招收境外学生，按照国家有关规定办理。

中国高校人文社会科学研究优秀成果奖励暂行办法

（2002 年 5 月 17 日　教育部印发）

第一条　为了表彰在高校人文社会科学研究中作出突出贡献的研究人员，鼓励高校研究人员积极探索，勇于创新，推动人文社会科学事业的发展，更好地为两个文明建设服务，特制定本办法。

第二条　中国高校人文社会科学研究优秀成果评奖工作，坚持以马列主义、毛泽东思想、邓小平理论和江泽民同志“三个代表”重要思想为指导，坚持为人民服务、为社会主义服务的方向和“百花齐放、百家争鸣”的方针。

第三条 中国高校人文社会科学研究优秀成果奖每三年评选一次。奖项分著作、论文和研究咨询报告类，按一级学科设立一等奖、二等奖、三等奖，并根据需要设立特等奖或荣誉奖，对获奖者颁发奖励证书和奖金。

第四条 教育部设立“中国高校人文社会科学优秀成果奖励委员会”（以下简称奖励委员会），由教育部领导、主管司局负责人和教育部人文社会科学研究专家咨询委员会主任、副主任组成。

奖励委员会设主任1人，副主任若干人，秘书长1人。

奖励委员会的主要职责是：审议评奖工作方案、奖励办法和实施细则；审议学科评审会议结果；决定特等奖和荣誉奖；审议提出异议的成果的调查报告并做出最终裁决等。

第五条 奖励委员会根据需要设立若干学科专家评审组，负责从通讯评审结果中筛选优秀成果，评定优秀成果的奖励等级。

第六条 奖励委员会办公室（以下简称评奖办公室）设在教育部社会科学研究与思想政治工作司，负责整个评奖过程的日常组织管理工作。

评奖办公室的主要职责是：起草评奖工作方案、奖励办法和实施细则；提出学科评审专家建议名单；组织成果申报、通讯评审和会议评审工作；调查有异议的成果并提出处理意见；做好评奖活动的其他各项组织工作等。

第七条 凡按《中华人民共和国高等教育法》界定的高等学校的教师和研究人员，在规定时限内公开出版、发表的享有著作权的研究成果，以及被实际工作部门采用的研究咨询报告类成果，均可申请参加评奖。

第八条 参评成果的形式包括：专著、论文、研究咨询报告、译著、考古发掘报告、工具书、古籍整理、软件、音像制品等。

第九条 获奖成果必须是具有创新性和前沿性的优秀成果，符合学术道德和学术规范的要求。

基础研究类获奖成果应在理论上有所建树，在学术上有所创新，填补了本学科的某些空白，推动了学科建设和理论发展，受到学术界的重视和好评。

应用研究类获奖成果应在解决经济社会发展中的重大现实问题上有所突破，为政府有关部门、企事业单位提供了具有重要参考价值的决策咨询意见和建议，产生了良好的社会效益或经济效益。

第十条 围绕建设有中国特色社会主义的重大理论问题和现实问题开展研究，为国家经济和社会发展作出了突出贡献，具有全局性、前瞻性、战略性的优秀研究成果为奖励重点。

第十一条 申报评审过程必须坚持公开透明原则、公正公平原则、简便高效原则，实行回避制度。

第十二条 申报人应按规定填写申请表，遵守国家知识产权保护的有关规定，提供真实可靠的申报材料，向所在学校提出申请。

第十三条 地方院校和其他部委院校以所在省、自治区、直辖市教育厅（教委）为单位，教育部直属高校以学校为单位（以下简称申报单位），在规定截止日期内集中向评奖办公室提交申报材料。评奖办公室不单独受理个人申报材料。

第十四条 评奖办公室对各申报单位推荐申报的成果进行资格审查，按一定程序组织通讯评审和会议评审，并由奖励委员会审定拟获奖成果名单和奖励等级。

第十五条 自拟获奖成果名单公布之日起，设置为期1个月的公示期。在公示期内，任何组织和个人如有异议，均可向评奖办公室提出。评奖办公室将对有异议的材料组织调查，提出处理意见并报奖励委员会审议裁决。

第十六条 获奖成果经教育部批准后公布，由奖励委员会组织颁奖大会，向获奖者颁发奖励证书和奖金。

第十七条 剽窃他人科研成果，或者以其他不正当手段骗取奖励的，奖励委员会一经核实，即撤销其获奖资格，追回奖励证书和奖金。

申报单位应对申报材料作认真负责的初审，对于工作不负责任、提供虚假材料的，一经查实，即由奖励委员会给予通报批评等处罚。

第十八条 本办法自公布之日起施行。评奖办公室在每届评奖时制定具体实施细则，并负责解释。

教育部关于调整全国硕士研究生入学考试科目的通知

（2002 年 5 月 17 日）

目前国家招收攻读硕士学位研究生的入学考试分为初试和复试两段，初试科目为 5 门，即政治理论、外国语、基础课、专业基础课、专业课。初试均为笔试（含用笔试形式表达的外语听力考试），招生单位根据当年国家的规定和本单位考生情况，确定本单位复试要求和复试方式。这样的考试科目设置和考试安排在考生人数相对不多的情况下，是可行有效的。实践证明，这对保证新生入学质量和公正、公平的选拔新生起到了十分重要的作用。但是，近年来，随着科技的进步和我国经济社会迅猛发展，硕士生招生形势也发生了巨大的变化。全国硕士生招生规模连年大幅度增加，报考人数也连年剧增，而且还有继续增长的趋势，这使考试的组织和管理的任务加重，难度加大。另一方面，社会及招生单位对研究生的质量也提出了新的、更高的要求。为此，要积极探索，勇于创新，大力推进适应新形势、新要求的硕士生入学考试办法的改革，通过改革进一步提高新生的入学质量，为提高研究生的培养质量打好基础，同时使考试组织管理工作简便易行。经研究决定，从招收 2003 年硕士生起，适当减少入学考试中初试科目的门数，同时加强在复试中对考生素质和综合能力的考察，进一步提高复试环节在保证硕士生招生质量中的作用。现将有关事项通知如下：

一、硕士生招生入学考试中的初试科目由 5 门改为 4 门，保留政治理论、外国语、基础课和专业基础课。各科的考试时间仍为 3 小时，考试方式与 2002 年相同。其中政治理论课、外国语的满分值各为 100 分，基础课和专业基础课的满分值各为 150 分。各科目的命题单位不变。

二、初试的政治理论科目不再分文、理两种试卷。

三、初试中的统考数学继续根据招生专业对数学的不同要求分为四类（工学门类二种，经济学二种），由招生单位按照有利于选拔人才和适应培养要求的原则选定统考数学的种类。

四、将与招生专业相关度高，且体现招生单位特色的专业课调整到复试中进行。专业课的考试形式和内容由招生单位根据各专业的培养要求，结合其他知识和能力的考核统筹考虑后自定。

五、工商管理硕士专业学位联考和法律硕士专业学位联考及单独命题的考试科目均按上述方案进行调整。

硕士生入学考试初试科目减少后，复试环节对保证新生入学质量更为突出和重要。各招生单位要高度重视，加强领导，统筹安排初试和复试考务工作，认真研究改进和加强复试工作，提出重在考察学生的素质和能力，强化复试的科学性和有效性的具体措施和办法，使硕士生入学考试科目调整工作顺利进行。

教育部关于从 2003 年起调整成人高校招生考试科目设置的通知

（2002 年 5 月 17 日）

近年来，全国成人高等教育有了长足的发展，招生规模不断扩大，报考人数连年增加。为使成人高校招生工作适应社会经济发展的需要，我部 2000 年对成人高校招生中部分类别的考试科目设置进行了改革。实践证明，改革是成功的。为了使考试科目的设置更加符合适应成人高等教育的特点，有利于提高成人高校招生的生源质量和今后的培养，有利于考试的组织和管理，决定从 2003 年起，对现行全国成人高校招生考试科目设置做进一步的调整。现将考试科目设置调整情况及有关事项通知如下：

一、专科起点升本科统考科目按学科门类设置，不再按生源类别设置。统考科目为政治、外语和专业基础课 3 门。专业基础课根据各学科门类的特点设置 8 门（见附件一，略），由招生院校按专业的需要规定考生应试其中一门。

二、高中起点升专科（含高职）、高中起点升本科考试按文科、理科分别设置统考科目。其中，高中起点升专科（含高职）统考科目为语文、数学（分文科类、理科类两种，下同）、外语 3 门，主要考查考生是否具备接受高等专科层次教育的最基本要求。考虑到本科教育与专科教育培养目标和教学要求的不同，报考高中起点升本科的统考科目的理科类考生增加一门“物理化学综合课”（简称物化），文科类考生增加一门“历史地理综合课”（简称史地）（见附件二，略）。

三、各类考生除参加上述规定的统考科目考试外，招生院校可根据专业要求自行确定是否再加试一门考试科目。如需加试，招生院校必须在招生简章中注明并自行命题和组织考试，于录取工作开始前，向有关省级成人高校招生办公室提交加试合格考生名单。录取时，省级成人高校招生办公室根据加试合格考生名单向招生院校投档，招生院校根据考生参加统考的成绩，由高分到低分择优录取（艺术类和体育类专业在考生文化课符合要求的基础上，按加试专业课成绩从高分到低分录取）。不需加试的院校，按考生参加统考科目的成绩录取。

四、统考科目除专科升本科考试的民法试题由司法部命制外，其他试题均由教育部统一命制；各门试题满分为 150 分；高中起点升本科、专科的统考科目每门考试时间为 120 分钟，专科升本科每门考试时间为 150 分钟。

五、考试科目设置的调整是成人高校招生改革进一步深化的体现，社会影响也很大。各级教育行政部门、有关招生机构、成人高校要高度重视，以利考试科目设置调整工作平稳顺利地进行，把成人高校招生考试工作做得更好。

教育部关于在中小学加强写字教学的若干意见

（2002年5月17日）

1998年教育部《九年义务教育全日制小学写字教学指导纲要（试用）》发布实施以来，各地普遍加强了小学阶段的写字教学。但是，也有一些地方和学校的写字教学没有得到应有的重视，不利于学生基本文化素养的普遍提高。教育部《基础教育课程改革纲要（试行）》特别指出："在义务教育阶段的语文、美术课中要加强写字教学"，再次强调了写字教学的重要性。现就中小学加强写字教学提出以下意见，请结合中小学教学实际，认真贯彻执行。

（一）充分认识写字教学的目的和意义

规范、端正、整洁地书写汉字是有效进行书面交流的基本保证，是学生学习语文和其他课程，形成终身学习能力的基础；热爱祖国文字，养成良好的写字习惯，具备熟练的写字技能，并有初步的书法欣赏能力是现代中国公民应有的基本素养，也是基础教育课程的目标之一。

中国书法将汉字的表意功能和造型艺术融为一体，有着悠久的历史和广泛的群众基础，汉字书写的美学价值得到了超越国界和超越汉字使用范围的承认。因此，写字教学可以陶冶学生情感、培养审美能力和增强对祖国语言文字的热爱和文化的理解，既有利于写字技能的提高，也有利于增进学识修养。

当前，在重视学生掌握计算机汉字输入技术的同时，必须继续强调中小学生写好汉字。继承和弘扬中华民族优秀文化，写字教学应该加强，不应削弱。

（二）明确写字教学的要求

中小学写字教学要使学生会写铅笔字和钢笔字，学习写毛笔字，使学生养成良好的写字习惯，正确的写字姿势，并有一定的书写速度。具备正确书写汉字的基本能力。

使学生保持正确的写字姿势容易把字写得端正美观；有利于呼吸顺畅和精神集中，能防止儿童脊椎弯曲和眼睛近视；在写字过程中，坚持正确的写字姿势，书写认真仔细，规范整洁，会促进学生良好品格和意志力的发展。

小学低年级特别要注重良好写字习惯的培养，学校要加强对学生正确写字姿势的要求与指导。小学阶段应认真落实《九年义务教育全日制小学写字教学指导纲要（试用）》的各项要求。

通过写字教学，使学生初知书法、欣赏书法，培养传承祖国文化的责任感。

（三）各门课程都应重视写字教学

加强写字教学，培养良好的写字习惯是所有老师的共同任务。应在教学中明确对学生写字的要求，要特别重视学生日常写字，各科作业都应要求书写规范、认真、端正，真正做到"提笔就是练字时"。

全体教师都应以正确、认真的书写作学生的表率，在潜移默化中促进学生良好书写习惯的养成。

九年义务教育语文课程要求"能正确工整地书写汉字"，这是学生在学习语文过程中巩固识字的重要手段，是提高阅读、写作能力的必备条件。实施语文教学、编写语文教材都应根据不同年龄段学生特点，有计划地加强写字教学，确保课程目标的实现。

在艺术、美术课程的内容目标中，提出了让学生了解包括书法、篆刻在内的"多种艺术形式和表现手段"、"欣赏我国书法、篆刻的代表作品"等要求，应通过美术、艺术课程，提高学生的书法欣赏能力和艺术创造能力，并创造条件，鼓励有书法爱好的学生开展个性化艺术活动。

（四）为学生写好汉字创设环境，提供必要条件

教师应设计生动、活泼的活动，培养学生的写字兴趣，发挥学生的主动性。要针对不同学段、不同班级学生的实际书写状况加强指导，通过示范、比较、观摩、展示等各种方法帮助他们克服困难，加强写字教学的趣味性，增强成功感。学校应组织学生开展写字、书法的课余活动，提高书写能力，加深对汉字实用功能与审美功能的理解。

学校要为学生写好字提供必要的条件保证。提供与学生身高相适应的桌椅、充分的采光照明等。教研部门和学校应加强写字教学研究，针对写字教学中的问题提出改进建议。

（五）改进写字教学评价

写字教学的评价要有利于引导绝大多数学生对写字、书法的兴趣；有利于形成正确的写字姿势和具有基本规范的写字技能。

对小学低年级的写字评价，特别要关注认真书写态度和良好写字习惯的培养，注意学生对基本笔画、汉字基本结构的把握，重视书写的正确、端正、整洁；对高年级学生的书写评价，既要关注其书写规范和流利程度，也要尊重他们的个性化审美趣味。应该通过发展性评价来提高学生的写字兴趣和自信心，要特别防止用大量、重复抄字的惩罚性做法对待学生。一般情况下，不应要求学生背记文字、书法的知识。

全体学生的写字习惯，基本的写字技能，应成为教师教学水平、学校办学水平评价的一个方面。

学生伤害事故处理办法

（2002 年 6 月 25 日　教育部发布）

第一章　总　　则

第一条　为积极预防、妥善处理在校学生伤害事故，保护学生、学校的合法权益，根据《中华人民共和国教育法》、《中华人民共和国未成年人保护法》和其他相关法律、行政法规及有关规定，制定本办法。

第二条　在学校实施的教育教学活动或者学校组织的校外活动中，以及在学校负有管理责任的校舍、场地、其他教育教学设施、生活设施内发生的，造成在校学生人身损害后果的事故的处理，适用本办法。

第三条　学生伤害事故应当遵循依法、客观公正、合理适当的原则，及时、妥善地处理。

第四条　学校的举办者应当提供符合安全标准的校舍、场地、其他教育教学设施和生活设施。

教育行政部门应当加强学校安全工作，指导学校落实预防学生伤害事故的措施，指导、协助学校妥善处理学生伤害事故，维护学校正常的教育教学秩序。

第五条　学校应当对在校学生进行必要的安全教育和自护自救教育；应当按照规定，建立健全安全制度，采取相应的管理措施，预防和消除教育教学环境中存在的安全隐患；当发生伤害事故时，应当及时采取措施救助受伤害学生。

学校对学生进行安全教育、管理和保护，应当针对学生年龄、认知能力和法律行为能力的不同，采用相应的内容和预防措施。

第六条　学生应当遵守学校的规章制度和纪律；在不同的受教育阶段，应当根据自身的年龄、认知能力和法律行为能力，避免和消除相应的

危险。

第七条 未成年学生的父母或者其他监护人（以下称为监护人）应当依法履行监护职责，配合学校对学生进行安全教育、管理和保护工作。

学校对未成年学生不承担监护职责，但法律有规定的或者学校依法接受委托承担相应监护职责的情形除外。

第二章 事故与责任

第八条 学生伤害事故的责任，应当根据相关当事人的行为与损害后果之间的因果关系依法确定。

因学校、学生或者其他相关当事人的过错造成的学生伤害事故，相关当事人应当根据其行为过错程度的比例及其与损害后果之间的因果关系承担相应的责任。当事人的行为是损害后果发生的主要原因，应当承担主要责任；当事人的行为是损害后果发生的非主要原因，承担相应的责任。

第九条 因下列情形之一造成的学生伤害事故，学校应当依法承担相应的责任：

（一）学校的校舍、场地、其他公共设施，以及学校提供给学生使用的学具、教育教学和生活设施、设备不符合国家规定的标准，或者有明显不安全因素的；

（二）学校的安全保卫、消防、设施设备管理等安全管理制度有明显疏漏，或者管理混乱，存在重大安全隐患，而未及时采取措施的；

（三）学校向学生提供的药品、食品、饮用水等不符合国家或者行业的有关标准、要求的；

（四）学校组织学生参加教育教学活动或者校外活动，未对学生进行相应的安全教育，并未在可预见的范围内采取必要的安全措施的；

（五）学校知道教师或者其他工作人员患有不适宜担任教育教学工作的疾病，但未采取必要措施的；

（六）学校违反有关规定，组织或者安排未成年学生从事不宜未成年人参加的劳动、体育运动或者其他活动的；

（七）学生有特异体质或者特定疾病，不宜参加某种教育教学活动，学校知道或者应当知道，但未予以必要的注意的；

（八）学生在校期间突发疾病或者受到伤害，学校发现，但未根据实际情况及时采取相应措施，导致不良后果加重的；

（九）学校教师或者其他工作人员体罚或者变相体罚学生，或者在履行职责过程中违反工作要求、操作规程、职业道德或者其他有关规定的；

（十）学校教师或者其他工作人员在负有组织、管理未成年学生的职责期间，发现学生行为具有危险性，但未进行必要的管理、告诫或者制止的；

（十一）对未成年学生擅自离校等与学生人身安全直接相关的信息，学校发现或者知道，但未及时告知未成年学生的监护人，导致未成年学生因脱离监护人的保护而发生伤害的；

（十二）学校有未依法履行职责的其他情形的。

第十条 学生或者未成年学生监护人由于过错，有下列情形之一，造成学生伤害事故，应当依法承担相应的责任：

（一）学生违反法律法规的规定，违反社会公共行为准则、学校的规章制度或者纪律，实施按其年龄和认知能力应当知道具有危险或者可能危及他人的行为的；

（二）学生行为具有危险性，学校、教师已经告诫、纠正，但学生不听劝阻、拒不改正的；

（三）学生或者其监护人知道学生有特异体质，或者患有特定疾病，但未告知学校的；

（四）未成年学生的身体状况、行为、情绪等有异常情况，监护人知道或者已被学校告知，但未履行相应监护职责的；

（五）学生或者未成年学生监护人有其他过错的。

第十一条 学校安排学生参加活动，因提供场地、设备、交通工具、食品及其他消费与服务的经营者，或者学校以外的活动组织者的过错造成的学生伤害事故，有过错的当事人应当依法承担相应的责任。

第十二条 因下列情形之一造成的学生伤害事故，学校已履行了相应职责，行为并无不当的，无法律责任：

（一）地震、雷击、台风、洪水等不可抗的自然因素造成的；

（二）来自学校外部的突发性、偶发性侵害造成的；

（三）学生有特异体质、特定疾病或者异常心理状态，学校不知道或者难于知道的；

（四）学生自杀、自伤的；

（五）在对抗性或者具有风险性的体育竞赛活动中发生意外伤害的；

（六）其他意外因素造成的。

第十三条 下列情形下发生的造成学生人身损害后果的事故，学校行为并无不当的，不承担事故责任；事故责任应当按有关法律法规或者其他有关规定认定：

（一）在学生自行上学、放学、返校、离校途中发生的；

（二）在学生自行外出或者擅自离校期间发生的；

（三）在放学后、节假日或者假期等学校工作时间以外，学生自行滞留学校或者自行到校发生的；

（四）其他在学校管理职责范围外发生的。

第十四条 因学校教师或者其他工作人员与其职务无关的个人行为，或者因学生、教师及其他个人故意实施的违法犯罪行为，造成学生人身损害的，由致害人依法承担相应的责任。

第三章 事故处理程序

第十五条 发生学生伤害事故，学校应当及时救助受伤害学生，并应当及时告知未成年学生的监护人；有条件的，应当采取紧急救援等方式救助。

第十六条 发生学生伤害事故，情形严重的，学校应当及时向主管教育行政部门及有关部门报告；属于重大伤亡事故的，教育行政部门应当按照有关规定及时向同级人民政府和上一级教育行政部门报告。

第十七条 学校的主管教育行政部门应学校要求或者认为必要，可以指导、协助学校进行事故的处理工作，尽快恢复学校正常的教育教学秩序。

第十八条 发生学生伤害事故，学校与受伤害学生或者学生家长可以通过协商方式解决；双方自愿，可以书面请求主管教育行政部门进行调解。

成年学生或者未成年学生的监护人也可以依法直接提起诉讼。

第十九条 教育行政部门收到调解申请，认为必要的，可以指定专门人员进行调解，并应当在受理申请之日起60日内完成调解。

第二十条 经教育行政部门调解，双方就事故处理达成一致意见的，应当在调解人员的见证下签订调解协议，结束调解；在调解期限内，双方不能达成一致意见，或者调解过程中一方提起诉讼，人民法院已经受理的，应当终止调解。

调解结束或者终止，教育行政部门应当书面通知当事人。

第二十一条 对经调解达成的协议，一方当事人不履行或者反悔的，双方可以依法提起诉讼。

第二十二条 事故处理结束，学校应当将事故处理结果书面报告主管的教育行政部门；重大伤亡事故的处理结果，学校主管的教育行政部门应当向同级人民政府和上一级教育行政部门报告。

第四章 事故损害的赔偿

第二十三条 对发生学生伤害事故负有责任的组织或者个人，应当按照法律法规的有关规定，承担相应的损害赔偿责任。

第二十四条 学生伤害事故赔偿的范围与标准，按照有关行政法规、地方性法规或者最高人民法院司法解释中的有关规定确定。

教育行政部门进行调解时，认为学校有责任的，可以依照有关法律法规及国家有关规定，提出相应的调解方案。

第二十五条 对受伤害学生的伤残程度存在争议的，可以委托当地具有相应鉴定资格的医院或者有关机构，依据国家规定的人体伤残标准进行鉴定。

第二十六条 学校对学生伤害事故负有责任

的，根据责任大小，适当予以经济赔偿，但不承担解决户口、住房、就业等与救助受伤害学生、赔偿相应经济损失无直接关系的其他事项。

学校无责任的，如果有条件，可以根据实际情况，本着自愿和可能的原则，对受伤害学生给予适当的帮助。

第二十七条　因学校教师或者其他工作人员在履行职务中的故意或者重大过失造成的学生伤害事故，学校予以赔偿后，可以向有关责任人员追偿。

第二十八条　未成年学生对学生伤害事故负有责任的，由其监护人依法承担相应的赔偿责任。

学生的行为侵害学校教师及其他工作人员以及其他组织、个人的合法权益，造成损失的，成年学生或者未成年学生的监护人应当依法予以赔偿。

第二十九条　根据双方达成的协议、经调解形成的协议或者人民法院的生效判决，应当由学校负担的赔偿金，学校应当负责筹措；学校无力完全筹措的，由学校的主管部门或者举办者协助筹措。

第三十条　县级以上人民政府教育行政部门或者学校举办者有条件的，可以通过设立学生伤害赔偿准备金等多种形式，依法筹措伤害赔偿金。

第三十一条　学校有条件的，应当依据保险法的有关规定，参加学校责任保险。

教育行政部门可以根据实际情况，鼓励中小学参加学校责任保险。

提倡学生自愿参加意外伤害保险。在尊重学生意愿的前提下，学校可以为学生参加意外伤害保险创造便利条件，但不得从中收取任何费用。

第五章　事故责任者的处理

第三十二条　发生学生伤害事故，学校负有责任且情节严重的，教育行政部门应当根据有关规定，对学校的直接负责的主管人员和其他直接责任人员，分别给予相应的行政处分；有关责任人的行为触犯刑律的，应当移送司法机关依法追究刑事责任。

第三十三条　学校管理混乱，存在重大安全隐患的，主管的教育行政部门或者其他有关部门应当责令其限期整顿；对情节严重或者拒不改正的，应当依据法律法规的有关规定，给予相应的行政处罚。

第三十四条　教育行政部门未履行相应职责，对学生伤害事故的发生负有责任的，由有关部门对直接负责的主管人员和其他直接责任人员分别给予相应的行政处分；有关责任人的行为触犯刑律的，应当移送司法机关依法追究刑事责任。

第三十五条　违反学校纪律，对造成学生伤害事故负有责任的学生，学校可以给予相应的处分；触犯刑律的，由司法机关依法追究刑事责任。

第三十六条　受伤害学生的监护人、亲属或者其他有关人员，在事故处理过程中无理取闹，扰乱学校正常教育教学秩序，或者侵犯学校、学校教师或者其他工作人员的合法权益的，学校应当报告公安机关依法处理；造成损失的，可以依法要求赔偿。

第六章　附　则

第三十七条　本办法所称学校，是指国家或者社会力量举办的全日制的中小学（含特殊教育学校）、各类中等职业学校、高等学校。

本办法所称学生是指在上述学校中全日制就读的受教育者。

第三十八条　幼儿园发生的幼儿伤害事故，应当根据幼儿为完全无行为能力人的特点，参照本办法处理。

第三十九条　其他教育机构发生的学生伤害事故，参照本办法处理。

在学校注册的其他受教育者在学校管理范围内发生的伤害事故，参照本办法处理。

第四十条　本办法自 2002 年 9 月 1 日起实施，原国家教委、教育部颁布的与学生人身安全事故处理有关的规定，与本办法不符的，以本办法为准。

在本办法实施之前已处理完毕的学生伤害事故不再重新处理。

教育部关于加强农村学校体育卫生工作的几点意见

（2002年6月26日）

改革开放以来，特别是“九五”期间，各级教育部门全面贯彻党的教育方针，认真落实《学校体育工作条例》和《学校卫生工作条例》，以“普九”为契机，在全面推进素质教育的进程中，重视发展农村学校体育卫生工作，使我国农村学校体育卫生工作出现了可喜局面。但是，由于我国绝大多数农村地区经济发展水平较低，办学条件较差，特别是一些地方和学校教育观念落后，对学校体育卫生工作重视不够，因此，从总体上讲，我国农村学校体育卫生工作仍是整个学校教育工作中相对薄弱的环节。为切实贯彻落实《中共中央国务院关于深化教育改革全面推进素质教育的决定》和《国务院关于基础教育改革与发展的决定》要求，尽快改变我国农村学校体育卫生工作的薄弱状况，现提出以下意见，请各地根据本地教育的实际情况认真研究、落实。

一、提高认识，转变观念，随着素质教育的全面推进和基础教育新课程标准的实验推广，开足开齐体育课并不断提高教学质量。

实施素质教育，就是要认真贯彻党的德、智、体、美等诸方面全面发展的教育方针。学校体育是党的教育方针的重要方面，是素质教育的有机组成部分。缺少体育的学校教育是不完整的教育，也就谈不上全面贯彻党的教育方针和全面推进素质教育。为了加强学校体育，促进青少年学生的全面发展，我部在九年义务教育课程改革中，增加了体育课的课时，更加突出了健康第一的指导思想。目前，基础教育新课程标准正在全国实验。在不断扩大实验和推广的基础上，将于2005年在全国实行。各地要在新课程标准的实验、推广过程中，高度重视体育课课时的落实。到2005年农村中、小学校必须按照基础教育新课程标准的要求，开足开齐体育课，并不断提高教学质量。

二、采取有效措施，加强师资队伍建设。

实施素质教育，提高教学质量，教师是关键。农村学校体育教师数量不足、质量不高是制约农村学校体育工作开展的瓶颈，各地应采取有效措施予以解决。2005年前，要按国家有关规定配齐体育教师。规模较小的农村小学，可采取中心校体育教师巡回教学和兼职教师经过培训上岗的方式解决师资问题。要有针对性地加大对农村学校体育教师的培训力度。在“园丁工程”的实施中，各地应根据本地实际情况，制定切实可行的培训计划，力争在2005年前，使农村中小学体育教师普遍接受一次专业培训。

三、坚持因地制宜原则，认真做好学校卫生与健康教育工作。

尽快改变我国农村，特别是西部地区农村落后的生活方式、卫生习惯和卫生条件，是我国农村社会主义精神文明建设和实施素质教育的一项基础性工作。认真做好学校卫生与健康教育工作，是完成这一任务的有效途径。近些年来，许多地方对农村学校卫生与健康教育工作高度重视，在实践中积累了丰富经验，取得了很好的成绩。此次基础教育课程改革，将卫生和健康教育的内容渗透到国家级课程的相关学科中进行，解决了一些地方健康教育不落实的问题。考虑到广大农村学校卫生与健康教育的重要性，各地应在地方课程中安排必要的课时，以进一步加强农村学校卫生与健康教育。

四、加大投入力度，保证体育、卫生和健康教育的教学条件。

各地应加大对学校体育、卫生和健康教育的投入，保证场地、设施能够满足体育、卫生和健康教育的教学需要。2005 年前，中心小学以上学校（含中心小学）要按照国家器材配备标准，配齐体育、卫生和健康教育的器材。农村小学应有基本满足教学需要的场地和器材。要积极倡导和鼓励学校和学生在保证安全的情况下，因地制宜，修旧利废，自制体育器材。

教育部关于加强高校网络教育学院管理提高教学质量的若干意见

（2002 年 7 月 8 日）

随着信息技术的高速发展和广泛应用，我国高校网络教育迅速兴起，并取得了长足发展。从 1999 年开始迄今，已有 67 所高等学校开展了网络教育试点工作，注册学生近百万，高校网络教育已经形成一定规模，并且开发使用了大量的多媒体教学资源，逐步形成了网络环境下的教学与管理方式，同时吸引了大量社会资金投入网络教育，促进了高校信息化建设。但是，在发展过程中也出现了一些不容忽视的问题，如少数试点高校思想观念不适应，管理制度不健全，办学条件建设相对滞后，优秀教学资源相对缺乏，特别是个别试点高校严重违规办学，影响了高校网络教育的正常秩序。为规范高校网络教育学院的办学行为，促进网络教育的健康发展，保证办学质量，维护学习者的合法权益，特提出如下意见：

一、提高认识，进一步明确高校网络教育学院的主要任务

各级教育行政部门和试点高校要从实践“三个代表”重要思想的高度，充分认识发展网络教育的重要意义，进一步明确高校网络教育学院的主要任务，积极发展、规范管理。实现现代远程教育的快速、健康和可持续发展。

高校网络教育学院要以在职人员的继续教育为主。要减少并停止招收全日制高中起点普通本专科网络教育学生。要充分发挥网络教育的优势，为在职人员更新知识、增强技能、不断学习、不断提高提供良好服务；既要积极开展学历教育，又要积极开展职业资格证书教育、岗位培训和其他继续教育。各试点高校要积极探索和总结网络教育的基本规律，积极推进网络教育和成人高等教育、各级各类继续教育的结合，促进我国网络化、开放式终身教育体系的形成。

二、采取切实有效措施，保证网络教育学院的教学质量

质量是网络教育可持续发展的重要保证。各试点高校要根据实际情况，尽快建立本校的网络教育质量标准，并按照本校制定的质量标准，从严管理，保证网络教育学院的教学质量。

1．规范招生工作管理

各试点高校要健全招生制度，严格招生工作各环节的管理，保证生源的基本质量，切实把好入口关。对网络教育招生计划、招生章程和宣传广告，试点高校要统一管理，并报生源所在地的省级教育行政部门核准。试点高校和校外学习中心发布的招生信息必须实事求是，不得发布虚假信息误导社会。

试点高校网络教育招生，可以委托省级高招办组织招生录取工作。经我部批准的远程教育公共服务体系和经省级教育行政部门核准的校外学习中心，在试点高校的统一安排下可以配合开展招生宣传工作，但不能自行招收学生，不能自行发布招生广告。除试点高校和省级高招办外的其他任何单位和个人均不得组织网络学历教育的招生工作。

2. 加强教学过程管理

试点高校要根据科技、经济和社会发展的需要，结合网络教育的特点，科学制定并不断改进课程设置和教学内容。要采取措施，确保网络课程达到教学基本要求。要使用高质量的网络课件、资源库、试题库、教学平台、课件制作工具等开展教学。要采取措施保证实验实习等实践环节的教学质量。要加强师资队伍建设，激励优秀教师主持网络课程，保证授课质量。

试点高校要加强学生学习过程的指导和服务，要利用网络技术和专兼职教师逐步建立和实施导学制度，保证每位学生都有指导教师及时提供指导和服务。试点高校要对参加导学制度的指导教师提供培训和管理。

3. 严格考试管理

试点高校要加强学生的思想政治工作和全面素质教育，营造健康向上的学习氛围，弘扬努力学习、刻苦拼搏的精神，树立刻苦勤奋的学习风气。要严格按照教学基本要求，组织实施各个教学环节的考试、考核和考察。要严肃考试纪律，严格评分标准，坚决杜绝考试作弊现象。对于违反纪律的人员，要按照有关规定严肃处理。

4. 加强教学管理制度建设

试点高校的教学管理制度要体现网络教育的特点，实行弹性学制和完全学分制，允许学生重修和延长修业年限，允许学生按照个性化的学习计划完成学校规定的学分。对于只修完单科课程的学生，试点高校应颁发单科课程学分证书。

试点高校应转变观念，逐步实施和完善各自的学分认可制度，主动共享其他高校的优秀教育资源。

三、加强远程教育公共服务体系建设，促进资源共享，提高校外教学支持服务水平

为促进资源共享，提高网络教育服务质量，我部支持建设远程教育公共服务体系，为试点高校开展网络教育提供上机环境、技术支持、资源建设、学生管理、考务管理等教学支持服务。

建设远程教育公共服务体系需经过我部审批。省级教育行政部门对远程教育公共服务体系或试点高校设在本地的学习中心，要根据教育部制定的学习中心设置条件进行核准和管理（文另发）。

对本校设立的校外学习中心，试点高校要切实履行管理和监督责任，保证校外学习中心的服务质量。我部鼓励试点高校使用远程教育公共服务体系，并逐步向主要委托远程教育公共服务体系提供校外教学支持服务过渡。

各省级教育行政部门要按照《关于现代远程教育校外学习中心（点）建设和管理的原则意见》试行，积极支持试点高校和远程教育公共服务体系在本地区设置校外学习中心。要规范管理，加强日常监控，组织年度检查，并将检查结果报我部。检查结果将作为高校网络教育学院年报年检的重要依据之一。

四、健全网络教育学院年报年检制度，加强质量监控

为全面了解和掌握网络教育的发展状况和教育质量，我部建立高校网络教育学院年报和年检制度。各试点高校每年须根据我部公布的年度检查要点，开展自我检查，并形成自评报告报我部。我部将结合学校自评报告和省级教育行政部门对校外学习中心的年度检查结果等进行抽查和综合评估，并对发现的问题给予相应的处理。我部还将适时开始对试点高校网络教育学院进行评估。

五、推动优秀教育资源向西部输送，促进西部教育质量提高

支持西部教育是所有试点高校应尽的责任和义务。试点高校要尽可能创造条件在西部地区的地级以上城市设置校外学习中心，并在收费标准上给予优惠。

西部各省级教育行政部门要对试点高校在当地建设校外学习中心给予积极支持和指导，根据当地的人才需求和生源情况，制订相应规划，引导网络教育校外学习中心合理布局，使其尽量覆盖所有地级以上城市。

六、加强网络教育学院管理，促进网络教育健康发展

未经我部批准，各级各类高等学校不能自行举办网络学历教育。经我部批准的试点普通高校，网络学历教育工作必须归口到一个专门从事远程教育的学院进行，其他院系不能以网络学历教育的名义和方式自行招生办学。各试点高校要严格办学纪律，确保办学质量和声誉。试点高校要按照我部的有关规定，加强对网络传输平台的管理，严格审查和监督传输内容，并采取有效措施监控传输过程，确保信息安全。

各地教育行政部门和试点高校要从维护稳定的高度，重视研究和解决网络教育中出现的各种问题。要狠抓管理，健全制度，采取切实可行的措施，查隐患，定预案，保稳定。对于试点工作中出现的重要情况和问题，请及时报告我部。

学校艺术教育工作规程

（2002 年 7 月 25 日　教育部发布）

第一章　总　　则

第一条　为全面贯彻国家的教育方针，加强学校艺术教育工作，促进学生全面发展，根据《中华人民共和国教育法》，制定本规程。

第二条　本规程适用于小学、初级中学、普通高级中学、中等和高等职业学校、普通高等学校。

第三条　艺术教育是学校实施美育的重要途径和内容，是素质教育的有机组成部分。

学校艺术教育工作包括：艺术类课程教学，课外、校外艺术教育活动，校园文化艺术环境建设。

第四条　学校艺术教育工作应以马克思列宁主义、毛泽东思想、邓小平理论为指导，坚持面向现代化、面向世界、面向未来，贯彻面向全体学生、分类指导、因地制宜、讲求实效的方针，遵循普及与提高相结合、课内与课外相结合、学习与实践相结合的原则。通过艺术教育，使学生了解我国优秀的民族艺术文化传统和外国的优秀艺术成果，提高文化艺术素养，增强爱国主义精神；培养感受美、表现美、鉴赏美、创造美的能力，树立正确的审美观念，抵制不良文化的影响；陶冶情操，发展个性，启迪智慧，激发创新意识和创造能力，促进学生全面发展。

第五条　国务院教育行政部门主管和指导全国的学校艺术教育工作。

地方各级人民政府教育行政部门主管和协调本行政区域内的学校艺术教育工作。

各级教育部门应当建立对学校艺术教育工作进行督导、评估的制度。

第二章　学校艺术课程

第六条　各级各类学校应当加强艺术类课程教学，按照国家的规定和要求开齐开足艺术课程。职业学校应当开设满足不同学生需要的艺术课程。普通高等学校应当开设艺术类必修课或者选修课。

第七条　小学、初级中学、普通高级中学开设的艺术课程，应当按照国家或者授权的省级教育行政部门颁布的艺术课程标准进行教学。教学中使用经国家或者授权的省级教育行政部门审定通过的教材。

职业学校、普通高等学校应当结合实际情况制定艺术类必修课或选修课的教学计划（课程方案）进行教学。

第八条　小学、初级中学、普通高级中学的艺

术课程列入期末考查和毕业考核科目。

职业学校和普通高等学校的艺术课程应当进行考试或者考查，考试或者考查方式由学校自行决定。实行学分制的学校应将成绩计入学分。

第三章　课外、校外艺术教育活动

第九条　课外、校外艺术教育活动是学校艺术教育的重要组成部分。学校应当面向全体学生组织艺术社团或者艺术活动小组，每个学生至少要参加一项艺术活动。

第十条　学校每年应当根据自身条件，举办经常性、综合性、多样性的艺术活动，与艺术课程教学相结合，扩展和丰富学校艺术教育的内容和形式。

省、地、县各级教育行政部门应当定期举办学生艺术展演活动。各级各类学校在艺术教育中应当结合重大节日庆典活动对学生进行爱国主义和集体主义教育。

全国每三年举办一次中学生（包括中等职业学校的学生）艺术展演活动，每三年举办一次全国大学生（包括高等职业学校的学生）艺术展演活动。

国务院教育行政部门根据需要组织学生参加国际学生艺术活动。

第十一条　学校应当充分利用社会艺术教育资源，补充和完善艺术教育活动内容，促进艺术教育活动质量和水平的提高，推动校园文化艺术环境建设。

任何部门和学校不得组织学生参与各种商业性艺术活动或者商业性的庆典活动。

学校组织学生参加社会团体、社会文化部门和其他社会组织举办的艺术比赛或活动，应向上级主管部门报告或者备案。

第十二条　学校应当为学生创造良好的校园文化艺术环境。校园的广播、演出、展览、展示以及校园的整体设计应当有利于营造健康、高雅的学校文化艺术氛围，有利于对学生进行审美教育。

校园内不得进行文化艺术产品的推销活动。

第四章　学校艺术教育的保障

第十三条　各级教育行政部门应当明确学校艺术教育管理机构，配备艺术教育管理人员和教研人员，规划、管理、指导学校艺术教育工作。

学校应当有一位校级领导主管学校艺术教育工作，并明确校内艺术教育管理部门。

学校应当注意发挥共青团、少先队、学生会在艺术教育活动中的作用。

第十四条　各级教育部门和学校应当根据国家有关规定配备专职或者兼职艺术教师，做好艺术教师的培训、管理工作，为艺术教师提供必要的工作条件。

学校的艺术教师必须具备教师资格，兼职教师应当相对稳定，非艺术类专业毕业的兼职教师要接受艺术专业的培训。

艺术教师组织、指导学校课外艺术活动，应当计入教师工作量。

第十五条　学校应当设置艺术教室和艺术活动室，并按照国务院教育行政部门制定的器材配备目录配备艺术课程教学和艺术活动器材。

第十六条　各级教育行政部门和学校应当在年度工作经费预算内保证艺术教育经费。

鼓励社会各界及个人捐资支持学校艺术教育事业。

第五章　奖励与处罚

第十七条　教育行政部门和学校对于在学校艺术教育工作中取得突出成绩的单位和个人，应当给予表彰和奖励。

第十八条　对违反本规程，拒不履行艺术教育责任的，按照隶属关系，分别由上级教育行政部门或者所属教育行政部门、学校给予批评教育并责令限期改正；经教育不改的，视情节轻重，对直接负责人给予行政处分。

第十九条　对侵占、破坏艺术教育场所、设施和其他财产的，依法追究法律责任。

第六章　附　　则

第二十条　工读学校、特殊教育学校、成人学校的艺术教育工作参照本规程执行；中等、高等专业艺术学校（学院）的艺术教育工作另行规定。

第二十一条　省级教育行政部门可根据本规程制定实施细则。

第二十二条　本规程自公布之日起 30 日后施行。

学校食堂与学生集体用餐卫生管理规定

（2002 年 9 月 20 日　教育部　卫生部发布）

第一章　总　则

第一条　为防止学校食物中毒或者其他食源性疾患事故的发生，保障师生员工身体健康，根据《食品卫生法》和《学校卫生工作条例》，制定本规定。

第二条　本规定适用于各级各类全日制学校以及幼儿园。

第三条　学校食堂与学生集体用餐的卫生管理必须坚持预防为主的工作方针，实行卫生行政部门监督指导、教育行政部门管理督查、学校具体实施的工作原则。

第二章　食堂建筑、设备与环境卫生要求

第四条　食堂应当保持内外环境整洁，采取有效措施，消除老鼠、蟑螂、苍蝇和其他有害昆虫及其孳生条件。

第五条　食堂的设施设备布局应当合理，应有相对独立的食品原料存放间、食品加工操作间、食品出售场所及用餐场所。

第六条　食堂加工操作间应当符合下列要求：

（一）最小使用面积不得小于 8 平方米；

（二）墙壁应有 1.5 米以上的瓷砖或其他防水、防潮、可清洗的材料制成的墙裙；

（三）地面应由防水、防滑、无毒、易清洗的材料建造，具有一定坡度，易于清洗与排水；

（四）配备有足够的照明、通风、排烟装置和有效的防蝇、防尘、防鼠，污水排放和符合卫生要求的存放废弃物的设施和设备；

（五）制售冷荤凉菜的普通高等学校食堂必须有凉菜间，并配有专用冷藏、洗涤消毒的设施设备。

第七条　食堂应当有用耐磨损、易清洗的无毒材料制造或建成的餐饮具专用洗刷、消毒池等清洗设施设备。采用化学消毒的，必须具备 2 个以上的水池，并不得与清洗蔬菜、肉类等的设施设备混用。

第八条　餐饮具使用前必须洗净、消毒，符合国家有关卫生标准。未经消毒的餐饮具不得使用。禁止重复使用一次性使用的餐饮具。

消毒后的餐饮具必须贮存在餐饮具专用保洁柜内备用。已消毒和未消毒的餐饮具应分开存放，并在餐饮具贮存柜上有明显标记。餐饮具保洁柜应当定期清洗、保持洁净。

第九条　餐饮具所使用的洗涤、消毒剂必须符合卫生标准或要求。

洗涤、消毒剂必须有固定的存放场所（橱柜），并有明显的标记。

第十条　食堂用餐场所应设置供用餐者洗手、洗餐具的自来水装置。

第三章　食品采购、贮存及加工的卫生要求

第十一条　严格把好食品的采购关。食堂采购员必须到持有卫生许可证的经营单位采购食品，并按照国家有关规定进行索证；应相对固定食品采购

的场所，以保证其质量。

禁止采购以下食品：

（一）腐败变质、油脂酸败、霉变、生虫、污秽不洁、混有异物或者其他感官性状异常，含有毒有害物质或者被有毒、有害物质污染，可能对人体健康有害的食品；

（二）未经兽医卫生检验或者检验不合格的肉类及其制品；

（三）超过保质期限或不符合食品标签规定的定型包装食品；

（四）其他不符合食品卫生标准和要求的食品。

第十二条 学校分管学生集体用餐的订购人员在订餐时，应确认生产经营者的卫生许可证上注有“送餐”或“学生营养餐”的许可项目，不得向未经许可的生产经营者订餐。

学生集体用餐必须当餐加工，不得订购隔餐的剩余食品，不得订购冷荤凉菜食品。

严把供餐卫生质量关，要按照订餐要求对供餐单位提供的食品进行验收。

第十三条 食品贮存应当分类、分架、隔墙、离地存放，定期检查、及时处理变质或超过保质期限的食品。

食品贮存场所禁止存放有毒、有害物品及个人生活物品。

用于保存食品的冷藏设备，必须贴有标志，生食品、半成品和熟食品应分柜存放。

第十四条 用于原料、半成品、成品的刀、墩、板、桶、盆、筐、抹布以及其他工具、容器必须标志明显，做到分开使用，定位存放，用后洗净，保持清洁。

第十五条 食堂炊事员必须采用新鲜洁净的原料制作食品，不得加工或使用腐败变质和感官性状异常的食品及其原料。

第十六条 加工食品必须做到熟透，需要熟制加工的大块食品，其中心温度不低于70℃。

加工后的熟制品应当与食品原料或半成品分开存放，半成品应当与食品原料分开存放，防止交叉污染。食品不得接触有毒物、不洁物。

不得向学生出售腐败变质或者感官性状异常，可能影响学生健康的食物。

第十七条 职业学校、普通中等学校、小学、特殊教育学校、幼儿园的食堂不得制售冷荤凉菜。

普通高等学校食堂的凉菜间必须定时进行空气消毒；应有专人加工操作，非凉菜间工作人员不得擅自进入凉菜间；加工凉菜的工用具、容器必须专用，用前必须消毒，用后必须洗净并保持清洁。

每餐的各种凉菜应各取不少于250克的样品留置于冷藏设备中保存24小时以上，以备查验。

第十八条 食品在烹饪后至出售前一般不超过2个小时，若超过2个小时存放的，应当在高于60℃或低于10℃的条件下存放。

第十九条 食堂剩余食品必须冷藏，冷藏时间不得超过24小时，在确认没有变质的情况下，必须经高温彻底加热后，方可继续出售。

第四章 食堂从业人员卫生要求

第二十条 食堂从业人员、管理人员必须掌握有关食品卫生的基本要求。

第二十一条 食堂从业人员每年必须进行健康检查，新参加工作和临时参加工作的食品生产经营人员都必须进行健康检查，取得健康证明后方可参加工作。

凡患有痢疾、伤寒、病毒性肝炎等消化道疾病（包括病原携带者），活动性肺结核，化脓性或者渗出性皮肤病以及其他有碍食品卫生的疾病的，不得从事接触直接入口食品的工作。

食堂从业人员及集体餐分餐人员在出现咳嗽、腹泻、发热、呕吐等有碍于食品卫生的病症时，应立即脱离工作岗位，待查明病因、排除有碍食品卫生的病症或治愈后，方可重新上岗。

第二十二条 食堂从业人员应有良好的个人卫生习惯。必须做到：

（一）工作前、处理食品原料后、便后用肥皂及流动清水洗手；接触直接入口食品之前应洗手消毒；

（二）穿戴清洁的工作衣、帽，并把头发置于帽内；

（三）不得留长指甲、涂指甲油、戴戒指加工食品；

（四）不得在食品加工和销售场所内吸烟。

第五章 管理与监督

第二十三条 学校应建立主管校长负责制，并配备专职或者兼职的食品卫生管理人员。

第二十四条 学校应建立健全食品卫生安全管理制度。

食堂实行承包经营时，学校必须把食品卫生安全作为承包合同的重要指标。

第二十五条 学校食堂必须取得卫生行政部门发放的卫生许可证，未取得卫生许可证的学校食堂不得开办；要积极配合、主动接受当地卫生行政部门的卫生监督。

第二十六条 学校食堂应当建立卫生管理规章制度及岗位责任制度，相关的卫生管理条款应在用餐场所公示，接受用餐者的监督。

食堂应建立严格的安全保卫措施，严禁非食堂工作人员随意进入学校食堂的食品加工操作间及食品原料存放间，防止投毒事件的发生，确保学生用餐的卫生与安全。

第二十七条 学校应当对学生加强饮食卫生教育，进行科学引导，劝阻学生不买街头无照（证）商贩出售的盒饭及食品，不食用来历不明的可疑食物。

第二十八条 各级教育行政部门应根据《食品卫生法》和本规定的要求，加强所辖学校的食品卫生工作的行政管理，并将食品卫生安全管理工作作为对学校督导评估的重要内容，在考核学校工作时，应将食品卫生安全工作作为重要的考核指标。

第二十九条 各级教育行政部门应制定食堂管理人员和从业人员的培训计划，并在卫生行政部门的指导下定期组织对所属学校食堂的管理人员和从业人员进行食品卫生知识、职业道德和法制教育的培训。

第三十条 各级教育行政部门及学校所属的卫生保健机构具有对学校食堂及学生集体用餐的业务指导和检查督促的职责，应定期深入学校食堂进行业务指导和检查督促。

第三十一条 各级卫生行政部门应当根据《食品卫生法》的有关规定，加强对学校食堂与学生集体用餐的卫生监督，对食堂采购、贮存、加工、销售中容易造成食物中毒或其他食源性疾患的重要环节应重点进行监督指导。

加大卫生许可工作的管理和督查力度，严格执行卫生许可证的发放标准，对卫生质量不稳定和不具备卫生条件的学校食堂一律不予发证。对获得卫生许可证的学校食堂要加大监督的力度与频度。

第三十二条 学校应当建立食物中毒或者其他食源性疾患等突发事件的应急处理机制。发生食物中毒或疑似食物中毒事故后，应采取下列措施：

（一）立即停止生产经营活动，并向所在地人民政府、教育行政部门和卫生行政部门报告；

（二）协助卫生机构救治病人；

（三）保留造成食物中毒或者可能导致食物中毒的食品及其原料、工具、设备和现场；

（四）配合卫生行政部门进行调查，按卫生行政部门的要求如实提供有关材料和样品；

（五）落实卫生行政部门要求采取的其他措施，把事态控制在最小范围。

第三十三条 学校必须建立健全食物中毒或者其他食源性疾患的报告制度，发生食物中毒或疑似食物中毒事故应及时报告当地教育行政部门和卫生行政部门。

当地教育行政部门应逐级报告上级教育行政部门。

当地卫生行政部门应当于6小时内上报卫生部，并同时报告同级人民政府和上级卫生行政部门。

第三十四条 要建立学校食品卫生责任追究制度。对违反本规定，玩忽职守、疏于管理，造成学生食物中毒或者其他食源性疾患的学校和责任人，以及造成食物中毒或其他食源性疾患后，隐瞒实情不上报的学校和责任人，由教育行政部门按照有关规定给予通报批评或行政处分。

对不符合卫生许可证发放条件而发放卫生许可证造成食物中毒或其他食源性疾患的责任人，由卫生行政部门按照有关规定给予通报批评或行政处分。

对违反本规定，造成重大食物中毒事件，情节特别严重的，要依法追究相应责任人的法律责任。

第六章 附 则

第三十五条 本规定下列用语含义是：

学生集体用餐：以供学生用餐为目的而配置的膳食和食品，包括学生普通餐、学生营养餐、学生课间餐（牛奶、豆奶、饮料、面点等）、学校举办各类活动时为学生提供的集体饮食等。

食堂：学校自办食堂、承包食堂和高校后勤社会化后专门为学生提供就餐服务的实体。

食堂从业人员：食堂采购员、食堂炊事员、食堂分餐员、仓库保管员等。

第三十六条 以简单加工学生自带粮食、蔬菜或以为学生热饭为主的规模小的农村学校，其食堂建筑、设备等暂不作为实行本规定的单位对待。但是，其他方面应当符合本规定要求。

第三十七条 学生集体用餐生产经营者的监督管理，按《学生集体用餐卫生监督办法》执行。

第三十八条 本规定自 2002 年 11 月 1 日起实施。

教育部、公安部、国家工商行政管理总局关于进一步规范自费出国留学中介活动秩序的通知

（2002 年 10 月 25 日）

《自费出国留学中介服务管理规定》及其实施细则发布以来，教育部和公安部先后对全国 246 家自费出国留学中介服务机构（以下简称留学中介机构）予以了资格认定。根据中央和国务院关于整顿和规范市场经济秩序以及关于加强出入境中介活动管理的要求，教育部、公安部和国家工商行政管理总局在全国范围内对自费出国留学中介活动进行了清理整顿。各地教育、公安和工商行政管理部门密切合作，做了大量工作，取得了阶段性的成果，但仍存在诸多问题。当前，非法留学中介活动依然屡禁不止，严重扰乱了市场秩序；有些合法留学中介机构转借资质、编造假材料、擅自开展未经确认的出国留学项目、发布虚假广告等违法违规的问题仍比较突出，有关当事人合法权益遭受侵害的事件时有发生，在国内外造成了不良影响；一些地方行政部门重视不够，有法不依、执法不严的现象仍然存在。

为巩固前一阶段清理整顿工作的成果，适应当前形势的要求，促进自费出国留学中介活动健康有序地发展，保护我国公民的合法权益，现就进一步规范自费出国留学中介活动秩序的有关问题通知如下：

一、加强对自费出国留学中介活动的管理，是社会各界普遍关注的一件大事，也是一项长期而艰巨的任务。各地职能部门要以江泽民同志“三个代表”重要思想为指导，以对国家和人民高度负责的精神，从密切党和政府与人民群众的血肉联系以及维护社会稳定的高度，按照中央和国务院关于整顿和规范市场经济秩序的要求，认真执行国家有关法律、法规和规章，切实重视自费出国留学中介活动的监管工作，净化市场环境，逐步建立以培养人才为导向，公平竞争、优胜劣汰、健康有序的自费出国留学中介市场。

各地要建立和完善自费出国留学中介市场的长效监管和联合执法机制，各部门要加强信息沟通和相互协调，做好本行政区内自费出国留学中介活动

的日常监督管理工作。

二、各地要严格把好自费出国中介市场准入关。留学中介机构必须具有企业法人资格，取得教育部颁发的《自费出国留学中介服务机构资格认定书》和工商行政管理部门核发的经营范围中含有“留学中介服务”字样的营业执照，并按规定交存备用金。未经批准和登记注册，任何机构和个人不得以任何方式擅自从事留学中介活动。各地要特别加大对非法留学中介活动的查处力度，对各类非法从事留学中介活动的机构和个人坚决依法查处。

三、各地教育行政部门要严格审核境外机构的资质情况。与留学中介机构合作的外国机构必须是经所在国家政府教育主管部门认可或其承认的权威机构认可的高等学校及实施与高等教育相衔接的大学预科或语言教育的教育机构，并经我驻外使（领）馆教育（文化）处（组）认证。省级教育行政部门应根据上述原则，对留学中介机构报送的与境外机构直接签订的合作协议进行确认。有关驻外使（领）馆教育（文化）处（组）对不符合条件的外国机构一律不予认证。各地教育行政部门应对业经批准并通过国家资格认定的留学中介机构与外国机构签署的合作协议进行重新核查，对于未经确认的，应当责令其立即办理确认手续，对于逾期仍未办理确认手续的，依法予以查处。

四、各地教育行政部门要责成留学中介机构完善内部管理，建立健全规章制度。要重点检查留学中介机构的服务对象是否主要为已完成高级中等教育申请自费出国留学的中国公民；是否在法定住所和服务范围内开展业务，并在显著位置悬挂《自费出国留学中介服务机构资格认定书》和营业执照；是否以工商行政管理部门核定的企业名称对外签约，实行统一的行政、人事、财务管理和合同文本（特别要含如何处理出国后发生争端事宜的条款）；是否非法转借从业资质；举办教育教学活动（如出国前培训），是否按国家有关规定办理审批手续。对留学中介机构在上述方面存在的违规行为，要依法查处。

五、要加强对留学中介机构留学业务广告的监管。发布有关自费出国留学中介服务广告，必须经中介服务机构所在地省、自治区、直辖市工商行政管理部门批准，特别要查验经省级教育行政部门盖章的留学中介机构与境外高等学校、教育机构签订的合作协议。

六、要建立自费出国留学中介活动的监督机制，向社会公布举报渠道。对举报的违法违规案件，各地教育、公安和工商行政管理部门要及时核查情况，依法处理。对典型案件可通过新闻媒体进行“曝光”，震慑非法经营者，教育广大群众。

请各省、自治区、直辖市教育行政部门会同公安、工商行政管理部门在各自职责范围内根据本通知的精神和要求，即对本行政区域内的留学中介机构开展一次全面检查，并将结果和通过检查的留学中介机构于今年12月31日前报教育部，同时抄报公安部和国家工商行政管理总局。在此基础上，教育部拟于明年上半年适当时候采取互查和抽查的方式进行复审，并将通过复审的留学中介机构向社会公布。

教育部关于加强职业技术学校职业指导工作的意见

（2002年10月31日）

近年来，一些地方陆续在职业技术学校开展了职业指导工作，取得一定成效，受到普遍欢迎。职业技术学校开展职业指导工作，既是中等职业教育改革和发展的需要，也是经济社会发展对全面提高职业技术学校学生素质的客观要求。《国务院关于大力推进职业教育改革与发展的决定》（以下简称《决定》）明确指出："职业学校要加强职业指导工作，开展创业教育，引导学生转变就业观念，鼓励毕业生到中小企业、小城镇、农村就业或自主创业。"为全面贯彻落实国务院最近召开的全国职业教育工作会议精神和《决定》精神，进一步加强职业技术学校职业指导工作，现提出以下意见。

一、充分认识职业技术学校职业指导工作的重要性

职业教育要全面提高劳动者素质，为经济结构调整和技术进步服务，为促进就业和再就业服务，为农业、农村和农民服务，为西部大开发服务，增强为经济社会发展的服务功能。加强职业技术学校的职业指导工作，是实现职业技术学校毕业生顺利就业的有力措施，是实现职业教育服务经济社会发展功能的有效途径。

职业技术学校学生是我国现代化建设事业的重要后备力量，他们不仅应具备良好的思想政治素质、扎实的文化知识和职业技能，而且应具备较强的职业意识、创新意识和适应职业变化的能力，树立正确的职业理想和就业观，养成良好的职业道德行为习惯。开展职业指导是经济社会发展对全面提高职业技术学校学生素质的客观要求，是职业教育主动适应市场经济体制和劳动就业制度改革的需要，是职业教育实现自我完善和可持续发展的需要，也是增强职业技术学校德育工作针对性、实效性和时代感的重要途径。

各级教育行政部门和职业技术学校要充分认识职业指导工作的重要性，认真做好此项工作。

二、职业指导工作的主要任务和内容

职业指导的主要任务是：根据职业技术学校的培养目标，教育引导学生树立正确的职业理想和职业观念，全面提高学生职业素质和职业能力；为学生根据社会需要及其身心特点顺利就业、创业和升学提供必要的指导和帮助，使其在适应社会、融入社会的同时得到发展。

职业技术学校职业指导工作主要包括三方面内容：

1. 加强职业意识、职业理想和职业道德教育。引导学生从职业的角度了解社会、了解自己，树立正确的职业理想，增强学生提高职业素质和职业能力的自觉性；引导学生树立正确的职业观、择业观和创业观，做好适应社会、融入社会的准备，提高求职择业过程中的抗挫折能力和变换职业的适应能力；引导学生依据职业对从业者的道德要求，规范自己的行为，促进职业道德的养成。

2. 提供就业指导和援助。帮助学生了解就业政策法规，依法就业；帮助学生了解就业形势和自身条件，选择就业和升学方向；帮助学生了解本地、异地、国（境）外的就业信息，提供择业咨询；帮助学生掌握求职的技能和方法。

3. 开展创业教育。引导学生树立创业意识，培养创业精神，学习创业知识；帮助学生参加社会实践，提高创业能力；帮助学生了解创业信息，选择创业方向，为毕业生自主创业或从事个体经营提供咨询和跟踪服务。

三、开展职业指导工作的基本原则

职业技术学校职业指导工作要以党和国家的教育方针为指导，紧密结合我国经济社会发展的实际和学生自身的特点进行。工作中应遵循以下基本原则：

1. 教育性原则。立足于教育与引导，突出职业理想、职业道德、职业知识的教育和求职就业、开拓创业能力的训练，注重与德育工作的结合。

2. 援助性原则。为学生择业、就业、创业提供具体的指导和帮助，尊重学生的自主选择，不得无原则承诺"包分配"。

3. 主体性原则。以学生为主体，充分调动学生的积极性、主动性，既要面向全体学生，又要重视个别指导。

4. 实践性原则。加强与劳动力市场、用人单位和学生家庭的联系、合作与沟通，注重与实习和社会实践活动的结合，使学生在实践中受到教育，得到提高。

四、开展职业指导工作的主要途径

1. 充分发挥《职业道德与职业指导》课程教学的主渠道作用，积极改进教学方法和手段，改革考核办法，切实提高教学质量。要根据专业特点和学生实际，进行个性化的指导。指导和帮助学生获取相关培训证书和职业资格证书。通过指导学生学习写求职信、掌握求职面试技巧和进行必要的求职礼仪训练等，提高学生就业求职的能力。

2. 全面渗透在学校各项教育教学活动中。要通过文化课和专业课教学、入学和毕业教育、班主任和学生日常管理工作、社会实践和课外活动等形式，实现职业指导工作的全员化、全程化。

3. 提供本地、异地、国（境）外就业咨询服务。加强与劳动人事等部门、就业中介组织等的联系与合作，广泛收集并提供就业信息。建立本地中等职业教育的人才就业网络或利用现有的职业教育网站，发布毕业生信息和社会人才需求信息，为毕业生就业和用人单位招聘提供高效便捷的服务。

4. 组织供需见面会。教育行政部门和职业技术学校要通过组织或与有关单位联合举办供需见面会，为毕业生与用人单位实现双向选择创造条件。加强学校和用人单位的合作，疏通毕业生就业渠道。

5. 组织开展创业实践活动。通过组织多种形式的模拟创业、举办创业有成者的典型案例教学和报告会等活动，帮助学生学习创业知识，培养创业意识和创业能力；提供创业信息和咨询，利用学校的资源优势，为学生创业提供有利条件和帮助。

五、加强职业指导工作的组织领导和条件保障建设

各级教育行政部门和学校要把职业技术学校职业指导工作作为大力推进职业教育改革和发展的一项重要工作。要制定职业指导工作的实施计划，研究和落实职业指导工作的途径和办法，积极稳妥地推进职业指导工作的开展。

职业技术学校职业指导工作涉及职成教育、德育、学生管理等多方面，各级教育行政部门要统筹安排，明确职责，把职业指导管理工作落到实处。省、自治区、直辖市教育行政部门要指定专门处（室）负责，有关部门积极配合。各级教育行政部门都应有专人负责或分管。各级职教研究机构和教研部门要积极配合支持做好职业指导工作。

职业技术学校要结合实际建立相应的职业指导工作机构，并提供必要的人力、物力和经费保证，积极开展学校的职业指导工作。要建立由校长负责，以班主任、德育课教师、学生管理工作人员为主体，校外相关兼职人员和学校全体教师共同参与的职业指导的工作体制。

要重视职业指导工作队伍建设。职业指导工作不仅仅是班主任、德育课教师和专职从事职业指导工作人员的任务，也是学校全体教职工的共同职责。各地教育行政部门和学校应加强对职业技术学校校长、教师和其他管理人员进行职业指导业务培训，将职业指导纳入校长和教师继续教育的必修内容。职教师资培训基地和担负职业技术学校师资培养任务的高等学校，应在教学计划和培训计划中设置职业指导课或增加职业指导培训的内容。

各地教育行政部门要会同劳动保障、工商、税务、外经贸部门和金融机构，认真贯彻《决定》关于“加强职业指导和就业服务，拓宽毕业生就业渠道”的精神，为职业技术学校毕业生就业、自主创业创造良好的政策环境，提供必要的条件保障。

职业指导是职业教育的一项新工作，各地要结合本地实际认真贯彻本意见，并在工作中及时总结新经验、研究新问题，加强监督检查工作，努力使此项工作健康有序地开展起来。

教育部关于进一步加强农村成人教育的若干意见

（2002年11月21日）

改革开放以来，我国农村成人教育取得了显著成就，累计扫除青壮年文盲8 681万人，基本扫除青壮年文盲的任务如期完成；技术培训广泛开展，1986年至2001年累计培训农村劳动者12.9亿人次，有效地提高了农村劳动者的科技文化素质，促进了农村经济和社会的发展。但是，农村成人教育还存在着不少困难和问题，一些地方在完成基本扫除青壮年文盲任务后，对进一步加强农村成人教育工作的重要性缺乏足够的认识，管理薄弱，投入减少，工作进展不力。从总体上讲，农村成人教育办学条件比较薄弱，培训规模和质量不能适应新形势下农村经济社会发展的要求。为了进一步贯彻落实党的十六大精神和《国务院关于大力推进职业教育改革与发展的决定》，推进农村成人教育的改革和发展，更好地为农业、农村和农民服务，现提出如下意见：

一、农村成人教育是我国教育的重要组成部分，是构建终身教育体系、建设学习化社会的重要内容，承担着提高农村成人思想政治和科学文化素质，促进农村经济社会发展的重要任务。大力发展农村成人教育是贯彻实践江泽民同志"三个代表"重要思想的必然要求，是实施科教兴国战略的重要措施，是适应我国实施现代化建设第三步发展战略和加入世界贸易组织的新形势，解决农业、农村、农民问题的必然选择。

二、要以邓小平理论和江泽民同志"三个代表"重要思想为指导，认真贯彻落实全国职业教育工作会议精神，坚持大力发展农村成人教育，加快农村成人教育的改革、创新和发展步伐，深化管理体制、办学体制和教育教学改革，努力提高农村成人教育的质量和效益。

"十五"期间，力争年培训农村劳动力达到1.5亿人次，使全国农村劳动力的年培训率提高到35%以上，其中乡镇企业职工年培训率提高到40%以上，每年为进入非农产业就业的800万农村劳动力提供转移前培训，对农村新增劳动力普遍进行就业前培训。

三、农村成人教育要紧紧围绕农业和农村产业结构战略性调整，进一步巩固提高扫盲成果，继续开展初、中等文化教育；以实用技术培训为重点，增强农村劳动力掌握和运用先进实用技术的能力；积极开展乡镇企业职工岗位培训和农村富余劳动力转移培训，提高他们的知识水平、专业技能和安全生产知识；积极开展"绿色证书"教育、农村基层干部、后备干部和农业技术人员的培训；积极开展多种形式的时事政治、民主法制、人口环境、科学普及以及社会文化生活等多方面的教育活动，反对邪教和封建迷信，抵制不良社会风气的影响。要因地制宜，积极创造条件，采用联合办学、远程教育等多种方式，在有条件的县和乡镇成人学校举办职业教育和自学考试教育。开展农村社区教育实验，努力构建终身教育体系和建设学习化社会。

四、要进一步加强农村成人文化技术学校建设，建立以县级职业学校和成人学校为龙头，以乡镇成人文化技术学校为骨干，以村成人文化技术学校为基础的县、乡、村三级实用型、开放型农民文化科技教育培训体系，切实把农村成人文化技术学校办成人力资源开发、技术培训与推广、劳动力转移培训、扶贫开发服务和社会主义精神文明建设的基地。县级职业学校和成人学校要在开展教育培训的同时，承担乡镇成人文化技术学校师资培训、业务指导、信息服务和技术支持等工作。乡镇成人文化技术学校在农村成人教育网络中具有承上启下的作用，要加强对村成人文化技术学校、企业培训的指导和辐射，帮助其开展技术培训、示范、推广和服务。农村成人文化技术学校应积极推广"学校、公司（基地）+农户"等办学模式，把教育培训与开展多种经营结合起来，增强自我发展的能力。充分利用乡镇区划调整和中、小学校布局调整的机遇，加强各类教育资源的统筹力度，调整充实成人教育资源。"十五"期间，各地乡镇要普遍建立成人文化技术学校，村级成人文化技术学校的办学面要达到85%以上。经济落后和偏远地区，可以依托普通中小学建立乡、村成人文化技术学校，但要有稳定的场所和设施用于农村成人教育。积极创建国家级示范性乡镇成人文化技术学校，继续办好省级示范性乡镇成人文化技术学校。国家级和省级示范性乡镇成人文化技术学校的比例应达到当地乡镇成人文化技术学校总数的10%以上。

五、进一步改进教学方法和教学手段，提高教育质量和办学效益。要按照成人学习的特点，把课堂教学、现场培训、远程教学等多种教学形式结合起来。加强与大专院校、科研院所的联系，以多种合作方式，引进新知识、新技术和新品种，通过学校的实验实习基地和校外示范基地，进行实验、示范、培训和推广。要积极创造条件，充分利用卫星电视、计算机网络、多媒体等现代化教学手段，弥补农村成人学校办学条件的不足，提高教育质量和效益。

六、加强农村成人教育师资队伍建设。建设一支数量适当、结构合理、专兼结合、素质较高的教师队伍，是搞好农村成人教育工作的重要保证。乡镇成人文化技术学校教职工的编制按照中央编办、教育部、财政部《关于制定中小学教职工编制标准的意见》和原国家教委颁发的《示范性乡镇成人文化技术学校规程》要求确定。单独建制的学校，其建制规格和教职工编制由审批机关根据有关编制政策规定和学校的实际情况确定。与普通中小学、职业学校合设的乡镇成人文化技术学校，要有专人负责成人教育工作。成人文化技术学校的教师必须具备教师资格，在职务评聘、专业技术考核、福利、评选先进等方面与普通中小学教师享受同等待遇。要加强成人文化技术学校的师资和校长的培养、培训工作。

七、加强对农村成人教育工作的领导。要进一步健全成人教育管理机构，理顺农村成人教育管理体制，保证必要的管理力量。要把农村成人教育纳入当地教育、经济和社会发展规划，明确目标任务和保障措施。实行三教统筹，促进基础教育、职业教育与成人教育协调发展。要落实现行法规和政策规定的经费渠道，努力增加对农村成人教育的经费投入。各地要认真落实《国务院关于大力推进职业教育改革与发展的决定》中关于“县级以上地方各级人民政府和国务院有关部门用于举办职业学校和职业培训机构的财政性经费应当逐步增长”、“各级人民政府在安排使用农村科技开发经费、技术推广经费和扶贫资金时，要安排一部分农村劳动力培训经费；安排农业基础设施建设投资时，要安排一部分农村职业学校和成人学校的建设经费”的规定，安排用于农村成人教育的经费。要健全督导评估制度，加强农村成人教育工作的督导检查，对成绩突出的要予以表彰奖励。

请将贯彻落实的有关情况报告我部职业教育与成人教育司。

劳动和社会保障部、教育部、人事部关于进一步推动职业学校实施职业资格证书制度的意见

（2002 年 11 月 29 日）

为贯彻落实《国务院关于大力推进职业教育改革与发展的决定》精神，切实加强职业教育与劳动就业的联系，全面提高职业学校（包括中等和高等职业学校，下同）毕业生的综合素质和就业能力，经国务院同意，现就进一步推动职业学校实施职业资格证书制度有关问题提出如下意见：

一、推动职业学校实施职业资格证书制度，是落实中共中央、国务院关于“在全社会实行学业证书、职业资格证书并重制度”要求的重要举措，对于提高劳动者素质，推动就业准入制度的实施，促进职业教育的改革与发展，增强职业学校毕业生的实践、创新能力和就业、创业能力具有重要意义，各地劳动保

障、人事和教育行政部门要高度重视，切实加强领导，统筹规划，采取有力措施，积极推进。

二、各地教育和劳动保障行政部门要积极推动职业学校深化教育教学改革，引导职业学校进一步转变观念，努力使职业学校的专业设置与劳动力市场需求紧密结合，教学内容与国家职业标准相衔接。职业学校要瞄准市场需求设置和调整专业，突出办学特色，切实改进实践教学环节，不断加强学生动手能力和实际操作技能的训练，增强毕业生的就业能力。

三、各地劳动保障、人事和教育行政部门要依据国家职业标准，结合职业学校的特点、培养目标、专业设置、教学要求，研究确定职业学校毕业生参加职业资格考核鉴定的具体办法。职业学校毕业生申请职业技能鉴定和专业技术职业资格考试，应分别按《中华人民共和国职业分类大典》规范的职业名称和专业技术职业资格类别进行。同时，鼓励职业学校学生在校学习多种职业技能，实现一专多能，拓宽就业渠道。

四、各地劳动保障行政部门要按照职业技能鉴定的有关规定，积极做好职业学校毕业生职业技能鉴定工作。经劳动保障和教育行政部门认定，职业学校所设专业的教学内容与国家职业标准要求相符合的，其毕业生申请参加中级以下（含中级）职业技能鉴定时，理论课考试成绩合格者可视为鉴定理论考核合格，按照职业技能鉴定有关规定只进行操作技能考核。对于培养学生复合技能的专业，除考核所需的基本职业理论和技能外，应增加应用能力、核心能力等方面综合能力的考核。

国家级重点职业学校以及少数教学质量高、社会声誉好的省级重点中等职业学校和高等职业学校的主体专业，经劳动保障和教育行政部门认定，其毕业生参加理论和技能操作考核合格并取得职业学校学历证书者，可视同为职业技能鉴定合格，发给相应的中级职业资格证书。

五、各地劳动保障行政部门要按照统筹规划、合理布局、择优建站的原则，充分发挥和利用职业学校的优势，选择具备条件的职业学校建立职业技能鉴定所（站）。要加强职业技能鉴定考评员和督导员的资格培训和管理，严格职业技能鉴定所（站）的审批程序，加强对鉴定所（站）鉴定日常督导，并实行年检制度。

六、各地人事部门要按照专业技术人员职业资格制度的有关规定，制定适合于职业学校特点的专业技术职业资格证书的取得方式。经人事、教育和相关专业主管部门组织专家评估认定的职业学校相关专业毕业生，可直接申请参加相应专业技术人员从业资格考试；对职业技术学院和具备条件的职业技术学校毕业生，实行免试部分科目等政策，逐步实现职业学校学历证书与专业技术人员从业资格证书相衔接。具体办法由各省、自治区、直辖市人事部门会同教育行政部门、有关专业管理部门制定并组织实施。

七、大力推进劳动预备制度的实施。各级各类职业学校要面向城乡未能升学的初、高中毕业生广泛开展职业教育和培训。要加强对农村准备从事非农产业工作或进城务工的人员开展各种形式的职业教育和培训，努力提高他们的职业技能水平和职业道德、法制观念等综合素质，实行先培训后上岗。同时，要积极面向下岗失业人员和已经在城市务工的农村青年开展职业教育和培训，引导和组织他们参加职业技能鉴定，对学习和培训合格者颁发相应的学历证书或培训合格证书，对技能鉴定合格者发给相应的职业资格证书，帮助他们提高就业能力和工作能力。

八、各地劳动保障、人事和教育行政部门要密切配合，进一步发挥职业学校在实施职业资格证书制度中的作用，切实做好职业学校毕业生职业资格考核鉴定工作。要在职业学校中开展职业资格证书制度和就业准入制度的宣传咨询活动，做好职业学校毕业生的职业指导和就业服务工作，帮助学生了解当前的就业形势和就业政策，树立正确的择业观念。要进一步落实就业准入制度，加大劳动监察执法力度，认真把好新生劳动力就业入口关，促进职业教育事业的健康发展。

九、要认真贯彻落实《国务院办公厅转发教育部等部门关于进一步深化普通高等学校毕业生就业制度改革有关问题意见的通知》要求，鼓励高等学校毕业生参加职业资格考核鉴定，进一步拓宽高等学校毕业生的就业渠道。

教育部、农业部关于加强“学生饮用奶计划”管理的意见

（2002 年 12 月 12 日）

为了改善我国中小学生的营养与健康状况，经国务院领导批准，国家“学生饮用奶计划”已于2000 年开始在全国逐步实施。这项计划作为一项改善青少年营养与健康状况的重要措施已经列入《中国儿童发展纲要（2001～2010）》和《国务院关于基础教育改革与发展的决定》。为了进一步加强和规范“学生饮用奶计划”在学校的实施，确保“学生饮用奶计划”健康、有序地运行，特提出以下意见：

一、坚持政府引导、学生自愿的原则，积极、稳步推进“学生饮用奶计划”

实施国家“学生饮用奶计划”要充分体现和发挥政府引导作用，各地应在当地政府的统一领导下，有组织、分步骤地开展工作。要坚持先试点，再逐步推广的做法，根据当地的实际，先选择部分学校试点，取得经验后再逐步扩大实施范围。

开展“学生饮用奶计划”的学校，应坚持学生饮奶自愿的原则，尊重学生的意愿和选择，通过宣传教育引导学生自愿饮奶，任何单位都不得下达指令性指标。

二、加强管理，健全制度，保障“学生饮用奶计划”顺利实施

教育行政部门要加强对“学生饮用奶计划”的管理，督促学校严格按照国家的要求组织实施“学生饮用奶计划”。各地教育行政部门和学校应按照《关于实施国家“学生饮用奶计划”的通知》、《国家“学生饮用奶计划”实施方案》、《国家“学生饮用奶计划”暂行管理办法》的要求，在国家认定的定点企业中进行招标，自主选定供奶企业，并签订供货合同，明确双方的权利与义务。

凡实施“学生饮用奶计划”的学校，应明确一名校领导负责此项工作，并确定一名教师或相应的工作人员负责具体的组织实施。实施“学生饮用奶计划”的学校，应结合学校实际制定具体的管理制度和措施，协助定点企业做好牛奶定购、分发、交费、废弃包装物的统一收集处理等工作。学生饮用奶在学校储藏、保管、发送中发生的费用由企业承担，其费用由企业与当地教育行政部门协商并报物价部门统一核定，学校不得在核定的价格之外任意加价或收取其他费用。

实施“学生饮用奶计划”的学校应加强有关牛奶与营养健康（包括乳糖不耐现象）、食品卫生知识的宣传教育，使师生不仅知道牛奶的营养价值，养成饮奶的习惯，而且懂得如何从外观和口感上辨别合格的牛奶和变质的牛奶，在发现有问题的牛奶或发生饮奶不适反应时，如何正确对待和处理。

三、把好学生饮用奶进校关，确保学生饮用奶卫生安全

实施“学生饮用奶计划”的学校要严把学生饮用奶进校关，按照《国家“学生饮用奶计划”暂行管理办法》的要求，选用经国家有关部门认定的定点企业按照规定标准生产的、并在包装上印有“中国学生饮用奶”标志的学生饮用奶进入学校。要防止定点企业的不合格产品和非定点企业的乳品利用各种名目进入学校。含乳饮料不属于学生饮用奶，学校不得以实施“学生饮用奶计划”的名义统一组织学生饮用含乳饮料。

各地教育行政部门应重视建立规范的“学生饮用奶计划”供奶秩序，地方教育行政部门不得违背《国家“学生饮用奶计划”暂行管理办法》的规定要求，自行认定学生饮用奶定点企业。任何单位和个人不得以实施“学生饮用奶计划”的名义组织学生饮用未经国家有关部门认定和审批的牛奶。对假冒学生饮用奶的企业，教育行政部门要配合有关行政部门对其进行严肃查处。

四、建立学生饮用奶卫生安全防范机制

实施“学生饮用奶计划”的学校，要强化食品卫生安全意识，树立安全第一的指导思想，配合“学生饮用奶计划”定点企业建立健全学生饮奶安全防范和事故处理机制，包括日常的安全防范措施、发生安全事故的处理办法、防止学生产生心因性反应的预案等。

要防止个别学生因乳糖不耐而产生饮奶不适所造成的不良影响。一旦发生乳糖不耐所致的饮奶不适反应，教师应向学生进行解释，并及时让学生停止饮奶，进行必要的观察。要严格区分乳糖不耐症与食物中毒症状，未经卫生部门检测和化验，不要轻易得出食物中毒的结论，以免产生不良的社会反响。

学校应建立健全学生饮用奶安全事故的报告制度，发生食物中毒或疑似食物中毒事故，应及时报告当地教育行政部门和卫生行政部门，还应及时与当地学生饮用奶办公室取得联系，以使各有关方面共同采取措施，控制事态发展，并处理好有关善后事宜。

五、加强对定点企业的监管工作

实施“学生饮用奶计划”的地方农、牧行政管理部门和学生饮用奶计划工作机构，要积极会同其他有关政府部门加强对学生饮用奶生产定点企业的监管，督促其落实学生饮用奶质量承诺，严格生产质量管理，认真搞好配送服务，确保学生饮奶安全。对产品质量不合格和不按要求向学校提供学生饮用奶配送服务的，要进行查处，情节严重的要取消其定点生产企业资格，造成严重后果的，要协助有关执法部门追究其法律责任。

教育部关于积极推进中小学评价与考试制度改革的通知

（2002 年 12 月 27 日）

近年来，随着素质教育的全面推进，中小学评价与考试制度的改革得到了社会各界的广泛重视，各地积极探索，取得了有益的经验。但是，现行中小学评价与考试制度与全面推进素质教育的要求还不相适应，突出反映在强调甄别与选拔功能，忽视改进与激励的功能；注重学习成绩，忽视学生全面发展和个体差异；关注结果而忽视过程，评价方法单一；尚未形成健全的教师、学校评价制度等。为进一步贯彻落实《中共中央国务院关于深化教育改革全面推进素质教育的决定》和《国务院关于基础教育改革与发展的决定》精神，坚持教育创新，全面推进素质教育，经国务院同意，现就积极推进中小学评价与考试制度改革有关问题通知如下：

一、中小学评价与考试制度改革的原则

1. 中小学评价与考试制度改革，要全面贯彻党的教育方针，从德、智、体、美等方面综合评价学生的发展，培养学生热爱党、热爱社会主义、热爱祖国，诚实守信、助人为乐的高尚道德品质、终身学习的愿望和能力、健壮的体魄、良好的心理素质以及健康的审美情趣。

2. 中小学评价与考试制度改革的根本目的是为了更好地提高学生的综合素质和教师的教学水平，为学校实施素质教育提供保障。充分发挥评价的促进发展的功能，使评价的过程成为促进教学发展与提高的过程。

3. 对学生、教师与学校评价的内容要多元，既要重视学生的学习成绩，也要重视学生的思想品德以及多方面潜能的发展，注重学生的创新能力和实践能力；既要重视教师业务水平的提高，也要重视教师的职业道德修养；既要重视学校整体教学质量，也要重视在学校的课程管理、教学实施等管理环节中落实素质教育思想，形成生动、活泼、开放的教育氛围。评价标准既应注意对学生、教师和学校的统一要求，也要关注个体差异以及对发展的不同需求，为学生、教师和学校有个性、有特色的发展提供一定的空间。

4. 评价方法要多样，除考试或测验外，还要研究制定便于评价者普遍使用的科学、简便易行的评价办法，探索有利于引导学生、教师和学校进行积极的自评与他评的评价方法。

5. 对学生、教师和学校的评价不仅要注重结果，更要注重发展和变化过程。要把形成性评价与终结性评价结合起来，使发展变化的过程成为评价的组成部分。

6. 重视学生、教师和学校在评价过程中的作用，使评价成为教育行政部门、学校、教师、学生和家长共同参与的交互活动。

二、建立以促进学生发展为目标的评价体系

7. 以促进学生发展为目标的评价体系应包括评价的内容、标准、评价方法和改进计划。评价标准应该用清楚、简明的目标术语表述，主要包括基础性发展目标和学科学习目标两个方面。

（1）基础性发展目标：

道德品质。爱祖国、爱人民、爱劳动、爱科学、爱社会主义；遵纪守法、诚实守信、维护公德、关心集体、保护环境。

公民素养。自信、自尊、自强、自律、勤奋；对个人的行为负责；积极参加公益活动；具有社会责任感。

学习能力。有学习的愿望与兴趣，能运用各种学习方式来提高学习水平，有对自己的学习过程和学习结果进行反思的习惯；能够结合所学不同学科的知识，运用已有的经验和技能，独立分析并解决问题；具有初步的研究与创新能力。

交流与合作能力。能与他人一起确立目标并努力去实现目标，尊重并理解他人的观点与处境，能评价和约束自己的行为；能综合地运用各种交流和沟通的方法进行合作。

运动与健康。热爱体育运动，养成体育锻炼的习惯，具备锻炼健身的能力、一定的运动技能和强健的体魄，形成健康的生活方式。

审美与表现。能感受并欣赏生活、自然、艺术和科学中的美，具有健康的审美情趣；积极参加艺术活动，用多种方式进行艺术表现。

（2）学科学习目标：

各学科课程标准已经列出本学科学习的目标和各个学段学生应该达到的目标，并对评价方式提出了建议。

8. 学生评价的措施与方法。

教师要在教育教学的全过程中采用多样的、开放式的评价方法（如行为观察、情景测验、学生成长记录等）了解每个学生的优点、潜能、不足以及发展的需要。

建立每个学生的成长记录。成长记录应收集能够反映学生学习过程和结果的资料，包括学生的自我评价、最佳作品（成绩记录及各种作品）、社会实践和社会公益活动记录、体育与文艺活动记录，教师、同学的观察和评价，来自家长的信息，考试和测验的信息等。

学生是成长记录的主要记录者，成长记录要始终体现诚信的原则，要有教师、同学、家长开放性的参与，使记录的情况典型、客观、真实。

考试是评价的主要方式之一，考试应与其他评价方式相结合；要根据考试的目的、性质、内容和对象，选择相应的考试方法；要充分利用考试促进每个学生的进步。

9. 每学期、学年结束时学校要对每个学生进行阶段性的评价。评价内容应包括各学科的学业状况和教师的评语。评语应在教师对搜集到的学生资料进行分析，并与同学、家长交流、沟通的基础上产生。评语应多采用激励性的语言，客观描述学生的进步、潜能及不足。同时要制定明确、简要的促进学生发展的改进计划，帮助学生认识自我，树立自信。

小学生的学习成绩评定应采用等级制。不得将学生成绩排队、公布。

三、建立有利于促进教师职业道德和专业水平提高的评价体系

10. 中小学教师评价制度的改革要有利于加强教师职业道德建设，促进教师业务水平的提高，建立有利于实施素质教育、发挥教师创造性的多元的、新型的中小学教师评价体系。

评价的内容主要包括：

职业道德。志存高远，爱国敬业；为人师表，教书育人；严谨笃学，与时俱进；热爱教育事业，热爱学生；积极上进，乐于奉献；公正、诚恳，具有健康心态和团结合作的团队精神。

了解和尊重学生。能全面了解、研究、评价学生；尊重学生，关注个体差异，鼓励全体学生充分参与学习；形成相互激励、教学相长的师生关系，赢得学生的信任和尊敬。

教学方案的设计与实施。能依据课程标准的基本要求，确定教学目标，积极利用现代教育技术，选择利用校内外学习资源，设计教学方案，使之适合于学生的经验、兴趣、知识水平、理解能力和其他能力；善于与学生共同创造学习环境，为学生提供讨论、质疑、探究、合作、交流的机会；引导学生创新与实践。

交流与反思。积极、主动与学生、家长、同事、学校领导进行交流和沟通，能对自己的教育观念、教学行为进行反思，并制定改进计划。求真务实，勇于创新，严谨自律，热爱学习。

11. 教师评价的措施与方法。

建立以教师自评为主，学校领导、同事、家长、学生共同参与的教师评价制度。

建立以校为本、以教研为基础的教师教学个案分析、研讨制度，引导教师对自己或同事的教学行为进行分析、反思与评价，提高全体教师的专业水平。

不得以学生考试成绩作为评价教师的唯一标准。

未经教育行政部门批准，任何社会团体、民间学术机构组织的教学评比结果不得作为教师晋升、提级、评优等的依据。

四、建立有利于提高学校教育质量的评价体系

12. 中小学校评价制度的改革应有利于促进学生、教师和学校的共同发展。要改变长期以来以升学率作为唯一标准评价学校教育质量的做法，建立符合实施素质教育要求的中小学校评价体系。

评价的内容主要包括：

学校领导班子。全面贯彻党的教育方针，具有高度的责任心和实干精神；具有与时俱进规划学校进一步发展的能力；具有一定的理论修养和总结、积累教育经验、推进教育创新的能力；能遵照民主参与、科学决策、依法办事的原则管理学校，提高学校管理效能；具有团结合作的团队精神。

校长要做到遵纪守法，具有正确的教育观念，有一定的教育科学理论基础，有相关学科系统扎实的基础理论和专业知识，掌握现代教育技术，了解国内外教育改革的趋势，具有开拓进取的精神和民主、平等、实事求是的思想作风，有较强的组织管理能力、协调能力，有丰富的实际工作经验和较强的研究能力，能按照课程的要求对学校各环节工作进行有效管理。

制度与管理。学校应有符合素质教育要求和体现学校特色的办学目标和发展规划；有符合《基础教育课程改革纲要（试行）》精神的课程设置、实施措施与管理方案；重视校内外课程资源的开发和利用；有加强学校教职工队伍建设的措施；评价制度应有利于促进学生成长和教师发展；校园环境（包括人文环境和规章制度）应有利于学生身心健康。

教学研究制度。学校应建立以校为本、自下而上的教学研究制度，鼓励教师参与教学改革，从改革实践中提出教研课题；学校应有归纳课程、组织进行教学研究的能力，有促进教师专业发展的规划与措施。

体育与文艺活动。学校要有活跃的学生体育与文艺社团，开展经常性的体育与文艺活动，广大学生都自觉积极参与。学校体育、文艺活动应注重特色。

13. 学校评价的措施与方法。

建立以学校自评为主，教育行政部门、学生、家长和社区共同参与的评价制度。学校应对评价所涉及的各方面进行自我评估，准确了解学校的发展状况，针对存在的问题采取及时有效的改进措施。

评价学校应注重实证性的考察（如现场观察、访谈、问卷、听课、座谈、分析学校的原始记录和档案等）。

各级教育行政部门不得以升学率作为评价学校的标准。

五、中小学升学考试与招生制度的改革

14. 在已普及九年义务教育的地区，公办学校实行义务教育阶段就近免试入学，民办和各类进行办学体制改革的小学、初中也不得以考试的方式选拔新生。

15. 初中毕业、升学考试命题必须依据国家课程标准，杜绝设置偏题、怪题，要采用形式多样的考试方式，使学生在考试中有展示特长和潜能的机会。

初中升高中的考试与招生中，要综合考虑学生的整体素质和个体差异，改变以升学考试科目分数简单相加作为唯一录取标准的做法。高中录取标准除考试成绩以外，可试行参考学生成长记录、社会实践和社会公益活动记录、体育与文艺活动记录、综合实践活动记录等其他资料，综合评价进行录取。积极探索建立招生名额分配、优秀学生公开推荐等制度。

任何单位和个人不得以任何形式按中考成绩给地区、学校和学生排队并公布名次。

制定严格有效的监督制约制度和公示制度，坚决杜绝考试招生中的舞弊等腐败现象。

16. 国家和省级教育行政部门要对初中升高中的考试命题和考试管理进行评价和指导。对不符合国家考试命题和考试管理要求的命题单位要提出改进要求，不能按要求改进的取消其命题权，另由省级教育行政部门组织命题，或者委托该省（自治区、直辖市）其他具备命题能力的单位组织命题。

六、普通高中会考制度的改革

17. 各省、自治区、直辖市对普通高中会考具有统筹决策权。

由省级教育行政部门提出是否组织普通高中毕业会考方案，报省级人民政府批准，并报教育部备案。

不再进行普通高中会考的地方要建立和完善普通高中毕业考试制度。

继续实施普通高中会考的地方要在省级教育行政部门的指导下，以全面实施素质教育为宗旨，坚持按照会考作为水平考试的原则进行命题。适当减少会考科目，加强对学生实验能力和其他实践能力的考查。经省级教育行政部门认定，部分质量好、信誉好的学校可免予会考，允许其自行组织毕业考试，对成绩合格者颁发会考合格证书。

18. 逐步形成允许高中阶段其他学校的学生和社会人员参加会考的机制。要为学生提供多次考试机会和补考机会。

七、继续深化高考改革，积极探索综合评价、择优录取的高等学校招生办法

19. 高等学校招生制度改革要继续按照有助于高等学校选拔人才、有助于中学实施素质教育、有助于高等学校扩大招生自主权的原则，坚持德智体全面衡量、择优录取和公平竞争、公正选拔。

高考内容改革将更加注重对考生素质和能力的考查，积极引导中学加强对学生全面素质的培养。高考科目设置改革要将统一性与选择性相结合，在满足高等学校选拔人才的同时，促进学生全面发展与个性发展。高等学校选拔方式的改革要进一步探索建立在文化考试基础上综合评价、择优录取的办法。

高中应探索建立综合性的评价体系，增加反映学生在校期间参加研究性学习、社会公益活动及日常表现等真实、典型的内容，为高等学校招生工作提供更多的学生成长信息，逐步使中学对学生的评价记录成为高等学校招生择优录取的重要参考之一。

八、组织实施

20. 各省、自治区、直辖市教育行政部门要高度重视中小学评价与考试制度的改革，加强领导，组织研究队伍，根据本通知精神制定具体实施办法，报教育部备案。在制定实施办法时，应充分吸纳已有的研究成果和实践经验，结合当地的实际情况全面部署评价和考试制度改革工作，并把这项改革同课程改革结合起来。实施办法要求真务实，防止搞形式主义。课程改革实验区要在推进新课程的同时，积极推进评价与考试制度的改革，并创造条件鼓励和支持教师积极参与研究和探索。

21. 教育督导部门要将中小学评价与考试制度改革作为对地方教育行政部门和学校督导评估的一项重要内容，并根据本通知精神对现行督导评估标准进行必要的调整。

22. 教研部门应贯彻课程改革的精神，认真研究评价内容和评价方式，提高为学校和教师服务的能力，促进教师的发展和学校课程实施水平的提高。

23. 各级教育行政部门要加强对本地区中小学校长、教师的培训，使中小学广大教育工作者了解评价与考试制度的改革方向和要求，掌握评价的基本方法，克服在部分地区、学校和教师中存在的陈旧评价和考试观念以及对评价与考试制度改革的疑虑；要以多种形式向全社会宣传中小学评价与考试制度的改革，宣传现代教育评价思想，转变传统的考试评价观念，使中小学考试评价制度的改革得到全社会的广泛支持。

高等学校境外办学暂行管理办法

（2002 年 12 月 31 日　教育部发布）

第一条　为促进中国教育对外交流与合作，规范高等学校境外办学活动，制定本办法。

第二条　本办法所称高等学校境外办学，是指高等学校独立或者与境外具有法人资格并且为所在国家（地区）政府认可的教育机构及其他社会组织合作，在境外举办以境外公民为主要招生对象的教育机构或者采用其他形式开展教育教学活动，实施高等学历教育、学位教育或者非学历高等教育。

第三条　高等学校境外办学应当坚持积极探索，稳步发展，量力而行，保证质量，规范管理，依法办学的方针。

第四条　高等学校境外办学应当符合中国的相关规定，遵守所在国家（地区）的法律、法规，并取得相应的合法资格，独立承担相应的法律责任。

第五条　高等学校境外办学应当优先举办具有中国高等教育比较优势或者特色的学科，并充分考虑所在国家（地区）的需求及发展特点。国家鼓励高等学校在更为广泛的学科领域开展境外办学活动。

高等学校境外办学授予中国学历、学位的，其专业设置、学制应当符合中国有关规定，切实维护中国高等教育的质量标准和信誉。

第六条　高等学校境外办学实施本科或者本科以上学历教育的，按隶属关系由省、自治区、直辖市人民政府或者学校主管部门审核后，报教育部审批。教育部应当在接到申请之日起 30 日内作出批准或者不批准的决定。

第七条　高等学校境外办学实施专科教育或者非学历高等教育的，按隶属关系由省、自治区、直辖市人民政府或者学校主管部门审批，并在接到申请之日起 30 日内作出批准或者不批准的决定。审批机关应当自批准之日起 15 日内，将批准文件报送教育部备案。

第八条　高等学校申请境外办学，需要报送以下材料：

（一）申请书。申请书应当包括以下内容：

境外办学的目的、办学条件、合作方式、修业年限及学位授予办法、师资和生源预测、财务运营状况预测等，并说明外方合作者的基本情况以及是否符合所在国家（地区）的相关法律规定。

（二）教学计划、人才培养目标及模式、课程设置等有关教学的基本文件。

（三）外方合作者有效的办学资格和资信证明。

（四）中外方合作者签署的合作协议。合作协议应当包括以下内容：

机构名称及性质、课程设置、入学标准、师资与教材、合作期限、各方的权利和义务、学位授予、管理方式、财务安排、争端解决办法、清算办法等。

合作协议在境外办学申请获得批准后方可执行。

（五）申请举办独立设置的教育机构的，应当报送机构章程。机构章程应当规定以下事项：

机构名称和地址、办学宗旨、办学规模、生源预测、学科门类的设置、教育形式、内部管理体制、经费来源、财务运营状况预测、财产和财务制度、举办者与教育机构之间的权利和义务、章程修改程序及其他必须由章程规定的事项。

第九条 高等学校境外办学可以由中外办学机构依照有关规定联合或者分别颁发相应的学业证书。

经批准实施高等学历教育或者学位教育的，可以依照有关规定颁发中国相应的学历文凭。对由中外双方联合授予学位或者由中方单独授予学位的，应当符合中国学位的有关规定。

实施非学历高等教育的，可以根据实际情况颁发写实性证书。

第十条 教育部和省、自治区、直辖市人民政府以及学校主管部门应当根据各自的审批权限，负责对高等学校境外办学活动的指导、监督和管理工作。

第十一条 高等学校赴香港、澳门特别行政区办学，适用本办法。

高等学校赴台湾地区办学的有关事宜，另行规定。

高等学校通过校际交流或者其他途径派遣教师赴境外教育机构的讲学活动，不适用本办法。

第十二条 本办法自2003年2月1日起施行。

教育部办公厅关于校史和校庆问题的通知

（2002年6月13日）

在党中央、国务院实施科教兴国战略的有力推动下，在各级党委、政府和社会各界的大力支持下，我国高等教育事业取得了较快发展，高等教育管理体制改革和布局结构调整顺利推进，高等学校的发展迎来了前所未有的大好机遇。回顾总结我国现代高等教育发展的历史和高等学校的历史，对于规划好我国高等教育在新世纪的发展具有重要意义。近年来，许多学校通过举办校庆活动，宣传自己的历史和品牌，鼓舞了师生员工，扩大了社会影响。但是，也有少数学校在举办校庆活动时不够实事求是，未经认真考证，任意上溯学校的办学历史，改变社会公认的建校时间，这是不严肃的，也易在高等教育界和学术界引发不必要的混乱与争议。为此，现就校史和校庆有关问题通知如下：

一、高等学校的建校历史问题在一定程度上涉及到对我国现代高等教育发展历史的认定，各地各高校对此要予以高度重视，本着实事求是、尊重历史、尊重科学的态度对校史加以确定，不能仅凭主观愿望牵强附会进行变更。

1. 高等学校的建校历史是一个学术问题，进行变更必须经过充分科学论证，必须有翔实的历史记载和依据，要得到高等教育史学界和有关专家的充分认可。由某个学校的主体和某个系科发展、衍生而来的不同高等学校，在办学历史上有共同的渊源，但在建校历史和校庆年份的认定上应有不同的概念以示区别；另外，合并高等学校的建校历史和校庆年份确定问题，也须进行科学论证。

2．高等学校建校历史的变更也涉及一定的法律问题。新中国成立后，经国家批准设立的高等学校其校名、设立时间以及旧中国高等学校经重新确认的校名才具有合法性。高等学校的校名是学校知识产权的重要组成部分，名校的校名更是一笔重要的无形资产，并为某一高等学校专属。按照《高等教育法》的规定，高等学校校名经审批机关批准后才可变更。擅自延用旧中国高等学校校名，不仅忽视了教育行政部门的管理权，同时也使一些高等学校为争夺原校名而产生纠纷，干扰高等教育的正常管理秩序。因此，在确认高等学校建校历史时，如涉及到校名认可、批准设立等问题，要遵循现有法律的有关规定，避免对其他高校的合法权益造成侵犯。

3．高等学校建校历史的变更，还涉及到一些政治问题。首先，涉及到对我国高等教育事业是在新中国成立以后得到持续、快速、健康发展这一历史事实的充分认定；其次，一些教会学校的历史涉及到帝国主义对华教育的侵略，还有一些特定历史时期的学校涉及反动的政治背景。因此，在这个问题上我们必须有清醒的政治意识。

4．高等学校建校历史的变更，将会产生社会影响，必须获得社会的广泛认同。

首先是高等教育界和高等学校之间的广泛认同，特别要避免引起有相同历史渊源的高等学校之间在建校历史和品牌问题方面的争议。

二、高等学校建校历史问题事关重大，影响广泛，为此，我部将对高等学校建校历史和校庆年份的确定进一步提出原则意见，在此之前，高等学校变更校史和校庆年份必须报经学校主管部门审定同意。各主管部门对高等学校提出的校史和校庆年份的变更要求，应组织专家进行严肃认真的论证，并报我部备案。

三、在尊重历史、实事求是的原则下，我们赞同学校通过举办一定的校庆活动宣传学校及校史，但庆祝活动要注意思想性、学术性和历史性并重，忌奢华，忌浮躁。各高等学校在校庆的宣传中，必须充分肯定新中国成立以后，特别是改革开放以来在党中央、国务院的领导下，我国高等教育事业改革发展和学校发展前进的历史成就，激励广大师生员工发扬光荣传统，扎扎实实做好本职工作，为学校增添新的辉煌，为实施科教兴国战略做出更大的贡献。

资料汇编

2002年具有高等学历教育招生资格的普通高等学校名单

教育部按语：为加强高等教育的宏观管理，确保高等学历教育必要的规格、质量和正常的办学秩序，进一步完善社会监督机制，现将2002年具有高等学历招生资格的1263所普通高等学校的名单（截止到2002年4月25日）予以公布。

在公布的普通高等学校名单中，凡办学条件低于“黄”牌学校标准的，在其校名前以“*”号标注（共17所），表示2002年虽允许招生，但须控制招生规模，增加投入，充实办学条件。

本名单按学校所在地、办学类型、科类等排列，分为三部分，第一部分是本科院校（共629所）；第二部分是高职院校（共634所），包括高等专科学校、职业技术学院（学校）、短期职业大学和民办高等学校；第三部分是经国家批准设立的分校、办学点（共158个）。不含军事院校。除本次公布的高等学校名单外，任何其他机构均不具备举办普通高等学历教育的招生资格。对于违纪招生的单位，其所招学生的学籍、发放的毕业证书国家均不予承认。

一、本科院校(629所)

北京市（54所）

北京大学
中国人民大学
清华大学
北方交通大学
北京科技大学
石油大学
北京邮电大学
北京化工大学
中国农业大学
北京林业大学
北京中医药大学
北京师范大学
北京外国语大学
北京语言文化大学
对外经济贸易大学
中央财经大学
中国政法大学
中央民族大学
中国人民公安大学
中国协和医科大学
北京体育大学
北京理工大学
北京航空航天大学
北京工商大学
北京联合大学
北京工业大学
北方工业大学
首都医科大学
首都师范大学
首都经济贸易大学
北京广播学院
国际关系学院
中央戏剧学院
中央美术学院
中央音乐学院
北京电子科技学院
外交学院
中国青年政治学院
中华女子学院
北京机械工业学院
北京建筑工程学院
北京服装学院
北京印刷学院
北京信息工程学院
北京石油化工学院
首钢工学院
北京农学院
首都体育学院
北京第二外国语学院
北京物资学院
中国音乐学院
北京舞蹈学院
中国戏曲学院
北京电影学院

天津市（18所）

南开大学
天津大学
天津工业大学
天津科技大学
天津医科大学
天津师范大学
中国民用航空学院
天津理工学院

天津城市建设学院
天津农学院
天津中医学院
天津职业技术师范学院
天津外国语学院
天津财经学院
天津商学院
天津体育学院
天津美术学院
天津音乐学院

河北省（26所）

华北电力大学
河北大学
河北工业大学
燕山大学
河北科技大学
河北农业大学
河北医科大学
河北师范大学
河北经贸大学
中国人民武装警察部队学院
华北科技学院
河北理工学院
石家庄铁道学院
河北建筑科技学院
石家庄经济学院
河北建筑工程学院
华北煤炭医学院
张家口医学院
承德医学院
河北职业技术师范学院
邢台学院
唐山师范学院
廊坊师范学院
河北体育学院
唐山学院
中央司法警官学院

山西省（14所）

山西大学
太原理工大学
山西农业大学
山西医科大学
山西师范大学
山西财经大学
华北工学院
太原重型机械学院
长治医学院
山西中医学院
忻州师范学院
雁北师范学院
太原师范学院
运城学院

内蒙古自治区（10所）

内蒙古大学
内蒙古民族大学
内蒙古工业大学
内蒙古农业大学
内蒙古师范大学
包头钢铁学院
内蒙古医学院
包头医学院
包头师范学院
内蒙古财经学院

辽宁省（36所）

大连理工大学
东北大学
大连海事大学
辽宁大学
沈阳大学
大连大学
辽宁工程技术大学
沈阳工业大学
辽宁石油化工大学
鞍山科技大学
沈阳农业大学
中国医科大学
大连医科大学
沈阳药科大学
辽宁师范大学
沈阳师范大学
东北财经大学
大连民族学院
中国刑事警察学院
沈阳建筑工程学院
大连铁道学院
沈阳工业学院
沈阳化工学院
大连轻工业学院
辽宁工学院
沈阳航空工业学院
大连水产学院
辽宁中医学院
锦州医学院
沈阳医学院
锦州师范学院
鞍山师范学院
大连外国语学院
沈阳体育学院
鲁迅美术学院
沈阳音乐学院

吉林省（21所）

吉林大学
东北师范大学
延边大学
北华大学
长春大学
长春理工大学
长春工业大学
吉林农业大学
吉林师范大学
东北电力学院
长春工程学院
吉林建筑工程学院
吉林化工学院
长春中医学院
吉林工程技术师范学院
通化师范学院
白城师范学院
长春师范学院
长春税务学院
吉林体育学院
吉林艺术学院

黑龙江省（21所）

东北林业大学
哈尔滨工业大学
哈尔滨工程大学
黑龙江大学
佳木斯大学
齐齐哈尔大学
哈尔滨理工大学
东北农业大学
黑龙江八一农垦大学
哈尔滨医科大学
黑龙江中医药大学
哈尔滨师范大学
哈尔滨商业大学
大庆石油学院
哈尔滨学院
黑龙江工程学院
黑龙江科技学院
牡丹江医学院
齐齐哈尔医学院
牡丹江师范学院
哈尔滨体育学院

上海市（24所）

复旦大学
同济大学
上海交通大学
华东理工大学
东华大学
华东师范大学
上海外国语大学
上海财经大学
上海大学
上海理工大学
上海工程技术大学
上海水产大学
上海第二医科大学
上海中医药大学
上海师范大学
上海海运学院
上海电力学院
上海应用技术学院
上海对外贸易学院
华东政法学院
上海体育学院
上海音乐学院
上海戏剧学院
上海杉达学院

江苏省（42所）

南京大学
东南大学
中国矿业大学
河海大学
江南大学
南京农业大学
中国药科大学
南京理工大学
南京航空航天大学
苏州大学
扬州大学
江苏大学
南京工业大学
南京林业大学
南京医科大学
南京中医药大学
南京师范大学
徐州师范大学
华东船舶工业学院
南京邮电学院
南京气象学院
淮海工学院
南京工程学院
常州工学院
淮阴工学院
盐城工学院
江苏石油化工学院
南通工学院
徐州医学院
南通医学院
盐城师范学院
南京晓庄学院
淮阴师范学院
南通师范学院
苏州科技学院
常州技术师范学院
南京经济学院
南京审计学院
江苏警官学院
南京体育学院
南京艺术学院
三江学院

浙江省（22所）

浙江大学
宁波大学
浙江工业大学
浙江师范大学
杭州电子工业学院
浙江工程学院
嘉兴学院
中国计量学院
浙江科技学院
浙江海洋学院
浙江林学院
浙江中医学院
温州医学院
杭州师范学院
温州师范学院
湖州师范学院
台州学院
绍兴文理学院
杭州商学院
浙江财经学院
中国美术学院
浙江万里学院

安徽省（24所）

合肥工业大学
中国科学技术大学
安徽大学
安徽理工大学
安徽工业大学
安徽农业大学
安徽医科大学
安徽师范大学
安徽建筑工业学院
安徽工程科技学院
皖西学院
安徽中医学院
皖南医学院
＊蚌埠医学院
阜阳师范学院
安徽技术师范学院
安庆师范学院
淮北煤炭师范学院
淮南师范学院
安徽财贸学院
铜陵学院
合肥学院
黄山学院
巢湖学院

福建省（14所）

厦门大学
华侨大学
福建农林大学
集美大学
福州大学
仰恩大学
福建医科大学
福建师范大学
福建工程学院
福建中医学院
泉州师范学院
漳州师范学院
闽江学院
莆田学院

江西省（17所）

南昌大学
华东交通大学
江西农业大学
江西师范大学
江西财经大学
南方冶金学院
东华理工学院
景德镇陶瓷学院
南昌航空工业学院
江西中医学院
赣南医学院
井冈山师范学院
上饶师范学院
赣南师范学院
南昌职业技术师范学院
宜春学院
九江学院

山东省（33所）

山东大学
青岛海洋大学
青岛大学
山东科技大学
山东理工大学
聊城大学
烟台大学
青岛科技大学
济南大学
山东农业大学
山东中医药大学
山东师范大学
曲阜师范大学
青岛建筑工程学院
山东轻工业学院
山东建筑工程学院
潍坊学院
山东交通学院
莱阳农学院
潍坊医学院
泰山医学院
滨州医学院
济宁医学院
烟台师范学院
临沂师范学院
德州学院
山东经济学院
山东财政学院
中国煤炭经济学院
山东体育学院
山东艺术学院
山东工艺美术学院
泰山学院

河南省（24所）

郑州大学
河南大学
河南科技大学
河南农业大学
河南师范大学
焦作工学院
华北水利水电学院
郑州工程学院
郑州轻工业学院
平顶山工学院
郑州航空工业管理学院

中原工学院
河南中医学院
新乡医学院
信阳师范学院
安阳师范学院
南阳师范学院
商丘师范学院
河南职业技术师范学院
洛阳师范学院
河南财经学院
许昌学院
周口师范学院
黄河科技学院

湖北省（33所）

武汉大学
中南财经政法大学
华中科技大学
武汉理工大学
中国地质大学
华中农业大学
华中师范大学
中南民族大学
湖北大学
江汉大学
三峡大学
武汉科技大学
襄樊学院
湖北工学院
江汉石油学院
武汉化工学院
武汉科技学院
武汉工业学院
湖北汽车工业学院
湖北农学院
湖北中医学院
郧阳医学院
湖北师范学院
黄冈师范学院
孝感学院
荆州师范学院
湖北经济学院
湖北警官学院
武汉体育学院
湖北美术学院
武汉音乐学院
湖北民族学院
咸宁学院

湖南省（23所）

中南大学
湖南大学
湘潭大学
吉首大学
南华大学
湖南农业大学
湖南师范大学
长沙交通学院
长沙电力学院
株洲工学院
湘潭工学院
湖南城市学院
湖南工程学院
中南林学院
湖南中医学院
湘潭师范学院
常德师范学院
衡阳师范学院
岳阳师范学院
湖南商学院
怀化学院
零陵学院
邵阳学院

广东省（31所）

中山大学
华南理工大学
暨南大学
汕头大学
深圳大学
五邑大学
广东工业大学
华南农业大学
湛江海洋大学
广州中医药大学
华南师范大学
广东外语外贸大学
广州大学
佛山科学技术学院
肇庆学院
茂名学院
东莞理工学院
仲恺农业技术学院
广东医学院
广州医学院
广东药学院
嘉应学院
*惠州学院
湛江师范学院
韩山师范学院
韶关学院
广东商学院
广州体育学院
广州美术学院
星海音乐学院
广东职业技术师范学院

广西壮族自治区（13所）

广西大学
广西医科大学
广西师范大学
桂林电子工业学院
桂林工学院
广西工学院
广西中医学院
右江民族医学院
桂林医学院
广西师范学院
玉林师范学院
广西艺术学院
广西民族学院

海南省（4所）

海南大学
华南热带农业大学
海南医学院
海南师范学院

重庆市（16所）

重庆大学
西南师范大学
渝州大学
西南农业大学
重庆医科大学
西南政法大学
渝西学院
重庆三峡学院
重庆交通学院
重庆邮电学院
重庆工学院
重庆师范学院
涪陵师范学院
四川外语学院
重庆商学院
四川美术学院

四川省（25所）

四川大学
西南交通大学
电子科技大学
西南财经大学
西南科技大学
四川农业大学
成都中医药大学
四川师范大学
西南民族学院
中国民用航空飞行学院
攀枝花学院
宜宾学院
成都理工大学
西南石油学院
四川工业学院
四川轻化工学院
成都信息工程学院
泸州医学院
川北医学院
四川师范学院
内江师范学院
乐山师范学院
成都体育学院
四川音乐学院
绵阳师范学院

贵州省（10所）

贵州大学
贵州工业大学

贵州师范大学
贵阳医学院
遵义医学院
贵阳中医学院
遵义师范学院
黔南民族师范学院
贵州财经学院
贵州民族学院

云南省（14所）

云南大学
昆明理工大学
云南农业大学
云南师范大学
西南林学院
昆明医学院
云南中医学院
大理学院
曲靖师范学院
玉溪师范学院
楚雄师范学院
云南财贸学院
云南艺术学院
云南民族学院

西藏自治区（3所）

西藏大学
西藏藏医学院
西藏民族学院

陕西省（27所）

西安交通大学
长安大学
西安电子科技大学
西北农林科技大学
陕西师范大学
西北工业大学
西北大学
延安大学
西安理工大学
西安建筑科技大学
陕西科技大学
西安科技学院
西安石油学院
西安工程科技学院
西安工业学院
西安邮电学院
陕西中医学院
渭南师范学院
宝鸡文理学院
咸阳师范学院
陕西理工学院
西安外国语学院
西安财经学院
西北政法学院
西安体育学院
西安美术学院
西安音乐学院

甘肃省（12所）

兰州大学
甘肃工业大学
甘肃农业大学
西北师范大学
西北民族学院
河西学院
兰州铁道学院
兰州医学院
甘肃中医学院
天水师范学院
兰州商学院
甘肃政法学院

青海省（4所）

青海大学
青海师范大学
青海医学院
青海民族学院

宁夏回族自治区（3所）

宁夏大学
西北第二民族学院
宁夏医学院

新疆维吾尔自治区(11所)

新疆大学
石河子大学
新疆农业大学
塔里木农垦大学
新疆医科大学
新疆师范大学
昌吉学院
喀什师范学院
伊犁师范学院
新疆财经学院
新疆艺术学院

二、高职院校(634所)

北京市（8所）

北京青年政治学院
海淀走读大学
北京吉利大学
北京科技经营管理学院
北京轻工职业技术学院
北京信息职业技术学院
北京工业职业技术学院
北京农业职业学院

天津市（17所）

天津医学高等专科学校
天津职业大学
天津交通职业学院
民办天狮职业技术学院
天津工业职业技术学院
天津机电职业技术学院
天津工程职业技术学院
天津现代职业技术学院
天津公安警官职业学院
天津轻工职业技术学院
天津渤海职业技术学院
天津滨海职业学院
天津电子信息职业技术学院
*天津工商职业技术学院
天津对外经济贸易职业学院
天津青年职业学院
天津中德职业技术学院

河北省（41所）

防灾技术高等专科学校
承德石油高等专科学校
河北工程技术高等专科学校
华北航天工业学院
张家口农业高等专科学校
邯郸农业高等专科学校
邯郸医学高等专科学校
邢台医学高等专科学校
保定师范专科学校
石家庄师范专科学校
承德民族师范高等专科学校
衡水师范专科学校
沧州师范专科学校
邯郸师范专科学校
张家口师范专科学校
保定金融高等专科学校
邢台职业技术学院
石家庄职业技术学院
保定职业技术学院
河北能源职业技术学院
河北职业技术学院
河北工业职业技术学院
邯郸职业技术学院
张家口职业技术学院
石家庄铁路工程职业技术学院
沧州职业技术学院
承德民族职业技术学院
石家庄计算机职业学院
河北建材职业技术学院
河北政法职业学院
石家庄影视艺术职业学院
河北石油职业技术学院
河北工程技术职业学院
唐山工业职业技术学院
衡水职业技术学院
秦皇岛职业技术学院
邯郸中原外国语职业学院
唐山职业技术学院
石家庄法商职业学院
承德旅游职业学院
河北省艺术职业学院

山西省（19所）

太原电力高等专科学校
大同医学专科学校
晋中师范高等专科学校
吕梁高等专科学校

晋东南师范专科学校
山西财政税务专科学校
山西警官高等专科学校
太原大学
山西矿业职业技术学院
大同职业技术学院
长治职业技术学院
山西艺术职业学院
山西交通职业技术学院
山西生物应用职业技术学院
北岳职业技术学院
晋城职业技术学院
山西工程职业技术学院
山西建筑工程职业技术学院
山西兴华职业学院

内蒙古自治区（11 所）

* 赤峰民族师范高等专科学校

集宁师范高等专科学校
呼伦贝尔学院
内蒙古民族高等专科学校
河套大学
民办内蒙古丰州学院
包头职业技术学院
内蒙古建筑职业技术学院
兴安职业技术学院
内蒙古体育职业学院
内蒙古警察职业学院

辽宁省（30 所）

阜新高等专科学校
本溪冶金高等专科学校
辽阳石油化工高等专科学校
沈阳电力高等专科学校
辽宁交通高等专科学校
辽宁外国语师范高等专科学校
本溪师范高等专科学校
铁岭师范高等专科学校
锦州师范高等专科学校
抚顺师范高等专科学校
朝阳师范高等专科学校
辽宁财政高等专科学校
辽宁税务高等专科学校
辽宁商业高等专科学校
辽宁警官高等专科学校
本溪市高等职业专科学校
鞍山市高等职业专科学校
辽阳职业技术学院
大连职业技术学院
抚顺职业技术学院
辽宁商务职业学院
辽宁对外经贸职业学院
渤海船舶职业学院
盘锦职业技术学院
大连商务职业学院
辽宁农业职业技术学院
丹东职业技术学院
营口职业技术学院
大连东软信息技术职业学院
大连艺术职业学院

吉林省（14 所）

吉林粮食高等专科学校
长春汽车工业高等专科学校
吉林特产高等专科学校
长春医学高等专科学校
长春金融高等专科学校
吉林财税高等专科学校
吉林商业高等专科学校
吉林公安高等专科学校
四平职业大学
吉林交通职业技术学院
民办吉林华侨外语职业学院
长春东方职业学院
辽源职业技术学院
吉林对外经贸职业学院

黑龙江省（27 所）

大庆高等专科学校
黑龙江水利专科学校
鸡西煤炭医学高等专科学校
呼兰师范专科学校
黑龙江农垦师范专科学校
绥化师范专科学校
克山师范专科学校
鹤岗师范高等专科学校
哈尔滨金融高等专科学校
鸡西大学
牡丹江大学
民办黑龙江东方学院
齐齐哈尔职业学院
黑龙江农垦职业学院
黑龙江建筑职业技术学院
黑龙江农业职业技术学院
伊春职业学院
大庆职业学院
黑龙江农业工程职业学院
黑龙江司法警官职业学院
黑龙江林业职业技术学院
哈尔滨职业技术学院
哈尔滨电力职业技术学院
哈尔滨铁道职业技术学院
大兴安岭职业学院
黑龙江畜牧兽医职业学院
黑龙江农业经济职业学院

上海市（21 所）

上海海关高等专科学校
上海医疗器械高等专科学校
上海出版印刷高等专科学校
上海电机技术高等专科学校
上海旅游高等专科学校
立信会计高等专科学校
上海金融高等专科学校
上海公安高等专科学校
上海商业职业技术学院
民办东海职业技术学院
民办新侨职业技术学院
上海第二工业大学
上海电子信息职业技术学院
上海行健职业学院
民办上海济光职业技术学院
上海交通职业技术学院
民办上海工商外国语职业学院
上海海事职业技术学院
上海科学技术职业学院
上海城市管理职业技术学院
民办上海建桥职业技术学院

江苏省（36 所）

南京森林公安高等专科学校
常熟高等专科学校
镇江市高等专科学校
南京动力高等专科学校
连云港师范高等专科学校
泰州师范高等专科学校
扬州市职业大学
沙洲职业工学院
彭城职业大学
苏州职业大学
南京市农业专科学校
南通职业大学
金陵职业大学
民办明达职业技术学院
无锡职业技术学院
连云港职业技术学院
徐州建筑职业技术学院
泰州职业技术学院
无锡商业职业技术学院
南京工业职业技术学院
苏州工艺美术职业技术学院
南通航运职业技术学院
南通纺织职业技术学院
苏州工业园区职业技术学院
培尔职业技术学院
淮安信息职业技术学院
无锡南洋职业技术学院
钟山职业技术学院
南京交通职业技术学院
江苏畜牧兽医职业技术学院
常州信息职业技术学院
常州纺织服装职业技术学院
正德职业技术学院
南京化工职业技术学院
炎黄职业技术学院
苏州农业职业技术学院

浙江省（36 所）

公安海警高等专科学校
浙江水利水电专科学校
杭州医学高等专科学校
浙江医药高等专科学校
丽水师范专科学校
浙江广播电视高等专科学校
浙江公安高等专科学校

宁波高等专科学校
温州大学
民办浙江树人学院
民办金华职业技术学院
宁波职业技术学院
温州职业技术学院
浙江交通职业技术学院
浙江工贸职业技术学院
绍兴越秀外国语职业学院
台州职业技术学院
浙江工商职业技术学院
浙江艺术职业学院
浙江机电职业技术学院
浙江商业职业技术学院
浙江警官职业学院
浙江工业职业技术学院
浙江旅游职业学院
浙江金融职业学院
浙江经济职业技术学院
浙江建设职业技术学院
浙江经贸职业技术学院
浙江育英职业技术学院
绍兴托普信息职业技术学院
杭州职业技术学院
宁波服装职业技术学院
嘉兴职业技术学院
湖州职业技术学院
衢州职业技术学院
丽水职业技术学院

安徽省（31所）

蚌埠高等专科学校
安徽医学高等专科学校
安徽中医药高等专科学校
宿州师范专科学校
滁州师范专科学校
池州师范专科学校
芜湖师范专科学校
亳州师范高等专科学校
淮南联合大学
安徽纺织职业技术学院
民办万博科技职业学院
淮南职业技术学院
安徽商贸职业技术学院
安徽警官职业学院
铜陵职业技术学院
民办安徽新华职业学院
民办三联职业技术学院
芜湖职业技术学院
安徽水利水电职业技术学院
淮北职业技术学院
合肥通用职业技术学院
六安职业技术学院
民办安徽文达信息技术职业学院
宿州职业技术学院
安徽体育运动职业技术学院
民办合肥经济技术职业学院
安徽电子信息职业技术学院
安徽交通职业技术学院
安徽工业经济职业技术学院
安徽工贸职业技术学院
阜阳职业技术学院

福建省（16所）

三明高等专科学校
龙岩师范高等专科学校
南平师范高等专科学校
宁德师范高等专科学校
福建商业高等专科学校
福建公安高等专科学校
黎明职业大学
闽西职业大学
鹭江职业大学
漳州职业大学
民办福建华南女子职业学院
泉州育青职业技术学院
福建交通职业技术学院
福州英华职业学院
厦门华夏职业学院
泉州光电信息职业学院

江西省（14所）

新余高等专科学校
萍乡高等专科学校
景德镇高等专科学校
南昌高等专科学校
南昌水利水电高等专科学校
井冈山医学高等专科学校
抚州师范专科学校
江西公安专科学校
九江职业大学
民办蓝天职业技术学院
江西工业职业技术学院
九江职业技术学院
江西航天科技职业学院
江西榆州科技职业学院

山东省（31所）

山东电力高等专科学校
山东水利专科学校
临沂医学专科学校
＊菏泽医学专科学校
菏泽师范专科学校
济宁师范专科学校
枣庄师范专科学校
滨州师范专科学校
山东公安专科学校
民办山东万杰医学高等专科学校
山东军星职业技术学院
山东商业职业技术学院
济宁职业技术学院
＊青岛职业技术学院
莱芜职业技术学院
山东劳动职业技术学院
山东南山职业技术学院
曲阜远东职业技术学院
民办青岛滨海职业学院
威海职业学院
日照职业技术学院
聊城职业技术学院
山东服装职业学院
山东力明科技职业学院
潍坊科技职业学院
德州科技职业学院
东营职业学院
潍坊职业学院
烟台职业学院
山东纺织职业学院
滨州职业学院

河南省（41所）

铁道警官高等专科学校
河南纺织高等专科学校
河南机电高等专科学校
郑州工业高等专科学校
郑州电力高等专科学校
信阳农业高等专科学校
郑州牧业工程高等专科学校
郑州澍青医学高等专科学校
新乡师范高等专科学校
平顶山师范高等专科学校
驻马店师范高等专科学校
郑州师范高等专科学校
焦作师范高等专科学校
河南商业高等专科学校
河南财政税务高等专科学校
河南公安高等专科学校
安阳大学
平原大学
南阳理工学院
中州大学
洛阳大学
开封大学
焦作大学
洛阳工业高等专科学校
漯河职业技术学院
黄河水利职业技术学院
民办中原职业技术学院
郑州铁路职业技术学院
河南职业技术学院
三门峡职业技术学院
郑州科技职业学院
商丘职业技术学院
平顶山工业职业技术学院
＊济源职业技术学院
许昌职业技术学院
鹤壁职业技术学院
濮阳职业技术学院
周口职业技术学院
郑州华信职业技术学院
河南司法警官职业学院
河南工业职业技术学院

湖北省（27所）

黄石高等专科学校
湖北药检高等专科学校

湖北中医药高等专科学校
郧阳师范高等专科学校
沙洋师范高等专科学校
湖北财经高等专科学校
武汉商业服务学院
沙市职业大学
鄂州职业大学
武汉生物工程职业技术学院
恩施职业技术学院
襄樊职业技术学院
孝感职业技术学院
十堰职业技术学院
荆门职业技术学院
长江职业学院
武汉时代职业学院
武汉职业技术学院
武汉船舶职业技术学院
黄冈职业技术学院
仙桃职业学院
武汉工程职业技术学院
荆州职业技术学院
汉口职业技术学院
湖北轻工职业技术学院
湖北交通职业技术学院
武汉航海职业技术学院

湖南省（34 所）

武陵高等专科学校
＊湖南计算机专科学校
湖南建材高等专科学校
郴州医学高等专科学校
怀化医学高等专科学校
湖南省第一师范学校
郴州师范高等专科学校
娄底师范高等专科学校
湖南财经高等专科学校
湖南税务高等专科学校
湖南公安高等专科学校
株洲师范高等专科学校
湖南女子职业大学
长沙大学
湘南医学高等专科学校
长沙航空职业技术学院
湖南冶金职业技术学院
湖南托普信息职业技术学院
湖南大众传媒职业技术学院
湖南工业职业技术学院
湖南涉外经济职业学院
湖南铁道职业技术学院
长沙民政职业技术学院
永州职业技术学院
湖南环境生物职业技术学院
湖南科技职业学院
郴州职业技术学院
湖南商务职业技术学院
湘潭职业技术学院
张家界航空工业职业技术学院
长沙通信职业技术学院
娄底职业技术学院
湖南交通职业技术学院
湖南生物与机电工程职业技术学院

广东省（36 所）

中山学院
广州航海高等专科学校
广州金融高等专科学校
广东公安高等专科学校
民办南华工商学院
民办培正商学院
私立华联学院
广州民航职业技术学院
＊广东轻工职业技术学院
＊广东水利电力职业技术学院
佛山职业技术学院
番禺职业技术学院
＊广东交通职业技术学院
广东白云职业技术学院
＊广东农工商职业技术学院
广东新安职业技术学院
顺德职业技术学院
潮汕职业技术学院
深圳职业技术学院
广东松山职业技术学院
广东机电职业技术学院
广东建设职业技术学院
广东女子职业技术学院
广东岭南职业技术学院
汕尾职业技术学院
河源职业技术学院
阳江职业技术学院
罗定职业技术学院
广东纺织职业技术学院
广东外语艺术职业学院
广东财经职业学院
揭阳职业技术学院
广东邮电职业技术学院
汕头职业技术学院
清远职业技术学院
广东亚视演艺职业学院

广西壮族自治区（17 所）

桂林航天工业高等专科学校
柳州师范高等专科学校
梧州师范高等专科学校
南宁师范高等专科学校
钦州师范高等专科学校
桂林师范高等专科学校
河池师范高等专科学校
右江民族师范高等专科学校
广西商业高等专科学校
广西财政高等专科学校
桂林旅游高等专科学校
广西体育高等专科学校
邕江大学
广西机电职业技术学院
南宁职业技术学院
柳州职业技术学院
广西职业技术学院

海南省（5 所）

琼州大学
三亚卓达旅游职业学院
海南职业技术学院
海口经济职业技术学院
海南国科园职业技术学院

重庆市（13 所）

重庆石油高等专科学校
重庆工业高等专科学校
重庆电力高等专科学校
重庆工业职业技术学院
重庆电子职业技术学院
重庆社会工作职业学院
重庆职业技术学院
重庆巴渝职业技术学院
重庆海联职业技术学院
重庆信息技术职业学院
重庆警官职业学院
重庆工程职业技术学院
重庆光彩职业技术学院

四川省（24 所）

自贡高等专科学校
成都纺织高等专科学校
四川烹饪高等专科学校
成都电子机械高等专科学校
西昌农业高等专科学校
西昌师范高等专科学校
自贡师范高等专科学校
康定民族师范高等专科学校
阿坝师范高等专科学校
成都师范高等专科学校
＊达县师范高等专科学校
四川警官高等专科学校
成都大学
凉山大学
民办四川天一学院
成都航空职业技术学院
四川机电职业技术学院
四川交通职业技术学院
达州职业技术学院
四川建筑职业技术学院
四川工商职业技术学院
绵阳职业技术学院
四川电力职业技术学院
四川工程职业技术学院

贵州省（20 所）

黔南民族医学高等专科学校
六盘水师范高等专科学校
毕节师范高等专科学校
铜仁师范高等专科学校
安顺师范高等专科学校

贵阳师范高等专科学校
＊黔西南民族师范高等专科学校
黔东南民族师范高等专科学校
贵州商业高等专科学校
贵阳金筑大学
贵州航天职业技术学院
贵州电子信息职业技术学院
贵州理工职业技术学院
贵州警官职业学院
贵州交通职业技术学院
黔南民族职业技术学院
黔东南民族职业技术学院
安顺职业技术学院
遵义职业技术学院
贵州鸿源管理工程职业学院

云南省（14所）

昆明冶金高等专科学校
昭通师范高等专科学校
昆明师范高等专科学校
蒙自师范高等专科学校
思茅师范高等专科学校
＊文山师范高等专科学校
保山师范高等专科学校
云南公安高等专科学校
＊昆明大学
云南交通职业技术学院
云南科技信息职业技术学院
云南国土资源职业学院
昆明艺术职业学院
西双版纳职业技术学院

陕西省（20所）

西安联合大学
西安航空技术高等专科学校
西安电力高等专科学校
陕西医学高等专科学校
榆林高等专科学校
安康师范专科学校
商洛师范专科学校
西安培华女子大学
西京职业学院
西安欧亚职业学院
杨凌职业技术学院
西安外事职业学院
西安翻译职业学院
陕西工业职业技术学院
陕西国防工业职业技术学院
陕西财经职业技术学院
陕西交通职业技术学院
陕西能源职业技术学院
陕西职业技术学院
西安航空职业技术学院

甘肃省（13所）

兰州工业高等专科学校
庆阳师范高等专科学校
合作民族师范高等专科学校
＊兰州师范高等专科学校
甘肃联合大学
兰州石化职业技术学院
甘肃林业职业技术学院
甘肃建筑职业技术学院
甘肃警察职业学院
酒泉职业技术学院
兰州外语职业学院
兰州职业技术学院
甘肃工业职业技术学院

青海省（4所）

青海民族师范高等专科学校
青海师范高等专科学校
青海财经职业学院
青海警官职业学院

宁夏回族自治区（4所）

固原师范高等专科学校
宁夏石嘴山职业技术学院
吴忠职业技术学院
宁夏工业职业学院

新疆维吾尔自治区（10所）

新疆工业高等专科学校
新疆维吾尔医学专科学校
和田师范专科学校
新疆警官高等专科学校
乌鲁木齐职业大学
新疆机电职业技术学院
新疆轻工职业技术学院
克拉玛依职业技术学院
新疆农业职业技术学院
昌吉职业技术学院

三、分校、办学点（158个）

北京市

北京理工大学分校
北京科技大学分院
北方交大昌平分校
中国工运学院
北京市机械工业局职工大学
北京市经济管理干部学院
北京市财贸管理干部学院
北京人民警察学院
北京市政法管理干部学院
北京市计划劳动管理干部学院
北京市工艺美术品总公司职工大学

天津市

天津市工会管理干部学院

河北省

华北石油职工大学
河北张家口地区教育学院
华北石油教育学院

山西省

山西煤炭职工联合大学
太原经济管理干部学院
山西经济管理干部学院
山西青年管理干部学院
山西政法管理干部学院
广播电影电视管理干部学院

内蒙古自治区

呼和浩特教育学院

辽宁省

辽宁农业管理干部学院

吉林省

吉林省教育学院
吉林省经济管理干部学院

黑龙江省

黑龙江省经济管理干部学院
黑龙江省森林工业管理干部学院
黑龙江省政法管理干部学院
黑龙江省农垦管理干部学院
牡丹江市联合职工大学
齐齐哈尔铁路运输职工大学
齐齐哈尔市职工大学
双鸭山矿务局职工工学院
鹤岗矿务局职工大学
黑龙江省教育学院
齐齐哈尔市教育学院
大庆职工医学院
黑龙江省直属机关职工大学

上海市

上海科技职工大学
上海市徐汇区业余大学
上海市长宁区业余大学
上海市静安区业余大学
上海市普陀区业余大学
上海市杨浦区业余大学
上海机电工业职工大学
上海市政法管理干部学院
上海职工医学院
上海工商学院
上海市宝山区业余大学
上海纺织工业职工大学
上海第二轻工业职工大学
上海市经济管理干部学院
上海市工会管理干部学院
上海青年管理干部学院

江苏省

南京联合职工大学
南京电子工业职工大学
南京市机械工业职工大学
无锡市城建职工大学
江阴市职工大学
常州市职工大学
苏州市建筑工程局职工大学

江苏教育学院
苏州教育学院
扬州教育学院
南京人口管理干部学院
徐州经济管理干部学院

浙江省
浙江工业大学浙西分校

安徽省
蚌埠市职工大学
芜湖教育学院

福建省
福建教育学院
福建经济管理干部学院
福建财会管理干部学院

江西省
江西医学院上饶分院
江西财院九江学院
江西教育学院
江西新余钢铁总厂职工大学
南昌钢铁厂职工大学
江西经济管理干部学院
萍乡煤矿职工大学
江西行政管理干部学院
南昌飞机制造公司职工工学院
南昌教育学院
江西金融职工大学

山东省
青岛远洋船员学院
山东省贸易职工大学
山东省水利职工大学
山东冶金职工大学
新汶矿务局职工大学
兖州矿区职工大学
山东铝业公司职工大学
山东省农业管理干部学院
山东省青年管理干部学院
济南教育学院
烟台教育学院
山东省菏泽教育学院
山东省聊城教育学院

河南省
河南教育学院
河南省建筑职工大学
第一拖拉机制造厂拖拉机学院
河南政法管理干部学院

湖北省
武汉大学东湖分校
华中师范大学汉口分校
湖北大学武昌分校
三峡大学宜昌分校
华中科技大学武昌分校
武汉科技大学中南分校
第一冶金建设公司职工大学
湖北省城乡建设职工大学
丹江口工程管理局职工大学
湖北省地质职工大学
湖北教育学院
武汉市职工大学
湖北省卫生职工医学院

湖南省
湖南大学衡阳分校
湖南工程职工大学
湖南经济管理干部学院
湖南职工体育运动技术学院
湖南工业科技职工大学
湖南省工艺美术职工大学

广东省
佛山教育学院
江门教育学院
广东教育学院
广州铁路运输职工大学
珠海教育学院
广州金桥管理干部学院
南方成人经贸学院

广西壮族自治区
广西大学梧州分校
广西壮族自治区卫生管理干部学院
广西建筑职工大学
广西教育学院
广西公安管理干部学院
广西政法管理干部学院
南宁地区教育学院

重庆市
重庆教育学院
重庆电力职工大学
重庆职工医学院

四川省
四川经济管理干部学院
四川财贸管理干部学院
成都教育学院

云南省
德宏教育学院
丽江教育学院
临沧教育学院
云南兵器工业职工大学
昆明钢铁公司职工大学

陕西省
陕西航天职工大学
西安铁路运输职工大学
陕西省经济管理干部学院

甘肃省
甘肃中医学院甘南藏医班
甘肃机械电子职工大学
兰州铁路工程职工大学
酒泉钢铁公司职工大学
白银有色金属公司职工大学
兰州教育学院
定西教育学院

宁夏回族自治区
宁夏重工业职工大学

新疆维吾尔自治区
新疆职工大学
新疆教育学院
乌鲁木齐成人教育学院

2002 年具有高等学历教育招生资格的成人高等学校名单

教育部按语：为了向广大考生提供准确的报考信息，对办学条件较差的学校促其增加投入、改善条件，确保教育质量，进一步完善社会监督机制，现将 2002 年具有高等学历教育招生资格的成人高等学校名单予以公布。全国现有成人高校686所，这次向社会公布2002年具有招生资格的562所，凡办学条件低于国家规定要求的，均在其校名前以“*”标出（标注“**”表示已经连续两年办学条件低于国家规定要求），表示2002年可以继续招生，但无条件扩大规模，希望有关学校及其主管部门增加投入，改善办学条件。同时，为了提高统计数据的质量，2002年凡因上报统计数据有误造成办学条件低于国家规定要求的，加注“▲”公布名单，希望引起学校及其主管部门高度重视，加强和健全学校管理工作。

本名单以学校所在地为顺序，包括广播电视大学、职工（农民）高等学校、管理干部学院、教育（教师进修）学院及独立设置的函授学院。除本次公布的成人高等学校及具有函授、夜大学办学资格的普通高校之外，任何其他机构均不具备成人高等学历教育招生资格。

北京市（31所）

国家法官学院
公安部管理干部学院
民航管理干部学院
中国科学院管理干部学院
中国工运学院
北京教育学院
北京汽车工业总公司职工大学
北京人民警察学院
北京市财贸管理干部学院
北京市朝阳区职工大学
北京市崇文区职工大学
北京市东城区职工业余大学
北京市房地产职工大学
北京市丰台区职工大学
北京市工艺美术品总公司职工大学
北京市广播电视大学
北京市海淀区职工大学
北京市机械工业局职工大学
北京市计划劳动管理干部学院
北京市建设职工大学
北京市经济管理干部学院
北京市立信会计职工大学
北京市石景山区业余大学
北京市西城经济科技大学
北京市宣武区红旗业余大学
北京市医药总公司职工大学
北京市政法管理干部学院
北京市职工体育运动技术学院
北京市总工会职工大学
首都钢铁公司职工大学
首都联合职工大学

天津市（24所）

天津汽车工业总公司职工大学
天津市渤海化工职工学院
天津市财贸管理干部学院
天津市工会管理干部学院
天津市管理干部学院
天津市广播电视大学
天津市和平区新华职工大学
▲天津市河北区职工大学
▲天津市河东区职工大学
天津市河西区职工大学
天津市红桥区职工大学
天津市建筑材料工业管理局职工大学
天津市建筑工程业余大学
天津市交通局职工大学
天津市南开区职工大学
天津市冶金工业局职工大学
天津市医药职工大学
天津市政法管理干部学院
▲天津市职工工艺美术学院
天津市职工公用事业学院
天津市职工经济技术大学
天津市职工科学技术大学
天津市职工医学院
天津物资管理干部学院

河北省（16所）

中央司法警官教育学院
邯郸市职工大学
*河北地质职工大学
河北青年管理干部学院
河北省广播电视大学
河北省经贸管理干部学院
河北省职工医学院
河北张家口地区教育学院
华北石油教育学院
华北石油职工大学
▲化工部石家庄管理干部学院
▲农业部乡镇企业管理干部学院
秦皇岛环境管理干部学院
秦皇岛教育学院
石家庄市职工业余大学
张家口市职工大学

山西省（16所）

广播电影电视管理干部学院
山西兵器工业职工大学
山西机电职工学院
山西经济管理干部学院
山西煤炭管理干部学院
山西煤炭职工联合大学
山西青年管理干部学院
山西省广播电视大学
山西省吕梁地区教育学院
山西省职工二轻学院
山西政法管理干部学院
山西职工医学院
太原钢铁公司职工钢铁学院
太原经济管理干部学院
太原市教育学院
阳泉市教育学院

内蒙古自治区（11所）

包头钢铁公司职工大学
包头市职工大学
赤峰教育学院
呼和浩特教育学院
内蒙古呼和浩特管理干部学院
内蒙古矿业职工大学
内蒙古水利职工大学
内蒙古自治区广播电视大学
通辽市教育学院
锡林郭勒盟教育学院
伊克昭盟教育学院

辽宁省（28所）

海军职工大学
鞍钢职工工学院
北票矿务局职工煤矿专科学校
本溪钢铁公司职工工学院
大连工人大学
大连市广播电视大学
大连市教育学院
大连职工大学
抚顺矿务局职工工学院
抚顺石油化工公司职工大学

阜新矿务局职工大学
阜新煤炭职工医学专科学校
辽宁兵器工业职工大学
辽宁财贸职工大学
辽宁广播电视大学
辽宁经济管理干部学院
辽宁农业管理干部学院
辽宁省金融职工大学
辽宁省直属机关职工大学
辽宁文化艺术职工大学
辽宁政法管理干部学院
辽宁职工体育运动技术学院
沈阳航空职工大学
沈阳机械工业职工大学
沈阳市广播电视大学
沈阳市联合职工大学
沈阳市职工大学
*铁岭职工大学

吉林省（17 所）

吉林铁路运输职工大学
白城市职工大学
长春教育学院
长春市广播电视大学
长春市建筑职工业余大学
长春市职工大学
长春职工医科大学
吉林化学工业公司职工大学
吉林省广播电视大学
吉林省教育学院
吉林省经济管理干部学院
吉林省行政管理干部学院
吉林职工医科大学
梨树农村成人高等专科学校
通化钢铁公司职工大学
延边黎明农民大学
延边职工大学

黑龙江省（39 所）

齐齐哈尔铁路运输职工大学
大庆职工医学院
哈尔滨航空职工大学
哈尔滨机电职工大学
哈尔滨科技职工大学
哈尔滨市财贸职工大学
哈尔滨市广播电视大学
哈尔滨市建设职工大学
哈尔滨市教师体育学院
哈尔滨市经济管理干部学院
哈尔滨市职工大学
哈尔滨市职工医学院
哈尔滨职工轻工学院
鹤岗矿务局职工大学
黑龙江兵器工业职工大学
黑龙江省电力职工大学
黑龙江省二轻职工大学
黑龙江省广播电视大学
黑龙江省教育学院
黑龙江省经济管理干部学院
黑龙江省科技职工大学
黑龙江省农垦管理干部学院
黑龙江省森林工业管理干部学院
黑龙江省商业职工大学
黑龙江省社会科学院职工大学
黑龙江省绥化地区教育学院
黑龙江省政法管理干部学院
黑龙江省直属机关职工大学
黑龙江省职工体育运动技术学院
鸡西煤炭职工医学院
佳木斯市教育学院
佳木斯市联合职工大学
牡丹江市教育学院
牡丹江市联合职工大学
齐齐哈尔市建设职工大学
齐齐哈尔市教育学院
齐齐哈尔市职工大学
双鸭山矿务局职工工学院
伊春市职工大学

上海市（24 所）

海关管理干部学院
上海财政税务职工大学
上海第二轻工业职工大学
上海纺织工业职工大学
上海工商学院
上海机电工业职工大学
上海科技职工大学
上海青年管理干部学院
上海市宝山区业余大学
上海市长宁区业余大学
上海市工会管理干部学院
上海市广播电视大学
上海市虹口区业余大学
上海市黄浦区业余大学
上海市经济管理干部学院
上海市静安区业余大学
上海市卢湾区业余大学
上海市普陀区业余大学
上海市徐汇区业余大学
上海市杨浦区业余大学
上海市政法管理干部学院
上海医药职工大学
上海职工体育运动技术学院
上海职工医学院

江苏省（26 所）

空军第一职工大学
常州市职工大学
江苏教育学院
江苏商业管理干部学院
江苏省广播电视大学
*江苏省省级机关管理干部学院
江苏省职工医科大学
江阴市职工大学
南京电子工业职工大学
南京金陵旅馆管理干部学院
南京联合职工大学
南京人口管理干部学院
南京市广播电视大学
南京市机械工业职工大学
南京市职工大学
南通市工人业余大学
苏州教育学院
苏州市建筑工程局职工大学
*苏州市职工大学
苏州市职工业余大学
无锡市城建职工大学
无锡市职工大学
徐州教育学院
徐州经济管理干部学院
扬州教育学院
扬州市职工大学

浙江省（18 所）

东海业余专科学校
杭州市工人业余大学
杭州市业余科技大学
杭州职工大学
金华教育学院
宁波教育学院
宁波市纺织局职工大学
宁波市广播电视大学
浙江机电职工大学
浙江嘉兴教育学院
浙江教育学院
浙江经济管理职工大学
浙江省电力职工大学
浙江省供销合作社联合社职工学院
浙江省广播电视大学
浙江省省级机关职工业余大学
浙江省职工体育运动技术学院
浙江育才职工大学

安徽省（15 所）

安徽电力职工大学
安徽教育学院
安徽经济管理干部学院
安徽省广播电视大学
安徽省直职工大学
安徽宣州教育学院
蚌埠教育学院
蚌埠市职工大学
合肥农村经济管理干部学院
合肥市职工大学
合肥职工科技大学
淮南市职工大学
马鞍山钢铁公司职工大学
宿县地区教育学院
芜湖教育学院

福建省（11所）

福建财会管理干部学院
福建教育学院
福建金融管理干部学院
福建经济管理干部学院
福建省广播电视大学
福建政法管理干部学院
福州教育学院
福州业余大学
厦门工人业余大学
厦门教育学院
厦门市广播电视大学

江西省（17所）

昌河飞机制造厂职工工学院
吉安地区职工大学
江西教育学院
江西金融职工大学
江西经济管理干部学院
江西省广播电视大学
江西省机械职工大学
华中电业联合职工大学(江西)
江西新余钢铁总厂职工大学
江西行政管理干部学院
景德镇陶瓷职工大学
南昌飞机制造公司职工工学院
南昌钢铁厂职工大学
南昌教育学院
南昌市工人业余大学
南昌市业余大学
萍乡煤矿职工大学

山东省（26所）

济南机械职工大学
济南教育学院
济南市职工科技大学
青岛教育学院
青岛市广播电视大学
青岛远洋船员学院
＊山东兵器工业职工大学
山东铝业公司职工大学
山东省工会管理干部学院
山东省广播电视大学
山东省菏泽教育学院
山东省教育学院
山东省经济管理干部学院
山东省聊城教育学院
山东省贸易职工大学
山东省农业管理干部学院
山东省青年管理干部学院
山东省水利职工大学
山东省政法管理干部学院
山东外贸职工大学
山东冶金职工大学
潍坊教育学院
新汶矿务局职工大学
烟台教育学院
兖州矿区职工大学
中国重型汽车集团公司职工大学

河南省（27所）

长城铝业公司职工工学院
第一拖拉机制造厂拖拉机学院
河南教育学院
河南省安阳钢铁公司职工大学
河南省广播电视大学
河南省化工职工大学
河南省建筑职工大学
河南卫生职工学院
河南政法管理干部学院
焦作教育学院
焦作煤矿职工医学院
开封教育学院
开封空分设备厂职工大学
开封市职工业余大学
洛阳市职工科学技术学院
洛阳有色金属职工大学
洛阳轴承厂职工大学
磨料磨具工业职工大学
平顶山教育学院
新乡教育学院
信阳教育学院
郑州教育学院
郑州煤炭管理干部学院
郑州煤田职工地质学院
＊郑州市职工业余大学
周口教育学院
驻马店教育学院

湖北省（24所）

长江葛洲坝工程局职工大学
长江职工大学
丹江口工程管理局职工大学
第一冶金建设公司职工大学
湖北函授大学
湖北教育学院
湖北省城乡建设职工大学
湖北省地质职工大学
湖北省广播电视大学
湖北省黄石教育学院
湖北省经济管理干部学院
湖北省卫生职工医学院
湖北省直属机关业余大学
湖北武汉公安管理干部学院
荆州教育学院
十堰教育学院
武汉交通管理干部学院
武汉市广播电视大学
武汉市经济管理干部学院
武汉市职工财经学院
武汉市职工大学
武汉冶金管理干部学院
宜昌市教育学院
中国长江航运集团职工大学

湖南省（25所）

长沙市教师进修学院
长沙市职工大学
郴州地区教师进修学院
衡阳工业职工大学
衡阳市职工大学
衡阳有色冶金职工大学
湖南兵器工业职工大学
湖南纺织职工大学
湖南工程职工大学
湖南工业科技职工大学
湖南工业职工大学
湖南机电职工大学
湖南经济管理干部学院
湖南农村金融职工大学
湖南省工艺美术职工大学
湖南省广播电视大学
湖南石化职工大学
湖南有色金属职工大学
湖南职工体育运动技术学院
涟源钢铁总厂职工大学
南方动力机械公司职工工学院
湘潭市教师进修学院
益阳地区教师进修学院
岳阳职工高等专科学校
株洲市职工大学

广东省（34所）

广州铁路运输职工大学
佛山教育学院
广东成人财经学院
广东教育学院
＊广东青年管理干部学院
广东社会科技大学
广东省财贸管理干部学院
广东省成人科技大学
广东省佛山职工医学院
广东省广播电视大学
广东省国防工业职工大学
广东省经济管理干部学院
广东省科技管理干部学院
广东省农业管理干部学院
广东省行政管理干部学院
广东新华教育学院
广州金桥管理干部学院
广州市财贸管理干部学院
广州市公安管理干部学院
广州市广播电视大学
广州市经济管理干部学院
广州市乡镇企业管理干部学院
广州市职工大学
广州业余大学
华南文艺成人学院
江门教育学院
南方成人经贸学院

南海成人学院
汕头教育学院
汕头市业余大学
韶关市职工大学
深圳市广播电视大学
湛江教育学院
珠海教育学院

广西壮族自治区(11所)

广西公安管理干部学院
广西建筑职工大学
广西教育学院
广西政法管理干部学院
＊＊广西直属机关业余大学
广西壮族自治区广播电视大学
广西壮族自治区经济管理干部学院
广西壮族自治区卫生管理干部学院
桂林市职工大学
南宁地区教育学院
梧州市教育学院

海南省（1所）

海南省广播电视大学

重庆市（13所）

重庆兵器工业职工大学
重庆城建职工学院
重庆电力职工大学
重庆化工职工大学
重庆教育学院
重庆青年管理干部学院
重庆商业职工大学
重庆社会大学
重庆市广播电视大学
重庆市职工大学
重庆冶金成人学院
重庆职工会计专科学校
重庆职工医学院

四川省（35所）

成都电子职工大学
成都发动机公司职工大学
成都飞机工业公司职工工学院
▲成都工业职工大学
成都教育学院
成都市广播电视大学
成都市职工大学
▲成都电力职工大学
成都冶金职工大学
川北教育学院
德阳教育学院
第五冶金建设公司职工大学
广元职工医学院
国营涪江机器厂职工大学
凉山教育学院
泸州教育学院
南充教育学院
南充市职工大学
四川财贸管理干部学院
四川干部函授学院
四川核工业职工大学
四川教育学院
四川经济管理干部学院
四川科技职工大学
四川农业管理干部学院
四川省东方动力职工大学
四川省广播电视大学
四川省计划生育管理干部学院
四川省职工运动技术学院
四川卫生管理干部学院
四川政法管理干部学院
雅安教育学院
中国第二重型机械集团公司职工大学
中国工程物理研究院职工工学院
自贡教育学院

贵州省（6所）

毕节教育学院
贵州航空工业职工大学
贵州机械工业职工大学
贵州教育学院
贵州铝厂职工大学
贵州省广播电视大学

云南省（7所）

德宏教育学院
昆明钢铁公司职工大学
丽江教育学院
临沧教育学院
▲南方电力职工大学
云南兵器工业职工大学
云南省广播电视大学

陕西省（25所）

西安铁路运输职工大学
宝鸡市职工大学
陕南航空职工大学
陕西兵器工业职工大学
陕西电子工业职工大学
陕西工运学院
陕西航天职工大学
陕西教育学院
陕西青年管理干部学院
陕西省宝鸡教育学院
陕西省纺织工业公司职工大学
陕西省广播电视大学
陕西省建筑工程总公司职工大学
陕西省经济管理干部学院
陕西省铜川教育学院
陕西省政法管理干部学院
西安电力机械制造公司机电学院
西安飞机工业公司职工工学院
西安航空职工大学
西安教育学院
▲西安市第一轻工业局职工大学
西安市广播电视大学
西安市职工大学
西安铁路工程职工大学
西北电业职工大学

甘肃省（13所）

白银有色金属公司职工大学
定西教育学院
甘肃服装职工大学
甘肃工业职工大学
甘肃核工业职工大学
甘肃机械电子职工大学
甘肃省广播电视大学
金川有色金属公司职工大学
酒泉钢铁公司职工大学
兰州航空工业职工大学
兰州教育学院
兰州铁路工程职工大学
银光化学材料厂职工大学

青海省（2所）

青海省广播电视大学
青海省联合职工大学

宁夏回族自治区（3所）

宁夏回族自治区广播电视大学
宁夏职工科技学院
宁夏重工业职工大学

新疆维吾尔自治区(17所)

新疆维吾尔自治区钢铁公司职工大学
新疆纺织工业公司职工大学
新疆维吾尔自治区建筑职工大学
新疆职工大学
新疆维吾尔自治区卫生厅职工业余医科大学
新疆兵团职工大学
新疆生产建设兵团广播电视大学
新疆有色金属工业公司职工大学
新疆维吾尔自治区广播电视大学
新疆教育学院
乌鲁木齐成人教育学院
喀什教育学院
新疆生产建设兵团教育学院
伊犁教育学院
＊＊和田地区教育学院
新疆石油教育学院
阿克苏教育学院

经教育部予以资格认定的自费出国留学中介服务机构名单

（截至 2003 年 3 月 14 日）

1. 北京嘉华世达国际教育交流有限公司
2. 东方国际教育交流中心
3. 中教国际教育交流中心
4. 中国教育服务中心有限公司
5. 北京京城出国留学服务中心
6. 北京首都师范大学出国留学咨询服务中心
7. 北京工商达留学中介服务中心
8. 北京世纪博园留学咨询服务有限责任公司
9. 中国四达国际经济技术合作公司
10. 北京樱知叶文化交流有限公司
11. 北京帆之都教育信息咨询有限公司
12. 北京紫铭文化交流有限公司（因违规经营，北京市教育委员会于 2001 年底要求其限期整改，停业 3 个月；2002 年 7 月，经审核后恢复营业。）
13. 中国出国人员服务总公司
14. 北京走向世界留学咨询中心
15. 北京金吉列出国留学咨询服务有限公司
16. 北京九川信息咨询服务有限公司
17. 北京澳际教育咨询有限公司
18. 北京万佳文化交流有限责任公司
19. 上海上教国际交流有限公司
20. 上海商业国际教育交流中心
21. 上海中智教育咨询有限公司
22. 上海市对外服务有限公司对外人力资源进修学院
23. 上海华申国际教育交流有限公司
24. 上海同济留学事务所
25. 上海教科留学服务有限公司
26. 上海东方出国留学服务有限公司
27. 上海中锐国际教育服务有限公司
28. 上海莘远国际教育服务有限公司
29. 上海市因私出入境服务中心
30. 上海上外国际交流信息中心
31. 上海上师出国咨询服务有限公司
32. 上海华侨国际教育服务有限公司
33. 江苏教育国际交流有限公司
34. 江苏省国际交流中心
35. 苏州市外事服务中心/因私出国服务中心
36. 无锡江大留学服务中心
37. 镇江市华宇教育交流服务中心
38. 浙江新通出国留学服务中心有限公司
39. 浙江宁波骏腾出国留学服务中心
40. 浙江威联科技教育培训中心
41. 威海高技术开发区出国人员教育培训中心/联桥出国留学服务中心
42. 山东省翰森国际经贸合作有限公司出国留学服务中心
43. 山东省对外贸易集团有限公司/对外经济贸易信息传播公司
44. 山东科技培训中心/海外发展部
45. 山东省山青科技信息咨询公司/青年自费出国留学咨询服务中心
46. 青岛市出国人员服务公司
47. 青岛国际交流中心
48. 山东外服对外交流中心
49. 山东工业大学学术交流中心
50. 山东省回国留学人员服务中心
51. 曲阜师范大学国际交流中心
52. 山东省教育国际交流协会出国留学办公室
53. 山东省潍坊市惠友边境贸易有限公司/出国留学咨询服务中心
54. 济南华侨机械设备有限公司/华侨出国留学服务中心
55. 福建省出国留学人员服务中心
56. 福建省外服留学咨询中心
57. 福建省对外劳务合作公司/恒星出国留学服务中心
58. 福建省建安技贸公司/建安自费出国留学中介服务中心
59. 中国海峡人才市场/福建省海外人才中心
60. 福建省长宏出国留学服务中心

61. 合肥工业大学留学服务中心
62. 安徽经济管理干部学院/国际合作中心
63. 安徽省滁州市人才培训中心/皖华出国留学培训中心
64. 山西教育国际交流服务中心
65. 四川省留学服务中心
66. 四川省出入境人员服务中心
67. 湖北省教育自费留学服务中心
68. 中国留学服务中心云南分中心
69. 郑州市大华教育咨询有限公司
70. 河南省教育国际交流服务有限公司
71. 河南省轻大教育文化交流有限公司
72. 河南财经学院国际文化教育交流中心
73. 河南农大一鸣出国留学服务有限公司
74. 郑州教育对外交流服务中心
75. 河南金城出国留学培训交流中心
76. 河南波瑞吉文化发展有限公司
77. 广东省留学人员服务中心
78. 广东教育国际交流服务中心
79. 深圳市留学人员服务中心
80. 广州留学人员服务管理中心
81. 天津朝升留学服务中心
82. 天津外大出国留学服务中心
83. 天津市凯乐维自费出国留学中介服务中心
84. 天津市通宇出国服务有限公司
85. 天津市远望留学咨询有限公司
86. 西南师范大学自费出国留学服务中心
87. 四川外语学院海外留学服务中心
88. 辽宁教育国际交流服务中心/辽宁留学服务中心
89. 辽宁万国利科教育产业发展有限公司
90. 辽宁省国际交流中心
91. 辽宁经贸人才教育培训中心
92. 辽宁天诚文化教育发展有限公司（因违规经营，辽宁省教育厅于2002年3月要求其限期整改。2003年2月受到教育部的全国通报批评。）
93. 沈阳亨泰莱信息咨询服务有限公司
94. 大连外院留学服务中心
95. 大连鑫泉科教咨询有限公司
96. 大连伟世科贸有限公司出国咨询服务中心
97. 大连奔腾经济技术合作有限公司
98. 大连海富国际交流有限公司
99. 本溪国际合作培训园圃
100. 吉林省留学服务中心
101. 长春市因私出入境服务中心
102. 延边大信海外交流有限公司
103. 长春市对外服务中心
104. 吉林省国际人才技术合作公司
105. 延边大学自费出国留学服务中心
106. 吉林大学留学服务中心
107. 东北师范大学吉林留学服务中心
108. 吉林国际语言文化学院留学服务中心
109. 哈尔滨市滨才（留学）信息咨询有限公司
110. 哈尔滨市弘博留学咨询服务有限公司
111. 哈尔滨达利通投资顾问有限公司
112. 哈尔滨恒星出国留学服务有限公司
113. 哈尔滨工大海外留学咨询有限公司
114. 黑龙江哈商大自费出国留学咨询服务有限公司
115. 黑龙江省教育国际交流中心
116. 哈尔滨市越洋文化交流有限责任公司
117. 哈尔滨康辉信息咨询有限公司
118. 河北省国际教育交流服务中心
119. 秦皇岛燕大国际教育交流中心
120. 保定河大国际教育服务中心
121. 河北国际事务咨询服务中心
122. 长沙市国际教育交流服务中心
123. 湖南省教育留学服务中心
124. 湖南富岳出国留学服务中心
125. 湖南炎辉留学服务中心
126. 湖南中南大出国留学服务中心（有限公司）
127. 陕西智能人才交流有限公司
128. 陕西省教委教育交流中心
129. 陕西省留学服务中心
130. 陕西西外留学服务中心
131. 西安留学人员工作站
132. 山西大任国际教育交流有限公司
133. 山西山大出国留学咨询服务有限公司
134. 四川省狄邦出国事务服务有限公司
135. 四川华光文化教育交流有限公司
136. 成都华樱出国服务有限责任公司
137. 内蒙古教育国际交流服务中心
138. 南宁市新澳咨询有限公司
139. 云南大学国际交流事务所
140. 甘肃省教育国际交流与合作服务中心
141. 海南科教开发（集团）公司
142. 江西省教育出国留学咨询服务中心
143. 贵州省教育国际交流中心
144. 宁夏西辰国际文化教育交流中心
145. 新疆教育国际交流协会留学服务中心
146. 天津市河西出国留学服务中心

147. 北京工大世通留学咨询服务中心
148. 科智国际技术合作公司
149. 中国对外友好合作服务中心
150. 北京国信达信息咨询中心
151. 北京东方人力科贸发展有限公司
152. 北京市科之旅留学咨询服务中心
153. 北京二外教育信息咨询中心
154. 北京利麦文化交流有限公司
155. 北京龙马中外企业家服务公司
156. 北京博智畅源信息咨询有限公司
157. 北京五洲通留学咨询服务中心
158. 北京翰音咨询有限公司
159. 北京五湖中视咨询有限公司
160. 北京市燕伦信息咨询有限公司
161. 北京高士登咨询有限责任公司
162. 北京万极咨询有限公司
163. 中全人才服务中心
164. 北京丰禾意象教育咨询有限公司
165. 北京英华国联科贸有限公司
166. 中智出国咨询中心
167. 北京金东方国际教育文化交流中心
168. 北京京华育缘文化艺术咨询有限责任公司
169. 北京华恒教育文化交流中心
170. 北京汇佳万国教育科技有限公司
171. 北京世纪伯乐留学咨询服务中心
172. 北京澳加教育咨询有限公司
173. 中国专家科技经济咨询中心
174. 北京威久咨询有限公司
175. 浙江科友留学服务中心
176. 浙江科博留学服务有限公司
177. 宁波宁大留学服务中心
178. 宁波宁高出国服务中心
179. 宁波泓雄出国留学服务中心
180. 温州出国留学服务中心
181. 宁波万里出国留学服务中心
182. 吉林省万洋出国服务有限公司
183. 吉林省外事服务中心
184. 海南省留学服务中心
185. 重庆索通出国企划有限公司
186. 重庆市渝教出国留学服务中心有限公司
187. 浙江浙大出国留学服务中心
188. 福建省厦教出国留学服务有限公司
189. 福州壮安经济开发有限公司
190. 山东国际商会出国留学服务中心
191. 威海自费出国留学服务中心
192. 威海国际经济技术合作股份有限公司
193. 江苏省南师大留学服务中心
194. 江苏南大海外教育服务中心
195. 江苏省国际人才交流中心
196. 江苏省涉外企业服务中心
197. 江苏省国际信息咨询公司
198. 常州教育国际交流中心
199. 常州国达教育国际交流服务有限公司
200. 南京市外事服务公司
201. 无锡市国际人才交流服务中心
202. 泰州职业技术学院留学服务中心
203. 广西东西方国际交流有限公司
204. 陕西省国际交流公司
205. 甘肃华侨服务有限公司
206. 甘肃博兴出国留学服务有限公司
207. 辽宁人才国际交流服务有限公司
208. 沈阳市国际教育交流服务中心
209. 辽宁中科留学服务有限公司
210. 辽宁省国际文化教育交流协会（因违规经营，辽宁省教育厅于 2002 年 3 月要求其限期整改。）
211. 大连汇文科技文化中心
212. 辽宁公民出国服务公司（因违规经营，辽宁省教育厅于 2002 年 3 月要求其限期整改。）
213. 大连墨林教育服务有限公司
214. 鞍山天翔对外经济技术合作有限公司
215. 哈尔滨报达信息咨询有限公司
216. 哈尔滨美澳出国留学咨询有限公司
217. 哈尔滨宇洋出国留学咨询服务有限公司
218. 牡丹江市富士出国留学服务中心
219. 黑龙江雪梨留学咨询服务有限公司
220. 广东侨谊海外交流服务中心
221. 广东同文出国留学咨询服务中心
222. 深圳市仁和海外投资服务有限公司
223. 珠海英邦留学咨询交流有限公司
224. 内蒙古敏思达文化教育咨询有限责任公司
225. 内蒙古智力引进出国留学服务中心
226. 内蒙古教育出国留学服务中心
227. 成都雅思教育管理有限责任公司
228. 成都星华出国服务有限公司
229. 青海省教育国际交流中心
230. 广东启德教育交流服务有限公司
231. 广州广之旅海外咨询服务有限公司
232. 广州华侨服务中心/国外留学咨询服务中心

233. 广东外事服务中心
234. 湖北省高级专家协会国际交流培训中心
235. 湖北省对外友好服务中心
236. 湖北省人才开发交流中心
237. 湖北中汽国际合作教育与培训中心
238. 开封育达出国留学咨询服务有限公司
239. 河南省志成科技教育咨询服务有限公司
240. 河南腾达咨询服务有限公司
241. 河南百姓外事服务有限责任公司
242. 宁波市国际交流服务中心
243. 天津市菲斯柯外企留学服务中心
244. 吉林美加教育交流中心
245. 温州市涉外交流中心
246. 广州大九洲签证留学咨询服务中心
247. 湖南省狄邦出国事务服务有限公司
248. 吉林省教科文发展中心
249. 哈尔滨远方国际教育交流服务有限公司
250. 哈尔滨五湖出国留学咨询有限公司
251. 哈尔滨广岛出国留学服务有限责任公司
252. 哈尔滨博宇国际教育交流服务有限公司
253. 山西尊成科技文化有限公司
254. 山西兆通外事信息服务有限公司
255. 山西省出国留学人员服务中心
256. 吉林北华大学出国留学服务中心
257. 河南中安商务咨询服务有限公司
258. 黑龙江欧美教育交流服务有限公司
259. 南宁诺达教育国际交流服务中心
260. 山西华帆文化交流咨询服务有限公司
261. 山西省对外交流咨询中心合作开发部
262. 成都雅高出国顾问有限公司
263. 天津市津教留学服务中心
264. 天津立达海外留学服务有限公司
265. 呼和浩特北辰留学咨询服务有限公司
266. 内蒙古博士达留学咨询服务有限公司
267. 长沙交院出国留学服务中心
268. 新疆对外友好交流服务中心（尚未领取《资格认定书》）
269. 海口市外事交流中心（尚未领取《资格认定书》）
270. 武汉教育国际交流合作中心（尚未领取《资格认定书》）

注：顺序号即为教育部颁发的《自费出国留学中介服务机构资格认定书》的编号。

教育部公布《中国教育与人力资源问题报告》

我国拥有占世界1/5的人口，自然人力资源十分丰富，但这种优势仅仅表现在人口规模上，并未转化为现实的人才优势，导致我国在全球化激烈的人才竞争中处于明显劣势。问题出在哪里？教育部2003年2月公布的《中国教育与人力资源问题报告》对这一问题进行了分析，并指出，我国人力资源整体水平之所以与发达国家和新兴工业化国家相比存在较大差距，是由于我国国民整体文化素质偏低，中高层次人才严重缺乏，产业、行业人力资源结构性矛盾突出，城乡、地区间劳动力文化素质不均衡性等原因造成的。

资源充足，质量偏低

上世纪末，我国人口增长方式发生显著变化，年龄结构从金字塔型变为橄榄型，到2000年，适龄劳动人口已攀升至8.7亿人。《中国教育与人力资源问题报告》中测算：本世纪前20年，我国劳动力供应总量仍将持续上升。未来50年，我国都将保持充足的劳动力资源，劳动适龄人口比重始终高于世界平均水平及各种收入国家的平均水平。

虽然我国劳动力资源充足，但整体素质与发达国家相比差距明显。报告中的资料显示，虽然“扫盲”多年，效果世人瞩目，但我国文盲人口仍然数量巨大，2000年我国有15岁以上文盲8 700万人，比德国一个国家的总人口还多；25岁至64岁人口受教育的平均年限也仅为7.97年，相当于美国100年前的水平。

全国第五次人口普查资料显示，2000年我国从业人员中仍以具有初中和小学受教育水平的人员为主体，占75%左右，而在发达国家和新型工业化国家，如美国和韩国，从业人员中接受过高等教育和中等教育的人口所占比例较高，25岁至64岁人口中具有高中及以上受教育水平者比例分别占87%和66%。我国从业人员的受教育程度远不能满足现代经济对劳动者知识、技能的需要，现实中表现为高层次专业人员和劳动熟练工人严重缺乏。

高中人口比重低是最根本原因

专家在报告中指出，高中教育水平人口比例偏低已成为中国人力资源素质提升的一个“瓶颈”，并对我国目前初中毕业生升学率仅为52.6%表示忧虑，这意味着每年有近半数的合格初中毕业生无法升学，将直接参与就业或在家待业，长此以往，将积聚下大批初中及以下受教育水平的劳动者，对我国人力资源整体素质的提升形成不利影响。

专家们将第三次和第五次人口普查数据比较后发现，近20年里，我国15岁以上人口中具有大专及以上受教育水平的劳动者增长了4倍多，而15岁以上人口中具有高中和中专受教育水平的比例却仅增加了4%，增长速度较为缓慢。专家们认为，高中教育水平人口比例增长缓慢是导致我国人力资源整体水平偏低的最根本原因之一。

产业、行业结构失衡

劳动力受教育程度偏低，直接导致了我国劳动力产业结构失衡，产业、行业人力资源结构性矛盾突出。

报告中指出，我国就业结构总体水平与现代化就业结构相差甚远，第一产业就业比重过高，第三产业就业比重同增加值一样偏低，属于农业劳动力转移缓慢的就业结构。

据全国第五次人口普查数据分析，2000年我国第一产业农林牧渔业从业人员的平均受教育年限仅为6.79年，初中及以下教育水平的人超过95%。教育年限低是导致中国农业劳动生产率低的重要原因。

以制造业和建筑业为主的我国第二产业，从业人员平均受教育年限为9.44年。相当于初中毕业水平，与日本的同行业相比，人均受教育年限相差3年。第二产业劳动力的整体文化素质难以支撑我国制造业技术进步和劳动生产率的持续提高。

我国第三产业从业人员整体文化程度相对较高，但仍然不适应现代产业、行业结构升级的要求。据统计，2000年，我国金融、保险从业人员人均受教育年限达13.19年，是第三产业中受教育水平较高的行业，但与日本相比，我国这些行业从业人员平均受教育年限仍与日本相差0.8年。

专家还对比了全国第三、五次人口普查资料，发现近20年间，我国从业人员职业分布结构出现了一些变化，商业服务人员及办事人员比重有大幅提升，而专业技术人员比重却增长缓慢。与发达国家相比，我国农林牧渔业生产人员比重相对偏高，而知识密集型职业（管理人员、专业技术人员、办事人员等职业）的人员又明显偏低。

城乡人口素质差异大，不适应城市化进程

报告显示，2000年我国15岁以上文盲人口有3/4分布在农村。农村劳动人口人均受教育年限为7.33年，比城市低2.87年，并且我国城乡劳动力受教育水平层次结构也存在明显差距，城市人力资本积累基本处于中等和高等教育阶段，而农村人力资本积累尚处于普及初中和小学教育阶段，地区间不均衡性也相当突出。专家们指出，城乡和地区间劳动力人口整体素质差异过大，不仅不适应城市化进程的需求，对于提高我国农业劳动生产率、推进农业产业化也都是不利因素。

通过以上分析，专家们认为，人口数量大概是我国的优势，也是我国的劣势，化劣势为优势的唯一出路是坚持走科教兴国的道路，提高劳动力资源存量中人力资本的含量，将沉重的人口负担转变为人力资源优势。

（《中国教育报》2003年2月16日　翟　帆）

未来 50 年中国教育与人力资源开发构想

1. 从人口资源优势走向人力资源优势，实现经济社会长期持续发展的战略选择。

构想解析：

我国要完成全面建设小康社会的目标，实现对发达国家的经济追赶，必须站在国家发展和民族振兴的战略高度，把人力资源作为经济社会长期持续发展的第一资源，把全面开发人力资源作为全面建设小康社会的第一目标，把全面开发人力资源作为实现富国强民的第一国策，把全面开发人力资源作为各级政府的第一责任，以人力资源的能力建设为重点，调整国家战略重点布局，重新规划人才培养规格目标，实现从教育者为主体到学习者为主体的转变，从学历本位到能力本位的转变，构建现代国民教育体系和终身教育体系，形成世界上最大的学习型社会。

国际参照：

教育发展与人力资源的开发程度决定着一个国家的发展水平，是经济和社会发展的最主要动因。20 世纪以来，世界经济史上曾先后出现三次后进国追赶先进国的成功范例：

第一次追赶，美国对英国的追赶。1871 年到 1913 年是美国经济迅速超过英国的重要时期，也是美国人力资本对英国加速追赶的时期，此后 90 年，美国经济、军事、人力资本水平一直处于世界首位。美国经济强盛不衰的主要动力来自高水平的人力资源、发达的教育水平和先进的教育科技发展战略。美国是世界上最早普及初等和中等义务教育，高等教育最早进入大众化、普及化的国家，25～64 岁劳动力平均受教育年限世界第一。美国长期以来保持高水平的教育投入，各级教育生均经费都居世界前列。

第二次追赶，日本对美国的追赶。日本被视为世界上最成功的“追赶”国家，它创造了从 1820 年到 1992 年人均 GDP 提高 28 倍的世界纪录，教育在其现代化进程中发挥了极为重要的作用。长期以来，日本的教育投入一直保持在较高水平，近 20 年来，全国教育经费占 GDP 的比例基本处于 6%以上。正是由于政府从教育和人力资源开发的立法、资金投入和改革上一直发挥主导作用，日本经济发展才能创造一个又一个奇迹，成为世界上屈指可数的经济发展大国。

第三次追赶，韩国对西欧国家的追赶。1965～1995 年中，韩国 GDP 实现了年均经济超过 8%的增长速度，目前经济实力已跃升入中上等收入国家行列，支撑其经济快速赶超的原因在于政府加强了教育投入，充分调动社会力量办学，重视普及义务教育和高等教育，不失时机大力发展职业教育以及产学研结合等基本方针。

三次成功经济追赶都伴随着人力资本的先行追赶，赶超国通过优先发展教育和开发人力资源，缩小了同先行国家知识与技术的差距，从而实现对先行国家的经济追赶。

结论：

在自然资源、物质资源和人力资源三大资源中，人力资源对一个国家的经济社会发展所产生的作用最大（自然资源不可再生，物质资源和资本的投入随时间而折旧，惟有人力资源具有存量和增量的可再开发性，并且可以转化为其他社会财富），而人力资源又是我国在世界上惟一最具比较优势的资源，因此必须把人力资源作为第一资源优先开发，才能使我国潜在的人口资源优势转化为现实的人力资本优势，促进我国经济社会长期稳定和持续增长，这是全面建设小康社会的必然选择。

2. 从人口大国迈向人力资源强国，实现人力资源水平的“两次提升”。

构想解析：

未来 50 年，我国人力资源开发将完成从欠发达国家发展水平到中等发达国家发展水平，再从中等发达国家发展水平到发达国家发展水平的跃升，到本世纪中叶，我国将发展成为世界人力资源强国。

第一次提升。从 2002 年到 2020 年，我国 25～64 岁劳动力人口人均受教育年限将超过 11 年，人文发展指数达到 0.85 以上，综合生产率达到 3 万美元左右，每百万人口中科学家和工程师人数达到 1500 人左右，实现从人力资源欠发达国家向中等发达国家的第一次提升。

第二次提升。从 2021 年到 2050 年，我国 25～64 岁劳动力人口人均受教育年限超过 13 年，人文发展指数达到 0.90 以上，综合生产率达到 4 万美元左右，每百万人口中科学家和工程师人数达到 3000 人左右，实现从人力资源中等发达国家向发达国家的第二次提升。

国际参照：

在综合参考世界银行、联合国开发计划署、经济发展与合作组织等国际机构关于世界各国人力资源发展水平分类的基础上，专家们根据各国人口与劳动力特征、人文发展与生产率等因素，选用 25～64 岁从业人口人均受教育年限、人文发展指数、综合生产率、每百万人口科学家和工程师人数等关键性指标，将世界部分国家分成人力资源发达国家、人力资源中等发达国家、人力资源欠发达国家等三个发展水平（见下表）。

部分国家人力资源发展水平表

	劳动力（万人）	25 岁～64 岁劳动力人口人均受教育年限（年）	人文发展指数	综合生产率（美元）	每百万人口科学家和工程师（人）
		1999 年	2000 年	1999 年	1990～2000 年
人力资源发达国家					
美国	14 018	13.17	0.939	60 165	4 103
英国	2 920	12.85	0.928	44 025	2 678
日本	6 780	12.78	0.933	45 469	4 960
人力资源中等发达国家					
韩国	2 152	11.50	0.882	31 219	2 139
法国	2 608	11.46	0.928	54 866	2 686
意大利	2 347	10.75	0.913	58 031	1 322
人力资源欠发达国家					
墨西哥	3 900	8.87	0.796	22 667	213
印度	45 872	5.1	0.577	4 850	158
中国	71 240	7.97	0.726	5 449	459

结论：

我国人力资源开发的各项指标均处于世界欠发达国家水平，远不能满足全面实现小康社会、基本实现现代化目标对人力资源水平的要求。为此，在未来的半个世纪，我们只有加快教育发展与人力资源开发的力度，采取非常规的发展举措，实现人力资源水平的两次提升，才有可能实现国家综合实力与国际竞争力的全面提升。

3. 从教育大国到教育强国，实现教育发展的“三步跨越”。

构想解析：

未来 50 年的发展历程中，我国教育必须适度超前发展，实现三步历史性跨越，即从教育欠发达国家水平跃升到教育中等发达国家水平，再跃升到教育较发达国家水平，最后达到教育发达国家水平，从而实现从教育大国到教育强国的历史性跨越。

第一步跨越。到 2010 年，我国高中阶段教育毛入学率将提高到 70%以上，高等教育毛入学率提高到 20%以上，达到世界中等发达国家水平，实现从教育欠发达国家到教育中等发达国家的跨越。

第二步跨越。从 2011 年到 2020 年，我国九年义务教育在进一步发展的基础上达到世界先进水平，高中阶段教育毛入学率达到 85%，基本普及高中阶段教育，高等教育毛入学率超过 40%，达到教育较发达国家水平，实现从中等发达国家向教育较发达国家的跨越。

第三步跨越。从 2021 年到 2050 年，我国将高标准、高质量普及 12 年基础教育，高等教育毛入学率达到 50% 以上，进入高等教育普及化阶段，各级教育都达到较高发展水平，实现从追赶到超越的战略转变，跨入教育发达国家行列，在教育人口的绝对规模和普及化水平两个方面，成为世界教育强国。

国际参照：

在综合参考联合国教科文组织、联合国开发计划署、经济发展与合作组织关于世界各国教育发展水平分类的基础上，根据各国人口与经济、教育发展水平和教育投入三个主要因素，选用各级教育毛入学率、人均 GDP、公共教育支出占 GDP 比例等指标，将世界部分国家分成教育发达国家、教育较发达国家、教育中等发达国家和教育欠发达国家等四个发展水平（见下表）。

部分国家教育发展水平表

	总人口（亿人）	人均 GDP（美元）	中等教育毛入学率（%）	高等教育毛入学率（%）	公共教育支出占 GDP 比例（%）
		2000 年	1996 年	1996 年	1998 年
教育发达国家					
美国	2.83	34 142	97	80.9	4.82
日本	1.27	26 755	103	71.8	3.55
韩国	0.46	17 380	102	67.7	4.07
教育较发达国家					
意大利	0.57	23 626	95	46.9	4.82
新加坡	0.4	23 356	74	38.5	3.0
教育中等发达国家					
泰国	0.63	6402	56	22.1	4.27
墨西哥	0.98	9 023	64	16.0	4.1
教育欠发达国家					
巴西	1.70	7 625	56	14.5	4.63
印度	10.08	2 358	49	6.9	3.2
中国（2001 年）	12.76	3 976	初中 88.7 高中 42.8	13.3	3.19

结论：

无论是经济发展水平较高的国家，还是经济和教育发展水平处于中等的国家，各国政府都非常重视对教育的投入，多数国家的公共教育经费占 GDP 的比例都在 4% 以上。我国在未来 50 年要想实现全面建设小康社会和基本实现现代化的战略目标，必须要加大教育投入，实现教育的三次跨越，从而促进我国综合国力和国际竞争力的提高。

（《中国教育与人力资源问题报告》节选《中国教育报》2003 年 2 月 22 日）

教育与人力资源开发制度创新10大举措

举措一：成立教育与人力资源开发决策审议机构

教育与人力资源开发涉及多个部门和机构，在战略规划、决策制定、审议实施等方面需要更多地进行统筹协调和整合。为确保“第一资源”战略构想的实现，专家建议成立国家教育与人力资源开发决策审议委员会，该委员会可在国家科教领导小组基础上组建，或进一步扩大国家科教领导小组职能，行使国家教育与人力资源开发决策审议委员会的职能。

国家教育与人力资源开发决策审议委员会的主要职责和任务是：加强教育与人力资源的宏观管理和统筹协调，制定中长期战略与发展规划，并监管其实施；保证投资到位，确定投资重点；确定分工职责，建立服务机构和法律保障机制；制定国家标准和实施规范。

举措二：统筹教育与人力资源开发的管理体制

为实现建设学习型社会宏大目标，专家建议对我国现有教育管理体制作出重大调整，建立中央和地方两级责任分担、地方为主的公共教育财政责任体系，各级各类教育以省级统筹管理为主。继续推进与完善1985年国家实施的“基础教育地方化”决策，确立基础教育特别是义务教育经费保障机制和均衡发展机制，进一步推进“高等教育地方化”的区域发展策略。各省在这一框架下，结合省情自行调整教育与人力资源开发体制。

中央运用转移支付和政府采购等调节手段，保障九年义务教育和普及高中阶段教育，支持国家重大攻关项目和涉及国家战略、国防安全、科技创新以及基础研究等领域的投资。目前我国西部大开发有关教育的工程和项目力量分散、缺乏重点，中央要建立西部教育开发平台，整合资源，支持西部大开发事业。

举措三：实行九年义务教育全免费制度

“义务教育不义务”状况存在了多年，专家建议，在实现财政性教育经费2005年达到国内生产总值的4%、2010年达到4.5%目标时，实行九年义务教育全免费制度。

在建立省级政府统筹教育与人力资源开发的管理体制和新的国家公共财政总体框架基础上，由省级政府决定义务教育的管理体制和投资体制。中央对西部和边远以及财力薄弱省，实行完全或不完全转移支付，保障九年义务教育实施，在农村先行启动九年义务教育全免费制度。

举措四：逐步实现办学形式的多样化

专家建议，国内教育市场要逐步放开，畅通社会资金进入教育领域的渠道，允许和鼓励运用市场竞争机制和私人资本注入等多种形式举办各类教育，并依法予以规范。

政府要鼓励现有公办高等学校采取规范民办机制举办二级学院，探索新建大学城试行民营机制办学试点；要鼓励运用多种形式新办高中，加大公办中小学办学形式多样化的探索，解决高中阶段发展的“瓶颈”问题；要鼓励职业教育与国际市场接轨，发展采用纳税式职业教育与培训运作机构；要鼓励企业投资员工培训，建立终身教育体系，改革面向企业税制，完善相关法规；推行各种教育集资措施，培养高等教育、职业教育和终身教育机构主动向社会寻求资金的能力。

举措五：建立和完善以能力为本的就业培训制度

“十五”期间，我国每年城镇新增劳动力、下岗失业人员和农村富余劳动力约4 500万人。为此专家建议，要大力推行职业资格证书制度，完善就业准入制度，初、高中毕业生在就业前必须接受1～3年的高中阶段的文化教育和职业培训，学习期满取得相应证书后，方可就业。对失业和转岗人员，要通过集中学习和分散学习的办法，实施灵活而富有弹性的再就业和创业培训，其培训费用由政府补贴。建议实施“农村转移人口培训工程”，为农村转移进城人员提供灵活多样、富有针对性的普及高中阶段教育和实用性的教育培训项目，学历教育与非学历教育并举、学历证书和职业资格证书并重，培训人员通过学习全国通用的高中文化课模块课程和职业技术模块课程，利用学分制完成学业，并取得相应程度的高中毕业证书和全国通用的“教育培训护照”。为不断提高当前从业人员的业务素质，专家还建议建立从业人员带薪学习制度，并允许企业将职工培训费用列入成本。

举措六：重建提高双重创新能力的国家创新体系

我国目前整个知识体系中，高等院校和科研院所的科研体系存在各自为政、重复设置、缺乏协调的现象，形成了教学与科研割裂的二元体制，重建国家创新体系势在必行。

专家们提出，要逐步将各部门及各省的科研院所与大学统筹合并，以进一步整合高技术创新人才资源；从事应用研究和开发的院所应与企业合并或结盟，或成立公司性质的私立研究所，使研发面向市场，尽快实现科技成果的产业化和商品化；国家只保留少部分从事基础科学研究的国立研究所和国家重点实验室，利用专项资金支持研究，作为企业和大学两个创新主体的补充；要强化国家科学研究基金会对科研项目的管理，建立完善的科研项目评估、立项、监督指标体系，采取公开招标形式确定项目承担者，实行课题制和课题负责人负责制，并给予课题负责人更大的自主权。

举措七：提高教育与人力资源开发的国际化程度

专家在报告中指出，国家要加大留学基金投入，扩大公派留学规模，加大对西部地区人才的培养力度，合理调整留学人员类别，提高公派留学的时效性和回归率；要设立专项资金，简化来华手续，合理制订培养成本，制订外国留学生勤工助学政策，扩大来华留学规模，并支持和鼓励高层次外国留学生来华从事高水平研究工作；要继续实施“请进来”战略，吸引海外优秀专家学者特别是华人专家以各种形式为国服务；同时加大“走出去”步伐，打好国际劳动力市场和教育市场的“中国牌”，支持具备条件的高等学校和其他教育机构赴境外办学，积极开展国际劳务输出，在医药、教育、建筑等重点行业打造进军国际市场的“先遣部队”。要积极稳妥推进中外合作办学，鼓励我国高等学校和国外高水平大学以多种形式开展高层次的合作办学，迅速培养能够适应国际竞争的管理、金融、法律、高新技术等前沿研究领域的紧缺人才。

举措八：推动教育与人力资源开发的跨越式发展

教育信息化是建立学习型社会的重要手段，对我国这样一个幅员辽阔的人口大国实现现代化，尤其具有重要意义。

专家建议，要大力推进信息技术应用，加快实施“校校通”工程，在2005年前，争取全国高校和大部分中等学校接入中国教育科研网，西部及贫困地区县和县以下中学及乡镇小学与中国教育卫星宽带网连通，不具备上网条件的学校要配备多媒体教学设备；同时积极推进信息技术与学校教学整合，2005年前，所有中学以及城市和经济比较发达地区的小学逐步开设信息技术必修课，2007年在高校普及多媒体教学。

举措九：积极探索创建学习型社会的有效途径

创建世界上最大的学习型社会，是我们今后20年为之奋斗的宏伟目标，必须采取多种形式，积极开展学习型社会的创建活动，力争到2005年，构筑起学习型社会的基本框架，到2010年，构建起比较全面的学习型社会，到2020年，与实现全面小康目标同步，建成完善的学习型社会。

政府要逐步建立和完善有利于终身学习的学习制度，学校要进一步向社会开放，普通教育、职业教育、成人教育、高等教育要加强沟通衔接，为学习者提供多种、多次受教育机会。要以远程教育网络为依托，形成覆盖全国城乡的开放教育系统，为各类社会成员提供多层次、多样化的教育服务。建议制订《学习型社会促进法》，推动、规范和保障学习型社会的良性运行。要广泛开展学习型政党、学习型政府、学习型企业、学习型社区、学习型家庭创建活动。要鼓励创办服务本地区的社区教育中心（或学习中心），整合社会各种学习资源，形成宽领域、广覆盖、科学合理、规范有序的社区学习教育网络、载体和体系。

举措十：构建国家教育与人力资源发展指标平台体系

将教育与人力资源能力建设纳入国家建立学习型社会的整体规划中，建立一套科学的具有指导实践意义的中国教育与人力资源发展指标体系，并进行长期、动态、持续的监控研究，将有助于政府通过经济、法律等管理手段进行宏观管理和战略研究，有利于满足社会经济行业、企业对教育与人力资源开发信息咨询等多方面的需求，有利于国外同行、国际组织进行交流和合作研究，以更好地促进我国教育与人力资源开发持续健康发展。

专家建议，用三年左右的时间，集中国内在教育与人力资源研究领域最有基础的机构，构建出具有描述、分析、测评功能的教育与人力资源发展水平及其与经济社会发展协调的指标体系，并在此基础上建立国家教育与人力资源数据库和决策支持系统。专家希望，这一体系平台建成后，能够打出国家品牌，具有权威性，并在国际上具有一定影响力。

（《中国教育与人力资源问题报告》节选《中国教育报》2003 年 2 月 22 日）

2002 年度全国普通高校校办产业统计分析报告

一、校办企业概况

2002 年度参加全国普通高校校办产业统计工作的有全国 31 个省、自治区、直辖市和新疆生产建设兵团，共有 1 534 所普通高校的 5 047 个企业，其中科技型企业 2 216 个，占全部上报企业的 43.91%；其他类型企业 2 831 个，占上报企业的 56.09%。从经营性质来看，从事工业生产的企业为 2 188 个，占 43.35%；从事商贸的企业 583 个，占 11.55%；从事其他经营方式的企业 2 276 个，占 45.10%。从投资性质来看，学校独资企业 3 802个，占企业总数的 75.33%；国内联营企业 1 211个，占 23.99%；外资合营企业 34 个，占 0.68%。从对企业隶属管理关系上看，由学校管理的企业为 4 330 个，占 85.79%；由校内院、系、所管理的企业 717 个，占 14.21%。

二、经营状况

1. 销售收入

2002 年度全国高校校办产业收入总额 720.08 亿元，比 2001 年增加 117.10 亿元，增长率为 19.42%；其中科技型企业收入总额 539.08 亿元，占全国高校校办产业收入总额的 74.86%。销售收入排在前五位的省市是：

省/市	北京市	上海市	江苏市	辽宁省	山东省
销售收入（亿元）	299.55	76.95	40.07	36.09	33.85

该五省、市高校校办产业销售收入共计 486.51 亿元，占全国高校校办产业收入总额的 67.56%。销售收入超过 1 亿元的学校共计 88 所，实现销售（经营）收入 640.92 亿元，占高校校办产业销售收入总额的 89.01%。销售（经营）收入超过 10 亿元的学校有 13 所，它们是北京大学、清华大学、浙江大学、东北大学、同济大学、西安交通大学、上海交通大学、复旦大学、天津大学、哈尔滨工业大学、石油大学（华东）、山东大学和中山大学。

2. 利润总额

2002 年度全国高校校办产业实现利润总额 45.93 亿元，比 2001 年减少 2.24 亿元，降低 4.88%。其中科技型企业实现利润总额 25.37 亿元，占实现利润总额的 55.24%，比 2001 年减少 6.17 亿元，降低 24.32%。其中 10 个省、市高校校办企业实现的利润总额突破亿元：

单位：亿元

省/市	北京	上海	江苏	陕西	湖北	辽宁
利润总额	13.87	7.14	3.56	3.48	2.52	2.25
省/市	浙江	四川	天津	广东		
利润总额	1.66	1.62	1.38	1.10		

2002 年度全国高校校办产业共实现净利润 35.33 亿元，比 2001 年增加 0.01 亿元，增长率 0.02%。其中科技型企业实现净利润 18.63 亿元，占实现净利润的 35.06%，比 2001 年减少 5.35 亿元，降低 40.56%。

3. 对学校的回报

2002 年度全国高校校办产业对学校回报 17.24 亿元，比 2001 年减少 1.08 亿元，降低 5.90%。在企业对学校的回报中，其中上交学校利润 10.45 亿元，返还学校工资费用等 6.79 亿元。学校独资企业上交学校的利费共计 13.60 亿元，占上交学校利费总额的 78.89%。

4. 上交税金

2002 年度全国高校校办产业向国家交纳税费 36.28 亿元，比 2001 年增加 7.87 亿元，增长率为 27.70%。其中学校独资企业纳税 20.55 亿元，占全国校办产业纳税总额的 56.64%。

5. 对社会的回报

2002 年度全国高校校办产业为社会创造的净利润和交纳的各种税费总计为 71.61 亿元，比 2001 年增加 7.88 亿元，增长率为 12.37%。其中学校独资企业创造净利润和交纳的各种税费共计 41.80 亿元，占高校校办产业对社会回报总额的 58.37%。

1998～2002 年度全国高校企业生产经营数据对照表

年度	企业数（个）	销售收入（亿元）	利润总额（亿元）	净利润（亿元）	上交税金（亿元）	上交学校费用（亿元）
1998	5 928	315.62	25.88	22.62	13.49	15.00
1999	5 444	379.03	30.53	25.90	16.58	15.99
2000	5 451	484.55	45.64	36.04	25.42	16.85
2001	5 039	602.98	48.17	35.32	28.41	18.32
2002	5 047	720.08	45.93	35.33	36.28	17.24

1998～2002 年度全国高校科技企业生产经营数据对照表

年度	企业数（个）	销售收入（亿元）	利润总额（亿元）	净利润（亿元）	上交税金（亿元）	上交学校费用（亿元）
1998	2 355	214.97	17.70	15.84	8.31	6.58
1999	2 137	267.31	21.56	18.04	10.96	13.92
2000	2 097	368.12	35.43	28.03	18.79	8.46
2001	1 993	447.75	31.54	23.98	20.09	7.78
2002	2 216	539.08	25.37	18.63	25.92	7.61

三、人员状况

2002 年底高校产业在册职工人数共计 26.06 万人，其中有科技人员 8.80 万人，占校企人员总数的 33.77%（具有高级职称的人数为 21 496 人、具有中级职称的人数为 38 294 人）。全年职工工资总额 57.54 亿元（人均月工资为 1 839.91 元）。

2002 年度校办企业接纳学生实习人数达 49.30 万人次，累计工时 5 137.62 万小时。此外，校办企业还参与了硕士、博士的培养工作。2002 年度参与培养博士生 820 名、硕士生 4 336 名。

四、资产状况

2002 年度高校的 5 047 个校办企业的注册资金总额为 348.33 亿元，资产总额 1 234.35 亿元，负债 667.12 亿元，所有者权益 567.23 亿元（比

2001年增加85.97亿元，增长率为17.86%)。全国高校校办企业的资产负债率为54.05%，较2001年略有上升。在全国5 047个校办企业中，其中2 216个科技型企业的注册资本金为217.05亿元，全国高校科技型企业的资产总额为947.23亿元，负债516.48亿元，所有者权益430.75亿元（比2001年增加49.98亿元，增长率为13.13%)。全国高校科技型企业的资产负债率为54.53%，较2001年有所上升。

教育部科技发展中心供稿

高考资讯

〔**22所高校开展招生自主选拔录取改革试点**〕

教育部决定在2003年普通高校招生工作中，22所高等学校开展自主选拔录取改革试点工作。

教育部有关部门负责人指出，这次自主选拔录取改革试点工作的指导思想和原则是要认真贯彻党的教育方针，体现教育创新和全面推进素质教育的要求；遵循公平、公正、公开、择优录取的原则；进一步扩大高校办学自主权，教育部要求试点学校和有关省（自治区、直辖市）高等学校招生委员会办公室根据创新人才选拔和专业培养需要，积极探索以统一考试录取为主、与多元化考试评价和多样化选拔录取相结合，学校自主选拔录取、自我约束，政府宏观指导、服务，社会有效监督的选拔优秀创新人才的新机制。

据这位负责人介绍，自主选拔录取招生人数控制在试点学校年度本科招生计划总数的5%以内，由试点学校及有关省级招办单独公布，并报教育部备案。

据了解，这22所学校的招生程序，一是试点学校根据本校的实际情况，制订自主选拔录取方案，并纳入本校招生章程，向社会公布。二是符合试点学校自主选拔录取条件的应届高中毕业生，由本人提出申请，经所在中学推荐，由中学向试点学校提供考生在校德智体美发展情况以及获奖、特长等证明及写实性材料。三是试点学校组织专家组，按照自主确定并经公示的标准和考核办法，对推荐的考生材料进行全面审查，并在进行面试等相关测评、考核后，提出候选人，试点学校招生领导小组审核后确定入选考生名单。四是考核通过的入选考生名单须及时报生源所在省级招办备案，并在考生所在中学、试点学校网站以及生源所在省级招办指定的信息发布平台或新闻媒体上公布。五是入选考生均须参加全国统考，成绩达到生源所在省（自治区、直辖市）确定的与试点学校同批次录取控制分数线的，省级招办应向考生选报的试点学校投档。六是试点学校对先期考核通过并且符合统考成绩要求的考生，进行综合评价、自主选拔录取。七是试点学校录取工作结束后，生源所在省级招办应将试点学校自主选拔录取的考生通过本省级招办信息平台和有关新闻媒体向社会公布；试点学校须及时将自主选拔录取的已录考生名单在本校网站上公布。八是试点学校的艺术特长生、体育特长生招生，应纳入本校自主选拔录取改革试点方案，并按教育部有关规定执行。

教育部要求有关部门和学校要充分认识自主选拔录取改革试点工作是深化高等学校招生录取制度改革的重要举措，各省级招办、中学和参加试点的高等学校要高度重视这项工作，增强责任感和使命感，必须加强管理和监督，做到标准刚性化，程序规范化，招生办法公开化，录取结果公示化。各试点学校由主管校领导、学科专家、纪检监察部门、招生部门负责人组成的招生领导小组，应按照“严格程序、加强管理、接受监督”原则，认真把好招生过程的每一关。要以有利于学生的全面发展和个性特长的充分发挥、有利于高素质创新人才的培养为目标，积极探索、研究，并在实践中不断规范、完善自主选拔录取改革试点工作。

2003年开展自主选拔录取改革试点工作的高等学校名单

北京大学	中国人民大学	清华大学	北京师范大学
中国政法大学	复旦大学	同济大学	上海交通大学
华东理工大学	华东师范大学	南京大学	东南大学
南京航空航天大学	南京理工大学	河海大学	中国药科大学
南京农业大学	浙江大学	中国科学技术大学	华中科技大学
中山大学	重庆大学		

（《中国教育报》2003年3月6日）

〔**高考体检“门槛”降低，充分体现以人为本**〕　从2003年起，高考体检将降低录取“门槛”，沿用了多年的《普通高等学校招生体检标准》将退出历史舞台，取而代之的是日前由教育部、卫生部、中国残疾人联合会共同制定的《普通高等学校招生体检工作指导意见》。

与原《体检标准》相比，新的《指导意见》在以下几个方面存在着不同：

一是进一步放宽了对患疾病或生理缺陷者的录取要求。规定，除患有传染性疾病、精神性疾病、血液病、心脏病、高血压等无法完成学业的疾病及学习不能自理的考生，高等学校可以不予录取外，对患有其他疾病的考生，只要不影响专业学习和其他学生，录取时一般应不受限制。

二是对原《体检标准》规定患有某种疾病或生理缺陷的考生不能录取的专业进行了调整。明确了由于所患某种疾病或生理缺陷，不能按专业培养方案完成学业的录取受限专业；对患有不影响专业学习的某种疾病或生理缺陷，但今后对在该专业领域内就业可能有影响的，提出不宜就读专业的指导性建议，考生可根据自身情况选报专业。例如，旧《体检标准》规定，两耳听力均在3米以内，或一耳听力在5米以内，另一耳全聋者，不能录取到法学等专业；一眼失明，另一眼矫正到4.8，镜片度数大于400度者，不能录取到工学、农学、医学等专业，而新《指导意见》将“不能录取”都改为“不宜就读”，给相关考生在填报志愿时提供参考建议，但并不禁止其报考。并要求高校也不得以此为依据，拒绝录取达到相关要求的考生。

三是规定由于视力及肝功不正常等方面的原因，高等学校可限定部分专业不予录取。

四是对肢体残疾、不影响所报专业学习，且高考成绩达到录取要求的考生，规定高等学校不能因其残疾而不予录取。

五是高等学校应对入学新生的身体健康状况进行复查，对复查后不能进行正常学习的，按学籍管理规定处理。

此外，原《体检标准》规定，“男性考生身高低于170厘米，女性考生身高低于160厘米，不能录取到体育学各专业”、“男性考生身高低于165厘米，女性考生身高低于155厘米，不能录取到航海技术专业。”而《指导意见》中，则没有对“身高”作明确限定。

教育部有关负责人指出，《体检标准》改为《指导意见》除了总体要求有所放宽之外，最大的变化在于，新出台的《指导意见》只作为高等学校录取新生时对其身体健康状况要求的指导性意见，而不再像过去一样，对所有考生和高校规定统一的、硬性的限制。体检政策由刚性向弹性的转变，充分体现了对所有考生权益的保护，对残疾考生的关爱和以人为本的理念。

这位负责人也指出，在保护考生权益的同时，今后高等学校也可根据本校的办学条件和专业培养要求，提出对考生身体健康状况的补充规定。但补充规定必须合法、合理，有详细的说明和解释，不得以不具备办学条件或不符合培养要求为由，拒收确能进行所报专业学习的残疾考生。同时高校的补充规定要在招生章程中向社会公布。

这位负责人因此也提醒广大考生，在填报志愿时，要充分了解所报高校及专业对“身体健康状况”是否作出了补充规定。

（《中国教育报》2003年3月12日王瑜琨）

〔**高考后如何填报志愿**〕 准确把握志愿填报的要领和规律，既不“高攀”，又不“低就”，将有助于提高志愿的“命中率”。

高考成绩公布后填报志愿，减少了考前报志愿的盲目性。考生可以根据考试成绩选报志愿，极大地提高了报考志愿的有效性。然而，从近几年实行考后报志愿的情况看，有的学校志愿过于集中，出现志愿“撞车”、考生“扎堆”，几乎每年都有高分落榜的现象。准确把握志愿填报要领，既不“高攀”，又不“低就”，掌握选报志愿的方法，显得尤为重要。

1. 正确认识自我

志愿，是考生升学的意愿，体现的应是考生升学的主观愿望。眼下，报考材料要求考生亲自填写，并签名确认，目的就是要充分尊重考生意愿，防止出现家长志愿和教师意志现象。

考生在选择志愿中，要正确认识自我。一是根据自己的兴趣、爱好和志向，选择适合的学校、专业，这样可以在将来的事业中做出成绩，有利于个人理想的实现；二是客观地分析自己在整个考生群体中的位置，包括班级、校内以及市内考生的大体名次，了解本校、本市近几年升入各类大学的人数，从而把握住志愿选择的大方向，不致于出现重点院校与一般院校、本科院校与专科院校的层次颠倒问题。

社会对高等学校的办学水平、师资、科研等指标的评价，形成了各高校的排列次序。“天南海北”及沿海高校的生源爆热，西部高校的考生冷落，形成了高校分布的地域特征。贴近社会需求高校的热俏和基础学科报考人数的减少，形成了高校设置的时代特征。这些因素，使得学校与学校之间形成了鲜明的对比。考生应根据自身的情况，与之对照，不难找到适合自己的位置。

2. 充分估计别人

填报志愿，是考生依据自身的实力，在整个考生群体中参与竞争，因此要充分重视别人对志愿选择的动向。一是要慎重对待热门学校和热点专业。社会发展对应用型人才需求量的加大和科技进步对高科技人员经济回报的增加，出现了新的热门高校和热点专业，人们一味追逐这类学校和专业，造成了这些学校的生源爆涨，导致录取分数线提高、落榜生增加。科学预见报考形势，合理回避该类学校和专业，将有助于考生志愿的选择。一般来说，本地学校招生量大，考生报考自然较多；外地学校计划少，报考者也较少。了解了别人报考志愿的动态，也就有利于避开热点，使自己的选择能够出奇制胜，真正做到“知己知彼，百战不殆”。

3. 详细研读资料

填报志愿时，要注意收集、整理招生资料和信息。对前三年本地区考生志愿的分布、高校提档分数线等资料，进行认真分析，找出年度间学校志愿上下波动的规律，结合社会需求实际，预见当年生源的大体走向。从中选出几所适合自己的学校，进行细致斟酌，然后决定取舍。

实践证明，科学分析招生资料，才能使志愿选择更具针对性。对学校往年提档线上下波动现象的把握，可以减少填报志愿的失误，然而这些现象也并非一成不变。有的学校上下波动明显，有的则持续“高温”，有的却持续多年志愿“不济”。年度间的志愿波动是在大多数院校间存在的，因此具有可参考性，把握得好，可以较好地提高志愿的“命中率”。

4. 做好综合平衡

从近几年的情况看，第一志愿录取率有较大提高。一方面是考后填报志愿，使有效志愿分布更趋合理。另一方面就是报考志愿的综合平衡，使志愿分布的面更宽，从而第一志愿录取率有较大提高。

平衡志愿，一是指要做好自身的平衡，即根据自己的兴趣、爱好和高考成绩去选择学校，不可盲目追逐名牌、热点，做好自身心理的平衡。二是在一定范围内搞好学生间志愿的平衡，采取志愿预报和信息反馈的方式，帮助考生指出新的报考热点和学校空缺，给分数上竞争力较差的学生以准确指导，做好集中志愿的疏导工作，避开热点，减少损失。

5. 兼顾一般志愿

近几年，随着招生报考政策的放宽和社会就业形势的变化，考生志愿中盲目攀高、不服从分配的学生日趋增多。上大学，重要的是有了学习的机会，专业的选择也应更加有利于自己的提高。眼前的学习，只能看作是为未来的就业打基础的有效途径，不是职业培训，因此要转变升学是为了就业的观念。体现在报考志愿中，应该是先考虑上学，再考虑学校和专业。在学校和专业的选择中，更应重视专业，而后选择学校。在志愿顺序选择上，应慎重选择第一志愿，更要认真对待二、三志愿，服从分配志愿也要根据自己的兴趣，进行合理填报，确保升学"底线"。另外，志愿间形成合理的梯度，也是兼顾一般的一项措施，不要一味追求一类学校或专业，造成志愿平行，增加调剂的难度，降低录取率。

考后填报志愿，可依据的参照材料较多，只要认真分析招生形势，积极探索志愿流向，把握志愿填报规律，将有助于提高志愿的"命中率"。

（《中国教育报》2002 年 7 月 17 日　刘国明）

〔以职业发展引导高考志愿填报方向〕　高考志愿，从某种意义上讲，是一个人职业生涯的起点。考生在填报高考志愿时，除了要考虑各校的录取分数线、志愿填报的"梯度"、各校录取政策等"战术"问题，同时还应该结合自己的职业理想，从未来职业发展的角度考虑，确定志愿填报的方向。从职业发展的角度看，高考志愿填报要注意参考哪些方面的因素呢?

兴趣爱好与专业选择。按照职业生涯规划的基本原则，有兴趣、符合个人爱好是做好职业工作的重要前提。个人在从事符合个人爱好的工作过程中能够得到满足，有成就感，这样的职业就是"好职业"。当前，随着社会职业的发展进步，职业与专业培训的关联性越来越密切，不同职业之间的鸿沟在扩大，从这个角度说，选择专业与选择职业有很大的同一性。考生根据自己的爱好、意愿来选择相关专业，将来上大学后，才会有较强大的学习动力。从过去的情况看，有许多考生的职业意愿是不明确的，或者只是盲从地追逐"热门"。这几年高校中要求转系、转专业的学生越来越多，很多人就是因为入学后发现对所学专业没有兴趣。因此，学校老师和家长应帮助考生去探究他们的职业意愿，同时对不同专业的职业发展方向有一定了解。在这方面，可以适当借鉴职业兴趣、职业素质测评的办法。

目前，有一些学校采用按照院系或学科大类招生，两年后再由学生选择专业方向的录取方式，应当说对职业目标还不明确的考生是个好消息，可以考虑选报这类院校。

成绩定位与院校层次。职业生涯规划的另一个原则是按照实现目标的可能性来规划职业生涯。因此，填报高考志愿时需要以成绩来定位。一般来说，各地方都对考生进行两次模拟考试，考生还可以取得本地区前几年各高校分专业的录取分数线等资料，可以参考模拟考试的成绩，对照高校的分专业的录取分数线来坐标定位，填写高考的本、专科志愿。其中各类学校的第一志愿的选择确定，一定要把握性大一些，即模拟考试的成绩一定要高于所报志愿的录取最低分 5～10 分；第二志愿与第一志愿之间的高校录取最低分数的差距最好在 20 分左右；以下志愿依此类推填写。

目前北京、上海的考生有不愿报考外地高校的倾向。同层次但处在北京市和上海市的高校，录取分数线一般要比其他地区高。其实北京、上海的考生，若非特别突出者，以同样的分数选报外地高校，往往能被实力更强的高校录取。

对未来的深造有着长远计划的考生，目标院校推行本硕、硕博连读制度、保送研究生情况、学生出国留学情况等也是一个重要参考因素。当前，有些考生非北大、清华不上，加入重读、再考的行列，应当说并非明智之举。如今迈向终身学习的社会，为每一个人提供了众多的学习机会和职业转换的机会，条条大路通罗马。

目前专科生就业总体而言比较困难，但这种现象是不合乎劳动力市场的规律的，也不会长期存在下去。一方面，不同的岗位需要不同层次的毕业生，专科生依然有其职业空间。例如，金融业接收的大学毕业生多数要从事柜台员的工作，许多单位已经从接收本科毕业生为主，转到接收专科毕业生为主了；另一方面，有一批专科层次的学校，专业和课程设置符合社会发展需要和社会职业标准，这些学校的毕业生就业率都比较高。如果考生有志向或因高考成绩所限，选择这样的学校，应当是明智之举。

学校特色与地域经济。我国的一些高校，在多年办学历史中形成了各自的培养特色，在某些学科方面有自己的特色和优势，有自己相对应的行业。因此，需要了解各学校具体专业的培养特色，了解和参考他们培养人才的主要对口行业，以便选择今后从事职业的行业方向。

选择专业，与经济发展的宏观大局和地方经济发展特色也有很大关联。职业的岗位分布在各地方是与当地的经济发展方向紧密相联系的。例如，在汽车工业基地，汽车专业、机械加工、模具等相关专业毕业生的需求量大，就业相对容易。如果你对将来的就业地域有一个基本定位，那么就应该考虑此区域的经济发展特色和人才需求。因为经济发展创造就业岗位，新兴的行业和企业是就业的主要提供者。

培养成本与预期收入。由于每个家庭的经济状况是不同的，无论是接受本科、专科还是研究生教育，都存在投入产出比和回报率等需要考虑的经济问题。尤其是在高校收费上学的情况下，对于很多家庭经济条件不好的学生而言，毕业后经济收入如何，怎样回报家庭的投入是一个现实的问题。

转换职业还有一个转换成本需要考虑。在21世纪，随着信息化和知识经济的来临，工业的现代化和社会职业的发展进步对从业者的职业素质要求越来越高。职业与专业培训的关联性越来越强，造成职业转换的成本提高。不同学科、行业之间职业转换的难易、成本不一样，这些也是考生在填报志愿时应该想到的。

（《中国教育报》2003年6月11日　曹　殊）

就 业 资 讯

〔**2002年教育部直属高校毕业生就业率**〕　为促进高等教育的持续、健康发展，促进高等学校更加主动地适应经济社会发展需要，不断提高教育教学质量，提高管理和服务水平，全国高校学生信息咨询就业指导中心公布了2002年教育部直属高校毕业生就业率。

据介绍，本次公布的教育部直属高校毕业生的就业率是截止到2002年7月和截止到2002年12月的数据。在统计时，力争在较大程度上反映出实际的就业情况。为此，已将毕业生到非公有单位就业、自主创业等项列入就业统计口径。同时，对考取研究生和出国、出境学习及工作的毕业生计入就业总量。

另据介绍，此次就业率计算公式是7月份高校毕业生就业率＝［（毕业生总人数－到7月份未就业毕业生人数）÷毕业生总人数］×100％。其中到7月份未就业毕业生人数包括到2002年7月份仍没有落实就业单位的毕业生和已申请不参加本年度就业的毕业生人数。12月份高校毕业生就业率＝［（毕业生总人数－到12月底未就业毕业生人数）÷毕业生总人数］×100％。其中到12月底未就业毕业生人数包括到2002年12月底仍没有落实就业单位的毕业生和已申请不参加本年度就业的毕业生人数。

该中心负责人特别强调，毕业生就业率并不是反映高校办学和管理水平的唯一指标，也不是反映就业状况和就业质量的唯一指标，因此，不同地域、不同科类、不同类型学校之间不宜简单比较。

教育部直属高校本专科毕业生就业率统计表

序号	学校名称	7月份就业率所在区间（%）	12月份就业率所在区间（%）
1	北京大学	90～95	95～100
2	中国人民大学	85～90	90～95
3	清华大学	85～90	85～90
4	北方交通大学	85～90	90～95
5	北京科技大学	80～85	80～85
6	北京化工大学	80～85	95～100
7	北京邮电大学	90～95	95～100
8	中国农业大学	70以下	80～85
9	北京林业大学	70以下	70～80
10	北京中医药大学	80～85	80～85
11	北京师范大学	80～85	90～95
12	北京外国语大学	90～95	95～100
13	北京语言大学	70～80	90～95
14	北京广播学院	70～80	80～85
15	中央财经大学	70～80	85～90
16	对外经济贸易大学	70以下	85～90
17	中央音乐学院	70以下	80～85
18	中央美术学院	70以下	70以下
19	中央戏剧学院	70～80	70～80
20	中国政法大学	85～90	90～95
21	南开大学	80～85	85～90
22	天津大学	90～95	95～100
23	大连理工大学	80～85	90～95
24	东北大学	80～85	90～95
25	吉林大学	70以下	85～90
26	东北师范大学	80～85	80～85
27	东北林业大学	70以下	90～95
28	复旦大学	90～95	90～95
29	同济大学	80～85	90～95
30	上海交通大学	85～90	95～100
31	华东理工大学	90～95	90～95
32	东华大学	80～85	90～95
33	华东师范大学	80～85	95～100

（续表）

序 号	学 校 名 称	7月份就业率所在区间（%）	12月份就业率所在区间（%）
34	上海外国语大学	90～95	95～100
35	上海财经大学	90～95	95～100
36	南京大学	70～80	90～95
37	东南大学	80～85	90～95
38	中国矿业大学	70～80	90～95
39	河海大学	80～85	90～95
40	江南大学	70以下	70～80
41	南京农业大学	70以下	90～95
42	中国药科大学	90～95	95～100
43	浙江大学	95～100	95～100
44	合肥工业大学	90～95	90～95
45	厦门大学	85～90	95～100
46	山东大学	70～80	90～95
47	中国海洋大学	80～85	85～90
48	石油大学（华东）	90～95	95～100
49	武汉大学	85～90	90～95
50	华中科技大学	80～85	95～100
51	中国地质大学	70～80	85～90
52	武汉理工大学	70～80	90～95
53	华中农业大学	85～90	95～100
54	华中师范大学	95～100	95～100
55	中南财经政法大学	85～90	90～95
56	湖南大学	85～90	95～100
57	中南大学	90～95	95～100
58	中山大学	70～80	90～95
59	华南理工大学	70～80	90～95
60	四川大学	80～85	90～95
61	重庆大学	80～85	85～90
62	西南交通大学	80～85	90～95
63	电子科技大学	95～100	95～100
64	西南师范大学	85～90	95～100
65	西南财经大学	70～80	90～95
66	西安交通大学	95～100	95～100
67	西安电子科技大学	90～95	95～100
68	长安大学	90～95	90～95

（续表）

序　号	学　校　名　称	7月份就业率所在区间（%）	12月份就业率所在区间（%）
69	陕西师范大学	85～90	95～100
70	兰州大学	70～80	85～90
71	中国矿业大学北京校区	70以下	85～90
72	石油大学（北京）	70～80	70～80
73	中国地质大学（北京）	85～90	85～90
74	西北农林科技大学	90～95	95～100

（教育部资料）

〔**2002年全国普通高校各专业毕业生就业概况**〕　据对2002年教育部直属高校毕业生就业方案统计，当年毕业生就业率最高的学科是理学类专业（2001年是工科），2002年毕业生就业率最低的学科是文学类专业，就业率波动最小的是教育学。2002年10个一级学科的毕业生就业率与2001年相比均有所下降。

就业率下降的根本原因是社会需求的变化不大和毕业生数量的绝对增加，从今后的趋势看，这种压力有可能还会增大。但以往一些就业比较困难的科类毕业生就业率出现了回升，如水产类和体育类毕业生，比2001年高出近15个百分点，马克思主义理论类毕业生高出近6个百分点，地理科学类毕业生也高近4个百分点。这些需求升温，说明中央制定的发展旅游业和高效农业、加强思想政治工作等方针政策发生了效果，同时，申办奥运的成功也给体育类毕业生的就业带来了新的契机。

2002年毕业生就业出现一些新情况。

1. 热门专业就业率出现下降趋势，如电子信息类专业2002年的毕业生初次就业率同比下降了近9个百分点；土木建筑类专业下降近9个百分点；生物工程类专业也下降了近8个百分点。虽然电子信息类专业2002年需求仍然比较旺盛，但IT骨干企业招聘数量的急剧减少，在一定程度上给计算机等一些热门专业敲响了警钟。

其他一些以往比较热门的专业，如会计审计类专业、市场营销类专业、新闻传播类专业、外语类专业等开始“降温”，大部分专业毕业生的初次就业率不足80%。而诸如首饰设计、宝石设计、室内设计、旅游经济、饭店管理、国际商务、公共关系、涉外文秘、社会工作与管理等专业，毕业生初次就业率不足50%，有的甚至更低。

2. 布点数增长最快的专业毕业生就业率也出现波动，近3年布点增长最快的10个本科专业有：信息与计算科学、公共事业管理、工业设计、艺术设计、环境工程、应用化学、信息管理与信息系统、电子信息工程、英语、计算机科学与技术等。这10个专业2001年毕业生就业率较高，普遍在80%以上，有的甚至超过90%；但2002年这10个专业的毕业生就业率均出现滑坡，有7个专业的毕业生初次就业率低于直属高校85%的平均水平，甚至有的专业毕业生初次就业率不足60%。

3. 需求量最大的专业不一定是签约率最高的专业，需求形势较好专业的毕业生往往不急于签约，致使该专业的毕业生就业率不是很高。相反，那些少有需求或需求不足专业的毕业生签约率却非常高。

4. 一些行业特征特别明显的专业或特殊专业的毕业生就业率较高，如出入境管理、飞机驾驶、痕迹检验、邮政通信、特殊教育、医学影像、弹道工程等。这些专业普遍招生数量较少，而且多与某些行业密切相关，因此，招生应和社会需要紧密地联系起来。

说明：本专题统计范围为教育部直属高校及国务院其他部委所属高校的本科毕业生，统计时间截至2002年6月15日。今后几年高校毕业生就业情况将会有很大变化，但各专业相对冷热程度，仍有参考价值。

（教育部资料）

〔**2003 年毕业生就业形势预测及对策**〕 2003 年是全面贯彻落实十六大精神的第一年，也是高等教育扩招后有本科毕业生的第一年，因此，做好 2003 年毕业生就业工作意义重大、影响深远。2003 年毕业生就业面临着难得的历史机遇，一是党中央、国务院高度重视毕业生就业工作，连续出台多项重要政策，不断加大就业工作改革力度，进一步拓宽渠道，消除制约毕业生就业的政策性障碍，为促进毕业生就业创造了条件、铺平了道路。二是十六大提出“全面建设小康社会”的奋斗目标，为毕业生就业开辟了广阔的前景，我国经济的持续快速健康发展，GDP 保持 8%以上的增长率将为大学毕业生提供基本的就业空间。三是非国有经济的迅速崛起和第三产业的大发展，为毕业生就业开辟了重要渠道。四是我国经济增长方式的转变，必然依靠科技进步和高素质的劳动者，这为毕业生就业带来了新的契机。五是新型工业化道路和产业结构的优化升级为高校毕业生提供了施展才华、建功立业的广阔舞台。因此，2003 年毕业生就业工作既有困难和挑战，更有机遇和希望。

2003 年全国普通高校毕业生有 212.2 万人，其中研究生 12.1 万人，本科生 91.9 万人，专科生 108.2 万人，毕业生总数将比 2002 年增加 67 万人，增幅达 46.2%。虽然毕业生数量增幅较大，但社会整体就业岗位没有明显增加的趋势，我国正面临着城镇新增劳动力就业、农民进城打工和下岗失业人员再就业“三峰叠加”的局面，就业形势不容乐观。

为切实做好 2003 年毕业生就业工作，教育部将采取以下重要对策，一是联合有关部委对国务院办公厅和教育部发的两个重要文件的落实情况进行联合检查，重点检查：(1) 省会及省会以下城市是否取消进人指标、户口指标及各种增人卡的限制；(2) 是否允许毕业生特别是专科（高职）生跨省（自治区、直辖市）、跨地（市）就业；(3) 是否实现毕业生就业市场、人才市场、劳动力市场的相互贯通和信息资源共享。二是动员、要求行业部门或系统充分吸纳高校毕业生，提升行业或系统从业人员队伍的知识重心，强化行业或系统在配置人力资源、拓宽就业渠道方面的重要作用。三是从国家、地方和高校三个层面形成招生、培养、经费和就业相互联系、相互促进的宏观运行机制，在高等教育事业发展规模、专业设置、办学水平、质量评估同就业形势和状况适度挂钩，引导高等学校根据社会需求和就业市场的变化，及时调整结构，提高教学质量和办学水平。四是调整高等教育层次与类型结构，扩大成人教育专科起点本科的招生规模，鼓励和支持未就业的专科（高职）毕业生参加成人专升本的学习，进一步缓解专科（高职）毕业生的就业压力。五是建立健全高校毕业生就业指导和服务机构，在场地、人员、经费等方面给予充分保证，专职就业指导教师与应届毕业生的师生比近期要保证不低于 1∶500，就业工作经费不低于学校当年全部学费的 1%。六是启动“毕业生就业信息化制度建设计划”，进一步完善学校的毕业生就业信息网和相应的信息服务体系，建立毕业生就业信息监控快速反应系统，为毕业生就业提供高效、快捷的服务。

（教育部资料　陈　曦）

〔**大学生就业步入“大众化”时代**〕 2003 届毕业生遇上了高校扩招后的第一个就业高峰年，毕业生人数达到创纪录的 212 万人，与 2000 年相比几乎翻一番，比 2002 年（145 万）净增加 67 万人，增幅达 46%。2002 年 11 月 20 日后，全国各地方和高等学校都在争先恐后地举办毕业生就业招聘的市场活动，结合各方面传来的消息以及 2002 届毕业生就业的情况分析，预计：2003 年社会对毕业生的总体需求与 2002 年比较，变化不大。但是毕业生就业岗位分布和岗位层次将更宽泛；需求的主体将是中小型用人单位，且数量有所增加，就单个招聘单位而言，接收毕业生的数量是减少的多，增加的少。

从社会对不同层次毕业生的需求来看，毕业研究生的需求依然旺盛，特别是高等学校为了应对规模大幅度扩张的需要，急需补充师资约10万人。但是，其中一些应用性差的专业，毕业生将面临专业对口职位紧缺的状况；本科毕业生需求基本平衡，但是，长线专业的毕业生就业困难；出现的新情况是，由于IT业进入一个世界性的严冬，加上我国电信业的重组正在进行之中，往年热门的、与IT相关专业的毕业生将面临更为激烈的岗位竞争；专科毕业生整体需求不旺，但是，其中特色突出、"人职匹配"的专科毕业生，如海运、高级护理等专业和有高级技工技能的毕业生却供不应求。

从毕业生就业区域流向来看，经济欠发达地区毕业生出省（自治区）就业的人数增加；毕业生流向经济发达地区和追求到经济发达地区就业的倾向明显，竞争的激烈程度增加。

随着一些热门行业，如金融业调整和准备上市，IT行业正在经历裁人、重组的"严冬"，行业内平均薪酬水平下降，减薪达10%～20%。这给追求高起薪的毕业生泼了一盆凉水，预计2003届毕业生将迎来一个薪酬的低谷。

政策打造宽松环境

正是因为就业形势严峻，国家出台了新的就业政策，改革力度非常大。相对而言，2003届高校毕业生将迎来一个比以往更为宽松、有利的就业环境。

2002年3月，国务院办公厅转发了教育部等四部委的《关于进一步深化普通高等学校毕业生就业制度改革有关问题意见的通知》，同年10月，教育部、公安部、人事部、劳动和社会保障部经国务院同意，发出了四部门联合的《关于切实做好普通高等学校毕业生就业工作的通知》，推动毕业生就业制度改革的力度是罕见的、空前的。一年内两个文件，明确了高等学校毕业生就业制度改革的目标：市场导向、政府调控、学校推荐、双向选择。对各级政府、高等学校、用人单位和毕业生在就业问题上的职责都有明确的要求。特别是针对影响毕业生市场中供需主体的体制性、机制性的障碍，提出了省会及省会以下城市要取消进人指标、户口指标等限制，切实落实用人单位的用人自主权；取消限制高校毕业生跨省、跨地（市）就业的政策规定，取消对毕业生收取的城市增容费、出省费、出系统费和其他不合理、不合法的收费；延长毕业生找工作就业的时间为2年，不少省出台了延长到3年的政策，也就是说，毕业生在2年或3年的时间内找到接收单位，毕业生就业主管部门就给办理出具报到证等手续；允许待业毕业生在此期间，自由选择将档案、户口保留在学校或生源所在地。同时，新政策也对举办毕业生就业市场提出了加强管理的要求。

毕业生，你准备好了吗？

针对就业形势和就业政策的调整，2003届毕业生该如何应对呢？

首先，高校毕业生要正视面临的就业形势，高校毕业生供给紧缺的时代已经一去不复返了。特别是随着高等教育"大众化"时代的来临、"精英教育"时代的结束，高校毕业生就业将发生与"大众化"相适应的"质"的变化。高校毕业生就业从精英走向大众，这是一个不以我们个人意志为转移的、历史性的转化。高等学校毕业生就业将在一个相当长的时间内处于"买方市场"；在社会需求总量增加不大的一段时间内，毕业生层次间的挤占岗位的效应将是一个趋强的趋势；同层次、相同专业毕业生的名牌校与普通校之间、培养质量和特色的竞争将格外激烈；毕业生整体求职的成本和时间将扩大和延长；毕业生整体的薪酬水平将有所下降。

面对这种历史性的变化，毕业生们的就业观、就业期望是否与之相适应呢？

在高等教育处于"精英教育"的时代，高校毕业生短缺，社会精英岗位充足。高校毕业生就业是一种与之相适应的、在社会精英岗位上的就业。进入高等教育大众化阶段后，社会精英岗位与高校毕业生数量相比显得不充足甚至短缺了。就高校毕业生整体的就业情况而言，是进入了一个"大众化就业"的时代，一部分高校毕业生通过竞争，进入社会的精英岗位。同时，必然要有一部分高校毕业生从事"蓝领工作"，成为高级蓝领。这是社会发展进步的表现，在发达国家，特别是德国，这也是一种普遍的就业现象。我们必须打造出一批具有高级技能、较高知识水平和较高收入的"蓝领"，以适应进入WTO后，世界工业生产基地向我国转移，我国成为“世界加工厂”的需要。因此大学毕业生必须调整就业观和就业期望值，树立大众化的就业观。

高校毕业生要正确认识自我，认识社会职位要求，找准自己就业的社会定位。不同层次、不同专业的毕业生在社会需求中有客观的定位，如果毕业生自我定位准确，要求的条件符合客观情况，并且对对方的要求越简单，你的求职将越容易实现。反之，条件越多、越高，实现起来越难。不要幻想和要求第一次选择的就业岗位或从事的工作，必须是十全十美、符合自己理想的。每个人的一生都在不断地调整，终身从事一种职业是可能的，终身在一个岗位上的可能性是越来越小了。特别是在毕业生就业形势紧张的时候，应当考虑先解决“吃饭”问题——就业。有些毕业生认为，既然政策允许两年内就业，就慢慢找，一定要找一个完全满意的工作岗位。其实这种想法是不对的，现在找工作，是与同期的212万毕业生，或者说212万人中相同层次、专业的毕业生竞争工作岗位。往下拖一年，将与新毕业的250万人竞争，竞争将更加激烈。此时若与已经就业但想“跳槽”的人相比较，又存在着有无实践经验的差异，更是处于劣势地位。何况“金无足赤”，想要找心目中十全十美的岗位，谈何容易？

高校毕业生要充分利用当前国家政策营造的更为宽松和广阔的市场就业环境，主动投身到毕业生就业市场中，以进取的态势，积极参与就业竞争，做好参与竞争的各种准备，在就业机会到来时，不要犹豫不决，“该出手时就出手”。

对高校毕业生来说，就业是一条路，出国、考研究生也是路，特别是自主创业，也是一个不错的选择。国务院19号文件提出，对高校毕业生自主创业，工商和税务部门要积极给予支持。许多省在贯彻中央文件的政策规定时，规定对毕业生自主创业开办的企业给予扶植和一些税收方面的优惠。高校毕业生如果能够自主创业，不仅自己为自己解决了就业，还为他人创造了就业机会，有这样能力的毕业生不妨试一试。

市场就业和高校毕业生“大众化”就业已经来临，高校毕业生，你们准备好了吗？

（《中国教育报》2002年12月11日　曹　殊）

留学资讯

〔**解读2003年公派留学新变化**〕　按照国家公派出国留学选派方针和年度选派计划，2003年国家留学基金管理委员会将以国家留学基金资助方式，在全国选派各类国家公派出国留学人员3 025名。申请受理工作已经开始，截止日期为2003年3月10日。为使国家公派留学的选派工作更有针对性，进一步提高留学效益，国家留学基金管理委员会在制定2003年国家留学基金资助出国选派计划时，进行了重要调整。就此次选派工作的新变化，记者采访了国家留学基金管理委员会副秘书长沈阳。

记者：最近几年，国家公派留学的选派人数每年都保持在2300人左右，而今年与往年相比，在派遣人数方面有了大幅度提高。除派遣规模的变化外，2003年国家留学选派计划在资助项目方面有哪些调整？

沈阳：国家留学基金资助包括我国政府提供全额资助、与外国政府和组织互换奖学金资助、各种项目奖学金或资助金等多种资助方式。为了更紧密地配合国家的经济建设和社会发展，使国家公派留学的选派更有针对性，2003年国家留学基金委确定了七大重点资助领域，将优先予以支持。这些重点资助领域包括：通信与信息技术、农业高新技术、生命科学与人口健康、材料科学与新材料、能源与环境、工程科学、应用社会科学中与WTO相关学科等，涉及130多个专业。当然，国家留学基金管理委员会也将继续鼓励其他学科领域的人员申报国家留学基金。

记者：2003年公派留学的资助类别及内容有哪些变化？

沈阳：在留学人员类别方面，新设立了“高级研究学者”项目，面向各类国家级人才计划、国家重点学科学术带头人及重点实验室高级科研管理人员、中央国家机关和国有大中型企业的高级行政管理人员。国家将提供高强度资助。此项目2003年度将选派200名，资助期限为3～6个月。同时，将传统的“普通访问学者”项目与“高级访问学者”项目合并为“访问学者”项目，资助期限调整为6～24个月。另外，国家留学基金委也在积极研究并推动研究生的派遣计划，目前主要根据双边教育文化合作交流项目或其他合作项目选派。除德国DAAD项目、德国有关基金会奖学金项目和韩国政府互换奖学金项目外，暂不受理个人申请。

记者：国家留学基金管理委员会2002年对申请者的外语要求进行了调整，2003年是否继续执行这一政策？允许未参加外语水平考试的人员申报国家留学基金资助，是否可以理解为公派留学的外语要求门槛降低了？

沈阳：关于外语要求，应该说不是门槛降低了，而是门槛后移了。过去申请国家留学基金资助出国留学，外语成绩达到一定的标准才能申请，但许多单位急需培养的业务骨干由于工作繁忙，没有时间考外语，因此申请留学基金资助受到限制。2002年的调整使获得所在单位重点推荐的人员可以先申报，被录取后再参加外语考试或培训，外语合格后方能派出，这实际上是让申请人“先上车后买票”，并不存在降低门槛一说。2003年，国家留学基金管理委员会将继续执行这一政策，并将采取措施加强对被录取人员外语水平的审核。

记者：2003年的国家公派留学资助计划在资助标准方面是否有调整？

沈阳：近年来，在财政部的大力支持下，经过教育部有关司局的不懈努力，国家公派留学人员的资助标准有了很大的提高。特别应该提到的是，从2003年1月开始，国家又对85个国家的国家公派留学人员资助标准作了突破性的调整，平均涨幅达到44%。新的资助标准已接近甚至超过一些我主要留学国家的资助标准。这一举措有利于进一步提高国家公派留学的地位，体现了大国的风范，意义重大。

（《中国教育报》2003年1月15日 姜乃强）

〔**留学日本：资格·材料**〕

大学申请条件

日本以外国家的学生必须修满正规学校教育12年课程。

有的国家修满高中只有11年，此时应在国际学友会日本语学校或关西国际学友会日本语学校修学一年，并且达18岁以上方具备大学的入学资格。

大学入学考试

日本大学的入学考试有国费（文部省奖学金）和私费（自费）留学两种，有的国家和政府也派遣留学生。私费留学生进入日本大学有两种方式：一是经过日本大学选考从外国直接进入所希望的日本大学。另一种是先进入大学附属日语教育设施或民间的日语教育设施，修学1年至2年后经过大学选考而入学。

留学生通过第二种方式进入日本大学时，考虑到留学生的学习背景及日语能力，学校大多采取与日本人不同的考试方法，具体入学考试方法可与校方联系。

另外，“私费外国人留学生统一考试”和“日本语能力测试”等考试结果，被广泛用于各大学的入学选拔。

语言学院申请条件

·25岁以下（含25岁）只需高中毕业。

·26～28岁需大学专科毕业。

·28～30岁需大学本科毕业。

·30岁以上不受理。

签证所需材料

·居留资格认定证明书交付申请书。

·照片2张，其中1张贴在申请书上，1张在背后写上名字后，放入信封。

·贴足邮资的回邮信封。

·有关入学许可证的材料。

・学费生活费支付材料：申请人自己支付经费时要有注明有给付金额及给付期间、有关奖学金给付的证明；以申请人名义的存款证明及储蓄证明的资料。

由申请人的亲戚等汇款时，所需材料为记载有接替支付经费的来由、具体的援助金额的经费支付书，市区乡村长所发行的经费的来由及具体的经费支付者的课税证明书及经费支付者的职业证明书，记载有全家人的户籍誊本抄本、印鉴证明等。

除接受日本语教育外，还要专修学校专门课程时所需材料：关于日本语能力，明示有在法务大臣告示公定的日本语教育设施受过6个月以上的日本语教育的结业证明书及出席、成绩证明书；日本语能力检定1级或2级合格证的影印本；明示有在学校教育法第一条规定的学校受过一年以上教育的证明书；结业后的预定证明书。

（《中国教育报》2002年7月24日　日　文）

〔**留澳资讯**〕　澳大利亚是一个英语国家，她的政治法律文化体系继承了英国传统，而且至今仍是英联邦国家之一。澳大利亚人民友善热情，自然环境优美，社会环境安宁，教育水平世界公认，是留学及旅游的理想国家。澳大利亚政府为联邦制，有新南威尔士、维多利亚、昆士兰、南澳大利亚，西澳大利亚和塔斯马尼亚等六个州及澳大利亚首都和北部两个地区。联邦政府首府位于首都堪培拉，实行总理制。各州分别设有州长，负责管理州内事务。

海外机构

澳大利亚政府在许多国家设有澳大利亚教育中心（Australian Education Centre），向海外学生提供有关澳大利亚学校的资料。澳大利亚驻华使领馆教育处赴澳教育中心有一百多家澳大利亚学校及其课程的简介，其中包括大学、职业技术教育学院、高中及语言学校的资料，欢迎中国学生免费索取，赴澳教育中心的学生辅导员还向学生介绍有关课程，解答有关赴澳留学方面的问题。

入学资格

澳大利亚的院校及教育机构对招生有一定的条件要求，部分课程限定招生人数，申请人可直接向各院校查询申请入学的条件。

从签证要求的角度出发，赴澳就读高中课程（571类学生签证），申请人在提交学生签证申请时需具有初中毕业学力。

申请赴澳就读职业教育与培训课程（572类学生签证）及预科、其他非学历课程（575类学生签证），申请人须具备高中毕业学历或同等学力。

报读本科课程（573类学生签证）的申请人需已具备高中毕业学历或同等学力。

申请硕士和博士课程（574类学生签证）的申请人，需提供已获得的本科学士学位、硕士学位或具备同等学力的证明。

英语要求

申请赴澳大利亚学习的中国学生，除申请就读中学课程外，申请其他课程都必须具备合格的英语水平。从签证角度出发，申请人未满18周岁，并就读中学课程者（571类学生签证），无需提供英语成绩证明；申请其他类别学生签证（570、572、573、574及575类学生签证）则需提供至少雅思（IELTS）5.0分成绩单原件。

申请手续

在了解了所要报读的澳大利亚院校的具体情况（如学校概况、入学要求、课程设置、开学日期及学费等）后，可直接与学校联系申请入学。学校在评估申请人的条件后，若认为其符合入学要求，便会给申请人发一封“留位证明信”（Letter of Offer）。申请人可凭此“留位证明信”，并准备好所需的签证材料邮寄到澳大利亚阿德雷得市海外学生签证审理中心。

如通过学生签证预评审，申请人会接到通知。

申请人在此之后办理学校注册手续，包括向校方交纳学费并领取电子注册确认通知书（英文简称e—COE），支付海外学生医疗保险等。申请人还需完成澳大利亚移民、多元文化及土著事务部（英文简称DIMIA）规定的其他评审程序，如进行体格检查等。申请人可在取得签证后做旅行安排。

未满18周岁的申请人在澳大利亚学习期间不与父母双方中任何一人或法定监护人共同居住，需提供由校方签署的保证书或由父母书面指定的一名在澳大利亚的、年龄在21周岁以上的亲属出具的法律声明书，监护人需同时提供由当地警察局出示的无刑事犯罪证明。他们将负责申请人在澳期间的食宿和基本福利等。

留学费用

赴澳大利亚留学的海外学生除少数奖学金获得者外，均须缴纳学费。留学澳大利亚的学费与留学英国、美国相比要低很多，而不同院校的收费会有所不同。

中学：公立学校每年约为6 000澳元至9 000澳元；私立学校每年约为12 000澳元至15 000澳元。

英语课程：每星期约250澳元至350澳元。

技术教育与培训课程：公立技术与继续教育学院每年约5 500澳元至15 000澳元；私立职教学院每年约在10 000澳元以上。

课余兼职

获取学生签证的15岁以上的海外学生经父母许可可在澳洲兼职工作，但要到当地移民部申请兼职学生签证。在修读课程期间，每周最多可工作20小时，假期可全天工作。兼职工作经验会有助于学生结交朋友，加深对澳大利亚的认识。但学生必须确保自己的学业不会受兼职工作的影响，也不应把兼职工作视作其在澳大利亚上学的主要经济来源。

生活指数

一般单身学生一年生活开支约为8 000澳元至12 000澳元，包括衣食住行、医疗及娱乐的开支。已婚学生的配偶每年约需4 200澳元额外生活费支出，而每名子女每年则须另加约2 400澳元生活费开支。上述开支不包括机票及学费。

18岁以下的学生，一般可在就读的中学寄宿，或经父母同意另做安排。一些大学及大专学院设有宿舍，学生可以享有独立的卧室/书房，并与其他寄宿生共用浴室、洗熨及康乐设施。大部份宿舍均提供膳食，有些则设有厨房，供学生自己下厨。

（《中国教育报》2003年1月22日　姜乃强）

〔**析赴澳签证新办法**〕　2003年，中国内地学生赴澳大利亚留学、申请签证方式有了新变化。据澳大利亚驻华使馆教育文化处有关人士介绍，为不影响开学课程，学生务必在入学前16周递交学生签证申请。

申请赴澳学生签证，仍需将申请资料邮寄到澳大利亚阿德雷得海外学生签证审理中心，中心在对收到的学生签证申请进行登记和备案后，将把所有的571（中学课程）学生签证类别的申请，转交澳大利亚驻华大使馆签证处审批，其他类别学生签证由阿德雷得海外学生签证审理中心审理。如果申请人的签证申请材料已转交到澳大利亚驻华大使馆签证处，申请人会收到书面通知，还可直接向澳大利亚驻华大使馆签证处查询571学生签证类别的签证评审进程。

除571学生签证类别之外的其他学生签证，申请人或中介机构都将收到由阿德雷得海外学生签证审理中心直接邮寄来的签证申请开档信、要求补充材料的信件以及签证结果的通知书。在申请人收到的签证预评估（PVA）信里，会提示申请人将电子注册录取确认书（e-COE）的复印件提交给阿德雷得或是北京的澳驻华使馆。如果申请人委托中介机构代办手续，需填写157A学生签证申请表最后一页的956表并作出说明。如果申请人委托中介机构代办手续但未作说明，对此作出的进一步调查将可能延误对签证申请的评审。

澳大利亚官方提供的数字显示，在2001至2002年度，有13 150名中国学生获得签证前往澳大利亚留学，比上一年度增长了51%。目前，约有30 000名中国学生在澳洲求学。

有关业内人士分析，澳大利亚正在成为中国学生留学优先选择的目的地，其原因有三：澳大利亚的高品质教育吸引了中国学生；留学澳洲的学费相对于欧美较为便宜，澳洲允许学生打工；澳大利亚是惟一立法保护外国留学生的国家，学生的权益能够得到保证。

（《中国教育报》2003年3月26日　姜乃强）

〔**不再收取“培养费”，自费留学审批手续简化**〕　2003年，教育部就简化大专以上学历人员自费出国留学审批手续发出通知。

我国从1990年开始实行“对具有大专以上学历的自费出国留学人员进行资格审核并收取高等教育培养费”的制度。10多年来，全国约有30多万自费生出国留学。

中国加入世贸组织后，我国为落实对服务贸易作出的相关承诺，促进政府职能转变，加快了行政审批制度改革的力度。国务院于2002年11月1日颁布了《关于取消第一批行政审批项目的决定》。根据《决定》中被取消的行政审批项目第77项，为进一步落实国家关于“支持留学、鼓励回国、来去自由”的出国留学工作方针，教育部决定简化对大专以上学历人员自费出国留学的审批手续，不再向申请自费出国留学的高等学校在校生以及具有大专以上学历但尚未完成服务期年限的各类人员收取“高等教育培养费”，不再对上述人员进行“自费出国留学资格审核”工作，不再要求上述人员向各地出入境管理机关提交《自费出国留学资格审核证明信》。

《通知》指出，各地及各高校应将自2002年11月1日以来收取的“自费留学高等教育培养费”退还当事人或其委托的合法代理人。涉及2002年11月1日前后的相关事宜，应按照各自的政策界限分别掌握，各地和各高校要严格按照有关政策规定做好全部善后事宜和档案保存等工作。

（《中国教育报》2003年2月19日　长　江）

〔**雅思考试资讯**〕　作为继续教育和高等院校的入学语言水平考试，雅思（IELTS）考试日益受到人们关注。目前，英国、澳大利亚、新西兰、北美的许多大学以及用英语授课的众多非英语国家的大学，都选择IELTS作为英语水平考试。

2003年雅思考试有变化吗？考试时间是如何安排的？请看来自英国使馆文化教育处的最新信息。

报名

参加考试需填写申请表，提供身份证或护照的原件及复印件。如果以邮递方式申请，需提供有本人签名的身份证复印件，三张在背面签名的近照。考试费用为1 250元人民币，如果以邮递方式申请，通过邮局汇款。

准备

参加IELTS考试，英国使馆文化教育处建议购买下列两种复习参考书。

《IELTS模拟考题》。《IELTS模拟考题》包括两本书和一张CD。一本书是一份完整的样卷，另一本书是答案和题解。试答这份样卷，初步估计一下自己的英语水平，同时能够熟悉考试的形式。

《如何准备IELTS考试》。《如何准备IELTS考试》的最新版本由北京语言文化大学出版社发行，该书提供了更加详细的备考指导。除样题之外，该书详细介绍了考试形式及各部分的答题方法。如果是自己复习，最好先阅读《如何准备IELTS考试》，再试答《IELTS模拟考题》。

成绩

如计划使用IELTS考试成绩单申请移民或赴海外学习、工作，英国使馆文化教育处可免费为其向国外学校，有关使、领馆寄送5份成绩单；如所需成绩超过5份，每份要付60元。需提供信息如下：考试日期及考号；申请学校联系人或使、领馆的详细地址；写好学校地址并贴足12.5元邮资的7号标准国际信封；学生申请号或档案号；移民申请档案号；本人联系方式。

如再次参加考试，三个月以后才能重新注册。IELTS考试成绩有效期两年。

（《中国教育报》2002年12月11日）

〔**怎样去英国读预科与大学**〕　如今，越来越多的高中毕业生选择去英国读书。如何有计划地做好留学前的准备，减少留学的盲目性？对英国的教育体制有一定的了解，是十分必要的。

英国的教育已有数百年的历史，并有着极为严格的质量标准。英国的中学分为公立和私立学校，上私立学校，要付学费，而公立学校的教育是免费的，但公立学校不接收外国学生。

在英国，年满16岁的学生完成强制性教育后就可以离开中学，他们会以预科学生的身份进入预科学院或者延续教育学院，在那里学习中学的高级水平考试课程或同等水平课程。在 18 岁时，完成了中学阶段的教育，大部分学生继续攻读继续教育课程或是攻读高等教育课程。海外学生一般可在这个年龄阶段到英国接受教育，在英国的延续教育学院或专门的预科学校学习，为上大学做准备。

英国有 600 多所公立和私立学院开设延续教育课程。这些学院开设的课程种类广泛，包括英语语言课程、普通中等教育证书课程、中学高级水平考试课程及同等水平课程、职业课程、衔接课程以及部分本科课程。

中国的高中学生可以根据自己的情况选择预科，一般有如下几种形式。读 A－Level：16 岁以后就可以上 A－Level，学习 2 年，此后可选择 6 所英国的大学就读。读预科：一般接收高中二年级的中国学生，通常学习一年，是在专门的预科学校或继续教育学院学习，完成课程后可以选择 6 所英国的大学。在特定的一所大学学习预科，学习结束后只能进入该大学学习专业课程。不读预科：高三毕业的中国学生直接进入苏格兰大学学习专业课程。

在选择预科时，需要考虑以后的大学专业课程学习。在预科除了英语之外通常需要学习 4 门课程。如果选择了文科，那么就很难再进行大学的理工科课程学习。凡是准备进入英国大学的学生，必须提前向英国大学学院申请委员会（UCAS）递交申请表，同时做好个人陈述。英国大学学院申请委员会申请表，分为六所大学的申请和一所大学的申请。学生在向英国大学学院委员会提交申请时，可以借助预科学校辅导老师或中介机构完成。

在英国，学习预科的学费一般在 4 000～5 000 英镑，有的学校会在 7 000～9 000 英镑左右。预科一般需要学习 9 个月，大多数学校开学时间是在秋季，个别学校在 1 月份开学。一般情况下，具备雅思 5～5.5 分的英语成绩才能进入预科学习，否则需要先学习语言课程。

对于准备出国的学生来说，无论是学习哪一阶段的课程，语言都是非常重要的。许多已经到了英国的学生认为，在国内没有打好英语基础是很大的失误，因为到了英国需要补的课程会很多。

（《中国教育报》2003 年 4 月 30 日　黄　瑛）

台湾地区教育讯息

〔台湾地区《终身学习法》三读通过〕 2002 年，台湾地区“立法院”三读通过《终身学习法》，明定各级“政府”应积极推动员工公假参与学习的“带薪学习制度”，同时，“教育部”也将发行终身学习卡，建立认证制度，作为入学或升迁考核的参据；另外，电视、广播、互联网络、平面媒体也应该积极参与终身学习节目制播，免费或低价提供一定时数，播放各类终身学习节目。

法中也明定，在“行政院”下设置“终身学习政策推动委员会”，各级主管机关也应组成“终身学习推展委员会”，以便整体规划终身学习的政策、计划及活动，并能整合正规及非正规的教育体制。

同时，为了确保弱势族群的终身学习机会，法中也规定，应优先提供原住民、身心障碍者及低收入户的终身学习机会，有关主管机关并依认可课程，酌予补助原住民、身心障碍者、低收入户的终身学习学费。

这项新法并制订多项奖励措施：有关主管机关对于积极推动带薪学习制度的机关或雇主，予以奖励，并酌予经费补助；电视、广播、互联网络、平面媒体积极参与终身学习的制播，或提供时数，免费或低价播放终身学习节目者，“政府”也应酌予经费补助或公开奖励。

在此法通过后，主要提案人国民党“立委”江绮雯表示，在加入世界贸易组织之后，根据官方统计，台湾地区四年内农业受到冲击的损失，可能超过新台币500亿元，五年内，每年失业人口将达两万人，因此《终身学习法》的通过，将有助于培育人才的竞争力。

针对《终身学习法》在“立法院”三读通过，“教育部社教司长”周燦德表示，“教育部”已备妥相关措施，“终身学习卡”已经在高雄科学工艺博物馆测试两年，课程审议可交由全岛北、中、南、东的“课程认可委员会”进行审查，至于相关奖励措施，“教育部”也正快马加鞭研拟。

（《世界教育信息》2002年第8期“综合”栏目）

〔**台湾学子愿求学祖国大陆，两岸高中将首次交换学生**〕 台湾近来有越来越多的高中生毕业后，直接到祖国大陆念大学。台湾的一些学校为使学生出路更广，也积极推动两岸高中交换学生。台北市私立名校薇阁高中与北京四中达成共识，拟于2003年9月新学年开始时实施两校交换学生制度。据悉，这将是两岸高中首次交换学生。

薇阁高中校长李光伦说，薇阁学生过去大多前往欧美国家留学，但这两年有多名学生选择毕业后前往祖国大陆继续升学，目前薇阁就有四五名校友分别在北京大学、清华大学及南京中医大学就读。李光伦说，这几名学生是为了提高自己的竞争力而选择赴祖国大陆就读，并非因为家长在祖国大陆经商。

李光伦说，薇阁高中每年都利用暑假让学生前往美国、英国、加拿大等地知名大学进行学术交流，但2002年则带学生前往祖国大陆西安参访，2003年将带学生前往北京四中、中央音乐学院附中进行交流。

（《人民日报》2003年2月25日 张何平 聂传清）

〔**台湾积极推动技职教育外销**〕 台湾“教育部”决定从2002年度起推动建立“东南亚技职教育联盟”，并同步推动发展“技术证照国际化”、“策略联盟型国际合作”和“学分抵免与学位采认共同规范”，让台湾的技职教育顺利输出海外。

“教育部”官员指出，岛内技职教育正面临瓶颈，高职、专科学校招生不易，部分私立学校甚至招生不足或招不到学生，而台商在东南亚地区近年来投资甚多，粗估金额高达400亿美元，而且需才很急，因此这项技职教育“输出”计划，不但符合东南亚国家现阶段产业发展人力培育需求，也可为岛内技术人才寻求出路。

“教育部”官员表示，其实技职教育向东南亚输出，甚至进而向整个国际社会输出，几年前就已在规划，而前任“教育部”部长曾志朗更是大力推动，现任“部长”黄荣村已经委请屏东科技大学先筹办“东南亚技职教育国际研讨会”，接着就将推动建立“东南亚技职教育联盟”。官员说，若是岛内技职教育能够顺利朝向国际化发展，进而输出技术人才到东南亚等国家，未来不但岛内技职学校的招生问题能够获得解决，将来从技职学校毕业的学生也能有国际出路。

“教育部”将与“劳委会”、“外交部”等单位协商，积极推动发展“技术证照国际化”与“策略联盟型国际合作”等措施。同时本身也将尽快修订相关法令，研订学分抵免、学位采认等规范来松绑相关法规，以适用签订“东南亚技职教育联盟”的各国（地区）技职学校。

（《世界教育信息》2003年第3期“短讯台”栏目）

〔**落实九年一贯课程，台湾地区计划培训2.8万名种子教师**〕 台湾“教育部”为了推动九年一贯课程改革，提出了长达三年半的培训计划，配合这项计划，预计于2004年初完成2.8万名种子教师的培训。

台湾中小学实施九年一贯课程的问题频传，因而备受关注。台湾“教育部”2003年3月10日再度提出九年一贯课程改革的三年半培训计划。“教育部”部长黄荣村表示，九年一贯课程牵涉的事务相当广泛，不只是教科书，还包括现场教学，若没有完整的配套措施，就无法落实九年一贯课程的精神。为此，黄荣村提出两项配套措施。一是教师课程改革，二是恢复台湾各县市辅导团的机制。

针对这两项配套措施，九年一贯课程改革培训计划自2003年1月起到2006年7月止，分为三个子计划进行。

第一年实施学校和教师的服务计划。首先由“国立”教育研究院筹备处先培训500名种子教师团队和课程督学，第二年培训250名，第三年培训250名。总计1 000名为“中央”所属的教师团队，共同协助县市新课程改革。

此外第一年培训500名“中央”所属的种子教师，回到各县市后，每人至少再培训10位种子教师。产生的5 000名种子教师，再回到全台湾3 000多所中小学中，每所学校再培训8名种子教师。据估计，一年后至少将有2.8万名种子教师完成培训，其比例，相当于台湾中小学教师的1/5。

其次，通过具备师资培育功能的大学和中小学合作，建立长期的专业伙伴关系，提升教学改革成效。

第三项子计划，则着重于政府和民间合作。引进家长、社区和民间企业协助教师课程发展、教学创新，促进学校自主，课程松绑，落实九年一贯精神。

（《基础教育参考》2003年第5期“广角”栏目）

2002年教育大事记

1月4日 教育部公布《第八批基本普及九年义务教育、基本扫除青壮年文盲县（市、区）名单》和《第五批基本普及初等义务教育县名单》。

1月7日 教育部发出《关于成立教育部学科发展与专业设置专家委员会的通知》。

△ 教育部办公厅印发《关于现代远程教育校外学习中心（点）建设和管理的原则意见》（试行）。

1月8日 教育部办公厅发出《关于建立"国家体育与艺术师资培养培训基地"的通知》。

1月10日 我国著名民俗学家、民间文艺家、教育家、北京师范大学教授钟敬文在北京逝世，享年100岁。

1月14日 教育部印发《高等学校出版社"十五"发展规划要点》。

1月14日～16日 第一届中国学校体育科学大会在北京举行。教育部副部长赵沁平出席会议并讲话。

1月17日 教育部印发《关于授予陈先宇同学"舍己救人的优秀大学生"荣誉称号的决定》。

1月18日 教育部发出《关于做好2002年普通高等学校招生工作的通知》和《关于做好2002年全国成人高等学校招生工作的通知》。

△ 教育部办公厅印发《2002年教育审计工作要点》。

1月22日 国防科工委、教育部、陕西省人民政府、西安市人民政府重点共建西北工业大学签字仪式在北京举行。教育部部长陈至立、国防科工委主任刘积斌、陕西省省长程安东、西安市市长冯煦初分别代表教育部、国防科工委、陕西省、西安市在共建协议上签字。

△ 全国扫盲工作座谈会在泉州召开，教育部全面部署"十五"期间扫盲工作。教育部副部长王湛在讲话中强调，扫盲工作重在抓落实、抓改革、抓质量、抓效益，要坚持扫盲工作验收到县，复查到乡，工作到村，落实到人，扎扎实实推进扫盲工作。

1月23日 教育部、辽宁省人民政府、沈阳市人民政府在沈阳共同签署重点共建东北大学协议。教育部副部长张保庆、辽宁省副省长赵新良、沈阳市副市长吕亿环分别代表教育部、辽宁省、沈阳市在协议书上签字。

1月25日 教育部、公安部、外交部发出《关于在校学生短期出国持用因私护照有关事项的通知》。

1月28日～29日 教育部部长陈至立在山西省考察调研。其间，陈至立考察了农村中小学校和职业学校，以及山西大学、太原理工大学。强调各级教育行政部门和各级各类学校一定要以江泽民同志"三个代表"重要思想为指导，认真贯彻落实党的十五届五中、六中全会精神，加强和改进教育战线作风建设，结合教育改革和发展实际，切实转变作风。深入到基层，深入到学校，狠抓落实，推进教育工作在新的一年里再上新台阶。

1月30日～2月3日 全国教育科学"十五"规划2001年度课题评审会在北京举行。教育部部长、全国教育科学规划领导小组组长陈至立发表讲话，强调教育科学要为教育决策当好参谋。

2月1日 全国青少年校外教育工作联席会议第二次全体成员会议在北京举行。会议讨论并原则通过了《2000年～2005年全国青少年学生校外活动场所建设与发展规划》。联席会议主席、教育部部长陈至立，教育部副部长王湛出席会议并讲话。

2月4日 科技部、教育部在北京举行形势报告会，国务院副总理李岚清为科技界、教育界人士作形势报告。李岚清在报告中回顾了近年来我国改革开放、经济发展和实施科教兴国战略等方面取得的重大成就，分析了当前的经济形势和面临的挑战，阐述了2002年经济、科技、教育面临的主要任务，强调要努力做好新世纪的科技、教育工作。

△ 教育部副部长章新胜出席中国与老挝两国政府有关文件的签字仪式，并与老挝教育部副部长苏坡赛签署了两国2002～2005年教育合作计划。

△ 中宣部、全国妇联、共青团中央、教育部、环保总局、广电总局发出《关于实施中国“小公民”道德建设计划的通知》。2月25日，“中国‘小公民’道德建设计划”启动仪式在北京举行。全国人大常委会副委员长、全国妇联主席彭珮云出席仪式，教育部副部长王湛在仪式上讲话。

△ 教育部办公厅、广电总局办公厅、文化部办公厅印发《第八批向全国中小学生推荐优秀影片片目》。

2月4日～5日 教育部科技委全委会在北京举行。教育部部长陈至立到会祝贺，教育部副部长赵沁平在会上提出高校科技工作的基本思路和2002年的工作任务。教育部副部长韦钰参加分组讨论并讲话。

2月5日 教育部副部长王湛、部长助理李连宁分别到北京市密云县和河北省易县，代表教育部向辛勤工作在基础教育第一线的教师们表示慰问，并向家庭生活困难的教师发放由教育部和中国中小学幼儿教师奖励基金会提供的慰问金。

2月6日 教育部、中华全国总工会印发《关于全面推进校务公开工作的意见》。

2月7日 中国人民银行、教育部、财政部发出《关于切实推进国家助学贷款工作有关问题的通知》。

2月8日 教育部党组书记、部长陈至立代表教育部党组到北京大学、清华大学、北京师范大学看望季羡林、张光斗、启功三位老教授，向他们送上节日的问候和祝福。

同日，陈至立在北京师范大学，亲切慰问留在学校过春节的贫困学生，向他们送上节日补助，并勉励同学们好好学习，提高自身素质，努力成为全面发展的人才，将来为祖国、为家乡建设作出贡献。

△ 教育部决定在全国组织开展向贫困地区中小学捐赠计算机活动，以弘扬中华民族扶贫济困的优良传统，进一步推动贫困地区中小学开展信息技术教育，促进教育的均衡发展。

2月9日 国务院副总理李岚清到北京外国语大学和中国政法大学看望教师，向广大教职员工和教育工作者表示新春佳节的问候，并同学校领导和教师就外语、政法院校教学改革问题进行座谈。

△ 中国人民银行、教育部、财政部在北京召开全国国家助学贷款工作电视电话会议，进一步落实国务院关于国家助学贷款政策，全面推动国家助学贷款工作。中国人民银行行长戴相龙、教育部部长陈至立、财政部部长项怀诚在会上分别讲话，对做好本系统的国家助学贷款工作提出要求。

2月10日 中共中央办公厅、国务院办公厅印发《西部地区人才开发十年规划》。

2月21日 教育部召开2002年全国普通高等学校招生工作电视电话会议，部署2002年高校招生和高考改革工作。教育部副部长吕福源出席会议并讲话。

△教育部印发《普通高等学校图书馆规程(修订)》。

△ 教育部印发《高等学校出版社管理办法》。

2月22日 教育部印发《关于进一步加强高等学校学生公寓管理的若干意见》。

△教育部办公厅发出《关于对北京科技大学等21所高校开展现代远程教育试点工作的批复》。

2月25日～27日 中国教科文卫工会第一届全委会第一次会议在北京举行，中国教科文卫工会正式成立。李鹏为会议题词，尉健行、李岚清致信祝贺。教育部副部长袁贵仁代表教育部祝贺中国教科文卫工会成立。会议选举产生了中国教科文卫工会第一届全委会领导机构，审议通过了全委会工作报告，明确了今后五年工作的指导思想，确定了主要工作目标和工作任务。

2月26日 中共中央批准吕福源任对外经济

贸易部党组副书记，免去其教育部党组副书记职务。

△　教育部发出《关于加强基础教育办学管理若干问题的通知》。

2月27日　教育部召开在京部属高校出版工作负责人通气会，通报2002年中央关于宣传思想工作的精神和要求，并对下一阶段高校出版工作进行部署。教育部副部长袁贵仁在会上强调，当前高校出版工作要为党的“十六大”营造良好氛围，要积极应对入世的挑战。

△　教育部印发《关于加强学术道德建设的若干意见》。

△　教育部发出《关于做好2002年中等职业学校招生工作的通知》。

2月27日～28日　全国教育纪检监察工作会议在北京举行。会议总结了2001年全国教育纪检监察工作，并对教育战线2002年党风廉政建设和反腐败工作作出部署。教育部党组书记、部长陈至立就如何贯彻落实中央纪委第七次全会和国务院第四次廉政工作会议精神，围绕教育改革发展大局，进一步做好党风廉政建设和反腐败工作提出意见。教育部党组成员、中纪委驻教育部纪检组组长张天保作工作报告。

3月1日　教育部、北京市人民政府联合举行向贫困地区中小学捐赠计算机仪式。教育部部长陈至立、信息产业部部长吴基传和北京市委副书记龙新民分别在捐赠仪式上讲话。

△　教育部印发《关于推进教师教育信息化建设的意见》。

△　教育部印发《关于加强县级教师培训机构建设的指导意见》。

3月2日　国务院办公厅转发教育部、公安部、人事部、劳动和社会保障部《关于进一步深化普通高等学校毕业生就业制度改革有关问题的意见》。

3月3日～4日　2002年度全国教育督导工作会议在浙江义乌举行。会议确定了2002年教育督导工作的指导思想和主要任务，交流了督导评估工作经验。教育部副部长、国家总督学王湛出席会议并讲话。

3月4日　国务院副总理李岚清看望出席全国政协九届五次会议的教育界委员，参加联组会与委员们座谈，听取意见和建议，并发表了讲话。

△　曾宪梓教育基金会2001年度优秀大学生奖学金颁奖及获奖大学生代表座谈会在北京举行。全国35所高校的1 750名家境贫困且成绩优异的大学生得到每人每年3 600元的奖励。全国人大常委、曾宪梓教育基金会理事长曾宪梓，教育部副部长韦钰出席会议。

3月5日　九届全国人大五次会议在北京开幕。国务院总理朱镕基在会议上作政府工作报告时强调，要实施科教兴国战略，推动科技进步和创新。要坚持教育优先发展。

3月6日　国务院任命吕福源为对外经济贸易部副部长，免去其教育部副部长职务。

△　教育部、卫生部、国家中医药管理局印发《关于医药卫生类高职高专教育的若干意见》。

3月7日　国务院副总理李岚清参加九届全国人大五次会议云南代表团全体会议，与代表们共同审议政府工作报告时指出，要调动社会各方面力量，加快基础教育发展。

3月9日　出席全国政协九届五次会议的20多位委员与教育部、财政部的有关领导就我国高考制度改革和加强素质教育进行交流。全国政协副主席周铁农、教育部副部长王湛、财政部副部长金立群、教育部部长助理李连宁等出席协商座谈会。

3月11日　国务院副总理李岚清到九届全国人大五次会议安徽代表团，听取代表们的意见和建议，强调要改革农村义务教育体制，推进农村义务教育发展。

△　中宣部、中央文明办、教育部发出《关于进一步做好“西部开发助学工程”实施工作的通知》。

3月14日　教育部在武汉召开全国高等教育学籍学历证书电子注册工作研讨会。

3月17日～24日　教育部部长陈至立率中国教育代表团访问法国、西班牙。分别签署了《中法教育合作交流协议》和《中西联合声明》。

3月19日　教育部在厦门召开2002年度教师教育工作会议。教育部副部长袁贵仁出席会议并讲话。

3月21日 教育部印发《全国学生体质健康监测网络工作实施方案》。

△ 教育部印发《关于在高级中学开展学生军事训练若干问题的意见》。

3月21日～22日 中国教育学会2002年工作会议在北京举行。教育部副部长王湛出席会议并讲话。

3月25日 “全国中小学生安全教育日主题宣传活动暨向西部地区学校捐赠安全教育图书仪式”在北京举行。教育部副部长王湛出席仪式并讲话。

3月26日～27日 国务院学位委员会第十九次会议在北京举行。国务院副总理、国务院学位委员会主任委员李岚清出席会议并讲话。国务院学位委员会常务副主任委员、教育部部长陈至立在会上汇报了近期学位与研究生教育的工作情况及今后改革与发展的设想。

3月27日 教育部印发《关于进一步办好五年制高等职业技术教育的几点意见》。

△ 教育部发出《关于同意浙江艺术学院等10所高等职业学校备案的函》。

△ 教育部公布《2002年“红”、“黄”牌成人高校名单》。

3月27日～28日 教育部在长春召开2002年全国普通高校毕业生就业工作会议。研究贯彻落实国务院办公厅转发教育部等部门《关于进一步深化普通高等学校毕业生就业制度改革有关问题的意见》，促进高校毕业生充分就业。教育部副部长袁贵仁出席会议并讲话。

3月27日～4月1日 国务院副总理李岚清在贵州省考察工作。其间，李岚清考察了贵阳地区的高等院校、科研机构和高新技术企业，到安顺、毕节山区农村考察了中学、小学和乡镇卫生院，了解农村基础教育和农村卫生工作情况，强调要抓住西部大开发的历史机遇，实现经济和科技教育跨越式发展。

3月28日 教育部部长陈至立到北方交通大学、北京邮电大学、对外经济贸易大学和北京广播学院考察。强调当前我国正面临着现代化建设的新时期和加入世贸组织后的新形势，高校必须审时度势，在保持原有办学特色的基础上抓住机遇，再图发展，再创辉煌。

△ 教育部印发《关于进一步做好普通高等教育规模发展工作的几点意见》。

4月2日 部分行业系统贯彻《国家通用语言文字法》座谈会在北京举行。教育部副部长、国家语委主任袁贵仁出席座谈会并讲话。

4月3日 国家教育督导团发出《关于增聘柳斌、张天保同志为国家总督学顾问的通知》。

4月4日 中共中央任命周济为教育部党组副书记。

△ 共青团中央、教育部印发《关于加强农村青年职业教育和成人教育的意见》。

△ 教育部印发《全日制民族中小学汉语教学大纲》（试行）。

4月5日 教育部公布《〈跨世纪优秀人才培养计划〉2001年入选人员名单》。

4月9日 中国教育部部长陈至立和德国外交部国务部长弗尔马在柏林分别代表各自政府签署了《中华人民共和国政府和德意志联邦共和国政府关于互相承认高等教育等值的协定》。

4月9日～11日 教育部组织2002年农村税费改革全面试点和扩大试点的16个省（自治区、直辖市）教育厅负责人赴安徽省集体调研，了解农村税费改革过程中保障农村义务教育的有关情况。教育部副部长王湛参加调研，强调在税费改革过程中要确保农村义务教育经费的正常需要。

4月12日 国务院副总理李岚清在北京会见应邀来访的英国剑桥大学校长亚历克·布罗厄斯一行，双方就两国在教育特别是高等教育领域的交流与合作等问题交换了意见。

△ 教育部发出《关于进一步在中、小学校开展反邪教教育的通知》。

4月12日～16日 教育部部长陈至立率中国教育代表团访问埃及。埃及总统穆巴拉克会见了陈至立部长，高度评价了教育交流在加强中埃两国友谊中的作用，陈至立部长向穆巴拉克总统介绍了中国教育改革与发展情况。

4月14日 国务院任命周济为教育部副部长。

△ 国务院办公厅发出《关于完善农村义务教育管理体制的通知》。

4 月 15 日 文化部、教育部发出《关于做好基层文化教育资源共享工作的通知》。

4 月 15 日～19 日 国务院副总理李岚清在浙江省考察工作。李岚清在考察中，充分肯定了近几年浙江省高等教育和科技事业发展取得的成绩，要求各级党委和政府，进一步认识发展教育对经济发展和社会进步的推动作用。

4 月 16 日 财政部、教育部印发《国家奖学金管理办法》。

△ 教育部发出《关于公布备案的 35 所高等职业学校名单的函》。

4 月 19 日 第二届国际青少年科学研究者大会在莫斯科闭幕。由 6 名高中学生组成的中国代表团取得优异成绩，提交的 4 个研究项目分别获得一、二、三等奖。

△ 教育部、国家计委、财政部发出《关于扩大内地新疆高中班招生规模的通知》。

4 月 20 日 北京科技大学举行建校 50 周年庆祝大会。全国人大常委会副委员长成思危、全国政协副主席钱伟长出席庆祝大会。教育部部长陈至立在庆祝大会上讲话。

4 月 21 日 中共中央办公厅、国务院办公厅转发《中央组织部、人事部、教育部、国务院学位委员会关于加强和规范干部学历、学位管理工作的意见》。

4 月 22 日 教育部部长陈至立在北京会见应邀来访的由德国巴伐利亚州文化教育部部长莫尼卡·霍迈尔率领的巴伐利亚州教育代表团一行，并举行工作会谈。双方共同签署了会谈备忘录，确定了教育合作项目。

△ 教育部发出《关于做好 2002 年全国研究生录取工作的通知》。

4 月 24 日 教育部部长陈至立与随同科特迪瓦总统巴博访华的科特迪瓦高等教育和科学研究部长巴伊共同签署了《中华人民共和国教育部与科特迪瓦共和国高等教育和科学研究部高等教育和科学研究合作协议》。

4 月 26 日 国务院办公厅在北京召开完善农村义务教育管理体制电视电话会议。国务院副总理李岚清发表讲话强调，要进一步完善农村义务教育管理体制，促进农村义务教育健康发展。教育部部长陈至立、财政部副部长楼继伟作了工作部署。

△ 国家经贸委、财政部、教育部、卫生部、劳动和社会保障部、建设部印发《关于进一步推进国有企业分离办社会职能工作的意见》。

△ 教育部印发《全日制普通高级中学课程计划》和全日制普通高级中学语文等七科教学大纲。

△ 教育部印发《调整高中思想政治课有关教学内容的方案》。

4 月 27 日 全国教师教育信息化专家委员会成立大会暨第一次工作会议在北京召开。教育部副部长袁贵仁向各位委员颁发聘书并讲话。

4 月 28 日 中共中央总书记、国家主席江泽民到中国人民大学考察。江泽民先后参观了中国人民大学 65 年成就展、文史阅览室、电子阅览室，并与师生代表进行座谈。他在讲话中强调要高度重视哲学社会科学领域高等教育的改革和发展，大力促进我国哲学社会科学事业的发展繁荣。同日，教育部党组学习中心组座谈学习江泽民在中国人民大学的重要讲话，研究贯彻落实讲话精神工作。

△ 教育部召开全国基础教育课程改革实验工作电视电话会议，对省级课程改革实验区进行全面动员和部署。教育部部长陈至立就如何扎实做好基础教育课程改革实验推广工作提出意见，教育部副部长王湛主持会议。

△ 教育部发出《关于做好对口支援新疆高等师范学校工作的通知》。

4 月 28 日～29 日 高等学校思想政治教育进网络工作研讨会在天津举行。教育部副部长袁贵仁出席会议并讲话。6 月 20 日，教育部办公厅印发了会议纪要。

4 月 29 日～5 月 3 日 教育部部长陈至立到江西、湖南调研考察教育工作。其间，陈至立考察了高校和农村中小学，深入到学生、教师中间，在与两省教育系统干部、师生座谈时，强调要弘扬井冈山精神，进一步解放思想，深化改革，加快发展，提高质量，保持稳定，以教育改革与发展的新佳绩迎接党的十六大召开。

4月30日 中共教育部党组发出通知，要求全国教育战线学习贯彻江泽民同志考察中国人民大学重要讲话精神，并就如何学习贯彻讲话精神进行了部署。同日，教育部在北京召开学习贯彻江泽民总书记考察中国人民大学重要讲话座谈会，教育部副部长袁贵仁主持会议并讲话。

△ 公安部、教育部、国家安全部、信息产业部、文化部、国家工商行政管理总局、国务院新闻办、国家保密局在北京联合召开电视电话会议，部署在全国范围内集中开展一次互联网有害信息专项清理整治工作。国务委员罗干发表讲话，公安部部长贾春旺作了工作部署。

△ 山西大学、太原理工大学100周年校庆。山西省委、省政府为两所高校举行以“喜迎百年校庆，加快高教发展”为主题的庆祝大会。山西省委书记田成平、教育部副部长张保庆出席大会并讲话。

△ 国家计委、财政部、教育部发出《关于高等学校示范性软件学院收费标准及有关事项的通知》。

5月1日～3日 国务院副总理李岚清在山东考察工作。其间，李岚清考察了烟台长岛中学、威海一中，对烟台、威海推行全面素质教育取得的新进展给予充分肯定。在考察山东大学威海分校时，李岚清强调，各地高校首先要立足于为本地区经济社会发展服务，要适应本地区经济社会发展的需要，提高办学质量，为本地区发展特色经济培养人才。

5月4日 教育部、中共北京市委联合召开首都大学生学习江泽民总书记考察中国人民大学重要讲话座谈会，教育部副部长袁贵仁出席会议并讲话。

5月5日 中国政法大学建校50周年庆典暨“法治与法学教育国际研讨会”开幕式在北京举行。江泽民总书记、李鹏委员长题词祝贺。全国人大常委会副委员长姜春云出席大会并讲话。全国政协副主席任建新、罗豪才出席大会。教育部部长陈至立出席大会并代表教育部表示祝贺。

5月7日 中共中央办公厅、国务院办公厅印发《2002～2005年全国人才队伍建设规划纲要》。

5月8日～9日 国务院副总理李岚清在天津考察工作。其间，李岚清考察了天津市第七中学、北京师范大学天津附属中学、南开中学、第二南开中学等学校，强调要大力发展优质高中，满足人民群众日益增长的教育需求。

5月9日 “西部大学校园计算机网络建设工程”项目在北京启动。该项目计划用一年左右时间建设西部152所大学校园网网络基础建设设施，实现校园网和中国教育与科研网（CERNET）高速连网，并建设一批基于校园网的教学、科研和管理应用系统。

△ 教育部印发《关于颁发第三届“高校青年教师奖”的决定》。

5月10日 第四届高等教育国家级教学成果奖暨第三届教育部高校青年教师奖颁奖大会在北京举行。国务院副总理李岚清出席会议，为获奖者颁奖并发表讲话，强调要继续深入贯彻落实科教兴国战略，进一步推动高等教育的全面改革与发展。共有495项教学成果获国家级教学成果奖，有115名教师获高校青年教师奖。6月3日，教育部印发了李岚清讲话。

△ 教育部公布《2002年“黄”牌普通高等学校名单》。

5月11日 北京师范大学附属实验中学建校85周年。教育部副部长袁贵仁、教育部部长助理李连宁出席庆祝活动。

5月11日～12日 全国成人高等学校招生考试举行。392万名考生报名参加考试，比2001年增加55万人。11日，教育部副部长袁贵仁视察北京市成人高考考点，强调各考点要精心安排，严密组织，确保考试公平、公正。

5月13日 国家主席江泽民在北京会见哈佛大学校长萨默斯博士一行。江泽民向客人介绍了近年来中国教育改革与发展取得的成就和面临的挑战，指出中美教育交流还有很大的潜力，中美教育界应该加强交流，积极推动中美关系向前发展。教育部部长陈至立参加会见。

△ 教育部印发《全国学校艺术教育发展规划（2001年～2010年）》。

△ 教育部印发《关于进一步做好民办高等教

育机构招生工作的意见》。

5月14日 中华职教社举行立社85周年座谈会。全国人大常委会副委员长丁石孙、中华职业教育社名誉理事长孙起孟、中央统战部常务副部长刘延东、教育部副部长王湛、劳动和社会保障部副部长刘永富等出席会议。

5月15日 纪念中国共产主义青年团成立80周年大会在北京举行。中共中央总书记、国家主席江泽民在讲话中希望青年们树立远大理想，坚持发奋学习，注重锤炼品德，不断开拓视野，勇于进取创新，始终艰苦奋斗，努力为我国先进生产力和先进文化的发展作出自己的贡献，努力为最广大人民谋利益。

△ 财政部、教育部印发《第二期“国家贫困地区义务教育工程”中央专款使用管理办法》。

△ 教育部办公厅印发《关于加强高等职业（高专）院校师资队伍建设的意见》。

5月15日～16日 全国高校学风建设研讨会在长沙举行。教育部副部长赵沁平在讲话中强调，学风建设是高等教育改革与发展中一个永恒的主题，优良的学风是保证提高高等教育质量的重要条件。

5月17日 教育部印发《中国高校人文社会科学研究优秀成果奖励暂行办法》。

△ 教育部发出《关于调整全国硕士研究生入学考试科目的通知》和《关于从2003年起调整成人高校招生考试科目设置的通知》。

△ 新闻出版总署、教育部、国家计委印发《关于进一步贯彻落实中小学教材管理体制改革的意见》。

△ 教育部印发《关于在中小学加强写字教学的若干意见》。

5月17日～21日 教育部部长陈至立到河北、山东、江苏省等地中小学校、职业学校和高等学校进行考察调研。

5月18日 教育部部长陈至立到中国矿业大学考察调研，强调要发扬艰苦奋斗精神，努力推进教育改革与发展。

5月19日 扬州大学合并办学10周年、在扬办学50周年、建校100周年庆典在扬州举行。李铁映为扬州大学校庆题词。全国人大常委会副委员长彭珮云、许嘉璐，全国政协副主席钱伟长，教育部部长陈至立等出席庆典大会。

5月20日 中共江苏省委、省政府举行南京大学、东南大学、南京师范大学等9所高校建校、办学100周年庆典。中共中央总书记、国家主席江泽民致信祝贺。教育部部长陈至立代表教育部向9校全体师生员工和校友祝贺。

同日，南京大学举行建校100周年庆祝大会。李鹏委员长题词祝贺，李铁映、吴阶平、彭珮云、成思危、许嘉璐、钱伟长、丁光训等领导出席庆祝大会。教育部部长陈至立在会上致辞。

5月21日 教育部、财政部在北京举行新闻发布会宣布，为资助我国高等院校中家庭经济困难、品学兼优的学生完成学业，国家决定设立国家奖学金，并于2002年9月1日起实行。

5月21日～22日 全国中小学人事制度改革经验交流会在北京举行。教育部副部长王湛出席会议，并在讲话中要求各级教育行政部门加强领导，精心组织，积极稳妥地做好中小学人事制度改革工作。

5月23日 人事部、教育部等7部门印发《新世纪百千万人才工程实施方案》。

△ 科技部、教育部发出《关于同意北京理工大学等单位启动建设国家大学科技园的通知》。

5月23日～28日 教育部副部长章新胜率团访问俄罗斯。章新胜副部长与俄罗斯联邦教育部部长菲利波夫共同主持了中俄教文卫体合作委员会教育合作分委会第二次会议，并签署了《会议纪要》。

5月24日～25日 全国高等教育自学考试指导委员会五届二次会议在北京举行。教育部部长陈至立在讲话中强调，各级教育行政部门和自学考试机构要以“三个代表”重要思想为指导，坚持发展高等教育自学考试事业的方针不动摇。6月28日，教育部办公厅印发了会议纪要。

△ “21世纪中国大学展”在莫斯科开幕，60所中国高校参展。教育部部长陈至立致信祝贺，教育部副部长章新胜代表教育部致辞，俄罗斯教育部部长菲利波夫出席开幕式并讲话。

5月26日 中国高等教育学会与清华大学在

北京联合举办“人文素质教育与科学教育的融合高级研讨会”。诺贝尔奖获得者李政道发来贺信，国学大师季羡林参加大会，教育部副部长周济出席开幕式并讲话。

5月27日　教育部部长陈至立在北京出席中国与斐济两国政府有关文件签字仪式，并代表教育部与斐济外交外贸部部长塔沃拉签署了两国《关于教育领域合作的谅解备忘录》。

△　教育部副部长周济出席北京大学教学奖励大会，并在讲话中强调，在高等教育事业取得巨大发展的新形势下，一定要进一步提高对教学工作的认识，深入进行教学改革，切实提高教学质量。

△　国家计委、财政部、教育部联合发出通知，决定在全国各级各类学校实行教育收费公示制度。

5月28日　教育部、卫生部发出《关于加强学校预防艾滋病健康教育工作的通知》。

5月29日　教育部发出《关于做好2002年普通高等学校招生考试管理和执法监察工作的通知》。

5月30日　教育部发出《关于成立2002年～2006年教育部高等学校外语专业等科类教学指导委员会的通知》。

△　教育部印发《2003年春季普通中小学教学用书目录》。

5月30日～31日　以“促进基础教育均衡发展”为主题的第三届基础教育论坛在北京举行。会议就基础教育均衡发展的内涵、促进基础教育均衡发展的策略、促进基础教育均衡发展的政策措施三方面问题进行交流和研讨。教育部副部长王湛出席会议并讲话。

5月31日　东南大学庆祝建校100周年。江泽民、李鹏、李瑞环题词祝贺。教育部副部长周济到会讲话。

△　教育部办公厅发出《关于高等学校切实配合经办银行做好国家助学贷款工作的通知》。

6月1日　中共中央总书记、国家主席江泽民为“小公民道德建设计划”题词：“加强小公民道德建设，促进儿童的健康成长”。为贯彻题词精神，12日，全国妇联举行加强小公民道德建设座谈会，全国妇联副主席顾秀莲、教育部副部长王湛出席座谈会。

6月3日～5日　全国学校语言文字工作汇报交流会在秦皇岛举行。教育部副部长、国家语委主任袁贵仁出席会议并讲话。

6月5日　国务院副总理李岚清出席在北京大学举行的“21世纪的物理学和中国的发展——中美联合培养物理类研究生计划学者研讨会”，强调要积极营造良好的环境，鼓励和支持海外学人为国服务，回国创业，为实现中华民族的伟大复兴贡献智慧和力量。

6月6日　教育部发出《关于公布备案的67所高等职业学校名单的函》。

6月7日　国务院副总理李岚清在北京会见清华大学经济管理学院顾问委员会部分委员，听取了委员们关于中国经济管理科学的教育、人才培养和企业经营管理等问题的意见。

△　教育部、国家语委发出《关于在教育系统试行〈第一批异形词整理表〉的通知》。

6月9日　云南省寻甸县三元庄回民小学发生严重火灾，烧毁校舍11间，造成8名小学生死亡。12日，教育部向各省、自治区、直辖市教育行政部门和各级各类学校发出紧急通知，要求切实做好学校防火安全工作。

6月11日～21日　教育部副部长赵沁平率中国教育代表团访问瑞典、乌克兰、斯洛伐克。并分别签署了《中华人民共和国教育部与瑞典王国瑞典学会2002年～2005年教育与科技合作意向书》、《中华人民共和国教育部与乌克兰教育科技部教育科学合作协议》。

6月12日～13日　全国“西部开发助学工程”工作座谈会在乌鲁木齐举行。从2002年起，中央文明办加大“西部开发助学工程”的资助力度。教育部副部长袁贵仁出席会议并讲话，强调要统一思想，突出重点，扎扎实实推进“西部开发助学工程”的实施。

6月13日　教育部发布2001年全国教育事业发展统计公报。

△　教育部办公厅发出《关于校史和校庆问题的通知》。

6月16日　国家语言文字应用研究所、中央教育科学研究所举行纪念“注音识字，提前读写”实验20周年座谈会。全国政协副主席周铁农、教育部副部长袁贵仁等出席会议。

6月17日　教育部部长陈至立与应邀来访的阿塞拜疆教育部部长马尔达诺夫举行工作会谈，并共同签署《中华人民共和国教育部和阿塞拜疆共和国教育部2002年～2005年教育合作协议》。

△　全国总工会、教育部印发《关于在社会力量举办的学校建立工会组织的意见》。

6月17日～19日　“前沿科学国际研讨会”在清华大学举行。全国人大常委会副委员长、清华大学理学院院长周光召，教育部部长陈至立分别在开幕式上致辞。国务院副总理李岚清会见了参加研讨会的世界著名科学家，就中国基础科学研究和高等教育等问题与科学家们交换了意见。

6月18日　教育部部长陈至立在北京会见应邀来访的基里巴斯教育、培训和科技部部长基阿里基一行，向客人介绍了我国教育管理体制及近年来教育改革与发展所取得的成就和面临的挑战，指出中基教育界应进一步加强交流，积极推进中基关系向前发展。

△　中宣部、教育部、共青团中央、全国学联共同召开全国电视电话会议，对2002年暑期大中专学生志愿者文化、科技、卫生“三下乡”社会实践活动作专门动员和部署，要求进一步提高认识，不断提高工作水平。中宣部副部长胡振民、教育部副部长袁贵仁、团中央书记处书记赵勇出席会议并讲话。

△　教育部办公厅发出《关于进一步做好中小学毒品预防教育工作的通知》。

6月19日　教育部党组书记、部长陈至立主持召开部党组学习中心组会议，再次学习江泽民总书记“5．31”重要讲话，并对教育系统贯彻落实讲话精神作了部署。

△　教育部部长陈至立在北京会见应邀来访的由马耳他文教部长路易斯·加利亚率领的马耳他教育代表团，双方就中马在教育领域的交流合作交换了意见，并签署了两国教育部门的《合作备忘录》。

△　教育部、总参谋部、总政治部印发《普通高等学校军事课教学大纲》。

6月20日　教育部在国家高级教育行政学院举行高校统战工作报告会，中央统战部副部长刘延东在会上作题为《以“三个代表”重要思想为指导，努力开创新世纪统战工作新局面》的主题报告。教育部副部长周济主持报告会。

△　教育部办公厅、广电总局办公厅、文化部办公厅印发《第九批向全国中小学生推荐优秀影片片目》。

6月21日　国家民委、教育部和北京市人民政府签署协议，重点共建中央民族大学。国家民委主任李德洙、教育部部长陈至立、北京市副市长林文漪分别代表国家民委、教育部和北京市人民政府在共建协议上签字。

6月21日～23日　教育部、全国总工会召开的全国校务公开工作经验交流会在昆明举行。教育部党组成员、纪检组组长田淑兰，全国总工会副主席、书记处书记苏立清出席会议并讲话。7月5日，教育部办公厅印发了会议纪要。

6月22日　教育部发出紧急通知，要求各级教育行政部门进一步做好教育系统抗洪救灾工作。

6月23日　教育部发出《2001年度部分高等学校增设第二学士学位专业点的批复》。

6月24日　九届全国人大常委会第二十八次会议在北京举行，全国人大教科文卫委员会向常委会提交议案，提请审议民办教育促进法草案。全国人大教科文卫委员会副主任委员汪家镠就草案作了说明。

△　教育部部长陈至立在北京出席中国与吉尔吉斯两国政府有关文件签字仪式，并与吉尔吉斯教育文化部长博尔朱洛娃共同签署了《中华人民共和国政府和吉尔吉斯共和国政府关于互相承认学历、学位证书的协定》和《中华人民共和国政府和吉尔吉斯共和国教育文化部关于联合在比什凯克人文大学建立汉语中心的协议》。

△　教育部召开直属机关党风廉政建设会议。教育部党组书记、部长陈至立在讲话中强调，教育部机关和全国教育战线要认真学习领会江泽民同志“5．31”重要讲话精神，按照“三个代表”的要求，切实把党风廉政建设责任制落到实处，以教育改革、发展和党风廉政建设的实际成果，迎接党的

十六大召开。

△ 教育部在北京召开部分直属高校社科部门负责人工作研讨会，学习贯彻江泽民同志“5.31”重要讲话和关于哲学社会科学的一系列讲话精神，共商高校哲学社会科学发展繁荣大计。教育部副部长袁贵仁出席会议并讲话。

△ 教育部、公安部在北京禁毒教育基地联合向全国中小学校赠送6万套《中小学生禁毒教育挂图》。教育部副部长王湛等出席赠送仪式。

△ 教育部办公厅发出《关于教师资格认定收费和教师资格证书发放工作的通知》。

6月25日 教育部部长陈至立签署中华人民共和国教育部令第12号，发布《学生伤害事故处理办法》，自2002年9月1日起施行。

6月26日 教育部与上海市人民政府重点共建同济大学签字仪式在上海举行。教育部副部长周济、上海市副市长周慕尧分别代表教育部和上海市在协议上签字。

△ 教育部印发《关于贯彻〈国务院办公厅转发中央编办、教育部、财政部关于制定中小学教职工编制标准意见的通知〉的实施意见》。

△ 教育部印发《关于加强农村学校体育卫生工作的几点意见》。

6月26日～28日 首届全国高校党委书记论坛在北京举行。论坛围绕“‘三个代表’重要思想与高校软环境建设”的主题，探讨新时期我国高校在党建、思想政治、学风教风、校园文化等软环境建设上所面临的挑战和举措。教育部副部长袁贵仁等出席论坛并讲话。

6月27日 教育部部长陈至立在北京出席中国与罗马尼亚两国政府有关文件签字仪式，并与罗马尼亚教育与研究部部长安德罗内斯库共同签署了两国2002～2004年教育合作协议。

△ 就近一个时期以来，一些地方的网吧违法经营屡禁不止，一些大中小学生沉迷其中，致使少数学生学业荒废，有的地方还由此发生人身伤亡事故问题，教育部新闻发言人接受了新华社记者采访。指出各级教育工作部门和学校要密切配合有关部门，采取措施加强对网络经营行业的整顿治理，密切配合家长加强对学生的道德教育与文明上网教育，使广大青少年学生健康成长。

6月28日 科技部、教育部印发《关于充分发挥高等学校科技创新作用的若干意见》。

△ 教育部发出《关于进一步做好高校毕业生思想政治教育工作的通知》。

7月1日 教育部在北京召开教育界学习贯彻江泽民同志“5.31”重要讲话座谈会。教育部党组书记、部长陈至立在讲话中强调，各级教育部门和学校要把学习贯彻讲话精神作为重要的政治任务，切实抓紧抓好，要用“5.31”讲话精神指导教育工作，按照“三个代表”的要求，深入推进教育工作的理论创新、体制创新，不断开拓我国社会主义教育事业发展的新局面，以贯彻“三个代表”的新成绩迎接党的十六大召开。

△ 教育部部长陈至立在北京出席中国与毛里求斯两国政府有关文件签字仪式，并代表教育部签署了《中华人民共和国教育部与毛里求斯共和国教育和科研部教育合作协议》。

7月3日～4日 全国教育外事工作会议在北京举行。会议总结了近两年来我国教育外事工作所取得的成绩，对教育外事工作所面临的国际国内形势以及我国加入WTO后教育外事工作所面临的机遇和挑战进行了分析，并提出应对措施。教育部部长陈至立出席会议并讲话，副部长章新胜作主题报告。

7月4日 教育部、国家体育总局印发《学生体质健康标准（试行方案）》及《学生体质健康标准（试行方案）实施办法》。

7月5日 国务院学位委员会、教育部、卫生部发出《关于调整全国医学专业学位教育指导委员会组成人员的通知》。

△ 教育部发出通知，推行《第二套全国中小学生（幼儿）系列广播体操》。

7月6日 教育部副部长袁贵仁在北京视察高考考点，要求认真抓好考试各个环节的管理，努力确保2002年高考万无一失。

7月7日 国务院作出《关于深化改革加快发展民族教育的决定》。

7月7日～9日 首届“长江学者论坛”在汕头大学举行。论坛主题为“生命科学前沿和长江学者的使命”，6位特聘教授、讲座教授作了主题报告。教育部副部长赵沁平出席论坛并讲话。

7月8日 国务院总理、国家科技教育领导小组组长朱镕基主持召开国家科技教育领导小组第十一次会议，听取教育部关于职业教育工作和实施现代远程教育工程的汇报。李岚清、吴邦国、宋健出席会议。

△ 国家副主席胡锦涛、国务院副总理李岚清在北京会见全国“杰出专业技术人才”表彰暨专业技术人才队伍建设工作会议代表。胡锦涛在讲话中强调，抓住机遇，迎接挑战，实施科教兴国战略、走人才强国之路，是贯彻“三个代表”重要思想的必然要求，是增强我国综合国力和国际竞争力、实现中华民族伟大复兴的战略选择。

△ 教育部印发《关于加强高校网络教育学院管理提高教学质量的若干意见》。

7月10日 东北林业大学庆祝建校50周年。全国政协副主席周铁农为学校题词。教育部副部长周济宣读了陈至立部长的贺电。黑龙江省省委书记徐有芳、省长宋法棠等出席庆祝大会。

7月10日～21日 教育部部长陈至立陪同李岚清副总理对葡萄牙、俄罗斯进行正式访问。并分别签署了《中华人民共和国教育部与葡萄牙共和国科学与高教部合作备忘录》、《中华人民共和国教育部和俄罗斯联邦教育部长会谈备忘录》。

7月11日 教育部副部长周济出席黑龙江省高等职业教育工作会议，并在讲话中指出，高等职业教育的定位要科学而准确，就是要为社会主义现代化建设培养实用型人才，不能搞成本科教育的“压缩饼干”。

7月12日～14日 由北京师范大学、中国教育学会联合主办的全国中小学校长论坛在北京举行。教育部部长助理、基础教育司司长李连宁在开幕式上作了题为《我国基础教育改革与发展》的报告。

7月13日 2002年“民族之光”全国音乐专业大学生音乐节在厦门开幕。教育部副部长袁贵仁出席开幕式并讲话。

7月16日 教育部直属3所师范大学——华东师范大学、东北师范大学、华中师范大学分别与新疆师范大学、伊犁师范学院和喀什师范学院在北京签署了对口支援协议。教育部副部长袁贵仁出席签字仪式并讲话。

7月19日 教育部、国家计委发出《关于批准有关高校建立“国家生命科学与技术人才培养基地”的通知》。

7月22日 中共中央办公厅、国务院办公厅转发教育部等12部门《关于“十五”期间扫除文盲工作的意见》。

△ 教育部印发《2001年全国普通高等教育发展概况及其基本办学条件监测报告》。

△ 教育部印发《中学体育器材设施配备目录》和《小学体育器材设施配备目录》。

7月22日～23日 2002年全国高校思想政治工作暑期研讨班在南昌举行，教育部副部长袁贵仁出席并讲话。

7月22日～31日 中外大学校长论坛在北京举行。来自教育部、国防科工委、中国科学院所属的82所高校的校长参加论坛。论坛邀请哈佛大学、牛津大学、斯坦福大学、东京大学等世界著名大学的16位校长和高等教育研究专家，就世界高等教育改革与发展以及高校办学经验作专题演讲，并与中国大学校长进行学术交流。教育部部长陈至立在开幕式上致辞。23日，国务院副总理李岚清会见了出席论坛的世界著名大学校长，就高等教育的改革和发展与客人交换了意见。教育部副部长周济在论坛闭幕式上作了总结讲话。

7月25日 教育部部长陈至立签署中华人民共和国教育部令第13号，发布《学校艺术教育工作规程》，自2002年9月1日起施行。

△ 教育部、劳动保障部、国家经贸委印发《关于表彰全国职业教育先进单位和先进个人的决定》。

7月25日～28日 中国职业教育展在长春举行。全国政协副主席周铁农，吉林省省委书记王云坤、省长洪虎等出席开幕式。教育部副部长王湛在开幕式上致辞。

7月26日 著名教育家、学者、诗人、书画家、北京师范大学中文系教授启功先生从教70周年学术座谈会在北京举行。教育部部长陈至立致信祝贺，教育部副部长袁贵仁等出席座谈会。

△ 教育部就认真做好2002年普通高校招生录取工作中若干重要事项发出紧急通知，再次强调公平、公正的基本原则，严格招生纪律，确保教育公平和社会稳定。

△ 公安部、国家经贸委、教育部等11部委局在北京共同召开深化公众聚集场所消防安全专项治理电视电话会议。

△ “中国职业教育与成人教育网”正式开通。

7月26日～27日 第五次全国民族教育工作会议在北京举行。国务院副总理李岚清与出席会议的代表座谈并发表讲话，强调要大力推进民族教育事业的改革与发展，促进各民族团结进步与共同繁荣。教育部部长陈至立在会上作了题为《高举邓小平理论伟大旗帜，认真实践“三个代表”重要思想，努力开创民族教育工作新局面》的工作报告。国家民委主任李德洙在闭幕式上作了会议总结。

7月28日～30日 国务院召开的全国职业教育工作会议在北京举行。国务院副总理李岚清、吴邦国等出席会议，向全国职业教育先进单位和先进个人颁奖，李岚清在会上讲话。教育部部长陈至立在会上作了题为《振奋精神，开拓进取，大力推进职业教育改革与发展》的报告。国务院总理朱镕基在闭幕式上发表讲话，强调要加快体制创新和制度创新，充分发挥地方、企业和各个方面的积极性，面向社会需求，合理配置结构，着力提高职业教育质量，培养和造就亿万高素质的劳动大军，为新世纪我国经济和社会可持续发展服务。

7月29日～30日 全国高校社科学报工作研讨会在北京举行，教育部副部长袁贵仁在会上作了报告。9月6日，教育部办公厅印发了会议纪要。

7月30日 教育部发出《关于公布备案的32所高等职业学校名单的通知》。

△ 教育部办公厅发出《关于工商管理硕士专业学位研究生等入学考试科目的通知》。

7月31日～8月1日 教育部在北京召开高等学校加强科技创新工作座谈会。教育部部长陈至立主持会议，教育部副部长赵沁平作工作报告。科技部部长徐冠华、国家自然科学基金委主任陈佳洱、中科院副院长白春礼出席会议并讲话。教育部副部长周济在闭幕式上作总结讲话。

8月1日 财政部、教育部印发《高等学校博士学科点专项科研基金管理办法》。

△ 教育部印发《中小学心理健康教育指导纲要》。

8月2日 第七届国际汉语教学讨论会在上海召开，来自38个国家和地区的近500名汉语教学专家和汉学家参加讨论会。全国人大常委会副委员长许嘉璐出席开幕式，教育部副部长周济在会上讲话。

△ 教育部、卫生部印发《关于举办高等医学教育的若干意见》。

8月5日 中国儿童中心成立20周年庆祝大会在北京举行。全国人大常委会委员长李鹏致信祝贺。

8月6日 全国军事硕士专业学位教育指导委员会在北京成立。中央军委委员、总参谋长傅全有在成立大会上讲话，教育部副部长周济等出席会议。

△ 全国“扫黄打非”工作小组、新闻出版总署、教育部、国家版权局发出《关于开展打击盗版教材、教辅读物专项治理行动的通知》。

△ 教育部印发《全国普通高等学校体育课程教学指导纲要》。

8月10日～11日 第四届教育政策分析高级研讨会在上海举行。会议以“中国教育督导政策研究”为中心议题，就如何加强教育督导政策研究，制定科学的督导政策，推动“十五”期间教育督导工作开拓创新进行探讨。教育部副部长、国家总督学王湛出席会议并讲话。

8月12日 教育部办公厅发出《关于认真贯彻落实全国职业教育工作会议精神进一步做好2002年中等职业学校招生工作的通知》。

8月13日～15日 教育部在北京召开2002年普通高等学校优秀教材评审会。教育部副部长周济在开幕式上发表讲话，提出要建立优秀教材体系，提高高等教育质量。

8月15日 就北京大学登山队在攀登希夏邦马峰西峰遭遇雪崩5名学生遇难失踪事件，教育部向北京大学并北京大学登山队发去慰问电，向遇难学生表示悼念，向失踪遇难者家属及北大师生表示慰问。并要求积极寻找失踪者，妥善处理有关善后事宜。事件发生后，国务院总理朱镕基、副总理李岚清分别致电、作出批示，通过教育部转达对北大登山遇难学生的悼念，对其亲属表示慰问。22 日，教育部部长助理郑树山到北京大学，代表教育部看望北大登山队返校成员和遇难者家属，转达教育部部长陈至立等教育部领导的关怀和慰问。

8 月 15 日～16 日 全国进城务工就业农民子女接受义务教育工作经验交流会在杭州举行。教育部副部长王湛出席会议，并在讲话中指出，要坚持以流入地区政府管理为主、以全日制公办中小学为主，使进城务工就业农民子女接受义务教育能够“进得来、读得起、学得好”。

8 月 16 日 教育部印发《基础教育工作分类推进与评估指导意见》。

8 月 17 日 2002 年国际数学家大会卫星会议——21 世纪数学课程与教学改革国际学术研究会在北京开幕。教育部副部长袁贵仁出席会议并讲话。

8 月 18 日～23 日 第八届全国中学生运动会在南京举行。国务院副总理李岚清等出席开幕式，教育部部长陈至立致开幕词。教育部副部长赵沁平致闭幕词。

8 月 19 日 教育部在南京召开贯彻《学校体育工作条例》优秀学校、先进个人表彰大会。352 所优秀学校和 310 名先进个人受到表彰。

△ 教育部、国家体育总局就颁布《学生体质健康标准》试行方案和贯彻实施《学生体质健康标准》的有关文件，在南京联合召开新闻发布会，教育部副部长赵沁平出席会议。

8 月 20 日～21 日 西部地区“两基”攻坚工作汇报会在贵州安顺举行。教育部副部长王湛出席会议并讲话，强调西部地区各级教育行政部门要紧紧抓住西部大开发的良好机遇，扎扎实实地努力工作，打好西部地区“两基”攻坚战。

8 月 22 日 中央综合治理委员会学校及周边治安综合治理工作领导小组召开第一次全体会议。会议研究了全国学校及周边治安综合治理工作情况和“严打”整治斗争以来集中整治学校及周边治安秩序情况，审议并确定新学期开学后，各地开展集中整治学校及周边治安秩序专项行动的工作部署。

△ 教育部“中国高校第三届人文社会科学研究优秀成果奖励专家评审会议”在北京举行。教育部副部长袁贵仁出席会议并讲话。

8 月 23 日 九届全国人大常委会第二十九次会议举行，《民办教育促进法（草案）》再次提请审议。

8 月 24 日 教育部与北京市人民政府共建北京师范大学协议签字仪式在北京举行。北京市委书记贾庆林、教育部部长陈至立在仪式上发表讲话。教育部部长陈至立和北京市市长刘淇分别代表教育部、北京市在共建协议上签字。

△ 国务院作出《关于大力推进职业教育改革与发展的决定》。

8 月 26 日 教育部印发《关于加强高等学校学生公寓安全管理的若干意见》。

8 月 26 日～27 日 全国高等学校教学研究会第一届理事会第二次全体会议暨学术研讨会在北京举行。教育部副部长周济出席会议并讲话。

△ 教育部在青岛召开学习贯彻全国职业教育工作会议精神座谈会，部署贯彻落实全国职教会精神要重点推进和抓好的有关工作。教育部副部长王湛出席会议并讲话。

8 月 28 日 教育部发出紧急通知，严厉禁止高校招生违规收费。

8 月 29 日～30 日 中组部、中宣部、教育部党组联合召开的第十一次全国高校党建工作会议在北京举行。中共中央政治局常委、国务院副总理李岚清在会上作形势报告。教育部党组书记、部长陈至立代表中组部、中宣部、教育部党组作了题为《全面贯彻“三个代表”重要思想，加强和改进高校学生思想政治工作，以奋发有为昂扬向上的精神状态迎接党的十六大召开》的工作报告。

8 月 30 日 教育部、国务院纠风办就进一步做好治理中小学乱收费工作发出紧急通知。

9 月 1 日 以研究大学文化理论与实际问题，推进大学文化建设为宗旨的大学文化研究与发展中心在北京成立。教育部副部长袁贵仁为中心揭牌并发表讲话。

△ 由中国扶贫基金会发起，教育部、国务院扶贫办支持的“新长城——特困大学生资助项目”在北京启动。全国政协副主席杨汝岱为项目揭幕，教育部部长助理郑树山出席启动仪式。

9月4日 教育部印发《教育管理信息化标准》(第一部分：学校管理信息标准)。

△ 教育部办公厅发出《关于高等学校积极配合经办银行大力推进国家助学贷款工作的通知》。

9月5日 教育部、中央电视台和北京师范大学在北京联合举办《世纪春雨》——庆祝教师节暨北京师范大学百年校庆大型文艺晚会。全国人大常委会副委员长许嘉璐、教育部部长陈至立、教育部副部长周济等观看演出。

△ 《中国教师新百科》出版座谈会在北京举行。全国人大常委会副委员长王光英、教育部副部长袁贵仁、教育部原总督学柳斌等出席座谈会。

△ 教育部、公安部、人事部、劳动保障部发出《关于切实做好普通高等学校毕业生就业工作的通知》。

△ 教育部印发《关于加强专科以上学历小学教师培养工作的几点意见》。

9月6日 北京语言大学庆祝建校40周年。国家主席江泽民致信祝贺，并提出殷切期望。全国人大常委会委员长李鹏、国务院副总理李岚清也分别题词和致信祝贺。全国人大常委会副委员长王光英、许嘉璐，教育部副部长章新胜等出席庆祝大会。

△ 教育部召开部长专题办公会，学习贯彻全国减轻农民负担电视电话会议精神，研究部署进一步治理学校乱收费工作。教育部部长陈至立在讲话中强调，一定要从落实“三个代表”重要思想和讲政治、讲大局的高度，认识治理学校乱收费工作的重要性，进一步统一思想，提高认识，切实采取措施，坚决治理学校乱收费，为教育健康持续发展，为十六大的召开营造良好氛围。

9月7日 庆祝新中国成人高等教育创办50周年暨中国人民大学成人高等教育50周年大会在中国人民大学举行。全国人大常委会副委员长成思危、教育部部长陈至立分别致信祝贺。教育部副部长赵沁平等出席庆祝大会。

△ 为庆祝北京师范大学建校100周年，由北京师范大学发起的世界知名大学校长论坛和国际教育学院院长论坛分别在北京举行。教育部副部长章新胜出席世界知名大学校长论坛并致开幕词。

9月8日 北京师范大学建校100周年庆祝大会举行。中共中央总书记、国家主席江泽民出席庆祝大会并发表重要讲话，指出只有按照“三个代表”要求，大力推进教育创新，不断发展有中国特色的社会主义教育事业，才能不断为我国经济和社会发展培养高素质的劳动者、建设者、管理者和领导者。朱镕基、李瑞环、胡锦涛、尉健行、李岚清等出席庆祝大会。同日，教育部党组召开学习江总书记在庆祝北京师范大学建校100周年大会上讲话的扩大会议。教育部党组书记、部长陈至立在发言中强调，要坚持教育创新，不断开拓教育改革与发展的新局面。

9月9日 教育部在北京召开教育系统认真学习贯彻江泽民总书记在北师大建校100周年庆祝大会上讲话座谈会。教育部部长陈至立对教育系统深入学习和贯彻讲话精神提出要求并作出部署。

△ 由中国教育报刊社和上海宝钢集团公司举办的第五届“全国十杰中小学中青年教师”颁奖大会在北京举行。全国人大常委会副委员长彭珮云、全国政协副主席周铁农等出席颁奖大会并为获奖教师颁奖。教育部副部长袁贵仁在颁奖大会上讲话。

9月10日 国务院副总理李岚清同在京高等院校负责同志和中央音乐学院广大师生员工一起，欢度我国第十八个教师节，并出席第12届国际柴可夫斯基音乐比赛获奖者汇报音乐会。李岚清向全国广大教育工作者致以节日问候，强调教育系统要认真学习贯彻江泽民同志在北京师范大学建校100周年大会上的重要讲话精神，进一步解放思想，开拓创新、与时俱进，努力开创教育事业的新局面。

△ 南京师范大学建校100周年。全国政协主席李瑞环为学校题词，教育部部长陈至立致信祝贺。

9月11日 教育部部长陈至立、卫生部部长张文康分别代表教育部、卫生部签署合作建设清华大学北京协和医学院协议。

9 月 11 日～13 日 国家基础教育课程改革实验区教学工作研讨会在哈尔滨举行。会议总结课程改革实验一年来的经验，就实验中存在的问题进行研讨与交流。

9 月 13 日 教育部印发《关于加强和改进高等学校哲学社会科学学报工作的意见》。

9 月 15 日 中宣部、中央文明办、教育部在北京联合召开“西部开发助学工程”座谈会，要求认真实践“三个代表”重要思想，切实搞好“西部开发助学工程”，以实际行动迎接党的十六大。中宣部副部长胡振民、教育部副部长周济出席会议并讲话。

9 月 15 日～27 日 教育部副部长张保庆率中国教育代表团访问泰国、哈萨克斯坦和吉尔吉斯斯坦。

9 月 17 日 教育部就进一步加强学校食品卫生安全管理工作发出紧急通知。

9 月 18 日 教育部发出《关于做好 2003 年招收攻读硕士学位研究生工作的通知》。

9 月 19 日 国务院副总理李岚清在北京会见应邀来访的喀麦隆国民教育部长约瑟夫·奥沃纳一行，宾主就双边关系和教育领域的合作交换了意见。18 日，教育部部长陈至立在北京会见奥沃纳部长一行，教育部副部长章新胜与奥沃纳部长进行了工作会谈。

△ 第四届全国优秀教育音像制品奖颁奖大会在北京举行，165 种优秀教育音像制品获奖。教育部副部长袁贵仁、新闻出版总署副署长于永湛出席会议并讲话。

△ 北京市商业银行捐资 100 万元人民币，设立北京师范大学百年发展教育基金。基金专款用于奖励为建设“综合性、有特色、研究型的世界高水平大学”作出突出贡献的北师大教师。教育部副部长袁贵仁出席基金设立仪式。

9 月 20 日 教育部部长陈至立、卫生部部长张文康签署中华人民共和国教育部、卫生部令第 14 号，发布《学校食堂与学生集体用餐卫生管理规定》，自 2002 年 11 月 1 日起施行。

9 月 24 日 在中宣部等五部委在北京举办的党的十三届四中全会以来改革开放和现代化建设成就报告会上，教育部部长陈至立作关于我国教育事业改革与发展的历史性成就的报告，指出 13 年来，我国教育事业已进入最快最好的发展时期。

△ 教育部发出《关于学习贯彻〈国务院关于大力推进职业教育改革与发展的决定〉和全国职业教育工作会议精神的通知》。

9 月 25 日 2002 国际教育合作周在北京举行。全国人大常委会副委员长蒋正华、教育部副部长章新胜等出席开幕仪式。

△ 由教育部科技发展中心和中国高校校办产业协会举办的“高校校办企业改革与发展交流会暨中国高校校办产业协会 2002 年年会”在北京举行。教育部副部长周济到会介绍了近年来高等教育发展的情况，并就高校校办企业的改革与发展作了讲话。

△ 河南大学庆祝建校 90 周年。中共河南省委书记陈奎元、省长李克强出席庆祝大会，教育部原副部长张天保宣读了教育部的贺信。

△ 教育部发出《关于当前加强高等学校学历证书规范管理的通知》。

9 月 26 日 教育部部长陈至立到北京林业大学和中央财经大学考察调研。强调要抓住机遇，办出特色，争创学科建设新成绩。

9 月 27 日 教育部、国家计委在北京召开“国家生命科学与技术人才培养基地”工作会议。教育部副部长赵沁平出席会议并讲话。

△ 北京大学举行冯定同志百年诞辰纪念会暨学术研讨会。教育部副部长袁贵仁出席会议并讲话。

9 月 27 日～28 日 教育部部长陈至立到北京中医药大学、中国政法大学和石油大学（北京）考察调研。强调要大力推进教育创新，使教育为我国国民经济和社会发展作出新贡献。

9 月 28 日 教育部发出《关于做好 2003 年从香港、澳门、台湾人士中招收研究生工作的通知》。

9 月 29 日 国务院副总理李岚清在北京会见海外留学人员并与他们座谈。

△ 教育部部长陈至立到河北农业大学考察调研。强调要认真学习贯彻江泽民同志“三个代表”重要思想，继续发扬艰苦奋斗精神，推动我国高等

教育改革与发展再上新台阶。

9月30日 教育部副部长章新胜在北京会见德国汉斯·赛德尔基金会主席阿尔弗雷德·巴耶尔一行，双方签署了《中华人民共和国教育部和德意志联邦共和国汉斯·赛德尔基金会总体合作协议》。

10月1日 国务院总理朱镕基签署中华人民共和国国务院令第364号，发布《禁止使用童工规定》，自2002年12月1日起施行。1991年4月15日国务院发布的《禁止使用童工规定》同时废止。

10月5日 西南财经大学庆祝建校50周年。全国政协副主席杨汝岱、中共四川省委书记周永康、四川省省长张中伟等出席庆祝大会。教育部副部长周济宣读教育部贺信并讲话。

10月8日 教育部办公厅、国家民委办公厅印发《关于表彰全国中小学民族团结教育先进集体、先进个人的决定》。

10月9日 全国政协副主席、上海大学校长、中国科学院院士，我国著名科学家、教育家钱伟长先生90华诞。受中共中央和江泽民、李瑞环、李岚清等领导同志委托，中共中央政治局委员、上海市委书记黄菊前往上海大学，看望钱伟长先生，向他转达了江泽民等同志的祝贺。受教育部部长陈至立委托，教育部副部长张保庆也到上海向钱伟长先生致贺。

10月11日 国务院西部地区开发领导小组第三次会议在北京召开。国务院总理朱镕基在会上强调，西部开发要坚持走可持续发展道路，把生态建设和环境保护放在首位，进一步加强基础设施建设，大力发展科技教育事业，扎扎实实推进西部大开发工作。

10月12日 教育部在天津召开全国高级中学发展与建设工作经验交流会。国务院副总理李岚清出席会议并发表讲话，对加快基础教育特别是高中教育发展与建设提出了要求。教育部部长陈至立在讲话中强调，要坚持教育创新，提高教育质量，加快高中教育事业发展。11月8日，教育部印发了陈至立的讲话。

△ 中国研究生院院长联席会2002年年会在长沙举行。教育部副部长周济出席会议并讲话。

△ 东北财经大学庆祝建校50周年。财政部部长项怀诚、教育部副部长袁贵仁等出席庆祝大会。全国政协副主席王文元等致信祝贺。

10月14日 全国教育援藏工作会议在北京举行。教育部部长陈至立在会上发表讲话，提出通过全国教育支援西藏，到2010年，西藏将全面实现基本普及九年义务教育和基本扫除青壮年文盲。要求全国教育系统以江泽民“三个代表”重要思想为指导，进一步加大教育援藏力度，加速推进“两基”进程，促进各级各类教育健康、协调发展，大力培养西藏建设急需的高层次人才，努力实现西藏教育事业的跨越式发展。教育部副部长赵沁平在闭幕式上作了总结讲话。

△ 教育部部长陈至立在北京出席中国和乌拉圭东岸共和国两国政府有关文件签字仪式，代表教育部签署了《中华人民共和国教育部与乌拉圭东岸共和国教育部关于教育领域合作的谅解备忘录》。

△ 教育部发出《关于做好2003年招收攻读博士学位研究生工作的通知》。

10月15日 西北大学庆祝建校100周年。党和国家领导人江泽民、李鹏、李瑞环题词祝贺，李岚清发来贺信。全国政协副主席任建新出席庆祝大会，教育部部长陈至立致信祝贺。

△ 西北师范大学庆祝建校100周年。原中共中央政治局常委宋平、甘肃省委书记宋照肃、省人大常委会主任卢克俭、省长陆浩等出席庆祝大会。教育部副部长袁贵仁等在庆祝大会上讲话。

△ 教育部、国家民委发出《关于学习贯彻〈国务院关于深化改革加快发展民族教育的决定〉和第五次全国民族教育工作会议精神的通知》。

10月16日 北京林业大学庆祝建校50周年。李鹏、姜春云等党和国家领导人题词祝贺。全国人大常委会副委员长何鲁丽、科技部部长徐冠华等出席庆祝大会。教育部副部长周济宣读了教育部部长陈至立的贺信。

△ 河北农业大学庆祝建校100周年。姜春云、邹家华等领导题词祝贺。河北省委书记王旭东、省长钮茂生等出席庆祝大会。原国家教委副主任张孝文代表教育部宣读贺信。

10月17日 中央社会治安综合治理委员会办公室发出通知，要求各地开展学校、企业、铁路周边地区治安整治工作自查督查。

△ 教育部发出《关于进一步规范民办教育机构办学秩序的通知》。

10 月 18 日 中国地质大学庆祝建校 50 周年。全国人大常委会委员长李鹏题词祝贺。教育部副部长张保庆在武汉出席庆祝大会。20 日，教育部副部长袁贵仁在北京出席庆祝大会并宣读教育部贺信。

10 月 20 日 南京航空航天大学庆祝建校 50 周年。江泽民、李鹏、李岚清等党和国家领导人分别题词、致信祝贺。全国政协副主席、南京航空航天大学名誉校长钱伟长等出席庆祝大会。

△ 中国协和医科大学庆祝建校 85 周年。全国人大常委会副委员长、中国协和医科大学名誉校长吴阶平，卫生部部长张文康，科技部部长徐冠华，教育部副部长赵沁平等出席庆祝大会。

10 月 20 日～21 日 中国职业技术教育学会第二届会员代表大会和中国成人教育协会第三届会员代表大会在北京举行。教育部部长陈至立出席会议并讲话。

10 月 20 日～27 日 教育部副部长周济率中国教育代表团访问美国。签署了《中美两国关于网络语言教学项目的合作谅解备忘录》。

10 月 21 日 国务院副总理李岚清到北京林业大学、北京语言文化大学、中国地质大学、北京航空航天大学考察。强调高等学校要以“三个代表”重要思想为指导，以增强民族创新能力为目标，不断推进高等教育创新，努力培养和造就大批具有创新能力的高素质人才。

△ 教育部、司法部、中央综治办、共青团中央印发《关于加强青少年学生法制教育工作的若干意见》。25 日，教育部、司法部、中央综治办、共青团中央在北京联合召开全国青少年学生法制教育电视电话会议。司法部部长张福森、教育部部长陈至立在会上讲话。

10 月 22 日 国家科技教育领导小组在中南海举办科技知识讲座，邀请国际著名物理学家李政道教授作题为“物理的挑战”报告。国务院总理、国家科技教育领导小组组长朱镕基，国务院副总理、国家科技教育领导小组副组长李岚清出席听课。

10 月 23 日 教育部部长陈至立在北京会见应邀来访的以贝宁高等教育和科研部部长多罗代·高西·索萨为团长的贝宁高教科研代表团一行。双方就加强两国教育交流与合作及相互承认学历文凭等问题交换了意见。

10 月 23 日～25 日 国务院副总理李岚清在陕西考察工作。李岚清先后考察了杨凌农业高新技术示范区和西安、延安等地的科研机构、企业和学校。听取了杨凌农业高新技术示范区的工作汇报，就促进教育创新、推动大学生助学贷款工作召开座谈会，强调农业科技类大学要在农业产业化和科技推广中发挥重要作用。12 月 3 日，教育部印发李岚清副总理在陕西省国家助学贷款座谈会上的讲话摘要。

10 月 24 日 第二届全国教育科学研究所（院）长联席会议暨“基础教育新三片教育发展水平研究”项目开题会在天津召开。教育部副部长王湛出席会议，并就教育科研如何抓住机遇，提高教育理论创新水平，更好地为教育改革和发展服务发表讲话。

△ 教育部发出《关于动员各类学校积极开展下岗失业人员再就业培训工作的通知》。

△ 教育部发出《关于在有关省区试行中国少数民族汉语水平等级考试的通知》。

10 月 25 日 上海第二医科大学、华东理工大学庆祝建校 50 周年。全国人大常委会委员长李鹏分别为两校题词。黄菊、吴阶平、彭珮云、成思危、钱伟长、陈锦华、陈至立等也分别为两校题词或致信祝贺。

△ 教育部、公安部、国家工商行政管理总局发出《关于进一步规范自费出国留学中介活动秩序的通知》。

10 月 26 日 北京航空航天大学庆祝建校 50 周年。中共中央总书记、国家主席江泽民致信祝贺。党和国家领导人李鹏、朱镕基、李瑞环、李岚清也分别以题词、致信等方式祝贺。李鹏出席庆祝大会并发表讲话。国防科工委主任刘积斌、教育部部长陈至立等在庆祝大会上致辞。

10 月 26 日～28 日 国务院副总理李岚清在四川考察工作。李岚清先后考察了绵阳科技城和成都高新技术园区、科研院所、高等学校、企业等。强调西部地区要按照江泽民同志“三个代表”重要思想的要求，进一步解放思想，扩大开放，认真贯彻实施科教兴国战略，推动科技进步和体制创新，发展先进生产力，加快西部地区经济和社会发展。

10月29日～31日　全国高职高专产学研结合经验交流会在湖南永州举行。教育部副部长周济出席会议并讲话，强调高职高专学校发展方向是：育人为本，产学研紧密结合。

10月30日　中国高校在海外成立的第一个研究生院——上海交通大学新加坡研究生院成立仪式暨首期新生开学典礼在新加坡南洋理工大学举行。

△　教育部办公厅公布《中央广播电视大学和22所省级电大试点项目中期评估结论》。

△　教育部办公厅发出《关于认真做好国家奖学金评定工作的通知》。

10月31日　教育部举行新闻发布会，就全面反映我国教育事业发展成就与经验的读本——《跨世纪中国教育》正式出版和电视专题片《跨越——“三个代表”和中国教育》即将播出的有关情况进行了通报。教育部副部长周济出席发布会并讲话。

△　教育部印发《关于加强职业技术学校职业指导工作的意见》。

△　教育部发出《关于坚决遏制中小学校楼梯间拥挤伤亡事故的紧急通知》。

11月1日　中国人民大学举行庆祝建校65周年庆祝大会暨吴玉章奖颁奖仪式。全国人大常委会委员长李鹏和李铁映、宋平、许嘉璐、肖扬等领导出席庆祝大会，并为获奖者颁奖。李鹏在庆祝大会上发表讲话。教育部部长陈至立在大会上致词。

△　北京大学、清华大学、南开大学3所高校在北京大学隆重集会，纪念西南联合大学建校65周年。全国人大常委会副委员长彭珮云、全国政协副主席朱光亚出席纪念大会。教育部副部长周济在纪念大会上讲话。

△　河北师范大学庆祝建校100周年。全国人大常委会委员长李鹏题词祝贺。教育部致信祝贺。

△　上海水产大学庆祝建校90周年。

11月4日　中宣部、教育部、共青团中央、全国学联印发《关于表彰2002年度全国大中专学生志愿者暑期“三下乡”社会实践活动优秀组织工作奖、先进集体、优秀团队的决定》。

11月5日　由教育部、科技部、国家经贸委等17个国家部委和陕西省人民政府主办的第九届中国杨凌农业高新科技成果博览会开幕。国务院副总理李岚清致信祝贺。全国人大常委会副委员长蒋正华、教育部副部长周济等出席开幕式。

11月6日　经教育部批准，青岛海洋大学正式更名为中国海洋大学。教育部副部长张保庆为中国海洋大学揭牌。

11月8日　中国共产党第十六次全国代表大会在北京开幕。中共中央总书记江泽民代表第十五届中央委员会向大会作报告。江泽民在报告中强调，要大力发展教育和科学事业。教育是发展科学技术和培养人才的基础，在现代化建设中具有先导性全局性作用，必须摆在优先发展的战略地位。全面贯彻党的教育方针，坚持教育创新，深化教育改革，全面推进素质教育，造就数以亿计的高素质劳动者、数以千万计的专门人才和一大批拔尖创新人才。

11月13日　教育部发出《关于成立全国高等教育自学考试指导委员会第三届专业委员会的通知》。

△　教育部发出《关于成立教育部科技创新领导小组的通知》。

11月14日　教育部办公厅发出《关于做好内地高校援藏研究生招生工作的通知》。

11月17日　华南理工大学建校50周年。中共中央政治局常委、广东省委书记李长春题词祝贺。全国人大常委会副委员长成思危、蒋正华，全国政协副主席叶选平、钱伟长，教育部部长陈至立等也分别致信或题词祝贺。教育部副部长张保庆等出席庆典仪式。

△　留学回国人员学习十六大精神座谈会在北京举行。教育部党组书记、部长陈至立出席座谈会并讲话。

11月18日　教育部党组召开党组会议和司局级以上党员干部大会，传达学习贯彻落实党的十六大、十六届一中全会精神，教育部党组书记、部长陈至立主持会议并讲话。陈至立指出，全国教育系统要把深入学习贯彻党的十六大精神作为当前和今后一个时期的首要政治任务，切实抓紧抓好，把教育系统广大党员干部师生员工的思想行动统一到党的十六大精神上来。

△ 中宣部、国家计生委、教育部等11部门印发《关于综合治理出生人口性别比升高问题的意见》。

11月19日 教育部在北京召开教育系统学习贯彻党的十六大精神座谈会。教育部党组书记、部长陈至立在讲话中强调，要充分认识学习贯彻党的十六大精神的重大意义，在教育战线迅速掀起学习贯彻党的十六大精神的热潮；教育系统广大党员干部和师生要认真学习领会十六大精神，认清自己肩负的使命，全面开创新时期教育工作新局面。同日，中共教育部党组发出《关于教育战线认真学习贯彻党的十六大精神的通知》；教育部召开直属机关党员干部大会，传达党的十六大精神。

△ 国务院副总理李岚清在北京会见应邀来访的朝鲜教育相边永立，并向客人介绍了中国教育发展情况，希望通过双方的教育交流与合作进一步推动两国传统友好关系不断向前发展。20日，教育部部长陈至立与朝鲜教育相边永立签署了《中朝2002～2010年教育交流与合作协议》。

11月20日～23日 由教育部与湖南省人民政府联合举办的“高等职业技术教育与现代化建设”国际论坛在长沙举行。

11月21日 教育部召开“学习贯彻党的十六大精神，加强教育系统党风廉政建设”座谈会。教育部党组副书记、副部长周济参加座谈会并发表讲话。

△ 教育部印发《关于进一步加强农村成人教育的若干意见》。

11月24日 全国高等教育自学考试指导委员会第三届专业委员会第一次全体会议在苏州召开。教育部党组副书记、副部长周济在会上提出，要全面贯彻“三个代表”重要思想和“与时俱进”的精神，积极发展，规范管理，开拓创新，开创高等教育自学考试事业的新局面，为全面实现建设小康社会的奋斗目标作出新的更大的贡献。

11月25日 教育科学界在北京召开学习党的十六大精神座谈会。教育部副部长王湛出席座谈会并讲话。

11月25日～12月4日 教育部副部长袁贵仁率中国教育代表团访问古巴和墨西哥。

11月29日 劳动和社会保障部、教育部、人事部印发《关于进一步推动职业学校实施职业资格证书制度的意见》。

12月1日～11日 教育部副部长王湛率中国教育代表团赴澳大利亚、新西兰访问。分别签署了《中华人民共和国教育部与澳大利亚联邦教育、科学与培训部关于教育与培训的合作谅解备忘录》、《中华人民共和国教育部与新西兰教育部关于教育与培训的合作谅解备忘录》。

12月2日 教育部、国家经贸委、劳动保障部印发《关于进一步发挥行业、企业在职业教育和培训中作用的意见》。

12月3日 国家主席江泽民陪同应邀来访的俄罗斯总统普京在北京大学发表演讲。江泽民在讲话中指出，青年是祖国的未来，也是世界的希望。

△ 第二届全国教育厅长高等教育发展专题研讨会在广州举行。教育部副部长周济在讲话中强调，高等教育要全面、深入贯彻党的十六大精神，加快教育创新步伐，执行“巩固、深化、提高、发展”的方针，巩固成果，深化改革，提高质量，取得高等教育的跨越式发展。

12月5日～7日 以“教育创新与校长培训”为主题的全国中小学校长培训工作研讨会在北京举行。会议总结交流了“十五”计划启动以来中小学校长培训工作的新进展和新经验，分析研究面临的新形势和新问题，研讨进一步加强中小学校长培训工作的新思路和新机制，为推进教育创新、深化基础教育改革、全面实施素质教育服务。12月25日，教育部办公厅印发了会议纪要。

12月6日 霍英东教育基金会第八届高等院校青年教师基金及青年教师奖颁奖大会在北京举行。教育部部长陈至立、副部长章新胜出席大会。

△ 南京邮电学院庆祝建校60周年。全国人大常委会委员长李鹏题词祝贺，教育部致信祝贺。

△ 教育部发出《关于奖励全国高等学校优秀骨干教师的通知》。

△ 教育部发出《关于切实加强高等学校食堂管理工作的通知》。

12月8日 南京艺术学院庆祝建校90周年。教育部致信祝贺。

12月9日 教育部发出《关于确定第一批国家高职高专精品专业建设项目和国家高职高专学生实训（师资培训）基地建设项目的通知》。

12月9日～21日 教育部副部长章新胜率中国教育代表团访问日本、韩国。

12月11日 教育部党组书记、部长陈至立主持召开教育部党组扩大会议，传达中央经济工作会议精神，并就教育系统学习贯彻中央经济工作会议精神提出要求。

△ 教育部与美国惠普公司在北京签署合作备忘录，惠普公司将向全国35所高校的示范性软件学院捐赠HP Open View软件及相关的支持服务，并在部分高校实施奖学金计划。教育部部长陈至立与惠普公司董事长兼首席执行官卡莉女士出席签字仪式，并就中国教育信息化的发展进行会谈。根据合作备忘录，此项合作将从2003年1月全面启动，合作计划为期3年。

12月12日 教育部公布同意备案的49所高等职业学校名单。

△ 教育部、农业部印发《关于加强"学生饮用奶计划"管理的意见》。

12月13日～15日 教育部部长陈至立在浙江、安徽两省就高等教育和农村义务教育进行考察调研。陈至立指出，教育是发展科学技术和培养人才的基础，在全面建设小康社会，加快推进中国特色社会主义现代化建设中具有先导性全局性作用，必须摆在优先发展的战略地位。教育系统要认真学习贯彻党的十六大和最近召开的中央经济工作会议精神，以"三个代表"重要思想为指导，按照"发展要有新思路，改革要有新突破，开放要有新局面，各项工作要有新举措"的要求，认真研究新情况，努力探索新思路，不断解决新问题，开创新世纪教育改革发展新局面。

12月16日 国家禁毒委、中央综治办、教育部、共青团中央发出《关于进一步加强中小学生毒品预防教育工作的通知》。

12月17日 在全国高校中率先大面积实行副校级领导岗位行政换届校内外公开竞聘的中国农业大学，新选出的5位副校长正式到任。这一举措在全国高校干部人事制度改革中尚属首次。

△ 教育部印发《九年义务教育阶段学校音乐、美术教学器材配备目录》。

12月18日 由国家经济贸易委员会、教育部、中国科学院联合主办的"国际产学研联合高层论坛"在清华大学开幕。来自有关部委、地方，海内外著名大学、科研机构、企业以及联合国教科文组织等机构的官员、大学校长、企业家等共100多位代表参加了论坛。国家经济贸易委员会副主任谢旭人、教育部副部长赵沁平、中国科学院副院长杨柏龄在开幕式上致词。

△ 教育部、公安部发出《关于加强高校安全保卫工作的通知》。

12月19日 中国教育报刊登了新华社记者对教育部部长陈至立的专访，题目是《为全面建设小康社会提供人才和智力支持》。

△ 教育部高等理工科教育教学改革交流会在西安举行。教育部副部长周济在会上强调，培育具有创新能力的高级人才是高等教育的根本任务，高等学校必须视质量如生命，以创新为灵魂。

△ 教育部、中共北京市委联合举办首都大学生学习党的十六大精神报告会。中央十六大精神宣讲团成员、农业部副部长韩长赋，应邀为来自北京大学、清华大学、中国人民大学等十余所高校的近2000名大学生作学习十六大精神辅导报告。教育部副部长袁贵仁主持报告会。

12月20日 中国科学院与国家民委签署了共建中央民族大学、中南民族大学、西北民族学院、西南民族学院、西北第二民族学院和大连民族学院6所国家民委所属院校的共建协议。通过合作共建，促使这6所民族院校在学科建设、科研水平、人才培养等方面进一步得到提升。

12月24日 第四次全国高校后勤社会化改革工作电视电话会议在北京举行。国务院副总理李岚清出席会议并发表讲话，强调要学习贯彻党的十六大精神，深化高校后勤社会化改革。教育部部长陈至立在会上作了工作报告。2003年2月10日，教育部印发了李岚清副总理的讲话和陈至立的报告。

△ 国家留学基金管理委员会第七次全体委员会议在北京举行。教育部副部长兼国家留学基金委主任章新胜出席会议并讲话。会议审议了国家留学基金委2002年度工作报告，对2003年国家公派出国留学和来华留学工作的改革思路提出了意见和建议，对2003年选派工作的调整作了说明。

△ 教育部公布《全国第九批基本普及九年义务教育、基本扫除青壮年文盲县（市）名单》和《全国第六批基本普及初等义务教育县名单》。

△ 教育部、广电总局印发《关于推进市（地）、县（市）教育电视台播出机构职能转变工作的意见》。

12月26日 在九届全国人大常委会第31次会议上，全国人大教科文卫委员会表示，将会同国务院有关部门进一步开展对教育经费投入的立法研究，同时建议将义务教育法的修改尽快列入全国人大常委会立法规划。

12月26日～27日 教育部2003年度教育工作会议在北京举行。教育部部长陈至立在会上讲话，强调要认真学习贯彻十六大精神，奋发有为，扎实工作，为实现全面建设小康社会奋斗目标作贡献。教育部副部长周济作了总结讲话。2003年1月2日，教育部印发了陈至立的讲话和《教育部2003年工作要点》。

12月27日 教育部发出通知，要求各地、各校一定要从密切党和人民群众血肉联系、维护改革发展稳定大局的高度，充分认识关心困难师生员工生活，解决他们生活困难的极端重要性，千方百计地帮助困难师生员工过好元旦、春节。

△ 庆祝曾宪梓教育基金会成立10周年暨2002年度优秀大学生颁奖大会在北京举行，全国人大常委会副委员长许嘉璐、全国政协副主席经叔平、教育部副部长章新胜出席庆祝大会，并为获奖大学生代表颁奖。

△ 中央广播电视大学出版社成立20周年社庆暨中央电大优秀文字教材颁奖大会举行，教育部副部长袁贵仁出席大会。

△ 教育部发出《关于积极推进中小学评价与考试制度改革的通知》。

12月28日 九届全国人大常委会第31次会议表决通过了《中华人民共和国民办教育促进法》。同日，国家主席江泽民签署中华人民共和国主席令第80号，公布《中华人民共和国民办教育促进法》，自2003年9月1日起施行。

△ 《中国教师报》创刊庆典暨全国首届知名校长论坛在北京举办。全国政协副主席周铁农，全国政协常委、民进中央副主席楚庄等出席庆典活动；全国人大常委会副委员长许嘉璐、原全国人大常委会副委员长费孝通等为《中国教师报》创刊题诗、题词祝贺。教育部部长陈至立为《中国教师报》创刊发来贺辞。教育部副部长袁贵仁出席庆典活动。《中国教师报》于2003年1月1日创刊。

△ "全国中小学教师继续教育网"正式开通。教育部副部长袁贵仁出席开通仪式。

△ 共青团中央、全国学联在北京召开表彰会，颁发2002年中国大学生"五四奖学金"、"建昊奖学金"，共有150人受到表彰。

△ 全国第一所特殊教育高等学校——南京特殊教育职业技术学院在南京举行揭牌典礼。

12月31日 教育部部长陈至立签署中华人民共和国教育部令第15号，发布《高等学校境外办学暂行管理办法》，自2003年2月1日起施行。

△ 教育部、国家统计局、财政部发布《2001年全国教育经费执行情况统计公告》。

△ 教育部印发《关于进一步加强普通高等学校毕业生就业指导服务机构及队伍建设的几点意见》。

撰稿 闫蕾 喻晓宪
审稿 高聚慧

前进中的中国教育事业

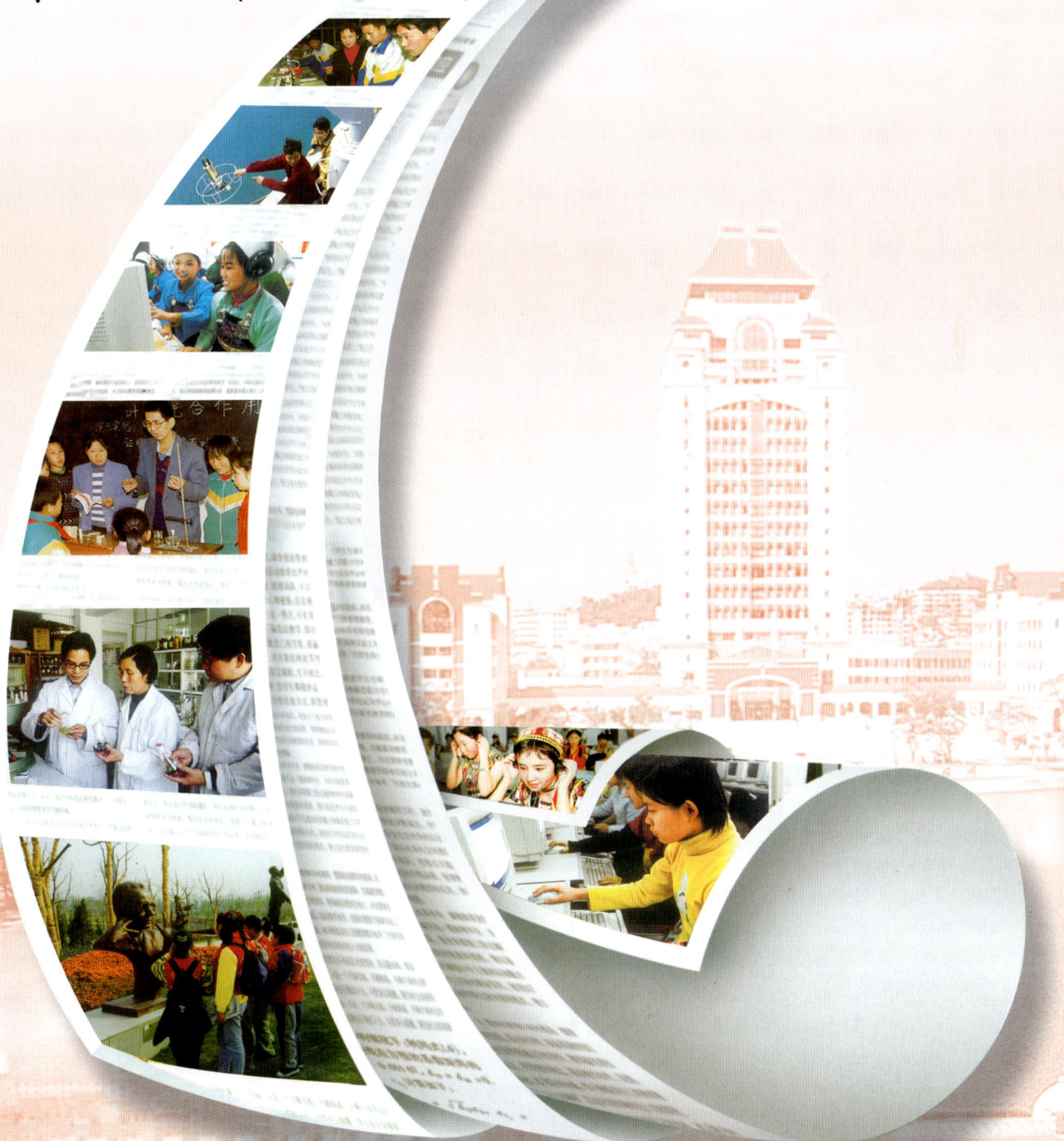

图书馆

科研人员在水土保持试验基地工作

北京林业大学

北京林业大学成立于1952年，原名北京林学院，隶属于林业部。1985年更名为北京林业大学。2000年划归教育部直属管理。是“九五”“十五”“211工程”重点立项建设的高校。

学校学科门类齐全，涵盖了5个学科门类的11个一级学科。有50个本科专业和专业方向，8个高职专业和1个二学位专业，硕士点24个，专业硕士学位点2个，博士点16个，一级学科博士点1个，博士后流动站2个。有生物科学与技术、园林、资源与环境、水土保持、材料科学与技术、工学、信息、基础科学与技术、经济管理、人文社会科学、外语、职业技术、成人教育13个学院。在籍学生18000余人，其中本科生9955人，研究生1507人。有专任教师961人，其中正、副教授479人，博士生导师120人，教师中具有博士学位的133人。建校50年来，培养了4万多名毕业生和一批外国留学生。

本科教学质量稳步上升，园林、生物、林学、水土保持等优势专业在全国居于领先地位。1990年以来园林专业学生5次获得联合国教科文组织及国际风景建筑师协会组织的“大学生风景园林设计”大奖，同时连续荣获国际大学生建筑设计金奖和园林设计竞赛奖项。

科学研究实力突出，基础研究成果转化进展迅猛。在森林培育、水土保持与荒漠化防治、林木遗传育种、园林植物、风景园林规划与设计、林业经济管理等10多个学科领域居国内领先水平，部分领域达到了国际同类学科的先进或领先水平。“九五”期间，共承担“973”、国家自然科学基金项目、国家科技攻关等各类科研课题323项,科研经费超1亿元。2002年，承担各类科研课题228项，总经费4720万元。近年来有200多项科研成果获国家级、省部级科技进步奖。2002年，获得国家科技进步二等奖3项，省部级科技进步二等奖1项，中国林学会梁希奖4项。

学校与美国、英国、日本、韩国、以色列、法国、德国等15个国家和地区的36所高等院校、科研院所和非政府组织建立了科技与教育交流合作关系。2002年成立国际学院，与国外多家大学开展了实质性合作。

刚刚度过50华诞的北京林业大学，正紧紧抓住新世纪20年高等教育发展的重要战略机遇期，以发展为主题，以学科建设为主线，走规模适度、特色鲜明、质量一流、内涵发展的道路，努力向国际知名、国内高水平的多科性研究型大学的目标迈进。

宿舍楼夜景

北京外国语大学

校门

北京外国语大学是教育部直属的全国重点院校之一，是我国外语院校中历史最悠久、规模最大、语种最多的高等院校。北京外国语大学前身是1941年在抗大三分校俄文大队基础上创办的延安外国语学校。1980年前学校归外交部领导,1980年后直属教育部领导，1994年，学校由北京外国语学院更名为北京外国语大学。

目前，北京外国语大学已发展成为一所以多语种外语教学为主，多学科、多层次发展的的全国重点大学。北京外国语大学现有英语学院、俄语学院、高级翻译学院、成人教育学院、国际商学院、国际交流学院、网络教育学院7个学院，德语系、法语系、阿拉伯语系、西班牙语系、日语系、亚非语言系、欧洲语言系以及社科部、大学英语部、体育教研部10个系部，外国语言文化研究院（包括外国语言研究所、外国文学研究所、国际问题研究所）、中国外语教育研究中心 、日本学研究中心等研究机构，出版《外国文学》、《外语教学与研究》、《国际论坛》等核心刊物。学校开设英语、俄语、德语、国际经济与贸易、外交学、法律、金融、新闻等42个本科专业，具有文学、法学、经济学、管理学学位授予权。讲授英、俄、法、德、日、西班牙、阿拉伯等33种外国语,其中17种语言是全国唯一学科点。北京外国语大学是我国首批硕士、博士学位授权单位之一。现设有外国语言文学1个博士后流动站，英语语言文学、俄语语言文学、德语语言文学、阿拉伯语语言文学、日语语言文学、西班牙语语言文学、欧洲语言文学、外国语言文学及应用语言文学8个博士点，11个硕士点包括英语、俄语、法语、德语、日语、阿拉伯语、西班牙语、欧洲语言、亚非语言、外国语言学与应用语言学、语言学与应用语言学。英语语言文学专业、德语语言文学专业是国家级重点学科点，俄语语言文学专业、阿拉伯语语言文学专业是北京市重点学科点。中国外语教育研究中心是首批命名的国家级重点文科研究基地。全校有专任教师573人，包括博士生导师41人、硕士生导师165人，教授109人、副教授177人。另外,学校有来自全世界24个国家和地区的专家、教师122人，已与世界50个国家和地区的172所大学和教育机构建立了学术合作和交流关系。1996年6月，学校通过教育部“211工程”部门预审，标志着学校的发展进入了一个全新的历史时期。

学校的目标是：经过努力，到2010年，将学校建成一所多语种、多学科、多层次，培养复语型、复合型高质量外语专门人才，具有重要国际影响的社会主义外国语大学。

校园风景

校出版社——外语教学与研究出版社

北京广播学院

主楼雄姿

北京广播学院是教育部直属的国家"211工程"重点大学，致力于广播、电视、电影、网络、出版、报刊等传媒人才培养和科学研究，是中国信息传播教育的专业学府。学校始建于1954年3月。现已成为一所以文、工两大学科门类为主，文、工、艺、管、理、经、法、教育多学科协调发展的综合性大学，以鲜明的特色和独具的优势屹立于全国高校之林。

学校现设16个二级学院，37个系，开设71个本专科专业，拥有10个博士点、19个硕士点。目前在读学生26000余人，其中全日制本专科生10600人，博士、硕士研究生1980多人；函授、夜大生9000人、网络大学生4000多人，外国留学生510人。专任教师700余人，教授、副教授占50%以上。图书馆藏书100余万册，音像资料30余万盒。同40多个国家的100多所高等院校、科研单位和传媒机构建立了友好合作关系。

学校发展总目标是：2010年或更长一段时间，把北京广播学院建设成为具有鲜明特色、高水平、高质量、现代化的国内外知名的信息传播大学；成为中国传媒界的人才培养与人才信息交流中心，科学研究与科技开发中心，节目制作与节目交流中心，文献信息资源汇集与发散中心。

校园雪景

学校俯瞰

建校50周年大会会场

国家森林公园——东北林业大学帽儿山实验林场主峰远眺

东北林业大学

东北林业大学创建于1952年，是在浙江大学农学院森林系和东北农学院森林系基础上建立的，是教育部直属高等学校，校址在黑龙江省哈尔滨市。

学校是一所以林为特色，理、工、经、管、文、法相结合的多科性大学。现设有16个学院和2个部，有3个博士后流动站。有3个一级学科博士点、29个二级学科博士点、51个硕士点、2个专业硕士点和53个本科专业，有6个国家级重点学科和14个省、部级重点学科。学校拥有教育部和国家计委批准的国家生命科学与技术人才培养基地、教育部批准的理科基础科学研究与教学人才培养基地（生物学），并在植物学科设置特聘教授岗位，学校的职业技术学院被列为国家高等职业技术教育示范基地。学校现有各类在校学生18300多人，自1952年建校以来，已向国家输送毕业生6万余人。在2102名教职工中有专任教师886人，其中中国工程院院士1人，另有特聘院士4人，教授136人。有国务院学位委员会学科评议组成员5人，50余人在国内外专业学术组织中担任重要职务，并聘请了100余名国内外兼职教授。学校拥有优良的教学、科研、生产基地和设施，拥有森林植物生态学教育部重点实验室，此外学校的木材科学与工程等4个实验室为国家林业局重点实验室。除帽儿山、凉水和哈尔滨3个基地外，还有工程勘察设计院等20个经济实体单位，为开展科学研究、提高教学质量提供了重要条件。

近年来，学校与20多个国家和地区的43所大学和研究机构建立了合作关系，与100多个学术团体进行学术交流，先后聘请500余位外国文教专家来校任教。接待过2000余名外国科技专家来校考察、访问、讲学，接受美国、日本等国的中青年学者来校学习，同时学校还派出600余人次赴20多个国家和地区学习、考察、访问、讲学或出席国际会议。

教学主楼

1997年初学校顺利通过了原林业部组织的“211工程”建设项目审定，1999年全面进行了校内管理体制改革，2000年通过了教育部组织的“211工程”“九五”期间重点学科建设项目验收。学校将通过10年左右的努力，发扬“团结拼搏、自我激励、发挥优势、争创一流”的东林精神，把学校建成综合发展的，以林科为优势，以生命科学为特色，重点学科接近或达到国际先进水平，综合实力达到国内高水平、国际上有重要影响的研究型大学。

优美的校园环境

电子阅览室

上海财经大学

创建于1917年的上海财经大学，是一所具有悠久办学历史的著名高等学府。86年的风雨历程，学校以“经世济国”为理念，倡导“勤奋、严谨、求实、创新”的校风，以自身显著的办学特色和专业优势，为社会输送了4万余名各类建设人才。学校占地面积40万平方米，分设三个校区。校本部设在国定路校区，是本科教学基地；中山北一路校区，设有研究生部、成人教育学院和国际文化交流学院；武川路校区是本科生扩招和学位研究生发展的新基地。

上海财经大学是一所以经济、管理学科为主，经、管、法、文、理协调发展的多科性大学。学校创建于1917年7月，原属财政部领导，2000年2月，划转教育部领导。1996年，学校通过财政部“211工程”部门预审和可行性论证。2000年，通过教育部本科教学工作优秀评价。

学校现有博士后流动站3个，博士点27个，硕士点43个（含MBA），本科专业点30个。学校拥有经济思想史、财政学、会计学3个国家级重点学科；统计学、产业经济学、金融学、国际贸易学、企业管理等7个省部级重点学科；1个国家人文社会科学研究基地——会计与财务研究院；1个国家经济学基础人才培养基地。

学校办学条件日趋完善，教学设施先进。建有现代化的计算机中心、语音实验室、视听教室以及金融、会计等专业实验室、具有国际先进水平的多媒体网络教室和大型多媒体专用教室。

学校坚持走国际化道路，开放办学。学校已与10余个国家20多所高等院校、研究机构和学术团体建立了长期合作交流关系。与英国公认会计师学会（ACCA）、加拿大注册会计师公会（CGA）、美国人寿保险公司管理学会（LOMA）等11家国际知名职业认证机构，合作建立了具有国际水准的国际财经职业认证考试培训基地。学校是经国务院学位办批准设立的首批工商管理硕士（MBA）、高级管理人员工商管理硕士专业学位(EMBA)的院校之一。学校同时是首批获教育部批准在香港进行金融学博士、会计学硕士和工商管理硕士研究生教育的内地高校之一。

设施先进的证券期货教学楼

进入新世纪，上海财经大学正在抓住机遇，结合“十五”“211工程”建设，努力创建具有“现代化、国际化、信息化”框架的一流大学，为实现江泽民同志“面向21世纪，把上海财经大学建设成为具有一流水平的社会主义大学”题词要求而努力奋斗。

南京农业大学是一所具有百年历史，直属教育部领导的国家“211工程”重点建设大学，是一所以农业与生命科学为特色，农、理、经、工、文、管、哲多学科协调发展的研究型大学。1999年4月首批通过教育部本科教学质量优秀评价。

教学主楼

学校设有研究生院和16个学院，9个博士后流动站，8个博士学位授权点，33个博士学科专业，50个硕士学科专业，50个本科专业。现有教职工2400多人，其中中国工程院院士3名，博士生导师180名，硕士生导师400名，有国家、部级专家35名，获“国家杰出青年科学基金”4名，国家“百千万人才工程”第一、二层次专家4名，获“跨世纪优秀人才专项基金”6名，“长江学者奖励计划”特聘教授2名（岗位4个），教授、副教授500多名。共有各类在校生23000余人，其中研究生2500余人。

拥有8个国家重点学科，14个省、部级重点学科，1个国家重点实验室和1个国家工程技术研究中心，7个省、部级重点开放实验室。近十年来，共获国家、省部级科技成果奖450余项，累计创造经济效益300多亿元。

学校国际交流与合作十分活跃，先后与美国、英国、荷兰、德国、俄罗斯、日本、韩国、加拿大、澳大利亚等国家和地区的高校、研究机构建立了正式的校际关系或项目交流合作关系。

学校先后被评为“江苏省党的建设和思想政治工作先进单位”、“江苏省文明单位”、“江苏省文明学校”、“江苏省高校先进基层党组织”、“全国精神文明建设工作先进单位”，是全国大学生文化素质教育基地之一。

在新的世纪里，南京农业大学以培养高素质、创新型人才为己任，开拓奋进，为经济建设和社会发展作出更大贡献。

南京农业大学

校园建筑

2002年5月，与建行江苏省分行营业部签署银校合作协议

研制开发的长空一号系列无人驾驶飞机

与上海航空公司联办飞行学院

南京航空航天大学

南京航空航天大学是具有航空、航天、民航特色的多科性全国重点大学，是国家“211工程”重点建设院校。学校隶属国防科学技术工业委员会，2002年起由国防科工委和江苏省政府重点共建。现设有航空宇航、自动化、信息科学与技术、民航等13个学院。有本科专业39个，硕士学位学科点79个，博士学位学科点37个（其中一级学科点8个），国家级、省部级重点学科16个。设有无人机研究院、直升机研究所等51个研究机构。有58个实验室，其中国家级、部级重点实验室8个。有教职工2500人，其中院士5人，教授212人，副教授490人。在校各类学生2.55万人，其中博士及硕士研究生0.37万人，本科生1.55万人。图书馆藏书130万册。校园面积173万平方米（含明故宫校区和将军路校区）。

南京航空航天大学坚持以素质教育为基础，以能力培养为主导，产学研相结合，逐步建立起了符合教育规律和社会发展要求的、特色鲜明的人才培养体系，取得了一批高水平的教学成果，获国家级教学成果奖14项，在全国大学生力学、数学建模、电子设计竞赛中均名列前茅，毕业生一次就业率达97%。2002年科研到款额2.4亿元，获部省级以上科技成果奖32项，获奖数连续多年居全国高校前列。

迈进新世纪的南京航空航天大学确定了“以人为本，注重内涵，强化特色，加速发展，创建一流”的发展战略，努力把南京航空航天大学建设成为国内一流、国际知名的研究型大学。

即将竣工的将军路校区主楼效果图

校门

华中科技大学于2000年5月26日由原华中理工大学、同济医科大学、武汉城市建设学院和科技部管理学院合并组建而成。

华中科技大学的综合实力和整体水平位居全国重点大学前列。有工学、医学、理学、管理学、哲学、经济学、法学、教育学、文学九大学科门类；有本科专业69个，硕士学科点149个，博士学科点92个，博士后科研流动站17个，国家重点学科15个，4个国家工程中心，5个国家重点实验室和国家专业实验室；有教职工万余人，其中教师4000余人，有两院院士9人，双聘院士5人，教授900余人；有全日制在校学生50000余人，其中研究生10000余人。

华中科技大学已同国外100余所大学、科研机构、医院和公司建立了友好合作关系。有200多位包括诺贝尔奖获得者在内的国外知名学者被聘为学校名誉教授、客座教授或名誉顾问，派出各类出国留学人员3000余人。

华中科技大学坚持国际化的办学理念，传授、继承、弘扬、创造优秀文化和先进的科学技术；重视传授知识，更重视创造知识，并把知识转变为塑造人格、推动社会发展的力量；重视取得高水平的科研成果，更重视造就一批能够推动科学、文化和生产力发展，推动社会进步的人才。全校师生员工正在营造没有学术污染，没有信誉污染，没有环境污染的校园文化，正在努力建设一流工科、一流医科和具有特色的高水平文科、理科，朝着创建国际化、研究型、综合性的世界知名高水平大学战略目标，意气风发地阔步前进。

华中科技大学

水电仿真实验室

数控系统国家工程技术研究中心

武汉理工大学

武汉理工大学直属教育部，是进入“211工程”的全国重点大学。

学校占地面积185万平方米，在职教职工6000余人，有院士4人，长江学者3人。拥有工学、理学、管理学、经济学、法学、文学、哲学、教育学八个学科门类，材料学、船舶及海洋结构物设计制造、轮机工程3个国家级重点学科，博士学位授权点29个、硕士学位授权点59个，博士后科研流动站4个。现有各类在校学生44000人，其中博士、硕士研究生4000人。

近两年来，学校通过了“211工程”建设项目“九五”评估验收和“十五”论证。承接多项国家“863”、“973”、国防军工项目和省部级科研项目。获得国家科技进步奖二等奖2项，省部级奖励51项，申请专利98项。获全国、省优秀教学成果17项。在“武汉·中国光谷”建立了武汉理工大学科技园，形成了以理工光科股份有限公司和南华高速船舶股份有限公司为龙头的高科技校办产业。

学校以“育人为本，学术至上”为办学思想，努力建设“整体水平国内一流，部分学科水平国际一流”的有特色的多科性、开放式研究型大学。

学校IT楼

武汉理工大学南华高速船舶股份有限公司生产的钢质消波高速船系列

国家高科技产业化示范工程——理工光科股份有限公司

中国地质大学

武汉校区校门

秦皇岛教学实习基地

中国地质大学是教育部直属高校。中国地质大学的前身是北京地质学院，创建于1952年。由当时北京大学、清华大学、天津大学、唐山铁道学院的地质系（科）合并而成。1975年迁至湖北省武汉市，更名武汉地质学院。1986年建立研究生院。1987年经国家教委批准成立中国地质大学。总部在武汉，分设武汉中国地质大学（武汉）和中国地质大学（北京）两部。

中国地质大学是一所以地质、资源、环境、地质工程技术为主要特色，理、工、文、管相结合的多科性大学，是全国地学高等教育和科学研究的重要基地。

学校有14个院系，58个本专科专业。拥有国家重点学科5个，省部级重点学科13个，博士学科点20个，硕士学科点33个，博士后流动站2个。拥有国家级专业实验室2个，省部级开放实验室10个，部级工程中心1个。全校共有教职工3627人，其中专业教师1463人，有中科院院士8人，教授347人，副教授820人。

学校始终坚持为国家经济建设和社会发展培养优秀人才，50年来，共培养各类毕业生7万人，其中研究生5000人，有21人当选为中国科学院院士和中国工程院院士。各类在校学生42348人，其中全日制本专科生20744人，研究生3127人，几十年来，累计完成科研项目3000多项，出版学术专著800多部，发表学术论文3000多篇，被SCI、EI、STS收录的论文303篇。学校申请国家发明专利80多项，共获国家级奖励50项，省部级奖励627项。

中国地质大学公开发行的《地球科学》2001年进入中国期刊方阵“双高”期刊。《地学前缘》入选中国期刊方阵“双效”期刊。

世纪之交，千年更替，中国地质大学面临着新的机遇和挑战，决心以50年校庆为契机，把中国地质大学办成地球科学领域国际一流大学。

国际学术交流中心（北京）

中南大学

中南大学位于中国历史文化名城——湖南省长沙市，是教育部直属全国重点大学，由原卫生部直属高校湖南医科大学、铁道部直属高校长沙铁道学院与教育部直属高校中南工业大学于2000年4月合并组建而成。

中南大学的学科涵盖工学、理学、医学、管理学、文学、法学、经济学、哲学、教育学、历史学、军事学十一大门类。下设29个二级学院，有本科专业62个；成立了研究生院，有硕士学位授权学科142个，博士学位授权学科78个，博士、硕士学位授权一级学科10个，博士后科研流动站11个。拥有国家重点学科17个，国家重点实验室和国家工程研究中心3个，国家或部级培训（研究）中心7个，国家级人才培养基地和课程教学基地4个。现有中国科学院院士3人，中国工程院院士12人，博士生导师353人，教授及其他正高职称人员1007人，副教授及其他副高职称人员2152人。有来自全国和世界30多个国家与地区的全日制在校学生4万多名。

学校是国家首批实施“211工程”建设的大学之一。近年来，通过了教育部“本科教学工作优秀学校”评价和国家“211工程”“九五”期间建设项目验收。近十年来，作为第一完成单位累计获得国家科学技术奖84项，仅1995年以来就有20项成果获奖。在教育部组织评选的五届“中国高校十大科技进展”中，学校有5项成果入选。

学校综合办学条件优良，基础设施齐备。现占地247万平方米，校舍总建筑面积202万平方米，固定资产总值22亿元，教学科研等仪器设备总值近10亿元；图书馆总藏书310多万册，并已实现信息数字化和管理自动化。建有学术交流中心、科教大楼、体育场馆、活动中心、游泳池等各类公共服务设施，为全校师生员工的学习、生活、学术和文化交流提供了良好的条件；计算机网络将各校区联为一体，信息高速公路使学校与世界共享信息资源。学校还拥有3家“三级甲等”附属医院。

中南大学正肩负着历史重托，以求真务实、开拓进取的精神朝着创建国内一流、在国际上有重大影响的综合性研究型大学的目标迈进。

校门

湘雅新校区

女排比赛

化学生物传感与计量学国家重点实验室通过验收

国家高效磨削工程技术研究中心在验收中被评为优秀

湖南大学

湖南大学坐落在湖南省长沙市岳麓山下，是由岳麓书院衍续至今、办学历史悠久的全国重点大学，直属教育部，已通过国家“211工程”“九五”期间建设项目验收，是教育部和湖南省重点建设高校，办有研究生院。

学校设有30个院系，拥有57个本科专业，67个硕士学位授权学科、专业，3个专业学位授权，21个博士学位授权学科、专业，3个博士、硕士学位授权一级学科，2个国家重点学科，6个博士后科研流动站。现有教职工4700多人，其中，专任教师近1600人，教授、副教授900余人，中科院院士4名、工程院院士7名，国家“百千万人才工程”第一、二层次人选8人，“长江学者”特聘教授4人。有各类在籍学生6万多人，其中，全日制在校本专科生近24000人、研究生近4300人。校园占地面积114万平方米，校舍建筑面积80多万平方米。学校藏书200多万册，实现了光盘检索服务和图书流通的计算机管理。

湖南大学在教学上保持和发扬“重基础、重质量、严管理”的传统，教学研究成果获得国家级特等奖、一等奖等多项奖励。设立了国家工科基础课程（化学）教学基地、中国大学生定向运动培训中心，另设有国家机电产品外贸人才培训中心、中国人民银行培训基地、国际性精算考试中心。此外，湖南大学还是全国大学生文化素质教育试点院校和国家大学生文化素质教育基地；1998年，经教育部批准成为全国首批现代远程教育试点高校。

湖南大学已形成基础科学、化学工程、建筑设计、材料工程与科学、机械制造与车辆工程、机电一体化及自动控制、计算机应用技术和环境工程等科技集团力量。同时，管理科学与工程、国际贸易学、金融学、会计学等都已成为管理学和经济学领域的重要研究力量。承担有“863”计划、国家科技攻关计划等国家、地方科技计划项目和一大批企业委托研究、合作开发项目。建立了化学生物传感与计量学国家重点实验室、国家高效磨削工程技术研究中心、中德环境技术中心(湖南)、化学计量学与化学生物传感技术教育部重点实验室、输变电新技术与设备教育部工程研究中心和工程结构损伤诊断湖南省重点实验室、湖南省分子模拟中心等科研基地，还设有国家甲级建筑设计院、甲级监理中心等。

目前，湖南大学正在向综合性、开放式、研究型国内一流大学的目标迈进。

学校南门

暨南大学

暨南大学是一所综合性大学。隶属国务院侨务办公室。位于广东省广州市。

1906年，清政府批准在南京创办暨南学堂。学校办学的宗旨是"宏教泽而系侨情"。"暨南"二字出自《尚书 禹贡》："东渐于海，西被于流沙，朔南暨，声教讫于四海。"意即面向南洋，将中华文化远播至五洲四海。1923年，迁至上海真如。1927年更名为国立暨南大学。抗日战争期间，迁址福建建阳。1946年迁回上海。1949年9月合并于复旦大学、上海交通大学等高校。1958年在广州重建。

素有"华侨最高学府"之称的暨南大学，以"忠信笃敬"为校训，以"面向海外，面向港澳台"为办学方针。1996年6月，学校成为国家重点建设的"211工程"大学，2002年通过国家"211工程"一期建设项目验收，并顺利进入"十五"建设阶段。

学校现有文学院、新闻与传播学院、外国语学院、华文学院、经济学院、管理学院、法学院、深圳旅游学院、理工学院、信息科学技术学院、生命科学技术学院、医学院、药学院、国际学院、珠海学院和教育学院等16个学院，有37个教学系，58个研究机构和62个实验室，43个本科专业，67个硕士学位授权学科，14个博士学位授权学科，3个博士后流动站。是招收和培养高级管理人员工商管理硕士（EMBA）、工商管理硕士（MBA）、临床医学硕士、口腔医学硕士的学校。拥有国家级重点学科2个，省级重点学科8个，国家人文社会科学重点研究基地、教育部中国语言文学人才培养和科学研究基地、国家大学生文化素质教育基地、国务院侨办华文教育基地。有教育部工程中心1个，教育部重点实验室1个，省级重点实验室2个。医学院设有6所国家级三甲附属医院，1所专科医院，1所直属医院。

学校现有专职教师1247人，其中中国工程院院士2人，博士生导师63人，教授183人，副教授469人。在校学生27383人，其中博士、硕士研究生3245人，本科生12372人，华侨华人、港澳台学生6894多人。图书馆藏书171万册，校园面积174万平方米。出版物有《暨南大学学报》、《暨南学报》、《东南亚研究》、《中国病理生理杂志》、《经济前沿》等。

21世纪是中华民族实现伟大复兴的世纪，肩负着为海外华侨华人和港澳台地区培养人才光荣使命的暨南大学更加任重道远。在新的世纪，全体师生员工和广大海内外校友将继续弘扬"爱国爱校，团结奋进"的暨南精神，树立"国际化、现代化、综合化"的办学理念，与时俱进，开拓创新，为实施"侨校＋名校"的发展战略，为建设海内外知名的高水平社会主义华侨大学而奋斗。

暨南大学"十五""211工程"建设可行性研究报告论证会

太原师范学院

太原师范学院是山西省属本科师范院校，是一所以本科师范教育为主，同时承担本科非师范教育和继续教育，面向全国招生的全日制高等师范院校。2000年10月，学院由原山西大学师范学院、太原师范专科学校、山西省教育学院三所高校合并而成。目前，经过学科、专业重组，资源整合，结构优化，办学实力明显增强。现有学科涉及文、史、哲、法、理、工、管、教育八大门类23个本科师范及非师范专业，15个专科专业，基本上涵盖了基础教育的所有课程。

学院坐落于享有“千年龙城”美誉的历史文化名城——太原市，分为北、中、南三个校区，占地面积33万平方米，建筑面积32万平方米。现有本、专科在校学生9986人，全日制成人脱产学生2326人。

学院现有教职工1667人，教师677人，教授58人，副教授259人，具有博士学位的教师21人，在读博士及博士后31人，具有硕士学位的教师128人；拥有18个系和1个中美合作办学的外国语专科部，3个省级重点扶持学科；拥有书法、舞蹈等特色专业。学院坚持以教学和科研为中心，不断提高教学和科研水平，到2003年7月，全院发表学术论文6600余篇，出版学术著作1100余部，主持或参与完成省级以上科研课题450余项，获各种科研奖励200余项。近年来，对外交流渠道更加畅通，合作办学形式更趋多样。学院向美国、英国、日本、西班牙、澳大利亚、新加坡长年派出留学生，在国内同北京师范大学、太原理工大学、山西师范大学等校签订了合作办学协议。

2001年4月，太原师范学院举行挂牌庆典

2002年11月，首届教育、教学、科研表彰大会召开

在党的“十六大”精神指引下，太原师范学院将更加奋发进取、开拓创新，秉承“崇德、博学、团结、创新”的校训，将学院建设成有鲜明特色的综合性、开放性的新型高等师范院校。

学院远景规划效果图

学术成果展示

文艺活动

忻州师范学院

忻州师范学院是2000年3月经教育部批准，由原忻州师范高等专科学校和忻州师范学校合并组建的全日制普通高校，坐落在佛教圣地五台山脚下的温泉之乡——山西省忻州市。

学院占地约40万平方米，校舍建筑面积20多万平方米。教职工800余人，其中专任教师400余人，全日制在校本、专科生6000余人。设有中文、外语、政治（历史）、地理、数学、化学、物理、电子、计算机、教育、经济管理、法律、艺术、体育14个系，43个专业，其中本科专业19个。教学设备总值近3000万元，建有先进的计算机校园网络（千兆以太网）和多媒体电教系统。图书馆藏书50余万册、期刊1200余种，设有5个电子阅览室和12个普通阅览室，全部实现了计算机管理。学院现已形成以师范本、专科教育为主体，包括高等职业教育、成人教育在内的多层次、多规格的办学格局。开展的五台山文化研究、元好问及金代文学研究等处于全国领先水平。

学院贯彻“三个代表”重要思想，大力加强师德师风建设，强化教学中心地位和学生主体地位，加强学科建设、课程建设和基础设施建设，形成了“团结、开放、勤奋、向上”的优良校风，党的建设、教学科研、学生管理等工作都取得了显著成绩。学院将加快发展步伐，力争在短时期内建成一所充满生机活力的新型大学，培养富有创新精神和实践能力的高素质人才，为地方经济和社会发展作出新的更大贡献。

学院主楼

东北财经大学

综合教学楼

东北财经大学位于辽东半岛最南端的海滨城市——大连，环境幽雅、气候宜人，占地面积近50万平方米，建筑面积33万平方米，是一所以经济学、管理学为主，包括管理学、经济学、法学、文学、理学五大学科门类的多科性大学。

东北财经大学始建于1952年。建校五十多年来，学校共为国家培养了全日制本、专科生42000人，博士、硕士研究生2000人，函大夜大毕业生32000余人，是全国培养财经管理人才数量最多的大学之一。

校园风貌

东北财经大学下设MBA学院、财政税务学院、电子商务学院、法学院、公共管理学院、工商管理学院、国际汉语文化学院、国际经济贸易学院、国际商务外语学院、国际商学院、金广建设管理学院、津桥商学院、金融学院、经济学院、会计学院、旅游与酒店管理学院、成人教育学院、网络教育学院、高等职业技术教育学院、自学考试学院等20个学院和经济信息系、数量经济系、统计系、文化传播系4个系，设有研究生部、社会科学部、体育教学部3个教学部。学校已经建立了富有特色的学科专业体系，全校现有25个本科专业，均有学士学位授予权，1个博士后流动站、2个一级学科博士点，下设14个二级学科博士点，23个硕士点，具有博士、硕士学位授予权，以上各层次学科专业均面向全国招生。其中产业经济学、会计学被评为国家重点学科；MBA学院是全国第二批17个试点单位之一，在2000年国务院学位办进行全国MBA教学评估中荣获第二名。

东北财经大学拥有一支力量雄厚的师资队伍，现有教师624人，其中教授141人（含博士生导师40人），副教授222人。东北财经大学具有教授评审的终审权和博士生导师遴选权。学校与国外30所大学和科研单位有学术往来活动，与40多所大学建立了友好合作关系，并与多个国家设有联合学位项目合作培养本科生和硕士研究生。

学校以“高标准、国际化”为办学思路，以“有知识、能吃苦、善做事、会做人的现代人和创业者”为人才培养理念，遵循“博学济世”校训，不断调整课程体系，优化课程结构，深化教学科研、人事制度、后勤改革，严格治校，以市场需求为导向，以服务学生为中心，以素质教育为根本，努力把学校建设成为开放式、国际化、高质量、有特色的国际知名高等学府。

地　　址：辽宁省大连市沙河口区尖山街217号

邮　　编：116025

校办公室：0411-4710221　0411-4712503（传真）

招生咨询：0411-4710258（普通本科）

0411-4710347（研究生）

校园俯瞰

学院主楼

大连轻工业学院

大连轻工业学院始建于1958年，原隶属轻工业部，是一所以轻工、纺织为特色的高等学校。1998年转制为以辽宁省为主，中央与地方共建的管理体制。近年来，学校遵循“学科为本、质量为上、创新为先、特色为重”的办学思路，形成了以工为主，以轻工、纺织、艺术为特色，工、理、文、管、经五大学科相结合的多科性大学的格局。

学校总占地面积64万平方米，校舍总面积28万平方米，总资产4.16亿元，设备总值6738万元，2002年大连市规划局新批准了23万平方米规划用地。到2004年7月，学校将建成10万平方米新校舍，包括新教学大楼、新图书馆、综合实验楼、体育馆、国际交流中心等。届时学校将建成总占地87万平方米、功能齐全、环境优美的现代化大学校园。

学校现设有生物与食品工程学院、艺术设计学院、化工系、材料系、纺织系、机械系、信息工程系、印刷包装系、经贸系、外语系、国有民营艺信学院、亚太国际学院、职业技术学院、成人教育学院和社科部、数理部、体育部、现代技术教学部18个教学单位，共有24个本科专业，覆盖了工学、理学、文学、管理学、经济学五个学科门类。其中，工学13个专业、理学3个专业、文学5个专业、管理学2个专业、经济学1个专业。目前在校全日制本专科学生已达9690人，研究生174人，成人教育学生1944人。各类学生总计11808人。按照学校“十五”规划，到2005年，在校生将达到15000人。学校现有专任教师582人，其中双聘中科院院士1名，工程院院士1名，教授72人，副教授210人。国家和省部级有突出贡献专家7人，享受政府特殊津贴专家22人，市优秀专家2人。

“九五”计划以来，学校先后承担了国家科技攻关项目、国家自然科学基金项目以及省部级以上重大科技项目185项，获国家科技进步奖、中国高校科学技术奖、省部级自然科学奖、技术发明奖、科技进步奖41项。2002年科研、科技开发以及工程设计等项目总经费达2098万元。目前，学院在微生物技术、天然活性物质提取和制备分离技术、发酵工程、食品资源开发、天然纤维的化学改性及深加工、农副产品的深加工、绿色化学与环境保护技术、造纸机械设备及配套技术、纺织与服装CAD技术、城市建设与环境设计、工业与艺术设计等领域中，均形成了特色与优势。

学院与日本金泽大学共同研究交流签字仪式

在第九届大连国际服装节举办中韩院校师生作品欣赏会

生物医学科学研究

纪念一二·九运动文艺演出

佳木斯大学

佳木斯大学是1995年6月经原国家教委批准，由佳木斯医学院、佳木斯工学院、佳木斯师范专科学校和原佳木斯大学四所院校合并组成的省属高校，1996年11月正式合并，现已发展成为黑龙江省省属高校中规模较大，学科齐全，综合实力较强，融研究生教育、普通高等教育、继续教育、高等职业技术教育于一体的省属重点建设综合性大学。

学校占地面积182万平方米，建筑面积75万平方米，有六个学区和一个高科技园区，下设19个教学学院、两个直属系、三个附属医院，其中第一附属医院是国家三级甲等医院，黑龙江省东部地区医学教育中心、疾病防治中心和急重症救护中心；第二附属医院是黑龙江省规模最大的口腔医学教育中心；第三附属医院是国内著名的小儿脑瘫研究救治中心。还有第四临床医学院（佳木斯市铁路医院）、第五临床医学院（佳木斯市中心医院）两个临床教学实习医院，卫生部康复人才培训中心和黑龙江省全科医学培训中心也设在校内。

现有49个系部、78个本专科专业，专业设置涵盖了文学、理学、工学、医学、经济学、教育学、艺术学、历史学、管理学九大门类。目前有21个硕士学位授予点，1个国家高职高专教学示范试点专业，6个省级重点专业，4个省级重点学科，13门省级重点课程，1个省级重点实验室。

学校师资力量雄厚，现有教职员工4837人，具有高级职称人员1149人。全校有专任教师1413人，其中教授155人、副教授382人、讲师311人、助教342人。全日制在校生20495人（其中研究生341人、本科生17101人、专科生3053人），成人教育学生11140人。全校固定资产总值为5.24亿元，其中教学仪器设备总值8012万元，图书馆藏书118.4万册，建设了现代化的校园宽带网络。学校编辑出版的《佳木斯大学社会科学学报》、《佳木斯大学自然科学学报》、《黑龙江医药科学》三个刊物在国内外公开发行。

学校与美国、日本、俄罗斯、韩国、英国、等13个国家和地区的24所高校建立了友好校际关系并进行科研学术交流。现有日本、俄国、加拿大等国8名专家在校任教，有长期在校学习的留学生67名，每年有近百名俄罗斯短期留学生来校学习。

学校党委1999年和2001年连续两次被省委授予“先进基层党组织”称号，2002年跨入省级文明单位标兵行列。

学院主楼

黑龙江科技学院

学院主楼

信息中心

整洁一新的学生公寓

黑龙江科技学院是一所多科性普通高等院校，始建于1947年，地处冰城哈尔滨，依松花江而建，占地100万平方米。在半个多世纪的办学历程中，以“严格、求实、团结、创新”的校风和“尊师、守纪、勤奋、进取”的学风培养出了大批优秀人才分布在各行各业。在校生14000余人。现有教师900余人，其中教授、副教授500余人，硕士研究生导师30余人，博士60余人，其他高级职称200余人。现开设49个本、专科专业，以工为主，涵盖理学、工学、管理学、经济学、法学、文学等多个门类，其中采矿工程、矿物加工工程、自动化、机械设计制造及其自动化为省级重点专业，采矿工程、矿物加工工程为省级重点学科，学院下设资源与环境工程学院、自动化工程系、机械工程系、经济贸易系、土木工程系、社会科学系，计算机与信息工程系、外语系、国际教育交流中心、基础部、体育部、成人教育学院、嵩山校区等教学机构。有4个硕士点。

学院建有5.4万平方米的教学主楼，国内一流水平的数字化图书馆，设有动态测试分析技术、哈尔滨煤矿机械等一批具有国内先进水平的研究所，设有黑龙江省洁净煤技术研究中心、国家煤矿安全培训中心和CNC/CAD/CAM技术开发中心三个科技研发中心，各级各类实验室50余个。近年来，学院科技工作者承担了联合国教科文组织项目课题及国家自然科学基金项目、国家杰出青年科学基金项目、国家“973”计划、国家“863”计划等高水平科研项目几十项。共有30余项科技成果荣获国家科学技术进步奖、省部级科学技术进步奖等多种奖项。

学院大学生德育与管理相结合的工作模式得到教育部的肯定，被认为是德育工作系统化、规范化、科学化的范例。学院先后与俄罗斯远东国立理工大学和加拿大北阿尔伯达理工学院、加拿大道格拉斯学院实现了合作办学。《黑龙江科技学院学报》、《煤炭技术》、《煤矿机械》等学术期刊为学术探讨及科技成果交流提供了广阔的空间和舞台。毕业生以“政治思想素质好、工程实践和计算机应用能力强”受到了用人单位的欢迎和社会赞誉。近三年参加全国高校大学生英语竞赛8人获特等奖，25人获一等奖；1997年以来参加全国数学建模竞赛、全国大学生电子设计制作竞赛，获国家一、二等奖多项。学生研制的机器人入围全国27所院校参加的“全国机器人电视大赛”，获得优秀奖。应届本科毕业生考取硕士研究生的比例逐年提高，总体考取率10%，其中采矿、矿物加工、化学工程这些特色学科硕士研究生考取率达到33%。

学院建筑面积在三年内由15万平方米增加到36万平方米，从1999年到2002年三年间固定资产增加两倍，总体规模翻了三翻，形成以工为主，理、工、管结合，兼有经、文、法学科，面向全国，服务地方，优势明显，特色鲜明的多学科高等院校。

利用奥地利贷款项目签字仪式

大学生军乐队与合唱团演出

校园一角

学校与加拿大百年理工学院签订合作教育协议

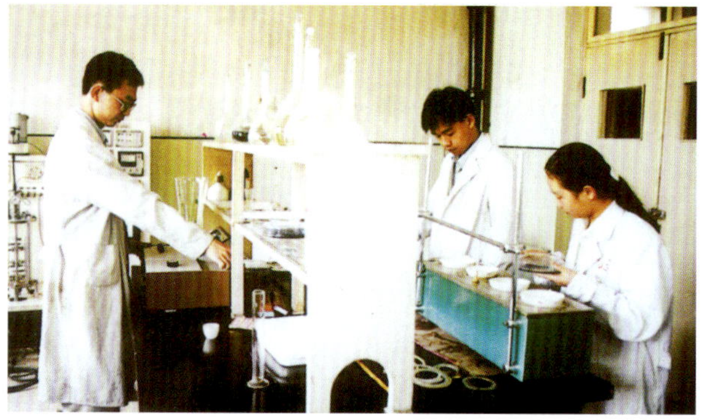

学生在进行食品实验研究

哈尔滨商业大学

哈尔滨商业大学的前身黑龙江商学院创建于1952年，是新中国创办的第一所商科高等院校，1956年隶属于原商业部领导，1982年开始招收硕士研究生，1998年实行中央与地方共建。2000年10月经教育部批准，与原黑龙江财政高等专科学校合并成立哈尔滨商业大学。经过50年的建设，学校现已成为一所以经、管学科为主，兼有工、法、文、理学科的多科性商业大学。2001年被黑龙江省确定为“十五”重点建设的十所大学之一。

伴随改革开放的步伐，适应时代发展的需要，哈商大现已形成以研究生教育为先导、以本科教育为主体的高等教育体系。学校设有14个学院、5个系、1个教学部，1个计算机中心和20个研究所等教学、研究机构。拥有38个本科专业,覆盖经济学、管理学、工学、理学、法学、文学六大学科。现有11个硕士点，1个博士后科研工作站，1个省级重点试验室。现有教职工1445人，其中教学和科研人员738人，教授102人，副教授252人，省级学科带头人11人，研究生导师134人，国务院政府特殊津贴专家12人，省、部级有突出贡献专家13人。在校普通全日制学生16000余人。学校教学科研设施配套，占地面积160万平方米，南北两校区座落在美丽的松花江两岸。

哈尔滨商业大学坚持以人为本，开放办学，依法治校的工作思路，重点抓好学校改革和发展工作，坚持走内涵发展为主的道路，端正办学指导思想，重新审视和明晰办学定位，解放思想，转换观念，树立现代教育观念；坚持立足黑龙江，面向全国的服务方向；坚持以突出商科特色的发展方针，形成应用型、复合型人才的培养模式，努力实现在改革中求发展、在发展中求质量、在质量中求特色的发展目标。通过高扬改革旗帜，推进教育创新，使学校的各项事业在开拓进取中蓬勃发展，“建地方名校，为地方服务”的追求正在变成现实。

校园一隅

东校区教学主楼

盐城工学院

盐城工学院是一所以工为主，工、管、文、农、艺多学科相结合的江苏省属普通高校，始建于1958年，1996年升格为本科院校。学院坐落在江苏省盐城市区，一校三区。院本部地处繁华的黄海中路，东校区位于建军东路，南校区位于解放南路。校园占地57万平方米，校舍建筑总面积近30万平方米，另有发展用地92万平方米。

学院现有教职工1100名，其中专任教师613名，教授、副教授等高职人员220名，讲师、工程师等中职人员375名。现有教学仪器设备总值5000多万元，图书馆藏书60多万册，固定资产总值3亿多元。学院现设机械工程、电气工程、计算机工程、材料工程、化学工程、建筑工程、纺织工程、海洋工程、外语9个系和工商管理学院、人文学院、设计艺术学院、高职学院、成教学院、民办博雅学院6个二级学院，另受盐城市政府委托代管盐城市广播电视大学。设置机械设计制造及自动化、工业工程、过程装备及控制工程、电气工程及自动化、电子信息工程、自动化、计算机科学与技术、无机非金属材料工程、高分子材料工程、金属材料工程、土木工程、工程管理、艺术设计、工业设计、服装设计与工程、应用化学、化学工程与工艺、纺织工程、轻化工程、海洋技术、农学、食品科学与工程、环境工程、工商管理、财务管理、信息管理与信息系统、国际经济与贸易、市场营销、汉语言文学、英语等30个本科专业。现有全日制在校生10700多人，成人教育在籍生3000多人，电大在籍生1万多人。教学质量不断提高，学生参加江苏省计算机等级考试通过率一直位于全省高校的先进行列，在参考人数千人以上的高校中连续几年名列全省第一；学生自编自导自演的文艺节目荣获全国大学生艺术节优秀节目一等奖、优秀节目创作奖；学生在全国全省“挑战杯”大学生科技竞赛中连年获金银铜奖。科研水平不断提高，学校先后承接了125项省部和市厅级科研项目；有60项成果通过省市级鉴定，36项成果获省市科技进步奖，130多项成果获省市自然科学和哲学社会科学奖；在省级以上刊物公开发表论文3500多篇，其中核心期刊1000多篇，已被SCI、EI、ISTP、CA等国际著名检索工具收录140多篇；出版著作、教材20多部。

盐城工学院，是江苏省两个文明建设先进集体，江苏省和盐城市文明单位，江苏省师资队伍建设先进集体。2001年11月，学校被中央宣传部等部门联合表彰为全国大学生社会实践先进集体。

盐城工学院自1996年并校建院以来，坚持改革不动摇，坚持发展不动摇，坚持提高办学质量和办学水平不动摇；注重扩大办学规模，注重加快各项建设，注重用党建和精神文明建设统揽学校工作的全局，从而取得了事业的快速发展，为盐城市的经济和社会发展作出了贡献。

校园景色

扬州大学

校门

2002年5月，扬州大学举行合并办学10周年、在扬办学50周年、建校100周年庆典

教学主楼

扬州大学是一所办学规模较大，学科门类齐全的省属重点综合性大学，是原国家教委进行高等教育管理体制改革的试点之一。扬州大学起始于1902年近代著名实业家、教育家张謇先生创立的通州师范学校。1992年5月经原国家教委和江苏省人民政府批准，原6所省属驻扬院校合并组建为扬州大学。江泽民同志为学校题写校名。扬州大学现有八个校区，占地面积300万平方米。校舍建筑面积120多万平方米，教学科研设施先进，综合实力逐年增强。

目前，扬州大学设有20个学院、47个系（部）、77个本科专业，覆盖11个学科门类。全校现有教职工4200多人，其中专任教师2000多人，教授、副教授近900人，享受政府特殊津贴90人，国家级，省级有突出贡献中青年专家28人，博士、硕士生导师450多人。全校现有普通全日制本、专科生28000多人，博士、硕士研究生1000多人，成人学历教育学生26000人。扬州大学是国务院批准的首批博士、硕士学位授予单位，现有1个一级学科博士点、5个博士点、40个硕士点、2个专业学位硕士点。学校拥有国家级重点学科1个、农业部重点学科1个。“十五”期间省级重点学科6个，部、省级重点实验室5个，拥有72个科学研究机构，近几年来承担的各类科研项目800多项，其中“863”、“973”、

学校主持的广东新丰江喷泉的水力喷射系统设计项目，喷高169米。

校园雕塑——青春之歌

国家自然科学基金、国家社会科学基金等国家级项目125项，省、部级项目170多项。学校拥有39个教学实验中心（室）教学仪器设备总值1.8亿元，图书馆藏书290多万册，固定资产总值8亿多元。学校拥有1个全国职教师资培训基地、4个省级教育培训基地以及实验农牧场馆等一大批教学、科研和实习基地，并有4所设备完善的临床医学院。学校主办的《扬州大学学报》等8种学术期刊面向全国公开发行。校园计算机网络与中国教育科研网联通，在校内设立了中国图书检索一级站。

百年沧桑巨变，五十年春华秋实，十年改革跨越。具有百年办学历史的扬州大学正在全面实施教育事业“十五”计划和2015年发展规划，朝着“国内有地位、国际有影响的高水平综合性大学”的办学目标奋勇迈进！

址址：中国江苏扬州市大学南路88号
邮编：225009
电话：0514-7344911
传真：0514-7311374
http://www.yzu.edu.cn
E-mail：xiaoban@yzu.edu.cn

宽敞明亮的图书馆大厅

金陵科技学院

金陵科技学院位于南京市，是经教育部和省、市政府批准，由原金陵职业大学和南京农业专科学校合并组建而成。

新校区揭牌仪式

学院是培养应用型人才的本科院校，面向地方经济，根据一、二、三产业对人才的要求，开设覆盖工、农、经、管、文、法、艺七大类学科的各种专业50余个。学院以“特色、规范、质量、效益”为准绳，牢牢地把握“办学三原则”，即以最大限度满足经济建设的需求为最高办学准则；以社会评价作为办学水平、人才质量标准；以服务经济、贡献社会作为学院自身发展的根本动力。

学院现占地100万平方米，建筑面积18万平方米，藏书40万册，有40多个校内实验实习基地，有80余个校外实训基地，教学设备总值5000万元。近几年来，学院自编出版了140部教材，获得了省级以上优秀教学成果奖15个，市级以上科研奖15个；承担了13个市级以上科研项目并获得省、部级科技奖。会计、服装设计、计算机应用与维护、影视动画等专业被评为教育部和江苏省教学改革试点专业。教务处被教育部授予“全国普通高等学校优秀教务处”的称号。学院与加拿大、澳大利亚、新西兰和法国的高等院校联合培养能参与国际竞争的人才。

学院现有教职工800人，其中正、副教授120余人，具备“双师”资格（素质）教师110人。拥有一批省级以上优秀人才。

学院主要培养具有“三干（肯干、实干、能干）”和“三创（创新的精神、创业的志气、创造的能力）”的实用性、创造型人才。现有全日制本、专科在校生10400余人，夜大学在校生4500余人，各类成人短期培训在校生3000余人。毕业生受到社会的肯定和欢迎，就业率始终保持在95%以上，一大批毕业生已经成为南京市经济、文化建设的骨干。

学院改革办学体制，从海内外企业筹集资金6亿元人民币，在江宁大学城建立占地88万平方米的新校区，建筑面积36万平方米，规划在校生人数达12000人。

金陵科技学院办学方向明确，走市场化、社会化办学的道路，为地方经济、为基层农村服务，以奋发有为的精神把学校建成应用型人才的摇篮。

学院和加拿大塞尼卡学院联合办学

多媒体教室

安徽理工大学

西校区大楼

安徽理工大学坐落在我国重要能源基地——安徽省淮南市，具有58年办学历史，是安徽及周边地区高层次人才培养、科学研究和技术创新的重要基地。学校分三个校区，占地100万平方米，各类校舍建筑面积40多万平方米。

学校是一所以工为主，工、理、医、管、文等学科协调发展的多科性大学，被安徽省列为“十五”期间重点建设的5所大学之一。现设14个院、系，37个本科专业，有硕士点15个，工程硕士授予领域4个；省级重点学科6个，省部级重点实验室2个，科研机构20多个。现在校生15000余人，其中本科生12000人，硕士生近400人；在职教职工1950人，其中专任教师近1000人，教授、副教授和其他高级职称人员400余人，享受国务院政府特殊津贴41人，多数中青年教师具有博士、硕士学位，拥有一批国家、省部级专业技术拔尖人才、跨世纪学术带头人、省级学科带头人和优秀中青年骨干教师。

学校办学条件良好。图书馆藏书112万册，中、外文期刊2000余种，建成电子读物阅览室,开通了万方和同方数据库镜象站点等；现代化的科技综合楼、教学大楼、实验中心大楼及标准化学生公寓、食堂，为师生创造了良好的学习和生活条件。拥有多功能CAI中心、CAD中心、EDA实验室、语音室、多媒体教室等现代化教学实验设施,并与校园网共同构筑了网络化数字化的教学科研管理平台。截至2001年，学校为国家和社会培养输送了6万多名毕业生。1999年以来，毕业生一次就业率保持在95%以上，连续居省属高校前列，是全国毕业生就业工作先进单位。

校本部教学大楼

北校区荷塘

红楼夜景

安庆师范学院

安庆师范学院坐落在历史文化古城安徽省安庆市，傍依浩瀚的长江，濒临秀丽的菱湖，系安徽省属本科师范院校。

学校占地面积200万平方米，现有教职工780余人，各类在校生11000余人。有中文、外语、政法经济、历史、艺术、数学、计算机、物理、化学、资源环境、教育技术、体育等12个系18个本科专业、9个专科专业和成人教育学院。设有邓小平理论研究所、陈独秀研究所、高等教育研究所、皖江文化研究中心等9个科研机构，编辑出版《安庆师范学院学报》、《教研报》、《安庆师院报》等报刊。学院坚持教学与科研相结合，承担过一批国家和省级科研课题，曾获包括国家自然科学奖、国家教委科技进步奖等各类科研成果奖100多项。近二十年来，学院已培养本、专科毕业生1.2万余人，输送研究生400多人，为皖西南地区基础教育的发展作出了重要贡献。

2002年是学院发展史上具有里程碑意义的一年。新校区建设全面启动，1月完成了校园规划设计，4月新校区建设启动、邵逸夫图书馆奠基。6月开始，一期工程主要工程项目图书馆、教学楼、学生公寓、学生食堂、青年教工周转房及供水等基础设施工程相继动工建设。11月下旬，教育部专家组莅临学院进行本科教学工作合格评估。评估专家组通过实地考察、走访、座谈、听课、抽测和师范教学技能测试等方式的考察，认为：安庆师院高度重视本科教学评估工作，评建工作卓有成效；办学指导思想明确，教学工作中心地位不断加强；重视师资队伍建设，为提高教学质量提供人才保证；办学条件有了明显改善，基本满足了教学工作的需要；教学基本建设和教学管理得到进一步加强，成效显著；创造良好的育人环境，教学效果良好。2002年11月，院本部6200平方米图书馆投入使用，建成了数字化图书馆，图书馆藏书达到81.8万册，中外文期刊2000余种。学院科研工作取得了丰硕成果，学科建设进一步加强。获全国高校古籍整理研究工作委员会资助项目1项，省高校青年教师科研资助计划课题2项，省教育厅自然科学研究项目6项，省教育厅人文社会科学研究项目8项，公开出版专著、教材6部，译著1部、辞书2部，被SCI、EI收录论文18篇，发表学术论文共356篇。国家社科基金研究课题《社会转型期的户籍制度改革和政策研究》项目批准立项。在第二届全国高等学校社科学报评优活动中，《安庆师范学院学报》（社会科学版）被评为全国优秀社科学报。

地址：安徽省安庆市菱湖南路128号
邮编：246011
电话：0556－5500900
传真：0556－5500148
http：//www.aqtc.edu.cn
E-mail：yuanb@aqtc.edu.cn

校门

阜阳师范学院

图书馆

阜阳师范学院位于皖北三子（老子、庄子、管子）、三曹（曹操、曹丕、曹植）和华佗故里阜阳市，1978年经国务院批准建院，占地面积83万平方米，建筑面积近20万平方米，图书馆藏书62.3万册，教学仪器设备总值3078.8万元。现有13个系，8个科学研究机构，共设置26个本科专业，其中汉语言文学、思想政治教育、英语、历史学、数学与应用数学、物理学、化学、生物科学、计算机科学与技术、美术学、音乐学、体育教育、教育技术学、公共事业管理等14个专业为师范类专业，法学、工商管理、信息与计算科学、电子信息科学与技术、应用化学、信息管理与信息系统、绘画、艺术设计、民族传统体育、经济学、应用心理学等11个专业为非师范类专业；全日制在校生7426人，成教学生10600人。在职教职工777人，其中教授、副教授195人；有7人享受国务院或省政府特殊津贴，31人入选省级跨世纪学术技术带头人、中青年学科带头人和中青年骨干教师培养对象。学院拥有省高校人文社科重点研究基地1个，有省级重点学科汉语言文字学、省级示范专业物理学、省级重点课程现代汉语、量子力学、离散数学、数学分析、色彩画等。《阜阳师范学院学报》（自然科学版、社会科学版）和《阜阳师范学院报》面向国内公开发行。

在长期的办学实践中，学院逐步明确了"立足阜阳，面向安徽，服务科教兴皖战略；扩大规模，形成特色，构建大师范格局"的办学定位；学院始终坚持以教学工作为中心，积极探索和构建"厚基础、宽口径、能力强、素质高"的创新人才培养模式，不断提高人才培养质量。近年来，学院教师在国内外学术期刊发表学术论文1216篇，其中SCI、EI收录学院科技论文42篇；出版专著（译著、教材）45部，获各级科研奖励40余项，省级教学成果奖9项；学院学生自1992年开始参加国内和国际大学生数学建模竞赛，1994年获美国MCM二等奖1项，至2001年已获一等奖6项。学院毕业生一次性就业率均在90%以上，用人单位对毕业生的满意率高达95%以上。

校园环境

2001年、2002年学院分别被安徽省委教育工委、省委和省政府授予党建工作先进高校和文明单位称号。2001年顺利通过教育部本科教学工作合格评估，2002年学院事业发展规划、校园规划、学科专业调整与建设规划相继完成，进一步巩固了教学工作的中心地位，确立了学科建设的龙头地位和师资队伍建设的基础地位。新校区综合教学楼、学生食堂、学生公寓及运动场和各项配套设施近10万平方米竣工在即，学院呈现出蓬勃发展和昂扬向上的喜人局面，正以高昂的斗志向多科性大学的目标迈进。

福建师范大学

校门

福建师范大学是福建省历史最悠久的大学之一。坐落于福州市，现有两个校区，占地200万平方米。学校设有20个学院、31个系，56个本科专业，拥有博士后科研流动站2个，博士学位授权点8个，硕士学位授权点48个，国家人才培养和科学研究基地4个，省级重点建设学科8个，教育部人文社会科学省级重点研究基地1个。此外，拥有国家中小学教师继续教育工程培训基地、全国重点建设职业教育师资培训基地、现代远程教育试点学校、教育部基础教育课程改革福建师范大学研究中心、全国首批教育硕士专业试点工作单位、福建省高校师资培训中心等人才培养和研究基地。郑作新、曾呈奎、黄祯祥、黄继垣、唐崇惕、林兰英等11位院士曾就读或任教于该校。

现有各类学生45227人，其中全日制本科生12003人，专科生2366人，硕士研究生905人，博士研究生131人，教育硕士生552人，成人教育学生12707人，网络教育学生16411人，海外学生152人。学校拥有一支素质优良、结构合理、充满活力的师资队伍。在1156名专任教师中，正、副教授占47.7%，其中正教授171人。有国际欧亚科学院院士2人，国家有突出贡献中青年专家6人，教育部“高校优秀青年教师”2人，省级优秀专家18人，“闽江学者计划”特聘教授2人。享受政府特殊津贴专家85人，博士生导师44人。

福建师范大学充分发挥地处福建改革开放综合实验区、毗邻台港澳、面向东南亚的区位优势，积极开展对外汉语教学、闽台区域研究和国际交流合作。是国家单独招收台湾学生试点学校，面向东南亚开展对外汉语教学培训基地，支持周边国家汉语教学重点学校。学校还设有附中、附小、幼儿园等教育实验基地，侯德榜、沈元、陈景润等11位两院院士毕业于附中。附中是福建省获国际奥林匹克学科竞赛奖最多的学校，荣获“八金五银一铜”及国际少年书信写作比赛银奖等15块奖牌。

在新的世纪，福建师范大学将朝着建设综合性、有特色、开放型、高水平大学的目标迈进，为中华民族的伟大复兴作出新的更大贡献。

建校95周年校庆

产学研工作研讨会

校门

江西中医学院

江西中医学院位于江西省省会——南昌市，创办于1959年，是一所以教学为主体，科研、医疗、校办产业等综合发展的高等中医药院校，是江西省中医药教育、医疗和科研核心。学院占地154万平方米，资产总值达9.15亿元，各类在校生9000余人。学院拥有15个硕士学位授权点，14个本科专业、12个专业方向，拥有2个国家中医药管理局重点学科、3个重点中医专科，4个江西省重点学科，8个江西省领先医学专科。涉及医、理、工、管、文、经、法七大学科门类。学院设有13个教学机构，拥有博士后科研工作站、中药固体制剂制造技术国家工程研究中心、附属医院和校办企业；学院现有教职员工794人，其中教授48人，副教授175人，博士生导师8人，享受国务院特殊津贴61人。

1992年学院被卫生部确定为江西省中医药国际教育培训基地，与美国、法国、比利时、马来西亚等国家的医学教育机构建立了合作办学关系，先后招收美国、日本、韩国等10个国家的留学生和港、澳、台地区的本科学生。

在长期办学中，形成了产学研结合的鲜明办学特色，在科技成果转化为现实生产力，为地方经济服务方面一直走在全省高等院校前列，为地方经济发展作出了突出贡献。已为企业开发上百个品种，近三年累计实现销售额近80亿元。校办产业江中制药集团公司总资产达12亿元，为全国500强最佳经济效益工业企业。目前，学院正朝着以中医药教育为主体、多学科协调发展、产学研结合特色鲜明的中医药科技大学目标稳步迈进。

行政楼

第二教学楼

赣南师范学院

花园式校园

赣南师范学院创办于1958年，坐落在京九铁路干线上的历史文化名城——江西省赣州市，占地面积133万平方米，是一所含八个学科门类在内的多科性省属本科师范院校，现有教职工900余人，在校学生17000余人，已为国家输送了各类合格毕业生40000余人。

学院坚持以教学为中心，全面推进素质教育。近年来，在校学生荣获全国大学生数学建模竞赛一等奖、全国大学生文艺汇演一等奖以及省级奖励数百项次的优异成绩。毕业生以其综合素质优势受到欢迎，应届毕业生一次性就业率达97%以上。学院承担了一系列国家、省部级科研课题，在中央苏区研究、客家研究等方面形成了显著特色，在国内外产生了一定影响。

学院基础设施完善，校园环境优美，拥有完备的教学设施和丰富的藏书，形成了“崇德尚学、求实创新”的良好校风和“以师为本、以质取胜”的办学宗旨，现面向全国24个省市招生。2002年9月，学院接受了教育部本科教学工作水平评估，评估专家一致认为“学院事业蒸蒸日上，出现了良好的发展态势和较强的发展后劲”。目前，学院正大力推进质量立校战略、跨越式发展战略和全方位改革战略，努力把学院建设成为质量较高、特色明显、在省内外有较高声誉的多科性本科师范院校。

中央苏区研究、客家研究在国内外产生较大影响

舞蹈《打箍箍》获全国大学生文艺汇演一等奖、优秀节目创作奖

聊城大学

校门

聊城大学是一所省属综合性大学。建校于1974年，始称山东师范学院聊城分院，1981年经教育部和山东省人民政府批准改建为聊城师范学院，2002年更名为聊城大学。学校坐落在国家级历史文化名城聊城市。

学校聘请国学大师季羡林先生任名誉校长，并聘两院院士张新时、薛群基等任名誉教授。学校拥有硕士、学士学位授予权。截至2002年，学校设有19个院系、2个教学部、10个研究所、54个专业、9个硕士点、4个省级重点学科、1个省级重点实验室、2个省级研究中心。学校占地112万平方米，校舍建筑面积54.7万平方米，教学仪器设备总值达7300万元，图书馆藏书164万册。现有教职工1553人，其中教授146人，副教授324人，具有博士、硕士学位者456人。

学校办有《聊城大学学报》、《世界共运研究》、《哲学研究》等学术期刊。学校现有全日制研究生、留学生和本专科在校生1.87万人，成人教育在校生1.2万人。学校长期聘任8名外籍教师任教。

聊城大学始终坚持以育人为本，以敬业博学、求实创新为校训，全面贯彻党的教育方针，逐步形成了顾全大局、团结一心、锐意进取、争创一流、艰苦奋斗、无私奉献的办学精神；确立了立足鲁西、服务山东、面向全国和以德育为首，以教学科研为中心，以优势学科和师资队伍建设为重点，以培养高素质、创新型人才为目标，以深化改革为动力，以党的建设和思想政治工作为保证，大力改善办学条件，全面提高教育教学质量和学术水平，不断增强综合办学实力，努力把学校建成省内一流、特色明显、优势突出、在国内外有较大影响的综合性大学的发展思路和目标。

校园建筑

优美的校园环境

地　　址：山东省聊城市文化路34号
邮　　编：252059
电　　话：0635－8238155
传　　真：0635－8238040

平原大学

主教学楼

平原大学创建于1980年，是教育部批准成立的一所全日制普通高等学校。中国工程院院士郑南宁等20余名著名专家、学者任学校兼职教授。学校现有教职员479人，其中高级职称人员143人，中级职称人员194人。平原大学坐落于河南省新乡市，地理位置优越，交通便利。校园内绿树成荫，环境优美。学校被授予“河南省文明单位”、“河南省文明学校”和“河南省卫生工作先进单位”等荣誉称号。

学校占地面积25万平方米（新区规划面积65万平方米），建筑面积15万平方米。建有各类实验室60余个，标准体育场3个，建有多功能厅、多媒体“双控”教学系统、综合训练馆、练功房等设施。校内设有全国制图员考试站、全国计算机和外语等级考点等机构。平原大学以工科、财经类专业为主，兼有师范类专业。现设经济技术学院、外国语学院、经济管理系、机电工程系、化学与环境工程系、计算机工程系、建筑工程系、应用生物系、法律系、艺术系、师范部、基础课部、社会科学部。学校先后开办四年制本科和二年制、三年制专科。学校现有各层次在校学生6300余名，生源遍布河南、天津、河北、黑龙江、浙江、安徽、福建、江西、山东、湖北、湖南、广东、广西、海南、重庆、四川、云南、陕西、甘肃、青海、宁夏、新疆等22个省（市、自治区）。学校实行学历证书与岗位资格证书相结合的“双证书”培养模式，建校以来，已培养本、专科各类层次毕业生2万余人，普遍受到用人单位好评。平原大学在专业设置、培养规格、管理体制等方面不断创新，形成了普通高等教育和成人高等教育并存，多功能、多层次、多形式的办学格局。今天，生机勃勃的平原大学正以与时俱进的思想观念和奋发有为的精神状态，求真务实，励精图治，围绕上质量、上层次、上规模的奋斗目标再展宏图。

实验设备中心

一号公寓楼

地　址：河南省新乡市平原路343号　　邮　编：453003　　电　话：0373－3032592

学校龙舟队在中国宜昌第三届国际龙舟拉力赛中获得第三名

三峡大学

三峡大学地处长江之滨、三峡工程之侧的水电之都——湖北省宜昌市。三峡大学是一所综合性大学。学校设有20个学院，44个本科专业，20余个硕士点，涵盖理、工、医、文、管、经、法、教育八大学科门类。学校现有全日制在校本专科生、研究生、留学生20000余人，教职工总数4000余人，专任教师1400余人，教授、副教授500余人。学校占地207万平方米，建筑面积83万平方米，图书馆藏书163万余册，教学仪器设备总值1亿元。

三峡大学坚持以培养合格人才为中心，高度重视学生的基础理论、创新意识、实践能力的培养，人才质量受到社会各界的普遍肯定。2002年6月，学校土木工程专业通过了建设部高等教育土木工程专业评估委员会评估。本科毕业生考取研究生比例、英语四级通过率稳步上升；近三年本科毕业生的一次性就业率在92%以上，居省属高校前列；我校大学生社会实践活动受到团中央的表彰。

三峡大学科研及科技开发实力雄厚、成果丰硕、特色鲜明。学校拥有“211工程”建设的水工结构工程、岩土工程研究中心、水电站仿真实验室及省部级重点学科（实验室）9个，校级重点学科12个。学校近年承担和完成的国家攻关课题、国家自然科学基金课题、国家电力公司重大课题、霍英东基金项目及省部级科研项目300余项，创造了一批国际领先、国内一流的科技成果，特别是在三峡工程、清江流域开发工程建设中贡献突出。学校国际交流日益广泛，先后与法国、德国、荷兰、美国、加拿大、日本、韩国、澳大利亚、英国等国家的20多所高校建立了教学、科研和互派留学生等合作关系。

目前，三峡大学正以创建“全国一流省属综合性大学”为目标，以“立足宜昌、融入三峡、服务湖北、面向全国、走向世界”为宗旨，加强重点学科、重点实验室建设，突出办学特色，逐步形成水电能源工程、灾害与环境、计算机信息与控制工程、三峡文化及旅游、生命科学与生物技术五大学科群。力争把三峡大学建设成充满时代气息、富有水电和三峡文化特色、建筑设施一流、育人生态环境优良的新型大学。

学生做试验

注重教学质量，强调理论与实践相结合

第三教学区

学生公寓

湘潭大学

湘潭大学创办于1958年，是在党和国家三代领导核心的亲切关怀下建立和发展起来的教学研究型的地方综合性重点大学。学校占地140万平方米，总建筑面积65万平方米，有18个院、系、教学部，3个博士学位授予点，44个硕士学位授予点和2个硕士专业学位授予点，1个博士后科研流动站，1个教育部工程研究中心，1个教育部校园卡标准化研究所，3个湖南省文科重点研究基地，1个湖南省重点实验室，2个湖南省基础课示范实验室建设单位，8个省“十五”重点学科，44个研究所。设有59个本科专业。各类在校学生28000多人，近年来毕业生一次性就业率保持在96%以上，已为社会培养输送各级各类人才9万余人。有专职教师和专职科研人员1200余人，聘有跨校院士3人，其中具有副高以上职称者700多人，国家级有突出贡献的专家30余人。“九五”以来，学校共承担“973”、“863”、国家自然科学基金、国家社会科学基金、国家攀登计划、国家“九五”攻关重大项目等国家级科研项目61个。省部级科研项目317个，75项科研成果获国家级和省部级奖励。

学校积极实行开放式办学，加强对外交流与合作。近年来，联合全国53个大中型企业和政府机关、事业单位成立了董事会。学校与美国宾州大学、日本滋贺大学、鹿儿岛大学、俄罗斯伊万诺夫大学等11个国家和地区的20多所高校建立了广泛的校际交流与合作关系。

图书馆

跨入新的世纪，湘潭大学将紧紧围绕“十五”计划确定的宏伟蓝图，进一步更新观念，深化改革，锐意进取，以高素质人才培养为中心，以学科建设为龙头，实施创新战略、名牌战略和人才战略，正确处理好办学规模、结构、质量、效益的关系，为把学校建设成在国际上有一定知名度、位居全国同类院校先进行列的教学研究型的地方综合性重点大学而努力奋斗！

别具特色的体育馆

丰富多彩的艺术走廊

湖南城市学院

湖南城市学院是湖南省教育厅主管的一所全日制综合性本科院校，学院位于洞庭湖滨的湖南省益阳市，校园面积72万平方米，建筑面积26.86万平方米，交通便利，环境优美，是省级“园林式”单位。

学院现有固定资产近2亿元，其中教学仪器设备总值3000余万元，图书馆藏书总量70万册，建有CNKI知识网络二级站和两个电子阅览室。现有教授29人，副高职称190人，有享受国务院特殊津贴的专家5人。学院以培养高素质的城建和与区域经济发展相适应的工科类应用型人才为主，兼顾培养具有本科学历的师资。学院设有城市规划、土木工程、工商管理、计算机科学与技术、汉语言文学、英语、物理学、艺术设计、电子信息工程、化学工艺与工程、给水排水工程、工程管理12个本科专业，38个专科专业。面向湖南、江西、广东、青海、河南、福建、黑龙江、浙江、安徽、四川、广西、贵州、陕西、重庆等省、市、自治区招生，毕业生遍布北京、广东等31个省、市、自治区，2000年被教育部评为“全国普通高校毕业生就业工作先进集体”。并与新加坡博文管理学院签订了合作办学协议，目前在院举办了三个“中新班”。

音乐楼

学院不断深化教学改革，先后获省级以上教学成果奖28项，其中国家级教学成果二等奖2项，省级教学成果一等奖3项、二等奖10项。同时，先后获得规划建筑设计成果省部级以上奖励17项。

校园概览

湖南文理学院是经教育部批准建立的一所多科性本科院校，原名为常德师范学院，2003年2月正式更名为湖南文理学院。学院坐落在江南古城、国家文明卫生城市常德市区，东滨洞庭湖、西临张家界、南抵桃花源、北枕城头山。校园环境幽雅，丛林掩映，文化氛围浓厚。

建院以来，学院发展迅速，校园占地78万平方米。校舍建筑面积37.6万平方米，教学科研仪器设备总值4455万元，馆藏图书75万册；教职工1098人。全日制普通高等教育本科专业27个，在校全日制普通高等教育学生10000人。现有专任教师589人、教授37人、副教授258人，博士和硕士110余人，享受政府特殊津贴的专家10人，曾宪梓教育基金会教师奖获得者14人，省级学科学术带头人5人，省级青年骨干教师43人。有19个系部，37个全日制本、专科专业，涵盖11大学科门类中的文、理、工、农、史、法、经、管、教九大门类。近四年来，主持或参与国家科研项目12项，省级课题113项，逐步形成了颇具地方特色的课题群，学院被确定为“湖南省环洞庭湖社会发展重点研究基地”。公开发表论文1000余篇，出版专著近100部，125项成果获国家和省部级奖励。

学院自成立以来，顺应高等教育改革和发展潮流。在“以学生为根本、以教师为主体、以教学为中心、以质量为生命、以市场为导向、以地方为依托”的办学思想指导下，办学模式进一步优化，办学质量逐步提升。根据实际情况和市场需求，结合当前社会经济发展要求，学院明确了“教学型院校”的办学层次定位，着力培养应用型人才。选择了弹性学制、学分制和主辅修制结合的培养路径；构筑了“合格加特长”、“素质加能力”的具体人才培养模式。办学思想及办学定位的明确，为学院迅速发展奠定了坚实的基础。

21世纪是教育立国、科技兴国的时代。面对未来的呼唤，湖南文理学院正在积蓄力量，加强建设，学院必将为民族腾飞、国家富强、教育科学文化事业的发展谱写出崭新的篇章。

湖南文理学院

校园建筑

校园雕塑

湛江海洋大学

图书馆夜景

湛江海洋大学是由具有62年办学历史的原湛江水产学院和具有39年办学历史的原湛江农业专科学校于1997年实行实质性合并而组建的广东省属重点建设大学，是一所以海洋学科为特色，文、理、工、农、经、管、法等学科协调发展；以本科教育为主体，多层次办学，积极发展研究生教育；以应用学科见长，兼有理论与基础学科的综合型海洋大学。

学校由主校区、霞山校区、海滨学院和寸金学院等部分构成，校园占地面积267万平方米，校舍建筑面积45万多平方米。

学校实行校院两级管理，形成了从本、专科教育到研究生教育，从职业技术教育到留学生教育的多层次人才培养体系。设有水产学院、农学院、工程学院、经济管理学院、航海学院、信息学院、理学院、人文与法学学院、职业技术学院、成人教育学院、寸金学院、海滨学院、艺术学院等13个二级学院，海洋生物研究所、农业生物技术研究所、海洋经济研究所、海洋文化研究所、机电工程研究所以及珍珠研究室等20个科研机构，还设有广东省海洋开发研究中心、沿海市县干部培训基地和科技兴海示范基地等省级机构。现有22个专科专业，26个本科专业，4个硕士点，各类别、各层次全日制在校生人数17300多人，2002年面向23个省、市、自治区招收本专科学生6810人。教职工1300多人，其中专职教师和科研人员850人，高级职称270多人，中级职称400人。

学校重视素质教育，着力培养学生的创新精神和实践能力，教育质量不断提高。教师队伍中，有广东省“千百万工程”省级培养对象，也有作为国家“百万人才工程”人选的有突出贡献的中青年专家。学生的素质逐年提高，在广东省和粤西高校各种科技、文体赛事中，在校学生屡创佳绩。2001年本科毕业生一次就业率达91.3%。学生毕业后在全国各地的科研、教育、政府管理部门及企事业单位从事技术与管理工作，成为各个部门的骨干力量。

学校积极开展学术交流活动，先后与欧美、日本、澳大利亚等国家和台湾、香港地区的同行学校建立了学术联系，与中国海洋大学（原青岛海洋大学）、台湾海洋大学签订了联合办学协议。

新的世纪是海洋的世纪。湛江海洋大学以大海般的胸怀，广纳四方学子，培育世纪英才，铸造蓝色辉煌。

学校远景

优美的校园环境

惠州学院

惠州学院是一所全日制综合性普通本科院校，位于广东省惠州市。学校办学历史悠久，人文荟萃。学院由丰湖、金山湖两个校区组成。丰湖校区坐落于惠州市中心的西湖丰湖畔，校园风景秀丽，环境幽雅，碧波荡漾，玉塔飘香，湖光山色，交相辉映；金山湖校区坐落于市区东南侧的金山湖畔，校区青山环抱，环境优美，绿树成荫，香飘四季，空气清新，现代化建筑楼群错落有致。

校门

惠州学院被惠州市人民政府授予花园式单位称号。校园总面积172万平方米，校舍建筑面积20.3万平方米，教学仪器设备齐全。学院有专任教师400余人，其中高级专业技术职称的教师有120余人，讲师160余人，具有硕士、博士学位的教师100余人。

惠州学院设有10个教学系；38个本、专科专业；全日制在校生7000余人，函授、夜大在校生6000余人，网络教育学生1000余人。

惠州学院拥有装备先进的实验室、计算机中心、电教中心、网络与信息中心等基础设施。学生生活设施配套齐全，篮球场、400米标准跑道运动场等体育设施齐备，体育馆、游泳池、学生活动中心正在筹建。建筑面积达12000平方米、各种配套设施齐全的的新图书馆已投入使用，其馆藏图书近50万册，报纸和期刊1200多种。

金山湖校区

惠州学院在办学实践中充分发挥教学、科研、社会服务三大功能，探索多渠道筹措资金促进学校建设发展的模式，实行“改革、创新、发展、稳定”的工作方针，确立“非均衡跨越式赶超型发展战略”和“依法治校，学术自由，民主管理，提高效益”的办学理念。展望未来，惠州学院将会有更大的发展，创造更大的辉煌，必将为祖国的高等教育事业作出更大的贡献。

校园全景

西华大学

西华大学是2003年教育部批准组建的一所多科性大学，由原四川工业学院和原成都师范高等专科学校合并组建。学校创建于1960年，是省属重点多科性大学，是省2001～2010年教育发展规划中重点建设和发展的大学。学校坐落在成都市金牛区。学校占地257万平方米，建有100兆出口的校园网，图书馆藏书及电子文献总量达142万册，实现了自动化管理和电子文献资源的网络化。

学校设有17个学院，其中包括网络工程与软件技术学院、国际动画艺术学院2个公办民助的二级学院，学科涉及工、管、文（含艺术）、理、经五大学科门类43个本科专业。具有招收外国留学生资格。建校以来，已为国家培养各类人才4万余名。西华大学目前在岗教职工1681人，其中专任教师906人，教授102人，副教授284人。3名院士分别出任学校省级重点实验室学术委员会主任，另有14名院士、43位教授担任学校的兼职教授。学校面向全国21个省市招生。现有各类学生20000余人，其中全日制本科生和研究生15000余人。学校现有12个硕士点，3个工程硕士专业学位领域，具有在职人员以研究生毕业同等学力申请硕士学位授权资格，与国内一些重点大学联合培养博士研究生。有4个省级重点实验室，3个省级重点学科，7个省级本科人才培养基地，1个省级基础课教学实验示范中心，1个省级工程中心。

学校成功举办全国第六届大学生运动会乒乓球比赛

近5年来，学校承担了国家863/CIMS、国家自然科学基金、国家“973”、国家“九五”、“十五”重点攻关项目、部省级重点科研课题及地方社会经济发展重点课题449项。在现代制造技术、流体机械、信息技术、新材料、清洁汽车与交通、区域经济等领域开展了卓有成效的工作，获国家及部省级以上科技成果奖和科技进步奖23项，获国家专利17项。学校在制造业信息化、流体机械设计与制造、汽车清洁能源、磁制冷新材料研究、金属材料表面改性等学科领域具有自身的优势和特色，部分科研成果在国内处于先进水平。学校积极拓展对外开放办学。同14个国家和地区的20多所大学建立了友好合作关系。

西华大学将努力在自身层次上办出特色，建设一批国内省内的一流学科，不断提高办学的综合实力。努力使学校向综合性大学发展，建设成四川省属名牌大学。

体育馆

内江师范学院

综合教学大楼

内江师范学院是四川省普通本科师范学院，地处风景如画、人文荟萃的历史文化名城“书画之乡”内江市的新城区。学院现有15个系，32个本科专业，24个专科专业。近两年来，出版各类专著、编著18部，教材37本，发表论文1050篇，其中发表在核心期刊173篇，国外三大检索收录20篇，教学、科研成果丰硕。学院现有教职工820人，其中专任教师440人，有教授27人、副教授214人、博士13人、硕士研究生65人。现有普通本（专）科在校生9300多人，在册成教学生12000余人。学院设施齐备，办学条件优良。学院占地48万平方米，建房面积29万多平方米。固定资产总额达3亿多元，藏书52万册，拥有100座的现代化电子阅览室和29间多媒体教室，已于1997年建成开通了校园网。学院先后获得“全国群众体育先进单位”、“园林式单位”、“省级文明单位”、“四川省先进单位”等荣誉称号。

学院坚持社会主义办学方向，全面贯彻党的教育方针，积极推进素质教育。立足四川，面向全国，坚持为基础教育服务，为地方经济建设服务，培养具有创新精神和实践能力的高级专门人才。突出师范性，强调学术性，建设以教师教育为主体，具有地方特色，在省内外有一定影响的高等师范院校。学院在省内的招生已覆盖全省各地、市、州。同时，学院已在重庆、湖南、湖北、江西等15个省（市）招生，办学覆盖面广，辐射面宽。

乘着西部开发的东风，踏着改革开放的浪潮，全院师生员工朝气蓬勃、团结奋进，正积极准备迎接教育部的本科教学工作评估。向着“争合格、创特色”的目标稳步前进。

学生公寓

学生文艺活动

西安科技大学

临潼校区大门

大型多功能立式支架试验台

地质博物馆

西安科技大学坐落在历史文化名城西安市，为陕西省“文明校园”，西安市“园林化单位”。

学校历史悠久，其前身可追溯到1895年成立的北洋大学工学院采矿冶金科，以及1938年合并成立的国立西北工学院矿冶系。1958年9月15日，学校以西安交通大学采矿系、地质系及基础课部部分师资与设备为基础成立，原名西安矿业学院，隶属于煤炭工业部。1998年8月划转陕西省，实行“中央与地方共建，以地方管理为主”。1999年6月，经教育部批准更名为“西安科技学院”。2003年4月，经教育部批准更名为“西安科技大学”。

学校综合实力较强，办学水平较高。学校占地77万平方米，校舍建筑总面积40.41万平方米。图书馆藏书105万册。现设有7个学院和10个直属系部。学校矿业工程一级学科具有博士学位授予权，涵盖3个二级学科博士点；20个硕士点；35个本科专业分布工学、理学、商学、人文科学、社会科学五大学科门类。有1个国家重点学科，4个省（部）重点学科，2个省（部）重点实验室，2个省名牌专业。学校具有副教授审批权、工程硕士学位授予权、在职人员以同等学力申请硕士学位授予权。现有博士、硕士研究生600余人，本科生10100余人，专科生600余人，成教生2900余人。

学校现有教职工1500余人，具有高级职称418人。现有教师750余人，其中博士生导师17人，正、副教授345人，具有博士、硕士学位者306人；学校还有一支60余人高水平的兼职教师队伍，其中院士5人，博士生导师15人，教授27人，研究员、教授级高级工程师11人。

学校积极推行“质量立校，特色兴校，追求卓越”的办学理念，初步构建了“厚基础、宽口径、强能力、高素质”的人才培养模式，逐步形成了“团结、勤奋、求实、创新”的优良校风和“基础扎实，适应性强，作风朴实，勇于创新”的优良传统和“基础厚实，管理严格，注重实践，强调素质”的办学特色。

展望新世纪，面对高等教育发展大众化、国际化和多样化等趋势带来的机遇和挑战，全校师生员工励精图治、意气风发，继续弘扬“团结、勤奋、求实、创新”的校风，并以新的姿态，新的理念和新的举措积极推进学校各项改革，促进“规模、质量、结构、效益”协调发展，实现综合实力新的跨越，力争通过10年左右的努力，把西安科技大学建设成为多学科协调发展、特色鲜明，并在国内外有广泛影响的教学科研型大学。

宝鸡文理学院

宝鸡文理学院位于炎帝故里、周秦文化发祥地——陕西宝鸡市，占地74万平方米，是一所以教师教育为主，具有文、史、哲、理、工、管、法、教育等多学科的省属普通高校。其前身为1958年创办的宝鸡大学（本科），1992年经原国家教委批准，与1978年成立的宝鸡师范学院合并，更名为宝鸡文理学院。

主教学楼

学院现设政法、中文、历史、外语、教育、艺术、经济管理、数学、物理、化学化工、地理科学和环境工程、机电工程、计算机科学、电子电气工程、体育和社会科学等16个系（部）27个本科专业，另设有成人教育学院，学院面向全国招生。2002年，在校生近万人。已为社会培养各类专门人才2万多名，毕业生遍布全国各地，近年来毕业生一次性就业率保持在98%以上。

联合培养硕士研究生协议签字仪式

学院师资力量雄厚，现有教职工841人，其中教授、副教授等高级职称人员140人，具有博士、硕士学位者100余名。学院还聘请40多位国内外有名望的专家学者为兼职教授，经常来院讲学。近5年来，有近30位教师分别获得全国优秀教师、省级有突出贡献专家、陕西省有突出贡献的中青年专家等省（部）级以上奖励称号。学院图书馆馆藏图书70多万册，中外文期刊2000多种，同时设有电子阅览室。学术期刊《宝鸡文理学院学报》（哲学社会科学版）、（自然科学版）均面向国内外公开发行。学院教学、实验设备先进，教学设备近7000台（件），价值近5000万元。有54个教学实践基地、30多个理工实验室和实习工厂。

在西部大开发、高教大发展的新形势下，学院解放思想，抓住机遇，通过15年左右时间，争取把学院建成一所以师为主、文理渗透、理工结合、管理规范、特色鲜明、知名度高的综合大学。

图书馆

西北政法学院

行政办公楼

西北政法学院是国家最早设立的政法类高等院校之一，成立于1958年，其前身可以追溯到1937年的陕北公学、延安大学，是西北地区高等法学教育与科研的中心，国家培养高等法学人才的重要基地。原为司法部直属高校，2000年实行中央与陕西省共建，以陕西省管理为主的新体制。

学院位于古城西安市南郊文化区（新校区位于西安市长安区大学城），占地面积约90万平方米，建筑面积33.95万平方米。新校区教学实验大楼、图书馆、校系行政楼、学生公寓正在建设之中。

学院有法学、哲学、经济学、管理学、文学五大门类，18个本科专业，12个硕士学位授权点，有民商法学、刑法学、宪法与行政法学、国际法学等10个省部级重点学科及21门核心课程，正在申报刑法学、法学理论、哲学博士点，同时还是法律专业硕士学位和同等学力人员申请授予硕士学位的授权单位。设有3个研究所、20个研究中心以及国际交流中心、信息与网络中心、司法鉴定中心。《法律学科》是首届百强社科学报、法律类核心期刊。学院与美国、英国、德国、法国、俄国等国家及港、澳、台地区的30余所著名大学和研究机构建立了学术交流与合作关系。学院先后于1996年，2001年接受了司法部本科教学评估和教育部本科教学随机性水平评价，获得了“优秀”结论。近5年教师发表学术论文2822篇；出版学术专著157部，译著20部；目前承担科研项目84项，其中国家社科基金项目1项，国务院及各部门项目36项；近5年获奖项目共计213项，其中省部级奖71项，高校人文社科奖1项。

近年来，学院贯彻落实科教兴国战略、依法治国方略和西部大开发战略，立足西北，服务全国，以法为主，多学科协调发展，积极发展研究生教育，稳步发展本科教育，积极开展科研和社会服务，正在向着建设国内高水平政法大学的目标而努力奋斗。

第三届中国经济法基础理论前沿问题研讨会

法庭论辩赛

西安美術學院

藏有1900件历代文物的陈列厅

西安美术学院源于西北军政大学艺术学院，创办于1949年，是一所专业高等美术学府。校园环境幽雅，占地20万平方米，校舍建筑面积10余万平方米。

学院设有中国画系（含人物、花鸟、山水）、油画系、版画系（铜版、石版、丝网印、综合版、艺术摄影、数码新媒体）、雕塑系、装饰艺术系、设计系（装潢艺术设计、展示艺术设计、动画设计）、建筑环境艺术系（室内外装饰）、服装系（染织、服装设计、服装设计与表演）、美术史论系、陶瓷艺术系、美术教育系（美术教育、综合材料绘画）等 11个系 20余个专业。美术学学科是省级重点学科，美术学专业被陕西省教育厅评为名牌专业。此外还设有成人教育学院及专门为学院培养后备生的附属中等美术学校，并在深圳和青岛两地办有分院。学院可培养硕士学位研究生、学士学位本科生及专科生、中专生和成人教育、进修生等不同层次的美术专业人才。

学院现有各类在校生4550余人，教职员526人，其中有教授58人，副教授74人，讲师103人，还特聘了国内外著名学者、专家、教授20余人为客座、名誉教授。学院还建有美术馆、艺术研究所、美术研究院、网络中心、艺术发展有限公司和雕塑艺术中心及各类专业工作室等研究创作部门，并办有面向国内外发行的专业美术刊物《西北美术》。院图书馆拥有31.3万册藏书，并藏有历代艺术珍品1900余件。学院先后同美国、英国、日本、新加坡、马来西亚等国的艺术院校建立了学术交流关系，并互派留学生。

学院提出创办一流美术学院的目标，保持发展传统绘画专业，加快扩大实用美术专业。按专业门类设置工作室，打破校内外、国内外、在职与离退的限制，实行著名专家挂牌工作室制。正在逐步成为一个具有开放办学模式、鲜明中国特色的一流美术学院。

中国·西安2001年《西部·西部》艺术大展开幕式

《西部·西部》美术创作论坛

校门

河西学院

河西学院是在原张掖师范专科学校基础上于2001年5月由教育部批准改建的综合性本科院校，位于甘肃省河西走廊中部历史文化名城张掖市。

河西学院现有18个教学系（部），50个本专科专业，学院以教师教育为特色，师范、非师范、成教、职教和短期培训综合发展，设置文、理、教、农、工、管等多学科，普通本专科学生6600多人，各类学生8500人；教职工730人，其中专任教师400人，有教授16人，副教授120余人，博士、硕士100多人；建有6个研究所。发表论文3000多篇，出版专著、教材100多部，有较强的科研实力；校园占地67万平方米，固定资产逾亿元，教学仪器设备值2000万元，计算机1000多台，藏书42万册；校园布局合理，环境优美，是张掖市“花园式学校”、“园林化单位”，办学条件良好。

学院立足河西，面向全省，辐射周边，累计为基础教育和经济建设培养合格人才17000多人，成为河西地区实施西部大开发的重要支撑力量。学校曾获原国家教委表彰，2001年获“省级文明单位”、“全国艺术教育先进单位”等荣誉称号。

学院注重与国内外高校和科研机构的学术交流,积极选送教师到国内外高校和科研机构进行学术交流、进修、访问、学习。学院致力培养厚基础、宽口径、强能力的应用型高级专门人才,高度重视学生创新精神和实践能力的培养,积极开展各类社会实践活动。

“十五”期间，河西学院的奋斗目标是建成合格的综合性、应用型、开放式的地方本科院校。办学规模达到10000人以上，学科有重点、专业有特色，教学质量和科研水平高，办学条件和办学效益好，在省内有一定的影响和知名度；基本建成河西地区及周边地区基础教育师资和应用型人才基地、成人继续教育基地、科学研究基地、信息文化中心。

实验教学

科技产品凯源螺旋藻

地　址：甘肃省张掖市北环路87号　　电　话：0936－8282007　　传　真：0936－8282000
邮　编：734000　　http://www.hxu.edu.cn　　E-mail：hxu@hxu.edu.cn

广东教育出版社

广东教育出版社成立于1985年，是广东省出版集团有限公司属下的一家专业出版社。主要编辑出版教材、教参、教辅、课外读物、教育科学理论著作、工具书、综合类图书、音像读物和电子出版物等。此外，还办有《潇洒》和《新空间》两份杂志。是一个团结协作、充满活力、勇于开拓、实力较强的出版单位。1998年12月被中央宣传部、国家新闻出版署评为全国优秀出版社。

1999年，由广东省委宣传部、广东省新闻出版局、广东省出版集团、广东教育出版社斥资成立了广东优秀教育专著出版基金。近几年来，在坚持自由申请、公平竞争、专家评议、择优出版的原则下，为支持、资助我国教育研究专著的出版作出了显著的成绩，共出版优秀教育专著10种，并在图书市场上形成了一定的品牌效应。其中，《晚清学部研究》获2001年教育类图书二等奖，《教学言语学》、《"文化大革命"中的"教育革命"》、《论中国教育政策的转变》等均已重印。

广东教育出版社现正着手进行内部管理机制和竞争激励机制的变革与创新，努力寻找一条适应市场经济的出版路子，多出精品佳作，更好地传播知识，繁荣学术，服务教育和培育人才。

地址：广州市环市东路水荫路11号　邮编：510075　电话：020-87662315（传真）　http://www.gdpress.gov.cn/gdep